MARKETING
AN INTRODUCTION
13th Edition

市场营销学

（原书第13版）

[美] **加里·阿姆斯特朗**（Gary Armstrong）　　**菲利普·科特勒**（Philip Kotler）　著
北卡罗来纳大学　　　　　　　　　　　　　　　西北大学

赵占波　孙鲁平　赵江波　等译

图书在版编目（CIP）数据

市场营销学（原书第 13 版）/（美）加里·阿姆斯特朗（Gary Armstrong），（美）菲利普·科特勒（Philip Kotler）著；赵占波等译 . —北京：机械工业出版社，2019.4（2023.11 重印）

（华章教材经典译丛）

书名原文：Marketing: An Introduction

ISBN 978-7-111-62427-1

I. 市… II. ①加… ②菲… ③赵… III. 市场营销学 – 教材 IV. F713.50

中国版本图书馆 CIP 数据核字（2019）第 060563 号

北京市版权局著作权合同登记　图字：01-2019-1177 号。

Gary Armstrong, Philip Kotler. Marketing: An Introduction, 13th Edition.

ISBN 978-0-13-414953-0

Copyright © 2017, 2015, 2013 by Pearson Education, Inc.

Simplified Chinese Edition Copyright © 2019 by China Machine Press.

Published by arrangement with the original publisher, Pearson Education, Inc. This edition is authorized for sale and distribution in the Chinese mainland (excluding Hong Kong SAR, Macao SAR and Taiwan).

All rights reserved.

本书中文简体字版由 Pearson Education（培生教育出版集团）授权机械工业出版社在中国大陆地区（不包括香港、澳门特别行政区及台湾地区）独家出版发行。未经出版者书面许可，不得以任何方式抄袭、复制或节录本书中的任何部分。

本书封底贴有 Pearson Education（培生教育出版集团）激光防伪标签，无标签者不得销售。

本书是营销学者菲利普·科特勒和加里·阿姆斯特朗合著的代表作，对市场营销的本质、工具、发展等进行了清晰的分析，强调围绕顾客价值构建营销体系。本书行文简洁生动，逻辑清晰，案例丰富翔实，极力贴合市场营销的最新发展动态，帮助读者更好地理解市场营销，是市场营销领域的重磅教材。

本书适用于市场营销、企业管理等专业的本科生和研究生，也可作为市场营销从业人员及企业高管的参考用书。

出版发行：机械工业出版社（北京市西城区百万庄大街 22 号　邮政编码：100037）

责任编辑：邵淑君　　　　　　　　　　　　责任校对：殷　虹

印　　刷：北京铭成印刷有限公司　　　　　版　　次：2023 年 11 月第 1 版第 10 次印刷

开　　本：214mm×275mm　1/16　　　　　印　　张：30

书　　号：ISBN 978-7-111-62427-1　　　　定　　价：89.00 元

客服电话：(010) 88361066　68326294

版权所有·侵权必究
封底无防伪标均为盗版

我的营销实验室：提高学生在课前、课间和课后的参与度

新！视频库——强大的视频库，有100多个新的专业性视频，其中包括易于评估、教师添加的YouTube或其他资源、学生上传提交的视频以及投票和团队合作。

决策模拟——为学生提供新的和改进的反馈。让学生扮演关键决策者的角色！模拟分支基于学生所做的决策，提供了不同的场景路径。完成后，学生将获得一个成绩，以及关于其所做的决策及相关后果的详细报告。

视频练习——更新了练习。将商业概念带入生活，并探索与学生在课堂上所学理论相关的商业主题。测试后评估学生对每个视频所包含概念的理解程度。

学习催化剂——一个"自带设备"的学生参与、评估和课堂智能系统，帮助教师在课堂上分析学生的批判性思维能力。

动态学习模块（DSM）——更新了附加问题。通过适应性学习，学生可以在最需要的地方和时间得到个性化的指导，从而创造更大的参与度，提高知识留存率，并支持对主题的掌握。也可在移动设备上使用。

写作空间——更新了评论标签、新的提示和一个被学生称为"Pearson Writer"的新工具。写作空间是发展与评估概念掌握和批判性思维的场所，它提供自动评分、辅助评分功能，并创建自己的写作作业，允许教师与学生快速、轻松地交换个性化反馈。

写作空间也可以通过与精确的文本比较数据库——Turnitin进行比较，以检查学生不恰当的引用或抄袭行为。

附加特性——MyLab还附带其他功能，包括强大的作业和测试管理器、有效的成绩跟踪记录本、报告指示板、全面的在线课程内容，以及易于使用和可共享的内容。

译者序 The Translators' Words

20世纪国际营销界真正称得上大师的学者当属菲利普·科特勒（Philip Kotler）教授，他长期执教于多次被《商业周刊》评为全美最佳商学院的西北大学凯洛格商学院。科特勒教授的书以20多种语言在58个国家出版发行，拿到版税正规出版的有300多万册。本书使传授和学习营销知识的过程变得更加高效、有趣、互动化，简洁而流畅的语言在内容深度和学习难易程度之间实现了巧妙的平衡，无疑将成为一本好教材和新的畅销书。

本书不仅被许多院校选为本科生和研究生的教材或重要的教学参考书，而且已经成为大量营销管理从业人员和营销管理研究人员的重要参考书，同时受到许多管理咨询公司的关注。身为营销研究领域的开拓者，科特勒教授等近年来更全身心地致力于营销管理的教学与研究。他们孜孜不倦，针对全球技术形势的巨大变化和日趋激烈的市场竞争环境，不断地对自己的研究成果进行完善和更新，紧跟时代发展的潮流。他们在过去的营销思想和框架的基础上，引入了在线、移动和社交媒体营销以及大数据等新概念，提出了更敏锐的新见解，并结合更加鲜活的全球实例，于是再次修订出版了《市场营销学》（原书第13版）。我们及时把它翻译成中文，以飨读者。

本书更紧密地结合了营销理论与企业实例，引领学生进入营销领域，开启有趣的探索发现之旅。本书为读者呈现了最新的营销思想，建立了一个营销学的框架，将营销简单地定位于为客户创造价值并从他们那里获得价值回报的科学和艺术。简练的组织结构和行文风格深入浅出地阐释了最先进的主题，简明易懂又不失趣味性。本书通过"营销实践聚焦"在全书中穿插了来自全球的企业实例，尤其是来自中国、印度等发展中国家的企业案例，呈现了新经济形势下最新的全球营销智慧，集中了全球营销实践的精华。本书通过实际的营销管理办法、深入且真实的案例和故事，将营销之旅带入生活。每章都包括"第一站"开篇案例故事，章后还增设了"小型案例及应用"模块，呈现了在线、移动和社交媒体营销，营销道德及数字营销的相关案例，将进一步帮助读者巩固和理解相关的营销概念及其在业界的应用，展现了新技术形势下的现代营销艺术。在线作业和个性化的学习工具——"我的营销实验室"将使你在课前做好充分的准备，课后借助于新技术手段进行交互式学习，从而对营销概念、战略和实践都能有更深刻的理解。

本书的翻译工作得到了北京大学软微学院金融管理系及中央财经大学商学院研究生的积极响应，同学们非常认真、积极地参与了本书的初译工作。他们是刘鸿、房雅琪、汪晓敏、丁明媚、马聪敏、唐燕飞、安海媛、曹倩等人。我们对全文内容进行了认真校对、修正和定稿。由于时间紧迫，再加上译者水平有限，本书一定有许多需要改进之处，欢迎读者批评指正，以便今后再版时改进。最后，我们要借此机会感谢参与本书翻译和校对工作的所有同学，是他们的辛苦工作使本书及时出版成为可能；还要感谢机械工业出版社编辑的鼓励、支持和辛勤劳动。

赵占波
北京大学软微学院金融管理系教授
北京大学光华管理学院营销学博士
北京大数据研究院保险大数据研究中心主任
孙鲁平
中央财经大学商学院市场营销系副教授
北京大学光华管理学院营销学博士
2019年1月15日

About the Authors 作者简介

作为一个团队，加里·阿姆斯特朗（Gary Armstrong）和菲利普·科特勒（Philip Kotler）提供了一种适合编写介绍性营销文本的独特技巧。阿姆斯特朗教授是商学院一位获奖的本科生教师，科特勒教授是世界领先的市场营销权威之一。他们共同使复杂的营销世界变得实用、平易近人、令人愉快。

加里·阿姆斯特朗 (Gary Armstrong) 克里斯·W.布莱克韦尔公司资助的本科教育领域的杰出教授，任教于美国北卡罗来纳大学（UNC）教堂山分校的凯南-弗拉格勒商学院。他获得了底特律韦恩州立大学管理学学士学位和硕士学位，并获得了美国西北大学市场营销学博士学位。阿姆斯特朗博士曾在核心期刊上发表过许多文章。作为一名咨询顾问和研究者，他曾和多家公司在营销研究、销售管理和营销战略上进行过合作。

但阿姆斯特朗的至爱却是教学，他所获得的"布莱克韦尔杰出教授"是授予在北卡罗来纳大学教堂山分校执教的杰出本科教师的唯一永久性荣誉教授席位。他积极参加凯南-弗拉格勒商学院的本科生教学和行政管理工作。他现在的行政职位是市场营销系主任、商学院本科课程副主任和商科荣誉项目的会长等。多年来，他和商学院学生团体密切合作，多次获得全校和商学院的教学奖励。他是唯一一位三次获得备受全校关注的大学优秀教师奖的教师。最近，阿姆斯特朗教授获得了UNC大学教学委员会卓越教学奖，该奖项是北卡罗来纳州16所大学教学方面的最高奖项。

菲利普·科特勒 (Philip Kotler) 美国西北大学凯洛格商学院S.C.庄臣父子公司资助的杰出国际营销学教授，曾获得芝加哥大学经济学硕士学位和麻省理工学院经济学博士学位。科特勒教授是《营销管理》（*Marketing Management*）的作者，该书是商学院使用最为广泛的教材，现已更新至第13版。他著有多本著作，包括50多本书，并为核心期刊写过100多篇文章。他是唯一三次获得令人垂涎的"阿尔法·卡帕·普西奖"的学者，该奖专门授予发表在《营销学杂志》的最优秀年度论文的作者。

科特勒教授获得的荣誉无数，其中包括美国营销协会授予的"保尔·D.康弗斯奖"，以表彰他对营销科学做出的突出贡献，以及奖励年度营销者的"斯图尔特·亨特森·布赖特奖"。他曾同时获得由美国市场营销协会颁发的年度杰出营销专家教育奖和由保健服务营销科学院颁发的保健营销杰出人物奖，菲利普·科特勒是同时获得这两项大奖的第一人。他获得的奖项还包括年度国际行政人员营销教育者销售和营销奖、欧洲营销顾问和培训营销优秀奖。他还获得过"查尔斯·库里奇·佩林奖"，该奖每年授予一位营销领域的杰出领导者。《福布斯》杂志将科特勒教授评为"世界上最具影响力的10位商业思想家"之一。在《金融时报》对全球1 000名高管人员的调查中，科特勒教授荣膺21世纪"最具影响力的商业作家/领袖"第4名。

科特勒教授曾担任管理科学机构营销学院院长、美国营销学会会长、营销科学机构的受托人，还担任过美国及国际大企业的营销战略顾问。科特勒教授游历极广，访问过欧洲、亚洲和南美洲，为企业和政府机构提供全球性的营销实践和机遇。

前　言 Preface

新鲜·真实·实用·迷人

这是市场营销领域令人激动人心的时刻。数字技术的迅猛发展创造了一个新的、更吸引人的、联系更紧密的营销世界。除了传统的、可靠的营销理念和实践之外，今天的营销人员还增加了许多新时代的工具，用于吸引消费者、建立品牌、创造客户价值和建立客户关系。在这个数字时代，"物联网"的巨大进步，从社交媒体和移动媒体、连接的数字设备、新的消费者授权到"大数据"以及新的营销分析，深刻地影响了营销人员和他们所服务的消费者。本书比以往任何时候都更能以一种新颖而真实、实用、引人入胜的方式介绍令人兴奋的、瞬息万变的市场营销世界。

市场营销：在数字与社交时代创造客户价值和参与

优秀的市场营销人员有一个共同目标：将消费者视为营销中心。如今的市场营销就是在一个快速变化且日益数字化和社会化的市场，为顾客创造价值并吸引顾客。

营销始于了解消费者的需求和欲望，确定企业能够提供最好服务的目标市场，并制定可以吸引、保留和发展目标顾客的价值主张。同时，如今的营销人员不仅在销售产品和服务，他们还要吸引顾客，建立深厚的顾客关系，使自身品牌成为顾客交流和生活的一部分。

在这个数字时代，除了采用经过验证的传统的营销方式以外，营销人员还可以利用一系列新的顾客关系建立工具——从网络、智能手机、平板电脑到线上、移动和社交媒体，来随时随地吸引顾客加入及塑造品牌对话、品牌体验和品牌社区。如果营销人员把这些事情都做得很好，他们就会以市场份额、利润和顾客资产的形式获得回报。在本书中，你将学习到顾客价值和顾客参与如何在每个优秀的营销策略中起到驱动作用。

本书使营销学习和教学都更加富有成效与乐趣。本书在内容深度和学习的难易度之间达到了有效平衡。与其他简略版的书不同，本书内容就最新的营销思考和实践提供了全面、及时的展示；也不同于其他篇幅更长、更复杂的书，本书适中的长度让读者很容易在一学期的时间内轻松消化。

本书仍然是高度可理解的，其结构、写作风格和设计都非常适合营销学的初学者。本书的学习设计在每章的开篇和结尾都加入了新的内容，并在全书穿插作者评点内容，帮助学生学习、联系和应用重要概念。本书用简单的组织结构和写作风格、平易近人又让人兴奋的呈现方式介绍了营销最前沿的内容。本书的实例和理论讲解深入且富含意义，有助于使营销更贴近生活。此外，将营销知识与个性化学习工具相结合可以确保学生在课前做好充分的准备，并在课后对营销概念、策略和实践有更加深刻的理解。

本书新增的内容

本书介绍了最新的市场趋势和影响市场营销的力量。我们在每页的内容、表格、数字、事实、例子中都倾注了心血，以便让本书成为学习和教授市场营销的最佳教材。每一章都提供了大量的新内容、扩展的范围和新的示例。

本书添加了传统营销领域快速变化和热门话题方面的最新内容，如客户互动营销、移动和社交媒体、大数据和新营销分析、全渠道营销和零售、客户共同创造和赋权、实时客户倾听和市场营销、打造品牌社区、营销内容的创建和本地广告、企业间的社交媒体和社交销售、分层和动态定价、消费者隐私、持续能力、全球营销等。

本书继续建立在客户参与的框架之上——在塑造品牌、品牌对话、品牌体验和品牌社区方面创造直接、持续的客户参与。在本书中，新的内容和示例将介绍最新的客户参与工具、实践与开发。请参阅第1章（关于客户参与、当今的数字和社交媒体以及口碑营销的更新部分）；第4章（大数据与实时调研，获取更深入的客户洞察）；第5章（通过数字和社交媒体营销，创造社会影响和客户群体）；第8章（客户共同创造与客户驱动的新产品开发）；第11章（全渠道零售）；第12章（营销内容策划与本土广告）；第13章（社会销售力量）；第14章（直接营销、网络营销、社交媒体营销和移动营销）。

没有哪个营销领域比在线、移动和社交媒体以及其他数字营销技术变化得更快。紧跟数字概念、技术和实践已经成为当今市场营销人员的首要任务和主要挑战。本书每一章都提供了这些爆炸式发展的最新报道和实时进展——从第1、5、12、14章探讨的在线、移动和社交媒体参与技术，到第4章的"在线倾听"和"大数据"研究工具、第9章的实时动态定价、第11章的店内零售体验数字化、第13章的社会销售数字化。第1章加入了"数字化新时代：在线、移动和社交媒体营销"的全新部分，介绍了数字和社交媒体营销领域让人兴奋的新发展。第14章对"直接营销、网络营销、社交媒体营销和移动营销"进行了彻底修改，深入挖掘各种数字营销工具，如网站、社交媒体、移动广告、移动应用、在线视频、邮件、博客以及其他可以随时随地通过手机、平板电脑、互联网电视或其他数字设备吸引消费者并与之互动的数字平台。

本书继续跟踪营销社区的快速变化和营销内容的创建。营销人员不再是只创造整合营销传播计划，他们正在与客户和媒体合作，在付费、自有、盈利和共享的媒体中策划客户驱动的营销内容。在其他任何营销文本中，你都找不到关于这些重要话题的最新报道。

本书继续修改了创新学习设计。本书整合性的"营销学习之路"设计包括多种加强学习的环节，如带有注释的章节开篇案例、章节开始的学习目标以及针对章节主要内容的作者评点。每章的开篇内容有助于读者进行预览并定位本章的主要内容和关键概念。"缓冲带"环节的概念检测可以突出和强化重要的章节概念。带有作者评点的图表注释可以帮助学生简化和整理章节中的案例材料。经过大幅修改的章末内容有助于总结重要的概念并强调本章主题，如营销道德以及在线、移动和社交媒体营销。这种创新的学习设计有利于加强学生对内容的理解并优化学习效果。本书在每章结尾处提供了新的公司案例，学生可以将所学知识应用到实际的公司情况中。全书有16个全新的视频案例，有简短的章节结尾摘要和问题讨论。最后，本书中每章的开篇案例和营销实践案例都是最新案例，或是根据当前实况修订过的案例。

顾客价值和顾客参与的五大主题

本书建立在顾客价值和顾客参与的五大主题之上。

1.为顾客创造价值以从顾客那里获得价值回报

今天的市场营销人员必须擅长创造顾客价值、吸引顾客参与并管理顾客关系。具有杰出营销水平的企业了解市场与顾客的需要，设计价值驱动型营销战略，开发能吸引顾客参与并传递价值和顾客满意的营销方案，并建立强大的顾客关系和品牌社区。作为回报，他们以销售额、利润和顾客资产的形式从顾客那里获得价值。

从第1章开始，这个创新的顾客价值框架通过一个五阶段营销过程模型引入，详述了营销如何创造顾客价值、吸引顾客注意以及如何获得价值回报。该框架在前两章中进行了详细说明，同时也被整合到本书的其余各章内容之中。

2. 顾客参与和如今的数字与社交媒体

新的数字媒体和社交媒体已在营销界掀起了一场风暴，戏剧性地改变了企业和品牌吸引消费者的方式以及消费者之间互相联系和影响彼此品牌行为的方式。本书引入并深入探究了当代顾客参与营销的概念，以及帮助品牌吸引消费者进行更深入的参与互动的新型数字及社交媒体科技。这部分内容始于第1章的两个主要部分："顾客参与以及当今的数字和社交媒体"以及"数字化新时代：在线、移动和社交媒体"。全新修订的第14章"直接营销、网络营销、社交媒体营销和移动营销"内容总结了数字化参与和建立关系的工具的最新发展。这两章之间的其他章节也包含运用数字和社交工具吸引消费者参与、构建品牌社区的新内容。

3. 建立和管理强势品牌以创造品牌资产

定位准确且拥有高品牌资产的品牌为建立可盈利的顾客关系提供了基础。今天的市场营销人员必须对其品牌进行强有力的定位，并进行良好的品牌管理以创造有价值的顾客品牌体验。本书对品牌投入了足够多的关注，尤其是第7章的"品牌战略：建立强大的品牌"部分。

4. 衡量和管理营销回报

尤其在经济发展不均衡的时代，营销管理者必须确保营销资金用得其所。过去，许多营销人员很随意地将大把资金花费在大型且昂贵的营销计划上，往往没有认真考虑其营销回报，这种情况已经迅速改变了。衡量和管理营销投资回报的营销计划现已成为营销战略决策制定的重要组成部分。这部分内容放在第2章中，并贯穿本书。

5. 全球范围内的可持续营销

随着技术的发展，世界正变得越来越小也越来越脆弱，市场营销人员必须擅长以可持续的方式将自身品牌国际化。本书强调全球营销和可持续营销的概念——既满足消费者和企业的即时需要，也保持和提高满足后代人需要的能力。全书整合了全球营销和可持续发展的主题，并在第15章、第16章中分别详细介绍了这两部分内容。

强调真正的市场营销，并将营销付诸实践

本书以应用性和实践性的方式引导学生踏上有趣的营销学习之旅。本书采用具有实用性的营销管理方法，引入了很多深入且真实的案例和故事，使学生在学习营销概念的同时把营销带入实际生活。每章内容都包含一个"第一站"开篇案例，以及突出现代营销魔力的"营销实践"环节，学生可以从中了解到：

- Netflix使用"大数据"来个性化每个客户的观看体验。Netflix的用户正忙着看视频，而Netflix正密切关注着他们。
- 极具创新精神的Google已经成为一个令人难以置信的成功的新产品——"月球探测器工厂"，释放出一股似乎永无止境的多元化产品浪潮，其中大部分都是各自领域的市场领导者。
- 耐克是世界上迄今为止最大的运动服装公司，它所做的不仅仅是生产和销售运动服，而是通过这个标志性的品牌与客户建立深入的接触和社区感来创造客户价值。
- 玩具市场领袖乐高利用大量的创新的营销研究挖掘出新的顾客洞察，然后利用这些洞察，为世界各地的孩子创造不可抗拒的游戏体验。
- 市场环境的变化改变了人们今天吃早餐的方式，全球最大的麦片制造商——家乐氏可能正在失去往日的繁荣。
- 哈雷戴维森公司的市场主导地位源于其对消费者行为背后的情绪和动机的深刻理解。哈雷不仅出售摩托车，还有自由、独立、力量和真实。

- 超低价格的Spirit航空公司尽管在业内的客户体验评级较低，但仍在蓬勃发展。当你乘坐Spirit航空的时候，你得到的不多。同样，你不会为你得不到的东西付费。
- 营销人员现在正在使用实时在线、移动和社交媒体营销来吸引客户，将品牌与热门话题、事件、原因、个人场合或其他生活中发生的事情联系起来。
- 亚马逊已经成为直销和数字营销的典范，它对创造卓越的在线客户体验的热情使其成为互联网最有影响力的品牌之一。
- 直销保险巨头GEICO已经从一个小公司变成了一个大公司，这要归功于一项大型广告预算活动，该活动塑造了一只能说会道的壁虎及一个经久不衰的"15分钟能帮你省下15%"的广告语。
- 根据其"清醒消费"的使命，户外服装和设备制造商Patagonia通过建议消费者减少购买来实现可持续发展。
- 化妆品制造商欧莱雅已成为"美丽联合国"，它实现了全球与本地的平衡，在适应和区分本土市场的品牌的同时，优化了其在全球市场的影响力。

除了以上内容，本书的每一章都包含许多真实且具有吸引力的最新案例以强化主要概念。没有其他任何书可以像本书一样将营销理论如此贴近生活。

创造价值和投入的学习帮助

丰富的章首、章中及章末的学习环节可以帮助学生通过学习、联系和概念应用了解营销。

- 章节开篇。每章都有一个整合性的开篇部分，其中包含"学习目标"，介绍本章的主要内容和学习目标；"概念预览"，介绍本章的主要概念；以及"第一站"开篇案例，即一个引人入胜、深入开展、详细的营销故事，用以介绍本章的主要内容并引起学生的兴趣。
- 营销实践。每章包含两篇营销实践，对大小企业的真实营销实践进行深入的分析。
- 作者评点和图表注释。在所有章节中，"作者评点"通过介绍和解释章节的主要知识点和图表来帮助学生理解内容并提高学习效果。
- 概念回顾和拓展。每一章的结尾部分总结了关键的章节概念，并提供了问题、练习和案例，学生可以复习和应用所学到的知识。章节回顾和批判性思维回顾了主要的章节概念，并将其与章节学习目标联系起来。它提供了一个有用的清单，章节的关键术语按其在文中出现的顺序整理，以方便学生参考。最后，它提供了讨论题和批判性思维练习，帮助学生跟踪和应用他们在本章所学到的知识。每一章末尾的小型案例及应用部分提供了简短的营销道德，在线、移动和社交媒体营销，以及使用数字应用案例进行营销，以促进对当前问题和公司情况的讨论，如移动和社会营销、营销道德和数字营销分析。它还包括视频案例部分，其中包含一些简短的小插曲，并附带一组简短的视频，以配合本书内容。

比以往任何时候都要多的是，本书为学生创造了价值和投入——它提供了一个高效且愉快的学习过程，吸引学生继续学习营销学知识。

致谢

每本书都不只是由其作者独自完成的。我们非常感谢一些人的宝贵贡献，他们的帮助使本书出版成为可能。一如既往，我们要特别感谢Keri Jean Miksza，感谢她在项目各个阶段的奉献，以及她的丈夫Pete、女儿Lucy和Mary，感谢他们在这个富有吸引力的项目中给予Keri的所有支持。

我们感谢德雷克大学的Andy Norman，他精心编写了公司案例、视频案例等内容和部分营销故事，本书和以前的许多版本都因 Andy 的帮助而获益良多。我们还要感谢路易斯安那大学的 Laurie Babin，她为准备每章结束部分的内容和更新数字营销付出了巨大努力。同时也感谢 Jennifer Barr、Tony Henthorne 和 Douglas Martin。其他学院和大学的许多评审员为本书和以前的版本提供了宝贵的意见和建议。感谢以下各位同事的宝贵意见：

修订人员

George Bercovitz, *York College*

Pari S. Bhagat, Ph.D., *Indiana University of Pennsylvania*

Sylvia Clark, *St. John's University*

Linda Jane Coleman, *Salem State University*

Mary Conran, *Temple University*

Datha Damron-Martinez, *Truman State University*

Lawrence K. Duke, *Drexel University*

Barbara S. Faries, MBA, *Mission College*

Ivan Filby, *Greenville College*

John Gaskins, *Longwood University*

Karen Halpern, *South Puget Sound Community College*

Jan Hardesty, *University of Arizona*

Hella-Ilona Johnson, *Olympic College*

David Koehler, *University of Illinois at Chicago*

Michelle Kunz, *Morehead State University*

Susan Mann, *University of Northwestern Ohio*

Thomas E. Marshall, M.B.E., *Owens Community College*

Nora Martin, *University of South Carolina*

Erika Matulich, *University of Tampa*

Marc Newman, *Hocking College*

John T. Nolan, SUNY, *Buffalo State*

Nikolai Ostapenko, *University of the District of Columbia*

Vic Piscatello, *University of Arizona*

Bill Rice, *California State University*

David Robinson, *University of California, Berkeley*

William M. Ryan, *University of Connecticut*

Elliot Schreiber, *Drexel University*

Lisa Simon, *Cal Poly, San Luis Obispo*

Robert Simon, *University of Nebraska, Lincoln*

Keith Starcher, *Indiana Wesleyan University*

John Talbott, *Indiana University*

Rhonda Tenenbaum, *Queens College*

Deborah Utter, *Boston University*

Tom Voigt, *Judson University*

Terry Wilson, *East Stroudsburg University*

我们还要感谢培生教育公司的员工，他们帮助我们开发了这本书。高级组稿编辑 Mark Gaffney 在修订期间提供了资源和支持。高级项目经理 Jacqueline Martin 和项目经理 Jennifer Collins 为指导这个复杂的修订项目在选题开发、设计和生产中提供了宝贵的帮助和建议。我们还要感谢 Stephanie Wall、Lenny Ann Kucenski、Judy Leale、Jeff Holcomb 以及 Eric Santucci 一路的帮助。我们很自豪能与培生的优秀专业人士合作。我们还要感谢 Charles Fisher 和 Integra 的团队。

最后，我们要感谢我们的家人给予我们的支持和鼓励——Kathy、Betty、Mandy、Matt、KC、Keri、Delaney、Molly、Macy 和来自阿姆斯特朗家族的 Ben 以及来自科特勒家族的 Nancy、Amy、Melissa 和 Jessica。我们将这本书献给他们。

加里·阿姆斯特朗（Gary Armstrong）

菲利普·科特勒（Philip Kotler）

Contents 目录

译者序
作者简介
前言

第一部分　定义营销及其过程

第1章　营销：创造和获取顾客价值　1

学习目标 / 概念预览 / 第一站
1.1　什么是营销　2
1.2　理解市场与顾客需求　4
1.3　制定顾客驱动型营销战略　6
1.4　构建整合市场营销计划和方案　9
1.5　吸引顾客和管理顾客关系　10
1.6　从顾客处获取价值　16
1.7　营销新视野　19
1.8　因此，营销是什么？相关概念的整合　25
章节回顾和批判性思维　27
小型案例及应用　29

第2章　企业和营销战略：合作建立顾客参与、价值和关系　31

学习目标 / 概念预览 / 第一站
2.1　企业战略规划：定义市场营销的角色　33
2.2　营销规划：合作建立顾客关系　40
2.3　营销战略和营销组合　42
2.4　管理营销活动　47
2.5　评估及管理营销投资回报　50
章节回顾和批判性思维　51
小型案例及应用　53

第二部分　了解市场和顾客价值

第3章　市场营销环境分析　56

学习目标 / 概念预览 / 第一站
3.1　微观环境　59
3.2　宏观环境　61
3.3　对营销环境的反应　77
章节回顾和批判性思维　79
小型案例及应用　81

第4章　管理营销信息以获取顾客洞察　83

学习目标 / 概念预览 / 第一站
4.1　营销信息和顾客洞察　85
4.2　评估营销信息需求　87
4.3　开发营销信息　87
4.4　营销调研　90
4.5　分析并使用营销信息　99
4.6　关于营销信息的其他问题　103
章节回顾和批判性思维　107
小型案例及应用　109

第5章　理解消费者和商业购买者行为　112

学习目标 / 概念预览 / 第一站
5.1　消费者市场和消费者购买行为　114
5.2　购买者决策过程　127

5.3 新产品的购买决策过程　129
5.4 商业市场和商业购买者行为　131
章节回顾和批判性思维　139
小型案例及应用　141

第三部分　设计顾客驱动型营销战略和整合营销

第 6 章　顾客驱动型营销战略：为目标顾客创造价值　144

学习目标 / 概念预览 / 第一站
6.1 市场细分　147
6.2 目标市场营销　153
6.3 差异化和定位　160
章节回顾和批判性思维　167
小型案例及应用　169

第 7 章　产品、服务和品牌战略：建立顾客价值　172

学习目标 / 概念预览 / 第一站
7.1 什么是产品　174
7.2 产品和服务决策　178
7.3 服务营销　184
7.4 品牌战略：建立强大的品牌　190
章节回顾和批判性思维　198
小型案例及应用　200

第 8 章　新产品开发和产品生命周期战略　202

学习目标 / 概念预览 / 第一站
8.1 新产品开发战略　204
8.2 新产品开发流程　205
8.3 管理新产品开发　212
8.4 产品生命周期战略　214
8.5 额外的产品和服务考虑　220
章节回顾和批判性思维　222
小型案例及应用　224

第 9 章　定价：理解并获取顾客价值　226

学习目标 / 概念预览 / 第一站
9.1 什么是价格　229
9.2 主要的定价策略　229
9.3 其他影响定价决策的内部和外部因素　236
9.4 新产品定价策略　240
9.5 产品组合定价策略　241
9.6 价格调整策略　242
9.7 价格变动策略　249
9.8 公共政策与定价　252
章节回顾和批判性思维　254
小型案例及应用　256

第 10 章　营销渠道：传递顾客价值　258

学习目标 / 概念预览 / 第一站
10.1 供应链和价值传递网络　260
10.2 营销渠道的本质和重要性　261
10.3 渠道行为和组织　263
10.4 渠道设计决策　270
10.5 渠道管理决策　273
10.6 公共政策与分销决策　276
10.7 营销物流与供应链管理　277
章节回顾和批判性思维　282
小型案例及应用　285

第 11 章　零售与批发　287

学习目标 / 概念预览 / 第一站
11.1 零售　289
11.2 批发　306
章节回顾和批判性思维　310
小型案例及应用　313

第 12 章　顾客参与和顾客价值传递：广告和公共关系　315

学习目标 / 概念预览 / 第一站

12.1　促销组合　318
12.2　整合营销传播　318
12.3　设计整体促销组合　323
12.4　广告　325
12.5　公共关系　338

章节回顾和批判性思维　340

小型案例及应用　342

第 13 章　人员销售和促销　345

学习目标 / 概念预览 / 第一站

13.1　人员销售　347
13.2　管理销售队伍　349
13.3　社交营销：网络、移动电话和社交媒体工具　355
13.4　人员销售的过程　358
13.5　促销　361

章节回顾和批判性思维　367

小型案例及应用　369

第 14 章　直接营销、网络营销、社交媒体营销和移动营销　372

学习目标 / 概念预览 / 第一站

14.1　直接和数字营销　374
14.2　直接和数字营销的形式　376
14.3　数字和社交媒体营销　377
14.4　传统的直销形式　389
14.5　直接和数字营销中的公共道德问题　392

章节回顾和批判性思维　395

小型案例及应用　397

第四部分　营销扩展

第 15 章　全球市场　400

学习目标 / 概念预览 / 第一站

15.1　如今的全球营销　402
15.2　考察全球营销环境　404
15.3　决定是否全球化　410
15.4　决定进入哪些市场　410
15.5　决定如何进入这些市场　412
15.6　拟定全球市场营销方案　414
15.7　决定全球营销的组织结构　420

章节回顾和批判性思维　421

小型案例及应用　423

第 16 章　可持续营销：社会责任与道德　425

学习目标 / 概念预览 / 第一站

16.1　可持续营销　427
16.2　对营销的社会批评　429
16.3　促进可持续营销的消费者行为　434
16.4　针对可持续营销的商业行为　440

章节回顾和批判性思维　446

小型案例及应用　447

附录 A　公司案例　450

附录 B　营销计划　451

附录 C　数字营销　452

附录 D　市场营销职业　453

术语表　454

参考文献　464

第一部分　定义营销及其过程

第1章 营销
创造和获取顾客价值

学习目标

1. 定义市场营销并概述营销过程的步骤。
2. 阐述理解市场和客户的重要性，定义五个核心概念。
3. 确定顾客价值驱动的营销策略的关键要素，讨论指导营销策略的营销导向。
4. 讨论客户关系管理并确定为客户创造价值的策略，从客户手中获取价值。
5. 描述在这个关系时代改变营销环境的主要趋势和力量。

概念预览

本章将介绍营销的基本概念。我们从一个问题开始：什么是市场营销？简单地说，市场营销是吸引顾客和管理有价值的顾客关系。营销的目的是为顾客创造价值，以从顾客获取价值作为回报。接下来，我们将讨论营销过程中的五个步骤——从理解客户需求出发，到设计顾客价值驱动的营销战略和整合营销方案，以及建立顾客关系并为公司获取价值。最后，我们将讨论在这个数字化、移动和社交媒体化的新时代，影响营销的主要趋势和力量。了解这些基本概念并形成你自己的想法，这些将为你理解后续内容打下坚实的基础。

让我们从一个关于营销的经典故事开始。耐克是世界领先的运动服装公司，也是世界上最知名的品牌之一。耐克的卓越成就不仅是因为制造和销售优秀的运动装备，而且是基于以顾客为中心的营销策略，耐克通过该策略与顾客建立起深厚的品牌-顾客关系和联系紧密的品牌社区，以此来创造顾客价值。

第一站

耐克的顾客价值驱动营销：吸引顾客并建立品牌社区

耐克"swoosh"（拟声词"嗖"）无处不在！就当是为了好玩，当你浏览体育网页或观看篮球比赛或收看电视足球比赛时，试着数一数嗖嗖声。在过去的50年里，通过创新的营销手段，耐克公司一直在打造世界上最知名的品牌符号之一。

产品创新始终是耐克成功的基石。无论是篮球、足球、棒球，还是高尔夫、滑板、攀岩、自行车和徒步旅行，耐克都能制造出出色的鞋子、服装和运动装备。从一开始，一个年轻的耐克公司就开始革新体育营销。

为了打造品牌形象和扩大市场份额，耐克选择知名人士为品牌代言，举办引人注目的促销活动，并为张扬的"Just do it"宣传投入巨额广告费。鉴于竞争对手强调技术性能，耐克主要致力于建立客户参与和关系。

除了鞋子之外，耐克营销的是一种生活方式，一种对运动的真正热爱，一种"想做就做"（Just do it）的态度。客户不仅仅是"穿"耐克的鞋子，更是时时刻刻感受着耐克的精神。正如耐克在其官网上所展示的，耐克一直都知道"真相"——鞋本身并不是最重要的，重要的是它给你带来的体验。耐克的使命不是"制造更好的装备"，而是"与世界各地的运动员建立联系并相互激励"。在客户的生活和日常交流中，耐克出现的频率和所具备的价值远远高于其他品牌。

通过广告、耐克商店面对面活动，或者是当地的耐克跑步俱乐部，抑或是耐克丰富的社区网络和社交媒体网站，耐克与客户建立起了更紧密的品牌关系。建立一次联系只需要比竞争对手投入更多的主流媒体广告和名人代言就可以了。但在数字化时代，耐克正在打造一种全新的品牌-客户关系——一种更深入、更个性化、更具魅力的联系。耐克仍然在传统广告上投入巨资。但如今，该品牌将其营销预算的大部分投入到领先的数字和社交媒体营销上，与客户互动，打造品牌参与和社区。

耐克在网络、移动和社交媒体上的创新应用，使其在某数字咨询公司最近开展的对42家运动服装公司的"数字智商"排名中赢得了"顶级天才"的称号。此外，耐克还在Facebook、Twitter、Instagram、YouTube和Pinterest等社交媒体平台的帮助下，率先创建了"部落"（tribes）——一大批高度投入的顾客群。例如，耐克的Facebook主页有超过4 200万个赞，耐克的足球页面又增加了3 500万个赞，耐克的篮球比赛页面增加了700万个赞，耐克的跑步页面又增加了300万个赞。透过这些数字，耐克公司的社交媒体业务以一种更高级的方式吸引客户，让他们彼此谈论品牌，并将品牌融入日常生活。

耐克擅长跨媒体宣传，将数字媒体与传统工具整合在一起，与客户建立联系。举个例子，耐克最近的"Risk Everything"世界杯足球赛活动。"Risk Everything"活动用吸引人的4~5分钟的视频作为开始，这些视频嵌入到耐克的社交媒体网站和活动网站上。这个活动由耐克赞助的足球巨星参与和演绎，例如，葡萄牙的克里斯蒂亚诺·罗纳尔多、英格兰的韦恩·鲁尼、巴西的内马尔以及其他十几个球员，视频中的故事大多讲述的是他们通过拼搏和冒险来对抗对手球队最终获得成功的荣耀。

在"Risk Everything"活动的一个视频——"Winner Stays"中，两队的年轻男子在当地的足球场进行了一场选拔赛，假装是（然后真的变成了）超级明星。这一幕在全球舞台上变成了传奇。在视频的最后，一个小男孩代替罗纳尔多，在巨大的压力下，攻入了制胜一球。一名分析师表示，所有"Risk Everything"的视频都是"产品植入、煽动性地讲故事和实时营销的完美结合"。尽管这些视频中充斥着耐克的产品和明星,但高度投入的观众几乎没有意识到他们正在消费广告内容。

在世界杯决赛结束前,"Risk Everything"视频达到了3.72亿次观看,约2 200万次参与度(赞、评论、分享),以及65万次使用标签"#risk everything"。在网络视频方面,耐克是世界杯期间"最受关注的品牌",打败了竞争对手阿迪达斯。事实上,耐克的在线舆论占据了97次与世界杯有关的营销活动舆论的一半,而耐克甚至不是官方赞助商。除了"Risk Everything"视频,耐克还推出了一整套传统的电视、印刷、广播、电影和游戏广告。作为一个整体,在所有媒体上,"Risk Everything"在35个国家展现了60多亿次。接下来是客户参与。

耐克通过突破性的移动应用程序和技术创造了客户价值和品牌社区。例如,其Nike+应用程序帮助耐克成为全球数百万客户日常健身的一部分。

例如,Nike+ FuelBand设备可将几乎所有可想象到的身体活动转换为耐克的通用活动指标NikeFuel。因此,无论你是跑步、跳跃、玩棒球、滑冰、跳舞、堆叠运动奖杯,还是追赶鸡,都可以被计入NikeFuel积分。运动员可以使用NikeFuel来记录他们的个人表现,然后在全球耐克社区中分享,可以跨运动类型和场所与其他运动员进行比较。Nike+手机应用程序可以让用户看到自己的进展,获得额外的动力,并与朋友保持联系。Nike+已经吸引了一个巨大的全球品牌社区的参与。到目前为止,全球超过500万的Nike+用户记录了1 118 434 247英里⊖。这相当于44 914次环球旅行或4 682次往返月球的旅程。

因此,耐克为客户提供了超越其产品之外的价值,它建立了客户对品牌的归属感以及与品牌的紧密联系。无论是通过当地的跑步俱乐部、记录运动情况的应用程序、黄金时段的电视广告和视频,还是通过其他几十个品牌网站和社交媒体页面的内容,耐克品牌已经成为顾客生活的重要组成部分。

因此,耐克仍然是世界上最大的运动服装公司,其规模比紧随其后的竞争对手阿迪达斯大44%。在过去的10年里,即使在经济不稳定的情况下,许多运动鞋和服装的竞争对手都喘不过气来,耐克在全球的销售和收入却增长了两倍多。"与顾客之间的联系曾经是:'这里有一些产品,这里有一些广告。我们希望你喜欢它。'"耐克的CEO如是说,"现在的顾客联系是一场对话。"耐克的首席营销官说:"我们所实现的顾客参与……为我们的品牌发展带来了巨大的动力。这只是我们联系和激励全世界各地运动员的一个开始。"[1]

如今,成功的企业有一个共同点:像耐克一样,它们都非常注重客户,并致力于市场营销。这些企业热衷于理解和满足界定清晰的目标客户的需求。它们激励组织中的每个人都为了创造价值而帮助企业建立持久的客户关系。

客户关系和价值在今天尤为重要。面对巨大的技术进步和深层次的经济、社会和环境挑战,现在的客户与企业之间采用数字化手段进行联系,客户花钱时更精打细算,不断调整他们与品牌打交道的方式。新的数字化、移动和社交媒体的发展改变了消费者的购物和互动方式,进而呼吁新的营销战略和策略。在这个瞬息万变的时代,通过真正和持久地为客户创造价值建立起强大的客户关系比以往任何时候都更加重要。

我们将在本章后面部分讨论客户和营销人员所面临的令人兴奋的新挑战。首先,介绍营销的基本知识。

作者评点

在学习营销前,先思考你如何回答这个问题。然后,在学习完本章内容后,看看你的答案发生了怎样的变化。

1.1 什么是营销

与其他业务职能相比,营销更多的是与顾客打交道。我们很快就会接触到更为详细的营销的定义,在此之前我们先给出一个最简明的定义,即市场营销是管理可获利的客户关系。营销的双重目标在于通过承诺提供卓越的价值来吸引新顾客,并通过提升顾客满意度来维持和发展现有顾客。

例如,沃尔玛已经成为世界上最大的零售商(和世界上最大的公司),通过履行其承诺"省钱,让生活更美好"。可口可乐公司在碳酸饮料市场的全球份额达到了49%——超过了百事可乐的两倍——通过实现"畅爽开怀"的口

⊖ 1英里≈1.61千米。

号，可口可乐公司的产品"每天在世界各地传播微笑和快乐"。Facebook通过帮助用户"与生活中的人建立联系和分享"，在全球范围内吸引了超过14亿活跃的网页和手机用户。[2]

有效的营销对于每个组织的成功而言都至关重要，无论组织规模大小，是营利性还是非营利性的，是本土经营还是全球化的。很多大型的营利性企业，如Google、塔吉特、宝洁、丰田和微软集团等都运用了市场营销，大学、医院、博物馆、管弦乐队甚至教堂之类的非营利性机构也同样离不开营销。

其实，你已经或多或少地知道了市场营销是什么——它就在你的身边。营销可能会通过传统方式走进你的生活：你能够在附近的购物中心的多种产品中看到市场营销，能够从充斥着电视屏幕、占满了杂志版面或者填满了你的邮箱的广告中看到市场营销。不过近年来，营销人员已经汇集了许多新的营销方法，从充满想象力的网站、手机应用软件到博客、在线视频和社交媒体。这些全新的方法不仅仅是将信息爆炸似地传递给公众，而是能够用更直接、个性化、互动式的方式把信息传递给你。今天的市场营销人员希望他们的品牌能够成为你生活的一部分，帮助你了解、熟悉他们的品牌，并用他们的品牌丰富你的经历。

在家里，在学校，在你工作和娱乐的地方，在你所做的每一件事情中都能看到营销的影子。然而，营销并不仅仅是要吸引消费者的眼球。在营销的背后是一个由人、技术和活动交织而成的巨大网络，它们竞相吸引你的注意力并激发你的购买欲。本书将向读者介绍营销的基本概念和当今的营销实践。在本章中，我们从定义市场营销和市场营销过程开始。

1.1.1 市场营销的定义

"市场营销"这个词是什么意思呢？很多人把市场营销简单地理解为推销和广告，这并不奇怪——每天我们都受到电视购物、报纸广告、直邮目录、推销电话和网络广告的轮番轰炸。然而，推销和广告仅仅是市场营销这座冰山的一角。

今天，要理解市场营销不能再从过去的"劝说和推销"的角度出发，而是从"满足顾客需求"的新视角出发。如果营销人员能够让顾客有效参与、理解顾客需求，开发出提供卓越的顾客价值的产品并进行很好的定价、分销和促销，那么产品的销售将会变得轻而易举。实际上，根据管理大师彼得·德鲁克的说法，"营销的目标是将销售变得不必要"。[3]因此，销售和广告仅仅是更广泛的营销组合的一部分，而营销组合则是一组满足顾客需要和建立顾客关系的营销工具。

广义上，营销是个人和组织通过创造价值并与他人交换价值，以获得其所需、所欲之物的社会和管理过程。狭义上，营销涉及与顾客建立可获利的、价值导向的交换关系。因此，我们将**市场营销**（marketing）定义为企业吸引顾客参与，建立牢固的顾客关系，为顾客创造价值进而从顾客那里获得价值回报的过程。[4]

1.1.2 市场营销过程

图1-1展示了创造和获取顾客价值的市场营销五步骤模型。在前四个步骤当中，公司致力于理解顾客、创造顾客价值并建立牢固的顾客关系。在最后一步中，公司则开始收获由创造卓越的顾客价值带来的回报。通过为顾客创造价值，公司进而从顾客那里获得价值，这些价值具体体现为销售额、利润以及长期顾客资产。

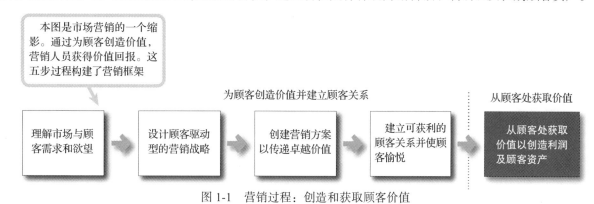

图1-1 营销过程：创造和获取顾客价值

在本章和第 2 章中，我们将讨论该简易营销模型中的各个步骤。在本章中，我们会介绍所有的步骤，但会重点关注关于顾客关系的步骤——理解顾客需求、吸引顾客参与从而建立顾客关系，以及从顾客处获取价值。在第 2 章中，我们将更为深入地探讨第二步和第三步——设计营销战略和创建营销方案。

1.2 理解市场与顾客需求

作者评点

营销的所有工作都围绕为顾客创造价值而展开。因此，作为市场营销过程的第一步，公司必须完全理解消费者和企业运营的市场。

作为第一步，营销人员需要了解顾客的需求和欲望以及企业运营的市场环境。我们现在将讨论营销领域的五个核心概念：①顾客需要、欲望与需求；②市场供应品（产品、服务和体验）；③顾客价值与满意；④交换和关系；⑤市场。

1.2.1 顾客需要、欲望与需求

人类需要是市场营销背后最基本的概念。**需要**（needs）是一种感受到匮乏的状态。它既包括基本的生理需要，如食物、衣服、温暖和安全等，也包括对归属和情感的社会需要，还有对知识和自我表达的个体需要。这些需要并非是由营销活动创造的，它们是人类本能的基本组成部分。

欲望（wants）是指人的需要经过文化和个性塑造后所呈现的形式。一个饥饿的美国人需要食品，他的欲望是一个汉堡王的汉堡、一份炸薯条和一杯碳酸饮料，而当一个毛里求斯人需要食物时，他的欲望却是芒果、大米、小扁豆和蚕豆。欲望是由一个人所处的社会塑造的，并由那些可以满足其需要的目标物来描述。当有购买力支持的时候，欲望就变成了**需求**（demands）。考虑到人们的欲望和资源都是既定的，人们需要一种能给予其最大价值和满意度的产品或服务。

杰出的营销公司竭尽所能地去了解并弄清顾客的需要、欲望和需求。它们开展消费者调研并分析大量的消费者数据，观察线上、线下的顾客如何购物和互动，它们的各级成员（包括最高管理层）都与顾客保持紧密的联系。[5]

塔吉特公司的新任首席执行官布莱恩·康奈尔（Brian Cornell）混在当地的妈妈和忠诚顾客中间，定期造访塔吉特的商店。康奈尔喜欢在商店里四处观察，真实地感受正在发生的事情。这给了他"很好的、真实的反馈"。同样，波士顿市场（Boston Market）的首席执行官乔治·米歇尔也经常光顾公司餐厅，在餐厅里工作，让顾客了解"好的、坏的、丑陋的方面"。为了与顾客保持联系，他还阅读顾客在波士顿市场网站上的留言，甚至还打电话给顾客寻求客户洞察。"与客户保持紧密联系是非常重要的，"米歇尔说，"我可以了解他们看重什么，欣赏什么。"

1.2.2 市场供应品：产品、服务和体验

消费者的需要和欲望通过**市场供应品**（marketing offerings）来满足。市场供应品指向市场提供的旨在满足顾客需要或欲望的产品、服务、信息或者体验的某种组合。市场供应品不仅限于实体产品，还包括服务——用于销售的活动或者利益，它们本质上是无形的，且不会导致任何形式的所有权变化，比如金融服务、航空、酒店、零售和房屋维修服务等。

从更广义上说，市场供应品还包括一些其他实体，如人、地点、组织、信息和观念等。例如，圣地亚哥最近推出了一项价值 900 万美元的"幸福计划"广告活动，邀请游客来这里享受这个城市的好天气和好时光——从海湾和海滩到市中心的夜生活和城市风光。广告委员会和美国公路交通安全管理局发起了"停止发信息，杜绝车祸"的活动，旨在倡导驾驶中禁止使用手机发信息的理念。这一活动指出，驾驶中使用手机发信息的司机发生交通事故的概率比不发信息的司机高出 23 倍之多。[6]

很多销售人员错误地把过多的注意力集中在特定产品上，而忽略了产品所带来的利益和体验，从而患上了**营销短视症**（marketing myopia）。他们太过关注自己的产品，结果只注意到了现有的需求却忽视了消费者的潜

在需求。[7] 他们忘记了产品只是用来解决消费者问题的工具。生产 1/4 英寸型号钻头的制造商可能会认为顾客需要的是钻头，但实际上顾客需要的只是一个 1/4 英寸的孔。当一种可以更好地服务于消费者需求或者更便宜的新产品出现时，销售人员就会陷入困境，顾客的需求没有变，但是他们可能会想要新的产品。

精明的营销人员不仅仅看重他们所销售产品和服务的具体属性，更重要的是通过将产品和服务结合起来，为顾客创造品牌体验。例如，你不只是在参观迪士尼主题公园，而是和你的家人一起沉浸在神奇的世界中。在这个世界里，梦想会成真，所有的一切仍然以正常轨迹运转着。你正处在"让魔法开始吧！"，迪士尼如是说。同样，美泰（Mattel）的"美国女孩"不仅仅是制造和销售高端玩偶，它在玩偶和喜爱玩偶的女孩之间创造了特殊的体验。[8]

为了给喜爱"美国女孩"玩偶的女孩们带来更多的笑容，该公司在美国 20 个主要城市开设了大型"美国女孩"体验店。每家店都有一系列令人惊叹的娃娃以及各种可以想象的装备和配饰。这里不仅是购物场所，"美国女孩"商店本身就是令人兴奋的目的地，为女孩、母亲、祖母，甚至是父亲或者祖父也提供了令人惊喜的参与体验。店内有餐厅，女孩、她们的娃娃和陪同的大人可以一起坐下来享用早午餐、午餐、下午茶或晚餐。店内甚至还有娃娃美发沙龙，在这里造型师可以为娃娃设计新发型。"美国女孩"还提供"完美的派对"来庆祝生日或任何一天，以及从做手工、活动到短途旅行等一系列特别活动。该公司表示，这不仅仅是一家销售娃娃的商店，"这是放飞想象力的地方"。对"美国女孩"的访问创造了"充满乐趣的一天，回忆永存"。

1.2.3　顾客价值与满意

消费者往往面临多种可以满足其特定需求的产品和服务，他们如何在其中做出选择呢？消费者会对多种市场供应品提供的价值和满意度形成期望，以此为依据进行购买，满意的顾客将会重复购买并将自己的良好体验告诉他人，不满意的顾客则会转向竞争对手并向他人贬低该产品。

营销人员必须非常仔细地设定正确的期望水平。过低的期望虽然会使购买者感到满意，但往往无法吸引到足够的购买者；如果他们把期望抬得过高，购买者又会对真实产品或服务感到失望。顾客价值和顾客满意是发展和管理顾客关系的关键模块，我们将在本章后面部分重新讨论这些核心概念。

1.2.4　交换和关系

当人们决定通过交换满足需要或欲望时，就产生了营销。**交换**（exchange）是指通过提供某种东西作为回报，从别人那里换取自己所需物品的行为。从广义上来说，营销人员会尽力促使顾客对某种产品产生反应。这种反应可能不仅仅是"购买"或者"交易"产品和服务，比如，一个参加竞选的政治家想要的是选票，一个教堂需要的是信徒，一支交响乐队需要的是听众，而一个社会团体需要的是人们接受他们的观念。

营销包含为了同目标受众建立并保持与某种产品、服务、观点或其他对象有关的良好交换关系而采取的所有行动。公司希望通过持续提供出众的顾客价值来维系良好的顾客关系。我们将在本章后面部分就"顾客关系管理"这个重要概念展开详细的论述。

1.2.5　市场

由交换和关系的概念可以引出市场的概念。**市场**（market）是产品或服务的所有实际和潜在购买者的集合。这些购买者具有某些共同的特定需要或者欲望，可以通过交换关系来满足。

市场营销就意味着管理市场并带来能够产生利润的交换关系。然而，创造交换关系要花费很多心血。销售人员必须寻找购买者，明确他们的需要，设计恰当的市场供应品并为其设定价格，进行促销、仓储和分销。消费者调研、产品研发、沟通传播、分销、定价以及服务都是核心的营销活动。

尽管我们通常会认为营销是由销售人员来完成的，但是购买者同样会参与营销过程。当消费者寻找他们需要的产品，和公司打交道以获取信息并做出购买决策时，他们就是在参与市场营销过程。事实上，今天的数字技术，包括网站、智能手机应用软件以及现在很火的社交网络，使消费者拥有了更多的选择权并让营销真正地成为双向的过程。因此，在顾客关系管理之外，今天的营销人员还必须有效处理"顾客管理关系"。他们不只要问"我们怎样影响我们的顾客"，而且还要问"我们的顾客如何影响我们"，甚至还要问"我们的顾客如何相互影响"。

图 1-2 展示了营销体系中的主要元素。在通常情况下，营销涉及如何在面临竞争者的情况下为终端消费者市场提供服务。企业及其竞争者要通过对市场进行调研以及与消费者互动来了解顾客需求。然后，它们创造市场供应品、营销信息及其他营销内容，直接或通过营销中间商传递给消费者。营销系统当中的所有参与者都受到主要环境力量（人口统计因素、经济因素、自然因素、技术因素、政治/法律因素、社会文化因素）的影响。

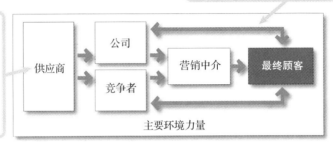

图 1-2　现代营销体系

从图 1-2 中可看到，系统中的任何一方都会为下一个阶段增加价值。箭头代表的是必须要发展和管理的关系。因此，一家企业能否成功建立盈利性的顾客关系不仅仅取决于它自身的活动，还取决于整个系统对终端消费者需求的满足程度。如果沃尔玛的供应商不能以低价提供商品，它就无法履行自己"天天低价"的承诺；同样，如果福特的经销商不能提供杰出的销售和服务，福特公司也无法向汽车购买者传递高质量的使用体验。

1.3　制定顾客驱动型营销战略

作者评点

一旦公司完全了解它的消费者和市场，就必须决定服务于哪些消费者，以及怎样为他们带来价值。

在完全了解消费者和市场之后，市场营销管理者就能够设计出一套顾客驱动型营销战略。我们将**营销管理**（marketing management）定义为选择目标市场并与之建立互惠关系的艺术与科学。营销管理人员的目标就是通过创造、传递、传播卓越的顾客价值来发现、吸引、保持和发展目标顾客。

为了设计一个制胜的营销战略，营销管理者必须回答两个重要的问题：我们将服务于哪些顾客（我们的目标市场是什么）？我们将如何为这些顾客提供最佳的服务（我们的价值主张是什么）？我们首先对营销战略的概念进行简要的讨论，在随后的第 2 章和第 6 章中会对这些概念进行更详细的讨论。

1.3.1　选择要服务的顾客

首先，企业必须决定为谁提供服务。企业通过将市场划分为不同的消费者群体（市场细分）并选择其中的某些细分群体为之服务（目标市场选择）。一些人认为，营销管理的任务就是找到尽可能多的顾客并增加需求，但是营销管理者知道，他们不可能在各个方面为所有的顾客提供服务。服务所有的顾客很可能会导致他们无法为每一位顾客提供最好的服务。因此，企业只会选择那些它们能够为之提供优质服务并从中获利的顾客。例如，诺德斯特龙把富裕的专业人士作为目标顾客并且获得了盈利，而Dollar General则把中等收入的家庭作为目标顾客同样也获得了盈利。

因此，营销管理者必须决定定位于哪些顾客以及他们需求的水平、时间和性质。简而言之，营销管理就是顾客管理和需求管理。

1.3.2 确定价值主张

企业必须决定的还有如何为其目标顾客服务：如何在市场中实现差异化和定位。一个品牌的价值主张是它承诺传递给顾客以满足其需求的一组利益和价值。捷蓝航空公司通过"人性和关爱回归旅程"来实现"顾客至上"的承诺。相比之下，Spirit航空公司为你提供"裸票价"："更少的钱，更多的旅行。"Facebook帮助你"与生活中的人们联络和分享"，而Twitter的Vine应用程序则通过"一种简单而有趣的方式让你的朋友和家人看到简短、美丽、可循环播放的视频"，为你提供了"观看和分享动态生活的最佳方式"。[9]

价值主张：Vine通过"一种简单而有趣的方式让你的朋友和家人看到简短、美丽、可循环播放的视频"，为你提供"观看和分享动态生活的最佳方式"。

Twitter, Inc.

正是这些价值主张使一个品牌得以与其他品牌区别开来，它们回答了消费者的问题："为什么我要买你的品牌，而不是竞争者的品牌？"公司必须设计一个强有力的价值主张，使其在目标市场上获得最大的优势。

1.3.3 营销管理导向

营销管理旨在设计一种能够同目标顾客建立盈利性关系的战略，那么指导这些战略设计的哲学是什么呢？如何平衡消费者、组织和社会三者之间的利益？这三者的利益经常会发生冲突。

有五种不同的观念指导着组织设计和执行营销战略，它们是生产观念、产品观念、推销观念、营销观念和社会营销观念。

1. 生产观念

生产观念（production concept）认为消费者更偏爱那些随处可得、价格低廉的产品，因此企业应当致力于改进生产和分销的效率。这是指导销售人员的最古老的理念之一。

生产观念在某些情形下仍非常具有实用价值。例如，电脑制造商联想和家用电器制造商海尔都通过低人力成本、高生产效率和大型分销在竞争激烈、价格敏感的中国市场占据主导地位。尽管生产观念在某些情况下依然适用，但可能会导致营销短视症。采用这种观念的企业存在的一个最主要的问题是，企业将注意力只放在自身的生产运作上而忽视了其真正的目标——满足顾客需要、建立顾客关系。

2. 产品观念

产品观念（product concept）认为消费者喜欢质量、功能和属性特征最佳的产品，因此组织应该致力于对产品持续不断的改进。

产品质量和改进是大多数营销战略的重要组成部分。但是，将焦点仅仅集中于公司的产品同样会导致营销短视症。例如，一些制造商认为如果自己能制造出更好的捕鼠器，需要灭鼠的消费者就会踏破门槛。但是他们常常会受到无情的打击，因为消费者可能会寻找一个更好的灭鼠办法，而不一定要买一个更好的捕鼠器。解决之道可能是一种化学喷雾剂、一项专业的灭鼠服务，养一只猫以及其他一些比捕鼠器更有效的方法。除非捕鼠器的设计、包装和定价十分具有吸引力，能够使用便利的分销渠道进行分销，并能够引起对它有需求的人的注意，从而使得购买者相信该捕鼠器比同类竞争者的要好，否则再好的捕鼠器也无法获得良好的销售业绩。

3. 推销观念

很多公司奉行**推销观念**（selling concept），认为除非公司进行大规模的推销和促销，否则消费者不会大量购买。这种观念在针对非渴求产品的销售中非常典型——消费者不会自然而然地想到购买这种产品或者产生这种需求，例如保险或者献血。这些行业的营销人员要善于追踪潜在购买者，并向他们宣传产品的好处。

然而，这种销售方式蕴含着高风险，它专注于创造交易，而不是建立长期盈利性的顾客关系。这种观念的目标通常是出售企业所制造的产品，而不是制造市场所需要的产品。该观念假定消费者在被说服购买产品以后会喜欢上产品，或者即使不喜欢产品，他们也会忘记之前的失望并再次购买。但这些假设经常是不堪一击的。

4. 营销观念

营销观念（marketing concept）认为，组织目标的实现依赖于其对目标市场需求和欲望的了解，以及比竞争者提供更好的顾客满意。在营销观念的指导下，以顾客为中心和实现顾客价值是销售和获得利润的途径。不同于以产品为中心的"生产并销售"的理念，营销观念采用一种以顾客为中心的"感知并响应"的理念。营销人员需要做的不是为自己的产品寻找正确的顾客，而是为顾客寻找正确的产品。

图1-3对推销观念和营销观念进行了比较。推销观念以一种从内向外的视角，从工厂出发，以公司的现有产品为中心，需要用大量的推销和促销活动来获得盈利性销售。它致力于征服顾客——赢得短期销售，而不关心谁会购买或者为什么会购买。

图1-3　推销观念与营销观念的对比

相反，营销观念采用的是由外而内的视角。正如西南航空公司的首席执行官赫布·凯莱赫（Herb Kelleher）所说："我们没有营销部门，只有顾客服务部门。"营销观念从一个界定明确的市场出发，以消费者需求为中心，整合各种营销活动来影响消费者，然后通过建立基于顾客价值和满意的长期顾客关系获得利润。

实施营销观念并不只是简单地响应顾客能够表达出来的、显而易见的需求。顾客驱动型企业会深入研究当前的顾客需求，收集新的产品和服务创意，并检验已有产品的改进空间。当存在明确的需求或者消费者清楚地知道他们想要什么的时候，顾客驱动型企业通常可以做得很好。

然而在许多情况下，消费者并不知道他们想要的是什么，甚至不知道他们能够获得什么。正如亨利·福特（Henry Ford）所说："如果我问人们想要什么，他们可能想要一匹好马。"[10] 例如，20年前有多少消费者想过要拥有笔记本电脑、智能手机、数码相机、24小时在线购物、私家车里的GPS系统呢？在这种情况下，就需要实行顾客驱动型营销——比顾客自己更理解他们的需求，创造出在现在或者将来能够满足顾客现有和潜在需求的产品和服务。正如3M公司的一位执行官所说："我们的目标就是在顾客还没有弄清楚自己想去哪里之前，就将他们带到他们想去的地方。"

5. 社会营销观念

社会营销观念（societal marketing concept）对纯市场营销观念提出了质疑，认为它可能会忽视顾客的短期欲望与长期福利之间存在的冲突。在短期内能够有效服务并满足其目标顾客的即时需要、欲望和利益的公司是否在长期内对消费者是最好的呢？社会营销观念认为，企业的营销战略应该以一种能够同时保持或增进消费者福利与社会福利的方式向其目标顾客传递价值。这就需要可持续性营销，这是一种对社会和环境负责的营销方式，在满足消费者和企业当前需要的同时，也能保持或增强后代满足自身需求的能力。

更广泛地说，许多领先的商业和营销思想家如今都在推崇共享价值的理念，这一理念在定义市场时会更多地考虑社会需要，而不仅仅是经济需要。[11] 共享价值的理念强调在创造经济价值的同时也为社会创造价值。许多以强硬的商业运作方式而闻名的公司——通用电气、Google、IBM、英特尔、强生、雀巢、联合利华和沃尔玛，都已经开始重新思考社会利益和公司绩效之间的相互作用。这些公司不再仅仅关注短期的经济利益，它们同时也开始关注顾客的福祉、与自身企业相关的自然资源的枯竭、关键供应商的生存能力以及它们开展生产和销售活动的社区的经济福利。

一位著名的营销者称这种现象为"市场营销3.0"。"市场营销3.0的组织以价值为驱动力，"他表示，"我不是在谈论价值驱动，我说的是复数形式的'价值观'，这里的价值观意味着我们要关心世界的状况。"另一个营销人员称之为目的驱动型营销。"未来持续获取利润就是目的。"他说。[12]

如图1-4所示，营销人员在制定营销战略时要考虑以下三个方面的平衡：企业利润、顾客需求和社会利益。总部位于英国的化妆品零售商Lush公司经营方式如下：[13]

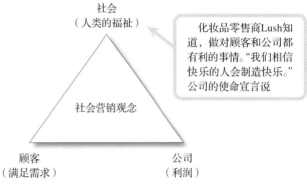

图1-4 社会营销观念下要考虑的因素

Lush以"新鲜的手工化妆品"而闻名，提供由最新鲜的天然原料手工制成的优质美容产品。它的产品有令人印象深刻的名字，如飞狐（Flying Fox）沐浴露、Angels on Bareskin洗面奶和Honey I Washed the Kids香皂。但是，Lush不仅仅是为了获利而制造和销售身体护理产品，它也致力于为顾客、员工、环境和社会做正确的事情。名为"Lush生活：我们相信……"的七点声明很好地诠释了Lush的美好使命。例如，公司信奉并坚持用新鲜的有机水果与蔬菜发明和制造自己的产品，很少或基本不用防腐剂、包装。Lush对动物试验有严格的政策，并支持公平贸易和社区贸易。每年，该公司都大力投资于可持续发展项目和支持民间慈善机构。Lush关爱自己的员工，"我们相信快乐的人会制造快乐的香皂……"实际上，Lush希望每个人、每个地方都好，"我们信奉烛光浴、共享淋浴、按摩，用香水充满世界，以及犯错、失去一切、再重新开始的权利。"Lush只在它最后一个信念中提到了利润。"我们相信我们的产品物有所值，我们应该盈利，顾客永远是对的。"多亏了它的社会使命，Lush像春天里的花朵一样茁壮成长。它现在在50个国家经营商店，在27个国家设有电子商务网站。在过去的3年里，该公司的销售额几乎翻了一番，这表明考虑社会利益对人类赖以生存的地球和公司自身都有好处。

> **作者评点**
>
> 前面部分讨论的顾客驱动型营销战略概括了企业要为哪些顾客服务（目标市场）以及如何为这些顾客服务（定位和价值主张）。现在，企业也要制订市场营销计划和方案——营销组合，真正实现将价值传递给目标顾客。

1.4 构建整合市场营销计划和方案

企业的营销战略提出了企业要为哪些顾客服务，以及企业如何为这些顾客创造价值。接下来，在营销战略的指导下，营销人员将会设计一组整合营销方案，从而真正地将预期价值传递给目标顾客。市场营销方案通过将营销战略转化为行动来建立良好的顾客关系。营销方案中包含了企业的营销组合，是企业用以执行其营销战略的一组营销工具。

主要的营销组合工具被划分为四大类：产品、价格、渠道和促销，称为营销组合4P。为了传递其价值主张，企业首先要创造一组满足市场需要的市场供给品（产品），还要为市场供给品定价（价格），并确定如何将这些供给品传递给目标顾客（渠道），最后，企业要吸引顾客参与，针对其产品与目标顾客进行沟通，并用产品的优点说服顾客购买（促销）。接下来，公司必须把这些营销组合工具整合成一个系统的营销方案，将价值传递给目标顾客。我们将在后面的章节中更为详细地探讨营销方案和营销组合。

缓冲带：概念链接

目前为止，关于市场营销你学到了什么？抛开我们现有的正式定义，尝试形成你自己对于市场营销的理解。

（1）用你自己的话形容什么是市场营销？写下你自己的理解。你的定义中包括顾客价值和顾客关系这些关键概念吗？

（2）市场营销对你来说意味着什么？它是如何影响你的日常生活的？

（3）你最近一次购买了什么牌子的运动鞋？描述你与耐克、阿迪达斯、新百伦、亚瑟士、锐步、彪马、匡威或者任何你购买过的品牌之间的关系。

1.5 吸引顾客和管理顾客关系

作者评点

营销过程的前三个步骤为第四个步骤奠定了基础，即建立和管理顾客关系。

营销过程的前三个步骤——理解市场与顾客需求、设计顾客驱动型营销战略以及构建营销方案，都是为了实现第四个也是最重要的一个步骤：建立和管理可盈利的顾客关系。我们首先讨论顾客关系管理中的基础知识，接着讨论在数字营销和社会营销时代，企业应如何实现更深层次的顾客互动。

1.5.1 顾客关系管理

顾客关系管理（customer relationship management，CRM）可能是现代营销学中最重要的概念。广义的顾客关系管理是指通过给顾客提供较高的价值和满意度来建立和保持可盈利的顾客关系的整个过程，涉及获取、维系和发展顾客的方方面面。

1. 建立顾客关系的基石：创造顾客价值和顾客满意

构建持久的顾客关系的关键在于创造卓越的顾客价值和顾客满意。满意的顾客更容易成为忠诚的顾客，也更可能为公司带来更多的业务。

（1）顾客价值。吸引与保留顾客可能是一件非常困难的任务。顾客经常要从大量令人眼花缭乱的产品和服务中做出选择。顾客会从提供最高**顾客感知价值**（customer-perceived value）的企业那里购买产品。顾客感知价值是指相比竞争对手的同类型产品或服务，顾客对从某市场供应物所获得的利益与其为获得该供应物所付出成本之差的评价。重要的是，顾客通常不能"准确"或者"客观"地评价价值和成本，他们往往会根据感知价值判断。

对一些消费者来说，"价值"可能意味着以合理的价格获得合适的产品；但对另一些消费者来说，价值可能意味着支付较高的价格获得更好的产品。例如，一个冷却器的价值——你带去露营或野餐或参加车尾派对的隔热容器。如果是YETI品牌的冷却器，对于其顶级的Tundra型号，你可能要支付229～1 300美元。然而，尽管YETI的冷却器价格很高，并且四四方方的设计略显普通和业余，但其在田野间、建筑工地、大农场，甚至军事基地都饱受欢迎和追捧。该公司的口号"YETI冷却器——功能更强大，让冰存在得更久！"说明了其受欢迎的原因。忠实的用户会告诉你，YETI确实能保持低温——它的产品有一个厚壁设计（是竞争对手的两倍），还有一个密封的盖子，里面有一个密封垫，可以让容器内的物体保持低温。而且粗犷的YETI冷却器经久耐用——不再有铰链易断、锁扣易坏或盖子坍塌的情况。他们甚至被跨部门灰熊委员会（Interagency Grizzly Bear Committee）认证为可防灰熊的冷却器。一位记者将YETI描述为"在大灾难中也可以使用的冷却器"，该公司声称这就是"你一直想要的那种冷却器，可以满足你所有需要的最佳选择"。那么，与 Igloo 或 Rubbermaid 制造的相对便宜的冷却器相比，YETI 冷却器是否值得消费者付出更高的价格？对很多消费者来说，答案可能是否定的。但对于 YETI 的目标顾客来说，答案却是大大的肯定。[14]

（2）顾客满意。**顾客满意**（customer satisfaction）取决于消费者所感知的产品效用与其期望相符合的程度。如果产品效用低于顾客期望，顾客就会产生不满意；如果产品效用与期望一致，顾客就会满意；如果产品效用超出期望，顾客就会产生高度的满意和愉悦感。

杰出的营销企业都竭尽全力保证重要顾客的满意。大多数研究表明，更高的顾客满意会带来更高的顾客忠诚，进而提升企业的绩效。聪明的公司仅仅承诺它们能够做到的事情，并通过努力传递超过其承诺的价值来取悦顾客。满意的顾客不仅会重复购买，而且会自愿成为企业的营销伙伴和"传道者"，向他人传播关于该产品的良好体验。

对于想要取悦顾客的企业来说，卓越的价值和服务将成为整个企业文化的重要组成部分。例如，年复一年，丽思·卡尔顿酒店（Ritz-Carlton Hotel）在顾客满意度方面位居酒店业的前列。它致力于令顾客满意的热情在公司的信条中得到了很好的体现，该公司承诺，其豪华酒店将提供真正令人难忘的体验——"愉悦感官，灌输幸福，满足客人连自己都说不清的潜在愿望和需求"。[15]

入住世界各地的丽思·卡尔顿酒店，你会惊奇地发现，这家公司对你哪怕是最微小的需求都充满热情。他们似乎知道你对花生过敏，你喜欢特大号床、防过敏枕头，你用更多的润肤露，入住时喜欢窗帘是拉开的，还有你早上喜欢在房间里喝不含咖啡因的咖啡。每天，酒店的员工——从前台的员工到后勤客房部的员工——都小心翼翼地观察和记录客人的偏好。每天早上，酒店会查看曾住过丽思·卡尔顿酒店的新入住客人的档案资料，然后为每位客人准备可能会使其感到高兴的额外的联系清单。例如，据一位丽思·卡尔顿酒店的经理说，如果酒店有客人宠物的照片，就会复制一份，把它装裱起来，不管客人入住哪个地方的丽思·卡尔顿酒店，在其房间里都会陈列其宠物的照片。

一旦丽思·卡尔顿酒店的员工发现一个特殊的客户需求，他们就会近乎极致地去满足这个需求。例如，由于一位客人的儿子对常规鸡蛋和牛奶过敏，巴厘岛的丽思·卡尔顿厨师不远万里地从另一个国家的小杂货店里找到了特殊的鸡蛋和牛奶，并把它们送到了酒店。在另一案例中，一位到奥兰多的丽思·卡尔顿酒店参加会议的商人，在酒店宴会厅的晚宴上点了他最喜欢的苏打水，但服务员告诉他酒店没有他要的那种苏打水，但他会试着看能做些什么。毫不惊奇，服务员很快就带着客人想要的苏打水回来了，并在剩下的一周时间里都常备这种苏打水等待客人的再次光临。最神奇的地方是，当客人一年后再回来参加会议的时候，他坐在宴会厅里等晚饭的时候，同一位服务员拿着他最喜欢的苏打水走过来。由于在顾客服务上的极致表现，95% 的客人称他们在丽思·卡尔顿获得了真正难忘的体验。丽思·卡尔顿的满意顾客中 90% 以上都会再次选择丽思·卡尔顿。

其他由于客户满意和优质服务而成为传奇的公司包括 Zappos、亚马逊、Chick-Fil-A、诺德斯特龙百货商店、捷蓝航空（见营销实践 1-1）。不过，企业没有必要为了创造顾客满意而提供过度的服务。例如，尽管在食品零售连锁店 Aldi 购物时顾客需要自己打包商品并且不能使用信用卡消费，但一切从简的 Aldi 依然拥有很高的顾客满意度。原因是它每天都会为顾客提供物美价廉的商品，从而提高了顾客满意度和重购率。因此，顾客满意不仅仅来源于优质的服务，同时来源于企业如何很好地传递其基本价值主张并帮助顾客解决购买中的问题。"大多数客户都不想被'惊艳'，"一位营销顾问表示，"他们只是想要一种轻松的体验。"[16]

| 营销实践 1-1 |

捷蓝航空：让顾客高兴，让人性化重返航空旅行

航空业有句老话："你不是与飞机飞行，你是与人飞行。"然而，如今许多大航空公司似乎忽视了人情味。相反，它们专注于尽可能高效地运输顾客，同时收取顾客所能承受的最高价格。美国客户

满意度指数（American Customer Satisfaction Index）的评估表明，航空业的客户满意度在47个行业中几乎垫底，比常住地下室居民的收费电视和互联网服务提供商勉强好一点。

捷蓝航空则不是这样。从一开始，年轻的捷蓝航空（刚成立15年）就以创造一流的顾客满意体验而闻名。它的口号——"你最重要"——是捷蓝航空公司战略和文化的核心。捷蓝航空正致力于让人性化重返航空旅行。

在捷蓝航空，客户关怀始于超出客户期望的基础设施，特别是对于低成本的捷蓝航空。捷蓝航空厚厚的皮质座椅使其比一般航空公司的座位多出3英寸（约8厘米）的伸腿空间。虽然这家航空公司不提供餐食，但它提供了3万英尺（约9 000米）高空飞行中最好的免费饮料和小吃（包括一些意想不到的东西，比如Terra Blues薯片、Linden的巧克力饼干和唐恩都乐咖啡）。捷蓝航空的每个座椅都有自己的LCD娱乐系统，配有免费的含36个频道的DirecTV和含100多个频道的SiriusXM广播。捷蓝航空借助最近新出现的Fly-Fi技术来完善其基础设施，该技术可以在飞行中为乘客提供高速互联网服务，并在所有配备的飞机上提供免费的基本浏览。

捷蓝航空不断创新，寻找新的方法来取悦客户。它"更多空间"的座位让顾客可以选择从"宽敞到更宽敞"，允许提前登机和使用行李架。它"更快速度"的服务提供了VIP通道以更快速地让客户通过安全检查。捷蓝航空的Mint服务为头等舱旅行赋予了新的特色，该服务在飞机前部提供可躺的"甜蜜座位"，其中有些座位还是单独的隔间。根据捷蓝航空的说法，"Mint服务传递了意想不到的、个性化的'mo-mint'，让您在旅途中保持活力，并在旅行中处于放松的状态。"

这些有形资源有助于捷蓝航空保持旅客的满意度。但捷蓝航空前首席执行官大卫·巴格（David Barger）知道，有形资产只是让捷蓝航空变得与众不同的一小部分原因。巴格说："只要你有钱，有形产品——飞机、真皮座椅、卫星电视……都可以被复制。""只有捷蓝航空的文化无法复制。这其中我们正在做的最重要的一部分就是关于人的。"捷蓝航空的文化——对客户飞行体验近乎痴迷的专注——不仅让捷蓝航空的客户满意，而且让他们感到高兴。

在捷蓝航空，以客户为中心的企业文化开始于雇用高质量的员工，他们的个人价值与捷蓝航空的价值观相匹配——从在家工作的呼叫中心兼职预订员到行李搬运工，再到空乘人员，甚至飞行员。当员工加入捷蓝航空并接受培训的时候，他们不仅知道还真正地实践着公司的核心价值观——安全、正直、关怀、热情和乐趣。正是这些发自内心的价值观造就了卓越的客户体验。卓越的客户体验使捷蓝航空的客户成为业内最满意、最忠诚的客户。

尽管大多数竞争航空公司的乘客都认为飞行是一种需要忍受的体验，但捷蓝航空的许多乘客实际上都很期待飞行。乘客还积极自愿地向他人传播捷蓝航空的良好口碑。捷蓝航空最近被《财富》杂志评为"社交媒体明星"，它在利用社交媒体与客户互动上一直处于领先地位，让客户相互谈论品牌。而其他航空公司刚刚发现了客户互动的力量，在捷蓝航空整个发展过程中，都经常利用广告和促销活动让客户参与互动。

例如，它的网站"Experience JetBlue"展示了通过Twitter和Facebook找到的其最忠实粉丝的感言。客户亲自说明他们为何喜欢捷蓝航空。"就像一个开放的小吃店，"一位客户说，"空乘人员经常

创造顾客满意：捷蓝航空创造一流的顾客满意体验。它的口号——"捷蓝航空：你最重要"告诉客户，他们是捷蓝航空战略和文化的核心。

JetBlue

四处走动，所以我从来不会感觉到口渴或饥饿。"另一名来自俄勒冈州波特兰市、身高1米8多的女性粉丝说，她非常喜欢捷蓝航空的座位："我可以伸展双腿或盘腿坐下，空间足够大并不会磕碰我的膝盖。""客户服务非常好，"来自波士顿的一位私营企业主说，"捷蓝航空的普通航班与头等舱差不多。"

在之前名为"Sincerely, JetBlue"的广告活动中，真实客户给出了更深入的捷蓝航空体验。例如，在一则广告中，客户梅丽莎说："我来告诉你，如果仅仅因为每个人看起来很喜欢你，我并不会喜欢你。我拿着笔和纸上了飞机，等着记下每一个恼人的细节。"但是，她接着说："乘坐了两次航班后，我正盯着那张依旧空白的纸。你没有出任何纰漏，而且做得很好。"在详细介绍了这家航空公司所做的所有正确的事情之后，她抱怨道："捷蓝航空，我不想喜欢你，但却无法做到。你忠实的顾客，梅丽莎，波特兰，俄勒冈州。"

在"Sincerely, JetBlue"的其他广告中，客户详细讲述了热忱的捷蓝航空员工的具体服务事迹。当顾客安女士的航班因暴风雪延误的时候，捷蓝航空提供比萨甚至是现场乐队，来消除长时间等待的无聊。"我三岁的儿子在跳舞，我也跟着跳舞，"她回忆道，"它让本来很糟糕的经历变成了美好的回忆。"来自康涅狄格州达里恩市的斯坦夫妇带着家人去佛罗里达州度假，结果他们晚上很晚才到，三个孩子已经非常疲惫了，但却被告知旅馆不能入住。"突然，我们听到身后传来一个声音，说，你们住我的房间吧。身穿捷蓝航空制服的超级英雄，他献出了自己的房间，拯救了我们的夜晚。我们睡得很好。谢谢你，捷蓝航空。"

让客户高兴也为捷蓝航空带来了好处。去年，该航空公司公布了创纪录的58亿美元的收入，在过去5年里增长了75%，利润增长超过6倍。即使在最近的经济困难时期，许多其他航空公司都在削减航线、减少飞机投入、裁员、亏损，捷蓝航空却在增加飞机、扩张进入新城市、雇用数千名新员工并实现盈利。

也许对未来的成功更重要的是，客户继续崇拜他们的捷蓝航空。连续9年以来，这家以客户为中心的公司在J. D. Power and Associates的顾客满意度排名中名列榜首。过去的5年里，在影响力很大的Satmetrix Net Promoter排行榜上，捷蓝航空的客户忠诚度得分与客户服务冠军企业西南航空公司不相上下。每年，超过60%的客户在0～10分量表上给捷蓝航空的评分为9或10，这个评分代表了他们向其他人推荐捷蓝航空的可能性。

所以，捷蓝航空告诉客户"你最重要"的时候是很认真的。"比其他一切都重要，"捷蓝航空的《消费者权利法案》说，"捷蓝航空致力于将人性化带回空中旅行。我们努力使你的每一段经历尽可能的简单和愉快。"捷蓝航空负责营销的高级副总裁补充道："（你最重要）让我们回归初心，回到我们最初的使命。"

资料来源："Industry Sector Reports: Airlines," Satmetrix, www.satmetrix.com/expertise/benchmarks-by-industry/travel-and-hospitality/, accessed June 2015; Iris Mansour, "Best in Customer Service," *Fortune*, August 29, 2013, http://money.cnn.com/gallery/technology/2013/08/29/social-media-all-stars.fortune/2.html; March Gunther, "Nothing Blue about JetBlue," *Fortune*, September 3, 2009, http://archive.fortune.com/2009/09/03/news/companies/ jetblue_airways_airline.fortune/index.htm; Kevin Randall, "Red, Hot, and Blue: The Hottest American Brand Is Not Apple," *Fast Company*, June 3, 2010, www.fastcompany.com/1656066/red-hot-and-blue-hottest-american-brand-not-apple; Rupal Parekh, "The Newest Marketing Buzzword? Human," *Advertising Age*, September 20, 2013, http://adage.com/print/244261/; "The American Customer Satisfaction Index: Benchmarks by Industry," www.theacsi.org/customer-satisfaction-benchmarks/benchmarks-by-industry, accessed September 2015; and http://experience.jetblue.com/, investor.jetblue.com; and www.jetblue.com/about/, accessed September 2015.

尽管以顾客为中心的企业总是试图传递比竞争者更高的顾客满意度，但是它们并不会试图使顾客满意度达到最大化。企业总是可以通过降低价格或提高服务质量来提高顾客满意度，但这同时会降低企业利润。营销的目的在于创造顾客满意的同时使企业盈利，这就要求企业达到一种微妙的平衡状态：营销人员必须能够持续不断地创造顾客价值和顾客满意，但不能倾其所有。

2. 顾客关系的层级和工具

根据目标市场的特征，企业可以在很多层次上建立顾客关系。在一种极端情况下，那些拥有很多低利润顾客的企业可以追求基本的顾客关系。例如,宝洁公司的汰渍洗衣粉不会给所有的消费者打电话来了解他们每个人,而是会以广告、公共关系、网站和社交媒体来建立顾客关系。在另一种极端情况下,对于拥有少数高利润顾客的市场,卖家会希望与关键顾客建立亲密的合作关系。例如,宝洁公司的销售代表与沃尔玛、克罗格以及其他出售汰渍的大型零售商有着密切的联系。在这两个极端之间,其他层级的顾客关系可能会更为合适。

除了持续提供较高的价值和顾客满意外,营销人员也可以使用专门的营销工具来发展更牢固的顾客关系。例如,许多公司使用"频繁购买计划"来奖励那些频繁购买或者大量购买的顾客。航空公司提供飞行常客计划,酒店为常住客人提供房间升级,超市为 VIP 顾客提供优惠折扣,如今几乎每个品牌都有奖励忠实顾客的项目。然而,一些创新的忠诚度计划比以往更为突出。以沃尔格林为例。[17]

沃尔格林的平衡奖励计划会员在店内或网上购买商品后可以获得积分,这些积分将来可以在沃尔格林购物时使用。会员会收到惊喜优惠和赠品,从免费的电影票到礼品卡等各种各样的礼品。但是,根据连锁商店的使命"让我们的社区保持幸福和健康",沃尔格林独特的平衡奖励计划不仅仅限于积分。它还包括激励顾客采取措施实现快乐、健康、平衡的生活。该计划对会员每走一英里或跑步一英里奖励相应的积分,还会对其每天跟踪体重、每次接种疫苗奖励积分。沃尔格林甚至提供在线和移动工具,帮助会员设定健康目标并跟踪进展,并用里程碑徽章庆祝他们的成就。因此,沃尔格林平衡奖励计划建立了更牢固的客户关系,并通过帮助客户来帮助品牌,这很符合该连锁店的口号:"沃尔格林:在快乐与健康的角落。"

还有一些公司通过发起俱乐部营销计划,该计划向会员提供特殊折扣并建立会员社区。苹果公司鼓励顾客建立当地的苹果用户群组。全球 800 多个苹果用户群组会提供每月例会、实时通信、技术建议、培训课程、产品折扣,以及供"果粉"交流想法、分享故事的论坛。类似地,只要购买一个韦伯烧烤架,你便可以加入"韦伯王国","该网站专门服务于那些热爱韦伯烧烤架的真实客户"。会员身份可以让你享受很多独家服务,如在线烧烤课程、交互式食谱、烧烤小贴士和 7×24 小时的热线电话服务、音频和视频播客,你还可以与论坛的其他烧烤爱好者交流,甚至让你有机会出演韦伯的电视广告。"从今天起成为一个韦伯烧烤迷吧!"韦伯说。[18]

1.5.2 顾客参与

顾客品牌关系的本质已经发生了巨大的变化。随着互联网以及在线、手机和社交媒体的崛起,如今的数字科技已经深刻地改变了人们之间的联络方式。这对企业和品牌如何与顾客建立联系,以及顾客之间如何相互联系和影响彼此的品牌行为产生了深远的影响。

1. 顾客参与以及当今的数字和社交媒体

数字时代催生了一系列建立顾客关系的新型工具,从网站、在线广告和视频、移动广告和应用软件、博客,到在线社区以及 Twitter、Facebook、YouTube、Instagram 和 Pinterest 等大众社交媒体。

过去,企业主要采用大众营销,针对大范围的顾客,但与顾客之间有着一定的距离。而如今,企业采用在线媒体、移动媒体和社交媒体营销,精准定位目标群体,并与顾客进行更深入的互动。旧式营销是将品牌营销给顾客,新式营销则是**顾客参与营销**(customer-engagement marketing)——通过促成顾客直接和持续的参与来塑造品牌对话、体验和社区。顾客参与营销的目的远不止把品牌推销给消费者,而是使品牌成为消费者交流和生活中有意义的一部分。

互联网和社交媒体的快速发展极大地促进了顾客参与营销的发展。如今的消费者与以往相比掌握了更多的信息、相互之间联系更加紧密且具有更大的控制权。新型消费者对品牌有更多的了解,并拥有丰富的数字平台用以和他人传播、分享自己对品牌的看法。因此,如今的营销人员不仅仅要进行顾客关系管理,同时要让顾客管理关系,在这个过程中顾客通过与企业和与其他顾客联系来形成自己的品牌体验。

顾客权力的增加意味着企业不能再依赖于入侵式的营销。企业必须要采用吸引式的营销,即创造会吸引顾客的市场供给物和信息,而不是打扰他们。因此,如今大多数营销人员都将大众媒体营销与一系列在线、移动、社交媒体营销等方式相结合,以促进品牌与顾客的互动和对话。

例如,企业会将自己最新的广告和宣传视频发布在社交媒体网站上,希望能产生病毒式传播。它们在

Twitter、YouTube、Facebook、Google+、Pinterest、Instagram、Vine和其他的社交媒体上频繁出现以创造品牌讨论。企业发布自己的博客、移动App、在线微型网站和消费者评价系统，目的是更个性化、更互动化地吸引顾客参与。

以Twitter为例，从戴尔、捷蓝航空、唐恩都乐到芝加哥公牛队、美国赛车协会和洛杉矶消防部，这些机构都注册了Twitter账号并在上面做推广。它们利用Tweet与Twitter上2.88亿活跃用户进行对话，处理顾客服务问题，研究顾客反应并提升相关文章、网站、移动端、竞赛、视频和其他品牌活动的流量。

类似地，几乎每家企业都在Facebook上有一些营销活动。星巴克在Facebook上有3 800万"粉丝"，可口可乐的"粉丝"则超过9 400万。每个企业都有一个YouTube频道，在那里品牌和"粉丝"可以发布最近的广告以及其他供娱乐或获取信息用的视频。企业巧妙地使用社会媒体让顾客参与进来并谈论其品牌。

参与式营销的关键在于找到将有吸引力的品牌相关信息加入到消费者对话中的方法。简单地发布一个幽默视频、建立一个社交媒体主页或开一个博客是不够的。成功的参与式营销意味着为顾客的生活和对话做出相关的、真实的贡献，以T恤和服装制造商Life is good公司为例。[19]

对于初次接触这个品牌的人来说，Life is good公司有一种真实的、吸引人的目标感：传播乐观的力量。品牌致力于帮助人们敞开心扉，建立人际关系，与他人建立联系。该公司感染力十足的经营哲学在其"生活是美好的"的口号和大家所熟悉的戴贝雷帽、无忧无虑的简笔画人物杰克身上得到了很好的体现。杰克随之很快成为流行文化的代表。该公司以实际行为履行其乐观主义的哲学，公司每年捐赠10%的净利润帮助有需要的孩子。

网络和社交媒体已成为共享"生活是美好的"信息的完美渠道。如今，该品牌培育了一个蓬勃发展的乐观主义者社区，拥有超过250万名Facebook粉丝，29万名Twitter粉丝，1.53万名Instagram粉丝以及一个活跃的YouTube频道。但最强大的参与平台是该品牌自己的网站Lifeisgood.com，它是最活跃的客户参与网站之一，在网上随处可见。该网站的

吸引顾客：Life is good公司起源于"传播乐观主义的力量"，这样能够引起共鸣和吸引顾客参与，它会创建在线和社交媒体工具让人们参与并合作创作品牌故事。

© WWPhotography/Alamy Stock Photo

"Live It"板块为品牌的粉丝提供了"分享即时信息"的平台。这是一个分享照片、视频和故事的地方，展示品牌在他们的尝试、胜利和乐观中发挥的角色。对Life is good公司来说，真正的参与是超越其销售产品之外更深层的有意义的关系。Life is good公司的CEO伯特·雅各布斯（Bert Jacobs）说："你自己建立不了一个品牌，我们已经进入了一个与客户共同创作故事的时代。"

2. 消费者自发营销

顾客参与营销越来越多地采用**消费者自发营销**（consumer-generated marketing）的方式，消费者在自己和其他消费者的品牌体验形成过程中扮演着越来越重要的角色。消费者自发营销可以通过消费者自发地在博客、视频分享网站、社交媒体和其他电子论坛上进行信息交流而发生。现在，企业开始越来越多地邀请消费者在塑造产品和品牌过程中扮演更活跃的角色。

一些企业邀请消费者提供新的产品服务创意。例如，在"我的星巴克"创意网站中，星巴克收集顾客关于新产品、店面改变以及其他任何可以让星巴克体验变得更好的想法。星巴克网站上写道："你比任何人都了解你想要从星巴克获得什么，所以告诉我们，你的星巴克创意是什么。不管是革命性的或简单的创意，我们都想听到。"网站邀请顾客分享自己的创意，对其他人的创意进行讨论并投票，并看看星巴克最终采纳了哪些创意。[20]

还有一些企业邀请消费者积极参与企业的广告制作。例如，在过去的7年里，百事可乐旗下的多力多滋品牌举办了一场"冲击超级碗"的比赛。该比赛向消费者征集30秒的广告作品，并从中选出最佳作品在"冲击超级碗"比赛过程中播出。消费者生成广告取得了巨大的成功。2016年，多力多滋面向销售该品牌产品的46个国家的消费者开放了比赛。

多力多滋从4 900多个作品中选出了两个粉丝制作的广告作品在超级碗比赛中进行现场播放。多力多滋以往的比赛中产生了很多在《今日美国》广告评选中名列前茅的优胜作品，这些作品为其创造者赢取了由百事可乐菲多利部门提供的100万美元的现金奖励。在比赛活动中，这些奖项是基于Doritos.com的粉丝投票而产生的。获奖广告是一个叫作"中间座位"的广告创意——一位男士企图用多力多滋吸引一位漂亮女士乘坐航班时坐在他旁边，男士却发现她带着一个难缠的宝宝。这个广告让它的业余制作人赚了100万美元，还获得了在环球影业工作的梦想职位。这个自制的广告制作成本为2 000美元，拍摄耗时仅4个小时。[21]

尽管效果很成功，但利用消费者创造内容是一个很消耗时间和成本的过程，企业有时甚至很难从众多"垃圾"中找到一些亮点。此外，因为消费者对社交媒体内容有太多的控制权，所以邀请他们贡献企业想要的内容有时会适得其反。例如，麦当劳以 #McDStories 为标签在 Twitter 上推出了一项著名的活动，希望能激发人们发布关于其"欢乐餐"的温馨故事。相反，麦当劳的努力被 Twitter 用户劫持了，他们把这个标签变成了一个"抨击"发泄点，基于这个标签发布了一些不那么令人愉快的信息，诉说他们在麦当劳的糟糕经历。麦当劳在短短两小时内就结束了这项活动，但这个标签仍持续了几个星期，甚至几个月。[22]

随着消费者联系越来越紧密、拥有越来越多的控制权，以及数字和社交媒体技术的持续繁荣发展，消费者品牌参与——无论是否由营销人员邀请，将成为一股越来越重要的营销力量。随着消费者制作的视频、评论、博客、应用软件以及网站的日益丰富，消费者在形成自己和其他消费者的品牌体验中扮演着日益重要的角色。如今，消费者几乎对产品的所有方面都具有了话语权，从产品设计、使用、包装到品牌信息、定价、分销。品牌必须接纳这股新生的消费者权力，并学会使用新兴的数字和社交媒体工具发展顾客关系，否则就有被时代抛弃的风险。

1.5.3 伙伴关系管理

今天的营销人员认识到，想要创造顾客价值并建立牢固的顾客关系，仅靠单兵作战是不行的。他们必须与各种各样的营销伙伴紧密合作。除了要善于顾客关系管理，企业还要善于进行**伙伴关系管理**（partner relationship management）——和其他公司部门或公司外的合作伙伴一起，通过紧密的合作共同为消费者创造更大的价值。

从传统意义上来说，营销人员需要理解顾客需求并把顾客需求传达给公司其他部门。但是，在今天这个联系更加紧密的世界当中，组织的任何一个部门都可以同顾客进行交流。新的理念是，无论你在公司的工作是什么，都必须理解营销并做到以顾客为中心。公司要将所有的部门和职能整合在一起来为顾客创造价值，而不是让它们各行其是。

另外，营销人员必须与公司外部的供应商、渠道伙伴和公司外的其他人建立伙伴关系。营销渠道包括分销商、零售商和其他一些将公司与其最终顾客联系起来的组织。供应链则是一条更长的渠道，涉及范围从原材料和部件到传递给终端购买者的最终产品。通过供应链管理，如今的企业加强了同供应链上所有其他企业的联系。企业知道最终利润不仅仅取决于自身做得有多出色，传递顾客价值的成功还取决于企业的供应链整体上是否比竞争者更好。

1.6 从顾客处获取价值

作者评点

回顾图1-1，在营销过程的前四个步骤中，企业为目标顾客创造价值，建立顾客关系。如果把这些做到位，企业就可以从顾客那里获取价值作为回报，回报的通常形式是获得忠诚的并会重复购买公司品牌产品的顾客。

在图1-1中，营销过程的前四个步骤主要是通过创造和传递超额的顾客价值来建立顾客关系。最后一个步骤则是从顾客那里获取价值作为回报，形式可能是当期或者未来的销售额、市场份额或者利润。通过创造卓越的顾客价值，企业也获得了高度满意的顾客，他们忠诚于企业并会重复购买。这反过来对企业意味着更高的长期回报。在这里，我们讨论创造顾客价值的结果：创造顾客忠诚度和顾客保持度，提升市场份额与增加顾客份额，以及建立顾客资产。

1.6.1 创造顾客忠诚度和顾客保持度

卓越的顾客关系管理能够创造顾客满意度,而满意的顾客会保持忠诚并向其他人宣传该企业的产品。研究显示,完全满意的顾客、一般满意的顾客和不满意的顾客在忠诚度上存在巨大差异。即便是在完全满意的基础上略有下滑也会导致顾客忠诚度的急剧下降。因此,顾客关系管理的目标不仅是要创造顾客满意,还要创造顾客愉悦。

保持顾客忠诚可以带来可观的经济效益。忠诚的顾客花钱更多并且持续时间更久。研究表明,留住一个老顾客的成本只有发展一个新顾客的1/6,反过来说,顾客流失的成本非常高。失去一个顾客不仅意味着丢掉了一笔交易,而且意味着可能失去该顾客以后一生之中能带来的全部购买量。例如,以下是关于**顾客终身价值**(customer lifetime value,CLV)的一个经典案例。[23]

斯图·伦纳德(Stew Leonard)在康涅狄格州和纽约经营着四家连锁超市而且获利颇丰。他戏称每当看见一个满面怒容的顾客离开时,他就看见50 000美元从他的商店飞走了。为什么?因为每位顾客平均每周会购买100美元的商品,每年大约购买50次,大约会在这个地方居住10年。如果这个顾客有了不愉快的购物经历,他就有可能转到其他的超市去购买,这也就意味着伦纳德损失了50 000美元的收入。如果这个顾客向其他顾客说超市的坏话,并且导致他们也离开,损失会更大。

为了留住顾客,伦纳德超市创造了《纽约时报》所说的"乳品店中的迪士尼",商店里有真人装扮的知名角色、定期安排的娱乐项目、宠物动物园,以及充斥全店的仿真卡通形象。1969年,伦纳德开设的仅是一家小小的乳品店,但是它发展的速度快得惊人。现在它在原来店铺的基础上另外增加了30个店铺,每周服务超过30万名顾客。如此众多的忠诚顾客的获得在很大程度上得益于商店里那种激情洋溢的顾客服务方式。店里有两条原则,第一条原则:顾客永远是对的;第二条原则:如果顾客真的错了,那么参见第一条。

关注顾客终身价值的不只这家超市。雷克萨斯的评估结果显示,在一位满意并且忠诚的顾客的一生中,公司能与其达成的交易价值为60万美元。星巴克客户的预期终身价值则超过1.4万美元。[24] 事实上,即使企业可能会在一笔交易上亏钱,但是仍然可以从长期的关系中获益。这意味着企业应该在建立顾客关系上制定更高的目标。让顾客高兴可以使顾客对品牌产生情感上的喜爱,而不仅仅是理性的偏好。正是情感上的喜爱促使顾客再次购买。

1.6.2 增加顾客份额

优秀的顾客关系管理不仅可以使企业留住那些有价值的顾客并获得顾客终身价值,还能够帮助营销人员增加**顾客份额**(share of customer),即购买某公司产品的顾客在该品类全部顾客中的比例。因此,银行更加关注"钱包份额",超市和饭店想要提高"胃口份额",汽车公司想要的是"车库份额",而航空公司则要增加"旅行份额"。

为了增加顾客份额,企业可以通过为现有的顾客提供更多的选择,或者以交叉销售和追加销售的方式向现有顾客宣传新的产品和服务。例如,亚马逊就非常善于利用其与2.44亿顾客的关系来增加自己在每位顾客的购买预算中的占比。[25]

每次登录亚马逊,消费者购买的产品往往要比计划的多。亚马逊全力以赴达成这一目标。这个线上巨头正在持续扩张其产品类别,打造理想的一站式购物平台。根据每位顾客的购买和搜索记录,企业为顾客推荐他们可能会感兴趣的相关产品。这个推荐系统影响着高达1/3的总销售额。亚马逊独创的Prime"两日送达"快递服务同样有助于提升顾客的钱包份额。通过支付99美元的年费,Prime会员可以在两天之内接收到他们的所有订单,不管是一本书还是一台60英寸的高清电视。一位分析师说,这个系统"将那些对两天送达倍感欣喜的消费者变成亚马逊的狂热粉丝"。因此,亚马逊的4 000万Prime会员现在占据了其在美国销售额的1/2以上。一般来说,Prime会员的花费是非Prime用户的2.4倍。

1.6.3 建立顾客资产

我们已经知道了企业不仅要赢得顾客,更要维护和发展顾客的重要意义。企业的价值来自其现在和将来的顾客价值，顾客关系管理的理念是长期的。如今，聪明的企业都不仅想要拥有可以带来利润的顾客，而且还想长久地拥有他们，赢得他们更多的购买份额并获取顾客终身价值。

1. 顾客资产是什么

顾客关系管理的最终目标是产生更高的顾客资产，[26] **顾客资产**（customer equity）是企业所有现有和潜在顾客终身价值的总和。它是衡量企业顾客未来价值的指标。很明显，能够给企业带来利润的顾客越忠诚，企业的顾客资产就越高。相对于现有的销售额或市场份额来说，顾客资产也许是衡量企业绩效更好的指标。销售额和市场份额代表的是企业的过去，而顾客资产则预示着企业的未来。来看凯迪拉克的例子。[27]

在20世纪七八十年代，凯迪拉克拥有全行业最忠诚的顾客。对于整整一代汽车购买者来说，凯迪拉克定义了"全球标准"。凯迪拉克在高端轿车市场的份额在1976年达到惊人的51%。从销售额和市场份额的角度来看，这家企业的未来一片光明。然而，如果从顾客资产的角度来衡量，场面可能就多少有些凄惨了。凯迪拉克的顾客正在慢慢变老（平均年龄60岁），平均的顾客终身价值正在降低。很多车主所驾驶的都是他们的最后一辆车。因此，尽管凯迪拉克的市场份额表现不凡，顾客资产却不尽然。

让我们对比凯迪拉克和宝马。在一开始的市场份额之争中，年轻活力的形象并没有为宝马带来太多优势，然而，它最终为宝马赢得了具有更高终身价值的更年轻的顾客群（平均年龄40岁）。结果，在之后几年里宝马的市场份额和收入急剧增长，而凯迪拉克的份额迅速被侵蚀。宝马在20世纪80年代超过了凯迪拉克。近几年，凯迪拉克又开始努力通过时髦、高性能的设计使产品看起来更加炫酷，从而吸引更年轻的消费者。如今，凯迪拉克品牌通过基于"力量、性能和设计"的营销宣传将自己定位为"全球的新标准"。然而过去的10年里，凯迪拉克在豪华车市场的份额停滞不前。这个故事的寓意是：销售人员不能仅仅关心目前的销量和市场份额，顾客终身价值和顾客资产才是这场博弈的主题。

2. 与恰当的顾客建立恰当的关系

企业应该精心管理自己的顾客资产。它们应把顾客看作需要进行管理并使之最大化的资产。但并不是所有的顾客，甚至不是所有的忠实顾客都是好的投资。这一点是非常令人惊奇的，有一些忠实顾客甚至不能使企业盈利，而一些不那么忠实的顾客却可能带来非常多的利润。那么企业应该去获得和维系哪一部分顾客呢？

企业可以根据潜在获利性来划分顾客等级，并据此管理与他们之间的关系。图1-5根据潜在获利性和预期忠诚度将所有的顾客划分为四类，每个类别都需要不同的顾客关系管理战略。[28] "陌生人"表现出较低的潜在获利性和预期忠诚度，企业的产品同他们的需求几乎不匹配。对于这一类顾客的顾客关系管理战略非常简单——不要在他们身上投资任何东西；在每笔交易中都要获利。

"蝴蝶"是那些潜在获利性很高但却不太忠诚的顾客。企业的产品与他们的需求之间有很大的共同点，但是就像真正的蝴蝶一样，企业只能拥有这些顾客很短的时间，然后他们很快就飞走了。股票市场上那些经常进行换投但保持很大交易数额的投资者就属于这种类型。他们乐于猎取那些最高的收益，却不会与哪一家股票经纪公司建立经常性的联系。试图将这类顾客转变为忠实顾客的努力通常很难奏效。因此，企业应该在当下享受"蝴蝶"，

图1-5　顾客关系群组

与他们建立满意的、有利可图的交易，在他们进行购买的短暂时间中尽可能做更多生意，然后就停止进一步投入，直到下一轮交易的来临。

"真正的朋友"是那些既忠诚又有利润的顾客。他们的需求与企业的产品之间有非常好的匹配，企业愿意对他们进行持续的关系投资以取悦这些顾客，并培育、维系和发展这些顾客。企业希望可以将"真正的朋友"转化为"忠实信徒"，他们将会不断重复光顾并向其他人传播自己在企业的愉快体验。

"船底的贝壳"则是指那些高度忠诚但利润微薄的顾客。企业的产品同此类顾客的需求匹配程度有限。一

个例子是银行的小顾客，他们经常光顾，但是所产生的利润甚至无法弥补维持其账户的成本。他们就像那些黏在船底的贝类，拖延了轮船的行程。这类顾客往往是最令人头疼的。企业也许可以通过卖给他们更多产品、提高他们的费用或者减少对他们的服务来提高这部分顾客的利润率。但如果不能奏效，企业就应该舍弃这些顾客。

以上内容陈述了一个非常重要的观点：对于不同类型的顾客，企业应该实施不同类型的顾客关系管理战略，企业的目标就是要与恰当的顾客建立恰当的关系。

缓冲带：概念链接

我们已经探讨了很多内容，休息一下，谈谈你对营销的理解。
- 用你自己的话来阐述什么是市场营销以及市场营销的目的都有哪些。
- 捷蓝航空与其顾客之间的关系如何？它使用了哪种顾客关系管理策略？沃尔玛使用了哪种顾客关系管理策略？
- 找一家你是它的"真正的朋友"的企业，这家企业运用什么战略来维护你们的关系？

1.7 营销新视野

作者评点

营销并不会在真空环境中发生。我们已经讨论了营销过程中的五个步骤，现在让我们来看看不断变化的营销环境如何影响消费者和服务于他们的营销者。在第3章我们将深入讨论这些以及其他营销环境因素。

每天，营销领域都在发生翻天覆地的变化。惠普公司的理查德·洛夫（Richard Love）说："世界的变化如此之快，企业的应变能力如今已经成了一种竞争优势。"纽约扬基队的尤吉·贝拉（Yogi Berra）的总结更简单："未来和过去大不一样了。"当市场变化时，服务于这些市场的营销者也必须顺应潮流。

本节将探讨一些正在让营销发生变化并对旧有的营销战略提出挑战的主要趋势和力量。我们聚焦于五种主要的进步：数字化新时代、不确定的经济环境、非营利营销的发展、快速的全球化以及对于更高的道德和社会责任的要求。

1.7.1 数字化新时代：在线、移动和社交媒体营销

数字化技术的爆炸式发展已经从根本上改变了我们的生活方式，包括交流、信息分享、学习、购物和娱乐。现在超过30亿人（占世界人口的42%）会使用网络；58%的美国成年人拥有智能手机。随着数字科技的快速发展，这些数字必将继续增长。[29]

大多数消费者完全沉浸在数字世界中。例如，一项研究表明，44%的美国人睡觉时把手机放在旁边，他们表示手机是他们起床第一个摸到的东西以及睡前最后一个摸到的东西。在过去的几年里，美国人平均每天使用数字媒体的时间（5.25小时）比看传统电视的时间（4.5小时）要多。[30]

消费者对数字和移动科技的钟爱为顾客参与营销提供了肥沃的土壤，所以，互联网、数字以及社交媒体的进步席卷了整个营销界也就不足为奇了。**数字和社交媒体营销**（digital and social media marketing）通过消费者的电脑、智能手机、平板、联网电视等设备，借助网站、社交媒体、移动广告和App、在线视频、电子邮件、博客等数字营销工具来随时随地吸引消费者。如今，似乎每个企业都会通过多种多样的网站、话题性的推文和Facebook页面、发布在YouTube上的病毒式传播的广告和视频、多媒体电子邮箱和移动App与顾客联系，帮助他们解决问题和进行产品或服务购买。

在最基础的层面上，营销人员会建立提供信息和推广产品的企业和品牌网站。这些网站中很多也同时充

当品牌的在线社区的角色,供顾客聚集在一起交流与品牌相关的兴趣和信息。例如,Petco网站的"宠物交流场所"是宠物爱好者可以通过讨论狗("吠")、猫("呜呜")、鱼("溅")、鸟类("啾啾")、爬行动物("嘶嘶")和其他类型的宠物来"联系、分享和学习"的平台。在化妆品销售商丝芙兰的美容社区网站上,志同道合的成员讨论和比较化妆、护发、香水或护肤产品,以找到最适合她们的产品。

而索尼的GreatnessAwaits.com网站是游戏机PS4游戏爱好者的社交中心。在这里粉丝可以关注PS4社交媒体帖子,观看最新的PS4视频,发现哪些PS4游戏在社交网络上流行,分享内容,与其他粉丝互动——所有这些都是实时的。到目前为止,GreatnessAwaits.com已经获得了超过450万的页面浏览量,超过330万条的社交内容,并且拥有75 000个粉丝。[31]

除了品牌网站,大多数公司还将社交媒体营销和移动营销整合到它们的营销组合中。

1. 社交媒体营销

很难找到哪个品牌官网或传统媒体广告不与该品牌的Facebook、Twitter、Google+、YouTube、Pinterest、Instagram、Pinterest或其他社交网站链接起来的。社交媒体为延伸顾客参与和品牌讨论提供了一个绝佳的机会。如今,接近90%的美国企业将社交媒体作为营销组合的一部分,71%的企业认为社会化营销是它们的核心业务。[32]

有一些社交媒体十分庞大——Facebook每个月有超过12亿的活跃会员;Twitter拥有超过2.32亿的活跃用户;Pinterest吸引了5 300万用户;据估计,Instagram有3亿月活跃用户。Reddit,一个在线新闻社交网站,每月吸引来自185个国家近1.74亿的独立访问者。更具有针对性的社交媒体网站同样发展迅猛,比如在线社区CafeMom。在CafeMom,2 000万妈妈们通过社区的网站、Facebook、Twitter、Pinterest、YouTube、Google+和移动网站来互相交流、咨询、娱乐和安慰。

在线社交网络为人们提供了一个相互联系、交流、分享重要信息和人生重大时刻的在线家园。因此,它们为实时营销提供了一个理想的平台,营销人员可以通过将品牌链接到重要的热门话题、现实世界的事件、慈善活动、个人场合或消费者生活中的其他重要事件来吸引消费者(见营销实践1-2)。

营销实践 1-2

实时营销:时刻吸引消费者

在新奥尔良,第47届"超级碗"发生了一件有趣的事情。在第三季度的早些时候,梅赛德斯-奔驰超级穹顶的灯光突然熄灭了。当71 000名现场观众和1.06亿电视或视频观众焦急地等待着灯光重新亮起来的时候,工程师们紧急地工作了整整34分钟,以修复停电,并把灯打开。尽管停电是超级穹顶管理和CBS体育的灾难,对球员和球迷来说也是一种烦恼,但至少有一名营销人员认为这是一个机会。停电后不久,纳贝斯克的奥利奥品牌发布了一条简单的信息:"断电?没有问题。在黑暗中你仍然可以泡饼干吃。"

相比该品牌在第一季度的奢侈广告,这条现在很有名的Tweet在短短几分钟内就获得了认可,引起了人们对奥利奥的关注。在一个小时内,"在黑暗中泡饼干"的消息被转发了近16 000次,并累积了超过2万个Facebook赞,导致了数千万的有利曝光。在接下来的几天里,奥利奥获得了大量的媒体报道,并被誉为"赢得了断电碗的品牌"。作为饼干制造商开的一个小玩笑,它达到的效果令人印象深刻。

奥利奥成功的超级碗小玩笑引发了实时营销的激增,直到今天,它仍被誉为实时营销的成功典范。各种品牌现在都在尝试创建自己的"奥利奥时刻",通过及时的Tweet、视频、博客和社交媒体帖子,将营销内容与现实世界的事件和热门话题结合起来。如果做对了,实时营销可以吸引消费者,完美诠释品牌形象。

然而,如果做得不好,实时的参与就会变成不合时宜的"闯入"。十有八九,品牌只是把独立的、最后一分钟的广告或信息投放到社交渠道,"妄想能在瓶子里捕捉到闪电"。但是,仓促准备的即时信息很容易产生事与愿违的效果,让消费者对品牌形成投机取巧或不贴近顾客的印象。

例如,在一段视频中,巴尔的摩乌鸦队的跑

锋雷·莱斯打晕了他当时的未婚妻，成千上万的女性在Twitter上讨论了虐待关系，并引用了#我为什么留下（#WhyIStayed）和#我为什么离开（#WhyILeft）的标签。在热门话题讨论中，冷冻比萨制造商DiGiorno增加了几个字："#我为什么留下，因为你有比萨"。不出所料，Twitter上的人对这种麻木不仁的说法嗤之以鼻，让这个头号冷冻比萨品牌赶紧出来解释。但它的解释是苍白无力的："万分抱歉，在发布之前没有读过标签的内容。"

今天，许多实时营销都集中在大型媒体活动上，比如超级碗、格莱美奖和奥斯卡奖。这些事件让营销人员接触到大量现成的观众。例如，在2015年的奥斯卡颁奖典礼上，乐高的大片《乐高大电影》未能获得最佳动画电影奖提名，在奥斯卡颁奖典礼的电视节目中，乐高将这种冷遇转化为实时吸引观众的机会。

在奥斯卡提名歌曲 Everything Is Awesome 的演出中，演员将金色乐高积木制成的奥斯卡颁发给观众席中的名人。同时，该品牌在Twitter发布了当时的照片和信息"#EverythingIsAwesome在#奥斯卡"。凭借梅丽尔·斯特里普、克林特·伊斯特伍德、奥普拉·温弗瑞和布莱德利·库珀等明星的照片，#LegoOscar成为Twitter上的头号热门话题。

实时营销：奥利奥引人注目的"你仍然可以在黑暗中泡饼干吃"的推文引发了实时营销的激增，各种品牌现在正试图通过将营销内容与现实世界的事件和热门话题结合起来，来创建自己的"奥利奥时刻"。

© Isabella Cassini/Alamy

其他公司则在竞争或自然环境中实时关注事件。举个例子，当苹果公司的高管在台上展示其推出的新款iPhone手机的功能时，三星的市场营销人员则在社交媒体上大肆宣传，"仅次于最好的事情诞生了"。星巴克是一家社交媒体巨头，拥有近3 600万的Facebook粉丝和超过700万的Twitter粉丝，长期以来一直使用实时营销将品牌与当前对其客户重要的事件联系起来。例如，2013年年初，冬季风暴"尼莫"登陆美国东北部，遭遇暴雪和飓风的袭击，星巴克在Twitter和Facebook上开展促销活动，为受影响地区的顾客提供"雪天"免费咖啡。"我们塑造一个伟大无私（及时）的形象。"星巴克的一位数字营销人员表示。

实时营销的努力很少成功。相反，要想保持成功，实时营销必须在战略层面上进行更广泛、精心的构思，使品牌本身成为消费者生活中吸引人的、相关的部分。根据一位营销策略专家的说法，品牌必须"在一个实时的世界里发展其整个营销计划"。"今天随时携带的智能手机、被社交媒体包围的客户"不再仅仅是用手机浏览信息，他们是用手机生活。"聪明的品牌建立了敏捷的、持续的实时营销方案，在社交空间中倾听，并制定相关的营销内容做出回应，让这些内容与客户实时的社交分享动态地融合在一起。"

例如，尽管奥利奥"在黑暗中泡饼干吃"的Tweet可能看起来是即兴的，但这只是一系列旨在让奥利奥成为消费者日常谈话内容的实时营销活动中的一项。在超级碗之前的几个月里，奥利奥成功开展了"每天扭一扭"活动。在100天里，这个品牌每天都把受消费者启发的奥利奥饼干艺术与相关事件联系在一起。曾经有一个火星探测器登陆奥利奥（在它的红色奶油夹层中有探测器留下的轮胎印），还有猫王周奥利奥（有奥利奥外形的摇滚之王），还有鲨鱼周奥利奥（当然是带着锯齿状咬痕的奥利奥）。这一突破性的"每天扭一扭"活动使奥利奥在Facebook上的关注增加了四倍，在Instagram的粉丝数量从2 200人增加到85 000多人。

奥利奥通过持续不断的社交媒体营销和移动营销活动实时吸引消费者参与，巧妙地将品牌注入消费者的生活和对话中。例如，曾有一款广受欢迎的"扭一扭，舔一舔，泡一泡"手机游戏应用程序，在这个游戏中有400万用户用40亿虚拟的奥利奥饼干进行"泡一泡"。随后，在 YouTube 和其他社交媒体上出现了引人注意的 90 秒"奥利奥曲奇球"的说唱视频，展示了在年末假日里吃和做饼干球的聪明创意——这一视频在 YouTube 上迅速蹿红，仅在 YouTube 上就有超过 160 万的点击量。在万圣节前夕，奥利奥工厂通过一系列简短的动画视频，展示了不同的奥利奥物种，并让粉丝"给这些小怪物命名"。这类活动展示了奥利奥如何通过实时营销活动来使自己在消费者意识中占据核心位置。

无论连接到一次社会公益、一个热门话题或事件、消费者的个人情况或别的东西，成功的实时营销背后的原理很简单：寻找或建立品牌与消费者生活中发生的重要事件之间的持续联系，然后把握时机吸引消费者参与。一位营销高管建议，实时营销人员应该把这种做法等同于"在社交聚会上与某人见面——你不会直接和他攀谈，相反，你会先找到你们都感兴趣的东西"。

资料来源：Georgia Christopher Heine, "Ads in Real Time, All the Time," *Adweek*, February 18, 2013, p. 9; David Griner, "DiGiorno Is Really, Really Sorry about Its Tweet Accidentally Making Light of Domestic Violence," *Adweek*, September 9, 2014, www.adweek.com/print/159998; Danielle Sacks, "The Story of Oreo: How an Old Cookie Became a Modern Marketing Personality," *Fast Company*, October 23, 2014, www.fastcocreate.com/3037068; Christopher Palmeri, "'Lego Movie' Picks Up Tweets Not Trophies at Academy Awards," *Businessweek*, February 23, 2015, www.bloomberg.com/news/articles/2015-02-23/lego-movie-picks-up-tweets-not-trophies-at-academy-awards-show; and www.360i.com/work/oreo-daily-twist/ and https://twitter.com/oreo/status/298246571718483968, accessed September 2015.

社交媒体营销涉及的东西可能很简单，比如，发布一个活动或推广以获得 Facebook 的点赞、Twitter 或 Youtube 的发帖数目。但如今，各种各样的大型组织都在使用广泛的、精心整合的社交媒体。例如，美国国家航空航天局（NASA）利用各种社交媒体来教育下一代的太空探险家，即"勇敢地去那些以前没有人去过的地方"。总的来说，NASA 拥有超过 480 个跨越各种主题和数字平台的社交媒体账号。该机构拥有 1 000 多万 Facebook 粉丝、900 多万 Twitter 粉丝、250 多万 Instagram 粉丝和 3 万多名 YouTube 用户。NASA 有史以来最大的一次社交媒体活动是支持"猎户座"飞船的测试发射，它最终将把人类送上类似于火星或小行星等深空目的地。[33]

这次广泛的宣传活动包含 12 个或更多的"I'm On Board" YouTube 视频，其中包括由《星际迷航》和《神奇绿巨人》等经典科幻电视剧演员主演的视频。甚至芝麻街的 Elmo 也加入了，他自豪地展示了他的"I'm On Board"的登机牌，和宇航员聊天，在芝麻街的 Twitter 和其他数字平台上发布事实和信息。该活动为社交媒体用户提供了一个机会，让他们把自己的名字写在太空船上的微型芯片上——超过 100 万人参与了签名。在飞行过程中，NASA 的社交媒体团队通过 Twitter、Facebook 和 Instagram 向公众发布信息。总之，这是一个新的 NASA。曾经，人们只能通过电视来关注 NASA 的活动。现在，太空总署通过互动的社交媒体直接吸引粉丝。"你可以问宇航员一个问题，"NASA 的社交媒体经理说，"你可以以一种比以往任何时候都不同的方式真正成为体验的一部分。它不再是你的父辈和祖辈时代的 NASA 了。"

2. 移动营销

移动营销或许是增长最快的数字营销平台。4/5 的智能手机用户使用手机进行购物相关活动，通过 App 或者移动互联网浏览产品信息、进行产品比价、阅读产品评价、兑换优惠券等。[34] 智能手机时时存在、永远在线、定位精准、高度隐私，这些优点使其成为吸引顾客随时随地购物的理想媒介。比如，星巴克的顾客可以使用智能设备找到距离他们最近的星巴克，了解和发现新品，下单并支付。

营销人员利用移动渠道刺激即刻购买、让购物变得更加便利、丰富品牌体验，或做到以上所有。参考一下 Redbox 的做法。[35]

Redbox 的 DVD 租赁亭无人问津，因此该公司必须找到创新的方式来吸引客户参与并使其服务更具备个性化——其中主要是通过公司网站和移动端应用程序、短信和电子邮件实现的。用户可以使用 Redbox 的移动应用程序来定位 Redbox 的租赁亭，查看有哪些电影和游戏，并进行预约以实现快速取货。移动客户也可以加入 Redbox 的文本俱乐部，接收关于 Redbox 的新闻、出版物和会员专享的优惠。文本俱乐部会员是 Redbox 最具价值的客户,因此该公司发起了为期10天的移动营销活动,以增加会员数量。通过在租赁亭上贴宣传海报、邮件轰炸和在Facebook等社交媒体页面上发布消息,Redbox大肆宣传了它的一项促销活动——只要客户发送"DEALS"到727 272,就可以在下次租DVD时获得10美分到1.5美元不等的折扣。这项名为"为期10天的优惠"活动吸引了大约40万客户发送了近150万条短信,新注册会员人数高达20多万。"有了手机就像你手里有个租赁亭。"Redbox的首席营销商解释说,"这是我们(营销)战略中非常重要的一部分。"

尽管线上、社交媒体和移动营销有巨大的潜力,但大多数营销人员仍然需要学习如何有效地使用它们。关键在于如何将新的数字化方法与传统营销融合起来,打造更好的整合营销战略和营销组合。数字化、移动和社交媒体营销将贯穿全书——它们几乎覆盖了营销战略和策略的每个领域。在探讨完营销的基本知识之后,我们将在第14章进一步深入探讨数字化营销和直接营销。

1.7.2 不确定的经济环境

2008～2009年的经济大衰退及其余波沉重打击了美国消费者。经过20年的过度开支后,新的经济现实迫使消费者依据他们的收入收紧过度消费并重新考虑其购买行为。

今天,世界进入后衰退时代,消费者的收入和支出再次上升。即使经济在增长,美国人现在也十分节俭,并没有恢复以前大手大脚花钱的方式,这是几十年来没有出现过的。理智的消费已经回归,并可能会持续下去。新的消费观念强调简单的生活和物超所值。尽管有回温的迹象,但消费者还是会少买东西、收集优惠券、少刷信用卡并把更多的钱存入银行。

大萧条的痛苦使得许多消费者重新考虑他们对美好生活的定义。"人们正在节俭、储蓄、自己动手、自我提升、努力工作、信仰和社区等传统品德中寻找幸福,"一位消费者行为专家说,"我们正在从盲目消费转换成谨慎消费。"[36] 新的、更实用的消费价值并不意味着人们已经放弃了自己过去的生活。随着经济的好转,消费者会再一次沉迷于奢侈品和昂贵商品的购买,只是会更理智一些。

相应地,从折扣商塔吉特到奢侈汽车品牌雷克萨斯,各行各业的企业都在根据新的经济形势调整市场营销战略。营销人员比以往更加强调其价值主张中的价值。他们关注产品的性价比、实用性、耐久性和营销宣传。

举例来说,过去,塔吉特更加注重其"期待更多,花费更少"定位中"期待更多"的一面,它精心打造的"高档品折扣商"的形象成功地和沃尔玛固执的"最低价"定位区分开来。但是在严峻的经济形势下,很多消费者担心塔吉特时尚的产品和时髦的营销同样也意味着更高的价格。因此,塔吉特将其重心向标语中"花费更少"的一面转移,确保其价格和沃尔玛在同一水平上,并确保让顾客知道。尽管依然具有潮流性,但塔吉特现在的营销更强调低价和省钱的诉求。

在塔吉特的使命中,"为你花的钱提供更多的价值"占突出地位。"我们充分考虑你的预算,力求在你每次到我们这里购物时都能给你最好的价值。"该公司说。[37]

在适应新经济形势的过程中,企业或许会想要大幅削减营销预算来实现降价,以便吸引更为节俭的消费者重新打开钱包。尽管降价和提供特殊折扣是经济低潮期的重要营销手段,但聪明的营销者明白,在错误的地方降价可能会损害长远的品牌形象和顾客关系。因此,挑战就在于企业需要在品牌的价值主张和当前时期之间达成平衡,同时增加其长期资产。因此,许多营销人员在面临不确定的经济环境时会维持原价而非降价,他们会向消费者解释为什么他们的品牌值这个价格。

1.7.3 非营利性营销的发展

近年来,营销同样成为很多非营利性组织战略的一个主要部分,如大学、医院、博物馆、动物园、交响乐团甚至教会。美国的非营利性组织在获取资助和吸引会员方面正面临越来越激烈的竞争。出色的市场营销可以帮助它们吸引会员、获得资助和支持。

例如,亚历克斯的柠檬汁摊基金会(Alex's Lemonade Stand Foundation,ALSF)是一个非营利性组织,它有一个特殊的使命："对抗儿童癌症，每次一小杯。"这一切始于一个简易的卖柠檬汁的小摊，由4岁的亚历克斯经营，当时她正在与癌症做斗争。亚历克斯想为医生筹钱，这样他们就能"帮助其他孩子，就像帮助我一样"。在第一个夏天，小亚历克斯的柠檬汁摊筹集了2 000美元。亚历克斯8岁时，在赞助商沃尔沃（Volvo）以及由志愿者组成的全国范围的柠檬汁网络的帮助下为儿童癌症研究筹集了100万美元。亚历克斯已经去世了，但ALSF通过全方位的营销努力让她的梦想得以延续。[38]

ALSF的营销活动围绕一个精心设计的网站（www.AlexsLemonade.org）展开，网站详细介绍了该组织，它的使命、资助的研究、品牌礼品和配饰店，以及一些特殊的活动，如全国柠檬水日、伟大的厨师活动，以及亚历克斯百万英里——赛跑、步行、骑马。该网站还就如何成功地在当地开设柠檬汁摊位提供详细的指导，提供帮助筹款的辅助材料，其中包括ALSF品牌的横幅、标语、海报和传单。ALSF充分利用社交媒体。它的博客讨论了儿童癌症的问题，并分享了关于ALSF"英雄和了不起的支持者"的故事。它的Facebook、Instagram、Twitter、YouTube、Pinterest和领英等网站都建立了活跃的粉丝社区。

最后，ALSF组织了由公司组成的营销合作伙伴网络——从沃尔沃、西北互助保险、玩具反斗城到苹果蜂餐厅、丽塔的意大利冰品店和A&P。例如，在苹果蜂餐厅，如果你向ALSF捐款，就会得到一张免费儿童套餐或冰柠檬水的优惠券。在丽塔冰品店，作为捐赠，你可以花1美元买一个纸柠檬或者通过给一个号码发短信的形式捐5美元。沃尔沃为新车举行了抽奖活动，所有的收入都将捐给ALSF。西北互助保险为ALSF的家庭旅行基金提供了支持，该基金资助家庭在接送孩子接受治疗的往返途中所产生的汽油和其他方面的花销。因此，亚历克斯的一个柠檬汁摊引发了一个基金会，有效地营销了她的公益事业，筹集资金对抗儿童癌症。自2005年以来，ALSF筹集了1亿多美元，资助了475个医学研究项目。

政府机构也同样对营销表现出越来越浓厚的兴趣。例如，美国军队采用了一个营销计划来招募新兵，各种各样的政府组织都在设计社会营销活动来鼓励节约能源、关注环保，以及摒弃吸烟、酗酒和滥用毒品等恶习。即便是曾经非常低效的美国邮政服务，也进行了营销创新来销售纪念邮票，推广优先速递服务，并将形象提升为一个在当今时代有竞争力的组织。总的来说，美国政府是全美国第39大广告主，每年的广告预算超过9.8亿美元。[39]

1.7.4 快速全球化

在重新定义顾客关系的同时，营销人员也在用一种全新的眼光审视自己与周围更为广阔的世界之间的联系。今天，无论企业规模大小，几乎每一家企业都在某种程度上参与了全球竞争。附近的花店可能从墨西哥花匠那里购买鲜花，一个美国本土的大型电子产品制造商面对的是来自韩国的竞争巨头。一个初创不久的互联网零售商发现自己一下子就收到了来自世界各地的订单，而一家美国的日用消费品制造企业会将其新开发的产品推向新兴国家市场。

美国的企业即使在国内市场也会受到来自欧洲和亚洲的跨国公司卓越营销的挑战。像丰田、雀巢和三星这样的企业在美国市场经常超越美国本土的竞争者。同样，很多产业中的美国企业也真正实现了全球运营，在全世界范围内制造和销售它们的产品。典型的美国麦当劳现在每天在100多个国家的36 000家当地餐厅为7 000万顾客提供服务，其中，68%的公司收入来自美国以外的地区。类似地，耐克在190个国家开展营销，52%的销售额来自美国本土之外的市场。[40] 今天，企业不仅尽力在国际市场上卖出更多本国生产的产品，还需要从海外寻找供应商和组装工厂，为全世界的特定市场开发新产品。

因此，世界各国的管理者都在逐步采用更为全球化而不是本土化的视角来看待自己的产业、竞争者和商业机会。他们会问：什么才是全球营销？它与国内营销有什么差别？全球的竞争者和各种力量将会如何影响我们的业务？我们应该实现何种程度的"全球化"？我们会在第15章中详细讨论全球市场的问题。

1.7.5 可持续营销：对环境和社会责任的更高要求

营销人员正在重新审视自己与社会价值、社会责任，以及人类赖以生存的地球之间的关系。随着全球消费主义和环保主义的日渐成熟，今天的营销人员被呼吁进行可持续的营销实践。在几乎所有的行业中，企业的经营道德和社会责任都已经成为一个热门话题。很少有企业可以忽视强力复兴的环保运动。企业的每一个行动都会影响到顾客关系，而如今的顾客希望企业能够以对社会和环境负责的方式传递价值。

社会责任和环保运动在未来可能会对企业提出更为严格的要求。有些企业抵制这样的运动，只有在受到立法管制或者面对顾客的严正抗议时才会做出让步。然而很多有远见的企业非常乐意承担它们对于这个世界的责任。它们将可持续营销看作通过做好事而获得好处的机会，并寻求方法通过服务于顾客和社会的即时需要和长远利益而获得利润。

有些企业，例如 Patagonia、Timberland、Method、Ben & Jerry 等，正在践行"关怀资本主义"（caring capitalism），将公德心和责任感变为自己与众不同的标志。它们将对社会和环境的责任感融入企业的价值和使命陈述中。例如，联合利华（Unilever）旗下的 Ben & Jerry 长期以来标榜自己是一个"价值观驱动型企业"，为所有与品牌相关的人创造了"连锁繁荣"，从供应商到员工，再到客户和社区。[41]

在其三部曲使命中，Ben & Jerry 公司想要制作神奇的冰激凌（产品使命），管理公司以实现可持续的财务增长（经济使命），并"以创新的方式让世界变得更美好"（社会使命）。Ben & Jerry 公司以实际行动支持其使命。例如，该公司致力于使用从当地农场购买的健康、自然、非转基因、公平贸易认证的原料。它采用"尊重地球和环境"的商业实践，投资风能、太阳能、旅行补偿和碳平衡。它的关爱奶制品项目帮助农民在农场采用更加可持续的实践（"关爱奶制品意味着快乐的奶牛、快乐的农民和一个快乐的星球"）。Ben & Jerry 基金会每年向全国社区服务组织和社区项目提供近 200 万美元的赠款。Ben & Jerry 还经营着 14 家合伙商店，它们是由社区的非营利性组织独立拥有和运营的冰激凌商店。该公司为这些商店免去了特许经营的费用。

可持续营销给营销人员带来了机遇和挑战。我们将在第 16 章详细讨论可持续营销的主题。

1.8　因此，营销是什么？相关概念的整合

作者评点

还记得图 1-1 概括的市场营销的过程吗？现在，基于本章所讨论的内容，我们将对其进行扩展，从而为本书内容的学习提供一个导图。

在本章一开始，图 1-1 就介绍了一个市场营销过程的简单模型。现在，我们已经讨论过了其中的所有步骤。图 1-6 给出了一个扩展的模型，使你能够将所有的概念整合在一起。什么是市场营销？简而言之，市场营销就是与顾客建立盈利性关系，通过为顾客创造价值并从中获取收益作为回报的过程。

市场营销过程的前四个步骤关注为顾客创造价值。企业从研究顾客的需求和欲望入手，管理营销信息以形成对市场的全面了解。然后企业要回答下面两个问题，并在此基础上设计一个顾客驱动型营销战略。第一个问题是："我们将服务于什么样的顾客（市场细分和目标市场选择）？"明智的企业知道它们不能在各个方面为所有顾客提供服务，因此需要将企业的资源集中于那些可以为其提供最佳服务并能够获取最多利润的顾客身上。第二个有关市场营销战略的问题则是："如何最好地服务于我们的目标顾客（差异化与定位）？"在这里，营销人员要勾勒出一个价值主张，说明为了赢得目标顾客必须传递什么样的价值。

企业一旦确定了营销战略，就要按照既定的营销战略制订一个整合的营销方案（包括四个营销组合要素，也就是 4P），从而将营销战略真正转化为顾客价值。企业开发产品并为这些产品创造出强有力的品牌识别。企业为这些产品定价以创造真正的顾客价值，进行分销使目标顾客可以获得它们。最后，企业还要制订出促销计划吸引目标顾客，传播其价值主张并说服顾客采取行动购买产品。

营销过程中最重要的步骤可能就是与目标顾客建立一种"以价值为导向的盈利性关系"。通过这个过程，营销人员实施顾客关系管理以创造顾客满意和愉悦。不过杰出的企业都知道，在创造顾客价值和建立顾客关系的过程中它们不可能单兵作战，必须与公司内部以及处于整个营销体系中的其他营销伙伴紧密合作。因此，除了良好的顾客关系管理之外，企业还必须实施优秀的伙伴关系管理。

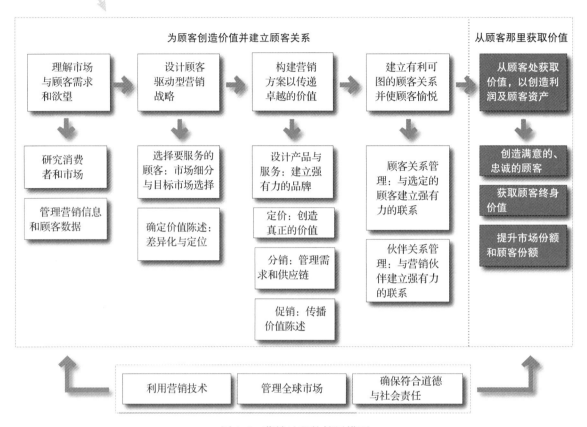

图 1-6　营销过程的扩展模型

营销过程的前四个步骤是为顾客创造价值，在最后一步中，企业就要从顾客那里获取价值，收获由这种牢固的顾客关系带来的回报。向顾客传递超额价值会使顾客感到满意，他们不但会买得更多，而且会重复购买。这就帮助企业获取了顾客终身价值和更高的顾客占有率，最终为企业创造长期的顾客资产。

最后，在今天不断变化的营销环境中，企业还必须考虑其他三个要素。企业在建立顾客关系和伙伴关系时，必须有效利用数字化时代的营销技术和全球化的营销机会，并确保企业的活动符合环境和社会责任的要求。

图 1-6 为本书后面的章节提供了框架。第 1 章和第 2 章介绍了市场营销过程，强调建立顾客关系以及从顾客那里获取价值。第 3～5 章则重点描述了市场营销过程的第一个步骤——理解市场环境、管理营销信息以及理解消费者和组织购买行为。在第 6 章中，我们会更加深入地讨论两个主要的市场营销战略决策：选择服务于哪些顾客（市场细分与目标市场选择）以及确定价值主张（差异化与定位）。第 7～14 章逐一分析营销组合的各个变量。第 15～16 章则探讨一些特殊的市场营销问题：全球营销和可持续营销。

我的营销实验室

如果你的老师安排了这项任务，请完成 MyLab 的问题讨论部分带有星号的问题。要完成本章节的数字营销问题，请查看 MyLab 中的作业。

章节回顾和批判性思维

目标回顾

今天成功的公司——无论大公司还是小公司，营利性还是非营利性，国内的还是国际的——都是以顾客为中心，并且都非常重视市场营销，营销的目标是建立和管理客户关系。

1. 定义市场营销并简述市场营销过程的步骤

市场营销的定义是企业为顾客创造价值并建立牢固的顾客关系，进而从顾客那里获取价值作为回报的过程。市场营销的过程包括五个步骤。前四个步骤是为消费者创造价值：第一步，营销人员需要理解市场与顾客的需要和欲望；第二步，营销人员需要设计顾客驱动型营销战略，目标是获得、维持和发展目标顾客；第三步，市场营销人员构建能够真正传递卓越价值的整合营销方案；所有这些步骤形成了第四步的基础，即建立有利可图的顾客关系并使顾客感到满意。第五步，企业从稳固的顾客关系中得到回报——从顾客那里获取价值。

2. 解释理解顾客和市场的重要性，明确五个核心的市场概念

具有卓越的市场营销策略的企业不遗余力地去获知和理解客户需要、欲望和需求。这样能够帮助企业设计出能很好地满足需求的市场供应品并建立以价值为导向的顾客关系，通过该关系它们可以获取顾客终身价值以及更大的市场份额。这样做的结果就是大幅提高企业的长期客户资产。

市场的核心概念是需要、欲望与需求，市场供应品（产品、服务和经验），顾客价值与满意，交换和关系以及市场。需要是人类需求经文化和个体特性塑造后所呈现的形式。结合购买力，欲望就成为需求。公司通过提出价值主张来满足顾客的欲望和需求，该价值主张是它们承诺满足顾客需求的一个利益集合。价值主张通过市场供应品来传递，提供顾客价值和满意，最后带来与顾客长期交换的关系。

3. 明确顾客驱动型营销战略的主要构成要素，并讨论指导营销战略的营销管理导向

要制定一个成功的市场营销战略，企业首先必须确定要为谁服务。企业通过将市场分成不同的顾客群（市场细分）并选择服务于哪些顾客群（目标市场选择）。接着，企业必须决定怎样为目标顾客服务（怎样进行差异化和定位）。

营销管理可以采取五种营销导向中的一种。生产观念认为，管理的任务是提高生产效率并降低价格。产品观念认为，顾客喜欢那些能在质量、性能以及创新特色方面较出色的产品，因此不需要促销。销售观念认为，顾客不会自行购买产品，除非企业进行大规模的推销和促销。营销观念认为，组织目标的实现取决于对目标市场的需要和欲望的正确判断，并能比竞争对手更有效、更高效率地实现顾客满意。社会营销观念认为，企业要通过可持续营销战略创造顾客满意和长期的社会福利，从而在实现企业目标的同时履行社会责任。

4. 讨论顾客关系管理，确定能为顾客创造价值并从顾客那里获取价值回报的营销战略

广义地说，客户关系管理是通过传递优良的客户价值和满意度，以建立和维护盈利性客户关系的过程。客户参与营销的目的是通过直接和持续的客户参与塑造品牌对话、体验和社区，使品牌成为消费者对话和生活中有意义的一部分。客户关系管理和客户参与的目的是产生更高的客户资产，即企业所有顾客的终身价值总和。建立长期可持续的客户关系的关键是创造卓越的客户价值和满意度。作为为目标顾客创造价值的回报，企业以利润和顾客资产的形式从顾客处获取价值。

5. 描述在如今的关系时代中正在改变营销格局的主要趋势和力量

营销领域正在发生剧烈的变化。数字时代创造了一些令人兴奋的理解顾客并与其建立关系的新方式。因此，数字和社交媒体的进步席卷了整个营销领域。在线、移动和社交媒体营销为更有选择性地定位目标顾客、更深入地吸引顾客参与提供了新的机会。关键是将新的数字化方法与传统营销相融合，构建成功的整合营销战略和营销组合。

经济大萧条促使消费者重新考虑他们的购买优先权，并将其消费与收入水平挂钩。尽管经济衰退后的经济有所增强，但美国人表现出几十年来未曾出现过的节俭。这其中的挑战是如何平衡品牌的价值主张与当今的经济形势，与此同时提升企业的长期资产。

近年来，市场营销已经成为许多非营利组织战略的主要部分，如大学、医院、博物馆、动物园、交响乐团、基金会，甚至教会。而且，在这个越来越小的世界，许多营销人员正在与全球范围内的顾客和合作伙伴建立联系。最后，如今的营销人员同样也正在重新审视他们的道德准则和社会责任。营销人员正在被呼吁为他们的行为所造成的影响承担更多的社会和环境责任。

总的来说，正如本章所讨论的那样，市场营销的主要新发展可以归纳为：吸引顾客参与，创造和获取顾客价值。今天，各种各样的营销人员都在利用新的机会来与他们的顾客、营销伙伴以及周围的世界建立有价值的关系。

关键术语

市场营销（marketing）：企业吸引顾客参与，建立牢固的顾客关系，为顾客创造价值，进而从顾客那里获得价值回报的过程。

需要（needs）：一种感受到匮乏的状态。

欲望（wants）：指人的需要经过文化和个性塑造后所呈现的形式。

需求（demands）：有购买力支持的人类需要。

市场供应品（marketing offerings）：向市场提供的旨在满足顾客需要或欲望的产品、服务、信息或者体验的某种组合。

营销短视症（marketing myopia）：把过多的注意力集中在特定产品上，而忽略了产品所带来的利益和体验。

交换（exchange）：通过提供某种东西作为回报，从别人那里换取自己所需物品的行为。

市场（market）：产品或服务的所有的实际和潜在购买者的集合。

营销管理（marketing management）：选择目标市场并且与之建立互惠关系的艺术和科学。

生产观念（production concept）：认为消费者更偏爱那些随处可得、价格低廉的产品的观念，因此企业应当致力于提升生产和分销的效率。

产品观念（product concept）：认为消费者喜欢质量、功能和属性特征最佳的产品，因此组织应该致力于对产品持续不断地改进。

推销观念（selling concept）：认为除非进行大规模推销和促销，否则消费者不会大量购买企业产品的观念。

营销观念（marketing concept）：一种市场营销哲学，认为组织目标的实现依赖于对目标市场需求和欲望的了解，并比竞争者提供更好的顾客满意。

社会营销观念（societal marketing concept）：认为在做营销决策时应当考虑消费者的欲望、企业的利益、消费者和社会的长远利益的观念。

顾客关系管理（customer relationship management，CRM）：通过为顾客提供较高的价值和满意度建立和保持可盈利的顾客关系的整个过程。

顾客感知价值（customer-perceived value）：相比竞争对手的同类型产品或服务，顾客对从某市场供应品所获得的利益与其为获得该供应品所付出成本之差的评价。

顾客满意（customer satisfaction）：产品效用与消费者期望相符合的程度。

顾客参与营销（customer-engagement marketing）：在塑造品牌对话、体验和社区的过程中，通过促成顾客直接和持续的参与，使品牌成为消费者对话和生活的一部分。

消费者自发营销（consumer-generated marketing）：消费者自发形成的品牌交流，消费者在自己和其他消费者的品牌体验的形成过程中扮演越来越重要的角色。

伙伴关系管理（partner relationship management）：和企业其他部门或企业外部的合作伙伴一起，通过紧密的合作共同为消费者创造更大的价值。

顾客终身价值（customer lifetime value，CLV）：顾客终身惠顾所带来的购买总价值。

顾客份额（share of customer）：购买某企业产品的顾客在该品类全部顾客中的比例。

顾客资产（customer equity）：企业现有和潜在的顾客终身价值的总和。

数字和社交媒体营销（digital and social media marketing）：通过电子设备，借助网站、社交媒体、移动广告和App、在线视频、电子邮件、博客等数字营销工具来随时随地吸引消费者。

问题讨论

1. 定义市场营销并概述市场营销过程中的步骤。

2. 描述市场营销观念与其他市场营销管理观念的

区别。

*3. 什么是顾客参与营销，它与数字和社交媒体技术的迅速发展有什么关系？

*4. 在实施顾客关系管理时，为什么企业希望更少的顾客而不是更多的顾客？营销的重点不应该是尽可能多地获得顾客吗？

5. 讨论技术如何影响市场营销。

批判性思维练习

1. 选择三家在同一产品或服务领域中竞争的企业。每家企业如何进行差异化和定位，以及如何通过营销组合执行这些定位策略？哪个竞争者最成功？这个竞争者的哪些营销组合元素促成了他的成功？

2. 访问一家可以链接到 Facebook、Google+、YouTube、Twitter 或 Pinterest 的企业、组织或特定品牌的网站。点击链接，描述该企业是如何利用社交媒体来营销其产品或服务的。评估其在创建顾客参与方面的有效性。

3. 以小组为单位，就市场营销领域的相关职业做一个展示。在互联网上搜索关于市场营销领域的不同职业选择，以及做好营销工作所需要具备的技能、教育背景和经验。然后选择一家企业，并描述这家企业与营销相关的职业机会。

小型案例及应用

在线、移动和社交媒体营销

乐味一番

在乐事菲多利广获成功的"乐味一番"的营销活动（www.dousaflavor.com）中，消费者创造了两种口味的薯条——奶酪蒜蓉面包味和芥末生姜味。该活动于 2012 年 7 月在纽约时代广场的一个快闪店首次亮相，2015 年引入了实时营销后，整个活动焕然一新。为了回应在长达三个月内提交的有趣的推文，数字商店 Deep Focus 制作了 20 个一分钟的 YouTube 视频片段，其中有两个土豆木偶，名为马文和邓肯（又名"风味土豆"）。Google 开发了"风味热力图"，显示在每个州受欢迎的配料，消费者可以在网站的"风味对决长廊"中看到州与州之间的不同。消费者提交他们的口味名称，最多三种配料和一种薯片风格。他们也可以在网站上或通过社交媒体投票，入围决赛的口味在几个月后被研发为产品并配送到商店，在那里这些产品可以被购买和投票。最终获胜的口味的创造者获得 100 万美元的奖励。但乐事是这场活动的最大赢家。第一场比赛的目标是 120 万份参赛作品，但乐事却收到了 380 万份参赛作品，每周有 2 250 万次的 Facebook 访问，销售额增加了 12%。

*1. 一些人认为实时营销的成功是靠运气的，而响应式营销则是靠战略。研究这两个概念，支持或反驳这一说法。

2. 选择其他产品类别中的一个品牌，并创建一个响应式营销活动，在这个活动中将在线、移动和社交媒体整合到一起来吸引顾客参与。你如何衡量这个营销活动是否成功？

营销道德

极端的婴儿监控

每个家长在哄婴儿入睡时恐惧的事是婴儿猝死综合征（SIDS）——本来很健康的婴儿突然不明原因地猝死。在美国，每年大约有 2 000 名婴儿死于 SIDS，这是导致婴儿死亡的第三大原因。父母可以购买售价 199 美元的监视器，用于追踪婴儿的生命体征，如呼吸、心率、皮肤温度、睡眠姿势和睡眠质量。Mimo 智能婴儿监视器外形是一只可爱的小乌龟，可以夹在婴儿的连体服上，Owlet 婴儿监视器外形是一只智能袜子，看起来也像个靴子。如果父母不想在孩子身上安装这些设备，他们可以选择用了内置检测器的安全睡眠呼吸监测床单。所有这些设备都可以将数据传输到父母的智能手机上。这些设备的制造商以

"宝宝的健康"为利益诉求，或者给予"附加保险"来保护孩子远离SIDS。然而，一些政府机构，如食品和药物管理局、消费者产品安全委员会、疾病控制和预防中心、美国国家卫生研究院以及美国儿科学会都指出，这些设备并不能保护婴儿免受SIDS的影响。不过恐惧这个卖点非常奏效，大多数制造商的产量无法跟上市场对其产品的需求量。

1. 对于营销人员来说，利用父母的恐惧来销售专业人士认为没有必要或无效的产品是正确的吗？
2. 讨论其他营销人员使用情感推销产品的例子。他们是符合道德规范的吗？

数字营销

顾客价值是什么

如果你在余生中继续购买某个企业的品牌产品，你对于这家企业的价值是多少？许多营销人员正在努力解决这个问题，但要确定一个顾客在其一生中对企业的价值是不容易的。计算顾客终身价值可能非常复杂。然而，直觉上，它可以是一个相当简单的净现值计算，包含货币时间价值的概念。为了确定一个基本的顾客终身价值，每个利润流（C，扣除成本后的净现金流）被折现到现值（PV），然后求和。计算净现值（NPV）的基本方程为：

$$NPV = \sum_{t=0}^{N} \frac{C_t}{(1+r)^t}$$

式中，t是现金流发生的时间；N是总的顾客生命周期；r是折现率；C_t是在t时刻的净现金流（利润）（获取顾客的初始成本体现为在0时刻负的净现金流）。

NPV可以用大多数金融计算器轻松获得，或者使用互联网上的计算器，例如 www.investopedia.com/calculator/NetPresentValue.aspx。

1. 假设一家当地杂货店的顾客每周平均花费200美元，这就导致零售商每周从这位顾客那里获得10美元的利润。假设购物者在一年52周里都访问商店，如果这个购物者在10年的顾客生命周期中保持忠诚，请计算顾客终身价值。此外假设年利率为5%，且没有获取顾客的初始成本。
2. 描述营销人员如何提高顾客终身价值。

视频案例

爱斯基摩·乔（Eskimo Joe）

自1975年以来，爱斯基摩·乔（Eskimo Joe）在美国俄克拉何马州的斯蒂尔沃特一直是一个很受欢迎的酒吧。通过口碑传播和借由T恤传播的流行标志，它迅速成为俄克拉何马州的学生酒吧。但是，从最初的啤酒作坊到现在，已经发展了更多的东西。

在20世纪80年代，当饮酒年龄从18岁改为21岁时，爱斯基摩·乔不得不决定其将如何向前发展。这一挑战帮助该企业认识到，它的产品不仅仅是一杯冰凉的啤酒。相反，人们成群结队地去爱斯基摩·乔那里享受欢乐的气氛和友好的服务。这一认识导致了它在全球范围内扩展不同业务，并使得爱斯基摩·乔的标志遍布全球。

在观看了爱斯基摩·乔的视频后，回答以下问题：

1. 描述爱斯基摩·乔的市场供应品。
2. 爱斯基摩·乔的价值主张是什么？它的价值主张与它的市场供应品有什么关系？
3. 爱斯基摩·乔如何建立长期的顾客关系？

我的营销实验室

如果你的老师布置了这项任务，请到MyLab作业中完成以下写作部分。

1. 对比需要、欲望和需求。其中哪些是营销人员可以施加影响的？
2. 只选择对特定的产品施加限制是否公平？例如，纽约市仅针对软饮料提出大小尺寸的要求。从各个视角分别展开讨论：政府、软饮料的营销人员和消费者。

企业和营销战略

合作建立顾客参与、价值和关系

第 2 章

学习目标

1. 解释企业范围内的战略规划及其四个步骤。
2. 讨论如何设计业务组合和制定增长战略。
3. 解释营销在战略规划中的作用,以及营销如何与合作伙伴一起创造和传递顾客价值。
4. 描述顾客价值驱动营销战略和营销组合及其影响因素。
5. 列出营销管理职能,包括营销计划的要素,讨论衡量和管理营销投资回报的重要性。

概念预览

在第 1 章中,我们探讨了企业为顾客创造价值以获取价值作为回报的营销过程。在本章中,我们深入探讨营销过程的第二个和第三个步骤:设计顾客价值驱动的营销战略和构建营销方案。首先,我们看看组织的整体战略规划,它为营销战略和营销计划提供了指导。其次,我们将讨论如何在战略计划的指导下,与企业内外的其他人紧密合作,吸引顾客参与并为顾客创造价值。再次,我们研究营销战略和营销计划——营销人员如何选择目标市场,定位市场产品,开发营销组合,管理营销计划。最后,我们研究衡量和管理营销投资回报(营销投资回报率)的重要步骤。

首先,让我们看看星巴克,这个好企业及其营销战略的故事。星巴克早期就取得了巨大的成功,因为它不仅关注咖啡,更专注于喝咖啡的体验。此后,该企业经历了从繁荣到萧条的坎坷历程,然后又回到了繁荣时期。在此过程中,星巴克认识到,好的营销策略不仅仅意味着增长、销售和利润,还意味着巧妙地吸引顾客参与并为他们创造价值。星巴克的核心在于不只是卖咖啡,而是卖"星巴克式体验"。

第一站

星巴克的顾客价值驱动营销战略:传递"星巴克式体验"

30多年前,霍华德·舒尔茨(Howard Schultz)将欧洲风格的咖啡馆引入美国,从而改变了咖啡产业。他认为人们需要放慢脚步——闻一闻咖啡,享受生活的乐趣。结果就创办了星巴克,建立了一个全新的战略来吸引顾客参与和创造顾客价值。

星巴克不仅卖咖啡,还销售"星巴克式体验"——这是一种振奋人心的体验,让人们的生活瞬间变得丰富多彩,一个人,一杯咖啡,一次超凡的体验。星巴克为顾客提供了所谓的"第三个地方"——远离家、远离工作的地方。在星巴克,气味,研磨咖啡豆的声音,看着咖啡师调配和煮品牌的特色咖啡——这些都成为顾客体验的一部分,就像咖啡本身一样。

在接下来的20年里,顾客们涌向星巴克咖啡馆。截至2007年,大约有15 000家星巴克门店遍布全美国和全球,而该企业的销售额和利润增长就像一杯热咖啡往上冒的热气一样。然而,星巴克的巨大成功吸引了众多竞争者。从独立咖啡馆到快餐店,每个竞争对手似乎都在兜售自己的优质咖啡。

为了保持其在日益增长的咖啡市场上的惊人增长,星巴克制定了一项雄心勃勃的增长战略。它以极快的速度开设新店,似乎到处都是。例如,在芝加哥的三条街区的范围内,就有六家时髦的星巴克咖啡吧。在纽约,梅西百货有两家星巴克。事实上,星巴克塞满了这么多的商店,导致一家讽刺刊物刊登了这样的标题:"一家新星巴克在现有星巴克的厕所里开张了。"星巴克咖啡亭和咖啡摊也随处可见,从塔吉特商店和超市到酒店大堂,以及从航空企业到汽车经销商这样的服务行业都宣称"我们很自豪地提供星巴克咖啡"。

然而,星巴克越发展,就越偏离使其如此成功的核心使命和价值观。该企业对扩张近乎偏执的关注对宝贵的星巴克式体验造成了损害。星巴克不再是温暖而亲密的咖啡馆,而更多地发展成为咖啡因供给站。渐渐地,这个高端品牌发现自己在与像麦当劳这样的企业争夺同样的顾客。

除了咖啡,星巴克还出售星巴克式的体验,它"让人们的生活瞬间变得丰富多彩,一个人,一杯咖啡,一次超凡的体验"。
Associated Press

创始人霍华德·舒尔茨(Howard Schultz)曾在2000年辞去首席执行官一职,他对扩张表示担忧。在2007年写给星巴克管理层的一份备忘录中,舒尔茨哀叹道,该企业推动增长的努力"导致了星巴克式体验的淡化",星巴克"失去了自己的灵魂"。舒尔茨说得对,有些事情是错误的。2008年年初,当舒尔茨重新回到星巴克担任总裁兼首席执行官时,这家企业已然陷入了困境。有史以来第一次,美国的每家星巴克店的平均交易量下降,同一店铺的销售增长放缓。在过去的两年里,星巴克的股票暴跌了近80%。根据一位分析师的说法,"金融秃鹫在盘旋,丧钟要被敲响了。"

然而,舒尔茨通过制定快速的反应战略恢复了这个品牌昔日的光彩,而不是让它走向消亡。他降低了星巴克的增长速度,关闭了业绩不佳的门店,并替换了企业的大部分高管。最重要的是,舒尔茨制订了重塑品牌核心使命和价值的计划,并让企业重新致力于为顾客提供真正的星巴克式体验。舒尔茨宣布:"随着我们的快速成长,企业取得了非凡的成功,但我们逐渐忽略了对顾客的关注，以及不断创新地提升星巴克体验的承诺。"星巴克需要将注意力转移到顾客身上，以"重新点燃顾客的情感依恋"。

为了强调这一点，舒尔茨斥资3 000万美元，将1万名星巴克门店经理送到了新奥尔良进行士气调整。不久之后，星巴克将其在美国的所有门店停业了3个小时，进行全国范围内的员工培训，培养员工创造满意的顾客体验的基础技能。

这些早期的行动开启了一个持续更新的过程，星巴克通过新产品、创新的商店模式和吸引顾客参与的新平台重新点燃了星巴克的顾客体验。除了对其标志性咖啡产品进行改进外，星巴克还开发了新的产品，将星巴克式体验带入了新的领域。例如，几年前，星巴克成功地推出了一种叫作 Via 的速溶咖啡，让消费者在家里就能喝到和在店里一样好的咖啡。最近，星巴克的菜单中还增加了 Fizzio——各种经典口味的手工苏打饮料。

该企业还在尝试新的商店模式，比如在西雅图新设立的高端星巴克咖啡烘焙工坊以及甄选品鉴馆，它是咖啡馆、圣地以及烘焙工坊的综合体。舒尔茨将新的互动商店描述为"耐克城、苹果和星巴克的邂逅"——把它想象成星巴克式体验。在另一项重大举措中，星巴克收购了 Teavana，这是一家在5个国家拥有400多家分店的专业茶叶零售商。舒尔茨认为收购 Teavana 对星巴克的复兴和再造至关重要。他说："茶是一个在全球拥有900亿美元市场的品类，并且进行创新的时机已经成熟。我们要对茶进行创新，就像对咖啡做的创新一样。"

星巴克的再创新扩展了星巴克式体验，远远超越了员工的再学习、新产品和创新商店的形式。在过去的十年里，星巴克和其他品牌一样，通过数字和移动平台建立了顾客参与和品牌社区。该企业的首席数字化营销官说，非常成功的移动支付应用程序——我的星巴克奖励忠诚计划，以及星巴克预付卡帮助它与顾客建立了"直接的、实时的、个性化的、双向的关系。""星巴克奖励"移动支付应用程序有1 200万活跃用户，现在，数字产品约占星巴克北美门店所有支付的35%。

如今，星巴克重新焕发活力，再次与顾客充分接触，并提供了独一无二的星巴克式体验。再次说明，星巴克的销售和利润真的很乐观。每周，星巴克在64个国家的20 200家店里，服务超过7 000万的顾客。在过去的6年里，星巴克的收入增长了70%，利润增长了5倍，股票价格猛涨了12倍。

星巴克故事的寓意：良好的营销战略意味着要时刻关注顾客价值的传递。目标不只是增长、销售或利润，还是以一种有意义的方式吸引顾客参与并为他们创造价值。如果一个企业重视顾客的参与和价值，就会有好的业绩。"这不仅仅是在线注册和完成个小任务。"舒尔茨说，"这意味着与我们的顾客建立一种情感、持久的关系和联系。我们的核心在于通过咖啡体验来庆祝我们和顾客之间的互动。生活在喝咖啡中度过。"[1]

2.1 企业战略规划：定义市场营销的角色

作者评点

企业层面的战略规划指导营销战略和营销计划。与营销战略相似，广义的企业战略也必须是以顾客为中心的。

每个企业都必须在既定的环境、机会、目标和资源条件下寻找一个最有利于自身长期生存和发展的规划，这就是战略规划的重点。**战略规划**（strategic planning）是制定和保持企业目标及能力与不断变化的营销机会之间的战略匹配的过程。

战略规划是企业其他规划的基础。企业通常需要制订年度计划、长期计划和战略规划。年度计划和长期计划通常针对企业现有业务，制订方案使之持续发展。相对来说，战略规划则是在不断变化的环境中对企业进行调整以抓住合适的机会。

在企业层面，企业从定义整体目标和使命开始整个战略规划过程（见图 2-1）。这个使命随后发展成详细的支持性目标来指导整个企业的发展。其次，企业高层管理者要决定怎样的业务和产品组合对企业最为有利，以及为它们各自提供多少支持。反过来，企业的每一项业务和产品都要提供详细的营销计划和其他部门性计划来支持企业的整体规划。从中我们可以看出，市场营销计划发生在业务层面、产品层面和市场层面。它通过提供针对特定市场机会的计划支持企业整体战略规划。

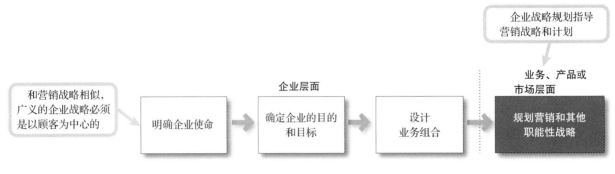

图 2-1 战略规划步骤

2.1.1 定义市场导向的使命

组织的存在是为了达成某件事,这个目标必须被清楚地陈述出来。要形成合理的使命陈述,需要回答以下几个问题:我们的业务是什么?我们的顾客是谁?我们的顾客注重什么?我们的业务应该是什么样的?这些看似简单的问题实际上最难回答。成功的企业会不断提出这些问题并仔细、完整地回答它们。

很多企业通过形成正式的使命陈述来回答这些问题。**使命陈述**(mission statement)是关于组织目标的陈述,说明在宏观营销环境中组织需要完成什么任务。一个清晰的使命陈述就像一只看不见的手,指导着组织内部人员的活动。

一些企业在定义其使命时具有短视性,仅关注产品或技术层面(如"我们制造和销售家具",或者"我们是经营化学品的企业")。但好的使命陈述应该以市场为导向并从满足顾客基本需求的角度来定义。产品和技术最终会过时,但基本市场需求则可能会持续存在。例如,社交网站 Pinterest 不仅仅把自己定义为一个发布网络图片的场所,它的使命是为人们提供一个收集、组织和分享自己心爱之物的社交媒体平台。Chipotle 餐厅的使命也不仅是卖墨西哥卷饼,餐厅承诺"诚信食品",突出了企业对保护顾客和自然环境的短期和长期利益的承诺。为了支持这一使命,Chipotle 只采用最天然的、可持续的当地原料。表 2-1 为我们提供了有关产品导向和市场导向的业务定义的例子。[2]

表 2-1 产品导向和市场导向的业务定义对比

组织或机构	产品导向的定义	市场导向的定义
Chipotle	我们卖墨西哥卷饼和其他墨西哥菜	我们为顾客提供"诚信食品",服务于顾客和环境的长期利益
Facebook	我们是一家在线社交网络企业	我们把世界各地的人们联系起来,帮助他们分享生活中的重要时刻
家得宝	我们销售工具、家庭维修和装饰用品	我们帮助消费者实现他们的家庭梦想
NASA	我们探索外太空	我们挑战新高度,揭示未知,让我们的所作所为造福人类
露华浓	我们制造化妆品	我们销售生活方式和自我表达:成功、地位、记忆、希望和梦想
丽思·卡尔顿酒店	我们出租客房	我们打造"丽思·卡尔顿体验":令人难忘的经历,远远超过已然很高的顾客期望
星巴克	我们卖咖啡和点心	我们出售"星巴克式体验",让人们的生活变得丰富多彩,一个人,一杯咖啡,一次超凡的体验
沃尔玛	我们经营折扣店	我们天天低价,为普通老百姓提供和富人买相同东西的机会,"省钱,让生活更美好"

使命陈述应该是有意义的、具体的,还要有激励作用。企业的很多使命陈述仅仅是为了满足公关需要而写

的，缺乏明确的、可操作的指导方针。但真正的使命陈述应该强调企业的优势并有力地展示它将如何在市场中获胜。例如，Google 的使命不是成为世界上最好的搜索引擎公司，而是在任何人们想要了解的世界信息面前为他们打开一扇窗。[3]

最后，企业的使命陈述不应该是创造更多的利润和销售额，利润只是为顾客创造价值后所获得的一种奖赏。相对而言，企业的使命应该聚焦于顾客以及致力于营造顾客体验。因此，快速增长的布法罗鸡翅烧烤吧连锁店的使命不仅仅是售出最多的鸡翅获取利润。[4]

顾客当然会来到布法罗鸡翅烧烤吧吃鸡翅和喝啤酒，但他们同时也来观看体育比赛，随意聊天，为喜欢的球队加油，会见老朋友和结交新朋友——这是一次完整的就餐和社交体验。"我们意识到，我们的业务不仅仅是售卖鸡翅，"企业表示，"我们要做的还有更多。我们的业务是点燃体育迷的体验。我们的任务是每天让顾客感到惊喜。每张桌子有两种类型的服务器，一种是食品订单的服务器，另一种是"顾客体验领班"，它的工作是确保客人能在墙上、吧台上和其他地方的 40～60 块屏幕之一看到自己想看的任何比赛。在更广泛的使命中，布法罗在店内和线上都开展了增进友情的促销活动。"这些途径是为了让顾客成为品牌的倡导者而不只是旁观者。"该店称。例如，该品牌的网站十分活跃，每月有 300 万的访问量，其 Facebook 主页的粉丝数超过了 1 200 万。追求以顾客为中心的使命给企业带来了巨大的收益。在过去的四年里，布法罗的销售额和利润都增长了 250%，而且该企业表示它是其行业内的第一品牌。该连锁店的最热辣鸡翅调味汁提供给 B-Dubs（对布法罗鸡翅烧烤吧顾客的简称）的警告是：远离眼睛、宠物和孩子。一名分析师表示："这种调味汁被称为'烈火'。这一术语恰好是对它最近股票表现的一个很好的描述。"

2.1.2 确定企业的目的和目标

企业需要将其使命细化为每个管理层的支持性目标。每一位管理者都应该有各自的目标并负责实现这些目标。例如，大多数美国人都知道 CVS 是连锁零售药店，销售处方药和非处方药、个人护理产品，以及大量的便利品和其他物品。但 CVS 最近更名为 CVS Health，其使命变得更为广泛。它视自己为"制药创新企业"，帮助人们走上健康之路。企业的座右铭是：健康就是一切。[5]

CVS Health 的广泛使命造就了企业目标的层次结构，包括业务目标和市场目标。CVS Health 的总体业务目标是增加访问、降低成本和提高护理质量。它通过在零售药店销售产品来实现这一目标，并通过研究、消费者推广和教育，以及支持与健康相关的项目和组织，在全面的卫生保健管理中发挥更积极的作用。然而，这样的活动成本是昂贵的，必须通过提高利润来提供资金，因此提高利润成为 CVS Health 的另一个主要目标。通过增加销售或降低成本可以提高利润。通过提高顾客参与度和提高企业在医疗保健市场的份额，可以提高销售额。这些目标就是企业当前的营销目标。

为了支持这些营销目标，必须制定营销战略和计划。为了增加顾客参与、销售和市场份额，CVS Health 已经重塑并扩大了产品线和服务。例如，它最近停止销售烟草产品，因为这些商品与其"更健康"的任务不相容。此外，该企业在其 7 800 多家门店中，近 1 000 家门店都设有 CVS 便利诊所。自 2000 年以来，该企业为 2 300 多万人提供了免预约医疗服务。CVS Health 还扩大了顾客联系的活动范围，包括为顾客的慢性病和特殊健康状况管理提供定制化建议。

这些是 CVS Health 概括性的营销战略，而每一个大的营销战略都必须再进行更详细的界定。例如，促进产品推广可能需要更多的广告投入和公关努力，如果情况就是这样，那这两个要求需要被明确阐述出来。通过这种方法，CVS Health 的广泛使命就被分解成现阶段的一系列特定的短期目标和营销计划。

2.1.3 设计业务组合

在企业使命陈述和目标的指导下，管理部门需要设计自己的**业务组合**（business portfolio）——构成企业的业务和产品的组合。最好的业务组合能够把企业的优劣势与其所处环境中的机会达成最好的匹配。

大多数的大型企业都有着复杂的业务和品牌组合。为这些业务组合制定战略和营销计划是一个艰巨但至关重要的任务。例如，ESPN的业务组合包括50多个业务实体，从多个ESPN有线电视频道到ESPN广播电台、ESPN网站、ESPN杂志甚至ESPN体育主题餐厅。反过来，ESPN只是其母公司迪士尼更广泛、更复杂的业务组合中的一部分。然而，ESPN已经建立了一个有凝聚力的品牌，它的使命是为体育爱好者提供服务，"无论体育赛事在哪里被观看、收听、讨论、辩论或举行"（见营销实践2-1）。

| 营销实践 2-1 |

ESPN：巧妙地管理一个复杂的品牌组合

当你想到ESPN的时候，你可能会想到它是一个有线电视网络，或者一本杂志，或者一个网站。ESPN就是所有这些东西。但多年来，ESPN已经发展成为一个庞大而复杂的品牌组合，由50多个不同的实体组成。然而，多亏了有技巧的投资组合管理，ESPN并不是一个随意组建起来的媒体集合。相反，它是一种身临其境的品牌体验，是顾客生活中有意义的一部分。ESPN是体育娱乐的代名词，与顾客对体育的记忆、现实和期望有着不可分割的联系。

1979年，企业家比尔·拉斯穆森（Bill Rasmussen）大胆跨越，创立了全天候体育网络ESPN（娱乐和体育节目网络）。尽管早期有许多的怀疑论者——开玩笑吗，一个24小时的体育网络？——ESPN现在是一个价值数十亿美元的体育帝国，而且这是全球数亿人日常生活中"无法割舍"的一部分。如今，ESPN已经被公认为是像可口可乐、耐克、苹果和Google这样的标志性大品牌。不管你是谁，很有可能ESPN已经用一些有意义的方式打动了你。无论什么运动或在什么地方，ESPN似乎无处不在。

以下是ESPN投资组合中不可思议的各种业务的简单总结。

- **电视**：从最初的有线电视网络开始，ESPN的品牌已经扩展了8个美国网络——ESPN3D、ESPN2、ESPN Classic、ESPNEWS、ESPNU、ESPN Deportes（西班牙语）、Longhorn网络，以及SEC网络。目前，它的信号已经进入了美国近1.15亿家庭，在这个行业中，每个家庭每月花费6美元——TNT位居第二名，家庭每月花费1.48美元——ESPN是迄今为止最受欢迎的有线电视网络。此外，ESPN国际频道在七大洲61个国家的26个国际网络上为球迷服务。ESPN播放NBA总决赛、WNBA、MLB、周一晚上的足球、印第赛车、NHRA、大学橄榄球、大学篮球、网球大满贯赛事、高尔夫球大师和英国公开赛、小联盟世界大赛等。随着ESPN继续超越主要网络不断获得广播重大体育赛事的权利，这份名单每年都在增长。连续14年，美国人都把ESPN作为他们最喜欢的频道。

- **广播**：体育电台蓬勃发展，ESPN电台是美国最大的体育广播网络，每年通过近500个美国分支机构向2 300万听众播放超过8 500小时的内容。在海外，ESPN有11个国家的电台和联合广播节目。ESPN电台通过Sirius XM、数字分销商Slacker Radio和Tune In，以及它自己的ESPNRadio.com不断扩展。

- **在线**：ESPN数字媒体由19个美国网站组成，包括旗舰网站ESPN.com。这些网站每月吸引7 500万独立访客和68亿分钟的访问时间。ESPN占据了所有在线体育活动的31%，超过了两个最接近它的竞争对手的总和。ESPNRadio.com是世界上收听人数最多的在线运动网站。而ESPN的播客每年下载次数超过3.69亿次。

通过从电视、广播和印刷物中获取内容，ESPN有充足的材料来满足其数字化的需要。但ESPN同时也在移动领域领先。它采用了一种"移动优先"的策略，在这个策略中，它将所有的网站都定位在移动设备上，从而优化性能。ESPN通过美国所有主要的无线网络提供商提供移动体育内容，包括实时得分、统计数据、最新的新闻和视频点播。它的移动网站和应用程序在独立访问者人数和平均每分钟观众数上领先于其他体育类移动应用。数字战略已经导致了ESPN3的诞生，一个多屏幕的7×24小时全天候体育网络，免费提供给从其附属服务提供商那里购买高速互联网链接的数以千万计的家庭。

- **出版**：1998年ESPN首次发布ESPN杂志时，评论家认为它根本无法与强大的《体育画报》匹敌。然而，以其大胆的外观、明亮的色彩和非传统的形式，ESPN的出版物每月为1 500万读者提供服务，成为18～34岁男性的主流出版物。ESPN杂志的数字消费激增，而相对停滞的《体育画报》正在努力向数字世界转移。
- **更重要的是**：似乎所有这些都还不够，ESPN还管理着各种赛事，包括极限运动比赛（X Games）、冬季极限运动比赛、Bassmaster Classic（一项钓鱼比赛）、Jimmy V Classic和几场橄榄球赛。它还开发了ESPN品牌的消费产品和服务，包括DVD、视频游戏、服装，甚至高尔夫学校。如果阅读这一切让你感到饥饿，如果你在ESPN Zone附近，那里有体育主题餐厅、互动游戏和体育相关商品的促销。你现在可以在机场和飞机上、健身俱乐部甚至加油站的视频面板上找到ESPN的内容。所有这些都转化成每年110亿美元的收入，使得ESPN对其母公司迪士尼的重要性超过了迪士尼乐园和迪士尼世界主题公园的总和。

是什么将这些庞大的ESPN业务联系在一起？该品牌的宗旨是"以顾客为中心"：希望为体育爱好者提供服务，"无论在哪里观看、收听、讨论、阅读或举办"。ESPN有一种被称为"最佳可用屏幕"的理念。ESPN知道，当粉丝在家的时候，他们会用60英寸的大屏幕，但在早晨，更多地用智能手机。在白天，台式电脑占主导地位，在晚上，平板电脑的使用增加。ESPN正在进行一场运动，以了解球迷在何时、何地、何种条件下使用何种设备，并为他们提供最无缝连接的、高质量的体验。

难怪世界各地的体育爱好者都喜欢ESPN。对各地的消费者来说，ESPN意味着体育。它技术含量高、有创意，通常不相关但管理良好、精心整合的品牌组合，持续不断地建立着有意义的顾客参与和体验。只要是与生活和体育有关的事情，不管大小，ESPN都会随时随地为你提供服务。也许该企业现在应该重新命名ESPN来代表每项可能的体育运动。

资料来源：Dorothy Pomerantz, "Are You Willing to Pay $36 per Month for ESPN?" *Forbes*, March 25, 2015, www.forbes.com/sites/dorothypomerantz/2015/03/25/are-you-willing-to-pay-36-per-month-for-espn/; Anthony Kosner, "Mobile First: How ESPN Delivers to the Best Available Screen," *Forbes*, January 30, 2012, www.forbes.com/sites/anthonykosner/2012/01/30/mobile-first-how-espn-delivers-to-the-best-available-screen/2/; Derek Thompson, "The Global Dominance of ESPN," *The Atlantic*, August 14, 2013, www.Theatlantic.com/magazine/archive/2013/09/the-most-valuable-network/309433/; and information from http://espnmediazone.com/us/espn-inc-fact-sheet/ and www.espn.com, accessed September 2015.

同样，通用电气是一家规模达1 490亿美元的大型企业集团，在数十个消费者和商业市场中运营，拥有广泛的产品组合，包括移动、供能、建设和治愈病痛等。大多数消费者都知道通用电气的家用电器和照明产品，这是通用电气家居和业务解决方案部门的一部分。但这只是通用电气的开始。其他企业单元，如通用电气运输、通用航空、通用能源管理、通用电力和水、通用燃气和石油、通用医疗等，提供从喷气发动机、柴油电力机、风力发电机和离岸钻井解决方案到航空航天系统和医疗成像设备的产品和服务。通用金融提供了广泛的商业金融产品和服务。成功地管理这样一个广泛的投资组合需要大量的管理技巧，以及通用电气长期以来的企业口号所暗示的——充分的"想象力启动未来"。[6]

企业业务组合规划包含两个步骤：第一，企业必须分析现有的业务组合并决定应该增加或削减哪一项业务的投资；第二，企业必须根据增长和精简战略来重塑其未来的业务组合。

1. 分析现有的业务组合

战略规划的主要活动是**业务组合分析**（portfolio analysis），即管理部门对所有构成企业的产品和业务的评估。企业愿意把资源投入到更具盈利性的业务上，并减少或停止对弱势业务的投入。

管理的第一个步骤是识别企业的主要业务，通常被称为战略业务单元（SBU）。一个战略业务单元可以是企业的一个部门、部门内的一条生产线，也可以是单一的产品或品牌。业务组合分析的下一步需要管理者评估不同的战略业务单元的吸引力,并决定每一个战略业务单元应该投入多少。设计业务组合时,企业会增加和支持与企业的核心理念及优势相匹配的产品和业务。

战略规划的主要目的是使企业能够充分利用自身优势抓住环境中的机会。大多数标准的业务组合分析方法是在以下两个维度上评估战略业务单元:战略业务单元的市场或行业的吸引力以及战略业务单元在市场和行业中所处的位置。最好的组合计划方法是由咨询行业的领头羊波士顿咨询公司开发的。[7]

波士顿矩阵。使用波士顿咨询公司开发的方法,一家企业可以根据如图 2-2 所示的成长 – 份额矩阵(growth share matrix)划分所有的战略业务单元。纵轴上的市场增长率评估的是市场吸引力,而横轴上的相对市场份额代表企业在市场中的实力。成长 – 份额矩阵定义了四种战略业务单元。

在传统的波士顿咨询矩阵业务计划方法下,公司从成熟、成功的产品和业务(现金牛)中获得现金,来支持在高速增长的市场中正在成长的产品和业务(明星和问题),希望将它们变成未来的现金牛

公司必须决定它将为每种产品或业务投入多少,也必须决定是否建立、保持、收割或者剥离相关业务

图 2-2 波士顿成长 – 份额矩阵

(1)明星业务。明星业务是高增长、高份额的业务或产品,通常需要较大的投资来支撑其较快的成长。明星业务最终成长速度将放缓,并转变成现金牛业务。

(2)现金牛业务。现金牛业务是低增长、高份额的业务或产品。这些成功的战略业务单元只需较少的投资来维持现有市场份额。因此,它们获得的大量现金可以为其他需要投资的战略业务单元所用。

(3)问题业务。问题业务通常是低份额、高增长的战略业务单元,需要大量的现金流来维持现有份额,想要进一步增长份额则需要更多投入。管理者必须认真思考什么样的问题业务是他们想要重点投资的,以便日后发展成明星业务,什么样的问题业务应该被淘汰。

(4)瘦狗业务。瘦狗业务是低增长、低份额的业务或产品,它们可能产生足够的现金流维持自己的生存,但不一定会成为大的现金流来源。

在成长 – 份额矩阵中的 10 个圆圈代表企业 10 个现有的战略业务单元。这家企业有两个明星业务、两个现金牛业务、三个问题业务和三个瘦狗业务。这些圆圈的面积大小代表战略业务单元的销售额。这家企业的业务还不错,虽然算不上很好。这家企业想要投资有潜力的问题业务以将其发展成为明星业务,同样需要保持明星业务以便在市场成熟时发展成为现金牛业务。所幸企业有两个现金牛业务,它们产生的现金可以为企业的明星业务、瘦狗业务和问题业务提供财务支持。对于瘦狗业务和问题业务,企业应该果断采取一些行动。

一旦企业划分了战略业务单元,就需要决定该战略业务单元在未来扮演什么样的角色。每一个战略业务单元有四种战略可以选择。企业可以对一个业务单元增加投资来增加其份额;或者可以只投资足够的钱来维持现有的份额;可以收割一个战略业务单元,不考虑其长期效应而只收获短期现金流;最后,企业也可以出售或者停止经营某个战略业务单元,把资源用于别的地方。

随着时间的推移,战略业务单元在成长 – 份额矩阵中的位置可能会发生改变。很多战略业务单元以问题业务开始,如果效益很好,就可能会转型成明星业务,如果市场增长放慢,可能再变成现金牛业务,最终慢慢消失或者变成瘦狗业务。企业需要不断增加新产品和业务单元以使其中一些变成明星业务,并最终变为现金牛业务,为其他战略业务单元提供资金支持。

矩阵法存在的主要问题。波士顿矩阵和其他的一些方法为战略规划带来了突破性变革,但这些方法也存在一定的局限性。它们实施起来可能很难,或者需要投入大量的时间和资金。企业的管理者有时会发现很难定义战略业务单元、评估市场份额和增长情况。除此之外，这些方法专注于现有业务的分类，对未来的规划并没有什么帮助。

由于存在以上问题，现在很多企业不再使用标准的矩阵法，取而代之的是更加适应特定情况的定制化方法。此外，与原来的战略规划权通常掌握在企业高层管理者手中不同，现在的战略规划权已经分散化，战略规划的责任越来越多地掌握在最接近市场的部门经理手中。在这个数字时代，这样的管理者手头拥有丰富的数据，可以迅速调整他们的计划，以适应快速变化的市场。

组合规划是具有挑战性的。以迪士尼企业为例。大部分人认为迪士尼是主题公园以及全方位的家庭娱乐。但是在 20 世纪 80 年代中期，迪士尼建立了一个强有力的集中化战略规划小组来指导企业的方向和成长。在后来的 20 年间，战略规划小组将迪士尼变成了一个集媒体和娱乐业务于一体的巨大的、多元化的集团。多元化发展的迪士尼成长为包含多种业务的企业集团，其业务范围从主题乐园、电影制作（华特迪士尼影片、试金石影业、皮克斯动画以及漫威影业）、媒体网络（ABC 电视 + ESPN、迪士尼频道、部分 A&E 和历史频道等），到消费者产品（从服装和玩具到互动游戏）和游轮观光服务。

管理业务组合：大多数人认为迪士尼是主题公园和全方位的家庭娱乐，但在过去的 20 年里，它已经成为一个庞大的媒体和娱乐产业的集合，需要大量的著名的"迪士尼魔法"来管理。

Martin Beddall/Alamy

转型后的迪士尼很难管理现有的业务并且业绩不稳定。后来，迪士尼解散了集中化战略规划小组，将这些功能分散到迪士尼的部门经理身上。例如，虽然与其他迪士尼单位协调，但在许多方面，ESPN 都是自主运行的。由于这些决定，华特迪士尼保留了其在世界媒体集团的大佬地位。即使在经济不景气的情况下，迪士尼对其广泛业务的良好战略管理，加上著名的"迪士尼魔法"，帮助它比竞争对手的媒体企业表现得更好。[8]

2. 制定增长和精简战略

除了评估现有的业务，设计业务组合还包括发现企业未来应该考虑的产品和业务。如果企业想在未来更加有效地竞争、满足现有股东的要求、吸引优秀的人才，就需要成长。同时，企业不能仅仅把成长本身作为自己的目标，企业的目标应该是"盈利性增长"。

市场营销的主要功能是帮助企业实现利润增长。市场营销必须识别、评估和选择市场机会，同时制定合适的市场战略。找到合适的市场机会的一个有用工具是**产品/市场扩张矩阵**（product/market expansion grid），如图 2-3 所示。[9] 我们将这一方法应用于高性能运动服装制造商 Under Armour。[10]

公司可以通过为现有产品开发新市场以实现增长。例如，Under Armour 最近加大了对女性消费者的营销力度，并在国际市场上迅速扩张

通过多元化，企业可以在现有产品/市场以外的地方建立或购买业务来实现增长。例如，Under Armour 通过收购三家健身应用公司进入了数字个人健康和健身市场

图 2-3　产品/市场扩张矩阵

大约 20 年前，Under Armour 推出了创新的系列产品——舒适的速干 T 恤和短裤，其使命是"通过激情、设计和不懈地追求创新，让所有的运动员都变得更好"。之后，它一直以极快的速度增长。在过去的 5 年里，Under Armour 的销售额翻了两番。在这 5 年期间，收入以每季度 20% 的速度增长。Under Armour 现在是美国仅次于耐克的第二大运动服装品牌。展望未来，企业必须寻找新的方法来保持增长。

首先，Under Armour 的管理者可以考虑是否可以在不变更现有产品的情况下完成更高的销售额，即达到更高的**市场渗透**（market penetration）。可以通过营销组合的改进来刺激增长——调整其产品设计、广告、定价和分销。例如，Under Armour 在其原有的服装系列中提供了越来越多的款式和颜色。2010 年，它在广告、职业运动员和团队赞助方面的支出比上一年增加了 35%。该企业还增加了直接面向消费者的分销渠道，包括自身的零售商店和销售网站。过去 7 年里，直接面向消费者的销售额增长了两倍，占总收入的 30%。

其次，Under Armour 可以考虑**市场开发**（market development）的可能性——确定并开发其现有产品的新市场。Under Armour 可以审查新的人口细分市场。举个例子，该企业加大了对女性消费者的营销力度，推出了新产品，并高调宣传了一项耗资 1 500 万美元的针对女性的促销活动，名为"成我所想"。Under Armour 也可以开拓新的地理细分市场。例如，该品牌在日本、欧洲、加拿大和拉丁美洲等国际市场迅速成名。2011 年它在中国开设了第一家品牌店。尽管 Under Armour 的国际市场销售额 2010 年增长了 94%，但仍然只占总销售额的 12%，为国际市场的增长留下了很大的空间。

再次，Under Armour 可以考虑**产品开发**（product development）——为当前市场提供改进产品或新产品。例如，该企业在 2006 年为其服装系列增加了运动鞋，并继续推出创新的运动鞋产品，比如最近添加的 SPEEDFORM 产品线。2010 年，运动鞋的销售增长了 44%，但仍只占总销售额的 13%，这再次给市场带来了巨大的增长潜力。

最后，Under Armour 可以考虑**多元化**（diversification），或者在现有产品和市场之外启动或购买业务。例如，该企业通过收购三家健身应用企业——MapMyFitness、MyFitnessPal 和 Endomondo，扩展到数字化个人健康和健身追踪领域。Under Armour 也可以考虑进入不强调性能的休闲服装市场，或者制造和销售健身器材。在多元化经营时，企业必须小心，不要过度扩张其品牌的定位。

在看重增长战略以增加业务组合的同时，企业还应该学会精简业务的战略。企业可能会有很多理由来放弃某个产品或市场。可能是因为企业成长过快或进入了缺乏经验的领域，也可能是市场环境的变化使得一些产品或市场的利润减少。例如，在经济困难时期，很多企业削减竞争力不强、利润较少的产品和市场，以把自己有限的资源聚焦于最具优势的产品。最后，一些产品或业务部门会过时并最终消失。

当企业发现产品或业务不再盈利或不再适应现有战略时，必须谨慎地调整或放弃它们。例如，在过去的几年里，宝洁出售了数十个主要品牌——从 Crisco、福杰仕咖啡、Jif、品客薯片到金霸王电池、右厉卫除臭剂、萘普生止痛药、眼线液和蜜丝佛陀化妆品、威娜和伊卡璐护发产品、爱慕思和其他宠物食品——让企业专注于家庭保健和美容护肤产品。近年来，通用汽车已经从其组合中剔除了一些表现不佳的品牌，包括奥兹莫比尔、土星、庞蒂克、悍马和萨博。较弱的业务通常需要花费管理者过多的精力。管理者应该集中精力在有发展潜力的业务上，而不是花费力气来挽救那些过时的业务。

2.2 营销规划：合作建立顾客关系

作者评点

为顾客创造价值不是仅靠市场营销就能完成的。营销部门必须与其他部门紧密合作来为顾客提供有效的内部价值链，同时还要与营销系统中的其他企业紧密合作建立良好的外部价值传递网络，共同为顾客服务。

企业战略规划决定了企业经营的业务种类，并设定了每种业务的目标。随后，在每一个业务单元内都要制定出详细的规划。每个业务单元中的各主要职能部门，如财务、营销、会计、采购、运营、信息系统、人力资源等，都必须互相配合来完成战略目标。

营销在企业战略规划中起到重要作用。第一，营销提供了一个指导准则——一种营销理念——企业战略应该集中在创造顾客价值和与重要顾客群建立可盈利的关系上。第二，营销可以帮助战略规划者识别市场机会和评估企业抓住这个机会的潜力。第三，在单个业务部门内，营销人员设计战略来达到业务目标。一旦确定业务部门的目标，接下来的任务就是付诸行动，达到盈利的目的。

顾客参与和顾客价值是营销人员取得成功不可缺少的关键部分。然而，正如我们在第 1 章中所说的，单靠市场营销是不能为顾客创造卓越价值的，营销只能作为合作者之一来吸引、抓住和保留顾客。除了顾客关系管理，营销人员同样要进行合作伙伴关系管理。他们必须与企业内的其他部门紧密合作，建立有效的内部价值链为顾客服务。同时，他们应该与营销系统中的其他企业紧密合作来建立有竞争力的、优质的外部价值传递网络。下面详细介绍企业价值链和价值传递网络的主要概念。

2.2.1　与企业其他部门合作

企业中每个部门都可以被认为是企业内部**价值链**（value chain）中的一个环节。[11] 也就是说，每个部门都通过设计、生产、营销、传递、支持企业的产品来执行价值创造活动。企业的成功不仅在于每个部门如何完成它们的工作，同时还在于不同部门之间是如何协调的。

例如，True Value Hardware 企业的目标是以可接受的价格为顾客提供他们需要的硬件和家居装修产品，以及顶级的顾客服务，从而创造顾客价值和满意度。零售合作社的营销人员扮演着重要的角色。他们了解顾客的需求，并以有竞争力的价格为 3 500 家独立的 True Value 零售商供应商品。他们准备广告和商品促销计划，并为顾客提供服务。通过这些活动和其他活动，True Value 的营销人员将价值传递给顾客。

然而，True Value 的营销人员，无论在家里办公还是在商店，都需要来自企业其他职能部门的帮助。True Value 帮助你"正确地开始，从这里开始"的能力取决于采购人员是否具备开发所需供应商的技能，并以低成本买到他们的产品。True Value 的信息技术人员必须能够快速、准确地提供关于哪些产品在每个商店比较畅销的信息。运营人员必须提供有效的、低成本的商品处理和交付的解决方案。

企业价值链是否强大取决于其最薄弱的环节。成功取决于各个部门在为顾客创造价值方面的表现以及企业对各部门之间的协调工作的能力。True Value 最近的营销活动——每个项目背后都有一个 True Value——认识到让每个人都参与到组织中的重要性，从店内的经理和员工到在家办公的运营经理和市场调研分析人员，他们理解这个连锁店的顾客的需求和愿望，并帮助他们进行家庭装修项目。

理想的状态是，企业的不同部门应该协调合作来为顾客创造价值。但是在实践中，它们之间的关系充满了矛盾和误解。营销部门从顾客的角度看待问题，但是当营销人员试图使顾客满意时，可能使其他部门处于不利境地。营销活动可能增加购买成本，扰乱企业的生产日程，增加库存成本，导致预算过高。因此，其他部门有时会阻碍营销部门的活动。

但是营销人员必须想办法使企业的所有部门都从顾客的角度思考问题并且建立平稳运营的价值链。一位营销专家指出："真正的市场导向意味着整个企业都要努力为顾客创造价值，并将自己视为有利于为目标顾客定义、创造、沟通和传递价值的一系列过程中的一部分，无论在哪个部门、负责什么职能，每个人都必须做营销。"另一位专家则认为："吸引顾客需要整个企业共同努力，我们现在都是营销人员。"[12] 因此，无论你是一名会计、业务经理、财务分析师、IT 专家或人力资源经理，你需要了解营销和自己在创造顾客价值过程中的作用。

2.2.2　与营销体系的其他伙伴合作

在寻求吸引顾客参与和创造顾客价值的过程中，企业不应该仅仅关注内部的价值链，而且应该深入企业供应商、分销商和最终顾客的价值链。以麦当劳为例，消费者涌向麦当劳，不仅仅是为了它的汉堡包。在全世界，麦当劳运转良好的价值传递系统为顾客传递了高标准的 QSCV（品质、服务、清洁、价值）理念。麦当劳的成功在于它可以与自己的特许经营店、供应商和其他伙伴一起合作来为顾客创造卓越的价值。

很多企业通过与供应链上的其他伙伴——供应商、分销商和顾客——合作来提高顾客**价值传递网络**（value delivery network）的表现。在当今市场上，竞争不仅仅发生在单个竞争者之间，而是发生在由这些竞争者构建的价值传递网络中。因此，丰田与福特的业绩较量取决于丰田整个价值传递网络的表现与福特的差异。即使福特生产最好的汽车，但如果丰田的经销商网络可以提供更多令顾客满意的销售和服务体验，它也可能输给丰田。

缓冲带：概念链接

请在这里暂停一下，应用在本章第一部分学习的内容思考以下问题：
- 为什么要在市场营销中讨论企业的整体战略规划？战略规划和市场营销有什么关系？

○ 星巴克的战略和使命是什么？在帮助星巴克实现其战略和使命的过程中，市场营销扮演什么角色？
○ 星巴克的其他部门扮演了什么角色？企业的市场部门如何与其他部门协同以获得最大化的顾客价值？星巴克的供应商和零售商扮演什么角色？

2.3 营销战略和营销组合

作者评点

我们已经了解了企业层面的整体战略规划，现在是时候讨论顾客驱动型营销战略和计划了。

战略规划定义企业的整体使命和目标。市场营销的角色如图 2-4 所示，它总结了管理顾客驱动型营销战略和营销组合所涉及的主要活动。

消费者成为整个战略的中心。企业的目标是为顾客创造价值，并且建立可盈利的顾客关系。然后是**营销战略**（marketing strategy），即企业创造顾客价值、获得可盈利顾客关系的营销逻辑。企业确定其将服务哪些顾客（市场细分和目标市场选择），以及如何为他们服务（差异化和定位）。企业首先确定整个市场，然后把市场划分成不同的细分市场，选择最具潜力的市场，最后集中满足这个市场上的顾客需求。

企业以营销战略为基础设计营销组合——产品、价格、渠道和促销（4P）。为了找到更好的营销战略和营销组合，企业进行市场营销分析、计划、实施和控制。通过这些活动，企业不断观察和调整以适应环境变化。我们简要介绍每一项活动，然后，在随后的章节中，将详细介绍每一个概念。

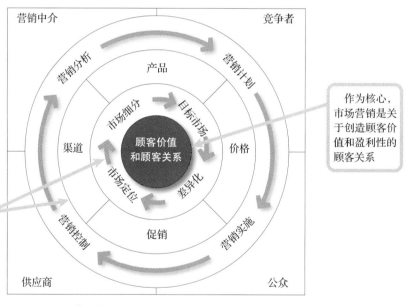

图 2-4 营销战略和营销组合的管理

2.3.1 顾客驱动型营销战略

为了在竞争市场中获胜，企业必须以顾客为中心。它们必须从竞争者手中赢得顾客，然后通过提供更好的价值来留住他们。但在使顾客满意之前，企业必须首先了解他们的需求。因此，好的营销需要认真地进行顾客分析。

企业知道它们不可能满足市场上的所有顾客，至少不可能以一种方式满足所有顾客的需要。每位顾客的需要都不尽相同。大多数企业都选择只在一些细分市场上比自己的竞争对手做得更好。因此，企业应该细分整个市场，选择最好的细分市场，为赢得这个市场制定相应的战略。这个过程包括以下三个步骤：市场细分、目标市场选择、差异化和市场定位。

1. 市场细分

市场包括不同类型的顾客、产品和需求。营销人员需要决定什么样的细分市场可以提供最好的市场机会。企业可以根据地理、人口、心理和行为等因素来对顾客进行分组并制定特别的服务策略。把市场划分为不同的购买者群体，这些群体有不同的需求、特征或行为，需要不同的营销策略与组合，这样的营销过程被称为**市场细分**（market segmentation）。

所有的市场都可以细分，但并不是所有的细分都是有效的。例如，如果低收入和高收入的止痛药消费者对营销努力的反应相同，那么泰诺按收入进行细分的方式将会收效甚微。一个细分市场应该由会对营销努力做出相似反应的消费者构成。在汽车市场上，选择大而舒适的汽车且不考虑价格的车主构成了一个**细分市场**（market segment）；而主要考虑实用性和价格的消费者构成了另外一个细分市场。设计出一种能满足两个市场需要的车型并不是一件容易的事；企业应该根据两个市场的不同需求设计不同的车型。

2. 目标市场选择

企业在进行市场细分之后，可以进入其中的一个或几个细分市场。**目标市场选择**（market targeting）指的是评估各细分市场的吸引力并选择一个或几个细分市场作为目标市场的过程。企业应该选择可以产生最大的顾客价值并能恒久维持顾客价值的市场。

资源有限的企业可能会只选择一个或几个特殊的细分市场或利基市场。这些利基市场寻求者通常着眼于主要竞争者所忽视或不愿理睬的市场。

举例来说，法拉利每年仅在美国销售2 200辆超高性能的汽车，当然也开出了超高的价格——例如19.8万美元的Ferrari California车型，740马力的F-12 Berlinetta车型的价格更是达到了让人大开眼界的31.8万美元。大多数市场利基者并非如此独特。有利可图的低成本航空企业忠实航空通过定位于更小的、被忽略的市场和飞行新手来避免与大航空企业的直接竞争。忠实航空给自己的定位是"到竞争者不去的地方"。小型在线搜索初创企业DuckDuckGo在搜索巨头Google和微软必应的阴影下，在隐私敏感型用户中茁壮成长（见营销实践2-2）。

| 营销实践 2-2 |

DuckDuckGo：Google 最微小但最激烈的竞争对手

Google在全球在线搜索市场占据主导地位，其市场份额高达67%。另外三个巨头——微软的必应、雅虎、中国的百度占了31%的市场份额。这给数十个试图获得立足点的其他搜索引擎留下了宝贵的2%的市场份额。更重要的是，Google和其他搜索巨头都从它们的非搜索业务中获得了丰厚的利润，让它们可以投入大量资源来保持和扩大搜索的市场份额。那么，一个小型的搜索引擎如何与全球巨头竞争呢？最好的回答是：至少不是直接竞争。相反，它发现了一个独特的、搜索巨头并未涉足的利基市场。

DuckDuckGo是一个正在勇敢地开辟自己的独特利基市场的搜索引擎初创企业。DuckDuckGo并没有与Google和其他巨头正面交锋，而是提供了一个市场领导者无法满足的顾客利益——隐私。然后，它为其独特的利基市场注入了品牌个性和用户社区。DuckDuckGo的品牌图标是一个古怪的戴领结的鸭子，给你一种感觉，就像经典儿童故事里的小火车头一样，这可能是"全能的小引擎"。

DuckDuckGo不仅在它的利基市场中生存着，还在飞速发展。该企业目前仍相对较小，平均每天的搜索量约为900万，而Google则为近60亿。但在过去的三年里，DuckDuckGo每天的搜索量增长了近10倍，而Google搜索量的增长则略有滞后。

2008年，当加布里埃尔·温伯格（Gabriel Weinberg）首次推出DuckDuckGo时，大多数人都怀疑他是不是疯了。一个小型初创企业怎么能挑战强大的Google呢？但是，温伯格并没有简单地模仿Google，而是转向了一个不同的方向，开发了一个具有核心差异的高质量搜索引擎。DuckDuckGo现在以"更智能的搜索、更少的混乱、真正的隐私"作为自身清晰的定位。

DuckDuckGo只专注于搜索。它提供精简、整洁、定制化的用户界面，且展示更少的付费搜索广告。与其他搜索引擎一样，DuckDuckGo对于搜索请求返回基于第三方资料来源的链接搜索结果，但结果它会过滤并重新组织搜索结果，以减少垃圾信息。除了通常的搜索结果链接，对于许多搜索，DuckDuckGo在搜索结果上方用信息框的形式直接提供"即时答案"，消费者不必点击任何链接就可以看到。温伯格说："当你进行搜索时，你通常需要一个答案。我们的工作就是试图找到答案。"有了即时答案，DuckDuckGo可以"帮助你用很少的点击就找到你想要的。"

即时答案的功能很好，事实上它已经被Google和微软的必应复制了。例如，在Google上搜索"达·芬奇"或"长城有多长"，除了你比较熟悉的那些蓝色的搜索结果链接，你还会看到一个白色的框，里面包含列奥纳多·达·芬奇的简介或中国长城的长度，以及其他一些有趣的信息。

DuckDuckGo会告诉你，它的即时答案往往更好。它的答案不仅依赖于第三方数据源，还依赖于其活跃、增长迅速和忠实的用户和开发者社区所具备的深层次、多样化的知识。DuckDuckGo的社区为其搜索提供了额外的动力。DuckDuckGo的用户形成了维基百科式的时尚，他们就答案应该是什么发表自己的看法，并给出信息资料来源，甚至自己独立创造答案。"DuckDuckGo是一个由社区驱动的搜索引擎，你是团队中的一员！"该企业说，"我们不只是服务器和算法。我们包含更多。"

尽管DuckDuckGo早在Google之前就已经有了即时答案功能，但Google的反应说明了一个典型的利基困境。市场领导者通常拥有巨大的资源，可以迅速复制初创企业最受欢迎的功能。"不管它是什么，"一位分析师指出，"Google、Facebook或苹果都能模仿让你与众不同的东西，把你粉碎的梦想倒入科技历史的垃圾桶。"

对DuckDuckGo来说，幸运的是，它有一个至关重要的区别，那就是Google无法模仿的——真正的隐私。Google的整个模型建立在个性化的基础上，为顾客提供个性化服务，并为广告主或广告商提供行为定向的营销。这就需要收集和分享关于用户及其搜索行为的数据。当你在Google上搜索时，该企业会详细了解并保存你的身份、搜索的内容以及搜索时间，然后将你的在线身份和数据与其服务集成在一起。

利基市场营销：DuckDuckGo在巨大的搜索引擎竞争对手的阴影下茁壮成长，它为用户群体提供了Google无法模仿的东西——真正的隐私。
Duck Duck Go, Inc.

相比之下，DuckDuckGo的设计不像它的竞争对手那么具有侵犯性，也不那么令人毛骨悚然。DuckDuckGo不知道你是谁，它不会记录用户的IP地址，也不会使用cookie跟踪或记录你的在线访问。用户没有账号。事实上，DuckDuckGo甚至没有保存用户的搜索历史。也许最重要的是，当用户点击DuckDuckGo的搜索结果链接时，链接的网站不会接收到搜索引擎生成的任何信息。正如一位隐私倡导者所说："DuckDuckGo是一个可靠的搜索引擎，它可以让你放心地浏览网站，而不会留下任何信息给美国政府或其他任何人。"你访问网站的信息会被安全地保护起来。

所以，DuckDuckGo已经成为在乎网络隐私的人首选的搜索引擎，这是一个快速增长的群体。温伯格说："如果你看一下人们搜索的日志，就会发现它们是互联网上最隐私的东西。不像Facebook，你只发布想让别人看到的内容，而你搜索的可能是你的医疗和财务问题以及其他各种不想让别人知道的事情。"今天，越来越多的人开始关注他们的搜索历史对其隐私的影响。"最开始，这一功能显得有点极端。"对于DuckDuckGo早期的隐私定位，温伯格如是说。但是今天，他又说："人们不想被跟踪的原因已经很明显了。"

DuckDuckGo是如何赚钱的？2014年，Google的660亿美元收入几乎全部来自于与搜索相关的广告收入，其中大部分业务涉及大规模的行为定向广告，这些广告依赖于DuckDuckGo所回避的追踪工具。然而，即使没有跟踪用户，较小规模的DuckDuckGo也可以盈利。它简单地聚焦于Google的另一块业务——基于搜索主题提供的上下文搜索广告。因此，当用户搜索"曲面OLED电视"时，DuckDuckGo展示为相关关键词付费的电视制造商和零售商的广告和链接。

因此，在很多方面，DuckDuckGo是Google的劲敌。但DuckDuckGo并不是要杀死巨头。它自知无法与Google和必应正面交锋——它甚至都不会尝试。再一次，DuckDuckGo在在线搜索市场中属于自己的一个小角落里创建了深度的顾客参与和忠诚，Google和其他巨头可能会发现它们很难与DuckDuckGo争夺对隐私敏感的用户。基于每月的访问量，DuckDuckGo目前是美国第11大热门搜索引擎。随着隐私越来越重要，DuckDuckGo也越来越重要。

这就是利基市场的意义，一个精准定义的品牌通过有意义的品牌关系吸引到聚焦的消费者群体，即使拥有丰富资源的巨头企业也难以撼动它的地位。聪明的利基让DuckDuckGo成为"Google最微小也最激烈的竞争对手"，分析师说。"我们的愿景很简单，"DuckDuckGo说，"给你最好的搜索结果但并不追踪你。"

资料来源：John Paul Titlow, "Inside DuckDuckGo, Google's Tiniest, Fiercest Competitor," *Fast Company*, February 20, 2014, www.fastcompany.com/3026698/inside-duckduckgo-googles-tiniest-fiercest-competitor; "DuckDuckGo Direct Queries per Day," https://duckduckgo.com/traffic.html, accessed June 2015; "Privacy, DuckDuckGo, and the Battle for Search Market Share," *Perioncodefuel,* February 13, 2015, www.codefuel.com/blog/privacy-duckduckgo-battle-search-market-share/; "Top 15 Most Popular Search Engines—April 2015," www.ebizmba.com/articles/search-engines, accessed September 2015; and https://duckduckgo.com/about and www.netmarketshare.com, accessed September 2015.

另外，一家企业也可能会选择服务于几个相关的细分市场，或许这些细分市场有不同类型的顾客但他们有同样的基本需求。例如，Gap集团旗下包含六个针对不同年龄、收入和生活方式的消费者的服装和饰品品牌：Gap、Banana Republic、Old Navy、Piperlime、Athleta和INTERMIX。Gap品牌又被进一步细分为更小的市场，包括Gap、GapKids、babyGap、GapMaternity和GapBody。[13]一家大型企业（例如本田、福特等汽车企业）也可能选择为全部的细分市场提供产品。

大多数企业通过服务于单一细分市场从而进入新的领域，如果这一步取得成功，它们会进入更多的细分市场。例如，耐克就从为专业跑步者提供创新跑鞋起家。大企业最终都寻求完全覆盖市场。耐克现在以"帮助各个级别的运动员发挥他们的潜力"为目标，为每个人生产和销售范围广泛的体育用品。耐克通过设计不同的产品来迎合不同市场的特殊需求。

3. 差异化和市场定位

在企业决定进入哪些细分市场后，它们必须决定如何在每个细分市场中差异化自己的产品以及每个产品在市场中占有什么样的位置。产品定位是指相对于竞争对手而言，本企业的产品在消费者心目中处于什么样的地位。营销人员应该为自己的产品设计不同的定位。如果企业的产品与市场上其他的产品类似，顾客可能就没有理由去购买它。

市场定位（positioning）是指推出一种产品，使其相对于竞争产品在目标消费者心中占据一个清晰、独特和优越的位置。营销人员会为产品寻找不同于竞争产品并能在目标市场中获取最大优势的定位。

奥迪承诺自己是"工程的真谛"，斯巴鲁则是"自信驰骋"；可口可乐的定位是"打开幸福"，百事可乐则是"活在当下"；德尔蒙特是"充满生机"，卡迪卡斯农场的产品是"有机认证、保证美味"；在帕尼罗面包店，你可以"活得清醒、吃得美味"，而在温蒂汉堡店，"质量是我们的配方"。

这些看似简单的口号形成了产品营销战略的支柱。例如,西南航空企业自成立以来,就把自己定位为"LUV 航空企业",这一定位在其新标志和飞机图形设计中得到了充分的体现。就像西南航空企业的广告宣称的那样,"没有用心的话,它就只是一个机器"。这家航空企业"总是用心做好每件事"。

在对产品进行定位时,企业必须首先找到可能为其提供竞争优势的顾客价值差异,并依此确立自身定位。企业可以通过两种方式来提供更大的顾客价值:提供比竞争者更低的价格,或者提供更多的好处同时相应地制定较高的价格。一旦企业宣称自己可以为顾客提供比竞争对手更高的价值,就必须真正地为顾客传递更高的价值。因此,有效的定位起源于**差异化**(differentiation),使市场供给品与竞争者的不同,从而为顾客创造更大的价值。一旦企业确定了所需的定位,就必须采取有力的措施将这一定位传递给目标顾客。企业所有的营销活动都必须支持选定的定位战略。

2.3.2 开发整合营销组合

一旦确定了营销战略,企业就应该着手规划具体的营销组合。**营销组合**(marketing mix)是现代营销中的一个主要概念,指企业为了获得想要的目标市场的反应而综合采用的一系列战术营销工具。市场营销组合包括企业可以做的一切影响产品需求的工作,通常可以归为四个变量,即 4P:产品、价格、渠道和促销(见图 2-5),图 2-5 显示了每个变量下的营销工具。

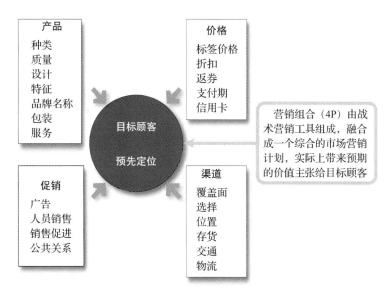

图 2-5　营销组合的 4P

产品指的是企业为目标市场提供的产品和服务的组合。福特翼虎由螺丝螺母、火花塞、活塞、车灯等几千种部件构成,还提供了多种不同的款式和可选择的功能特性。这款车还提供了全方位的服务,其全面的保修服务和排气管一样是产品的重要组成部分。

价格是顾客为了得到产品而支付的钱。例如,福特企业为不同的车型制定建议零售价格。不过福特的经销商几乎不会收取标签上的全额价格,而是会与每位顾客进行价格协商,提供折扣、以旧换新折让和信用条款。这种措施使得企业可以根据现在的竞争地位和经济环境来调整价格,并且能够使价格与购买者对产品的价值感知相一致。

渠道指的是使产品到达目标消费者的一系列活动。福特与大量的独立代理商合作来销售自己的不同车型,福特会仔细选择代理商并且给予代理商很大的支持。代理商持有一定的汽车库存量,向潜在的顾客进行产品介绍、协商价格、出售产品并提供售后服务。

促销指的是向顾客展示产品的特性并说服顾客购买的活动。福特每年会在美国投入 26 亿美元的广告费来介绍福特企业及其产品。[14] 代理商的销售人员也会帮助潜在购买者了解福特汽车,并说服他们福特汽车是其最好的选择。福特还提供了一些特殊的促销措施，如折扣、现金返还、低贷款利率等来鼓励顾客购买。另外，福特在 Facebook、Twitter、YouTube、Instagram 等社交媒体平台的账号也会促进消费者与品牌和其他福特粉丝的互动。

有效的营销计划会把所有营销组合元素融合成一个整合营销项目，通过将价值传递给消费者实现企业的营销目标。营销组合构成了企业在目标市场中确立强有力定位的战术性工具。

一些批评者认为，现有的营销组合 4P 忽略或轻视了一些重要的东西，比如他们会问"服务在哪里？不能因为服务不以 P 开头而忽略它。"这个问题的答案是，一些行业（如银行业、航空业和零售业等）的服务就是产品，我们可以称为服务产品。批评者可能又会问，"那么包装呢？"营销人员会回答，包装是产品决策的一部分。如图 2-5 所示，很多看上去被忽视的营销活动其实都包含在这四个组合因素中。问题不在于是否应该有 4 个 P、6 个 P 或者 10 个 P，关键是什么样的框架在设计营销计划中是最有帮助的。

不过另外一种担忧是有道理的。现有的营销组合仅仅是采取了卖方的观点，而不是买方的观点。在顾客价值和顾客关系如此重要的时代，从买方来说，4P 可能更应该描述为 4A，见表 2-2。[15]

表 2-2 4P 和 4A

4P	4A
产品	可接受性
价格	可负担性
渠道	可获得性
促销	可知晓性

在这种以顾客为中心的框架下，可接受性是指产品超出顾客期望的程度；可负担性是指消费者愿意并能够支付产品价格的能力；可获得性是指顾客获得该产品的难易程度；可知晓性是指顾客会被告知产品的特性，说服他们试用产品，并提醒他们重新购买的程度。

4A 与传统的 4P 密切相关。产品设计影响可接受性，价格影响可负担性，渠道影响可获得性，促销影响可知晓性。营销人员最好先把这 4A 考虑进去，然后在此基础上建立 4P。

作者评点

到目前为止，我们都把精力集中在营销管理中的营销上。现在，让我们谈谈管理。

2.4 管理营销活动

在营销管理中除了要做好营销，也要做好管理。管理营销过程需要如图 2-6 所示的五个营销管理职责——分析、计划、实施、组织和控制。企业首先要决定企业层面的战略计划，然后将其分解成营销计划和其他针对每个部门、产品、品牌的计划。通过实施和组织，企业把计划变成行动。控制指的是测量和评估营销活动的结果并在需要的时候采取矫正措施。最后，营销分析提供了所有其他营销活动需要的信息和评价。

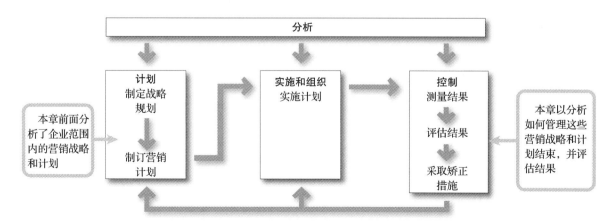

图 2-6 营销分析、计划、实施、组织和控制

2.4.1 营销分析

营销管理过程首先要对企业的情况进行全面的分析。营销人员应该进行 **SWOT 分析**（SWOT analysis），它评估了企业整体的优势（S）、劣势（W）、机会（O）和威胁（T）（见图 2-7）。优势包含那些有利于企业服务其顾客和实现其目标的内在能力、资源和积极的情境因素。劣势则包含那些干扰和阻碍企业绩效的内在约束和消极的情境因素。机会是外在环境中有利的因素或趋势，使企业能够开发出自身的优势。而威胁是不利的外在因素或趋势，会给企业的绩效带来挑战。

图 2-7 SWOT 分析：优势（S）、劣势（W）、机会（O）和威胁（T）

为了找到具有吸引力的机会并识别环境中的威胁，企业应该对其市场和市场环境进行分析，还要结合自身优势、劣势与当前的或可能的营销行动来决定哪些机遇是应该把握的。SWOT 分析的目的是匹配企业优势与外在机遇，同时消除和克服劣势，将威胁最小化。市场分析会为其他各种营销管理职责提供信息。我们将在第 3 章对市场分析做更全面的讨论。

2.4.2 营销计划

通过战略规划，企业确定每个业务单元的计划是什么。营销计划涉及选择能够帮助企业达到整体战略目标的营销战略。每一种业务、产品和品牌都需要一份详细的营销计划。一份营销计划应该是什么样的？我们在这里将主要讨论产品或品牌营销计划。

表 2-3 列出了典型的产品或品牌计划的主要组成部分。营销计划的开头是执行总结，是对主要的评估、目标和建议的简要总结。计划的主要部分是对目前的营销情况和潜在的机会与威胁进行详细的 SWOT 分析，计划接下来描述了品牌的主要目标并列出了达到这一目标的营销战略的细节。

表 2-3 营销计划的组成

组成部分	目 标
执行总结	主要目标和建议，帮助管理层快速发现计划的要点
目前的营销情况	描述目标市场和企业在其中所处的位置，包括市场描述、产品状况、竞争状况和渠道状况。具体如下： ● 市场描述：定义市场和主要细分市场，了解顾客需求和影响顾客购买的环境因素 ● 产品状况：显示销售额、价格、产品线上主要产品的毛利润 ● 竞争状况：评估主要竞争者的市场地位、产品质量、价格、渠道和促销战略 ● 渠道状况：评估现有的销售趋势和主要分销渠道的发展
威胁和机会分析	评估产品面临的主要威胁和机会，帮助管理者预见可能会对企业及其战略产生影响的趋势
目标和问题	描述企业希望在计划期内达到的市场目标，并讨论影响其实现的关键问题
市场战略	概述广泛的营销逻辑，业务部门希望凭此吸引客户、创造客户价值、建立客户关系，以及添加目标市场、定位和营销支出水平的细节。企业将如何为客户创造价值，以获取价值回报？本节还概述了每个营销组合元素的具体策略，并解释了每个营销组合元素如何应对计划早期阐明的威胁、机会和关键问题
行动方案	明确营销方案如何转换成具体的行动方案。需要回答以下问题：我们将要做什么？什么时候做？谁对此负责？成本是多少

(续)

组成部分	目标
预算	详细说明支撑的营销预算，本质上是一个损益预测表。它显示了生产、分销和营销的预期收入和预期成本，差额是预期利润。预算成为材料采购、生产调度、人员计划和市场运作的基础
控制	概述控制方案，用于监视进度，允许管理人员检查实施效果，并发现没有达到目标的产品，包含对营销投资回报的衡量

营销战略包含了针对目标市场、市场定位、营销组合和市场预算等的具体战略，描述了企业如何为目标顾客创造价值从而获得回报。在这个部分中，计划者阐明了每个营销战略如何对机遇、挑战和计划中所阐述的其他关键因素做出反应。营销计划的其他部分会提供实施战略的行动计划，以及详细的战略预算。营销计划的最后是控制，用于监测进度、对营销投资回报进行测量以及必要时采取矫正措施。

2.4.3 营销实施

制定好的战略仅仅是成功营销的开始。如果不能很好地付诸实施，好的营销战略也会失败。**营销实施**（marketing implementation）是为了实现营销战略目标，把营销战略和计划变为营销行动的过程。营销计划解决营销活动是什么以及为何这样做的问题，而营销实施则侧重于由谁、在哪儿、在什么时候以及如何做。

很多管理者认为，正确地做事（实施）和做正确的事（战略）一样重要，有时候甚至比做正确的事更重要。事实是两者对于成功都很重要，只有通过有效的实施，企业才可以赢得竞争优势。一家企业可能与另一家企业的战略相似，但是通过更快、更好的实施，它就可以打败对手。但实施不是一件容易的事：制定好的营销战略是相对容易的，但实施起来是很难的。

在联系日益紧密的今天，营销系统中所有层级的人必须紧密配合实施营销战略和计划。例如，在美国迪尔公司，对企业的住宅、商业、农业和工业设备的营销实施需要组织内外成千上万人参与日常决策和行动。营销经理必须对目标市场、品牌、包装、价格、促销和渠道做出决策。他们和企业的其他员工合作以支持自己的决策，例如与工程师讨论产品设计，与制造人员讨论生产和库存水平，与财务人员讨论资金和现金流。他们同样与外部人员合作，例如与广告企业合作计划广告活动，与新闻媒体接触获得公众支持。另外，销售团队敦促并支持独立的迪尔公司经销商和大型零售商，如Lowe's，帮助他们说服住宅、农业和工业顾客，让顾客相信"没有什么能与迪尔相媲美"。

2.4.4 营销组织

企业必须建立营销组织以实施营销战略和计划。如果企业很小，一个员工便可以做所有的营销工作，如研究、推销、广告、客服等。随着企业的扩张，需要有一个营销部门来计划和实施所有的营销活动。在大企业中，这个部门由很多专业人员组成，包括产品和市场经理、销售人员和销售经理、营销研究员、广告专家和其他的专业人员。

为了领导这样庞大的营销组织，很多企业都设立了首席营销官（CMO）这一职位。CMO负责企业整体的营销运作，并代表营销部门参与企业高层管理团队。CMO这一职位使得营销和其他"C-level"执行官处于平等地位，如首席运营官（COO）和首席财务官（CFO）。作为高级管理层的一员，CMO的职责是成为"首席顾客官"。为此，英国航空企业甚至将其最高级别的营销岗位更名为"顾客体验总监"。[16]

现代营销部门可以采用很多种方式来组织，最常见的营销组织方式是职能型组织。在这种组织形式下，不同的营销活动由各职能专家来制定，包括销售经理、广告经理、市场研究经理、客服经理和新产品经理。拥有跨国业务的企业通常设立地区型组织，不同的国家、区域和地区采用不同的销售和营销人员。这种地区型组织使得销售人员可以扎根某一市场，更好地了解顾客，并且可以节省时间和差旅成本。有很多种不同产品和品牌的企业通常采取产品管理型组织。使用这种方法，产品经理针对某一种产品或品牌开发并实施战略和营销方案。

对于向许多不同类型的市场和拥有不同需求和偏好的顾客销售同一产品线的企业，市场或顾客管理型组织可能是最好的。市场管理型组织类似于产品管理型组织。市场部经理负责为他们的特定市场或顾客制定营销策略和计划。该系统的主要优势在于，企业是围绕特定顾客群体的需求进行组织的。很多企业成立专门的组织来管理与大型顾客的关系。例如，宝洁和史丹利百得等企业已经创建了大型团队甚至是整个部门来服务于诸如沃尔玛、塔吉特、克罗格或家得宝这样的大顾客。

生产很多不同的产品并销售给不同地区的细分市场和消费者市场的大企业通常综合采用职能型、地区型、产品和市场型几种组织形式。

营销组织近年来得到了广泛的关注。越来越多的企业将重心从品牌管理转移到顾客管理——从管理产品和品牌的盈利性转为管理顾客盈利性和顾客资产。企业不再只关注于管理品牌组合，而且关注管理顾客和品牌互动、顾客体验以及顾客关系。

2.4.5 营销控制

在实施营销方案时会出现很多意外，营销部门必须采取**营销控制**（marketing control）。营销控制是指度量和评价市场营销战略和计划的结果，采取修正措施以保证目标的达成。营销控制包括四个步骤：首先，管理部门设定具体目标；其次，评估企业在市场上的表现；再次，总结实际表现和期望表现之间存在差距的原因；最后，管理者应该采取矫正措施以减少实际表现与期望表现之间的差距。这可能会需要企业改变其行动方案甚至改变营销目标。

运营控制是指将现在的绩效与年度计划相对照，并且在必要时采取合理的行动。其目的是保证企业达到销售额、利润和其他在年度计划中明确规定的目标，也包括决定不同产品、领域、市场和渠道的利润率。战略控制是指评估现有的营销战略和市场机会是否相符。营销战略和方案可能很快会变得不适用，因此每一家企业都应该定期重新评估其对市场的整体策略。

2.5 评估及管理营销投资回报

作者评点

评估营销投资回报率已经成为重点，但这一过程可能很困难。例如，"超级碗"大赛的广告可以吸引超过1亿的消费者，但可能每30秒的广告时间要花费400万美元，那么如何从销售、利润和建立顾客互动关系的角度衡量这种投资的回报？我们将在第12章继续讨论这个问题。

营销经理必须确保他们所花费的每一分钱都能发挥作用。过去，很多营销人员在大规模的营销方案和华丽的广告活动中的花费都很随意，却不认真思考其回报。他们的目标通常只有一个，即"建立品牌和消费者偏好"，他们认为营销产生的是无形效果，其本身无法通过生产率或收益的形式衡量。

但在如今紧缩的经济形势下，这一切正在改变。随意开支的时代已经被营销测量和可问责的新时代所取代。与以往不同，现在的营销人员必须能够将营销战略和策略与可测量的营销产出结合起来。一项重要的营销绩效测量指标为**营销投资回报率**（return on marketing investment，ROI）或**营销 ROI**（marketing ROI）。营销 ROI 是营销活动的投资回报率，是营销投资净收益除以营销投资成本，它能够评估营销活动所带来的利润。

在一项调查中，64%的高层营销人员将结果的可问责性作为其最关心的三个问题之一，相比之下，将整合营销传播作为首要关注点的仅占50%。然而，另一项调查表明，仅有36%的首席营销官能够定量地证明营销支出对企业的短期影响；只有29%的人认为能够证明长期影响。对 CMO 的另一项调查显示，57%的 CMO 在制定营销预算时不考虑 ROI，更令人吃惊的是，有28%的 CMO 仅凭直觉制定营销预算。很明显，营销人员必须更具战略性地考虑其营销支出所带来的回报。[17]

营销 ROI 可能难以测度。在测度金融投资 ROI 时，无论回报还是成本都可以用美元来度量。例如，当购买一件设备时，由于使用该设备导致的生产率的提高可以被直观地测量。但是营销 ROI 至今尚未有统一的定义，比如广告和品牌建设的影响都很难用美元来衡量。

企业可以通过标准的市场绩效测量指标评估其营销 ROI，如品牌感知、销售额或市场份额等。很多企业正在将这种一系列的指标综合成"营销仪表盘"——由多种有意义的营销绩效指标组成的用于监视战略性营销表现的综合展示。如同汽车仪表盘会告诉驾驶者他们的汽车表现如何,"营销仪表盘"会告诉营销人员他们评估和改正营销策略所需要的各种详细指标。比如,VF 企业利用"营销仪表盘"来追踪其 30 多种风格的服装品牌的营业绩效,包含 Wrangler、Lee、The North Face、Vans、Nautica、7 For All Mankind、Timberland 等。VF 的"营销仪表盘"不仅在关键市场跟踪自身品牌的价值和趋势、媒体占有率、市场占有率、网络人气和营销 ROI,还会关注其竞争对手的表现。

然而,除了这些标准的绩效评估指标外,以顾客为中心的营销绩效指标正获得越来越多的重视,如顾客获取、顾客保留、顾客互动、顾客终身价值、顾客资产等。这些指标不仅能测量企业当期的市场表现,还能预测基于良好顾客关系的未来的市场表现。图 2-8 将营销支出作为能产生可盈利的顾客关系的营销投资。营销投资能带来更高的顾客价值和满意度,反过来进一步吸引顾客,提升顾客保留率,继而提升了单个顾客的终身价值和企业整体的顾客资产。增加的顾客资产减去营销投资成本,就确定了营销投资回报。

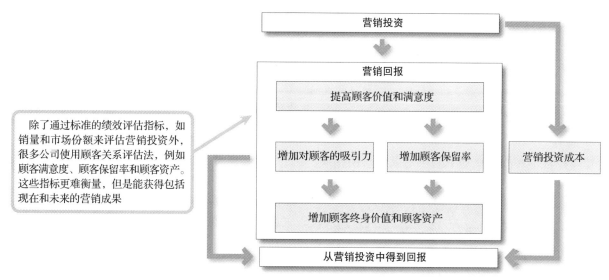

图 2-8 营销投资回报

不管营销投资回报是如何被定义和测量的,它都将继续存在。无论环境是好是坏,营销人员对营销活动的产出会越来越关注。

我的营销实验室

如果你的老师布置了这项任务,请完成 MyLab 的问题讨论部分带有星号的问题。要完成本章的数字营销问题,请查看 MyLab 中的作业。

章节回顾和批判性思维

目标回顾

在第 1 章,我们定义了市场营销并给出了营销过程中的几个步骤。在本章中我们探讨了企业层面的战略规划和营销在组织中的角色,并深入了解了营销战略和营销组合,以及营销管理的主要功能。所以,你现在应该对现代营销有了更好的了解。

1. 解释企业层面的战略规划及其四个步骤

战略规划是企业整体计划的基础。营销有助于战略规划，并且整体计划决定了营销计划的角色。

战略规划涉及开发一种战略用于企业的长期生存和发展，它包含四个步骤：①定义企业的使命；②设定目标和任务；③设计业务组合；④开发功能计划。企业的使命陈述应该以市场为导向，切合实际、具体、具备激励作用，并且与市场环境相适应。企业的使命然后被转化成可操作的详细的目标和任务，用来指导企业的业务组合决策。然后，每个业务和产品部门都必须根据企业范围内的计划制订详细的营销计划。

2. 讨论如何制定业务组合及增长战略

在企业目标的指引下，管理层规划其业务组合或构成企业的业务和产品的集合。企业试图设计出能使其优势和劣势与环境中的机会相适应的业务组合。为此，企业必须分析和调整其现有组合，为将来的组合制定增长或精简战略。企业可以使用正统的组合规划方法，但很多企业现在正在设计更加个性化的业务计划以更好地适应环境。

3. 解释营销在战略规划中的作用以及营销如何与合作伙伴一起创造和传递顾客价值

根据战略规划，主要的职能部门包括营销、财务、采购、运营、信息系统、人力资源，它们需要合作以完成战略目标。营销在其中扮演重要角色，因为它为企业提供了营销理念，还收集了关于各类有吸引力的市场机会的信息。在各业务单元内，营销部门设计战略来实现其目标，并帮助它贯彻落实战略计划以获得利润。

营销本身并不能给顾客更高的价值，必须实行合作伙伴关系管理，与其他部门紧密合作，形成有效的价值链为顾客提供服务，而且还必须与营销系统中的其他企业有效合作，形成具有竞争优势的价值传递网络。

4. 描述顾客驱动型营销战略的要素、组合及其影响因素

顾客参与、价值和关系是营销战略和计划的核心。通过市场细分、目标市场选择、差异化和定位，企业将整个市场划分为更小的细分市场，选择最佳细分市场，并决定如何为选定的细分市场的目标顾客带来价值。然后，企业设计一个能引起目标市场反应的整合营销组合。营销组合包括产品、价格、渠道和促销决策（4P）。

5. 列举营销管理的职能及营销计划的要素，讨论测量和管理营销投资回报的重要性

为了找到最佳战略并将其付诸实施，企业从事市场分析、计划、实施和控制。营销计划的主要组成部分是执行总结、当前营销状况、威胁和机会、目标和问题、营销战略、行动计划、预算和控制。实施战略往往比规划战略更难。为了取得成功，企业必须在执行方面有效——将营销战略转变为营销活动。

营销部门可以用一种或多种方式相结合来进行组织：职能型营销组织、地区型组织、产品管理型组织或市场管理型组织。在这个注重顾客关系的时代，越来越多的企业正在将它们的组织重点从产品或地区管理型转变为顾客关系管理。营销组织实施营销控制，包括运营控制和战略控制。

如今，营销问责制比以往任何时候都更加重要。营销经理必须确保他们的营销投入用得其所。在经济不景气时期，现在的营销人员面临越来越大的压力，他们需要证明其营销投入都产生了相应的顾客价值。相应地，营销人员正在开发更好地测量营销投资回报的工具。在战略决策中，他们越来越多地使用以顾客为中心的营销绩效指标。

关键术语

战略规划（strategic planning）：制定和保持企业目标、能力与不断变化的营销机会之间的战略匹配的过程。

使命陈述（mission statement）：关于组织目标的陈述，即在宏观营销环境中组织需要完成什么任务。

业务组合（business portfolio）：构成企业的业务和产品的集合。

业务组合分析（portfolio analysis）：管理部门评估企业所有产品和业务的过程。

成长-份额矩阵（growth share matrix）：从市场增长率和相对市场份额两个维度评估企业战略业务单位（SBU）的组合规划方法。

产品/市场扩张矩阵（product/market expansion grid）：用于在市场渗透、市场开发、新产品开发和多样化中进行评估和选择，确定企业成长路径的业务规划工具。

市场渗透（market penetration）：不改变产品，通过提升现有细分市场上的产品的销量以实现企业成长

的战略。

市场开发（market development）：通过为现有产品寻找和发展新的细分市场实现成长的战略。

产品开发（product development）：通过向现有的目标市场提供改进产品或新产品而实现企业成长的战略。

多元化（diversification）：企业通过在现有产品和市场范围之外建立或者收购新业务，以获得成长的战略。

价值链（value chain）：在设计、生产、营销、配送和支持企业产品的过程中进行价值创造活动的一系列部门。

价值传递网络（value delivery network）：由企业、供应商、分销商和顾客构成的网络，各方之间彼此紧密合作，以提高整个网络的绩效。

营销战略（marketing strategy）：创造顾客价值、获得可盈利的顾客关系的营销逻辑。

市场细分（market segmentation）：把市场分为不同的购买者群体，这些群体有不同的需求、特征或行为，需要不同的营销策略与组合。

细分市场（market segment）：对某些营销努力反应比较相似的消费者群体。

目标市场选择（market targeting）：评估各细分市场的吸引力并选择一个或几个细分市场作为目标市场的过程。

市场定位（positioning）：推出一种产品，使其相对于竞争产品在目标消费者心中占据一个清晰、独特和优越的位置。

差异化（differentiation）：使市场供给品与竞争者的不同，以创造更大的顾客价值。

营销组合（marketing mix）：一系列战术营销工具，即产品、价格、渠道、促销，企业综合利用这些方法得到想要的目标市场的反应。

SWOT分析（SWOT analysis）：对企业的优势、劣势、机会和威胁的全面分析。

营销实施（marketing implementation）：为了实现营销战略目标，把营销战略和计划变为营销行动的过程。

营销控制（marketing control）：度量和评价市场营销战略和计划的结果，采取修正行动以保证目标的达成。

营销投资回报率（return on marketing investment, ROI）：营销投资净收益除以营销投资成本。

问题讨论

1. 定义战略规划，并简要描述指导管理人员和企业进行战略规划的四个步骤。讨论营销在这个过程中的作用。

2. 定义四种产品/市场增长战略。

*3. 定义营销4P的每一个要素。使用4A而不是4P可以给企业带来什么启示？

4. 营销部门是如何组织的？哪种组织方式最好？

5. 为什么营销人员必须实施市场营销控制，又是如何做到的？

批判性思维练习

1. 组建一个小组，对你的学校、你所在的群体、一家上市企业、一家当地的企业或者一个非营利性组织进行SWOT分析。根据你们的分析，用产品/市场扩张矩阵提出一个战略，并制定适当的营销组合来实施该战略。

2. 波士顿矩阵是一个有用的战略工具。另一个对市场营销人员有用的经典的业务组合规划方法是GE矩阵（参见www.quickmba.com/strategy/matrix/ge-mckinsey/）。GE矩阵与波士顿矩阵有什么相似和不同之处？

*3. 为一个你感兴趣的非营利性组织创建使命陈述。请另一位同学评估你提出的使命陈述，同时你来评估其他同学的使命陈述，互相提出需要改进的方面。

小型案例及应用

在线、移动和社交媒体营销

Google 的使命

Google成立于1998年，作为一个互联网搜索引擎，它的使命陈述至今仍未改变："组织世界的信息，使其更易获取且有用。"Google 无疑是成功的,其收入从 2002 年的 32 亿美元增长到 2014 年的 660 亿美元,其中 90% 来自广告商。

Google 正在迅速扩展到其他领域,例如自动驾驶汽车,测量人体血糖水平的智能隐形眼镜,让地球任何地方都有互联网热点的气球,甚至还有可以通过人类的血液检测疾病的磁性纳米颗粒。Google 最近一直在疯狂收购,购买安保、生物技术和机器人企业,试图利用物联网(IoT)获利。专家预测,到 2020 年,我们的家庭和工作场所将会有 2 500 万个联网设备。Google 最近宣布了新的物联网操作系统,命名为 Brillo(它以 Brillo scrubbing pad 命名,因为它是其 Android 操作系统的一个简化版),定位于互联网智能产品的开发者,如烤箱、恒温器甚至牙刷。它还开发了 Weave,这是一种可以让智能产品互相交流的物联网语言。也许有一天,你会坐在 Google 无人驾驶汽车上,浏览新闻,检查血糖,在下班回家的路上就先把家里的恒温器调低,让家里更凉爽。

1. 进一步研究 Google,了解更多关于其产品和服务的信息。有人说 Google 创建一个新的使命陈述的时间到了。你同意吗?解释一下。

2. 为 Google 创建一个使命陈述,该使命陈述要能够指导其整个世纪的工作。

营销道德

家庭不和

日本著名的家具店大塚家具最近因为创始人和其女儿之间的一场难堪的家庭纠纷而成为新闻。大塚先生在 1969 年创办了这家店,并把它建成了日本领先的家具零售商之一,现在它已经是一家上市企业。大塚先生的商业模式专注于高端顾客,利用会员系统、大型展厅、顾客顾问以及与众多供应商的牢固关系。这一策略一直奏效,直到 2008 年全球金融危机爆发,当时该企业开始亏损,因为顾客纷纷投奔价格较低的竞争对手,如宜家(IKEA)。结果,他让女儿担任企业总裁。大塚女士降低了价格,重新装修了门店,并设立了一系列价格较低的普通商店,使企业恢复了盈利能力。虽然顾客都很赞同大小姐的行为,但她的父亲和许多员工并不认同。因此,大塚先生解雇了他的女儿,并恢复了企业原来的策略。大塚甚至称他的女儿为"坏孩子",并为她的营销行为贴上了"恐怖主义"的标签。当该企业的盈利能力再次受挫时,股东们投票决定再次让大塚女士出任企业总裁。

1. 你认为大塚先生继续关注高端顾客的要求是合理的吗?

2. 讨论一个企业成功改变其营销战略的例子。

数字营销

苹果 VS 微软

2014 年,苹果企业公布其利润超过 500 亿美元,销售额为 1 820 亿美元。与此同时,微软公布的销售额为 880 亿美元,利润近 300 亿美元。所以苹果是更好的营销商,对吧?销售额和利润提供了反应这两个竞争对手盈利能力的信息,但这些数字中却透露着更重要的信息,即获取这些销售额和利润的营销效率。使用以下两家企业的收入报表(所有数字都是以千美元为单位),回答这些问题。

1. 计算每个企业的边际利润、净营销贡献、营销销售利润(或营销 ROS),以及营销投资回报率(或营销 ROI)。哪个企业表现更好?

2. 去雅虎财经(http://finance.yahoo.com/),找到另外两家相互竞争的企业的收入报表。对这两家企业进行同样的分析。哪家企业在整体上和营销方面做得更好?对于营销费用,用该企业报告的"销售、管理及行政"费用的 75% 来代替,因为并非该类别的所有费用都是营销费用。

(单位:美元)

	苹果	微软
销售额	182 795 000	86 833 000
毛利	70 537 000	59 899 000
销售费用	8 994 750	15 474 000
净收入(利润)	52 503 000	27 759 000

视频案例

柯尼卡美能达

柯尼卡美能达从1873年就开始营业了。它一直是一家成功的摄影企业，销售照相机、摄像设备，主要供应给最终消费者。但是，市场环境的巨大变化迫使该企业对其营销战略进行了重新评估，并最终放弃了原来的主要产业。

现在，柯尼卡美能达实现了一个成功的B2B战略，主营办公设备和商用打印机及其周边产品。该企业还开发出了一个健康保健和医疗事业部，一个光学事业部，以及一个生产手机和电视组件的部门。随着社交媒体的出现和发展，柯尼卡美能达的营销战略还在不断发展。

看完柯尼卡美能达的视频后，回答以下问题：

1. 柯尼卡美能达的使命是什么？
2. 什么市场条件促使柯尼卡美能达重新评估其营销战略？
3. 柯尼卡美能达如何调整其营销组合？这些变化符合其使命吗？

我的营销实验室

如果你的老师布置了这项任务，请到MyLab作业中完成以下写作部分。

1. 解释市场细分、目标市场选择、差异化和定位在实施有效的营销战略中的作用。
2. 营销人员越来越多地被要求证明或展示营销的效果。除了本章提到的营销人员用于衡量营销绩效的指标外，请研究其他各种营销测量指标。写一份简要报告汇报你的发现。

第二部分　了解市场和顾客价值

第3章　市场营销环境分析

学习目标

1. 描述影响企业服务顾客能力的环境因素。
2. 解释人口和经济环境的变化如何影响营销决策。
3. 确定企业自然和技术环境的主要趋势。
4. 解释政治和文化环境的关键变化。
5. 讨论企业如何应对营销环境。

概念预览

到目前为止,你已经学习了市场营销的基本概念和在市场营销过程中与目标顾客建立盈利性关系的步骤。接下来,我们将要更加深入地挖掘市场营销过程的第一步——理解市场和顾客的需要和欲望。在本章中,你将看到市场是在一个复杂多变的环境中运行的。这一环境中的其他角色——供应商、中间商、顾客、竞争者、公众和其他群体——都有可能促进或阻碍企业的发展。主要环境因素——人口、经济、自然、技术、政治和文化——可以塑造市场机会,产生威胁以及影响企业建立良好的顾客关系的能力。为了建立有效的营销战略,企业必须首先了解营销所处的环境。

首先,让我们来看看全球最大的谷物生产商美国家乐氏公司,它也是最知名、最受尊敬的品牌之一。

家乐氏的谷类食品是美国人世世代代的主食。然而，随着人口、文化、生活方式以及其他环境的变化，人们吃早餐的方式发生了变化，而家乐氏难以适应。这家著名的企业现在正努力重新赢回现代的早餐食客们。

第一站

家乐氏：它的 Snap、Crackle 和 Pop 不再流行了吗

100多年来，自从美国密歇根州巴特克里市的凯洛格兄弟第一次完善了烤玉米片的制作过程，早上吃碗麦片就成了美国家庭的日常惯例。历代美国人早上睡眼蒙眬的时候，就在餐桌旁倒满一碗酥脆的美食，大口大口地补充可以让他们维持到中午的能量。

这种早上的惯例使家乐氏成为世界上最大的谷类食品生产商。一个多世纪以来，这家企业的传奇品牌——玉米片、麦片、麦圈、爆米花、冰冻的迷你面包、葡萄干麦片和 Special K——帮助定义了美国人的早餐体验。

从其起源开始，家乐氏就利用了环境的趋势和变化，甚至引领了它们。在家乐氏之前，大多数人都吃剩菜作为早餐，吃早餐后很多人会出现消化不良的症状。然后，约翰·凯洛格和威尔·凯洛格为其健康替代品——"片状谷物"的生产流程申请了专利，推出了第一个成功的产品——家乐氏玉米片。20世纪50年代当电视出现时，家乐氏创造性地将其麦片品牌与消费者熟悉的动画吉祥物联系起来，例如，托尼虎和麦片；巨嘴鸟山姆和麦圈；卡通人物 Snap、Crackle、Pop 和爆米花。20世纪80年代，当谷类食品的销量下降时，家乐氏通过以婴儿潮一代为目标顾客，将产品定位于营养和方便，在短短五年时间里几乎让整个谷物品类增长了50%。

但近年来，随着人口特征、文化和生活方式的变化，家乐氏早餐麦片的吸引力已不如从前。如今，随着人们越来越多地购买燕麦棒或希腊酸奶，冷麦片的销售量逐渐下降。然而，家乐氏却没有随着人们早餐饮食习惯的改变而改变。因此，近年来，家乐氏的整体收入和利润都失去了昔日的风采。它的早餐食品——占其总营收的最大份额——受到了最严重的打击。例如，2016年家乐氏25种顶级谷物中的19种销售额下降了14%。

美国人现在吃的谷类食品更少了。以前，全家人聚在桌前吃早餐，过后爸爸去上班，妈妈待在家里准备午餐然后送孩子上学，而现在这种日子已经一去不复返了。冷麦片很适合这种日常生活。但现在，在父母双方都工作的情况下，早餐都是拿了就走，几乎没有时间一边品尝一碗葡萄干麦片一边看早报。"谷类早餐食品曾经是一种方便食品，"一位食品历史学家说，"但是，方便只是相对的，现在去早餐店买早餐棒、酸奶、水果或者三明治，比吃一碗早餐麦片更方便。"家乐氏还销售一些方便早餐，比如 Eggo 冷冻华夫饼、果酱吐司饼干和营养谷物棒。但是，这些产品的小幅增长并没有抵消家乐氏在谷物产品上的损失。

还有另一种生活方式的趋势影响着家乐氏的麦片业务——美国人变得更加注重健康。越来越多的消费者开始寻求具有低碳水化合物、无谷蛋白、有机和非转基因等特点的食品。这对家乐氏来说是个大问题，因为它生产了很多由玉米、燕麦、小麦和大米制成的高碳水化合物的加工食品。

几代人以来，家乐氏传奇的麦片品牌帮助定义了美国人的早餐体验。但是，随着美国人的生活方式和早餐饮食习惯的改变，家乐氏企业已经失去了昔日的风采。

Associated Press

对健康问题的更加关注也为食品活动人士长期以来的主张增加了砝码,他们认为谷物食品行业正在向儿童兜售垃圾食品。"许多针对儿童群体的谷类食品中含有相当多的糖分。"一位家乐氏批评者说,"他们的 Eggo 华夫饼大多是白面粉,果酱吐司饼干是白面粉和白糖。对于一家以健康食品起家的企业来说,它们已经违背了初心。""对于一些眼光敏锐的人来说,"一位分析人士说,"托尼虎和巨嘴鸟山姆似乎不太像友好的童年时代的化身,更像是恶毒的糖贩子。"

家乐氏对其中一些问题做出了回应。多年来,它已经降低了最畅销的儿童谷类食品的含糖量,增加了无谷蛋白和非转基因的谷物产品,并增加了更健康的延伸产品,如蔓越莓葡萄干麦片和红莓 Special K,这是目前最畅销的产品。2000 年,家乐氏收购了位于加州的健康食品麦片品牌 Kashi,该品牌以天然和有机成分而闻名。利用家乐氏的资源和技术,Kashi 的年收入在不到 10 年的时间里从 2500 万美元增长到 6 亿美元。

但是,家乐氏的一些决策看起来与不断改变的顾客生活方式和偏好并不一致,这对其打造更健康的家乐氏产生了不利影响。例如,虽然家乐氏为其主流品牌增加了一些更健康的产品种类,但还有很多并不健康的品牌延伸,例如,Special K 的巧克力脆饼干、巧克力布朗尼、Kashi GoLean 的香草全麦麦片以及 Kashi 的蓝莓冻华夫饼等,都是碳水化合物和卡路里含量很高的加工食品,这不利于 Special K 和 KAhi 等更加强调健康的品牌。Kashi 除了卖早餐食品之外,现在还卖曲奇、薄饼、比萨和冷冻的主菜。结果,这些本来应该"更健康"的家乐氏品牌受到了挫折。2016 年,一些 Special K 产品出现了两位数的下滑。如今,Kashi 品牌正挣扎于它的定位和销售。"Kashi 是一个迷失了方向的品牌,"一位分析师表示,"它的许多产品都不是有机食品,而是转基因的。"

家乐氏计划重振其早餐食品的销量,比如修复 Kashi 在健康食品消费者中的信誉,并将 Special K 从一个膳食品牌转变为对注重健康的消费者更具吸引力的品牌。企业正忙着开发适应新趋势的早餐产品。家乐氏还通过收购品客和 Keebler 等大型快餐品牌减少对谷物食品业务的依赖,谷物食品业务的占比从 15 年前的 70% 下降到现在的 45%。

不过,一些分析人士怀疑,家乐氏是否真心要跟随健康和生活方式的新潮流。例如,最近家乐氏推出了一种无谷蛋白的 Special K 产品,但该产品却在很大程度上被其热情引入的花生酱和果冻状果酱吐司饼干掩盖了风头,而这些产品并不符合美国饮食文化的发展方向。此外,尽管家乐氏已经推出了 15 种非转基因的新谷物产品,但另一边,该企业正投入数百万美元努力对抗西部三个州全民投票要求企业在标签上标明转基因成分的提案。最后,收购品客和 Keebler 也并不适应当前的趋势,它们冲淡了企业的核心——提供早餐食品。

尽管最近陷入了困境,但家乐氏仍是一个强大的标志性品牌。家乐氏的 CEO 似乎并不担心。"该企业已经存在了 100 多年,"他说,"我们有时间。我们已经有了扭转局面的计划。"然而,一些分析人士对此并不乐观。"碳水化合物、糖和顽固正在扼杀家乐氏。"其中一位说。无论他们的观点如何,所有旁观者都认为家乐氏正处于一个关键时刻。随着消费者的改变,家乐氏必须做出改变。该企业的困境向我们提出了警示:当一家企业(即便是占据市场主导地位的企业)未能适应不断变化的营销环境时,会有什么后果。了解和适应环境的企业可以茁壮成长,无法做到的则会有生存危险。[1]

营销环境(marketing environment)包括除市场营销之外的能够影响营销管理层建立和维护与目标顾客的关系的外部因素和力量。和家乐氏一样,企业必须时刻关注和适应不断变化的环境——或者,在很多情况下,引领这些变化。

不同于企业的其他团体,营销人员更应该成为环境变化趋势的跟随者和市场机会的寻求者。尽管组织中的每个管理者都需要观察外部环境,但营销人员还有两项特殊的职能。他们用专业的方法——市场调研和营销情报——收集有关市场环境的信息和洞察。他们还投入了大量的时间来研究顾客和竞争对手。通过仔细地研究营销环境,营销人员可以调整企业战略来应对新的市场挑战和机遇。

营销环境包括微观环境和宏观环境,**微观环境**(microenvironment)是与企业有密切关系,能影响企业为消费者提供服务的能力的组织与个人,包括企业本身、供应商、营销中介、顾客、竞争对手和公众。**宏观环境**(macroenvironment)是影响微观环境的更大的社会力量,包括人口、经济、自然、技术、政治和文化因素。我们先来探讨企业的微观环境。

3.1 微观环境

作者评点

微观环境包括与企业关系密切的所有参与者，这些参与者都积极或消极地影响着企业为顾客创造价值的能力及其与顾客的关系。

营销管理的作用是通过创造顾客价值和满意度与顾客建立良好的关系。但是，营销管理者仅仅完成这些工作是不够的。图 3-1 表明了营销微观环境的主要组成部分。营销的成功取决于与企业的其他部门、供应商、营销中介、顾客、竞争者和各种公众之间的关系，这些关系共同构成了企业的价值传递网络。

3.1.1 企业

在制订营销计划时，营销经理需要企业其他人员和部门的配合，其中包括企业的高层管理者、财务部门、研发部门、采购部门、运营部门、人力资源部门和会计人员。所有这些相互联系的人员和部门组成了企业的内部环境。高层管理者确定企业使命、目标、战略和政策。营销经理则在企业战略和计划的指导下进行决策。正如我们在第 2 章讨论的，营销部门必须与其他部门进行紧密合作。在营销部门的领导下，所有部门（从生产部门、财务部门到法律部门和人力资源部门）都应当承担起理解顾客需求并创造顾客价值的职责。

图 3-1 微观环境的参与者

3.1.2 供应商

供应商在企业的整体价值传递网络中起着重要的纽带作用，它们提供了企业生产产品所需要的资源。供应商出了问题将会对营销产生较为严重的影响。营销经理必须关注货源的可获得性和成本。供货短缺或延迟、自然灾害以及其他事件在短期内会影响销量，而在长期内会影响顾客满意度。供货成本的提高会导致价格上升，进而影响产品的销售量。

如今，许多营销人员都把供应商看作是企业创造和传递顾客价值的合作伙伴。例如，本田深知与其庞大的供应商网络建立密切关系的重要性，这些供应商提供从油箱、刹车控制系统和座椅系统到生产设备和办公用品等所有东西。[2]

仅在美国，本田每年从美国 34 个州的 530 家战略供应商那里购买价值 230 亿美元的汽车零部件和材料。它还花费数十亿美元从其他 13 900 家供应商处购买设备维护和运营所需的零部件和相关服务。外部采购约占制造本田汽车成本的 75%。因此，本田认为，战略供应商是成功的关键，并与其建立了深厚的关系和团队合作。一位内部人士表示："这些供应商实际上被认为是本田的一部分。"

例如，本田要求战略供应商共享它们的账簿，使本田能获得它们所有的财务信息。这有助于本田的采购人员和工程师以及供应商的工程师作为一个团队协同工作，以达到本田设定的目标成本和质量标准，同时提高供应商的业绩和利润率。供应商的工作人员还会参与本田在领导力、财务、质量及其他方面的培训。本田每年都会与战略供应商正式会面，回顾上一年的业绩，并为来年设定目标。由于这种团队合作，本田维持了健康的长期供应商关系。"本田最开始在20世纪80年代后期选择的供应商，现在几乎都还在为本田服务。"内部人士表示。在最近的一项汽车行业调查中，供应商将本田评为全球六大汽车制造商中"最受欢迎的"顾客。

3.1.3 营销中介

营销中介（marketing intermediaries）帮助企业促销、出售和分销产品到最终购买者手中，包括经销商、物流企业、营销服务机构和金融中介。经销商是指那些帮助企业寻找最终消费者并向他们销售产品的分销渠道企业，包括购买并转售的批发商和零售商。选择经销商并与它们合作并不是一件容易的事情。如今，制造商面对的不再是小而独立的经销商，而是那些大型的、不断成长的经销商组织，例如沃尔玛、塔吉特、家得宝、好市多和百思买。这些组织通常都有足够的能力决定合约条款，甚至将小制造商挤出市场。

物流企业帮助企业存储和运送货物。营销服务机构包括那些可以帮助企业瞄准正确的市场并推广其产品的市场调研企业、广告企业、媒体企业和营销咨询企业。金融中介包括银行、信贷企业、保险企业和其他金融机构，帮助企业完成金融交易或应对买卖商品的相关风险。

与供应商一样，营销中介也是企业整个价值传递系统的重要组成部分。为了创造满意的顾客关系，企业不仅需要优化自己的服务，还必须与营销中介进行有效合作，从而最优化整个系统的表现。

因此，现在的营销经理已经认识到了将营销中介视为合作伙伴与其共事的重要性，而不是仅仅把它们看作企业销售产品的渠道。例如，当可口可乐成为一些快餐连锁店（如麦当劳、温蒂、赛百味）的独家饮料供应商时，它不仅为这些企业提供软饮料，还提供了强大的营销支持。[3]

可口可乐指派企业内部的跨职能团队了解每个零售合作伙伴的业务细节。可口可乐开展了大量的基于饮料消费者的研究，并与合作伙伴分享这些顾客洞察。可口可乐分析美国不同邮政编码地区的人口统计学特征，来帮助合作伙伴确定可口可乐旗下的哪个品牌在合作伙伴所在的地区更受欢迎。可口可乐甚至还研究了得来速的快餐菜单设计，以更好地了解什么样的布局、字体、字母大小、颜色和视觉效果会促使消费者购买更多的食物和饮料。基于这些洞察，可口可乐餐饮服务集团制订了相应的营销计划和销售工具来帮助其零售合作商提高饮料的销量和利润。可口可乐企业的网站（www.CokeSolutions.com）为零售商提供了大量的信息、商业解决方案、销售技巧、数字和社交媒体营销建议，以及生产绿色产品的技术。可口可乐餐饮顾客营销副总裁说："我们致力于成为顾客最有价值的合作伙伴。"这种很强的合作伙伴关系使可口可乐成为美国软饮料市场的遥遥领先者。

3.1.4 竞争者

营销观念认为，要想在市场上取得成功，企业必须向顾客提供比竞争对手更高的顾客价值和顾客满意度。因此，营销人员不仅要满足目标顾客的需求，还必须通过相对于竞争产品在消费者心中占据一个有利的位置，从而获得竞争优势。

没有一种营销战略是适用于所有企业的。每家企业都必须考虑自身的规模和所处的行业地位，并与竞争者进行比较，从而制定营销战略。在某行业中处于优势地位的大企业可以采取小企业无法使用的竞争战略。但仅仅规模大还是不够的。对于大企业来说，有成功的战略，当然也有失败的。同样，小企业也可以开发出成功的战略，实现比大企业更高的回报率。

3.1.5 公众

企业的营销环境中还包括各种类型的公众。**公众**（public）是任何对组织实现目标的能力有实际或潜在影响的群体。我们可以识别出七种类型的公众。

（1）金融公众。金融公众会影响企业获得资金的能力，银行、投资分析师和股东是企业主要的金融公众。

（2）媒体公众。媒体公众提供新闻、报道、社会评论及其他内容，主要包括电视台、报纸、杂志、博客和其他社交媒体。

（3）政府公众。企业管理部门必须考虑政府的情况。营销人员必须向企业的法律顾问咨询产品安全、广告真实性和其他相关问题。

（4）市民团体公众。企业的营销决策可能会遭到消费者团体、环保主义者、少数群体及其他群体的质疑。企业的公共关系部门可以帮助它与顾客和这些市民团体保持联系。

（5）当地公众。该群体包括临近的居民和社区组织。大企业通常致力于在当地社区承担相应的社区责任。比如，欧迪办公基金会是欧迪办公的主要慈善捐赠机构，它通过这个独立的、非营利性基金会服务于社区。该基金会为多种项目提供资金支持，帮助儿童更好地学习和生活，建立非营利性组织的能力，帮助社区预防和战胜灾难。该企业通过支持一些帮助儿童、父母和教师的关键社区项目，来支撑其"倾听、学习、关怀"的使命。自2001年以来，该基金会的"国家背包项目"已经为330多万儿童捐赠了新书包和基本学习用品。欧迪办公基金会与Kids In Need基金会携手发起了"准备、稳住、出发"的教师基金，以鼓励中小学课堂开展创新的动手学习项目。企业的新项目"与众不同：大声反对霸凌"资助学校举行学生集会，并邀请国际知名专家为家长、老师和校领导开反霸凌教育会。[4]

（6）一般公众。企业需要关注大众对其产品和营销活动的态度。企业在公众中的形象会影响他们的购买行为。

（7）内部公众。内部公众包括一般员工、管理人员、志愿者和董事会成员。大企业经常使用内部通信和其他方式来告知并激励内部公众。当员工对自己为之服务的企业感觉良好时，他们的正面态度会感染到外部公众。

企业既要为主要公众也要为消费者市场制订营销计划。假设企业想要从特定公众那里得到某种反馈，如善意、良好的口碑、社交分享或贡献时间或金钱，就必须针对这些公众制订有足够吸引力的计划，以产生所想要的反馈。

3.1.6 顾客

企业的微观环境中最重要的因素是顾客。整个价值传递系统的目的在于向目标顾客提供服务并与他们建立强有力的顾客关系。企业可以锚定五类顾客市场中的任何一类或几类。消费者市场包括为个人消费而购买产品及服务的个人和家庭；商业市场指的是为了进一步加工或用于生产过程而购买产品和服务的市场；经销商市场是为了转售而购买产品和服务的市场；政府市场包含为了公共服务或者将产品和服务转移到需要的人手里而购买产品及服务的政府机构；最后，国际市场由其他国家的购买者组成，包括消费者、制造商、经销商和政府。每类市场都有自身特定的特点，这就要求卖方对这些特点进行仔细的研究。

3.2 宏观环境

> **作者评点**
>
> 宏观环境包含影响微观环境参与者的更广泛的因素。

企业和所有其他参与者都是在一个更大的宏观环境中运作的，宏观环境对企业而言可能是机会，也可能是威胁。图3-2显示了企业的六大宏观环境因素。即便是最有影响力的企业，在不断变化的市场环境中也是脆弱的。其中一些作用力量无法预测也无法控制，而其他作用力量则可以通过管理技巧来进行预测和掌控。那些理解环境并很好地适应环境的企业会顺利发展，反之则会面临困境。施乐、西尔斯和索尼等仅在短期内占据市场领导者地位的企业已经领会到了其中的教训。本章接下来的部分将对每种因素进行详细讨论，并说明它们是如何影响营销计划的。

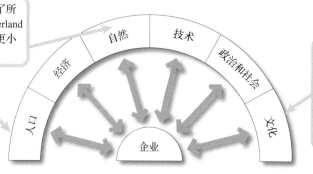

图 3-2　企业宏观环境的主要参与者

3.2.1　人口环境

> **作者评点**
>
> 人口环境的改变意味着市场的改变，所以这对营销人员很重要。我们首先来看看最大的人口发展趋势——人口年龄结构变化。

人口统计学（demography）是对人口规模、密度、区域、年龄、种族、职业和其他统计指标的研究。人口环境因素是营销人员关注的重点，因为它涉及人，而市场是由人组成的。世界人口正在呈现爆炸性增长，如今世界人口总量已经超过 72 亿，预计在 2030 年将会突破 80 亿。[5] 规模巨大且多样化的人口为企业的发展带来了机遇和挑战。

世界人口环境的变化对企业的发展具有重要意义。因此，市场营销人员需要密切关注其所在市场的人口统计趋势和发展情况，分析年龄、家庭结构、地理人口迁移以及教育特点和人口多样性。在这里我们讨论美国最重要的人口统计趋势。

1. 人口年龄结构变化

美国人口现在接近 3.21 亿，预计到 2030 年将达到 3.64 亿。[6] 美国最重要的人口发展趋势是人口年龄结构的变化。主要由于出生率的下降和预期寿命的延长，美国人口正在迅速老龄化。1980 年，美国人口的中值年龄为 23 岁；到 2050 年，预计将达到 38 岁。[7] 人口老龄化将对市场和服务于市场的企业产生重大影响。

美国人口包含了几个年代的群体，这里我们主要讨论四个最大的群体——"婴儿潮"一代、X 一代、千禧一代和 Z 一代——以及他们对营销战略的影响。

（1）"婴儿潮"一代。第二次世界大战后的**"婴儿潮"一代**（baby boomers）有 7 800 万人，主要出生在 1946～1964 年。从那时起，"婴儿潮"一代成为影响营销环境的最主要的因素。现在，"婴儿潮"一代中最年轻的也已经 50 多岁了，最老的已经 70 多岁了。

"婴儿潮"时期出生的人是美国历史上最富有的一代，一位分析师称其为"营销人员的理想目标"。现在，"婴儿潮"一代只占美国总人口的 35%，但他们拥有美国 70% 的可支配收入和一半的消费者支出。[8] "婴儿潮"一代构成了一个有利可图的市场，这一市场需要金融服务、新住房和家庭装修、新车、旅游和娱乐、外出就餐、健康与保健产品和其他任何种类的产品。

在最近一次旨在鼓励企业在其杂志上做广告的活动中，AARP（美国退休人员协会）建议说那些只关注年轻人群的品牌失去了一个很大的机遇。AARP 广告中会出现五六十岁的人，还有诸如此类的标题："我也许满脸皱纹，但我的钱还是崭新的"或者"我也许白发苍苍，但是我的钱却绿树长青"。这些广告还会说："为什么到处都是针对 18～34 岁年轻人的广告，这个年纪他们自己根本就没有一分钱。事情很简单，AARP 可以找到最好的'婴儿潮'一代，这些超过 50 岁的人中有 68% 将会为他们的成年孩子买单。"

也许，认为"婴儿潮"一代的老年人将要日渐衰亡是错误的。例如，许多针对"婴儿潮"一代的杂志标题都表明，这些消费者根本不是那种典型的衰老、贫穷的封闭状态。*Everything Zoomer*、*Watch Boom* 和 *Boom!* 杂志上有各种各样的标题，呼吁活跃的"婴儿潮"一代重新定义变老的含义。[9]

Boom! 杂志的目标是活跃的 50 岁以上的消费者，他们的诉求是活得聪明、活得精彩、活得伟大。该杂志将自己标榜为"活跃的成年人的生活方式资源，它能激发、教育、激励、取悦读者，并为读者带来一幅充满活力的新生活图景"。每月的主题包括健康、旅行和休闲、美食和葡萄酒、历史、视觉和表演艺术，以及财务规划。每一期都在 *Fifty & Fabulous* 中聚焦本地名人。针对老年人的素材呢？在 *Boom!* 杂志或它的在线通讯 Boom! Blast 中，你不会发现很多这样的东西。

如今，许多"婴儿潮"一代非但没有觉得自己已经步入老年，反而认为自己正在进入人生的新阶段。越来越多的有活力的"婴儿潮"一代没有想要放弃他们年轻时候的生活习惯和想法。比如，如今 50 岁以上的成年人在美国的豪华游消费中占 80%。越来越多的"婴儿潮"时期出生的人迅速成为社交媒体的活跃分子。他们是网络上增长最快的人群，10 个"婴儿潮"一代中有 9 个在网上购买过商品。他们也是增长最快的社交媒体用户群，在过去的 4 年里 Facebook 的使用激增了 80%。[10]

因此，尽管婴儿潮时期出生的人购买了大量的处理老年问题的产品——从维生素到血压监测仪再到 Good GriP 厨具，对于帮助其享受生活的产品和服务，他们也同样构成了一个利润丰厚的市场。例如，亚马逊为 50 岁以上的顾客创建了一个名为"50+ 积极和健康的生活"的网站。该网站包括四个部分，以满足卫生保健、医疗和饮食需求，还有五个区域集中在旅行和休闲、运动和健身、个人护理、美容和娱乐产品。

（2）X 一代。在"婴儿潮"之后，人口的出生率开始下降。在 1965～1976 年有 4 900 万婴儿出生。由于他们处在"婴儿潮"一代的阴影中，因而作家道格拉斯·库普兰把他们称作 **X 一代**（generation X）。

X 一代的人口数量大大少于之前的"婴儿潮"一代，也少于在他们之后的千禧一代，X 一代有时候是一个被忽略的顾客群体。尽管他们追求成功，但是他们并不是物质主义者，他们重视的是过程而非结果。对 X 一代中许多成为父母的人来说，最重要的是家庭（包括孩子和年迈的父母亲），其次才是职业。从营销的角度来说，X 一代是持有更多怀疑态度的群体。他们会在详细了解产品后再考虑是否购买，并且他们关注的是质量而非数量。他们很难接受商业目的明显的营销宣传，更喜欢拿传统开玩笑、看似无关的广告宣传。

X 一代是第一批在互联网时代成长的人群，是受益于新技术的一代。约 60% 的人每天使用智能手机，而在"婴儿潮"一代中这一比例为 42%。在使用互联网的 X 一代中，74% 使用电子银行业务，72% 使用网络查询企业和产品，81% 的人进行网购，近 2/3 的 X 一代人在上个月使用过 Facebook，30% 的人使用 Pinterest。[11]

X 一代现在已经长大成人。他们正在逐渐抛弃"婴儿潮"一代人的生活方式、文化和价值观。他们的事业正在上升，大多数是骄傲的一家之主。迄今为止，他们是受过最好教育的一代，并占据了购买力的一大部分。

由于 X 一代的巨大消费潜力，许多企业把他们作为企业的重要目标市场。例如，82% 的 X 一代拥有自己的房子，这使得他们成为住宅营销人员的重要营销目标。家装零售商 Lowe 对 X 一代的业主进行了大量的市场宣传，敦促他们"永远不要停止改进"。通过广告、在线视频和社交媒体，Lowe 对各种各样的室内和户外装修项目和问题提供意见和建议，并提供让忙碌的 X 一代业主及其家庭生活更简单的解决方案。它的 myLowe 应用就像一个 7×24 小时服务的家装管理员，让消费者能为自己的每个房间建立档案，将他们在 Lowe 的购买记录存档，用照片制作产品列表，接收诸如更换暖炉过滤器之类的提醒，甚至在计划家庭装修项目时与商店的员工进行在线交流。[12]

（3）千禧一代。"婴儿潮"一代和 X 一代总有一天被**千禧一代**（millennials）（也称 Y 一代或"回声潮一代"）所取代。千禧一代出生于 1997～2000 年，作为"婴儿潮"一代人的孩子，其数量已经达到了 8 300 万，比 X 一代甚至"婴儿潮"一代的人口都多。在后萧条时代成长，千禧一代是财务情况最糟的一代。面对着更高的失业率和更高的负债比，很多年轻人的银行账户都是空的。不过，由于千禧一代人数巨大，他们还是形成了一个巨大且有吸引力的市场，现在和未来都是如此。

千禧一代有一个共同的特点，就是熟悉数字技术，他们不只是拥抱新技术，这其实已经成了他们的生活方式。千禧一代是在电脑、手机、卫星电视、iPod、iPad 和社交媒体的世界中成长起来的第一代人，所以他们用一种全新的方式参与到品牌互动之中，如使用移动媒体或社交媒体。除了营销人员的推销，千禧一代还寻求真实性和机会来塑造自己的品牌体验,并与他人分享。美国电话电报公司的一名营销人员指出了她所谓的"千禧一代的普遍真理:透明、真实、即时和多才多艺"。[13]

很多品牌正在专门针对千禧一代的需求和生活方式生产产品并进行市场营销活动。比如,通用电气创造了一系列新型、时尚但价格低廉的入门级家用电器,被称为 GE 工艺。之前通用电气一直把营销和设计的重点放在年龄为 45～60 岁的消费者身上,他们拥有更多的财富和更高档的厨房。然而,GE 工艺产品线旨在满足快速增长、熟悉技术但对价格敏感的千禧一代,他们正在购买和装饰自己的第一套房子。[14]

同样,万豪和宜家最近联手推出了一家名为 Moxy Hotels 的欧洲连锁酒店。这家创意生活方式的连锁酒店结合了现代化的设计、亲切的服务、高科技特征以及最重要的——低廉的价格,瞄准了快速成长的年轻的千禧一代旅行者市场。为了降低价格,Moxy 酒店提供了现代简约的风格。但是,酒店有很多年轻的千禧一代喜欢的技术,比如通过移动设备办理入住、大屏幕电视、大量内置的 USB 接口、免费的 Wi-Fi,以及配备了最先进的电脑、涂鸦墙和大尺寸电视屏幕的公共区域。[15]

(4) Z 一代。紧跟 Y 一代而来的是 **Z 一代**(generation Z),他们出生于 2000 年以后(也有许多分析者把 1995 年以后出生的人归于 Z 一代)。大约 7 200 万的 Z 一代组成了重要的儿童、青少年市场。他们每年花在自己身上的钱约为 440 亿美元,对他们自己和父母近 2 000 亿美元的支出产生影响[16]。这些年轻的消费者也代表了未来的市场——他们现在建立的品牌关系将影响其未来的购买行为。

Z 一代群体的鲜明特征是非常流畅和舒适地使用数字技术,他们在这方面的表现要超过千禧一代。智能手机、平板电脑、iPod、可连接网络的电子游戏机、无线网络以及数字和社交媒体,在 Z 一代人群中都是再普通不过的——他们从小就接触这些。这些工具也让这个群体具有更高的移动性、连接性与社会性。平均而言,相互连接的 Z 一代每月收到 3 000 多条短信。一位分析师风趣地说:"只要他们醒着,他们就在上网。"另一位分析师说,他们"骨子里就有数码基因"。[17]

Z 一代在进行社交和购物时可以把线上和线下世界进行无缝整合。最近的研究表明,尽管 Z 一代年纪不大,但是超过半数的 Z 一代青少年在自己购买或让父母购买产品之前都会进行产品研究。那些在线购物的 Z 一代中,超过半数的人更倾向于在网上购买电子产品、书籍、音乐、体育用品以及服装、鞋子、时尚饰品和化妆品等。

几乎所有行业都在针对 Z 一代人群推广产品和服务。比如,许多零售商建立了特殊的生产线甚至一整个店铺来吸引 Z 一代人群和他们的父母,如 Abercrombie Kids、Gap Kids、Old Navy Kids 和 Pottery Barn Kids。Justice 连锁店锚定中间年龄段的女孩,提供的服装和饰品都针对她们的特殊偏好和生活方式进行了调整。尽管这些年轻的购买者通常会和妈妈一起逛街,但"一个 10 岁或 12 岁的女孩最不想做的事情就是让自己看上去像自己的妈妈。"Justice 的 CEO 说。Justice 的商店、网站和社交媒体页面都是参照这群人的思想设计的。

"你必须吸引他们的感官。"CEO 说,"她们喜欢感官丰富的东西——明亮的色彩、音乐视频、五光十色的商品以及所有这些的组合。"目前,快速发展的 Justice 女童服装品类的销售量已经超过了沃尔玛和塔吉特(这一点令人惊叹,因为沃尔玛在美国有 4 000 家店,而 Justice 只有 1 000 家)。[18]

向 Z 一代和他们的父母进行营销存在诸多挑战。对于这个群体来说,传统媒体仍然很重要。类似于 J-14 和 Twist 这样的杂志以及 Nickelodeon 和《迪士尼电视频道》在一些 Z 一代人群中依然流行。但是营销人员知道他们必须抓住 Z 一代人群消遣和购物的时机,而这些时机越来越多地出现在网络和移动世界中。尽管 13 岁以下的人理论上还不能使用 Facebook、Instagram 等社交媒体,但至少在官方层面上,社交媒体会在这些人从儿童成长到青少年的过程中扮演重要的营销角色。

如今的孩子非常善变和难以捉摸,他们的注意力也很容易转移。因此,关键是要吸引这些年轻消费者的参与,让他们来定义自身的品牌体验。另一个有关 Z 一代的担忧是儿童隐私以及他们易受营销宣传的影响。企业在针对这一群体的营销中必须负责任地处理这些问题,否则就可能会激怒家长和公众政策制定者。

(5) 世代营销。营销人员是否应该就每个世代的人群开发不同的产品和营销策略?一些专家提醒营销人员,在制定专门针对某个特定世代群体的有效产品或信息时,必须格外注意会不会把其他世代群体拒之门外。另外一些专家提醒,每个世代都持续经历了几十年的时间,且其成员处在不同的社会阶层。例如,营销人员通常将"婴儿潮"一代分为三个小群体——首批"婴儿潮"一代、主要"婴儿潮"一代和后续"婴儿潮"一代。每个群体都有自己的信念和行为。同样,他们也把 Z 世代分为儿童、中间人群和青少年三个不同的群体。

因此，营销人员必须在每个世代群体内形成更加精确的年龄细分市场。与按年龄细分相比，按生活方式、生命阶段或他们在产品中寻求的共同价值观来对市场进行细分似乎更为有效。我们将在第 5 章和第 6 章中讨论几种不同的市场细分方法。

2. 变化的美国家庭

传统意义上的家庭包括丈夫、妻子和孩子（有时还包括祖父母）。不过，美国人曾一度追求的有两个孩子、两辆车、住在郊区的理想家庭现在已不再有吸引力了。

在美国，只有不到一半的家庭是由已婚夫妇构成的，低于 1940 年的 76%。有 18 岁以下孩子的已婚夫妇只占全国 1.23 亿家庭人口的 19%。没有孩子的已婚夫妇占 23%，单亲家庭的比例则是 14%。还有 34% 的家庭是非家庭成员构成的——单身独居或者同性、异性同居。[19]

越来越多的人离婚或分居，选择不结婚、晚婚、再婚，或结婚不生孩子。每 12 对已婚夫妇中就有一对是不同种族。自 2000 年以来，同性恋夫妻抚养孩子的数量增加了 75%。现代美国家庭构成的变化越来越多地被反映在受欢迎的电影和电视节目中，比如《摩登家庭》(*Modern Family*)，这是一部关于非传统家庭的获奖情景喜剧。

营销人员必须考虑这些非传统家庭的独特需求，因为它们的增长速度远远超过了传统意义上的家庭，每一个群体都有不同的需求和购买习惯。

在美国，职业女性的数量大幅上升，从 20 世纪 50 年代后期不足整体劳动力 40% 的比例上升到了如今的 69%。现在赚钱养家的美国人中有 40% 是女性。在那些由已婚夫妇和孩子组成的家庭里，60% 是双收入家庭；只有丈夫工作的家庭占比是 28.5%。同时，在家里看孩子、做家务的男性也越来越多，而他们的妻子外出工作。在美国，父亲或母亲全职在家的家庭中父亲全职在家的占 4%。[20]

企业现在正在调整它们的营销，以应对美国家庭的动态变化。例如，在针对家庭的广告中，父亲曾经被忽视或被描绘得很笨拙，而如今的广告则展现出更有爱心和更有能力的父亲形象。例如，在最近的一则三星 Galaxy 手机广告中，有一位父亲正在用襁褓包裹他刚出生的儿子，在妈妈忙碌的时候让他安静下来。当焦急的妈妈打电话回家询问时，新上任的"襁褓大师"回答说："今天是我们的'哥们儿日'，我们过得非常愉快。如果你愿意，周末可以给你放假。"

其他广告反映了现代美国家庭的多样性。例如，一则关于 Honey Maid 全麦饼干的广告充分展示了家庭的多样性。[21]

一则仅有 30 秒的 Honey Maid 广告展示了各种类型家庭的生活场景。一对同性伴侣给他们的儿子喂奶，一对来自不同种族的夫妇以及他们手里牵着的三个孩子，西班牙裔的母亲加上非洲裔的父亲和他们的三个混血孩子，甚至还有一个全身有文身的父亲。这个拥有百年历史的 Honey Maid 品牌属于亿滋国际企业，该企业还生产奥利奥、丽兹和趣多多。Honey Maid 正在将自己重塑为适合现代家庭的一种有益健康的零食。"无论如何变化，"广告中的旁白说，"能保持健康的东西永远不会变。"广告的结论是：Honey Maid 日常健康零食，是每个健康家庭的选择。亿滋国际的一位营销人员说："无论他们的肤色或性取向如何，我们所描绘的这些家庭都有很好的亲子关系。这是一种认识，即美国的家庭动态正在演变……而且我们也在进化。"

3. 人口的地理迁移

这是一个人口在国家之间和国内进行大量迁移的时期。例如，美国人就在不断迁移，每年有 12% 的美国居民在流动，35% 的人每 5 年搬一次家。在过去的 20 年中，美国人口在持续地向南部地区迁移。美国西部和南部人口有所增长，而中西部和东北部的人口有所下降。[22] 营销人员对这种人口流动非常感兴趣，因为不同地区的人口的购买习惯有所不同。例如，中西部人口会比东南部人口购买更多的冬季衣服。

一个多世纪以来，美国人逐渐从郊区移居到大城市。但在 20 世纪 50 年代，有一大批人从城市迁移到了郊区，今天，迁往郊区的热潮仍在继续。越来越多的美国人在向"小城市地区"迁移，这些小城市在拥挤的大都市之外，比如北达科他州的迈诺特、北卡罗来纳州的布恩、密歇根州的特拉弗斯城和新罕布什尔州的康科德。这些小城市既拥有很多大城市的优势——在工作、饮食、娱乐活动和社区组织等方面，但它们同时又没有大城市的人口拥挤、交通堵塞、高犯罪率和高房产税等问题。目前，美国有10%的人口居住在小城市地区。[23]

居住地点的变化也导致了人们工作地点的变化。例如，向小城市和郊区的迁移使得远程办公的人数激增——这些人可以在家中或者远程办公室里工作，通过电话、传真、互联网开展业务。反过来，这一趋势也创造了迅速发展的SOHO市场（小型办公室/家庭办公室）。在个人计算机、智能手机以及宽带互联网的帮助下，越来越多的人开始在家工作。最近的一项调查表明，约24%的员工有一部分或全部工作是在家里完成的。[24]

许多营销人员正在积极寻找方法进入这个有利可图的远程办公市场。例如，思杰公司的GoToMeeting和思科公司的WebEx等在线应用就可以帮助远程工作的人进行联系。无论大家在哪个地方工作，都可以通过计算机、平板电脑或智能手机在线上交流和合作。Salesforce.com、Google和IBM等企业都提供了云计算应用，帮助人们随时随地通过互联网和移动设备协同工作。[25]

此外，对于那些不能完全在家工作的远程办公者来说，NextSpace、Grind和雷格斯等企业出租设施齐全的共享办公空间。远程办公者可以按天、月或年付费，租用包含常规办公设施的共享空间，从网络电脑、打印机、复印机到会议室和休息室。[26]

4. 受过良好教育的白领专业人口

现在，美国人的受教育程度越来越高。例如，2012年，25岁以上的美国人中有88%具有高中以上学历，32%获得了学士或更高学位，而在1980年，仅有66%的人拥有高中以上学历、16%的人拥有学士学位。[27] 劳动力群体变得更加白领化。面向专业人士的工作不断增加，而面向制造业工人的工作在减少。2010～2020年，在预计拥有最快就业增长率的30个具体岗位中，有17个岗位要求拥有某种形式的高等教育背景。[28] 受良好教育的专业人士的数量在上涨，这将会影响人们购买什么产品以及如何购买。

5. 日益多样化

不同国家在种族和民族构成上有所不同。日本是一个极端的例子，这个国家几乎所有的人都是日本人；而另一个极端的例子则是美国，这个国家的人来自世界各地。人们通常把美国看成一个熔炉——来自许多国家和文化的不同群体构成了单一且更加同质的整体。不过，美国似乎更像一个"沙拉碗"：尽管各种各样的民族混合到一起，但他们仍然保留了重要的民族和文化差异，维持了自身的多样性。

营销人员现在面临着日益多样化的国内或国际市场，其运营也越来越国际化。美国人口包括62.2%的非西班牙裔白人，17.4%的西班牙裔人和13.2%的非裔美国人。目前，亚裔人口约占美国人口总数的5.4%，剩余的是夏威夷原住民、太平洋岛民、美洲印第安人、阿拉斯加州原住民或阿留申人。此外，1/8的美国居民（超过美国总人口的13%）出生在其他国家。在未来的几十年中，美国的各族裔人口还会呈现出爆炸式的增长趋势。到2060年，预计西班牙裔将占总人口的28%，非洲裔美国人将占14%，亚裔将达到9%。[29]

很多大企业，从宝洁、沃尔玛、好事达保险、美国富国银行到麦当劳、西南航空，正在为这些群体中的一个或几个提供专门设计的产品、广告和促销。例如，为了服务于亚裔美国人群体，美国西南航空企业冠名赞助了旧金山的中国新年庆典游行，这是美国最大的夜间游行，也是仅次于梅西百货赞助的感恩节大游行的北美第二大游行。[30]

旧金山的中国新年庆典游行通常能够吸引成千上万的观众，并通过英语和亚洲语言的电视台向全世界的观众转播。富裕、快速增长的亚裔美国人消费群体经常旅行，并且他们集中在一些主要地区，如加利福尼亚和纽约，这使他们很容易被定位，因而他们成为西南航空的理想目标顾客。中国新年庆典游行活动与西南航空对草根营销计划的偏好相一致，这些营销计划将其定位为锚定当地"激情"的载体，在这里就是与文化和家庭相关的庆祝活动。为了支持其冠名赞助，西南航空通过广泛的促销活动将其品牌与农历新年联系在一起，从花车和免门票的比赛到宣传"对社区的美好祝福和敬意"的街道横幅、公交候车亭、广告牌以及传统的广播和印刷广告。西南航空的努力方向是正确的——在过去的15年里，它一直是这个活动的赞助商。

多样性不只是指种族多样性。比如，许多大企业都专门针对男女同性恋消费者进行营销。根据一项估测，美国成年人中有 6%～7% 承认自己同性恋、双性恋、跨性别（LGBT）的身份，这部分群体的购买力超过 8 300 亿美元。[31] 随着类似《摩登家庭》这样的电视剧以及《断背山》和《壁花少年》等电影的播出，和更多同性恋名人和公众人物的出现，例如尼尔·帕德里克·哈里斯、艾伦·德·金娜、大卫·塞得利斯、苹果的 CEO 蒂姆·库克等，同性恋群体正在越来越多地出现在公众的视野中。

服务于多样化的顾客群体：西南航空通过赞助旧金山的中国新年庆典游行活动，将业务拓展到亚裔美国消费者群体，并通过类似本图中的广告，传递"对社区的美好祝福和敬意"。
Southwest Airlines Co.

众多媒体现在正为企业进入这个市场提供渠道。比如，PlanetOut 企业是一家全球领先的媒体和娱乐企业，仅为同性恋群体提供服务。它的产品包括一些很成功的杂志（Out、The Advocate 和 Out Traveler）和网站（Gay.com 和 PlanetOut.com）。此外，媒体巨头维亚康姆旗下的 MTV Networks 推出了 LOGO 有线电视网络，目标定位于同性恋群体以及他们的朋友和家人。现在，美国 5 100 万家庭可以收看 LOGO 的节目，其网站在 LGBT 类的数字、移动和视频流中排名第一。100 多家主流营销人员曾在 LOGO 上做广告，其中包括阿默普莱斯金融、丰田、安海斯－布希、戴尔、李维斯、eBay、杰克琼斯、OrbitZ、西尔斯、索尼和斯巴鲁。

很多行业的品牌现在都在通过专门的广告和营销努力来锚定同性恋群体——从亚马逊、美国航空企业、好事达保险和苹果企业到奢侈珠宝零售商蒂芙尼。好事达保险最近举办了一场名为"人人都值得拥有完美的另一半"的活动，其广告中有同性伴侣和标签 # 牵手。从 Axe 到蒂芙尼等品牌都赞助了类似的广告。美国航空企业拥有一个专门的 LGBT "彩虹团队"，支持同性恋群体的活动并提供一个特殊的网站（www.aa.com/rainbow）、Facebook 页面以及一个向 LGBT 推送旅游促销、信息和讨论的 Twitter 简讯。美国航空对同性恋消费者的关注使其十几年来每年都从同性恋群体获得两位数的营业额增长率。[32]

另一个具有吸引力的多样性细分市场是美国 5 700 万的成年残疾人群体，他们每年的购买力为 2 000 亿～5 000 亿美元，这个市场比非裔美国人和拉美裔市场更大。大多数残疾人都是活跃的消费者。例如，一项研究发现，这部分人群每年在 3 170 万项商业或者休闲旅游上花费 136 亿美元。如果他们的一些特殊需求得到满足，那么他们每年花在旅行上的资金将翻倍，达到 270 亿美元。[33]

企业是怎样吸引这些残疾消费者的？现在，许多营销人员已经认识到残疾人和非残疾人的世界是一样的。麦当劳、威瑞森、耐克、三星、诺德斯特龙和丰田等企业的营销人员都在他们的主流营销活动中加入了残疾人形象。例如，在丰田最近的一则"超级碗"广告中，残奥会滑雪运动员 Amy Purdy（她是《与明星共舞》的决赛选手）在斜坡上训练，在舞池中表演，摆姿势拍照，用特殊的假肢完成每项任务，表现出其坚韧不拔的意志。当然，她开的是丰田车。[34]

由于美国人口正在变得越来越多样化，成功的营销人员也要继续将他们的营销方案变得多样化，以便在快速增长的细分市场中抓住机会。

缓冲带：概念链接

在这里停一下，思考人口因素对我们所有人以及对营销策略会产生何种深远的影响。
- 把这些人口变化应用到你的生活中。讨论一些具体的例子，说明人口因素如何影响你和你的购买行为。
- 指出对人口环境变化——世代细分群体（"婴儿潮"一代、X 一代、千禧一代、Z 一代），美国家庭结构的变化，以及人口多样性的增加——做出了良好应对的企业。把这家企业和一家做得不好的企业进行比较。

3.2.2 经济环境

> **作者评点**
>
> 经济环境既可以带来机会也会产生威胁。比如，在消费者更为谨慎地进行消费的后萧条时代，"价值"已经变成了营销的重要标语。

市场不只需要人，还需要购买力。**经济环境**（economic environment）包括那些影响消费者购买力和消费方式的经济因素。经济因素可以对顾客的消费和购买行为产生重大影响。比如，美国消费者在收入增长、股票繁荣、房价迅速增长及其他经济形势大好的推动下，花钱大手大脚。他们不断买入，似乎毫不谨慎，累积了创纪录的债务水平。然而，2008～2009年的经济大衰退，粉碎了当时的自由消费和高预期。

因此，就像第1章中所讨论的，消费者在生活方式和消费习惯上开始回归最初的敏感谨慎，未来几年很可能也是如此。他们更少购买商品，并且开始注重其所要购买的商品的内在价值。所以，价值营销成为很多营销人员的口头禅。各行各业的营销人员正在寻找可以为如今越发节俭的消费者提供更大价值的方法——寻找商品品质、良好服务以及公道价格的最佳组合。

你会期望从日常产品的销售者那里得到价值。例如，塔吉特将口号"期望更多，花费更少"的重点转移到"花费更少"方面，由此在Target.com网站上一度时髦的标题已经被更实际的活动标语所取代，比如"本季最低价""快乐、阳光、省钱"和"免运费，每一天"。然而，如今，即使是奢侈品牌的营销人员也在强调价值。例如，蒂芙尼长期以来以销售高端的"精美珠宝"和"点睛首饰"而闻名，价格为5 000～50 000美元甚至更高。然而，当经济大萧条侵蚀了蒂芙尼的高端销售时，该企业开始提供平价奢侈品，即所谓的"时尚珠宝"，价格为100～500美元。目前，这种相对便宜的商品约占蒂芙尼销售额的1/4。[35]

营销人员在关注收入水平的同时也要关注收入分配。在过去的几十年中，富人变得更富，中产阶级正在削减，穷人依旧很穷。美国收入最高的5%的人群占调整后国内总收入的22%，前20%的人群占总收入的51%。相反，最底层的40%人群收入仅占总收入的11.5%。[36]

这种收入分配创造了一个分层的市场。许多企业，如诺德斯特龙百货公司和内曼·马库斯，采用激进的方式锚定富裕阶层。其他的企业，如达乐、Five Below和Family Dollar则采用更温和的方式锚定这些人。事实上，这种一元店现在是美国增长最快的零售店。还有一些企业会调整自己的产品来适应更大范围的市场——从不那么富裕到非常富裕。例如，福特汽车提供从13 965美元起价的低价福特嘉年华到61 920美元起价的奢华林肯巡航SUV。

主要经济变量，如收入、生活成本、利率、存储和借贷模式等的改变都对市场有重要影响。企业通过经济预测来持续关注这些变量。企业不一定会在经济萧条时陷入低谷，也不一定会在经济繁荣时忙得不可开交。在有足够预警的前提下，它们可以有效利用环境中的变化。

3.2.3 自然环境

> **作者评点**
>
> 如今，有远见的企业正在采用环境可持续发展战略，让地球可以一直支持世界经济的发展。

自然环境（natural environment）是营销人员需要作为投入，或被营销活动所影响的自然资源和物理环境。在最基本的层面上，物理环境中无法预期的事件（从天气到自然灾害）都会影响企业及其营销策略。例如，在最近的寒冷冬日——"极地涡旋"一词为美国人所知——从花店和汽车经销商到餐馆、航空企业和旅游景点等行业的销量都受到了广泛的影响。相比之下，恶劣的天气刺激了人们对盐、除雪鼓风机、冬季服装和汽车维修服务等的需求增长。

尽管企业无法避免这些突发的自然环境变化，但是它们应当做好针对这些情况的应急计划。例如，联邦快递和UP等航运企业，雇用了气象学家，以预测可能会影响全球各地按时交货的天气状况。"在曼谷等着收包裹的人根本不关心肯塔基州的路易斯维尔是否在下雪，"一位UP气象学家说，"他们只想收到自己的包裹。"[37]

从更广泛的层面上来说，对环境可持续发展的关注在过去30年中正在逐步增长。世界上许多城市的空气和水污染已经达到了危险的程度。世界对全球变暖的担忧在持续上升，很多环境专家也在担心未来人类将被自己制造的垃圾所埋葬。

营销人员应该意识到自然环境的几个变动趋势。第一个趋势是原材料的日渐匮乏。空气和水可能看上去是不会枯竭的资源，但一些群体看到了长远的危险。空气污染威胁着很多大城市，缺水也是美国和世界的某些地区正在面临的严重问题。截至2030年，全球超过1/3的人口将缺少足够的饮用水。[38] 可再生资源（如森林、食物等）也必须被合理利用；不可再生资源（如石油、煤炭、各种矿产等）则是更严重的问题。即使这些稀有资源依然可以获得，但需要这些资源的企业将面临成本上升的巨大压力。

第二个趋势是污染增加。工业总是会破坏自然环境。想一想化学品和核废料、海水中的高含汞量、土壤和食物所受到的化学污染以及不可降解的瓶子、塑料和其他包装废弃物。

第三个趋势是政府增加了对自然资源管理的干预。不同国家在保护环境的意识和所采取的努力上有所不同。比如，德国政府就特别关注环境质量，而其他一些国家，尤其是很多较贫困的国家则很少关注污染问题，这很大程度上是因为它们缺乏相应的资金或政治意愿。

美国在1970年成立了环境保护局（Environmental Protection Agency，EPA），制定了排污标准并进行环境污染的研究。未来，在美国经营的企业仍将受到来自政府和其他施压群体的强力控制。营销人员不应反对这些制度，相反，他们应该积极地为世界面临的原料和能源问题提供解决方案。

对自然环境的关注产生了所谓的**环境可持续性发展**（environmental sustainability）运动。今天，很多开明的企业已经走在了政府规章制度的前面。它们制定相应的战略并用实践来支持环境的可持续性发展——努力使全球经济永续发展。环境可持续性发展意味着在满足人类当前需求的同时，也不能损害未来人类满足自身需求的能力。

许多企业开发了更为环保的产品来满足顾客需求。其他一些企业在开发可循环利用或可降解的包装、可回收的材料和成分，进行更好的污染控制以及采用更高效的能源利用方式。比如，Timberland的使命不仅仅是制造高品质、坚固耐用的鞋靴、服装以及户外装备，该品牌还在尽一切努力减少其产品和生产过程对环境的破坏。[39]

Timberland正在践行其使命：开发对环境造成更少损害的产品和生产流程，并让消费者参与其中。比如，它在加利福尼亚州有一个使用太阳能的批发中心，在多米尼加共和国有一个风力供电的工厂。它还在企业中安装了节能灯，对设备进行节能改造，并且教育员工进行节约和高效率的生产。Timberland一直在不断地寻找和开发创新性材料，以生产更好的户外运动产品，同时降低对地球的影响。它的靴类产品线Earthkeepers取自可循环利用的有机材料，品牌还开发出了采用可回收轮胎材质作为外底的鞋类产品。从饮料瓶回收而来的塑料材料可以被制成透气的衬里和耐用的鞋带。在防臭夹克中你可以找到咖啡渣的踪影。无毒有机棉也可以被制成坚固耐用的帆布。为了鼓励消费者做出更多可持续发展的决策，Timberland为其产品贴上了绿色指数标签，该指数是根据产品对气候的影响、使用的化学材料和耗费的资源而得出的综合生态评分，来记录每个产品对环境的影响程度。为了把这些整合起来，Timberland发起了一个"地球守护者"的活动，通过在线社交媒体鼓励人们采取行动减少自己对环境带来的影响。

如今的企业并不只是在做善事，越来越多的企业将环境可持续性作为其核心使命的一部分。它们逐渐认识到，对顾客福利和地球负责的行为同时也能为其带来商业上的成功。例如，Chipotle墨西哥烧烤餐厅以提供环保的"良心食品"为己任，其业务发展势头迅猛（见营销实践3-1）。

营销实践 3-1

Chipotle的环境可持续性发展使命：良心食品

设想这样的场景，你坐在一家餐厅里，那里的人们——从CEO到厨房里的工作人员——都痴迷于只用最好的食材。每天早上来上班的时候，他们都被"新鲜农产品和要腌制的肉，要煮的米饭，还有要剁碎的新鲜草药"所激励，这便是其CEO所描述的场景。这家餐厅更喜欢使用可持续的、天然的、从当地家庭农场采购的原料。它的使命不仅仅是为顾客提供美味的食物，还要改变整个行业生产食物的方式。这听起来就像那些高档的美食餐厅，对吧？错了。这就是你家隔壁的Chipotle墨西哥烧烤餐厅，一家快餐店。

在这个时代，许多快餐店似乎都在使用尽可能便宜的原料，并将食品准备工作集中起来，以降低成本并保持低价格，但Chipotle的做法却恰恰相反。该连锁店的核心可持续使命是提供"良心食品"。这是什么意思呢？企业这样解释：

Chipotle致力于寻找尊重动物、环境和农民的最佳食材。它的意思是提供用可持续方法获得的食物，同时兼备绝佳的口味、丰富的营养和巨大的价值。这意味着我们支持和拥护尊重土地和动物的家庭农场。这意味着我们选用饲养过程中未使用抗生素和激素的动物作为食物原材料。我们采购当地的有机作物，选用的奶制品均来自不用合成激素喂养的奶牛。换句话说，"良心"是"好"的另一个说法。

1993年，当创始人兼CEO史蒂夫·埃尔斯（Steve Ells）在丹佛开设第一家Chipotle餐厅时，他的主要目标是打造出最美味的墨西哥卷饼。然而，随着连锁店的发展，他发现他不喜欢原材料的饲养和加工方式。因此，在2000年，Chipotle开始开发一种供应链，目标是生产和使用天然的、有机的、无激素的、非转基因原料。这一追求健康食品的使命并非易事。随着快餐业越来越多地转向低成本、高效的食品加工，工厂化农场蓬勃发展，而自然饲养的独立农场和有机食品却在减少。

为了获得所需的原料，Chipotle必须通过支持家庭养殖和鼓励可持续农业实践来开发许多新的原料来源。这样的努力得到了回报。例如，当Chipotle在2000年刚开始供应自然饲养的猪肉时，只有60~70个农场为Niman Ranch猪肉合作社生产肉类（Niman Ranch是Chipotle的一个重要的供应商）。现在，有700多个。

今天，Chipotle的全部猪肉和牛肉均来自满足或超过其"自然饲养"标准的生产者（动物以一种人道的方式被饲养，喂养素食而非激素，并且它们可以自由释放天性）。Chipotle的目标是让其鸡肉、奶制品甚至农产品也达到100%的标准，然后计划进一步提高标准。

使用这种天然和有机的原料不仅为Chipotle的可持续发展使命做出了贡献，还带来了市场上最有营养、最美味的快餐卷饼，这是该企业可以向顾客夸赞的东西。虽然一些快餐企业故意掩盖其不易让人有胃口的成分构成，但Chipotle并没有玩这个游戏。取而代之的是，它就像快餐店中的奇葩：自豪地告诉顾客真正的墨西哥卷饼里面有什么。

Chipotle选择了"良心食品"的口号，因为它以一种令人垂涎的方式传递着正确的信息。"我们声称不会使用从喂养rBGH激素的奶牛身上获得的奶制品，并不是一种让人胃口大开的信息。"埃尔斯说。因此，该企业正在围绕着更积极的信息开展营销活动，即食品生产应该更健康、更合乎道德。Chipotle综合利用传统和数字化的宣传方式来向顾客传达这一理念，包括只有受邀才能加入的农场团队忠诚计划，在这个计划中，顾客并不是买得越多，得到的奖励越多，而是通过了解关于食品及其制作过程的知识来获得奖励，还有它的Pasture Pandemonium智能手机应用，在这一应用里玩家试图让他们的猪穿过牧场，而不是被困在围栏里或被抗生素针扎伤。

虽然Chipotle并没有花太多钱在传统广告上，但是该企业同时在使用传统和非传统的宣传方式来传播信息。几年前，Chipotle在格莱美颁奖典礼上的第一次全国性电视广告引起了轰动。《回到最初》，这是一部两分钟半的定格动画电影，展示了工业化养殖的负面影响。这则广告获得了好评，并在网上激发了大量的口碑。

作为后续行动，Chipotle发布了另一段关于工业化食品行业的动画视频《稻草人》。伴随着菲奥娜·艾波的《纯粹想象》封面，这位明星人物辞掉了他在一家工厂农场的工作，开了一家自己的小店，在"培育一个更美好的世界"的标语下销售新鲜烹制的食物。在线广告把人们引向了这场活动的中心——一款街机游戏应用程序。到目前为止，这段视频已经在YouTube上获得了1 400多万的点击量，超过900万人下载了这款应用。如今，Chipotle已经远远不再局限于广告，这家具有生态保护意识的墨西哥卷制造商现在正在制作情景喜剧。例如，它与Hulu合作推出了原创喜剧连续剧

Farmed and Dangerous，攻击大农业的罪恶。

采用对社会负责任的商业模式的企业，往往难以成长和盈利。但是 Chipotle 的故事证明，一个企业可以同时做到这两点。2014 年，45 000 名员工通过自己的不懈努力，在 Chipotle 近 1 800 家美国餐馆中实现了 41 亿美元的收入和 4.45 亿美元的利润。而且连锁店发展很快，每两天开一家新餐馆。在过去 5 年里，Chipotle 的股价飙升了 6 倍，这表明该企业的投资者对其快速增长的顾客群体感到满意。

创始人兼 CEO 埃尔斯希望 Chipotle 能够成长并赚钱。但最终，在一个更大的舞台上，他想要改变快餐的生产和销售方式——不仅仅是 Chipotle 自己，而是整个快餐行业。"我们认为，人们对食物原材料的来源及对独立家庭农场和动物保护的影响了解得越多，他们就越会要求更好的食材。"埃尔斯说。不管顾客来到 Chipotle 餐馆是为了支持这项事业，还是为了美味的食物，还是两者都有，这都符合埃尔斯的期许。Chipotle 的可持续发展使命并不是一个附属品，也不只是为了让企业"对社会负责"。"行善"是企业的精神，在我们做的每一件事情中都根深蒂固。"Chipotle 是一家非常不同的企业，你越深入了解正在发生的事情，就越会喜欢它。"

资料来源：Based on information and quotes from Denise Lee Yohn, "How Chipotle Changed American Fast Food Forever," *Fast Company*, March 14, 2014, www.fastcompany.com/3027647/lessons-learned/how-chipotle-changed-american-fast-food-forever; Danielle Sacks, "Chipotle: For Exploding All the Rules of Fast Food," *Fast Company*, March 2012, pp. 125-126; John Trybus, "Chipotle's Chris Arnold and the Food With Integrity Approach to Corporate Social Responsibility," *The Social Strategist*, March 22, 2012, https://blogs.commons.georgetown.edu/socialimpact/2012/03/22/the-social-strategist-part-xvi-chipotle%E2%80%99s-chris-arnold-and-the-food-with-integrity-approach-to-corporate-social-responsibility/; Emily Bryson York, "Chipotle Ups the Ante on Its Marketing," *Chicago Tribune*, September 30, 2011, http://articles.chicagotribune.com/2011-09-30/business/ct-biz-chipotle-profile-20110930_1_chipotle-plans-executive-steve-ells-chipotle-founder; Kyle Stock and Venesa Wong, "Chipotle: The Definitive Oral History," *Bloomberg Business*, www.bloomberg.com/graphics/2015-chipotle-oral-history/, accessed June, 2015; and information from www.chipotle.com and www.chipotle.com/en-US/fwi/fwi.aspx, accessed September 2015.

3.2.4 技术环境

作者评点

技术进步也许是如今影响市场营销的最显著的因素。想一想近年来爆炸式增长的数字技术给营销带来的重大影响。你在每一章都能看到快速增长的线上、移动和社交媒体营销的例子，我们会在第 14 章详细讨论。

技术环境（technological enviroment）或许是塑造我们生活的最显著因素。技术创造了很多奇迹，如抗生素、机器人手术、微型电子设备、智能手机和互联网，也带来了一些噩梦，如核弹、化学武器和突击步枪，同时还产生了一些让人喜忧参半的产品，如汽车、电视以及信用卡。我们对技术的看法取决于我们更看重奇迹还是噩梦。

新技术可以为营销人员提供振奋人心的机会。比如，如果在你购买的所有东西中都植入微型传感器，它们就可以记录产品从制造到使用再到被丢弃的整个过程，对此你怎么看？或者来个内置芯片的手环如何？这个手环可以帮助你购买商品和支付，在零售店接收个性化的优惠，甚至可以帮你定位自己的位置和朋友的位置。这些技术一方面会给购买者和销售者带来许多便利，另一方面这也让人有点害怕。不管怎样，随着无线电频率识别（RFID）传感器的到来，这些事情已经成为现实。

许多企业已经开始使用 RFID 技术在商品流通过程中进行定点追踪。例如，沃尔玛强烈鼓励所有供货商把产品送到其配送中心贴上 RFID 标签。AA 美国服饰、梅西百货、布鲁明戴尔百货店等零售商也在其商店里采用了商品层面的 RFID 系统。时尚产品和饰品制造商巴宝莉甚至在商品中植入芯片，通过与智能手机的连接为在商店或在秀场的顾客提供个性化的交互体验。[40]

迪士尼通过其酷炫的新型魔法腕带 RFID 手环将 RFID 技术的应用提升到了新高度。[41]

在迪士尼乐园中佩戴魔法腕带将为你带来全新的奇妙体验。注册过基于云技术的 MyMagic+ 服务之后，刷一下手臂你就可以进入游乐场，购买食品和纪念品，或是打开宾馆房间。不过迪士尼目前所做到的个性化顾客体验仅仅是发挥魔法腕带潜力的开始，其未来的应用可以变得更神奇。设想一下，一个孩子刚进入迪士尼乐园就可以接受米老鼠的热烈拥抱或白马王子的鞠躬致意，他们可以说出孩子的名字并祝她生日快乐。再想象一下，动画人物可以根据提前提供的个人信息与附近的顾客进行互动。你和家人或朋友走散了？没关系，在附近的引导处快速扫描一下你的魔法腕带，它便可以给出你所有同行者的准确定位。连接上迪士尼手机的应用软件，魔法腕带可以显示关于游乐场特征、活动等待时间、快速通道提醒以及个人预约的详细信息。当然，这个手环还会给迪士尼提供一个充满潜力的电子数据集合，包括精确到分钟的顾客活动和移动信息，帮助迪士尼改善顾客导流、服务和销售。如果这些看上去管得太宽了，你还可以选择隐私保护：比如父母可以选择不透露孩子的名字。总之，这种数字技术有望可以同时丰富游客和企业的迪士尼体验。

营销技术：迪士尼通过其酷炫的新型魔法腕带 RFID 手环将 RFID 技术的应用提升到了新高度。
Bob Croslin

技术环境的迅速变化创造了新的市场和机遇。然而，每一项新技术都是对旧技术的替代。晶体管损害了真空管行业，数码摄影损害了电影业，数字下载和流媒体也损害了 CD 和 DVD 业务。当旧产业对抗或忽视新技术时，它们的企业就会衰落。因此，营销人员应该密切关注技术环境。那些跟不上潮流的企业很快就会发现它们的产品过时了。如果出现这种情况，它们将错过新产品和市场机会。

随着产品和技术变得越来越复杂，公众需要确定这些东西是安全的。因此，政府机构开始调查和禁止潜在的不安全产品。在美国，食品药品监督管理局（FDA）为检测新药设定了复杂的管理条例。消费品安全委员会（CPC）为消费品设立了安全标准并处罚那些不达标的企业。这种管制会导致更高的研发成本并延长新产品从研发到问世的时间。营销人员在应用新技术或者开发新产品时必须清楚这些法规。

3.2.5　政治和社会环境

作者评点

即使是自由市场的最坚定倡导者，也认同一个系统的良好运行需要监督和管制。不过在管制之外，大多数企业都希望自己是对社会负责的。我们将在第16章深入研究市场营销和社会责任。

营销决策在很大程度上受政治环境的影响。**政治环境**（political environment）由社会中影响和制约各种组织和个人活动的法律、政府机构和压力群体构成。

1. 规范商业的立法

即使是自由市场的最坚定倡导者，也认同一个系统的良好运行需要监督和管制。好的管制可以鼓励竞争并且保证产品和服务的公平交易。因此，政府制定公共政策来指导商业活动，包括一系列为了社会福利而限制商业活动的法律法规。几乎每一项营销活动都会受到很多法律法规的约束。

全世界影响商业的法律近年来在持续增长。美国和许多其他国家都有很多法律条文，涵盖了竞争、公平交易、环境保护、产品安全、广告真实性、顾客隐私、包装和标签、定价和其他重要领域（见表3-1）。

了解一个特定的营销活动所涉及的公共政策启示并不容易。在美国，联邦、州和地方等不同层次都会制定很多法律，并经常有所重合。比如，在达拉斯销售的阿司匹林产品会同时受到联邦商标法案和得克萨斯州广告法案的限制。此外，管制是不断变化的。过去允许做的事现在可能被法律禁止了，过去被禁止的也可能现在允许做了。营销人员必须多下苦功以跟上这些变化。

商业法规的制定一般基于以下原因：首先是在企业相互之间实行保护。尽管企业高管可能会鼓励竞争，但在竞争威胁到自己的时候他们也会试图减弱竞争。因此，要制定法律来定义和阻止不公平竞争。在美国，这些法律由联邦贸易委员会和总检察长办公室的反垄断部门执行。

表 3-1 美国影响市场营销的主要法案

法 案	目 的
《谢尔曼反托拉斯法案》（1890）	禁止垄断以及阻碍美国跨州贸易和竞争的行为（固定价格、掠夺性定价）
《联邦食品和药品法案》（1906）	成立食品药品监督管理局（FDA），禁止制造和销售掺假和带有欺诈性标签的食品和药品
《克莱顿法案》（1914）	对《谢尔曼法案》做了补充，进一步禁止特定的价格歧视、独家经营、搭售条款（要求经销商在卖家产品线内再购买更多的产品）
《美国联邦贸易委员会法案》（1914）	建立联邦贸易委员会（FTC），用以监管和修正不公平贸易手段
《罗宾森－帕特曼法案》（1936）	修正《克莱顿法案》，进一步规定价格歧视是非法的。授权 FTC 建立限制数量折扣，禁止经纪费，禁止促销补贴（除非比例平等）
《惠勒－利法案》（1938）	无视竞争受到损害而进行的欺骗性、误导性和不公平行为是非法的。把食品和药品广告纳入到联邦贸易委员会的管辖之下
《美国商标法》（1946）	保护与管理独特的品牌名称和商标
《美国国家交通安全法》（1958）	为创建汽车和轮胎的强制性安全标准提供法律规范
《公平包装与标签法案》（1966）	对消费品的包装和标签做出规定，要求制造商说明包装中的产品、制造者以及净含量
《儿童保护法案》（1966）	禁止销售危险玩具及用品，制定儿童安全包装标准
《联邦香烟标签和广告法》（1967）	要求香烟包装包含以下声明："警告：医生提醒，吸烟有害您的健康"
《国家环境政策法案》（1969）	设立国家环境政策，1970 年的重组计划设立了环境保护署（EPA）
《消费者产品安全法案》（1972）	成立消费者产品安全委员会（CPC），并授权它为消费者产品制定安全标准和对违法法案的个人和组织进行惩罚
《马格纳森－莫斯保证法案》（1975）	授权联邦贸易委员会为消费者担保，制定法律法规，为消费者获得赔偿提供保护，如集体诉讼
《儿童电视法案》（1990）	限制在儿童电视节目中播出的商业广告的数量
《营养标签与教育法案》（1990）	要求食品标签提供营养信息的细节
《电话用户保护法案》（1991）	建立程序以避免不感兴趣的电话营销。限制营销人员使用自动电话拨号系统和人工语音或事先录制好的语音
《美国残疾人法案》（1991）	规定在公共场所、交通工具和远程通信中歧视残疾人是违法的
《儿童在线隐私保护法案》（2000）	限制网站或者在线服务经营者在未经家长允许或者没有通过家长信息审查的情况下擅自搜集儿童私人信息
《谢绝来电实施法案》（2003）	授权联邦贸易委员会向执行和实施国家谢绝来电登记注册的卖方和电话营销商收取费用
《反垃圾邮件法案》（2003）	对不请自来的商业邮件的发送和内容进行监管
《金融改革法》（2010）	建立消费者金融保护局，该部门为向消费者营销金融产品拟定和执行法规，同时负责执行《诚信贷款法案》《住房抵押贷款披露法案》以及其他保护消费者的法律法规

其次，保护消费者免受不公平商业活动的侵害。如果不进行管制，一些企业可能会制造劣质产品、侵犯消费者隐私、用广告误导消费者或通过包装和定价欺骗消费者。定义和管制不公平商业活动的法律法规由多个机构执行。

最后，保护社会利益免受不合理商业行为的侵害。可盈利的商业活动不一定总能创造高品质的生活。法律法规可以确保企业为其产品和生产过程所带来的社会成本负责。

国际市场营销人员通常会面临几十甚至几百个为执行贸易政策和法律法规而设立的机构。在美国，国会建立的联邦管制机构包括联邦贸易委员会、食品药品监督管理局、联邦通信委员会、联邦能源监管委员会、联邦航空管理局、消费者产品安全委员会和美国环境保护署及上百个其他机构。由于这些政府机构在执行法律时有一定的酌情处理权，因而它们对企业的营销表现会产生很大影响。

新的法律和强制措施会越来越多。企业管理层在开发新产品和制定营销战略时必须关注相关法律的发展情况。营销人员还必须了解关于保护竞争、消费者和社会的主要法律，同时还需要清楚不同层面（地方、州、国家和国际）的法律法规。

2. 对道德和社会责任的重视

成文的法规无法涵盖所有潜在的营销弊端，而且现有的法律也经常很难执行。不过，除了成文的法规，企业业务还会受到社会规则和职业道德规范的约束。

（1）对社会负责的行为。有远见的企业会鼓励其管理层不仅仅遵守法律和简单的"做正确的事"。这些富有社会责任感的企业会积极寻找各种方法来保护消费者和环境的长远利益。

几乎营销的每个方面都会涉及道德和社会责任的问题。不幸的是，由于这些问题通常会与企业利益发生冲突，所以在特定的情况下人们从心底可能并不赞同采取正确的措施。因此，许多行业和专业贸易协会建立了道德守则。现在，更多的企业也正在积极制定各种企业政策、指南以及其他措施来应对复杂的社会责任问题。

迅速发展的线上、移动和社交媒体营销又引起了一系列新的社会和道德问题。批评者最担心的是在线隐私问题。网上存在着大量可获取的个人数据信息，而这些数据中的部分内容是由用户自己提供的。他们会主动把极为隐私的信息放到诸如Facebook或领英等社交媒体网站上，任何一个手头有计算机或智能手机的人都可以轻易找到这些信息。

不过，很多信息都是企业出于了解消费者的目的而系统性收集的，而消费者通常对此并不知情。合法的企业会追踪消费者的网上浏览和购买行为，收集、分析和共享消费者在其网站上的行为数据。批评家担心这些企业知道得太多了，它们可能利用这些数据来侵害消费者的利益。尽管大多数企业会全面公开其网络隐私政策，而且会努力使用这些数据来造福消费者，但是信息滥用的情况还是会发生。因此，消费者权益倡导者和政策制定者正在采取措施保护消费者的个人隐私。在第4章和第16章，我们会更深入地讨论这些以及其他的社会营销问题。

（2）善因营销。为了履行社会责任和建立良好的企业形象，许多企业都积极地把自己与有意义的公益活动联系起来。如今，似乎每件产品都与某些善因绑定在一起。比如，宝洁的"希望之潮"项目为受灾地区的家庭提供可移动的自助洗衣店和洗衣服务，为这些家庭免费清洗、烘干和整理衣物。

奶昔小站企业每年都会举办一次全美奶昔大甩卖：如果你在登记处捐出至少2美元来支持"献出我们的力量，让孩子不再饥饿"的项目，将有助于消灭美国的儿童饥饿问题，并且你下次来还可以获得价值5美元的免费奶昔。

美国电话电报公司与竞争对手威瑞森、Sprint和德国电信联手，率先发起了"短信可以等会儿发"的活动。该活动针对常见的开车发短信的情况，敦促各个年龄段的人承诺永远不边开车边发短信。这个活动传递的善因信息是："没有短信值得你去冒险，可以等会儿再发。"[42]

一些企业是建立在善因使命之上的。在"价值驱动型企业"或"关怀资本主义"的理念下，它们的使命是通过商业活动让世界变得更好。例如，瓦尔比帕克是一个低价眼镜在线配售商，它就是抱着为大众提供价位合理的眼镜的美好愿望而成立的。每卖出一副眼镜，它就会为那些有需要的人免费赠送一副眼镜。该企业还和非营利性组织合作，就如何销售价格合理的眼镜对低收入的个体经营者进行培训。企业告诉大众，"我们相信每个人都有能看到的权利！"[43]

善因营销已经成为企业捐赠的一种主要形式。它把购买企业产品和服务的行为与有意义的公益活动或慈善组织联系起来，让企业通过做好事来获得更好的发展。除了获得社会认可，瓦尔比帕克的"买一副，送一副"项目也为企业和顾客带来了经济利益。企业联合创始人尼尔·布鲁门萨尔说："企业可以在为世界做好事的同时实现盈利。平均来说，一副阅读眼镜可以提高20%的个人收入。眼镜是世界上减轻贫困最有效的东西。"[44]

善因营销也引起了一些争议。批评者担心善因营销更多的是一种销售策略，而不是捐赠策略——善因营销实际上是披着慈善的外衣进行剥削的营销。因此，实施善因营销的企业可能会发现自己走在一条介于增加销售、提升形象和面临剥削指控之间的警戒线上。不过如果处理得当，善因营销确实可以给企业和慈善事业带来巨大利益。企业在建立更加积极的公众形象的同时，会获取一个极为有效的市场工具。慈善组织或者公益活动会获得更高的关注度以及资金和其他支持。在美国，善因营销的开支已经从1990年的1.2亿美元猛增到2015

年的 19.2 亿美元。[45]

3.2.6 文化环境

作者评点

文化因素强烈影响着人们思考和消费的方式，所以营销人员对于文化环境十分感兴趣。

文化环境（cultural environment）由能够影响社会基本价值观、认知、偏好和行为的制度和其他因素构成。人们在一个特定的社会中成长，形成他们的信念和价值观，他们吸收社会的世界观来定义自己与他人的关系。以下的文化特征会影响营销决策的制定。

1. 文化价值观的持久性

人们在特定的社会中持有很多信念和价值观，其核心信念和价值观有很高的持久性。例如，大多数美国人信仰个体自由、努力工作、婚姻和成就与成功，这些信念塑造了他们在日常生活中表现出的具体态度和行为。核心信念和价值观从父辈传递给后辈，并通过学校、企业、宗教机构和政府得到强化。

次要的信念和价值观更易改变。对婚姻的信念是一种核心信念；认为人应该尽早结婚则是一种次要信念。营销人员有机会改变次要价值观，但是基本上无法改变核心价值观。比如，计划生育的推广者应该更多的提倡晚婚，而非不婚。

2. 次要文化价值观的改变

虽然核心价值观相当持久，但文化还是会改变的。想想流行音乐、电影角色和其他名人对年轻人的发型和衣着的影响。营销人员想要通过预测文化变迁来发掘新的机遇或威胁。社会的主流文化价值观会通过人们对自己及他人的看法，以及对组织、社会、自然和宇宙的看法表现出来。

（1）人们的自我观。对于侧重服务自己还是服务他人，人们的选择各不相同。一些人追求个人愉悦、享乐、改变和逃避。另一些人通过宗教、娱乐和对事业或其他人生目标的狂热追求来寻求自我实现。一些人视自己为分享者和参与者；另一些人视自己为个人主义者。人们使用产品、品牌和服务来表达自我，并且购买那些符合自我认知的产品和服务。

例如，泰特莱茶叶的广告侧重于口味，从更实际的角度吸引饮茶者，告诉他们"沏出美味的茶"。它的经典混合红茶有着"深琥珀颜色和美味的茶香"。相比之下，Yogi 茶叶对饮茶者的吸引力在于，让他们对自己、生活和茶都有了一种更深层、更全面的认识。该品牌混合了 100 多种草药和植物，同时实现了"口味和使命"。Yogi 的口号是：你感觉有多好？"这表明，它的茶不仅味道好，而且能让你在身体和精神上都感觉良好"。例如，瑜伽减压茶是"一种美味的、纯天然的混合饮品，可以帮助你舒缓身心"。Yogi 甜橘能量茶是一种香气扑鼻的、能够调和心情的混合茶，能激发活力和改善心情。之前，Yogi 社区网站有一篇帖子邀请每个人拥有"快乐、美好的周五和快乐的春天！"[46]

（2）人们的他人观。人们对他人的看法及与他人的交流是会随时间而变化的。最近几年，一些分析师担心互联网时代将会减少人们之间的交流，因为人们忙着看社交媒体、发邮件和短信，面对面的交流更少了。相反，现今的数字技术更像是开启了一种被观察家称为"大众交融"的新趋势。人们的交流并没有变少，反而通过在线社交媒体和移动通信设备交流得更多了。基本上，在网上交流、发推文、进行社交活动的次数越多，人们在现实生活中和朋友见面的可能性就越大。

不过现如今，即使人们待在一起，他们也经常是"孤独地待在一起"。一群人在他们自己的小空间里活动，和小小的屏幕、键盘亲密交流。一位专家描述如今的聊天技巧为"在发短信的同时，要保持与别人的眼神交流。这有点难，却是可以做到的。技术可以让我们与他人坐一起时，还能与处于其他任何地方的人联系和交流。"[47] 技术驱动的新型交流是好事还是坏事？这是一个很难下结论的命题。

这种新型的交流方式在很大程度上影响了企业如何营销它们的品牌，也影响它们如何与消费者交流。消费者正越来越多地在线接入朋友网络和网上品牌社区，了解和购买产品和服务，并形成和分享品牌体验。因此，对于品牌来说，参与到消费者的社交网络中变得非常重要。

（3）人们的组织观。人们对企业、政府机关、工会、大学和其他组织的态度不尽相同。大体来说，人们更愿意为主要组织工作，反过来希望它们开展社会工作。

过去20多年里，人们对美国企业和政治组织机构的信任和忠诚度出现大幅度下降。工作中，人们对组织的忠诚度也整体降低了。企业的裁员浪潮引发了人们的怀疑与不信任。仅在过去的10年里，大的企业丑闻、大萧条引起的失业、华尔街银行家的贪婪和无能导致的金融危机以及其他不稳定因素，都进一步降低了人们对大企业的信心。如今人们不再把工作当成一种满足，而是为了赚钱来更好地享受闲暇时光不得不做的事。这些趋势意味着组织需要通过一些新的方式来重新赢得顾客和员工的信任。

（4）人们的社会观。人们对社会的态度也不尽相同：爱国者想拥护社会，改革者想改变社会，抱怨者想离开社会。人们对社会的态度会影响他们的消费方式以及对市场的态度。

在过去的20多年里，美国人的爱国主义在逐年升温。营销人员利用"美国制造"的宣传语和爱国的产品及促销作为回应，将爱国主题加诸在所有商品上，从橙汁、服装到汽车。例如，克莱斯勒"底特律进口"的爱国活动宣称"全世界都将听到我们引擎的轰鸣声"，与美国消费者产生了强烈共鸣。苹果投入了1亿美元宣传"美国制造"，推出了一款新的高端Mac Pro个人电脑。这款Mac Pro是"有史以来最强大的Mac"，它是在得克萨斯州的奥斯汀制造的，其部件都是在美国国内生产的。[48]

尽管大多数此类营销手段都十分精妙且接受度高，但是高举美国三色旗进行宣传有时也会遭遇挫折。举旗营销可能会被看成一种用滥的伎俩，或是利用民族情感圈钱的低等手段。例如，一些批评人士指出，到目前为止，苹果"美国制造"的营销投入并没有产生多大的实际影响。Mac Pro只占苹果总收入的不到1%，该企业70%以上的收入来自iPhone和iPad产品，这些都是在中国制造的。在以爱国主义这种强烈的民族情感为诉求时，营销人员需要谨慎一些。

（5）人们的自然观。不同的人对自然界的看法也各不相同。一些人感觉自己受自然的控制，另一些人认为人类可以与自然和谐相处，还有一部分人则试图主导和控制自然。过去的一个长期趋势是人们通过科学技术来逐渐控制自然，以及相信自然是取之不尽、用之不竭的。不过现在，人们开始意识到自然是有限的和脆弱的，会被人类行为损坏和摧毁。

对自然事物的再度热爱催生了一个喜欢天然、有机和营养产品以及节能汽车和替代药物的庞大消费者市场。这些消费者构成了一个规模庞大且不断增长的市场。例如，食品制造商也发现了消费者快速增长的对天然和有机产品的需求。总的来说，美国有机/天然食品市场去年的零售额达到535亿美元，比过去5年翻了一番还多。[49]

Annie's Homegrown是美国通用磨坊旗下的一家企业，为市场提供可持续、全天然的食品（包括芝士通心粉、比萨、意大利面、小吃和沙拉酱），并以可持续的方式进行生产和销售。[50]

Annie's的使命是用有营养的食品、真诚的话语和行为来传递善意、体贴、友好地对待地球，从而创造更健康、更快乐的世界。Annie's的产品是由农场合作伙伴提供的纯天然原料制成的。该企业表示，这些产品没有任何人工添加剂。"如果不是天然的，那就不是Annie's的产品"。该企业与食品支持系统的合作伙伴紧密合作，共同提高可持续性和有机食品的标准。Annie's还将可持续实践作为其包装的重中之重——按重量计算超过90%的Annie's的包装成分是可回收的。最后，Annie's通过可持续农业奖学金、学校菜园计划以及对具有相似理念的组织进行支持等措施来回馈社区，致力于让地球成为一个更好的生存之地。

（6）人们的宇宙观。最后，人们在关于宇宙起源及人类在宇宙中的位置方面的信念也有所不同。这些年，尽管绝大多数美国人都有宗教信仰，但其人数在逐渐减少。一份最近的民意调查显示，1/5的美国人说他们不信任何宗教，这个数字是1990年的两倍。在18～29岁的美国公民中，1/3的人说他们目前没有信仰任何教派。[51]

然而，宗教信仰人数的减少并不意味着人们放弃了信念。一些未来学家注意到人们的精神需求正在提升，也许是伴随人们更广泛地寻找新的内心世界而产生的。人们正在脱离物质主义和自相残杀式的野心，开始寻找更永恒的价值观——家庭、社区、地球、信念以及对于是非对错更清晰的把握。他们没有称其为"宗教"，而是称其为"精神"。[52] 这种精神上的改变在很多方面影响着消费者，从他们收看的电视节目到他们读的书，再到他们购买的产品和服务。

3.3 对营销环境的反应

作者评点

企业应该采取积极的措施，而不是简单地观察和被动地应对营销环境。

曾经有人观察说："企业有三种类型：让事情发生的，看事情发生的，以及好奇到底发生了什么。"许多企业都把营销环境看成一种不可控因素而努力去应对及适应它。它们被动地接受营销环境而不去试图改变它。它们通过对环境因素进行分析来制定相应的策略，避免营销环境带来的威胁同时利用其提供的机会。

也有企业对营销环境采取积极主动的立场。这些企业开发出新的策略来改变环境，而不是完全让环境左右策略的制定。企业及其产品经常能够创造出新的产业和结构，比如福特的T型车、苹果的iPod和iPhone以及Google的搜索引擎。

主动的企业甚至会采取积极的行动来影响公众和营销环境中的各种因素，而不是简单地对营销环境进行观察和回应。他们雇用一些游说者来影响与其所处行业有关的法律；策划许多媒体活动以获得正面的新闻报道；利用社交媒体和博客来引导公众舆论；通过提起诉讼和向监管部门投诉来使竞争者遵守竞争规则；通过合同来更好地控制分销渠道。

通过积极行动，企业经常可以克服那些看上去似乎不可控的环境因素。例如，一些企业试图掩盖关于其产品的负面言论，而另外一些企业会主动反驳这些虚假信息。当让人食欲大减的"机械除骨鸡肉"（也叫"粉色黏性鸡肉"）的照片在网上疯传，并将其与麦当劳的麦乐鸡联系在一起，这时麦当劳选择了主动反驳这些虚假信息。[53]

麦当劳迅速发表声明，称这是一场恶作剧，并指出麦乐鸡只使用无骨的白色鸡胸肉，而这一过程从未产生过任何类似粉色物质的东西。但麦当劳采取了更重要的举措，它创建了近三分钟的社交媒体视频，介绍了在加拿大的一家加工厂，展示了麦乐鸡的制作过程。在这一过程中，新鲜的鸡胸肉被磨碎，再加调味，做成四个形状的小块（球形、钟形、靴子形、领结形），打烂、炸、冷冻、包装，然后运往当地的麦当劳餐厅，它们是在那里被完全煮熟的。在这一过程中，没有任何恶心的粉色鸡肉糊出现。这个视频在不到六周的时间里就获得了350多万的YouTube浏览量。进一步，麦当劳推出了"我们的食物，你来提问"的活动，邀请消费者通过Facebook、Twitter、YouTube和其他社交媒体提出有关其食品制作流程的问题。然后，它在一系列的"幕后"视频短片中解决了消费者最关心的一些问题。

营销管理者不总是能控制环境因素。在许多案例中，企业只能简单地对特定的环境进行关注和反应。例如，一家想要影响人口地理变迁、经济环境或主流文化价值观的企业，成功率微乎其微。不过在情况允许的前提下，聪明的营销管理者会对营销环境采取积极的前瞻性活动，而不是被动地适应（见营销实践3-2）。

营销实践 3-2

在社交媒体时代：对话变得不愉快

市场营销人员将互联网和社交媒体当作培养顾客关系的绝佳新途径。反过来，如今拥有更大权利的消费者也在使用社交网络与企业及他人分享品牌体验。这些交互同时帮助了企业和它们的顾客。但是有时候，对话会变得不那么愉快。来看下面几个例子。

- 当发现由联邦快递运送的电脑显示器已严重损坏时，YouTube用户goobie55从他的安全摄像机中发布了一些视频录像。录像清晰地显示出，一个联邦快递的快递员把装有显示器的箱子举过头顶并扔到了goobie55家的大门口，甚至根本没有尝试按门铃、直接打开门或把东西送到门前。录像在网络上迅速传播，快递员的T恤、包裹和车辆都明确无误地显示出了联邦快递醒目的紫色和橘黄色标志。这个视频录像在五天内就被500

万人点击观看。电视新闻和脱口秀也在疯狂讨论这个视频。

- 福特企业在印度的年轻、创新的广告代理商团队为福特Figo制作了一则印刷广告,在没有经过批准的情况下就把它发布到了网上。广告中有三个女人在一辆Figo的车门处——她们被捆绑着,嘴里塞着东西,衣不蔽体。车轮下还有一张西尔维奥·贝卢斯科尼(受性丑闻困扰的意大利前总理)的讽刺画像。广告标语说:"有了Figo的超大号行李空间(车厢),烦恼尽可抛之脑后。"福特之后迅速把这个广告删掉了,但是为时已晚,几天之内这个广告就在全世界范围内传播开来,数百万的人已经观看了这个广告,并引发了线上骚乱,福特因此在全球饱受诟病。

- 8岁的哈里·温莎给波音寄去一张自己为波音设计的飞机的蜡笔画,并建议波音生产一架这样的飞机,结果波音回复了一封态度严肃的正式信函。信上这样说:"我们不接受主动提供的想法,我们很遗憾地通知你这个设计稿已经被删掉了,而且没有保留副本。"如果哈利的父亲不是约翰·温莎——一位出名的广告业高管,这件令人尴尬的事情或许不会引起人们的关注。但当约翰·温莎把这件事发布到Twitter之后,它立即就变成了一条全国性新闻。

如今权利更大的消费者:波音在应对小哈里·温莎的飞机设计时犯了一个令人尴尬的错误,立即成为全国性新闻。然而,波音很快就站出来承担责任,将潜在的公关灾难成功化解。
John Winsor

这是一些极端事件吗?不。互联网和社交媒体已经改变了企业与顾客之间的传统的权利关系。在卖家主导的市场里,不满意的顾客至多向企业的客服代表大吼几句,或者在店外的某个角落来发泄他们的不满。而现在,只要通过手提电脑和智能手机,他们就可以让这些事情成为公共事件,并可以在博客、社交媒体网站上向几百万人宣泄自己的不满,甚至可以在网上对最不喜欢的企业投上一票。"一个消费者的扩音器现在(有时)比品牌自己的宣传更强大。"一位广告企业的主管说,"个体消费者可以让一个大企业屈服……只需在Facebook、Yelp、Twitter、Instagram或其他社交媒体上分享他们的经验和看法。"

"我讨厌""糟透了"等网站现在再常见不过了。这些网站为一些享有很高声誉的企业贴上了一些不好的标签。比如,Walmartblows.com、PayPalSucks.com(又叫作NoPayPal)、IHateStarbucks.com、DeltaREALLYsucks.com 和 UnitedPackageSmAhers.com。YouTube和其他视频网站上也有很多"糟透了"视频。比如,在YouTube上搜索"苹果很烂"的关键词,你能得到60多万个视频,搜索相似的微软主题你能得到14.3万个视频。在Facebook上搜索"苹果很烂"你会找到数百个群。如果还没找到想要的,那么试试"苹果很糟糕",你会得到数百条内容。

在这些网站、视频及其他攻击中,其中一些是合理的,应该被重视。而另外的则是匿名对品牌和企业名誉进行不公正的诋毁和报复性侮辱。有些攻击只会带来一些困扰,而另一些攻击却可能引发很多关注并带来大麻烦。

企业到底如何应对线上攻击呢?被指责的企业的真正困惑是进行多大尺度的回应,才能在不进一步激怒消费者的同时维护自己的形象。众多专家似乎都同意这个原则:千万别试图以牙还牙。一位分析师认为:"以牙还牙不是回应最初指责者的最好方式,先发制人、进行许诺和得体交涉是更好的方法。"这些批评通常是建立在真实的消费者问题以及没有解决的愤怒之上的。因此,最好的策略应该是积极关注这些网站并且对他们表达出的问题进行回应。

比如,波音迅速表示对哈里·温莎的设计处理不当,会承担相应责任,把一个潜在的公共关系灾难扭转为了正面的事件。波音邀请小哈里参观了波音的工厂。波音在企业的Twitter上这样坦白："我们是航空领域的专家,但是对于社交媒体还是个新手。我们正在不断学习和前行。"在面对Figo广告失败的问题上,福特的首席营销官发表了一个深刻的公众道歉,说明这个广告当时并没有通过福特的审批,且企业已经完善了内部的广告审核流程。福特的广告代理商迅速开除了那几个创意人员。

类似地,联邦快递立即发布了解决显示器损害问题的YouTube视频,从而获得了赞扬。在这个视频中,联邦快递高级副总裁马修·桑顿声明,他亲自找到了这名愤怒的顾客,该顾客最终接受了企业的道歉。"这直接违背了联邦快递企业的价值观。"桑顿澄清说。联邦快递的视频引起了共鸣。无数记者和博客主都开始讲述有关联邦快递出色的包裹封装和邮递服务的故事。

许多企业现在已经建立了专家团队来监控网络言论,并对不满意的顾客承担责任。例如,西南航空企业的社交媒体小组包含一名首席Twitter专员,他会跟踪Twitter上的评论并监控Facebook中的群组;还有一位线上代表,负责监察事实以及和博主们的互动;另外一人负责在YouTube、Instagram、Flickr、领英这些网站上进行企业形象宣传。如果有人在网上发布评论,企业可以迅速地私下进行回复。

不久以前,西南航空的团队让企业幸免于一场潜在的公共大灾难——在从凤凰城飞往萨克拉门多的航班上,飞机机身突然出现了一个漏洞。飞机上带有Wi-Fi,第一位把这个紧急事件发布到Twitter上的乘客还附了一张照片,这一切就发生在航空企业发布官方声明的9~11分钟前。但是,西南航空的监管团队发现了这则社会网络的聊天记录,并且发布了一则帖子予以回应,并在飞机于亚利桑那州尤马县紧急降落后迅速发布了其他的社交媒体回应。等到这个故事惊动到主要媒体,最早发布信息的乘客已经回到Twitter重发了一条信息,高度赞扬了西南航空的机组人员在处理紧急突发事件时的专业和应对能力。

因此,通过对环境中看似不可控的事件的监控和及时回应,企业可以防止负面事件进一步扩散,甚至可以将其转化为正面事件。如果沃尔玛能够正确地做出回应,Walmartblows.com 也许会变成 Walmartrules.com。不过,也许哪天又变回来了,这谁也说不清楚。

资料来源: Quotes, excerpts, and other information based on Matt Wilson, "How Southwest Airlines Wrangled Four Social Media Crises," *Ragan.com*, February 20, 2013, www.ragan.com/Main/Articles/How_Southwest_Airlines_wrangled_four_social_media_46254.aspx#; Vanessa Ko, "FedEx Apologizes after Video of Driver Throwing Fragile Package Goes Viral," *Time*, December 23, 2011, http://newsfeed.time.com/2011/12/23/fedex-apologizes-after-video-of-driver-throwing-fragile-package-goes-viral/; Michelle Conlin, "Web Attack," *BusinessWeek,* April 16, 2007, pp. 54-56; "Boeing's Social Media Lesson," May 3, 2010, http://mediadecoder.blogs.nytimes.com/2010/05/03/boeings-social-media-lesson/; Brent Snavely, "Ford Marketing Chief Apologizes for Ads," *USA Today*, March 27, 2013; David Angelo, "CMOs, Agencies: It's Time to Live Your Brands," *Advertising Age,* October 2, 2013, http://adage.com/print/244524; and www.youtube.com/watch?v=C5uIH0VTg_o, accessed September 2015.

我的营销实验室

如果你的老师布置了这项任务,请完成MyLab的问题讨论部分带有星号的问题。要完成本章的数字营销问题,请查看MyLab中的作业。

章节回顾和批判性思维

目标回顾

在本章与接下来的两章中,将研究市场营销的环境以及企业如何分析这些环境来更好地理解市场与消费者。为了发现机遇并避开威胁,企业必须持续关注和管理好营销环境。营销环境包括所有影响企业与目标市场进行有效交易的能力的因素和力量。

1. 描述影响企业向顾客提供服务的能力的环境因素

企业的微观环境包括与企业有密切联系的参与者，它们一起形成企业的价值传递网络，影响企业服务顾客的能力，包含企业的内部环境（即企业的一些部门和管理层）并影响营销决策的制定。营销渠道企业（供应商、营销中介、物流企业、营销服务中介还有金融中介）一起合作来创造顾客价值。竞争者与企业在服务顾客上进行竞争和较量。各类公众对企业实现目标的能力有着实际或潜在的影响。最后，五类顾客市场包括消费者、商业、经销商、政府以及国际市场。

由更大的社会力量组成的宏观环境影响着整个微观环境。组成企业宏观环境的六大因素包括人口、经济、自然、技术、政治/社会和文化力量，这些因素给企业带来机会的同时，也产生了威胁。

2. 解释人口和经济环境的变化如何影响营销决策

人口统计学是研究人口特征的科学。如今的人口环境显示出变化的年龄结构和家庭构成、地理人口迁移、受过良好教育和更多的白领阶层以及人口多样性的增加。经济环境包含影响购买力和购买模式的因素。经济环境的特点是消费者更加节俭、追求更高的价值，即以合适的价格购买品质良好的产品和服务。收入分配也在改变：富人变得更富，中产阶级正在削减，穷人依旧很穷，这便产生一个双层的市场。

3. 确定企业自然和技术环境的主要趋势

自然环境有三大趋势：某些原材料的短缺、污染的加剧、政府对自然资源管理的更多干预。环境问题为敏锐的企业创造了营销机会。技术环境在创造机会的同时也会带来挑战，无法跟上技术改变的企业会错过新的产品和营销机会。

4. 解释政治和文化环境的主要变化

政治环境包含影响或限制营销行为的法律、机构和组织。政治环境的变化已经在全球范围内对营销产生了影响，这些变化包括：管制企业的法规增多，强大的政府机构执法以及对道德和社会责任的注重。文化环境由影响社会的价值观、观念、偏好和行为的制度和因素组成。文化环境的趋势包括：基于新技术的沟通，对机构的信任减弱，爱国主义热情的增强，对自然更加感激，精神倾向的改变以及对更有意义、不朽的价值观的追寻。

5. 讨论企业应如何应对营销环境

企业可以被动地接受营销环境，将它看成是必须适应的、不可控的因素，从中规避威胁、利用机会。或者企业可以采取更主动的立场，努力改变环境而不仅仅是适应它的改变。不管什么时候，企业都应该尝试主动而不是被动地应对。

关键术语

营销环境（marketing environment）：除市场营销之外的能够影响营销管理层建立和维护与目标顾客的关系的外部因素和力量。

微观环境（microenvironment）：与企业有密切关系，能影响企业为消费者提供服务的能力的组织与个人，包括企业本身、供应商、营销中介、顾客、竞争对手和公众。

宏观环境（macroenvironment）：影响微观环境的更大的社会力量，包括人口、经济、自然、技术、政治和文化因素。

营销中介（marketing intermediaries）：帮助企业促销、销售和分销产品到最终购买者的企业。

公众（public）：任何对组织实现其目标的能力有实际或潜在影响的群体。

人口统计学（demography）：对人口规模、密度、区域、年龄、种族、职业和其他统计指标的研究。

"婴儿潮"一代（baby boomers）：从第二次世界大战后至1964年之间出生的7 800万人。

X一代（generation X）："婴儿潮"后，在1965～1976年的"生育低潮"中出生的4 900万人口。

千禧一代（或Y一代）（millennials (or generation Y)）：8 300万1997～2000年出生的"婴儿潮"一代的孩子。

Z一代（generation Z）：出生于2000年以后的一代人（很多分析人士认为也包括1995年后出生的人），构成了目前的儿童和青少年市场。

经济环境（economic environment）：影响消费者的购买力和消费方式的经济因素。

自然环境（natural environment）：营销人员需要作为投入，或被营销活动所影响的自然资源和物理环境。

环境可持续性发展（environmental sustainability）：制定能够使全球经济永续发展的战略与实践。

技术环境（technological environment）：创造新技术、新产品和市场机会的环境因素。

政治环境（political environment）：社会中影响和制约各种组织和个人活动的法律、政府机构和压力群体。

文化环境（cultural environment）：影响社会基本价值观、认知、偏好和行为的制度和其他因素。

问题讨论

1. 定义和描述企业营销环境中的几类公众。

*2. 什么是千禧一代？为什么营销人员对他们如此感兴趣？

3. 描述Z一代，他们与其他世代人群有什么区别，比如"婴儿潮"一代、X一代和千禧一代？

4. 比较和对比核心信念/价值观和次要信念/价值观，分别举例说明，并讨论营销人员对每一类信念/价值观的潜在影响。

*5. 营销人员应该如何应对变化的环境？

批判性思维练习

1. 1965年，超过40%的美国成年人是烟民。这一比例现已降至不到18%。烟草企业通过开发海外新市场和开发电子烟等替代尼古丁的新产品来应对这种威胁。对这种新产品及其监管环境进行研究，然后写一份报告，分析这项技术为烟草企业带来的机会和威胁。

2. 以小组为单位讨论美国的文化趋势。深入研究其中一项，并就这一趋势对市场营销的影响做展示汇报。

3. 访问www.causemarketingforum.com，了解那些因成功的善因营销计划而获奖的企业。向你的同学展示一个获奖的案例研究。

小型案例及应用

在线、移动和社交媒体营销

共享经济

技术环境的变化为新的商业模式创造了绝佳的机会，同时也威胁着传统的商业模式。例如，爱彼迎允许人们出租闲置房间或整栋房屋给陌生人，从而对酒店行业产生了威胁。通过Uber和Lyft的打车平台，拥有闲置私家车的消费者可以提供打车服务从而赚取额外收入，其他消费者可以从这些人那里打到车。使用Uber，你不必担心没有足够的现金或要把信用卡给司机，支付和小费都是通过Uber应用程序来完成的。传统的酒店和出租车企业都在叫嚷着犯规，它们声称这些企业并没有遵守它们所遵循的监管规则。另一些人则担心安全问题，因为有报道称有乘客被袭击、绑票和司机事故，他们质疑世界各地16万多名Uber司机的背景审查是否彻底。一些国家、州和城市因为这些问题而禁止Uber。

*1. 描述Uber的商业模式是如何运作的，以及技术在其成功中扮演的角色。禁止此类业务的理由是什么？保护它们的理由是什么？

2. 描述另外两个基于共享经济模式的企业的例子，并基于这个概念提出一个新的创业想法。

营销道德

突变的漏洞

利用转基因种子培育出抗除草剂的植物，从而提高农作物产量，这彻底改变了现代农业。然而，近年来，转基因生物遭到了抨击，消费者团体呼吁，应强制要求所有含转基因成分的食品包装都贴上转基因食品标签。《转基因食品标签法》在欧盟和其他国家已经实施了好几年，但是对美国食品工业的威胁现在才浮出水面。尽管许多州的立法机构已经引入了要求转基因食品标签的法案，但佛蒙特州是迄今唯一完成了与该行业第一轮法律交锋的州。包括孟山都、BAF和杜邦在内的主要化学企业是世界上最大的种子供应商，这些种子能培育出养活世界人口的粮食。为了应对转基因食品标签的威胁，它们现在采用一种替代技术——诱变，来制造抗除草剂的作物。诱变模仿了太阳对植物的辐照，从而产生与转基因技术相似的结果，但目前对此技术几乎没有任何监管。一些科学家声称，从这个过程中产生的突变作物可能比转基因作物带来更大的健康风险。由于消费品的营销人员在向供应商施加压力，要求它们采用非转基因的原料，因此，种子企业将诱变技术作为一种规避转基因标签要求所带来的风险的方法。

1. 讨论种子制造商将一种有争议的技术（基因工程）用另一种（诱变）替代，以避免监管威胁的做法是否道德。

2. 转基因制造商对抗强制标签是否明智？就这个问题展开辩论。

数字营销

人口趋势

营销人员对与年龄、种族和人口等变量相关的人口趋势感兴趣。美国人口普查局提供了相当可观的人口信息，对营销人员很有用。例如，下表展示了这类人口数据的一个样本（见www.censusscope.org/2010Census/PDFs/RaceEth-States.pdf）。

1. 2000～2010年，每个州的总人口和西班牙裔人口发生了多大的变化？从这个分析中可以得出什么结论？

2. 研究另一项人口趋势，并向市场营销人员展示你分析的人口趋势的重要性。

州	2000		2010	
	总人口	西班牙裔人口	总人口	西班牙裔人口
佐治亚州	8 186 453	435 227	9 687 653	853 689
密歇根州	9 938 444	323 877	9 883 640	436 358
加利福尼亚州	33 871 648	10 966 556	37 253 956	14 013 719

视频案例

汉堡王

对于快餐汉堡企业而言，炸薯条可能比汉堡本身更重要。在整个系统内，汉堡王每个月卖出5 600万份薯条——平均每两名顾客就会点一份薯条。但没有任何东西可以不受营销环境的影响。随着健康趋势促使一些企业削减高脂肪食品，汉堡王的薯条销量也在下降。

因此，汉堡王决定打造能够满足人们健康需求的薯条。为了留住那些关注健康的顾客，汉堡王推出了"低脂薯条"——比普通薯条少30%的脂肪和20%的卡路里。在一个几乎没有任何创新的产品类别中，"低脂薯条"可能会改变游戏的规则。尽管如此，减少脂肪和热量可能并不足以对健康食品爱好者产生影响。而每份"低脂薯条"的价格比普通薯条贵30～40美分，它可能并不会成功。

在观看了汉堡王的视频后，回答以下问题：

1. 考虑到营销环境的影响，描述汉堡王如何发展低脂薯条。

2. 有了低脂薯条，汉堡王就真正创造了顾客价值吗？还是只是追逐潮流？解释一下。

我的营销实验室

如果你的老师布置了这项任务，请到MyLab作业中完成以下写作部分。

1. 什么是环境可持续性？为什么它对营销人员越来越重要？

2. 讨论对营销产生影响的一项技术环境的新变化。它如何影响了购买者行为以及如何改变了市场营销？

管理营销信息以获取顾客洞察

第4章

学习目标

1. 解释信息对于获取市场和顾客洞察的重要性。
2. 定义营销信息系统并讨论其组成部分。
3. 概述营销研究过程的步骤。
4. 解释企业如何分析和使用营销信息。
5. 讨论一些营销研究者所面临的特殊问题，包括公共政策和道德问题。

概念预览

在本章中，我们将继续探讨营销人员如何获取消费者和市场洞察，学习企业如何开发和管理关于顾客、竞争者、产品和营销计划等重要市场要素的信息。为了在现在的市场中取得成功，企业必须知道如何把海量的营销信息转化为最新的顾客洞察，并以此向顾客传递更大的价值。

让我们从一个关于营销研究和顾客洞察的故事开始。在过去的十年里，乐高集团利用创新的营销研究，深入了解了孩子们是如何玩的，然后利用这些洞见，为世界各地的孩子们创造出引人入胜的游戏体验。在这个过程中，乐高集团从濒临破产的边缘拯救了自己，成为世界上最大的玩具制造商。正如一位分析师所说，乐高现在已成为"玩具界的苹果"。

第一站

乐高集团：挖掘新的顾客洞察

经典的乐高塑料积木已经在世界各地的家庭中风靡了65年。2014年，乐高集团（TLG）生产了550亿乐高积木，连接起来足以绕地球20多圈。超过7 800万的乐高玩具进入了130个国家的顾客手中。目前，乐高集团是全球第二大玩具企业，领先于Hasbro并和市场领头羊美泰势均力敌。但是美泰和Hasbro正面临销量持平或下滑的局面，而乐高的销量则呈爆炸式增长。在过去10年里，其收入翻了两番，达到近50亿美元，仅2014年一年就增长了25%。

但就在10年前，乐高濒临破产，以每天100万美元的速度下滑和亏损。问题是这一传统玩具企业已经失去了与顾客的联系。在互联网、电子游戏、移动设备和高科技玩具的时代，像乐高积木这样的传统玩具已经被推到了壁橱的后面。因此，2004年，该企业着手重建其老化的产品和营销方式。

然而，乐高的改造并没有从设计实验室的工程师开始。首先，乐高必须重新与顾客建立联系。因此，改造开始于很多的营销调研——倾听顾客，深入了解世界各地的孩子们是如何玩耍的。它创建了一个全球洞察团队，这组营销研究人员负责寻找创新的方法来挖掘新的顾客洞察力。

除了传统的研究方法和数据分析，乐高还采用了创新的沉浸式研究方法来理解买和玩乐高的更深层动机。例如，乐高的研究团队进行了近距离的人种志研究。他们把研究人员和家庭成员联系在一起，观察儿童玩耍，采访他们的父母，和家人一起购物，研究玩具商店的内部运作情况。这种沉浸式的研究产生了很多"啊哈！"瞬间，即一些打破了这个品牌数十年传统的顾客洞察。

例如，乐高长期以来一直坚持"保持简单"的理念。从一开始，它只提供基本的游戏设置——砖块、建筑底座、横梁、门、窗户、车轮和倾斜的屋顶——很少或没有指示。乐高的哲学是，给孩子们一些没有条理的建筑，会激发他们的想象力和创造力。但研究表明，这一概念在科技发达的现代社会并不可行。今天的孩子很容易感到无聊，在当前快速发展的环境中，他们接触到了更多的人物、主题和技术。然而，之前的假设认为孩子们只寻求即时的满足，实际却与之相反，乐高发现今天的孩子们喜欢具有挑战性的任务，比如组装复杂的乐高玩具。

为了应对这些顾客洞察，乐高转向了更专业化、更结构化的玩具体验。现在，它推出了一系列似乎无穷无尽的主题产品线和具体的建筑项目，并附有详细的说明。因此，孩子们不再只是购买一套基本的方形乐高积木建造自己的房子或汽车，现在他们可以购买专门的工具来建造任何东西，从消防车和直升机到令人渴望的忍者城堡。为了增加多样性和熟悉度，乐高还提供了不断变化的特许经营产品线，从《星球大战》和DC漫画，到漫威超级英雄和迪士尼公主。为了满足孩子们对技能挑战的需求，乐高开发了高参与度的玩具体验，比如乐高头脑风暴，这是一套完整的硬件和软件，用于制作可以用智能手机编程的定制机器人。乐高头脑风暴的最新款EV3包含601个组件，包括软件、马达和控制机器人运动和语音的传感器。

另一个来自人种志研究的顾客洞察是，孩子们认为数字化和现实中的玩不再具有明确的区别。"对他们来说，这不是两个独立的世界，"乐高集团的产品设计师说，"这是一个融合在一起的世界。"这一洞察使乐高推出了"One Reality"产品系列，它们结合了数字化和现实世界中玩的体验，包括用乐高积木的同时在手机或平板电脑上运行软件。例如，乐高的Fusion产品线让孩子们用乐高积木搭建物理模型，用手机或平板电脑应用程序扫描他们的作品，并在虚拟世界中给这些模型赋予生命。例如，在乐高的融合主城中，孩子们创建了一个微型虚拟乐高城，然后在一款应用中作为市长运营这座城市。这款融合主城是2014年最热门的圣诞玩具之一。

乐高的营销研究人员也发现了男孩和女孩玩玩具的重要区别，从而推出了像乐高好朋友这样专门针对女孩的产品线。男孩和女孩都喜欢乐高积木建设的一面。然而，男孩往往更倾向于叙事性——这体现在乐高流行的、以故事为中心的产品系列中，比如"乐高忍者"和"赤马传奇"。与此相反，女孩倾向于将乐高用于角色扮演，这体现在乐高粉色和紫色系列的乐高好朋友上，这个系列关注的是社区和友谊的主题。乐高用了四年的时间开发乐高好朋友系列，基于对全球3 500名女孩及其母亲的研究，乐高试图了解那些以前没有玩过乐高玩具的女孩可能想要一个什么样的建筑玩具。乐高好朋友在美国、德国及中国市场上一直受到女孩的青睐。

当然，孩子不是唯一玩乐高积木的人。这一经典积木品牌有一个庞大的成人粉丝群，他们从来没有忘记过他们年轻时的玩具。全球各地无数的乐高成人粉丝在购买乐高产品上花费很多钱。这些成年人维护着成千上万的乐高粉丝网站和博客，并组织聚会，比如一年一度的"BrickFest"粉丝节。乐高积极参与成年人粉丝社区，以获取新的顾客洞察和创意。乐高已经创建了一份顾客大使的名册，这些粉丝会定期购买乐高产品，它甚至邀请顾客直接参与产品开发过程。例如，它曾邀请250名乐高火车爱好者参观其纽约办公室，以评估其新设计。结果，乐高圣达菲火车套装在几乎没有任何市场营销的情况下两周内就将首批的10 000套销售一空。同样，乐高利用顾客共同创造开发了其史上最受欢迎的产品：乐高头脑风暴。

因此，在过去的10年里，由于顾客洞察驱动的营销研究，乐高集团已经与顾客和当今时代重新建立了联系。乐高可能是世界上最了解孩子们的组织，并且已经将这些知识转化为对全球儿童有吸引力的、有利可图的玩具体验。正如一位分析师所总结的那样，"在过去的10年里，乐高已经成长为玩具界的苹果：一个带来盈利的、以设计为驱动力的奇迹，这一奇迹围绕着优质、直觉、令人渴望的玩具体验建立起来，让年轻的粉丝永远不会感到厌倦。"[1]

正如乐高的故事所强调的，好的产品和营销计划需要以对顾客的全面了解为前提。企业还需要充分了解关于竞争者、经销商和其他参与者及市场力量的信息。营销人员不仅要收集信息，还必须通过这些信息来获取有力的顾客和市场洞察。

4.1 营销信息和顾客洞察

作者评点

营销信息本身并没有多大价值。从这些信息中获取的顾客洞察以及营销人员如何利用这些洞察做出更好的决策才是其真正价值所在。

为了给顾客创造价值并与之建立良好的顾客关系，营销人员首先必须获得关于顾客需要和欲望的新鲜、深入的洞察。这样的顾客洞察来自良好的营销信息，企业要利用这些顾客洞察来发展竞争优势。

例如，社交媒体网站Pinterest在2010年开始创立的时候，就需要将自己与几十个甚至数百个现有的社交网络区分开来。[2]

Pinterest的研究揭示了一个关键的顾客洞察：许多人想要的不仅仅是Twitter或Facebook等交流信息和图片的地方。他们想要一种在互联网上收集、整理和分享与其兴趣和激情相关的东西的方式。因此，Pinterest创建了一个社交剪贴簿网站，人们可以在这里创建并分享自己的数字化钉板，也就是说，这是一个基于人们感兴趣的主题的图片收集网站。"Pinterest是你自己的互联网一隅，这里只有你喜欢的东西。"该企业说。

由于这种独特的顾客洞察，Pinterest一直广受欢迎。今天，超过7 000万的Pinterest用户每天都要浏览500多万篇文章，每个月浏览超过25亿的Pinterest页面。反过来，超过50万的企业使用Pinterest与顾客建立连接并激发它们的顾客群体。例如，诺德斯特龙拥有超过440万的Pinterest粉丝。大约47%的美国在线购物者都曾由于Pinterest的推荐而产生过购买。

尽管顾客和市场洞察对创造顾客价值和建立顾客关系非常重要，这些洞察信息的获取却非常困难。顾客的需求和购买动机通常并不明显——消费者经常不能准确地说出他们自己需要什么以及为什么购买这些产品。营销人员必须从大量的资源中有效地管理市场信息，从而获取更好的顾客洞察。

4.1.1 营销信息和当今的"大数据"

近年来随着信息技术的发展，企业可以产生并收集数量庞大的营销信息。营销世界充斥着无数资料来源的信息，消费者自己也在产生大量的营销信息。通过他们的智能手机、个人计算机和平板电脑，通过在线浏览和发布博客、应用程序和社交媒体互动、短信和视频以及地理数据，现在消费者自愿向企业和其他消费者提供自下而上的信息浪潮。

当今时代的问题并非缺乏信息，大多数营销管理者已难以承受如今的信息过载。这个问题在**大数据**（big data）的概念中得到了总结。"大数据"指的是当今复杂的信息生成、收集、存储和分析技术所产生的庞大而繁杂的数据集。每年，世界上的人和系统会产生大约一万亿字节的信息。这些数据足以填满2.47万亿张老式只读光盘存储器，叠起来的高度足以往返月球4次。世界上90%的数据都是在过去的两年内产生的。[3]

大数据给营销人员带来了巨大的机遇和挑战。那些有效利用海量数据的企业可以获得丰富、及时的顾客洞察。然而，访问和筛选这么多数据是一项艰巨的任务。例如，当可口可乐或苹果等大型消费者品牌从推文、博客、社交媒体帖子和其他资料来源中监测消费者对其品牌进行的在线讨论时，可能会在一天内收集到高达600万次的公众对话，每年超过20亿次。如此庞大的信息对于任何管理者来说都难以消化。因此，营销人员不需要更多的信息，他们需要更好的信息，需要更好地利用已有的信息。

4.1.2 管理营销信息

营销信息的真正价值在于如何利用它们——在于其所能提供的**顾客洞察**（customer insights）。基于这样的理解，许多企业（从可口可乐、星巴克、麦当劳到Google和GEICO）正在对其营销信息和研究职能进行重新调整。它们创立了企业的"顾客洞察小组"，这个小组通常由一位负责顾客洞察的副总经理领导，并由企业全部职能部门的代表组成。例如，GEICO的顾客洞察团队分析了数十个资料来源的数据，以深入了解GEICO的顾客体验，然后与组织中的职能部门领导合作，寻找改善这种体验的方法。[4]

顾客洞察团队从大量的资源中收集顾客和市场信息，途径既包括传统的营销研究方法，也包括与顾客往来并观察顾客的方法，还可以跟踪社交媒体上关于企业和产品的对话。之后他们将利用这些信息获取顾客洞察，帮助企业为顾客创造更多的价值。

因此，企业必须设计一个有效的营销信息系统，在正确的时间以正确的方式为管理者提供正确的信息，帮助他们利用这些信息创造顾客价值并建立更稳固的顾客关系。**营销信息系统**（marketing information system, MIS）是由一系列专门用于评估信息需求，开发所需信息，并帮助决策者使用信息来获取并验证可执行的顾客和市场洞察的人员、设备和程序构成的。

如图4-1所示，营销信息系统的起点和终点都是信息使用者——营销管理者、内部和外部的合作者以及其他需要营销信息的人。首先，营销信息系统和信息的使用者进行沟通以获取信息需求；其次，营销信息系统通过与营销环境的互动从企业的内部数据库、营销情报活动和营销调研中获得所需信息；最后，营销信息系统帮助信息使用者通过分析和使用这些信息来发现顾客洞察，制定营销决策，以及管理顾客关系。

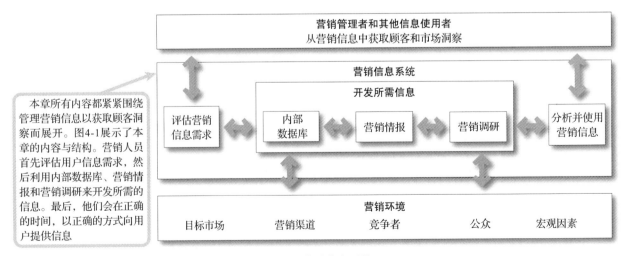

本章所有内容都紧紧围绕管理营销信息以获取顾客洞察而展开。图4-1展示了本章的内容与结构。营销人员首先评估用户信息需求，然后利用内部数据库、营销情报和营销调研来开发所需的信息。最后，他们会在正确的时间，以正确的方式向用户提供信息

图4-1 营销信息系统

4.2 评估营销信息需求

作者评点

营销信息系统的起点和终点都是信息使用者——评估他们的信息需求,然后传递满足其需求的信息。

营销信息系统主要是为企业营销和其他方面的管理者服务的。不过它可能也要为其他的外部合作者提供信息,如供应商、经销商和其他的营销服务机构。例如,沃尔玛的零售链系统就向其关键供应商提供多种信息,比如顾客购买模式、存货水平,以及在过去 24 小时内哪些商店售出了多少产品等。[5]

好的营销信息系统必须能够在信息使用者想要获得的信息和其真正需要又能得到的信息之间达成平衡。企业的一些管理者可能并未考虑自己真正需要什么信息而是直接要求提供所有可以得到的信息;在如今的大数据时代,一些管理者会仅仅因为技术允许而想要收集庞大的数据,而信息过多和信息过少一样有害。另外一些管理者可能会忽视其需要知道的信息,或者压根不知道应该去寻求其必须了解的信息。营销信息系统必须能监控营销环境并向决策者提供其做出重大营销决策时所需要了解的信息。

最后,企业获得、处理、存储和传递信息的成本在迅速增加。企业必须确定获取额外信息提供的洞察所带来的价值必须超过其成本投入,但这些收益和成本常常很难估算。

4.3 开发营销信息

作者评点

问题并不在于发现信息,这个世界充斥着来自于各种来源的信息。真正的挑战在于从内部和外部资料来源发现正确的信息,并把这些信息转化为顾客洞察。

营销人员可以从企业的内部数据库、营销情报和市场调研中获得他们所需要的信息。

4.3.1 内部数据库

很多企业都建立了庞大的**内部数据库**(internal database),即从企业内部网络中获得的关于消费者和市场的信息集合。内部数据库中的信息有多种资料来源:营销部门提供关于顾客特征、交易和网站访问的信息,顾客服务部门记录关于顾客满意和服务问题的信息,会计部门提供关于销售额、成本以及现金流的详细信息,运营部门提供关于生产、运输和存货的信息,销售部门记录经销商的反应和竞争对手的行为,营销渠道合作商则提供销售网点的交易数据。充分利用上述信息可以获得有力的顾客洞察和竞争优势。

例如,作为其顾客中心计划的一部分,梅西百货深入挖掘顾客数据,并利用从中所获取的洞察使顾客参与变得个性化。[6]

梅西百货建立了一个庞大的顾客数据库,该数据库包含 3 300 万家庭顾客的大量信息,以及每年 5 亿次的顾客交易。个人顾客数据包括人口统计特征、店内和网上购物、风格偏好和个人动机,甚至在梅西的网络、移动和社交媒体网站上的浏览模式。梅西百货随后对数据进行了深度分析,并利用由此产生的顾客洞察来协调和高度个性化每个顾客的购物体验。

例如,目前梅西百货的一份直邮目录就有多达 50 万个不同的版本。梅西的首席营销官说:"我的目录可能看起来(和其他人的)很不一样。我不是个优秀的家庭主妇,但我是个很爱化妆品、鞋子、珠宝的人,所以你可能会看到我的目

通过"我的梅西"项目,梅西百货深入挖掘其庞大的顾客数据库,并利用由此产生的顾客洞察对顾客的购物体验进行高度个性化。

Bloomberg/Getty Images

录里都是这些物品。"同样基于"智慧展示"的初衷,梅西百货能够追踪顾客在企业的网站和移动端站点上浏览过哪些商品,然后会在他们浏览其他网站的时候推送相关的广告。将来梅西百货还会对电子邮件、移动网络和社交媒体网站进行个性定制化。这个规模巨大的内部数据库的最终目标是"将顾客放在所有决策的核心"。

与其他的信息资料来源相比,内部数据库的运用往往更快捷、成本更低,但它同时也存在一些问题。由于内部信息通常是为其他目的而收集的,对于营销决策而言这些信息可能不全面或形式不正确。数据往往很快就会过时,企业需要为不断更新数据而投入很多资源。最后,一家大企业能产生海量的信息,管理这些信息将对企业的设备和技术提出了很高的要求。

4.3.2 竞争性营销情报

竞争性营销情报（competitive marketing intelligence）是对关于消费者、竞争对手以及营销环境变化的公开信息进行的系统采集和分析。竞争性营销情报的目标是通过了解消费者环境,发现和追踪竞争对手的活动以及提供关于市场机会和威胁的前期信号来改善企业的战略决策。搜集营销情报的手段包括直接观察消费者、询问企业员工、比较竞争对手的产品、在互联网上进行研究以及监测社交媒体舆论等。

好的营销情报可以帮助营销人员了解消费者对企业产品的看法以及他们是如何与品牌建立联系的。许多企业会派出一支训练有素的观察团队,让他们在顾客使用和谈论企业产品时混入其中。其他企业,如戴尔、百事、卡夫和万事达已经建立了复杂的数字指挥中心,定期监测与品牌相关的在线消费者和市场活动（见营销实践 4-1）。

| 营销实践 4-1 |

社交媒体指挥中心：在社交空间倾听和吸引顾客

如今的社交空间充满了关于品牌和相关事件、趋势的讨论。因此,许多企业现在正在建立最先进的社交媒体指挥中心,它们可以跟踪甚至帮助企业塑造围绕其品牌开展的社交媒体活动。

一些社交媒体指挥中心是针对特定事件的。例如,捷豹建立了社交媒体指挥中心"反派的巢穴",由于广告里有许多电影反派角色而得名,目的是管理"超级碗"广告相关事务。但许多组织,从金融机构和消费品企业到非营利性组织或政府机构,都开设了永久性的数字控制中心,以帮助它们利用当今蓬勃发展的社交媒体的力量。

例如,万事达卡的数字情报指挥中心（称为"对话套件"）对全球数百万线上对话进行监控、分析,并实时响应。该企业在 56 个市场利用 27 种语言监控品牌相关的线上对话。它追踪社交网络、博客、在线和移动视频,以及传统媒体——任何可能包含万事达卡及其竞争对手的相关内容及评论的数字地带。

在纽约总部,"对话套件"的员工与来自万事达各个部门和业务单元的经理挤在一个 40 英尺高的 LED 屏幕前,观看对目前全球品牌对话的总结,每 4 分钟更新一次。一个由营销和顾客服务人员组成的轮值团队每天在指挥中心 2~3 个小时。"这是一个实时关注小组,"一位万事达卡的通信高管表示,"我们追踪所有关于万事达信用卡和产品的信息,再加上竞争者的信息。"

万事达卡通过"对话套件"所看到、听到和学到的东西来改进其产品和营销,跟踪品牌表现,并激发有意义的顾客对话和管理。万事达卡甚至还在培训"社交大使",他们可以参加在线对话,直接吸引顾客和品牌意见领袖。"今天,我们所做的几乎每一件事都根植于我们从对话中收集的顾客洞察。"另一位经理说,"这改变了我们做生意的方式。"

百事企业的佳得乐是首批建立社交媒体指挥中心的品牌之一,其指挥中心叫作"佳得乐任务控制"。该中心对与品牌相关的社交媒体活动进行了广泛的实时监控。每当有人在主流社交媒体或博客提到与佳得乐相关的东西（包括竞争对手、佳得乐运动员以及与运动营养相关的话题）时,它就会在 6 个大屏幕中的一个以各种可视化和仪表盘的形式展示出来。"佳得乐任务控制"人员还监控数字广告、网络和移动网站的流量,在互联网形成了一个稳固的品牌形象。佳得乐使用其控制中心看到和学习的东西来改进产品、营销和与顾客的互动。

"佳得乐任务控制"也让品牌能够实时吸引消

费者，有时会增加甚至影响在线讨论。例如，在2014年NBA总决赛的第一场比赛中，当时热火队的前锋勒布朗·詹姆斯因腿部抽筋被抬下场，Twitter上有评论说佳得乐未能防止詹姆斯抽筋。尽管佳得乐前代言人詹姆斯最近转向了竞争对手水动乐（可口可乐旗下的一个运动饮料品牌），但大多数粉丝仍将詹姆斯与佳得乐联系在一起。然而，与此同时，粉丝在Twitter上表达对这个品牌的不满，佳得乐的任务控制团队幽默地进行反击，比如"抽筋的不是我们的顾客，我们的运动员可以承受高温（热火）。"当一个粉丝在Twitter上问道：当勒布朗·詹姆斯需要佳得乐时，它在哪呢？这个团队的回答是："在场边等待，但他更喜欢喝别的东西。"因此，实时的社交媒体监控帮助佳得乐扭转潜在的消极舆论，成为网络言论中的赢家。

现在，各种各样的组织都在建立社交网站，甚至是非营利性组织。例如，美国红十字会与戴尔合作，在华盛顿特区建立数字运营中心，帮助人道主义救援组织改善对紧急情况和自然灾害的应对能力。一项民意调查显示，80%的美国人希望紧急救援人员监测社交网络，而1/3的人认为，如果他们发布帖子或推文请求救援，他们可能会在一个小时内得到帮助，因此红十字会对于社交媒体的监测十分重视。以戴尔自身标志性的社交媒体中心为模型，红十字会的数字运营中心以创新的数字志愿者计划开辟了新的领域，在全国范围内增加了数千名训练有素的志愿者，帮助处理在灾难时出现的大量社交媒体流量。

数字运营中心帮助改善美国红十字会的日常救援工作，例如对大城市地区公寓火灾的应对。一位红十字会的经理说："我们不仅扫描社交媒体，寻找可执行的情报，还扫描社交空间，看是否有需要信息和情感支持的人。"

但是能够凸显这个中心巨大潜力的是重大灾难。例如，在美国历史上最大的自然灾害之一——桑迪飓风期间，数字运营中心对红十字会的救援工作起到了至关重要的作用。除了来自政府合作伙伴的常规数据、实地评估和传统媒体的损害报告之外，该中心还对数百万条推文、Facebook帖子、博客和网上发布的照片进行了处理。它总共追踪了200多万个帖子，并直接回应了成千上万的人。

在至少88个案例中，社交媒体上的帖子对红十字会的行动产生了直接影响。红十字会经理说："我们把卡车放在我们认为需求更大的地方，我们把帆布床搬到需要更多补给的避难所。"缺乏社交媒体活动甚至也是一个重要的指标。某个特定区域的社交媒体"黑洞"可能意味着有些因素阻止了该地区的人们使用Twitter，他们需要帮助。

因此，无论万事达卡、佳得乐还是美国红十字会，社交媒体指挥中心都能帮助营销人员搜寻数字环境，实时分析与品牌相关的对话以获得营销洞察，并迅速地做出恰当的反应。最终，社交媒体倾听给了消费者另一个发声渠道，对顾客和品牌双方都有益。美国红十字会的经理说："这使我们能够在做出响应的时候给予公众一席之地。"富国银行的社交媒体主管对此表示同意。"消费者希望成为企业服务的一部分。"她说，"我们的原则是，如果有人向我们提供了一个真正帮助我们的想法、建议或反馈，我们会直接予以回应。"

资料来源："MasterCard Conversation Suite Video," http://newsroom.mastercard.com/videos/mastercard-conversation-suite-video/, accessed September 2015; Sheila Shayon, "MasterCard Harnesses the Power of Social with Innovative Conversation Suite," *brandchannel,* May 7, 2013, www.brandchannel.com/home/post/2013/05/07/MasterCard-Conversation-Suite-050713.aspx; Giselle Abramovich, "Inside Mastercard's Social Command Center," *Digiday,* May 9, 2013, http://digiday.com/brands/inside-mastercards-social-command-center/; Anthony Shop, "Social Media Lessons from Gatorade Mission Control," *Socialmediadriver.com,* August 28, 2013, http://socialdriver.com/2013/08/28/ social-media-lessons-from-gatorade-mission-control/; Evan Hanson, "PepsiCo Drinks In Gatorade's Social Media Performance at Game One of NBA Finals," *24/7 Wallstreet*, June 7, 2014, http://247wallst.com/general/2014/06/07/ pepsico-drinks-in-gatorades-social-media-performance-at-game-one-of-nbafinals/# ixzz3O6SWtQJt; Ariel Schwartz, "How the Red Cross Used Tweets to Save Lives during Hurricane Sandy," *Fast Company*, October 31, 2013, www.fastcoexist.com/3020923/how-the-red-cross-used-tweets-to-save-lives-during-hurricane-sandy; and Scott Gulbransen, "Taking Back the Social-Media Command Center," *Forbes*, January 22, 2014, www.forbes.com/sites/onmarketing/2014/01/22/taking-back-the-social-media-command-center/.

企业还需要积极监控竞争对手的活动。它们可以监控竞争对手的网络和社交媒体网站。例如，亚马逊的竞争情报部门经常从竞争对手那里购买商品，分析和比较它们的品类、运送速度和服务质量。企业可以利用互联网搜索特定竞争对手的名字、事件或趋势，看看会出来什么结果。追踪消费者对竞争品牌的看法，往往与追踪企业自己的品牌对话一样具有启发意义。

企业利用竞争性营销情报来获得对竞争对手的行动和战略的早期洞察，并准备快速反应。例如，三星经常监测围绕苹果最新款 iPhone 发布的实时社交媒体活动，以便迅速为自己的 Galaxy S 智能手机和平板电脑做出营销反应。[7]

当苹果的 CEO 蒂姆·库克即将发布备受期待的新款 iPhone 时，三星的营销战略人员正围聚在几百公里外的"作战室"的电脑和电视机前观看这次公开发布会。他们不仅对每一款新 iPhone 的功能进行了仔细的监测，还对井喷式的在线消费者评论、博客和社交媒体渠道进行了监测。就在实时的消费者和竞争数据激增之际，三星团队正在起草一份应对方案。在短短几天内，就在新款 iPhone 上架销售之际，三星已经在播放电视、印刷和社交媒体的回应广告，这些广告将围绕着 iPhone 首次亮相的兴奋之情引流到三星自己的 Galaxy 产品线上。

例如，在推出 iPhone 5 的过程中，三星发布了一则广告，嘲讽那些在苹果专卖店外排队并谈论新 iPhone 功能的粉丝，结果却发现被过路的人和他们的三星 Galaxy 智能手机抢了风头（"下一个爆款已经来了"）。广告中的台词都是基于关于 iPhone 功能的成千上万的真实 Tweets 和其他社交媒体互动产生的。基于实时洞察的广告成了当年轰动一时的科技广告，使得三星吸引了 7 000 多万的在线浏览量。同样地，在 iPhone 6 首次亮相时，三星迅速推出了"这不需要天才"的系列广告，这些广告嘲讽了苹果在发布会上公布的各种 iPhone 功能。

许多竞争对手的情报可以从企业高管、工程师和科学家、采购人员和销售人员那里收集。企业还可以从供应商、经销商和关键顾客那里获得重要的情报信息。情报搜索者也可以通过成千上万的在线数据库进行搜索。有一些是免费的。例如，美国证券交易委员会的数据库提供了大量公开的关于竞争者的财务信息，美国专利局的商标数据库显示了竞争对手提交的专利。通过支付一定的费用，企业可以订阅 3 000 多个在线数据库和信息搜索服务中的任意一个，如胡佛、律商联讯、邓白氏。如今的营销人员只需要按几次键就能获得大量的关于竞争对手的信息。

营销情报的获取是双向的。面对竞争对手在获取竞争性营销情报上的决心和努力，许多企业正在积极地采取措施来保护自己的信息。一位自称商业间谍的人建议企业对自己的营销情报进行调查，寻找可能带来巨大危害的情报泄露。企业应该对能在公开资料中找到的所有相关信息进行处理，包括招聘信息、法庭记录、企业广告和博客、网页、媒体发布信息、线上商业报告、顾客和员工在社交媒体上发布的消息，以及其他竞争者可以获得的信息。[8]

对营销情报的使用越来越多，从而引发了道德问题。一些搜集情报的手段可能是不道德的。很明显，企业应该充分利用能公开获取的信息，但不应偷窥、窃取。随着合法情报获取渠道的开放，企业不需要为了获取优质情报而破坏法律或违反道德。

4.4 营销调研

作者评点

营销情报需要主动监测整体的营销环境，而营销调研则是为了获取与特定营销决策相关的顾客洞察而进行的更加聚焦的研究。

除了关于普通消费者、竞争对手和市场事件的营销情报信息外，营销人员还经常需要做一些更为正式的研究，以便为特定的营销情境和决策提供顾客和市场洞察。例如，星巴克想知道顾客对新的早餐菜单的反应，雅虎想知道网络搜索者对重新设计企业网站的提议有什么看法，或者三星电子想知道有多少以及哪类消费者愿意购买企业下一代的大屏幕电视。在这种情况下，管理者需要进行专门的市场调研。

营销调研（marketing research）是指组织针对具体的营销问题，系统地设计、搜集、分析和报告有关数据。企业在很多情况下都要用到营销调研。比如，营销调研可以帮助营销人员理解顾客的购买动机、购买行为和顾客满意度；评估市场潜力和市场份额；衡量定价、产品、分销和促销行为的效果。

一些大企业拥有自己的营销调研部门，部门人员与营销经理一起合作开展调研项目。此外，这些大企业也会像一些规模较小的企业一样，经常雇用外部调研专家来咨询特定的营销问题及实施市场调研。有时，企业也会直接购买外部企业收集的数据以辅助自己的决策。

营销调研过程包括四个步骤（见图 4-2）：界定问题及调研目标、制订调研计划、实施调研计划、解释并报告调研结果。

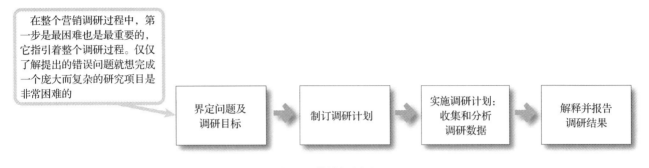

图 4-2 营销调研过程

4.4.1 界定问题及调研目标

营销经理和调研人员必须通过紧密合作来界定问题并达成一致的调研目标。营销经理清楚在制定决策时最需要什么样的信息；调研者则更了解市场调研并知道如何获得这些信息。定义调研问题和调研目标通常是调研过程中最难的一步。营销经理可能知道什么地方错了，但却不知道问题的真正原因。

在认真界定问题之后，营销经理和调研人员必须制定调研目标。一个调研项目不外乎有以下三类目标。首先，**探索性调研**（exploratory research）的目标是搜集原始数据，以帮助界定问题和提出假设。其次，**描述性调研**（descriptive research）的目标是更好地描述市场营销的问题，比如产品的市场潜力或消费者的人口统计特征或产品购买者的态度。最后，**因果性调研**（causal research）的目标是检验假设的因果关系。比如，把私立大学的学费下调 10% 是否会导致入学率的升高从而抵消由于学费下降所带来的损失？营销经理经常从探索性调研开始，而后开展描述性调研或者因果性调研。

对问题和调研目标的表述指导着整个调研过程。营销经理和调研者必须将这些问题和调研目标记录下来，从而确保能够就调研目的和期望的调研结果达成一致。

4.4.2 制订调研计划

在确定调研问题和目标后，调研人员必须决定自己需要的确切信息，制订能够有效收集信息的调研计划，并将该计划提交给管理层。市场调研计划应包括现有数据的资料来源、拟使用的调研方法、联系方式、抽样计划以及调研人员收集新数据所需要的主要工具。

调研目标必须转化为具体的信息需求。例如，假设 Chipotle 墨西哥烧烤快餐店想要知道消费者对餐厅新增的免下车服务有何反馈。美国快餐连锁店通过免下车服务产生的销售额高达 24%。然而，Chipotle——一家以"良心食品"为主题的可持续发展的休闲快餐厅，目前并没有提供免下车服务。免下车服务的增加或许可以帮助 Chipotle 利用其强大的品牌地位，吸引新的销售增长点。拟开展的研究可能需要以下具体信息。

- 当前 Chipotle 顾客的人口统计、经济和生活方式特点：当前的柜台服务顾客也使用免下车服务吗？免下车是否符合他们的需要和生活方式？或者 Chipotle 需要选择一个新的细分市场作为目标市场吗？
- 更广泛的快餐和休闲食客的特点和使用模式：他们需要什么？对餐厅有什么期望？何时何地购买以及如何使用？他们认为现有的质量、价格和服务水平如何？在竞争激烈的快餐市场中，新的 Chipotle 服务将需要牢固的、相关的和与众不同的定位。
- 对 Chipotle 顾客体验的影响：免下车服务是否与高质量的快速休闲体验相一致？

- 员工对免下车服务的反应：餐厅员工会支持免下车服务吗？增加免下车服务是否会干扰餐厅的运营？他们向堂食顾客提供高质量食品和服务的能力是否会因此受到影响？
- 对堂食和免下车服务的销量和利润进行预测：免下车服务会创造新的销售和顾客，还是只是侵蚀了现有业务的销售？

Chipotle的营销人员需要这些信息和许多其他类型的信息来决定是否引入免下车服务，以及如果决定引入，最好的引入方式是什么。

调研计划应该以书面的形式呈现。当一项调研项目的规模十分庞大、复杂或者需要外部企业去执行的时候，书面提案就显得尤为重要。书面计划应该包括拟解决的管理问题、调研目标、要获得的信息及这些信息如何帮助管理者制定决策。另外，书面提案还应包括调研的成本估算。

为了满足管理者的信息需求，调研计划可以收集二手数据、原始数据，或二者兼顾。**二手数据**（secondary data）是出于其他目的收集的、已经存在的数据。**原始数据**（primary data）是出于当前特定目的而专门收集的第一手资料。

4.4.3 收集二手数据

调研人员经常从搜集二手数据开始。企业的内部数据库是一个好的起点。不过企业也能找到多种外部信息资料来源。

企业可以从外部供应商那里购买二手数据。例如，尼尔森企业提供来自25个国家、超过25万个家庭的消费者洞察数据，包括他们的试用和重复购买的信息、品牌忠诚度以及购买者的人口统计特征。信息服务机构Experian Simmons开展全方位的消费者研究，可以帮助企业全面了解美国消费者。The Futures企业提供的美国扬克洛维奇民意测验服务出售有关社会和生活方式趋势的重要信息。这些企业以及其他很多企业都可以提供满足多种营销信息需求的高质量数据。[9]

营销研究者可以使用网上的商业数据库，自己进行二手数据资料的搜索。一般的数据库服务，像普若凯斯特和律商联讯等将极为丰富的信息摆在了营销决策制定者面前。除了收取费用提供信息的商业服务，几乎每个行业协会、政府机构、商业出版物、新闻媒体等都会提供很多免费信息。如果使用者愿意，就可以很容易找到它们的网址或者应用程序。

在线搜索引擎可以为寻找二手数据资料提供很大的帮助。但是，这种方式也可能会让人觉得沮丧或缺乏效率。例如，Chipotle的一名营销人员在Google上搜索"快餐免下车"，将会出现280多万个搜索结果。不过，结构和设计良好的网上搜索依然可以为营销研究项目提供一个好的开始。

与原始数据相比，二手数据的获取往往速度更快、成本更低。此外，二手资料有时可以提供一些单个企业很难收集的信息——这些信息可能不可以直接被收集或者需要很高的收集成本。比如，对于像可口可乐和汰渍这样的消费者产品品牌，持续地对零售店进行审计以了解自身和竞争对手的市场份额、价格和表现，成本将会过于高昂。但它们可以从SymphonyIRI企业那里购买信息扫描服务，该服务可以提供从美国34 000个零售商那里收集的基于扫描的交易信息和其他数据。[10]

二手数据同样也存在一些问题。调研人员很难从二手数据中获取自己需要的所有信息。例如，Chipotle不可能从现有的信息中直接找到消费者对其尚未推出的免下车服务的反应情况。即使找到了相关数据，这些信息也不具有可用性。调研人员必须对二手数据进行仔细评估，从而确认它们具有相关性（符合调研目标的要求）、准确性（搜集和汇报过程可靠）、及时性（对于现在的决策来说更新得足够快）和客观性（客观地搜集和汇报）。

4.4.4 原始数据的收集

二手数据可以为调研过程提供一个良好的开端，并经常对界定研究的问题与目标有所帮助。但在很多情况下，企业必须收集原始数据。表4-1呈现了为收集原始数据制订计划所需要做出的决策：调研方法、联系方式、抽样计划和调研工具。

表 4-1　原始数据收集计划

调研方法	联系方式	抽样计划	调研工具
观察法	邮件调查	抽样单位	调查问卷
调查法	电话访问	样本量	机械化工具
实验法	面谈	抽样过程	
	网络营销调研		

1. 调研方法

收集原始数据的调研方法包括观察法、调查法和实验法。接下来，我们将对每种方法逐一进行讨论。

（1）观察法。**观察法**（observational research）是通过观察相关人员、行为和情境来收集原始数据的调研方法。比如，食品零售商 Trader Joe's 可以通过观察交通状况、社区情况以及全食超市、Fresh Market 等竞争对手的零售店的位置来评估自己的新店选址。

研究者经常通过观察消费者的行为来收集信息，而这些信息并不能通过对消费者进行简单的提问就能获得。比如，费雪企业设立了一个专门的观察实验室，可以观察儿童得到新玩具时的反应。费雪的 Play 实验室中阳光明媚，充满了玩具，幸运的孩子可以在这里试玩费雪的玩具原型，设计师则通过观察他们的反应获得设计新玩具的灵感。在实验室里，每年大约有 3 500 名儿童参与到 1 200 种产品的测试中去。"我们的设计师在观察和学习孩子们如何玩耍，"费雪企业的一个儿童研究经理说，"它真的能帮助我们制造更好的产品。"[11]

营销人员不仅要观察消费者的行为，还要观察消费者的言论。如前所述，营销人员经常倾听消费者在博客、社交网站和一些网页上的言论。营销人员通过观察这些自然发生的反馈意见获得启示，这是那些更为结构化和形式化的研究方法所不能提供的。

现在很多企业采用**人种志研究**（ethnographic research）方法来进行观察实验。人种志研究需要派遣观察者去观察消费者在"自然状态"下的活动并与之互动。这些观察者可能是受过培训的人种志研究者、心理学研究者或者企业的调研和管理人员。例如，康盛洞察团队经常在一个顶级秘密小镇（他们称之为"前哨站"，距离芝加哥在一天的车程之内），出入酒吧和其他地点。研究人员将这个小镇作为一个现实生活中的实验室，匿名地接触和观察酒吧顾客、超市购物者、餐馆用餐者、便利店店员和城镇的其他人，以了解美国中产阶级的消费者如何购物和吃喝，并围绕康盛及竞争啤酒品牌进行社交。[12]

全球品牌企业 Landor 推出了 Landor 家庭研究，这是一项持续进行的人种志研究，在过去的 7 年里，已经对 11 个法国家庭进行了密切的跟踪调查。Landor 的研究人员每年拜访这些家庭两次，观察他们的冰箱并深入了解其食品购买行为和观点。研究人员还与这些家庭一起到当地超市购物，观察他们的网上购物。这些家庭每月提供上网报告，详细描述他们的购物行为和态度。Landor 家庭的研究为达能、卡夫食品和宝洁等顾客提供了丰富的行为洞察。今天的大数据分析可以为消费者的购买行为提供重要的见解。Landor 家庭项目旨在探索原因。根据 Landor 的说法，"在现实生活中，了解人们的最好方式就是去观察他们"。[13]

除了在现实世界中进行人种志研究外，很多企业现在会定期进行网络人种志研究——观察处于互联网"自然环境"中的消费者。观察人们的线上动向可以为线上和线下的购买动机和购买行为提供有用的洞察。观察人们的购物模式，追踪他们的移动活动，无论在商店内部还是在不同商店之间，都可以为零售商提供有价值的营销信息。

观察法和人种志研究法经常能够得到一些传统的调查问卷法或焦点小组调查得不到的细节信息。传统的定量研究方法可以用来检验给定的假设并回答界定清晰的产品或战略问题，而观察法则可以获得一些人们不想或不能直接提供的全新的顾客和市场洞察，为了解消费者的潜意识活动及未能表达出的需要和感受打开了一扇窗。

不过，有些东西是不能被观察到的，比如感觉、态度、动机或私人行为。长期或不频繁的行为通常也很难被观测到。最后，观察到的内容有时可能很难理解和解释。由于这些局限性，研究者通常将其他数据收集方法与观察法结合起来使用。

（2）调查法。**调查法**（survey research）是收集原始数据最普遍的方法，也是最适合收集描述性信息的方法。如果一家企业想要知道人们的知识、态度、偏好或者购买行为等信息，通常可以直接询问消费者。

调查法的主要优点在于灵活性，它能被用于很多不同的场合，以获取很多不同的信息。人们可以通过电话、邮件、面谈和网络的方式来调查几乎所有种类的营销问题或决策。

然而，调查法也存在一些问题。有时，人们会因为忘记或根本没想过自己做了什么以及为什么这样做而不能回答调查问题，也可能不愿意回答陌生访问者的提问或者不愿意回答其认为涉及个人隐私的问题；有时，被调查者并不知道答案而乱答一通，仅仅是为了让自己显得更聪明或懂得更多；还有时，被调查者会为了帮助调查者而故意提供符合调查者预期的回答；最后，繁忙的人可能没有时间接受调查，或者不喜欢访问者闯入他们的私人空间。

（3）实验法。观察法适用于探索性调研，调查法适用于描述性调研，而**实验法**（experimental method）则更适用于收集因果信息。实验法需要选定随机分组的被试，给不同被试组以不同的刺激，控制不相关的因素并检查各组被试的反应差异。因此，实验法是一种用来检验因果关系的研究方法。

例如，在推出一种新的三明治前，麦当劳可以通过实验法来检测两种不同价格对产品销量的影响。它可以在两座城市采用不同的价格推出同样的新款三明治。如果这两座城市是相似的，并且针对该三明治所做的营销努力也都一样，那么两个城市的销量不同就很可能是价格不同所导致的。

2. 联系方式

我们可以通过邮件调查、电话访问、面谈、网络等方式搜集信息。表4-2列举了各种联系方式的优缺点。

表 4-2 沟通方法的优势和劣势

	邮件调查	电话访问	面谈	网络营销调研
灵活性	不好	好	很好	好
收集资料的数量	好	一般	很好	好
采访者影响的控制	很好	一般	不好	一般
样本控制	一般	很好	好	很好
资料收集的速度	不好	很好	好	很好
反馈率	不好	不好	好	好
成本	好	一般	不好	很好

资料来源：Based on Donald S. Tull and Del I. Hawkins, *Marketing Research: Measurement and Method*, 7th ed. (New York: Macmillan Publishing Company, 1993). Adapted with permission of the authors.

（1）邮件调查、电话访问和面谈。邮件调查可以用较低的成本获取大量的信息。与面对一个陌生的采访者或者通过电话访问的方式相比，邮件调查的回访者在更为私人的问题上可能会给出更诚实的答案，并且邮件调查可以避免采访人员本身给被试回答带来的影响。

但是，邮件调查问卷的灵活性较差，所有的被调查者都是按规定的顺序回答同样的问题。邮件调查通常需要花费更长的时间，且答复率（完成并返回调查问卷的人数比例）通常很低。最后，调研人员几乎无法控制邮件调查的样本。即便有一个非常好的邮寄地址列表，他们仍旧不能控制某个邮件地址的答复来自于哪位消费者。由于这些缺陷，现在越来越多的营销人员开始使用更快、更灵活且成本更低的电子邮件和在线调查方法来进行问卷调查。

电话访问是快速搜集信息的最好方式之一，而且比邮件调查具有更大的灵活性。在受访者回答问题时，调查人员可以对较难的问题进行解释，也可以根据受访者的回答跳过一些问题或者深入探讨一些问题。电话访问的答复率通常要比邮件调查高，且访问人员可以选择想要的受访者回答，甚至直接通过姓名指定受访者。

然而，电话访问的人均成本比邮件调查或在线调查要高。同时，人们可能不愿意与调查者就私人问题进行讨论。这种方式还引入了调查人员的偏差——他们的交谈方式、提问方式，或者其他因素可能会影响受访者的回答。最后，当今时代的消费者备受电话促销信息的骚扰，越来越多的潜在受访者会挂断电话，而不是与调研人员交谈。

面谈有两种形式——个人访谈和小组访谈。个人访谈意味着与个体直接交谈，可以发生在他们的家中、办公室、街道上或者商场里。这种形式的采访通常比较灵活。受过专门培训的采访者可以引导访谈过程、解释困难问题并在条件允许时探索新问题。访问者可以向被访者展示真实的产品、广告、包装并观察消费者的反应和行为。不过，个人访谈的成本通常是电话访问的 3～4 倍。

小组访谈会邀请一小群人与一位经过培训的主持人就某个产品、服务或组织展开讨论。参与者通常都会获得一些报酬。主持人会鼓励自由、轻松的讨论，期待小组的互动可以引发一些真实的想法和感觉。同时，主持人负责聚焦讨论主题，所以这种方法又被称为**焦点小组访谈**（focus group interview）。

在传统的焦点小组访谈中，调研者和营销人员会通过单向玻璃来观察焦点小组的讨论，并以书面或录像的形式记录大家的评论内容以备日后学习。如今的焦点小组访谈可以通过视频会议和网络技术让距离很远的营销人员参与实时的焦点小组访谈。通过使用摄像机和双向声讯系统，在远程会议室的营销管理者可以观察并收听访谈内容。

与观察法一样，焦点小组访谈已经成为获取顾客内心想法和感觉的一种主要的定性营销研究方法。在焦点小组的情境中，调研者不仅能够听到顾客的想法和观点，也能观察他们的面部表情、身体动作、组内互动以及谈话过程。然而，焦点小组访谈也存在一些挑战。为了节省时间和成本，焦点小组访谈通常只采用少量的样本，其结论的可推广性有待考察。此外，在面对其他成员时，焦点小组中的顾客可能不能开放、诚实地表达出他们真正的情感、行为和意图。

为了克服这些难题，很多调查者都在改进焦点小组访谈的设计。一些研究人员试图改变焦点小组的实施环境，帮助顾客放松下来并做出更真实的回答。比如雷克萨斯最近与一些豪华车买家一起在顾客家里举办了一系列名为"雷克萨斯之夜"的晚餐会，以近距离地学习和了解他们买或者不买雷克萨斯的原因。其他企业使用浸入式小组访谈——没有主持人在场，一小群消费者直接与产品设计师进行非正式的互动。研究和创新咨询企业 The Mom Complex 使用这样的浸入小组来帮助联合利华、强生、金百利克拉克、家乐氏、孩之宝和沃尔玛等品牌的营销人员了解并联系他们的"妈妈顾客"。[14]

据 The Mom Complex 所说，美国的 8 000 万母亲控制着 85% 的家庭消费，但 3/4 的妈妈说，营销人员根本不知道做母亲的感觉。为了改变这一状况，The Mom Complex 安排了"妈妈浸入式研讨"，在这个过程中，品牌营销人员直接与一群母亲进行互动，她们由此能得到 100 美元的报酬。这次小组访谈并没有像传统的小组访谈一样让营销人员在单向镜子后面观察妈妈们如何谈论他们的品牌，而是让参与者和营销人员坐在同一个房间里。在一位主持人的指导下，妈妈们开始给营销人员传授作为母亲的事实——"作为一个母亲真实而丑陋的真相。"然后，妈妈们和营销人员共同努力解决特定的品牌问题——新产品创意、当前的产品问题、定位和沟通策略等。其目标是"将母亲面对的挑战转化为品牌成长的机会"。

个人访谈和焦点小组访谈可以增加个人接触的元素，这与更加以数字为导向的大数据研究截然不同。这些访谈可以揭示数据和分析背后的顾客动机和体验，并提供丰富的相关洞察。"焦点小组访谈是使用最广泛的定性研究工具，"一位分析师说，"而且是有道理的。他们进行富有成效的讨论，并能对顾客和潜在顾客的需要、欲望、想法和感受提供独到的见解。"只有听到了顾客的需求，企业才能进行更有效的改进。[15]

（2）网络营销调研。互联网的发展对营销研究方法产生了巨大的影响。越来越多的调研人员开始通过**网络营销调研**（online marketing research）来收集原始数据，这些数据可以来自网络和移动端调查、网上消费者样本组、实验、在线焦点小组和品牌社区。

网络营销调研可以通过多种形式得以实现。企业可以将网站作为其调研的媒介，把调查问卷放在网站或社交平台上，或用电子邮件邀请人们来完成问卷。企业同样可以创建在线讨论室提供定期反馈，或者进行实时讨论，或者组织在线焦点小组。研究人员还可以在网上进行实验研究。他们可以通过在不同网站、移动网站或不同时间段内设置不同的价格、标题或者提供不同特性的产品来做实验，帮助企业了解不同因素的效果。研究人员也可以建立一个虚拟的购物环境并利用它对新产品和营销计划进行测试。企业还可以通过顾客访问企业网站或点击其他网站的点击流数据来了解在线顾客的行为。

互联网尤其适用于定量研究，比如进行营销调查和收集数据。美国已有 87% 以上的人口使用互联网，网络成为接触多种顾客的有效渠道。随着传统调查方式答复率的下降和成本的升高，互联网很快取代了邮件和电话访问，成为主要的数据收集方法。[16]

网络营销调研拥有很多传统的电话、邮件调查和面谈所没有的优势。其中最显著的优势是速度快和成本低。通过网络营销调研，研究人员可以快速且方便地利用电子邮件或在网络论坛上发帖，以同时对多个受访者实施网络调研。这种调研的回复是即时的，由于受访者是自己填写信息，故而他们的信息一旦被接收到，研究人员立刻就能把这些信息制作成表格，观测并分享这些调研数据。

网络营销调研的成本通常也会比通过邮件、电话、面谈的成本低很多。使用网络可以节省很大一部分其他研究方法中的邮费、电话费、人工成本以及数据处理成本。此外，样本量的大小不会对网络营销调研的成本产生太大的影响。一旦调查问卷生成，无论对网络上的 10 个或 10 000 个受访者进行调查，其成本都不会有明显的差异。

网络营销调研的低成本使其备受大小企业的青睐。事实上，如今的网络可以让任何想要做研究的人成为调研专家。即使是新手研究员，也可以利用 Snap Surveys 或 Survey Monkey 等网络调查服务在几分钟内创建并发布他们自己定制的网上或移动调查问卷。

与传统的电话或邮件调研相比，网络调研的互动性和参与度也更强，更加容易完成，还不会侵犯个人隐私。因此，这种调研方法的答复率通常较高。互联网还是接触那些难以联系到的顾客的绝佳媒介，比如难以琢磨的青少年、单身人士、富人和高知人群。互联网同时也是接触繁忙人群的好途径，比如在职妈妈和永远在路上的高管。这些群体都会出现在网络上，他们可以自己选择方便的时间和地点来完成调研。

正如越来越多的营销研究人员在通过互联网进行大量的定量研究和数据收集，如今他们也正在采用各种基于互联网的定性研究方法，如在线焦点小组访谈、博客与社交网站研究。网络为获取定性的顾客洞察提供了一种快速且低成本的方法。

一种原始的基于互联网的定性研究方法是**在线焦点小组**（online focus group）。例如，线上调研企业 FocusVision 推出了一款 InterVu 服务，利用网络会议的方式将相距甚远的被访者聚在一起进行焦点小组访谈。通过使用他们自己的网络摄像头，InterVu 的参与者可以在家里或企业登录焦点小组的板块，实时看到、听到访谈内容并与他人进行面对面的交流。[17] 这样的焦点小组甚至能够通过实时翻译的功能允许被访者使用任何语言进行交流。它们以很低的成本将世界各地的人聚集起来，而且做得很好。研究人员在任何地方都可以实时看到焦点小组的讨论情况，从而免去了出差、住宿以及其他设备费用。最后，尽管在线焦点小组需要提前规划，但结果却是可以瞬间得到的。

尽管网络调研的使用量在迅速增长，但这些基于互联网的定量和定性研究却还存在一些问题。其中最主要的问题是无法控制网络样本。在没有真正看到受访者的时候，我们很难确定他们到底是什么样的人。为了克服样本及其背景方面的缺陷，许多网络调研企业开始采用用户许可的方式建立社区和被试库。还有很多企业现在正在发展属于自己的顾客社交网络，并利用其社交网络获得顾客信息和顾客洞察。例如，雷克萨斯在不懈地"追求完美"的过程中，建立了一个名为雷克萨斯顾问委员会的在线调查社区。该委员会由 20 000 位特别邀请的雷克萨斯车主组成，这些人涵盖了多种人口统计特征、心理特征及购买特征。雷克萨斯定期对这个群体做调研，旨在获取从品牌认知到顾客与经销商关系等各方面的信息。同样，美国运动汽车竞赛协会（NACAR）建立了一个由 12 000 个核心粉丝组成的在线社区，名为 NACAR 粉丝委员会。两家企业都定期对这些在线社区进行调查，以便从顾客那里获得关于品牌感知、拟议的营销计划等的快速和相关的反馈。[18]

（3）在线行为和社交追踪以及定位。因此，近年来，互联网已成为调研和获取顾客洞察的重要工具。但如今的营销人员走得更远——远远超越了结构化的在线调研、焦点小组和网络社区等。如今的网络中充斥着大量消费者主动提供的、非结构化的、自下而上的消费者信息，越来越多的营销人员通过主动挖掘这些异常丰富的信息来聆听和观察消费者。传统的营销研究可以为结构化、侵扰性的研究问题提供更具逻辑性的顾客响应，而在线聆听则可以提供热烈、即时的消费者主动提供的观点。

追踪在线消费者可能只是简单地浏览顾客在企业网站或亚马逊和百思买等购物网站上的评论。但有时候，它意味着企业需要运用复杂的在线分析工具对顾客在博客或社交媒体（如 Facebook、Yelp、YouTube、Instagram 和 Twitter）上发布的与品牌相关的海量评论和信息进行深入分析。在线聆听并与顾客互动将能为企业提供很多有价值的洞察，帮助企业了解顾客怎么谈论、怎么感受自己的品牌。这同时为企业建立积极的品牌体验和顾客品牌关系提供了机会。现在，许多企业都擅长在线聆听，并迅速而适当地做出反应。正如前面所提到的，越来越多的企业正在建立社交媒体指挥中心，它们在那里监测在线环境，分析与品牌相关的评论和对话，以获得营销洞察。

关于消费者网上行为的数据——他们在搜索什么、访问哪些网站、收听或收看了什么音乐或电视节目、逛了哪家商铺、购买了什么商品——对于营销人员而言都是金矿，如今的营销人员正拼命地挖掘这座金矿。然后，在一种叫作**行为定位**（behavioral targeting）的实践中，营销人员可以通过线上数据针对特定的消费者投放广告或产品信息。比如，如果你把一部手机加入你的亚马逊购物车但是没有购买，下次登录最喜欢的 ESPN 网站去查看最新的比赛得分时，你就有可能看到那一款手机的广告。

最新的网络分析定位浪潮将这种线上获取数据的方式发挥得更出色——从行为定向发展到社交定向。行为定向追踪消费者在不同网站的活动，社交定向会从社交网站挖掘个体的线上社会联系及对话信息。研究表明，消费者购买的产品在很大程度上与其朋友相似，也更容易对朋友使用的品牌的广告做出回应。所以，一则 Zappos 的跑鞋广告不仅因为你最近在线搜索了跑鞋的条目而出现（行为定向），之所以是这款跑鞋，也许更多的是因为你在 Twitter 上的好友上周刚好在 Zappos 购买了这一款跑鞋（社交定向）。

在线倾听、行为定向和社交定向都能帮助营销人员利用互联网上产生的大量消费者信息。然而，当营销人员越来越擅长挖掘博客、社交网络以及其他网络的相关数据时，不少评论家开始担心消费者的隐私问题。复杂的线上研究在哪个时点会跨越界线演变成消费者跟踪呢？支持者认为行为定向和社交定向利大于弊，因为它提供的广告或产品更符合消费者的兴趣。但对很多消费者和公众利益倡导者来说，在线追踪消费者的行为多少会有些令人毛骨悚然。

监管部门等第三方也介入了。联邦贸易委员会推了一个"不要追踪"系统（就像"不要给我打电话"的网络版本）——使人们有权禁止商家对他们的在线行为进行监视。同时，一些主要的搜索引擎也针对这种需求加入了"禁止记录"的功能。[19]

3. 抽样计划

营销研究者经常通过研究消费者总体中的一个小样本来得出关于更大的消费者群组的结论。**样本**（sample）是指开展营销研究时从总体中选出的用于代表整体的部分成员。在理想状态下，样本应该具有很强的代表性，这样调研人员就可以得到关于整体的想法与行为的精确估计。

样本设计需要做出以下三个决策：第一，研究对象是谁（抽样单位是什么）？这个问题的答案并不总是明显的。比如，研究家庭汽车的购买决策制定过程时，主体应该是丈夫、妻子、其他家庭成员、销售人员还是所有的这些人？第二，样本应该包含多少人（样本量是多少）？大样本的结果会比小样本更可靠。然而，大样本通常意味着更高的成本，为了得到可靠的结论而把整个目标市场或者占总体很大比例的部分个体作为研究样本也是不必要的。第三，如何选择样本中的人员（抽样过程是怎样的）？表 4-3 描述了几种不同的抽样方法。在采用概率抽样时，每个成员被抽中的概率是相同的，并且调研人员可以计算样本误差的置信区间。但当概率抽样的成本过高或者花费的时间过长时，营销调研人员通常采用非概率抽样法，即使他们很难测量这种方法的抽样误差。不同的抽样类型在成本、时间限制、精确度和统计特性上存在着很大的差异。究竟哪种方法更有效取决于研究项目的需要。

表 4-3 抽样类型

抽样类型		描述
概率抽样	简单随机抽样	总体中的每个成员被抽中的概率都是相等且已知的
	分层随机抽样	把总体分成几个完全相互独立的层级（比如按年龄分层），并从每个层级中进行随机抽样
	整群抽样	把总体分成彼此独立的小组（比如按街区划分），调研人员从中选取一个小组进行整体访问
非概率抽样	便捷抽样	市场调研人员从最容易获取信息的成员那里进行抽样
	判断抽样	市场调研人员根据自己的判断来选取那些最容易提供准确信息的个体作为样本
	配额抽样	市场调研人员从几个不同的类别中找到并选取特定数量的成员进行采访

4. 调研工具

在收集原始数据时，有两种主要的调研工具供研究人员选择——调查问卷和机械化工具。

（1）调查问卷。调查问卷是目前为止最常用的一种工具，可以通过面对面、电话、电子邮件或互联网的方式进行。调查问卷通常具有很强的灵活性——有很多种提问的方式。封闭式问卷会包括所有可能的答案,受访者只需要从中选择即可,像一些多选题和量表式问题。在开放式问卷中,受访者可以用自己的语言来回答问题。在一个对乘客进行调研的项目中,西南航空可能会直接询问:"您对西南航空有何看法?"或者让人们完成一个句子:"当我在选择航空企业时,最主要的考虑因素是……"与封闭式问题相比,开放式问题通常能够揭示更多的信息,因为它们不会限制受访者的回答。

开放式问题在探索性调研中尤为重要,即当研究者试图发现人们在想什么而不是有多少人在这样想的时候。但是另一方面,封闭式问题可以向我们提供更容易理解且更容易制表的答案。

调研人员在措辞和排列问题时需要谨慎。他们应该使用简单、直接、没有歧义的措辞。同时,问题还要按照一定的逻辑顺序进行排列。如果可能,第一个问题要具有一定的吸引力,而不易回答的或者私人性的问题要放到最后,以防止被访问者产生抵触心理。

(2)机械化工具。尽管调查问卷是最普遍的调研工具,调研人员也会使用机械化工具来监测消费者的行为。尼尔森媒体研究把收视记录仪与其所选家庭的电视机、有线电视盒与卫星系统链接在了一起,目的是记录谁在看什么节目。与此类似,零售商通过付款柜台的扫描仪器记录消费者的购买状况。

亿滋国际——曲奇、丽兹饼干、奥利奥,还有其他食品的制造商——甚至建造了"智能货架",在货架上使用传感器来分析顾客的面部结构和其他特征,以确定顾客的年龄和性别,并确定顾客是否及何时从货架上挑选商品。除了提供丰富的消费者购物行为洞察外,基于谁在购买什么,智能货架允许营销人员通过货架上的视频屏幕实现实时的、个性化的促销。[20]

还有其他机器设备测量被试对市场供应品的生理反应。看看以下这个案例。[21]

时代华纳在纽约总部的媒体实验室看上去更像一个时髦的消费者电子商店,而不是研究实验室。但这个实验室采取了一系列高科技观察技术,用以捕捉如今的浏览者对电视和网络内容的不同使用及反应方式。实验室采用生物计量学的方法分析被试观看的每个节目、访问的每个网站,以及跳过的每个广告。同时,机器设备检测被试的皮肤温度、心跳、出汗程度、身体倾斜度及面部和眼部动作等生理指标,通过这些评估浏览者的投入程度。还有观察者通过双面镜或摄像头对被试的网络浏览行为进行实时评估。总的来说,从媒体实验室的观察结果获取的顾客洞察正在帮助时代华纳为如今快速变化的数字媒体时代做好营销准备。

还有一些研究者使用神经营销的方法,通过测量大脑活动了解消费者的情绪和反应。运用核磁共振成像和脑电图扫描仪的营销科学家发现,追踪脑电波活动和血液流速能够为企业提供消费者洞察,帮助其了解哪些品牌和营销活动可以吸引消费者,哪些容易被忽略。

从百事、迪士尼到 Google、微软等企业现在都在雇用 Neurons Inc.、Sands Research 和尼尔森 NeuroFocus 等神经营销学调研企业来帮助它们发现人们究竟在想什么。例如,百事旗下的菲多利企业通过与尼尔森 NeuroFocus 合作来探寻其零食品牌奇多成功背后的消费者购买动机。通过扫描精心挑选的一些消费者的大脑,NeuroFocus 发现奇多被贴上垃圾食品标签的部分原因是其混乱的橙色奶酪碎末——没错,就是那些会粘在你手上然后粘在你的衬衫或沙发垫上的彩色玩意儿。结果显示,这种粘得到处都是的涂料引发了很强烈的大脑反应:它会带来一种神奇的混乱感,让消费者认为它所带来的麻烦是值得的。利用这个发现,菲多利很快围绕奇多带来的混乱展开了一系列的广告活动。因为这个案例,NeuroFocus 获得了杰出广告研究奖。[22]

虽然神经营销技术可以测量出消费者每一秒钟的投入程度和情绪反应,但这些大脑活动可能很难被解释。因此,为了更完整地了解消费者的大脑里到底发生了什么,研究人员通常把神经营销技术与其他研究方法结合起来一起使用。

4.4.5 实施调研计划

调研人员下一步要做的是把市场调研计划转变为实际行动,具体包括收集、处理和分析信息。数据收集工作可以由企业的营销人员或者外包企业来完成。在这一阶段,研究人员必须密切关注以确保调研计划的正确实施,必须确保数据收集的科学性、数据质量和时效性。

调研人员还必须对收集到的数据进行处理分析从而找出重要的信息和洞察。他们需要核对数据的准确性、完整性，并进行编码用以分析。然后，调研人员需要将结果制作成表格并计算一些统计指标。

4.4.6 解释并报告调研结果

营销研究人员现在必须解释调研结果，得出结论并将其汇报给企业管理者。调研人员不应该把大量的数字和花哨的统计方法丢给管理者。相反，他们应该展示出能够帮助管理者做决策的重要发现和洞察。

然而，对结果的解释不能只留给调研者去考虑。尽管调研人员通常都是调研设计和数据分析方面的专家，但市场营销管理者却更了解当前的问题及需要做出的决策。如果管理者盲目地接受了研究人员的错误解释，那么再好的调研也没有用。同样，管理者也可能带有个人偏见。他们可能更倾向于接受其期望的调研结果，而拒绝那些没有预料到的或不希望看到的结果。在很多时候，调研结果可以用很多不同的方法来解释，而且研究人员和管理者之间的讨论可以帮助找到最适合的解释。因此，在解释研究结果的时候，管理者和研究人员必须进行密切的配合，并共同为调研过程和最终决策的制定承担责任。

缓冲带：概念链接

我们已经学习了很多新知识！现在休息一会儿，看看你能否运用刚刚学过的营销调研过程。
- Chipotle 墨西哥烧烤快餐店的营销管理者具体运用了什么调研方法来了解顾客的偏好和购买行为？草拟一份简要的调研计划，以评估消费者对新增的免下车服务的潜在反应。
- 你能运用营销调研过程来分析你所面临的职业机会和工作可能吗（把自己当成"产品"，把雇主看成潜在的"顾客"）？如果能，你的调研计划会是什么样的？

4.5 分析并使用营销信息

作者评点

我们在本书中谈论的顾客关系管理都是比较宽泛的概念，但是在这里，"顾客关系管理"有更具体的数据管理的含义。它是指通过获得和利用各种资料来源的消费者数据来管理与消费者的互动，吸引消费者，并建立顾客关系。

从内部数据库、竞争性营销情报系统以及营销调研过程收集到的信息往往需要进一步分析。运用这些信息可以获得顾客和市场洞察，从而提升管理者的营销决策水平。而在这一过程中，管理者可能需要一些帮助，比如能够了解数据之间关系的高级统计分析技术。数据分析可能还涉及分析模型的运用，这有助于营销人员做出更好的决策。

一旦信息处理和分析完成，营销人员就必须在适当的时机将结论呈现给适当的决策者。接下来对营销信息的分析和使用进行更加深入的探讨。

4.5.1 顾客关系管理

如何更好地分析和使用顾客数据是企业现在所面临的一大难题。许多企业都拥有大量的顾客信息。事实上，那些明智的企业会从每个可能的顾客接触点来获取信息。这些可能的顾客接触点是指顾客与企业之间每次接触的机会，包括顾客的购买过程、与销售人员的接触、顾客服务电话、企业网站的浏览、顾客满意度调查、顾客支付过程以及专门的营销调研。

不幸的是，这些信息往往分散在整个组织中，深藏在相互独立的数据库和不同的企业部门中。为了解决这些问题，现在许多企业开始利用**顾客关系管理**（customer relationship management，CRM）来管理详细的顾客个体信息和顾客接触点，以实现顾客忠诚度的最大化。

顾客关系管理由一些复杂的软件和分析工具组成，比如 Salesforce.com、Oracle、微软、SA 等。这些软件和工具可以用于整合各种资料来源的顾客信息，进行深入分析，并利用分析结果来建立更稳固的顾客关系。顾客关系管理整合了企业销售、服务、营销团队所知道的关于顾客的所有内容，提供关于顾客关系的全方位展示。例如，大都会人寿开发了一个名为"大都会人寿墙"的顾客关系管理系统。[23]

大都会人寿的销售和服务代表所面临的最大的顾客服务挑战之一是快速查找和获取顾客信息——在不同地点用不同格式存储的不同记录、交易和交互。大都会人寿解决了这个问题。该系统使用类似于Facebook的界面，为每个大都会人寿顾客的服务体验提供了统一视图。创新的顾客关系管理系统从70个不同的大都会人寿系统中提取顾客数据，其中包含4 500万份顾客协议和1.4亿次交易。它将某个给定顾客的所有信息和相关链接都存放到一条记录中呈现在屏幕上，并且几乎可以做到实时更新。现在，多亏了大都会人寿墙——只点1次就可以了，不像过去需要点40次——销售和服务代表可以看到某给定顾客的各种政策、交易、索赔和支付的完整视图，以及顾客在企业的许多接触点上与大都会人寿之间的所有交互历史，所有信息都被组织到一条简单的时间线上。这一创新系统极大地促进了大都会人寿的顾客服务和交叉销售能力。据大都会人寿保险的一位高管说，这对顾客满意度也有很大的影响。

通过使用顾客关系管理系统更好地了解顾客，企业可以提供更高水平的顾客服务，建立更深层的顾客关系。它们可以使用顾客关系管理系统找到高价值的顾客，更有效地锁定他们，向他们交叉销售企业的产品，并根据特定顾客要求提供定制的产品组合。

4.5.2　大数据和营销分析

今天的大数据可以产生惊人的结果，但是仅仅收集和存储大量的数据几乎没有什么价值。营销人员必须筛选大量的数据，挖掘出能产生顾客洞察的宝石。正如一位营销主管所言："这实际上是从大数据中获得大的见解。它扔掉了99.999%的数据来寻找可执行的洞察。"另一位数据专家说："正确的数据胜过大数据。"[24] 这一筛选过程就是营销分析的职责。

营销分析（marketing analytics）包括分析工具、技术和过程，借助于这些分析工具，营销人员从大数据中挖掘出有意义的模式，从而获得顾客洞察和衡量营销表现。[25] 营销人员将营销分析应用于他们从网络、移动端和社交媒体跟踪收集的大量复杂的数据集、顾客交易和参与，以及其他大数据资料。例如，Netflix维护着一个日益庞大的顾客数据库，并使用复杂的营销分析来获得洞察，然后利用它向订阅者提供建议，决定提供什么节目，甚至开发独家内容，以更好地为顾客服务（见营销实践4-2）。

| 营销实践 4-2 |

Netflix 通过大数据和营销分析获得成功

现在，美国人在网上观看的电影和电视节目比用DVD和蓝光光盘看得还要多。Netflix拥有超过6万片源的影片库，目前它所提供的电影和节目内容比任何一家视频服务商都要多。Netflix 的 6 200万付费用户每月观看超过33亿小时的电影和电视节目。在高峰时段，非移动互联网的所有下载中，1/3 的内容来自于 Netflix 的流媒体节目。

所有这一切对于狂热的 Netflix 的粉丝来说都不意外。但当他们忙着看Netflix 的视频时，他们可能会惊讶地发现，Netflix也正忙着密切关注他们。Netflix 跟踪并分析了大量的顾客数据。然后利用大数据洞察为顾客提供他们真正想要的东西。Netflix 知道观众想看什么，它利用这些知识向订阅者提供建议，决定提供什么节目，甚至开发独家内容。

没有哪家企业比 Netflix 更了解自己的顾客。该企业拥有令人难以置信的实时数据，可以查看会员的观影行为和情绪。每天，Netflix 都会跟踪和分析数以千万计的会员数据，包括搜索、评分和"游戏"等。Netflix 的巨大数据库包含每个用户的每一个观看细节——他们观看的节目，在一天中的什么时候，在什么设备上，在什么地方，甚至在节目中的哪个地方进行了暂停、倒带或快进。

Netflix 通过从尼尔森、Facebook、Twitter 和其他渠道购买的消费者信息来补充这个已经很庞大的数据库。最后，该企业聘请专家对每一段视频进行分类，包括才艺、动作、语调、题材、颜色、音量、布景等。利用丰富的大数据基础，Netflix 基于个人的观看习惯和偏好建立了详细的用户配置文件。然后，它使用这些配置文件来个性化每个顾客的观看体验。根据 Netflix 的数据，它专门针对全世界的每一位个人订阅者开发了 5 300 万个不同的版本。

例如，Netflix 使用观看历史数据来产生个性化推荐。考虑 6 000 个标签进而决定观看什么节目可能会让人无所适从。因此，当新顾客注册时，Netflix 要求他们提供自己对电影和电视类型的兴趣，并对看过的节目进行评分。然后，它会交叉分析其他人喜欢的类似节目，以此来预测顾客可能会喜欢的电影或节目。

但这仅仅是个开始。随着顾客观看和评价越来越多的视频内容，随着 Netflix 研究其观看行为的细节，预测变得越来越准确。Netflix 经常比顾客自己更了解其个人观影偏好。Netflix 的推荐有多准确？75% 的观看活动都来源于这些推荐。这很重要，用户观看得越多，就越有可能对 Netflix 忠诚——与其他顾客相比，每月看 15 小时以上内容的 Netflix 顾客取消订阅的可能性更低。准确的推荐增加了平均观看时间，使订阅顾客保持忠诚。

观影量的提升首先取决于提供正确的内容。但增加新节目是昂贵的——内容许可费是 Netflix 成本最主要的组成部分。市场上有这么多新的及现有的电影和电视节目，Netflix 在增加内容库存方面必须非常挑剔。同样，它依靠大数据和营销分析来完成。像 Netflix 分析其数据库来产生顾客推荐一样，它使用这些数据来评估顾客可能喜欢的其他主题以及每一类主题值得付出多少成本。它的目标是通过新的主题最大限度地增加订阅顾客的"幸福感"。Netflix 的一名营销人员表示："我们总是根据对订阅者观影喜好的深入了解来决定 Netflix 引入哪些节目。如果你不断观看，我们也会不断增加你喜欢的节目。"

为了让更多的观众看得更久，Netflix 利用其广泛的大数据洞察增加独家视频内容——你只能在 Netflix 上看到的视频。用它自己的话来说，Netflix 想要"在 HBO 学会 Netflix 的优势之前，先学会 HBO 的优势。"例如，Netflix 以惊人的 1 亿美元击败了 HBO 和 AMC，获得了由好莱坞大亨大卫·芬奇和凯文·史派西制作的美国版热门英剧《纸牌屋》前两季的独家播出权，令媒体行业大为震惊。

对局外人来说，在《纸牌屋》上的巨额投资似乎风险很大。然而，利用其强大的数据库，Netflix 能够准确地预测哪些及多少现有会员定期观看《纸牌屋》，以及有多少人会因为这一部剧来注册成为 Netflix 的新会员。Netflix 还利用其观众的知识，准确定位并个性化地将独家新剧集推荐给合适的会员。在《纸牌屋》首映之前，根据订阅用户的个人资料，Netflix 选定一些订阅用户让其观看 10 个版本预告片中的一个，旨在迎合他们的不同喜好和兴趣。

多亏了 Netflix 的大数据和营销分析的威力，《纸牌屋》获得了巨大的成功。仅在前 3 个月，它就吸引了 300 万新用户。仅这些新订阅用户就几乎弥补了 1 亿美元的投资。更重要的是，Netflix 的一项调查显示，对于普通的《纸牌屋》观众来说，86% 的人不太可能因为新节目而取消订阅。这样的成功对于 Netflix 来说并不奇怪。在导演开拍之前，该企业的数据就预测到它会成功了。

从那时起，《纸牌屋》成为 Netflix 最热门的节目。基于它的成功，Netflix 开发了一系列其他的原创剧集，包括《铁杉树丛》《莉莉海默》《女子监狱》《富国的伪善》《马可·波罗》和动画系列《马男波杰克》。对于传统的播放网络，新电视节目的平均成功率仅为 35%，相比之下，Netflix 的新电视节目的平均成功率几乎达到了 70%。为了延续这种势头，Netflix 每年投入 3 亿美元开发新的原创内容。这个数字视频巨头现在有 12 个独家或原创节目，另外 24 个将在接下来的两年里播出，包括剧情类、喜剧类、电影和纪录片。

Netflix 的成功引发了一些竞争对手的恐慌，比如有线电视订阅网络 HBO。尽管 Netflix 的利润仍然落后于 HBO，但它在美国的在线会员人数已经达到了 3 600 万，而 HBO 的有线电视用户是 3 000 万。Netflix 最近也在美国的收费频道上超过了 HBO。这样的数字，再加上非传统的内容制作方法，使得 Netflix 获得了竞争对手"红色威胁"的绰号。因此，HBO 宣布将很快开始销售在线订阅服务，这并不令人意外。

随着越来越多的高质量视频在 Netflix 播出，其经营也越来越成功。在过去的两年中，Netflix 的销售额激增了53%。仅2013年一年，会员的增长就超过了20%。Netflix 利用大数据和营销分析来了解和服务顾客。该企业擅长帮助顾客找到他们想看的东西，并提供合适的内容。Netflix 的首席信息官说："因为我们与消费者有直接的关系，我们知道人们喜欢看什么，这对我们有（无限的）帮助。"

资料来源：Nicole Laporte, "Netflix: The Red Menace," *Fast Company*, January 7, 2014, www.fastcompany.com/3024158/netflix-the-red-menace; Anders Bylund, "Netflix, Inc. Is Paying Huge Sums to Produce Original Shows," *Motley Fool*, October 6, 2014, www.fool.com/investing/general/2014/10/06/netflix-inc-is-paying-huge-sums-to-produce-origina.aspx; David Carr, "Giving Viewers What They Want," *New York Times*, February 25, 2013, p. B1; Zach Bulygo, "How Netflix Uses Analytics to Select Movies, Create Content, and Make Multimillion Dollar Decisions," *Kissmetrics*, September 6, 2013, blog.kiss metrics.com/how-netflix-uses-analytics/; Craig Smith, "By the Numbers: 40 Amazing Netflix Statistics and Facts," *Expanded Ramblings*, October 24, 2014, http://expandedramblings.com/index.php/netflix_statistics-facts/; Marcus Wohlsen, "Netflix Is Beating HBO in Revenue, but It's Still the Underdog," *Wired*, August 7, 2014, www.wired.com/2014/08/netflix-is-beating-hbo-in-revenue-but-its-still-the-underdog/; Lisa Richwine, "Netflix Beats Forecasts with 62 Million Streaming Subscribers," *Reuters*, April 15, 2015, http://www.reuters.com/article/2015/04/15/us-netflix-results-idUSKBN0N62HC20150415; and www.netflix.com, accessed September 2015.

另一个营销分析的好例子来自食品巨头卡夫，它的经典品牌包括吉露果子冻、卡夫奇妙酱、卡夫奶酪通心面、奥斯卡梅耶尔、菲力奶油芝士、方便午餐盒和绅士牌坚果，在北美98%的家庭中都有这些品牌的身影。[26]

卡夫从多年来与顾客的互动以及社交媒体监控中心"玻璃镜"中收集数据，目前拥有一批宝贵的营销数据。在社交媒体和博客上，玻璃镜追踪消费者趋势、竞争对手的活动，以及每天10多万的品牌相关对话。卡夫还从《卡夫食品与家庭》杂志、电子邮件以及100多家网站和社交媒体上的顾客互动中获取数据，这些网站为其庞大的品牌组合服务。总的来说，卡夫积累了18年的顾客数据，存储的信息属性高达22 000条。

卡夫将高级营销分析应用于这些价值巨大的数据，以挖掘顾客洞察。然后利用这些洞察来塑造大数据驱动的营销战略和战术，从开发新产品到创建更加专注和个性化的网站、移动和社交媒体内容。例如，卡夫的分析识别了500多个目标细分市场。在这些细分市场中，卡夫对消费者的需求和喜好了如指掌。一位分析师说，它知道"他们的饮食（特征和）限制——无谷蛋白、糖尿病患者、低热量、超级快餐，供养一个大家庭以及他们是不是烹饪新手。"卡夫利用这些信息与顾客进行个性化的在线互动，并且做得极为细致。"如果卡夫知道你不吃培根，"分析师说，"那你就永远不会收到培根的广告。"因此，复杂的分析让卡夫在合适的时机，通过正确的媒介，以正确的方式瞄准正确的顾客。

营销分析：食品巨头卡夫从其经典品牌的顾客那里获得了大量数据，然后运用高级营销分析来挖掘顾客洞察。
Bloomberg/Getty Images

顾客关系管理和大数据分析能够带来好处，但也伴随着成本和风险。最常见的错误是将顾客关系管理和营销分析仅仅看作一种新技术。但是企业不可能仅靠技术就能改善顾客关系。与之相反，企业应该从管理顾客关系的基本内容入手，然后再采用技术含量高的数据和分析解决方案。企业应该首先关注"关系"（R）——这才是顾客关系管理的重点。

4.5.3 传播并使用营销信息

只有当企业利用信息做出更好的决策时，营销信息才有价值。因此，营销信息系统必须随时准备让信息在管理者或其他人需要的时候到达他们的手中。在某些情况下，这就意味着需要向管理者定期提交绩效报告、情报更新以及研究结果报告。

但是，营销管理者在一些特殊的情况或决策中可能还需要一些非常规的信息。例如，当一个大顾客出现问题的时候，销售经理可能需要参考该顾客去年的销售参与盈利报告；又或者一位品牌经理可能会想要得到与最近的新广告活动相关的社交媒体数据。因此，信息传播需要让信息及时且便利地被大家看到。

许多企业都利用企业内部网和内部顾客关系管理系统来帮助实现这一过程。这些系统提供了研究和情报信息、顾客体验信息、共享的报告和文档等信息。例如，电话和在线礼品零售商 1-800-Flowers.com 的顾客关系管理系统可以让直接接触顾客的一线员工实时调用顾客信息。当一位回头客打来电话时，系统会马上调出其之前的购买数据及其他接触信息，帮助推销员更轻松、更有效地提供顾客体验。举例来说，如果一位顾客经常为他的妻子购买郁金香，推销员就可以告诉他最佳的郁金香品种及相关礼品。这样的联系会带来更高的顾客满意度和忠诚度，并为企业带来更高的销量。1-800-Flowers.com 的一位管理者说："我们能实时地做到这一点，这能提高顾客体验。"[27]

此外，企业逐渐开始允许关键顾客和价值网络的成员通过外联网来获得企业的财务信息、产品信息以及其他数据。供应商、顾客、分销商以及其他特定的价值网络成员可以通过访问企业的外联网来更新自己的账户信息、安排采购并依照订单查看存货水平，以更好地为顾客服务。例如，在线鞋类和配饰零售商 Zappos 认为供应商是"Zappos 家族的一部分"，是其通过卓越的顾客服务来实现"哇"的关键组成部分。因此，它将供应商视为重要的合作伙伴，并与其共享信息。通过 ZUUL 外联网，成千上万的供应商获得了其品牌在 Zappos 的库存水平、销售数据甚至盈利能力。供应商也可以使用 ZUUL 与 Zappos 创意团队进行互动，并为 Zappos 的买家推荐产品订单供其批准。[28]

在现代科技的帮助下，如今的营销管理者无论何时何地都可以直接接入企业的信息系统。他们可以在家中的办公室、顾客所在地、机场或当地的星巴克登录系统——任何可以连接上计算机、平板、智能手机的地方都可以。这样的系统允许管理者直接、快速地获取其所需要的信息，进而满足自己的需求。

缓冲带：概念链接

让我们稍作休息，回想一下，并确信你已经掌握了有关营销信息系统的"大框架"。
- 营销信息系统的总体目标是什么？每个环节是如何链接的？每个环节都有什么贡献？回顾图 4-1——它为整章提供了一个很好的组织框架。
- 将营销信息系统的框架应用于匡威。如何评估营销经理的信息需求？如何开发所需信息，并帮助管理者分析和利用信息来获得可执行的顾客和市场洞察？

4.6 关于营销信息的其他问题

作者评点

本章的最后，我们研究三个特殊的营销信息话题。

本节在两种特定的情境下讨论营销信息：小企业及非营利性组织的营销调研和国际营销调研。最后，我们来关注营销调研中的公共政策和道德问题。

4.6.1 小企业和非营利性组织的营销调研

像大企业一样，小企业同样需要营销信息及其提供的顾客洞察。小企业和非营利性组织的管理者常以为只有那些大企业的专家才能进行营销调研，因为他们具有足够的研究预算。的确，大多数小企业的预算并不能支持大规模的调研项目。但本章提到的很多营销调研方法也可以被小企业所使用，只是这些小企业使用的方式可能没有那么正式，且可能投入很少甚至零花费。试想一下，一家小企业的拥有者在正式营业前要怎样使用较少的预算来进行市场调研。[29]

在当地干洗店经历了一连串的不愉快后，罗伯特·拜尔利决定开一家自己的干洗店。但是在创办之前，他进行了一系列的市场调研。他需要一个关键的顾客洞察：如何使自己的干洗店与众不同？刚开始，拜尔利在图书馆和网络上花了一个星期来研究干洗业。为了从潜在的顾客身上获取信息，拜尔利通过一家营销企业组织了一次焦点小组访谈，讨论干洗店的名称、形象和宣传册设计。他还将衣服送至城里最好的15家洗衣店中清洗，并邀请焦点小组成员对结果进行评点。基于以上调查，他为其新商业模式的特点列了一个清单。清单的第一项是质量，他的企业要用实际表现说话。清单上没有的是便宜的价格，提供完美的干洗服务并不适合折扣式经营。

在调查完成之后，拜尔利开创了Bibbentuckers，这是一家以高质量服务和便利作为定位的高端干洗店。它拥有类似于银行的免下车路边递送服务。由电脑操控的条形码系统可以识别出顾客的洗衣偏好并能够在洗衣过程中全程跟踪衣物。拜尔利还增加了其他的差异化服务，如装饰性的遮雨棚、电视和小吃，甚至还有给小朋友的糖果和给好朋友（狗）的狗粮。他说："我希望这个地方拥有五星级的服务和质量，其设施看起来不像一个干洗店。"市场调查起了作用。如今，Bibbentuckers已经开了8家连锁店。

因此，小企业和非营利性组织可以通过对少量的便利样本进行观察或通过非正式的调研来获得很好的营销洞察。同时，许多协会、当地媒体和政府机构也会为小企业提供特别的帮助。例如，美国小企业管理局通过许多免费的出版物和网站（www.sba.gov）在很多方面为小企业提供建议，比如商业启动、融资、小企业扩张甚至名片定制。美国人口统计局（www.census.gov）和经济分析局（www.bea.gov）等也是小企业获取信息的很好的资料来源。最后，小企业可以在网络上以较低的成本收集到大量的信息。它们还可以浏览竞争者和顾客的网站，并利用在线搜索引擎对一家具体的企业或就某一具体问题进行研究。

总的来说，预算有限的小企业也可以有效地利用二手数据收集、观察、调查和实验的方法。不过，尽管这些非正式的方法相对简单且成本较低，但企业在使用这些方法时，还是要谨慎小心。管理者应当仔细考虑调研的目的，提前整理出调研问题，意识到小样本和非专业调研人员可能带来的误差，并系统性地开展调研。[30]

4.6.2 国际营销调研

在过去的10年里，国际营销调研的数量在大幅增加。国际营销调研与国内调研遵循相同的步骤，都是从界定调研问题到制订调研计划再到解释并报告结果。然而，国际营销调研人员往往面临着更多不同于国内调研的问题。国内调研的对象是一个国家内接近同质的市场，而国际营销调研的对象则是在不同国家的市场。这些市场通常在经济发展水平、文化、顾客和购买方式上有很大差异。

在许多国外市场上，国际营销调研人员很难找到优质的二手数据。虽然美国的营销调研人员可以从众多国内调研服务机构中获取可靠的二手数据，但许多其他国家几乎没有任何的调研服务机构。一些大型国际调研服务机构会在多个国家实施营销调研。例如，尼尔森在100多个国家都设有办事处，从美国伊利诺伊州的绍姆堡到中国香港再到塞浦路斯的尼科西亚。[31] 不过，大多数调研企业只在某几个国家和地区发展。所以，即使有时可以得到二手数据，这些数据也往往需要从不同的资料来源获取，不同数据难以进行合并或比较。

由于缺乏优质的二手数据，国际调研人员必须经常自己去收集原始数据。然而，获取原始数据并不是简单的任务，例如，单单获取一个好的样本可能就很困难。美国的研究者可以通过当前的电话名录、邮件地址列表、人口普查资料或其他社会经济数据选取样本。但许多国家缺乏这样的数据信息。

一旦样本确定后，美国的营销调研人员往往可以通过电话、邮寄信件、互联网或上门拜访的方式与他们取得联系。但在另外一些国家，与样本进行联系是一件非常困难的事情。墨西哥的调研人员不能指望电话、网络或邮寄信件来收集数据——大部分数据是通过上门访谈的方式收集的，且基本集中在三四个大城市里。还有一些国家中很少有人拥有计算机，更别说网络了。举个例子，在美国，每100人中有84个网民，在墨西哥只有43个，在马达加斯加则只有2个。在一些国家，邮政系统并不可靠。比如，在巴西，预计有30%的邮寄信件不能被成功送达；在俄罗斯邮寄信件可能要花好几周。在很多发展中国家，道路和交通系统的薄弱使得一些地区很难到达，这些地方的人员访谈就变得十分困难且昂贵。[32]

国与国之间的文化差异也会为营销调研人员带来新的问题。语言是最明显的障碍。例如，调查问卷会以一种语言设计，然后被翻译成另一种语言进行调研，而后再被翻译回原本的语言进行分析和解读，这些步骤会增加调研的成本和误差。即使在一个国家内，语言也可能成为问题。例如在印度，英语是商务语言，但顾客可能会使用14种"第一语言"中的任何一种，并掺杂许多额外的方言。

将调查问卷由一种语言翻译为另外一种语言也非常困难。许多习语、词组和陈述在不同文化中有不同的含义。例如，一位丹麦的经理说："你可以试试让别的翻译者把你从英语翻译成的其他语言内容再翻译回英语，你会非常震惊。我记得'眼不见心不烦'最后变成了'看不见的事情都是疯狂的'。"[33]

不同国家的消费者对营销调研的态度也不尽相同。一些国家的人可能非常愿意回答问题，而在另外一些国家，不愿回答问题就成了一个严重的问题。某些国家的风俗可能会禁止人们与陌生人讲话；而在某些文化中调研问题会被认为过于私人化。例如，在很多伊斯兰国家，男女混合的焦点小组是被禁止的，用摄像机记录只有女性的焦点小组讨论也是被禁止的。在一些国家，即使被调查者愿意参与调查，高文盲率也可能会让他们无法回答。

尽管存在上述问题，但随着国际营销的快速增长，那些全球企业也只能进行国际营销调研。虽然国际营销调研的成本高而且问题很多，但不进行国际营销调研也会带来损失——主要是错失机会和犯错误，这些损失可能会比调研成本更高。一旦意识到了这些，国际营销调研中存在的大部分问题都是可以被克服或避免的。

4.6.3　营销调研中的公共政策和道德问题

大多数营销调研对企业和顾客双方都有好处。通过营销调研，企业可以更加深入地了解顾客的需求，从而为他们提供更好的产品和服务，并与之建立稳固的顾客关系。然而，营销调研的不当使用也可以伤害或骚扰顾客。两个主要的公共政策和道德问题是对顾客个人隐私的侵犯以及调研结果的滥用。

1. 对顾客个人隐私的侵犯

许多顾客对营销调研具有积极的印象并认为它非常有用。事实上，一些人还很喜欢被调研和提出自己的观点，但是也有一些人很讨厌甚至不相信营销调研。他们不喜欢被调研者打扰，并且担心营销人员利用顾客个人信息建立庞大的数据库。他们也会害怕调研者使用复杂的高科技手段来探测他们内心最深处的想法，在使用移动设备或者在网上互动时对其进行追踪监视，或者在其购物时进行监视，然后再利用这些信息来操纵其购买行为。最近的一项调查显示，超过90%的美国人认为，对于企业收集和使用其个人数据以及在社交媒体网站上分享信息，他们已经失去了控制权。[34]

例如，塔吉特最近让一些顾客感到很不安，因为它用他们的购买历史推测出他们即将迎来自己的孩子，并且对于孩子的性别和预产期的估计也准确得吓人。[35]

塔吉特给每个顾客一个ID编号，绑定其姓名、信用卡或电子邮件地址。然后，它会详细追踪顾客的购买情况，并从其他资料来源获得人口统计信息。通过研究之前为婴儿登记过的女士的购买历史，塔吉特发现，根据某个顾客在25个产品类别中的购买模式，可以为其开发一个"怀孕预测"评分，然后利用这一分数向准父母发送与婴儿有关的物品的优惠券，为他们的孕期购物提供便利。

这一战略似乎是很好的营销理念——通过吸引准父母，塔吉特可以在家庭进入新发展阶段的时候把他们变成忠诚购买者。然而，这一战略也碰过钉子：一名愤怒的男子在当地的塔吉特店里投诉说，他还在上高中的女儿收到了婴儿床、婴儿车和孕妇装的优惠券。"你们是想鼓励她怀孕吗？"他质问道。经理当即向他表示道歉。但几天后，当经理再次打电话道歉时，得知实际上塔吉特的营销人员比女孩的父亲更早

消费者隐私：塔吉特让一些顾客感到不安，因为塔吉特利用他们的购买历史可以推测出其家人和朋友都不知道的事情。连锁店的靶心标识现在可能会让人后脊发凉……让一些在塔吉特购物的人如芒刺在背。

© Jonathan Larsen/Diadem Images/Alamy Stock Photo

知道了她怀孕的消息。其他许多顾客也有类似的经历，她们还没有将自己怀孕的消息告诉家人和好朋友，但塔吉特已经知道了，这对于顾客来说非常吓人。他们想知道塔吉特还在跟踪和分析其他什么数据。正如一位记者总结的那样："这个店的靶心标识现在可能会让人后脊发凉……让一些人（在塔吉特购物的人）如芒刺在背。"

在挖掘顾客信息时，营销人员必须小心谨慎，不能越过隐私的界限。营销调研和隐私的问题很难找到一个简单的答案。例如，营销人员会追踪和分析消费者的网站点击，并根据顾客的浏览和社交网站行为投放个性化的促销，这到底是好事还是坏事？我们是否应该担心营销人员通过定位消费者的手机发布基于地理位置的信息、广告和产品推送？我们是否应该在意一些零售商使用装在模特眼睛里的摄像头记录消费者的长相和购物行为？同样，我们应该赞扬还是摒弃那些为了更快地响应消费者而在YouTube、Facebook、Twitter或其他社交媒体上监测消费者讨论的企业？[36]

对消费者隐私的更多关注已经成为营销调研行业的一个主要问题。企业面临的挑战在于如何在维护消费者信任的同时发掘有价值但敏感的消费者数据。同时，消费者也会纠结于个性化和隐私之间的权衡。他们想要收到符合其需求的个性化产品，但是又会担忧或怨恨企业过于密切地跟踪他们的网上购物和浏览历史。核心问题是：企业在收集和使用顾客数据时，做到什么程度算是越界？近期的研究表明，接近半数的美国成年人担心他们对企业在线收集的关于自己的个人信息基本没有控制权。另一项调查发现，86%的互联网用户已经采取措施删除或掩盖他们的在线足迹，例如删除cookies或加密电子邮件。

这些隐私问题如果得不到解决，就可能导致消费者的愤怒、不合作，政府也会加强干预。因此，营销研究行业正在考虑几个应对侵犯隐私问题的对策。一个例子是营销研究协会的《你的意见很重要》和《被调查者权利法案》提案，其初衷在于告知消费者营销调研的好处，并把它与电话销售和数据库建设区分开来。业界还考虑采取广泛的标准，也许会参照国际商会的《营销和社会调查行为的国际规范》。规范概述了研究人员对于受访者和公众的责任，例如，督促研究人员将他们的姓名和地址告诉被调查者，并坦诚地告知被调查者他们正在收集数据。[37]

众多大型企业（包括Facebook、苹果、微软、IBM、运通），甚至美国政府都任命了首席隐私官（chief privacy officer，CPO），他们的工作职责是保护与企业做交易的顾客的隐私。最终，如果研究人员为顾客提供价值作为交换，顾客就会乐意提供个人信息。例如，亚马逊的顾客不介意该企业建立数据库记录其购买历史，因为这是亚马逊为其提供个性化产品推荐的基础。个性化推荐帮助顾客节省了时间、提供了价值。对研究人员来说，最佳的方法是只向顾客索要企业需要的信息，负责任地使用这些信息来为顾客提供价值，并避免在未经顾客许可的情况下共享这些信息。

2. 调研结果的滥用

调研可以是一种具有很强说服力的工具，企业经常将这些调研结果运用到广告或促销活动中。不过在今天，许多企业只是把调研结果作为企业产品推广的载体。事实上，在一些情况下，营销调研只是为了做出预期结果而设计的。比如，Black Flag的一项调查是这么问的："一个蟑螂板可以使一只蟑螂缓慢地中毒。垂死的蟑螂会回到蟑螂窝中，它死掉以后其他蟑螂会吃掉它，那么这些吃掉它的蟑螂也会中毒死亡。你认为这种灭蟑螂的产品是否有效？"一点不意外，79%的被调查者的回答是有效。

不过，几乎没有广告主会公开研究设计或公然扭曲研究结果——大多数的误导或滥用都是通过更隐蔽的方式实现的。或者，还有一些诟病来自调研结果的有效性和调研结论的使用。看看下面这个例子。

由于POM Wonderful（用外形独特的瓶子销售石榴汁的品牌）在广告中对其产品的保健功能进行了虚假和

研究结果的使用：POM Wonderful基于研究结果的广告宣传声称该品牌的产品可以改善用户健康，但美国联邦贸易委员会对此进行了否定的裁决。POM正在对裁决提出上诉。

Christopher Schall | Impact Photo

未经证实的宣传，最近该品牌及其母公司受到了美国联邦贸易委员会的起诉。这则有争议的广告提出，POM Wonderful 石榴汁可以预防或治疗心脏病、前列腺癌甚至性功能障碍。例如，一则广告吹嘘说 POM 有"超级保健能力"，而另一则广告宣称"我去拯救前列腺"。POM 十分确信其广告宣传，声称投入了 3 500 万美元的研究经费，结果显示富含丰富抗氧化成分的石榴产品对人体很好。在与美国联邦贸易委员会为期两年的法律纠纷期间，该品牌甚至还发布了质疑美国联邦贸易委员会指控的广告来进行反击。但对于 POM 的研究结果，美国联邦贸易委员会并不买账——美国联邦贸易委员会最近发布了最终裁决，禁止该品牌宣传其产品的保健功能，除非它能提供更严谨的研究结果。"当一家企业在广告中利用研究成果吸引顾客时，其研究必须能真正佐证宣传效果，"美国联邦贸易委员会声称，"与 POM Wonderful 的广告相反，现有的科学信息并不能证明 POM 石榴汁可以有效地医治或预防这些疾病。"POM Wonderful 品牌近期正在对美国联邦贸易委员会的裁决进行上诉。[38]

在意识到调研结果可能会被滥用后，包括美国营销协会（American Marketing Asociation）、美国营销研究协会（Marketing Research Asociation）和美国调查研究组织委员会（Council of American Survey Research OrganiZations，CARO）在内的一些组织制定了专门的调研道德准则和调研行为准则。例如，美国调查研究组织委员会的《调查研究标准和道德准则》列出了研究人员对受访者的责任，包括保密、隐私和不骚扰消费者等。同时，该规范还规定了研究人员在向顾客和公众汇报研究结果时应承担的主要责任。[39]

最后，仅靠各种规范制度并不能消除不道德行为或不当行为。每家企业都必须承担起监控自身营销调研行为并汇报调研结果的责任，保护消费者和自身的利益。

我的营销实验室

如果你的老师布置了这项任务，请完成 MyLab 的问题讨论部分带有星号的问题。要完成本章的数字营销问题，请查看 MyLab 中的作业。

 章节回顾和批判性思维

目标回顾

为了给顾客创造价值并与之建立良好的关系，企业的营销人员首要从他们的需要和需求中获取最新且深入的顾客洞察，而这些洞察来源于有效的营销信息。现在，随着营销研究工具的不断发展，企业可以轻易地获取大量的信息，有时甚至是过量的信息。最大的挑战是如何将海量的顾客信息转化为可执行的顾客和市场洞察。

1. 解释信息在获取市场和顾客洞察中的重要性

营销过程始于对市场与消费者需要和欲望的全面了解。因此，企业需要获取可靠的数据信息以便向顾客提供更高的价值以及更满意的产品和服务。同时还必须了解竞争者、经销商和其他相关者的信息，以及市场上的其他因素。此外，营销人员不仅要把这些信息看作更好地制定营销决策的投入，还应将其作为企业一项重要的战略资产和营销工具。

2. 定义营销信息系统并讨论其组成部分

营销信息系统（MIS）包括一系列专门用于评估信息需求、开发所需信息，并帮助决策者使用信息来获取并验证可执行的顾客和市场洞察的人员、设备和程序。一个设计良好的营销信息系统的起点和终点都是信息使用者。

营销信息系统首先评估信息需求。营销信息系统主要是向企业的营销人员以及其他管理人员提供服务，同时，也可以向外部合作者提供相关信息。其次，营销信息系统从内部数据库、营销情报活动和营销研究中收集信息。内部数据库提供的是与企业内部运营和部门有关的信息。企业可以以较低的成本快速地获取这些信息，但是这些信息往往需要进行处理才能用于制定营销决策。营销情报活动提供了关于外部营销环境发展状况的信息。营销调研则需要收集与企业所面临的特定营销问题有关的信息。最后，营销信息系统可以帮助用户分析并使用这些信息，目的是获取顾客洞察、制定营销决策以及更有效地管理顾客关系。

3. 概述营销调研过程的步骤

营销调研过程的第一步是界定问题及调研目标，其目标可以是探索性、描述性或因果性调研。第二步是制订调研计划，即如何从一手或二手资源中收集数据。第三步是实施调研计划，通过收集、处理和分析数据的方法完成。第四步是解释并报告研究结果。更多的信息分析还可以帮助营销管理者更好地应用这些信息，而且为其提供了能够得出严谨的研究结论的复杂统计程序和模型。

无论来自内部还是外部的二手数据，都可以提供比原始数据更快且价格更低的信息，有时甚至还能提供一些企业自己无法收集到的信息。尽管如此，二手数据中也可能缺乏企业需要的信息。因此，调研人员必须对二手数据的有效性、及时性和客观性进行评估。

在收集原始数据时，调研人员必须评估数据的这几个特征。每种收集原始数据的方法（观察法、调查法和实验法）都有各自的优缺点。同样，各种联系方法（邮件调查、电话、面谈和在线调研）也都有其利弊。

4. 解释企业如何分析和使用营销信息

从内部数据库、营销情报或营销调研中收集到的信息通常需要做进一步分析。为了分析个体顾客的数据，许多企业习得或开发出了一些独特的软件和分析技术——顾客关系管理（CRM）——用于整合、分析并使用数据库中大量的个体顾客信息，以全方位的视角了解顾客，建立更强的顾客关系。他们运用营销分析方法，从大数据中挖掘出有意义的模式，并获得顾客洞察和衡量营销绩效。

营销信息只有在用于做出更好的营销决策时才能体现其价值。因此，营销信息系统必须能够向管理者或其他人员提供有用的信息从而帮助他们制定营销决策或处理与顾客之间的关系。在一些情况下，这意味着营销信息系统需要提供常规的报告并及时更新；而在另一些情况下，营销信息系统则需要提供一些非常规的信息用于特殊情境以及即时决策。许多企业通过内部网和外联网来实施这一过程。由于现代科技的发展，今天的营销管理者无论何时何地都可以进入企业的营销信息系统。

5. 讨论一些营销研究人员所面临的特殊问题，包括公共政策和道德问题

营销调研中可能会遇到一些特殊的问题，如小企业、非营利性组织或者在国际环境下进行调研。这些小企业和非营利性组织也可以在有限的预算下实施有效的营销调研。国际营销调研与国内调研遵循相同的步骤，但是还面临着许多不同于国内调研的问题。所有的组织都必须对调研中的主要公共政策和道德问题做出负责任的回应，包括消费者个人隐私的侵犯和调研结果的滥用。

关键术语

大数据（big data）：由当今复杂信息的产生、收集、存储和分析技术而产生的巨大而繁杂的数据集。

顾客洞察（customer insights）：以营销信息为基础产生的对顾客和市场的新理解，这些新理解是创造顾客价值、顾客参与以及顾客关系的基础。

营销信息系统（marketing information system，MIS）：专门用于评估信息需求、开发所需信息，并帮助决策者使用信息来获取并验证可执行的顾客和市场洞察的人员、设备和程序。

内部数据库（internal database）：从企业内部网络中所获得的关于消费者和市场的信息集合。

竞争性营销情报（competitive marketing intelligence）：对有关消费者、竞争对手以及营销环境变化的公开信息进行的系统采集和分析。

营销调研（marketing research）：组织针对具体的营销问题，系统地设计、搜集、分析和报告有关数据。

探索性调研（exploratory research）：为了定义问题和提出假设而收集初步信息的营销研究。

描述性调研（descriptive research）：为了更好地描述市场营销问题、情境或市场而进行的营销研究，比如，研究产品的市场潜力或消费者的人口统计特征和态度。

因果性调研（causal research）：用来检验假设的因果关系的营销研究。

二手数据（secondary data）：出于其他目的收集的、已经存在的数据。

原始数据（primary data）：出于当前特定的目的而专门收集的第一手数据。

观察法（observational research）：通过观察相关人员、行为、情境搜集原始数据的调研方法。

人种志研究（ethnographic research）：研究者在"自然状态"下对消费者进行观察并与他们交流互动的观察研究方法。

调查法（survey research）：通过询问调查对象关于知识、态度、偏好和购买行为的问题来收集原始数据的方法。

实验法（experimental method）：一种搜集原始数据的研究方法。该方法选定随机分组的被试，给予不同组被试不同的刺激，控制不相关的因素，然后检查他们的反应差异。

焦点小组访谈（focus group interview）：邀请一小群被访谈对象聚集在一起，在经过培训的访谈人员的组织下就某个产品、服务或组织展开面对面的讨论，在讨论中访谈人员负责引导大家聚焦于一些重要问题。

网络营销调研（online marketing research）：通过网络调查、网络焦点小组、基于网页的实验或者在线行为追踪而进行的原始数据收集。

在线焦点小组（online focus group）：通过一位训练有素的主持人召集一小组人在线讨论某一商品、服务或者组织，最终获得有关消费者态度和行为的定性洞察。

行为定位（behavioral targeting）：通过使用消费者在线追踪数据，向特定消费者定向投放广告和营销刺激。

样本（sample）：开展营销研究时从总体中选出的用于代表整体的部分成员。

顾客关系管理（customer relationship management, CRM）：对消费者的个人详细信息进行管理，并且认真管理顾客接触点以使顾客忠诚度最大化。

营销分析（marketing analytics）：营销人员从大数据中挖掘出有意义的模式的分析工具、技术和过程，以获得顾客洞察并衡量营销表现。

问题讨论

1. 什么是大数据，它为营销人员提供了什么机会和挑战？

2. 什么是营销信息系统，它应该具备什么特征？

*3. 说出三种类型的研究目标并进行简要描述，每种类型各举一个例子进行说明。

4. 互联网对营销研究的开展有什么影响，对传统的营销数据收集方法有什么好处？

5. 为什么营销分析在大数据时代如此重要？

批判性思维练习

*1. 以小组为单位，识别某个当地企业或慈善组织所面临的问题，并为解决问题提出一个调研项目。制订一个调研方案，实现营销调研过程的每一步。讨论调研结果将如何帮助该企业或组织。

2. 访问 www.bized.co.uk/learn/business/marketing/research/index.htm，查看可用的各种资源。选择一个活动，并展示你从该活动中学到的东西。

3. 研究营销调研行业，展示该行业不同岗位的工作内容和薪酬状况。

 **小型案例及应用**

在线、移动和社交媒体营销

社交数据

自2006年以来，人们一直在使用Twitter这一社交媒体平台，以140个字符或更少的信息发布简短的推文，现在平均每天有5亿条。所有的推文都被称为Twitter的"消防水管"。多家企业从这个消防水管中提取并分析数据，然后将分析所得的信息卖给其他企业。Twitter最近收购了世界上最大的社交数据提供商Gnip，它是少数几家有权使用消防水管信息的企业之一。Gnip还从Facebook、Google+、Tumblr和其他社交媒体平台挖掘公共数据。分析社交数据已经成为一项大生意，因为百事、华纳兄弟和通用汽车等企业都在为了解消费者的态度和情感而付费。根据社交媒体分析企业 Brand Watch 的 CEO 的说法："在全球对社交数据的需求方面，我们处于最底层。"Twitter 仅 2016 年就获得了 7 000 多万美元的数据授权收入。也许马克·吐温笔下的角色马尔伯里·塞勒斯很好地总结了这一点——"在他们的山中有黄金"——Twitter 和其他社交媒体平台以及数据分析企业正在挖掘这些黄金。

1. 讨论社交数据对营销人员的价值。
2. "隐秘社交渠道"指的是一些私人渠道或与其他数字渠道不同的渠道。电子邮件是隐秘社交渠道的一个例子。然而，Google 经常挖掘其大约 5 亿 Gmail 用户的电子邮件。研究 Google 如何扫描电子邮件数据以及这些行为的后果，总结你的发现。

营销道德

元数据

人们使用计算机和移动设备等技术来搜索、发帖、发推文、娱乐、发短信和聊天时，就会生成元数据。然而，许多人并没有意识到，这些包含着日期、时间和地点的宝贵信息能够被用来识别他们的身份。例如，在分析超过 100 万条匿名的信用卡交易时，麻省理工学院的研究人员只用 4 比特的额外元数据就可以将 90% 的交易链接到相应的用户，使用的元数据包含基于 Foursquare 等应用程序的用户位置，发推文或玩手机游戏等活动的具体时间。由于移动设备的数量超过了美国人口的数量，而且 60% 的购买都是用信用卡进行的，营销调研企业正在大量收集各种各样的元数据，这些元数据会让他们把大部分的购买交易链接到特定的个体消费者。

1. 至少描述 4 个你所使用的，能够记录你个人的位置、时间和日期等信息的应用程序。
2. 营销人员使用元数据将个体消费者与特定的信用卡交易联系起来是否合乎道德？请就此进行辩论。

数字营销

信息的价值

开展营销调研的成本很高，必须权衡成本与所收集信息的价值。假设有一家企业，其竞争对手正在降价，那么该企业是否应该同样降低价格以保持市场份额，或者应该维持目前的价格？该企业已经进行了一些初步研究，显示了在竞争对手采取不同的回应措施（竞争对手可以维持原价格或者进一步降低价格）时这两个决策分别对应的财务结果。该企业确信竞争对手不能进一步降低价格，并认为出现该结果的概率（p）为 0.7，这意味着其他结果只有 30% 的概率发生（$1-p=0.3$）。这些结果如下表所示：

	竞争性反应	
企业行动	维持原价格 $p=0.7$	降低价格 $(1-p)=0.3$
降低价格／美元	160 000	120 000
维持原价格／美元	180 000	100 000

例如，如果该企业降低了价格，而竞争对手保持价格不变，企业就会获得 16 万美元的收入，以此类推。从这些信息中，可以使用以下公式来确定企业每个行动（降低价格或保持价格不变）的预期货币价值（EMV）

$$\text{EMV} = (p)(\text{财务结果}_p) + (1-p)(\text{财务结果}_{1-p})$$

假设该企业会选择 EMV 最大的行动。更多的信息也许是可取的，但是否值得去获取它呢？评估附加信息价值的一种方法是计算完美信息（EMV_{PI}）的期望价值，用以下公式计算：

$$\text{EMV}_{\text{PI}} = \text{EMV}_{\text{确定}} - \text{EMV}_{\text{最佳选择}}$$

其中

$$\text{EMV}_{\text{确定}} = (p)(\text{最高财务结果}_p) + (1-p)(\text{最高财务结果}_{1-p})$$

如果完美信息的价值大于开展研究的成本，那么应该进行调研（即 $\text{EMV}_{\text{PI}} >$ 调研成本）。然而，如果附加信息的价值低于获取更多信息的成本，则不应进行调研。

1. 计算两种行动的预期货币价值（EMV）。企业应该采取哪项行动？
2. 完美信息的期望价值是多少？这项调研应该进行吗？

视频案例

尼尔森

大多数人都知道尼尔森是一家电视评级企业。然而，实际上，尼尔森是一家多平台的市场研究企业，自1923年以来一直在不断发展。它的目标是衡量和跟踪广泛的消费者活动，以360度的视角来全方位地了解个体消费者和细分市场。为了做到这一点，尼尔森必须追随消费者到他们的所到之处——无论看电视、上网、在家里还是在商店里。

尼尔森是如何追踪这些活动的？这家经验丰富的研究企业已经建立了有效的记录消费者活动的方法，从零售扫描仪数据到家庭样本组，再到监控社交媒体网络。当数据被捕获时，它们就被转移到尼尔森数据仓库，在那里与正确的个体匹配，并添加到尼尔森已经拥有的TB级信息中。通过数据整理和分析，尼尔森通过数十亿的日常交易来为顾客提供清晰的消费者洞察。

在观看了尼尔森的视频后，回答以下问题：

1. 尼尔森的专长是什么？
2. 提供一个真实的例子，描述尼尔森如何发现消费者洞察。
3. 为了实现目标，尼尔森需要与其他企业建立什么样的合作关系？

我的营销实验室

如果你的老师布置了这项任务，请到MyLab作业中完成以下写作部分。

1. 什么是神经营销学，它在营销调研中有什么用处？为什么这种调研方法通常与其他方法结合在一起使用？
2. 描述可能对被调查者造成伤害的一个营销研究的例子。许多企业都有类似于遵循政府"通用规则"的审查程序。写一份简短的报告来解释这个规则，以及你如何将它应用到你的例子中。

第5章 理解消费者和商业购买者行为

学习目标

1. 了解消费者市场和影响消费者购买行为的主要因素。
2. 识别和讨论购买者决策过程的各个阶段。
3. 描述新产品的采用和扩散过程。
4. 定义商业市场并识别影响商业购买行为的主要因素。
5. 列举并定义商业购买决策过程中的步骤。

概念预览

我们已经学习了营销人员如何获取、分析和使用信息来获取顾客洞察和评估营销方案。本章将深入讨论营销环境中最重要的组成部分——消费者。营销的目的是影响消费者的思考方式和行为方式。为了能够影响购买行为的内容、时间和方式，营销人员首先要了解购买行为背后的原因是什么。我们将首先探讨最终消费者购买行为的影响因素和购买过程，然后讨论商业购买者的购买行为。你会发现，理解消费者的购买行为是一项必要但又十分艰巨的工作。

为了能够更好地体会理解消费者行为的重要性，我们首先来看看美国销量第一的摩托车制造商哈雷戴维森企业。谁会购买哈雷戴维森的摩托车呢？是什么促使他们用哈雷戴维森的盾牌标志做文身，放弃通向家的开阔道路，反而涌向数十万人的哈雷集会？你可能会对这些问题的答案感到惊讶，但哈雷戴维森对此非常了解。

第一站

哈雷戴维森：销售"自由、独立、力量和真实性"

很少有品牌能像哈雷戴维森那样在车主中有如此强的忠诚度。哈雷的购买者对这个品牌表现出了极高的热情。你不会看到人们纹"雅马哈""川崎"或"本田"的标志，而哈雷戴维森的车主却会在自己身上纹哈雷的标志。除了哈雷戴维森的摩托车，哈雷戴维森的购买者不会选择任何其他摩托车，可见标志性的哈雷戴维森品牌有多强大。

2013年8月，10万～20万人聚集在哈雷戴维森在密尔沃基举办的110周年庆典上。一位记者将这一史诗般的开幕游行描述为"美国最壮观的场面之一……将近7 000名摩托车手穿梭于密尔沃基的市中心，你可以感觉到哈雷戴维森雷鸣般的骄傲"。在这三天的狂欢中，来自全国各地穿着印有"管他呢，让我们骑"和"我更愿意选择哈雷，而不是雅马哈"字样的T恤的摩托车手懒洋洋地坐在他们低底盘的哈雷戴维森摩托车上，相互分享与哈雷戴维森摩托车之间的故事。

在这种强烈情绪的驱使下，哈雷戴维森在美国摩托车市场一直占据主导地位。该品牌占据美国摩托车销量的30%，占整个重型摩托车市场的55%，其销量和利润都在以平稳的速度增长。在过去的3年里，其销售额增长了20%以上，利润增长了6倍。

哈雷戴维森的营销人员投入了大量的时间去了解顾客和他们的购买行为。营销人员想知道顾客是谁，他们的想法和体验，以及他们为什么购买哈雷戴维森。是什么让哈雷戴维森的顾客如此忠诚？这些都是很难回答的问题，就连哈雷戴维森的车主自己可能也说不清到底是什么驱使他们购买了哈雷戴维森。但哈雷戴维森的管理层却把理解顾客及其购买驱动因素放在首位。

谁会选择哈雷戴维森呢？你可能会感到惊讶。骑哈雷戴维森摩托车的并不是一些人们通常认为的坏男孩。该品牌的摩托车吸引了一群与众不同的摩托车爱好者，他们年龄更大、更富裕、受教育程度更高。一个哈雷戴维森的铁杆粉丝摘下头盔、脱下皮衣，没有人能猜到他是谁，他可能是一个有着文身和不羁发型的人，但也可能是一个首席执行官、投资银行家或美食主厨。

哈雷戴维森的顾客是平均年龄为50岁左右的男性，家庭收入的中值为87 000美元。如今，哈雷戴维森销售的产品中超过12%是由女性购买的。哈雷戴维森的首席营销官说："哈雷戴维森把各行各业的人都聚到了一起。"你会发现，一个神经外科医生在跟同样骑着哈雷戴维森的清洁工交谈。哈雷戴维森拥有者联盟是世界各地哈雷戴维森车主的"官方骑行俱乐部"，拥有超过100万的会员。该品牌的Facebook网站上有超过700万个赞。

近几年来，该企业在其核心顾客群——占据顾客总数2/3的年长白人男性——之外拓展了新的顾客群。其精心设计的产品和营销方案旨在吸引所谓的"拓展顾客"，比如年龄为18～34岁的年轻成年人、女性、非洲裔和西班牙裔的美国人。2013年，这些拓展顾客的销售额增长速度是传统核心顾客的两倍多。例如，哈雷戴维森推出了13年来的第一款全新摩托车Street型号，该摩托车设计更小、更轻、更灵活，以及更高效，以满足年轻城市骑手的骑行需求。尽管设计较小，但这些新型摩托车仍带有哈雷戴维森的神秘感。哈雷戴维森的首席营销官表示："这些新型摩托车更简洁，但仍然有着哈雷戴维森的坏脾气。它们是由真材实料的钢铁造成的，很划算。"

哈雷戴维森致力于制造优质摩托车，为了跟上瞬息万变的市场，该企业已经改进了展厅和销售方式。但是哈雷戴维森的顾客购买的不仅仅是一辆高质量的摩托车，也不仅仅是一次愉快的交易体验。为了更好地了解顾客的深层动机，多年来哈雷戴维森进行了一些看似无穷无尽的调查、焦点小组访谈和解释性研究，这些研究深入挖掘了顾客对他们的哈雷戴维森摩托车的情感体验。除了研究之外，从首席执行官、首席营销官到广告代理机构，所有与哈雷戴维森品牌有联系的人都参与到摩托车项目中，并深入摩托车文化。为了获取关于核心顾客行为和动机的一手资料，他们在摩托车的鞍座上花费了大量时间。

所有的研究结果都有很强的一致性。不管他们是谁，从事什么工作，或者来自哪里，哈雷戴维森的爱好者们有着共同的、深深被这个品牌吸引的东西。哈雷戴维森呼吁的是：自由、独立、力量和真实性。哈雷戴维森不只是销售摩托车，该品牌带给消费者的是一种自我表达、生活方式、志向和梦想。一位分析师说："这一切都与体验有关，一辆哈雷戴维森机车在重金属击打中锻造而成，在66号公路上自由地奔驰。"这是一种能让中年会计穿上黑色铆钉皮衣，暂时忘却烦琐工作的体验。

对于狂热的粉丝来说，哈雷戴维森不仅仅是一台机车，还是他们生活的一部分。哈雷戴维森使你恢复精神，宣扬自由和独立。哈雷戴维森的一句流行语是："哈雷戴维森的启动器不仅仅是发动引擎，更多的是激发了人们的想象力。"经典的外观、嘶哑的声音、哈雷戴维森呼吁的精神，加深了它的神秘感。拥有这个堪称"美国传奇"的品牌，会让你成为哈雷戴维森家族成员中的一员。

哈雷戴维森的消费者行为背后的强烈情感和动机在其一则经典印刷广告中有很好的体现。这则广告展示了一个手臂的特写镜头，肱二头肌上文着哈雷戴维森的标志，标题是这样的："你最后一次感受到这种强烈的感觉是什么时候？"广告文案概述了这个问题，并提出了一个解决方案："早晨醒来，生活就会恢复到原来的状态……曾经令人兴奋的事情现在变成了麻木的例行公事。一切都没有了新鲜感，除非你拥有一辆哈雷戴维森摩托车，它可以触动你的神经。让人悸动的雷鸣般的引擎声响起，拒绝成为背景的一部分。事情会突然变得不同，更清晰、真实。这好像是本来就应有的样子。骑哈雷戴维森摩托车会改变你的内心，也许是你开始强烈感受内心的时候了。骑上哈雷戴维森，一切会变得不同。"[1]

哈雷戴维森的例子表明，许多层面的因素都会影响消费者的购买行为。购买行为从来都不简单，但理解它是营销管理的一项基本任务。首先，我们将探讨消费者市场的动态和消费者购买行为，然后研究商业市场和商业购买过程。

5.1 消费者市场和消费者购买行为

作者评点

在某种程度上，个人消费者市场与商业市场在购买行为上是相似的。但二者在很多方面又有很大的区别。我们将从挖掘个人消费者的购买行为开始。在本章的后面部分，我们将会探讨商业购买者行为。

消费者购买行为（consumer buyer behavior）是指最终消费者，即个人和家庭为了个人消费而购买产品和服务的行为。所有的最终消费者合起来构成了**消费者市场**（consumer market）。美国的消费者市场由3.2亿以上的人口构成，他们每年消费价值超过11万亿美元的产品和服务，这使美国成为世界上最具吸引力的消费者市场之一。[2]

全球的消费者在年龄、收入、受教育水平和偏好方面存在巨大的差异。他们选择购买的产品和服务也形形色色、各不相同。这些多样化的消费者如何与其他消费者及周围世界的其他因素相联系，会在很大程度上影响他们对不同产品、服务和企业的选择。现在我们来研究这些能够影响消费者行为的因素。

5.1.1 消费者行为模型

消费者每天都会做出大量的消费决策，而消费决策正是营销人员的工作重心。绝大多数大型企业都在深入研究消费者的购买决策，回答他们买什么、在哪里买、怎么买、买多少、何时买和为什么买的问题。营销人员可以通过研究消费者的实际购买行为了解他们买什么、在哪里买和买多少，但是要了解其购买的原因就没有那么容易了，因为问题的答案通常深藏在消费者的内心。通常连消费者自己也不知道影响他们购买的因素具体是什么。

营销人员要了解的核心问题是，消费者对企业可能采取的各种营销手段将会有什么反应。研究的起点是如图 5-1 所示的刺激－反应模型。图 5-1 描述了营销刺激和其他刺激进入消费者"黑箱"然后产生某些反应的过程。营销人员必须打开购买者"黑箱"。

营销刺激由 4P 构成：产品、价格、渠道和促销。其他刺激包括消费者所处环境中一些重要的外部力量和事件，包括经济、技术、社会和文化因素。所有这些刺激进入购买者"黑箱"，然后转换成一系列可观测的消费者反应，比如购买态度和偏好、品牌参与和品牌关系，以及他们购买了什么、购买时间、地点和多少等。

营销人员想要知道这些刺激是如何在"黑箱"里面转化成购买者反应的，这其中有两部分内容：第一，购买者的特征影响了他们对这些刺激因素的感知和应对方式；第二，购买者的决策过程本身也会影响其行为。我们首先来看购买者特征，然后再讨论购买者决策过程。

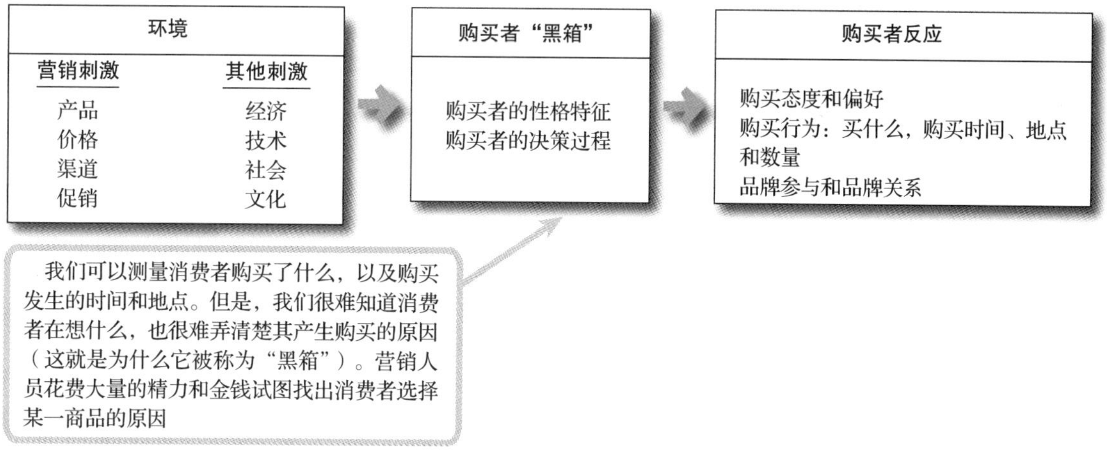

> **作者评点**
>
> 尽管图 5-1 的模型看似简单，但理解消费者购买行为的原因是非常困难的。正如一位专家所说："思维是杂乱无章、到处跳跃的大量神经元……"

环境		购买者"黑箱"	购买者反应
营销刺激	其他刺激	购买者的性格特征 购买者的决策过程	购买态度和偏好 购买行为：买什么，购买时间、地点和数量 品牌参与和品牌关系
产品 价格 渠道 促销	经济 技术 社会 文化		

我们可以测量消费者购买了什么，以及购买发生的时间和地点。但是，我们很难知道消费者在想什么，也很难弄清楚其产生购买的原因（这就是为什么它被称为"黑箱"）。营销人员花费大量的精力和金钱试图找出消费者选择某一商品的原因

图 5-1 购买者行为模型

5.1.2 影响消费者行为的特征

消费者的购买行为受到文化因素、社会因素、个体因素和心理因素的强烈影响，如图 5-2 所示。这些因素大部分是营销人员无法控制的，但必须把它们列入考虑范围。

> **作者评点**
>
> 许多层面的因素都会影响我们的购买行为——从广泛的文化和社会影响到我们内心深处的动机、信念和态度。比如，你为什么会购买你现在正在使用的这款手机呢？

1. 文化因素

文化对消费者的购买行为有着广泛而深刻的影响，营销人员需要了解购买者的文化、亚文化和社会阶层在购买行为中所起的作用。

（1）文化。**文化**（culture）是一个人产生欲望和行为的最基本的动因。人类的行为在很大程度上是后天习得的。一个孩子在社会中成长，从家庭和其他重要机构那里学习基本的价值观、观念、需要和行为方式。一个在美国长大的孩子通常学习和接触到的价值观是：成就和成功、个人主义、自由、努力工作、活力和参与、效率和务实、物质享受、年轻态、健身与健康。每个群体或社会都有自己的文化，文化对购买行为的影响可能在不同群体中存在巨大的差异。

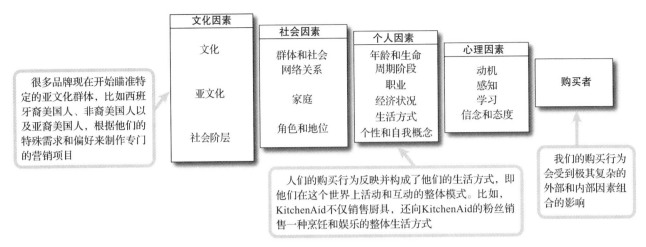

图 5-2 影响消费者行为的因素

营销人员总是在试图识别出文化变迁，从而发现消费者可能需要的新产品。比如，更加关注健康和健美的文化变迁催生了消费者对健康和健身服务、健身器材和服装、有机食品和健康饮食的巨大需求。

（2）亚文化。每一种文化都包括更小的**亚文化**（subculture），即由于相似的生活经验和经历而持有相似的价值观体系的群体。亚文化包括国籍、宗教、种族和地理区域等。许多亚文化群体都构成了重要的细分市场，营销人员通常会设计满足其需要的独特的产品和营销活动。非裔美国人、西班牙裔美国人和亚裔美国人就是三个非常重要的亚文化群体。

美国的非裔人口在富裕和成熟程度上都在逐年增长。美国有超过 4 200 万的黑人消费者，他们每年的购买力接近 1.2 万亿美元。尽管这些消费者对价格更加敏感，但他们同样也会受产品质量和选择多样性的强烈驱动。品牌也很重要。非裔美国消费者经常使用数字化和社交媒体，这使得企业可以采用多种多样的营销渠道接触到他们。[3]

许多企业针对非裔美国消费者开发了特殊的产品、诉求和营销计划——从福特和现代等汽车制造商到宝洁这样的消费品企业，甚至是非营利性组织和政府机构，如美国林务局。例如，美国林务局和广告委员会最近联手创建了"探索森林"的公共服务活动，旨在让家庭意识到带孩子出来享受大自然的好处。其中一项活动专门针对非裔美国孩子的父母。[4]

尽管超过 2.45 亿的美国人居住在距森林或草原 160 公里以内的地方，但研究表明，在某些人群中，大多数儿童并没有参与很多户外活动。例如，6～12 岁的非裔美国儿童中仅有 37% 经常参加户外活动，而对于这个年龄段的一般美国儿童，这一比例为 67%。为了缩小这一差距，美国林务局和广告委员会创建了"探索森林"的活动，发布了一系列的公共服务信息，包括公告牌和广播广告以及互动式的社交媒体和网站宣传。采用诸如"短暂休息""好奇心盛开的地方""想象力萌芽的地方"之类的标题，这些针对非裔美国人家庭的广告宣传敦促他们去探索和想象接触大自然的奇妙，以及由此带来的身心愉悦的良好情感体验。一位与该活动相关的营销人员表示："森林是一个可以让孩子通过探索和发现来拓展想象力的好地方。"

西班牙裔消费者构成了一个巨大且增长快速的市场。美国超过 5 500 万西班牙裔消费者（几乎占美国人口的 1/6）的年购买力高达 1.7 万亿美元。到 2060 年，美国的西班牙裔人口将激增至 1.2 亿，接近美国总人口的 1/3。[5] 西班牙裔消费者市场可以根据国籍、年龄、收入等因素划分为许多不同的亚文化细分市场。企业的产品或信息可能需要根据消费者的国籍进行一些调整，比如墨西哥籍、哥斯达黎加籍、阿根廷籍或古巴籍。

尽管西班牙裔消费者与主流消费者有许多共同的特点和行为，但也有明显的差异。西班牙裔消费者更加以家庭为导向，对于他们来说，购物是家庭层面的决策，孩子在决定购买哪些品牌上有很大的发言权。较年长的第一代西班牙裔消费者往往对品牌非常忠诚，偏好那些对其表现出浓厚兴趣的品牌和卖家。然而，近年来，年轻一代的西班牙裔消费者表现出了越来越高的价格敏感度和转向商店品牌的意愿。相对于其他细分群体，西班牙裔消费者在移动和社交网络上更加活跃，这使得数字媒体成为接触这一细分群体的最佳渠道。[6]

许多企业专门针对这个快速增长的细分群体做了特殊的投入和努力，例如宝洁、麦当劳、沃尔玛、国有农场、克莱斯勒、Google 等。例如，沃尔玛和塔吉特都在投入巨资培育西班牙裔消费者市场。两家企业都使用西班牙语的广告和社交媒体，在商店里摆放双语标识，并售卖迎合西班牙裔消费者特殊偏好的产品。而克莱斯勒耗时三年的"做一切你能做的事"活动成功将公羊皮卡车推广到重要的西班牙裔细分市场。[7]

皮卡是公羊最大的市场，而西班牙裔消费者对该品牌在这个市场的成功至关重要。公羊皮卡车的"做一切你能做的事"活动针对的目标顾客是西班牙裔的皮卡车车主，在主要的西班牙裔市场如阿尔伯克基、迈阿密、凤凰城、纽约、洛杉矶、丹佛和得克萨斯的众多社区等，这个活动投放了双语（西班牙语和英语）的电视、杂志、广播和在线广告。"做一切你能做的事"（或"为它倾你所有"）与真正的西班牙价值观非常契合。在这一系列活动中，第一批广告的主角是两位西班牙裔的皮卡车车主——阿森松·巴努埃洛斯和阿图罗·巴塞罗——他们每天都开着自己的公羊皮卡车上班和娱乐。巴努埃洛斯在得克萨斯州的杰克斯保瑞管理着一个驯马场，并且拥有一辆公羊 3500；巴塞罗拥有一辆公羊 1500，在达拉斯有一家家居装修建筑企业。在广告中，这些车主就对他们来说很重要的价值观说出真实感言，以及他们的公羊皮卡车是如何契合这些价值观的。最后，一位播音员做出总结："找到一种方法实现超越、进一步挑战极限。这就是公羊 1500。因为成功并不是终点，而是我们旅程的一部分。公羊，为它倾你所有。" 2015 年，公羊皮卡车在西班牙裔消费者中的销量增长了 33%，这在很大程度上要归功于这次活动。

在美国的人口细分市场中，亚裔美国人是最富有的一个群体。这个细分市场接受过良好的教育，现在已经超过 1 800 万人（占美国总人口的 5%）。亚裔美国人这个细分市场的增长速度位居第二，仅次于西班牙裔美国人。和西班牙裔美国人一样，他们也是一个多元化的群体。美籍华人在这一群体中占据多数，剩余的由菲律宾裔、印度裔、越南裔、韩国裔、日本裔美国人组成。然而，与全都说西班牙语的西班牙裔美国人不同，亚裔美国人有着各式各样的语言。例如，2010 年美国人口普查的广告所使用的语言包括日语、中国广东话、韩语、越南语、泰语、柬埔寨语、苗族语、印度英语和泰米尔语。[8]

作为一个群体，亚裔美国消费者购物十分频繁，并且是所有族群中最具品牌意识的群体。他们的品牌忠诚也可能很高。所以，许多企业都将眼光瞄向亚裔美国人市场。美国电话电报公司了解到，年轻的亚裔美国人不仅仅是一个利润丰厚的市场，他们还会影响其他消费者。因此，它发起了一场创新的营销活动，旨在改善这个有影响力的年轻群体对美国电话电报公司的看法。[9]

为了提高年轻的亚裔美国人对美国电话电报公司创新且受欢迎的品牌形象的感知，美国电话电报公司创造了名为"相离时相知"的一系列吸引大众"男女生约会"的网络剧集。低成本的剧集邀请亚裔名人 Victor Kim 和 Jen Chae 担任主角。美国电话电报公司与亚洲 YouTube 的制作者王夫制作团队联合打造了第一集。然后，它鼓励观众通过 Facebook 发表他们的想法，例如接下来会发生什么，以及对之后剧情的最佳创意进行投票。六集的连续剧 *Effiewinning* 在网上疯传，在播出的 6 周内就吸引了 1 300 多万的浏览，让美国电话电报公司在年轻的亚裔美国消费者中的品牌知名度提高了 50%。

除了根据西班牙裔美国人、非裔美国人、亚裔美国人等细分市场的不同特点有针对性地投入营销努力，许多营销人员现在都在采用一种**总体市场策略**（total market strategy）——将民族主题和跨文化视角融入主流营销的做法。一个例子是 Cheerios 和 Swiffer 讲述跨种族家庭的总体市场广告。[10] 总体市场策略强调的是不同亚文化群体消费者的相似之处，而非差异。

许多营销人员逐渐意识到，对不同族裔消费者的洞察可以影响更广阔的市场。例如，当今年轻态的生活方式在很大程度上是受到了西班牙裔和非裔娱乐明星的影响。因此，消费者期望看到他们消费的广告和产品中有许多不同的文化和种族元素。例如，麦当劳从非裔、西班牙裔和亚裔美国人那里得到启发，创新菜单和广告，希望能鼓励主流消费者像他们热衷嘻哈音乐和摇滚乐一样购买冰沙、摩卡饮料和快餐食品。或者，麦当劳可能会将针对非裔美国人的广告直接投放到吸引大众市场的媒体上进行宣传。

（3）社会阶层。几乎每个社会都有某种形式的社会阶层结构。**社会阶层**（social class）指相对持久、有序的社会群体划分，相同阶层的人具有相似的价值观、兴趣和行为。社会学家界定了 7 个美国社会阶层：上上层阶级、上层阶级、上层中产阶级、中产阶级、工人阶级、上底层阶级、底层阶级。

社会阶层不是由某一个因素（如收入）决定的，而是由职业、收入、受教育状况、财富状况和其他因素综合决定的。在一些社会系统中，不同社会阶层的成员扮演特定的角色，并且无法改变他们的社会位置。不过在美国，不同的社会阶层之间的界限并不是固定、僵化的；人们可以上升到一个更高的阶层，也可能跌落到一个更低的阶层。

营销人员之所以对社会阶层感兴趣，是因为处于同一社会阶层的个体通常会呈现出相似的购买行为。不同社会阶层的消费者在很多领域都具有不同的产品和品牌偏好，例如服装、家庭装修、旅行休闲活动、金融服务和汽车等。

2. 社会因素

消费者的购买行为也会受社会因素的影响，如消费者所属的小群体、社会网络、家庭、社会角色和社会地位。

（1）群体和社会网络关系。一个人的行为受到许多小**群体**（group）的影响。一个人所属的、对其产生直接影响的群体被称为成员群体。相对而言，参照群体通过提供直接（面对面交互）或间接的比较或参照对象而对一个人的态度和行为产生影响。人们通常会受到参照群体的影响，即使他们并不属于该群体。例如，渴望群体就是一个人希望加入的群体，一个年轻的篮球运动员希望有一天能够像勒布朗·詹姆斯一样在 NBA 打球，NBA 就是他的渴望群体。

营销工作者试图去识别其目标市场的参照群体。参照群体可以向消费者展现一种新的行为或生活方式，影响消费者的购买态度和自我概念，并可能产生一些群体压力来影响消费者对产品和品牌的选择。群体影响的重要程度因产品和品牌的不同而有所差异。当某产品的使用被群体中消费者所尊敬的人看到时，群体影响的程度最强。

口碑影响（word-of-mouth influence）会对消费者的购买行为产生强大的影响。相对于来自商业渠道的推荐，如广告和销售人员销售，来自好朋友、家人、同事以及其他消费者的推荐往往更加可信。一项研究表明，92%的消费者认为朋友和家人的推荐比其他任何形式的广告都更加可信。[11] 大部分的口碑影响都是很自然地发生的，比如消费者在聊天中偶然提到使用过的某个品牌并就其使用感受进行交流。当然，营销人员通常也不会听天由命，而是会主动创造与品牌相关的正面讨论。

对于受群体影响很强的品牌，营销人员必须设法接触到群体中的**意见领袖**（opinion leader）。意见领袖是指参照群体中因为特殊的技能、学识、性格或者其他特征而对他人有影响力的人。一些专家、学者也把这一群体叫作影响者或领先采用者。当这些有影响力的人发表意见时，消费者会认真聆听。许多营销人员都试图为他们的产品识别出意见领袖，并向意见领袖开展直接营销。

蜂鸣营销（buzz marketing）包括招募甚至创造意见领袖，作为传播企业产品的"品牌大使"。梅赛德斯-奔驰获奖的"掌握方向盘"影响者活动就是一个例子。[12]

梅赛德斯-奔驰想让更多的人讨论其即将推出的、定价 29 900 美元的 2014 CLA 型号的新车，旨在让新一代的年轻消费者成为梅赛德斯品牌的顾客。因此，它挑选了 Instagram 上最具影响力的 5 位摄影师来参与挑战，他们都是 Y 一代的消费者并且因摄影技术精湛而拥有几十万粉丝，他们每个人都要开 CLA 车旅行 5 天，用照片记录他们的旅途，并分享至他们的 Instagram。得到最多点赞的摄影师可以获得这辆 CLA。这场简短的竞选活动确实让人们开始热议这部车，从而获得了 8 700 万的社交媒体展露和 200 多万次点赞。90% 的社交对话都是积极的。当梅赛德斯在接下来的一个月推出 CLA 时，其销量打破了纪录。

有时，经常光顾的顾客会成为品牌最好的宣传者。比如，艾伦·克莱因喜欢麦当劳的 McRib——一种由无骨猪肉制成的三明治，被做成了类似排骨的形状，上面涂了烧烤酱并且撒上了酸黄瓜和洋葱。在全国各地的麦当劳餐厅，每年仅有很短的一段时间可以买到 McRib。克莱因非常喜欢它，于是他创建了 McRib 定位程序和网站（mcriblocator.com），在这里，McRib 的粉丝分享他们最近在哪些地方的麦当劳看到了梦寐以求的 McRib 三明治。[13]

在过去的几年中，出现了一种新型的社会互动——在线社交网络。**在线社交网络**（online social network）是能够满足人们社交、交流信息和观点的在线社区。社交网络媒体包括博客（Consumerist、Gizmodo、

Zenhabits)、信息板（Craigslist）、社交网站（Facebook、Twitter、YouTube、Pinterest和领英），甚至购物网站（Amazon.com和Etsy）。这些新型的C2C和B2C在线对话形式对营销人员有着非常重要的启示。

营销人员正在尝试借助这些新型社交网络的力量以及其他网络口碑来推广他们的商品，与顾客建立更为紧密的关系。相较于单向地将营销信息传递给消费者，营销人员更希望能够利用在线、移动和社交媒体与消费者进行双向互动，让品牌和产品等相关信息成为消费者交谈与生活的一部分。

例如，红牛的Facebook粉丝达到了惊人的4 600万人，而Twitter和Facebook是其与大学生群体在网上交流的主要方式。捷蓝航空在Twitter上经常关注旅客动态并给予回应，比如一位消费者在Twitter上写道："谢谢你带我回家过节 @捷蓝航空。感谢奥斯汀的机组人员为我单独提供的一排座位，让我能在旅途中睡上一觉！"捷蓝航空在Twitter上回复说："Nancy，不客气！感谢你选择我们！祝你和你的家人节日快乐！#VIPTreatmentForNancy。"甚至梅奥诊所也开始广泛地使用社交媒体，它拥有Facebook、Pinterest和Twitter主页；一个YouTube频道；"无论在哪儿，让梅奥随时跟在您身边"的手机端患者App；一个名为"共享梅奥诊所"的博客，诊所的顾客可以在博客上分享在梅奥诊所就诊的体验，员工可以从幕后工作者的角度发表一些观点。

大部分品牌都已经建立了全面的社交媒体布局。我们将在第14章进一步讨论在线和社交媒体如何作为营销工具发挥作用。然而，尽管现在很多人在讨论网络和社交媒体带来的社会影响，但大多数的品牌交流仍然是通过传统方式——面对面交流——来实现的。所以，大多数成功的口碑营销都是从面对面的品牌交流和整合线上、线下的社会影响策略开始的。其目标是为顾客创造接触品牌的机会，并帮助他们与别人分享自己的品牌热情和体验，无论在真实的还是数字化的世界中（见营销实践5-1）。

营销实践 5-1

口碑营销：点燃品牌交流，帮助它们火起来

人们喜欢谈论让自己开心的事情，包括他们喜爱的产品和品牌。你可能特别喜欢捷蓝航空，它以优质的飞行和合适的价格将你送到目的地。或者你很偏爱你的新款GoPro英雄4系列黑版摄像机，它是那么酷，让你忍不住想炫耀一下。于是，你会向任何愿意倾听的人讲述你最爱的品牌的优点。过去你仅能与一些朋友或者家人闲聊这些东西，不过现在，由于互联网、社交媒体以及移动科技的发展，任何人都可以与成千上万的消费者分享他们的品牌体验。

相应地，营销人员也热衷于利用新科技，让人们在线上和线下都能与别人互动和交流他们喜欢的品牌。其目的就在于鼓励、培育、放大这些关于品牌的交流。无论是引发潜在消费者的谈论，打造品牌大使，借助现有的意见领袖和社交媒体，还是创造引发交流的事件或者视频，其主旨都是让人们参与进来讨论这个品牌。

成功的口碑营销，有可能只是简单地增加Facebook的点赞和分享、Twitter的信息流、Pinterest的公告板、网上评论、博客评论，或者YouTube视频。即使预算很少的企业也能在社交媒体上获得全球范围的曝光。例如，名不见经传的创业企业DollarShaveClub.com——每月只需一美元就能把品质优良的剃须刀直接送到顾客手中——因为一个YouTube视频而一夜成名。创始人迈克尔·杜宾仅用4 500美元做了一个视频，其中有他自己、几个老掉牙的道具、一个穿着熊外套的人和一些推广其服务的很有趣的话。杜宾在视频中问道："这些剃须刀有任何好处吗？""不只如此，我们的剃须刀简直太好了！"他回答道，"所以不用再考虑去哪儿买剃须刀了，还是好好想想把我们为你省的钱放在哪里吧。"这个很潮的视频像病毒一样快速传播，随之而来的口碑风暴帮助企业获得了1 700万次的YouTube浏览、6万Twitter粉丝、150万次Facebook点赞、几十个回应的视频，还有1 000万美元的风险投资。DollarShaveClub的成功甚至促使巨头吉列企业开始了自己的刀片订阅计划。

但是最成功的社会影响活动可不只是一个YouTube视频或Facebook点赞就能做到的。比如，许多企业一开始就打造自己的品牌宣传者，福特企业在美国推广嘉年华小型车时就是这样做的。在那次经典的嘉年华推广活动中，福特从4 000位申请

者中选出了100位年轻的千禧一代司机（该车型的目标人群），送给他们每人一辆嘉年华。这些"嘉年华大使"使用和驾驶嘉年华6个月，期间通过博客、Twitter、Facebook、YouTube和Flickr来展示、分享他们的体验。这次极其成功的活动在新车发布之前就已经在30岁以下的目标顾客中带来了58%的知名度。品牌大使们一共发布了50 000条信息，产生了2 800万社交媒体评论、52 000次试驾、10 000次在线预订。福特嘉年华活动非常成功，促使福特为翼虎和最新款的福星也分别做了类似的宣传活动。

除了打造自己的品牌大使之外，企业也可以利用网络上已经存在的意见领袖进行宣传，比如独立的博主。不管你信不信，如今以独立博客为生的人已经和律师一样多。不管你对哪个领域感兴趣，都可能找到上百个博主参与进来。另外，调查显示，90%的博主会展示他们最喜爱的和最不喜爱的品牌。

所以，大部分企业试图与这些有影响力的博主和网上人物建立联系。其关键在于找到拥有相关读者、公信力强，且与品牌很契合的博主。比如，宝洁、麦当劳还有沃尔玛等企业都与影响力较强的"妈咪博客"有密切的合作。你肯定会偶尔看到为Patagonia运动装备发博的攀岩和滑雪爱好者、为哈雷戴维森写博客的摩托车玩家、为全食超市或者乔氏连锁超市写博客的美食家。有时，一些博主和其他社交媒体的专家仅聚焦于某个特定品牌。比如，StarbucksMelody.com是一个"世界各地所有星巴克热衷者的非官方网站"，TUAW是"苹果的非官方博客——聚集了所有苹果商品和与苹果有关的资源"。与企业自己的博客或网站相比，这些博客相对独立，因而引发的口碑通常更加可信。

如今，许多口碑营销似乎都以创造线上讨论为中心，但大部分品牌交流仍在线下。根据专家描述，93%的品牌交流发生在现实世界而非虚拟世界。所以，很多营销人员首先致力于创造良好的、传统的、面对面的品牌交流。

例如，Chubbies是一家小型但又时髦、快速发展的初创企业，它用一条"无贴袋短裤"（配有复古的约14厘米的内缝）生产线来选定年轻人为目标顾客。到目前为止，该品牌仅通过社交媒体进行营销。Avid Chubsters积极地通过YouTube、Facebook、Twitter、Instagram、Pinterest、Chubbies官网和ChubsterNation博客上的图片、视频和故事来获取影响力。但是现在，Chubbies在全国多所大学校园里打造了一支由250名学生大使组成的面对面影响者。学生大使被称为"超级解放的爱国者"，他们传播Chubster的宣言："我们不做裤子。我们没有贴袋裤，我们不做紧身裤，我们做短裤，也只做短裤。""裤子是穿来工作的。"他们向外宣传。Chubbies"是为了玩乐，或是跳下岩石，或是打啤酒乒乓，或攀登珠穆朗玛峰"。学生大使亲自举办车尾派对和其他校园活动来集结忠实的粉丝，扩大了ChubsterNation的规模，为这个品牌增加了更多的口碑。

无论在线上、线下抑或二者兼备，有效的口碑营销并不是随机发生的，也不只是在Facebook上吸引一些关注。营销人员必须建立全面的机制，引起人与人之间关于品牌的对话，并让它火起来。口碑营销的目标是找到企业最好的顾客，给他们更深度参与的机会，帮助他们在线上和线下的社交网络中传播自己对于品牌的激情与热情。这一切都是为了激发品牌对话，帮助它们火起来。

资料来源：Jefferson Graham, "Dollar Shave Club's Dubin: From YouTube Star to CEO," June 14, 2014, www.usatoday.com/story/money/business/ 2014/06/09/ceo-profile-dollar-shave-clubs-michael-dubin/9993045/; Giselle Abramovich, "Why Ford Credits Social Media in Turnaround," *Digiday*, October 10, 2012, www.digiday.com/brands/why-ford-credits-social-media-in-turnaround/; Iris Mansour, "The New Face of Word-of-Mouth," *CNNMoney*, August 2013, http://management.fortune.cnn.com/2013/08/28/word-of-mouth-marketing/; Nellie Bowles, "Chubbies Shorts Popular with Troops," June 28, 2013, www.sfgate.com/style/article/Chubbies-shorts-popular-with-troops-4634821.php; Jim Dougherty, "9 Ways to Improve Word-of-Mouth Communications," *Cision*, January 5, 2015, www.cision.com/us/2015/01/9- ways-to-improve-word-of-mouth-communication/; www.chubbiesshorts.com/ pages/manifesto, www.dollarshaveclub.com, and www.chubbiesshorts.com/, accessed September 2015.

（2）家庭。家庭成员会显著地影响购买行为。家庭是社会中最重要的消费者购买组织，营销人员已经对这一群体做过广泛的研究。营销人员关心家庭中丈夫、妻子和孩子在购买不同产品和服务时所扮演的角色和影响力。

丈夫或妻子的参与度依据产品种类和购买阶段的不同而变化，其购买角色也随着消费者生活方式的演变而变化。比如，在美国，妻子通常被认为是食物、家居用品和服装的主要购买者。但是，现在有 71% 的女性外出工作，丈夫愿意承担更多的家庭采购任务，这些变化都发生在最近几年里。最近一项针对男性的调查发现，近一半的男性承担了至少 50% 的家庭日用品采购，39% 的男性承担了家庭中大部分的洗衣工作，25% 的男性表示他们负责家里所有的饭菜。同时，现今女性对科技类产品的购买超过男性，二者比例是 3∶2，并且在新车购买决策中女性有着超过 80% 的影响力。[14]

这种角色的转变暗示着一种新的营销现状。曾经只面向女性或男性销售的行业——从日用杂货、个人护理用品到汽车和电子产品，现在都正在积极地讨好另一性别的消费者。其他企业在展示其产品的时候也考虑了"现代家庭"的大背景。例如，通用磨坊的广告讲述了一位父亲在儿子早上出门时在其午餐里装上了 Go-Gurt 酸奶，并加了标语"给孩子 Go-Gurt 的爸爸才是好爸爸"。最近通用磨坊为麦圈推出了"如何做一个好爸爸"的宣传活动，让爸爸成为一个在家里无所不能的超级英雄，这与以往食品广告中经常出现的笨拙的父亲形象截然不同。这位父亲所做的事情都很恰当，包括给孩子吃健康的麦圈早餐。他在一则广告中宣称："做一个父亲感觉很棒，就像这款麦圈一样棒，这就是为什么它是代表父亲的官方麦片。"[15]

儿童也可能对家庭购买决策产生很大影响。在美国，儿童和青少年对高达 80% 的家庭购买决策产生影响，相当于每年 1.2 万亿美元的支出。儿童对家庭许多的购买决策都有着重要影响，包括服装、汽车、娱乐，以及在哪里就餐和度假。[16]

（3）角色和地位。个人在社会中归属于许多群体——家庭、俱乐部、组织机构和在线社区。个人在每个群体中的位置可以用角色和地位来定义。角色是由个体周围的人期望该个体表现出的行为所组成的。每个角色都拥有一种地位，反映出社会给予此人的尊重程度。

人们总是会选择与他们的角色和地位相适应的产品。举例来说，一位上班族妈妈可以拥有几种不同的角色。在企业里，她扮演者品牌经理的角色；在家里，她又要承担妻子和母亲的角色；在她最爱的运动中，她又是一位狂热的"粉丝"。作为一个品牌经理，她会购买能够反映出自己在企业里的角色和地位的衣服。在比赛中，她可能会穿自己所支持和喜爱的队伍的队服。

3. 个人因素

购买者决策也受个人特征的影响，比如购买者的职业、年龄、所处的生命周期阶段、经济状况、生活方式、个性和自我概念。

（1）职业。一个人的职业会影响其所购买的产品和服务。蓝领工人倾向于购买结实耐穿的服装，而管理人员则更多地购买商务套装。营销人员需要识别出那些对自己的产品和服务更感兴趣的职业群体。企业甚至可以专门制造满足特定职业群体需求的产品。例如，德卢斯贸易企业生产耐穿耐磨的工作服，并附赠"不吹牛"的保证。它的"交际舞牛仔裤"给你"蹲伏的空间"，它的"长尾 T 恤"可以帮助你修饰你的"臀部"，德卢斯的产品是经由商人设计和测试的。该企业表示，关爱工作中的人是德卢斯的首要任务。

（2）年龄和生命周期阶段。人们在生命周期的不同阶段会购买不同的产品和服务，其对食物、服装、家具和娱乐的品位和偏好都是与年龄相关的。购买行为也会受到家庭生命周期——随着时间推移家庭走向成熟所经历的阶段——的影响。生命周期阶段的改变通常是由人口统计特征和改变生活的事件所引起的，例如婚姻、生孩子、购房、离婚、子女上学、个人收入的改变、开始独居和退休等。营销人员通常以生命周期阶段来定义他们的目标市场，并针对每个阶段开发适合的产品和营销计划。

其中一个主要的生命阶段细分系统是尼尔森的 PRIZM 生命阶段系统。PRIZM 将所有的美国家庭划分为 66 个不同的人生阶段细分市场，再进一步根据富裕程度、年龄和家庭特征，将这 66 个细分市场整合为 11 个主要的生命阶段群体。该分类考虑了多项人口统计因素，如年龄、教育、收入、职业、家庭组成、种族和住房等，还考虑了行为和生活方式的因素，如在购物、自由活动和媒体上的偏好。

主要的 PRIZM 生命阶段包括"奋斗的单身者""中年成功人士""年轻的成就者""维持家庭""富裕的空巢"和"保守的经典"，这些群体又包含一些子群体，如"Brite Lites, Li'l City""Kids & Cul-de-Sacs""灰色权利"和"大城市蓝调"等。"年轻的成就者"群体是由 20 岁左右的时尚单身年轻人组成的，他们一般在大城市附近租公寓住。他们的收入范围从工薪阶层到富裕阶层，但整个群体倾向于自由主义、听另类音乐、享受热闹的夜生活。[17]

不同生命阶段的群体会表现出不同的购买行为。生命阶段细分为所有行业的营销人员提供了一个强大的营销工具,以便他们更好地发现、理解和吸引消费者。掌握了消费者所处生命阶段的相关信息,营销人员就可以根据他们如何消费以及如何与品牌和周围的世界互动,创造出有针对性的、可操作的、个性化的营销活动。

(3)经济状况。一个人的经济状况会影响其对店铺和产品的选择。营销人员需要关注消费、个人收入、储蓄和利率的变动趋势。在今天这个更具价值意识的时代,大多数企业已经采取措施,通过重新设计、重新定位和重新定价它们的产品和服务来创造更多的顾客价值。比如,高端折扣商塔吉特就在强调其定位"期望更多,支付更少"中"支付更少"这一面。

类似地,与全球经济趋势相一致的是,曾经只提供高价手机的智能手机制造商现在正在为美国和世界新兴经济体的消费者提供低价手机。微软的诺基亚部门瞄准了新兴市场,它以低于100美元的价格提供低端的Lumia型号手机。随着西方市场变得更加饱和、竞争更加激烈,手机制造商希望它们的低价手机能帮助其在中国和东南亚等新兴市场开展有效的竞争并实现增长。[18]

(4)生活方式。来自相同文化、社会阶层和职业的人们可能有着完全不同的生活方式。**生活方式**(lifestyle)是一个人的生活模式,可以通过其心理统计特征表现出来。它衡量了消费者主要的AIO维度——活动(工作、爱好、购物、运动和社交活动)、兴趣(美食、时尚、家庭和娱乐)以及观点(关于自我、社会问题、商业和产品)。生活方式可以捕捉一个人的社会地位和个性以外的更多特征,描绘了个体在这个世界上活动和与他人互动的模式。

谨慎地使用生活方式这一概念可以帮助营销人员了解消费者价值观的改变以及他们如何影响购买者的行为。消费者不只是购买产品,他们还购买这些产品所代表的价值观和生活方式。例如,你可能因为其高性能搅拌机和其他厨房用具才知道的KitchenAid。但KitchenAid出售的不仅仅是电器,它出售的是整体的烹饪和娱乐生活方式。[19]

KitchenAid培育了"厨房爱好者"——一个由"最具影响力的主厨"组成的生活方式社区,他们热衷烹饪和娱乐方面的挑战。它的厨房爱好者博客、Facebook和11个Pinterest网站都充满了关于食谱、烹饪挑战、小贴士和技巧,以及主要贡献者对最新烹饪生活方式的新闻和事件的报道。KitchenAid"还有更多要做"的营销活动强调了该品牌的电器是如何服务于厨房爱好者的生活方式的。一则广告说:"当娱乐让你兴高采烈的时候,当每台机器都做了不可思议的事情时,你会感觉还有更多的事情要做。"

营销人员寻找可以通过特殊产品或营销方法来满足需求的生活方式细分市场。这样的细分市场可以由很多特征来定义,例如家庭特征、户外兴趣,以及人们的食物偏好。例如,快餐连锁店塔可钟重新将自己定位为一个体验品牌,与其主要目标顾客——千禧一代的生活方式保持一致(见营销实践5-2)。

| 营销实践 5-2 |

塔可钟:不仅仅是炸玉米饼,还是一种"Live Más"的生活方式

几年前,塔可钟已经发明了快餐的"价值菜单",其价格结构为"59美分-79美分-99美分"。塔可钟用诸如"普通餐的治疗""向边界跑去""跳出思维定式"这样的口号,坚定地制定可负担得起的墨西哥式收费方式,努力成为一种独特的、"物有所值"的快餐选择,与基本只提供汉堡和薯条的麦当劳和其他快餐相竞争。

然而,到21世纪初,消费者的口味开始发生变化。美国人寻找更新鲜、更美味、更健康的饮食和更现代的快速休闲氛围。塔可钟的"食物即燃料"的营销哲学——"把它们装满,再把它们转移出来"的想法——使得这个快餐品牌似乎与时代脱节了。2011年,塔可钟整体收入下降了1.4%,终结了其连续三年平稳销售的局面。这些可怕的结果要求塔可钟进行战略上的转变。

这种转变始于顾客想要从快餐店获得更多而不仅是更便宜的食物。因此,在2012年年初,塔可钟将其定位从"食物即燃料"转移到"以食物为体

验和生活方式"。它创造了 Live Más 这个品牌口号（"más"是西班牙语，意为"更多"）。作为其 2.8 亿美元年度营销预算的一部分，Live Más 的口号被设计成一种生活方式，吸引和聚集塔可钟的核心顾客——千禧一代的消费者，他们比其他人群消费更多的快速休闲食品。

塔可钟的 Live Más 口号是为了激励千禧一代尝试新事物，充实生活。第一个名为"口袋"的 Live Más 广告展示了一个时髦的 20 岁左右的男士在黎明时分进入昏暗的公寓。他把口袋里的东西倒在桌子上，回想起他那晚的经历。除了钱包、钥匙和智能手机，他还倒出了一张演唱会票根，从 24 小时灵媒那里拿的纸板火柴、一副 Kanji 骰子，还有和一位年轻女士的自拍照。他最后拿出的东西是一袋塔可钟火酱，上面带有 Live Más 的新口号和"你做了明智的选择"的信息。这是最后一件让他脸上露出笑容的东西。

对 Live Más 这个生活方式口号的营销支持远不止广告。例如，它还包含旨在取悦千禧一代的新产品。2012 年年初，塔可钟推出了合作品牌多力多滋玉米饼，就像标准的塔可钟墨西哥卷饼或超级卷饼，但饼皮由美味的多力多滋奶酪玉米片制作而成。在短短 10 周内，饥饿的千禧一代就狼吞虎咽地吃掉了 1 亿个多力多滋玉米饼，这是该企业 50 年来最成功的新产品。该品牌又迅速增加了凉爽牧场和火热版本的卷饼。

意识到具有 Live Más 生活方式的顾客可能会在一天中的任何时候都想吃，塔可钟专注于一天中的更多时候。例如，之前塔可钟在早晨时段不供应餐食，现在推出了早上 7 点（或更早）到上午 11 点的早餐菜单。最初的选择包括早餐墨西哥卷饼、华夫饼卷饼、上午专供的 Crunchwrap 和烧烤卷饼，以及一口一个的肉桂卷饼。类似地，塔可钟的"快乐时光"计划旨在满足每天下午 2～5 点之间的零食需求，其中包括新款软饮料山露和胡椒博士冷饮和 1 美元的 Loaded Grillers。在深夜的 Live Más 人群中，有人会吃第四餐，就像"你出去了，然后饿了，再吃第四顿饭"。在一个名为"婚礼后的派对"的广告中，一对新婚夫妇和他们的伴郎伴娘在一辆豪华轿车的后座上享受着塔可钟的盛宴，旁白总结说："有时候最好的晚餐是在晚餐后的第四餐。"

为了更好地吸引千禧一代的参与，塔可钟的营销策略现在已经延伸到千禧一代经常出没的在线、数字和移动媒体上。与千禧一代的生活方式相匹配的是，塔可钟最近推出的一个移动订购应用程序。Live Más 促销预算的很大一部分用于社交媒体、数字工具和其他非传统渠道。除了比较常见的 Facebook 和 Twitter 外，塔可钟还会使用 Vine、Instagram 和 Snapchat 等社交媒体来发布促进讨论的通知、最新的限时促销活动，并暗中观察消费者对新产品的反应。这个复苏的连锁店通过其"玻璃鱼缸"监测和参与在线品牌对话，"玻璃鱼缸"是塔可钟的指挥中心，用于监控社交媒体和生成数字对话。例如，在产品正式推出之前，该品牌的凉爽牧场多力多滋玉米饼就已经获得了超过 6 亿次的社交媒体展露量。

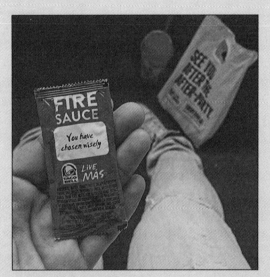

塔可钟创新的 Live Más 定位瞄准了其核心目标顾客——千禧一代的生活方式。
Taco Bell Corporation

一些分析师认为，采用 Live Más 的定位，塔可钟在其核心的平价快餐定位之外延伸了太多。一位餐馆营销顾问表示："他们试图提出一种生活方式的渴望，但这对于塔可钟来说似乎有点过头了。""一个口号应该反映品牌的 DNA，对于塔可钟来说就是非凡的价值。"而塔可钟表示，并非如此。该企业称，它并没有放弃品牌的"价值"根源，Live Más 的新口号其实是强调了企业创立初期的品牌价值——价值、质量、相关性和非凡的体验。价值信息在新口号中也有呼应，但 Live Más 还能突出塔可钟长期价值主张中的相关性和体验这两个方面。

早期的研究结果表明，塔可钟 Live Más 的生活方式定位是很成功的。在该品牌推出后的一年中，销售额飙升了 8%，是行业领头羊麦当劳增长速度的两倍多。广告行业杂志《广告时代》提名塔可钟为当年的市场营销大师，因为其"进行超速创新，推出了一系列热门的新产品、全新的菜单，以及大胆地综合运用传统、社交和数字媒体在千禧一代中取得了成功"。

但对于塔可钟来说，成为一种体验和生活方式的品牌不仅仅是为了扭转销售下滑的局面和获得营销荣誉，更是为了打造未来。塔可钟最近宣布，到 2022 年，该企业的业务将增加近一倍，达到 140 亿美元，在美国有 8 000 家餐厅。实现这一崇高目标将会使塔可钟的顾客和塔可钟的营销人员都高呼："Live Más!"

资料来源：Kate Taylor, "KFC, Pizza Hut, and Taco Bell Want Even More Millennial Customers in 2015," *Entrepreneur*, December 11, 2014, www.entrepreneur.com/article/240835; Maureen Morrison, "Sales Are Going Loco at Taco Bell, Ad Age's Marketer of the Year," *Advertising Age*, September 2, 2013, p. 2; Shirley Brady, "Taco Bell Promotes New 'Live Más' Tagline in New Campaign," *Brand Channel*, February 24, 2012, www.brandchannel.com/home/post/2012/02/24/Taco-Bell-Live-Mas-Doritos-Locos-Tacos- Spots-022412.aspx; Maureen Morrison, "Taco Bell to Exchange 'Think Outside the Bun' for 'Live Más,'" *Advertising Age*, February 21, 2012, adage.com/print/232849; Mark Brandau, "Yum Plans to Double U.S. Taco Bell Sales," *Restaurant News*, May 22, 2013, nrn.com/quick-service/analysts-yum-plans- double-us-taco-bell-sales; and various pages at www.tacobell.com and www.tacobell.com/livemas, accessed September 2015.

（5）个性和自我概念。每个人独特的个性都会影响其购买行为。**个性**（personality）指的是让一个人或群体区别于他人的心理特征。个性通常用性格特征来描述，例如自信、支配倾向、社交能力、自主性、防御性、适应能力和攻击性。个性在分析消费者对某些产品或品牌的选择行为中是非常有用的。

品牌也是具有个性的，消费者总是倾向于选择与自己的个性相匹配的品牌。品牌个性是指赋予特定品牌的人类性格特征的组合。一位学者识别出 5 个品牌个性特征：真诚（务实、诚实、审慎、乐观）、刺激（勇敢、充满活力、想象力丰富、时尚）、能力（可靠、聪明、成功）、成熟（有魅力、高档、迷人）、粗犷（户外、坚韧）。一位消费者行为专家说："个性决定了你消费什么、收看什么样的电视节目、购买什么样的产品，并决定你将要做出的其他购买决策。"[20]

大多数著名品牌都与某个特定的特征紧密联系在一起：福特 F150 体现"粗犷"，苹果体现"刺激"，《华盛顿邮报》体现"能力"，Method 体现"真诚"，Gucci 体现"档次和成熟"。因此，这些品牌将吸引那些具有相似性格的人。捷蓝航空设计了一个"人性化"的活动。它在"航空的人性化一面"营销活动中宣传对乘客的关爱，致力于在飞行体验的每一个阶段为每位乘客提供一流的顾客服务。自 2000 年以来，它一直在倡导人性化。[21]

许多营销人员都使用一个与个性相关的概念——一个人的自我概念（也称自我形象）。这是说人们拥有的物品形成并反映了他们的自我认同，也就是说"我们所消费的东西体现了我们是什么样的人"。因此，要理解消费者行为，营销人员必须先理解消费者的自我概念与其拥有物之间的关系。

4. 心理因素

一个人的购买选择还受 4 个主要心理因素的影响：动机、感知、学习、信念和态度。

（1）动机。在某一特定时期，一个人有许多种需要。一些是生理上的需要——来自一些紧张状态，如饥饿、口渴或不适；另一些是心理上的——对认可、尊重或归属感的需要。当需求上升到更为强烈的状态时，就变成了动机。**动机**（motive）（或称**驱动力**（drive））是一种迫使人们去追寻满足感的需要。心理学家已经发展出了人类动机理论，其中最流行的两个理论（弗洛伊德和马斯洛的理论）对于消费者分析和市场营销有着不同的看法和启示。

弗洛伊德认为，人们对真正影响其行为的心理驱动力是无意识的。弗洛伊德的理论表明，一个人的购买决策受潜意识动机的影响，也许购买者本身并不了解这些潜在动机。因此，一个富裕、上了年纪的 50 后购买了一辆宝马敞篷车，可能会被简单地解释为他喜欢风掠过头发的感觉。从更深入的层次来考虑，他可能希望给他人留下成功的印象。如果再深入，他购买这辆车可能是希望自己可以找回年轻、自我的感觉。

消费者通常都不清楚或者不能描述导致他们产生特定行为的原因。因此，许多企业都会雇用心理学家、人类学家和社会学家的团队来进行动机的研究。一家广告代理企业会定期地对消费者进行一对一的访谈，深入研究消费者的隐藏的、潜意识的动机。另一家企业则让消费者将他们喜欢的品牌描述成动物或汽车，以此评估各种品牌的魅力。还有一些企业依赖催眠、释梦治疗、柔光灯和气氛音乐来探索消费者内心的秘密。

上述事例中的技术也许看起来相当愚笨，一些营销人员对于这种毫无意义的动机调查置之不理。但是，许多营销人员都会使用这种情感化的方法深入挖掘消费者心理，以更好地进行市场营销策略的发展研究，这种方法有时也被称为"解释性消费者研究"。

马斯洛试图解释为什么人们会在特定的时间被特定的需求所驱使。为什么有的人在追求个人安全上花费大量的时间和精力，而有的人却把时间和精力花费在获得别人的尊重上。马斯洛的答案是：人们的需要呈现出如图 5-3 所示的层级状，最低层级是最迫切的需要，最高层级则是最不迫切的需要。[22] 这些需求包括生理需要、安全需要、社交需要、尊重需要和自我实现需要。

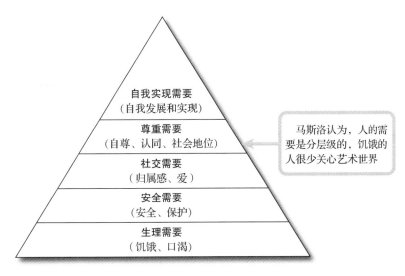

图 5-3　马斯洛需求层次理论

一个人总是首先试图满足最重要或最迫切的需要。当这个需要被满足以后，它就不再是这个人的行为动机，人们就试图满足下一个最重要的需要。比如，一个饥饿的人（生理需要）对艺术界最新发生的事件毫无兴趣（自我实现需要），也不在意是否受到他人的注意和尊重（尊重需要），甚至不会在意呼入的空气质量（安全需要）。但是，当每一个重要的需要被满足后，下一个需要就会开始发挥作用。

（2）感知。一个有动机的人随时准备行动，而具体如何行动则受该个体对特定环境感知的影响。所有人都会通过五感得来的信息进行学习：视觉、听觉、嗅觉、触觉和味觉。但每个人都会用各自不同的方式来接受、整理和理解这些感官信息，从而形成对世界的印象。**感知**（perception）是个人选择、组织和解释所获得的信息，从而形成对这个世界有意义的认识的过程。

人们会因为三种感知过程而对相同的刺激形成不同的感知：选择性注意、选择性曲解和选择性记忆。人们每天都暴露在大量的刺激之下。例如，个体预计每天会接触 3 000～5 000 条广告，这个混乱的数字环境每天增加 300 亿的在线展示广告，有 5 亿条推文被发送，有 14.4 万小时的视频被上传至 YouTube，有 47.5 亿的内容被分享至 Facebook。[23] 关心和留意所有这些刺激是不可能的。选择性注意——人们筛选掉大部分所接触的信息的倾向——意味着营销人员必须极其努力以吸引消费者的注意。

即使那些被注意到的刺激也不一定会按照预期的方式发挥作用。个体常常会采用一种既有的思维方式来处理接收到的信息。选择性曲解是指人们总是倾向于以一种能够支持他们已有观点的方式对信息进行理解。人们会将获得的大部分信息遗忘，而倾向于保留那些支持自己的态度和观点的信息。选择性记忆指消费者比较容易记住他们喜欢的品牌的优点，而更容易忘记竞争品牌的优点。由于存在选择性注意、选择性曲解和选择性记忆，营销人员必须为传达信息做出巨大的努力。

有趣的是，尽管大多数营销人员都在担心消费者不能完全感知到他们的努力，一些消费者也在担心他们会在不知情的情况下被营销广告信息所影响，即潜意识广告。50 多年前，一位研究人员称，他曾经在新泽西影院的屏幕上看到每隔 5 秒钟就会出现"吃爆米花"和"喝可口可乐"两个短语。根据他的报告，尽管观看者无法有意识地识别出这些广告，但他们会在潜意识中被这些广告所影响，最终爆米花和可乐的购买量分别提升了 58% 与 18%。突然之间，广告商和消费者保护群体对潜意识感知的兴趣迅速提升。尽管那名研究者后来承认自己编造了数据，但问题的余波仍在继续，一些消费者仍在担心他们会被潜意识广告信息所操控。

心理学家和消费者研究人员的许多研究表明，潜意识信息和消费者行为几乎或者根本就没有任何联系。最近的脑电波研究已经发现，在特定的环境下，我们的大脑可以记录潜意识信息，但潜意识广告并不像批判者所说的具有那样的能力。美国营销协会一个经典的广告嘲讽了潜意识广告的作用，"所谓的潜意识广告根本就不存在，而过于活跃的想象力却是真实存在的"。

（3）学习。人们从日常行为中学习。**学习**（learning）是指由经验而引起的个人行为上的改变。学习理论学家认为，人类的大多数行为都是通过学习得来的。一个人的学习是通过驱动力、刺激、暗示、反应和强化的交互影响而产生的。

驱动力是指一种能够引起行动的强烈的内在刺激。当驱动力指向一个特定的刺激目标时，驱动力就变成了动机。例如，一个人自我实现的驱动力可能会激励其考虑购买一台数码相机。消费者对于购买相机这一想法的反应是以周围的暗示为条件的。暗示是那些微小的刺激源，决定着一个人在什么时候、什么地点、如何做出反应。例如，这个人可能曾在商店橱窗中看到几个相机品牌，听到一个特别的促销价格，或者和朋友谈论过关于相机的话题，这些暗示都可能会影响消费者对是否购买这个产品的反应。

假设消费者最后购买了尼康数码相机。如果这次经历是成功的，消费者将很可能越加频繁地使用它，他对相机的反应将被强化。当再次购买相机、望远镜或是其他类似的产品时，他继续选择尼康的可能性将增大。对于营销人员来说，学习理论的现实意义在于，通过将消费者对产品的需求与强烈的驱动力联系起来，提供具备激励作用的暗示和正向强化来提升产品的销量。

（4）信念和态度。通过实践和学习，人们获得信念和态度。反过来，信念和态度又会影响人们的购买行为。**信念**（belief）是一个人对某些事物所持有的描述性的想法。信念可能基于真知、观点和信仰，可能有也可能没有情感成分。营销人员关注人们对特定产品和服务的信念的形成，因为这些信念组成了产品和品牌形象的一部分并影响人们的购买行为。如果有些信念是错误的且阻碍人们的购买行为，营销人员就需要发起活动更正这些信念。

人们对宗教、政治、服装、音乐、食物等几乎所有东西都持有自己的态度。**态度**（attitude）是人们对某事物或观念所持有的一贯好或不好的评价、感觉和倾向。态度使人们喜欢或讨厌、亲近或疏远某一事物。数码相机的购买者可能持有一些态度，例如"购买最好的产品""日本生产世界上最优质的相机产品"，或者"创造力和自我表达是人生中最重要的两个事情"。如果是这样，尼康相机就和消费者持有的态度非常契合。

态度是很难改变的。一个人的态度会形成一种模式，要改变一种态度可能需要对其他态度做出艰难的调整。因此，一家企业应该使自己的产品与消费者的现有态度模式相契合，而不是试图改变消费者的态度。当然也有例外，比如，试着让父母相信他们的孩子其实很喜欢洋葱——没错，洋葱。这看起来与主流态度是相反的，说服孩子们自己相信这个态度似乎是更大的挑战。然而，维达利亚洋葱委员会（VOC）成功地做到了这一点，它建立的宗旨就是推广佐治亚州最重要的农作物。[24]

态度和信念是很难改变的；然而，维达利亚洋葱委员会成功的"食人魔和洋葱"宣传活动让孩子们接受了洋葱，让他们的父母感到高兴。袋装维达利亚洋葱的销量飙升了 30%。

Vidalia Onion Committee. Vidalia® is a registered certification mark of Georgia Department of Agriculture.

让小孩吃洋葱也许会很难。洋葱的气味很重，能使人流眼泪，许多孩子就是不愿意吃。为了改变他们的态度，VOC 制订了独特的计划。它巧妙地利用了非常受欢迎的动画电影里的怪物史莱克。这个灵感来自《怪物史莱克1》里面的一个情节：史莱克向他的朋友驴子解释什么是食人魔。"洋葱是一层一层的，食人魔也是一层一层的,"史莱克说,"食人魔跟洋葱一样,就是这样。"于是,伴随着洋葱丰收季以及最新《怪物史莱克》电影的首映,VOC掀起了全国性的宣传活动"食人魔和洋葱"。杂货店的走道里挂着史莱克的巨幅招贴画,旁边是一包包的维达利亚洋葱,画上有史莱克的问句:"食人魔和洋葱有什么共同点?"在维达利亚洋葱网站上,史莱克还提供了适合孩子们口味的维达利亚洋葱菜谱。成功的宣传活动使孩子们立刻强烈要求购买或食用洋葱,这让父母们很惊讶和高兴。袋装维达利亚洋葱的销量在当季增加了30%。

我们现在可以识别出许多影响消费者行为的因素。消费者的选择决策是文化因素、社会因素、个人因素以及心理因素综合作用的结果。

5.2 购买者决策过程

作者评点

实际的购买决策仅仅是更大的购买决策过程中的一部分——从需求识别开始到购后行为终止。营销人员想要参与整个购买决策过程。

我们已经了解了影响购买者行为的因素,接下来我们看看消费者是如何做出购买决策的。图5-4显示了购买者决策过程的5个阶段:需求识别、信息收集、可选方案评估、购买决策和购后行为。显而易见,购买过程早在真正的购买之前就开始了,并在之后很长时间还在继续。营销人员需要关注整个购买过程而不仅仅是关注购买决策。

图5-4表明,消费者在每次进行慎重的购买时都会经历这5个阶段,但是消费者可能会以或快或慢的速度经历购买决策过程。在一些更加常规的购买中,消费者通常会跳过或是颠倒其中的某些阶段。这个过程通常取决于消费者、产品以及购买情境的性质。一位购买常用品牌牙膏的女性会首先识别到需求,然后越过信息收集和可选方案评估阶段而直接到达购买决策阶段。然而,我们仍然采用图5-4中的模型,因为它描述了一个消费者在面临全新的、复杂的购买情境时所有需要考虑的事项。

购买过程的前后有很长的决策时间,因此营销人员必须关注整个购买过程,而非单一的购买决策。

需求识别 → 信息收集 → 可选方案评估 → 购买决策 → 购后行为

图5-4 购买者决策过程

5.2.1 需求识别

购买过程从需求识别开始——购买者认识到一个问题或一种需求。这种需求可以由内部刺激引起,例如,当一个人的常规需求(如饥饿、口渴)上升到一定程度从而成为一种驱动力时。需求也可以由外部刺激引发。例如,一则广告或者与朋友的讨论可能会让你考虑购买一辆新车。在这个阶段,营销人员必须对消费者进行研究,发现其需求或问题,这些需求和问题是由什么产生的,以及它们如何驱使消费者购买特定的产品。

5.2.2 信息收集

对某类商品感兴趣的消费者可能会也可能不会进一步收集更多的信息。如果一个消费者的购买动机很强烈,同时令人满意的产品触手可及,那他很可能就会购买这个产品。否则,消费者就会记住这个需要或者收集与这个需要相关的信息。例如,一旦你确定自己需要一辆新车,至少你会更关注汽车广告、朋友的车以及与车有关的讨论。或者，你会积极地浏览相关网站、与朋友交流，或者通过其他方式来收集信息。

消费者可以从多种渠道获取信息，包括个人资料来源（家庭、朋友、邻居和熟人）、商业资料来源（广告、销售人员、经销商和制造商的网站及移动网站、包装、展销）、公共资料来源（大众媒体、消费者评分组织、社交媒体、在线搜索或他人评论）、亲身经历（检验和使用产品）。这些信息资料来源的相对影响力会因产品和购买者的不同而有所差异。

一般来说，消费者从商业资料来源中获得的产品信息最多，即那些通常被营销人员所控制的信息资料来源。然而，最有效的信息资料来源往往是个人资料来源。商业资料来源通常只能告知购买者，而个人资料来源则可以帮助购买者判断和评估商品。没有任何广告能比隔壁邻居谈论有关你正在考虑的产品的美好体验更有效。

渐渐地，"邻居的篱笆"被数字化了。如今的消费者可以在社交媒体上自由地分享对产品的看法、图片以及体验。买家能在多个地方找到关于其所考虑产品的用户评论，比如在亚马逊、百思买、Yelp、TripAdvisor、Epinions 以及 Epicurious 等网站上。尽管个体用户的评论质量参差不齐，但所有评论整体上能够提供可靠的产品评价。这些评价直接来自那些购买并体验过这款产品的消费者。

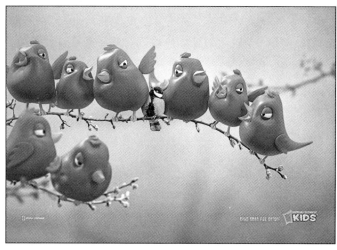

需求识别：这则国家地理儿童版的广告提醒家长们，在当今游戏机和社交网站盛行的时代，他们需要确保自己的孩子"为大自然腾出一些空间"。

Courtesy National Geographic Society, Fox P2 Advertising, and Lung Animation

获得更多的信息后，消费者会增加对可选品牌及其功能的认知和了解。在收集汽车信息的时候，你可能会了解到一些可供选择的品牌。这些信息可能还会帮助你从考虑集中剔除一些品牌。企业必须设计营销组合方案以让潜在顾客认识和了解自己的品牌。所以，企业应该仔细识别消费者的信息资料来源和每个信息资料来源的重要性。

5.2.3　可选方案评估

我们已经了解消费者如何使用信息来筛选出最终的品牌考虑集。接下来，营销人员就该了解可选方案评估，即消费者是如何处理信息以在多个可选品牌中做出选择的。不幸的是，消费者并不是在所有的购买情境中都采用一种简单且单一的评价过程。相反，多个评价过程会同时起作用。

消费者如何评估可选方案取决于其个人情况和特定的购买情境。在一些情况下，消费者会进行详细的计算和逻辑思考然后进行选择评估。在另外一些情况下，同样的消费者几乎不做计算，而是依靠直觉或产生冲动购买。有时，消费者自己做出购买决定；有时，他们向朋友、网络评论或者销售人员咨询购买建议。

假设你已经将备选的汽车品牌缩小到 3 个，并且你主要对 4 个属性感兴趣——价格、款式、使用成本和性能。到目前为止，你可能已经对每个品牌在每个属性上的表现形成了自己的理解。很明显，如果某个品牌在这 4 个方面都是最好的，营销人员就能预料到你会选择这个品牌。然而，这些备选品牌显然各有千秋。你可能会主要基于某一个属性做出选择，在这种情况下，你的选择就很容易预测。如果你更注重款式，就会购买你认为款式最好的汽车。但绝大多数购买者会同时考虑多个属性，并且每个属性的重要性不同。如果了解了你心中 4 个属性的权重，营销人员就可以更为可靠地预测和影响你的汽车选择。

营销人员应该研究消费者究竟是如何评估可选品牌的。如果营销人员知道评估过程是如何进行的，就可以采取一些措施去影响购买者的决策。

5.2.4　购买决策

在评估过程中，消费者会为品牌排出名次并形成购买意向。一般来说，消费者的购买决策应该是购买其最偏好的品牌，但有两个因素会出现在购买意向和购买决策之间。第一个因素是他人的态度。如果某些对你很重要的人认为你应该购买价格最低的汽车，那么你购买豪华汽车的可能性就会降低。第二个因素是突发的情境因素。消费者可能会以预期收入、预期价格和预期产品利益为基础形成一个购买意向。然而，突发事件可能会改变已形成的购买意向。例如，经济可能会衰退，一个强势的竞争者可能会降低价格，或者身边的朋友会对你所偏好的汽车评价不高。因此，产品偏好甚至购买意向并不总是导致消费者做出真正的购买选择。

5.2.5 购后行为

产品被购买之后，营销人员的任务并没有结束。消费者购买产品之后，会对产品感到满意或者不满意，进而影响营销人员非常关注的消费者购后行为。是什么决定了消费者对一次购买是否满意？答案在于消费者的期望和产品表现之间的关系。如果产品表现没有达到其期望，消费者就会失望；如果能同期望相符，消费者就会满意；如果超过期望，就会给消费者带来惊喜。期望和产品实际表现之间的差距越大，消费者就会越不满。这就要求销售人员必须兑现其对产品性能的承诺，这样消费者才会满意。

然而，几乎所有的大型购买都会产生**认知失调**（cognitive dissonance）或是由购后冲突而导致的不适。在购买后，消费者应该对所购买品牌的优点感到满意，同时因避开了未购买品牌的缺点而感到高兴。但是，每个购买行为都包含着妥协。因此，消费者会因为获得了所购买品牌的缺点和失去了未购买品牌的优点而感到不舒服，消费者会在每次购买后多少感到一些购后失调。

为什么顾客满意如此重要？顾客满意是建立盈利性顾客关系的关键——保持和发展顾客、获取顾客终身价值。满意的顾客会再次购买产品，向别人讲述产品的美好体验，更少关注竞争品牌和广告，更少购买企业的其他产品。许多营销人员并不仅是单纯地满足顾客的期望——他们的目标是令顾客感到惊喜。

不满意的顾客反应完全不同。负面口碑会比正面口碑传播得更快、更远，迅速破坏顾客对企业和产品的态度。但企业不能指望那些不满意的顾客会主动向企业说明他们的不满。大多数不满意的顾客从不把他们的问题告诉企业。因此，企业应该经常测量消费者的满意度。企业应当建立鼓励消费者投诉的系统，这样就可以知道产品的实际效果以及如何改进产品。

通过研究整个购买者决策过程，营销人员或许可以找到帮助消费者做出决策的方法。例如，如果消费者因为对新产品没有需求而不打算购买，企业就可以发布广告来激发这种需要，并展示这种新产品是如何帮助消费者解决问题的。如果消费者了解这一产品却因对其无好感而不打算购买，那么营销人员就必须找出改变产品或者消费者观念的方法。

5.3 新产品的购买决策过程

作者评点

在这里，我们来看一些新产品的购买决策过程中的特殊考虑。

现在我们来看看购买者如何做出新产品购买决策。**新产品**（new product）就是一些被潜在消费者认为是新的产品、服务或创意。它可能已经存在一段时间了，但我们关注的是顾客最初是如何知道的这个产品以及是否采用或购买。我们将**采用过程**（adoption process）定义为"个体从最初听到某种新产品到最后采用它所经历的心理过程"。所谓的采用，就是指个体决定成为某种产品的经常使用者的决定。[25]

5.3.1 采用过程的几个阶段

消费者在采用一种新产品的过程中要经历以下 5 个阶段。

- 知晓：消费者认识到一项新产品的存在，但缺乏关于它的信息。
- 兴趣：消费者寻求关于这种新产品的信息。

- 评估：消费者考虑这种新产品是否实用。
- 试用：消费者少量地试用这种新产品，以完善其对产品价值的评估。
- 采用：消费者决定定期地使用这种新产品。

这个模式建议新产品的营销人员思考如何帮助消费者顺利通过这些阶段。例如，如果 Sodastream 发现许多消费者对其家庭碳酸饮料制造商的评价很好，但却不愿购买，它可能就会与 Bed Bath & Beyond 等零售商合作，提供一个折扣价，让消费者越过决策障碍。

2008 年经济危机之后，现代汽车为了减少顾客的购车障碍，提供了一项独特的现代保险计划。该计划承诺，如果消费者在一年内失业或者没有收入了，那么，贷款购买或租车的现代车主可以无偿退车，且该行为不会影响他们的信用评级。在活动开始后的一个月里，现代索纳塔的销量增加了 85%。

5.3.2 创新的个体差异

人们在尝试新产品的意愿上存在很大不同。在每种产品领域中，都存在着"消费先锋"和早期采用者，其他人则要更晚一些才采用新产品。人们可以被划分为如图 5-5 显示的不同的采用者类别。[26] 如曲线所示，经历过缓慢的开始之后，越来越多的人开始采用新产品。当消费者群体陆续采用了新产品时，最终曲线会达到累积的饱和水平。革新者被定义为最先采用一种新产品的前 2.5% 的购买者（那些超过平均采用时间两个标准差的人群）；接下来的 13.5% 是早期采用者（在超过平均采用时间两个标准差与一个标准差之间），接下来是早期大多数、后期大多数和落后采用者。

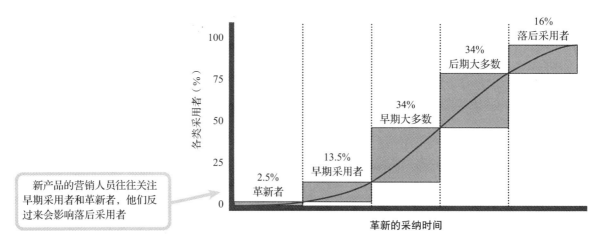

图 5-5 基于创新采用相对时间的采用者分类

这五类采用者群体具有不同的价值观：革新者通常具有一点冒险精神，愿意为尝试新产品冒一些风险；早期采用者则受到尊重感的驱使，他们是社区的意见领袖，采纳新观念很早但也很谨慎；早期大多数是经过深思熟虑的，虽然他们很少是意见领袖，但他们比一般人更早地采用新产品；后期大多数则是怀疑论者，仅仅当大多数人都尝试过之后他们才会采用新产品；落后采用者是被传统束缚的人，他们对变化存有疑虑，并且只有当创新已经成为传统产品时才会采用。

这种采用者划分表明，一家创新的企业应该在推出新产品时研究革新者和早期采用者的特点，并针对他们开展营销努力。

5.3.3 产品特征对采用率的影响

新产品的特征会影响其采用率。一些产品几乎是一夜成名，如苹果的 iPod、iPhone 和 iPad，从最初上市开始，它们就以惊人的速度销售。其他一些产品则需要更长的时间才能被接受。例如，全电动汽车于 2010 年首次在美国推出，以尼桑 Leaf 和特斯拉 Model S 等车型为主，但电动汽车目前只占美国汽车总销量的不到 1%。

它们可能需要几年甚至几十年才能取代燃油车。[27]

产品的五个特征在影响新产品的采用率上尤为重要。我们以全电动汽车为例看看产品特征与其采用率之间的关系。

- **相对优势**：新产品与现有产品相比的优越程度。全电动汽车不需要汽油，而是使用清洁、便宜的能源，这加速了它们的采用率。然而，需要花时间充电，它们的行驶里程有限，而且最初的成本较高，这将会降低采用率。
- **相容性**：新产品与潜在消费者的价值观及个人经验相符的程度。电动汽车与燃油汽车的驱动方式相同，然而，它们与美国当前的加油网络不兼容。插电式充电站非常少。采用率的增长将取决于全国充电站网络的发展，这可能需要相当长的时间。
- **复杂性**：理解和使用新产品的困难程度。驾驶电动汽车并不复杂，与驾驶燃油汽车没有什么不同，这将有助于加速对它的采用。然而，新技术在"概念上的复杂性"以及人们对其工作效率的担忧会降低采用率。
- **可分割性**：新产品可以在一些限定条件下被试用的程度。消费者可以试驾电动汽车，这对采用率是有利的。然而，目前，购买和充分体验这些新技术需要支付的高价格可能会减缓其采用。
- **可传播性**：新产品的使用结果能够被观察到或可以向其他人描述的程度。从某种程度上来说，电动汽车本身就是对自己的展示和描述，它们的使用将会在消费者中传播得更快。

其他特性也会影响采用率，例如最初和后续的成本、风险和不确定性以及社会认可度。新产品的营销人员在研发新产品以及制订营销计划时，必须对所有的因素进行研究。

缓冲带：概念链接

在这里暂停一下，我们应用在本章第一部分学过的概念。
- 回想一下你最近做的一次具体的重要购买。你遵循了什么样的购买过程？什么因素影响了你的购买决策？
- 选择我们讨论过的一个企业或品牌——耐克、星巴克、Netflix、苹果、捷蓝航空或其他。这家企业是如何运用顾客及其购买行为的知识来建立更好的顾客关系的？
- 考虑一家企业，比如英特尔，其产品会出售给电脑制造商和其他商业顾客而不是终端顾客。英特尔针对商业顾客的营销和苹果针对终端顾客的营销有什么不同？在本章的后半部分我们将探讨这个问题。

5.4 商业市场和商业购买者行为

作者评点

我们已经了解了消费者市场和购买者行为，下面我们继续挖掘商业市场和商业购买者行为。先想一想，二者的相同点在哪里，不同点在哪里？

大多数大企业会通过多种途径向其他组织销售产品，波音、杜邦、IBM、卡特彼勒以及无数的其他企业会向其他商业机构出售其大部分的产品。哪怕是制造终端消费者使用的产品的大型消费品制造商，也要首先把产品卖给其他企业。例如，通用磨坊打造了许多知名的消费者品牌，如 Big G 麦片（麦圈、麦片、Trix、Chex、Total、Fiber One）、烘焙产品（Pillsbury、Betty Crocker、Bisquick、Gold Medal 面粉）、小吃（天然山谷、妙脆角、Chex Mix）、优诺酸奶、哈根达斯冰激凌和许多其他品牌。为了将其产品卖给消费者，通用磨坊必须首先将产品卖给批发商和零售商，再由他们将产品转卖给消费者市场。

商业购买者行为（business buyer behavior）是指购买产品和服务用于生产其他产品和服务并销售、出租或供应给其他人的组织购买行为。它还包括零售商和批发商的行为，他们获取产品以转售或出租给其他人并从中获利。在**商业购买过程**（business buying process）中，商业购买者首先决定组织需要购买的产品和服务，然后在众多可供选择的供应商和品牌中进行评估和筛选。

从事 B2B 业务的营销人员必须尽最大努力理解商业市场和商业购买者行为。然后，像面向最终消费者的企业一样，他们必须通过创造卓越的顾客价值来与商业顾客建立盈利性关系。

5.4.1 商业市场

> **作者评点**
>
> 大多数消费者并不了解商业市场是如何运营的。个体消费者所购买的大多数产品，其背后都涉及一系列的商业购买行为。

商业市场是巨大的。事实上，商业市场涉及的资金和产品远远超过消费者市场。例如，试想生产和销售一套固特异轮胎所涉及的大量商业交易。各类供应商要卖给固特异橡胶、钢铁、装备和其他各种在生产过程中需要的商品；接着，固特异把生产好的轮胎卖给零售商，零售商又卖给消费者。消费者购买行为的背后可能需要很多商业购买行为的支撑。另外，固特异还会把轮胎作为原始设备卖给汽车制造商用于生产汽车，或者作为替换轮胎卖给那些将固特异轮胎用于汽车、卡车或其他交通工具的企业。

商业市场和消费者市场在某种程度上具有相似性，二者都需要有人为满足需求而承担购买者的角色并做出购买决策。然而，商业市场和消费者市场还是存在着很多不同。最大的不同在于以下四方面：市场结构和需求、购买单位的性质、决策类型和决策过程。

1. 市场结构和需求

与消费者市场相比，商业市场的营销人员通常要与少数但大规模的购买者打交道。甚至在规模很大的商业市场中，通常也是少数购买者占据大部分的购买量。例如，当固特异将替换轮胎卖给终端消费者时，其潜在市场包括全世界几百万的汽车拥有者。但是，固特异在商业市场的命运取决于屈指可数的几个大型汽车制造商。

此外，许多商业市场的需求缺乏弹性，且需求波动较大。许多商业产品的总需求不受价格变化的影响，尤其是在短期内。皮革价格的下降不会导致制鞋厂商购买更多的皮革，除非鞋子价格下降，进而增加了消费者对鞋子的需求。而且，许多商业产品和服务的需求往往比日常消费品和服务的需求变化更大、更迅速。消费需求的小幅增长会导致商业需求的大幅增长。

最后，商业市场的需求是**衍生需求**（derived demand）——从消费者产品需求中衍生出来的商业需求。例如，戈尔特斯面料的需求来源于消费者购买戈尔特斯生产的户外服装品牌。苹果、三星、联想、戴尔、惠普、索尼和微软等厂商生产的电子产品使用的是大猩猩玻璃的屏幕，消费者只有在购买这些厂商的笔记本电脑、平板电脑和智能手机时，才会对康宁的大猩猩玻璃屏幕产生需求。如果消费者对最终产品的需求增加，那么，他们对中间产品（即戈尔特斯面料和他们使用的大猩猩玻璃屏幕）的需求也会增加。

因此，B2B 营销人员有时会直接向最终消费者推销他们的产品，以增加其商业需求。例如，康宁长期以来针对消费者开展名为"坚韧，但是美丽"的营销活动，其特色是由大猩猩玻璃家族的营销人员试图说服最终购买者选择使用大猩猩玻璃屏幕的数字设备，而不要选择其竞争对手。这样的广告对康宁和采用了其耐用、防刮擦屏幕的合作伙伴品牌都有好处。得益于这项消费者营销活动，康宁的大猩猩玻璃屏幕已经被使用在全球 40 多个主要品牌的 30 多亿台设备上了。[28]

衍生需求：康宁长期以来针对消费者的"坚韧，但是美丽"的营销活动，让最终用户相信，购买使用大猩猩玻璃屏幕的设备是有道理的，这对康宁和它的合作伙伴品牌都有好处。
Photo courtesy Corning Incorporated.

2. 购买单位的性质

与消费者购买相比，商业采购往往涉及更多的决策参与者和更专业的购买行为。通常，商业采购由经过专业训练的采购代表完成，这些人的工作就是学习如何更好地采购。购买行为越复杂，参与其中的人就越多。在购买大宗商品时，通常会有由技术专家和高层管理者组成的采购委员会。除此之外，B2B 营销人员还要与更高级别、训练有素的采购经理打交道。所以，企业必须要由受过良好训练的营销人员和销售人员来与这些受过良好训练的买家打交道。

3. 决策类型和决策过程

商业购买者往往比个体消费者面临更加复杂的购买决策。商业购买通常涉及大量的资金、复杂的技术和经济利益，并且需要与买方不同级别的人打交道。商业购买过程往往比消费者购买所花费的时间更长，且更加正式。大型的商业采购往往要求详细的产品说明书、书面的采购订单、谨慎的供应商搜寻以及正式审批。

最后，在商业购买过程中，买卖双方通常更加相互依赖。B2B 营销人员会全力以赴，并在购买过程的各个阶段与顾客紧密合作——从帮助顾客定义问题，到寻找解决方案，再到售后支持。他们还经常要根据每个顾客的需求提供定制的产品和服务。从短期看，满足购买者对产品和服务的即时需求就能让供应商获得更多的销量。但从长期来看，B2B 营销人员不仅需要满足顾客的当前需求，还要与顾客密切合作帮助其解决问题，才能够维持住顾客。例如，让我们看看通用电气柴油机车的购买过程。[29]

通用电气的机车可能并不能吸引你，但对于那些购买和使用它们的人来说，它们就像是美丽的野兽。性能在机车购买者的决策中发挥着重要作用，通用电气机车在这方面胜过竞争对手。但性能只是影响购买的其中一个因素。机车的平均标价为 220 万美元，购买过程十分漫长，中间可能涉及数十个甚至数百个决策者，以及各种各样的影响购买的因素。

通用电气面临的真正挑战是，如何在密切合作的基础上与顾客建立提供问题解决方案的长期合作伙伴关系，从而赢得他们的业务。通用电气不仅仅"销售机车"，它通过与顾客进行战略合作来赢得合同订单，帮助他们更高效、更可靠地运送乘客和货物。例如，通用电气最大的顾客之一——CSXT，最近几年购买了数百辆通用电气的机车。根据 CSXT 采购经理的说法，该企业"在签订购合同之前评估许多成本因素……对环境的影响、燃料的消耗、可靠性、可服务性等，都是影响决策的关键要素"。但同样重要的还有："我们与通用电气企业持续合作的价值。"

和通用电气的例子一样，近年来，大多数顾客和供应商的关系已经从对抗变成了紧密合作。很多商业顾客正在实践**供应商发展**（supplier development），系统地打造供应商伙伴网络，以确保其生产商品或转售所必需的产品或原材料供应。例如，沃尔玛没有"采购部"，而是设有一个"供应商发展部"。这个零售巨头明白，它不能仅仅依靠自己需要时可用的现货供应商。与之相反，沃尔玛运营着一个巨大的供应商伙伴网络，帮助它每年提供价值数千亿美元的商品给顾客。

5.4.2 商业购买者行为

> **作者评点**
>
> 商业购买决策既有简单的例行购买，也有极其复杂的购买，可能涉及较少或很多的决策者和影响因素。

在最基本的层面上，营销人员希望知道商业购买者对不同营销刺激的反应。商业购买者行为模型如图 5-6 所示。在这个模型中，营销刺激和其他刺激会影响购买组织并产生一定的购买者反应。为了设计有效的营销策略，营销人员必须掌握组织内部发生的事情，并将这些刺激转化为购买行为。

在组织中，购买活动包含两大部分：由所有参与购买决策的人组成的采购中心和购买决策过程。这个模型表明，采购中心和购买决策过程受到组织内部、人际和个人因素以及外部环境因素的影响。

图 5-6 中的模型对商业购买者行为提出了四个问题：商业购买者做出的购买决策是什么？谁参与了购买过程？影响购买者的主要因素是什么？商业购买者是怎样做出购买决策的？

1. 主要的购买类型

购买主要有三种类型。[30] 在**直接重购**（straight rebuy）中，商业购买者不做任何调整地进行重复购买。直接重购常常是由采购部门根据惯例进行的。为了维持经营,"名单内"的供应商努力保持产品和服务的质量,"名单外"的供应商会积极寻求机会为购买者创造价值,或是利用现有供应商的不足,使购买者将其列入考虑范围。

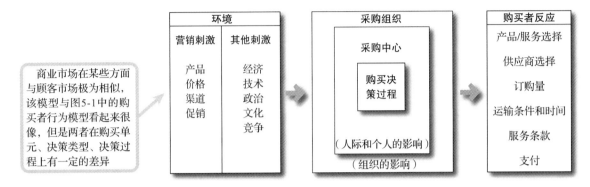

图 5-6　商业购买者行为模型

在**修正重购**(modified rebuy)中,购买者需要调整产品规格、价格、相关条款及供应商。此时,"名单内"的供应商会为了保住订单而感觉到紧张和压力,而"名单外"的供应商会将修正重购视为一次提供更好的产品和获得新业务的机会。

当企业首次购买某种产品和服务时,它面临的是**新采购任务**(new task)。在这种情况下,成本或风险越大,参与决策的人就越多,他们为收集信息所付出的努力也越多。新采购任务这个购买类型对营销人员来说是全新的挑战,同时也是最好的营销机会。营销人员不仅要尽可能多地了解购买影响因素,还要提供帮助和各种信息。购买者在直接重购中做出的决策最少,而在新采购任务中需要做出的决策最多。

许多商业购买者更喜欢从一个供应商那里购买一整套问题解决方案,而不是从若干不同的供应商处分别购买产品和服务,然后再组合在一起。能为满足顾客需求和解决其问题而提供最完整的系统方案的企业往往能获得更高的销售额。这样的**系统销售**(systems selling,或**方案销售**(solutions selling))通常是赢得和维持订单的关键。下面我们来看看IBM和它的顾客六旗娱乐企业。[31]

六旗娱乐企业经营19个地区的主题公园,它们以惊险刺激的项目和水上项目、世界顶级的过山车以及特色表演和演唱会而著称。为了给顾客一种快乐且安全的体验,六旗娱乐企业必须谨慎而有效地管理游乐园中的上千种设施,包括过山车等设备、建筑物以及其他设施等。六旗娱乐企业需要一个有效的工具来管理遍布所有公园的各种资产。所以,六旗娱乐企业找到了IBM,其 Maximo Aset Management 软件可以很好地解决这一问题。

但IBM并没有把软件交付之后就不管了。相反,IBM的Maximo专业服务小组为该软件整合了一系列帮助其顺利运行的服务。IBM与六旗娱乐企业紧密合作,根据六旗娱乐企业的各种设施定制应用程序并进行了战略性的实施和运行,在这个过程中结合了现场沉浸式培训和规划研习班。因此,IBM不仅出售软件,它针对六旗娱乐企业复杂的资产管理问题出售了一套完整的解决方案。

2. 商业购买过程的参与者

谁来负责采购商业组织所需的价值数千亿的产品和服务?在购买组织中做决策的单元被称为**采购中心**(buying center),它由所有参与购买决策过程的个人和单位组成。这个群组包括产品或服务的实际使用者、购买决策制定者、购买决策影响者、实际购买者以及购买信息的控制者。

在购买组织中,采购中心并不是一个固定和正式的部门。它由各种购买角色组成,这些购买角色在进行不同的采购时将由不同的人承担。对于某些常规采购,一个人(或采购代表)可以承担采购中心的所有角色,独自完成整个采购决策。对于更复杂的采购,采购中心可能会包含来自组织内不同级别和部门的20～30名员工。

采购中心的概念对营销提出了一个重大的挑战,即商业市场的营销人员必须知道谁参与了决策、每个参与者的相对影响力以及每个决策参与者使用的评估标准。这是非常困难的。

采购中心通常包括一些确定的参与者，他们会正式参与购买决策。例如，为企业购买一架直升机的决策很可能会涉及企业的CEO、主要飞行员、采购代理、一些法律人员、一位高层管理者和其他要为采购决策负责的人员。同样，这个决策也会涉及一些不太明显的、非正式的参与者，他们中的某些人员也会影响甚至决定采购决策。有时候，甚至采购中心的工作人员都不清楚还有哪些参与者。例如，具体采购哪个品牌的直升机可能取决于某位对飞行感兴趣且很了解飞机的董事会成员，而这位董事会成员可能会在幕后影响这一决策。很多采购决策取决于不断变化的采购参与者之间的复杂相互作用。

3. 影响商业购买者的主要因素

商业购买者在做购买决策时会受到很多因素的影响。一些营销人员认为，主要的影响因素是经济因素。他们认为，购买者会青睐那些提供最低价格、最好质量或最多服务的供应商。他们将工作重点放在向购买者提供更大的经济利益上。这样的经济因素对大多数买家来说是非常重要的，特别是在经济困难期。但是，实际上，商业购买者会同时受到经济因素和个人因素的影响。商业购买者具有人的属性和社会性，远非人们想象的那样冷酷、精明和没有人情味。他们受到情感和理智的双重影响。

如今，大多数B2B营销人员都认识到了情感因素在商业购买决策中所扮演的重要角色。来看下面这个例子。[32]

USG企业是一个为建筑和装修行业提供石膏墙板和其他建材的领先制造商。鉴于其营销对象是建筑合同商、建筑工程师和施工人员，你可能会以为它的B2B广告会专注于强度、耐久力、安装简便、成本低等性能特点和优点。事实上，USG确实在宣传这些优点。然而，它围绕新定位"建造你自己的世界"展开的企业营销活动，无疑包含了更多的情感冲击。这场活动的焦点不是USG产品的性能表现，而是该企业及其产品所代表的立场和意义。例如，一则广告展示了一边是兴奋的孩子们在建造一座沙子城堡，而另一边是工地上手里拿着安全帽的工人。广告的标题写道："我们像孩子一样想象着伟大的王国，建造它们。"正如一位分析师所言："建筑材料和情感并不是你能立即联系到一起的东西，但这个（USG）活动捕捉到了人类想要建造世界的强烈情感。"

图5-7列举了影响商业购买者的几类因素——环境因素、组织因素、人际关系因素和个人因素。当前和预期的经济环境对商业购买者有着重要的影响，如基本需求水平、经济前景和资金成本。另一个环境因素是关键材料的供应情况。商业购买者同时还受到环境中供应情况、技术、政治/法规及竞争的影响。最后，文化和习俗也可以在很大程度上影响商业购买者对营销行为和营销策略的反应，特别是在国际营销环境中。营销人员必须要关注这些因素，判断它们会如何影响购买者，并试图将环境中的挑战转变成机会。

图5-7　消费者购买行为的影响因素

组织因素同样重要。每一个购买组织都有自己的目标、策略、结构、系统和流程，商业市场营销人员必须很好地理解这些因素。需要思考的问题有：购买决策有多少人参与？他们是谁？他们的评估标准都是什么？企业关于购买者的政策和限制是什么？

采购中心往往由很多相互影响的参与者组成，因此人际关系因素也会影响商业购买过程。但是，评估人际关系因素以及小组动态的影响常常是很困难的。采购中心的成员不会自己贴上标签注明"决策制定者"或者"不重要的人"。采购中心成员中地位最高的人并不总是影响力最大的人。参与者影响购买决策也许是因为他们有决定奖惩的权力、人缘好、拥有特殊的专业技术，又或许是与其他重要的参与者有特殊关系。人际关系因素往往是非常微妙的。在任何可能的情况下，商业市场营销人员必须试着理解这些因素，并在设计营销策略时把这些因素考虑进去。

商业购买决策过程中的每个参与者都会带入他们各自的动机、看法和偏好。这些个人因素受到个人特征的影响，比如年龄/受教育程度、个性等。而且，购买者具有不同的购买方式。有些是技术型的，他们在选择供应商前会对竞争提案做彻底分析。还有一些购买者可能是直觉谈判者，他们擅长使卖方相互竞争，自己则坐享渔翁之利。

4. 商业购买决策过程

图 5-8 列举了商业购买决策过程的八个步骤。[33] 面临新购买任务的商业购买者通常需要经历整个过程的所有步骤。进行直接重购或者修正重购的购买者可以跳过中间的一些步骤。我们将通过典型的新购买任务情境来学习这些步骤。

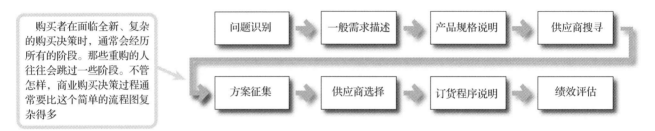

图 5-8　商业购买决策过程的各个阶段

（1）问题识别。购买过程开始于问题识别，即通过特定的产品或服务来解决某个问题或满足某种需要。问题识别可以由内部或外部刺激所引起。在企业内部，可能因为决定推出一种新产品而需要新的生产设备和材料；或者因为一台机器出现损坏而需要新的部件；也许采购经理对当前供应商的产品质量、服务或价格不满意。在企业外部，购买者可以在展会上获得一些新想法，看到广告或网站，或者接到能够以更低的价格提供更好的产品的销售人员的电话。

事实上，商业营销人员通常利用广告来引起顾客对潜在问题的注意，并向他们展示其产品和服务如何帮他们解决问题。例如，咨询企业埃森哲受到嘉奖的"高性能交付"B2B 广告就是这么做的。埃森哲的一则广告指出，企业迫切需要与数字技术同步发展。该广告展示了飞蛾被智能手机屏幕的亮光所吸引，并宣称，"埃森哲数字技术可以帮助你吸引更多的顾客"。埃森哲的解决方案是："我们的行业专长，加上我们在互动、分析和灵活性方面的综合能力，可以帮助顾客利用机会进行创新和竞争。"该系列的其他广告讲述了埃森哲如何帮助顾客企业识别和解决各种问题的成功故事。[34]

（2）一般需求描述。购买者认识到某种需求后，接下来需要准备一份一般需求描述，说明所需物品的特点和数量或解决方案。对标准购买而言，这个过程几乎不存在问题。但是，对于复杂的项目来说，购买者可能需要与其他人（工程师、用户、咨询人员）合作来确定需求。这个团队可能希望对产品的可靠性、持久性、价格和其他属性按照重要程度进行排序。在这一阶段，敏锐的商业营销人员可以帮助购买者界定需求，并提供信息介绍不同产品特征所带来的价值。

（3）产品规格说明。接下来购买组织就要制定产品的技术规格，这通常会在一个价值分析小组的协助下进行。产品价值分析指企业通过仔细地研究产品或服务的构成来判断其是否能够被重新设计、标准化，或者用成本更低的方法生产出来，它是一种实现成本降低的方法。产品价值分析小组会确定最好的产品特性，并据此进行详细说明。卖方也可以把价值分析作为获取新顾客的工具。通过向购买者展示制造某个产品的更好方式，"名单外"的卖方可以将直接重购转化为新采购任务情形，从而为其创造获取新业务的机会。

（4）供应商搜寻。在这个阶段，购买者为了找到最好的卖家而进行供应商搜寻。购买者可以通过行业目录、网上搜索或其他企业的推荐来找到合格的供应商。如今，越来越多的企业通过互联网寻找供应商。对营销人员而言，互联网为规模较小的供应商提供了和规模较大的竞争者公平竞争的环境。

购买任务越新、产品越复杂、成本越高，购买者在寻找供应商上投入的时间就越长。供应商的任务是要被列入购买者的主要"名单"并在市场上建立良好的声誉。营销人员应该关注正在寻找供应商的企业，并确保他们的企业被列入考虑。

（5）方案征集。在商业购买过程的方案征集阶段，购买者邀请合格的供应商提交提案。作为回应，一些供应商将为购买者展示其官方网站或促销的材料，或安排一名营销人员去拜访购买者。然而，如果购买的产品过于复杂或非常昂贵，购买者往往需要每个潜在的供应商提供详细的书面提案或正式的报告。

商业营销人员必须精于研究、书写并展示提案，以回应购买者的方案征集。提案不是技术文档，而应该是营销文档。提案展示需要激发购买者对营销人员企业的信心，并且使企业在竞争中脱颖而出。

（6）供应商选择。接下来，采购中心的成员审核申请书并选择一个或多个供应商。在供应商选择过程中，购买者通常会提出希望供应商具备的属性列表以及不同属性的相对重要性。这些属性包括产品和服务的质量、声誉、按时送货、企业道德行为、诚信沟通以及有竞争力的价格。采购中心的参与者会根据这些属性对供应商进行评级，并确定最佳供应商。

在做出最终选择之前，购买者可能会尝试与其偏好的供应商谈判，以获得更好的价格和条款。最后，他们会挑选一个或几个供应商。许多购买者更偏向于选择多家供应商，以避免完全依赖一个供应商，同时也可以对几个供应商的价格和性能进行比较。如今的供应商发展经理通常想要开发一个完整的供应商合作伙伴网络，以帮助企业给顾客带来更大的价值。

（7）订货程序说明。接下来，购买者需要准备一个订货程序说明，包括购买者与所选供应商之间的最终订单，并明确所有条款，如技术规格说明、需求数量、期望的交货时间、退换货政策和担保。对于维护、修理和运营等服务，购买者可能会使用总括合同，而不是常见的定期采购订单。总括合同创建了一种长期的合作关系，供应商承诺按照约定的价格在规定的一段时间内为购买者提供所需的产品或服务。

现在，很多大的购买者都在实行供应商管理库存的方式，即将订单和库存的责任转移给供应商。在这样的系统中，购买者与重要的供应商分享销售和库存信息，供应商则监测库存量并在需要的时候自动为购买者补充存货。例如，服务于沃尔玛、塔吉特、家得宝和劳氏等大型零售商的大多数主要供应商都采用了供应商管理库存的方式。

（8）绩效评估。在这个阶段，购买者对供应商的绩效进行评价并做出反馈。购买者可以联系用户并要求他们对其满意度进行评分。供应商的绩效评估可能导致购买者继续、修正或者放弃对该供应商的采购计划。供应商要监控购买者所关注的因素，以确保实现顾客满意。

图 5-8 展示了包含八个步骤的商业购买决策过程模型，为新采购任务的商业购买过程提供了一个概览。实际的购买流程通常更复杂。在直接重购或修正重购的情境中，一些步骤可能会被省略或跳过。每个组织都有自己的购买方式，每种购买情境也有独特的要求。

采购中心的不同参与者可能会在不同的阶段参与进来。尽管一些购买步骤确实存在，但购买者并不总是按照同样的顺序执行这些步骤，他们也可能会增加一些步骤。购买者还会经常重复一些步骤。最后，与同一顾客的关系可能会涉及同时进行的、处于不同购买步骤的多项购买。卖方必须管理好整体的顾客关系，而不只是单次购买中的顾客关系。

5.4.3　以数字技术和社交媒体营销吸引商业购买者

像营销的其他领域一样，信息技术以及在线、移动和社交媒体的爆炸式增长同样也改变了 B2B 领域的购买和营销过程。在本小节中，我们将讨论两个重要的技术进步：电子采购和网上采购以及 B2B 数字和社交媒体营销。

1. 电子采购和网上采购

信息科技的进步已经大大改变了 B2B 购买的过程。在线采购，常被称为**电子采购**（e-procurement），在最近几年发展得非常迅速。在 20 年前基本没人知道的在线采购,如今对于大多数企业来说已经是标准流程了。反过来,商业营销人员也可以与顾客进行在线联系,与其分享营销信息、销售产品和服务、提供支持服务,从而维持长期的顾客关系。

企业可以通过多种方式进行电子采购。它们可以进行逆向拍卖,在网上公布自己的采购要求并邀请供应商投标;或者,它们还可以参加在线贸易交流,共同合作以促进贸易过程的顺利开展;企业也可以建立自己的企业采购网站来进行电子采购。比如,通用电气运行了一个企业交易网站,在网站上通用电气可以发布它的采购需求并邀请供应商投标、协商相关条款和下订单。或者企业还可以创造与主要供应商的外部连接。例如,它们可以在戴尔、史泰博等供应商处创建直接采购账户,企业的采购人员可以通过这些账户直接采购设备、原材料和其他物资。史泰博有一个 B2B 采购部门,叫作 Staples Advantage,为满足各种规模的企业对办公用品及服务的采购需求提供服务,这些企业的规模可以小到只有 20 位员工,也可以大至《财富》1 000 强。

B2B 电子采购有很多好处。首先,它降低了交易成本,并帮助购买者和供应商提升采购效率。电子采购减少了订单和交付之间的时间。电子采购还省去了传统采购的申请和下单环节所涉及的文书工作,并帮助采购者更好地跟踪所有的采购。最后,除了节约成本和时间外,电子采购还可以让人们从繁重的文书工作中解脱出来,从而使其可以专注于更具战略性的问题,比如找到更好的供应商、与供应商合作来降低成本和开发新产品。

然而,电子采购的迅速扩张也带来了一些问题。例如,互联网使供应商和顾客可以共享业务数据,甚至在产品设计上进行协作,但同时,这也可能会破坏顾客与供应商之间持续数十载的关系。现在,许多购买者利用互联网的力量,让供应商之间相互竞争,为每次采购搜索更好的交易、产品和周转时间。

2. B2B 数字和社交媒体营销

为了应对顾客快速转向在线采购的趋势,B2B 营销人员现在广泛使用数字和社交媒体营销——从网站、博客、移动应用程序、电子通信和专有网络到主流社交媒体,如 Facebook、领英、YouTube、Google + 和 Twitter,随时随地吸引顾客参与和管理顾客关系。在商业市场营销中,数字和社交媒体渠道的使用呈现爆炸式增长。数字和社交媒体营销迅速成为吸引商业顾客参与的新方式。以 Makino 为例,它是一家领先的金属切削和加工技术制造商。

在 Makino 机械工具的 YouTube 频道上有一个热门的视频。它展示了 Makino 的 D500 五轴垂直加工中心是如何工作的,当这个机械设备制造一个新的工业部件时,会有金属碎片迅速飞过。听起来令人兴奋吗?你可能并不这么认为。但对于工业顾客来说,这段视频简直可以说是让人着迷。这段视频已经被浏览了 33 000 多次,主要的浏览者是 Makino 的现有或潜在顾客。对于 B2B 营销人员来说,这是 Makino 很好的媒体曝光。[35]

Makino 使用各种各样的数字和社交媒体方案来吸引顾客参与。例如,它将企业定位为行业思想领袖,举办了一系列针对特定行业的网络研讨会,平均每月举办 3 场网络研讨会,并提供包含 100 多个主题的资料库,内容涵盖面广,从优化机械工具的性能到发现新的金属切削过程等。这些网络研讨会帮助 Makino 构建顾客数据库、生成销售线索、建立顾客关系,并为营销人员提供相关的信息和在线教育顾客,帮助他们更好地开展后续的销售工作。Makino 还广泛地使用 Twitter、Facebook、Google + 和 YouTube 吸引现有顾客和潜在顾客的参与,让顾客更多地了解 Makino 最近的创新和事件,并生动地展示企业提供的机器如何工作。

与传统的媒体和营销方式相比,数字和社交媒体可以创造更多的顾客参与和互动。B2B 营销人员明白,他们真正的目标不是企业,而是那些影响企业购买决策的个人。如今的商业购买者总是通过他们的数字设备——无论是个人电脑、平板电脑还是智能手机——来互动和相互联系。

数字和社交媒体在吸引相互联系的商业购买者中扮演重要的角色,能够实现传统的人员销售所做不到的事情。在传统的销售模式中,销售代表需要亲自拜访商业顾客企业或者在贸易展会上与商业顾客代表会面。与此不同,新的数字技术允许卖方和商业顾客组织中的大量人员进行随时、随地的联系。数字技术使供应商和购买者对重要信息的控制权更强、获取更便利。B2B 营销一直都是社交网络营销,但如今的数字环境提供了一系列令人兴奋的新型网络工具和应用。

我的营销实验室

如果你的老师布置了这项任务，请完成 MyLab 的问题讨论部分带有星号的问题。要完成本章的数字营销问题，请查看 MyLab 中的作业。

章节回顾和批判性思维

目标回顾

本章是理解市场和消费者部分的三章中的最后一章。在本章中，我们详细介绍了消费者和商业购买者行为。美国的消费者市场由 3.2 亿人构成，他们每年消费价值超过 11 万亿美元的商品和服务，这使其成为世界上最具吸引力的消费者市场。商业市场会比消费者市场涉及更多的资金和产品。理解购买者行为是营销人员面临的最大挑战之一。

1. 理解消费者市场和影响消费者购买行为的主要因素

消费者市场包含所有为满足自身消费而购买产品或服务的个体和家庭。最简单的消费者购买行为模型表明，营销刺激和其他的主要因素会进入消费者的"黑箱"之中。这个"黑箱"包含两部分，即购买者特征和购买者决策过程。一旦进入"黑箱"中，这些输入就会导致购买者的相应反应，如购买态度、偏好以及购买行为。

消费者购买行为被四个主要的购买者特征所影响，包括文化、社会、个人和心理。理解这些因素可以帮助营销人员识别有购买意向的消费者，提供符合消费者需求的产品，以更好地满足消费者需求。文化是决定一个人的需要和行为的最基本的因素。不同文化、亚文化和社会阶层群体的人有不同的产品需求和品牌偏好。社会因素，诸如小群体、社会网络和家庭，都会强烈地影响顾客的产品和品牌选择，就像年龄、生命周期阶段、职业、经济状况、生活方式和个性等个人特征一样。最后，消费者购买行为也被四个主要的心理因素所影响，包括动机、感知、学习、信念和态度。这些因素中的每一个都对理解消费者"黑箱"的工作原理提供了不同的视角。

2. 识别和讨论购买者决策过程的各个阶段

当购买活动发生时，购买者要经历由需求识别、信息收集、可供选择方案评估、购买决策和购后行为组成的决策过程。在需求识别阶段，消费者意识到一个问题或者一种需求，这一问题或需求也许能被市场上的产品或服务所解决或者满足。一旦需求被识别出来，消费者便进入信息收集阶段。掌握信息之后，消费者进入可供选择方案评估阶段，在这个阶段，所收集的信息被用来评估选择其中的品牌。基于此，消费者做出购买决策，并实际购买该产品。在购买决策过程的最后阶段——购后行为阶段，消费者根据其是否满意来采取行动。营销人员的任务就是理解每个阶段的购买者行为以及对他们起作用的影响因素。

3. 描述新产品的采用和扩散过程

产品采用过程包括五个阶段：知晓、兴趣、评估、试用和采用。新产品的营销人员必须考虑如何帮助消费者来完成这些阶段。谈到新产品的扩散过程，消费者以不同的速度做出反应，这取决于消费者的个性和产品的特征。消费者可能是革新者、早期采用者、早期大多数、后期大多数或者落后采用者。针对每个群体必须采用不同的营销策略，营销人员希望产品可以引起那些潜在的早期采用者尤其是意见领袖的注意。

4. 定义商业市场并识别影响商业购买者行为的主要因素

商业市场由所有以营利为目的而购买企业的产品和服务用以生产其他产品和服务或者转售、出租的组织所构成。与消费者市场比较，商业市场的购买者通常数量少但购买规模更大，并且在地理位置上更加集中。商业市场的需求是衍生需求，而且商业购买决策通常涉及更多、更为专业的购买者。

商业购买者根据三种不同类型的购买情境做出不同的购买决策，即直接重购、修正重购和新采购任务。购买组织的决策制定单位即采购中心，由在购买决策中扮演众多不同角色的人组成。商业市场营销人员需要知道，谁是采购中心的主要参与者？他们在哪些决策中施加影响？他们的相对影响力如何？每个决策参与者使用的评估标准是什么？商业市场营销人员同样需要理解在购买过程中环境因素、组织因素、人际关系因素和个人因素的影响。

5. 列举并定义商业购买决策过程的步骤

商业购买决策过程包含八个基本阶段：问题识别、一般需求描述、产品规格说明、供应商搜寻、方案征集、供应商选择、订货程序说明和绩效评估。面临新采购任务的购买者通常会经历该购买决策过程的所有阶段。修正重购或直接重购的购买者可能会跳过其中一些阶段。企业必须管理好整体顾客关系，通常包括处于购买决策过程不同阶段的多项购买。信息技术的进步促成了电子采购的诞生，通过电子采购，商业购买者就能在线进行所有产品和服务的采购。商业市场营销人员越来越多地与顾客进行在线联系，通过数字、移动和社交媒体吸引顾客参与，与其分享营销信息、销售产品和服务、提供支持服务，从而维持持久的顾客关系。

关键术语

消费者购买行为（consumer buyer behavior）：指最终消费者，即个人和家庭，为了个人消费而购买产品和服务的行为。

消费者市场（consumer market）：所有购买或获得产品和服务，并用于个人消费的个人和家庭。

文化（culture）：社会成员从家庭及其他重要机构所学到的一套基本的价值观、观念、需要和行为方式。

亚文化（subculture）：由于相似的生活经历与环境而持有相似的价值观体系的一个群体。

总市场策略（total market strategy）：将民族主题和跨文化视角融合在品牌的主流营销中，注重不同亚文化细分市场的顾客相似性而非差异性。

社会阶层（social class）：相对持久、有序的社会群体划分，相同阶层的人具有相似的价值观、兴趣和行为。

群体（group）：为达到个人或共同目标而互动的两个或两个以上的人。

口碑影响（word-of-mouth influence）：好朋友、家人、同事和其他消费者的亲自推荐对购买行为产生的影响。

意见领袖（opinion leader）：参照群体中因为特殊的技能、学识、性格或者其他特征而对他人有影响力的人。

在线社交网络（online social network）：能够满足人们社交、交流信息和观点的在线社区，包括博客、社交网站和其他在线社区。

生活方式（lifestyle）：一个人通过其活动、兴趣和观念所表现出来的生活模式。

个性（personality）：一个人所特有的心理特征，使其与他人或其他群体不同。

动机（motive）或**驱动力**（drive）：一种足够紧迫、可引导人们寻求满足的需要。

感知（perception）：个人选择、组织和解释所获得的信息，从而形成对这个世界有意义的认识的过程。

学习（learning）：从经验中产生的个人行为变化。

信念（belief）：一个人对某事物所持有的描述性想法。

态度（attitude）：一个人对某事物或观念所持有的一贯好或不好的评价、感觉和倾向。

认知失调（cognitive dissonance）：由购后冲突引起的购买者不安。

新产品（new product）：被潜在顾客认为是新的产品、服务或创意。

采用过程（adoption process）：个体从第一次听到某种创新产品到最后采用的心理过程。

商业购买者行为（business buyer behavior）：购买产品和服务用于生产其他产品和服务并销售、出租或供应给其他人的组织购买行为。

商业购买过程（business buying process）：商业购买者首先决定其组织需要购买的产品和服务，然后在众多可供选择的供应商和品牌中进行评估和筛选。

衍生需求（derived demand）：从消费者产品需求中衍生出来的商业需求。

供应商开发（supplier development）：系统地打造合作供应商网络，以确保生产或再售所必需的产品或原材料供应。

直接重购（straight rebuy）：商业购买者例行的、不做任何调整的重复购买类型。

修正重购（modified rebuy）：需要调整产品规格、

第 5 章　理解消费者和商业购买者行为　141

价格、相关条款及供应商的商业购买类型。

新采购任务（new task）：首次购买某一产品或服务的商业购买类型。

系统销售（systems selling 或**方案销售**（solutions selling））：由一家供应商提供一整套的问题解决方案，从而避免在复杂的购买中单独做多次购买决策。

采购中心（buying center）：在购买决策过程中发挥作用的所有个人和部门。

电子采购（e-procurement）：通过电子方式联系买家和卖家的一种采购方式，通常是在线采购。

问题讨论

*1. 讨论消费者购买决策过程的各个阶段，并描述你或你的家人如何利用这个过程进行购买。

2. 定义并描述采用过程中的各个阶段，并讨论该模型对营销人员的重要性。

*3. 商业市场营销人员面临的市场结构和需求与消费者营销人员所面对的有何不同？

4. 比较和对比不同类型的商业购买情境。

5. 描述 B2B 营销人员如何利用数字和社交媒体渠道来吸引顾客，推销他们的产品，并在任何地方实施管理顾客关系。

批判性思维练习

1. 学者研究了个性对消费者购买行为的影响。其中一项研究——Beyond the Purchase——提供了一系列的调查，可以让消费者了解自己的一般个性特点以及他们在消费方面的个性特征。在 www.beyondthepurchase.org/ 上注册，并参与"消费习惯"调查以及任何你感兴趣的其他调查。根据这些调查的结果，你具有哪些一般个性特征和消费个性特征？你认同这些调查结果吗？为什么？

*2. Kaizen（改善）、Seiri（整理）、Seiton（整顿）、Seiso（清扫）、Seiketsu（清洁）、Shitsako（教养）、Jishuken（自主研修）这些日语词汇与持续的质量改进有关，常被应用于供应商开发计划中，尤其是丰田的供应商开发计划。研究丰田的生产系统并描述这些概念是如何应用于供应商开发的。

3. 商业购买发生在全球范围内，所以，营销人员需要了解影响商业顾客的文化因素。以小组为单位，选择一个国家，并针对这个国家的商务礼仪做一次多媒体演示，包括恰当的外表、行为和交流。附上一张地图展示该国所处的地理位置，并对这个国家的人口、文化和经济发展史进行介绍。

 小型案例及应用

在线、移动和社交媒体营销

数字化的影响者

Jen Hsieh 是一名大学生，她热爱时尚并在其时尚博客 Jennifhsieh 上分享服装和时尚感。她的社会影响力使其受邀参加了 Kate Spade 在纽约时装周的展示，之后她在博客上写道："真是让人垂涎三尺。"像 Jen 这样的数字化影响者经常有偿地在他们的博客上写产品评论，并在 Pinterest 和 Instagram 等网站上发布自己的照片，在这些照片中他们会穿赞助商提供的服装。有些人参加活动的旅行费用会得到全额报销。例如，一位很有自己风格的博主 Olivia Lopez，她的网站叫作"对生活的渴望"，她被三星邀请到南部参加 Southwest and Lollapalloza 音乐节，三星还为她提供了一部手机用于拍照，并将照片分享给她在 Instagram 上的 9 万名粉丝。Olivia 将三星产品促销中使用的标签 "#thenextbigthing" 引用在她的帖子里。除此之外，她的帖子再无三星提供赞助的任何迹象。

1. 找一个有你感兴趣的话题的博客。这个博客上有广告吗？这个博主看起来是有企业赞助的吗？有关于赞助的信息吗？根据你的观察，写一份简报。

2. 总结联邦贸易委员会对使用社交媒体推广产品和服务的信息披露规则。你在上一个问题中关注的博主是否遵循了这些规则？解释一下。

营销道德

B2B 商业贿赂

FalconStor 软件企业的 CEO 指使员工向其 B2B 顾客摩根大通集团的高管行贿，行贿内容为 30 余万美元的股票期权、高尔夫相关的福利、礼品卡和赌博凭证，来换取利润丰厚的许可合同，合同总价值超过 1 300 万美元，使该企业的股票价格上涨了 22%。美国司法部（Department of Justice）根据《旅行法案》（Travel Act）对 FalconStor 提起了诉讼，原因是 FalconStor 的销售代表与摩根大通的一名高管前往中国香港和澳门进行奢华娱乐和赌博活动。FalconStor 必须支付 580 万美元的罚款，并在刑事指控撤销之前进行企业合规改革。但这还没结束，美国证券交易委员会也提交了一份诉状，称该企业用与摩根大通签订的合同证明其产品质量，误导了投资者。此外，由于贿赂费用被伪装成员工绩效奖金、促销费用和娱乐费用，美国证券交易委员会还根据《反海外腐败法》（FCPA）对该企业提出了指控。

1. 研究《旅行法案》和《反海外腐败法》。对于不涉及外国政府的贿赂案件，请解释美国证券交易委员会将如何根据《反海外腐败法》提出指控。

2. 如果你的上司指示你贿赂其他企业以获得合同，你会怎么做？对于举报雇主违法行为的员工，是否具有法律保护？

数字营销

评估备选方案

消费者评估备选方案的一种方法是识别重要的属性，并评估购买方案在这些属性上的表现。以购买平板电脑为例，每个属性，例如屏幕大小，都被赋予一个权重来反映其对该消费者的重要性。然后，消费者对每个备选方案的每个属性做出评价。例如，在下表中，价格（权重为 0.5）是这个消费者最看重的属性。消费者认为 C 品牌在价格上表现最好，评分为 7 分（更高的评分意味着更好的表现）。而品牌 B 被认为在价格上表现最差（评分为 3 分）。屏幕尺寸和可用应用是消费者第二看重的属性，操作系统被认为是最不重要的属性。

属性	权重	备选品牌		
		A	B	C
屏幕尺寸	0.2	4	6	2
价格	0.5	6	3	7
操作系统	0.1	5	5	4
可用应用	0.2	4	6	7

对于每个品牌，用属性的重要性权重乘以品牌在该属性上的得分，然后对这些加权分数进行求和，可以得到品牌的总体得分。例如，A 品牌的得分 =（0.2 × 4）+（0.5 × 6）+（0.1 × 5）+（0.2 × 4）= 0.8 + 3.0 + 0.5 + 0.8 = 5.1。这个消费者会选择得分最高的品牌。

1. 计算品牌 B 和品牌 C 的得分。这个消费者会选择哪个品牌？

2. 这个消费者最不可能购买哪个品牌？讨论该品牌的营销人员应如何提高消费者购买其品牌的可能性。

视频案例

IMG 全球

IMG 全球是世界上最大的体育娱乐媒体企业。在过去的几年里，IMG 所有的营销都是围绕职业高尔夫和网球来进行的。但如今，IMG 负责 70～80 所高校的销售和营销活动，这使高校体育营销成为该企业增长最快的业务。简言之，只要是能接触很少真正在球场上运动的高校体育消费者的事情，IMG都感兴趣。

你可能会认为所有的高校体育迷都是同等的，但IMG却发现，事实并非如此。不同的体育迷如何消费体育及其相关的活动会受到地理、世代和体制因素的影响。IMG专注于全面了解消费者观看或参加体育赛事所经历的阶段，然后在每个阶段与消费者联系。

在观看了IMG全球的视频后，回答以下问题：

1. 高校体育部门销售什么"产品"？
2. 讨论一个大学体育迷如何完成购买决策过程，为每个阶段提供例子。
3. 在四类影响消费者行为的因素中，哪一类对高校体育迷（消费体育运动）的行为影响最大？

我的营销实验室

如果你的老师布置了这项任务，请到MyLab作业中完成以下写作部分。

1. 讨论生活方式如何影响消费者的购买行为以及营销人员如何衡量生活方式。
2. 描述能够影响采用率的新产品的特征。在美国，哪些特征会影响上述新型数字和社交媒体服务被消费者所接受的速度？

第三部分　设计顾客驱动型营销战略和整合营销

第6章　顾客驱动型营销战略
为目标顾客创造价值

学习目标

1. 定义设计顾客驱动型营销战略的主要步骤：市场细分、目标市场选择、差异化和市场定位。
2. 列举并讨论细分消费者市场和商业市场的主要依据。
3. 解释企业如何识别具有吸引力的细分市场并选择目标市场的策略。
4. 讨论企业如何差异化和定位其产品以获得最大竞争优势。

概念预览

到目前为止，你已经了解了营销是什么，理解了消费者和营销环境的重要性。以此为基础，现在你已经做好了深入研究营销战略和策略的准备。本章将深入讨论顾客驱动型营销战略决策——把市场划分为有意义的顾客群（市场细分）、选择服务的顾客群（目标市场选择）、创造最能满足目标顾客的市场供给（差异化），并在消费者的心中进行定位（市场定位）。之后，本章将继续探讨战略性营销工具4P，有了这些工具，营销人员才能将战略转化为行动。

为了展开对市场细分、目标市场选择、差异化和市场定位的讨论，我们来看看唐恩都乐（Dunkin' Donuts）。近年来，唐恩都乐快速发展成为一个全国性的巨头，与星巴克不相上下。但唐恩都乐不是星巴克。事实上，它也不想成为星巴克。唐恩都乐采用非常不同的价值主张定位于与星巴克不同的顾客群。给自己一杯咖啡，继续读下去。

第一站

唐恩都乐：瞄准大众人群

几年前，唐恩都乐在全国各地的城市里向数十名忠实顾客每周支付100美元的费用，让他们去星巴克买咖啡。与此同时，他们向星巴克的忠实顾客支付了费用，让其去唐恩都乐购买咖啡。唐恩都乐表示，随后汇报两组人的情况，发现他们的两极分化非常严重，以至于企业的研究人员将他们戏称为"部落"，每个部落都对另一部落忠于其咖啡店的理由嗤之以鼻。唐恩都乐的粉丝认为星巴克适合自命不凡、时髦的人，而星巴克的忠实粉丝则认为唐恩都乐朴实无华。"我不明白，"一位唐恩都乐的常客在光顾过星巴克之后告诉研究人员，"如果我想坐在沙发上，我就待在家里。"

唐恩都乐已经迅速发展成为全国性的咖啡连锁店，与全美国最大的咖啡连锁店星巴克不相上下。但研究证实了一个简单的事实：唐恩都乐不是星巴克。事实上，其自身也不想成为星巴克。要想成功，唐恩都乐必须有自己明确的愿景，即它想要服务哪些顾客以及如何服务。唐恩都乐和星巴克的目标顾客是非常不同的，它们的顾客想要从其最喜欢的咖啡店得到不同的东西。星巴克定位明确，即家庭和办公场所之外的、高格调的"第三场所"，其特色为沙发、音乐和艺术喷绘的墙壁。唐恩都乐的定位显然更普通，更加吸引普通人。

唐恩都乐的研究表明，忠于其品牌的粉丝在很大程度上对星巴克的氛围疑惑不解并且不感兴趣。他们抱怨说，大量携带笔记本电脑的顾客很难找到座位。他们不喜欢星巴克用"高""大"和"超大杯"来描述小杯、中杯和大杯咖啡。他们不明白为什么有人要花那么多钱买一杯咖啡。唐恩都乐广告部门的一名高管说："这就好像是一群火星人在谈论一群地球人。"唐恩都乐付费雇用的星巴克的顾客在光顾唐恩都乐时同样感到不安。"让星巴克的顾客无法忍受的是他们不再是特别的人。"唐恩都乐的广告主管表示。

考虑到两家商店顾客的差异，这种对立的观点并不令人惊讶。唐恩都乐的顾客包括更多中等收入的蓝领和白领，他们拥有不同的年龄、种族和收入等人口统计特征。相比之下，星巴克的目标顾客是拥有更高的收入、更专业的群体。但唐恩都乐的研究人员得出的结论是，把这两个"顾客群"区分开的是理想而非收入：唐恩都乐的顾客群想成为群体中的一员，而星巴克的顾客群更想要作为个体脱颖而出。一位零售业的专家表示："你可以在星巴克旁边开一家唐恩都乐，它们可以获得两种完全不同类型的消费者。"

唐恩都乐的定位是为工薪阶层的顾客提供价格合理的简餐，其作为人们的早晨的休息站而闻名，每天人们都可以在这里获得甜甜圈和咖啡带来的治愈。但近年来，为了扩大自己的吸引力和推广力度，该连锁店一直在进行适当力度的高档化。唐恩都乐增加了商店数量，并增加了新的菜单项目，如拿铁和非早餐食物（如牛排三明治和配烧烤酱的面包鸡肉三明治）。唐恩都乐还做了几十种店面和氛围方面的重新设计，从提供免费Wi-Fi、电子菜单、增加笔记本电脑和智能手机的电源插座到播放轻松的背景音乐。而且，唐恩都乐的加盟商现在可以用四种星巴克式的配色方案来重新装饰自己的商店，包括"深度烘焙""卡布奇诺拼盘"和"爵士咖啡"，其特色是"深橘色和棕色的舒适座位和悬挂灯饰，为墙壁上印有'休息''新鲜'和'品质'等字样的壁饰提供了柔和的光线"。

唐恩都乐定位于无法理解星巴克文化的中等收入群体，这一市场定位在其长期使用的广告标语"America Runs on Dunkin"中得到了很好的体现。

Tim Boyle/Getty Images

然而，随着唐恩都乐的高端化，它正在小心翼翼地避免疏远其传统顾客群。唐恩都乐改建的商店里没有沙发；在顾客抱怨"帕尼尼"这个名字太过花哨后，唐恩都乐甚至把新推出的一款三明治改名为"热熔三明治"；当忠实的顾客认为它太麻烦时，唐恩都乐就完全放弃了这种三明治。"我们走的是一条很好的路线，"该连锁店的消费者洞察副总裁说，"关于唐恩都乐的部落，他们看穿了炒作。"

在过去的几年中，唐恩都乐和星巴克都发展迅速，每个都瞄准了自己的顾客群，并在美国不断增长的咖啡需求浪潮中前行。现在，两家企业都在寻找更大的增长，试图说服早晨光顾的"拿上就走"的顾客在每天晚些时候来光顾并逗留更长时间。尽管仍然比占据了美国36%的市场份额的星巴克小，但唐恩都乐的份额约为24%，是目前美国增长最快的快餐和咖啡连锁店，它希望重新定位和升级有助于保持这种势头。唐恩都乐计划在2020年之前增加至少4 000家美国门店。

然而，在更新其店面和定位时，唐恩都乐依然忠实于唐恩部落的需求和偏好。一名分析师表示，唐恩都乐不追求星巴克咖啡的"势利"，而是追求普通的咖啡。唐恩都乐到目前为止一切顺利，连续7年来，唐恩都乐在一项顾客忠诚度和参与度调查中排在咖啡品类的第一名，在第二名星巴克之前。调查显示，唐恩都乐是持续满足或超过顾客对口味、质量和顾客服务的期望的顶级品牌。

唐恩都乐的定位在其长期以来的广告标语"America Runs on Dunkin"中得到了很好的体现。不再仅仅是早晨的休息站，唐恩都乐现在把自己标榜为美国人最喜欢的每天任何时间都可以光顾的喝咖啡和享用烘焙食品的场所。唐恩都乐的首席全球营销官表示："我们仍然致力于让美国消费者可以物有所值地在友好的环境中享用我们的优质咖啡、烘焙食品和小吃。"没有什么花哨的东西——仅仅是满足唐恩部落的日常需要。[1]

现在，企业纷纷意识到，它们不可能对市场中所有的购买者产生吸引力，或者至少意识到用同一种方式不可能吸引到所有的购买者。购买者的数量太庞大、分布太分散，他们的需求和购买行为有太多的不同。此外，企业本身为市场中不同的细分顾客提供服务的能力也各有不同。就像唐恩都乐一样，企业必须识别出它们可以服务得最好，也最有利可图的部分市场。它们必须设计顾客驱动型营销战略，和正确的顾客建立正确的关系。因此，大多数企业已经从大众市场营销转移到了目标市场营销——识别出细分市场，选择其中的一个或多个，针对不同细分市场的需求开发不同的产品和营销项目。

图6-1显示了在设计顾客驱动型营销战略时的4个主要步骤。在前两步中，企业选择它将为之服务的顾客。**市场细分**（market segmentation）涉及把市场划分为不同的购买者群体，这些群体有不同的需求、特征或行为，可能需要不同的营销策略与组合。企业采用不同的方式来细分市场并且描绘这些细分市场的特点。**目标市场选择**（market targeting，或者**目标选择**（targeting））包括选择评估各细分市场的吸引力并选择一个或几个细分市场作为目标市场。

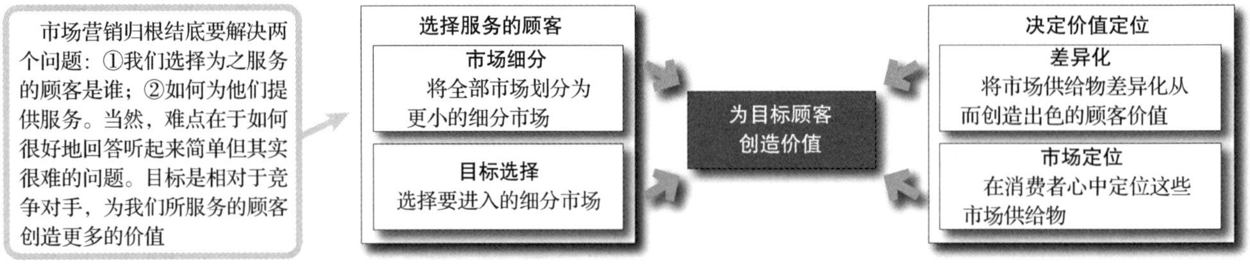

图 6-1 设计顾客驱动型营销战略

在后两步中，企业将决定价值定位——将通过怎样的方式为目标顾客创造价值。**差异化**（differentiation）指真正地将市场供给物差异化从而创造出色的顾客价值。**市场定位**（positioning）则是使其市场供给物相对于竞争产品在目标消费者心中占据一个清晰、独特和优越的位置。下面我们来依次讨论这些步骤。

6.1 市场细分

> **作者评点**
>
> 市场细分回答第一个听上去很简单的营销问题：我们服务于哪些顾客？

任何市场中的购买者都会在欲望、资源、位置、购买态度和购买行为上有所差异。通过市场细分，企业将大的异质性市场划分为较小的细分市场，企业可以通过提供满足这些细分市场的特殊需求的产品和服务来更有效和更高效地接触这些市场。在这一部分，我们将讨论四个重要的市场细分话题：消费者市场细分、商业市场细分、国际市场细分以及有效市场细分的要求。

6.1.1 消费者市场细分

市场细分的方法不止一种。营销人员必须尝试不同的细分变量及不同变量的组合，来寻找刻画市场结构的最佳方式。表 6-1 列出了在细分消费者市场时可能用到的细分变量，主要包括地理变量、人口统计变量、心理变量和行为变量。

表 6-1 消费者市场的主要细分变量

细分变量	举例
地理	国家、地区、州、县、城市、社区、人口密度（城市、郊区、农村）、气候
人口统计	年龄和生命周期阶段、性别、收入、职业、教育、宗教、民族、代际
心理	社会阶层、生活方式、个性
行为	时机、追求的利益、使用状况、使用率、忠诚度

1. 地理细分

地理细分（geographic segmentation）是指把市场划分为诸如国家、州、地区、县、城市，甚至邻近社区等地理单位。企业可以在一个或几个地理区域内开展业务，也可以在全部地理区域内开展业务，但要注意不同地域间需求和偏好的差异。此外，现在很多企业都在将它们的产品、广告、促销和人员销售策略本地化，用以适应单个地区、城市或社区的需求。

例如，许多大型零售商——从塔吉特和沃尔玛到科尔士和史泰博，现在都开设了小型商店，以满足人口密集且不适合典型的大型郊区超市的城市社区的需求。塔吉特 CityTarget 的平均规模是典型的塔吉特商店的一半，其 TargetExpress 商店的规模甚至更小，约为大商店的 1/5。这些规模较小、交通便利的商店提供的商品种类更加有限，比如日用杂货、家庭必需品、美容产品和消费电子产品，以满足城市居民和通勤者的需求。它们还提供店内自提服务和药店。[2]

除了调整店面规模以外，许多零售商还将产品分类和服务本地化。例如，梅西百货有一个名为 MyMacy 的本地化项目，在 69 个不同的地理区域内定制商品。在全国各地的商店里，梅西百货的销售人员会记录当地顾客的要求，并将其传递给地区经理。反过来，把顾客的要求与商店的交易数据混合起来，地区经理就可以在商店中定制商品组合。比如，梅西百货在密歇根州的商店里就有更多的当地制作的桑德斯巧克力糖果。在奥兰多，梅西百货在水上乐园附近的商店里有很多泳衣，在租赁公寓附近的商店里有较多的床上用品。该连锁店在长岛的商店里储存了额外的咖啡过滤器，在那里，它所出售的 20 世纪 60 年代的必备品比全国其他任何地方都要多。总而言之，MyMacy 的策略是满足当地市场的需求，这使这家巨型零售商看起来更小、更可触及。[3]

2. 人口统计细分

人口统计细分（demographic segmentation）指以人口统计变量为基础划分细分市场，如年龄和生命周期阶段、性别、收入、职业、教育、宗教、人种和代际。人口统计因素是最常用的消费者细分根据。一个原因是消费者的需求、欲望和使用率通常与人口统计变量密切相关。另一个原因是人口统计变量比其他大多数变量都更容易测量。即便营销人员最初通过其他方式进行了市场细分，如消费者所寻求的利益或购买行为，他们也必须了解该细分市场的人口统计学特征，以便评估目标市场的容量和有效率地触及这个市场。

（1）年龄和生命周期阶段。消费者的需求和偏好会随年龄而变化。一些企业使用**年龄和生命周期细分**（age and life cycle segmentation）把市场分为具有不同年龄和不同生命周期阶段的群体。例如，卡夫的奥斯卡梅耶品牌推出了 Lunchables，专为儿童提供方便、包装好的午餐。为了延伸 Lunchables 的巨大成功，奥斯卡梅耶随后推出了 Lunchables Uploaded，以满足青少年群体的口味和口感偏好。最近，该品牌推出了一个成人版本，但使用了更适合成年人的名字 P3（Portable Protein Pack）。现在，各个年龄段的消费者都能享受到该商品，它正迅速成为美国人最喜欢的午餐之一。

还有一些企业的品牌定位于特定的年龄段或生命周期阶段的群体。比如，当大部分平板电脑生产商忙着向成年人营销其产品时，亚马逊瞄准了一个小型平板电脑市场。家长们的反馈显示，出于娱乐、教育、看护孩子等目的，他们正在将自己的 Kindle Fire 平板交给自己的孩子。为了抓住这个年轻市场，亚马逊推出了 FreeTime Unlimited，一个针对 3～8 岁儿童的多媒体订阅服务。这项服务的特色在于其包含了很多孩子们感兴趣的东西，绝无成人内容，并且完全可由父母进行控制。该服务提供了很多 G 级别的电影、游戏和图书，包括 Nickelodeon、迪士尼、芝麻街、DC 漫画等高品质内容。FreeTime Unlimited 不仅为亚马逊增加了收入，还帮助亚马逊向年轻的家庭卖出了更多的 Kindle Fire 平板电脑。[4]

在应用年龄和生命周期阶段进行市场细分的时候，营销人员要避免生搬硬套。比如，尽管一些 80 岁的老人符合拥有固定收入、颤颤巍巍的室内人士的刻板印象，但还有一些老年人在滑冰和打网球。与此类似，一些 40 岁的夫妇正准备把他们的孩子送进大学，而另外一些才刚刚开始组建新的家庭。因此，年龄通常不是判断一个人的生命周期、健康、工作或家庭状态、需求和购买力的可靠指标。

（2）性别。**性别细分**（gender segmentation）很早就被应用于服装、化妆品和杂志行业。例如，宝洁是最早应用性别进行市场细分的企业之一，它推出了一个专为女性设计的品牌 Secret，并通过包装、广告来强调该品牌的女性特质。

近年来，男士个人护理行业迅速膨胀，许多以前主要面向女性的化妆品品牌——从欧莱雅、妮维雅和丝芙兰到联合利华的多芬——如今都成功地营销了男士用品产品线。例如，多芬的男士+护理系列自称"男人保养的权威"。该品牌提供了一整套产品，包括沐浴露（"皮肤护理"）、沐浴香皂（"对抗皮肤干燥"）、止汗剂（"对汗液不敏感"）、面部护理（"更好地呵护你的脸"）和护发产品（"3 倍强韧你的头发"）。[5]

与之相反，GoldieBlox 向女孩营销一系列的工程玩具。该品牌由斯坦福大学的一位女工程师设计，其目标是"让女孩们建设起来"和激励未来一代的女性工程师。GoldieBlox 的目标顾客是 5～9 岁的女孩，其产品包括故事书和要求年轻女孩解决一系列建筑挑战的建筑套装。该创新产品最初通过众筹平台 Kickstarter 筹集了 25 万多美元，后来获得了两项玩具行业基金会的年度玩具奖——Educational and People's Choice。正如一位作者所言："忘了芭比娃娃吧，城里有个新来的女孩，她穿着工装裤和工装靴。"[6]

（3）收入。**收入细分**（income segmentation）很早以前就被营销人员应用在汽车、服装、化妆品、理财服务和旅游产业上。很多企业将富裕的消费者作为奢侈品和便利服务的目标顾客群。营销人员使用高接触的营销项目来迎合高收入人群。高档零售商萨克斯第五大道为其精英顾客提供专属服务，其中，一些人每年从萨克斯商店购买服装和配饰的费用为 15 万～20 万美元。例如，第五大道俱乐部的会员可以接触到一个萨克斯个人设计师。这位时尚、人脉广泛的私人顾问能够了解并帮助每个顾客塑造个人风格，然后引导其"通往时尚的必经之路"。个人设计师把顾客放在第一位。例如，如果萨克斯没有顾客所必需的那种时尚单品，个人设计师会在其他渠道买到，并且不收取顾客额外的费用。[7]

然而，并非所有运用收入细分的企业都把富人当作目标市场。比如 Dollar General、Family Dollar 和 Dollar Tree 连锁店等许多零售商，都成功地将中低收入群体作为自己的目标市场。这些商店的核心市场是收入在 3 万美元以下的家庭。当 Family Dollar 的房地产专家物色新店铺地址时，他们会寻找中低阶层的社区，那里的人们会穿相对便宜的鞋子、开不断漏油的旧汽车。借助于定位低收入人群的策略，Family Dollar 现在是美国增长速度最快的零售商。

3. 心理细分

心理细分（psychographic segmentation）根据社会阶层、生活方式、个性特征将市场划分为不同的细分市场。具有相似的人口统计特征的个体在心理特征上可能会完全不同。

在第 5 章中，我们已经讨论过消费者购买的产品如何反映他们的生活方式。因此，营销人员通常按照消费者的生活方式来细分市场，并且根据其生活方式诉求来制定营销战略。例如，零售商 Anthropologie 通过古怪的 "法国跳蚤市场式" 的店铺风格，向年轻女性顾客售卖其所追求的波西米亚生活方式。VF 企业提供 30 多个高档的生活方式品牌，这些品牌 "适合全世界消费者的生活，不管是上班族、牛仔、冲浪者、足球妈妈、运动迷还是摇滚乐队"。[8]

VF 是美国头号牛仔裤制造商，拥有 Lee、Riders、Rustler、Wrangler 等品牌，但是牛仔裤并不是 VF 的唯一焦点。该企业的品牌被细分为五种主要的市场——牛仔装、职业装（工作装）、户外及极限运动服装、运动服装和时装。The North Face 和 Timberland 都是户外服装品牌，为户外活动爱好者提供顶级装备。在运动服装方面，Nautica 聚焦于喜爱以航海和海洋为灵感设计的高端休闲服装的人群。Vans 开始是做滑冰鞋的，Reef 则是以冲浪为灵感的鞋履服装品牌。在时装方面，Lucy 专注于高级休闲套装，而 7 for All Mankind 提供在时装店和萨克斯第五大道、诺德斯特龙等高端百货商场出售的牛仔服装及配饰。在产品线的另一端，职业装方面的 Horace Small 为警察、消防部门和其他一线人员提供制服。无论你是谁，VF 会说："我们适合你的生活。"

营销人员也使用个性特征变量来细分市场。例如，不同的软饮料就锚定了不同个性的人。Mountain Dew 投射出了一种年轻、叛逆、冒险和走自己的路的个性。它的广告提醒消费者 "在 Mountain，一切是不同的"。而零度可乐的目标群体则是更成熟、实际、理智但幽默的个性类型。它微妙风趣的广告承诺 "可口可乐的口感，零卡路里"。

营销人员有时会把以品牌为中心的心理细分市场称为品牌 "部落"——由拥有相同的特征、品牌体验和对某一特定品牌有强烈喜爱的核心顾客构成的社区。[9] 例如，运动用具商 REI 的核心顾客热衷于户外活动，作为 REI 品牌部落的成员他们拥有类似的信仰；苹果的部落由时髦的、精通技术的、不墨守成规的人组成；家得宝将目标定位于一个核心的心理细分市场，即沉迷 DIY 的热衷者；耐克的部落由表现优秀的运动员组成。通常，同一产品类别的不同品牌会针对不同的顾客群。例如，正如本章开篇所讨论的那样，尽管唐恩都乐和星巴克都是快餐和咖啡店，但它们的品牌部落的差别犹如白天和夜晚。

4. 行为细分

行为细分（behavioral segmentation）根据消费者的知识、态度、产品使用和反应把市场划分为不同的细分市场。很多营销人员认为行为因素是进行市场细分的最佳起点。

（1）时机。根据购买者产生购买意愿、实际购买或使用产品的时机，可以把购买者划分为不同的群体。**时机细分**（occasion segmentation）能够帮助企业增强产品的使用。Campbell 在寒冷的冬季会更强力地推销其汤品。十多年来，星巴克以其南瓜风味的拿铁迎来秋季。该饮品仅在秋季出售，到目前为止，星巴克已出售了超过 2 亿杯这种备受期待的饮品。最近，一位星巴克的顾客在 Twitter 上说："从来没有比喝热饮更能让我开心的了。"[10]

当然也有一些企业试图在非传统的时机促进产品的使用和购买。例如，大多数消费者会在早晨喝橙汁，但橙子的种植者已将喝橙汁推广成了一种适合全天饮用的清凉健康饮品。与此类似，尽管消费者倾向于在晚些时候喝软饮料，但激浪推出了 Mtn Dew A.M.（一款混合了激浪和橙汁的饮料），增加早晨的消费。塔可钟的 "第一餐" 活动宣传 Mtn Dew A.M.（仅在塔可钟出售）以及连锁店的 A.M. Crunchwrap 和其他早餐食品是开始新的一天的绝佳方式，试图通过这种方式来增加业务。

（2）追求的利益。一种很有效的市场细分方法是将消费者按他们购买产品所追求的不同利益划分为不同的群体。**利益细分**（benefit segmentation）要求企业发现消费者购买某种产品所追求的主要利益、追求每种利益的人群特点以及能够实现每种利益的主要品牌。

例如，买自行车的人可能有多种多样的利益需求，从竞技性比赛和运动表演到休闲、健康、旅行、运输以及纯粹的娱乐。为了应对多种多样的利益需求，Schwinn 在 7 种主要的利益群体中制造价格实惠、质量上乘的自行车，这 7 种主要的利益群体是：cruisers、hybrid、bike path、山地、公路、城市和儿童。Bike path 自行车是骑行者的理想选择，骑行者需要舒适、轻松的自行车，方便骑行。Schwinn 城市自行车"适合想要功能性、耐用性和时尚性，并在市区上下班或闲时骑车的人"。

总的来说，Schwinn 生产了 50 多种不同的自行车，每一种都是为一个独特的利益细分市场设计的。例如，Schwinn 的 Lakeshore 自行车（定价在 170 ～ 220 美元之间）是一款钢框架的、带有脚刹车的经典 cruiser 自行车，在大型零售商处销售。它可以让你"放松地锻炼"，后面还有一个行李架，方便出门办事。相比之下，高科技的"Vestige bike"（售价为 1 470 美元）是一款以可持续发展为理念设计的城市自行车，框架由天然的、可生物降解的亚麻纤维制成，车身涂的是水溶性油漆。Vestige 的挡泥板和把手由竹子制成，这种自行车只能通过指定经销商购买。Schwinn Vestige 结合了风格与功能，并且低碳环保。

利益细分：Schwinn 为每个细分市场设计自行车。例如，Schwinn 的城市自行车"适合想要功能性、耐用性和时尚性，并在市区上下班或闲时骑车的人"。
Schwinn Bicycles

（3）使用状况。市场可以被细分为从未使用者、曾经使用者、潜在使用者、首次使用者和经常使用者。营销人员希望强化和维系经常使用者，吸引从未使用者，恢复与曾经使用者的关系。潜在使用者群体中包含一些面临生活变动的消费者（比如新婚夫妇和新晋父母），这些人可能会被转变为重度使用者。例如，为了让新一代的父母能有个好的开始，宝洁确保帮宝适是美国大多数医院为新生儿提供的尿布，然后将其作为"医院的首选"进行推广。

（4）使用率。市场还可以被细分为少量使用者、中度使用者、重度使用者。重度使用者通常只占市场很小的一部分，但他们的购买量则会占据市场很大的一部分。例如，CKE 餐厅的两家子公司 Carl's Jr. 和 Hardee's 都把"年轻、饥饿的男性"作为目标群体，这些 18 ～ 34 岁的年轻男性消费者衷心拥护该连锁店的定位——如果你想要吃，就认认真真地吃。他们会狼吞虎咽地吃掉很多大汉堡及菜单上其他的高热量食品。为了吸引这些顾客，企业创造了知名的火辣比基尼超模广告，广告雇用了凯特·阿普顿、帕德玛·拉克施密和妮娜·阿格戴尔等超模让品牌形象火起来。"这些广告很明确地显示出我们的目标顾客，即那些年轻、饥饿的小伙子们喜欢什么。"CKE 的总经理说。[11]

（5）忠诚度。市场还可以根据消费者的忠诚度来进行细分。消费者可能忠诚于某些品牌（汰渍）、商店（塔吉特）或者企业（苹果）。购买者可以根据其忠诚度被划分为不同群组。有些消费者绝对忠诚——他们总是购买同一个品牌的产品并迫不及待地将这个品牌告诉别人。比如，不管是否拥有一台 MacBook Pro、iPhone 或 iPad，苹果的忠实追随者对品牌的热爱都无比坚决。在一端是安静而满足的苹果顾客，他们拥有一件或几件苹果设备，用它们发邮件、看网页、发信息以及构建社会网络。在另一个极端是一些苹果的狂热追求者，即所谓的 MacHeads 或 Macolytes，他们恨不得把自己最新的苹果配件告诉周边所有能听到的人。这些苹果的忠实追随者帮助苹果在 10 年前销售下滑的日子里生存和维持下来，他们现在已经处于苹果巨大的 iPhone、iPod、iTunes、iPad 王国的最前线。

有一些消费者在一定程度上忠诚——他们对特定产品品类中的两三个品牌忠诚，或喜欢某一个品牌，却也偶尔买其他品牌。还有一些消费者对任何品牌都不忠诚——他们每次都想要不同的产品，或者每次都只买打折的产品。

企业可以通过分析市场中的消费者忠诚模式学习很多东西，首先应该从研究自己的忠实顾客开始。高度忠诚的顾客可以变成一种真正的资产。这些顾客经常会通过个人口碑和社交媒体来推广品牌。一些企业甚至让忠诚顾客为品牌工作。例如，Patagonia 通过其最忠诚的顾客（被称作 Patagonia 大使）在严苛的环境中对产品进行实地检测，为"大使驱动"服装生产线的服装和设备提供信息输入，并与其他人分享产品体验。[12] 相反，通过研究最不忠诚的顾客，企业将可以探究自身品牌最有力的竞争者是谁。通过观察转换品牌的顾客，企业能够发现其营销的不足之处，并想办法进行弥补。

5. 运用多种细分基础

在进行市场细分的时候，营销人员从不局限于一种或几种变量。他们经常会使用多种细分方式，试图确定更小、更明确的目标群体。尼尔森、安客诚和益百利等商业信息服务商可以提供多变量的细分系统，整合地理、人口统计、生活方式和行为数据，帮助企业将其市场细分到邮政编码区、社区甚至家庭。

益百利的 Mosaic USA 系统是领先的消费者细分系统之一，它根据特定消费者的人口统计特征、兴趣、行为和爱好将美国家庭分为 71 种生活方式和 19 种富裕水平。Mosaic USA 的细分市场有一些具有异域情调的名字，如 Birkenstocks 和 Beemers、Bohemian Groove、Sports Utility Families、Colleges and Cafes、Heritage Heights、Small Town Shallow Pockets 和 True Grit Americans。[13] 这些有趣的名字让这些细分市场变得生动。

例如，Birkenstocks 和 Beemers 是由 40～65 岁的人组成的中产阶层，他们已经获得了经济保障，远离了城市的激烈竞争，转向小城市附近的纯朴、充满艺术气息的社区。他们发现精神生活比宗教更重要。Colleges and Cafes 的消费者属于单身贵族和初级富裕者人群，主要是 35 岁以下、以白人为主的大学毕业生，他们仍然在寻找自己。他们经常被聘为大学里的支持或服务人员，收入不多，而且往往没有积蓄。

Mosaic USA 和其他类似的系统可以帮助营销人员将人群和地点细分为企业可触及的、具有相似偏好的消费者群体。每个群体都有自己的喜好、厌恶、生活方式和购买行为模式。例如，Bohemian Groove 消费者是重要的单身群体的一部分，主要是居住在萨克拉门托、哈里斯堡等较小城市的 45～65 岁的城市单身人士。他们通常较为闲散，拥有较大的社交圈子，并且在社区团体中表现活跃。他们在音乐、业余爱好和艺术创作中找寻乐趣。当外出就餐时，他们会选择一些地方，比如 Macaroni Grill 或 Red Robin。他们最喜欢的电视频道是 Bravo、Lifetime、Oxygen 和 TNT，他们观看的 CSI 比普通美国人多两倍。使用 Mosaic 系统，营销人员可以精确地描绘出你是谁、你可能买什么。

如此丰富的市场细分为各类营销人员提供了强有力的工具，能够帮助企业识别和更好地理解关键的细分市场，更有效率地与他们联系，并针对其独特需求量身定制市场供应品和营销信息。

6.1.2 商业市场细分

很多用来细分消费市场的变量同样可以用来细分商业市场。商业购买者可以用地理变量、人口统计变量（行业、企业规模）、追求的利益、用户状态、使用率以及忠诚度来进行细分。不过，商业市场营销人员还可以使用更多的变量，如顾客的经营特征、采购方式、情境因素和个性特征。

几乎每家企业都会服务于一些商业市场。比如，星巴克为其两个商业细分市场——办公室咖啡和食品服务市场分别开发了营销项目。在办公室咖啡市场，星巴克的解决方案是为各种规模的企业提供多种办公地点的咖啡服务，帮助它们在工作场所为其雇员提供星巴克咖啡和相关产品。星巴克帮助这些商业顾客开发最好的办公室解决方案，包括星巴克的各种产品，如咖啡（星巴克或 Seattle's Best 品牌）、茶（Tazo）、糖浆、纸制品，以及各种提供产品的办法，如定量装、单杯装、自动贩卖机等。星巴克食品服务部门则与航空企业、餐厅、大学、医院、棒球馆等企业及组织合作，帮助它们向其顾客提供星巴克产品。星巴克不只为食品服务合作伙伴提供咖啡、茶或纸制品，还会提供设备、培训以及营销和经营支持。[14]

许多企业建立了专门的系统来服务大型顾客或多办公地点顾客。比如，大型办公家具生产商 Steelcase 首次将顾客分为 7 个细分市场：医疗、教育、接待、法律，美国和加拿大政府、州和地方政府。接下来，企业的销售人员与独立经销商合作处理每一个细分市场中更小、更本地化、更区域化的顾客问题。但是，许多诸如 Exxon Mobil 或 IBM 此类全国性、多办公地点顾客的特殊需求会超越独立经销商的服务范围。因此，Steelcase 采用全国级别的顾客经理来帮助经销商网络服务全国性的顾客。

6.1.3 国际市场细分

大多数企业没有足够的资源或意愿在全球所有国家甚至只是大部分国家开展经营。尽管一些像可口可乐或者索尼这样的大企业在全世界 200 多个国家和地区销售产品，但大多数跨国企业还是侧重于更小的市场。不同的国家，即使地理位置相近，在经济、文化和政治结构上也可能迥然不同。因此，正如在国内市场中一样，跨国企业需要对国际市场按照不同的购买需要和行为进行细分。

企业可以根据一个或者几个变量的组合来细分国际市场。它们可以根据地理位置进行细分，把不同国家划分为不同区域，如西欧、太平洋地带、南亚和非洲。地理细分假设相邻国家的人具有许多相同的生活特征和行为，尽管通常情况下是这样，但是也有许多例外。例如，一些美国营销人员将所有中美和南美国家作为整体来考虑。然而，多米尼加共和国与巴西就像意大利和瑞典一样迥然不同。许多中美和南美人甚至不会讲西班牙语，包括 2 亿说葡萄牙语的巴西人和上百万其他地区的说各种印第安方言的人。

全球市场还可以基于经济因素进行市场细分。不同国家可以按照居民收入水平或者整体经济发展水平进行分类。一个国家的经济结构决定了居民对产品、服务的需求和由此衍生的营销机会。例如，许多企业以金砖国家——巴西、俄罗斯、印度和中国为目标，这些国家是拥有快速增长的购买力的发展中国家。

还可以按照政治和法律因素对国家进行细分，这些因素包括政府的类型和稳定性、对外国企业的接受程度、货币政策和官僚机构的数量。文化因素也可以被用于细分国家，企业可以根据普遍使用的语言、宗教、价值观和态度、风俗与行为模式对国家进行市场细分。

基于地理、经济、政治、文化和其他因素进行的国际市场细分方式假设每个细分市场都是几个国家的集合，不过新的通信工具，如卫星电视和网络等正在使世界各地的消费者的联系越来越紧密，营销人员可以定义和接触到世界各地具有相似思维的消费者。使用**市场间细分**（intermarket segmentation，也称**跨市场细分**（cross-market segmentation））的方法，营销人员可以根据消费者在需求和购买行为上的相似性来确定细分市场，即使这些消费者可能位于不同的国家。

例如，零售商 H&M 利用低价而时尚的服装和配饰定位于来自 43 个国家的追求时尚并要求低价的消费者。可口可乐为其软饮料市场的核心顾客——全球的青少年群体开发了特别项目。到 2020 年，世界人口的 1/3，大约 25 亿人口都将小于 18 岁。可口可乐通过全球性的青少年主题，比如音乐来接触这个重要的市场。例如，可口可乐与 Spotify 合作提供了一个全球音乐网络，帮助青少年发现新的音乐，与其他爱好音乐的青少年交流，并与全世界的朋友在线上和线下分享自己的经历，并且可口可乐以青少年为中心的"The Aah Effect"线上活动提供了"快餐式内容"——游戏、视频和音乐，旨在吸引全世界的青少年接触可口可乐品牌。[15]

市场间细分：可口可乐通过全球性的青少年主题，比如音乐来定位和接触青少年市场。
Shirlaine Forrest/Getty Images

6.1.4 有效市场细分的要求

显然，细分市场的方式有很多，但并不是所有的细分都是有效的。例如，食盐的购买者可以细分为金色头发和深色头发的。但是，很显然，头发的颜色并不会影响人们对食盐的购买。如果所有的食盐购买者每个月购买食盐的数量相同，而且他们相信所有的食盐都是一样的，愿意付相同的价钱，那么企业将不能从市场细分中获利。

要发挥作用，市场细分必须具有以下特征。
- 可衡量性：细分市场的规模、购买力和构成可以被测量。
- 可接近性：能有效到达细分市场并为之服务。
- 足量性：细分市场的规模足够大或足够盈利。一个细分市场应该是值得为之设计一套营销方案的、尽可能大的同质市场。比如，对于汽车制造商而言，专门为身高超过 7 英尺的人研发汽车是不合算的。
- 差异性：不同的细分市场在概念上能被区分，并且对于不同的营销组合因素和方案的反应不一样。如果男性和女性对软饮料的营销反应基本相同，那么，他们就不能成为两个独立的细分市场。

- 可行动性：可以为吸引和服务细分市场设计出有效的计划。例如，尽管一家小航空公司能够划分出 7 个细分市场，但是它的员工太少，不能为每个细分市场开发不同的营销方案。

缓冲带：概念链接

停下来思考一下市场细分，和你打过交道的企业是如何运用你学到的细分概念的？
○ 除了文中提到的案例，你能举出其他采用我们讨论的不同种类市场细分方法的企业例子吗？
○ 基于你刚学过的市场细分，对美国鞋类市场进行细分，描述每一个主要的细分市场和亚细分市场。当你往下学习目标市场营销时请记住你所举出的细分市场。

6.2 目标市场营销

作者评点

对市场进行细分之后，是时候回答我们在图 6-1 中提出的看上去很简单的营销战略问题了：企业到底服务于哪些消费者？

市场细分表明了企业的市场机会。现在，企业必须评价不同的细分市场，然后根据自身情况判断应该为哪些细分市场提供服务。我们现在就来看看企业如何评估和选择细分市场。

6.2.1 评估细分市场

在评估不同的细分市场的过程中，企业必须考虑三个因素：细分市场的大小和成长性、细分市场的结构吸引力，以及企业的目标和资源。首先，企业想要选择那些具有适当的规模和成长性的细分市场，但"适当的规模和成长性"是一个相对概念。规模最大、发展最迅速的细分市场未必对每家企业来说都是最具吸引力的细分市场。小型企业很可能缺乏满足较大细分市场所需的技术和资源，又或者它们会认为这样的细分市场竞争过于激烈了。从直观上来看，这些企业会选择较小、吸引力相对较低的细分市场作为目标，这样的细分市场对于它们来说可能具备更多潜在的利益。

企业同样需要考察影响细分市场长期吸引力的主要结构性因素。[16] 例如，如果一个细分市场已经拥有了许多强大和激进的竞争对手，或新的市场竞争者能够很容易地进入该细分市场，那么，这个细分市场就显得不那么有吸引力了。许多现有的或潜在的替代品可能会限制产品价格以及可从细分市场中赢得的利润。相关购买者的议价能力也同样影响细分市场的吸引力。如果购买者相对于卖方具备更强的议价能力，那么，购买者就会迫使价格降低、要求更多的服务，引发同行间更激烈的竞争，这些都将导致卖方的利润降低。最后，如果细分市场具有可以控制价格及降低企业订单数量和质量的强势供应商，其吸引力也会降低。

即使一个细分市场具备了适当的规模和成长性，同时在结构上也非常具有吸引力，企业还必须考虑自身的目标和资源。一些具有吸引力的细分市场可能会因为不符合企业的长期目标而被放弃，又或者企业缺乏在特定的细分市场取得有利地位的技术和资源。例如，汽车市场的经济型细分市场非常大，并且仍在不断增长，但是从目标和资源的角度来考虑，对于豪华汽车制造商梅赛德斯-奔驰来说，进入这一细分市场毫无意义。企业应当进入那些自己有能力创造卓越的顾客价值，以及可以获得比竞争对手更多的相对优势的细分市场。

6.2.2 选择目标细分市场

在评估过不同的细分市场之后，企业必须决定要锚定哪个或者哪几个目标市场。**目标市场**（target market）是企业决定为之服务的具有相同需要和特征的顾客集合。目标市场的界定可以从几个不同的层次来考虑。

图 6-2 表明企业的定位可以很广泛（无差异营销）、很具体（微市场营销），或者介于两者之间（差异化营销或者集中性营销）。

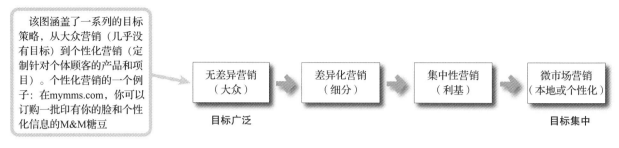

图 6-2　目标市场选择策略

1. 无差异营销

如果企业选择使用**无差异营销**（undifferentiated marketing）或**大众营销**（mass marketing）策略，那么，它将忽略细分市场之间的区别，通过一种产品或服务来定位整个市场。这样的市场策略将专注于消费者需求的共同点而非差异性。企业将设计能够吸引最多数量的购买者的产品和市场计划。

正如本章前文所提到的，大多数现代营销人员对这一策略提出了强烈的质疑。开发一种能够满足所有消费者的产品或者品牌是很困难的。另外，采用大众营销的人员经常会在与更为专注的企业进行竞争时遇到麻烦，因为那些企业可以更好地满足某些特定细分市场的需求。

2. 差异化营销

如果企业选择使用**差异化营销**（differentiated marketing）或**细分营销**（segmented marketing）策略，那么，企业会选择一些细分市场并为每个细分市场提供不同的产品或服务。例如，宝洁在美国至少运营 6 种不同的洗衣品牌（汰渍、格尼、洗好、时代、卓夫特和波特），它们在超市的货架上互相竞争。然后，宝洁对每个品牌进行了进一步细分以满足更具体的利基市场。比如，你可以买到汰渍的众多版本——从汰渍经典、汰渍冷水、汰渍便携到汰渍亲和、汰渍 Vivid White + Bright、汰渍 Colorguard、汰渍 plus Febreze 和汰渍 Downy。

通过为细分市场提供不同的产品和营销方案，企业希望获得更高的销售额并争取在每个细分市场中都占据更有利的位置。相对于针对所有市场的无差异营销，在不同的细分市场内占据优势地位可以为企业带来更多的销量。多亏了差异化营销方法，宝洁在美国 150 亿美元的洗衣粉市场上赚得盆满钵满。令人难以置信的是，在北美所有的清洁剂销售中，汰渍品牌占据了 38% 的份额，格尼品牌占据了 15% 的份额。更令人难以置信的是，宝洁所有的清洁剂品牌占据了美国市场 60% 的份额。[17]

不过，差异化营销策略也同样增加了经营成本。一般来说，企业生产 10 种产品、每种生产 10 个会比生产 100 个同种产品的成本更高。为不同的细分市场制订不同的营销计划需要更多额外的营销调研、预测、销售分析、促销计划以及渠道管理。同时，利用不同的广告策略来打动不同的细分市场也会增加促销成本。因此，企业在决定是否采取差异化营销策略时必须仔细衡量由此带来的销售额和增加的成本。

3. 集中性营销

企业采取**集中性营销**（concentrated marketing，或称**利基营销**（niche marketing））策略时，会在一个或几个较小的细分市场中追求很大的份额，而不是追求大市场中的小份额。例如，相对于大型零售商克罗格（2 600 多家店面和 980 亿美元的销售额）和沃尔玛（11 000 多家店和 4 760 亿美元的销售额），全时食品超市只拥有 400 多家店和 140 亿美元的销售额。[18] 但在过去的 5 年里，这家较小的高端零售商比它强大的竞争对手增长更快、获利更多。全时企业通过迎合沃尔玛不能很好满足的高收入顾客得以快速发展，为他们提供"有机、自然、美味的食物，完全符合环保要求"。事实上，一位典型的全时企业的顾客甚至很可能会抵制当地的沃尔玛。

通过集中性营销，企业对其所服务的利基市场的消费者需求会理解得更深刻，并在此方面获得特别的声誉，进而获得更好的市场地位。根据精心定义的细分市场来调整产品、价格和营销计划，企业的营销可以达到更好的效果。通过其产品或服务、渠道和沟通项目，仅锚定那些企业有能力为之提供最好的服务并从中获得最大利润的顾客，这可能使企业的营销效率更高。

利基营销使较小的企业能够将有限的资源集中在较大的企业并不看重或忽略的利基市场。许多企业都是从利基市场开始，首先在大规模、资源丰富的竞争者面前获得立足点，然后再逐步把自己发展成更强大的竞争者。例如，西南航空开始时只服务得克萨斯州那些进行州内旅行、不要求额外服务的顾客，而现在西南航空已经成为全美最大的航空企业之一。Rent-A-Car 企业最开始只在办公室集中区建立租车网络，而不是与 HertZ 或 Avis 在机场附近竞争，但这个企业现在已经成为美国最大的租车企业。

如今，建立在线商店的低成本使得服务于看上去更小的利基市场变得更有利可图了。尤其是一些小规模企业，正在通过网络服务于一些空白领域来获得利润。让我们看看在线女性时装零售商 Stitch Fix 的例子。[19]

Stitch Fix 为忙碌的女性提供价格实惠的在线个人造型服务，它把自己定位为"个人风格的伴侣"。尽管"个人服务"和"在线"看起来似乎是矛盾的，但 Stitch Fix 却把它与 1 500 多位个人造型师的团队联系在一起，他们运用复杂的算法来确定每个顾客的独特风格。顾客首先要填写一份详细的风格简历，其内容远远超出通常收集的服装尺寸信息。表中用诸如"你喜欢炫耀什么？"和"你希望你的着装选择有多冒险？"（其中一个选项是"经常：冒险是我的中间名字，带来吧！"）之类的问题来调查个人偏好。顾客也会对不同时尚风格的照片蒙太奇进行评分，甚至可以将链接发布到自己的 Pinterest 页面或其他社交媒体。

将该算法与很大成分的人类判断（设计师可以完全推翻算法）结合起来，个人造型师搭配并运送给顾客第一个时尚组合——装有 5 件与顾客独特的品位相符的衣服或配饰的盒子。该企业表示："我们的专业造型师会挑出他们认为你会喜欢的东西，有时候会让你觉得有点不舒服，但这是乐趣所在。"顾客保留她喜欢的东西，并返回剩余的部分以及详细的反馈。第一次搭配是最困难的，因为设计师和算法还在学习阶段。但在那之后，对许多购物者来说，Stitch Fix 的体验变得非常容易上瘾。多亏了互联网的力量和个性化的特性，Stitch Fix 吸引了人们的注意并迅速发展。在线的利基市场已经激发了一个虚拟的 pro-Stitch Fix 博客和社交媒体海报，它的收入飞速增长。

集中性营销可以获得很高的盈利，但同时，它也伴随着高于正常水平的风险。一旦利基市场不再具有吸引力，全部业务都依赖于这些细分市场的企业将会遭受巨大损失。或者，强大的竞争对手也可能会利用更多的资源进入相同的细分市场。事实上，许多大企业也在发展或收购它们自己的利基品牌。例如，可口可乐的风险投资和新兴品牌部门销售一系列更酷的利基饮料，其品牌包括 Honest Tea（全美国第一有机瓶装茶品牌）、NOS（一种在汽车爱好者中流行的能量饮料）、FUZE（一种茶、水果和其他口味的混合物）、Zico（纯净的优质椰子水）、Odwalla（天然饮料和酒吧，"给你的生活带来美好"）、Core Power（牛奶蛋白饮料）和许多其他品牌。这样的品牌让可口可乐在更小、更专业的市场上进行有效的竞争，有些品牌将成长为未来的强势品牌。[20]

4. 微市场营销

差异化和集中化的营销人员会根据不同细分市场或利基市场的需求来设计产品和营销计划。不过，他们并没有针对每个个体顾客来定制产品或服务。**微市场营销**（micromarketing）则是指企业针对特定的个体或当地消费者的需要和欲望，定制产品或营销计划。微市场营销并不是在每个个体中发现消费需求，而是在每个消费者中发现个体独特的需求。微市场营销包括本地化营销和个性化营销。

（1）本地化营销。**本地化营销**（local marketing）是指企业把品牌和促销定位于本地顾客群的需要和欲望。例如，万豪的 Renaissance 酒店推出了"航海家"项目，该项目将其全球 155 家生活方式酒店的顾客体验高度本地化。[21]

Renaissance 酒店的"航海家"项目通过"微本地化"的建议，为每个目的地的客人提供食物、购物、娱乐和文化体验的个性化和本地化建议。该项目由各地点的 Renaissance 酒店"领航员"主持。无论是纽约时代广场 Renaissance 酒店中爱好美食的布鲁克林人奥马尔·班尼特，或者在伦敦圣潘克拉斯 Renaissance 酒店的历史爱好者和当地酒吧专家詹姆斯·艾略特，"领航员"是接受过良好培训的当地人，他们非常热爱当地，往往与当地存在着个人联系。根据自己的个人经历和正在进行的研究，"领航员"与客人一起，亲自帮助他们"通过最了解附近情况的当地人的视角，体验每个酒店的社区周围隐藏的宝藏"。

此外，Renaissance 酒店邀请每个城市的人通过社交媒体关注当地的"领航员"参与进来，他们也可以在系统中添加自己的最爱，创建每个酒店独特的 Yelp 版本。然后，"领航员"会利用提交的小贴士，挑出其中最好的建议和他们自己的建议一起在酒店大堂或通过网络、移动和社交媒体渠道分享。自从两年前引入"超本地化导航"项目作为 Renaissance 酒店"发现动态生活"活动的一部分以来，该酒店的网站流量增长了 80% 以上，Facebook 的粉丝数量从 40 000 人激增到超过 970 000 人，Twitter 的粉丝数量从 5 000 人激增到 100 000 人。

通信科技的日益进步促进了高科技在基于位置的营销中的应用。随着整合了地理位置科技的智能手机和平板电脑的盛行，企业现在可以密切追踪消费者的行踪，并随时随地、快速地将本地的促销和营销信息传递给他们，这被称为 SoLoMo（社交+本地+移动）营销。Foursquare 和 Shopkick 等服务商以及 REI、星巴克、沃尔格林和梅西百货等零售商都已通过智能手机和平板电脑应用的方式跳上了 SoLoMo 的马车。看一下 Shopkick。[22]

移动应用 Shopkick 在 SoLoMo 方面表现很好，它会为消费者发放特定的优惠和返利，促使消费者进入其顾客的商店，如塔吉特、梅西百货、百思买、老海军或 Crate & Barrel，以及从 Shopkick 的合作伙伴那里购买宝洁、联合利华、迪士尼、卡夫和欧莱雅等品牌。当消费者走近 Shopkick 的合作商店时，他们手机上的 Shopkick 应用就会接收到商店的信号并推送商店优惠券、促销提醒以及产品信息。当商店里的顾客走进他们最喜欢的零售区时，应用程序会自动地帮他们签到，然后他们就会得到奖励积分或者"kicks"。如果他们买了东西，就会得到更多的"kicks"。使用"kicks"，用户可以获得折扣或免费得到他们喜欢的商品。Shopkick 可以帮助用户方便地在指定零售区域内找出潜在的"kicks"。Shopkick 已经迅速发展成为全国最大的购物应用程序之一，拥有超过 600 万的用户和 200 个品牌合作伙伴。

然而，本地化营销同样存在一些缺点：它会降低规模经济的效率，增加生产及营销成本。当企业试图满足不同地区市场的不同需求时，它还会导致物流的问题。不过，企业正在面临越来越碎片化的市场，新的科技也在不断发展，本地化营销的优势还是能够超过其劣势的。

（2）个性化营销。极度的微观营销就演变成了**个性化营销**（individual marketing）——根据个体消费者的需求和偏好量身定做产品和营销方案。个性化营销也被称为一对一营销、大规模定制和个体营销。

大众营销的广泛传播模糊了这样一个事实——几个世纪以来消费者都是以个体的形式接受服务的：裁缝根据顾客的体型裁制服装，鞋匠为个人设计鞋子，木匠根据顾客的订单来生产家具。如今，新技术使得企业的定制化营销成为可能。更为细化的数据库、自动化的生产、灵活的制造系统和交互式的沟通技术（如智能手机、互联网和社交媒体）结合在一起促成了"大规模定制"的诞生。大规模定制是企业与大规模顾客进行一对一的沟通，并根据每一位顾客的需求设计产品、服务和营销计划的过程。

个性化营销使得顾客关系比以往更为重要。正如在 20 世纪，批量化生产被认为是营销准则，而在 21 世纪，交互营销正日益成为新的营销准则。世界呈现出一种循环式的发展趋势，旧时代将每个个体都视为单独的顾客，后来的大众营销则不关注个体，而现在的模式又回归到旧时代。

如今的企业正在为顾客进行高度定制化的生产，从食物到艺术品、耳机、球鞋、摩托车。[23]

在 mymms.com 网站，糖果爱好者可以买到刻有他们孩子和宠物的图案的 M&M 糖；mixmyown.com 网站，注重营养的人可以创建自己的健康谷物组合。奥兰多的 JH Audio 会根据顾客耳朵的形状为他们量身定做耳机，让耳机更舒适、安全。企业甚至会用激光在小耳塞上打印出图案——有些人要求每个耳塞上都有一个孩子的图案，其他人则更喜欢狗。彪马运动鞋定制网站让顾客自己挑选面料，并定制他们的彪马鞋的风格。"在这里，你可以设计你的鞋子，使其和你最喜欢的球队或最旧的 T 恤搭配，印上数字，进行一些非常规的创新。"彪马表示。哈雷戴维森企业的 H-D1 定制项目规模更大，它允许顾客在网上设计自己的哈雷摩托车，并在 4 周内拿到产品。企业邀请顾客采用大约 8 000 种方法来创造他自己的杰作，并表示，"你来想，我们来做。"

除了定制产品，营销人员还定制他们的营销信息，以一对一的方式吸引顾客。例如，耐克收集了其最狂热顾客的数据，即那些使用 FuelBands 和 Nike+ Running 等应用程序的顾客。然后，用这些数据根据每个人的实际锻炼活动创建了 10 万个定制的动画视频。举个例子，某段视频可能是在洛杉矶一个人跑步路过好莱坞标志的动画；另一个视频可能是一个纽约人在雨中沿着东河跑步。耐克随后将其独特的定制视频发送给了 10 万 Nike+ 的用户，并要求他们在新的一年里达到新的高度。这些视频不仅吸引了耐克的超级粉丝，还传播到了更广泛的耐克社区。"这些人是地球上最社会化的人，"一位营销活动经理说，"他们疯狂分享和转发，这个活动对耐克来说是一个非常棒的营销举措。"[24]

5. 选择目标营销策略

在选择目标营销策略的时候，企业需要考虑很多方面的因素。最优策略取决于企业的资源，当企业的资源有限时，集中性营销策略最好；最优策略还取决于产品的多样性，无差异营销更适合于同质化产品，如葡萄柚或者钢铁；而在设计上可以有所差异的产品则更适合差异化营销策略或集中性营销策略，如相机或汽车。同时，企业还应该考虑产品的生命周期阶段。当企业推出新产品时，先引入一个产品版本可能更切合实际，这时无差异营销或者集中性营销可能更合适。然而在产品生命周期的成熟阶段，差异化营销通常更合适。

另一个需要考虑的因素是市场的异质性。如果大多数购买者的品位、购买数量、营销反应都相同，那么无差异营销就很适合。最后，竞争者的营销策略也很重要。当竞争者采用差异化营销策略或者集中性营销策略时，企业采用无差异营销简直是自取灭亡；相反，当竞争者采用无差异营销时，企业通过差异化营销或者集中性营销则可以更好地满足特定细分市场的需求，进而赢得更大的优势。

6. 具有社会责任的目标营销

明智的目标市场选择可以帮助企业集中于自己能提供最好服务且最有利可图的细分市场，让企业达到更高的营销效率，实现更好的营销效果。选择目标市场也可以让消费者获益——企业会根据特定顾客群的需要提供精心定制的产品。不过，目标营销有时也会带来争议和担忧，最大的问题通常会涉及向处于弱势的消费者销售有争议或有潜在危害性的产品。

例如，多年来，快餐连锁店试图向市中心的少数消费者进行推广，这一行为引发了很多争议。它们因为向低收入的城市居民提供高脂肪、高盐的食品而饱受指责，这部分消费者比郊区的居民更容易成为肥胖消费者。与之类似，大银行以及贷款机构也会受到批评，它们会向贫困城区的消费者提供极具吸引力的住房抵押利率，但实际上这些人根本没有还款能力。

儿童是极其容易受到伤害的群体。从麦片、软饮料、快餐到玩具和时尚行业，很多行业的营销人员都曾因其针对儿童的营销努力被严厉批评。批评者担心，由可爱的卡通形象带来的产品和强有力的广告会摧毁孩子们的心理防线。比如，近几年，麦当劳的快乐儿童餐就受到了健康拥护者和家长的批评，快乐儿童餐提供很多很受欢迎的、与儿童电影（如《玩具总动员》）有关的小挂饰或其他产品，批评者担心这会将儿童和麦当劳通常高脂肪、高热量的产品过于紧密地连接在一起。甚至有一些批评者要求麦当劳放弃其标志性的麦当劳叔叔形象。麦当劳对此的回应是对快乐儿童餐进行调整，将其总热量减少了 20%，并在每餐中加入水果，并仅用牛奶、水和果汁来推广快乐儿童餐。在过去的两年里，麦当劳每两周会将快乐儿童餐中的玩具替换为儿童读物。[25]

数字时代可能使儿童更容易受到有针对性的营销信息的伤害。据一位消息人士说，在所有的孩子中，2～11 岁的孩子平均每年看 25 600 个广告。[26] 传统的针对儿童的电视和印刷广告通常可以很容易被家长注意到和控制住。但数字媒体上的营销可能被很微妙地植入内容之中，通过个人的小屏幕设备被儿童看到，这让家长防不胜防。这种营销可能会采取"广告游戏"的形式——为了让儿童被产

对社会负责的目标：麦当劳通过对快乐儿童餐进行调整，减少了 20% 的卡路里含量，增加了水果，并仅用牛奶、水和果汁来推广快乐儿童餐，从而回应了父母和儿童健康倡导者的担忧。

Michael Neelon/Alamy

品吸引而专门设计的游戏，或者可能包含植入广告、脑筋急转弯或产品植入，让营销人员可以交叉推销品牌的产品、电视节目、热门人物或其他可营销的对象。

例如，Barbie.com 提供的免费电子游戏让孩子们可以帮助芭比娃娃装扮她的公寓，或和芭比娃娃玩"魅力公主学院游戏"。在 Nickelodeon 的 The Club（一个"孩子们的在线虚拟世界"）中，孩子们可以创造一个化身，和海绵宝宝玩"超级海绵游戏"，或浏览超能战队武士商店。Kraft 的免费应用"Jiggle-It"让孩子们可以观看 JELL-O 方块，跟着他们最喜欢的歌曲跳舞；而 Kraft 的"Dinner, Not Art"应用让孩子们在线进行通心粉艺术创造，帮助企业推广其通心粉和奶酪产品。一些观察者认为，这些营销行为可以为孩子和营销人员创造价值——在提升孩子的创造力和娱乐感的同时吸引他们进行与品牌相关的体验。但另一些人则担心这是一种"隐蔽式营销"，在孩子们不能分辨商业内容和娱乐或教育内容时利用他们。[27]

为了鼓励更有社会责任感的儿童广告，作为广告产业的一个自律性机构，儿童广告审查联盟发布了很详细的针对儿童这个特殊群体的广告指导意见。不过，批评者认为这还不够，尤其是对线上、数字营销来说，甚至有人认为应该严令禁止对儿童做广告。

并不是所有针对孩子、少数群体或其他细分市场的营销努力都会遭到批评。实际上，大多数企业都为这些目标消费者提供了利益。比如，潘婷针对染发女性提供"放松和自然"系列的护发产品；三星直接向需要简单手机的老年消费者提供方便使用的 Jitterbug，它有更大的按键、更大的屏幕文字以及更大声的扬声器；高露洁为孩子们提供多种牙刷样式和牙膏口味，如海绵宝宝温和泡沫水果味牙膏和爱探险的朵拉牙刷，这些产品让刷牙变得更有趣，从而让孩子们刷牙的时间和频率得到提高。

更广泛地来讲，网络、智能手机和其他可精准定位的直接媒体的发展引发了对于潜在的定位滥用的新担忧。互联网和手机可以实现更精准的市场锚定，让问题产品的生产者和欺骗性广告的制作者可以轻松锚定最易受伤害的顾客群体。不道德的营销人员可以通过电子邮件直接将定制的欺骗性信息发送给不设防的消费者。举例来说，仅 FBI 的网络犯罪举报中心网站仅 2013 年就接收到超过 263 000 起投诉。[28]

如今的市场营销人员也在使用复杂的分析技术来跟踪消费者的在线动向，并建立包含高度隐私信息的详细的顾客档案。这样的顾客档案可以被用来为个体消费者提供个性化的品牌信息和优惠。超定位技术可以使营销人员和消费者受益，将正确的品牌信息传递给正确的顾客。然而，如果超定位技术被过度使用或使用不当，就会损害消费者的利益而不是使其收益。营销人员必须负责任地使用这些新的工具（见营销实践 6-1）。

营销实践 6-1

超定位技术：在服务顾客和追踪顾客之间小心行事

你对你的智能手机了解多少？你的笔记本电脑能说出什么故事？事实上，你的数字设备可能比你对自己了解得更多。智能手机和其他数字设备已经成为我们生活的基本延伸。无论你在做什么，工作、游戏、社交、购物，你的手机、平板电脑、笔记本电脑或台式机几乎都是你的行为的一部分。这些设备可以跟着你去你去的地方、为你提供娱乐、让你和朋友们联系、带你浏览和购物、为你提供新闻和信息，甚至可以倾听你最私密的声音、文字和电子邮件的对话。它们会知道你住在哪里、你和谁互动、搜索什么、买什么、做什么娱乐。这些设备越来越多地为市场营销人员提供个人信息，而营销人员则利用这些信息为你量身打造具有针对性的品牌信息和促销活动。

在过去（仅仅一年或两年前），市场营销人员利用 cookies——从网站或第三方平台发送的少量数据并存储在用户的 Web 浏览器中，可以被用于收集消费者的在线行为信息。但是 cookies 不能用于移动设备和应用程序中。随着移动和应用程序的使用量激增以及 cookies 屏蔽技术的改进，市场营销人员已经在寻找新的方法来跟踪消费者的在线行为。

因此，企业现在已经开发出了一种先进的新方法，来提取消费者的隐私信息。举个例子，一系列名字很有趣的高科技移动广告服务创业企业，如 Drawbridge、Flurry、Velti 和 SessionM，它们正在开发技术，这些技术可以通过智能手机把用户的详细信息整合在一起——他们是谁、他们去哪里、他们做什么、他们知道谁、他们喜欢什么和不喜欢什么。对于品牌和营销人员来说，这些信息是十分珍贵的。

这些移动广告企业使用不同的方法来追踪消费者。Drawbridge与在线出版商和广告交易平台建立合作关系，跟踪在线活动——每次用户访问网站或使用移动应用程序时，合作伙伴就会发送通知到Drawbridge。与此相反，Flurry与出版商合作，将其软件直接嵌入到它们的应用程序中——到目前为止，它的软件出现在超过12亿台设备的35万个应用程序里。然后，这些企业应用统计建模来分析它们收集的海量数据，为个人用户分配标签，并挖掘用户特征和行为模式。

这就是真正的魔法：通过追踪个人的在线活动，这些服务可以将几个不同的设备——智能手机、家用电脑、工作电脑和平板电脑联系到同一个人身上，即使这些设备本身并没有联网。每个人的数据资料都是独一无二的，就像指纹一样。因此，Drawbridge、Flurry和其他服务企业可以使用这些顾客档案来识别每个人，不管他们使用的是什么设备。

例如，假设你每天早晨在床上用智能手机查看你的Snapchat照片。然后，在餐桌上吃早餐时，你会用笔记本电脑浏览TMZ上最新的娱乐新闻，并查看一些社交媒体网站。在上午的课间，你可以用手机给朋友发送信息，用你的平板电脑在线浏览。下午，在工作休息期间，你可以使用企业的电脑来查看你最喜欢的网站，并在亚马逊网站上购物。晚上回家后，你可以追看你最喜欢的电视节目，和朋友通过发信息交流，做一些关于课程作业的在线研究，可以在你的智能手机、平板电脑和笔记本电脑之间来回切换。

所有的时间里，信息经纪人很有可能在看着你的一举一动。基于你独特的浏览和娱乐模式，其中一个数据服务商很可能已经识别出你独特的数字指纹。毫不奇怪，当你登录Google、Facebook或Amazon.com时，这些企业可以跨设备追踪你在它们网站上的活动。但是像Drawbridge这样的企业，一旦它们发现了你，就可以在所有的活动和设备上跟踪你，即使你没有登录。

在不同的设备上跟踪不同的用户，这种不可思议的能力可以让移动广告服务商，如Drawbridge和Flurry帮助营销人员制作移动广告和促销活动，这些广告和促销活动可以在恰当的时机准确无误地传递给目标用户。所以，如果你用你的工作电脑来查看回家过节的机票，当天晚上你可能会在你的手机上看到一则Expedia的广告，在同一路线和日期的机票上提供一个较低的价格。Drawbridge可以非常精确地定义用户档案，以至于它可以区分经常使用相同设备的不同的家庭成员，然后相应地定向推送广告。这样的锚准精度为Drawbridge和类似的服务商吸引了从Expedia、福特、富达投资到Quiznos和Groupon等大量的潜力品牌。

市场营销人员认为，所有这些近距离的个人信息和超定位技术都能更好地服务于顾客和企业。顾客可以从真正感兴趣的品牌那里得到定制的、相关的信息和报价。然而，许多消费者隐私维权人士担心，那些不择手段的营销人员或其他人员掌握了这些隐私信息，给消费者带来的伤害或担忧可能会远远超过其好处。即使是负责任的营销人员也担心，消费者可能会更少地认为企业"越来越了解我，来更好地服务于我"，而更多地将其视为"跟踪"和"剖析"。像Drawbridge这样的企业在如何定位自己的服务上很谨慎，它们不称之为追踪，"追踪是个肮脏的字眼。" Drawbridge的一位高管表示。相反，他说："Drawbridge是观察你的行为，把你的个人资料连接到移动设备上。"从更高层面上来讲，Drawbridge的首席执行官认为他们"试图将身份大众化，以便让像Facebook这样的竞争对手不是唯一能够接触到消费者的企业"。

有些信息似乎过于敏感，不能用于超定位。例如，基于健康、金融或个人活动信息的锚定可能会导致消费者尴尬、不适。考虑一下有关某些处方药、财务计划、债务咨询或私人休闲活动的信息被揭露。例如，想象一下，当你的老板在背后看着你或者你在向同事做报告时，你的工作电脑上突然跳出一则禁忌广告。或者考虑一下，有人针对你的旅行计划定制广告，而他们也知道你的家什么时候可能无人照看。谁来保护儿童和其他弱势群体的隐私，保护他们免受过分狂热的营销人员的骚扰？尽管大多数消费者愿意分享一些个人信息，如果这意味着得到更好的服务或交易，但许多消费者担心营销人员可能会做得太过。

因此，在如今超级复杂的行为定位工具中，营销人员需要在服务消费者和跟踪消费者之间小心行事。大多数营销人员都想使用超定位做正确的事情——关注正确的顾客，以提供个性化的服务来满足他们的需求。他们希望通过服务顾客而不是伤害顾客来建立信任关系。负责任的超定位要求营销人员积极保护被锚定者的权利和敏感信息。跨越这一界限的营销人员会面临引起维权人士、立法者和消费者愤怒的风险。

资料来源：Kate Kay, "Three Big Privacy Changes to Plan for in 2014," *Advertising Age,* January 3, 2014, http://adage.com/print/290885/; Claire Cain Miller and Somini Sengupta, "Selling Secrets of Phone Users to Advertisers," *New York Times*, October 6, 2013, p. A1; George Fox, "When Online Marketers Target Mobile Device Users, Nothing's Out of Bounds," *ECN Magazine*, October 28, 2013, www.ecnmag.com/blogs/2013/10/when-online-marketers-target-mobile-device-users-nothing's-out-bounds; Katy Bachman, "FTC's Ad Regulator Plans to Focus Heavily on Native and Mobile," *Adweek,* January 5, 2014, www.adweek.com/print/154693; "12 Stars of Ad Tech Who Are Building the Future of the Industry Right Now," *Adweek,* November 2, 2014, www.adweek.com/news-gallery/advertising-branding/12-stars-ad-tech-who-are-building- future-industry-right-now-161164; and www.flurry.com/solutions/ analytics and www.drawbrid.ge, accessed September 2015.

因此，选择目标市场的问题并不真正在于锚定谁，而是在于怎样和为何锚定他们。当营销人员不公平地将易受伤害的群体作为锚定对象或用有问题的产品、策略锚定他们，企图牺牲目标市场的利益而获利时，就会产生争议。对社会负责任的营销要求市场细分和目标市场选择不仅要为企业的利益服务，还要考虑其目标市场的利益。

缓冲带：概念链接

- 在上一个概念链接里，你细分了美国的鞋类市场。参考图 6-2 并选择两个服务于鞋类市场的企业，描述它们的市场细分和目标市场选择策略。你能想到一家针对不同细分市场的企业与一家仅聚焦于一个或少数细分市场的企业吗？
- 你选择的这两家企业是如何差异化自己的产品和形象的？它们是否成功地在目标消费者心中建立了这种差异性？本章的最后一部分将讨论定位问题。

6.3 差异化和定位

作者评点

在企业回答第一个看似简单的问题（我们为哪些消费者服务）时，它也必须提出第二个问题（我们如何为他们服务）。

在决定选择哪些细分市场作为目标之后，企业也必须选定一个价值主张——企业如何为目标细分市场创造差异化价值以及企业想要在这些细分市场中占据什么位置。**产品定位**（product position）是消费者在重要属性上对某一特定产品的定义，即特定产品在消费者心目中相对于竞争产品的位置。产品是在工厂中制造的，而品牌的定位则是在人们的心中建立的。

Method 洗衣粉的定位是更巧妙、更易使用和更为环保的洗衣粉，而汰渍是一种"洗涤奇迹"，它是一种多功能、耐用的家庭清洁剂，能去除污垢和污渍。在 IHOP 餐厅，你"来的时候很饿，走的时候很快乐"，而 Buffalo Wild Wings 的定位是"烤翅、啤酒、体育"。在汽车市场，本田飞度和尼桑 Versa 的定位是经济型汽车，梅赛德斯和凯迪拉克定位于豪华型汽车，而保时捷和宝马定位于高性能汽车。家装商店劳氏帮助你"永不停止改善"。宜家不仅销售买得起的家具，还是"改善生活的商店"。

消费者接触到了过量的产品和服务信息，他们不可能在每次做购买决策时都重新评估产品。为了简化购买过程，消费者对产品、服务和企业在心中进行分类和定位。产品定位是相对于竞争产品而言，消费者对该产品的一系列复杂感知、印象和感觉的组合。

无论有无营销人员的帮助，消费者都会对产品做出定位。但是，营销人员并不想让运气来决定其产品定位。他们必须筹划能让自己在选定的目标市场上获取最大优势的定位，并设计营销组合来打造计划好的定位。

6.3.1 定位图

在设计差异化和定位策略时，营销人员通常会准备感知定位图，它能够显示与竞争品牌产品相比，消费者对自己的品牌产品在重要购买维度上的感知。图 6-3 是美国大型豪华 SUV 市场的定位图。[29] 图中圆圈的位置显示了品牌在两个维度上的感知定位，即价格和导向（豪华或性能）。每个圆圈的大小显示了品牌的相对市场份额。

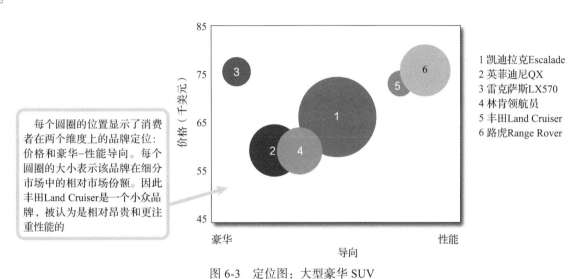

图 6-3　定位图：大型豪华 SUV

从图 6-3 可见，消费者认为，市场领导者凯迪拉克 Escalade 是中等价位的大型豪华 SUV，兼顾了豪华和性能的平衡。Escalade 定位于都市豪华 SUV，对它来说，"性能"可能更多地意味着动力性和安全性。你会发现，在 Escalade 的广告中从不提及野外冒险。

相比而言，Range Rover 和 Land Cruiser 定位于具备较好的野外性能的豪华车。例如，丰田 Land Cruiser 自 1951 年开始就是为征服世界最严苛的地形和气候而设计的四轮驱动、像吉普一样的汽车形象。最近这些年，Land Cruiser 保持了这种冒险和性能的定位，但增加了奢华的部分。它的网站夸耀说自己拥有"传奇的野外能力"，野外科技的例子包括可以充分利用发动机的声控感应系统，"让你在山路中也可以轻松自如"。尽管这款车十分粗犷，但企业宣称"其蓝牙免提技术、DVD 娱乐设备和华丽的内部装饰柔和了该车的棱角"。

6.3.2 选择差异化和定位策略

有些企业发现选择差异化和定位策略很容易。例如，在特定的细分市场以质量著称的企业会在某个新细分市场延续相同的定位，只要这个新细分市场中关心质量的顾客足够多。但在很多情况下，两家或更多的企业会选择同样的定位，那么，企业就必须通过其他方式把自己与他人区分开。每家企业必须通过创造对该细分市场的重要群体有足够吸引力的独特利益组合来实现自身的差异化。

最重要的是，品牌的定位必须要满足目标市场的需求和偏好。正如本章开头提到的故事，尽管唐恩都乐和星巴克都是咖啡店，但它们却锚定了完全不同的顾客，这些顾客想从其最爱的咖啡销售商那里得到的东西也完全不同。星巴克采用高端定位，其目标是高端专业人士。相反，唐恩都乐则以低端一些、更平民化的定位锚定了普通人群。每个品牌的成功都是因为它们为其独特的顾客组合创造了正确的价值主张。

差异化和定位包括 3 个步骤：识别一系列企业可用于定位的差异化竞争优势；选择合适的竞争优势；选择

一个总体定位策略。然后，企业必须向市场有效地沟通和传递这一定位。

1. 识别可能的价值差异和竞争优势

为了与目标顾客建立盈利性的关系，营销人员必须比竞争对手更了解顾客的需求，并能够向顾客传递更多的价值。如果企业能够通过提供卓越的顾客价值实现差异化和定位，那么企业就获得了**竞争优势**（competitive advantage）。

但扎实的定位不能空口许诺。如果一家企业将其产品定位于提供最好的质量和服务，那么，它必须通过提供所承诺的质量和服务来真正地把自己的产品与竞争者区分开来。企业不应该仅仅停留在利用广告口号和标语对自身定位进行大肆宣扬上，它们必须把口号变成现实。例如，如果没有真正突出的顾客关怀，在线鞋类和配饰商家 Zappos 的定位"服务驱动"将是一纸空谈。Zappos 将整个组织和所有员工联合起来为顾客提供最好的服务。这个线上销售商的首要价值观是"通过服务让人们惊叹"。[30]

为了找到差异点，营销人员必须考虑顾客与企业的产品或服务进行接触的整个过程。聪明的企业可以在与顾客的每一个接触点上实现差异化。企业可以采用怎样的方式来使自己或自己的产品区别于竞争对手呢？企业可以在产品、服务、渠道、人员或形象方面进行差异化。

通过产品差异化，品牌可以在特征、性能，或者款式和设计上使自己区别于竞争者。因此，高级音响品牌 Bose 对其音响的定位是为用户提供创新、高品质的听觉体验。Bose 承诺"通过研究获得更好的声音"。SodaStream 将自己定位为瓶装碳酸饮料和软饮料的替代品。它提供了一种简单、方便、环保的方式把家庭自来水转换为新鲜自制的苏打水，你不再需要携带、储存或回收重重的瓶子。SodaStream 给你"智慧、简单的苏打"。

除产品差异化之外，企业还可以差异化伴随产品的服务。一些企业通过快捷、便利的服务来获得服务差异化。Jimmy John's 不仅仅提供快餐，其美味三明治做得"快得吓人"。其他企业承诺提供高质量的顾客服务。例如，在如今这个时代，顾客对于航空企业的服务满意度一直处于不断下滑中，而新加坡航空企业通过非比寻常的顾客关怀和空乘人员优雅的气质在众多航空企业中脱颖而出。

采用渠道差异化的企业通过设计渠道的覆盖范围、专业性和绩效来获得竞争优势。比如，亚马逊和 GEICO 通过运行顺畅的直接渠道实现了差异化。企业也可以通过人员差异化来获得竞争优势——招募和培训比竞争者更好的员工。人员差异化要求企业精心选择并充分培训与顾客接触的人员。例如，美国东海岸的连锁超市韦格曼斯长期以来一直被认为是顾客服务方面的冠军，有着高度的顾客忠诚。其非凡的顾客服务的秘密在于精心挑选、训练有素、快乐的员工，他们将韦格曼斯的承诺——"每天你都能得到最好的"，真正地传递给顾客。例如，韦格曼斯的收银员要接受至少 40 个小时的培训后才可以与顾客互动。"员工是我们最重要的资产。"该连锁店的人力资源副总裁说。[31]

即便竞争对手提供看似一样的产品，购买者仍然可以根据企业或者品牌的形象差异性获得不同的感受。企业或者品牌的形象应当传递产品的独特之处和定位。形成强烈而独特的形象不只需要创造力，还需要大量艰苦的工作。企业不可能仅仅通过一些广告就一夜之间在公众心目中建立起良好的形象。丽思·卡尔顿酒店的高品质形象需要建立在企业所有、所说、所为的坚实基础之上。

符号也可以提供强烈的企业或品牌认知和形象差异化，比如麦当劳的金色拱门、Google 的彩色标志、Twitter 的小鸟标志、耐克的"Swoosh"或苹果的缺口标志。企业可以围绕名人来建立品牌，如耐克推出的乔丹、科比和詹姆斯篮球运动鞋和服装系列。一些企业甚至会与特定的颜色建立联系，如可口可乐（红色）、IBM（蓝色）或 UP（棕色）。企业选择的符号、人物和其他形象元素必须通过蕴含企业或者品牌个性的广告来传达给消费者。

2. 选择合适的竞争优势

假定企业幸运地找出了多个可为其提供竞争优势的潜在差异点，接下来它必须选择基于哪些优势来建立定位策略，并决定针对哪几个差异点来进行推广。

（1）推广多少差异点。许多营销人员认为，企业应该向目标市场着力强调一个利益点。例如，前广告执行官罗瑟·瑞夫斯（Rosser Reeves）认为企业应该为每个品牌开发一个独特的销售主张（USP），并一直坚持。每个品牌都应该挑选一个属性，让自己可以宣称"排名第一"的属性。购买者更容易记住第一名，尤其是在信息过载的今天。因此，沃尔玛着力推广其无与伦比的低价，而汉堡王则推销个人化选择——"我选我味"。

其他营销人员认为，企业应该在多个差异点上进行定位。如果多家企业都号称自己在某一属性上排名第一，这种策略可能更为必要。例如，塔吉特"期望更多，支付更少"的定位通过为其低价格增加一点档次来将自己与沃尔玛区别开来。微软将其创新的 Surface 平板电脑定位为集笔记本电脑和平板电脑于一体的设备，以此来实现差异化。它是"可以满足你生活中所有需要的一种设备"——比笔记本电脑更轻、更薄，但它的键盘和更完整的功能胜过竞争者的平板电脑。它"和笔记本电脑一样强大，比 Air 电脑还轻"。微软面临的挑战是让购买者相信，它是一个可以做到这一切的品牌。

如今的大众市场正在被分解成多个小型细分市场，企业和品牌正在试图拓宽其定位策略以吸引更多的细分市场。

（2）推广哪些差异点。并非所有的品牌差异点都是有意义或者有价值的，每个差异点都可能给企业带来成本或利益。一个有价值的差异点需要满足以下标准：

- 重要性：这种差异可以向目标购买者传递很高的价值；
- 区别性：其他竞争者不能提供这种差异，或企业可以用更为与众不同的方式提供该差异；
- 优越性：该差异明显优于顾客为获取相同利益可采用的其他方式；
- 传播性：这种差异是可以传播的，而且对购买者来说是可见的；
- 领先性：竞争者很难模仿该差异；
- 可支付性：购买者能支付得起；
- 盈利性：企业可以通过该差异获利。

许多企业曾经推广过不符合上述一个或多个标准的差异点。新加坡的威斯汀·斯坦福德酒店（Westin Stamford Hotel）曾宣称自己是世界上最高的酒店，这对大多数游客来说并不是一个重要的区别；可口可乐的"新可乐"，也没能在可口可乐的核心消费者中通过优越性和重要性测试。

大量的盲品测试显示，60%的软饮料消费者选择了一种新的、更甜的可口可乐，而不是原来的可乐口味，52%的人选择了百事可乐。因此，该品牌放弃了原来的可口可乐，并大肆宣传，用更甜、更顺滑的新可口可乐取代了原来的口味。然而，可口可乐在其研究中忽略了许多让可口可乐在125年里如此受欢迎的无形资产。对忠实的可口可乐爱好者来说，最初的口味和棒球、苹果派和自由女神像一样，都是美国的标志。事实证明，可口可乐不仅仅通过口味还通过传统来区分品牌。可口可乐放弃了最初的配方，触动了忠实的可口可乐爱好者的敏感神经，他们更喜欢可口可乐原来的样子。仅仅三个月后，可口可乐就又恢复了经典的可乐配方。

因此，选择定位产品和服务的竞争优势可能会很困难，但这项选择却关乎企业成败。选择合适的差异点可以帮助一个品牌从众多竞争者中脱颖而出。

3. 选择总体定位策略

品牌的**价值主张**（value proposition）是指品牌的完整定位，即作为品牌差异化和定位基础的全部利益组合。它回答了顾客的这一问题："为什么我要购买你的品牌？"宝马"终极驾驶体验"的价值主张主要强调高性能，同时兼顾豪华性和时尚性，相对于其提供的利益，它相对较高的价格看上去是合理的。

图 6-4 展示了企业可以用于定位其产品的可能的价值主张。图中上端和右端的 5 个深色方格代表优胜的价值主张，即能给企业带来竞争优势的差异和定位。左下端的次深色方格代表失败的价值主张。中间的浅色方格代表边际价值主张。下面我们将讨论 5 种优胜的价值主张：高价格高利益、同等价格高利益、低价格同等利益、

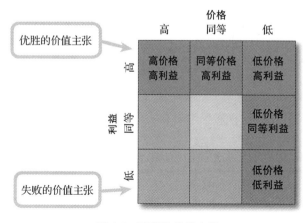

图 6-4　可能的价值主张

低价格低利益以及低价格高利益。

（1）高价格高利益。高价格高利益定位是指提供更高品质的产品或服务，并制定更高的价格以弥补更高的成本。高价格高利益产品不只为购买者提供更高的产品质量，还会为他们带来优越感，因为这些产品会象征地位和高贵的生活方式。四季酒店、劳力士手表、星巴克咖啡、LV 手袋、梅赛德斯汽车和零下家电等都提供出色的质量、工艺、耐用性、性能或款式，并因此收取更高的价格。

与之类似，Hearts On Fire 钻石的营销人员将其打造成了一个高价格高利益的利基，主打"世界上切割最完美的钻石"。钻石有一个独特的"心和箭头"的设计。如果通过放大镜从底部观看，钻石会呈现出由八个心形组成的完美圆环，从顶部观看，钻石会呈现出一个形状完美的火花图案。Hearts On Fire 钻石并不是大众产品，企业表示："Hearts On Fire 是给那些想要更多并可以付出更多的人的。"与同等级的竞争品相比，这个品牌有着 15%～20% 的溢价。[32]

尽管高价格高利益的策略可能带来更高的盈利，但也很容易让品牌受到伤害。这种策略往往会吸引模仿者，它们声称自己拥有相同的质量却可以提供更低的价格。比如，高价格高利益品牌星巴克现在正面临多个"美食"咖啡竞争者，如唐恩都乐和麦当劳。同样，在经济状况良好时销量很高的奢侈品，在经济下滑、消费者更谨慎地消费时就可能面临危险。最近，低迷的经济给高品质品牌带来了最大的冲击，比如星巴克。

（2）同等价格高利益。企业可以通过引入同等质量、更低价格的品牌来攻击竞争对手的高价格高利益定位。例如，塔吉特将自己定位为"高端折扣店"，它声称能提供更好的店面氛围、服务、时尚商品和优雅的品牌形象，但价格与沃尔玛、科尔士和其他折扣店不相上下。

（3）低价格同等利益。低价格同等利益策略是一个很有力的价值主张——每个人都喜欢划算的交易。沃尔玛和百思买、PetSmart、David Bridal 和 DSW 鞋等折扣商店和"品类杀手"都使用这种定位。它们不声称提供不同或更好的产品。相反，它们以大幅度的折扣价提供许多与百货商店和专卖店相同的品牌，它们之所以能提供更低的价格，是因为其具有更强的议价能力和更低的运营成本。其他企业也在开发一些模仿性的、价格较低的品牌，以吸引顾客远离市场领导者。例如，亚马逊推出了一款 Kindle Fire 平板电脑，售价不到苹果 iPad 或三星 Galaxy 平板电脑的 40%。亚马逊声称，其提供"低价的高端产品"。

（4）低价格低利益。市场上总是存在一些产品，提供更低的利益，也因此以更低的价格出售。只有很少的人需要、想要或能够支付"最好的"产品。很多时候，消费者会欣然接受比"最好"要差一些的产品，或为了更低的价格而放弃产品的一些性能。例如，很多旅游者在住宿时都不愿意为那些在他们看来不必要的东西付钱，如游泳池、附属餐厅或者枕头上的薄荷糖。Ramada Limited、假日酒店和 Motel 6 等连锁酒店就舍弃了一些这类的设施，并因此收取更低的价格。

低价格低利益的定位，意味着以更低的价格来满足消费者对性能和质量的低要求。例如，好市多仓储商店提供的商品选择和一致性较低，服务水平也低得多，因此，它们收取最低的价格。在 Spirit 航空企业的"裸费"定价下，当你乘坐其航班的时候，你不会得到太多。但支付超便宜票价的同时，你也不会为你得不到的东西而付费（见营销实践 6-2）。

营销实践 6-2

Spirit 航空企业：得到的少，但花得更少

"@SpiritAirlines 这是我所经历过的最糟糕、最狡猾、最小气的企业。我再也不会和你一起飞行了。#lessonlearned。"

这条推文，以及一大堆对 Spirit 航空企业不满的顾客定期发布的类似的社交媒体评论，并不是大多数企业想听到的那种反馈。更重要的是，在社交媒体的负面评价中，Spirit 航空企业最近也获得了《消费者报告》（Consumer Reports）对顾客体验的最低评级，成为获得该组织给出的最低总分的企业之一。

所以，Spirit 航空企业必须走向破产的道路，是吗？相反，它是美国增长最快的航空企业之一，它的每一趟航班几乎都是满座，而且它每季度都能带来可观的利润，这在上下波动的航空业中是一项

艰巨的事情。Spirit航空企业是怎么做到的呢？通过掌握"低价格低利益"价值主张的艺术和科学。Spirit航空企业的定位承诺是"花更少的钱，去更多的地方"。

Spirit航空企业是一家无与伦比的"超低成本航空企业"，其价格远低于竞争对手——在某些情况下，它的价格要低90%。但要想在这样的最低价中获利，顾客必须接受更少的回报。买一张Spirit航空企业的机票只会让你得到一件事，仅仅一件事——坐飞机去目的地。如果你想要更多，你就要付费。在所谓的"裸费"定价下，Spirit对所有商品都收取额外费用。你只能得到你花钱支付的商品或服务，多一颗花生都没有。

例如，大多数航空企业都提供免费饮料，而Spirit对一瓶水或一瓶汽水要收取3美元。想要一个枕头还是一条毯子？你将会被告知，请支付7美元。Spirit不提供飞机上的娱乐或无线网络。选座服务的费用是15美元，让一个登记员打印出你的登机牌需要额外花费10美元，一个全尺寸的随身行李又要花50美元。更雪上加霜的是，Spirit航班上的座位更挤了（Spirit航空企业称之为"有点舒适的座位"），座位也不会倾斜。如果你想要更大的空间——你猜对了——你可以选择一个出口排或前排的座位。

Spirit将其定价行为称为"Frill控制"，声称能让顾客对自己所付的费用有更多的控制权。Spirit指出，所谓的免费的苏打水和其他航空企业的额外的伸腿空间并不是真正免费的。顾客无论愿意与否，都要按票价购买。在Spirit航班上，乘客可以选择。尽管这一方法听起来令人耳目一新，但一些顾客认为这种做法是斤斤计较的，或者更糟糕的是，它是不公平和有欺诈性的。社交媒体上充斥着一些顾客的故事，他们说他们最终支付的额外费用超过了最初在机票上所节省的钱。

Spirit航空企业在应对顾客投诉方面采取强硬的态度，当顾客要求价格例外时，Spirit代理人绝不退让。航空企业解释说，额外收费是可选的，不是强制性的，基本票价包括乘客到达目的地所需的一切费用。"例如，我们没有对使用卫生间收费，"Spirit的首席执行官说，"我们永远不会这么做，因为这是必需的服务，而非可选的。"

Spirit航空企业似乎把这当作一种荣誉勋章，而不是隐藏其糟糕的顾客服务记录。最近的一项研究表明，在美国交通部的投诉中，Spirit排在最后，Spirit把这变成了吹牛的资本。根据对过去5年的研究，该航空企业平均每10万名顾客中只有8次投诉。Spirit以提供24美元的折扣来庆祝。"没错，超过99.99%的顾客没有向运输部门投诉，"Spirit在新闻稿中声明，"对0.01%的人来说，没关系，我们知道我们不是服务于每个人的航空企业（尽管我们希望你能再次和我们一起共度飞行旅程）。"

低价格低利益定位：快速增长的Spirit航空企业通过为顾客提供的少但收取更少的费用而蓬勃发展。你不需要为你没有得到的东西付费。
Spirit Airlines

该企业进一步为其定价进行了辩护，对于那些花时间去看的顾客，Spirit提供了大量的信息，使顾客了解其票价涵盖的内容。事实上，Spirit的在线网站提供了"Spirit 101：我们飞行方式的简单指南"，详细介绍了你所支付的费用以及如何充分利用Spirit Bare票价系统来节省钱。尽管有少数人认为自己被骗了，但大多数Spirit的顾客似乎都知道自己得到了什么，并为此感到高兴。当被问及是否拒绝花费3美元在Spirit航班上购买水时，一位乘客回答说："一点也不。"他们愿意支付这些费用，这种态度被大多数Spirit顾客所认同，他们似乎很乐意放弃额外的费用来获得超低价机票。

为了弄清争议到底是什么，一位航空企业的分析师亲自坐上Spirit航空企业的航班做测试，并仔细观察和体会。从底特律到拉瓜迪亚的单程机票只花了63美元，价格比达美航空（Delta）、美国航空（American）或美国联合航空（Unite）的机票便宜了大约300美元。"降落后我对我的朋友说，我不明白人们在抱怨什么？"他的结论是，大部分的不满都源于错误的观念——如果人们提前意识到Spirit的政策，就能避免不愉快的体验和他们不想要的附加产品。如果你想要娱乐，他建议，带上你自己的移动设备。提前计划，在登机前购买零食和饮料。提前考虑一下，再加上随身行李或托运行李的费用来计算真正的路费，或者把所有的东西都装进一个小背包里，这样你就可以不用花钱了。让自己做好心理准备，你可能会"闻到你前面的人使用的洗发水的味道"。对于不超过3个小时的航班来说，有点小拥挤并不是那么糟糕。

对于那些抱怨额外费用加起来超过在票价上节省的钱的顾客，官方数据表明，情况并非如此。Spirit的总飞行价格（包括所有费用）仍然是业内最低的，平均比竞争对手的价格低40%。即使在超低价格的情况下，由于其每英里客运成本在行业内最低，Spirit航空企业的利润仍然处于领先水平。例如，对于Spirit来说，即使每名乘客的平均总收益还不到联合航空的一半，但足以让其盈利。在过去的4年里，Spirit的年收入猛增了46%，达到17亿美元，净利润飙升了250%。

因此，Spirit航空企业以其低价格低利益的定位方法蓬勃发展。没错，当你乘坐Spirit航班的时候，你不会得到很多。再一次，你不会为你得不到的东西付费。如果支付这些额外费用会让你烦恼，那就别买了，或者干脆搭乘另一家航空企业的航班，全额预付票价。但Spirit不会很快就免费赠送这些额外的东西。该企业的首席执行官说："我们不会为大多数顾客不重视的东西增加成本，也不会为了减少少数顾客的投诉而增加成本。这样做会提高每个人的价格，导致我们无法兑现我们的顾客真正看重的承诺——尽可能低的价格。"

资料来源：Based on information from "If Spirit Airlines Is So Unpopular, Why Are Its Flights So Full?" *CBS News*, March 23, 2014, www.cbsnews.com/news/if-spirit-airlines-is-so-unpopular-why-are-its-flights-so-full/; Justin Bachman, "Spirit Airlines Sees All Those Passenger Complaints as Mere Misunderstandings," *Bloomberg Businessweek*, April 18, 2014, www.businessweek.com/articles/2014-04-18/spirit-airlines-passenger-complaints-part-of-its-business-model; Jared Blank, "3 Myths about Spirit Airlines," *Online Travel Review*, September 10, 2012, www.onlinetravelreview.com/2012/09/10/3- myths-about-spirit-airlines-or-my-flight-on-spirit-was-perfectly-fine-really/; Adam Levine-Weinberg, "Why Houston Is Spirit Airlines' Next Big Growth Market," *The Motley Fool*, November 20, 2014, www.fool.com/investing/ general/2014/11/20/why-houston-is-spirit-airlines-next-big-growth-mar.aspx; "Value Airline of the Year—Spirit Airlines," ATW, January 23, 2015, http://atwonline.com/airlines/value-airline-year-spirit-airlines; and http://marketing.spirit.com/how-to-fly-spirit-airlines/en/ and www.spirit.com, accessed September 2015.

（5）低价格高利益。当然，最成功的价值主张应该是"低价格高利益"。很多企业都声称要做到这一点。就短期而言，一些企业确实可以做到这一点。例如，家得宝刚刚开业时，与其他当地的五金店和家具装饰连锁店相比，它提供最好的产品、最优质的服务以及最低的价格。

但是，就长期而言，企业会发现保持这种双优定位十分困难。提供更好的产品通常需要更高的成本，会很难达成低价格的承诺。试图二者兼得的企业可能会输给更专注的竞争者。例如，面对来自劳氏商店的激烈竞争，家得宝现在必须决定其主要通过卓越的服务还是更低的价格来进行竞争。

如前所述，每个品牌应该采取一个能够满足目标市场需求和欲望的定位策略。"高价格高利益"会吸引一个目标市场，"低价格低利益"会吸引另外一个目标市场等。因此，在任何一个市场上通常都有很多不同企业的生存空间，每个企业都能用不同的定位占据一席之地。重要的是，每个企业必须制定自己的优胜定位策略，让自己对于目标顾客来说是独一无二的。

4. 制定定位陈述

企业和品牌定位应该被总结为一个**定位陈述**（positioning statement）。定位陈述应该遵循以下形式：对（目标市场和需求）而言，我们的（品牌）是具有（独特之处）的（概念）。[33]这里有一个知名电子信息管理应用Evernote的例子："对需要记事帮助的繁忙的多任务者而言，Evernote是可以利用你的电脑、手机、平板和网络，让捕捉与记录日常生活中的时刻和想法变得简单的电子内容管理应用。"

记住，定位陈述首先要明确产品所属的类别（电子内容管理应用），然后展示其与该产品类别中其他产品的差异（更轻松地捕捉时刻和想法并在日后回想）。Evernote 帮助你通过记笔记、拍照片、建立待办事项列表和创建语音提示来"记住所有事情"，然后可以通过任何设备在任何地点（在家、办公室或路上）轻松查找到这些内容。

把品牌置于一个特定的类别中意味着这个品牌与该类别中的其他产品具有一些相似性。但是，品牌的优越性来自于它的差异点。比如，美国邮政总局像联合包裹和联邦快递一样运送包裹，但其优先邮件服务通过便利、低价、固定费率的邮寄纸盒和信封实现了与竞争对手的差异化。美国邮政局总承诺："只要能装到盒子里就能邮递。"

6.3.3 传播和实现所选择的定位

企业一旦确定了自己的定位，就必须通过强有力的举措来传播和实现目标顾客想要的这个定位。企业所有的营销努力都必须支持这个定位策略。

企业定位需要确定具体的行动，不能只是说说而已。如果企业决定根据更高的质量和服务进行定位，它就必须首先实现这一定位。设计营销组合（产品、价格、渠道和促销）意味着制定出定位策略的具体战术措施。因此，一个采取高价格高利益策略的企业要清楚它必须生产高质量产品，收取高价格，通过高质量的经销商进行分销，并在高质量的媒体上做广告；它必须雇用和培训更多的服务人员，与在服务方面有良好声誉的零售商合作，并设计能够宣传其卓越服务的销售和广告信息。只有这样才能建立一致、可信的高价格高利益定位。

企业通常会发现，想出一个好的定位策略比实施容易得多。建立或改变一个定位通常需要更长的时间，不过花很长时间建立起来的定位却可以很快被摧毁。一旦企业建立了希望得到的定位，就必须通过一致的表现和宣传小心维持这种定位。随着时间的推移，企业必须根据消费者的需求和竞争者的战略来密切监控和调整其定位。不过，企业应该避免可能会让消费者困惑的突然的定位变化。产品定位应该在适应不断变化的市场环境的过程中逐步演化。

我的营销实验室

如果你的老师布置了这项任务，请完成 MyLab 的问题讨论部分带有星号的问题。要完成本章的数字营销问题，请查看 MyLab 中的作业。

 章节回顾和批判性思维

目标回顾

在本章，你已经学习了顾客驱动型营销战略的主要因素：市场细分、目标市场、差异化和市场定位。营销人员知道不可能在市场上吸引所有的购买者，或者至少不能以同样的方式吸引所有的购买者。因此，今天的企业开始实践目标营销，即识别细分市场，选择其中的一个或多个细分市场，开发产品和制定营销组合来迎合所选的每个细分市场。

1. 定义设计顾客驱动型营销战略的主要步骤：市场细分、目标市场选择、差异化和市场定位

顾客驱动型营销战略以选择企业所有为之服务的顾客并确定能够向目标顾客提供最好服务的价值主张为起点，包括以下 4 个步骤：市场细分是把一个市场分为不同的购买群体，这些群体有不同的需求、特征和行为，并可能要求不同的营销策略或组合；一旦确定了这些群体，目标市场选择就会评估每个细分市场的吸引力，并选择一个或多个细分市场来服务；差异化涉及的是能够创造出超额顾客价值的差异化产品；市场定位是指确定企业产品在目标消费者心目中的地位。顾客驱动型营销战略寻求与合适的顾客建立正确的关系。

2. 列举并讨论细分消费者市场和商业市场的主要依据

细分市场的方式并不唯一，营销人员可以通过不同的变量来细分，看看哪个变量可以发现最好的营销机会。对于消费者市场而言，主要的细分变量有地理

变量、人口统计变量、心理变量和行为变量。地理细分要求把市场分为不同的地理区域单元，如国家、地区、州、县、城镇或者街道。人口统计细分是将市场按人口统计学变量划分，如年龄、生命周期阶段、性别、收入、职业、教育、宗教、种族和代际。在心理细分中，根据社会阶层、生活方式和个性特征的不同，把市场划分为不同的群体。在行为细分中，根据消费者的知识、态度、使用状况和对产品的反应，把市场划分为不同的群体。

许多用来细分消费者市场的变量，同样可以用来细分商业市场。商业市场可以通过企业购买者的人口统计变量（如行业、企业规模）、经营因素、采购方式、情境因素和个性特征来细分。市场细分的有效性取决于细分市场的可衡量性、可接近性、足量性、差异性和可行动性。

3. 解释企业如何识别具有吸引力的细分市场并选择目标市场的策略

为了识别出最好的细分市场，企业首先要评估每个细分市场的大小和成长性、结构吸引力以及企业的目标和资源。企业可以从4个目标营销策略中选择一个——从目标选择非常广泛到非常狭窄。销售人员可以忽视细分市场的不同，把目标市场定得很广泛，即无差异营销，这时需要以相同的方式大规模地生产、分销和促销相同的产品。企业也可以采取差异化营销——为每个细分市场开发不同的产品和营销策略。集中性营销（利基营销）要求仅集中于一个或几个细分市场。最后，微市场营销指针对某一细分个体或某一特定群体的需求和需要而定制产品或营销计划的做法，包括本地化营销和个性化营销。哪个目标市场策略最好，取决于企业的资源、产品的异质性、产品的生命周期阶段、市场的异质性和竞争对手的营销策略。

4. 讨论企业如何差异化和定位其产品以获得最大竞争优势

一旦企业决定进入哪些细分市场之后，就必须决定企业的差异化和营销定位策略。差异化和定位的任务包括三个步骤：识别出一系列可供企业取得竞争优势的差异；选择合适的竞争优势并基于此进行定位；挑选一个总体定位策略。

品牌的完全定位称为品牌的价值主张，即在定位基础上的利益矩阵。总而言之，企业可以从5个优胜的价值主张（高价格高利益、同等价格高利益、低价格同等利益、低价格低利益和低价格高利益）中进行选择，来定位其产品。企业和品牌定位归纳在定位陈述中，定位陈述阐明了目标市场及其需要、定位理念和差异点的独特之处。企业必须将所选择的定位有效地传播到市场。

关键术语

市场细分（market segmentation）：把市场划分为不同的购买者群体，这些群体有不同的需求、特征或行为，可能需要不同的营销策略与组合。

目标市场选择（market targeting）：选择评估各细分市场的吸引力并选择一个或几个细分市场作为目标市场的过程。

差异化（differentiation）：真正地将市场供应品差异化从而创造出色的顾客价值。

市场定位（positioning）：使其市场供给物相对于竞争产品在目标消费者心中占据一个清晰、独特和优越的位置。

地理细分（geographic segmentation）：把市场划分为诸如国家、州、地区、县、城市，甚至邻近社区等地理单位。

人口统计细分（demographic segmentation）：根据年龄、生命周期阶段、性别、收入、职业、教育、宗教、种族和代际等变量划分细分市场。

年龄和生命周期细分（age and life cycle segmentation）：把市场划分为具有不同年龄和不同生命周期的阶段群体。

性别细分（gender segmentation）：依据性别把市场划分为不同的群体。

收入细分（income segmentation）：将市场细分为不同的收入群体。

心理细分（psychographic segmentation）：根据社会阶层、生活方式、个性特征将市场划分为不同的细分市场。

行为细分（behavioral segmentation）：根据消费者的知识、态度、产品使用和反应，把市场划分为不同的细分市场。

时机细分（occasion segmentation）：根据购买者的购买意愿、实际购买或产品使用情况，将购买者划分为不同的群体。

利益细分（benefit segmentation）：根据消费者从

产品上寻求的不同利益细分市场。

市场间细分（intermarket segmentation）：根据消费者需求和购买行为的相似性确定细分市场，即使这些消费者可能位于不同的国家。

目标市场（target market）：企业决定为之服务的具有相同需要或特点的顾客集合。

无差异营销（undifferentiated marketing）或**大众营销**（mass marketing）：忽略细分市场之间的区别，通过一种产品或服务来定位整个市场。

差异化营销（differentiated marketing）或**细分营销**（segmented marketing）：定位于不同的细分市场，并为每个细分市场制定不同方案的市场覆盖战略。

集中性营销（concentrated marketing）或**利基营销**（niche marketing）：企业追求在一个或几个细分（利基）市场上占有较大份额的市场覆盖战略。

微市场营销（micromarketing）：针对特定的个体或本地细分顾客群的需要和欲望，定制产品或营销计划，包括本地化营销和个性化营销。

本地化营销（local marketing）：调整品牌和促销以满足本地顾客群的需要和欲望，包括城市、社区，甚至具体的商店。

个性化营销（individual marketing）：根据个体消费者的需求和偏好量身定做产品和营销方案。

产品定位（product position）：消费者如何定义某产品在重要属性上的表现，即特定产品在消费者心目中相对于竞争产品的位置。

竞争优势（competitive advantage）：通过更低的价格，或向消费者提供更多的利益以支持高价，从而为消费者创造更大的价值而获取的相对于竞争者的优势。

价值主张（value proposition）：品牌的完整定位，即作为定位基础的全部利益组合。

定位陈述（positioning statement）：企业或品牌定位的简要陈述，其结构是，对（目标市场或需求）而言，我们的（品牌）是具有（独特之处）的（概念）。

问题讨论

1. 请列出设计顾客驱动型营销战略的四个主要步骤。

2. 营销人员如何在消费者市场中使用行为细分？给出一个行为细分的例子。

3. 讨论企业在评估细分市场时考虑的三个因素。最重要的是什么？

*4. 企业如何通过差异化获得竞争优势？用一个企业的例子说明本章讨论的每种差异化。

5. 讨论企业在确定推广产品的哪些差异点时应采用的评估标准。

批判性思维练习

1. 本章描述了许多企业为个人顾客定制产品的个性化营销，例如 M&Ms、彪马和哈雷戴维森。搜寻并描述另一个例子，讨论企业通过定制为消费者提供的价值是否超过其付出的成本。

*2. Manfluencer 是一个描述新的市场营销趋势的术语。它是什么含义？请举两个例子，说明营销人员如何应对 Manfluencer 趋势。

3. 以团队为单位，提出一个创业方向。使用本章描述的步骤，开发顾客驱动型营销战略。描述你的战略，并为这个业务做一个定位陈述。

 **小型案例及应用**

在线、移动和社交媒体营销

SoLoMo（社交 + 本地 + 移动）

想象一下，当你走进一家零售商店，里面陈列着非常少的商品。技术企业 Hointer 允许零售商这样做。例如，该企业在西雅图的商店每款服装仅展示一件，看起来像是飘浮在空中。通过商店的应用程序，顾客只需扫描价签即可获取有关每种产品的信息、阅读其他人的评论、浏览媒体剪辑，并要求将产品添加到他们的试衣间。一旦进入试衣间，顾客可以通过墙上的平板电脑或手机上的移动应用程序请求其他尺寸或造型建议。对于不想要的产品，顾客可以通过一个滑槽退回商品，其他尺寸的衣服可以通过另一个滑槽被送进来，这个过程不超过 30 秒。只要点击一下，顾客就可以在移动设备或销售柜台结账，他们可以在 Instagram、Facebook 或 Twitter 上与他人分享自己的购物体验。销售人员仍然存在，但他们可能使用辅助工具来监控顾客的选择，并建议匹配的服装和配饰商品。所有这一切都可以通过 Hointer 的 SoLoMo 工具套件实现，这些工具包括 eTag、数字连接、Omnicart、辅助工具和 Whoosh 试衣间。

1. 在互联网上搜索其他使用 SoLoMo 定位和吸引潜在顾客的零售商的例子，或者描述你如何使用零售商的应用程序。

2. 制造商是否使用 SoLoMo？查找有关制造商如何使用此类定位的示例或提出建议。

营销道德

不切实际的身材

有超过 1/3 的美国儿童和青少年超重，你或许会认为美泰苗条的芭比娃娃会成为小女孩的好榜样。但一些批评人士认为，事实并非如此。如果芭比是一个真正的女孩，她的身体脂肪就会少于 17%，脖子太细，不能抬起头，腰围太小，不能容纳一个完整的肝脏和肠道，脚踝和脚太小不能行走。一组研究人员估计，一个女人拥有芭比娃娃身材的可能性为十万分之一。然而，一些女性却为不可能的身材而奋斗，有超过 2 000 万人患有厌食症和贪食症等饮食失调症。另一项研究显示，40%～60% 的青少年女孩对自己的体重感到担忧，而近 70% 读过杂志的小学女生说，瘦模特的照片会影响她们对理想体重的看法。这样的统计数字导致了消费者权益组织，比如无商业化童年运动（CCFC），呼吁采取行动，特别是针对年轻女孩的行动。例如，CCFC 关注美泰的芭比娃娃与女童军合作的"Be Anything, Do Everything"活动，在这个活动中，黛西和布朗尼童子军（即幼儿园到三年级的孩子）可以在女童军网站上玩互动游戏，并在她们的制服上获得芭比的参与徽章。

1. 你认为美泰和其他娃娃生产商向年轻女孩推销不现实的娃娃玩偶是错误的吗？解释你为什么这么想。讨论以"不切实际的身材"类似概念为目标的营销人员的其他例子。

2. 试着举一个例子，说明一个企业如何通过为年轻女孩提供更现实的玩偶来抵制这种趋势。

数字营销

USAA

USAA 是一家金融服务企业，成立于 1922 年，由 25 名陆军军官组成，他们共同为彼此的汽车投保，因为他们被认为风险过高而无法投保。USAA 目前拥有近 25 000 名员工和 900 多万会员顾客。它一直在汽车保险企业名列前十，并提供其他类型的保险以及银行、投资、退休和金融规划服务。USAA 实施了一种利基营销策略——只针对现役和退役军人及其直系亲属。成员可以通过在军队服役而获得成为其顾客的权利，并且可以将其传递给他们的配偶和孩子。该企业原本更加严格，只针对军官。但是，1996 年，资格扩大到应征人员，现在扩大到任何服务并光荣地从军队退役的人和他们的直系亲属。潜在市场是所有的现役军人、退伍军人和他们的家人。据美国国防部称，截至 2014 年 12 月 31 日，在所有武装部队中有 1 361 755 名现役军人。2014 年年底，退伍军人总数达到 2 100 万。

1. 假设人寿保险的平均成本为每年 700 美元，而潜在顾客每年购买一项保单，参考附录 C 中的连锁比率法计算军队市场人寿保险的市场潜力。

2. 讨论用于评估军人细分市场有用性的因素。

视频案例

萌芽

在儿童电视节目的世界里，《萌芽》相对来说是一个新手。由 NBC 环球企业拥有，《萌芽》播放

PBS儿童节目以及其他获得的材料。作为一个真正的多平台网络，《萌芽》可以作为常规的有线电视节目，也可以通过Comcast进行节目点播，还可以通过Sproutonline.com在线访问。

然而，《萌芽》并不只针对孩子，它的目标是学前家庭——有一个或多个学龄前儿童的家庭。家长需要与孩子一起观看互动内容、多个接入点和24小时节目。出于这个原因，《萌芽》的推广工作面向父母和孩子。

在观看了《萌芽》的视频后，回答以下问题：

1. 为什么《萌芽》的目标是学龄前家庭，而不是专注于孩子？举例说明。

2. 哪种目标营销策略最能描述《萌芽》的营销努力？说明原因。

3. 《萌芽》如何利用差异化和定位与目标顾客建立关系？

我的营销实验室

如果你的老师布置了这项任务，请到MyLab作业中完成以下写作部分。

1. 描述营销人员如何细分国际市场。市场间细分是什么？

2. 就Google眼镜设备在企业和机构市场中的应用进行讨论。如何将这些应用程序整合到在线、移动和社交媒体营销中？

第7章 产品、服务和品牌战略
建立顾客价值

学习目标

1. 定义产品以及主要的产品与服务分类。
2. 描述企业关于单个产品和服务、产品线以及产品组合的决策。
3. 识别影响服务营销的四个特征和服务所需的其他营销条件。
4. 讨论品牌战略——企业在建立和管理品牌时做出的决策。

概念预览

在全面了解了顾客驱动型营销战略之后，下面我们将更深入地探讨营销组合——营销人员用来实施战略、吸引顾客和传递卓越的顾客价值的战术工具。在本章和第8章中，我们将研究企业如何发展和管理它们的产品、服务与品牌。之后，在接下来的几章中，我们将研究定价、分销和营销传播工具。产品和品牌通常是人们在市场营销过程中需要考虑的第一个，也是最基本的因素。我们从一个看似简单的问题开始：什么是产品？不过最终结果证明，这个问题的答案并不那么简单。

要深入探究"什么是产品"，我们从了解GoPro开始。你可能从未听说过GoPro，这是一家快速发展的企业，生产微型、可穿戴高清摄像机。然而，很少有品牌能与GoPro在消费者心中所创造的热情和忠诚相媲美。GoPro知道，它的产品不仅仅是耐用的小相机。更重要的是，它为顾客提供了一种与朋友分享行动时刻和情感的方式。

第一站

GoPro：做一个英雄

越来越多的GoPro顾客——很多是极限运动爱好者——正在随身携带GoPro的奇特小相机，或者将其放置于跑车的保险杠上甚至跳伞靴的鞋跟上，以便捕捉他们生活中的极限时刻。紧接着，他们便迫不及待地将GoPro所拍摄的喜怒哀乐分享给朋友们。你很可能在YouTube、Facebook和Instagram甚至在电视上看到过很多GoPro拍摄的视频。

也许你曾看到过那个滑雪者拍摄的视频，他在引发了瑞士阿尔卑斯山的雪崩之后，通过从悬崖上跳伞逃离，这个业余视频在YouTube上用9个月的时间获得了260万的观看次数。也许你曾看到由一台被海鸥衔走的游客的相机记录下来的飞鸟视角中的法国夏纳城堡（7个月300万浏览量），或者你也许看到过那个非洲山地自行车骑行者被一只成年瞪羚袭击的视频（4个月里超过1 300万浏览量）。最近，粉丝们采用最新GoPro机器拍摄的、由不同视频片段组成的一则宣传视频仅用了3个月就获得了超过1 600万的YouTube浏览量。

GoPro令人惊异的小型摄像机甚至可以让最前卫的视频爱好者拍摄出惊人的视频，为他们提供了一种方式来与他人共同庆祝生命中充满活力的时刻和情感。

Used with permission of Mike Basich

GoPro的狂热"粉丝"成了品牌的宣传者。他们平均每两分钟就上传一个新视频到YouTube，而这些视频又为GoPro带来了更多的顾客和更多的视频分享。因此，GoPro已经成为全球最炙手可热的相机企业。GoPro在数码摄像机市场中占有21.5%的份额，在可穿戴相机市场中占有70%～90%的份额。该企业于2014年年中上市，其销售额在2015年飙升至约12亿美元，仅4年就增长了5倍。

GoPro为什么这么成功？一部分原因来自相机本身：GoPro相机是现代技术的奇迹，而且价格亲民，仅为200～400美元；一架GoPro HD视频相机看起来不过是一个小灰盒子，这种轻巧、便携式、可安装的GoPro，可以拍摄出令人惊艳的高清视频；装备可移动的外壳，在130英尺的深水中仍然可以防水。一个跳伞者说过，GoPro相机从3 000英尺的高空坠下毫发无损。

但GoPro知道，其所销售的不仅仅是一个小金属盒，它还可以拍摄极限运动视频。GoPro的用户不仅仅想拍摄视频，他们更想讲述一段故事，分享生活中的激情时刻。"我们要做的是使你能够通过难以置信的照片与视频分享你的生活，"GoPro这样宣传，"我们帮助人们捕捉并分享生活中最有意义的经历，并与大家一起欢庆。"

当人们观看一个令人惊艳的GoPro视频片段时，他们可以在一定程度上体验视频主角的经历。比如新西兰人杰德·米尔顿（Jed Mildon）曾用他头盔上安置的GoPro拍摄了他第一次自行车越野赛中三次后空翻的片段，而观看这段视频的人也可以感受到那份激情与肾上腺素的狂涌。此时，GoPro创造了作者与观众的一次情绪互动。

所以，制造精良的相机只是GoPro成功的开始。GoPro的创始人尼克·伍德曼（Nick Woodman）本人也是极限运动重度爱好者，他讲述了帮助顾客说出他们的故事和旅行情感分享所需经历的四个必要步骤：捕捉、创造、传播、认同。捕捉是指用相机照相和拍摄；创造指的是编辑和生产过程，可以将未经加工的影片变成引人入胜的视频；传播指传送视频内容给观众；认同是内容创造者获取的回报。认同可以通过多种方式实现，比如YouTube浏览量、Facebook上的"赞"或"分享"，或者是视频触发的家人或朋友的惊讶声。企业的口号把消费者的动机总结得很好：GoPro，做一个英雄！

最初，GoPro主要专注于捕捉这个阶段。它提供了看似无穷无尽的装备、支架、吊带、皮带和其他配件，使得GoPro相机在任何地方都可穿戴或安装。使用者可以将小相机绑在手腕上或戴在头盔上。他们可以把GoPro附在滑雪板的顶端、滑板的底部或遥控直升机的下面。事实上，有传言说GoPro很快就会制造无人机，让GoPro的爱好者们可以从高空拍摄令人惊叹的视频。这个灵巧的小GoPro让即使最普通的视频业余爱好者也能拍摄一些非常令人难以置信的画面。

但伍德曼知道，要想保持增长，GoPro必须扩大其服务范围，以满足顾客的各种需求和动机——不仅仅是捕捉，还包括创造、传播和认可。例如，在创造方面，GoPro提供免费的GoPro Studio软件，让用户更容易从GoPro内容中创建专业质量的视频。在传播方面，通过GoPro的应用程序，用户可以查看和回放照片和视频，然后在GoPro频道上与朋友分享他们的最爱，这些频道已经通过YouTube、Facebook、Twitter、Instagram、Vimeo、Pinterest和GoPro.com/Channels等社交媒体平台发布。至于认可，GoPro现在播放由顾客在其网站上提交的最佳视频制作的电视广告。GoPro的未来在于实现和整合用户体验，从捕捉视频到与他人分享故事和生活情感。

GoPro对产品真正的卖点有了丰富的了解，这对企业很有帮助。热情的顾客是任何品牌中最忠诚、最敬业的。例如，GoPro的Facebook粉丝人数超过840万，而且增长很快。从长远来看，更大的佳能（美国）只有120万Facebook粉丝。除了每年上传近50万个视频之外，GoPro的粉丝还在广泛的社交媒体上深度互动。伍德曼说："我认为，我们拥有世界上最活跃的在线消费群体。"

顾客的专注与热情使GoPro企业成为世界上增长最快的相机企业。如今，你可以在超过100个国家的35 000个商店里买到GoPro相机，从小的运动迷商店到REI、百思买和亚马逊。GoPro精致的小相机不仅是业余爱好者的最爱，也成为许多专业摄影人的标配，无论是"发现"频道，还是拍摄营救、野生动物、风雪的新闻拍摄小组，抑或像《致命捕捞》中拍摄水下鱼蟹或者海上轮船的火爆的真人秀节目。当特技演员菲利克斯·鲍姆加特纳（Felix Baumgartner）从太空边缘，12.8万英尺的高空进行他那惊人的一跳时，他戴着5个GoPro。专业人员对GoPro设备的使用增加了其可信度，从而增加了消费者的需求。

这个故事的寓意是：GoPro知道它要做的不仅仅是制造摄像机，更重要的是使顾客能够分享重要的时刻与心情。伍德曼说道："我们最近花费很多时间思考这样一个问题，我们究竟在做些什么？我们知道我们的相机可能是如今社交应用最广泛的设备，所以事情很清楚，我们不仅仅是在制造硬件。"企业这样总结："有梦就做吧。用你的GoPro捕捉并分享你的世界。"[1]

作者评点

正如你将要看到的那样，这个看似简单的问题却有着非常复杂的答案。例如，回顾GoPro的案例，GoPro的产品是什么？

GoPro的例子表明，在寻求建立顾客关系的过程中，营销人员必须创建和管理连接顾客的产品和品牌。本章从一个看似简单的问题开始：什么是产品？回答了这个问题之后，我们将介绍产品在消费者市场和商业市场的分类方法；然后，讨论营销人员针对单个产品、产品线以及产品组合所需制定的重要决策；接下来，我们会考察一种特殊形式的产品，即服务的特点和在其营销方面的独特要求；最后，我们会研究一个非常重要的问题——营销人员如何建立、管理产品和服务品牌。

7.1 什么是产品

我们将**产品**（product）定义为任何能够提供给市场以供关注、获得、使用或消费，并可以满足需要或欲望的东西。产品不仅仅包括汽车、计算机或手机这样的有形商品，广义而言，产品也包括服务、事件、人物、地点、组织、创意或上述对象的组合。在这里，我们广泛地使用"产品"一词来囊括这些对象中的任何一项或全部。因此，不仅一部苹果手机、一辆丰田凯美瑞汽车、一杯星巴克的摩卡咖啡是产品，一次拉斯维加斯旅行、Schwab 在线投资服务、你的 Pinterest 网页和家庭医生的建议也是产品。

考虑到服务在世界经济中的重要地位，我们将给予其特别关注。**服务**（service）是这样一种形式的产品，它包括本质上是无形的且不会带来任何所有权转移的可供出售的活动、利益或满意度，比如银行、宾馆、航班、零售、无线通信和家居维修服务。在本章的后面部分，我们会更详细地讨论服务。

7.1.1 产品、服务和体验

产品是总的市场供应品的一个关键因素。营销组合计划开始于形成一个供应品，使之能够为目标顾客带来价值。这个供应品是企业建立有利可图的顾客关系的基础。

企业的市场供应品往往同时包含有形的商品和无形的服务。在极端条件下，供应品可能由纯粹的有形商品组成，不包含与产品相关的服务，比如香皂、牙膏或者食盐。另一个极端则是纯粹的服务，其供应品主要由服务构成，例如医生对患者的治疗和金融服务。然而，在这两个极端之间，存在着多种商品和服务的组合。

现在，随着产品和服务越来越商品化，许多企业正在进入一个为其顾客创造价值的新阶段。为了在简单地制造产品和传递服务之上更进一步差异化其供应品，他们创造并管理顾客对其品牌或企业的体验。

对一些企业的营销来说，体验是非常重要的。迪士尼长期以来利用电影和主题公园给人们留下了深刻的印象，它希望主题公园能够让每一个顾客感到惊叹。耐克一直宣称，"我们带给您的不仅仅是鞋，还有它们带你去的地方"。今天，各种类型的企业都在改造原有的传统产品和服务来为消费者创造更好的体验。例如，新设计的威瑞森无线智能商店不只是销售手机。它们创造了生活方式体验，鼓励顾客更多地去参观、浏览、体验移动技术的神奇。²

你可能不太期待去参观你的无线运营商的零售商店——你可能每隔几年就会停下来升级你的手机，以续签你的合同。但威瑞森无线正试图改变这一切，它在全国范围内改造了1 700家零售店，把它们变成了"智能商店"——一位观察家称其为"极客房"。该企业的目标是创造一种新的零售体验，帮助顾客发现威瑞森技术如何提高他们的移动生活方式。这些无线生活方式商店是交互式的移动生活方式区，顾客可以在那里试用各种设备、应用程序和与其生活方式相关的设备，这些都需要在威瑞森网络上运行。例如，"健身"区迎合活跃的运动和健身爱好者，"享受乐趣"区关注游戏玩家，"家庭和在旅途"区是为那些对家庭监控和能源管理感兴趣的人。在"工作间"领域，威瑞森的专家在一个大型的数字显示屏前上课，并分享有关如何充分利用移动设备和威瑞森服务的技巧。威瑞森希望通过这些新店，通过为其无线顾客服务，来建立更深层次的品牌互动和顾客关系。威瑞森的一位高管表示："我们想与他们探讨所有使用设备的可能方式。"

7.1.2 产品和服务的层次

产品计划者需要在3个层次上考虑产品和服务（见图7-1），每个层次都增加了更多的顾客价值。最基础的层次是消费者核心价值，它由此提出问题：消费者到底要购买什么？当设计产品时，营销人员必须首先定义这个核心，即顾客寻找的解决问题的利益或服务。一位购买口红的女士不仅仅是购买唇膏的色彩。露华浓的查尔斯·雷夫森很早就预见到了这一点："在工厂，我们制造化妆品；在商店，我们出售希望。"苹果 iPad 的消费者购买的不仅仅是一个平板电脑，他们购买的还是休闲娱乐、自我表达、生产能力以及与朋友和家庭的联系——一个面向世界的移动个性化窗口。

在第二个层次，产品计划者必须把消费者核心价值转变为实际的产品。他们需要开发产品或服务的特征、款式设计、质量水平、品牌名称和包装。例如，iPad 就是一个实际的产品，它的名称、零部件、款式、操作系统、特征、包装和其他属性都被精心地组合在一起来传递消费者核心价值——保持联系。

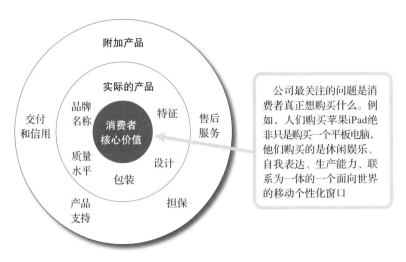

图 7-1　产品的 3 个层次

最后，产品计划者必须围绕消费者核心价值和实际的产品建立附加产品，提供额外的消费者服务和利益。iPad 不只是一种通信设备，它还为消费者的移动连接问题提供一个完整的解决方案。因此，当消费者购买一部 iPad 时，苹果企业及经销商必须对其零部件和工艺做出担保，在顾客需要时提供快捷的维修服务，保证顾客在遇到困难和问题时可以使用网络和移动网站解决。苹果企业还为顾客提供一个庞大的 App store 和附加产品资源库，其 iCloud 云服务可以整合购买者位于任何地方的所有苹果设备中的照片、音乐、文件、App、日程表、通讯录和其他内容。

消费者认为产品是满足他们需求的复杂的利益组合。在开发产品时，营销人员必须首先确定消费者从产品中寻求的核心顾客价值。然后，他们必须设计实际的产品，并找到方法来创造顾客价值和完整的令人满意的品牌体验。

7.1.3　产品和服务分类

根据使用产品和服务的消费者类型，产品和服务被分为两大类——消费品和工业品。从广义上说，产品还包括其他可供出售的对象，如经历、组织、人物、地点和创意。

1. 消费品

消费品（consumer product）是由最终消费者购买，用于个人消费的产品和服务。营销人员经常根据消费者如何进行购买将这类产品和服务进一步分类。消费品包括便利产品、选购产品、特制产品和非渴求产品。这些产品在消费者购买方式上是不同的，因而它们的营销方式也不同（见表 7-1）。

表 7-1　消费品的营销考虑事项

营销事项	消费品类型			
	便利产品	选购产品	特制产品	非渴求产品
消费者购买行为	购买频率高，很少计划，很少做比较或为购物费精力，低消费者参与	购买频率较低，大量的计划并为购物花费较多的精力，比较不同品牌的价格、质量和款式	强烈的品牌偏好和高度忠诚，为购买付出特别的努力，很少比较品牌，价格敏感度低	很低的产品知晓度和知识（或者即使知晓，也没有什么兴趣或唯恐避之不及）
价格	低价	较高的价格	高价	不确定
分销	大范围的分销，便利的地点	在较少的店里有选择地分销	每个市场区域内只在一个或几个店里独家经销	不确定
促销	制造商大规模促销	制造商和分销商的广告和人员销售	制造商和分销商更加谨慎的有目标的促销	制造商、分销商激进的广告和人员销售
例子	牙膏、杂志、清洁剂	大家电、电视、家具、服装	奢侈品，如劳力士手表或高档钻石饰品	人寿保险、红十字献血

（1）**便利产品**（convenience product）是消费者频繁和随时购买的消费品，消费者在购买这类产品时付出很小的比较和购买努力，如洗衣粉、糖果、杂志以及快餐。便利产品通常定价较低，而且营销人员会将其放在很多销售点出售，这样顾客一旦有需要就能立刻找到。

（2）**选购产品**（shopping product）是购买频率较低的消费品和服务，在挑选和购买过程中消费者会比较实用性、质量、价格和样式来决定是否购买。当购买选购产品和服务时，消费者花费大量的时间和精力收集信息并进行比较，如家具、时装、大家电以及宾馆服务。营销人员往往通过较少的渠道分销选购产品，但会提供更深入的销售支持帮助消费者进行产品比较。

（3）**特制产品**（specialty product）是具有鲜明特征或品牌的消费品，部分顾客会为了购买这些产品做出专门的努力。特制产品的例子包括特定品牌和款式的汽车、昂贵的摄影器材、设计师量身定做的服装以及医学或法律专家的服务。比如，一辆兰博基尼就是一件特制产品，因为购买者通常为了买到一辆兰博基尼而不顾路途遥远。购买者通常不对特制产品做比较，他们只把时间用于寻找销售自己想要的商品的经销商。

（4）**非渴求产品**（unsought product）是消费者通常不知道，也不会考虑购买的产品。大多数新发明在消费者通过广告了解它们之前都是非渴求产品。非渴求产品的经典例子是人寿保险、预先计划的葬礼服务和红十字会的献血活动。非渴求产品的特定本性，决定了它需要大量的广告、人员销售和其他营销努力。

2. 工业品

工业品（industrial product）是购买用于进一步加工或商业运营的产品。因此，消费品和工业品的区别就在于购买产品的目的。如果一个消费者购买割草机是在家里使用的，那么这个割草机就是消费品；如果该消费者购买相同的割草机是用于美化环境的生意，那么它就是一个工业品。

工业品和服务有3种类型：材料和部件、资本品、消耗品和服务。材料和部件包括原材料以及制成品和部件。原材料包括农场产品（小麦、棉花、牲畜、水果、蔬菜）以及天然产品（鱼、木材、原油、铁矿石）；制成品和部件包括构成材料（铁、棉纱、水泥、电线）和构成部件（小发动机、轮胎、铸件）。大多数制成品和部件会被直接卖给工业使用者，价格和服务是主要的营销因素，品牌和广告则显得不那么重要。

资本品是在购买者的生产和运作过程中起辅助作用的工业产品，包括主要设备和附属设备。主要设备包括大宗采购物品，例如建筑物（厂房、办公室）和固定设备（发电机、钻床、大型计算机系统、电梯）；附属设备包括轻型制造设备和工具（手动工具、起重卡车）以及办公设备（计算机、传真机、办公桌），它们比主要设备的使用寿命短，在生产过程中仅仅起辅助作用。

最后一组工业品是消耗品和服务。消耗品包括运营消耗品（润滑油、煤、纸、铅笔）以及维修和维护物品（油漆、图钉、扫帚）。消耗品是工业领域的便利产品，因为采购它们通常很少花费精力或进行比较。商业服务包括维护和维修服务（清洗窗户、计算机修理）以及业务咨询服务（法律、管理咨询、广告），这些服务通常根据协议提供。

3. 组织、人物、地点和创意

除了有形的产品和无形的服务，现在营销人员扩大了产品的概念，将其他市场供应品（组织、人物、地点和创意）也包括进来。

组织常常举办活动来"销售"自己。**组织营销**（organization marketing）包括一系列旨在引发、维持或是改变目标顾客对组织的态度和行为的活动。营利性组织和非营利性组织都在进行组织营销。

商业企业赞助公共关系或企业形象营销活动，以推销自己和美化它们的形象。例如，通用电气长期的"在工作中想象"活动将这家工业巨头营销成这样一个企业，其富有想象力的

组织营销：通用电气长期的"在工作中想象"活动将这家工业巨头营销成这样一家企业，其富有想象力的产品和技术正在改变世界。

General Electric Company

产品和技术正在改变世界。想想那档获奖的电视节目《童心想象》吧。这则古怪的广告让通用电气的产品——从喷气发动机、柴油机车到巨型风力涡轮机和医院诊断设备——通过一位年轻女孩的眼睛焕发光彩，她的母亲在通用电气工作。通用电气表示，其正在"建设、推动、移动和治理世界。不只是想象，而是要做。通用电气正在做。"[3]

人物也可以看成是产品。**人物营销**（person marketing）包括一系列旨在引发、维持或改变对特定人物的态度和行为的活动。从总统、企业家到体育人物以及专业人员，如医生、律师、会计师和建筑师等，都会通过营销自己来建立良好的声誉。商业组织、慈善团体以及其他组织都在使用著名的人物来帮助销售他们的产品。例如，宝洁的GoverGirl品牌由凯蒂·佩里、詹妮尔和索菲娅·维加拉等知名明星代言。营销的熟练应用可以将一个人的名字变成一个强大的品牌。例如，美食达人瑞秋·雷（Rachael Ray）大厨以及她的日常脱口秀、厨具和刀具品牌、狗粮品牌（Nutrish），甚至她自己的品牌EVOO（特级初榨橄榄油）就是一个女性人物营销现象。

地点营销（place marketing）包括一系列旨在引发、维持或改变对特定地点的态度和行为的活动。城市、州、地区，甚至国家相互竞争来吸引游客、新居民、会议以及企业的办公楼和工厂。新奥尔良的城市网站上写着"走，去新奥尔良！"的标语，每年举行城市的营销活动，如举办狂欢节、新奥尔良爵士和物质文化遗产大会。澳大利亚旅游局的广告称"没有什么能像澳大利亚"，并提供了一个网站和智能手机应用程序，包括视频、度假想法、目的地信息以及旅行者计划在澳大利亚度假时可能需要的其他东西。[4]

创意也可以营销。从某种意义上说，所有的市场营销都是在营销创意，不管是一个关于刷牙的一般性想法，还是佳洁士牙膏制作的"健康、美丽微笑的生活"这样一个具体的理念。不过在这里，我们将重点放在社会观念上。这个领域被称为**社会营销**（social marketing），它包括利用传统的商业营销的概念与工具来创造个人和社会福利的行为。

社会营销项目覆盖的议题很宽泛。比如，美国广告委员会研发了几十种社会广告活动，议题范围从卫生保健、教育、环境的可持续性到人权和个人安全问题。社会营销不仅仅包含广告，还包括范围广泛的营销战略和营销组合工具，它们会引起社会效益的改变。[5]

7.2 产品和服务决策

> **作者评点**
>
> 既然我们已经回答了"什么是产品"，下面我们将深入钻研企业在设计及推广产品和服务时，需要做出的具体决策。

营销人员在3个层次上做出产品和服务决策：单个产品和服务决策、产品线决策和产品组合决策。我们将逐一加以讨论。

7.2.1 单个产品和服务决策

图7-2展现了营销单个产品与服务时应该做出的重要决策。我们将重点关注以下方面的决策：产品和服务属性、品牌、包装、标签和产品支持服务。

1. 产品和服务属性

开发一个产品或服务涉及定义它将提供的利益，这些利益由产品的属性传达出来，如质量、特征、风格和设计等。

（1）产品质量。**产品质量**（product quality）是营销人员主要的定位工具之一，质量影响产品和服务的表现，因此它与顾客价值和满意度紧密相连。从最狭义的定义看，质量是"远离瑕疵"，但是大多数以顾客为中心的企业所做的远远超出了这个狭义的定义，它们从消费者满意的角度来定义质量。美国质量协会将质量定义为相关产品和服务满足现实或潜在顾客需要的能力特征。与此类似，西门子企业这样定义质量："质量是让顾客重复购买且产品无须返修。"[6]

全面质量管理（total quality management，TQM）是一种企业所有员工致力于持续改进产品、服务和业务流程质量的方法。对于许多顶级企业来说，顾客驱动的质量已经成为一种经营方式。今天，企业正在采用一种

"质量回报"的方法，将质量视为一种投资，把质量看作影响企业基本面的决定因素。

图7-2 单个产品决策

产品质量有两个维度：质量水平和一致性。在开发产品的过程中，营销人员必须首先选择一个**质量水平**（quality level）以支持产品在目标市场上的定位。在这里，产品质量意味着它的**性能质量**（performance quality）——产品实现其功能的能力。例如，一辆劳斯莱斯比雪佛兰提供更高的性能质量：它有更平稳的旅程，更加经久耐用，并提供更多的手工技艺、豪华和"物质享受"。企业很少追求提供最高的性能质量水平，因为鲜有消费者需要或者支付得起像劳斯莱斯或是劳力士这类高质量的产品。相反，企业往往会选择一个能够与目标市场的需求和竞争水平相匹配的质量水平。

除了质量水平，高质量还意味着高水准的质量**一致性**（consistency）。在这里，产品质量意味着它的**一致性质量**（conformance quality）。产品不仅没有瑕疵，而且始终如一地提供目标性能水平。所有的企业都必须尽力保持高水准的一致性质量。就这个意义而言，一辆雪佛兰可以像劳斯莱斯一样好。尽管雪佛兰的性能可能不及劳斯莱斯，但它能够持续地传递消费者为之支付并期望的质量。

同样地，Chick-fil-A快餐连锁店也并未立志提供美食餐饮体验。然而，通过持续满足或超过顾客的质量期望，该连锁店赢得了最佳食品和服务质量奖励的奖杯。[7]例如，2014年，根据一项对2 500名成年人进行的调查，他们询问了全美15个行业中150家最知名的企业的顾客服务质量，这家连锁店是唯一一家以7×24小时华尔街顾客服务名人堂命名的餐厅。Chick-fil-A排在第四位，与亚马逊、Marriott和苹果等企业并列。虽然它并没有试图成为丽思·卡尔顿，但确实将其管理者送去学习丽思·卡尔顿的质量培训课程，在那里，他们学习如何迎接顾客以及如何探索和服务顾客未表达的需求。这种符合质量期望的一致性帮助Chick-fil-A拉拢了一批忠实的顾客。

（2）产品特征。一件产品可以提供不同的特征，其起点是一个不带任何附加物的基本原型，企业可以通过增加更多的特征来创造更高水平的产品式样。产品特征是将企业的产品与竞争者的产品区别开来的一组有竞争力的工具。成为第一家引人注目且生产有价值的产品是企业最有效的竞争方法之一。

企业如何识别新的特征并且决定向其产品添加哪些特征？企业应该定期调查已经使用该产品的顾客，并向他们询问这些问题：你喜欢该产品吗？该产品的哪些特征是你最喜欢的？我们可以增加哪些特征来改善产品？顾客对这些问题的回答会为企业提供一系列丰富的产品特征创意。接下来，企业要评估每一项特征对顾客的价值以及对企业的成本。那些相对于成本而言顾客评价的价值很高的特征就应该增加。

（3）产品风格和设计。另一个增加顾客价值的方法是开发独特的产品风格和设计。设计是一个比风格更广的概念。风格只是简单地描述一件产品的外观。风格可能引人注目，也可能索然无味。给人以感官愉悦的风格可以引起人们的关注，并带来愉悦的美感，但它并不一定会使产品的性能提高。与风格不同，设计就要深入得多了，设计直接切入产品的核心。优秀的设计不仅使产品的外观好看，还能够提高产品的可用性。

好的设计不是始于头脑风暴式的新创意和制作原型，而是始于观察顾客并深入了解他们的需求，塑造他们的产品使用体验。产品设计人员应该较少地考虑产品的属性和技术规格，而应更多地考虑顾客将如何使用它、能从中获得什么利益。例如，Sonos使用基于消费者需求的智能设计，创造了一种无线的、可联网的扬声器系统，这种系统很容易使用，而且能让整个房子充满声音。

过去，建立一套完整的家庭娱乐或音响系统需要在墙壁、地板和天花板上铺设电线，会造成巨大的混乱和许多的开支。如果你搬走了，你并不能带走它。而Sonos，它将家庭音频和影院系统带到了一个与数字化时代相称的新高度。这家创新型企业创造了一个无线扬声器系统，不仅时髦、易于设置、易于使用，而且易于移动以满足顾客不断变化的需求。有了Sonos，你可以通过一个应用程序，点击智能手机，在家里的任何地方，通过各种时髦的扬声器，播放高品质的声音。智能设计为Sonos带来了丰厚的回报。该企业成立于2002年，在过去的两年中，该企业的销售额几乎增长了两倍，达到每年 10 亿美元。[8]

2. 品牌

也许大多数专业营销人员最独特的技能是创造和管理品牌。**品牌**（brand）是将某个卖方的产品或服务与其他竞争者的产品或服务相区分的名称、术语、标记、符号或图像，或以上元素的任意组合。消费者将品牌视为产品的一个重要组成部分，品牌也能为消费者的购买增加价值。消费者为品牌赋予意义，并发展品牌关系，使得品牌的意义远远超出了产品的物理属性。例如，看一下以下这个例子。[9]

1 月某个星期二的晚上，世界上最优秀的小提琴家之一约书亚·贝尔（Joshua Bell）在波士顿富丽堂皇的交响乐大厅上演了一场座无虚席的演奏，他们平均每人付了 100 美元。凭借"约书亚·贝尔品牌"（Joshua Bell brand）的强劲实力，这位才华横溢的音乐家在全球各地演出时经常吸引观众站在观众席上聆听。然而，3 天后，作为《华盛顿邮报》社会实验的一部分，贝尔发现自己站在一个华盛顿特区的地铁站，他穿着牛仔裤、T恤，戴着华盛顿国民棒球帽。当早晨的乘客川流而过时，贝尔拿出了他价值 400 万美元的斯特拉迪瓦里奥斯（Stradivarius）小提琴，在他的脚下放了一个打开的箱子，他开始演奏那些他以前演奏过的经典名曲。在接下来的 45 分钟里，大约有 1 100 人经过，但很少有人停下来聆听。贝尔总共赚了 32 美元。没有人认出"没有品牌"的贝尔，所以很少有人欣赏他的艺术。这告诉你一个强大的品牌意味着什么。

如今的品牌管理是如此强势，以至于几乎找不出什么商品是没有品牌的。盐被包装在标有品牌的容器中，普通的螺母和螺栓在包装时被贴上了分销商的标签，汽车零部件（火花塞、轮胎、滤光器）也标有不同汽车生产商的品牌，甚至水果、蔬菜、乳制品和家禽也有品牌，如 Cuties 牌柑橘、Dole Classic 沙拉、Horizon 有机牛奶、Perdue 牌鸡肉和 Eggland 的最好的鸡蛋。

品牌对购买者有很多帮助。品牌名称可以帮助消费者识别可能对他们有益的产品。品牌还能提供关于产品质量和质量一致性的信息：总是购买同一品牌的购买者知道，他们会在每次购买中获得相同的特性、利益和质量。同时，品牌也给销售者带来了很多优势。品牌名称和商标为其独特的产品特性提供了法律保护，不然很可能被竞争者复制。品牌也可以帮助销售者细分市场，比如，丰田并不是将一种产品提供给所有消费者，它提供了雷克萨斯、丰田、Scion 等品牌，每个品牌又有很多子品牌，比如 Avalon、凯美瑞、花冠、普锐斯、雅力士、苔原和陆地巡洋舰。

最后，企业可以围绕产品的特定属性构造一个完整的故事，而品牌就是这个故事的基础。例如，Cuties 牌柑橘使自己有别于普通的橘子，它许诺"孩子们喜爱 Cuties，因为 Cuties 是专为孩子而生的"。这个产品是一种"很适合小手掌"的健康零食：甜、无籽、大小适合孩子食用，并且容易剥皮。[10] 建立和管理品牌也许是营销人员最重要的任务，在本章后面部分我们将详细讨论品牌战略。

3. 包装

包装（packaging）包括设计和生产产品的容器或包装材料。传统上，包装的主要功能是容纳和保护产品。然而，近年来，包装已成为一个重要的营销工具。零售商店货架上竞争的加剧意味着现在包装必须执行许多销售任务，吸引买家，传达品牌定位，并增加销售。并不是每一位消费者都会看到一个品牌的广告、社交媒体页面或其他促销活动，但所有消费者都会看到产品的包装。因此，并不起眼的包装代表了一个主要的营销空间。

企业开始意识到良好的包装可以直接吸引消费者的注意。例如，超市平均拥有约 44 000 件商品，沃尔玛购物广场平均有 142 000 件。典型的购物者会在商店现场做出 3/4 的购买决定，每

独特的包装可能成为品牌标识的重要组成部分。印有亚马逊网站徽标的棕色纸箱，该标志被解释为"A to Z"，甚至是笑脸，毫无疑问，你就会知道是谁把包裹放在你家门口的。

Lux Igitur/Alamy

分钟会经过300件商品。在这个竞争激烈的环境中，包装可能是卖方影响买家最后的也是最好的机会。因此，包装本身已经成为一个重要的宣传媒介。[11]

设计不佳的包装会导致消费者的反感和企业的损失。想想所有那些难以打开的包装，如DVD盒子难以打开的黏性封口标签，或密封的塑料容器，这种"令人愤怒的包装"每年致使上千人因为割伤和穿刺而被送往医院。另一个包装问题是过度包装，如小优盘使用一个超大号的纸板，塑料显示包包装在一个巨大的波纹装运箱内。过度包装导致了惊人的浪费，令那些关心环境的人十分沮丧。

亚马逊现在提供无损打包服务，以减轻包装破损和过度包装。这家在线零售商与Fisher-Price、美泰、联合利华、微软等2 000多家企业合作，以生产更轻、更容易打开、可回收的包装，这种包装使用更少的包装材料，也没有令人沮丧的塑料外壳或包装线。目前，该企业提供了20多万件此类产品，迄今已向175个国家运送了超过7 500万件产品。在这一过程中，该倡议已经消除了近6 000万平方英尺的纸板和2 500万磅的包装废弃垃圾。[12]

创新的包装可以使企业比竞争对手更有优势。独特的包装甚至可能成为品牌标识的重要组成部分。例如，印有亚马逊网站徽标的棕色纸箱，该标志被解释为"A to Z"，甚至是笑脸，毫无疑问，你就会知道是谁将包裹放在你家门口的。而蒂芙尼独特的蓝色包装盒已经体现了珠宝零售商独有的传统和定位。正如企业所言："在一条繁忙的街道上，手握蒂芙尼的蓝色包装盒让人心跳加速，这成为蒂芙尼优雅、独特和无瑕工艺的伟大遗产。"[13]

近年来，产品安全也成为包装要考虑的一个重要问题。我们已经学会了如何处理难以打开的"对儿童安全"的包装。由于20世纪80年代出现了大量的产品恐慌，大多数制药商和食品制造现在都将其产品包装成防伪包装。在做出包装决策时，企业还考虑了日益严重的环境问题。幸运的是，许多企业通过减少包装和使用环保的包装材料而变得"环保"。

4. 标签

标签的形式可以是贴在产品上的小贴纸，也可以是作为包装的一部分的复杂图形。标签有几种作用。最浅显的作用是识别产品和品牌，如橘子上印有的Sunkist的名字。标签也可以描述产品信息：在何时、何地由谁生产，由什么生产而成，如何安全地使用该产品。最后，标签可以帮助推广品牌，支持其定位，并保持与顾客的联系。对许多企业来说，标签已成为广泛的营销活动的一个重要元素。

标签和品牌标志能够支持品牌的定位并增加品牌的个性。事实上，品牌标签和标志可以变成品牌与消费者连接的至关重要的组成部分。顾客通常会强烈地把商标作为其所代表的品牌的象征。想想可口可乐、Google、Twitter、苹果和耐克等企业的标识所唤起的情感。

品牌标识必须不时地重新设计。例如，从雅虎、eBay、西南航空到温蒂、必胜客、Black + Decker和Hershey等品牌已经成功调整了它们的标识，使其与品牌的定位与时俱进，并满足新的互动媒体（如网络、移动应用和浏览器）的需求。尽管很重要，但这些变化往往是微妙的，甚至可能在很大程度上被顾客忽视。

然而，企业在改变重要的品牌符号时必须小心谨慎。顾客通常与品牌的视觉表现形成强烈的联系，并可能对变化反应强烈。例如，几年前，当Gap为大家熟悉的老式品牌图案（知名的蓝底白字图案）引入当代的设计风格时，消费者感到非常生气并在网上施加了巨大压力，仅在一周以后Gap就恢复了老式商标图案。

除了积极的一面，法律长久以来也一直关注包装和标签。1914年，《美国联邦贸易委员会法案》（Federal Trade Commission Act）宣称：虚假、误导性或欺骗性的标签或包装会导致不正当竞争。标签没有列出产品的主要成分或没有必要的安全警告可能会误导消费者。结果，联邦或州立法机构出台了许多法律以规范标签，其中最著名的是1966年的《包装和商标法》（Fair Packaging and Labeling Act），它规定了强制性的标签要求，鼓励自愿性的行业包装标准，并允许联邦机构在特定行业建立包装规范。1990年，《营养标签与教育法案》（The Nutritional Labeling and Educational Act）要求卖方提供食品商品的详细营养信息，并且美国食品药品监督管理局（FDA）在最近的一次行动中对与健康有关的成分的使用进行了规范，如低脂肪、高纤维和有机等。卖方必须确保其食品标签包含所有要求的信息。

5. 产品支持服务

顾客服务是产品战略的另一个要素。企业提供给市场的产品通常包括一些支持性服务，这或多或少构成了整体产品的一部分。在本章的后面部分，我们将讨论服务本身作为产品的情况。在此我们讨论作为真实产品补充部分的服务。

支持服务是顾客总体品牌体验的重要组成部分。例如，美国标志性的户外服装及设备零售商 L.L.Bean 知道，好的营销并不止于销量，让消费者在购买之后依然开心才是建立持久关系的关键。[14]

年复一年，L.L.Bean 几乎都在十大顶级服务企业的列表上，它也在 J.D. Power 的最新排名中获得"顾客服务冠军"。在 L.L.Bean，为顾客服务的文化根深蒂固。100 多年前，Leon Leonwood Bean 创建了企业完整的顾客满意度哲学，并做出以下保证："直到商品损毁了，顾客仍然满意，这才是真正的销售完成。"直到今天，其顾客仍可以对企业的所有产品进行无条件退货，即使是几十年前购买的产品。

企业的客服理念可能是创始人 L.L.Bean 对"顾客是什么"这个问题最好的答案总结，也是企业价值观的精髓："顾客是这个企业最重要的人，无论他是真实存在的人还是一封邮件。顾客不依赖我们，而是我们依赖顾客。顾客不是我们工作的中断，而是我们工作的目的。我们服务他们，这并不是帮了他们一个忙，而是他们帮了我们的忙，给我们机会去这么做。顾客不是用来与之争辩和比较的。在与顾客的争吵中，没有任何厂商获胜。顾客带来的是需求，而我们要做的就是为顾客、为我们自己解决问题，顺便盈利。"L.L.Bean 前首席执行官利昂·戈尔曼说："关于顾客服务，很多人会有花哨的东西要说，但它只是一个每天都存在的、持续的、无休止的、需要坚持的、需要同情心的活动。"

设计支持服务的第一步是定期调查顾客，评估当前服务的价值，并获得新服务的想法。一旦企业对提供给顾客的不同支持服务的质量进行了评估，就可以采取措施解决问题和增加新服务，同时既使顾客满意，也为企业创造利润。

如今，许多企业使用电话、电子邮件、互联网、社交媒体、手机和互动式语音系统和数据技术的复杂组合来提供支持服务，而这在以前是不可能实现的。例如，家庭装修店劳氏在店内和在线店铺都提供了专门的顾客服务，使购物变得更加容易，解答顾客的疑问，并处理问题。顾客可以通过电话、电子邮件（CareTW@lowes.com）、网站、移动应用程序以及通过 @LowesCares 的 Twitter 访问来获得劳氏的广泛支持。劳氏的网站和移动应用程序可以链接到购买指南和操作指南。在其商店中，劳氏为员工配备了 42 000 部 iPhone 手机，并配备了自定义应用程序和附加硬件，让其执行服务任务，例如，查看附近商店的库存情况，查找特定的顾客的购买历史记录，分享视频以及查看竞争对手的价格——所有这些都不需要离开顾客的身边。劳氏甚至尝试在商店里放置交互式的对话移动机器人，这些机器人会欢迎顾客进店，甚至回答最令他们头痛的问题，并引导他们去寻找其所需的商品。[15]

7.2.2 产品线决策

除了单个产品和服务的决策，产品战略还需要建立产品线。**产品线**（product line）是一组由于功能类似而关系密切，通过同类渠道销售给同一顾客群体，或处于特定价格范围内的产品。例如，耐克有多条运动鞋和服装的生产线，万豪国际酒店集团有多条酒店的产品线。

主要的产品线决策涉及产品线长度，即产品线上项目的数量。如果管理者通过增加产品项目能够提高利润，则产品线太短；如果管理者通过削减某些项目能够提高利润，则产品线太长。管理者必须定期分析企业的产品线，评估每个产品项目的销量和利润，并了解每个产品项目对产品线整体表现的贡献。

企业可以通过两种方法延长产品线：产品线填补或产品线延伸。产品线填补是在现有的产品线范围内增加更多的项目。产品线填补的理由很多：获取额外的利润，满足经销商，充分利用剩余生产力，成为产品线完备的领导型企业，填补市场空白以防竞争者进入等。但是，如果产品线填补导致产品互相竞争或顾客混淆，就做得过火了。企业应该保证增加的新项目能与已有的产品清楚地区分开。

如果企业超出已有的范围来增加其产品线长度，就是在进行产品线延伸。企业可以向下、向上或者双向延伸产品线。定位在高端市场的企业可以向下延伸产品线。企业向下延伸产品线，可能是因为在低端市场发现一个巨大的成长机会，如果不采取行动就会吸引新的竞争者；也可能是回应竞争者在高端市场的攻击；或者，增加低端产品是因为发现低端细分市场中存在更快的成长机会。企业也可以向上延伸产品线。有时，企业向上延伸产品线是为了提高当前产品的声望，或者被高端市场的快速增长率或高利润所吸引。

在过去的几年里，三星的高端智能手机和平板移动设备的 Galaxy 系列都在进行产品线延伸和填补。

三星以 4 英寸的智能手机启动了 Galaxy 系列，然后迅速增加了 10.1 英寸的平板电脑。现在，它提供包含任何需要或尺寸偏好的 Galaxy 系列。基本的 Galaxy 智能手机的屏幕尺寸为 5 英寸，广受欢迎的 Galaxy Note "平板手机"配有 5.7 英寸的屏幕，三星称这两款手机是"手机和平板电脑"中最好的。Galaxy Tab 的购买者可以在 4 个尺寸中选择——7、8、10 和 12 英寸。此外，三星还推出了 Galaxy Gear，一款腕表式、可佩戴的 Galaxy 智能手机和 Galaxy Fit（一款可佩戴的活动跟踪设备）。Galaxy 系列仍在很大程度上迎合了高端市场的需求。但是，为了解决增长最快的智能手机细分领域问题，有传言说，三星的 Galaxy J1 型号的价格较低，其售价低于 300 美元，且无合约。因此，通过巧妙的延伸和填补，三星的 Galaxy 系列成功地扩大了其吸引力，提升了竞争地位，并促进了增长。

7.2.3 产品组合决策

有众多产品线的企业会有一个**产品组合**（product mix），或**产品集**（product portfolio），由销售者提供或出售的所有产品线和产品项目组成。例如，Clorox 企业以其 Clorox 漂白剂而闻名。但事实上，Clorox 这家价值 56 亿美元的企业，生产和销售由数十种消费者熟悉的产品线和品牌组成的完整的产品组合。Clorox 将其整体产品组合划分为 5 大主线：清洁、家居、生活方式、专业化和国际化。[16] 每个产品线都由许多品牌和单品项目组成。

企业的产品组合有 4 个重要的维度：宽度、长度、深度和一致性。产品组合的**宽度**（width）是指企业具有多少条不同的产品线。比如，Clorox 企业所包含的产品线与它的使命口号 "每天让日常生活更美好"相符合。相比之下，通用电气生产的产品种类多达 25 万种，从灯泡到医疗设备、喷气发动机和柴油机机车。

产品组合的**长度**（length）是指企业在每条产品线上的所有产品项目的数目。Clorox 在每条生产线上都有几个品牌。例如，其清洁线包括 CLOROX、FORMULA 409、LIQUID PLUMBER、SOS、PINE-SOL、TILEX、HANDI-WIPES 等。生活方式包括 KC MASTERPIECE、BRITA、HIDDEN VALLEY 和 BURT'S BEES 品牌等。

产品组合的**深度**（depth）是指产品线中每种产品有多少个类型。Clorox 品牌包含各种各样的物品和品种，包括消毒湿巾、地板清洁剂、去污剂和漂白剂产品。每种产品都有多种产品形式、配方、气味和尺寸。例如，您可以购买 Clorox 普通漂白剂、Clorox 香味漂白剂、Clorox 漂白发泡剂、Clorox 高效漂白剂、Clorox UltimateCare 漂白剂（柔软精细织物专用）或任何十几种其他品种。

最后，产品组合的一致性是指不同产品线在最终用途、生产条件、分销渠道或者其他方面相关联的程度。Clorox 企业的产品线始终保持在消费类产品的范围内，并且经过同样的分销渠道。如果他们对顾客履行不同的职能，那产品线就不太一致。

这些产品组合的维度为界定企业的产品战略提供了依据。企业可以从 4 个方面发展业务。它可以增加新产品线，从而拓宽产品组合。在这种情况下，新产品线建立在企业其他产品线的声誉的基础上。企业也可以延伸已有的产品线从而成为产品线更加完整的企业。或者，企业可以为每个产品引进更多的类型以增加产品组合的深度。最后，企业可以追求更强或更弱的产品线一致性，这取决于企业希望在单个领域还是在众多领域赢得好声誉。

有时，企业也可以对它的产品组合进行调整，削减利润微薄的产品线并塑造和恢复其焦点。例如，宝洁追求大品牌策略，并在家庭保健和美容方面建立了约 230 亿美元的品牌。在过去的几十年中，这个消费品巨头已经卖掉了几十个不再适合其发展重点的大品牌，如 Jif 花生酱、Crisco 起酥油、Folgers 咖啡、品客薯片、Sunny

Delight 饮料、Noxzema 皮肤护理产品、Right Guard 除臭剂、萘普生止痛药。宝洁在其最引人注目的产品削减行动中，宣布计划削减或出售 90～100 个剩余品牌，导致从货架上卸下金霸王电池、CoverGirl 和蜜丝佛陀化妆品、威娜和伊卡璐的头发护理产品、Iams 和其他宠物食品等顶级品牌产品，这些剥离使宝洁能够将投资和精力集中在 70～80 个核心品牌上，这些品牌的产品占宝洁 90% 的销售额和 95% 以上的利润。宝洁企业首席执行官说："越少才越精。"[17]

缓冲带：概念链接

为了更好地了解企业的产品组合可以多大、多复杂，请调查宝洁的产品组合。
- 使用宝洁的网站（www.pg.com）、年度报告或其他资料来源，制作一个列表列出宝洁所有的产品线和单个产品。这个列表的产品中令你吃惊的是什么？
- 宝洁的产品组合是一致的吗？宝洁最近放弃或出售的产品是什么？发展这个产品组合的总体战略或逻辑是什么？

7.3 服务营销

作者评点

正如开篇提到的那样，服务也是"产品"，只不过是无形的。所以，到目前为止我们讨论的所有产品议题，既适用于服务，也适合于实体产品。在本节中，我们将重点讨论使服务与其他产品区别开来的特点和营销需求。

最近几年，服务业发展很快。服务业产值如今占据了美国将近 80% 的 GDP 份额。服务业还在不断发展，在世界经济中的增长尤其快，占国际贸易总价值的 64%。[18]

服务行业内部有很大的不同。政府通过法院、就业服务、医院、军队服务、警察和消防部门、邮政服务和学校来提供服务。民间非营利性组织通过博物馆、慈善机构、教堂、大学、基金会和医院提供服务。此外，大量的商业组织也提供服务，如银行、酒店、保险企业、咨询企业、医疗和法律机构、娱乐和通信企业、房地产企业、零售商以及其他企业和机构。

7.3.1 服务的性质和特点

企业在设计营销方案时必须考虑服务的 4 个特点：无形性、不可分性、易变性和易逝性（见图 7-3）。

服务的无形性（Service intangibility）指在购买之前服务无法被看到、尝到、摸到、听到或闻到。例如，整容的人在购买这项服务之前不能看到结果；航空企业的乘客除了一张机票以及他们和行李会安全抵达目的地的承诺和希望外别无所有。为了降低不确定性，购买者会寻找表明服务质量的"信号"，他们将从可见的地点、人员、价格、设备和沟通中得出关于质量的结论。

因此，服务的提供者必须以一种或几种方式将服务有形化，并发出有关服务质量的正确信号。梅奥诊所在这方面就做得很好。[19]

对于医院来说，普通的患者很难判断其提供的"产品质量"。在购买之前你没有办法试用它、理解它。所以，当我们在考虑某家医院的时候，大多数人会不自觉地开始进行调查，寻求医院有能力、关爱和值得信任的证据。梅奥诊所没有让机会溜走，相反，它为患者提供有组织的、诚实的证据，证明其致力于"每天为每个患者提供最好的护理"。

在该诊所，所有的员工都受过培训，以一种能够突出表现其顾客优先的理念的方式行动。例如，医生经常在家中都会跟踪患者情况，并与患者一起解决排班时间问题。梅奥诊所的实体设备同样也传递着正确的信息。

它们通过细心的设计来缓解压力，提供某种庇护场所，传播关爱和尊重，给出有用的信息。如果你想寻找关于梅奥诊所的外部信息，可以上网并直接听取那些曾经去过梅奥诊所或者在那儿工作的人的意见。梅奥诊所现在还使用社交网络（从博客到 Facebook、Twitter、YouTube 和 Pinterest 等一切形式）加强患者体验。比如，通过梅奥诊所的博客（http://sharing.mayoclinic.org），患者和其家属会讲述他们在梅奥诊所的体验，而且梅奥诊所的员工也会在幕后提供他们的看法。那结果如何呢？梅奥诊所收获了极好的口碑和持久的顾客忠诚度，成为卫生保健行业最强有力的品牌之一。

图 7-3　服务的 4 个特点

有形产品先被生产，然后储存，接着被出售，再被消费。与此相反，服务是先被出售，然后在同一时刻被生产和消费。**服务的不可分性**（service inseparability）是指服务不能与其提供者分离的特性，不管服务的提供者是人还是机器。如果服务是由员工提供的，那么该员工也是服务的一部分。顾客不仅仅是购买和使用服务，他们在交付过程中起着积极的作用。提供者和消费者的互动是服务营销的一个独有的特征，二者都会影响服务结果。

服务的易变性（service variability）指服务的质量取决于由谁提供服务以及何时、何地、如何提供。例如，一些宾馆（如万豪酒店）拥有比其他宾馆提供更好服务的声誉，但即便在同一家万豪酒店，前台服务员也可能比酒店里的其他服务员有更多的笑容，而且更加有效率，而与之相距几米远的另一名服务员可能就会使人不愉快且行动缓慢。即便是同一位万豪酒店的服务员，其服务质量也会因为顾客到访时他的精力和心情不同而有所变化。

服务的易逝性（service perishability）指服务不能被储存以备将来出售或使用。一些医生会对患者的失约收费，因为服务的价值只在那一时刻存在，当患者没有露面时，其价值就消失了。当需求稳定时，服务的易逝性还不算什么问题。然而，当需求波动时，服务企业往往会面临难题。例如，由于高峰时间的需求大，公交企业不得不拥有比需求平稳时多得多的公交车。因此，服务企业往往设计能够将需求和供给更好地匹配起来的战略。例如，酒店和旅游胜地在非旺季收取较低的价格来吸引更多的顾客，而饭店雇用兼职员工在高峰时段提供服务。

7.3.2　服务企业的营销战略

正如制造企业一样，优秀的服务企业也需要使用营销战略在其选择的目标市场上进行强有力的定位。联邦快递承诺"越来越快"地处理你的包裹；Angie's List 表示"你可以信任的评论"；汉普顿酒店宣称"我们欢迎您在这里"；圣裘德儿童医院的宣传是"找到治疗方案，拯救儿童"。这些以及其他服务企业通过传统的营销组合活动确立了自己的定位。然而，由于服务与有形的商品是不同的，服务往往需要另外的营销手段。

1. 服务利润链

在服务商业里，顾客与前端服务人员互动而产生服务，而有效的互动又取决于前端服务人员的技能和后端人员对此过程的支持。因此，成功的服务企业既关心顾客，也重视员工。它们理解**服务利润链**（service profit chain），即将服务企业的利润与雇员和顾客满意度相连的链条。这个链条由5个环节组成。[20]

- 内部服务质量：优良的员工甄选和培训，优质的工作环境和对服务顾客的员工的强有力支持，会带来……
- 满意且能干的服务人员：更加满意、忠诚和勤奋的雇员，会带来……
- 更高的服务价值：更有效率和有效果的顾客价值创造、参与和传递服务，会带来……
- 满意且忠诚的顾客：满意的顾客会保持忠诚，重复购买，并向其他顾客推荐，会带来……
- 良性的服务利润和增长：一流的服务企业绩效。

具体来说，常年顾客服务冠军韦格曼斯连锁超市发展出了一种迂回的顾客服务方式：把员工放在第一位。韦格曼斯相信，开心的、经过优良培训的员工能够创造卓越的顾客体验。由此产生的开心的顾客会更加忠诚，为企业带来更多的生意，并说服其他顾客光顾，然后就会带来开心的投资者。"员工是我们最重要的资产，"一位高管说，"我们问自己的第一个问题永远都是'这对于员工来说是不是最好的？'"[21] 同样，以优秀的顾客服务而闻名的美捷步 Zappos.com——在线鞋、服装和配件零售商——也认为快乐的顾客是从快乐、敬业、精力充沛的员工开始的（见营销实践 7-1）。

营销实践 7-1

Zappos.com：照顾那些为顾客服务的人

想象一下，一个服务如此良好的零售商，顾客希望它能接管国内的税收服务，或者成立一家航空企业。这听起来像是一个营销的幻想，但这对面向顾客服务的 Zappos.com 来说是现实。在 Zappos，顾客体验真的是第一位的——这是令人难以置信的。Zappos 的 CEO 谢家华说："我们在 Zappos 的整个目标就是要让 Zappos 这个品牌提供最好的顾客服务和顾客体验。"Zappos 是"以服务为动力"的。

从一开始，这家销售鞋子、服装、手袋和配饰的在线零售商就把顾客服务当作基石。其结果是，Zappos 的盈利以天文数字增长。事实上，Zappos 在网络上的成功和对顾客的热情使其成为一个非常成功的、顾客化的在线零售商，另一个是 Amazon.com，它在几年前收购了 Zappos，并允许其作为独立部门运作。

在 Zappos，顾客服务始于一种深层次的、顾客至上的文化。Zappos 如何将这种文化转变为顾客现实？这一切都始于该企业的顾客服务——该企业称之为顾客忠诚度团队。Zappos.com 的大部分业务都是通过口碑和顾客与企业员工的互动来推动的。Zappos 了解，满意的顾客要来自于快乐、专注和精力充沛的员工。因此，企业开始雇用合适的员工，在顾客服务的基础上彻底培训他们，并在照顾顾客方面使他们迈上新高度。

一位 Zappos 的营销主管表示："让顾客对他们在 Zappos 所拥有的服务感到兴奋，这是自然而然的事。你不能教；你必须要雇人。"招聘正确的人从申请程序开始。Zappos 网站上的招聘邀请表明了 Zappos 需要这样的人：

请在申请之前查看一下 Zappos 家族的10个核心价值观！它们是我们文化的核心和灵魂，也是我们做生意的中心。如果你"很有趣，有点古怪"——想想其他9个核心价值观也适合你，就请看看我们的空缺职位吧！在 Zappos 家族企业中，太多的自我意识是不受欢迎的。不过，过度的 Eggos 是最受欢迎和被欣赏的！

一旦被雇用，为了确保 Zappos 的顾客对整个企业充满了关注，每一个新员工——无论是 CEO 还是 CFO，还是童鞋采购者——都需要经过4周的顾客忠诚度培训。事实上，为了清除那些半心半意的人，Zappos 实际上是在诱惑人们退出。在为期4周的顾客服务培训中，如果他们离开企业，企业会为员工提供一整月的现金工资，他们的工作时间将会得到酬劳。这一理论认为，那些愿意拿钱跑路的人无论如何都不适合 Zappos 的文化。

一旦正式到岗，Zappos 就像对待顾客一样对待员工。"这并不是说企业提供了什么外部条件，"总裁谢家华说，"这是员工内心的感受。"Zappos

的家庭文化强调："一份令人满意而又充实的工作……这是一个你可以引以为豪的职业。抓紧所有的时间，努力工作，尽情娱乐！"他继续说道："我们认为员工娱乐是很重要的……这能提高员工的敬业度。"Zappos创造了一种轻松、风趣和紧密的家庭氛围，配有免费用餐、午睡室、Nerf枪战和吃奥利奥竞赛，更不用说所有的福利，所有员工都可以享受Zappos.com商品40%的折扣，甚至还有全职的生活教练——所有这些让企业成为一个很棒的地方。事实上，Zappos每年都会出现在《财富》杂志"100家最佳雇主"的榜单上。

结果就是一名观察家所说的"1 550名永久的员工"。每年，该企业都会出版一本"文化书"，里面满是未经改动的、通常是来自Zapponians的关于在那里工作的感言。"哦，我的天哪，"一名员工说，"这是我的另一个家，它改变了我的生活……我们的文化是我在这里工作的最佳理由。"另一个人说："来这里工作最令人惊讶的是没有限制，所以，你所热爱的一切都是可能的。"那么，Zapponians最热衷的事情是什么？Zappos家族的第一核心价值："通过服务传递惊喜。"

这样热情的员工，反过来，也会成为优秀的品牌大使。尽管许多网站将联系信息隐藏在几个链接的深处，因为他们并不想听到来自顾客的信息，Zappos.com却把客服电话放在了网页的顶部，并且7×24小时为其呼叫中心提供服务。谢家华认为，与每一位顾客的接触都是一个机会，"我们实际上想和我们的顾客交谈，"他说，"如果我们处理好这个问题，我们就有机会创造一种情感上的影响和持久的记忆。"

谢家华坚持说，销售代表会帮助顾客可能请求的任何事情，而且他确实是这样做的。在加州圣莫尼卡（Santa Monica），一名顾客打电话寻找一家午夜后仍然营业的比萨店。两分钟后，Zappos的销售代表为他找到了一家。而Zappos并没有限制销售代表的通话时长，最长的一次通话持续了10个小时。另一个打电话的人，是一个想要得到销售代表的帮助的人，她看着上千双鞋子的同时，通话持续了将近6个小时。

在Zappos，每个员工都像是一个小小的营销部门。企业内外的关系意味着Zappos的一切。谢家华和其他许多员工都与顾客保持着直接的联系，以及对企业感兴趣的其他人。他们使用Facebook、Twitter、Pinterest和博客等社交工具分享好消息以及坏消息。这种开放性可能会让一些零售商感到担忧，但Zappos却欣然接受。

Zappos甚至以其营销人员为特色。例如，它在短视频中通过员工来描述和解释其产品。在最近的一年中，它制作了10万个视频，由不是专业模特的员工展示鞋子、包和衣服。Zappos发现，当产品包含个人视频讲解时，购买的数量会增加，并且退货会减少。

道德：正如服务利润链所建议的那样，对顾客的良好照顾首先要照顾好那些照顾顾客的人。Zappos以顾客为导向的理念，或许最好的总结就是谢家华的新书《三双鞋：美捷步总裁谢家华自述》。Zappos的热情和文化是有感染力的。将Zappos快乐的销售代表、快乐的顾客和美好的产品放在一起，会有好的结果。谢家华说："实际上，已经有顾客问我们是否愿意开一家航空企业，或者运营美国国税局。"他补充道，"30年后，我不排除Zappos航空企业的所有服务都是最好的。"

资料来源：Portions based on http://about.Zappos.com/jobs, accessed March 2015; and Natalie Zmuda, "Zappos: Customer Service First—and a Daily Obsession," *Advertising Age*, October 20, 2008, p. 36; with additional information and quotes from Jim Edwards, "Check Out the Insane Lengths Zappos Customer Service Reps Will Go To," *Business Insider*, January 9, 2012, www.businessinsider.com/zappos-customer-service-crm-2012-1; Tony Hsieh, "Zappos's CEO on Going to Extremes for Customers," *Harvard Business Review*, July-August 2010, pp. 41-44; "Zappos Corporate Culture: Innovating for Employees, Clients, and the Ecosystem," *Innovation Is Everywhere*, www.innovationiseverywhere.com/zappos-corporate-culture-innovating-employees-clients-ecosystem/, accessed March 2015; "100 Best Companies to Work For," *Fortune*, http://money.cnn.com/magazines/fortune/best-companies/, accessed September 2015; and www.youtube.com/users/zappos and www.zappos.com, accessed September 2015.

服务营销所需要的不仅是传统外部营销所使用的4P。图7-4说明服务营销还需要内部营销和交互式营销。**内部营销**（internal marketing）是指服务企业必须有效地引导和激励企业内与顾客打交道的员工以及支持性服务人员，促使他们以团队的形式展开工作，为顾客提供满意的服务。营销人员必须使组织内的每一个成员都以顾客为中心。事实上，内部营销必须先行于外部营销。例如，Zappos首先雇用了合适的员工，并对他们进行了精心的定位，并激励他们提供出色的顾客服务。这样做的目的是确保企业员工相信自身企业品牌，只有这样他们才能真正向顾客传递品牌承诺。

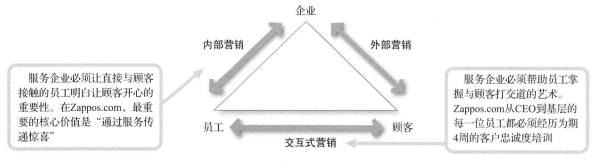

图7-4 营销的三种类型

交互式营销（interactive marketing）意味着服务质量在很大程度上取决于服务过程中买者－卖者之间彼此互动的质量。在产品营销中，产品的质量很少受到产品取得方式的影响；但是，在服务营销中，服务质量既取决于服务的提供者，又取决于提供服务这一过程的质量。服务营销人员必须掌握交互式营销的技巧。所以，Zappos只选择天生具有"热情服务"的人，并且精心指导他们掌握与顾客互动的艺术以满足顾客的每一项需要。企业所有新入职的员工都要完成为期4周的顾客忠诚度培训。

如今，随着竞争的加剧、成本的提高以及生产率和质量的下降，当今社会迫切需要将服务营销推向更高水平。服务企业面临着三个主要的营销任务，它们希望提高其服务差异化水平、服务质量和服务生产率。

2. 服务差异化管理

随着现在价格竞争日趋激烈，服务营销人员经常抱怨很难将其服务与竞争对手的服务实现差异化。在某种程度上，顾客将不同提供者的服务视为相近的，他们更关心的是价格而不是服务的提供者。解决价格竞争的出路就在于发展差异化的提供物、提供方式和形象。

提供物可以包含创新特色，以使本企业的提供物区别于竞争对手。比如，一些零售商通过向顾客提供远超其店铺已有物品种类的产品来使自身差异化。比如，苹果高度成功的商店为技术支持提供了一个天才吧，并提供了一个免费的研讨会，其研讨内容从iPhone、iPad、Mac基础到使用iMovie把家庭电影变成大片。在迪克的一些体育用品中，顾客可以在迪克的室内鞋轨上试穿样鞋，现场使用高尔夫挥杆分析仪测试高尔夫球杆，在射箭场中射箭，并从店内的健身教练那里获得个性化的健身产品指导。

服务企业可以通过以下措施实现服务提供方式的差异化：拥有更有能力、更可靠的顾客服务人员，提供更好的服务供应硬件环境，重新规划更好的服务供应流程。比如，很多食品零售连锁店为顾客提供网上购物和送货上门服务，使顾客无须开车、停车、排队等候、拎东西回家。大多数银行可以通过手机更简单方便地实现转账和查看账户余额，很多银行甚至支持用手机进行支票存款。正如花旗银行的一个广告中所说："签名，拍张照上传，就可以在任何地方提交支票，这比跑银行简单多了。"

最后，服务企业还可以通过标志和品牌实现形象的差异化。Aflac把鸭子作为自己的广告标志。目前，这只鸭子通过毛绒玩具、高尔夫俱乐部、免费的手机铃声和屏保程序给人们留下了不可磨灭的印象。著名的Aflac鸭子，使Aflac这家很大但之前不为人所知的保险企业变得令人难忘且平易近人。其他一些知名的服务标志包括GEICO的壁虎、前进保险公司的弗洛女孩、麦当劳的金色拱门、好事达保险公司（Allstate）的"呵护你的双手"、Twitter企业的鸟，以及雀斑、红发、猪尾的Wendy女孩。Clean先生已经积累了超过100万的Facebook粉丝。

3. 服务质量管理

服务企业实现自身差异化的一个主要方法，就是稳定地提供比竞争对手更高的服务质量。与走在它们前面的制造企业一样，服务行业现在也加入了顾客驱动的质量运动中。像产品营销人员一样，服务提供者需要识别目标顾客对服务质量的预期。

然而，服务质量要比产品质量更加难以定义和判别。比如，就一次理发的质量达成一致意见比就一个电吹风的质量达成一致意见要困难。顾客保留率可能是衡量质量的最好尺度：服务企业保留住其顾客的能力，取决于它在多大程度上能够稳定、持续地向顾客让渡价值。

顶尖的服务企业都设立了很高的服务质量标准，它们严格关注自己和竞争对手的服务绩效表现。它们不仅仅满足于提供好的服务，还要实现100%无缺陷服务。98%的绩效标准听起来似乎还不错，但是如果使用这样的标准，美国邮政局每小时就要丢失或寄错361 000个邮寄件，美国药店每周就会开错150万个药方。[22]

与制造企业可以调整其机器设备和各种投入直到一切都准备好不同，服务质量因为受到员工和顾客之间相互作用的影响而经常波动，质量问题不可避免地会发生。就算是最好的企业竭尽全力，偶尔也会发生递送延误、把牛排烤焦、员工大发脾气这样的情况。不过，巧妙的服务补救措施可以把愤怒的顾客转变成忠诚的顾客。事实上，巧妙的服务补救与在一开始就完美无缺相比，更能够赢得顾客的购买和忠诚。

例如，西南航空有一个积极主动的顾客服务沟通团队，他们的职责是发现问题状况（机械延误、恶劣的天气、医疗应急或是愤怒的乘客），然后尽可能在24小时内对这些不好的经历进行补偿。[23] 这个团队通常使用电子邮件与乘客沟通，邮件中包含3部分基本内容：诚恳的道歉、对事件发生的简要解释和作为补偿的礼品（通常是可以在下一趟西南航空的航班上使用一个代金券）。调查显示，当西南航空处理航班延误情况得当时，顾客对他们的服务打分为14～16分，高于定期的准点航班。

如今，Facebook和Twitter等社交媒体可以帮助企业消除并补救顾客对服务的不满。正如第4章所讨论的，许多企业现在都在监控数字空间以快速发现顾客问题并实时做出反应。快速而周到的反应可以把不满意的顾客变成一位品牌拥护者。[24]

4. 服务生产率管理

随着服务成本的快速增加，服务企业承受着提高服务生产率的巨大压力。有很多能够提高生产率的方式。服务提供商可以向现有员工提供良好的培训，雇用工作更勤奋、更有能力的新员工，或者牺牲一些质量来提高服务数量。另外，服务的提供商还可以利用技术的力量。尽管我们常常认为技术力量可为制造业企业节省时间和成本，但是技术也具有提高服务人员生产率的巨大潜力，只是这种潜力常常未被开发出来。

不过，企业必须避免太过强调生产率而导致质量下降。试图使服务工业化或削减成本能够在短期内使服务企业更加有效，但是可能会降低企业长期的创新能力、保持服务质量的能力，或是对消费者的需要和渴望做出反应的能力。例如，面对成本的上升，许多航空企业试图精简和削减成本，这让它们遭遇了惨痛的教训。大多数航空企业的乘客都碰到过为了节约时间而设的登记亭，而不是个人柜台服务。大多数航空企业已经停止提供免费的小东西（如飞行零食），并开始对一切服务（从托运行李到选择靠过道的座位）收取额外费用。这些行为最终产生了一架坐满愤怒的顾客的飞机。这些航空企业试图提高生产率，却严重损害了顾客服务。

因此，企业在试图提高服务生产率时，必须铭记它们是如何创造和传递顾客价值的。服务企业必须小心谨慎，不要把"服务"从它们的服务中拿走。事实上，企业可能会故意降低服务生产率以改进服务质量，并以此来维持更高的价格和更高的利润率。

缓冲带：概念链接

从一般意义上来讲，尽管服务也是产品，但它有自己的特性和营销需求。为了更好地理解这个概念，挑选一个传统的产品品牌，比如耐克或本田，然后挑选一个服务品牌，诸如西南航空或是麦当劳，比较两者的以下方面：

- 你挑选的产品品牌和服务品牌的特性与营销需求有怎样的相似之处？
- 这两个品牌的特性和营销需求有怎样的不同？这些不同在每个品牌的营销策略里有怎样的反映？当我们学习本章最后的内容时，牢记这些不同。

7.4 品牌战略：建立强大的品牌

作者评点

品牌代表了产品和服务对消费者所能表达的所有信息。因此，品牌是企业的宝贵资产。比如，当你听见有人说可口可乐，你会有什么感受、想法和记忆？除了可口可乐，塔吉特和Google呢？

有些分析师将品牌看作企业最重要的持久资产，比企业任何具体的产品和设备都要长久。桂格燕麦企业（Quaker Oats）的前CEO约翰·斯图尔特曾经说过："如果我们的企业必须要分家，我情愿给你土地、厂房和设备，而我会选择留下品牌和商标，这样我最终将比你成功得多。"麦当劳的一位前CEO宣称："即使在一场可怕的自然灾害中我们拥有的所有资产、建筑以及设备都毁坏了，但我们仍然可以凭借我们的品牌价值筹集到重建这一切的全部资金……品牌比所有这些资产的总和还要有价值。"[25]

因此，品牌是企业必须精心发展和管理的强有力的资产。在本节中，我们将研究建立和管理产品和服务品牌的核心战略。

7.4.1 品牌资产和品牌价值

品牌不仅仅是名称和符号，它是影响企业与消费者之间关系的关键因素。品牌代表了消费者对产品及其性能的认知和感受——产品和服务对消费者的所有意义。最终，品牌会常驻消费者脑海。一位备受尊敬的营销人员曾经说过："产品形成于工厂，但品牌形成于人们的心智。"[26]

一个强有力的品牌具有很高的品牌资产。**品牌资产**（brand equity）是知晓品牌名称导致的消费者对产品及其营销有差别的、正面的反应。衡量品牌资产的一种方法是消费者的偏好和忠诚度。当消费者对品牌产品的反应比对同一产品的无商标或无品牌版本更积极时，一个品牌就具有积极的品牌资产。如果消费者对品牌产品的反应不及无品牌版本时，它的品牌资产就是消极的。

品牌在市场上的影响力和价值是不同的。有些品牌（如可口可乐、耐克、迪士尼、通用电气、麦当劳、哈雷戴维森等）已经成为具有传奇色彩的名字，能够在市场上维持更多年乃至数代。其他一些品牌（如Google、苹果、ESPN、Instagram和维基百科）创造了新颖的消费者刺激和忠诚。这些品牌能赢得市场不仅仅是因为它们提供了独特的利益或可靠的服务，更重要的是它们与顾客建立了深厚的联系。人们的确与品牌具有联系。例如，对于全世界的Vespa粉丝来说，这个品牌不仅仅代表一辆摩托车。这个品牌在他们的身体和情感上都占据了相当重要的位置，它代表着"La Vespa Vita"，一种无忧无虑、时尚的生活方式。丰富多彩、可爱、时尚、灵活、高效——Vespa品牌代表着漫游在任何地方的自由和"充满激情的生活"。[27]

扬·罗必凯广告企业的品牌资产评估师会从4个消费者感知维度来衡量品牌强度：差异度（使品牌脱颖而出的东西）、相关度（品牌符合消费者需求的程度）、认知度（消费者对品牌的了解程度）和尊重度（消费者重视和尊重一个品牌的程度）。拥有强大的品牌资产的品牌在这4个维度上的评价都很高。一个品牌必须是独特的，否则消费者没有理由不选择其他品牌。不过，一个高度差异化的品牌并不一定意味着消费者会购买它。品牌脱颖而出的方式必须与消费者的需求相关。但即使是一个差异化且相关的品牌也不意味着消费者一定会购买它。在消费者对品牌做出反应之前，他们必须先了解和理解它，而且这种熟悉必须产生一种强有力的、积极的消费者-品牌联系。[28]

因此，积极的品牌资产源于消费者对一个品牌的感受和与该品牌的联系。消费者有时候与特定品牌紧密联系在一起。出于对品牌的忠诚，甚至会有人（不仅仅是哈雷的"粉丝"）把他们最喜爱的品牌文在自己的身上。无论是Facebook或亚马逊这样的当代新品牌，还是哈雷或匡威这样的老品牌，强大的品牌都是以某种相关的方式，围绕吸引消费者这一理想建立起来的。

拥有高品牌资产的品牌是企业的一项宝贵资产。**品牌价值**（brand value）是评估一个品牌的整体财务价值的过程，要衡量这样的价值是非常困难的。不过，根据一项评估，Google的品牌价值高达1 590亿美元，苹果的品牌价值为1 480亿美元、IBM为1 080亿美元、微软为900亿美元、麦当劳为860亿美元、可口可乐为810亿美元。其他全球最有价值的品牌包括：美国电话电报公司、中国移动、通用电气、沃尔玛和亚马逊。[29]

高品牌资产可以为企业提供多方面的竞争优势。一个强大的品牌拥有高的消费者知晓度和忠诚度。由于消费者希望商店出售有品牌的商品，所以，企业在与经销商谈判时就拥有更大的主动权。因为品牌名称包含着高可信度，所以，企业可以更容易地推出新产品和进行品牌延伸。一个强有力的品牌使企业能够抵御激烈的价格竞争和其他竞争者的营销行动。

总之，一个强大的品牌是建立稳固的和有利可图的顾客关系的基础，而构成品牌资产的基础是顾客资产——品牌创造的顾客关系的价值。一个强大的品牌是重要的，但它真正代表的是一群可盈利的忠诚顾客。恰当的营销计划应当将注意力集中在顾客资产的创造上，而品牌管理则是达成这一目标的主要营销工具。企业应该把自己看作顾客的组合，而不是品牌的组合。

7.4.2 建立强大的品牌

品牌管理给营销人员的决策带来了挑战。图 7-5 表明，主要的品牌战略决策包括品牌定位、品牌名称选择、品牌归属和品牌发展。

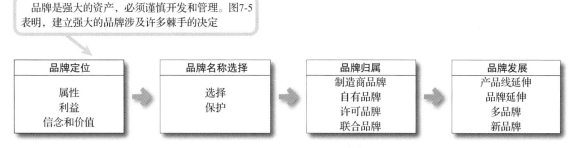

图 7-5　主要的品牌战略决策

1. 品牌定位

营销人员必须将他们的品牌在目标顾客的心目中进行清晰的定位。他们可以将品牌定位在 3 个层次上。[30] 在最低层次，他们可以根据**产品属性**（product attributes）定位品牌。因此，宝洁创建了一次性尿布品牌帮宝适。早期，帮宝适的营销人员强调其属性，如液体吸收、合身、一次性。然而，一般来说，属性是品牌定位的最低层次。竞争者很容易就能复制。更重要的是，顾客对这样的属性并不那么感兴趣，他们感兴趣的是这些属性能为他们带来什么。

品牌可以通过将自己与消费者想要的利益相联系而更好地定位。因此，帮宝适的营销人员不只谈论产品的技术属性，还会强调它能够形成有效防护并帮助宝宝保持皮肤干爽健康。一些成功定位于利益的品牌有：联邦快递（准时送达保证）、耐克（性能）、沃尔玛（低价）和 Instagram（获取与分享时刻）。

最强大的品牌则要超出属性或利益的定位，它们定位在强烈的信念和价值上，在更深入、更感性的层面打动消费者。比如，对于父母来说，帮宝适不仅仅意味着防护和干爽。帮宝适网站（www.pampers.com）把帮宝适定位为"爱、睡眠和玩耍"的品牌，专注于快乐的宝宝、父母与子女的关系和宝宝全面护理。宝洁的一位前执行官说："直到我们将帮宝适的定位从干爽转变成帮助妈妈关心宝宝的发展后，我们的婴儿护理生意才开始变得火爆。"[31]

成功的品牌会在更深层、更感性的层面吸引顾客。广告代理企业盛世长城认为，品牌应该努力使自己变为顾客的"至爱"，产品或服务要能够"激发顾客不需要理由的忠诚"。从苹果、迪士尼、耐克和可口可乐到乔氏连锁超市、Google、Pinterest 等品牌都在自己的很多顾客中达到了这一目的。至爱品牌包装了一种情感冲击力，顾客不仅仅喜欢这些品牌，而且与这些品牌有着强烈的情感联结并无条件地热爱这些品牌。[32] 品牌不需要是大品牌或传奇才被称为至爱品牌。想想 11 年前在曼哈顿开始的奶昔小站，当时它只是曼哈顿的一辆不起眼的热狗车，后来发展成一个小汉堡连锁店，并且有人数众多的热衷追随者。在当地奶昔小站这种偶然传奇般的发展路径，证明了它作为至爱品牌的地位。

在对一个品牌进行定位时，营销人员必须为品牌建立一个使命，以及有关品牌必须是什么以及做什么的愿景。品牌是企业向顾客持续传递特定的特征、利益、服务和体验的承诺。品牌承诺必须明确、简单而且诚实。

例如，Motel 6 提供洁净的房间、低廉的价格以及优质的服务，但它不会承诺昂贵的家具或者大面积的卫生间。相反，丽思·卡尔顿酒店会提供豪华的房间以及确实令人难忘的经历，但并不会承诺低廉的价格。

2. 品牌名称选择

一个好的名称能大大提高产品成功的概率。然而，找到最好的品牌名称是一项艰难的工作。品牌命名起始于对产品及其利益、目标市场和提出的营销战略的仔细审视。可以说，品牌命名是一门科学、一门艺术，也是一种直觉创造。

理想的品牌名称应该包括以下几点性质：①它应该使人们在一定程度上联想到产品的利益和质量，如 Beautyrest、Slimfast、Snapchat 和 Pinterest；②它应该易读、易认和易记，如 iPad、汰渍、Jelly Belly、Twitter 和捷蓝航空；③品牌名称应该是独特的，如 Panera、Swiffer、Zappos 和雀巢；④它应该是易扩展的，例如，亚马逊从一家网上书店起家，但选择了一个日后可以扩展到其他领域的名称；⑤品牌名称应该容易被翻译成其他语言，微软在中国的 Bing 搜索引擎的官方名称是必应，中文的字面意思是"非常肯定地回应"；[33] ⑥它应该能够被注册和获得法律保护，如果品牌名称侵犯了某个现有的品牌名称则无法注册。

选择一个新的品牌名称是艰难的工作。在经历了古怪名称（雅虎、Google）或商标虚构名字（诺华、安内特、埃森哲）的年代之后，今天的品牌命名风格是建立有真正意义的品牌名称。例如，像 Silk（豆浆）、Method（家庭生活产品）、Smartwater（饮料）和 Snapchat（照片消息 App）这样的名字既简单又直观。但随着商标申请的猛增，企业很难找到可用的新名字。你可以自己尝试一下，选择一个产品，看看是否能为它想出一个好名字。Moonshot、Tickle、Vanilla、Treehugger、Simplicity、Mindbender 怎么样？用 Google 搜索一下它们，你会发现这些名字早已被注册了。

一旦选定，品牌名称就必须得到严格保护。许多企业试图建立一个品牌名称以使其最终能够代表一种产品类别。舒洁面巾纸（Kleenex）、果冻（JELL-O）、邦迪创可贴（BAND-AID）、透明胶带（Scotch Tape）、富美家材料（Formica）、魔法标记（Magic Marker）、便利贴（Post-it Notes）和密保诺（Ziploc）保鲜袋就成功地做到了这一点。然而，这种成功可能会危及企业对这个名称的所有权。许多起初被保护的品牌名称，如玻璃纸（cellophane）、阿司匹林（aspirin）、尼龙（nylon）、煤油（kerosene）、溜溜球（yo yo）、蹦床（trampoline）、电动扶梯（escalator）、热水瓶（thermos）和小麦片（shredded wheat），现在都已经成为任何商家都可以使用的普通名称。

为了保护自己建立的品牌，企业的营销人员会通过"品牌"一词和注册商标符号的应用来介绍产品，如"BAND-AID® Brand Adhesive Bandages（邦迪牌创可贴）"。即使很早以前就有的广告语"我恋上了邦迪，因为邦迪黏上了我"，现在也已经变成"我恋上了邦迪品牌，因为邦迪品牌黏上了我"。同样，最近的一份 Kleenex 广告也建议广告商和其他企业，"Kleenex"的名字后面应该永远跟着注册商标和"品牌组织"字眼。广告说："你可能没有意识到，但通过使用 Kleenex® 作为组织的通用术语，你可以避免毁掉我们这些年来辛苦打造的品牌名称的风险。"

3. 品牌归属

制造商在品牌归属上有 4 种选择。新推出的产品可以使用全国性品牌（或制造商品牌），比如，三星和凯洛格就用自己的制造商的品牌销售产品（三星 Galaxy 平板电脑或凯洛格 Frosted 薄饼）。或者制造商将产品出售给分销商，作为分销商的自有品牌出售（又称商店品牌或分销商品牌）。尽管大多数制造商会创造自己的品牌名称，但是也有一些制造商会使用许可品牌经销产品。最后，两家企业可以集合资源使用共同品牌。我们会依次讨论每一种选择。

（1）全国性品牌与商店品牌。全国性品牌（或制造商品牌）长久以来统治着零售领域。不过近来，越来越多的零售商和批发商创立了它们自己的**商店品牌**（store brand），或称**自有品牌**（private brand）。尽管商店品牌的发展已经超过 20 年时间，但最近更为严峻的经济时期带来了商店品牌的繁荣。研究表明，消费者正在购买更多的自有品牌，这会让消费者平均节省 38% 的花费。[34] 困难时期是自有品牌的好年景，随着消费者价格敏感度的增加，他们的品牌意识会随之降低。

事实上，在过去几年中，商店品牌的发展速度远远快于全国性品牌。自有品牌的药品占药店总销售额的近

17%，自有品牌为超市贡献了20%的年收入，每销售4件超市产品就有1件是自有品牌。类似地，在服装销售中，百货企业的自有品牌也有所增加。例如，在过去5年中，对于科尔士企业来说，其自有品牌的销售额从42%上升到52%。[35]

很多大型零售商善于销售品种丰富的商店品牌商品。例如，克罗格的自有品牌——克罗格house品牌、私人选择（Private Selection）、传统农场、Simple Truth（自然和有机）、Psst and Check This Out（储蓄）等——加起来占该杂货零售商巨头销售额的比例高达25%，每年将近250亿美元。在平价杂货连锁店ALDI，超过90%的销售来自于自有品牌，Baker's Choice、Friendly Farms、Simply Nature，以及妈妈Cozzi的比萨厨房。甚至在线零售商亚马逊也开发了一大批自有品牌，包括亚马逊元素（尿布和其他日常必需品）、亚马逊基础（电子产品）、Pinzon（厨房小配件）、Strathwood（户外家具）、派克街（浴室和家庭产品）和Denali（工具）。[36]

商店品牌曾经被认为是"通用"或"无名"品牌，如今，它正在摆脱廉价的名牌仿冒品这一形象。现在，商店品牌可以提供更好的选择，并且它们正迅速获得与之相称的品牌质量。事实上，类似塔吉特和乔氏连锁超市这样的零售商在创新性方面超越了许多全国性品牌竞争对手。克罗格甚至提供了一个克罗格品牌的保证——"试试看，喜欢它，否则你可以免费获得全国性品牌的商品"。因此，消费者因价格以外的原因变得忠于商店品牌。最近的研究显示，90%的消费者认为一些商店品牌和全国性品牌一样好。"有时我认为他们实际上并不知道什么是商店品牌。"一位零售业分析师表示。[37] 在某些情况下，消费者甚至更愿意为商店品牌的精选高档产品支付高价。

在制造商和自有品牌之间所谓的"品牌战争"中，零售商具有很多优势。它们控制存储的产品类别、产品在货架上的位置以及在当地的促销中突出哪些产品。零售商对自有品牌的定价要比相当一部分制造商品牌低，并且在货架上以并排比较的方式来突显价格差异。尽管自有品牌很难建立，而且持有和推广的成本较高，然而，自有品牌还是为分销商带来了高额的利润，并且，自有品牌还使分销商能够提供竞争对手无法买到的专有产品，从而提高了商店的客流量和品牌忠诚度。快速增长的零售商美国乔氏连锁超市拥有85%的自有品牌，不需要依赖生产商来创造和管理其所需要的品牌，在很大程度上把握了自有品牌的命运，便于为顾客提供最好的服务。[38]

为了与自有品牌竞争，全国性品牌必须让其价值主张变得更清晰，尤其是当需要吸引如今更节约的消费者的时候。许多全国性品牌正在通过提供更多的折扣和优惠券来回击，以保护它们的市场份额。不过从长远来看，领先品牌的制造商必须通过引入新品牌、新特色和区别于他人的质量改进等方式来竞争。它们必须设计强有力的广告来维持高知名度和品牌偏好，必须找到与大型分销商合作的方式，以获得分销的经济性和更高的合作绩效。

例如，为应对最近激增的自有品牌的销售，消费品巨头宝洁付出了加倍的努力来开发和推广价格更低但更新更好的产品。宝洁的CEO麦睿博说："我们在研发方面一年投资了20亿美元，在消费者知识方面投资了4亿美元，在广告方面投资了销售额的10%，而商店品牌不具有这种能力。"结果，宝洁品牌仍在其产品类别中居于主导地位，例如，汰渍、格尼、洗好和其他高档洗衣粉品牌占据了美国70亿美元的清洁剂市场的60%。[39]

（2）许可品牌。大多数制造商要花费多年时间和数百万美元来创立自己的品牌。不过，一些企业会对原先由其他制造商创造的名称或符号、名人的姓名或是流行的电影和书中的角色发放许可证。支付一定的费用后，这其中的任何一个都能立即成为一个好用的品牌名称。例如，考虑柯达品牌的红黄颜色，即使在企业破产并停止出售产品后，它仍保持其价值。[40]

柯达旗下的产品不再由伊士曼柯达（Eastman Kodak）生产，该企业在几年前已经破产，目前只专注于与印刷相关的商业设备和技术。但柯达品牌和相关的"柯达时刻"仍然在消费者中引起强烈反响。因此，即使伊士曼柯达放弃了它的消费者产品线，但我们仍然会看到许多其他与伊士曼柯达签订许可协议的企业制造的柯达品牌消费产品。例如，Sakar International现在生产柯达相机和配件，布利特集团不久将推出多种柯达电子产品，包括Android智能手机和平板电脑。视频监控企业Seedonk制作和销售柯达婴儿监控系统。

因此，古老的柯达品牌仍然对伊士曼柯达和把它放在产品上的被许可人都有价值。对柯达来说，品牌授权协议每年能使企业获得2亿美元以上的收入。而被授权的人会立即得到一个消费者广泛熟知的品牌名，而且这个品牌名是值得信赖的——销售柯达电话比销售布利特电话更容易，或者说销售柯达的婴儿监控系统比销售 Seedonk 的要容易得多。"很难找到一个能让人产生共鸣的品牌——家庭价值，照顾好自己所爱的人，"一名 Seedonk 高管说，"然后柯达的机会出现了。柯达时刻，这些是对我们的顾客很重要的东西。"

服装和配饰的销售者会为使用知名时装设计师的名字或简称（如 Calvin Klein、Tommy Hilfiger、Gucci 或阿玛尼）命名其产品（从上衣到领带，从床单到皮箱）而支付很高的许可费用。儿童产品的销售者几乎是没完没了地把卡通形象的名字用在服装、玩具、学习用品、床单、玩偶、午餐盒、谷类食物和其他很多产品上。通过许可的角色名称从经典的芝麻街、迪士尼、芭比、星球大战、史酷比、Hello Kitty 和 Dr.Seuss 到最近的 Doc McStuffins、Monster High、愤怒的小鸟和 Ben 10。当前，许多高销量的零售玩具都是基于电视节目和电影而产生的。

名称和人物许可在近年来增长迅速。全球许可产品的年零售收入已经从 1977 年的 40 亿美元增加至 1987 年的 550 亿美元到如今的超过 2 520 亿美元。发放许可证对许多企业而言是有利可图的。比如，在过去的 15 年里，Nickelodeon 旗下广受欢迎的"海绵宝宝"（SpongeBob SquarePants）本身就产生了价值 120 亿美元的代言合同。全球最大的许可证颁发者迪士尼拥有一个充满了广受欢迎角色的工作室，这些角色从迪士尼公主、迪士尼精灵到《玩具总动员》和《赛车总动员》中的英雄、经典人物米奇老鼠和米妮老鼠等。迪士尼角色形象 2014 年在全球范围内的商品销售额达到 410 亿美元。[41]

（3）联合品牌。当两家不同企业的已有品牌用于同一产品时，**联合品牌**（co-branding）就产生了。联合品牌有很多优点。由于每个品牌都在一个不同领域中占据优势，结合起来的品牌能吸引更多的顾客并创造更大的品牌价值。比如，本杰明·摩尔（Benjamin Moore）和 Pottery Barn 联手创作了一组本杰明·摩尔绘画色彩集，以配合陶器坊独特的陈设和声音。塔可钟和多力多滋联手打造了多力多滋炸玉米饼。塔可钟在最初的 10 周内卖出了 1 亿多个炸玉米饼，并迅速增加了 Cool Ranch 和 Fiery 版本，并创下了 10 多亿美元的销售额。这些企业不仅仅是联合品牌，而且"共同制造"这些产品。[42]

联合品牌可以利用两个品牌的互补优势，还允许企业把现有品牌拓展到新的产品类别中，仅依靠企业自身的力量可能很难进入这个类别。比如，耐克和苹果的联合品牌 Nike+iPod Sport Kit 让消费者可以把耐克的鞋子和 iPod 连接起来，即时追踪和提升跑步效果。Nike+iPod 组合让苹果企业出现在运动和健身市场上，同时，它也帮助耐克为其顾客创造新的价值。

联合品牌也有其局限性。这种合作关系往往需要复杂的法律合同和许可证明。联合品牌的合作双方必须周密协调它们的广告、促销和其他营销活动。最后，在进行联合品牌创造时，双方必须相信对方能够很好地对待自己的品牌。如果一方品牌的形象被损害，那么联合品牌也变得黯然失色。

4. 品牌发展

当企业准备发展品牌时，有 4 种方法可以选择（见图 7-6）。企业可以采用产品线延伸、品牌延伸、多品牌或新品牌的方法。

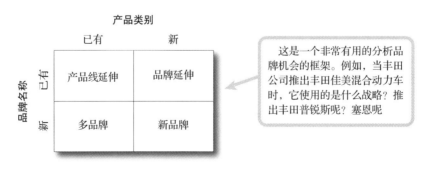

图 7-6　品牌发展战略

（1）产品线延伸。当企业使用已有的品牌名称，在既定的产品类别中推出新的产品形式、颜色、尺寸、附加成分或口味时，我们称为**产品线延伸**（line extension）。比如，多年来，肯德基一直在推广其"吮指"鸡，远远超出了原来的配方——肯德基炸鸡。它现在提供烤鸡肉、无骨炸鸡、鸡翅、香辣鸡翅、鸡米花，还有最近的新产品,肯德基 Go Cups——在一个方便的汽车杯架里放了鸡肉和土豆条,这样顾客就可以在路途中吃零食了。

企业可能会把产品线延伸作为一种低成本、低风险的推出新产品的方法。或者企业可能希望满足消费者多样化的需要,利用过剩的生产能力,或是从分销商那里争得更多的货架空间。不过,产品线延伸也存在风险。品牌过度延伸,就会使其失去特定的内涵,也会让消费者产生混淆。

例如,麦当劳为每个人提供的服务——从基本的汉堡到注重健康的快餐店——麦当劳已经创建了一个菜单,里面有很多选项。有些顾客觉得这个菜单有点密密麻麻,而且提供这么多的选择,使得连锁店的食品装配过程变得复杂,柜台和售货车的服务也变慢了。麦当劳在过去的 7 年里将菜单扩展了 40% 以上,平均免下车时间是 15 年来最长的。结果,麦当劳最近宣布了削减项目和简化菜单的计划。[43]

不过有些时候,额外的产品线延伸可能价值不大。例如,最初的多力多滋玉米片在美国已经衍化出了 20 多种不同的类型和口味,在国外市场甚至更多。其口味包罗万象,如玉米片奶酪味、超级至尊比萨味、Blazin'Buffalo & Ranch 味、Fiery Fusion 味和 Salsa Verde 味,或者是北京烤鸭味或是芥末味的龙先生火薯片(日本)。虽然其产品线看似不错,全球销售额达到了近 50 亿美元,但最初的多力多滋玉米片看上去似乎也成了其中的一种味道选择。[44] 新口味的玉米片更多的是从原来的多力多滋玉米片手中而非竞争对手手中抢走份额。产品线延伸最好的效果应该是抢走竞争品牌的市场份额,而非抢走自家品牌的份额。

(2)品牌延伸。**品牌延伸**(brand extension)是指将一个现有的品牌通过新产品或改进产品延伸至一个新的产品类别。例如,Nest——时尚、贯通、学习型的恒温器制造商,其产品可以通过手机进行远程控制,如果扩展线路,还能通过手机控制具有同样智能和时尚的 Nest 保护家庭烟尘和一氧化碳报警器。Nest 目前正在扩展其品牌,包括与 Nest 合作的多个合作伙伴共同开发的应用程序,这些应用程序让其智能设备与视频监控设备、智能门锁、家庭照明系统、家用电器和健身追踪带进行交互,并实施控制。所有的这些扩展在 Nest 的智能家居任务下合为一体。[45]

品牌延伸使新产品能够被迅速识别和接受,还节省了创立一个新品牌时通常必需的高额广告费。但同时,品牌延伸战略也包含一定的风险。品牌延伸可能会混淆主品牌的形象,比如 Zippo 香水和 Dr Pepper 卤汁、Cheetos 唇膏、Heinz 宠物食品和 Life Savers 口香糖的品牌延伸很快就都失败了。[46] 品牌延伸的失败可能会损害消费者对其他持有相同品牌名称的产品的态度。另外,一个品牌名称可能对某个特定的新产品来说是不合适的,尽管该产品制作精良且令人满意——你会考虑乘坐猫头鹰航空公司(Hooters Air)的航班或是使用依云(Evian)的水垫胸衣吗(二者都失败了)?因此,在将品牌名称转移至新产品之前,营销人员必须调查好该扩展对母企业品牌的产品有多大的影响,以及母企业的品牌将如何促进该扩展市场的成功(见营销实践 7-2)。

| 营销实践 7-2 |

品牌延伸:消费者会说"是的!"或"哼?"

如今,绝大多数新产品——每年有成千上万的新产品——都是成功品牌的延伸。与建立新品牌相比,品牌延伸可以立即产生新产品的熟悉度和接受度。例如,它不仅仅是移动设备的无线充电垫,还是一个金霸王 Powermat。这不仅仅是一个新的、没有名字的非处方助眠器,它还是维克斯 ZzzQuil。像金霸王 Powermat 和维克斯 ZzzQuil 这样的扩展很有意义——它们与核心品牌的价值观紧密相连,并且发挥其优势。

但对于每一个明智的和成功的品牌延伸来说,都有一些让你挠头的难题,"嗯?他们想什么呢?"例如,对于成年人来说,Gerber 的食物怎么样(包括美味的糖醋里脊和鸡肉马德拉)?或者你对痛饮一罐埃克森(Exxon)的水果潘趣酒或柯达饮料有什么感想?其他一些延伸的错误尝试,包括 Cracker Jack 麦片、斯马克高级番茄酱、康乃馨(Carnation)宠物食品以及鲜果布衣洗衣液。这些扩展不仅是史无前例的失败,还危及其扩展的基础品牌的声誉。真的吗?他们想什么呢?

是什么将品牌延伸的影响与失误分离开?根据品牌推广顾问帕勒姆·桑塔纳的说法,品牌延伸的成功取决于三个支柱：延伸应该契合母企业的品牌逻辑；母企业品牌应在新类别中给予延伸竞争优势；延伸应该提供巨大的销售和利润潜力。

这似乎是"合适的因素"驱动了其他两大支柱。任何品牌的价值都是其随着时间的推移而获得的好名声，人们会对该品牌忠诚，他们信任它交付产品的一致性。你不能只拿一个人们熟悉的品牌名称，把它放在另一个类别的产品上。相反，一个好的延伸应该适合其母企业的逻辑。但品牌是复杂的感知和感性实体，所以，所谓的适合很难定义。确保适合的一种方法是关注品牌的核心产品组合。

考虑一下最近推出的植物花生酱。100多年来，Planters品牌一直专注于一种类型的产品——坚果、腰果、杏仁、开心果、核桃、葵花籽，当然还有花生。没有哪个品牌与美国最受欢迎的坚果比它有更紧密的联系。这家企业的吉祥物——一个有个性的百岁花生先生——是广告历史上最著名的标志之一。考虑到Planters专注于坚果，特别是花生，将品牌延伸到花生酱方面似乎是显而易见的。消费者似乎也同意这种延伸，在其推出仅9个月后，Planters花生酱在一个成熟且竞争激烈的市场中实现了盈利，占据了中位数的市场份额。

然而，其他知名品牌却把它们的好品牌名称与一些完全不同的东西联系在一起，从而浪费了消费者的信任。例如，无糖戈尔贡佐拉奶酪路易斯雪利酒是以其丰富的巧克力糖果和冰激凌闻名的路易斯雪利品牌的所有，而不应该是无糖、奶酪和沙拉酱。同样，Zippo，这家已经有80多年历史的制造高品质的充气打火机的企业，最近也推出了一款香水，名为Zippo the Woman。这款香水有迷人的水果香味和花香，加上磨砂的粉红色瓶子，看起来像一个打火机，配有经典的Zippo翻盖。然而，不幸的是，不管它闻起来有多好，香水与Zippo品牌的核心竞争力几乎没有任何关系。结果，在最近一次的帕勒姆·桑塔纳调查中，消费者将Zippo评为过去一年最糟糕的品牌延伸。Zippo，你在想什么呢？

即使一个新产品似乎与品牌的核心价值息息相关，消费者也可能无法与之建立联系。例如，早在20世纪90年代初，Clorox就调查了几项与清洁有关的延伸，范围从洗衣粉到地毯清洁剂。这似乎是有道理的，因为Clorox与清洁有关。但是，消费者拒绝了这些新产品的概念，他们担心来自漂白企业的清洁产品可能会损坏他们衣服或地毯的颜色。不仅仅是"清洁"，消费者还将Clorox品牌与"消毒和防污染"联系在一起。因此，Clorox企业并没有试图改变这些品牌的形象，而是将其与诸如Clorox马桶清洁剂这样的产品进行了杠杆化，现在，该品牌的市场份额达到了35%。其他成功的品牌延伸包括：Clorox消毒湿巾、Clorox净化（旨在清洁和消毒各种表面上的污渍）和Clorox OxiMagic（一种多用途的去污剂，可用于洗衣房和家居污渍）。

良好的适应是双向的。作为一种延伸，新类别应与母企业品牌相适应，母企业品牌应对其给予延伸竞争优势，其结果是销售和利润的成功。例如，长期以来，消费者一直将维克斯NyQuil品牌与缓解感冒症状联系在一起，这样他们就能获得更好的睡眠。因此，维克斯ZzzQuil这个为在睡眠辅助细分领域的延长给予了一个实质性的促进。同样，联邦快递创建了联邦快递TechConnect，这是一项为企业进行技术配置、维修和翻新的服务，而联邦快递在速度、可靠性和可达性方面的声誉，让这项新服务在竞争对手面前立于不败之地。

当然，在品牌延伸方面，大多数消费者不会停下来考虑"三大支柱"或其他成功因素。相反，他们只是反应。根据帕勒姆·桑塔纳的总裁的说法，消费者通常对品牌延伸的反应是即时的，几乎是发自内心的。品牌延伸要么有意义，要么没有。用他的话来说，"有些人说'是的！'而有些人只是说'哼？'"他们在想什么？

资料来源：Based on information from Robert Klara, "The Best (and Worst) Brand Extensions," *Adweek*, February 4, 2013, pp. 26-27; Robert Klara, "Best and Worst Brand Extension: Connecting with Consumers in a Meaningful Way," *Adweek*, January 14, 2014, www.adweek.com/news-gallery/advertising-branding/best-brand-extensions-2013-154948#intro; Brad Tuttle, "Why Some Brand Extensions Are Brilliant and Others Are Just Awkward," *Time*, February 7, 2013, http://business.time.com/2013/02/07/why-some-brand-extensions-are-brilliant-and-others-are-just-awkward/; Gary Belsky, "These Companies Stretched Their Brands to Make Even Bigger Bucks," *Time*, March 13, 2012, http://business.time.com/2012/03/14/the-10-best-brand-extensions-ever-according-to-me/; Denise Lee Yohn, "Great Brands Aim for Customers' Hearts, Not Their Wallets," *Forbes*, January 2014, www.forbes.com/sites/onmarketing/2014/01/08/great-brands-aim-for-customers-hearts-not-their-wallets/; and www.clorox.com/products, www.duracellpowermat.com, and www.zzzquil.com, accessed September 2015.

（3）多品牌。企业常常在同样的产品类别中引入多个品牌。例如，百事公司在美国市场至少有 8 种软饮品牌（百事可乐、Sierra Mist、Mountain Dew、ManZanita Sol、美年达、IZZE、Tropicana Twister 和 Mug root beer），3 种运动能量型饮品品牌（Gatorade、AMP Energy 和 Starbucks Refreshers），4 种瓶装茶饮和咖啡品牌（立顿、SoBe、星巴克和 Tazo），3 种瓶装水品牌（Aquafina、H2OH! 和 SoBe）和 9 种水果饮料品牌（Tropicana、Dole、IZZE、立顿、Looza、Ocean Spray 和其他）。每一种品牌都包含一长串的子品牌名单。目前，SoBe 包含了 SoBe Tea & Elixers、SoBe Lifewater、SoBe Lean 和 SoBe Lifewater with Coconut Water 几个子品牌。Aquafina 包含了普通 Aquafina、Aquafina Flavorsplah 和 Aquafina Sparkling 这几个子品牌。

多品牌策略可以通过不同特性吸引不同的消费者细分市场，锁定更多的转销商货架空间并占取较大的市场份额。比如，尽管百事公司的许多饮料品牌会在超市货架上互相竞争，但联合品牌策略会比任何单一品牌获取更多的整体市场份额。同样，通过将多品牌定位于多重细分市场，百事公司 8 种软饮品牌的组合可以获取的市场份额要比任何单一品牌可以获得的市场份额更多。

多品牌的主要缺陷是每个品牌可能都只占很小的市场份额，且可能没有一个品牌能获得丰厚的利润。企业最终可能会把资源分散在众多的品牌上，而不能建立一些高盈利水平的品牌。这些企业应该减少其在特定品类中销售的品牌数量，并建立更严格的新品牌筛选程序。通用汽车企业就这么做了，最近几年，它削减了自己产品组合中的众多品牌，包括土星、奥兹莫比尔、庞蒂亚克、悍马和萨博。同样，作为其最近改革的一部分，福特放弃了 Mercury 产品线，出售了沃尔沃品牌，使福特品牌的数量从 97 个减少到不到 20 个。

（4）新品牌。企业在感受到现有品牌趋于衰落的时候可能会觉得需要新品牌。或者企业进入一个新的产品类别但现有的品牌名称都不合适时，就可能创立一个新品牌。例如，丰田创立了独立的雷克萨斯品牌来锚定奢侈车的消费者，并创造了 Scion 品牌锚定千禧年消费者。

正如多品牌一样，推出较多的新品牌会导致企业资源太过分散，并且在一些行业中，如包装消费品行业，消费者和零售商已经开始担心有太多的品牌存在，但是不同品牌的差别又太小。因此，宝洁、百事、卡夫以及其他大型消费品经营者开始实施大品牌战略，即放弃弱小的品牌，将资金专门投资于可以在其产品类别中获得领先市场份额和成长性的品牌。

7.4.3 管理品牌

企业必须小心地管理自己的品牌。首先，品牌定位必须要持续地传递给消费者。大品牌的营销人员常常在广告上花费巨额的资金来获得品牌知名度，建立品牌偏好和忠诚。例如，可口可乐在全球范围内每年花费近 30 亿美元来宣传它的各个品牌，通用汽车企业花了 34 亿美元，联合利华花费 79 亿美元，而宝洁花了惊人的 115 亿美元。[47]

这样的广告活动可以帮助企业创造品牌识别、品牌知识，甚至品牌偏好。然而，事实上，品牌并不是通过广告维持的，而是通过顾客的品牌参与和品牌体验维持的。如今，消费者通过众多的联系点和接触点了解一个品牌，除了广告，还有个人的品牌体验、口碑、社交媒体、企业网页、移动 App 和许多其他途径。企业必须对这些接触点的管理投入与制作广告同样多的精力。就像一位迪士尼的前高管所说："品牌是一个有生命的实体，会随着时间的流逝而逐渐变得丰富或者受到破坏，这是由成千上万的小事件形成的。"[48]

只有企业所有人员都认真领会其品牌，品牌的定位才能得到完全的贯彻。因此，企业需要对员工进行以顾客为中心的培训。更进一步，企业应该实施内部品牌建设来帮助员工理解和热衷于其品牌承

管理品牌需要管理接触点，一位迪士尼前高管说："品牌是一个有生命的实体，会随着时间的流逝而逐渐变得丰富或者受到破坏，这是由成千上万的小事件形成的。"

Joe Raedle/Getty Images

诺。很多企业做得更多，它们培训和鼓励分销商与经销商为顾客提供高质量的服务。

最后，企业需要定期审视品牌的优势和劣势。它们应该询问：我们的品牌在传递顾客真正重视的利益时是杰出的吗？品牌定位恰当吗？我们所有的消费者接触点都能支持品牌定位吗？品牌经理理解品牌对消费者意味着什么吗？品牌是否得到了恰当、持续的支持？品牌审查可能会发掘出需要更多支持的品牌、需要被舍弃的品牌以及由于顾客偏好变化或新竞争者出现而需要被重新定位的品牌。

我的营销实验室

如果你的老师布置了这项任务，请完成 MyLab 的问题讨论部分带有星号的问题。要完成本章的数字营销问题，请查看 MyLab 中的作业。

章节回顾和批判性思维

 ## 目标回顾

产品不仅仅是一系列简单的有形特性的组合，每个提供给顾客的产品或服务可以从三个层次来认识。消费者核心价值由消费者在购买一件产品时寻找的核心的解决问题的利益组成。实际产品围绕核心利益存在，包括质量水平、特性、设计、品牌名称和包装。附加产品是实际产品加上伴随它提供的各种各样的服务和利益，如保修和免费送货、安装和维修。

1. 定义产品以及描述主要的产品与服务分类

广义来说，产品是任何能够提供给市场供关注、获得、使用或消费，以满足欲望或需要的任何东西。产品包括实际的物品，也包括服务、事件、人物、地点、组织、创意或这些实体的组合。服务包括可提供出售的活动、利益或是满意并且在本质上是无形的产品，例如银行、酒店、税务筹划和家居维修服务。

根据使用产品和服务的顾客类型，产品和服务可分为两大类——消费品和工业品。消费品由最终消费者购买，常常根据消费者的购买习惯进行分类（便利品、选购产品、特制产品和非渴求产品）。工业品是用于进一步加工或用于商业操作而购买的产品，包括材料和部件、资本品以及消耗品和服务。其他可营销的实体，如组织、人物、地点和创意，同样也被认为是产品。

2. 描述企业关于单个产品和服务、产品线以及产品组合的决策

单个产品的决策包括产品属性、品牌、包装、标签和产品支持服务。产品属性决策包括产品质量、特征以及风格和设计。品牌决策包括选择品牌名称和品牌发展战略。包装提供许多关键利益，比如保护、经济性、方便和促销。包装决策通常包括设计标签，以识别、描述而且可能推广产品。企业还发展产品支持服务来增强顾客服务和满意度并且击退竞争者。

大多数企业生产一个产品线，而不是单个产品。产品线是一组在功能、顾客购买需要和分销渠道上相互关联的产品。销售者出售给顾客的所有产品线和产品项目构成了产品组合。产品组合可以用四个维度来描述：宽度、长度、深度和一致性，这些维度是制定企业产品战略的工具。

3. 识别影响服务营销的四个特征和服务所需的其他营销条件

服务有四个关键特点：无形性、不可分性、易变性和易逝性。每个特点都提出了问题和营销要求。营销人员需要找到使服务有形化的方法，提高无法与产品相分离的服务人员的生产率，面对易变性时将质量标准化，面对服务易逝性时改善需求变动和供给能力。

成功的服务企业既关心它们的顾客，也重视雇员。它们理解服务利润链，即将服务企业的利润与雇员和顾客满意度相连的链条。服务营销战略不仅需要外部营销，还需要内部营销来激励员工，以及在服务提供商中创造服务交付能力的交互式营销。为获得成功，服务营销人员必须创造竞争性差异化，提供高质

量的服务，并寻找提高服务生产率的途径。

4. 讨论品牌战略——企业在建立和管理品牌时做出的决策

一些分析师将品牌视为企业最持久的资产。品牌不仅仅是名称和符号，它体现了产品和服务对消费者所能表达的所有含义。品牌资产是消费者对品牌名称的知晓度或服务所带来的有差别的、正面的影响。拥有高品牌资产的品牌是一项宝贵的资产。

在建设品牌时，企业需要对品牌定位、品牌名称选择、品牌持有者和品牌发展做出决策。最强有力的品牌定位建立在消费者强烈的信念和价值上。品牌名称选择涉及对品牌的利益、目标市场和提出的营销战略进行仔细审视，然后找到最好的品牌名称。制造商在品牌归属方面有四种选择：推出的产品可以使用全国性品牌（或制造商品牌），出售给拥有私有品牌的分销商，营销许可品牌，或与其他企业联合资源发展联合品牌。企业有四种选择来发展品牌，可以进行产品线延伸、品牌延伸、多品牌和新品牌。

企业必须小心地建设和管理它们的品牌。品牌定位必须持续地传递给消费者。广告是有帮助的，但品牌并不是通过广告而是通过顾客的品牌体验维持的。顾客通过广泛的接触和互动了解一个品牌，企业必须对管理这些接触点投入与制作广告同样多的精力。企业需要定期地审查品牌的优势和劣势。

关键术语

产品（product）：提供给市场供注意、获取、使用或消费，满足需要或欲望的任何东西。

服务（service）：供销售的活动、利益或满足，通常是无形的，而且不存在所有权。

消费品（consumer product）：最终消费者购买并用于个人消费的产品。

便利产品（convenience product）：消费者频繁和随时购买的消费品，消费者在购买这类产品时付出很小的比较和购买努力。

选购产品（shopping product）：消费者在挑选和购买过程中会比较质量、价格和样式来决定是否购买的消费品。

特制产品（specialty product）：具有某些特征或品牌的消费品，部分顾客会为了购买这些产品做出专门的努力。

非渴求产品（unsought product）：消费者通常不知道，也不会考虑购买的产品。

工业品（industrial product）：由个人或组织购买然后用于进一步加工或用于企业运营的产品。

社会营销（social marketing）：将传统的商业营销的概念与工具用于以影响个人行为、提升个人或社会福利为目的的项目中。

产品质量（product quality）：产品或服务满足顾客需求的能力特征。

品牌（brand）：将某个卖方的产品或服务与其他竞争者的产品或服务相区分的名称、术语、标记、符号或图像，或以上元素的任意组合。

包装（packaging）：为产品设计和生产容器或包装的活动。

产品线（product line）：一组由于功能类似而关系密切，通过同类渠道销售给同一顾客群体，或处于特定价格范围内的产品。

产品组合（product mix）：某一特定卖家所提供的所有产品线和产品项目的集合。

服务的无形性（service intangibility）：服务在购买前看不见摸不着，也无法品尝、听到或闻到。

服务的不可分性（service inseparability）：服务的生产和消费同时进行，并且无法与服务提供者相分离。

服务的易变性（service variability）：服务的质量取决于服务提供的时间、地点、人员和方式，变化很大。

服务的易逝性（service perishability）：服务无法储存以供未来销售。

服务利润链（service profit chain）：将企业利润和员工、顾客满意相联系的流程。

内部营销（internal marketing）：训练并有效地激励与消费者直接接触的员工和所有的服务支持人员，使其能进行团队协作从而提供顾客满意。

交互式营销（interactive marketing）：对服务人员进行培训，提高他们与顾客互动、满足其需求的技能。

品牌资产（brand equity）：知晓品牌名称导致的消费者对产品及其营销有差别的、正面的反应。

品牌价值（brand value）：一个品牌的总财务价值。

商店品牌（store brand）或**自有品牌**（private brand）：零售商自己所创立和拥有的产品或服务品牌。

联合品牌（co-branding）：把两个不同企业的已有

品牌用于同一产品上。

产品线延伸（line extension）：使用已有的品牌名称，在既定的产品类别中推出新的产品形式、颜色、尺寸、附加成分或口味。

品牌延伸（brand extension）：将一个已有的品牌名称延伸至新的产品类别。

问题讨论

1. 什么是产品？命名、描述并举例说明每种类型的消费产品。

2. 比较和对比产品质量的两个维度。

*3. 什么是产品线？讨论营销人员做出的各种产品线决策以及企业如何延伸其产品线。

*4. 什么是产品组合？命名并描述产品组合的四个重要维度。

5. 讨论服务的四大特点。从这些特点来看，医务室提供的服务与银行提供的服务有什么不同？

批判性思维练习

1. 美国食品药品监督管理局最近宣布了改变食品标准营养标签的提议。在一个小组中，研究提议的变化，并写一个报告来解释它们。在演示文稿中包含营养标签的历史记录。

2. 列出在以下商店中发现的商店品牌的名称：沃尔玛、百思买和全食。确定你选择的另一个零售商的自有品牌，并将其中一个产品的价格和质量与可比较的全国性品牌进行比较。

3. 什么是"非商标化"？讨论最近的案例，并就营销人员如何避免这种情况提出建议。

小型案例及应用

在线、移动和社交媒体营销

密切关注 Fido 的健康状况

想要监控你的狗的健康状况吗？现在，你可以使用 Whistle 和 Voyce 这样的像普通项圈一样挂在狗脖子上的可穿戴设备。只是，这不是普通的项圈，它监测你的狗的生命体征，比如心跳、呼吸频率和燃烧的卡路里。你还可以知道你的狗是活跃的，还是白天大部分时间都在睡觉。与人类不同的是，狗狗不会表现出症状，当你发现有问题时，往往为时已晚。Voyce 让狗狗们有了一个"声音"，让主人"把这些点连起来"，以揭示出狗狗的任何症状。尽管监控不会引发警报，但其所有者可以通过每月的订阅服务，通过计算机、平板电脑或智能手机与宠物医生分享这些数据，从而追踪重要数据。随着时间的推移，该设备可以了解一只狗，并向主人发送定制的文章、提示和建议。通过使用移动设备，用户可以随时通过 www.MyDogsVoyce.com 远程访问宠物的数据。通过社交媒体，你可以很容易地与朋友和家人分享你的小狗的里程碑。然而，这类设备并不便宜，从 Whistle 的售价 129.95 美元到 Voyce 的 299 美元，再加上每月的服务费。Voyce 的制造商也希望引进一种设备，以适应甚至是最小的狗、猫或马。

1. 描述与该产品相关的产品的核心、实际和强化的水平。监控服务代表什么级别？并解释。

2. 讨论两个相似的人类可穿戴技术的例子。

营销道德

地理标志（GI）

苏格兰威士忌、香槟气泡酒、帕尔马奶酪、第戎芥末酱——这些都有什么共同点？它们不是品牌名称，而是这些食物来源的地理标志（GI）。欧洲有着悠久的美食历史，而欧盟出于经济原因急于保护这些美食。例如，不是任何起泡酒都可以标注为香槟，只有法国香槟地区生产的起泡酒才能在标签上标明。英国政府正在启动一项苏格兰威士忌制造商的注册表，以保护其 40 亿美元的产业不受模仿者的影响，因为它们把自己的威士忌标榜为苏格兰威士忌。真正的苏格兰威士忌必须在苏格兰橡木桶中陈酿至少 3 年。第戎芥末必须产自法国第戎，再配上在勃艮第葡萄酒产区产的霞多丽酒。帕尔马奶酪是 2 000 多年前在意大利帕尔马发展起来的，它也有帕尔马火腿。瑞士生产真正的瑞士奶酪，如 Emmental、Gruyere 和其他品种，都是瑞士生产的，遵循严格的规定，以保证纯度。当地政府根据用于正品瑞士奶酪的 10 000 种牛奶细菌的 DNA 鉴定出假冒伪劣产品。所有这些都为消费者带来更高的价格标签。例如，葡萄牙阿尔加维盐和法国盐之花海盐的成本约为每磅 80 美元，而常规食盐每磅为 30 美分。

1. 你是否认为具有地理标志的产品实际上优于并非来自该地理区域的其他类似产品？这些产品的制造商在制造或者生产这些产品时要求更高的价格是否符合道德？

2. 地理标志（GI）是否为消费者带来利益？对销售者是否有不利？解释一下。

数字营销

果酱吐司饼干消失的坚果

Kellogg 企业是果酱吐司饼干的制造商，最近推出了无坚果果酱吐司饼干。新产品包括花生酱和巧克力花生酱等口味。尽管新产品将会为企业带来更高的批发价（新产品每 8 个一包，每包 1.20 美元，而原产品每包 1.00 美元），但也会带来更高的可变成本（新产品每 8 个的价格是 0.55 美元，而原产品每 8 个的价格是 0.30 美元）。

1. Kellogg 企业的品牌发展策略是什么？

2. 假设该企业预计售出 500 万包无坚果果酱吐司饼干，在推出后的第一年，预计 80% 的销售将来自那些通常会购买现有的果酱吐司饼干口味（即同类产品的销售）的买家。假设常规的果酱吐司饼干的销售额通常是每年 3 亿包，并且企业为了销售新产品在第一年就会增加固定成本 50 万美元，新产品对企业来说是否有利可图？

视频案例

Plymouth Rock 保险企业

Plymouth Rock 是一家有品牌故事的保险企业。20 世纪 80 年代初，马萨诸塞州的一家汽车保险企业迅速发展成一群独立的企业，在各个州管理财产和意外伤害保险。为了简化运营、降低成本，更好地为顾客服务，该企业进行了一个品牌重塑的过程，将三种不同的汽车保险品牌——Plymouth Rock、High Point 和 Palisades 合为一体。该企业没有在一夜之间重塑品牌，而是进行了渐进式的转变，保留了现有的品牌资产，让顾客放心。企业以 Plymouth Rock 为母企业品牌，以 High Point 和 Palisades 为子品牌，以循序渐进的方式转型为单一品牌。

在观看了关于 Plymouth Rock 保险企业的视频后，回答以下问题：

1. Plymouth Rock 保险企业的核心价值主张是什么？
2. 将这三家汽车保险品牌重新命名为一个品牌，这一决定背后的原因是什么？
3. 请描述 Plymouth Rock 保险企业重塑品牌的过程。这个过程与其可能追求的其他选择有何不同？

我的营销实验室

如果你的老师布置了这项任务，请到 MyLab 作业中完成以下写作部分。

1. 描述营销人员如何通过定价来管理服务差异化，并描述服务提供商的一个例子，该服务提供商已成功地将其产品与竞争对手区分开来。

2. 产品包装必须满足许多标准，如可持续性、便利性、安全性、效率、功能性和市场营销。研究"包装奖"，并完成分析屡获殊荣的产品包装工作的演示文稿。描述举办奖项竞赛的组织、获奖者的选择标准和该奖项的获得者之一。

第8章 新产品开发和产品生命周期战略

学习目标

1. 解释企业如何寻找和开发新产品构想。
2. 列举并定义新产品开发流程中的步骤以及管理过程中需考虑的主要因素。
3. 描述产品生命周期的各阶段以及相应的营销策略。
4. 讨论其他两个关于产品的问题:产品决策中的社会责任以及国际化产品和服务营销。

概念预览

在前几章中,你已经学习了营销人员如何管理、开发产品和品牌。在本章中,我们将讨论其他两个产品话题:新产品开发和产品生命周期管理。对于企业来说,新产品就像新鲜血液。然而,新产品开发具有很大的风险,许多新产品都失败了。所以,本章首先提出了寻找和开发成功的新产品的流程。产品一旦推出,营销人员便希望产品的生命能够长久。在本章的第二部分,你将看到每种产品如何度过其生命周期的每个阶段,每个阶段都有不同的挑战,需要不同的营销战略和策略。最后,我们将讨论其他两个考虑事项,即产品决策中的社会责任以及国际化产品和服务营销。

我们将以最具创新力的企业之一——Google作为开篇。Google似乎在源源不断地推出令人惊叹的创新技术和服务。只要是与发现、改善或使用信息有关的，Google似乎都能提供一套创新解决方案。在Google，创新不仅仅是一个过程，而是它的精神所在。

第一站

Google：新产品登月项目工厂

Google在创新方面非常大胆。在过去的10年里，已经稳稳地占据了最具创新性企业排名的前5名。Google从来不愿意接受现状。相反，它不断创新，进入新的市场并勇于面对新的竞争对手。

也正因如此，Google才非常成功。尽管来自微软和雅虎等巨头的竞争非常激烈，但Google在美国的核心业务——在线搜索业务——的市场份额高达75%，是另外两家主要竞争对手总和的6倍多。该企业还在付费的在线和移动搜索以及在线和移动广告收入方面占据主导地位，这一收入占Google 2014年660亿美元营收的90%。并且，Google正以惊人的速度增长——在过去的4年里，它的收入增长了一倍多。

但是，Google已经不仅仅是一个在线搜索和广告企业了。Google的使命是"组织世界上的信息，使其普及和有用"。Google认为，信息是一种自然资源，可以被开采、提炼和广泛地传播。这一想法使原本看似五花八门的Google项目（如绘制世界地图、创造可穿戴计算机技术、汇聚世界上最大的视频库，甚至发展平流层气球舰队以使互联网覆盖全世界）显得更加统一。只要是与掌握和使用信息相关的，Google都会以一些创新的方式实现它。

Google知道如何创新。对于许多企业而言，新产品开发是一个谨慎的、循序渐进的过程，可能需要几年的时间。相比之下，Google随心所欲的新产品开发过程以光速运行。敏捷的创新者在更短的时间内实现了主要的产品和服务创新，比竞争对手改进和批准初步想法所花费的时间还短。正如一位Google高管所解释的，"给人们灌输Google文化的最困难之处是，当工程师给我展示一个产品原型的时候，我会说：'太好了，我们干吧！'他们会说：'哦，不，还没准备好。'我告诉他们，Google的风格就是尽早推出它（作为一个测试版产品），然后不断迭代，了解市场需求并使其变得更好。"

Google的新产品开发，不存在两年之久的计划。该企业的新产品规划仅提前4～5个月。Google宁愿看到项目迅速失败，也不愿看到它经过仔细规划、拖很久之后才失败。正如Google一位高管所言："如果你现在就意识到会失败，为什么要推迟到明天或下周呢？"然而，即使是像苹果这样高度创新的企业，也倾向于更安全的"尽善尽美再出售"模式，而在Google，全都是"启动和迭代"模式。当Google开发者面临两条路且他们不确定该走哪条路时，他们总是走最快的那条路。

Google非常具有创新性。它的创新以生产新产品"登月计划"而闻名，未来的远景如果成功，将彻底改变人们的生活方式。
Guy Corbishley/Alamy

Google著名的无序创新过程激发了大量的各式各样的产品，其中，大部分是市场上的领导者，包括电子邮件服务（Gmail）、数字媒体商店（Google Play）、在线支付服务（Google Wallet）、照片共享服务（Google Picasa）、移动端操作系统（Google Android）、在线社交网络（Google+）、超高速住宅宽带网络（Google Fiber）、云端互联网浏览器（Chrome）、使用浏览器作为操作系统的经济型笔记本电脑（Chromebooks），甚至是绘制和探索世界的

Google 地图项目（Google Maps 和 Google Earth）。

Google 的最新创新远远超越了简单的组织和搜索信息。该企业现在正在利用互联网的潜力，将人们生活中的一切联系起来。例如，Google 最近投入了 32 亿美元（这是其收购 YouTube 所投入资金的两倍）收购了智能恒温器和烟雾报警器制造商 Nest Labs。Nest 将这些家用电器重新设计为可以通过智能手机使用的连接式数字设备，使其变得有趣、简单、高效。快速增长的 Nest 现在正迅速地进入"智能家居"领域，它的"Works with Nest"应用程序使其设备可以连接并控制视频监控设备、智能门锁、家电、车库门，以及房子周围的任何东西。虽然看起来 Google 在 Nest 上投入了很多资金收获却很少，但有了 Google 的大量资源和创新能力，Nest 可能很快就可以帮助你管理整个家，这是一个巨大的潜在市场。

互联网智能家居的概念看似对 Google 来说有点牵强，与 Google 的其他宏伟构想相比，它就显得很平淡无奇了。Google 的创新机器以"登月计划"而闻名，这是一次未来主义和令人惊叹的理想主义尝试，如果成功，将彻底改变人们的生活方式。为了发展"登月计划"，Google 创建了 Google X——一个隐秘的创新实验室和科研狂人的殿堂，负责开发一些即使是在 Google 看来也很大胆的事情。"任何对社会来说是大问题的事情，我们都要报名参加。"创新部门的主管（官方头衔是"登月计划队长"）如是说。

迄今为止，Google X 最引人注目的创新是可穿戴智能设备，如 Google Glass 虚拟现实眼镜，它引领了可穿戴技术的发展潮流。但是，在秘密幕布后面还有许多其他的新潮项目，比如那些高空中的 Wi-Fi 气球、监测血糖的隐形眼镜，以及 Google 的自动驾驶汽车。Google 的自动驾驶汽车曾一度被认为是异想天开的项目，但现在却出乎意料地马上要实现了。想象一下，如果你在网上买了东西，然后一辆自动驾驶的 Google 运输车停在你家附近，一个 Google 机器人接着把包裹送到你家门口。看起来遥不可及吗？也许并不是。Google 现在是领先的机器人技术开发者。

Google 可以接受任何资料来源的新产品创意，但企业也把创新的责任放在每个员工身上。Google 以创新休假计划而闻名，该项目鼓励工程师和开发人员每周花 20% 的时间（即每周 1 天），来开发他们自认为"很酷和古怪"的新产品创意。最后，在 Google，创新不仅仅是一个过程，它是企业 DNA 的一部分。"Google 的创新会发生在什么地方？无处不在。"一位 Google 的科学家如是说。

与 Google 不同级别和部门的员工交谈，你会发现一个强大的主题：这些人觉得他们的工作可以改变世界。Google 的神奇之处在于它能够持续向员工灌输一种创新的无畏精神和雄心壮志。有意应聘的人经常被问到："如果你能用 Google 的资源改变世界，你会创造些什么？"在 Google，这并不是一个愚蠢的问题，也不是一个不可能的事情。Google 想要知道你的答案，因为思考和创造正是 Google 所做的事情。说到创新，Google 是与众不同的。但这种不同是无形的。它是 Google 的精神所在，充斥着每个角落。[1]

作者评点

新产品是一家企业的命根子。随着旧产品的成熟和衰退，企业必须开发新产品以替代旧产品。例如，虽然 iPhone 和 iPad 问世不到 10 年，但目前它们已经是苹果最热销的两类产品。

Google 的故事表明，善于开发和管理新产品的企业能获得巨大的回报。每个产品似乎都会经历一个生命周期：从诞生开始，经历几个阶段，随着能够为消费者带来新的或更大价值的新产品的到来而最终死亡。

产品生命周期带来了两个主要的挑战：第一，由于所有产品最终都会走向衰退，企业必须善于开发新产品以替代旧产品（新产品开发的挑战）；第二，在产品生命周期的各个阶段，企业必须根据变化的消费者偏好、技术和竞争压力而相应调整其营销策略（产品生命周期的挑战）。我们首先来看一下寻找和开发新产品的问题，然后再谈谈如何在生命周期的各阶段成功地管理新产品。

8.1 新产品开发战略

企业获得新产品的途径有两种。一种是收购——通过购买一家企业、一项专利或生产许可证来生产别人的产品；另一种途径是企业自己的研发部门进行**新产品开发**（new product development）。我们所说的新产品指的是企业通过自己研发投入而开发的原创产品、产品改进、产品修正和新品牌。本章我们集中讨论新产品开发。

新产品对于消费者以及为他们服务的营销人员来说都很重要。对消费者来说，新产品为他们的生活带来了新的解决方案和多样性；对企业来说，新产品是其业绩增长的主要来源。在如今快速变化的环境中，很多企业主要依靠新产品来实现收入增长。例如，近年来，新产品几乎彻底改变了苹果企业。虽然 iPhone 和 iPad 问世不到 10 年，但如今，它们已经成为苹果最热销的两类产品，其中，iPhone 的收入在其推出不久之后就占据苹果总收入的 2/3 以上。[2]

然而，产品创新的成本可能会非常高，而且具有很高的风险。新产品一直面临很高的失败率。据估计，60% 的新产品在推出后两年内以失败而告终，2/3 的新产品概念从来就没有推出过。[3] 为什么会有如此多的新产品失败呢？原因是多方面的。虽然新产品的创意不错，但是企业可能对市场规模的估计过高；也可能产品设计得很差；或者产品在市场上定位错误、上市时间不合适、定价过高或没有开展有效的广告活动；也可能是高层管理人员无视市场调研结论而推行他所喜爱的产品构想。有时候，产品开发的成本高于预算，或者竞争对手反击的力度比预期的高很多。

因此，企业面临一个问题：它们不得不开发新产品，但是新产品的成功概率却很低。为了开发成功的新产品，企业必须深入了解消费者、市场以及竞争对手，在此基础上开发出能向消费者传递更高价值的新产品。

8.2 新产品开发流程

> **作者评点**
>
> 企业不能指望自己能偶然发现好的新产品。相反，它们必须制定一个系统的新产品开发流程。

企业不能仅凭运气来发现新产品，而是要制定强有力的新产品开发计划，并建立系统的、顾客导向型的新产品开发流程来发现和培育新产品。图 8-1 阐述了新产品开发流程的八个主要阶段。

8.2.1 构思产生

新产品开发始于**构思产生**（idea generation），即对新产品构想进行系统化的搜寻。一家企业通常需要生成数百甚至数千个构想才能找到一些好的构想。新产品构想的主要资料来源包括内部资料来源和外部资料来源，如顾客、竞争对手、分销商和供应商等。

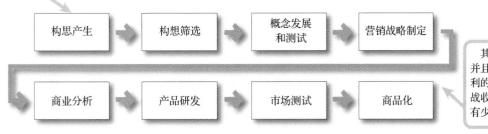

图 8-1　新产品开发的主要阶段

1. 内部构思资料来源

采用内部资料来源，企业可以通过正式的研发过程找到新的想法。例如，福特在硅谷运营着一个创新和移动中心。这里的员工由工程师、应用程序开发人员和科学家组成，他们开发从无人驾驶汽车到 Works with Nest 应用等各种东西。其中，Works with Nest 应用使消费者可以通过他们的智能手机来控制家庭供暖、照明和家用电器。Chick-fil-A 成立了一个名为 Hatch 的大型创新中心，在这里它的员工和合作伙伴共同探索关于食品、设计和服务的新想法。Hatch 是一个"构思、探索和想象未来"的地方，孕育关于新食物和新餐厅的想法，并将其实现。[4]

除了内部研发流程外，企业还可以从高管、销售人员、科学家、工程师和制造人员那里获取新产品创意。许多企业已经开发出成功的内部社交网络和名为"内部企业家"的项目，鼓励员工积极思考和开发新产品创意。例如，Google 的"创新休假计划"已经产生了从 Gmail、Ad Sense 到 Google 新闻的重磅产品创意。3M 企业有一个类似的项目，叫作"梦想日"，长期以来一直鼓励员工把 15% 的工作时间花在自己的项目上，产生了 Post-it Notes 和许多其他成功的产品。[5]

Facebook 和 Twitter 等科技企业发起定期的"黑客马拉松"（hackathons）活动，在这个活动中员工可以抽出一天或一周的时间摆脱日常工作，专门用于获取新想法。拥有 3 亿会员的专业社交媒体网站领英每个星期五都会举办"黑客日"活动，鼓励员工按照自己喜欢的任何方式工作，只要可使企业受益即可。领英用它的"孵化器项目"将这一过程又推进了一步，在该项目下，每个季度员工都可以组建团队，向领英高管提出创新的想法。如果获得批准，团队可以暂停手头上的工作，在 90 天内将该想法变为现实。[6]

2. 外部构思资料来源

企业也可以通过一系列外部资料来源获得好的新产品构想。比如，分销商和供应商可以贡献新产品构想。分销商最接近市场，能将顾客面临的问题和可能的新产品等相关信息传递给企业。供应商可以给企业提供开发新产品的新概念、新技术和新材料。

竞争者是另一个重要的资料来源。企业可以通过研究竞争者的广告获取有关新产品的线索；也可以购买竞争对手的新产品，拆开来研究其工作原理并分析其销售情况，然后再决定是否要开发同样的新产品。其他的新产品构思资料来源包括商业杂志、展览、网站和研讨会、政府机构、广告企业、营销研究企业、大学和商业实验室以及发明家等。

最重要的新产品构思资料来源或许是顾客。企业可以通过分析顾客的问题和抱怨来开发能更好地解决顾客的问题的新产品；或者企业可以邀请顾客分享他们的建议和构想。比如，因乐高塑料积木而风靡全球 60 余年的丹麦乐高集团，就通过乐高创意网站系统地向顾客征集新产品构想。[7]

在乐高创意网站，这家大型的玩具制造商将用户的构想转化为乐高的新建筑套装。该网站邀请顾客提交他们的想法，由其他人进行评估和投票。投票超过 10 000 票的构想由乐高评审委员会评估，由营销和设计等部门进行内部审查，通过审查的想法被制成正式的乐高产品。构想被选中的消费者将获得该产品净销售额的 1% 作为回报，并作为售出的每套乐高创意组合的创造者而获得荣誉。到目前为止，"乐高创意"产生了 10 种主要的新产品，包括乐高 Minecraft、乐高 Birds、乐高 Big Bang Theory、乐高 Ghostbusters 和乐高 Back to the Future 德莱恩时光机器等。

3. 众包

目前，很多企业开始开发众包和有关新产品构想的开放式创新项目。**众包**（crowdsourcing）敞开创新的大门，邀请尽可能广泛的群体，包括顾客、员工、独立科学家和研究人员等，参与到新产品的创新过程中来。借助这些广泛的内外资料来源，企业能够获得很多意想不到且强大的新构想（见营销实践 8-1）。

营销实践 8-1

众包：敞开创新的大门

如今，众包是个大生意。你最熟悉的众包可能是顾客产生的营销努力，即企业邀请顾客帮助其发掘新的广告或产品创意。百事的菲多利子企业以此闻名。例如，在一年一度的多力多滋"冲击超级碗"广告竞赛中，每年都会产生消费者制作的超级碗广告奖。在菲多利"乐味一番"的竞赛中，他们邀请消费者提交创意并为新口味的薯片投票。这些非常成功的众包活动吸引了大量顾客的参与和评价。仅 2014 年的"乐味一番"竞赛就产生了超过 400 万的新口味创意。

但是，现如今的众包不仅仅是引发热议的消费者竞赛。从宝洁和 Under Armour 这样的巨头到 Quirky 这样的小型制造类创业企业，它们都在敞开创新的大门，邀请广大的顾客、员工、独立科学家和研究人员，甚至是广大公众参与到新产品创新过程中。请看下面的例子。

宝洁

宝洁为其所在行业的突破性创新和新产品开发树立了典范。宝洁的汰渍洗衣粉是首个可以用于全自动洗衣机的合成洗衣粉；帮宝适是首款成功的一次性尿片；纺必适气味清新剂是首款不只掩盖气味还能消除气味的空气洁净剂。这些突破性创新是宝洁取得惊人发展的关键因素。

直到现在，宝洁的大多数创新产品仍来自企业内部的研发实验室，宝洁在全球 26 个实验室聘请了 8 000 多名研究员。虽然一部分研究员是全球著名的研究人才，但是，企业的实验室研发仍不能满足这个市值 840 亿美元的企业实现增长所需的创新数量。

因此，大约 12 年前，宝洁开始邀请外部伙伴一起开发新产品和创新技术。它启动了"连接+发展"众包项目，邀请企业家、科学家、工程师以及包括消费者在内的其他研究人员提交有关新技术、产品设计、产品包装、营销模式、研究方法、促销等一切能够创造更好的产品和服务的创新构想，从而帮助宝洁实现"改善更多消费者的生活"的目标。

宝洁并非要替换掉这 8 000 多名研究员，而是想更好地利用这些资源。通过周密安排的众包，企业可以把来自外部的数以百万计的聪明想法提供给内部人员。通过"连接+发展"众包项目，该企业表示："共同努力，我们可以比我们任何一方独自做得更好。"

如今，得益于"连接+发展"众包项目，宝洁建成了真正的全球创新网络，其 50% 以上的创意都涉及外部合作。目前，"连接+发展"项目已经成功签订了 2 000 多份协议，通过这一渠道成功引入市场的新产品包括：汰渍洗衣球、汰渍全效、玉兰油新生唤肤系列、Swiffer 除尘掸子、Glad ForceFlex 垃圾袋、CoverGirl 眼妆、Oral B Pulsonic 牙刷以及 Mr.Clean 魔法橡皮擦等。宝洁的"连接+发展"是宝洁创新的核心。

Under Armour

运动服饰制造商 Under Armour 知道，无论它内部拥有多少顶尖的研发人员，有时走出企业是产生好创意的唯一方法。因此，Under Armour 赞助了半年一次的"未来展示创新挑战赛"。该竞赛是众包和新产品"美国偶像"的综合体。"未来展示"邀请来自全国各地的发明家提交新产品创意，Under Armour 团队从成千上万的参赛作品中挑选了 12 名决赛选手，他们将当着 7 名评委的面，在一个引人注目的、像《鲨鱼坦克》一样的真人秀节目中推销自己的产品。获胜者将获得 5 万美元的奖金，以及与 Under Armour 合作开发获胜产品的机会。

Under Armour 的创始人兼 CEO 凯文·普兰克，最初想要创造一种让运动员保持身体干爽的速干 T 恤，这个创新想法使其创立了这家企业。从那时起，这家年收入 23 亿美元的企业就以提供创新但昂贵的运动装备而闻名。"未来展示"是另一种让 Under Armour 保持在创新前沿的方式。普兰克说："我们没办法想出所有的好创意。""未来展示"

的目标是"吸引顶级创新者来到 Under Armour，尤其是特别出众的"。

第一个获胜者，也是迄今为止普兰克最喜欢的，是专门为运动员设计的拉链——UA MagZip，它的特点是只需用一只手即可轻松拉开。Under Armour 的内部研发团队曾经用了 2 年的时间试图开发出一种更好的拉链，但"我们并没有成功，"该企业的创新总监说。如今，这个众包的拉链已经出现在 Under Armour 的各个商店里，并且有可能被用于所有 Under Armour 的服装。虽然这个简单的拉链只是"未来展示"的众多新产品创意中的一个，但是，它却使整个众包投入都是值得的。

Quirky

不是只有像宝洁和 Under Armour 这样的大企业才使用众包。Quirky 就是完全围绕众包建立起来的，它有望成为年收入 1 亿美元的企业。基于普通人也有非凡想法的理念，Quirky 生产普通发明者的产品创意。它利用了被一位作家称为"发明暴发户"的在线社区。这个社区拥有 60 万名成员，成员们以"素描、语言或实体产品"的形式提供新产品创意。该企业每周会收到 4 000 多个创意；然后，社区成员投票选出他们最喜欢的创意；接着，利用每周 Quirky 在纽约总部的实时网络直播，企业高管、行业专家和社区成员就这些创意的优点进行探讨，并选择 3～4 个创意进行开发。

之后，Quirky 会负责所有的复杂设计、生产、法律和营销细节，将选定的创意转化为可销售的产品。从产品设计到产品名称、包装、标语和价格等各方面，众包都发挥着重要作用，Quirky 社区也贡献了力量。成功开发的产品将运往五个全球分销中心之一，再到 35 000 多个零售点中的任何一个，这些零售点包括塔吉特、Bed Bath & Beyond、家得宝、百思买、亚马逊、Quirky 自己的互联网商店，甚至 QVC。

有创意而被成功开发为产品的发明家以及为改进产品做出过贡献的人都可以分享产品的销售收入。在其短暂的历史上，Quirky 销售的 400 多种产品没有一款是赔钱的。该企业迄今为止最畅销的产品是一款名为 Pivot Power 的设计巧妙的旋转式电源板。Pivot Power 的销售量迅速超过了 100 万台，使其年轻的业余发明家仅在 2012 年一年就获得了 100 多万美元的专利使用费。

宝洁、百事可乐和 Under Armours 的全球规模令 Quirky 相形见绌。然而，小规模经营的 Quirky 也许最能说明众包的强大力量，它用最纯粹的形式实现了产品开发的民主化。正如一位塔吉特销售代表所总结的那样："没有人正在以 Quirky 这样快的速度进行创新。"

资料来源：Based on information from Dale Buss, "P&G Enhances Connect + Develop Innovation Pipeline," *BrandChannel*, February 13, 2013, www.brand channel.com/home/post/2013/02/13/PG-Connect-Develop-Website-021313 .aspx; Larry Huston and Nabil Sakkab, "Connect and Develop: Inside Procter & Gamble's New Model for Innovation," *Harvard Business Review*, March 2006, pp. 2-9; Bruce Horovitz, "Under Armour Seeks Ideas for Its Next Big Thing," *USA Today*, October 20, 2013; Josh Dean, "Is This the World's Most Creative Manufacturer?" *Inc.*, October 2013, pp. 95-114; Kyle Stock, "Under Armour Holds a Game Show to Find Its Future," *Bloomberg Businessweek*, October 13, 2014, www.businessweek.com/articles/2014-10-13/under-armour-holds-a-game-show-to-find-its-future; Steve Lohr, "The Invention Mob, Brought to You by Quirky," *New York Times*, February 15, 2015, p. BU1; and www.pgcon nectdevelop.com and www.quirky.com, accessed October 2015.

在所有行业中，大大小小的企业都在采用众包来获取产品创新想法，而不再仅仅依靠自己的研发实验室。例如，三星最近推出了一项开放创新计划，打破了其封闭的创新流程，打开了从外部获取新产品和新技术想法的大门。通过这个计划，三星与来自世界各地各行业和高校的顶尖研究人员建立了联盟，积极参与行业论坛，与供应商合作创新，寻找并投资有前途的创业企业。"在 21 世纪，没有一家企业能独自完成所有的研究，"三星的一位高管说，"我们认为，与世界各地的其他企业合作，建立并加强一个充满活力的研究社区是至关重要的。"[8]

与创建和管理自己的众包平台相比，企业也可以使用 InnoCentive、TopCoder 和 jovoto 等第三方众包网络。例如，从奥迪、微软和雀巢到瑞士军刀制造商 Victorinox 等企业，都在利用 jovoto 网络的 5 万名专业创意人士来获得想法和解决方案，并向他们提供 100～10 万美元不等的奖金。

在过去的 3 年里，Victorinox 企业使用第三方众包网络 jovoto 寻找其限量时尚版瑞士军刀的新设计。这些时尚设计的目的在于吸引更年轻的买家购买这个历史悠久的品牌的产品。第一年，1 000多名艺术家通过jovoto平台提交了设计。这个限量版共包括10个设计，是由jovoto的社区成员评审并由Victorinox品牌的粉丝在Facebook上投票选出来的，其销售成功率比以往任何内部产生的限量版设计都高出20%。[9]

众包可以产生大量有创意的构想。事实上，这种对所有人敞开大门的方式很可能使企业被各种良莠不齐的构想所淹没。例如，思科为从外部资料来源征求构想而发起了名为"I-Prize"的开放式创新活动，共收到了来自156个国家、超过2 900名创新者的820多个不同的构想。"评估过程耗费的人工远超我们的预想，"思科的首席技术官说，"我们需要投入大量的时间、精力、耐心、想象力……来甄选构想。"最后，思科的6名员工在全职工作了3个月后，从这些构想中挑选出了32个进入半决赛，最终有9支参赛队伍代表6大洲的14个国家进入决赛阶段。[10]

真正的创新型企业并不依赖于某一种渠道获得新产品构想。相反，它们会发展广泛的创新网络，以从所有可能的资料来源获得创新想法和灵感，从企业的员工和顾客到外部创新者，甚至除此之外的多种其他资料来源。

8.2.2 构想筛选

构思产生阶段的目的是形成大量的创意，其后各阶段的任务在于逐步减少创意的数量。其中，第一个步骤就是**构想筛选**（idea screening），即对新产品构想进行筛选以便从中发现优秀的构想，并尽快抛弃那些不好的构想。这是因为在之后的阶段中，产品开发成本会上升得很快，而企业只希望进一步开发能盈利的产品。

大多数企业要求管理人员用标准格式的表格来描述新产品构想，以便新产品开发委员会进行审核。用表格描述新产品创意、顾客价值定位、目标市场以及竞争情况；同时，还要大致估计市场规模、产品价格、开发时间和成本、制造成本以及投资回报率。然后，新产品开发委员会根据一套标准对每一个新产品构想进行评估。

一位市场营销专家提出了R-W-W（real、win、worth doing）新产品筛选框架，该框架需要解决三个问题。首先，这个产品构想是否真实？消费者是否真的存在对该产品的需求？他们是否会真正购买？该产品是否有一个清晰的产品概念？能令目标市场满意吗？其次，我们能成功吗？该产品有可持续的竞争优势吗？企业有使该产品成功的资源吗？最后，它是否值得去做？该产品是否符合企业的总体发展战略？它有足够的利润潜力吗？企业在进一步开发新产品构想之前，应该能够对R-W-W的三个问题全部给出肯定的答案。[11]

8.2.3 概念发展和测试

有吸引力的产品构想需要被提炼发展成为**产品概念**（product concept）。正确区分产品构想、产品概念和产品形象非常重要。产品构想指的是企业希望为市场提供的一个可能产品的构思；产品概念指用有意义的消费者术语对新产品构想进行的详细描述；产品形象指的是消费者对真实或者潜在产品的感知。

1. 概念发展

假设某汽车制造商开发出了一种实用的全电动汽车，其原型是一款时尚的运动型敞篷跑车，售价超过10万美元。[12] 该制造商计划在不久的将来推出大部分消费者可以负担的大众市场版本，进而与尼桑Leaf、雪佛兰Volt、起亚Soul EV和雪佛兰Bolt EV等混合动力汽车或全电动汽车竞争。这辆百分百的电动汽车能在4秒内将时速从0增加至60英里/小时，充一次电可以行驶300英里。它使用普通的120伏电源插座，45分钟就可以完成充电，而且每英里的动力成本仅为1便士。

现在，营销人员的任务是要将这个新产品构想转化为几

全电动汽车：这是特斯拉的全电动轿车。之后，更便宜的紧凑车型充一次电可以行驶300英里。它使用普通的120伏电源插座，45分钟就可以完成充电，而且每英里的动力成本仅为1便士。

Tesla

种可选择的产品概念，判断各个产品概念对消费者的吸引力，然后选择最佳的产品概念。对于这款全电动汽车而言，可能有如下几个产品概念。

- 概念1：为那些想要购买第二辆车在城镇周边使用的家庭而设计的中型轿车，价格合理，适于走亲访友和外出办事。
- 概念2：中等价位的小型运动汽车，适合年轻人。
- 概念3：经济型"绿色"汽车，适合需要实用、无污染交通工具的环保人士。
- 概念4：一种高端的中型多功能汽车，对那些喜欢更大空间和更少油耗的消费者有吸引力。

2. 概念测试

概念测试（concept testing）是指在目标消费者中测试新产品概念。产品概念可以用符号或实物形式展现给消费者。比如，"概念3"用文字表述如下。

这种高效的紧凑型电动汽车可以容纳4人，富有驾驶乐趣。这种100%的电动汽车不愧为一种无污染的实用的交通工具。它充一次电就可以行驶300英里，而且每行驶1英里的成本仅为1便士。比起现在那些消耗汽油、产生污染的汽车，它是一个明智的、富有社会责任的选择。这辆车的定价为28 800美元。

许多企业在开发新产品之前，通常会与消费者一起进行概念测试。对某些产品概念测试来说，使用文字或图画描述就足够了。但是，如果有更加具体和实实在在的实物展示，将会增强概念测试的可靠性。在概念展示之后，企业需要消费者回答一系列问题来测试他们对产品概念的反应（见表8-1）。

表8-1　全电动汽车的概念测试问题

1. 你了解电动汽车这个概念吗
2. 你相信有关该汽车性能的说法吗
3. 与传统汽车相比，该电动汽车能带来的核心利益是什么
4. 与混合动力汽车相比，该电动汽车的优势在哪里
5. 你认为该电动汽车在哪些方面还需要改进
6. 与普通汽车相比，你在什么情况下会更倾向于电动汽车
7. 你认为该电动汽车的合理价格是多少
8. 谁会影响你对该电动汽车的购买决策，谁将驾驶它
9. 你会买这种电动汽车吗（肯定会、可能会、可能不会、肯定不会）

顾客的反馈结果将有助于企业找出最具吸引力的产品概念。例如，最后一个问题是询问消费者是否有购买意愿。假设有2%的消费者说他们"肯定会"购买，而5%的消费者说他们"可能会"购买。企业就可以根据这些数据来估算整个目标市场的销量。即便如此，企业的估计也往往充满不确定性，因为人们的言行并不总是一致的。

8.2.4 营销战略制定

假设这家汽车制造商发现"概念3"的测试效果最好，那么下一步它将要进行**营销战略制定**（marketing strategy development），即设计将该电动汽车引入市场的初步营销战略。

营销战略计划包括三部分。第一部分描述目标市场、计划的价值主张、预期的销售量、市场份额以及前几年的利润目标。

这家汽车企业的电动汽车的目标市场是较年轻、受过良好教育、有着中上等收入的个人、情侣或是小家庭，他们希望购买实用且环保的交通工具。该车的价值主张是富有驾驶乐趣，并且比一般的燃油汽车或混合动力汽车更环保。企业第一年的目标是销售5万辆电动汽车，亏损额控制在1 500万美元以内；第二年的目标是销售9万辆电动汽车，计划盈利2 500万美元。

营销战略计划的第二部分将描述产品第一年的预计价格、分销策略和营销预算。

这款电动汽车有3种颜色：红色、白色和蓝色，标准配置包括全部常用装置。零售价为28 800美元，其中的15%要给经销商。如果经销商能够在当月销售10辆以上，那么当月经销商还可以从每辆车中提取5%的额外折扣。广告预算为5 000万美元，按照40∶30∶40的比例分配给全国媒体宣传、网络和社交媒体营销、当地事件营销。广告、网站以及各种社交媒体将强调该汽车的驾驶乐趣和低排放。第一年，企业将用10万美元进行市场调研，以研究什么样的消费者会购买这款汽车以及他们的满意度。

营销战略计划的第三部分将描述预计的长期销售目标、利润目标和营销组合策略。

这家汽车企业计划最终获得整个轿车市场3%的市场份额，并实现15%的税后投资回报率。为了达到这个目标，企业一开始就要生产高质量的产品，并不断改进。如果竞争态势和经济形势允许，价格可以在第二年和第三年提高。广告预算总额将以每年10%的速度递增，第一年以后，每年的市场调研费用将削减为6万美元。

8.2.5　商业分析

一旦企业管理层确定产品概念和市场营销战略之后，就可以评价这个提议的商业吸引力。**商业分析**（business analysis）是指对某个新产品的销量、成本和利润进行预测，以便确定能否满足企业的目标。如果符合目标，那么，新产品概念就可以进入产品研发阶段。

为了估算新产品的预期销售量，企业需要调查同类产品的历史销售数据和市场对新产品的看法。然后，企业必须估算出最大和最小的销量额，以确定风险范围。完成销量预测后，企业就可以测算出产品的预期成本和利润，包括营销、研发、运营、会计和财务成本。最后，企业就可以运用销售和成本数据来分析新产品的财务吸引力。

8.2.6　产品研发

到目前为止，产品概念可能只是一段语言描述、一张图或是一个粗糙的模型。新产品概念在通过了商业测试后就将进入**产品研发**（product development）阶段。在这个阶段，研发部门和工程部门要将产品概念转化为实体产品。然而，产品研发阶段需要大量的投资。这一阶段将决定新产品构想能否转化为可行的产品。

研发部门将开发并测试新产品概念的一种或几种实体形式。研发部门希望能在预算成本内设计出一个能快速投产并且令顾客满意和惊喜的样品。开发一个成功的样品可能要花费数日、数周、数月甚至数年的时间，这取决于产品本身和制造样品的方法。

通常情况下，新产品要经过严格的测试以确保其能够安全而有效地实现功能，同时，消费者可以在新产品中发现价值。企业可以自己进行产品测试，也可以将测试外包给其他专业企业。

营销人员通常会让消费者参与到产品研发和测试中。例如，耐用工作服和外套制造商Carhartt已经招募了一大批创新者：“努力工作的男士和女士们来帮助我们创造下一代产品。”这些志愿者与Carhartt的设计师实时交谈，发表了对新产品概念和现场测试产品的评价和看法。[13]

新产品不仅要有符合要求的功能特性，同时还要传递出产品所要表达的心理特征。例如，全电动汽车要以制造精良、乘坐舒适、驾驶安全等性能打动顾客。那么，管理层必须了解什么因素会使消费者认为汽车是制造精良的。对于某些消费者来说，这意味着汽车在关上车门时能发出"厚重的响声"；而对于另外一些消费者来说，这意味着汽车能在撞击测试中经受住强烈的碰撞。有时也要进行消费者测试，通过试驾来评价汽车的性能。

8.2.7　市场测试

如果新产品通过了概念测试和产品测试，下一个阶段就要进行**市场测试**（test marketing）。在市场测试阶段，企业在更加真实的市场环境中对产品及其营销方案进行测试。市场测试为营销人员在耗费巨资大举进入市场之前提供了宝贵的市场经验。在市场测试中，企业可以检验产品和整个营销计划，即目标定位策略、广告策略、分销策略、定价策略、品牌策略、包装策略以及预算水平。

每种新产品需要的市场测试量是不同的。当推出一种需要大量投资、风险很高或是管理层对产品或营销计划没有十足把握的新产品时，企业应该做大量的市场测试。例如，塔可钟在推出该企业历史上最成功的产品多力多滋炸玉米饼之前花了 3 年时间，制作了 45 个产品原型。星巴克用了 20 年的时间开发 VIA 速溶咖啡，这是它有史以来最具冒险性的产品之一，在芝加哥和西雅图的门店进行了几个月的测试之后才向全国推出。这些市场测试得到了回报，现在，星巴克的 VIA 产品线每年都会有超过 3 亿美元的销售额。[14]

然而，市场测试的费用可能会很高，而耗时过长也容易流失市场机会，使竞争对手占据优势。当开发和推出新产品的成本较低，或者管理层对新产品充满信心时，企业可能只需做少量的市场测试或根本不用做测试。例如，对于简单的产品线延伸或者模仿竞争对手成功产品的仿制品，企业一般不进行市场测试。

面对快速变化的市场，企业也可能缩短或跳过测试过程。例如，为了充分利用数字化和移动化趋势，星巴克很快推出了一款不太完美的移动支付应用程序，然后在推出后的 6 个月内找出了产品缺陷。如今，每周有 600 万笔交易都是通过星巴克的应用程序产生的。星巴克首席数字官说："我们认为事物不够完美并不是好事情，但我们愿意创新并且迅速地将它变得完美无缺。"[15]

除了成本高昂的标准市场测试，企业还可以采用控制市场测试或模拟市场测试。在控制市场测试中，例如 SymphonyIRI 企业的 BehaviorScan，企业在可控的商场和购买者之中测试新产品和策略。[16] 把测试消费者的购买行为与其人口统计特征和收看电视的情况结合起来，BehaviorScan 可以提供每个商店每周内测试产品的销售报告，以及企业在消费者家中和商店中的营销投入的影响。模拟产品测试可以衡量在实验商场里或是模拟的网上购物环境中消费者对新产品和营销策略的反应情况。控制市场测试和模拟市场测试都可以减少市场测试的费用并且加快测试进程。

8.2.8 商品化

市场测试为管理层提供了足够的信息，以便最终决定是否推出新产品。如果企业决定将该产品**商品化**（commercialization），即将新产品引入市场，企业将面临巨大的成本。比如，企业需要购买或者租赁制造设备。如果是新的消费品，企业在第一年可能还要花费数百万美元的广告、促销和其他营销费用。比如，为了推广 Surface 平板电脑，微软在广告上花费了近 4 亿美元，包括电视、报纸、广播、户外、网络、事件、公共关系和免费样品等多个渠道。同样，汰渍也花费了 1.5 亿美元在竞争激烈的美国洗衣粉市场上推广其汰渍 Pods。[17]

企业推出新产品时，首先要确定时机。如果推出的新产品会蚕食该企业其他产品的市场份额，推出计划就可能需要延迟一段时间；如果产品可以进一步进行改进或者当前的经济环境不景气，企业就可能要多等一年再推出该产品。但是，如果竞争者也正在准备推出相关产品，该企业就可能会加快推出新产品的步伐。

接下来，企业必须决定在什么地方推出新产品——一座城市、一个地区、全国市场或是国际市场。有些企业可能会快速向全国市场推出新产品。拥有国际分销体系的企业也可以在全球范围内快速推出新产品。例如，苹果在其有史以来最迅速的全球推广活动中推出了 iPhone 6 和 iPhone 6 Plus，在距离首发不到 3 个月的时间内，就已经在 115 个国家上市。[18]

作者评点

最重要的是，新产品开发必须聚焦于为顾客创造价值。三星的一位高管表示："我们从市场中获得构想，市场是驱动力。"

8.3 管理新产品开发

如图 8-1 所示的新产品开发流程强调了寻找新产品创意、开发和推出新产品所需的重要活动。但是，新产品开发不仅仅是这一系列的步骤，还需要企业采用系统的方法来管理这个过程。成功的新产品开发需要以顾客为导向、以团队为基础，并进行系统的努力。

8.3.1 以顾客为中心的新产品开发

首先，新产品开发必须以顾客为导向。当寻找新产品创意和开发新产品时，企业往往过多地依赖研发实验室的技术研究。就像其他的营销活动一样，成功的新产品开发始于对顾客需求和价值的深入了解。**以顾客为中心的新产品开发**（customer-centered new product development）专注于用新方法解决顾客问题并创造更满意的顾客体验。

一项研究发现，最成功的新产品是那些差异化、能够解决重要的顾客问题，并且提供有说服力的顾客价值主张的产品。另一项研究表明，相对于一般企业，让顾客直接参与新产品创新过程的企业的资产回报率高出一倍，营业收入增长率高出两倍。因此，消费者参与对新产品开发和产品的成功具有积极影响。[19]

TurboTax、QuickBooks 和 Quicken 等财务软件的制造商 Intuit 强烈支持以顾客为中心的新产品开发。[20]

Intuit 遵循"Design for Delight（D4D）"的发展理念，即产品应该通过提供超出预期的体验来满足顾客的需求。"Design for Delight"始于顾客，企业要比顾客更了解他们自己。因此，Intuit 进行了 10 000 小时的"跟我回家"活动。在这个活动中，设计人员会观察顾客在家里和在工作中是如何使用其产品的。

他们希望了解即使是顾客自己也可能没意识到的问题和需求。根据对顾客的观察，下一个 D4D 步骤是"拓宽、缩小"，即开发许多以顾客为导向的产品创意，然后将它们缩减到一个或几个能解决顾客问题的产品创意。D4D 的最后一个步骤就是将优秀的产品创意转化为能真正地愉悦顾客的产品和服务，并在提供服务的过程中持续收集顾客的反馈。

Intuit 企业不遗余力地将"Design for Delight"的设计理念融入其文化中。企业负责设计创新的副总裁说："你必须去感受它。它不是在你的脑子里而是在你的心里、在你的直觉里，而我们想把它融入我们的产品中。"正是由于以顾客为中心的新产品开发，Intuit 的年收入已增长到 45 亿美元，在过去 5 年里增长了 45%。

所以，如今富有创新性的企业不再局限于研发实验室，而是与顾客保持联系以找到新的方式来满足顾客的需要。以顾客为中心的新产品开发自始至终都紧紧围绕了解顾客并让他们参与到产品开发的流程中而展开。

8.3.2 基于团队的新产品开发

好的新产品开发还需要整个企业和跨职能部门的努力。有些企业按照图 8-1 所示的步骤有序地组织从构思产生到商品化的新产品开发。在这种**次序化产品开发**（sequential product development）的过程中，一个部门单独完成自己的工作，然后转入下一个部门。这种有序的、逐步完成的开发流程有助于控制风险较大的复杂项目，但是缓慢的速度也会带来风险。在竞争激烈、迅速变化的市场中，这种缓慢而稳健的产品开发可能会导致产品失败、销售和利润降低或者市场份额丧失。

为了更早地推出新产品，许多企业开始采用一种更快的**基于团队的新产品开发**（team-based new product development）方法。在这种方法下，相关部门的人员一起工作，产品开发交替进行，以节省工作时间并提高效率。产品不像以往从一个部门传到下一个部门，而是从各个部门抽调人员组成团队，从产品开发到结束都一起工作。这些团队成员通常来自营销、财务、设计、制造和法律等部门，甚至来自供应商或顾客企业。在次序化产品开发过程中，瓶颈阶段可能会严重滞缓整个项目。而在基于团队的产品开发过程中，如果某个环节受阻，整个团队也能继续运转并同时解决这些问题。

基于团队的新产品开发方法也存在一些局限性。例如，与次序化产品开发方法相比，这种方法通常会加剧组织内的紧张和混乱。然而，在瞬息万变的行业中，面对日益缩短的产品生命周期，快速灵活的新产品开发方法所带来的好处远远超过了风险。将以顾客为中心的新产品开发方法和基于团队的新产品开发方法相结合的企业还可以通过把合适的新产品快速引入市场而获得很大的竞争优势。

8.3.3 系统的新产品开发

最后，新产品开发的流程应该具有整体性和系统性，而不是分散和杂乱无章的，否则将很难有新构想产生，而且很多好的构想会被搁置甚至枯竭。为了避免出现这些问题，企业需要建立一个创新管理系统来收集、审查、评估和管理新产品构想。

企业可以任命一位德高望重的资深人士为创新经理，还可以建立基于网络的构想管理软件，鼓励企业所有的利益相关方（员工、供应商、分销商、零售商）都参与到寻找新产品构想和开发新产品的过程中。企业也可以组建跨职能的创新管理委员会，评估收集到的新产品构想，并协助将好的构想投入市场。企业还可以建立奖励计划激励那些贡献优秀构想的人。

建立创新管理系统有两方面的好处。一方面，该系统有助于构建创新型的企业文化。它表明企业的高层管理人员支持、鼓励和奖励创新。另一方面，该系统可以产生大量的新产品构想，并从中找出优秀的构想。生成好的新产品构想的方法越系统，越有助于产生成功的新产品。好的构想不会再因为缺乏一个传声筒或高级别的产品倡导者而被搁浅。

因此，新产品的成功需要的不只是想出一些好的构想，将其变成产品，并把这些产品销售出去。它还需要一套能够创造有价值的顾客体验的系统方法，从产生新产品构想、筛选新产品构想到为顾客制造出令其满意的产品。

不仅如此，成功的新产品开发还需要整个企业的努力。一些新产品开发能力突出的企业（如Google、三星、苹果、3M、宝洁和通用电气），整体的企业文化都鼓励、支持和奖励创新。我们来看看三星的例子。[21]

几年前，如果你买不起索尼这个最令人垂涎的全球消费电子品牌，三星就是可供你选择的仿冒电子消费品牌。然而，在20世纪90年代中期，三星做出了一个令人振奋的决定，即放弃廉价的仿冒品，并着手赶超竞争对手索尼。然而，要超越这家电子消费巨头，三星首先必须改变其从模仿到领先的企业文化。为了超越索尼，三星首先要在创新上超过索尼。

为了实现这一目标，三星聘请了一批年轻的设计师和管理人员，他们推出了大量面向高端用户的时尚、大胆、美观的新产品。三星把它们称为"艺术生活方式"。每一款新产品都必须通过"Wow！"测试：如果在市场测试中没有得到赞叹的反馈，这款产品会直接返回到研发阶段。除了创新的技术和时尚的设计外，三星还将顾客置于创新运动的核心。其主要目标是改善顾客体验，并为人们的生活带来真正的改变。

今天，得益于企业的创新文化，三星品牌拥有与苹果相当，甚至超过苹果的高端光环，长期以来被认为是一切酷炫的事物管理者。三星目前是世界上最大的电子消费企业，销售额是索尼的2.5倍，甚至比苹果还要高出25%。

8.4 产品生命周期战略

作者评点

就像其他生物一样，企业的产品也要经历出生、成长、成熟和衰退阶段。为了保持活力，企业必须持续开发新产品并在产品的整个生命周期中进行有效管理。

新产品投放市场后，管理层总是希望它们能拥有一个持久且顺利的生命周期。尽管企业不指望新产品能长盛不衰，但还是希望能够弥补为推出新产品所付出的努力和承受的风险，并获得一定的利润。管理层也认识到，任何产品都有一个生命周期，尽管无法事先知道产品生命周期的准确形状和长度。

图8-2是一个典型的**产品生命周期**（product life cycle，PLC）曲线，包括在整个生命周期内产品的销量和利润情况。典型的产品生命周期可以划分成5个不同的阶段。

（1）产品开发阶段始于企业寻找和生成新产品构想。在产品开发阶段，销量为零，企业需要投入大量资金。

（2）导入阶段是随着产品在市场上的推出，销售缓慢增长的时期。由于产品导入市场需要耗费巨额成本，致使利润几乎不存在。

（3）成长阶段是产品被市场迅速接受，利润大幅度增加的时期。

（4）成熟阶段是由于产品已经被大部分潜在顾客接受而造成销售增长放缓的时期。在这个阶段，由于用于对抗竞争的营销费用不断增加，利润趋于稳定，甚至会下降。

（5）衰退阶段是销量和利润下降的时期。

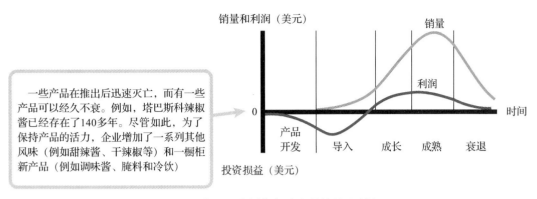

图 8-2　产品生命周期各阶段的销量和利润

并不是所有的产品都遵循这样的生命周期。有些产品导入速度快，衰退速度也快；有些产品在成熟期要停留很久；还有些产品进入衰退阶段后，凭借强有力的促销活动或重新定位又回到了成长阶段。如果经营得好，一个品牌可以长久地存在。比如，可口可乐、吉列、百威、吉尼斯、美国运通、富国银行、龟甲万和塔巴斯科调味汁，百余年后仍然保持强势的增长势头。吉尼斯啤酒已经存在了 250 年，Life Savers Mints 还举办了"保持口气清新 100 年"的庆祝活动，塔巴斯科调味汁宣称："已有 140 年历史仍然可以轻易俘获你！"

产品生命周期的概念可以用来描述一个产品类别（燃油汽车）、一种产品形式（越野车）或者一个品牌（福特 Escape 汽车）。在不同情况下，产品生命周期这个概念的应用方法不同。产品类别的生命周期最长，许多产品类别的销量能在成熟阶段停留很长一段时间。相比之下，产品形式更能准确地体现标准的产品生命周期曲线，例如，拨号电话、盒式录音机和胶片相机就经历了导入、快速成长、成熟和衰退等典型阶段。

一个具体品牌的生命周期会随着不断变化的竞争态势而迅速变化。例如，尽管洗衣皂（产品类别）和洗衣粉（产品形式）的产品生命周期很长，但具体品牌的生命周期就可能比较短。现在，美国洗衣粉的领先品牌是汰渍和格尼，而 100 年前的领先品牌是 Fels-Naptha、Octagon 和 Kirkman。

产品生命周期的概念也可以应用于风格、时尚和热潮。如图 8-3 所示，**风格**（style）是一种基本的、独特的表达形式。例如，住宅的风格（殖民地式、大农场式、过渡式）；衣着的风格（正式、休闲）；艺术的风格（现实主义、超现实主义或抽象主义）。一种风格一旦确立，就会历经许多代，在此期间时而风行时而衰落。当人们重新对其感兴趣时，风格就会呈现出一个周而复始的周期。

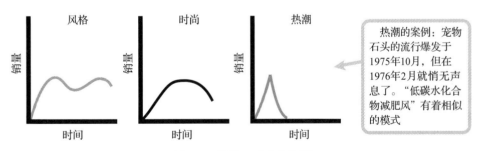

图 8-3　风格、时尚和热潮

时尚（fashion）是当前在特定领域风靡一时的风格。例如，20 世纪八九十年代商界流行的商务正装已经被今天的商务休闲装所取代。时尚通常增长缓慢，然后风靡一时，最后慢慢地衰退。

热潮（fad）是一种快速进入公众视野的潮流，被人们狂热地追求，迅速达到高潮然后又很快消退。[22] 热潮可能是一个常规的生命周期的一部分，正如 Poker 芯片和配件销量最近激增的情况。热潮也可能是一个品牌或产品的整个生命周期。宠物石头（Pet Rocks）就是一个很好的例子。广告文案撰写人加里·达尔在听到朋友抱怨养狗是多么昂贵时，就拿自己的宠物石头开玩笑，并马上为它写了一篇关于驯狗手册的讽刺文章，标题为《照顾和训练你的宠物石头》。很快，这种普通的海滩鹅卵石就以每块 4 美元的价格销售了 150 万块。这个热潮爆发于 1975 年 10 月，但在 1976 年的 2 月就悄无声息了。达尔给那些想要借助热潮成功的人的建议是："趁它还流行的时候利用它。"其他热潮的例子包括 Silly Bandz、Furbies 以及 Pogs 等。[23]

营销人员可以将产品生命周期的概念作为一个有用的框架来分析产品和市场。如果谨慎使用产品生命周期的概念，它能帮助我们为不同的产品生命周期阶段制定好的营销策略。但是，使用产品生命周期的概念预测产品前景或者制定营销策略有时也会面临一些实际问题。例如，在实践中，预测每个产品生命周期阶段的销量、时间长短和产品生命周期曲线的形状是很困难的。使用产品生命周期的概念制定营销策略同样也是困难重重，因为营销策略既会影响产品生命周期，同时也受产品生命周期的影响。产品当前所处的产品生命周期阶段决定了最佳的营销策略，而这个营销策略反过来又会影响产品在之后各阶段的市场表现。

此外，营销人员不应该盲目地推动产品通过传统的产品生命周期阶段。相反，营销人员通常可以打破产品生命周期的"规律"，以意想不到的方式干预他们的产品所处的阶段。通过这种做法，他们可以拯救成熟或衰退的产品，使它们回到生命周期的成长阶段。或者，他们可以清除消费者接受新产品的障碍并将新产品快速推进到成长阶段。

产品生命周期的寓意是企业必须不断创新，否则就会有灭亡的危险。无论其现有的产品有多成功，为了未来的成功，企业必须善于管理现有产品的生命周期，必须不断开发出可以为顾客带来更多价值的新产品。玩具制造商美泰企业正在艰难地吸取这一教训，其一直以来以芭比、Hot Wheels、Fisher-Price 和美国女孩等经典品牌统领全球玩具业。然而，近年来，随着其核心品牌的成熟，美泰的销量在更灵活、更具创新性的竞争对手面前停滞不前（见营销实践 8-2）。

| 营销实践 8-2 |

管理美泰的产品生命周期：不仅仅是乐趣和游戏

多年以来，美泰通过其经典的芭比、Hot Wheels、Fisher-Price、美国女孩和其他品牌一直统治着玩具行业。50 多年来，美泰的玩具一直是全美儿童的最爱。

然而，随着其核心品牌的成熟，美泰的销量最近开始下降。在过去的 2 年里，有 50 多年历史、备受尊敬的芭比娃娃的销量出现了两位数的下降。Fisher-Price 和美国女孩的销售也停滞不前，这说明如今的玩具买家不再像过去几代人那样倾心于有故事的品牌。并且，美泰的 Hot Wheels 品牌现在似乎对怀旧的父亲而非年轻的儿子更有吸引力。

美泰可以将其销量低迷归咎于更广泛的玩具行业趋势——出生率下降、成本上升、经济形势不佳以及数字技术的繁荣使许多传统玩具显得过时。近年来，全球玩具行业停滞不前，美泰和孩之宝等市场领军企业受到的冲击是最大的。但这些都没有减缓美泰最强大的竞争对手——乐高集团前进的步伐。在过去的 10 年里，尽管玩具行业萎靡不振，乐高的收入却翻了两番，仅 2014 年一年就增长了 25%。乐高现在已经超越了美泰和孩之宝，成为全球最大的玩具制造商。

乐高的成功表明，美泰的问题不仅仅是行业的起伏造成的，还由于该企业可能存在产品生命周期方面的问题——它拥有不少优秀的旧产品，但鲜有好的新产品。处于面临一系列热门新玩具的行业，美泰在产品开发方面较为落后，未能适应迅速变化的玩具潮流和口味。

以芭比这个美泰最大和最古老的品牌为例。芭比娃娃诞生于 1959 年，很快就成为世界各地的小女孩的必备品。到 20 世纪 70 年代末，90% 的 5～10 岁的美国女孩至少拥有一个芭比娃娃。50 多年来，芭比一直是美泰的头号摇钱树，占其总收入的 30%。但在过去的几年里，芭比娃娃的人气急剧下降。尽管芭比娃娃仍然是世界上最大的玩具品牌之一，但它目前每年 10 亿美元的收入仅是其巅峰时期的一半。2014 年，芭比娃娃的销量下降了 16%，一名分析师甚至表示："美泰可能是时候推出退休芭比了。"

退休芭比在短期内不会推出，但和许多其他美泰品牌一样，芭比也在日益变老。尽管设计师们孜孜不倦地研究新的芭比模型，例如，企业家芭比是第一个拥有自己的智能手机和领英主页的芭比，但是相比于迪士尼的《冰雪奇缘》系列玩具和游戏套装等时尚玩具，芭比娃娃在逐渐失去吸引力。

美泰在重新包装芭比上的一些营销尝试也存在失误。例如，芭比娃娃"Unapologetic"活动的口号是"如果你有梦想的话，你就可以成为它"，试图对女权进行支持。尽管其目标用户是3~12岁的女孩，并且芭比娃娃不切实际的身材和她设定的审美标准几十年来饱受批评，美泰依然在《体育画报》50周年纪念版的1000期封面上刊登了泳装版的芭比娃娃。这一举动引起了全国很多母亲的不满。

多年来，随着芭比娃娃走向成熟阶段，美泰试图用新的、更年轻的系列娃娃来更新自己的产品组合。20世纪90年代末，该企业收购了广受欢迎的高端产品线"美国女孩"。最近，它又创造了一个热销的产品线——"怪物高中"，主要经营由德库莱拉、古怪小魔女和小魔女艾比等角色组成的玩偶和配饰。然而，就像芭比娃娃一样，"美国女孩"和"怪物高中"都在逐渐进入成熟阶段，销量也在下降。批评人士指责美泰缺乏有创意的设计，过于保守的创新思维以及无法保持品牌的新鲜感和与时俱进的能力。

随着大多数核心品牌进入成熟或衰退的生命周期阶段，美泰正在进行一场艰苦的战斗。美泰在重振成熟品牌方面已经取得了一定的成功，例如，它将玩具车的市场领导者Hot Wheels带入了市场的热门领域。随着遥控直升机和无人机的普及，近年来，Hot Wheels推出了飞行遥控汽车"街头鹰"（Street Hawk）。在第一个假日季节，"街头鹰"成为最受欢迎的商品之一。但是这样的热门商品还是太少了。即使拥有狂热的产品爱好者的支持，Hot Wheels品牌也难以应对富有创新灵感的竞争对手及其新时代产品的冲击。

随着其核心品牌的老化，美泰通过特许经营热门电影、电视节目和漫画书中的热门角色为其产品线注入新的活力。具体来说，美泰通过特许经营迪士尼公主和冰雪奇缘玩偶、玩具小赚了一笔。该企业最近还推出了《星球大战》系列的Hot Wheels汽车，并与华纳兄弟娱乐企业在即将推出的10部基于DC漫画人物的电影上展开了合作。尽管这些特许经营的产品可以带来利润，但却不能弥补美泰重振现有品牌和开发新品牌不力所带来的损失。例如，其竞争对手孩之宝最近夺走了迪士尼人物的使用权，给美泰造成了巨大的收入损失。

因此，为了在当今瞬息万变的玩具市场中重振雄风，美泰必须制定出一个更快、更灵活、更加以顾客为中心的新产品开发流程，并对产品生命周期的不同阶段加以管理，以实现盈利。除了重振其经典品牌之外，美泰还必须源源不断地创造出令人兴奋的新产品，以引领不断变化的消费者趋势和品位。对美泰来说，管理产品生命周期不仅仅是一种乐趣和游戏，它关乎美泰的成长、繁荣，甚至是长期生存。

资料来源：Jens Hansegard, "Oh, Snap! Lego Pushes Ahead of Mattel in Sales," *Wall Street Journal*, September 5, 2014, p. B5; Paul Ziobro, "Floundering Mattel Tries to Make Things Fun Again," *Wall Street Journal*, December 23, 2014, p. A1; Alexandra Petri, "The End of (Doll) History," *Washington Post*, May 4, 2013, P. A13; Shan Li, "Mattel's CEO Resigns as Toy Maker Struggles," *Los Angeles Times*, January 27, 2015, p. A1; John Kell, "Mattel's Barbie Sales Down for Third Consecutive Year," *Fortune*, January 30, 2015, http://fortune.com/2015/01/30/mattels-barbie-sales-drop-third-year/; "Shake-Up at Mattel as Barbie Loses Her Appeal," *New York Times*, January 27, 2015, p. B1; Laura Stampler, "Bye, Bye Barbie: 2015 Is the Year We Abandon Unrealistic Beauty Ideals," *Time*, January 30, 2015, http://time.com/3667580/mattel-barbie-earnings-plus-size-body-image/; and www.barbie.com and http://corporate.mattel.com, accessed October 2015.

我们在本章的第一部分已经讨论了产品生命周期的开发阶段，现在来看看其他各阶段的营销策略。

8.4.1 导入阶段

当新产品首次投入市场时，产品就进入了**导入阶段**（introduction stage）。导入期的持续时间很长，销售增长较为缓慢。一些享有盛名的产品，例如冷冻食品和高清电视，其销量在低水平徘徊了很多年后才进入了高速增长的阶段。

与产品生命周期的其他阶段相比，在导入阶段，由于产品的销量很少，分销和促销的成本又很高，企业常常要亏本经营或利润很低。企业需要投入大量资金来吸引经销商，并建立库存。为了告知和吸引消费者试用新产品，促销的花费通常也比较高。在导入阶段，由于市场一般还没有为精细化的产品做好准备，因此企业和数量很少的竞争对手只生产基础版的产品，并且瞄准那些最迫切的购买者。

一家企业，尤其是市场先驱者，必须根据其设定的产品定位选择相符的导入策略。企业必须意识到，导入策略只是产品生命周期总体营销计划中需谨慎选择的第一步。如果市场先驱者选择的导入策略是"狠赚一笔"，那么，这种短期逐利行为将严重损害企业的长期盈利能力。因此，如果企业在一开始就出对了牌，那么它就有可能抓住最佳时机并保持市场领导地位。

8.4.2 成长阶段

如果新产品满足了市场的需求，它就会进入**成长阶段**（growth stage）。在该阶段，销量快速攀升。早期使用者会继续购买该产品，而其他消费者也会跟着购买，尤其是当他们听到新产品的良好口碑后。由于利润的吸引，新的竞争者会涌入市场。竞争者引入新的产品特色，导致市场进一步扩大。随着市场竞争者的不断增加，分销网点的数量也将增加。在销量增加的同时，中间商的存货也将增大。产品价格保持不变或略有下降，同时，促销费用保持在原有水平或有所提高。培育市场依然是企业的目标之一，但同时，企业也要面对竞争者的挑战。

在成长期，随着促销费用被高的销售量所分摊并且单位产品制造成本下降，利润逐渐增加。企业也会制定各种各样的策略，尽可能长时间地维持市场的快速增长。企业可以改善产品质量，增加新产品的特色和式样；进入新的细分市场和新的分销渠道；将一些广告从建立产品认知转向建立产品信任，并促进顾客购买；在适当的时候降低产品价格，以吸引更多的购买者。

在成长期，企业面临高市场份额或高利润的选择问题。如果投入巨资改进产品、开展促销活动和提高分销能力，企业就可以占据市场主导地位。但是，这样做可能无法实现最大化的利润，只能期待在下一阶段得到补偿。

8.4.3 成熟阶段

产品销量增长到某一水平后将放慢步伐，这时候产品就进入了**成熟阶段**（maturity stage）。成熟期的持续时间通常比以前两个阶段都长，并给营销管理带来严峻的挑战。大多数产品都处在生命周期的成熟阶段，因此，大部分营销管理的对象也正是这些成熟期的产品。

销售增长的减缓导致厂商的产能过剩，而产能过剩又导致市场竞争加剧。竞争者开始降低产品价格、增加广告和促销活动的投入、提高研发预算以试图进一步改进产品。这些行动都会导致企业的利润下降。一些较弱的竞争者开始被淘汰出局，最后，市场上只剩下一些地位稳固的竞争者。

尽管很多产品在成熟阶段会在较长时间内保持不变，但事实上，许多成功的新产品都在通过演化来满足不断变化的消费者需求。产品经理不应该无视市场的变化，只求保住成熟产品的现有地位，而应意识到"进攻才是最好的防守"。所以，产品经理应该考虑对市场、产品和营销组合进行一些调整。

在调整时，企业应设法开发新用户和新细分市场以增加现有产品的销量。例如，哈雷戴维森、Axe 香水这些通常只针对男性顾客的企业，现在正在引入针对女性购买者的产品和营销方案。而通常只针对女性购买者的 Weight Watchers 和 Bath & Body Works 等企业已经开发出针对男性购买者的产品和方案。

企业也可以试图增加现有顾客的使用频率。例如，3M 企业最近针对 Post-it 品牌发起了一场营销活动，其目的是激励消费者使用更多的 Post-it 产品。[24]

Post-it 品牌的"Go Ahead"营销活动向消费者展示了全世界各地的用户如何创造性地使用便利贴，并希望通过这个活动使消费者相信便利贴不仅仅可以用于做笔记和提醒，也可以成为一种自我表达的方式。过去，3M 仅仅侧重于宣传便利贴的实用功能，但调查显示，消费者与这个品牌有着惊人的情感联系。"他们通过便利贴进行交流、合作和组织自己的事情。"3M 的一位营销主管表示。"Go Ahead"活动的灵感正是来源于消费者对便利贴"古怪但有创意的使用方式"。

在其第一则广告中，人们在一所大学的墙上贴满了回答"什么激励着你"这个问题的便利贴。广告解释说："我们要在一面真正的墙上分享答案。"在其他场景中，一个年轻人在墙上用各种颜色的 Post-it 便利贴拼出一幅马赛克艺术品；一位教师用 Post-it 便利贴来活跃课堂气氛；一位丈夫在妻子刷牙时在化妆镜上贴上了写着"美女，早安"的便利贴。"Go Ahead，"广告配音说，"让蜜月期持续下去。"在这些广告的最后，会有一只手将这些便利贴揭下来，展示出描述这些便利贴全新用途的文字："Go Ahead，连接""Go Ahead，激励"和"Go Ahead，探索"。

企业也可以尝试改变产品，比如，通过改变产品质量、特征、风格、包装以及技术来维持现有使用者并吸引新的购买者。因此，为了吸引对科技着迷的孩子们，很多传统的玩具和游戏企业开始研发数字版本的产品或者在原有产品的基础上加入新技术。例如，著名品牌 Crayola 为了满足新一代对技术的偏好已经将其产品线升级。使用 Crayola 的"我的虚拟时装秀"绘图工具包和应用程序，孩子们首先用其中的彩色铅笔和素描本设计时装；然后，他们用智能手机或平板电脑拍下这些设计的照片，并在应用程序内观看 3D 模特神奇地穿着他们的原创设计走在米兰、纽约和巴黎的虚拟 T 台上。[25]

最后，企业还可以改进营销组合，即通过改变营销组合中的一个或者几个要素来增加销量。企业可以为顾客提供全新的或改善的服务。它可以降价，以吸引新用户和竞争者的顾客；可以掀起更猛烈的广告攻势或开展更激进的促销活动，如贸易折扣、小额优惠、赠品和竞赛等。除了价格和促销策略外，企业也可以通过拓展新的营销渠道为新用户服务。

百事企业使用了所有这些市场、产品和营销组合的调整方法，以重振其已有 137 年历史的品牌——桂格，并使其免于陷入衰退阶段。为了重振这个品牌，桂格推出了一个大约 1 亿美元预算的全新的"Quaker Up"营销活动。[26]

"Quaker Up"活动针对 35 岁以下年轻母亲的新市场，将桂格的冷热麦片、小吃、饼干和其他产品定位为健康生活方式的选择，旨在帮助年轻的家庭获得全天所需的能量。该活动向家庭成员们建议"Quaker Up——为那些重要的时刻提供充足的能量"。为了实现重新选择目标市场和定位，桂格将品牌从产品、包装、店内展示到广告平台的每一个元素都进行了现代化改进。首先，它让标志性的"桂格人"瘦了 20 磅，让他焕然一新，看起来更健康、更强壮、更现代化。该品牌还增加了新的能量产品，比如"桂格 Medleys"——一种用燕麦、谷物、水果和坚果混合而成的健康食品，"桂格软烤面包"——富含纤维、蛋白质和维生素 B，以及"桂格蛋白"——富含蛋白质的速食燕麦片和烘焙能量棒。为了迎合当今年轻的父母更移动化、联系更加紧密的生活方式，"Quaker Up"活动还融合了适量的数字媒体营销，包括条幅广告、YouTube 视频、Facebook 应用程序、Quaker Up 社区网站以及其他数字内容。总而言之，尽管已经存在了很多年，但这个重获活力的桂格品牌现在吸引着更加年轻的消费者。桂格的首席营销官说："人们了解这个品牌，喜欢这个品牌，但我们依然需要与当代的年轻母亲建立更加紧密的联系。"

管理产品生命周期：由于"Quaker Up"活动，已有 137 年历史的桂格如今作为一个生活方式品牌获得了更加现代化的魅力，可以帮助年轻家庭获得全天所需的能量。

Provided courtesy of The Quaker Oat Company.

8.4.4　衰退阶段

大多数产品形式或品牌的销售最终都会走向衰退。衰退的过程可能是缓慢的，像邮票和麦片的例子；也可能是快速的，如盒式录像带。产品销量可能锐减为零，也可能在一个低水平持续很多年。这就是**衰退阶段**（decline stage）。

销量下降的原因很多，包括技术进步、消费者偏好的改变和竞争加剧等。随着销量和利润的下降，有些企业退出了市场；幸存下来的企业可能会削减其所提供的产品种类，也可能放弃较小的细分市场和分销渠道，或是削减促销预算和进一步降低产品价格。

经营一种疲软的产品对企业来说代价很高，这种代价不仅仅体现在利润方面，还包括许多隐藏的成本。衰退的产品可能会占据管理人员大量的时间，它总是需要频繁地调整价格和存货。并且，它也耗费着大量的广告投入和销售人员的精力，而如果把这些资源放在"健康"的产品上，可能对企业更加有利。另外，一种产品的失败会让消费者对该企业以及它所生产的其他产品产生不安。将来也可能会出现更大的问题，经营疲软的产品会阻碍企业开发替代产品，造成产品组合不平衡，损害企业当前的利润，也削弱企业未来的立足能力。

基于这些原因，企业需要识别处于衰退期的产品，并对每一种衰退的产品做出维持、收获或是放弃的决策。管理层可能决定维持它的品牌，即重新定位或重新塑造品牌，使其重新回到产品生命周期的成长阶段。宝洁对其几个品牌采取了这种做法，其中包括 Mr.Clean 和 Old Spice。在过去的十年中，宝洁对这两个老品牌重新进行了目标市场选择、定位、复活和延伸，使每个品牌从濒临灭绝恢复到数十亿美元品牌的地位。

管理层也可能会决定收获产品，这意味着企业会降低各种投入（工厂设备投资、维护、研发、广告、销售队伍建设），并且希望销售能保持稳定。如果成功，收获策略将在短期内增加企业的利润。最后，管理层还可能会放弃该产品。企业可以将产品卖给另一家企业或者干脆清算产品的残留价值。如果企业希望找到一个买家，它不会想要通过收获来减少产品。近年来，宝洁已经出售了一些衰退的和不再适合其战略的品牌，如 Folgers 咖啡、Crisco 油、Comet 清洁剂、Sure 除臭剂、Duncan Hines 蛋糕粉、Jif 花生酱、金霸王电池，以及 Iams 宠物食品。[27]

表 8-2 总结了产品生命周期各阶段的重要特征，同时列举了每一阶段的营销目标和营销策略。[28]

表 8-2 产品生命周期各阶段的特征、营销目标和营销策略

	导入阶段	成长阶段	成熟阶段	衰退阶段
特征				
销量	低销量	销量迅速增长	销量高峰	销量下降
成本	单位顾客成本高	单位顾客成本一般	单位顾客成本低	单位顾客成本低
利润	亏损	利润上升	利润高	利润下降
顾客	革新者	早期使用者	中间大多数	落后使用者
竞争者	极少	数量逐渐增加	数量稳定，开始下降	数量减少
营销目标				
	创造产品知名度，提高产品试用率	市场份额最大化	保护市场份额和利润最大化	削减支出和榨取品牌价值
营销策略				
产品	提供基本产品	提供产品的扩展品、服务、担保	品牌和型号多样化	淘汰衰退的品牌
价格	成本加成法	市场渗透定价	模仿或打击竞争者的价格	降价
渠道	建立选择性分销渠道	建立密集分销渠道	建立更加密集的分销渠道	有选择地淘汰无利润的分销渠道
广告	在早期使用者和经销商中建立产品的知名度	在大众市场培育知名度和兴趣	强调品牌的差异和利益	减少到保持绝对忠诚者的水平
促销	大量使用促销来吸引试用	充分利用有大量消费者需求的有利条件，适当减少促销	加强促销，鼓励品牌转换	减少到最低水平

资料来源：Based on Philip Kotler and Kevin Lane Keller, *Marketing Management*, 15th ed. (Upper Saddle River, NJ: Pearson Education, 2016), p. 358. © 2016. Printed and Electronically reproduced by permission of Pearson Education, Inc., Upper Saddle River, New Jersey.

8.5 额外的产品和服务考虑

作者评点

让我们再来看与产品相关的几个问题，包括管制和社会责任问题以及国际产品营销面临的特殊挑战。

最后，我们讨论另外两种关于产品和服务的考虑：产品决策中的社会责任，以及国际化产品和服务营销问题。

8.5.1 产品决策和社会责任

营销人员应当周详地考虑有关产品获取或淘汰、专利保护、产品质量和安全性以及产品担保方面的公共政策和法规。

就新产品而言，如果企业采用并购的方式来获取新产品会削弱竞争，政府可能会阻止这种做法。那些打算淘汰某些产品的企业必须意识到，它们对于淘汰产品的利益相关方——供应商、经销商和顾客等，都有书面或者潜在的法律义务。企业在开发新产品的时候也必须遵守美国的专利法，不能非法仿制其他

企业的现有产品。

生产商必须遵守政府针对产品质量和安全性制定的法律。《美国联邦食品、药品和化妆品法案》保护消费者免受不安全或低劣的食品、药品和化妆品的伤害。多项法案都对肉禽加工业的卫生条件做出了规定。相关部门还通过了安全法律规范来管制织物、化学物质、汽车、玩具、药品及毒品。1972年发布的《美国消费品安全法案》成立了消费者产品安全委员会，委员会有权禁止或查封潜在的有害食品，并对违反法律者实施严厉的惩罚。

如果消费者因产品设计缺陷而受到伤害，那么，他们有权起诉制造商或经销商。最近一项针对生产企业的调查发现，产品责任是第二大诉讼问题，仅次于劳资关系纠纷。如今，联邦法院每年有成百上千起产品责任诉讼案件。尽管制造商的过错仅占很小一部分，但其一旦被认定为过错方，赔偿金额将高达数千万甚至上亿美元，其中集体诉讼赔偿高达数十亿美元。例如，由于加速踏板问题召回了1 100万辆汽车后，丰田企业面临超过100起集体诉讼和个人诉讼，最终赔偿了16亿美元，来补偿车主因此而蒙受的财务损失。[29]

这种诉讼现象导致产品责任保险费大幅增长，也在一些行业引起了不小的问题。比如，一些企业通过提高产品价格来弥补如此高的保险费率，另一些企业则被迫终止高风险产品的生产。如今，一部分企业会任命"产品管家"，他们的工作是主动发现潜在的产品问题，从而保护消费者免受侵害，避免企业遭受损失。

8.5.2 国际产品和服务营销

国际产品和服务营销人员面临着特殊的挑战。首先，他们必须确定在不同国家推出哪些产品和服务。其次，他们必须决定在多大程度上保持产品标准化，在多大程度上对其产品和服务做出调整以适应不同的市场。

一方面，企业希望自己的产品和服务标准化。标准化有助于企业树立全球一致的形象。与提供很多种类的产品相比，标准化可以降低产品的设计、制造和营销成本。另一方面，世界各地的市场和消费者千差万别。通常，企业必须调整自己的产品以对这些差异做出响应。例如，通过调整产品使其更适合中国消费者的偏好，百事企业已成为全球第二大经济体（即中国）最大的零食和饮料企业。[30]

百事企业发现，在中国巨大的饮料和零食市场中，成功的关键在于精心调整其百事可乐、乐事、佳得乐和桂格等众多品牌以迎合中国消费者的口味。其位于上海的大型食品和饮料创新中心雇用了消费者和食品研究人员、产品开发人员，建立了实验厨房和一个试点制造工厂，所有这些都致力于精确定位以迎合中国消费者的独特口味。在新产品进入市场之前，它们会被当地的味道测试员（通常是当地的家庭主妇）广泛品尝。

虽然不太可能成为西方市场的宠儿，但百事企业的中国产品仍然包括了酸辣鱼汤味薯片、白菌燕麦片和蓝莓佳得乐等多个产品。乐事著名的中国特色薯条风味包括黄瓜味（最畅销款）、冰柠檬茶味、"麻辣火锅"味和"沙拉脆"味（一种味道像烤沙拉的混合物）。中国市场对百事企业来说是潜力巨大的市场，因为目前中国的13.5亿人口每2~4周平均只消费一小袋薯片，而在美国则为15袋。纯熟的产品适应帮助百事可乐在这个重要的市场上实现了两位数的增长。

全球产品适应：乐事著名的中国特色薯片口味包括黄瓜味（最畅销款）、冰柠檬茶味、"麻辣火锅"味和"沙拉脆"味（一种味道像烤沙拉的混合物）。

Frito-Lay, Inc.

服务营销人员在走向国际化经营时还会遇到特殊的挑战。一些服务行业有着悠久的国际化经营历史。比如，商业银行就是最早实现国际化经营的行业之一。面临想要销往国外的本国顾客在外汇兑换和信用方面的需求，银行不得不提供国际化的服务。近年来，许多银行已经实现了真正的国际化。例如，德国的德意志银行在全球70个国家的2 900家分行为2 800万顾客提供服务。对于希望在世界范围内发展业务的国际顾客，德意志银行不仅可以为其在法兰克福筹集资金，还可以在苏黎世、伦敦、巴黎、东京和莫斯科等地筹集资金。[31]

专业服务和商业服务业，比如会计、管理咨询和广告业也开始走向国际化。这些企业的国际化是随着它们所服务的制造企业的全球化经营而发展起来的。比如，随着其顾客企业开始实施全球化营销和广告战略，广告企业和其他营销服务企业就开始以自身的全球化经营作为响应。麦肯·光明广告有限公司是美国的一家规模很大的广告和营销服务企业，在120多个国家运营。它为可口可乐、通用汽车、埃克森美孚、微软、万事达、强生以及联合利华等很多跨国企业服务，涉及的国家从美国、加拿大到韩国和哈萨克斯坦。另外，它也是大型全球化的广告和营销服务网络 Interpublic 集团的一家下属企业。[32]

零售业是最晚走向全球化经营的服务业之一。在本地市场开始饱和的时候，像沃尔玛、欧迪办公和萨克斯第五大道这样的美国零售商正在加速向海外市场的扩张。比如，如今沃尔玛已经进入了美国之外的27个国家，为2.5亿顾客提供服务，其国际分公司的销售额占比已达到29%。其他国家的零售商也在采取类似的措施。如今，亚洲的顾客可以在来自法国的家乐福超市购买美国产品。家乐福是仅次于沃尔玛的世界第二大零售商，它在34个国家拥有10 000多家商店。在欧洲、巴西和阿根廷等地，家乐福都是领先零售商，在中国则是最大的外资零售商。[33]

服务企业走向全球化的发展趋势仍将继续，尤其在银行业、航空业、通信业和专业服务领域。如今，服务企业不再简单地追随它们的制造业顾客，相反，它们正在国际化扩张的浪潮中引领发展的潮流。

我的营销实验室

如果你的老师布置了这项任务，请完成 MyLab 的问题讨论部分带有星号的问题。要完成本章的数字营销问题，请查看 MyLab 中的作业。

章节回顾和批判性思维

目标回顾

企业现有产品的存活时间是有限的，一定会被新产品所替代。但是，新产品也可能会失败——创新的风险和收益一样大。成功创新的关键在于以顾客为中心、系统的、全企业的共同努力；强有力的计划；系统的新产品开发流程。

1. 解释企业如何寻找和开发新产品构想

企业可以从不同途径挖掘和发展新产品构想。许多新产品构想来自内部资料。企业进行正式的研发，发挥员工的聪明才智，在管理层会议上开展头脑风暴。其他的创意来自外部资料。企业可以跟踪竞争者的产品。分销商和供应商离市场都很近，可以传达消费者的问题和新产品成功的可能性等信息。

新产品构想最重要的资料来源可能是消费者自己。企业观察顾客，询问他们的想法和建议，甚至让消费者参与到新产品开发的过程之中。许多企业如今正在开发众包或者开放创新的新产品构想项目，邀请各类群体（消费者、员工、独立科学家和研究员，甚至路人）参与到新产品创新的过程中。真正的创新型企业并不仅仅依靠某一类资料来源来寻找和开发新产品构想。

2. 列举并定义新产品开发流程的步骤以及在管理该流程时的主要考虑

新产品开发流程包括8个阶段。新产品开发过程起始于构思产生阶段。第2个阶段是构想筛选，就是以企业的标准为基础来减少构想的数量。通过筛选的构想就进入了概念发展和测试阶段，即用消费者能理解的术语描述出更具体的新产品构想，概念测试是指用一组目标顾客测试新产品概念，判断新产品概念对消费者是否具有强烈的吸引力。富有吸引力的新产品概念将进入营销战略制定阶段，即为从新产品概念开发出的新产品制定初始的营销策略。在商业分析阶段，企业审查新产品的销量、成本和预计利润，判定新产品是否符合企业的目标。如果商业分析的结果是乐观的，创意通过产品研发和市场测试就变得更加具体可行。最后，新产品通过商业化而投入市场。

新产品开发不仅仅是一系列按部就班的步骤，企业还必须采用系统的方法来管理这个过程。成功的新产品开发需要以顾客为中心、以团队为基础的系统化的努力。

3. 描述产品生命周期的各阶段以及相应的营销策略

每个产品都有一个生命周期，包括一系列不断变化的问题和机遇。典型的产品销售曲线呈现 S 形，由 5 个阶段组成。产品生命周期开始于产品开发阶段，在此阶段，企业寻找并开发新产品构想。导入阶段以缓慢增长和较低的利润为标志，在该阶段，产品进入销售渠道并到达市场。如果产品成功导入，就进入成长阶段。成长阶段以快速的销售增长和不断增加的利润为标志。接着，当产品的销售增长放缓，利润趋于稳定时，产品就进入了成熟阶段。最后，产品进入衰退阶段，销售和利润逐渐降低。企业在产品衰退阶段的任务是识别正在衰退的产品，并决定是保留、收获还是放弃产品。产品生命周期的不同阶段需要不同的市场营销战略和策略。

4. 讨论其他两个产品问题：对社会负责任的产品决策以及国际化产品和服务营销

营销人员必须考虑其他两个产品决策问题：第一个是社会责任，包括产品获取和淘汰、专利保护、产品质量和安全性以及产品担保方面的公共政策和法规；第二个是国际化产品和服务营销人员面临的特殊挑战。国际营销人员必须决定在多大程度上保持产品标准化，在多大程度上对其产品和服务做出调整以适应不同的市场。

关键术语

新产品开发（new product development）：企业通过自主研发投入而开发的原创产品、产品改进、产品修正和新品牌。

构思产生（idea generation）：对新产品构想进行的系统化搜寻。

众包（crowdsourcing）：邀请大众，包括顾客、员工、独立科学家和研究人员等，参与新产品的创新过程。

构想筛选（idea screening）：对新产品构想进行筛选以便发现优秀的构想，并尽快抛弃那些不好的构想。

产品概念（product concept）：用有意义的消费者术语对新产品构想进行的详细描述。

概念测试（concept testing）：在目标消费者中测试新产品概念，看看这些产品概念能否吸引消费者。

营销战略制定（marketing strategy development）：将新产品引入市场的初步营销战略。

商业分析（business analysis）：对某个新产品的销量、成本和利润进行分析和预估，以便确定其能否满足企业的目标。

产品研发（product development）：将产品概念开发成实体产品，以检验产品构想能否成为可行的市场供应品。

市场测试（test marketing）：新产品开发的一个阶段，在该阶段，企业在更加真实的市场环境中对产品及其营销方案进行测试。

商品化（commercialization）：将新产品引入市场。

以顾客为中心的新产品开发（customer-centered new product development）：专注于用新方法解决顾客问题并创造更满意的顾客体验的新产品开发。

基于团队的新产品开发（team-based new product development）：通过企业部门之间紧密合作开发新产品，以减少新产品开发过程中的重复性工作，提高工作效率。

产品生命周期（product life cycle，PLC）：产品在其生命历程中销量和利润的变化过程。

风格（style）：一种基本的、独特的表达形式。

时尚（fashion）：当前在特定领域风靡一时的风格。

热潮（fad）：一种迅速进入公众视野的潮流，被人们狂热地追求，迅速达到高潮然后又很快消退。

导入阶段（introduction stage）：产品生命周期中首次向市场投放产品供顾客购买的阶段。

成长阶段（growth stage）：产品生命周期中商品的销售量开始快速增长的阶段。

成熟阶段（maturity stage）：产品生命周期中销量上涨缓慢或趋于稳定的阶段。

衰退阶段（decline stage）：销量逐步下降的产品生命周期阶段。

问题讨论

1. 给出众包的定义，并举出一个没有在本章中出现的例子。

*2. 在新产品开发过程中的营销战略制定阶段，企业需要开展哪些活动？一个好的营销战略陈述的必备要素是什么？

3. 在新产品开发过程中的商业分析步骤，企业需要做什么？企业如何实施这一步骤？

4. 企业如何采用系统方法来管理新产品开发？

5. 讨论营销人员在产品生命周期的衰退阶段可以选择的策略。

批判性思维练习

1. 智能手机/平板电脑应用的构想似乎是没有极限的。以小组为单位，为与商业、健康、教育、体育、购物相关的新应用程序想出一个构想。

*2. 选择一个曾在过去5年内推出过新消费品的企业作为例子。制作演示文稿，展示企业在推出新产品时如何实施的4P，并汇报产品是否成功。

*3. "物联网"——将日常物品连接到互联网，正在快速增长。恒温器、烤箱、汽车、牙刷，甚至婴儿服装都可连接到互联网。研究这一现象并提出与物联网相关的五项新产品构想。

小型案例及应用

在线、移动和社交媒体营销

远程医疗

由于大部分医疗费用都花费在治疗慢性病上，而且大多数急诊室就诊的是非紧急情况，因此，远程医疗的发展时机已经成熟。患者使用其手机、平板电脑和台式计算机而不是去急诊室就医。技术使得医生可以通过Skype或FaceTime在智能手机上与患者进行交流，通过电子医疗记录来获取医疗诊断结果，并将处方从数英里以外的地方发送到患者附近的药房。远程医疗行业仍处于起步阶段，年收入仅为2亿美元，但该产业的年收入预计在短短几年内就会增加到近20亿美元。技术并不是这个行业增长的唯一原因，《HITECH法案》也在鼓励电子医疗记录，进一步加速了该行业的发展。

*1. 研究远程医疗行业，并列举两家提供这种服务的企业。以这种方式提供医疗服务的利与弊是什么？政府或行业有对该行业的指导意见吗？

2. 远程医疗正处于产品生命周期的哪个阶段？移动技术在这个行业的发展中扮演什么角色？

营销道德

戴上思考的帽子

多年来，电流一直被用来治疗诸如抑郁症、帕金森症和癫痫等脑部疾病。传统的电疗法是带有攻击性的，并且需要在患者的脑部发送大电流或植入装置才能有好的效果。最近的研究表明，通过9伏电池向成人和儿童的大脑发送无创的低剂量电流也可以帮助他们更好地学习数学和语言。

只要55美元，你就可以购买自己的经颅直流电刺激（tDCS）设备，在学校取得更好的成绩。大脑刺激器tDCS的基本工具包允许用户在4种不同的电流水平中进行选择，使用刺激器时用一个漂亮的蓝色帽子将电极固定在颅骨旁边。但是，购买者应该注意的是，这些医疗设备并没有经过美国食品药品监督管理局的审查和批准。

1. 讨论关于这类产品的道德问题。这些新产品的功能描述和安全性是否得到了大量研究的证实？

2. 美国食品药品监督管理局对这类设备和产品的立场是什么？例如，其对将草药补充剂营销为认知能力增强剂的看法是什么？

数字营销

牙科服务

随着人口老龄化和惧怕无菌牙科诊所的患者的增加，牙医正在为牙科诊所寻找新的机会。Blende 牙科集团已在旧金山和纽约市的道路上开展服务，执行从日常检查和清洁到根管治疗的一切工作。有些患者很富有，更喜欢私人服务；而另一些患者是老年人，他们无法前往牙科诊所。在家中建造牙科诊所需要很多设备，例如看起来像射线枪的便携式 X 光机、无菌水箱、牙科钻、灯和笔记本电脑等。仅一台便携式 X 光机就需 8 000 美元。请回答以下问题。

1. 这项服务会带来哪些固定成本？假设增加这项移动服务会导致固定成本上升 20 000 美元，并且期望边际贡献为 40%，确定能使提供的这项额外服务（及其带来的固定成本增加）达到盈亏平衡所需的销售额。

2. 牙科医生除在诊所内服务之外进一步提供此服务还必须考虑哪些其他因素？

视频案例

Day2Night 可转换高跟鞋

许多女性喜欢高跟鞋的时尚外观和增高效果。但每个女人都知道穿高跟鞋所带来的问题。例如，除了短途行走以外，她们都会感到非常不舒服。对于其他活动，你最好再携带一双鞋。

这就是为什么出现了 Day2Night 可转换高跟鞋。Day2Night 是由一个在舞会中度过难熬的夜晚之后有了灵感的女人创造出来的，它可以立即转换为四种鞋跟尺寸中的任意一种，从低跟鞋到尖头高跟鞋。可转换的鞋跟使这种高跟鞋成了高科技产品。除了推出一系列鞋子之外，Day2Night 正在寻求将该技术授权给其他鞋业生产商。

在观看了 Day2Night 可转换高跟鞋的视频后，回答以下问题：

1. 参照新产品开发的各个阶段，讨论 Day2Night 是如何被开发出来的。

2. Day2Night 的鞋子系列最符合生命周期的哪个阶段？如果该企业打算将鞋子导入市场，其应该如何营销它们？

3. Day2Night 面临什么样的挑战？

我的营销实验室

如果你的老师布置了这项任务，请到 MyLab 作业中完成以下写作部分。

1. 讨论企业在产品生命周期的成熟阶段如何保持产品的成功，并举出一个没有在本章中出现的例子。

2. 一旦企业决定将新产品商业化，其必须做出什么样的决定？

第9章 定价
理解并获取顾客价值

学习目标

1. 识别三种主要定价策略，并探讨顾客感知价值、企业成本和竞争对手战略对定价的重要性。
2. 识别影响企业定价策略的其他外部和内部因素。
3. 介绍主要的新产品定价策略。
4. 探讨企业如何制定使整体产品组合利润最大化的价格。
5. 探讨企业如何根据顾客的类型及情况调整价格。
6. 探讨实行和应对价格变动的关键问题。

概念预览

在本章中，我们将探讨第二种营销组合工具——定价。如果合适的产品开发、分销以及促销手段是在播下商业成功的种子，那么，有效的定价策略则是收获结果。通过其他营销组合要素创造了顾客价值的企业仍然需要通过其收取的价格来获取一部分价值。在本章中，我们将探讨定价的重要性，挖掘三种重要的定价策略，研究影响定价决策的内部和外部因素。最后，我们将探索更多的定价思维和方法。

首先，让我们来看看在线零售定价的重要性。也许你没有注意到，目前全球最大的零售商沃尔玛与全球最大的在线零售商亚马逊之间正在进行一场战争。每一家参战企业都在战争中运用了强大的武器。目前，价格是重点。但从长远来看，要赢得这场战争，仅靠低价是远远不够的。战争的胜利将属于能为顾客提供最佳整体在线体验和价值的企业。

第一站

亚马逊 VS 沃尔玛：争夺线上零售霸主地位的价格战

标题是"沃尔玛致亚马逊：让我们战斗吧"。拳王阿里的对手是弗雷泽，可口可乐的对手是百事可乐，扬基队的对手是红袜队。现在，沃尔玛和亚马逊这两家零售业巨头都正在发动一场自己的战争。它们发动战争的目的是什么？争夺线上零售霸主地位。它们选择使用的战斗武器是什么？是价格，至少目前是这样，考虑到参战双方长期保持的低成本定位，这个答案并不令人惊讶。

沃尔玛和亚马逊在各自的领域都是令人敬畏的。沃尔玛的优势是线下零售。"花更少的钱，过更好的生活"这一价格驱动的定位已经使它成为世界上最大的零售商，同时也是世界上规模最大的企业。反过来，作为我们的网上商店，亚马逊被称为"网上沃尔玛"。尽管沃尔玛的年销售总额高达4 870亿美元，比亚马逊的年销售总额890亿美元高了不止5.3倍。但是亚马逊的在线销售总额是沃尔玛在线销售总额的7.5倍。据估计，亚马逊占据了美国1/3的在线零售市场。

沃尔玛为什么担心亚马逊？毕竟，沃尔玛线上销售目前大约只占美国零售总额的5%。沃尔玛的大部分业务都是通过其11 000个实体店进行的，网上购物仅占其总销售额的2.7%。但这场战争不是关于现在的，而是关于未来。尽管以沃尔玛的标准来看，线上零售市场仍然是一个小市场，但线上销售的增长速度是线下销售的3倍。在未来10年内，在线和移动购买将占到整体零售总额的1/3。因为亚马逊拥有自己的网上商城，所以，在过去的3年里，亚马逊的收入每年增长20%以上。而在相同时期内，沃尔玛的线下销售额每年增长不到5%。

亚马逊坚持不懈地追求在网上为用户提供几乎所有的东西。亚马逊最初只销售书，现在销售书、电影、音乐、电子产品、家居和园艺用品、服装、珠宝、玩具、工具，甚至食品杂货。因此，对沃尔玛来说，亚马逊的线上销售实力现在是一个巨大的威胁。如果亚马逊持续扩张，在线销售如预期一样井喷，那么，它将会不断蚕食沃尔玛的线下销售。

但沃尔玛一定不会毫不反击地让这种情况发生。因此，它主动向亚马逊的主场——互联网和移动购买发起挑战。沃尔玛使用了它认为最好的战略，即低成本和低价格。通过激进的定价，沃尔玛现在正努力争取拿下顾客花在线上购物的每一元钱。如果你比较Walmart.com和Amazon.com的商品价格，你会发现价格战席卷了各种各样的产品。

沃尔玛VS亚马逊在线：实现线上霸权所需要的不仅仅是打赢网络价格战。战争的胜利将属于能以一定的价格为顾客提供最佳整体在线体验和价值的企业。

(top) Andrew Harrer/Bloomberg/Getty Images；(bottom) Digitallife/Alamy

在价格战中，沃尔玛似乎具有优势。低成本和低价格是沃尔玛的基因。多年来，沃尔玛利用其高效的运营和巨大的购买力来大幅削减价格，并接连击败竞争对手，但亚马逊不同于其他大多数竞争对手，它的网络是为网上购物而优化的，而且，网络销售不需要负担实体店的经营成本。这导致亚马逊在线上定价博弈中能够与沃尔玛相匹敌，甚至能击败沃尔玛。这两家巨头现在似乎在低价格上僵持不下，任何一方都没有获得优势。事实上，从长远来看，不计后果的价格削减对沃尔玛和亚马逊来说都是弊大于利。因此，尽管低价至关重要，但低价并不足以赢得在线买家的支持。低廉的价格、多样的选择、快速便捷，以及令人满意的整体购物体验，这些都是今天的网上购物者所需要的。

目前，亚马逊似乎在大多数重要的非价格因素上占据了上风。它为线上销售定制的配送网络可以迅速且高效地将订单商品送到购买者的家中，某些地区甚至还可以当日送达。亚马逊的在线分类甚至超过了沃尔玛，并且，其网络和移动导购正在涉足目前占沃尔玛销售额55%的食品杂货市场。至于亚马逊缺乏实体店，这也不是问题。被广泛使用的亚马逊移动应用程序可以让顾客像逛沃尔玛商店一样在Amazon.com购物。最后，亚马逊独一无二的、大数据驱动的顾客界面创造了个性化、高满意度的网上购物体验。在所有行业的顾客满意度排名中，亚马逊常常名列前茅。

相比之下，沃尔玛在网络销售方面起步较晚。它仍在探索如何高效地将商品交到网购消费者手中。随着在线销售的增长，这家线下零售巨头已经在其门店配送中心的闲置角落里临时搭建了一个线上销售配送网络。作为仍旧以实体店为主的零售商，沃尔玛的在线顾客购买体验距离亚马逊仍有差距。因此，即使沃尔玛的低价格令人印象深刻，但它发现自己在网络销售方面需要迎头追赶。

为了迎头赶上，沃尔玛正大举投资，以打造新一代的执行网络。重要的是，它利用了亚马逊不具备的一项重要资产——把网上购物与庞大的实体店网络整合起来的机会。例如，沃尔玛现在超过1/5的Walmart.com订单是通过员工在商店里拣选、包装商品，再邮寄或者送货上门来完成的。这种方法更快捷，且成本更低。2/3的美国人住在沃尔玛超市方圆5英里内，这为30分钟送货服务提供了机会。

通过整合线上线下的运营，沃尔玛可以提供一些独特的服务，比如，在实体店内免费、便捷的取货服务和在线订单的退货（Walmart.com提供了三种购买方式："在线""店内""线上下单，门店取货"）。使用沃尔玛的网站和移动应用程序也可以使店内购物更加顺畅。这种方式可以使顾客提前准备购物清单，帮助顾客定位商品的位置以减少购物时间，并使顾客在收银台用智能手机结账时可以自动使用下载好的电子优惠券。顾客到店自取其网上订购的商品时可以用现金支付，这使没有银行账户或信用卡的20%的沃尔玛顾客也能享受网上购物。对于在线支付的顾客，沃尔玛正在试验店内包裹柜，顾客可以直接到指定的包裹柜去取货。

谁将赢得这场争夺网络购物者欢心和金钱的战役？当然，低价格仍然重要。但是，实现线上零售霸主地位不仅仅是发动和赢得一场线上价格战就可以的。除了低价格以外，双方还需要提供多样化的选择、便利性以及世界一流的线上购买体验——亚马逊在很久以前就已经开始完善购买体验了。对沃尔玛来说，征服亚马逊在线将需要时间、资源和远超出其标志性的日常低价的技能。正如沃尔玛全球电子商务总裁所言，赢得线上销售这项重要任务"将占据我们余生的职业生涯以及我们的投资。这不只是一个项目，而是关乎企业未来的大事"。[1]

企业如今正面临着残酷和快速变化的定价环境。追求价值的顾客给众多企业施加了日益增长的定价压力。由于近几年经济疲软，又受到互联网强大的定价权和价值导向型零售商（如沃尔玛）的影响，越发节俭的消费者正在采用少花费的策略。因此，几乎每一家企业都在竭尽全力降价。

通常来说，降价并不总是一种好办法。不必要的降价行为会导致利润损失甚至价格战，也会降低品牌的价值，因为降价会向顾客传递这样一种信号，即价格比品牌传递的顾客价值更重要。不论经济情况如何，企业都应该销售价值，而非价格。虽然在一些情况下，这意味着以低价格销售更少的产品，但在大多数情况下，这意味着要说服顾客，由于他们获得了更高的价值，因此为企业品牌付出更高的价格是合理的。

9.1 什么是价格

从狭义上说，**价格**（price）就是为了获得某种产品或服务所支付的金额。从广义上讲，价格是消费者为了获得拥有或使用某项产品或服务的收益而支付的价值总和。曾经，价格是影响消费者购买决策的主要因素，但在最近的几十年中，非价格因素对消费者行为的影响越来越重要。尽管如此，价格仍是决定企业的市场份额和盈利能力的最重要的因素之一。

价格是营销工具组合中唯一产生盈利的因素，所有其他营销工具都代表成本支出。价格同样也是营销组合中最为灵活的因素之一。与产品特性和渠道承诺不同，价格可以在短时间内进行调整。同时，定价是营销高层要面对的首要问题，很多企业都不能实现有效定价。有些管理者认为，定价是让人头疼的事情，他们更愿意关注其他营销工具。

聪明的管理者会把定价作为创造和获取顾客价值的关键战略工具。价格对企业的盈利有直接影响。价格小幅度增加几个百分点，可能会引起利润的大幅增加。更重要的是，作为企业价值主张的一部分，价格在创造顾客价值和建立顾客关系中扮演了关键角色。因此，聪明的营销人员会把定价看成一项重要的竞争资产，而非忽略它。[2]

> **作者评点**
>
> 设定合适的价格是营销人员最困难的任务之一，这受到许多因素的影响。但正如本章开篇沃尔玛和亚马逊的案例所说明的，找到并实施正确的定价策略对成功至关重要。

9.2 主要的定价策略

企业在定价时，既不能使价格低至不足以产生利润，也不能使价格高至无人购买，而应使价格介于两者之间。图 9-1 总结了定价时的主要考虑因素。消费者对某类产品的价值感知决定了价格上限：如果消费者认为产品的价格高于产品的价值，他们就不会购买产品。同样，产品成本决定了价格下限：如果企业制定的价格低于成本，企业将无法盈利。因此，企业在这两个价格区间之内制定价格。与此同时，企业定价必须综合考虑其他一系列的内部和外部因素，包括竞争者的战略和价格、企业总体的营销战略、目标和组合，以及市场和需求的性质。

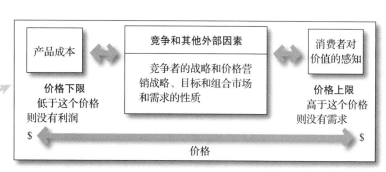

> 如果消费者感到产品的价格高于产品的价值，他们将不会购买产品。如果企业为产品设置了低于成本的价格，企业的利润就会受损。"正确的"定价策略是在两个极端中间，为消费者传递价值的同时为企业创造利润。

图 9-1 价格制定的主要考虑因素

图 9-1 显示了三种主要的定价策略：基于顾客价值的定价法、基于成本的定价法和基于竞争的定价法。

9.2.1 基于顾客价值的定价法

最终，顾客会评判产品的价格是否合适。定价决策和其他营销组合决策一样，必须从顾客价值着手。当消费者购买某个产品时，他们会付出一定的价值（价格）来获得另外一些价值（拥有或者使用产品带来的利益）。事实上，有效的顾客导向定价需要了解消费者对产品利益的价值评估，并通过价格来反映这个价值。

基于顾客价值的定价法（customer value-based pricing）将消费者的价值感知作为定价的关键因素。基于价值的定价意味着营销人员不能先设计产品和营销方案，然后再定价。在制订市场营销计划之前，企业进行定价时应综合考虑其他营销工具组合。

图9-2比较了基于顾客价值的定价法和基于成本的定价法。虽然成本是定价的重要考虑因素之一，但基于成本的定价法通常是产品导向型的。企业设计自己认为不错的产品，加总所有生产成本，然后制定一个能补偿该成本并获得目标利润的价格。营销任务是说服消费者相信他们的购买是值得的。如果定价过高，企业要么降价，要么就达不到预定的销售量，这两种情况都会降低目标利润。

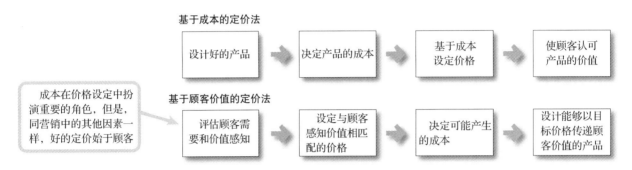

图9-2　基于顾客价值的定价法与基于成本的定价法的比较

基于顾客价值的定价法则逆转了这一过程。企业首先要评估顾客需要和感知价值，并在顾客的产品感知价值的基础上确定目标价格。目标价值和价格决定产品成本和产品设计决策。因此，定价始于分析顾客需要和感知价值，制定的价格要与顾客感知价值相匹配。

记住这一点很重要："好价值"并不等同于"低价格"。例如，一些购买奢华百达翡丽手表的人觉得物有所值，尽管其标价为2万～50万美元。[3]

进一步了解后发现，一块价格2万美元甚至50万美元的手表其实并不贵，且其实际价值巨大。因为每块百达翡丽手表都是由瑞士的制表工匠手工使用最好的材料，耗时一年多制作而成的。而且，除了走时精确外，百达翡丽手表也是不错的投资品。其价格很高，并且随着时间的推移，其价值仍会保持甚至增加。它许多型号的手表都让世人梦寐以求，但除了用来看时间或作为一项好的投资，拥有百达翡丽手表的情感价值更加重要。该企业的总裁说："这和激情有关。我的意思是，这其实是一个梦想。没有人需要一块百达翡丽。"这些手表是珍藏在珍贵回忆中的独特财富，使其成为珍贵的家庭财富。根据该企业的说法："购买百达翡丽通常与重要事件有关——获得职业上的成功、结婚或孩子的到来。在这样的情况下，赠送百达翡丽手表作为礼物是最动人的表达爱意或感情的方式。"百达翡丽手表并不是只为一个人制作，而是为了很多人。一则广告说："你从来没有真正拥有过百达翡丽，你只是在为下一代保管。"这使百达翡丽手表物超所值，甚至其价值是价格的两倍。

感知价值：一些拥有奢华的百达翡丽手表的人认为其物有所值，尽管其标价高达2万甚至50万美元。每块百达翡丽手表都是由瑞士的制表工匠手工使用最好的材料，耗时一年多制作而成的。

Fabrice Coffrini/AFP/Getty Images

企业会发现，衡量顾客的产品感知价值比较困难。例如，计算某高档餐厅的食材成本相对容易，但衡量其他因素的价值就比较困难，如口味、环境、舒适程度、交谈和地位等。这些感知价值是主观性的，根据顾客和情况的不同而有所变化。

消费者通过感知价值来评价产品的价格，因此，企业必须有效地衡量消费者感知价值。比如，企业可能会询问消费者愿意为基础产品支付的费用和愿意为在此基础上增加的每项增值额外支付的费用。或者，企业可能通过实验来衡量不同产品的感知价值。一则古老的俄罗斯谚语说，每个市场都有两种傻瓜：一种是要价太高的，一种是要价太低的。如果企业的定价高于消费者感知价值，则该企业的销售额就不甚理想；如果企业定价过低，虽然其产品销售令人满意，但是与以感知价值定价的情况相比，所获得的利润会比较少。

我们现在考察两种类型的价值导向定价：超值定价和增值定价。

1. 超值定价

2008～2009年的经济大萧条导致消费者对价格和质量的态度发生了根本性的转变，因此，很多企业改变了定价方法，以适应转变的经济形势和消费者感知价值。越来越多的营销人员开始采用**超值定价**（good-value pricing）策略——以合理的价格提供恰当的质量和服务。

在很多情况下，这涉及在已有的品牌上推出低价版产品或推出新的低价产品线。例如，沃尔玛推出了一个追求极致低价、名为Price First的自有品牌。Price First用甚至低于已有低价品牌Great Value的价格，为节俭的顾客提供最便宜的食品杂货类商品。超值的价格是相对的——甚至高端品牌也可以推出价值版本。梅赛德斯-奔驰发布的CLA级车，入门级的起价为31 500美元。从翅膀造型的仪表盘和钻石嵌段的格栅，到208马力涡轮增压内联4缸发动机，CLA级车提供给顾客"艺术般的诱人享受，折扣般的价格"。[4]

在其他情况下，超值定价法还包括重新设计现有品牌，在给定的价格下提供更高质量的产品，或者以较低的价格提供相同质量的产品。一些企业甚至通过以极低的价格提供较少的价值而获得成功。例如，ALDI连锁超市通过出色的超值定价，让顾客感到"等价多惠"（见营销实践9-1）。

营销实践 9-1

ALDI：每日提供"不可思议的低价格，令人印象深刻的高质量"

当被问及世界上最大的连锁超市时，你可能会想到世界上最大的零售商沃尔玛，也可能会想到美国最大的杂货商克罗格，但不会想到德国的折扣百货商ALDI。然而，令人惊讶的是，ALDI的年收入超过810亿美元，在17个国家拥有1万多家门店，是全球第八大零售商，也是仅次于克罗格的第二大杂货零售商。更重要的是，ALDI正在迅速占领美国和其他国家的市场，它比任何规模更大的竞争对手增长得都快。

ALDI是怎么做到的？它成功的方法很简单，也并不是秘密。事实上，这几乎是陈词滥调了：每天以很低的价格为顾客提供各种各样的高品质商品。如今，许多杂货商都是在吹嘘自己的低价。但在ALDI，这是一个绝对的事实。这个快速扩张的连锁店在一系列"ALDI真理"的驱使下向顾客承诺让他们"更明智地购物"，以"不可思议的低价格"提供"令人印象深刻的高质量"（ALDI真理1：选择吃得更好还是选择省钱？可以两者兼得）。

ALDI重新设计了食品购买体验来降低成本，以实现其价格比其他商店低一半的承诺。为了维持低成本和低价格，ALDI经营更小、更节能的店铺（这些店铺大小只有传统超市的1/3）。这些店铺只销售大约1 800种快消品（典型的超市通常会有40 000种产品），并且，其中95%的产品都属于ALDI的自有品牌。因此，ALDI声称，顾客没有为品牌广告和营销花钱，仅为商品本身付费。而且，ALDI也没有进行促销或是价格竞赛，而是坚持有效的每日低价（ALDI真理12：我们不和其他商店比价，因为那样会提高我们的价格）。

ALDI不遗余力地削减成本，帮助顾客减少花费，甚至顾客自己也帮助ALDI降低成本：他们自带购物袋前来购物（或者以低价向ALDI购买），自己打包商品（ALDI商店里没有打包员），自己归还商店的手推车（为了拿回25美分的押金），使用现金和借记卡消费（ALDI不接受使用信用卡）。但是对ALDI的热衷者来说，这些节俭都是有价值的（ALDI真理14：装饰物又不能吃，所以，为什么要为它付费呢）。

尽管ALDI尽量削减每一分运营成本，但它并没有降低质量。由于拥有众多的自有品牌，ALDI可以完全控制货架上产品的质量，并保证其销售的所有产品都是新鲜可口的。ALDI真理60——我们要使美食的花费更少——表明，这家连锁店承诺的不仅仅是低价格。为践行这一承诺，ALDI对所有商品提供双重保证:"无论什么原因,如果您对任何产品不满意,我们都乐意为您更换产品,并退钱。"

为了提高其产品品类的质量,ALDI 已经逐步增加了通常不"打折"的食品。除了典型的罐装、盒装和冷冻食品,ALDI 还提供新鲜的肉类、烘焙食品和新鲜的农产品,还提供各种常规和周期性的特色产品,比如科齐妈妈的比萨厨房肉三重奏、菠菜洋蓟蘸酱,以及全天然芒果酱汁。ALDI 甚至还提供有机食品。有了这些商品,再加上干净明亮的商店,ALDI 不仅获得了低收入顾客的青睐,还获得了节俭的中产阶层和中上阶层顾客的光顾。

上述这些对光顾了 ALDI 十多年的德国顾客来说都不新奇。在德国,ALDI 经营着 4 200 多家门店,占 28% 以上的市场份额。这或许可以解释为什么沃尔玛在进入德国市场 9 年后又放弃了。对于像 ALDI 这样的竞争对手来说,沃尔玛通常的低价对于节俭的德国消费者来说实在是太不划算了。

超值定价:ALDI 保持低成本,每日为顾客提供"不可思议的低价格,令人印象深刻的高质量"。
Keri Miksza

但 ALDI 极简的基本风格并不适合所有人。有些顾客喜欢低价、基础的商品种类以及简单的店铺环境。但对 ALDI 丝毫没有竞争对手所提供的奢侈享受和便捷设施,另外一些顾客会觉得无法忍受。

但大部分在 ALDI 购物的顾客很快会成为它的忠实顾客。互联网上到处是忠实顾客的感言。"我最近刚从'高档'杂货店转到 ALDI……很开心省了很多钱!"一位狂热的顾客声称,"我真希望我有一些啦啦队的花球,以证明我绝对是 ALDI 啦啦队的一员!"

另一位狂热的粉丝说:"我可能永远不会去任何其他杂货店!作为预算紧张的三口之家的一员,我通常会浏览打折信息和优惠券,以节省开支。我一般每两周购物一次,每次购物要去 2～3 个不同的杂货店。每个月我们只有 200 美元的食品杂货预算,一般我都会用完所有预算。今天在 ALDI,我买齐了清单上的所有商品,并额外购买了 20 件商品,但我只花了 86 美元!我真不敢相信省了这么多!现在,我都直接去 ALDI!"

也有许多顾客表示,他们对最喜欢的 ALDI 商品充满热情,他们不能忍受没有这些商品的生活,而且这些商品也无法在其他地方买到。

有了这样的传统和不会失败的经营和营销模式,ALDI 计划在美国迅速扩张。该企业已迅速发展到 32 个州,拥有 1 300 多家商店。与英国的折扣连锁超市乐购相比,这是一个巨大的成功。乐购是全球第二大零售商,但它仅仅在 7 年后就以巨额亏损退出了美国市场。ALDI 还有很大的增长空间。它有一个 30 亿美元的计划,计划每年在美国开设 130 家门店,到 2018 年门店数量增加 50%,达到 1 950 家。采取已经得到验证的每日极低定价策略,ALDI 很有可能实现甚至超过这个目标,这对企业和顾客来说都是个好消息。当 ALDI 来到你身边时,"你的钱包和味蕾都可以得到享受"(ALDI 真理 34)。

资料来源:Walter Loeb, "Why Aldi and Lidl Have What It Takes to Beat the Best and the Biggest," *Forbes*, October 30, 2013, www.forbes.com/sites/ walterloeb/2013/10/30/why-aldi-and-lidl-have-what-it-takes-to-beat-the-best-and-the-biggest/; Leslie Patton, "Aldi Plans to Expand U.S. Store Count by 50% in Next Five Years," *Businessweek*, December 20, 2013, www .businessweek.com/news/2013-12-20/aldi-plans-to-expand-u-dot-s-dot-store-count-by-50-percent-in-next-five-years; Bill Bishop, "ALDI Offers the Thrill of Discovery," *Supermarket News*, October 20, 2014, http://supermarketnews .com/limited-assortment/aldi-offers-thrill-discovery; "Top 250 Global Powers of Retailing 2015," Deloitte, https://nrf.com/2015/global250-table; and www .aldi.us, www.aldi.us/en/new-to-aldi/aldi-truths/, and www.aldi.us/en/new-to-aldi/switch-save/, accessed October 2015.

ALDI 使用了一种重要的超值定价法，在零售层面上这被称为"天天低价"（EDLP）。"天天低价"是指实施稳定的低价格策略，很少或者不提供临时性折扣。好市多和 Lumber Liquidators 等零售商都在践行"天天低价"的定价策略。沃尔玛则是"天天低价"策略的领导者，用实践定义了这个概念。每月除了少数几类促销商品外，沃尔玛承诺对自己的其他所有商品实行"天天低价"策略。相反，**高低定价法**（high-low pricing）则是在平时制定一个比较高的价格，但频繁地进行促销活动以暂时性地降低指定商品的价格。科尔士和梅西等百货商店通过频繁的促销、新品折扣和会员奖励等活动来实践高低定价法。

2. 增值定价

基于顾客价值的定价并不只是简单地制定消费者想要支付的价格，或者为了应对竞争而制定低价格。相反，很多企业还会采取**增值定价**（value-added pricing）。它们不是通过降价来适应竞争，而是通过附加增值特征和服务以实现差异化，并以此支持其相对较高的价格。比如，即便顾客的节俭消费习惯一直存在，但一些连锁影院还是会增加舒适度并提高价格，不会为了保持低价而削减服务。[5]

一些连锁影院正在把它们的多厅影院改造成更小、更豪华的高端影院。这些高端影院可以提供更多的增值服务，比如在线预订位置服务、带扶手和脚踏的高背皮椅或按摩椅、最新型的数码音响和超宽银幕、优质的餐饮服务，甚至代客停车服务。例如，AMC 影院（美国第二大连锁影院）旗下的 75 家影院提供高级餐饮服务，包括 Fork & Screen（提供升级版的皮质座椅，座侧服务，包含晚餐、啤酒、白酒、鸡尾酒等多种选择的菜单）和 Cinema Suites（额外提供包含高档鸡尾酒的加长酒单、座侧服务、红色皮革躺椅，以及 8～9 英尺间距的座位）。

俄亥俄州哥伦布市配备有 IMAX 屏幕的 AMC Easton 30 的电影套房里还有芒果玛格丽塔鸡尾酒！仅需 9～15 美元的一张票（票价因日期和时间不同而有所差异），21 岁以上的观影者就可以在预订的皮质躺椅享用芒果玛格丽塔鸡尾酒，观影者还可以额外付费以在座位上享用更多的餐饮。这些影院运营得非常成功，使得 AMC 决定扩增这样的影院。企业一位发言人说："一旦人们体验过这种服务，他们就不想去别的地方看电影了。"

9.2.2 基于成本的定价法

> **作者评点**
>
> 成本决定了价格下限，但我们的目标并不总是降低成本。事实上，许多企业花费更高的成本，以向顾客收取更高的价格，从而获得更高的利润率（想想百达翡丽手表）。关键是管理成本和价格之间的差价——它代表企业创造了多大的顾客价值。

顾客感知价值决定了企业的价格上限，成本则决定了企业的价格下限。**基于成本的定价法**（cost-based pricing）是基于产品生产、配送和销售环节的成本，考虑回报率和风险的一种定价方法。一家企业的成本在其定价策略中可能是十分重要的因素。

一些企业尽力成为自己行业中的"低成本制造商"，如沃尔玛、美国 Spirit 航空等。低成本的企业可以制定较低的价格，虽然利润率更低，但是，销售额和总利润可能会更高。而另外一些企业则有意保持较高的成本以增加价值，制定更高的价格和获得更高的利润率，如苹果、宝马、施坦威。举例来说，手工制造的施坦威钢琴的成本要远远高于雅马哈制造的钢琴，但高成本带来高品质，这使得施坦威钢琴 87 000 美元的均价变得合理。对于施坦威钢琴的购买者来说，价格不重要，施坦威钢琴的良好体验才是一切。关键是管理成本和价格之间的差价——它代表企业创造了多大的顾客价值。

1. 成本的类型

企业的成本有两种类型：固定成本和变动成本。**固定成本**（fixed costs，也称**固定费用**）是指不随产量和销量而变化的成本。例如，不论企业的产出如何，它每个月必须支付租金、取暖费、利息和管理人员的工资。**变动成本**（variable costs）是直接随生产规模而变化的成本。惠普所生产的每台个人计算机都包括计算机芯片、线路、塑料、包装和其他投入。尽管对于每台计算机来说这些成本是固定的，但因为这部分成本的总量随着生产规模的变化而变动，所以，它们被称为变动成本。**总成本**（total costs）是指一定产量水平下固定成本和变动成本的总和。管理人员希望产品的价格能够至少在一定产量的情况下补偿其总成本。

企业必须认真监控自身的成本。如果企业的生产和销售成本高于经营类似产品的竞争对手，该企业就不得不制定较高的价格或者赚取较少的利润，这两种情况都会使企业处于竞争劣势。

2. 成本加成定价法

最简单的定价方法是**成本加成定价法**（cost-plus pricing），也称**加成定价法**（markup pricing），是指在产品成本上增加目标毛利来确定售价。例如，一家电子产品零售商可能以每个 20 美元的价格从制造商那里购买闪存硬盘，再以 30 美元的价格出售，在成本上增加 50% 的收益。该零售商的毛利润为每个 10 美元。如果该商店的营业费用为每个闪存硬盘 8 美元，则该零售商的利润为 2 美元。闪存硬盘的制造商也可能采取成本加成定价法。如果该制造商生产每个闪存硬盘的标准成本为 16 美元，它可能加上了 25% 的毛利率，以每个 20 美元的价格卖给零售商。

采用成本加成定价法是否合理呢？一般来说是不合理的，因为这种忽略了消费者需求和竞争对手的定价方法不太可能产生最优价格。但是，由于多种原因，成本加成定价法仍然很流行。首先，相对于需求来说，企业对成本更加确定，通过把价格与成本联系起来，简化了定价程序。另外，如果该行业中所有的企业都采用这种定价方法，价格就会趋向一致，价格竞争也会因此被弱化。

另一种以成本为基础的定价方法是**盈亏平衡定价法**（break-even pricing），或者称为**目标利润定价法**（target return pricing），即企业尽力制定能够达到盈亏平衡或目标利润的价格。目标利润定价法利用的是盈亏平衡表理念，它体现了企业在不同销量下的总成本和总收入。图 9-3 展示了上文提到的闪存硬盘制造商的盈亏平衡图。在这里，不论销售数量为多少，固定成本都是 600 万美元，变动成本是每单位 5 美元。变动成本加上固定成本构成了总成本，总成本随着销量的增加而增加。总收入曲线的斜率则是价格。在这里，价格是 15 美元（例如，企业销售 80 万单位的产品所获得的收入是 1 200 万美元，或者说每单位 15 美元）。

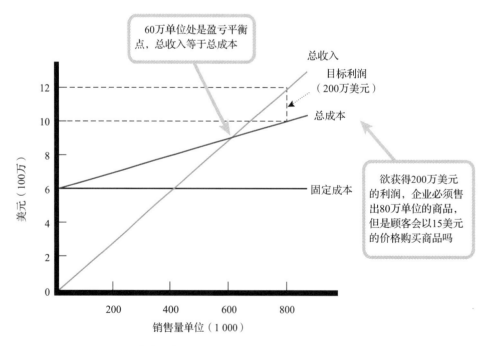

图 9-3　决定目标利润价格和盈亏平衡销售量的盈亏平衡图

在 15 美元的价格水平上，该企业必须至少销售 60 万单位才能达到盈亏平衡点（盈亏平衡产量＝固定成本

÷（价格－变动成本）= 6 000 000 ÷（15-5）= 600 000）。也就是说，在这个价格水平上，总收入等于总成本，均为900万美元，没有利润。如果该闪存硬盘制造商想获得200万美元的利润，它必须销售至少80万单位的产品，才能获得1 200万美元的总收入，来补偿1 000万美元的总成本，并获得200万美元的目标利润。相比之下，如果该企业制定较高的价格，比如说20美元，那么无须销售那么多产品便可达到盈亏平衡，获得既定的目标利润。事实上，价格越高，企业的盈亏平衡点就越低。

这种分析的主要问题在于没有考虑顾客价值，以及价格和需求之间的关系。随着价格的上升，需求会下降，市场的购买量可能达不到在较高价格下实现盈亏平衡所需要的销售量。例如，假设闪存硬盘的制造商计算出在给定的固定成本和变动成本的情况下，它必须为自己的产品定价30美元才能获得预期的目标利润。但是，营销调研显示，很少有顾客愿意支付高于25美元的价格。在这种情况下，该企业必须降低自己的成本，以降低盈亏平衡点，这样才能制定顾客所期望的较低价格。

因此，虽然盈亏平衡定价法和目标利润定价法能够帮助企业确定弥补成本和获得预期利润的最低销售价格，但这两种方法都没有把价格－需求关系考虑在内。在使用这种方法时，企业必须同时考虑价格对实现目标销售量的影响，以及预期销售额可以在不同的价格水平下实现的可能性。

9.2.3 基于竞争的定价法

作者评点

在确定价格的时候，企业必须同时考虑竞争者的价格。不管其价格是高是低还是处于中等水平，企业都必须确保在此价格上能够为顾客提供出众的价值。

基于竞争的定价法（competition-based pricing）是根据竞争者的战略、成本、价格和市场供应量确定价格。消费者会把对产品价值的判断建立在竞争对手相似产品的价格基础之上。

在评价基于竞争的定价法时，企业应该提出这样几个问题。首先，在顾客价值上，企业的产品和竞争对手的产品相比，表现如何？如果消费者对企业的产品或服务的感知价值比竞争对手高，企业可以定价更高；如果消费者对企业产品的感知价值较其竞争对手低，企业必须降价或者提高顾客的感知价值以支撑其较高的定价。

其次，现在的竞争对手规模如何？它们现在的定价战略是什么？如果企业面对的是相对于产品价值而定价过高的小企业，那么企业可以降价，将弱势的竞争对手挤出市场。如果市场被实施低价策略且规模较大的竞争对手所占领，那么企业可以靠高价格的增值产品和服务占领未开发的目标市场。

重要的是，我们的目标不是匹配或击败竞争对手的价格。相反，我们的目标是根据竞争对手创造的相对价值来设定价格。如果一家企业为顾客创造了更大的价值，那么更高的价格是合理的。例如，卡特彼勒生产高质量、重型的建筑和采矿设备。尽管比小松等竞争对手收取的价格更高，但它仍控制着所处的行业。一位商业顾客曾经问卡特彼勒的经销商，为什么小松的大型履带推土机只卖42万美元，而卡特彼勒的相同产品却报价50万美元。卡特彼勒的经销商给出了如下著名的分析：

420 000 美元	与竞争对手相当的卡特彼勒产品的价格
50 000 美元	卡特彼勒卓越的可靠性和耐用性增加的价值
40 000 美元	卡特彼勒较低的终生运营成本增加的价值
40 000 美元	卡特彼勒的优质服务增加的价值
20 000 美元	卡特彼勒更长的部件保修期增加的价值
570 000 美元	卡特彼勒推土机的总附加值价格
-70 000 美元	折扣
500 000 美元	最终价格

尽管顾客为履带推土机额外支付了8万美元，但在产品的寿命期内，它实际上获得了15万美元的额外价值。因此，顾客选择了卡特彼勒的履带推土机。

基于竞争对手定价需要遵守什么原则？答案很简单，但实践起来却可能很困难：不管你制定什么价格，比竞争对手高或低或处于它们中间，都要确保你能在那个价格水平上为顾客提供更多的价值。

9.3 其他影响定价决策的内部和外部因素

> **作者评点**
>
> 现在我们已经了解了三种基本定价策略，即基于价值、成本和竞争者的定价法。现在让我们来了解影响定价决策的众多其他因素。

除了顾客感知价值、成本和竞争对手的战略外，企业必须考虑一些其他的内部和外部因素。影响定价的内部因素包括企业的总体营销战略、目标和营销组合，以及其他组织因素。外部因素包括市场和需求的性质，以及其他环境因素。

9.3.1 总体营销战略、目标和营销组合

价格仅是企业广义营销战略中的一个因素，因此在定价之前，企业必须为产品和服务制定总体营销战略。有时候，一家企业的总体战略是围绕其价格和价值故事而建立的。例如，食品杂货店零售商乔氏企业独特的价格-价值定位，使其成为美国增长最快和最受欢迎的食品商店。

乔氏商店对食品的价格-价值等式进行了特有的调整，我们称之为"廉价美食"。乔氏商店以低廉的价格销售美食家水准的、独一无二的产品，且环境颇具节假日氛围，使消费者购物充满了乐趣。乔氏商店的美食是美食家的最爱，从爆米花曲奇、有机草莓柠檬水、奶油瓦伦西亚花生酱、价格公道的咖啡到泡菜炒饭和三姜核桃饼。如果询问顾客什么美食不可缺少，几乎所有的顾客都能勾选出一份其最爱的乔氏商店美食清单，并且这个清单的长度在快速增长。

乔氏商店的商品品类是独一无二的，超过85%的品牌都是自有品牌。从绝对价格来看，价格并不是那么便宜。但比起你在其他地方购买同品质商品的价格，这实在非常划算。"这并不复杂，"乔氏商店表示，"我们只关注最重要的东西——优质的食物＋实惠的价格＝价值。因此，你可以大胆尝试，不会花太多钱。"乔氏商店开创性的价格定位使其赢得了忠实顾客近乎狂热的追捧，顾客都认为从乔氏商店购买到的商品物有所值。[6]

如果一家企业已经精心选择好了目标市场，并完成了产品的市场定位，那么，企业的营销组合战略，包括定价策略，都将会比较明确。例如，亚马逊的Kindle Fire平板电脑定位为同等质量（甚至更好）、更低价格的产品，它的价格要比苹果的iPad和三星Galaxy平板电脑低40%。现在，亚马逊把目标放在了拥有年幼孩子的家庭上，把Kindle Fire定位为"完美的家庭平板电脑"来进行推广。它的售价低至99美元，并绑定了Kindle FreeTime，每月最低只需2.99美元就可以享受适合3～8岁儿童的书、游戏、教育App、电影和电视节目的全套订阅服务。因此，Kindle的定价策略在很大程度上取决于其市场定位。

在很多层面上，定价可能对完成企业目标具有重大影响。一家企业可以通过定价来吸引新顾客或者保留现有的高利润顾客。企业可以制定低价格以阻止竞争者进入自己的市场，或者制定与竞争者相同的价格以稳定市场。企业定价的目标也可能是获得分销商的忠诚和支持，或者为了避免政府的干预。企业可能临时降价以增加某个品牌的吸引力。企业针对某个产品的定价也可能是为了促进该企业产品线上其他产品的销售。

价格决策必须与产品设计、分销和促销决策相协调，以形成持续有效的营销组合项目。其他营销组合变量的决策也可能影响定价决策。例如，如果企业决定把产品定位于高性能、高质量的产品，就意味着它必须制定较高的价格以弥补较高的成本。如果企业期望分销商支持并推广该企业的产品，就应该在制定价格时考虑让分销商有更高的利润率。

企业通常先确定产品的价格定位，然后根据已确定的价格来调整其他营销组合变量。在这种情况下，价格是决定目标市场、竞争者和产品设计的关键产品定位因素。很多企业用**目标成本法**（target costing）来支持其价格定位战略。企业的一般流程是先设计一个新产品，加总该产品的所有成本，然后再问："我们能够把它卖多少钱？"但目标成本法与这种常规的流程相反，它首先基于对顾客的理解来确定一个理想的销售价格，然后再决定成本以保证该销售价格能够实现。比如，本田在设计本田飞度时，首先确定了13 950美元的起始价格和每加仑33公里高速行驶里程的性能。然后根据这些设计了时尚、活泼的汽车，使其能够满足目标顾客的价值需求。

还有一些企业并不注重价格，而是利用其他营销组合工具来创造非价格定位。通常最佳战略并不是制定最

低价格，而是与市面上的商品有所差异，从而收取更高的价格。例如，奢华智能手机品牌 Vertu 的商品具有极高的价值，其超高售价与其价值相匹配。Vertu 手机使用钛和蓝宝石水晶这些高端材质制作，且每台手机都由英国一位工匠手工拼装而成。每台手机还包含 Vertu Concierge 的附加服务，为顾客创造个性化的用户体验，并给予建议。Vertu 手机平均每台售价 6 000 美元，高端型号则要超过 20 000 美元。但是，目标顾客认可 Vertu 手机的非凡质量，他们愿意为其支付高昂的价格。使用 Vertu 手机，"每时每刻都有不同寻常的故事"。[7]

因此，营销人员在定价时必须考虑总体营销战略和组合。但是，我们再一次强调，即使价格是关键因素，企业也应该牢记顾客并不仅仅根据价格购买商品。相反，他们会寻找那些就其支付的价格能提供最高价值的产品。

9.3.2 组织因素

管理层必须确定由组织内的哪些人来制定价格。企业定价的方式有多种：在小企业里，价格通常由最高管理层而不是由营销和销售部门制定；在大企业里，价格一般由部门或者产品经理制定。在工业市场中，企业可能授予销售人员在一定范围内与顾客协商价格的权力。即使在这种情况下，定价目标和政策也是由高级管理者制定的，但他们通常会批准下级或者销售人员提议的价格。

在以价格为关键因素的行业里（如航空业、航天业、钢铁业、铁路运输业和石油业），企业通常会设立定价部门来制定最佳价格或者帮助其他部门制定价格，再由这些部门向营销部门或高级管理者汇报。其他对定价有影响的角色包括销售经理、生产经理、财务经理和会计人员等。

9.3.3 市场和需求

正如上文提到的，成功定价的开端是理解顾客的感知价值如何影响他们愿意支付的价格。无论个人消费者还是商业购买者，他们都会权衡为某产品支付的价格与拥有产品所能获得的价值。因此，在定价之前，营销人员必须理解产品价格和市场与对企业产品的需求之间的关系。在本节中，我们将深入探讨价格–需求的关系，以及这种关系在不同种类的市场中如何变化。然后，我们将讨论分析价格–需求关系的方法。

1. 不同类型市场中的定价

企业定价的自由程度在不同类型的市场中存在差异。经济学家将市场划分为四类，每一类市场都有不同的定价挑战。

在完全竞争市场中，存在无数的卖方和买方交换无差异商品，如小麦、铜或金融债券。任何单个买方或卖方都不能对市场价格产生影响。在完全竞争市场条件下，市场调研、产品开发、定价、广告和促销的作用很小，甚至根本无法发挥作用。因此，在该类市场中，企业不必在营销战略上浪费太多精力。

在垄断竞争条件下，市场有众多卖方和买方，但其交易价格具有差异，不再是单一的市场价格。价格差异存在的原因在于卖方能够为买方提供差异化的产品或服务。因为在垄断竞争市场中存在很多竞争者，所以相较于寡头垄断竞争，企业较少受到竞争者价格策略的影响。卖方试图为不同的细分市场提供不同的产品和服务，除了价格外，它们还会自由地使用品牌、广告和人员销售等方式实现与竞争对手的差异化。因此，箭牌糖果通过品牌建设而非价格将彩虹糖与其他糖果品牌区别开来。它通过奇特的广告及其在 Tumblr、Instagram、YouTube、Facebook 和 Twitter 等社交媒体上的大量投放，打造了"吃定彩虹"这一巧妙的定位。这家擅长社交媒体营销的品牌自称拥有近 2 700 万的 Facebook 粉丝和 258 000 名 Twitter 粉丝。

在寡头垄断的情况下，市场中包含为数不多的几个大型卖方。例如，在有线/卫星电视市场中，少数几家供应商——康卡斯特、时代华纳、美国电话电报公司和 Dish Network 控制了绝大部分市场份额。因为卖家数量很少，每个卖家都对竞争对手的定价策略和营销策略保持警觉并迅速做出反应。在争夺用户订阅的战斗中，价格成为一个主要的竞争工具。例如，为了吸引顾客远离康卡斯特、时代华纳和其他有线电视企业，美国电话电报公司的 DirecTV 部门提供低价的"Cable Crusher"，锁定价格并提供免费的高清视频服务。在完全垄断的情况下，市场由一个卖家主导。卖方可能是政府垄断企业（美国邮政服务）、受监管的私人垄断企业（电力企业），或不受监管的垄断企业（戴比尔斯钻石）。在每种情况下，定价的处理方式不同。

2. 分析价格－需求关系

企业所制定的每种价格都可能导致不同的需求水平。**需求曲线**（demand curve）显示了价格和对应的需求量的关系，如图9-4所示。需求曲线显示了在特定时间内不同价格水平相对应的市场购买量。正常情况下，价格与需求是负相关的，也就是说价格水平越高，需求水平越低。因此，如果企业把价格从 P_1 提高到 P_2，它的销售量就会下降。简而言之，具有预算约束的消费者在价格较高时产品购买量会相对较少。

理解一个品牌的价格－需求曲线对企业做出适当的定价决策是十分重要的。ConAgra 食品企业在为自己的 Banquet 冷冻晚餐定价时就得到了教训。[8]

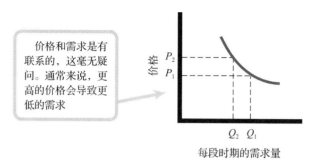

图9-4　需求曲线

为了弥补增加的商品成本，ConAgra 曾将 Banquet 晚餐的建议零售价从 1 美元提高到 1.25 美元。对此，很多消费者不再购买。销量下降，企业被迫以折扣价格出售过量的存货。事实证明，"Banquet 晚餐的关键特性就在于它的价格必须是 1 美元，"ConAgra 的执行官加里·罗德金说，"与之相比，所有其他因素都不够重要。"现在，Banquet 晚餐的价格又恢复到每餐 1 美元。为了在该价格水平下获利，GonAgra 正设法在成本管理上下功夫，试图减少分量，并用便宜的原料代替部分成本较高的原料。不仅仅是 Banquet 晚餐，ConAgra 所有的冷冻和罐头食品的价格都保持在 1 美元以下。消费者对于品牌维持价格的努力做出了良好回应。毕竟，还能在哪里找到 1 美元的晚餐呢？

大多数企业通过估算不同价格水平的需求量来构建需求曲线。市场类型会对需求曲线产生影响。在垄断市场中，需求曲线表示在不同价格水平上的市场总需求。如果企业存在竞争对手，不同价格下的需求量还将取决于竞争者的价格保持不变还是随着该企业价格的变动而改变。

3. 需求的价格弹性

市场营销人员还需要了解**价格弹性**（price elasticity），即需求对价格变化的敏感程度。如果价格发生小幅度变动时需求几乎不存在变动，我们就称该需求为无弹性的；如果需求变动很大，我们就称该需求是有弹性的。

如果需求是有弹性的，卖方就会考虑降低产品价格。较低的价格能带来更多的总收益，只要生产和销售更多产品的额外成本不超过可以获得的额外收入。但与此同时，大多数企业都不想采取将自己的产品转变成为低价商品的定价策略。近年来，价格管制的放松、互联网以及其他技术提供的实时比价等多方面因素大大提高了消费者的价格敏感度，这使得电话、计算机、汽车等产品已成为某些消费者眼中的日用品。

9.3.4　经济

经济形势能够对企业的定价策略产生重大影响。经济增长、经济衰退、通货膨胀以及利率等都会影响企业的定价决策，因为这些因素能够影响消费者支出、消费者对产品价值和价格的感知，以及企业的生产和销售成本。

在 2008～2009 年 "经济大萧条" 之后，很多消费者开始重新审视自己心中的价格－价值等式，他们缩紧了预算，并且对价值更为敏感。即便经济好转，消费者也倾向于继续保持节俭的习惯，这使得许多营销人员更加强调 "物有所值" 的定价策略。

对新经济环境最直接的回应就是降价和推出更高的折扣，几千家企业都这样做了。低价格使商品更容易被消费者所接受，有效地刺激了短期销售量，但从长期来看，这种降价并不能为企业带来其想要的结果。更低的价格意味着更低的利润率，大量的折扣会让消费者眼中的品牌价值折损，一旦企业降低了价格，就很难在经济复苏的时候再把价格复原了。

许多企业并没有降低其主要品牌的价格，而是设置了"价格等级"。它们增加了价格实惠的产品线和高端产品线，来满足具有不同偏好的细分消费者的需求。举个例子，对于精打细算的消费者来说，宝洁已经增加了其品牌的低价版本，比如 Bounty 和 Charmin 的"基础"版本，以及汰渍的低价版本，即"洁净熏香"系列。与此同时，在高端市场，宝洁推出了一些高端产品，比如 Bounty DuraTowel 和 Cascade Platinum 洗碗机专用洗涤剂，这些产品性能优异，价格是中档商品的两倍。

还有一些企业保持价格不变，但在其价值主张中重新定义了"价值"。接下来，我们看看高端食品零售商全食超市的例子。[9]

全食食品超市实际上创立了具有社会责任感的高端超市概念。并且，在"全食品、全人类、全星球"的使命下，全食超市快速发展并获得盈利。然而，在 2008 年的金融危机之后，即使富裕的消费者也削减了食品预算，这家高利润率的连锁企业也遭遇了挫折。同时，来自新的低价竞争对手的价格压力也越来越大。乔氏商店和 Sprouts Farmers Market 这样的专业超市和沃尔玛、克罗格这样的传统零售商都纷纷开始销售有机食品。

全食食品超市的"由价值观决定"的新活动强调，价值不仅仅是便宜的价格，"价值"与"价值观"是分不开的。
Justin Sullivan/Getty Images

为了应对危机，全食超市努力摆脱"全食品、不打折"的形象。该连锁店降低了成本，帮助顾客省钱，并悄悄地增加了对平价商品的重视。与此同时，全食超市让购物者相信，高质量的食品比折扣价格更重要，这加强了其核心的高端市场定位。全食超市名为"由价值观决定"的新营销活动强调了"价值"与"价值观"是分不开的。在全食超市购物时，顾客可以清楚地了解"他们的食物来自哪里，如何种植、饲养或制作"。这家零售商的产品都是"很负责地种植的"。因此，全食食品超市是在以一种保留自身特色的方式来应对定价挑战。"我们有能力在价格上进行竞争，并且我们将会做到这一点，"该连锁超市的共同首席执行官表示，"但这并不仅是一场比谁价格低的竞赛。我们也将开始一场比谁质量优的新竞赛。用更高质量的食品、更高的标准、更丰富的经验服务顾客，提升市场的透明度和可信度。"即使这意味着需要提高一点价格。[10]

请记住，即使在严峻的经济时期，消费者也并不仅仅根据价格进行购物。他们会衡量其支付的价格与获得的价值。比如，尽管一双鞋的售价高达 150 美元，但耐克在各个鞋类细分市场的所有品牌中都获得了最高的消费者品牌忠诚度。消费者认为，耐克产品的价值和其拥有耐克的体验，值这个价格。因此，无论企业制定高价或低价，它们都需要提供与价格相对应的价值。

9.3.5 其他的外部因素

除了市场和经济因素，企业在制定价格的时候，还需要考虑外部环境中的其他影响因素。企业必须了解自己产品的价格对所处环境中其他组织的影响。分销商对不同价格会有怎样的反应？企业制定的价格应该可以让分销商获得合理的利润，鼓励它们支持企业，并帮助它们有效地销售产品。政府是影响价格决策的另外一个重要外部因素。最后，社会问题也影响着价格决策。在制定价格时，企业的短期销售额、市场份额和利润目标可能会受到更广泛的社会因素的影响。在本章后面的部分我们会讨论公共政策对定价的影响。

缓冲带：概念链接

顾客价值的概念对好的定价和成功的营销十分重要。接下来，请确认一下你是否真正了解了价值的内涵。

- 前文中的一个例子提到，尽管一台施坦威钢琴的平均价格为 87 000 美元，但对其购买者来说施坦威有着巨大的价值。这符合你对价值的理解吗？
- 从你熟悉的产品类别（手表、香水、电子产品、餐厅等）中选择两个竞争品牌，其中一个为低价品牌，另一个为高价品牌。哪一个提供了更高的价值？
- "价值"和"低价"是一回事吗？这两个概念有什么区别？

9.4 新产品定价策略

作者评点

新产品定价尤其具有挑战性。试想在为一台新的智能手机定价时需要考虑的所有事情，比如第一款 iPhone。更具挑战的是，你必须在产品设计的最初步骤就开始考虑价格以及很多其他的营销因素。

定价策略通常会随着产品生命周期阶段的不同而发生变化。产品导入阶段的定价策略尤其具有挑战性，企业在推出新产品时就面临着第一次定价的挑战。企业有两种广义上的策略选择——市场撇脂定价和市场渗透定价。

9.4.1 市场撇脂定价

许多企业开发新产品时都将价格定得很高，以便从市场中一层层地获取收入。苹果经常使用这种策略，即**市场撇脂定价**（market-skimming pricing）或**价格撇脂**（price skimming）。当苹果首次推出 iPhone 时，其最初定价高达 599 美元，只有那些真正想追逐新鲜事物并能够为新技术支付如此高价格的消费者才会购买 iPhone 手机。6 个月以后，苹果将 8G 内存的价格降到 399 美元，16G 内存的售价降为 499 美元，以此来吸引新的购买者。一年之后，苹果又将二者的价格分别调整到 199 美元和 299 美元。并且，如今签订一份无线电话合约就可以让你免费获得一台基础版的 8G iPhone 手机。通过这种方式，每一款新的 iPhone 机型都以高价进入市场，然后随着新机型的推出而降价，这样苹果企业就可以从各个细分市场获得最大的收入。

市场撇脂定价只有在特定条件下才有意义。首先，产品的质量和形象必须能够支持它的高价位，并且有足够的顾客愿意以这样的高价格购买产品；其次，生产小批量产品的单位成本不能高到抵消高价位所带来的利润；最后，竞争者不能轻易进入市场对高价格产生威胁。

9.4.2 市场渗透定价

与设定高的初始价格来从那些小而有利可图的细分市场撇取利润不同，一些企业采用了**市场渗透定价**（market-penetration pricing）。企业首先为新产品制定一个较低的价格，以便能迅速和深入地渗透市场，快速吸引大量消费者并赢得较大的市场份额。较高的销量能降低成本，使企业有可能进一步降价。例如，三星在快速增长的新兴市场中使用了渗透定价，快速提高了市场对其移动设备的需求。[11]

在肯尼亚、尼日利亚和其他非洲国家，三星推出了一款价格实惠但功能齐全的三星 Galaxy Pocket Neo 手机，售价仅为 113 美元且没有通信合约。三星 Pocket 的设计和定价是为了鼓励数百万非洲顾客将他们的基本款手机首次更换为智能手机。此外，三星还在印度推出了一款售价仅为 87 美元的 Pocket 机型。通过渗透定价，这家全球最大的智能手机制造商希望能迅速且深层次地打入印度飞速发展的移动设备市场。该市场主要由首次使用者组成，占全球智能手机销量的近 1/4。想要在新兴市场与中国手机制造商小米等竞争对手的超便宜手机竞争，低价格也是必不可少的。三星的渗透定价引发了其与苹果之间的价格战。为应对价格战，苹果在新兴市场推出了大幅度折扣和更实惠的手机型号。苹果手机在印度的售价通常超过 300 美元，这使得苹果在印度仅占 2% 左右的市场份额。

这种低价策略的有效运作必须满足几个条件：①该市场必须对价格高度敏感，因此，低价格会导致市场份额的迅速增长；②生产和分销成本能够随着销售量的增加而降低；③低价格必须能够阻止竞争，采取渗透定价策略的企业必须始终保持其低价定位。否则，渗透定价只能获得暂时的优势。

9.5 产品组合定价策略

> **作者评点**
>
> 大多数单独的产品都是庞大的产品组合中的一部分，其定价必须与整个产品组合的定价相适应。比如，吉列将其 Fusion 剃须刀的价格定得很低，但你一旦购买了这个剃须刀，就必须购买其高利润率的替换刀片。

如果某产品是产品组合中的一部分，那么它的定价策略通常要做出一些改变。在这种情况下，企业会寻求一个价格组合使产品组合的总利润最大化。由于各个产品的需求、成本以及面对的竞争程度各不相同，所以定价的难度较大。表 9-1 总结出五种产品组合定价策略：产品线定价、备选产品定价、附属产品定价、副产品定价和产品捆绑定价。

表 9-1 产品组合定价

定价策略	描述
产品线定价	为一整条产品线定价
备选产品定价	制定与主产品配套的备选产品或附件的价格
附属产品定价	为需要和主要产品一起使用的产品定价
副产品定价	为低价值的副产品定价，以处理这些副产品或从中盈利
产品捆绑定价	为捆绑销售的产品定价

9.5.1 产品线定价

企业通常会开发产品线，而非单一产品。在**产品线定价**（product line pricing）中，管理者必须确定一个产品线里不同产品之间的价格差别。价格差别应考虑产品线内不同产品的成本差异，更重要的是，还需要考虑顾客对不同产品的感知价值差异。例如，Mr. Clean 洗车提供了六种清洗服务组合以供选择，包括从仅外部清洁的基本"Bronze"服务（5 美元），到外部清洁加上光泽保养的"Gold"服务（12 美元），到包括内外清洗、轮胎清洗、底盘除锈、表面保养甚至空气净化在内的"Signature Shine"服务（27 美元）。这家洗车企业的任务是建立感知价值的差异，从而支持其价格差异。

9.5.2 备选产品定价

许多企业在销售与主体产品相配套的备选产品或附件时采用**备选产品定价**（optional-product pricing）。例如，汽车购买者可能会选择订购导航系统或娱乐系统；冰箱则配有可选的制冰机；订购一台新计算机时你可以从处理器、硬盘驱动、操作系统、软件、服务计划等一系列选择中进行订购。为这些备选产品定价是个棘手的问题，企业必须决定哪些产品包含在基本价格内，哪些产品作为可选择的。

9.5.3 附属产品定价

企业生产必须与主体产品一起使用的产品时会采用**附属产品定价**（captive-product pricing）。列举几个附属产品，比如剃须刀的刀片、视频游戏、打印机墨盒、单杯咖啡胶囊和电子书。主体产品的生产商通常为主体产品（剃须刀、视频游戏机、打印机、胶囊咖啡机、平板电脑）制定较低的价格，但为附属产品制定较高的价格。例如，亚马逊在 Kindle 阅读器和平板电脑上几乎没有盈利，它希望通过销售电子图书、音乐、电影、订阅服务和其他内容来增加利润。"我们想在人们使用我们的设备时赚钱，而不是在他们购买我们的设备时赚钱。"亚马逊首席执行官杰夫·贝佐斯表示。[12]

附属产品可以占一个品牌销售和利润的绝大部分。例如，Keurig 的收入中只有相对小的一部分来自其胶囊咖啡机的销售。该品牌的大部分收入，近 77% 来自其附属产品 K-Cup 胶囊咖啡的销售。[13] 但是，使用附属产品定价法的企业必须十分谨慎。找到主体产品和附属产品之间价格的平衡点是很棘手的问题。在不得不购买昂贵的附属品时，消费者有可能会厌恶诱使他们上当的品牌。

例如，购买胶囊咖啡机的顾客，可能会因为还必须购买那些方便的胶囊咖啡而犹豫不决。虽然和星巴克的单杯咖啡相比，这些胶囊咖啡的价格看起来很便宜，但是换算成磅的话，胶囊咖啡的价格却是高得惊人。一名调查人员计算了胶囊咖啡的价格，每磅 51 美元。[14] 以这样的价格，你都可以煮一大壶高级咖啡，甚至还能倒出未用完的部分。对许多买家来说，胶囊咖啡机提供的便利性和选择多样性超过了额外的成本。然而，这种附属产品的成本可能会让一些人根本不会购买该设备，或者在购买后使用时觉得不爽。

在服务行业中，附属产品定价法也被称为二分定价法。服务的价格由固定费用和变动使用费用组成。因此，在 Six Flags 等游乐园中，你在购买了日票或季票后还需要为食品或其他园内设施付费。

9.5.4 副产品定价

生产产品和服务的过程中经常产生副产品。如果副产品无价值且处理成本较高，那就会影响主体产品的价格。通过**副产品定价**（by-product pricing），企业为副产品寻找市场来尽可能地补偿处理成本，使主体产品的价格更具竞争力。

副产品本身甚至可能是有利可图的——可以被变废为宝。例如，威斯康星州的奶酪制造商为其生产奶酪过程中剩下的卤水找到了新用途。他们现在把卤水卖给当地的市和县公路部门，而不用再额外花钱处理卤水。公路部门用卤水和盐一起融化结冰的路面。不仅如此，在新泽西，泡菜制造商出售他们剩余的卤水，用于类似用途。在田纳西州，酿酒厂出售的土豆汁是伏特加蒸馏的副产品。在美国许多高速公路上，工作人员使用一种叫 Beet Heet 的产品，如你所想，它是甜菜汁卤水副产品。这些卤水溶液的唯一副作用是有轻微的气味。一位公路部门的官员说："如果你在扫雪机后面，你会立刻闻到它的味道。"[15]

9.5.5 产品捆绑定价

在使用**产品捆绑定价**（product bundle pricing）时，企业通常把产品组合在一起出售，售价低于这些产品单独销售时的价格总和。例如，快餐店经常推出汉堡、炸薯条和软饮料在内的"超值套餐"；Bath & Body Works 会在肥皂和乳液产品中提供"三件套"（比如，三块除菌皂一起卖 10 美元）；康卡斯特、美国电话电报公司、时代华纳和其他电信企业将有线电视服务、电话服务和高速上网服务打包以低价出售。产品捆绑定价可以促使顾客购买本来可能不会买的产品，但是捆绑的产品组合的价格必须足够低，才能吸引顾客购买整个产品组合。

9.6 价格调整策略

作者评点

为产品设定基本价格只是开始，然后企业必须根据顾客和情境的差异调整价格。你最后一次按照建议零售价购买某件商品是什么时候？

企业通常会根据顾客的不同和情境的变化调整产品的基础价格。表 9-2 总结了 7 种价格调整策略：折扣和补贴定价、细分市场定价、心理定价、促销定价、地理定价、动态定价和国际定价。

表 9-2 价格调整策略

策略	描述
折扣和补贴定价	为回报消费者的某些行为（如批量采购或提前付款）调整产品的基础价格
细分市场定价	根据消费者、产品、地点的不同而调整价格
心理定价	根据心理效应调整价格
促销定价	暂时降价以促进短期销量
地理定价	根据消费者地理区域的不同调整价格
动态定价	依据个体消费者的特征和需求及购买情境对价格进行持续调整
国际定价	为国际市场调整价格

9.6.1 折扣和补贴定价

大多数企业调整基本价格以回报顾客的某些行为，例如提前付款、批量采购和淡季采购等。这些价格调整被称为折扣和补贴定价，包含多种形式。

一种折扣形式是**现金折扣**（cash discount），是针对及时付款的购买者的优惠政策。一个典型的例子是"2/10，30 天"，意思是顾客应于 30 天内付清账款，但若在 10 天内付清账款，就能在原价基础上享受 2% 的折扣。**数量折扣**（quantity discount）是给批量采购的购买者的价格优惠。**功能折扣**（functional discount），也称**贸易折扣**（trade discount），是由生产商向履行了某些职能（如销售、储存和记录）的渠道成员提供的一种价格优惠。**季节折扣**（seasonal discount）是卖方向那些在淡季购买商品或服务的顾客提供的一种价格优惠。

补贴（allowance）是另一种相对标价的降价形式。例如，旧货补贴是对购买新产品时以旧换新的顾客提供的优惠方式。这种补贴方式在汽车行业最为流行，其他耐用品行业也常使用。促销补贴是卖方为了回报参加广告宣传或销售活动的经销商所支付的款项或给予的价格优惠。

9.6.2 细分市场定价

企业通常会调整基础价格以适应不同的顾客、产品和销售地点。通过**细分市场定价**（segmented pricing），企业以两种或多种价格销售产品或服务，并且这些价格差异并非来源于成本差异。

细分市场定价有几种不同形式。在**顾客细分市场定价**（customer-segment pricing）中，不同顾客会为同一种产品或服务支付不同的价格。比如，博物馆可能向学生和年长的顾客收取较低的价格。**产品细分市场定价**（product form pricing）是指为不同版本的产品制定不同的价格，但该价格差异并不是基于成本差异。例如，从纽约到伦敦的飞机往返经济舱位可能为 1 100 美元，而同架飞机上的商务舱位价格为 3 400 美元或者更高。尽管商务舱的顾客得到了更宽敞的空间、更舒适的座椅以及更好的食品和服务，航空企业为此增加的成本却比向乘客收取的附加价格低得多。不过对于那些有购买能力的乘客来说，额外的服务值得额外的花费。

地点细分市场定价（location-based pricing）是指企业针对不同的地点制定不同的价格，即使其针对不同地点的成本是相同的。例如，州立大学向非本州的学生收取更多的学费；剧院会因观众对座位偏好不同而为不同的座位制定不同的价格。最后，**时间细分市场定价**（time-based pricing）是指产品的价格根据季节、月份、日期甚至小时的变化而变化。比如，电影院在白天收取日场的价格，度假村会推出周末和季节性折扣。

细分市场定价战略有效发挥作用必须满足一定的条件：市场必须是可细分的，而且不同的细分市场的需求具有差别。细分市场和接触市场的成本不应超过价格差异所带来的额外收入。另外，细分市场定价必须是合法的。

最重要的是，细分市场定价必须反映不同消费者感知价值的真实差异。支付了高昂价格的消费者必须感受到其获得了额外价值。同样，企业也必须谨慎，不能将支付低价格的顾客看成二等顾客。否则长远来看，该定价方法将引起消费者的不满和反感。例如，近年来，航空企业经常遭到座位在飞机前后两端的旅客的投诉。支付了全额费用的商务舱乘客和头等舱乘客经常感到被欺骗，同时，低价舱的乘客感到他们受到了忽视或不公正的对待。

9.6.3 心理定价

价格在一定程度上反映了产品的情况。例如，很多消费者用价格来判断质量，一瓶 100 美元的香水可能只装有价值 3 美元的香料，但却有人愿意花 100 美元去购买它，这表明价格体现了一些特殊的东西。

使用**心理定价**（psychological pricing）时，企业不仅要考虑经济学方面的问题，也要考虑与价格相关的心理学方面的问题。例如，消费者通常认为高价格产品具有较高的质量。当消费者可以检查产品质量或者通过经验判断产品质量时，他们较少依赖价格衡量质量；但当他们缺少必要的信息和技能来判断产品质量时，价格就成为重要的质量标志。比如，每小时 50 美元和每小时 500 美元的律师，哪个更优秀？这需要深入研究律师资质来客观回答这个问题，但即使这样，可能还是无法做出准确的判断，大多数人会简单假设收费高的律师会更好。

心理定价的另一个方面是**参考价格**（reference prices），也就是购买者头脑中关于特定产品的记忆价格，在选购产品时作为参照的依据。参考价格的形成可能是因为消费者注意到了当前的价格，记住了过去的价格，或是衡量了当时的购买情境。企业在定价时可以影响或利用消费者的参考价格。例如，一家食品杂货零售商可能会将售价 2.49 美元的自有品牌麦麸和葡萄干麦片放在货架中标价 3.79 美元的克罗格麦片旁边。或者，一家企业可能会销售一种销量并不高但价格高昂的车型，不过这种车型使该企业那些售价稍低的车型看起来更实惠，虽然它们本身价格也很高。例如，威廉·索诺玛曾经有一款价格高达 279 美元的花式面包机，但它又出产了另一种价格为 429 美元的面包机型号。429 美元的面包机销量不尽人意，但 279 美元的面包机的销量却成倍地增长。[16]

在大多数购买情境中，消费者并没有足够的能力或者信息知道他们是否支付了合理的价格。他们没有时间、能力或兴趣来研究不同的品牌或商店，比较价格，然后进行最优交易。相反，他们可能会依赖于某些暗示价格高低的信号。有趣的是，这种暗示信息通常是企业提供的，比如商品特卖标志、最低价格保证、所谓的亏本价格以及其他有用的线索。

即使很小的价格差异也能显示出产品的差别。以 9 或者 0.99 结尾的价格通常显示为打折商品，到处都可以看到这样的价格。例如，浏览一些主要折扣店的在线网站，比如塔吉特、百思买或 Overstock.com，几乎每一个价格都以 9 结尾。相比之下，高端零售商可能更青睐以整数结尾的价格（例如，6 美元、25 美元或 200 美元）。另外一些零售商的正价商品以 00 美分结尾，折扣商品则以 99 美分结尾。

尽管实际价格差异很小，但这样的心理策略效果显著。一项研究发现，当人们从价格分别为 299 美元和 300 美元的激光视力矫正手术医院中做出选择时，更多的人选择了要价相对较高的 300 美元的医院。两家医院实际上价格差别仅有 1 美元，但心理上的差异可能非常大。299 美元似乎相对便宜了一些，但是低价格会引起人们关于质量和风险的考虑。一些心理学家甚至认为每一个数字都有质量象征意义，应该在定价时认真考虑。"8" 是圆形且对称的，可以产生一种使人宽心的效果；而 "7" 是有棱角的，给人一种不和谐的感觉。[17]

心理定价：这些价签上标的价格提供了关于产品及购买情境的何种信息？
Jamie Grill/Tetra Images/Alamy

9.6.4 促销定价

在使用**促销定价**（promotional pricing）时，企业会暂时制定低于正常价格甚至低于成本的价格以激发购买的热情和紧迫感。促销定价通常有几种形式。卖家可以简单地对正常价格进行打折来增加销售和减少库存。在某些季节，卖家还会使用特殊事件定价来吸引更多的顾客。因此，电视和其他消费电子产品的促销往往在 11 月和 12 月，可以吸引假日购物者进入商店。限时优惠，比如网上快闪销售，可以创造购买的紧迫性，让购买者对于获得价格促销感到很幸运。

制造商有时会对那些在特定时间内购买产品的消费者采用现金返还的优惠方式，将现金直接送到消费者手中。汽车制造商、手机和小型器具制造商经常采用现金返还的方式，现在，消费品生产商也在采用这种方法。一些生产商还会采用低息贷款、延长保修期或免费维修等方式降低消费者的"价格"，该方法尤其受到汽车行业的青睐。

促销定价可以在购买决策过程中改变顾客的需求。例如，为了鼓励苹果用户把苹果笔记本电脑换成 Surface 平板电脑，微软最近向把 MacBook Air 以旧换新成 Surface Pro 3 的用户提供了高达 650 美元的返利。如此激进的价格促销可以强有力地促进消费者购买和转换品牌。

然而，促销定价也可能带来负面影响。比如在大多数假日季，市场上充斥着各种促销战争。营销人员用各种促销轰炸着消费者，使消费者疲惫不堪且产生对价格的疑虑。如果促销定价使用得太频繁就可能会催生"折扣倾向型"顾客，他们要等到品牌降价时才会购买。另外，经常性的降价会损害品牌在消费者心中的价值。

营销人员有时会沉迷于促销，尤其是在经济困难时期，他们没有努力使用长期有效的战略来建设品牌，而是将价格促销作为一种捷径。接下来，请看彭尼百货的例子。

在过去的20年里,彭尼百货一直不断地在与竞争对手的较量中失利,它的竞争对手包括折扣店和百货商场,例如沃尔玛、科尔士、梅西百货,以及另一些灵活的专卖商。为了竞争,这家110岁的零售商越来越依赖大幅度和频繁的折扣来推动销售,即使是以损失盈利为代价。到2012年,几乎75%的彭尼百货的商品以高于50%的折扣出售,只有不到1%的商品以全价出售。

为了扭转销售和利润下滑的局面,彭尼百货新实施了一项大胆的每日低价策略,名为"光明正大"的定价。它放弃了大幅折扣和无休止的促销,而是将常规零售价格降低了40%。其目标是提供与价值相匹配的公平、可预测的价格,同时提高利润率。然而,新的定价策略被证明是巨大的灾难。彭尼百货的核心顾客习惯了大幅打折,他们想要的远不止"公正"的价格,而是最低的价格。彭尼百货的销售额跌至25年来的最低水平。为了赢回核心顾客,彭尼百货很快又恢复了以往的定价,再次以常规的销售价格、折扣和优惠券为特色。随着销售和利润继续受到影响,彭尼百货正绝望地在寻找正确的定价中挣扎。它既不能长期采用折扣价格,却又离不开它们。[18]

9.6.5 地理定价

企业还必须决定销往国内不同地区或国际上的产品定价。由于远距离的运费较高,企业是否应该冒着失去远距离地区顾客的危险为那些地区的产品制定更高的定价?或是不考虑顾客的地域性制定一个统一价格?下面我们将通过一个假定的情景来了解五种**地理定价**(geographical pricing)策略。

帝王纸业企业位于佐治亚州的亚特兰大,向全美的顾客销售纸类产品。产品的运输成本很高,以至于会影响到顾客购买哪家企业的产品。帝王纸业想要采用地理定价政策,对于一个10 000美元的订单,它需要决定如何对三位顾客定价:顾客A(亚特兰大市)、顾客B(印第安纳州伯明翰市)和顾客C(加利福尼亚州开普敦市)。

帝王纸业的方案之一是顾客支付从产地到目的地的运输费。三类顾客支付同样的出厂价10 000美元,但顾客A额外支付100美元运费,顾客B额外支付150美元运费,顾客C额外支付250美元运费。这种定价策略被称为FOB定价法,意思是货物装上运输工具后,所有权和责任就都转移给购买者,由购买者支付从产地到目的地的运费。由于每个购买者承担各自的运输成本,FOB定价法的支持者认为这是考虑运费的最公平的方式。然而,这种定价策略的缺点在于,对于较远地区的顾客而言,帝王纸业的产品成本较高。

统一运输定价(uniform-delivered pricing)与FOB定价恰好相反:企业向所有顾客收取统一价格(包括运输费),不考虑送货地点。运输费以平均运费计算,比如150美元。因此,对于亚特兰大的顾客而言,统一运输定价更高(需支付150美元运费而非100美元),但是开普敦市的顾客就会觉得定价较低(只需150美元而非250美元)。在这种情况下,尽管亚特兰大的顾客可能更愿意从执行FOB定价的另外一家本地纸品企业购买纸品,但是帝王纸业企业将有更大机会赢得加利福尼亚的顾客。

区域定价(zone pricing)介于FOB定价和统一运输定价之间。企业把市场划分为两个或多个区域,在同一区域的顾客适用同一价格,其余较远的区域价格较高。例如,帝王纸业可划分为东部地区,向该地区内的所有顾客收取100美元的运输费;中西部区域,收取150美元的运输费;西部区域,收取250美元的运输费。用这种方法,同地区内的顾客无法从帝王纸业取得价格上的好处,例如,亚特兰大和波士顿的顾客支付相同的价格。然而,亚特兰大的顾客可能会抱怨他们为波士顿的顾客支付了一部分运费。

在**基点定价**(basing-point pricing)中,企业选择一个城市作为"基点",然后根据顾客所在地到基点城市的距离收取运费,而不考虑货物到底是从哪里发出的。比如,帝王纸业可能选择芝加哥作为基点城市,向所有顾客收取10 000美元的产品价格,以及从芝加哥到顾客所在地的运输费用。这意味着即使亚特兰大的顾客也要支付从芝加哥到亚特兰大的运输费,尽管货物可能是从亚特兰大发出的。如果所有的卖家都选择相同的基点城市,则所有顾客的运输费用都相同,这将有效避免价格竞争。

最后,如果企业非常想与某个特定的顾客或者是某个特定地区的顾客开展业务,它可能使用**无运费定价**(freight-absorption pricing)。使用这种定价策略时,企业承担部分或全部的运输费用,以获得所期望的业务。企业也许会说,如果能够获得更多的业务,平均成本的降低将可以弥补额外的运输成本。无运费定价法可用于市场渗透,或者在竞争日益激烈的市场中维持市场份额。

9.6.6 动态定价

历史上，价格一般是由卖方和买方协商决定的。固定价格政策——为所有的购买者制定统一价格的策略是一种创新想法，该策略随着19世纪末大规模零售商的发展而出现。如今，大多数价格都是通过这种方法确定的。但是，一些企业颠覆了统一价格的趋势，它们使用**动态定价**（dynamic pricing）方法，持续调整价格以迎合个体顾客的特点和需求以及环境特性。

动态定价在互联网上尤其盛行，互联网似乎将我们带到了过去的动态定价时期，这种定价为营销人员提供了很多好处。比如，互联网企业L.L.Bean、亚马逊或者戴尔，可以通过数据挖掘来发现特定消费者的需求并了解其收入，检查竞争对手的竞价，实时制定自己的产品价格来迎合消费者的情况和行为。

零售商、航空、酒店甚至体育业等企业每天每时都会根据需求、成本或竞争者的价格来随时调整其产品的价格。如果做得好，动态定价可以帮助卖家优化销售，更好地为顾客服务；但如果做得不好，它就会引发价格战，损害顾客关系和信任。企业必须小心谨慎，不要越过精明的动态定价策略和破坏性定价策略之间的界限（见营销实践9-2）。

营销实践 9-2

动态定价：实时价格调整的奇迹和困境

如今，似乎每一个卖家都知道竞争对手所有产品在任何时候的价格。更重要的是，今天的技术让卖家能够灵活地调整自己的价格，这通常会造成一些非常滑稽的定价动态。

例如，在一个黑色星期五的周末，Xbox游戏的最新版本，即Dance Central的价格，经历了一些混乱和跳水的变动。感恩节前一天，亚马逊将该游戏的价格降至49.96美元，与沃尔玛的价格相同，并比塔吉特的价格低了3美分。在感恩节当天，亚马逊将这一价格削减了一半至24.99美元，这与百思买的感恩节特价相同。沃尔玛迅速做出了回应，将价格调整到底价15美元，亚马逊也立即跟上。你可能会好奇这是一种什么样的定价。接下来，我们一起探索动态定价的神奇之处和它所面临的困境。

从有利的一面来看，动态定价可以帮助卖家根据市场环境来调整价格，以优化销售并更好地服务顾客。例如，航空企业经常使用动态定价来不断调整特定航班的票价，这取决于竞争对手的定价和预期的座位利用率。任何经常乘坐飞机的人都知道，如果你现在打电话预订下周飞往阳光灿烂的佛罗里达的机票，你会得到一个价格。一小时后再试一次，你会得到不同的价格——也许更高，也许更低。提前一个月预订同样的座位，你可能会少付很多钱。

动态定价不仅仅是卖家优化收益的问题，它还将定价权放到消费者手中，提醒消费者注意利用商家之间不断发生的价格冲突。通过在线价格调查和购物应用软件去监控价格，消费者可以抢购特价商品或从零售商的价格比拼中获益。事实上，如今的流动性定价有时会让买家占上风。随着价格调查和网上订购变得便捷可行，即使是像塔吉特、沃尔玛和百思买这样的大型零售商也已经成为"展厅现象"的受害者——购物者会到零售店里查看商品和价格，然后在网上购买商品。

百思买这样的商店也在使用动态定价策略来改变被当成展厅室的现象，甚至把这变成一种优势。例如，百思买为每个销售员提供了手机价格检查器，在每一次交易中，他们都可以实时检查竞争对手的价格。销售员可以经常向顾客证明百思买实际上在大多数商品上的价格都是最优惠的。当百思买的价格不是最低时，员工被要求在价格上以10%的优势击败线上或线下的低价竞争对手。百思买相信，一旦购买的价格相同，它就可以利用其免费服务、即时购买、方便的地理位置和便捷的退货服务，将到店的消费者转化为购买者。

正如百思买的例子所表明的那样，动态定价不仅仅发生在快速变化的互联网环境中。例如，折扣商店科尔士已经用数字化标签代替了静态价格标签。企业可以集中控制这些数字化标签，动态地调整指定的商店或所有连锁店内单个商品的价格。这项技术使科尔士可以像互联网一样进行动态定价，随着环境的变化而改变价格，且不需要花费改变实体标签的时间和成本。

除了使用动态定价来对抗竞争对手，许多卖家还会根据顾客的特点或购买情况来调整价格。一些卖家根据顾客的购买历史或个人资料收取不同的价格。有些企业给购物车里有更多商品的顾客提供特别的折扣。据报道，在线旅行社 Orbitz 甚至调高了 Mac 和 iPad 用户的价格，因为苹果粉丝的平均家庭收入更高。

消费者惊讶地发现，在大多数情况下，根据消费者的购买行为向不同顾客收取不同的价格居然是完全合法的。事实上，一项调查发现，2/3 的网购者都认为这种做法是违法的。当他们得知这不违法时，将近 9/10 的人坚持认为这应该是非法的。

动态定价：据报道，亚马逊的自动动态定价系统基于一系列的市场因素，在一天内改变了其网站上多达 8000 万件商品的价格。
Webpics/Alamy

不管合法与否，动态定价并不总能让顾客满意。如果做得不好，可能会让顾客觉得困惑、沮丧，甚至是怨恨，破坏来之不易的顾客关系。比如，据消息称，亚马逊的自动动态定价系统基于一系列的市场因素，在一天内改变了其网站上多达 8000 万件商品的价格，请看一下这位亚马逊购物者的经历。

南希·普拉姆利（Nancy Plumlee）刚刚接触了麻将。她浏览了亚马逊网站，在筛选了几页选择项后，以 54.99 美元的价格选定了一套麻将。她把它放在购物车里，继续购买一些记分卡和游戏配件。几分钟后，她看了眼购物车，发现价格从 54.99 美元涨到了 70.99 美元。南希·普拉姆利觉得她快要疯了。她查看了她电脑的浏览历史，事实上，麻将游戏的原价仍是 54.99 美元。她下定决心，清空购物车，再试一次。这一次，游戏的价格从 54.99 美元跳到了 59.99 美元。"这简直让人觉得缺乏商业诚信，真为亚马逊感到羞愧。"普拉姆利说，她打电话给亚马逊，说服这家在线零售商退还她 5 美元。

有时候，很难确定智能动态定价策略的精确界限，而跨越界限对顾客关系造成的损害比企业从中获取的利润大得多。以 Uber 为例，它是一款基于 App 的汽车调度服务，服务于美国许多大城市。用户可以通过短信或 Uber 的手机应用来召唤出租车、汽车或其他交通工具：

Uber 采用了一种称为"高峰期定价"的动态定价模式。在正常情况下，Uber 顾客支付合理的费用。然而，在需求激增的时间段使用 Uber，可能会导致惊人的涨价。例如，在一个暴风雨的周六的晚上，在曼哈顿，Uber 收取的车费是平常的 8 倍多。尽管 Uber App 在处理用户的请求之前提醒他们会提高车费，但很多用户还是非常愤怒。一位用户在 Instagram 上分享了一张 415 美元的出租车收据照片："这是抢劫！"然而，尽管发生了抗议，但 Uber 在纽约地区的需求并没有随之下降。看来，对大多数能负担得起 Uber 的人来说，便利和信誉才是决定因素，而不是价格。

因此，良好的动态定价可以帮助卖家通过跟踪竞争对手的价格和快速适应市场变化来优化销售和利润。然而，如果使用不当，它就会引发价格战，损害顾客关系和信任。通常情况下，动态定价就像是卖方定价的"军事竞赛"，过于强调价格，而忽视了其他重要的顾客价值构成要素，企业必须谨慎地保持价格平衡。百思买的某位市场部人员称，价格，不管动态与否，仍然只是"方程式的一部分"。还有其他的要素：合适的产品品类、便捷、快速送货、顾客服务、保修保证，所有这些对顾客来说都很重要。

资料来源：Andrew Nusca, "The Future of Retail Is Dynamic Pricing. So Why Can't We Get It Right?," *ZDNet*, October 2, 2013, www.zdnet.com/the-future-of-retail-is-dynamic-pricing-so-why-cant-we-get-it-right-7000021444/; Laura Gunderson, "Amazon's 'Dynamic' Prices Get Some Static," *The Oregonian*, May 5, 2012, http://blog.oregonlive.com/complaintdesk/2012/05/amazons_dynamic_prices_get_som.html; David P; Schulz, "Changing Direction," *Stores*, March 2013, www.stores.org/STORES%20Magazine%20March%202013/ changing-direction; Jessi Hempel, "Why Surge-Pricing Fiasco Is Great for Uber," *CNNMoney*, December 30, 2013, http://tech.fortune.cnn.com/2013/12/30/ why-the-surge-pricing-fiasco-is-great-for-uber/; Alison Griswold, "Everybody Hates Surge Pricing," *Slate*, April 24, 2014, www.slate.com/articles/business/ moneybox/2014/04/uber_style_surge_pricing_does_the_system_make_sense_for_d_c_cabs.html; and Mike Murphy, "Amazon Changed the Price of the Bible Over 100 Times in Five Years," *Quartz*, January 21, 2015, http://qz.com/327835/ amazon-dynamic-pricing-changed-the-price-of-the-bible-over-100-times-in-five-years/.

在极端情况下，一些企业从在线浏览和购买历史中挖掘顾客个人的特征和行为，并据此个性化他们的产品和价格。最近，网上的产品和价格很可能就是基于以下因素：特定顾客的搜索和购买记录，他们购买其他商品时支付的价格，以及他们是否愿意和能够花更多的钱。例如，最近在网上购买了到巴黎的头等舱机票或者定制了新奔驰轿车的消费者，之后在购买 Bose 收音机时可能会收到更高的报价。相比之下，只有普通的在线搜索和购买历史的消费者在购买同样的收音机时，可能会收到 5% 的折扣和免费的送货服务。[19]

尽管这种动态定价方法在法律上存在异议，但事实上它并没有问题。只要企业不根据年龄、性别、地点或者其他类似的特征歧视顾客，动态定价就是完全合法的。动态定价在许多情况下都有意义，它可以根据市场情况和顾客偏好来调整价格。但是，营销人员需要格外注意不能使用该方法来利用特定的消费者群体，这将会损害其顾客关系。

动态和在线定价是互惠的，顾客通常也能从中受益。多亏互联网让具有百年历史的讨价还价的艺术重新流行起来。比如，消费者可以在在线拍卖或交易网站讨价还价。想要出售流传了几代的古董咸菜坛子吗？你可以将它放到 eBay 或者 Craigslist 上。想要为订酒店或者租车支付任何自己想支付的价格吗？你可以访问 Priceline.com 或者其他逆向拍卖网站。想要竞得一场热门演出或体育活动的门票吗？你可以登录 Ticketmaster.com，它专门为活动门票提供在线拍卖服务。

也多亏了互联网，顾客可以在雅虎购物、Epinions.com、PriceGrabber.com 等比价网站上，或者通过 TheFind、eBay 的 RedLaser、亚马逊的 PriceCheck 等移动应用，比较成千上万个卖家的产品和价格。例如，RedLaser App 可以让顾客在商场购物的时候通过扫描条形码或者二维码（或者通过语音和图像搜索）来对网上商店和周边商场进行搜索，提供大量评价和比价。这个应用甚至还能马上推送该商品的网络购买链接。有了这些信息，顾客可以更好地与实体店进行讨价还价。

事实上，许多零售商发现如今的在线比价工具为顾客增加了太多的优势。塔吉特、百思买、博斯通和 GNC 等零售商正在制定策略，来应对"展厅现象"。拥有智能手机的顾客现在经常到商店里看商品，并在店内进行在线比价，然后选择更低价的网络购买。这种行为就叫作"展厅现象"，因为顾客把零售商的商店当成了亚马逊等在线零售商的"展厅"。

在刚刚过去的假日季，百思买发起了一场名为"你的终极假日展厅"的广告宣传活动，旨在直接打击"展厅现象"。[20]

在活动中，许多名人都表示百思买的购物体验比像亚马逊这样的在线零售商更好。他们吹捧百思买的优势，比如受过良好训练的员工的帮助，可以网上订购店内取货，以及百思买的低价格保证。"展厅……不是最理想的体验，"一位百思买的营销人员说，"在家里做研究，去商店做更多的研究，然后暂停，回家并订购，然后等待商品准时到达。其实有一个更好的方法。"更好的方法就是在百思买的终极假日产品展厅购物。大多数消费者对这一轻松愉快的活动做出了积极的反应，提高了假日期间商店的人流量。然而，对百思买来说，真正的挑战是把顾客变成购买者。一些顾客仍持怀疑态度。正如一位消费者在"终极假日展厅"广告下评论的："亲爱的百思买，我很高兴你知道你是一个展厅。每个在亚马逊购物的人都喜欢你。"

9.6.7　国际定价

在国际上经销产品的企业必须确定其产品在不同国家的价格水平。在某些情况下，企业可以在全世界范围内制定统一价格。例如，波音企业在各地出售飞机的价格基本相同，无论是在美国、欧洲，还是发展中国家。但是，大部分企业会根据当地的市场环境和成本而调整价格。

企业在特定国家定价时要考虑许多具体因素，包括经济环境、竞争状况、法律法规及其批发和零售体系的发展状况等。不同国家消费者的认知和偏好也有差异，因此会要求不同的价格。或者企业在世界不同地区市场中追求的目标不同，这也会要求企业进行价格策略的调整。例如，苹果在高度发达的成熟市场中引入了成熟的、功能丰富的高端智能手机，使用市场撇脂定价策略。相比之下，它现在面临的压力是，要对旧型号产品打折，开发更便宜、更基本的手机型号，以满足规模大但不太富裕的发展中市场。在这些发展中国家，打折的苹果手机旧机型的售价都还是低价竞争机型的 3～5 倍。

成本在制定国际价格中起着重要的作用。在国外旅行的人经常惊讶地发现，在国内相对便宜的商品在其他国家可能会贵得离谱。在美国,一条 Levi's 裤子的售价为 30 美元,在东京可能是 63 美元,在巴黎是 88 美元。在美国,麦当劳的巨无霸售价为 4.20 美元,在挪威的售价为 7.85 美元,在巴西为 5.65 美元。欧乐 B 牙刷在本土售价 2.49 美元,在中国售价可能为 10 美元。相反,一个在意大利米兰只售 140 美元的 Gucci 手袋在美国可能会卖到 240 美元。

有些情况下,这种价格上涨是由于销售策略或者市场条件不同造成的。然而在大多数情况下,仅仅是因为外国市场的销售成本较高,包括额外的运营成本、产品改良成本、运输和保险费用、汇率波动、实体分销成本和进口关税及其他税费。例如,中国对进口的西方奢侈品(如手表、名牌服装、鞋子和皮包)征收高达 25% 的关税,对化妆品征收 30% 的消费税,对高端手表征收 20% 的消费税。因此,在中国购买西方的奢侈品,其价格要比在欧洲购买高出 50%。[21]

对于试图进入不够富裕的新兴市场的企业,价格已成为其国际化营销战略的一个关键因素。通常,进入新兴市场意味着要把快速增长的发展中国家(如中国、印度、俄罗斯、巴西)的中产阶层群体列为目标消费群体。然而在近期,由于全球经济疲软导致国内市场和新兴市场发展缓慢,许多企业开始转向新的目标,即所谓的"金字塔底层"群体,包含世界最贫穷的消费者在内的巨大的未开发市场。

不久以前,许多西方企业偏好的事情就是在印度或者印度尼西亚这类发展中国家市场中,为自己的产品贴上新标签,以高昂的定价来寻找可以付得起高价的少数特权买家。然而,这样的定价方式使许多产品的价格超出了新兴市场数千万贫困消费者的消费能力。因此,许多企业为这些市场开发了更小、更基础、更实惠的产品版本。例如,多芬、Sunsilk、立顿和 Vaseline 等品牌的制造商联合利华缩小了包装,并设定了低价格,使世界上最贫穷的消费者也能买得起。它开发了单次装的洗发水、洗衣粉和洗面奶以及其他一些产品,只卖几美分一包也能盈利。结果,如今联合利华一半以上的收入来自新兴经济体。[22]

尽管这种策略对于联合利华来说是成功的,但是,大多数企业也意识到向金字塔底层的顾客销售商品以赚取利润,不能仅仅依靠将原有产品改变和缩小包装以及降价。就像更富裕的顾客一样,低收入的顾客也想要既实用又让人兴奋、满意的产品。因此,今天的企业正开发新的产品,这些产品不仅价格低廉而且让金字塔底层的顾客感到物超所值。

国际定价呈现出许多特殊问题和复杂性。我们将在第 15 章更详细地讨论国际定价问题。

9.7 价格变动策略

作者评点

企业何时需要改变自己产品的价格,用什么样的方式?如果成本上升挤压到利润空间呢?如果经济衰退消费者价格敏感度增高呢?如果一个主要竞争者提高或降低了自己的价格呢?如图 9-5 所示,企业面临着很多价格变动的选择。

企业在制定好价格结构和策略后,还经常面临需要改变价格或根据竞争者的价格变化做出相应调整的情况。

9.7.1 发起价格变动

在一些情况下,企业会想要发起涨价或降价的价格变动。但不论价格如何变动,企业必须考虑购买者和竞争者可能的反应。

1. 主动降价

某些情况可能导致企业考虑降价。其中一种情况是企业生产能力过剩,另外一种情况则是激烈的价格竞争或经济衰退导致市场需求下降。在这样的情况下,企业可能会积极降价来增加销售量和市场份额。但是,航空业、快餐业、汽车业、零售业和其他一些行业近年来的经验表明,在一个生产力过剩的行业中降价很可能会导致价格战,因为竞争对手也要尽力保持自己的市场份额。

企业降价的原因还可能是要用更低的成本占领市场。或是企业最初的生产成本就比竞争者低,或者企业希望通过降价来获得更大的市场份额,增加销售量从而降低成本。例如,计算机和电子产品制造商联想就使用了很积极的低成本、低价格战略来增加其个人计算机产品在发展中国家的市场占有率。同样,中国低价手机制造商小米现在已经成为中国智能手机市场的领导者，并且这家低成本制造商正在快速进军印度和其他新兴市场。

2. 主动提价

成功的提价能够大幅度增加利润。例如，一家企业的利润率为销售额的3%，如果价格提高1%，在销售量不变的情况下，利润就增加了33%。诱发提价的一个主要因素是成本上升，上升的成本导致利润率下降，企业不得不将成本上升的压力转嫁给消费者。另一个导致提价的因素是过度的需求，当一家企业不能满足所有顾客的需求时，它可能会提高价格，也可能向顾客定量配给产品，或者同时采取这两种措施。可以就此思考一下当今世界石油和天然气行业的情况。

但是在提价时，企业必须避免留下"价格掠夺"的形象。比如，当汽油的价格迅速上升时，愤怒的消费者经常谴责石油企业通过让消费者买单的方式使自己变得更富有。顾客的记忆是长期性的，他们最终会离开那些他们认为要价过高的企业，甚至离开整个行业。在极端情况下，价格掠夺的指控甚至可能导致政府管制的增多。

一些措施可以帮助企业避免这个问题，其中一种是使价格的上涨保持公平感。企业应该在提高价格的同时向顾客解释为什么要提价。

在任何可能的情况下，企业都应该考虑如何在不提高价格的情况下满足更高的成本或需求。例如，企业可以考虑用更划算的方法来生产或分销其产品。企业还可以拆开原本捆绑在一起的市场供应品，比如，可以去掉一些功能、包装或服务，并单独对这些部分定价。或者，企业可以减少产品的分量或使用便宜的原料替代，而不是提高价格。宝洁在汰渍产品上采用了这一方法。为保持价格不变，宝洁把100盎司的容量减少到92盎司，把50盎司的容量减少到46盎司。在不改变整包价格的情况下，每盎司的价格上涨了8%以上。类似地，金百利克拉克通过"减重"提高了Kleenex的价格——减少了每个包装里卫生纸或面巾纸的数量。普通的士力架现在重1.86盎司，比过去低2.07盎司，有效地把价格提高了11%。[23]

3. 购买者对价格变化的反应

顾客并不总是以简单直接的方式理解价格变化。比如，价格升高通常会降低销售量，但也会对购买者产生一些正面的影响。如果劳力士提高它最新款手表的价格，你会怎样想？一方面，你可能认为这款手表更独特或更精致；另一方面，你也可能认为劳力士很贪婪，想赚取最大限度的利润。

类似地，消费者可能对一次降价做出多种解释。例如，如果劳力士突然大幅降低手表的价格，你会有何感想？你可能认为自己捡了大便宜买到这个奢侈品；但更有可能你认为产品的质量降低了，品牌的豪华形象有了污点。一个品牌的价格和形象通常是紧密相连的。价格的变化，尤其是价格降低，可能会给消费者的品牌印象带来负面影响。

4. 竞争者对价格变化的反应

企业在考虑进行价格变动时不仅仅需要考虑消费者的反应，还必须考虑竞争对手的反应。在那些企业数量少、产品同质化且消费者信息灵通的行业中，竞争者最可能对价格变动有所反应。

企业怎样才能对其竞争对手的反应做出预测？这个问题非常复杂，因为就像消费者一样，竞争者也会对企业的降价做出很多种不同的理解。它可能认为该企业正在努力争取更大的市场份额；或者企业的经营业绩不佳，通过降价来促进销售；或者该企业想要整个行业都通过降价来增加总需求。

企业必须预测每个竞争者可能的反应。如果所有的竞争者行动方式相同，这就等同于分析一个典型的竞争者；反之，如果竞争者的行动方式并不相同（也许是由于规模、市场份额或政策的不同），就有必要对每个竞争者分别进行分析。然而，如果一些竞争者会效仿自己进行价格变动，那么企业就有理由预测其余的竞争者也会效仿进行价格变动。

9.7.2 对价格变化的回应

现在我们把问题反过来，如果竞争者改变价格，企业应当如何应对？企业必须思考以下几个问题：竞争者为什么要改变价格？价格变动是暂时性的，还是永久性的？如果企业不做任何回应，对自己的市场份额和利润可能会产生什么影响？其他企业可能会做出反应吗？除了这些，企业还必须考虑自身的情况和战略，以及消费者对价格变动可能做出的反应。

图 9-5 说明了一家企业评估和应付竞争者降价的几种方法。如果企业确定竞争者已经降低了价格，且企业认为其价格的降低很可能影响自身的销售和利润。那么针对这种情况，企业也许会简单地决定保持现有的价格和利润率。该企业可能会认为，它不会失去太多的市场份额，或者如果它降低了自己的价格，就会失去太多的利润；或者，它可能会认为应该等到有更多关于竞争对手价格变化的信息时再做出回应。然而，等待的时间过长可能会让竞争对手随着销售的增长而变得更强大、更自信。

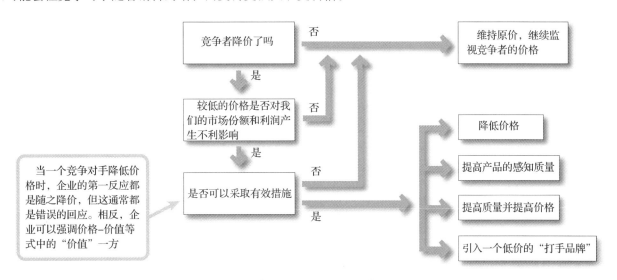

图 9-5　对竞争对手的价格进行评估并做出反应

如果企业认为应该采取有效的对策，它可能有四种做法。首先，企业可以降低价格来与竞争者的价格相匹配。它可能认为市场是价格敏感型的，不这样做会被低价格的竞争者抢占太多的市场份额。但是，降价在短期内会降低企业的利润。一些企业可能会决定降低产品的质量、服务、营销费用以保持原来的利润率，但这最终会损害企业长期的市场份额，企业在降价时也应该努力保持原来的质量水平。

其次，企业可能维持原来的价格但提高它所供应产品的感知价值。它可以加强市场宣传，强调产品在相对价值上优于价格较低的竞争产品。企业可能会发现，相比降价后以较低的利润率运营，维持原价并提高产品的感知价值是一个更为有效的方法。再次，企业可以提高质量和价格，把其品牌转移到一个更高的价值 – 价格的定位。更高的质量创造了更好的顾客价值，这能够支持较高的价格。反过来，较高的价格又可以使企业保持较高的利润率。

打手品牌：星巴克已将其 Seattle's Best Coffee 定位为与唐恩都乐、麦当劳和其他低价竞争对手的"大众高端"品牌直接竞争的品牌。
Curved Light USA/Alamy

最后，企业可以引入一个低价的"打手品牌"，即在现有的产品线上增加一个低价产品或者创造一个独立的低价品牌。如果企业正在失去的细分市场对价格敏感，但对高质量诉求不敏感，这个措施就是很有必要的。星巴克收购 Seattle's Best Coffee 就是出于这个原因。后者是一个定位于工薪阶层的咖啡店品牌，相对于星巴克母品牌更加专业、高端的品牌诉求，这个品牌强调"可获得的高品质"，而其价格也比星巴克母品牌的咖啡更便宜。就这样，在零售业中它直接和唐恩都乐、麦当劳以及其他大众品牌竞争，竞争的主要方式是通过自己的特许经销店以及同赛百味、汉堡王、Delta、AMC 剧院、皇家加勒比邮轮等企业合作。在超市的货架上，它和超市自有品牌以及其他大众高端咖啡（如 Folgers Gourmet Selections 和 Millstone）相竞争。

为了在紧缩的经济形势中与商店自有品牌和其他低价进入者抗衡，宝洁将其一系列品牌转变为了打手品牌。Luvs 纸尿布向父母传递"更严密的防漏保护、更低的价格"的信息。宝洁同样为几个重要的品牌推出了低价格的基础版本。比如，Charmin 基础版"在你喜欢的价位上提供高质量的卫生纸"；Puffs 基础版给你"每日柔软，每日价值"；汰渍 Simply Clean & Fresh 比普通汰渍洗衣粉便宜 35% 左右。然而，在引入打手品牌时，企业必须谨慎行事，因为这样的品牌会有损已有的品牌形象。此外，尽管它们可能会吸引廉价的买家，但其也可能从企业的高利润率品牌中抢走生意。

9.8 公共政策与定价

作者评点

价格决策通常会受到社会和政治因素的限制。以药品产业为例，处方药价格的迅速上涨是合理的吗？或者说药店通过掠夺没有其他选择的消费者来实现不公平的盈利是合理的吗？政府需要介入吗？

价格竞争是自由市场经济的核心因素。企业通常无法随心所欲地定价，许多联邦法规、州法规甚至地方法规都在监控定价的公平性。另外，企业必须考虑更广泛的社会因素。比如，制药企业在定价时必须把握成本、利润目标以及药物消费者需求之间的平衡。

《谢尔曼反托拉斯法案》《克莱顿法案》和《罗宾森 – 帕特曼法案》都是监控公平定价的基本法规，它们起初是为了限制垄断和控制不正当的商业行为。由于这些联邦法规只能作用于跨州的商业活动，一些州已经实施了类似的法规应用于在本地区内开展商业活动的企业。

图 9-6 展示了定价中主要的公共政策问题，包括在一定渠道层次内的破坏性定价行为（串通定价和掠夺性定价），和跨不同渠道层次的破坏性定价行为（零售价格维持、差别定价和欺骗性定价）。[24]

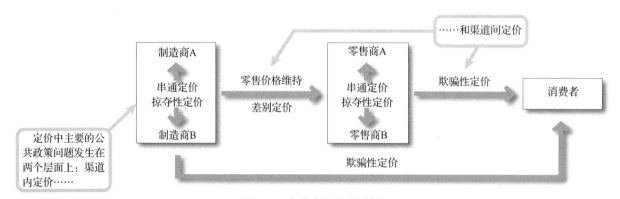

图 9-6　定价中的公共政策

资料来源：Adapted from Dhruv Grewal and Larry D. Compeau, "Pricing and Public Policy: A Research Agenda and Overview of the Special Issue," *Journal of Public Policy and Marketing*, Spring 1999, pp. 3-10.

9.8.1　渠道内定价

联邦政府对串通定价有立法规定，企业在定价时不能与竞争者商讨，否则将被视为价格共谋。串通定价本质上是不合法的，也就是说，政府不会接受来自任何企业的辩解，被认为采取这种行为的企业将受到严厉的处罚。近年来，州政府和国家管理机关在汽油、保险、信用卡、CD、计算机芯片和电子书等行业范围内大力加强了对串通定价的管理力度。例如，近年来，美国司法部对苹果提起诉讼，控诉其与出版商串通操纵电子书价格。串通定价在许多市场都是被禁止的。例如，苹果企业曾因其串通 iPhone 在中国台湾的定价而被罚款 67 万美元。[25]

企业还被禁止使用掠夺性定价，即为了惩罚竞争对手或获得长期高额利润而把价格降到成本以下。禁止掠夺性定价可以保护小企业免受大企业的危害，因为大企业可能会暂时把价格降到成本以下或者维持在特定区间把小企业永久地挤出市场。其中最大的问题是如何界定掠夺性定价行为。低于成本销售产品来降低库存不会被看作掠夺性的，但是为了把竞争对手赶走而把产品低于成本售卖是掠夺性的。因此，同样的行为可能是也可能不是掠夺性的，这取决于企业行为意图，但意图是很难判断和证实的。

近几年，一些有实力的大企业被指控采用了掠夺性定价策略，但把这种指控诉诸法律是非常困难的。例如，许多出版商和书商控诉亚马逊网站的掠夺性行为，特别是它的图书定价。[26]

许多出版商和书商抱怨亚马逊网站的图书定价政策损害了这个产业。在过去的节日旺季中，亚马逊把畅销书排行榜前10的精装版图书亏本销售，这些书每本售价还不到10美元。现在，为了给Kindle电子阅读器赢得顾客，它又以跳楼价出售电子书。这种超低价图书严重损害了竞争对手的利益，这些书商把亚马逊的定价行为看成是掠夺性的。一位观察家说："'掠夺者'这个词有些严重，我不会轻易使用它，但是……我可以发誓我们有法律来制约掠夺性定价。我并不理解为什么'亚马逊的定价'不构成一个问题。"至今没有人针对亚马逊的掠夺性定价行为提起诉讼，要证明这种亏本定价是一种有目的的掠夺行为，而不是简单的竞争营销行为，是极度困难的。

9.8.2 渠道间定价

《罗宾森-帕特曼法案》禁止不公平的价格歧视行为，以确保卖方对相同交易水平的所有顾客收取相同的价格。例如，生产商提供给每个零售商的价格条款必须是相同的，不论这个零售商是REI还是本地的自行车商店。不过，若销售商能够证明其提供给不同零售商的产品的成本不同，例如，它向REI销售大批量的自行车时，单位交易成本要低于向一个小批量采购的当地自行车商店销售的成本，就可以在不同渠道存在价格差别。

如果制造商为不同的零售商生产不同质量水平的同种产品，那么它也可以实行差别定价。制造商必须证明这些质量差异与价格差异是成比例的。另一方面，如果价格差异是暂时性、地区性、保守性的而不是进攻性的，价格差异也可以用于善意地"应对竞争"。

零售（或转售）价格维持措施也是被禁止的，生产商不能要求经销商为其产品采用特定的价格。尽管生产商可以向经销商提供"建议零售价"，但其无权因为某个经销商采用独立的定价行为而拒绝将产品卖给它，也不能通过延迟送货或者取消原有的广告补贴等方式惩罚它。例如，佛罗里达州司法局最近发现，耐克固定地维持了自己的鞋子和服装的零售价格。该部门发现，耐克会因为某些商店不按照它所认为合适的价格销售耐克产品而从这些商店撤货。

欺骗性定价是指企业制定误导消费者的价格，或这样的价格实际上是无法提供的。这可能涉及虚假的参考价格或比较价格，即一个零售商预先设置一个很高的"常规"售价，然后发布实际上很接近原来真实价格的"促销"价格。例如，Overstock.com最近由于发布不准确的建议零售价（这些价格往往高于实际价格）而受到审查。这种比较定价应用得十分广泛。

尽管真实的比较定价声明是合法的，但联邦贸易委员会的《反欺骗性定价指南》警告销售商不要随意宣传：①降价，除非它确实是针对平时价格的优惠；②"出厂价"或"批发价"，除非这些价格是真实的；③针对有缺陷的产品的优势价格。[27]

其他的欺骗性定价问题包括扫描仪欺诈和价格迷惑。普遍使用的基于扫描仪的计算机结算系统，导致越来越多的顾客抱怨零售商多收了他们的钱。绝大多数情况下，这些多收的钱是由于管理低效造成的——没有及时把现行价格和促销价格输入结算系统。然而，有些则可能是故意的行为。

美国许多联邦和国家法律法规禁止欺骗性定价行为。例如，《汽车信息披露法案》要求汽车制造商在新机动车的车窗上附上一项声明，其中包括生产商的建议零售价、备选配件的价格、经销商的运输费用。然而，信誉好的企业所做到的已经超出了法律对它们的要求。公平地对待顾客并确保他们充分理解价格和定价条款，是建立稳固持久的顾客关系的一个重要部分。

我的营销实验室

如果你的老师布置了这项任务，请完成MyLab的问题讨论部分带有星号的问题。要完成本章的数字营销问题，请查看MyLab中的作业。

章节回顾和批判性思维

目标回顾

价格可以被定义为所有顾客为了获得拥有或者使用一种产品或服务的利益而放弃的价值的总和。定价决策受到一系列复杂因素的影响，包括企业、环境和竞争力量。

1. 识别三种主要的定价策略，并探讨顾客价值感知、企业成本和竞争对手战略对定价的重要性

三种主要的定价策略包括基于顾客价值的定价、基于成本的定价和基于竞争的定价。好的定价开始于企业对产品或服务为顾客创造价值的深刻理解，并制定值得这种价值的价格。

顾客对产品价值的感知为产品设定了价格上限。如果消费者感受到产品的价格高于价值，他们将不会购买产品。在另一个极端，企业和产品成本设定了价格下限。如果企业为产品设定的定价低于成本，它的利润会受到损失。在这两个极端情况之间，消费者将会参考竞争对手相似产品的价格，对一种产品的价值做出判断。因此，企业设定价格时，需要将这三种因素都考虑在内：顾客感知价值、成本和竞争对手的定价战略。

成本是定价时需要考虑的一个重要因素。但是基于成本的定价往往是由产品所驱动的。企业设计一个它认为好的产品，并设定一个价格来补偿成本并能获得目标利润。如果价格定得过高，企业必须降低利润或减少销量，两者都将不能使企业实现预期利润。基于价值的定价过程则相反。企业首先评估顾客的需求和感知价值，然后再设定好目标价格以匹配目标价值。目标价值和目标价格将主导关于产品设计的决策以及相应的成本。从而，价格的设定匹配了顾客的感知价值。

2. 识别影响企业定价策略的其他外部和内部因素

其他影响定价决策的内部因素包括企业的总体营销战略、目标和营销组合，以及组织因素。价格仅仅是企业营销战略的一个因素。如果企业已经选择了目标市场并仔细地定位，那么它的营销组合战略，包括价格，也将相当明确。常见的定价目标可能包括顾客维系和建立有利可图的顾客关系，防止竞争，支持经销商并获得他们的支持，或避免政府干预。价格决策必须协调好产品设计、分销和促销决策，以达到营销活动的一贯性和有效性。最后，为了协调定价目标和决策，管理层必须决定由谁来负责设定价格。

其他的外部定价考虑因素包括市场和需求的性质以及环境因素，比如经济形势、分销商需求和政府行为。最终，消费者决定企业是否设定了正确的价格。消费者用产品感知价值来衡量价格——如果价格超过了价值的总和，消费者将不会购买。因此，企业必须了解类似需求曲线的概念（价格-需求关系）和价格弹性（消费者对价格的敏感度）。

经济形势能够对定价决策产生重要的影响。最近的经济萧条使得消费者重新思考价格-价值等式。作为回应，营销人员更强调物有所值的定价策略。但是，即使在经济困难时期，消费者也不仅仅根据价格来购物。因此，不管企业制定什么价格——低还是高——企业都需要为收取的价格提供更出众的价值。

3. 介绍主要的新产品定价策略

定价是一个动态的过程，企业设计一个涵盖所有产品的价格结构，之后随着时间的变动而调整这个价格结构，以适应顾客和环境的差异。当一种产品沿着其生命周期演进发展时，价格策略也会发生变化。在为一个全新的产品定价时，企业可以遵循市场撇脂定价法：首先制定很高的价格，然后从不同的细分市场中撇取最大数量的收益。或者它也可以运用市场渗透定价法：最初制定很低的价格来使产品深入渗透到市场中，并获得较大的市场份额。

4. 探讨企业如何制定使整体产品组合利润最大化的一组价格

当产品是一个产品组合的一部分时，企业就要寻找能使整个产品组合总利润最大化的价格。在产品线定价中，企业要决定它所提供的整组产品的价格区间。此外，企业必须为下列产品制定价格：备选产品（可选择的配件或者附属于主要产品的产品）、附属产品（使用主要产品时必须要用到的其他产品）、副产品（在生产主要产品的过程中产生的废弃物或多余的产品）和捆绑产品（产品的组合，其组合价格低于这些产品分别的价格之和）。

5. 探讨企业如何根据顾客的类型及情况调整价格

企业可以根据细分顾客群体的差异和环境的不同

实施各种各样的价格调整策略。其中一个是价格折扣和折让定价，即企业设立现金、数量、功能性和季节性的折扣，或者设立不同种类的补贴政策。另一个策略是细分市场定价，即企业根据顾客、产品形式、地点或时间的不同对同样的产品制定两个或多个价格水平。有时，企业在制定价格决策时不仅考虑价格的经济含义，还会利用心理定价更好地传递其想要的产品定位。运用促销定价，企业可以提供折扣或者暂时把该产品作为牺牲者，以低于成本的价格销售。另一种策略是地理定价，即企业决定应该向不同远近距离的顾客收取什么水平的价格。在动态定价中，企业根据单个顾客的特点和需求以及情境不断地调整价格。最后，国际化定价意味着企业应该调整价格以适应来自不同世界性市场的特殊环境和期望。

6. 探讨实行和应对价格变动的关键问题

当企业考虑发起价格变动时，它必须要考虑消费者和竞争对手的反应。主动降价和主动提价都含有不同的暗示。购买者对价格变化的理解会影响其对价格变化的反应。竞争对手的反应源自其制定的反应政策或者针对具体情况的分析。

当对竞争对手的价格调整做出反应时，企业同样需要考虑很多因素。当竞争对手主动改变价格时，企业必须试图理解对手的意图和持续的时间，以及价格改变的影响。为了能够快速做出反应，企业应当提前对竞争者不同的价格行动做出应对措施。面对竞争对手的价格改变，企业可能保持价格不变，降低价格，提高产品的感知价值，提高质量并提高价格，或者引入一个低价的"打手品牌"。

关键术语

价格（price）：为某项产品或服务所支付的金额，或是为了获得拥有和使用某种产品或服务的收益而支付的价值总和。

基于顾客价值的定价法（customer value-based pricing）：根据购买者的价值感知而不是销售者的成本进行定价的方法。

超值定价（good-value pricing）：以合理的价格提供恰当的质量和服务。

增值定价（value-added pricing）：附加增值功能和服务使企业实现差异化并收取更高的价格。

基于成本的定价法（cost-based pricing）：基于产品生产、配送和销售环节的成本，考虑回报率和风险的一种定价方法。

固定成本或固定费用（fixed costs）：不随产量和销量变化的成本。

变动成本（variable costs）：直接随生产规模变化的成本。

总成本（total costs）：一定产量水平下固定成本和变动成本的总和。

成本加成定价法（cost-plus pricing）或**加成定价法**（markup pricing）：在产品成本上增加目标的毛利。

盈亏平衡定价法（break-even pricing）或**目标利润定价法**（target return pricing）：把价格设在盈亏平衡点上以抵消生产和营销产品的成本，或根据拟获取的目标利润确定价格。

基于竞争的定价法（competition-based pricing）：根据竞争者的战略、成本、价格和市场供应量确定价格。

目标成本法（target costing）：先确定理想的销售价格，然后设定能够满足定价要求的目标成本。

需求曲线（demand curve）：显示与不同价格水平相对应的特定时间内市场购买量的曲线。

价格弹性（price elasticity）：衡量需求对价格变化的敏感程度的指标。

市场撇脂定价（market-skimming pricing）或**价格撇脂**（price skimming）：为新产品制定高价格，从那些愿意支付高价的细分市场中撇取最大的收益。企业的销售量虽少，但是可以获得更多的利润。

市场渗透定价（market-penetration pricing）：为新产品制定一个较低的价格，以吸引大量消费者并赢得较大的市场份额。

产品线定价（product line pricing）：依据产品的成本差异、顾客对不同属性的偏好和竞争者的价格，为一条产品线中的不同产品制定不同的价格。

备选产品定价（optional-product pricing）：制定与主产品配套的备选产品或附件的价格。

附属产品定价（captive-product pricing）：为那些需要和主产品一起使用的产品定价，例如刀片之于剃须刀，游戏之于视频游戏机。

副产品定价（by-product pricing）：设定一个副产品的价格，从而使得主产品的价格更具有竞争力。

产品捆绑定价（product bundle pricing）：将数个产品组合在一起出售，并给出一个低于单独销售时的总价。

折扣（discount）：针对在规定时间内购买或大批

量购买的价格降低。

补贴（allowance）：制造商为了让零售商以某种方式主推自己的产品，向其支付的促销费用。

细分市场定价（segmented pricing）：企业为产品或服务制定两个或两个以上的价格，并且价格差异并非源于成本差异。

心理定价（psychological pricing）：考虑关于价格的心理因素，而不仅仅是经济因素的定价法；价格被用于判断产品的情况。

参考价格（reference prices）：购买者头脑中关于特定产品的记忆价格，在选购产品时作为参照的依据。

促销定价（promotional pricing）：暂时将价格降至正常报价以下，有时甚至低于成本，目的是提升近期销量。

动态定价（dynamic pricing）：依据不同顾客的特点和需求或购买情境对价格进行持续调整。

问题讨论

1. 说出并描述两种不同类型的基于价值的定价方法。
2. 说出并描述四种类型的市场，以及这四种类型的市场对定价形成的挑战。
*3. 什么是产品捆绑定价？在服务行业中，这种定价策略叫什么？请举例说明。
4. 说出并描述两种广泛应用的新产品定价策略，它们分别在什么时候适用？
*5. 比较价格折扣和折让定价，分别描述。

批判性思维练习

1. 如果你去过别的国家，比如德国，你可能会注意到产品的价格是你结账时的实际支付金额。也就是说，跟美国不同，在德国结账时消费者所支付的价格中不会再增加任何的销售税。这是因为许多国家会征收增值税。以小组的形式研究增值税，并讨论这种类型的税对消费者是否有利。营销人员支持还是厌恶这种类型的税？

2. 以小组的形式研究关于在线定价错误而造成的订单的相关法律要求。卖家必须执行这些订单吗？写一份你了解到的情况的报告。然后描述一个在线定价问题的例子，并总结出该企业是如何应对这个问题的。

*3. 世界上最大的轮胎和橡胶生产商普利司通，同意与其他25家汽车供应商一起定价，承认串通定价。串通定价是什么？讨论最近其他价格串通的例子。

 # 小型案例及应用

在线、移动和社交媒体营销

网上价格跟踪

你看上了一台32英寸的三星电视？好吧，你最好不要在12月购买它——这是亚马逊网站价格最高的时候（在11月或2月通常是500美元或400美元）。大多数消费者都知道，价格全年都在波动，但你知道它们甚至每小时都在波动吗？你可能无法跟上这种变动，但有一个应用可以。Camelcamelcamel是一个为消费者跟踪亚马逊商品价格的工具，当价格达到最佳价格时，它会发送提醒。这个应用程序允许用户导入整个亚马逊的愿望清单，并设定期望的价格水平。达到期望的价格水平时，这个应用会发送电子邮件或推文给顾客，告知他们价格。所有这些都是免费的。Camel通过一个不太可能的合作伙伴——亚马逊来赚钱，亚马逊将价格数据直接提供给Camel。Camel是亚马逊联盟项目的一员，能从每个推荐成交的顾客销售额中提成8.5%。直观上，亚马逊似乎应该希望消费者在价格更高时购买，而不是在更低时。但这家在线巨头将这看成一种让专门购买低价商品的顾客满意的方法，同时企业也能从那些不那么在意价格的顾客身上获得更多的利润。这是亚马逊对早期根据顾客的购买行为向不同顾客收取不同价格的定价策略的改进。

1. 登录 http://us.camelcamelcamel.com/ 网址并注册一个免费账户。追踪10个你感兴趣的商品。其中有达到你预期价格的商品吗？就这种应用对消费者的影响写一篇报告。

*2. Camel不是唯一的亚马逊价格跟踪或在线价格跟踪的应用。寻找并描述另一个在线价格跟踪工具的例子。

营销道德

移动支付的心理学

消费者喜欢在他们的移动设备上玩游戏，而日本消费者似乎是最热情的。手机游戏出版商在日本已经掌握了从玩家身上尽可能多地获取收入的方式，某些手机游戏出版商每天赚取超过400万美元的收入。《智龙迷城》的制作者似乎已经破解了收入密码，通过使用移动支付的心理，鼓励玩家玩得更久，从而获得更多的收入。其中一个秘诀是，游戏《智龙迷城》发行自己的虚拟货币，被称为"神奇石头"，所以，消费者不觉得他们为了打游戏的乐趣而支付了真正的钱。如果玩家不接受，游戏会在最后送出少量奖励并提醒玩家他们错过了什么。限时低价会出售用于战斗的怪物，仅需花费几个神奇石头。如果玩家耗尽了空间，游戏就会提醒他们，如果不购买更多的空间，他们将失去他们的怪物。一直以来，数学家和统计学家都在幕后工作，跟踪游戏的运行情况，让玩家更容易或更有挑战性地保持投入和消费。一位专家称《智龙迷城》是"真正的恶魔"，它能说服玩家多花钱、多玩。这些策略和其他游戏厂的策略使得日本的游戏收入遥遥领先于美国所有应用的收入。

1. 游戏厂商使用游戏数据来鼓励消费者增加消费，这是道德的吗？解释为什么是或者为什么不是。
2. 这与许多美国游戏生产商使用的"免费增值"模式类似吗？解释"免费增值"模型，并讨论使用该模型的游戏实例。

数字营销

盈亏平衡的降价

Abercrombie & Fitch（A&F），这一曾经受青少年钟爱的品牌正在考虑降低其所有商品的价格，从而在连续几年的销售下滑后重新赢得顾客。A&F 2014年的总销售额为40亿美元，但面对经济疲软和竞争激烈的零售环境，它们的销售额一直在下降。降价通常能有效地提高销售额，但市场营销人员需要在降价前分析销售额增加多少，才能产生足够的收益以使降价值得进行。

1. 假设A&F的毛利率为60%，而销售的商品成本是唯一的可变成本，那么，如果A&F降低10%的价格，销售需增长多少美元才能保持同样的毛利率水平？
2. 如果A&F希望维持60%的毛利率，那么成本应该下降多少百分比？

视频案例

快餐折扣战

快餐连锁店陷入了一场激烈的竞争，它们几乎在赠送食物。麦当劳、温蒂、汉堡王等企业都在不断尝试用低价格和诱人的菜单来吸引顾客，这些菜单可以包括小食或正餐。虽然这种方法并不新鲜，但它比以往任何时候都要受欢迎。这一策略甚至已经进入了像Olive Garden这样提供全方位服务的连锁餐厅。

但是，对于连锁餐厅来说，低价是一条可持续发展的道路吗？本视频将介绍执行折扣菜单的各种方法。它还考虑了使用折扣菜单策略的原因以及可能出现的负面结果。

在观看了餐厅折扣菜单大战的视频后，回答以下问题：

1. 视频中出现的折扣菜单策略可以归类为"价值定价"吗？解释原因。
2. 讨论为什么一家连锁餐厅会采用折扣菜单作为其定价的选择。
3. 使用折扣菜单策略有哪些可能的负面结果？

我的营销实验室

如果你的老师布置了这项任务，请到MyLab作业中完成以下写作部分。

1. 描述成本加成定价法，并讨论为什么营销人员使用它，即使它不是最好的定价方法。
2. 比较和对比固定成本和变动成本，并讨论它们在定价中的重要性。

第10章 营销渠道
传递顾客价值

学习目标

1. 解释企业为何使用营销渠道并讨论这些渠道的职能。
2. 讨论渠道成员间的相互作用及它们怎样组织起来发挥渠道的作用。
3. 识别企业可选择的主要渠道类型。
4. 解释企业如何选择、激励和评估渠道成员。
5. 讨论营销物流和整合供应链管理的本质和重要性。

概念预览

现在我们来探讨第三种营销组合工具——分销。在为顾客创造价值并建立可盈利的顾客关系时,企业很少单兵作战。相反,它们大多只是更大的供应链和营销渠道中的一个环节。由此,一家企业的成功并不仅仅取决于其自身表现,还取决于它的整体营销渠道相较于竞争对手有多出色。本章第一部分将首先解释营销渠道的本质、营销人员的渠道设计及管理决策。之后,我们将介绍实体分销(或者物流),该领域的重要性和复杂性都在快速增长。我们将在第11章更深入地探讨两种主要的渠道中间商——零售商和批发商。

我们先看看 Uber,它是一个快速发展的基于应用程序的打车服务提供商,在世界各地得到广泛应用。Uber 彻底重塑了城市的交通渠道,对传统出租车和汽车服务企业构成了严重威胁。随着 Uber 的发展，传统的竞争对手必须创新，否则就会被迫出局。

第一站

Uber：彻底重塑城市交通渠道

尽管罕见，但不时会出现这样一家企业，它完全颠覆了产品或服务的传统分销方式。联邦快递革新了小型包裹的递送渠道，亚马逊从根本上改变了在线销售，苹果的 iTunes 和 iPod 则改变了音乐的分销。现在是 Uber——基于 App 的打车服务，它正在彻底改变城市的交通。快速发展的 Uber 为传统的出租车和汽车服务提供新的盈利渠道，在短短 5 年的时间里，Uber 已在 55 个国家的 270 个主要城市开展业务，每年的打车服务收入已经超过 10 亿美元。

为什么世界上有这么多的顾客不再考虑传统出租车，转而青睐新出现的 Uber？这是因为 Uber 更方便、易用，且让人更安心。无须再踏入繁忙的城市街道，招手拦下一辆路过的出租车。无论乘客身处何地，只要点一下按钮，就可以通过 Uber 的智能手机应用程序呼叫到最近的出租车或豪华轿车，然后在地图上看到车辆向自己驶来。Uber 应用程序可以预先精确地估算出乘客到达目的地所需要的花费（通常低于普通的出租车），这消除了一些猜测和不确定性。到达目的地后，乘客可以直接离开。Uber 自动通过乘客预付费的 Uber 账户向司机支付费用（包括小费），从而消除通常不便和尴尬的付款环节。另外，在世界各地，不论是旧金山、伦敦、巴黎、阿布扎比、阿什维尔、北卡罗来纳，还是雅典和格鲁吉亚，整个打车服务流程都是相同的。

与 Uber 相比，使用一般出租车出行时充满不确定且经常令人不安。一名商业记者描述了在出租车站里排队等候的情形，当时看到一名司机正试图说服一名陌生乘客来与他共享出租车，从而多赚取车费。出租车本身又旧又脏，连座位都破旧不堪。在整个过程中，出租车司机一直戴着耳机打电话，同时在繁忙的城市街道上开车，这带来了安全隐患。司机的英语蹩脚，且难以理解。"事实证明这是件好事，"记者说，"因为在他为我没有给足小费而辱骂我的时候，我根本不知道他说了什么。"记者总结道："我在家门口下了出租车，意识到我再也不用忍受这些垃圾了。Uber 改变了我的生活，上帝为我作证，（只要在可以用 Uber 的地方）我不会再乘坐一般出租车了。"

Uber 实际上是作为拼车服务商起家的。目前，Uber 现有的司机包括从传统出租车和交通企业转过来的职业司机，以及那些在闲暇时间寻求一点刺激和额外收入的普通人。所有的 Uber 司机都要通过一项培训，要求他们熟练掌握本地的主流语言，确保他们能与乘客有效沟通。Uber 的汽车必须是 2007 年及之后的车型。顾客通常可以选择他们想要的车型，从入门级的普锐斯到加长的奔驰 S 级。Uber 还有一种双向评分系统，即乘客对司机评分，司机也对乘客评分，这有助于规范双方的行为。低评分的司机可能将来会被乘客拒绝，评分不高的乘客也会受到司机的拒绝，因为司机也可以选择自己能接受的乘客。

Uber 的颠覆性创新给一个渴求变革的行业带来了新鲜空气。长期以来，城市交通渠道的特点是出租车企业与地方政府之间像卡特尔垄断一样的关系，固定票价高昂、服务糟糕，并且几乎没有任何问责机制。正如一位经济学教授所指出的："（初创企业）进入出租车行业的时机已经成熟，因为人人都讨厌现在的状况。"商业记者更直白地指出："如果星巴克的服务和出租车服务一样令人失望，那么星巴克早就关门大吉了。"

与任何创新者一样，创业企业 Uber 也面临着一些重大挑战。例如，Uber 因对司机的质量和安全性缺乏把控而受到批评。目前，Uber 受到了行业监管机构的监视，因为该企业并没有直接雇用司机（所有的 Uber 司机都是相对独立的合约人），也不拥有任何车辆（全部车辆都属于司机自己）。然而，尽管一些市政当局已经通过了对 Uber 运营有利的条例，其他一些城市却在实施新的监管限制和许可要求。

Uber 还因其"峰时定价"的做法而受到批评。这是一种动态定价机制，当需求超过供给时，就会引发价格上涨，有时会导致高昂的乘车费用和对价格欺诈的指控。Uber借用自身商业模式的基础——允许供给和需求相互作用——来说明其峰时定价的合理性。峰时定价可以激励更多司机在乘客需求量最大的时候提供服务。根据Uber的说法，如果一名乘客因峰时定价而面临高于正常水平的费用，没有Uber他可能也根本打不到出租车。此外，Uber会提前告知乘客车费金额。如果他们不能接受，可以另找一辆出租车，也可以乘坐公共交通工具或者步行。

Uber的创始人兼CEO特拉维斯·卡兰尼克认为，随着Uber在特定的市场内扩张，他口中的"完美的一天"更加可能成为现实了，在他心中"完美的一天"是指每个需要的人都可以打到车，并且没有峰时定价。这样的场景不是白日梦。最近，在纽约，Uber的乘客已经体验了7天这样的"完美的一天"。

Uber的巨大成功吸引了大量的竞争对手，如Lyft、Sidecar、Gett、Carma和Curb。有传言称，就连Google（Uber的主要投资者之一）也已经准备推出自己的拼车服务，这一服务最终会与Google正在开发的无人驾驶汽车相结合。但Uber仍然拥有巨大的市场领先优势。据估计，相比最接近的竞争对手Lyft，Uber的乘客数量是它的7倍，收入是它的12倍，而且新用户的增速是它的5倍。

除了这些数字之外，目前，Uber完全不用畏惧相似的竞争对手。事实上，越多竞争对手采用这种新商业模式，革新的城市交通渠道就越会发展壮大，为所有的新进入者都创造了机会。相反，新的模式对传统出租车和租车企业构成了最大的威胁，它们现在正在失去顾客和司机，而这些顾客和司机都转向了Uber及其竞争对手。

Uber热潮甚至在其他行业也流行开来。最近，似乎所有事物都有一个基于App的"Uber"来应对即时需求，如洗衣和干洗（Washio）、上门按摩（Zeel）、7×24小时送货服务（Postmates），甚至是酒水（Minibar）。事实上，CEO卡兰尼克认为，未来Uber可以提供各种服务，远不止把人们送到目的地这么简单。他预测，一旦Uber在每个城市建立了密集的汽车网络，就可以利用网络提供各种运送服务，包括从零售商寄出的包裹和食品外卖等。正如卡兰尼克所说："既然你能在5分钟里打到车，你也可以在这5分钟内送很多其他东西。"[1]

Uber的案例说明，对于一家企业而言，好的分销战略能够创造顾客价值，并帮助企业获取竞争优势。但企业无法仅靠自己为顾客带来价值，它们需要在更大的价值传递网络内与其他企业紧密合作。

10.1 供应链和价值传递网络

作者评点

这些复杂的术语都在表达一个非常简单的概念：一家企业不能单枪匹马地创造顾客价值，它必须在一个更广泛的网络中与其他伙伴合作以完成任务。参与竞争的不是单个的企业或品牌，而是它们所处的整个价值传递网络。

生产产品或服务并将其提供给消费者，在这个过程中企业不仅需要和顾客建立关系，还需要和企业供应链中的关键供应商和分销商建立关系。供应链由"上游"和"下游"的合作伙伴组成。企业的上游是指那些供应制造产品或服务所需的原材料、零部件、信息、资金、经验的一系列企业。但营销人员一般比较关注供应链的下游——面向顾客的营销渠道（或分销渠道）。下游的营销渠道伙伴，例如批发商和零售商，在企业和其顾客之间形成了至关重要的联系纽带。

供应链这个术语可能过于局限，因为其所诠释的就是产和销，它认为原材料、生产输入和工厂产能应该作为营销计划的起点。而更确切的术语是**需求链**（demand chain），因为它体现出了对市场感知和反应的过程。在这种观念下，营销计划起始于对目标顾客的需求识别，然后企业为了实现创造顾客价值的目标，通过组织一系列的资源和行动给予回应。

然而，即使是需求链的观念也存在局限，因为它采纳的是一种按部就班、线性的"采购-生产-消费"行为观念。而如今很多大企业已经着手建立和管理一个复杂的、可持续发展的价值传递网络。就像在第2章中定义的那样，**价值传递网络**（value delivery network）由企业、供应商、分销商和顾客构成，各方之间彼此紧密合作，以提高整个网络的绩效。例如，百事可乐生产广受欢迎的饮料。但生产和营销其众多产品线的一种，如经典的百事可乐，百事企业需要管理庞大的网络，包括从企业内部的营销人员、销售人员、到财务和运营部门人员，以及供应商、瓶装商和克罗格、沃尔玛、Papa John's Pizza 等零售商，广告代理商和其他营销服务机构等数以千计的企业。整个网络必须共同努力创造顾客价值，并建立品牌"百事：活在当下"的定位。

本章主要围绕价值传递网络下游的营销渠道而展开。我们讨论 4 个有关营销渠道的主要问题：营销渠道的本质是什么以及它为什么如此重要？渠道企业应当如何相互作用并组织起来发挥渠道的职能？在设计和管理渠道时，企业会面对什么样的问题？实体分销和供应链管理在吸引和满足消费者需求上起什么作用？在第 11 章，我们将从零售商和批发商的角度来探讨营销渠道的问题。

10.2 营销渠道的本质和重要性

作者评点

在本节中，我们将研究价值传递网络的下游——连接企业和顾客的营销渠道组织。为了理解它们的价值，想象一下没有零售商的生活，比如没有杂货店或百货商店。

很少有制造商直接把它们的产品卖给最终用户，相反，大多数制造商会通过营销中介将产品销售到市场上。它们试图建立**营销渠道**（marketing channel），或称**分销渠道**（distribution channel）——帮助消费者或商业用户获得可使用或可消费的产品或服务的一些相互依存的组织。

企业的渠道决策直接影响其他所有的营销决策。企业的定价取决于它选择的渠道是全国折扣连锁店，还是高品质的专营店，抑或是网络直销。企业的销售队伍和沟通决策要看经销商需要多大程度的说服、培训、激励和支持。企业是否需要开发或收购某个新产品，要看这些产品是否与渠道成员的能力相匹配。

企业往往忽视其分销渠道，这有时会造成损失。相反，也有许多企业使用创造性的分销系统获得了竞争优势。Rent-A-Car 企业通过设立机场出港租车办公室变革了汽车租赁业务；苹果企业通过互联网在 iTunes 上向 iPod 用户销售音乐产品，从而彻底改变了音乐零售市场；联邦快递企业创新且壮观的分销系统使其成为快递行业的领先者；此外，亚马逊网站通过网络而非实体店销售各类商品，永久地变革了零售业，成为互联网零售巨头。

分销渠道决策通常涉及对其他企业的长期承诺。例如，像福特、麦当劳或耐克这样的企业可以轻易地改变它们的广告、定价或促销计划。它们可以废弃旧产品，随着市场需求的变化推出新的产品。但是，当它们通过与加盟商、独立经销商或大型零售商签订合同来建立分销渠道时，如果情况发生变化，它们则不能轻易地用企业自营商店和网站替换这些渠道。因此，管理层必须谨慎设计自己的渠道，同时关注当前和未来可能的销售环境。

10.2.1 渠道成员如何增值

制造商为什么要将一部分销售工作交给渠道成员？毕竟这样做意味着制造商在如何销售、销售给谁等方面失去了部分控制权。制造商使用中介主要是由于这些渠道成员能够以更高的效率为目标市场提供产品。通过它们的人脉、经验、专业知识和经营规模，中介通常能比生产商自己做得更好。

图 10-1 表明了中介如何产生经济效益。图 10-1a 中有三个制造商，各自通过直销的方式销售产品给三位顾客，这一系统需要九次不同的交易。而在图 10-1b 中，三个制造商通过一个中介机构与三位顾客联系。这个系统只需要六次交易。因此，中介的存在减少了制造商和消费者必须完成的大量工作。

从经济系统的角度来看，营销中介的作用是把生产者产出的各种产品转换成消费者需要的各种商品。制造商产出的产品品种不多，但数量很大；消费者需要各种产品，但数量不多。营销渠道成员从很多制造商处采购大量产品，然后把它们拆分成消费者需要的数量小、品种多的产品组合。

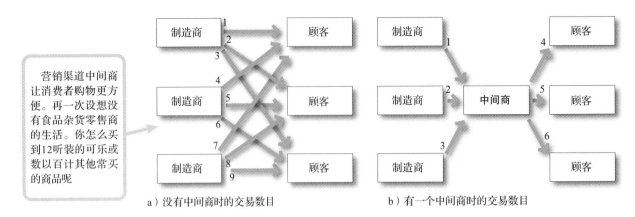

图 10-1　中间商如何减少渠道中的交易数量

例如,联合利华每周制造数百万块 Lever 2000 洗手皂。然而,你通常一次只购买几块。因此,西夫韦、沃尔格林和塔吉特等大型食品、药品和折扣商店往往是成车地购买 Lever 2000 并将其放于货架上。于是,当你需要的时候你可以只买一块 Lever 2000,同时也只购买少量的牙刷、洗发水和其他产品。因此,营销中介在协调供求方面起到了重要作用。

在将产品和服务提供给消费者的过程中,渠道成员将本来在时间、地点和所有权上分离的双方——产品或服务与消费者——联系起来,从而增加了价值。营销渠道成员承担了许多关键职能,有些能帮助完成交易:

- **信息**(information):收集和发布营销环境中关于顾客、生产商和其他人员或组织的信息,用于制订计划和促成交易;
- **促销**(promotion):开发和传播有说服力的商品信息;
- **联系**(contact):寻找并吸引顾客和潜在购买者;
- **匹配**(matching):为匹配或满足购买者的需求而调整供应品,包括生产、评级、组装与包装等行为;
- **谈判**(negotiation):在价格及其他条件上达成一致,使商品所有权得以转移。

其他成员帮助执行已达成的交易:

- **实物分销**(physical distribution):运输和储存货物;
- **融资**(financing):获得和使用资金,以补偿分销渠道的成本;
- **风险承担**(risk taking):承担渠道工作中的风险。

上述这些工作必须要开展,问题在于由谁来执行。如果让制造商执行这些职能,其成本会增加,从而导致价格上升。如果这些职能中的一部分转移到中间商那里,制造商的成本和价格就会降下来,但中介也会把价格提高,以补偿它们的成本。在分配渠道工作的时候,不同的职能应由最擅长的渠道成员执行,从而创造最大的价值。

10.2.2　渠道层级的数量

企业可以对其分销渠道进行设计,使得产品和服务通过不同的方式到达消费者手中。在将产品及其所有权提供给最终购买者的过程中,每一层营销中介都代表一个**渠道层级**(channel level)。由于生产者和最终消费者都在这个过程中发挥了一些作用,他们也是分销渠道的一部分。

渠道层级的数量表示渠道的长度。图 10-2 展示了消费者市场和商业市场中几种不同长度的分销渠道。图 10-2a 展示了消费者市场中几种常见的分销渠道。渠道 1 称为**直接分销渠道**(direct marketing channel),其中不存在营销中介层,企业直接向消费者销售产品。比如,玫琳凯和安利通过家庭和办公室销售力量、网站和社交媒体来销售产品;GEICO 保险、Omaha 牛排等企业通过网络、手机和电话直接向顾客进行销售。图 10-2a 中其他的渠道为**间接分销渠道**(indirect marketing channel),包含一层或多层营销中介。

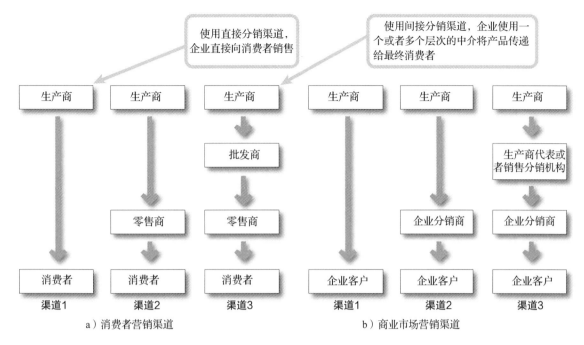

图 10-2 消费者市场分销渠道和商业市场分销渠道

图 10-2b 展示了常见的商业市场分销渠道。商业市场的营销人员可以使用自己的销售队伍直接向商业顾客进行销售；也可以销售给不同类型的企业分销商，让它们再卖给企业客户。尽管有时我们还可以在消费者市场和商业市场中看到更多层级的分销渠道，不过这种情况就不太常见了。从制造商的角度来看，多渠道层级意味着更少的控制权和更高的渠道复杂度。而且，分销渠道的所有成员都由几种流动过程联系在一起，包括产品的实物流、所有权、资金流、信息流和推广促销流。即使对于只有一个或几个层级的渠道来说，这些流动过程也会使其变得十分复杂。

10.3 渠道行为和组织

作者评点

渠道并不只是由纸面上的图框和箭头构成的，它是由共同协作以实现个人和集体目标的企业和个体所组成的行为系统。就像团队一样，他们有时合作愉快，有时却表现不好。

分销渠道并不是由各种"流"简单连接起来的一些企业。分销渠道是复杂的行为系统，在这个系统中，人和企业相互作用以达成个人、企业和渠道目标。一些分销渠道系统中的互动是非正式的，企业之间的组织也很松散，而另一些分销渠道则会在严格的组织结构指导下进行正式的互动。并且，渠道系统并非一成不变，新型中间商的出现会让整个渠道系统随之变化。这里，我们看一下渠道行为，以及渠道成员是如何组织起来发挥功能的。

10.3.1 渠道行为

营销渠道由那些因共同利益而结合在一起的企业组成，每一个渠道成员都依赖于其他成员。例如，福特的经销商依赖于福特汽车企业设计符合消费者需求的汽车。而福特企业也依赖于经销商吸引消费者，说服他们购买福特汽车，并在销售之后提供服务。福特的每位经销商还依赖于其他经销商良好的销售和服务表现，从而能够保持品牌声誉。实际上，单个福特经销商的成功取决于整个福特汽车营销渠道是否比丰田、通用以及其他汽车制造商渠道系统的表现更好。

每个渠道成员都在渠道中发挥特定作用。例如，三星的作用是生产消费者渴望的电子产品，并通过在全国范围内投放广告来刺激需求。百思买的作用是在地理位置便捷的商店内展示三星的产品，解答购买者的疑问，完成销售。如果每个渠道成员都承担自己最擅长的任务，那么这个渠道系统就是最有效的。

由于每个渠道成员的成功都依赖于整个渠道系统的成功，因此理想的状况是渠道中所有企业都保持良好的合作关系，协同努力。大家要理解和承担各自的工作，协调行动，相互合作以达到整体的目标。然而，分销渠道的成员很少有这样的全局观。合作完成渠道的总目标有时需要某个渠道成员放弃自己的目标。尽管渠道成员需要相互依赖，但它们还是经常为自己的短期利益最大化而努力。他们常常争论谁该做什么，谁该得到什么样的回报。这些对目标、角色和回报的不同意见产生了**渠道冲突**（channel conflict）。

水平冲突（horizontal conflict）指发生在营销渠道同一层级的企业间的冲突。例如，芝加哥的一些福特经销商可能会抱怨说，该市的其他经销商制定的价格过低或在本应负责的区域以外进行广告，偷走了他们的生意。或者，假日酒店的加盟商可能会抱怨其他假日酒店对客人收费过高或服务不佳，损害了假日酒店的整体形象。

垂直冲突（vertical conflict）通常是同一渠道内不同层级企业之间的冲突，是更为常见的一类渠道冲突。例如，最近麦当劳与其近3 000家独立加盟商之间的冲突日益严重。[2]

在最近的企业网络直播中，由于抱怨服务不够快或不够友好的顾客数量不断上升，麦当劳告诉其加盟商，他们的收银员需要更多的微笑。与此同时，加盟商似乎对麦当劳也不太满意。最近一项对特许经营者的调查显示，越来越多的特许经营者对特许方不满。这一冲突的主要原因是最近整个系统的销售放缓使得双方都非常不安。最基本的冲突都是和金钱利益相关的。麦当劳基于整个系统的销售从加盟商那里赚钱。相反，加盟商靠扣除成本之后剩下的利润赚钱。

为了扭转销量下滑的局面，麦当劳加大了对"一美元"餐品的重视，这一策略增加了企业的销售额，但却挤压了加盟商的利润空间。对于增加受欢迎但更复杂的餐品，如快餐卷，也引发了加盟商的抱怨。虽然这些新餐品增加了麦当劳的收入，但也增加了加盟商的准备工作和人力成本，同时减慢了服务速度。同时，麦当劳还在要求加盟商进行昂贵的餐厅升级和大检修。正如一位调查对象所总结的那样："麦当劳过于依赖价格和折扣来提高销售，这是企业的现金流来源。"总的来说，调查显示，麦当劳目前的加盟商关系达到了10年内的最低点——1.93分（满分为5分），在"一般"到"差"的范围内。这一事实可能解释了为何员工的微笑会变少而顾客的抱怨在增加。一位餐馆顾问表示，加盟商满意度与顾客服务之间"存在着巨大的联系"。

渠道冲突：麦当劳的加盟商不断增长的不满也许可以解释为何麦当劳的收银员和顾客脸上的笑容越来越少了。加盟商满意度与顾客服务之间"存在着巨大的联系"。
Seth Perlman/AP Images

一些渠道冲突是以良性竞争的形式出现的，这样的竞争对渠道有益，如果没有它们，渠道系统将会变得被动而缺乏创新。例如，麦当劳与加盟商之间的冲突可能代表着渠道合作伙伴对各自利益的正常交涉。但是，严重的或者长时间的冲突则会影响渠道效率，对渠道关系产生不利影响，麦当劳应该管理好渠道冲突，避免其失控。

10.3.2 垂直营销系统

为了整个渠道系统的良好发展，每一个渠道成员都必须专注于自己的职能，渠道冲突应当得到很好的管理。如果渠道系统中有一个企业、机构或是机制进行领导并且能够有效地分派职能和管理冲突，这个系统就会更加完善。

一般来说，传统分销渠道缺乏有力的领导，结果常常导致破坏性的冲突和不良的绩效表现。近年来，分销渠道方面最大的发展之一就是垂直营销系统的出现，它解决了渠道领导权的问题。图10-3对比了传统分销渠道和垂直分销渠道这两种渠道管理形式。

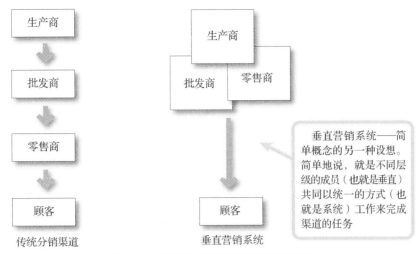

图 10-3　传统分销渠道和垂直营销系统

传统分销渠道（conventional distribution channel）由一个或多个独立的生产商、批发商和零售商组成。它们每个都是独立的企业，寻求自身的利益最大化，甚至不惜牺牲分销系统的整体利益。渠道中没有一个成员可以对其他成员进行控制，也没有正式的职能划分和解决冲突的方式。

相比之下，**垂直营销系统**（vertical marketing system，VMS）是由生产商、批发商和零售商组成的统一系统。其中一个渠道成员对其他成员拥有所有权，与它们有契约关系或者因其实力很强而使得其他成员必须合作。垂直营销系统可以由生产商、批发商或零售商中的任何一方来控制。

下面我们来看一下三种主要的垂直营销系统：企业式垂直营销系统、契约式垂直营销系统和管理式垂直营销系统。每种类型的系统使用不同的方式在其渠道中建立领导力和权力。

1. 企业式垂直营销系统

企业式垂直营销系统（corporate VMS）是在同一所有权下将生产和分销环节整合起来的垂直营销系统，协调和冲突管理工作通过常规的组织渠道完成。例如，美国最大的涂料制造商 Sherwin-Williams 通过 4 000 家自有的油漆零售商店销售其品牌的产品。食品零售巨头克罗格拥有并经营着 38 家制造工厂，包括 17 家奶制品工厂、6 家烘焙工厂、5 家食品工厂、2 家冷冻面团工厂、2 家饮料工厂、2 家奶酪工厂、2 家冰淇淋工厂和 2 家肉食工厂。这使得克罗格对货架上 11 000 多种自有品牌产品中的 40% 实现了完全的渠道控制。[3]

西班牙服装连锁商 Zara 整合了整个分销链，从自主设计到生产运营，再到通过自己的商店进行分销，这使它成为全球发展最迅速的快时尚零售商。[4]

近年来，时装零售商 Zara 已经吸引了很多近乎狂热的顾客竞相购买其"廉价时尚"的产品，即那些设计可以媲美一线大牌但价格十分亲民的产品。然而，Zara 的惊人成功不只来源于其所销售的产品，还来源于其先进的分销系统配送商品的惊人速度。Zara 提供快时尚——真正的快时尚。由于垂直整合，Zara 可以采取一种新的时尚理念，在短短的 3 周内完成设计、制造和上架，而竞争对手，如 H&M、GAP 或者 Benetton 通常需要 6 个月甚至更久。由此导致的低成本让 Zara 能够以低端市场的价格提供中端市场的产品。

快速设计和分销使 Zara 以 3 倍于竞争对手的速度引入大量新的时尚品。然后，Zara 的分销系统一周两次向商店小批量供应新商品，而与之竞争的连锁专营店则是按季度大批量进货，通常是一年 4～6 次。频繁、小批量地交付大量新品时装让 Zara 可以不断地更新商品组合，吸引顾客更频繁地光顾。快速的周转也减少了过时和打折商品的数量。Zara 不会猜测明天的流行穿搭，而是先看顾客购买了什么，然后再把它们制造出来。

2. 契约式垂直营销系统

契约式垂直营销系统（contractual VMS）由处于不同生产和分销层级的相互独立的企业组成，它们通过合同连接在一起，以达到比各自单独经营更好的经济效果。渠道成员通过契约来协调他们的活动和管理渠道冲突。

特许经营组织（franchise organization）是最常见的一种契约型关系。在这类系统里，有一个被称为特许方的渠道成员将生产-分销过程中的几个阶段连接起来。单单在美国，78万多个特许经营店每年的经济产出达到了8 890亿美元。据行业分析师估计，在美国，每8分钟就有一家新的特许经营店开张，而且每12家零售店铺中就有一家是特许经营店。[5]

几乎所有的行业都有特许权经营，从汽车旅馆、快餐店，到牙医中心、婚姻介绍所，从婚礼咨询、勤杂工服务，到丧葬服务、健身中心和搬家服务都是如此。例如，通过特许经营，搬家服务商 Two Men and a Truck——"关注顾客的搬家企业"——很快就从两个高中学生为赚外快成立的只有一辆皮卡的小企业成长为拥有330家特许经营网点的国际企业。在过去6年中它经历了创纪录的增长，并提供了550多万次搬家服务。[6]

特许经营的主要形式有三种。第一种形式是制造商倡办的零售特许经营系统，例如，福特企业及其独立的特许经销商网络；第二种形式是制造商倡办的批发特许经营系统，例如，可口可乐企业在多个国际市场将特许权授予装瓶商（批发商），这些批发商购买可口可乐企业的浓缩液并装瓶，然后出售给本地市场的零售商；第三种形式是服务企业倡办的零售特许经营系统，如汉堡王及其全球近12 100家特许经营餐厅。类似的例子也存在于多种行业中，如汽车租赁业（Hertz、Avis）、服装零售业（The Athlete's Foot、Plato's Closet）、汽车旅馆业（Holiday Inn、Hampton Inn）、补习教育业（Huntington Learning Center、Mathnasium）、个人服务业（Great Clips、Mr. Handyman、Anytime Fitness）。

多数消费者不能区别契约式垂直营销系统和企业式垂直营销系统，这种情况说明契约式垂直营销系统表现很好，完全可以与企业式垂直营销系统竞争。第11章将详细讨论各种契约式垂直营销系统。

3. 管理式垂直营销系统

在**管理式垂直营销系统**（administered VMS）中，领导权的建立不是通过共同的所有权或契约关系，而是通过一个或几个主要渠道成员的规模和力量。一个顶级品牌的制造商可以从经销商那里获得强大的贸易合作和支持。例如，通用电气、宝洁和苹果企业可以从许多经销商那里得到不同寻常的合作，比如商品展示、货架空间、促销和价格政策。反过来，沃尔玛、家得宝、克罗格和沃尔格林等大型零售商也能对向其供应产品的制造商施加很大的影响。

例如，在沃尔玛与其供应商之间的交易往来中，巨头沃尔玛（美国最大的杂货商，占据美国杂货市场近30%的份额）通常能够有较大的话语权。以供应商Clorox为例，尽管消费者对Clorox企业强有力的品牌偏好赋予了它强大的议价能力，但沃尔玛拥有更多筹码。Clorox在沃尔玛的销售额占其总销售额的26%，而Clorox产品的销售额仅占沃尔玛销售额0.33%，这使沃尔玛在这段合作关系中占据主导地位。对CalMaine食品和它的Eggland's Best品牌来说，情况则更糟糕，它严重依赖于沃尔玛，在沃尔玛的销售额占其总销售额的1/3，但只占沃尔玛总销售额的0.1%。对于这些品牌来说，保持与大型零售商的紧密关系至关重要。[7]

10.3.3 水平营销系统

另一类渠道系统是**水平营销系统**（horizontal marketing system），即营销渠道中两个或更多同一层级的企业联合起来，以追寻某个新的市场机会。通过共同工作，各企业可以将其资产、生产能力或者营销资源结合起来，以达到单一企业不可能达到的经营效果。

企业可以和竞争者联合，也可以和非竞争者联合；可以暂时合作，也可以长期合作；还可以建立一个单独的企业。例如，福克斯广播企业、迪士尼-ABC和NBC环球（康卡斯特）这三家相互竞争的大型媒体企业联合拥有并推广Hulu——一家提供在线订阅顾客所需的电视节目、电影和其他视频内容的成功企业。通过合作，它们更有效地与Netflix等数字流媒体竞争对手展开竞争。沃尔玛与非竞争对手麦当劳合作，在沃尔玛店铺开设"快捷"版的麦当劳餐厅。麦当劳从沃尔玛的大量客流中获益，而沃尔玛也将饥饿的消费者留在了店中。

这种渠道系统在全球市场也取得了很好的效果。例如，作为竞争者的通用磨坊和雀巢合作成立了一家合资企业"全球麦片伙伴"，向北美之外的130个国家销售通用磨坊的Big G品牌麦片。通用磨坊提供了一系列高质量的麦片品牌，而雀巢则贡献出了自己广泛的国际分销渠道以及丰富的当地市场知识。这家成立25年的合资企业为通用磨坊创造了超过11亿美元的收入。[8]

10.3.4 多渠道分销系统

过去，许多企业使用单一的分销渠道向一个市场或细分市场进行销售。如今，随着细分市场和分销渠道的日益增多和多元化，越来越多的企业开始采用**多渠道分销系统**（multichannel distribution system）。当一个企业建立两个或两个以上的营销渠道为某个或多个消费者细分市场服务时，就产生了多渠道营销。

图 10-4 展示了一个多渠道营销系统。在图 10-4 中，生产商通过邮购目录、互联网或电话营销直接向消费者细分市场 1 销售；通过零售商向消费者细分市场 2 销售；通过分销商和经销商间接向企业细分市场 1 销售；依靠自身的销售团队向企业细分市场 2 销售。

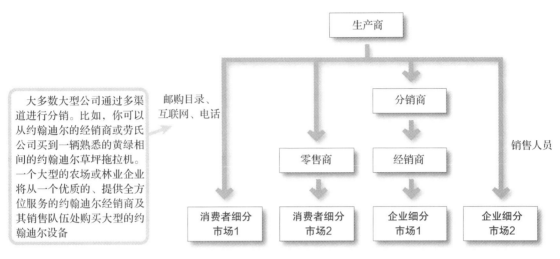

大多数大型公司通过多渠道进行分销。比如，你可以从约翰迪尔的经销商或劳氏公司买到一辆熟悉的黄绿相间的约翰迪尔草坪拖拉机。一个大型的农场或林业企业将从一个优质的、提供全方位服务的约翰迪尔经销商及其销售队伍处购买大型的约翰迪尔设备

图 10-4 多渠道分销系统

现在，几乎所有大企业和许多小企业都在采用多渠道进行分销。例如，约翰迪尔通过约翰迪尔零售店、劳氏家装用品店、网络销售等多个渠道向消费者和企业用户销售其黄绿相间的草坪和园艺拖拉机、割草机、户外电力产品等；通过优质的经销商网络销售其拖拉机、收割机、播种机及其他农业设备，并提供售后服务。此外，它还通过精选的能够提供全方位服务的经销商及他们的销售团队来销售大型的建筑及林业设备。

多渠道分销系统对于那些面对着大型复杂市场的企业而言具有许多优势。企业可以通过新的渠道扩大销售和市场覆盖率，并获得根据不同消费者细分市场的独特需求定制产品和服务的机会。但是这些多渠道系统更难控制，当越来越多的渠道相互争夺顾客和销售时还会产生渠道冲突。例如，当约翰迪尔首次通过劳氏家装用品店销售特定消费品时，它的很多经销商都怨声载道。为了防止此类冲突在其网络营销渠道中重演，约翰迪尔将所有的网络销售权都划归给了经销商。

10.3.5 变化的渠道组织

技术的变化和直接营销、网上营销的迅猛发展对营销渠道的本质和设计产生了深刻的影响。一个主要的趋势是**中间商弱化**（disintermediation），这个术语包含的信息明确，且具有重要的影响。当产品和服务的制造商逐渐绕过中介而直接向最终购买者销售，或是全新的渠道中介形式取代了旧有方式，中间商弱化就产生了。

因此，在许多行业中，传统的中间商逐渐衰落了，就像互联网营销人员逐渐抢走了实体零售商的业务一样。例如，iTunes 和亚马逊 MP3 等线上音乐下载服务商在很大程度上使传统的音乐零售商店退出了舞台。反过来，像 Spotify 和

中间商弱化：像 Spotify 这样的流媒体音乐服务正在迅速地弱化传统音乐零售商店，甚至 iTunes 等音乐下载服务商的中间商角色。

Dado Ruvic/Reuters/Corbis

Vevo 这样的流媒体音乐服务也正在弱化数字下载服务的中介作用——2014 年，数字下载已经达到了顶峰，而流媒体音乐则增长了 32%。

中间商弱化为制造商和经销商同时带来了机遇和挑战。在渠道中发现新的增值方式的创新渠道成员将替代传统的经销商并获取利润，而传统的中间商则必须持续创新以避免被赶下舞台。例如，当 Netflix 率先推出在线 DVD 视频邮递租赁服务时，它就使得像 Blockbuster 这样的传统实体视频商店面临破产。后来，Netflix 自己面临着来自更热门的渠道——视频流媒体——的中间商弱化的威胁。但 Netflix 并没有对事态发展置之不理，而是引领了视频流媒体的变革（见营销实践 10-1）。

营销实践 10-1

Netflix：弱化中间商还是被弱化

伟大的棒球运动员约吉·贝拉曾说过："未来不再像过去那样了。"对于全球最大的视频订阅服务商 Netflix 来说，无论你怎么说，预测未来将会充满挑战且有一点儿惊险。Netflix 正面临着视频娱乐如何分销的巨大变化。问题是：Netflix 会成为弱化中间商的一员还是成为被弱化的一员？

一次又一次，Netflix 开拓创新，成为视频娱乐分销领域的顶级企业。21 世纪初，Netflix 的革命性的 DVD 邮寄服务击败了几乎所有的电影租赁店。2007 年，Netflix 开创性地进军数字流媒体，再次彻底改变了人们观看电影和其他视频内容的方式。现在，随着 Netflix 的领先，视频分销已经成为新兴技术和高科技企业的争夺热点。这既提供了令人难以置信的机会，也带来了巨大的风险。

看看 Blockbuster 就知道了。不到 10 年前，这个大型的实体电影租赁连锁店已经完全控制了这个行业。接着是 Netflix，这个新兴的 DVD 邮寄服务企业。成千上万的用户被 Netflix 的创新分销模式所吸引。2010 年，随着 Netflix 的急速发展，一度强大无比的 Blockbuster 陷入破产。

Blockbuster 从腰缠万贯到被弱化到一无所有的故事突显了当今视频分销业务的混乱。在过去的几年里，涌现了大量的视频获取途径。在 Netflix 快速发展和 Blockbuster 走向衰退的同时，Coinstar 的 Redbox 突然出现，建立了一个全新的每天 1 美元的 DVD 租赁全国网络。然后，一些高科技初创企业，例如 Hulu——凭借它的高品质、基于广告赞助的免费电影和当前的电视节目，开始通过互联网推动数字流的发展。

一直以来，Netflix 凭借大胆的行动而在竞争中保持领先地位。例如，到 2007 年为止，Netflix 已经邮寄了 10 亿份 DVD。但 Netflix 和其 CEO 里德·黑斯廷斯并没有因为成功而停下脚步，而是开始关注在当时仍颇具创新性的新视频分销模式：将视频传送到任何可以联网的屏幕上——从笔记本电脑到联网电视机，再到智能手机和其他可以使用 Wi-Fi 的设备。尽管这样会损害企业目前依旧受欢迎的 DVD 邮寄业务，但 Netflix 推出了一项 Watch Instantly 服务，该服务让会员得以在自己的计算机上观看电影，费用以包月的形式支付。

尽管 Netflix 不是最先推出数字流媒体的，但其倾注了大量资源来改进技术，建设最大的流媒体库。它建立了庞大的用户群，销售额和利润都得到了大幅增长。它拥有庞大的实体 DVD 库和可通过 200 多个网络设备访问、包含 2 万多部高清电影的流媒体库，看起来没有什么能阻止 Netflix 的发展。

但 Netflix 惊人的成功吸引了大量足智多谋的竞争对手。像 Google 的 YouTube 和苹果的 iTunes 这样的视频巨头开始提供租赁电影下载服务，Hulu 也推出了基于订阅的 Hulu Plus。为了保持领先地位，甚至说是为了生存，Netflix 也需要保持创新的脚步。因此，在 2011 年的夏天，Netflix 迈出了雄心勃勃但又危险的一步，CEO 黑斯廷斯孤注一掷地押注数字流媒体。他将 Netflix 仍在蓬勃发展的 DVD 邮寄服务拆分为一个独立的业务，名为 Qwikster，并要求将 DVD 出租和流媒体业务分开订阅（顾客同时使用这两种服务的价格增长了高达 60%）。Netflix 的名字现在只代表数字流媒体，这将是该企业未来增长的重心。

尽管 Netflix 的突然改变可能是富有远见的，但这并不能让顾客满意。约 80 万用户放弃了这项服务，Netflix 的股价暴跌了近 2/3。在短短几周内，Netflix 就承认了自己的错误，并撤销了将 Qwikster 业务独立出来的决定。然而，尽管遭遇了挫折，Netflix 仍保留了邮寄 DVD 的单独定价权并保持了高价格。Netflix 迅速反弹，很快再次获得了所失去的用户，用户数量甚至还有所增加。更重要的是，服务价格上涨了 60%，收入和利润也随之上升。Netflix 的股价再次暴涨。

Netflix 比以往任何时候都更关注流媒体视频。尽管顾客仍然可以访问 Netflix 世界上最大的 DVD 库，但 DVD 业务运营现在却通过 Netflix 单独的 DVD 网站进行，且单独收费。Netflix 现在近 80% 的收入来自流媒体。目前，它的 6 200 万付费用户每月观看电影和电视节目的时间总计高达 33 亿小时。在一个普通的工作日的晚上，Netflix 占据了北美家庭所有互联网流量的 1/3 以上。

尽管取得了持续的成功，但 Netflix 知道它不能停止创新。未来的竞争无法预测，例如，亚马逊的 Prime Instant Video 向亚马逊 Prime 会员提供了成千上万的电影和电视节目，无须额外付费。Google 已经不仅限于它的 YouTube 租赁服务，它还推出了 Google Play，一个集电影、音乐、电子书和应用程序为一身的全媒体娱乐门户。康卡斯特企业推出了 XfinityStreampix，让用户可以通过电视、笔记本电脑、平板电脑或智能手机播放老电影和电视节目。苹果和三星正在通过智能电视创造更流畅的流媒体内容整合。

接下来，随着整个行业逐渐将流媒体当作主流的交付模式，内容——不只是交付——将是 Netflix 领先于其他企业的关键。考虑到它的领先地位，Netflix 在内容竞赛中仍遥遥领先。然而，亚马逊、Hulu Plus 和其他竞争对手正与大量的大型电影和电视内容提供商签订合同。Netflix 也是如此。最近，Netflix 获得了一项巨大的成功，即与迪士尼签订了独家授权合同。Netflix 将成为唯一一个观众可以一站式观看包括迪士尼动画、漫威、皮克斯和卢卡斯电影在内的迪士尼新老视频的网站。

但随着电影和电视企业的内容许可协议越来越难获得，另一种创新的分销模式开始显现，Netflix 和它的竞争对手正在以狂热的速度开发它们自己的原创内容。再一次，Netflix 似乎占据了上风。例如，它凭借《纸牌屋》一路领先。《纸牌屋》是一部美国版的热门英剧，由好莱坞大亨大卫·芬奇和凯文·史派西制作。凭借《纸牌屋》的巨大成功，Netflix 推出了一系列原创剧集，包括《铁杉林》《莉莉哈默尔》《马可·波罗》和迄今为止最成功的《女子监狱》。这样的成果使得视频行业的其他企业争相追赶。Netflix 才刚刚起步，它计划每年投资 3 亿美元开发新的原创内容，每年至少增加 5 部原创剧集。

因此，从邮递 DVD 到 Watch Instantly 再到几乎在所有设备上都可观看的视频流，以及开发原创内容，Netflix 通过做它最擅长的（即创新和革新分销模式）而一直遥遥领先。接下来是什么？没有人真正知道。但有一件事似乎是确定的：无论未来如何，如果 Netflix 不引领变革，它就有可能很快被甩在后面。Netflix 必须在竞争对手之前，继续对自己的分销模式实行中间商弱化。正如其行动滞后的竞争对手已经学到的，要么弱化中间商，要么被弱化。

资料来源：See Susan Young, "2014 SUCCESS Achiever of the Year: Reed Hastings," SUCCESS, February 10, 2015, www.success.com/article/2014-successachiever-of-the-year-reed-hastings; Brian Stelter, "Netflix Grabs a Slice of Star Wars," *CNNMoney*, February 13, 2014, http://money.cnn.com/2014/02/13/technology/netflix-star-wars/; Mike Snider, "Netflix, Adding Customers and Profits, Will Raise Prices," *USA Today*, April 22, 2014, www.usatoday.com/story/tech/2014/04/21/netflix-results/7965613/; Michael Leidtke, "With 'House of Cards,' Netflix Got a Winning Hand," *Boston Globe*, February 27, 2015, www.bostonglobe.com/business/2015/02/27/house-cards-dealt-netflixwinning-hand/M5kBWc916HP1XMQyjdAd8N/story.html; Lisa Richwine, "Netflix Beats Forecasts with 62 Million Streaming Subscribers," *Reuters*, April 15, 2015, http://www.reuters.com/article/2015/04/15/us-netflix-resultsidUSKBN0N62HC20150415; and annual reports and information at www.netflix.com, accessed October 2015.

　　类似地，超级书店鲍德斯和巴恩斯-诺布尔率先提供了海量低价图书，击败了大多数小型独立书店。后来，亚马逊网站随之而来，甚至对最大的实体书店造成了威胁。亚马逊网站凭借一己之力就在不到 10 年的时间里使鲍德斯书店破产。现在，销售实体图书的线上线下销售商都受到电子书下载和电子阅读器的威胁。然而，亚马逊并没有认输，而是以其非常成功的 Kindle 电子阅读器和平板电脑引领数字阅读的发展。相比之下，曾经使许多独立书店破产的巨头巴恩斯-诺布尔书店则是一个后来者，它凭借 Nook 电子阅读器勉强维持，现

在发现自己陷入了一场无法脱身的生存之战。⁹

就像经销商一样，产品和服务的生产商也必须发展网络或其他直销渠道等新的渠道机会以保持竞争力。不过开发这些新渠道往往会与其已有的渠道发生直接竞争，进而导致冲突。为了解决这个问题，企业通常试图寻求新的方式使直销成为整个渠道的补充。

例如，沃尔沃汽车集团（现在归属于中国汽车制造商吉利）最近宣布，计划在其所有市场上在线销售沃尔沃汽车。大约 80% 的沃尔沃购买者已经在网上购买其他商品，所以在网上购买汽车似乎是一种自然的延伸。除了特斯拉绕过经销商在网上销售全电动汽车外，几乎没有汽车制造商尝试直接销售。其他汽车企业担心直接销售会疏远它们的独立经销商网络。"谈到电子商务，经销商首先会感到紧张。"沃尔沃的营销主管说。因此，为了避免渠道冲突，沃尔沃将通过现有的经销商进行所有的在线销售。这样，直接营销的销售增长将对沃尔沃及其渠道合作伙伴都有利。¹⁰

缓冲带：概念链接

在这里稍作停留，并应用我们讨论过的分销渠道的概念。
- 比较 Zara 和福特的渠道，画张图来展示每个渠道中的中间商类型。这两家企业分别使用了哪种渠道系统？
- 渠道中每个成员的角色和职责是什么？这些渠道成员为了整体渠道的成功合作得如何？

10.4 渠道设计决策

作者评点

和营销中的其他元素一样，好的渠道设计需要从分析用户需求开始。营销渠道是真正的顾客价值传递网络。

我们现在来看看制造商面对的几种渠道设计决策。在设计营销渠道时，制造商要在理想的分销渠道和实际可行的分销渠道中做出选择。资金有限的新企业通常首先在有限的市场区域内销售。在这种情况下，确定最好的渠道也许并不是问题，真正的问题在于如何说服一个或多个优秀的中间商参与进来。

如果做得成功，新企业可以通过现有的中间商向新市场扩展。在较小的市场中，企业可以直接将产品销售给零售商；在较大的市场中，它可以通过分销商进行销售。在国内的某个地区，它可以授权给专营店；在另一个地区，它又可以通过一切可能的店铺进行销售。然后，它还可能会增设网上商店来直接向难以触及的顾客销售。通过这种方式，渠道系统就可以根据市场机会和环境的变化而逐渐发展起来。

然而，为了达到最佳效果，企业应当进行更有目的性的渠道分析和决策。**营销渠道设计**（marketing channel design）需要通过分析消费者的需求，确定营销渠道的目标，然后对各种主要的备选渠道进行识别和评估。

10.4.1 分析消费者需求

如前所述，营销渠道是整体顾客价值传递系统的一部分，每一个渠道成员都为顾客增添一份价值。因此，设计营销渠道必须首先了解目标消费者希望通过渠道得到什么。消费者希望就在附近购买，还是愿意到较远的商业中心去购买？他们愿意亲自购买，还是通过电话或网络购买？他们看重产品类型多样化还是专业化？他们需要大量的附加服务（运送、安装、维修）还是愿意从别处获得这些服务？运输速度越快，产品种类越多，附加服务越多，渠道的服务水平就越高。

然而，提供最快的运输速度、最多的产品种类和最佳的服务也许是不现实的。企业及其渠道成员也许不具有提供所有这些期望服务的资源和能力。而且，提供更高水平的服务会造成更高的渠道成本，对消费者来说也意味着更高的价格。折扣零售的成功表明，消费者通常愿意为了更低的价格而接受较低水平的服务。

但是，还是有许多企业将自己定位为更高的服务水平，顾客也愿意支付更高的价格。例如，你附近的 Ace

Hardware 的服务可能更个性化，地理位置更方便，比在最近的大型家得宝或劳氏商店购物更方便。因此，它也会收取更高的价格。对 Ace 的忠实顾客来说，其便利性和高水平的服务是值得付出高价格的。Ace 将自己定位为"有帮助的地方"。企业说："当其他企业变得又大又冷漠的时候，我们仍然是一个规模小而个性化的企业。"这就是为什么我们说来 Ace 就像拜访你的邻居一样。在 Yelp 的评论中，一位忠实的 Ace 顾客对此表示赞同。[11]

出于两个原因，我已经离开劳氏和家得宝转而成为 Ace 的顾客。首先，进出商店更容易，而且离我家更近。其次，最重要的是，当我进入商店时，一个经验丰富的员工会向我打招呼，询问我是否需要帮助。然后，他们就会带我到我要去的地方，然后我就都搞定了。但在劳氏，我最后总是在建筑物里徘徊，是在这里吗？在那里吗？我走过了吗？直到我筋疲力尽。在 Ace，节省的时间和精力足以弥补成本的增加。另外，他们非常友好。

因此，企业必须根据满足顾客需求的可行性和成本以及顾客的价格偏好来平衡他们的需求。

10.4.2 设定渠道目标

企业应当根据目标消费者的期望服务水平来确定渠道目标。通常来说，企业可以根据消费者想要的不同的服务水平来识别出几个细分市场。企业应当确定自己要满足哪些细分市场的需求，以及在每种情况下可以采用的最佳渠道。面对每一个细分市场，企业都想要在满足顾客服务需求的前提下使总渠道成本最低。

企业的渠道目标也受企业的性质、产品、营销中介、竞争对手和环境的影响。例如，企业的规模和财务状况决定了哪些营销职能由企业自己完成，哪些必须由中间商来完成。比如，销售易腐烂产品的企业就可能需要更多的直销渠道，以避免耽误时间或是手续过多。

在某些情况下，企业可能想要在售卖竞争对手的产品的零售商处或其附近进行销售。例如，Maytag 及其他设备商想要与竞争品牌的产品摆在一起出售，以促进比较购物。而在另外一些情况下，企业可能会尽量避免使用竞争者使用的渠道。例如，Pampered Chef 通过其在全球 6 万多名咨询师的团队，直接向消费者销售高质量的厨房用具，而不是与其他厨房用具制造商在零售商店的稀缺货架上直接竞争。Stella & Dot 企业通过 3 万名代理人销售高级珠宝，这些代理人被称为"造型师"，他们在家中进行如特百惠一样的"非公开新品展示会"。[12] GEICO 和 USAA 主要通过电话和互联网渠道向顾客推销保险和银行产品，而不是通过代理商。

最后，一些环境因素也可能影响渠道目标和设计，如经济环境和法律限制等。例如，在萧条的经济环境中，制造商希望以成本最低的方式进行分销，采用较短的渠道，去掉那些抬高产品价格但并不必要的附加服务。

10.4.3 识别主要的渠道选择

确定了渠道目标之后，企业就需要识别主要的渠道选择，包括中间商的种类、中间商的数量及各个渠道成员的责任。

1. 中间商的种类

企业应当确认能够承担其渠道工作的渠道成员的种类。大多数企业面临许多可选择的渠道伙伴。例如，在不久以前，戴尔还只通过其复杂的电话和互联网渠道向最终消费者和商业用户销售产品。它还通过自己的直销团队直接向大型企业、机构和政府购买者销售。但是，为了获取更多的顾客并赶超苹果、三星等竞争对手，戴尔现在也开始通过百思买、Staples、沃尔玛等零售商来间接销售产品。它也开始将产品间接销售给增值经销商，以及根据中小型商业顾客需求开发计算机系统和应用的独立分销商。

在渠道中使用多种类型的经销商有好处也有缺点。例如，在自身的直销渠道外通过零售商和增值经销商销售产品，戴尔可以接触到更多的、不同类型的顾客。然而，新的渠道将更难以管理和控制。此外，直接和间接渠道将为了许多共同的顾客展开竞争，从而造成潜在的冲突。事实上，戴尔时常发现自己处在左右为难的境地中，其直接销售代表对来自零售商店的竞争满腹抱怨，同时其增值经销商也在抱怨直接销售代表抢夺了他们的业务。

2. 中间商的数量

企业还必须确定在各个渠道层次上的渠道成员数量，此时有三种策略可以选择：密集性分销、独家分销和选择性分销。便利性产品和普通原材料的生产者通常采用**密集性分销**（intensive distribution），向尽可能多的渠道铺货。一旦消费者需要这些产品，就能立即在附近买到。例如，牙膏、糖果和其他类似的产品在数百万的商店里销售，最大限度地展示了品牌并为消费者创造了便利。卡夫、可口可乐、金佰利和其他的消费品企业都使用这种方法来分销产品。

相反，一些制造商反而会特意限制经销其产品的中间商的数量，这种做法中最极端的形式被称为**独家分销**（exclusive distribution）。当使用这种方法时，制造商给予少数几个零售商在其地域内独家销售企业产品的权利。独家分销通常用于奢侈品牌的销售。例如，Breitling手表被定位为"专业人士的装备"，售价为5 000～10 000美元。这个品牌的手表在每个指定的营销区域内只通过很少的一些授权经销商进行销售。例如，该品牌在芝加哥只通过一家钟表商进行销售，在整个伊利诺伊州也只通过六家钟表商销售。独家分销方式强化了Breitling的独特定位，并为其获得了更大的经销商支持力度和更多的顾客服务。

介于密集性分销和独家分销之间的一种方式是**选择性分销**（selective distribution）。这种方式选用的分销商不止一家，但也不会让所有愿意销售的分销商都进行销售。大多数消费电子产品、家具和家用电器品牌使用这种分销方式。例如，户外电力设备制造商STIHL没有通过像劳氏、家得宝或西尔斯这样的大众商品销售商销售其链锯、鼓风机、树篱修剪器等产品。相反，它通过精选的独立五金、草坪和花园经销商进行销售。通过使用选择性分销，STIHL可以与经销商建立良好的工作关系，并期望其以高于平均水平的努力进行销售。独家分销也提高了STIHL品牌的形象，并且经销商的高增值服务带来了更高的利润。"我们每天都依靠着我们选择的经销商，你也可以。"一则STIHL广告说。

3. 渠道成员的责任

制造商和中间商需要就合作条款以及各个渠道成员的责任达成一致，包括各方应执行的价格政策、销售条件、地区特权和具体服务等。制造商应当制定一个价格表和一系列公平的中间商折扣条约。制造商还必须指定每个渠道成员的经营区域，在安排新经销商的经营区域时要特别仔细。

制造商和中间商之间的义务和责任需要以书面形式确定下来，尤其在特许和独家分销渠道中。例如，麦当劳企业为加盟者提供促销支持、交易记录系统、汉堡包大学的培训以及一般的管理支持；加盟商反过来也必须达到麦当劳的设备标准和食品质量标准，配合麦当劳新的促销计划，提供相关信息，并采购指定的食材。

10.4.4　评估主要的渠道选择

假设一家企业已经识别出几种渠道选择，希望从中选出最能满足其长期经营目标的渠道。每种渠道都应该用经济性标准、控制性标准和适应性标准来进行评估。

在经济性标准之下，企业比较不同渠道选择的预期销售额、成本和盈利能力。每种渠道需要多少投资，会带来多少回报？其次，企业也要考虑控制的问题。使用中间商通常意味着要给它们一些产品营销方面的控制权，而有的中间商要求的控制权比其他中间商更多。在其他条件相同的情况下，企业希望尽可能多地保留控制权。最后，企业还必须运用适应性标准。渠道选择通常需要签订长期合同，而企业希望尽可能保持渠道的灵活性以适应环境的变化。因此，如果要采用一个涉及长期合同的渠道，那它应该在经济性和控制性方面非常有优势。

10.4.5　设计国际分销渠道

国际市场营销人员在设计分销渠道时面临着许多更加复杂的问题。每个国家都有其独特的分销系统，它们是长期发展而来的，变化得非常缓慢。而且，各个国家的分销系统差别很大。因此，国际市场营销人员必须调整其渠道策略以适应每个国家现有的情况。

一些市场的分销系统十分复杂，充满竞争，且难以进入。例如，许多西方国家的企业发现印度的分销系统难以驾驭。大折扣、百货商店和超市零售商仍然只占印度巨大市场的一小部分。相反，大多数购物都是在名为

kirana 的小型社区商店里进行的。这些商店由其拥有者经营，由于其提供个性化的服务和可以赊账而非常受欢迎。此外，大型西方零售商在应对印度复杂的政府法规和糟糕的基础设施方面存在困难。

发展中国家的分销渠道系统可能很分散、低效或者几乎不存在。例如，中国的农村市场是高度分散化的，由许多不同的次级市场组成，每个细分市场都有自己的亚文化。而且，由于分销系统不完善，大多数企业要盈利，只能面向富裕城市的顾客，而这部分人口仅占中国总人口的一小部分。中国的配送系统极其分散，以至于打包、捆绑、装卸、分类、再装载、运输货物等物流成本占到国内生产总值的18%，远远高于其他大多数国家。相比之下，美国的物流成本约占美国 GDP 的 8.5%。经过多年的努力，即使是沃尔玛的高管也承认，他们无法在中国建立高效的供应链。[13]

有时，当地的情况会极大地影响企业在全球市场上分销产品的方式。例如，巴西的低收入社区几乎没有超市，雀巢通过成千上万的销售人员用冷藏车挨家挨户地配送其产品，以此对其分销渠道进行补充。在亚洲和非洲的大城市中，麦当劳和肯德基等快餐店则提供送餐服务。成群结队的摩托车送货员穿着五颜六色的制服，把巨无霸和一桶桶炸鸡送到订餐的顾客手上。埃及的麦当劳超过30%的销售额和新加坡的麦当劳12%的销售额来自于外卖。对肯德基来说也是如此，科威特的肯德基的外卖销售额占其全部销售额的将近一半，埃及的肯德基的外卖则占 1/3。[14]

因此，国际市场营销人员面临着很广泛的渠道选择，在不同的国家内部和国家之间设计有效、高效率的分销渠道系统是一个很大的挑战。我们将在第15章进一步讨论国际市场的分销决策。

10.5 渠道管理决策

作者评点

现在就要开始实施所选择的渠道设计，并和选定的渠道成员共同协作来加以管理和激励。

企业在评估了自身的渠道选择并确定了最好的渠道设计之后，就必须实施和管理其所选择的渠道系统。**营销渠道管理**（marketing channel management）要求企业选择、管理和激励渠道成员，并随着时间推移不断评估它们的工作表现。

10.5.1 选择渠道成员

制造商在吸引合格的营销中间商方面的能力各不相同。有的制造商在吸引渠道成员方面不成问题。例如，丰田企业首次将雷克萨斯汽车引入美国市场时，毫不费力地就吸引到了新的经销商，实际上它还必须拒绝许多经销商。

在另一个极端，有的制造商必须做出很大的努力才能吸引足够的合格的中间商。例如，当天美时（Timex）首次试图通过常规珠宝商店来销售其廉价手表时，被大部分珠宝商店拒绝了。之后，企业将其手表引入了大众商品折扣店，事实证明这是一个明智的决定，其销售额增长迅速。

有时，甚至知名品牌也会在获取和维持其想要的分销渠道方面遇到困难，特别是同强大的经销商打交道的时候。例如，你在当地的 CVS 药店里找不到万宝路、温斯顿、骆驼或其他品牌的香烟。CVS 最近宣布将不再在其门店中销售香烟，尽管这会导致其损失 20 多亿美元的年销售额。"这是正确的做法，"该企业表示，"我们认为香烟和医疗保健品并不适合放在一起。"大概 20 年前，塔吉特就放弃了销售香烟，而公众人士也在向沃尔玛施压，要求它采取同样的行动。如果主要的折扣店和其他连锁药店，如 Walgreens 和 Rite Aid 也效仿，那么 Philip Morris、R.J. Reynolds 和其他烟草企业将不得不寻找新的渠道伙伴来销售它们的品牌。[15]

在选择中间商时，企业应当明确具有哪些特点才是好的中间商。企业可能需要评估每个渠道成员经营的年限、经营的其他产品线、地点、增长率和利润情况、配合度以及声誉等。

10.5.2 管理和激励渠道成员

选定渠道成员之后，企业需要不断地管理和激励它们，以使它们做到最好。企业不只是通过中间商销售，还要销售给中间商并与它们合作销售。大多数企业将其中间商看作最前端的顾客和伙伴，通过合作伙伴关系管理来与渠道成员形成长期的战略关系，建立一个能同时满足企业自身及其合作伙伴需求的价值传递系统。

在管理渠道时，企业必须说服其供应商和分销商，作为整个价值传递系统中的一部分，它们的共同合作将会带来更大的成功。企业必须与渠道中的其他成员紧密合作，以寻找更好的方式为顾客带来价值。因此，亚马逊和宝洁紧密合作，实现了它们的共同目标，即在网上销售有利可图的消费品。通过 Vendor Flex 项目，亚马逊在宝洁的仓库内运营，以降低配送成本、加快发货速度。这项服务合作对合作伙伴和顾客都有利（见营销实践 10-2）。

营销实践 10-2

亚马逊和宝洁：将渠道合作提升到了新高度

最近，如果你订购了 Bounty 纸巾、帮宝适纸尿裤、Charmin 卫生纸，或者从亚马逊网站购买过其他数十种宝洁的消费品，它们很可能要通过非常曲折的分销路径才能最终被送到你的家门口。举例来说，这些纸巾很可能是在宝洁位于宾夕法尼亚州东北部的大型工厂生产的，然后由货车运输到附近的唐克汉诺克仓库，在那里卸下了货物，并与宝洁的其他商品一起进行重新包装，然后运到了亚马逊丁威迪或者弗吉尼亚的订单物流中心。在物流中心，商品被卸下车和摆放，最后被亚马逊的员工挑拣并打包，通过 UPS、联邦快递或 USPS 运送给你。

但如今，亚马逊和宝洁正在悄悄地为这类商品开辟一条新的、更简单、更低成本的分销渠道，这一举措可能会使消费品的分销发生翻天覆地的变化。例如现在，在宾夕法尼亚的仓库里，宝洁的员工不必再重新装载宝洁的产品并运送到亚马逊的物流中心，而是将货物保存在他们自己仓库里的一个独立区域，这个区域由亚马逊来管理。在那里，亚马逊的员工就会开始打包、贴上标签，并将商品直接发送到网上订购的顾客手中。亚马逊将这一冒险尝试称呼为 "Vendor Flex"，它正在彻底改变人们购买低价格、低利润率的日常家居用品的方式。

亚马逊的 Vendor Flex 项目为亚马逊及其像宝洁这样的供应商提供了巨大的潜力。在美国，网上销售仅占非食品类消费品销售总额的 2%。将这些主要商品的在线销售占比提高到 6%，即目前网购在整体零售销售额中所占的百分比，将使亚马逊每年的收入从目前的 20 亿美元增加到 120 亿美元。

但是，家居用品的在线销售落后于其他品类的产品是有原因的。长期以来，这些产品被认为太笨重或太廉价，不足以覆盖互联网销售所带来的高昂的运输成本。为了使网上销售家庭必需品有利可图，像亚马逊和宝洁这样的企业必须共同努力，精简分销流程，降低成本，这就是 Vendor Flex 项目的出发点。

Vendor Flex 项目将渠道合作提升到了新高度。共用 "同一个仓库" 为双方创造了有利条件。对于亚马逊来说，Vendor Flex 降低了在自己的配送中心储存纸尿裤和卫生纸等大件物品的成本，使其配送中心可以腾出空间给利润率更高的商品。这项共享协议使亚马逊能够在不必建设更多配送中心的情况下，扩展其日用品的品类。例如，宝洁的仓库还储存了其他受欢迎的宝洁家用品牌，从吉列剃须刀到潘婷洗发水，再到汰渍洗衣粉。最后，这种仓库共享还能够确保亚马逊可立即找到顾客购买的商品并迅速地交付给顾客。

宝洁也从 Vendor Flex 伙伴关系中受益。通过减少向亚马逊物流中心运送货物的成本节省了大量资金，这反过来又让宝洁对电子商务巨头亚马逊的定价更有竞争力。尽管宝洁是一个优秀的营销品牌，但它在线销售领域还是个新手。开拓在线销售现在是宝洁的首要任务之一。通过更紧密地与亚马逊合作，宝洁获得了亚马逊的专业帮助。

亚马逊认为，家居用品是在线销售的下一个重要领域。它与宝洁在宾夕法尼亚仓库的合作只是 Vendor Flex 项目的冰山一角。亚马逊和宝洁 3 年前就开始悄悄共享仓库，亚马逊在全球范围内已经与宝洁共享了至少 7 家其他配送中心，其中包括日本和德国的仓库。亚马逊也与包括金伯利·克拉克、乔治亚太平洋、第七代等其他主要的消费品供应商进行内部合作或商讨合作，以共用配送设施。此外,亚马逊还大力投资,建立基础设施以最大化地向在线消费者出售各种日常家居用品。例如,2010年年末,亚马逊收购了 Diapers.com 和 Soap.com 的所有者 Quidsi,这是一家销售婴儿用品和家庭必需品的在线零售商。自被亚马逊收购以来,Quidsi 增加了6个销售网站,除了原有产品外,还销售玩具(YoYo.com)、宠物用品(Wag.com)、优质美容产品(BeautyBar.com)和家居产品(Casa.com)。

分销渠道中的合作:在亚马逊的 Vendor Flex 项目下,宝洁和亚马逊共享仓库设施,为双方在分销成本和配送方面创造了优势。
Raywoo/Fotolia; Grzegorz Knec/Alamy; Grzegorz Knec/Alamy

Vendor Flex 似乎对所有成员——亚马逊、宝洁和最终消费者来说是共赢的。然而,亚马逊与宝洁的紧密合作,也引起了其他重要渠道参与者的不满。例如,宝洁目前最大的顾客沃尔玛是什么情况?这家大型零售商与亚马逊陷入了激烈的在线竞争,但其最大的供应商似乎都在给予亚马逊优待。与此同时,亚马逊对宝洁的支持可能会让其他与宝洁在亚马逊上竞争的重要供应商感到不安。宝洁和亚马逊都必须小心,不让它们的紧密合作关系破坏其他重要的渠道合作关系。

更广泛地说,一些分析师断言,即使有 Vendor Flex 项目,亚马逊也无法在网上销售像纸巾、清洁剂或剃须膏这样的产品。他们认为这些产品的利润率太低,不足以覆盖运输成本。亚马逊每年在 Prime 配送上的损失估计为 10 亿～20 亿美元。而且,他们还表示,如果从宝洁的仓库里运送一大桶汰渍或者一大堆笨重的 Bounty 纸巾到顾客面前能有利可图,宝洁早就这么做了。

然而,这种悲观的预测似乎忽视了近来分销领域的快速变化,尤其是在线零售业。像 UPS 和联邦快递这样的大型物流机构正在继续减少运输小包裹的时间和成本。此外,亚马逊正在主要市场区域积极推进食品杂货及其相关产品的当天送货服务。Vendor Flex 项目似乎与这些分销趋势不谋而合。

至于亚马逊和宝洁在 Vendor Flex 项目上的伙伴关系,这个项目看起来对两家企业都很理想。如果宝洁想要更有效地在网上销售其品牌的产品,那么它能找到比亚马逊这一无可争议的在线零售商巨头更好的合作伙伴吗?如果亚马逊想要更有效地销售家庭用品,那么它还有比宝洁这一公认的消费品营销专家更好的合作伙伴吗?在亚马逊的 Vendor Flex 项目下,这些行业的领导者可以基于自己的利益和其共同服务的消费者的利益灵活地展示它们的分销能力。

资料来源:Serena Ng, "Soap Opera: Amazon Moves In with P&G," *Wall Street Journal*, October 15, 2013, p. A1; Andre Mouton, "Amazon Considers 'Co-Creation' with Procter & Gamble," *USA Today*, October 21, 2013,www.usatoday.com/story/tech/2013/10/21/amazon-proctor-gambleproducts/3143773/; David Streitfeld, "Amazon to Raise Fees as Revenue Disappoints," *New York Times*, January 31, 2014, p. B1; and Bridget Bergin, "Amazon's Involvement with Manufacturing: When Is It Too Much?" *Manufacturing.net*, September 25, 2014, www.manufacturing.net/blogs/2014/09/amazon%E2%80%99s-involvement-with-manufacturingwhen-is-it-too-much.

同样,重型设备制造商卡特彼勒与其出色的经销商网络紧密合作,占据了全球建筑、采矿和伐木设备行业的主导地位。

重型设备制造商卡特彼勒生产创新、高品质的工业设备。但如果你问卡特彼勒的任何一个人,他们会告诉你，卡特彼勒之所以能获得行业主导地位，最重要的原因是其出色的分销网络——由遍布180多个国家的189个独立经销商组成。经销商处在销售的第一线，一旦产品离开工厂，就会被经销商接管，顾客看到的也是经销商。因此，卡特彼勒将经销商视为内部合作伙伴，而不是只想着将产品出售给经销商或通过经销商销售产品。当设备的一个大部件出现故障时，顾客知道他们可以向卡特彼勒及其经销商网络寻求帮助。强大的经销商网络造就了强大的卡特彼勒，反过来也是如此。在更深层次的意义上，从产品设计和交付到服务和售后，经销商几乎在卡特彼勒的所有方面都发挥了重要作用。与其经销商的密切合作关系使得这家企业取得了很好的市场表现。卡特彼勒主导了全球的重型建筑、采矿和伐木设备市场。其亲切的黄色拖拉机、履带牵引装置、装载机、推土机和卡车的销量超过了全球重型设备业务1/3的份额，比排名第二的Komatsu高出一倍多。

许多企业正在安装整合高科技合作伙伴关系管理（partner relationship management，PRM）系统，用以协调整个渠道的营销活动。就像运用**顾客关系管理**（customer relationship management，CRM）软件系统来帮助管理企业与重要顾客的关系一样，企业可以运用PRM软件和**供应链管理**（supply chain management，SCM）软件来帮助招募、培训、组织、管理、激励和评估企业与渠道合作伙伴的关系。

10.5.3 评估渠道成员

制造商必须经常评估渠道成员的业绩是否符合标准，包括销售指标、平均仓储水平、向顾客交货的时间、损坏和丢失货物的处理、配合企业促销和培训计划的情况以及顾客服务水平。对于表现良好且为顾客增加了价值的经销商，企业应当给予认可和奖励。对于表现不好的经销商，企业应予以帮助，万不得已时则进行撤换。

最后，制造商对渠道合作伙伴的需求要敏感。那些不好好对待经销商的企业不但面临着失去经销商支持的风险，还可能引起法律方面的问题。下一节将描述制造商及其渠道成员各自不同的权利和义务。

缓冲带：概念链接

再稍作停留并比较卡特彼勒和肯德基的渠道系统。
- 画图比较卡特彼勒和肯德基的渠道系统。两者在渠道层级、中间商类别、渠道成员的角色和职责以及其他方面有什么区别？每个系统设计得怎么样？
- 评估卡特彼勒和肯德基在管理和支持其渠道方面做得怎么样，结果如何？

10.6 公共政策与分销决策

在大多数情况下，企业可以不受法律限制选择适合自己的渠道合约。事实上，关于渠道的法律一般目的是避免某些企业使用排他经营的战术，使其他企业无法正常地使用渠道。大多数渠道方面的法律都是针对渠道成员建立合作关系后相互之间的权利和义务。

许多制造商和批发商都喜欢为产品开发排他性的渠道。如果销售者只允许特定的经销商经营自己的商品，这种战略称作**独家分销**（exclusive distribution）。如果销售者要求这些经销商不能销售竞争者的产品，这种战略就称作**排他性经营**（exclusive dealing）。这种排他性合约能使双方受益：销售者获得了忠诚可靠的销售渠道，经销商获得了稳定的供给源和更加有力的销售支持。但是，排他性合约使其他制造商无法通过这些经销商销售它们的产品。这种情况使排他性经营合约被纳入了1914年《克莱顿法案》的管辖范围之中。该法案规定，排他性经营合约只有在不显著地影响竞争、不具有制造垄断的企图以及双方自愿的情况下才是合法的。

排他性经营通常还包括地域排他性合约。制造商可能同意在某一区域内不将产品销售给其他经销商，或者经销商同意只在自己的区域内销售。前一种情况在特许经营系统中比较常见，是一种提高经销商的热情和忠诚度的方式。这是完全合法的，因为一个销售者没有法律义务要在自己期望的销售点之外进行销售。后一种情况则是制造商试图将经销商限制在某个区域之内，这就引发了一个重要的法律问题。

强势品牌的制造商有时候要求经销商同时销售其产品系列中的部分或全部产品,这称为"全线逼销"(fullline forcing)。这种捆绑式合约并不一定是非法的,但如果其目的是显著地破坏竞争,它就违反了《克莱顿法案》。这种做法可能会妨碍消费者在其他竞争品牌的供应商之间自由选择。

最后,制造商可以任意选择经销商,但其撤销经销商的权利是受到限制的。一般来说,制造商在"事出有因"的情况下可以撤掉经销商。但在一个有法律疑点的合约(比如排他性经营或捆绑合约)中,如果经销商拒绝合作,制造商无权撤掉经销商。

10.7 营销物流与供应链管理

作者评点

市场营销人员过去把它称为"实物分销"。但正如这些标题所暗示的,这个话题的重要性、复杂性和先进性都已经有了很大的提升。

在如今的全球市场中,有时卖出一件产品比把这件产品送到顾客手中要容易。企业必须决定储存、装卸和运送产品或服务的最佳方法,使消费者能在适当的时间、适当的地点获得适当的产品。物流的有效性对顾客满意度和企业成本都有着重要的影响。这里,我们将考察供应链中物流管理的性质和重要性、物流系统的目标、物流系统的主要职能以及整合供应链管理的必要性。

10.7.1 营销物流的本质和意义

对某些管理人员来说,营销物流仅仅意味着卡车和仓库,但现代物流远不止这些。**营销物流**(marketing logistics),也称为**实物分销**(physical distribution),是指计划、实施和控制商品、服务和相关信息从来源地到消费点的流动,在一定的利润水平上满足顾客的要求。简单地说,它是指有效地将适当的产品在适当的时间和地点送达适当的消费者。

过去,实物分销一般从工厂的产品开始,寻求低成本的方法将产品送到消费者手中。但是,以消费者为中心的现代物流从市场开始考虑,然后反作用于工厂或供应源头。营销物流不但涉及**出货物流**(outbound logistics),即把产品从工厂运到经销商处,最终送到消费者手中;还涉及**进货物流**(inbound logistics),即把产品和原材料从供应商处运到工厂;以及**逆向物流**(reverse logistics),即重复利用、回收、翻新或处置来自于消费者或经销商破损的、不想要的或过量的商品。这意味着它涉及整个**供应链管理**(supply chain management),即管理供应商、企业、经销商和最终顾客上下游之间原料、最终产品和相关信息的增值过程,如图10-5所示。

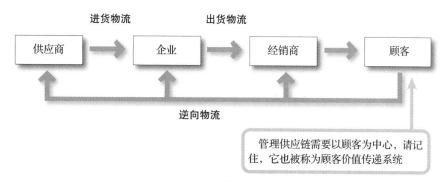

图 10-5 供应链管理

因此,物流管理者的任务是协调供应商、采购代理商、市场营销人员、渠道成员和顾客的活动,包括预测、信息系统、采购、生产计划、订货处理、存货控制、仓储安排和运输计划等多方面的工作。

如今的企业特别强调物流工作,主要有以下几个方面的原因。第一,如果能够在物流中为顾客提供更好的服务或更低的价格,企业就能获得强有力的竞争优势。第二,物流效率的提高能为企业及其顾客节约大量的成本。当前产品平均价格的20%都花在货物运输上,这远远超过了广告和很多其他的营销成本。美国的企业每年花费 1.39 万亿美元在包装、打包、装载、卸载、分类、重新装载和运输货物上，约占 GDP 的 8.2%。这项花费比全球除 12 个国家之外的所有国家的 GDP 总和还要高。[16]

即使只减少一小部分的物流成本，节约的金额也很可观。例如，沃尔玛正在实施一个提升物流效率的项目，该项目试图通过提高采购效率和供应链效率更好地管理其价值 510 多亿美元的库存，在 5 年内减少 5%～15% 的供应链成本——涉及的金额为 40 亿～120 亿美元。[17]

第三，产品种类的激增也需要更加完善的物流管理。例如，1916 年，一家典型的 Piggly Wiggly 杂货店只经营 605 种商品。如今，根据店面的大小，店内至少会储备 20 000～35 000 种商品。一家沃尔玛超级中心商店经营 14 万多种商品，其中 3 万种为日用杂货。[18] 订购、运输、存储和管理这么多的产品对物流来说是一个很大的挑战。

信息技术的发展使大幅提高分销效率成为可能。如今的企业大量使用复杂的供应链管理软件、基于互联网的物流系统、销售点扫描系统、RFID 标签、卫星追踪技术、订单和支付数据的电子传输技术。这些技术使企业能够快速、高效地管理供应链中的商品、信息和资金流动。

最后，与其他任何营销功能相比，物流还影响着环境以及企业在环境可持续性方面的投入。运输、仓储、包装及其他物流功能是供应链系统对环境产生影响的主要来源。因此，现在许多企业都在发展绿色供应链。

物流：正如这艘巨大的集装箱船所显示的，美国的企业 2014 年在包装、打包、装载、卸载、分类、再装载和运输货物上耗费了 1.39 万亿美元，这相当于美国 GDP 的 8.2%。

E.G.Pors/Shutterstock

10.7.2 可持续供应链

多方面的原因决定了企业必须降低其供应链对环境的影响。一方面，如果企业不主动保护环境，世界各地制定的一系列可持续发展的法规也会要求它们这样做。另一个原因是，耐克、沃尔玛以及联邦政府等许多大顾客都要求企业保护环境。环境的可持续发展已经成为供应商选择和绩效评估的重要影响因素。但更重要的是，企业也意识到设计可持续的供应链是正确的选择。这是企业为下一代拯救生存环境做出贡献的一种方式。

但是，这些都是美丽的外表。事实证明，企业有一个更加直接和实际的原因去绿化其供应链。不仅是由于绿化供应链有利于环境保护，更多的是因为它有利于企业最终效益的实现。对环境产生最多影响的物流活动（如运输、仓储、包装）也恰恰占据了物流成本的最大部分。企业通过提高效率来绿化供应链，而提高效率意味着更低的成本和更高的利润。换句话说，发展可持续的供应链不仅对环境负责，而且还有利可图。让我们看看耐克的例子。[19]

耐克，这家标志性的运动鞋和服装企业制定了绿化其供应链各个阶段的全面战略。例如，耐克与李维斯、REI、塔吉特和可持续服装联盟（Sustainable Apparel Coalition）的其他成员联手开发了 Higg 指数——一个从整个供应链的视角测量单个服装产品对环境影响的工具。耐克使用 Higg 指数与供应商和经销商合作，致力于降低供应链对环境的影响。例如，在刚刚过去的 3 年中，全球为耐克生产鞋子的 900 多家合约工厂在产量增加了 20% 的同时减少了 6% 的碳排放量。这相当于超过 10 亿英里的汽车碳排放量。

耐克发现，即使看似简单的供应链调整也可以产生巨大的收益。例如，耐克的鞋产自亚洲，但大多数销往北美。直到大约 10 年前，鞋子从出厂到商店都是通过空运的。在更仔细地分析了配送成本后，耐克将其很大一部分货物转为海运。这个简单调整使得每件产品的碳排放量减少了 4%，环保主义者对此很满意。而同时，这一改变也使耐克的会计团队感到满意，因为企业每年的运输成本减少了约 800 万美元。

10.7.3 物流系统的目标

一些企业认为，它们的物流目标是用最低的成本提供最大化的顾客服务。不幸的是，尽管这听起来很好，但是没有一个物流系统既能最大化消费者服务又能最小化分销成本。最大化消费者服务意味着快速交付、大量的库存、灵活的商品组合、自由的退货政策和其他服务，所有这些都提高了配送成本。相比之下，最小化分销成本意味着更慢的交货速度、更少的库存、更大批量的运输，这意味着更低的整体顾客服务水平。

营销物流系统的目标应当是以最低的成本提供目标水平的顾客服务。企业必须首先研究各种分销服务对其顾客的重要程度，然后为每个细分市场设定适当的服务水平。企业的目标是利润最大化，而不是销售额最大化。因此，企业必须权衡提供较高水平服务的收益与成本。一些企业较其竞争对手提供较少的服务，收取较低的价格；另外一些企业则提供较多的服务并收取较高的价格以弥补成本。

10.7.4 主要的物流职能

确定了一系列的物流目标后，企业要着手设计一个物流系统，以最低的成本实现目标。主要的物流职能包括仓储管理、存货管理、运输和物流信息管理。

1. 仓储管理

由于生产和消费的周期很难一致，因此大部分企业都会储存待售商品。例如，Snapper、Toro 等割草机企业会全年进行生产，为春季和夏季的购买高峰准备货物。储存职能克服了需求数量和时间之间的不协调，确保顾客准备购买产品时随时可以买得到。

企业必须决定需要建立多少个仓库、什么样的仓库以及建在哪里。企业既可以使用存货仓库，也可以使用配送中心。存货仓库用于中长期储存货物。相比之下，**配送中心**（distribution center）是为了转移商品，而不仅仅是储存货物。它是大型的自动化仓库，用来接收各个工厂和供应商发来的货物，接收订单并有效率地处理订单，最后将货物尽快地送到顾客手中。

例如，亚马逊运营着 50 多个大型配送中心，又被称为"订单履行中心"，用来执行在线订单和处理退货业务。这些中心的规模巨大且高度自动化。例如，位于加利福尼亚特蕾西的亚马逊订单履行中心占地 120 万平方英尺（相当于 27 个足球场）。在该中心，4 000 名员工管理着 2 100 万件商品的库存，且每天向加州北部和太平洋西北部地区的亚马逊顾客运送多达 70 万件包裹。在 2014 年的"网购星期一"（cyber monday）期间，亚马逊的订单履行中心网络以每秒高达 426 单的速度履行了全球顾客的订单。[20]

就像现今所有事物一样，仓储技术近年来也发生了巨大的变化。过时的物料搬运方法正逐渐被新式的计算机控制系统所取代，这些系统需要的员工更少。计算机和扫描仪读取指令，直接移动铲车、电动起重机或机器人收集货物、装载，并开具发票。例如，为了提高其大型订单履行中心的效率，亚马逊收购了机器人制造商 Kiva Systems。[21]

当你从亚马逊购物时，你的订单很有可能仍是通过人工打包的。然而，在亚马逊的订单履行中心，一群蹲式的、奥特曼大小的发光橙色机器人正越来越多地协助工作人员的工作。位于加利福尼亚特蕾西的订单履行中心有 3 000 个这样的机器人，"它们可以背负 6 英尺高的移动式货架到处疾走"。机器人把货架上的商品送到工人手中，工人接着把货物装到包裹箱里。"魔术货架"把物品直接送到工人面前，红色激光指向要挑选的物品。然后机器人就会走开，新的架子出现。这些超级高效的机器人每天工作 16 小时，每周 7 天。它们从不抱怨工作量或要求加薪，而且它们几乎不需要维护费用。"当它们电量不足时，它们就会去充电终端，"一位观察人士说，"或者说，就像仓库人员说的，'它们会自动充电。'"

2. 存货管理

存货管理也会影响顾客的满意度，管理者必须在存货过多和库存过少之间寻找精确的平衡。库存太少，企业可能面临缺货的风险。为了解决这个问题，企业可能需要紧急调运或是紧急生产，而这往往成本高昂。存货太多会增加库存成本和库存过时的风险。因此，在管理库存时，企业必须平衡高库存成本与销售和利润之间的矛盾。

许多企业通过**准时制**（just-in-time）物流系统大大降低了存货水平和相应的成本。通过这样的系统，制造商和零售商只保存少量的部件或产品，通常只能满足几天的运营需求。新的库存可以在需要时被及时送达，而不是提前储存在仓库里。准时制系统要求精确的预测以及迅速、频繁和灵活的送货，以保证在需要时能及时得到供应。这样的系统可以节约大量的货物存储和处理成本。

营销人员总是在寻求更有效的管理存货的新方法。在可以预见的未来，存货处理可能变得完全自动化。例如，在第3章我们讨论了RFID或"智能标签"技术，利用这些技术可以将智能芯片嵌入到鲜花、剃须刀、领带等所有产品和其包装中。这样的"智能"产品可以使占据产品总成本近75%的供应链变得更为智能化和自动化。

使用RFID的企业可以随时知道产品在供应链中的准确位置。"智能货架"不仅可以告知企业什么时候需要补货，还能自动向其供应商下单。如我们所知，这些令人兴奋的新信息技术正在革新分销系统。许多善于应变的大型企业，如沃尔玛、梅西百货、宝洁、卡夫和IBM，正在大力投资以使RFID技术的高效利用成为现实。

3. 运输管理

运输方式会影响产品的定价、运货效率和交货时的商品状况，所有这些又会影响消费者的满意程度。在将货物运往仓库、经销商和顾客时，企业有五种主要的运输方式选择：卡车、铁路、水路、管道和航空。还有一种用于数字产品的方式——互联网。

卡车在交通运输中的份额稳步增加，如今承运了全美40%的货物。在美国，每年的卡车运输里程达到3 970亿英里，是25年前的2倍多，其运货量达92亿吨。根据美国运输部（Department of Transportation）的数据，在美国所有货运吨数中，有70%是通过卡车运输的。卡车的路线和时间安排非常灵活，通常能提供比铁路更快捷的服务。对于短程运输高价值的货物来说，卡车是很高效的。卡车企业近年来已经逐渐发展为全球运输服务的全方位服务提供商。例如，大型卡车企业现在提供卫星追踪、基于互联网的运输管理、物流规划软件和跨境运输运营等多种服务。[22]

铁路运输占运输货物总吨英里数的26%。对于长距离地运输煤、沙、矿物、农产品和林产品等大宗货物来说，铁路是成本最低的运输方式之一。近年来，铁路还为顾客新增了以下服务：设计了运送特殊货物的新设备，为运输卡车拖车提供铁路平板车（背负式运输），提供"在途服务"，如在途中将货物分流运送到其他目的地，或是在运输途中加工货物。

水路运输占运输货物总吨英里数的7%。在美国沿海和内陆的水路中，有大量的货物通过轮船和驳船运输。尽管对运送低价的大宗非易腐货物——沙、煤、谷物、油和金属矿物等来说其运输成本十分低廉，但水路运输的速度最慢，有时还会受到天气的影响。管道运输占运输货物总吨英里数的17%，它是一种把石油、天然气和化学品从产地运到市场的特殊运输方式。大多数管道由其所有者使用，运输自己的产品。

虽然全美只有不到1%的货物运输吨英里数是通过航空方式实现的，但航空运输是十分重要的运输方式。航空运输的费用比铁路和卡车运输费用高得多，但是当时间紧、距离远时，航空运输是最理想的方式。最常采用航空运输的货物有易腐货物（如鲜鱼、花）和价值高、体积小的货物（如技术仪器、珠宝）。企业发现，空运可以降低仓储量、包装成本和所需的仓库数量。

互联网通过卫星、光缆、电话线或无线数字信号将产品从生产者送到消费者手中。软件企业、媒体、音乐企业、视频企业和教育机构等都会利用互联网传送数字产品。互联网拥有降低产品分销成本的潜力。飞机、卡车和火车运送货物和包裹，而数字技术传输的是信息数据。

运输者还经常将两种或更多的运输方式结合起来使用，这被称为**多式联运**（multimodal transportation）。8%的货物总吨英里数是通过多式联运运输的。"背负式运输"是铁路和卡车的联合；"卡车渡运"是水路和卡车的联合；"火车轮船"是水路与铁路的联合；"飞机卡车"是航空与卡车的联合。对运输者来说，各种运输方式的结合都有其优点。例

运输：在将货物运往仓库、经销商和顾客时，企业有五种主要的运输方式可选择：卡车、铁路、水路、管道和航空。当今的运输需要多种运输方式的结合。

Thanapun/Shutterstock

如,"背负式运输"比单用卡车便宜,并且更加灵活和方便。众多物流企业都提供多式联运的解决方案。

大多数物流运营商,不管其主要运输方式是什么,现在都认识到了多式联运的重要性。例如,美国联合太平洋主要是铁路承运商,现在它也为其商业顾客提供"门对门送货"。引用一则联合太平洋的广告:"铁轨的尽头只是我们运输能力的开始。每一天,我们协调铁路、卡车和海洋运输,为成千上万没有铁路直达的企业服务。如果我们仅仅是一个铁路运输企业,这将是一个挑战,但我们不是。我们是物流专家。"

4. 物流信息管理

企业通过信息来管理它们的供应链。渠道合作伙伴经常相互联合、共享信息,并在此基础上制定更好的物流决策。从物流的角度看,顾客交易、账单、配送和存货水平,甚至顾客数据等信息的流动与渠道的表现密切相关。企业需要简单、便捷、快速、精确的流程来获取、处理和分享渠道信息。

信息共享和管理有很多种形式,但大多数信息共享是通过**电子数据交换**(electronic data interchange,EDI)实现的,这是一种组织间的数字化交换方式,主要通过互联网传递。例如,沃尔玛需要通过 Retail Link 销售数据系统和其超过 10 万的供应商建立 EDI 联系。如果新的供应商没有EDI能力,沃尔玛将会帮助它们找到解决方案。[23]

在一些情况下,供应商可能会被要求为顾客创建订单和安排送货。许多大型零售商,例如沃尔玛和家得宝,都与宝洁或摩恩等主要供应商紧密合作,建立了**供应商管理库存**(vendor-managed inventory,VMI)系统或连续库存补充系统。通过VMI,顾客和供应商实现了销售数据和准确存货水平的实时共享,供应商全权负责管理存货和运输。一些零售商甚至进一步将存货的运输成本都转移给了供应商。这种系统要求买卖双方之间密切合作。

10.7.5 整合物流管理

如今,越来越多的企业开始采用**整合物流管理**(integrated logistics management)的概念。这一概念认为,为顾客提供更好的服务和降低分销成本需要团队合作,包括企业内部和营销渠道组织之间的合作。在企业内部,各个职能部门必须密切合作,共同提高企业的物流绩效。在企业外部,企业必须整合其与供应商和顾客的物流系统,以最大化整个分销系统的表现。

1. 企业内部的跨职能协作

在大多数企业中,物流工作的责任被划分给了许多不同的职能部门——营销、销售、财务、运营和采购。通常,每个职能部门都只顾最大限度地做好本部门的物流工作,而不管其他部门表现如何。然而,运输、库存、仓储和信息管理活动通常是相互作用的。例如,较低的库存水平降低了仓储成本,但是它同时可能会降低顾客服务水平,并因为缺货、延期交货、特殊的生产运营、高价的快速运输等而增加成本。由于分销活动涉及许多相互制约的因素,不同职能部门的决策必须进行协调,以获得最佳的物流服务水平。

整合供应链管理的目标是协调企业所有的物流决策,各部门的密切合作可以通过几种方式实现。一些企业建立了永久性的物流委员会,由负责不同物流工作的管理人员组成。企业也可以设立供应链经理职位,将各职能部门的物流活动联系起来。例如,宝洁设立了产品供应经理,管理每个产品类别供应链的相关活动。许多企业设有物流副总经理或供应链副总裁,他们都具有跨职能的权力。

最后,企业可以采用复杂的系统级供应链管理软件,很多大大小小的软件企业都可以提供此类软件,从 SAP 软件企业到甲骨文,再到恩富软件企业和 Logility 企业。例如,甲骨文的供应链管理软件解决方案帮助企业"通过将传统供应链转变为综合价值链,从而获得可持续的优势和推动创新"。它协调供应链的各个方面,从价值链协作到库存优化,再到运输和物流管理。重要的是,企业必须协调其物流、存货投资、需求预测和市场营销活动,以合理的成本创造较高的市场满意度。

2. 建立物流合作关系

企业要做的不仅仅是完善自身的物流工作,它们必须与其他渠道成员协同努力,完善整个分销渠道系统。营销渠道成员在创造顾客价值和建立顾客关系的过程中是紧密联系在一起的。一家企业的分销系统同时是另一家企业的供应系统,每个渠道成员的成功都要依靠整个供应链的表现。例如,家具零售商宜家创造出了时尚且实惠的家具，并打造了"宜家生活方式"。这依赖于整个供应链（包括数千位商品设计师和供应商、物流企业、仓储、服务提供商）都以最高的效率运作并坚持以顾客为中心。

明智的企业会与其供应商和顾客协调物流策略并建立牢固的合作关系，以改进顾客服务并降低渠道成本。许多企业建立了跨部门、跨企业的团队。例如，雀巢的 Purina 宠物食品在沃尔玛企业的总部所在地——阿肯色州的本顿维尔——有一支数十人的团队。Purina 的沃尔玛团队成员与沃尔玛的伙伴共同努力来降低分销系统的成本。合作不仅对两个企业都有好处，还使它们共同的最终消费者受益。

还有其他一些企业也会通过共享项目进行合作。例如，许多大型零售商会和供应商一同开展联合店内项目。家得宝允许其主要供应商使用自己的门店作为新销售计划的试验场所，供应商会花时间在店内监测其产品销售情况和消费者如何与产品形成联系，然后为家得宝及其顾客制订专门的销售计划。很明显，供应商和顾客都可以从这样的伙伴关系中受益。关键是所有的供应链成员都必须为了给最终顾客创造价值而共同合作。

3. 第三方物流

尽管多数大企业喜欢制造和销售自己的产品，但是很多企业把物流看作"麻烦事"。它们讨厌打包、装卸、分拣、储存、重新装载、运输、清关和货物跟踪等这些向工厂供货和将产品送到顾客手中所必需的工作。这种强烈的厌恶感使得许多企业将自己部分或全部的物流工作外包给**第三方物流提供商**（third-party logistics（3PL）providers），比如莱德、潘世奇物流、BAX Global 企业、DHL 物流、联邦快递物流、UPS 业务解决方案等。

例如，UPS 知道，对于许多企业来说，物流可能是一个噩梦。但是，物流正是 UPS 最擅长的。对于 UPS 来说，物流是当今最能创造竞争优势的强大力量。"我们爱物流。"UPS 宣称，"它可以使你的业务经营变得更加容易，它可以让你的顾客更满意。这是一种全新的思维方式。"一则 UPS 的广告总结道："我们爱物流。让 UPS 为你工作，你也会爱上物流。"

从一个层面上来说，UPS 只是简单地负责企业的货物运输。但在较深的层次上，UPS 可以帮助企业简化自己的物流系统，以降低成本，更好地为顾客服务。在更深的层次上，企业可以让 UPS 接管和管理部分或全部的物流业务。例如，消费电子产品制造商东芝企业让 UPS 处理其笔记本电脑的整个维修过程。UPS 不仅为在线鞋类和配饰销售商 Zappos 邮递包裹，它还以一种高效且令顾客满意的方式管理着 Zappos 重要和复杂的订单退货流程。[24]

像 UPS 这样的第三方物流服务提供商可以帮助顾客改善缓慢的、过度拥挤的供应链，削减库存，并更快、更可靠地为顾客运输产品。根据一份报告，《财富》500 强中有 86% 的企业使用第三方物流服务（也叫外包物流或合同物流）。通用汽车、宝洁和沃尔玛采用了 50 个甚至更多的第三方物流服务。[25]

企业基于以下几个方面的原因而选择使用第三方物流提供商。第一，由于将产品送到市场是它们的主要关注点，因此使用这些提供商是最合理的，因为它们通常更高效，且成本更低。外包通常会节省 10% ~ 25% 的成本。[26] 第二，外包物流使一家企业更专注于其核心业务。第三，综合物流企业更加了解日益复杂的物流环境。

我的营销实验室

如果你的老师布置了这项任务，请完成 MyLab 的问题讨论部分带有星号的问题。要完成本章的数字营销问题，请查看 MyLab 中的作业。

 章节回顾和批判性思维

目标回顾

虽然有一些企业对营销渠道重视不足，但许多企业依靠创新的分销系统为企业赢得了竞争优势。企业的渠道选择会直接影响企业的其他营销决策。管理者必须结合当前的需求和未来可能的销售环境，谨慎地做出渠道决策。

1. 阐述企业为何使用营销渠道并探讨这些渠道发挥的职能

企业不能独自为顾客创造价值，它必须同整个价值传递网络的合作者协同努力来完成这个任务。目前的竞争不是存在于单独的企业和品牌之间，而是存在于企业所处的不同价值传递网络之间。

多数生产商应用中间商来将自己的产品推向市场。它们建立一个营销渠道（或分销渠道），由相互依赖的组织共同组成，这些组织负责将产品或服务送达消费者或商业用户处以供使用或消费。通过它们的人脉、经验、专业程度和经营规模，中间商通常比企业自己做得更好。

营销渠道执行许多关键的职能。有些职能可以帮助促成交易，它们负责收集和传播对制订计划和协助交易有帮助的信息，开发和传播关于产品的有说服力的沟通材料，进行接触工作（寻找并与潜在顾客沟通）、匹配工作（调整商品使其符合顾客需求），并对产品的价格及其他条件进行谈判等，最终达成协议从而实现所有权的转移。其他促成交易的职能包括提供物流（运输和存储货物）、融资（获得并使用资金以弥补渠道工作所需的成本）和承担风险（渠道工作所带来的相应风险）。

2. 探讨渠道成员如何相互作用并组织起来以发挥渠道功能

当渠道成员都承担自己最擅长的工作时，渠道是最有效的。理想状况下，由于个体渠道成员的成功要依赖于整个渠道的成功，所以，渠道成员间的合作应该天衣无缝。它们应该理解并接受各自的角色，协调各自的目标和活动，并且精诚合作以实现渠道的总体目标。通过合作，它们可以更好地感知、服务和满足目标市场。

在大型企业里，正式的组织结构将会分配角色并提供所需的领导。但是在由独立企业所组成的营销渠道中，领导和权力都不是正式的。从传统意义上来说，营销渠道一直缺乏一个领导者来分配角色和管理冲突。近年来出现的新型渠道组织有更强有力的领导和更好的渠道绩效。

3. 明确企业可选择的主要渠道类型

可供选择的渠道有很多，从直销到运用一个、两个、三个乃至更多的中间商渠道层级。营销渠道面临着持续的有时甚至是剧烈的变化。三个重要的发展趋势分别是：水平营销系统、垂直营销系统和多渠道营销系统。这些趋势影响着渠道的合作、冲突和竞争。

渠道设计开始于评估消费者对渠道服务的需求、企业的渠道目标以及受到的限制。然后，企业根据中间商的类型、中间商的数量和每个中间商的渠道责任来确定主要的渠道选择。企业必须用经济性、控制性和适应性标准对每个渠道方案进行评估。渠道管理需要选择合格的中间商并激励它们，对于个体渠道成员必须定期进行评估。

4. 阐述企业如何选择、激励和评估渠道成员

每个制造商吸引合格的营销中间商的能力各不相同。有一些制造商能毫不费力地吸引到合格的中间商，而另一些制造商则颇费周折。选择中间商的时候，企业应该评估每个中间商的资质，并选择那些最适合企业渠道目标的中间商。

中间商选定以后，企业必须不断激励它们以使其全力以赴。企业不仅仅通过中间商进行销售，它还应该同中间商一起进行销售工作。企业应该努力同渠道成员建立长期的合作关系，形成对生产商和它的渠道伙伴都有利的营销系统。

5. 探讨营销物流和整合供应链管理的本质和重要性

营销物流（或实体分销）领域在降低成本和提高顾客满意度上大有潜力。营销物流不仅强调出货物流，还包括进货物流和逆向物流。也就是说，它包括整个的供应链管理——管理企业、供应商、分销商和最终顾客之间的增值流。任何物流系统都不可能在最大化顾客满意的同时实现最低的分销成本。相反，物流管理的目标应该是以最低的成本达到目标服务水平。物流的主要职能包括仓储、存货管理、运输和物流信息管理。

整合供应链管理的观念认为，改善物流的绩效需要跨职能的团队合作关系。这种关系不仅存在于企业的各个职能部门之间，同时也存在于整个供应链中的各个企业之间。企业可以通过建立跨职能的物流团队、设置整合供应链经理的职位以及更高层的拥有跨职能权力的高管人员，来实现各个物流职能之间的协调。渠道的伙伴关系可以采取跨企业团队、共享项目和共享信息系统的方式实现。如今，一些企业将它们的物流功能外包给第三方物流（3PL）提供商，以节省成本、提高效率，获取更快速和更有效进入全球市场的方法。

关键术语

价值传递网络（value delivery network）：由企业、供应商、分销商和顾客构成的网络，各方之间彼此紧密合作，以提高整个网络的绩效。

营销渠道（marketing channel）或**分销渠道**（distribution channel）：帮助消费者或商业用户获得可使用或可消费的产品或服务的一些相互依存的组织。

渠道层级（channel level）：将产品及其所有权提供给最终使用者的中介层。

直接分销渠道（direct marketing channel）：不存在营销中介层的营销渠道。

间接分销渠道（indirect marketing channel）：包含一层或多层营销中介的营销渠道。

渠道冲突（channel conflict）：营销渠道成员之间在目标、角色和回报，即谁应该做什么、得到什么回报等方面的分歧。

传统分销渠道（conventional distribution channel）：包含一个或多个独立的生产商、批发商、零售商的渠道。每一个独立的环节都会最大化自己的利润，甚至不惜以渠道整体利益为代价。

垂直营销系统（vertical marketing system, VMS）：生产商、批发商和零售商作为一个整体运营的渠道结构，某个渠道成员通过所有权、契约或足够强大的实力使全体成员一起合作。

企业式垂直营销系统（corporate VMS）：在同一所有权下将生产和分销环节整合起来的垂直营销系统，渠道的领导权是通过组织的共同所有权建立的。

契约式垂直营销系统（contractual VMS）：由处于生产和分销环节上不同层级的相互独立的企业通过合同组织起来的垂直营销系统。

特许经营组织（franchise organization）：一种特殊的契约式垂直营销系统，其中有一个被称为特许方的渠道成员将生产-分销过程中的几个阶段连接起来。

管理式垂直营销系统（administered VMS）：通过渠道成员中一方的实力和规模，协调生产和分销各个环节的垂直营销系统。

水平营销系统（horizontal marketing system）：营销渠道中两个或更多同一层级的企业联合起来，以追寻某个新市场机会的渠道组织。

多渠道分销系统（multichannel distribution system）：单个企业建立两个或两个以上的营销渠道，覆盖一个或数个细分市场的分销系统。

中间商弱化（disintermediation）：产品和服务的制造商绕过营销渠道中介，或是全新的渠道中介形式取代了传统的经销商。

营销渠道设计（marketing channel design）：通过分析消费者需求，确定营销渠道目标，对各种主要的备选渠道进行识别和评估。

密集性分销（intensive distribution）：向尽可能多的渠道铺货。

独家分销（exclusive distribution）：给予有限数量的经销商独家分销企业产品的权利。

选择性分销（selective distribution）：选用多于一个但少于全部愿意经销企业产品的中间商进行产品分销。

营销渠道管理（marketing channel management）：选择、管理和激励渠道成员，并随着时间推移不断评估它们的工作表现。

营销物流（marketing logistics）或**实物分销**（physical distribution）：计划、实施和控制商品、服务和相关信息从来源地到消费点的流动，在一定的利润水平上满足顾客的要求。

供应链管理（supply chain management）：管理供应商、企业、经销商和最终顾客上下游之间原料、最终产品和相关信息的增值过程。

配送中心（distribution center）：接收来自各工厂和供应商的货物的高度自动化大型仓库，能够接收订单并有效率地处理订单，最后将货物尽快地送到顾客手中。

多式联运（multimodal transportation）：将两种或更多的交通模式结合在一起。

整合物流管理（integrated logistics management）：强调企业内部和所有营销渠道成员之间的团队协作，以达到整个分销系统绩效最大化的物流管理理念。

第三方物流提供商（third-party logistics（3PL）provider）：独立的物流供应商，执行部分或全部的功能以使顾客的产品进入市场。

问题讨论

1. 比较企业供应链中的上下游合作伙伴。解释为什么使用"价值传递网络"一词比"供应链"更适合。

*2. 比较直接营销渠道和间接分销渠道。列出营销渠道中各种类型的经销商。

3. 在确定营销中介的数量时，请说出三种策略的名称并加以描述。

4. 列出并简要描述主要的物流职能。对于每个主要职能，举例说明物流经理需要做的决策。

5. 第三方物流提供商是什么？为什么企业会采用第三方物流服务？

批判性思维练习

1. 最常见的契约式垂直营销体系是特许经营组织。访问国际特许经营协会的网站 www.franchise.org，指出一个你感兴趣的特许经营组织。写一篇描述这个特许经营组织的报告，确定它是什么类型的特许经营组织，并研究该产品或服务的市场机会。

*2. 以小组为单位，研究扩张进入中国、非洲和印度等新兴国际市场的企业所面临的分销挑战。利用多媒体演示介绍一家企业如何克服这些挑战。

3. "最后一英里"这个词常用于电信行业。研究这一行业正在发生的事情以及最近几年里"最后一英里"的演变，然后预测它未来的发展方向。在"最后一英里"中，哪些企业是主要的参与者？说明"网络中立"（net neutrality）这个概念在其中发挥的作用。

 ## 小型案例及应用

在线、移动和社交媒体营销

自主出版

你认为自己有写一本畅销小说的能力吗？过去，作者不得不通过传统的出版社来印刷和分销他们的作品，但技术已经使出版业陷入了困境。虽然有抱负的作者总是可以自己出版一本书，但通过书店这种传统的渠道销售对大多数人来说是白日做梦。但由于互联网和社交媒体的出现，一切都发生了改变。亚马逊的 Kindle 直接出版平台是非常受个人出版商欢迎的一个平台，其他如 Smashwords、Author Solutions 和 FastPencil 也为成百上千的作者及其作品提供了类似的服务。例如，Amanda Hocking 的个人出版电子书销售引起了出版商的注意，现在，这位前社会工作者已经成了百万富翁。个人出版的书在不到 10 年的时间里增长了近 300%，其中大部分是电子书。几乎 40% 的读者现在拥有自己的电子阅读器 Kindle 和 iPad 等。这为任何想把作品分销给这些热心读者的人创造了可能。例如，在被传统出版商拒绝后，作者 Christine Bronstein 创建了自己的在线社交网络，用于宣传她的书 *So Help Me God: 51 Women Reveal the Power of Positive Female Connection Nothing but the Truth*，这本书目前在亚马逊和巴诺网站上销售。

1. 访问个人出版网站，如亚马逊的 Kindle Direct (http://kdp.amazon.com)，针对有抱负的作家做一个展示，介绍如何用自主出版的方式分销他们的作品。

*2. 在线、移动和社交媒体对其他行业的分销渠道有什么影响？

营销道德

卡车司机的休息规定

大型卡车是物流链的重要组成部分。然而，2012 年发生了 333 000 起大型卡车交通事故，造成近 3 800 人死亡，其中大多数是其他车辆的司机或乘客，而不是卡车司机。2014 年发生的一起事故引起了公众的一片哗然，当时一名沃尔玛的卡车司机在连续 24 小时工作后睡着了，撞上了另一辆车，导致 1 人死亡，另 1 人重伤，其中一人是著名的喜剧演员。2013 年 7 月，美国运输部的联邦汽车运输安全管理局颁布了更严格的工作时间规定。一份报告称，由于这些规则，该行业将损失 10 亿美元的生产力，而另一份报告则认为，受益于司机死亡率的降低，该行业将增加 5 亿美元的利润。新规定引起了相当大的争议，同时也给司机带来了困难。

正如一位司机所说："如果不开车，你就没有收入。"

*1. 研究交通部门的卡车司机工作时间规定，并写一份介绍这项规定的简短报告。2013年出台的规定的执行现状如何？

2. 卡车运输行业想要废除这些规定，你认为这合乎道德吗？解释原因。

数字营销

泰森企业扩大分销渠道

泰森食品企业是美国最大的牛肉和鸡肉供应商，每周处理超过100 000头牛和40多万只鸡。它的主要分销渠道是超市肉类部门。然而，该企业现在正将分销渠道扩展到便利店。企业想要在近15万个加油站和便利店的收银台附近出售热的布法罗鸡食品。这是一个很有潜力的渠道，因为这些零售店的销售增长相当可观，而即食食品的利润率要高于向食品杂货店出售生鲜肉类。泰森企业将不得不雇用10名以上的销售代表，每个人的工资为4.5万美元，让他们来开发这个分销渠道，因为许多此类商店都是由个人经营的。每家便利店预计将为泰森带来平均5万美元的收入。

1. 如果泰森在这个产品上的边际贡献率为30%，那么它的销售收入需要增加多少才能等于雇用新销售代表所增加的固定成本？

2. 在这种策略下，企业必须获得多少新的零售顾客才能实现盈亏平衡？每个新销售代表平均需要开发多少新顾客？

视频案例

前进保险企业

通过专注于创新，美国前进企业成为保险业中的顶级企业。前进企业是第一家提供免下车索赔服务、分期付款和7×24小时顾客服务的企业。但也许前进企业最大的创新举措在于其分销渠道。大多数保险企业或者通过中介机构或者采取直接向消费者销售的方式进行分销，而前进企业是首先发现两者都有价值的企业之一。在20世纪80年代后期，它在代理分销机构外增加了一个800开头的电话直销渠道。

20年前，前进企业成为第一家推出网站的大型保险企业，从此迈入了数字化的未来。不久之后，它允许顾客实时在线购买汽车保险。今天，顾客可以使用前进企业的网站，管理自己的账户信息甚至直接申请索赔。前进企业甚至提供一站式的接待理赔服务。

在观看了前进企业的视频片段后，回答以下关于营销渠道的问题：

1. 将供应链的概念应用于前进企业。

2. 使用本章中消费者和商业市场的渠道模式，尽可能多地描绘出前进企业的渠道。这些渠道如何满足不同的顾客需求？

3. 讨论前进企业对保险业产生影响的各种方式。

我的营销实验室

如果你的老师布置了这项任务，请到MyLab作业中完成以下写作部分。

1. 为何会产生渠道冲突？指出并描述不同类型的渠道冲突。

2. 零售商是否应该为其他国家的服装供应商工厂的安全状况负责任？就此进行讨论。

零售与批发 第11章

学习目标

1. 解释分销渠道中零售商的作用,并描述零售商的主要类型。
2. 描述零售商的主要营销决策。
3. 论述零售业的主要趋势和发展情况。
4. 阐述批发商的主要类型及其营销决策。

概念预览

现在我们将更深入地了解中间营销渠道的两大职能:零售和批发。你已经对零售有所了解——你每天都在接受各种零售商的服务。但是,你可能对在幕后工作的批发商知之甚少。在本章中,我们将研究不同种类的零售商和批发商的特点,它们所做出的营销决策及未来的发展趋势。

只要提起零售商,我们就会首先想到沃尔玛。它的巨大成功来源于其不懈地追求为顾客带来价值。沃尔玛每天都在践行它的承诺:"最低的价格,超值的享受。"对顾客价值的专注使沃尔玛成为全球最大的零售商、世界上最大的企业。尽管沃尔玛取得了巨大成功,但它仍面临着新的机遇与挑战。

第一站

沃尔玛：全球最大的零售商、世界上最大的企业

沃尔玛大得令人难以想象，它是世界上最大的零售商，也是世界第一大企业。2014年，沃尔玛的销售额达到了惊人的4 870亿美元，是其竞争对手好市多、塔吉特、梅西、西尔斯、凯马特、杰西潘尼和科尔士销售额之和的2倍之多。

沃尔玛在杂货、服装、玩具以及宠物用品等多种消费品的销售上都名列第一。它的销量几乎是食品杂货零售商克罗格的2.7倍，而它仅在服装和鞋类上的销售额就超过了梅西企业的总收入，而梅西企业旗下包括了梅西百货和布鲁明戴尔百货商店。令人难以置信的是，沃尔玛每年卖出占美国购买总量30%的一次性尿布、30%的护发品、30%的健康美容产品、26%的牙膏、25%的杂货以及20%的宠物食品。在全球范围内，通过在27个国家的11 000家实体店及其在10个国家开设的网上商城，沃尔玛平均每周服务2.5亿人次的顾客。

很难彻底弄清楚沃尔玛对美国经济的影响。在美国，每246位男士、女士和孩子中就有一个是沃尔玛的工作人员。沃尔玛每小时的平均利润为310万美元。如果沃尔玛是一个独立的国家，那么它将是世界第26大经济体。据估计，通过自己制定低价及其对竞争对手价格的影响，沃尔玛每年平均为美国家庭节省2 500美元，这相当于普通家庭超过6个月的日用品开销。

这样巨大的成功背后有什么奥秘？首先，最重要的是，沃尔玛热衷于实现自己"天天低价"的价值主张，对顾客来说这意味着"最低的价格，超值的享受"。为了实现诺言，沃尔玛每天都提供一系列经过严格挑选的低价产品。没有任何一家零售商可以如此坚持地做到"天天低价"和"一站式"购物。沃尔玛的创始人山姆·沃尔顿很好地总结了沃尔玛的使命："我们共同努力，为每个人降低生活成本……我们会让世界看到沃尔玛能让人们在节约更多钱的基础上拥有更好的生活。"

沃尔玛是如何以如此低的价格盈利的？沃尔玛就像是一台精干、低成本的分销机器，拥有行业中成本最低的组织结构。低成本使得这个零售巨头得以在低价销售的同时仍然拥有较高的利润。沃尔玛的低价格吸引了更多的购买者，产生了更大的销量，使企业更有效率，从而更有实力来进一步降低价格。

沃尔玛的低成本源于其卓越的运营管理、先进的信息技术以及遵循"严格控制采购"。其巨大的、全自动化的配送中心高效地为商店供应货物。它安装了连美国国防部都自叹不如的信息技术系统，让全球各地的管理人员能够即时获取销售和运营信息。众所周知，沃尔玛利用其庞大的规模从供应商那里榨取低价。一位供应商的销售主管在参观了沃尔玛的采购办公室后表示："不要指望有人接待，也不要期望他们多友好。一旦你被领进采购部简陋的办公室，迎接你的是办公桌另一端一道道锐利的目光，他们已经准备好跟你砍价。他们重点明确，并且比美国其他任何购买者都更善于利用其所拥有的采购权力。"

"在沃尔玛，最低的价格，超值的享受。"沃尔玛的CEO说，"我们坚持为顾客提供价值。"
Beth Hall/Bloomberg/Getty Images

尽管在过去的50年中，沃尔玛取得了令人难以置信的成功，但如今它也面临着一些重大的挑战。企业发展到如此之大的规模后，很难再保持原来的高速增长。想想这个：如果要在下一年增长7%，沃尔玛就要再增加330亿美元的销售额。这样的增长量比《财富》世界500强企业中排名前96位的企业的销售额总和还要多，其中包括麦当劳、梅西、美国运通、施乐、固特异、耐克、杰西潘尼。沃尔玛的发展规模越大，就越难保持高增长速度。

为了继续成长，沃尔玛着重发展高速增长的新产品线和服务线，包括有机食品、品牌专卖店、店内

健康诊所以及消费金融服务。为了更好地与塔吉特等更时尚的竞争者展开竞争，沃尔玛甚至开始适当地提升自己的形象。例如，超市的过道变得更加干净、明亮、不再杂乱，视野更开阔，沃尔玛希望这些改变能让消费者感受到一种更加愉悦的购物氛围。为了拥有更广泛的吸引力，沃尔玛新增了高品质商品。很多城市中的沃尔玛开始陈列高端电子产品，从三星的超薄电视，到戴尔、东芝的笔记本电脑，甚至还有苹果的iPhone和iPad。

尽管沃尔玛的规模已经很大，但仍然有扩张的空间。不管你信不信，美国还有很多地方并没有沃尔玛。这个零售巨头也在国际市场迅速地扩张，目前其国际市场的销售额达到了1 360亿美元，占总销售额的19%。沃尔玛在网络、移动和社交媒体中也面临着巨大的增长机遇和挑战（见第9章开篇沃尔玛与亚马逊的故事）。据估计，沃尔玛在网上的销售额约为140亿美元，仅占销售总额的2.7%，这使其在网上销售方面远远落后于亚马逊。亚马逊2014年在网上的销售额高达890亿美元。沃尔玛将"赢得全球电子商务"列为其未来发展的首要任务之一。

沃尔玛在不断地进行调整和成长，然而有一点似乎是值得肯定的。这个零售业巨头可能会不断增加新的产品线和服务，变得更加数字化和全球化，也可能会改变自身形象。但沃尔玛从未考虑放弃其低价的核心价值定位。无论如何，沃尔玛都是，也一直会是一家低价商店。"我不认为沃尔玛会变得更时尚，"一位沃尔玛的营销人员说，"我不认为这会适合我们的品牌，我们的品牌就是要帮顾客省钱，从而帮他们更好地生活。"[1]

沃尔玛的例子为我们研究快速变化的中间商奠定了基础。本章将介绍零售和批发。在第1节中，我们要研究零售的本质以及重要性，店铺以及非店铺零售商的主要类型，零售商的决策以及零售业的未来。在第2节，我们也将针对这些方面来探讨批发商。

11.1　零售

作者评点

你对零售已经非常熟悉了。你几乎每天都会和它们打交道，包括商店零售商、服务零售商、在线和移动零售商等。

什么是零售？我们都知道好市多、家得宝、梅西以及塔吉特是零售商，亚马逊在线、当地的汉普顿酒店和为患者看病的医生也是零售商。**零售**（retailing）是指直接向基于个人用途而非商用的最终消费者销售产品或服务的所有活动。很多机构——制造商、批发商和零售商，都在进行零售。但绝大多数零售工作是由**零售商**（retailer）完成的，它们的销售额主要来自零售。在大多数营销渠道中，零售扮演着重要的角色。2014年，零售商面向最终顾客实现了超过5万亿美元的销售额。[2]

11.1.1　零售：品牌与消费者之间的桥梁

零售商在购买过程的最后阶段和销售点充当了品牌与消费者的桥梁。事实上，如今很多营销人员使用**购物者营销**（shopper marketing）的概念，这一概念关注整个营销过程——从产品和品牌开发到物流、促销和商品推销，目的是在购买者接触销售点时将其转化为购买者。当然，每一个精心设计的营销举措都是为了顾客购买行为。但是，购物者营销认为，这些营销举措要与购物过程本身相协调。

购物者营销建立在被宝洁称为"关键性决策瞬间"的基础之上，即顾客在货架前考虑是否购买产品的关键性的3～7秒。[3]然而，在线购物和移动购物的迅猛发展为购物者营销增加了新的维度。零售业的"关键性决策瞬间"不仅只发生在实体商店里。为了补充这一定义，Google定义了一个"即刻决策瞬间"，即当消费者进行在线搜索和从网上了解产品时，购买过程就开始了。

如今，越来越多的消费者成为**全渠道买家**（omni-channel buyers），他们对实体店购物和网上购物不加区别，购买零售商品的过程可以跨越多个渠道。对于这些买家而言，一次购买也可能是先在网上搜索商品，然后在网上零售商那里购买，而完全不去实体店。或者，他们可能会在出差的路上，甚至在零售商店的走道上，用智能手机搜索商品。例如，我们经常可以看到消费者在塔吉特店内查看货架上的商品，同时使用手机应用程序查找优惠券，或者查看亚马逊网站上的产品评论和价格。

如今，购物者营销和"销售点"不仅限于店内购买，而且出现在消费者跨越多个渠道的购物过程中。想要影响消费者的购买决策，就需要**全渠道零售**（omni-channel retailing），即打造一种完美整合了店内、在线和移动购物的跨渠道购买体验。[4]

尽管绝大多数的零售工作仍然在实体店内进行，但近年来直销和在线零售的增长速度已经超过了商店零售。我们将在本章和第 14 章详细讨论直销、在线零售和全渠道零售。这里，我们将集中讨论商店零售。

11.1.2　零售商的类型

零售商店有各种类型和规模，小到你家隔壁的美发沙龙、小饭馆，大到像 REI 或 Williams-Sonoma 这样的全国连锁零售商，以及像好市多和沃尔玛这样的大型廉价超市。表 11-1 中列出了一些最重要的零售商形式，我们在后文还会进一步讨论。这些零售商可以按照一定的特征进行分类，例如提供服务的多少、产品线的深度和广度、相对价格的高低及其组织形式。

表 11-1　零售商的主要类型

类型	描述	案例
专卖店	经营狭窄的产品线，但产品线内的品种繁多，例如服装店、体育用品店、家具店、花店和书店	REI、Sunglas Hut、丝芙兰、Williams-Sonoma
百货商店	经营多个产品线（一般包括服装、家具和家居用品），每条产品线都作为一个单独的部门由专业买家或商人管理	梅西百货、西尔斯、尼曼
超级市场	通常规模较大、成本较低，采用薄利多销、自助服务的经营方式，来满足顾客对日用杂货和家居用品的所有需求	克罗格、西夫韦、SuperValu、Publix
便利店	规模相对较小，位于居民区附近，每周 7 天、每天 24 小时营业，经营品种有限、周转速度快的便利商品，价格相对较高	7-Eleven、Circle K、Speedway、Sheetz
折扣店	采取薄利多销的方式以较低的价格销售标准商品	沃尔玛、塔吉特、科尔士
廉价零售商	以低于正常批发价或零售价的价格出售商品的零售店，包括由制造商所有和经营的工厂店、由企业家或大型零售企业拥有并经营的独立廉价零售商、以较大折扣向付费会员出售有限商品的仓储（或批发）俱乐部	Mikasa（工厂直销店）、TJ Maxx（独立的廉价零售商）、好市多、山姆会员店、BJ's（仓储俱乐部）
超级商店	满足消费者对经常购买的食品和非食品产品的全面需求的大型商店。其中包括超级市场和折扣商店的结合体——超级购物中心，以及经营某个特定品类对品种进行深入分类的品类杀手	沃尔玛超级购物中心、超级塔吉特中心、Meijer（折扣商店）、百思买、Petco、史泰博、Bed Bath & Beyond（品类杀手）

1. 服务的数量

不同类型的顾客和产品需要不同数量的服务。为了满足不同顾客的服务需求，零售商可以提供以下三种服务水平：自助服务、有限服务以及全面服务。

自助服务零售商服务于那些愿意自助进行"寻找 – 比较 – 选择"的购物过程从而节约时间或金钱的顾客。自助服务是所有折扣商店运营的基础，最常见于销售便利商品（例如超级市场）以及周转较快的全国品牌（例如塔吉特或科尔士）的零售商。有限服务零售商，比如西尔斯或者杰西潘尼企业，提供更多的销售服务，因为对于它们所销售的商品，顾客一般需要了解更多的信息。由此提高的运营成本也导致了更高的商品价格。

全面服务零售商，比如高端专卖店（例如蒂芙尼、Williams-Sonoma）和一流的百货商店（例如诺德斯特龙、尼曼），销售人员在顾客购买过程的每个阶段都会向顾客提供服务。全面服务零售商通常经营的是顾客需要更多服务或建议的特殊商品。零售商提供的服务越多，其运营成本就越高，增加的运营成本又会以更高的价格转加给顾客。

2. 产品线

零售商也可以根据它们所经营产品组合的长度和宽度进行分类。有些零售商，如**专卖店**（specialty store），经营的产品线数量少，但产品线内的产品品种繁多。现在，专卖店正在繁荣发展。随着市场细分、市场定位和产品专业化的广泛应用，人们对专注于特定产品和细分市场的商店的需求更大了。

与专卖店不同，**百货商店**（department store）经营种类繁多的产品线。近年来，百货商店受到了双重排挤，一方面来自于更加聚焦和灵活的专卖店，另一方面来自于更高效、价格更低的折扣商店。很多百货商店采用促销定价以应对折扣商店所带来的威胁；另一些百货商店运用商店品牌和单一品牌的设计师专营店来与专卖店竞争；还有一些百货商店正在转向直销和在线销售。服务仍然是关键的差异化因素。诺德斯特龙、萨克斯、尼曼及其他一些高端百货商店通过强化独家商品和高品质的服务取得了良好的业绩。

超级市场（supermarket）是人们最常光顾的零售商类型。然而现在，由于人口增长速度放缓以及来自折扣商店（沃尔玛、好市多、一元店）和食品专营店（全食超市、乔氏连锁超市、ALDI、Sprouts）的激烈竞争，超级市场的销售额增长也开始变得缓慢。在美国的包装食品销售中，超级市场的份额从 1998 年的 53% 下滑到了 2012 年的 37%。[5] 在过去的 20 多年里，外出就餐的快速增长也给超级市场带来了严重打击。

在争夺市场份额的大战中，一些超市为了提高销售额，升级改造了购物环境，提供更高品质的食品，例如增置了面包房、美味熟食柜台、全天然食品以及新鲜海鲜专柜。然而，另一些超市则通过削减成本、建立更高效的运营方式、降低价格，来与好市多和沃尔玛等大型折扣店正面竞争。在美国西部快速发展的区域连锁超市 WinCo 成功地做到了这一点。[6]

你可能还没听说过 WinCo。但你可以确信，沃尔玛和好市多正在密切关注这家小折扣连锁店。事实上，根据一位超市零售业专家的说法，WinCo 正迅速成为"沃尔玛最可怕的竞争对手"。在其目标市场上，WinCo（"Winning Company"的简称）将自己定位为强大的"超市中的低价领导者"，直接与沃尔玛进行竞争。这不仅仅只是一个口号——WinCo 不仅仅与沃尔玛的价格保持在同一水平上，还经常比沃尔玛的价格更低。WinCo 通过低成本、高效率的运营维持低价。该连锁店经常削减分销商，直接从农场和工厂采购商品。Winco 的商店规模大、效率高、只提供基本服务，且只经营品类有限的基本快消品。WinCo 的顾客通过自己打包商品和支付现金（不接受信用卡支付）来帮助 WinCo 降低成本。最后，这家员工持股的连锁店在薪酬、福利和养老金方面公平地对待员工。这使得工作氛围愉快、积极、高效，从而进一步帮助企业降低成本。沃尔玛和好市多为什么要担心 WinCo？这个快速增长的连锁店的规模预计每 5～7 年翻一番。根据零售业专家的说法："在这一点上，WinCo 势不可当。"

便利店（convenience store）是经营品类有限、周转速度快的便利商品的小商店。虽然过去几年销售额停滞不前，但便利店现在的销售额正在稳步增长。许多连锁便利店试图通过重新设计店铺来吸引女性购物者，开拓除了年轻、蓝领男顾客以外的其他市场。过去，男人们去便利店买汽油、啤酒、香烟或者滚轮烤架上的热狗，现在，便利店正在摆脱这种"卡车休息站"的形象，开始提供新鲜的食物和更干净、安全和高档的环境。

例如，7-Eleven 因为其思乐冰饮料、Big Gulp 饮料、旋转加热的热狗、自助购买的烤干酪辣味玉米片、香烟、啤酒和袋装薯条而久负盛名。这家便利连锁店现在雇用了一个烹饪和食品科学专家团队，他们正在不断推出健康零食和 400 卡路里以下的膳食菜单，如酸奶杯、沙拉、袋装胡萝卜和芹菜、新鲜的 Sub 三明治、全麦火鸡三明治以及富含蛋白质的小吃组合，即装在便携式打包盒中的胡萝卜、鹰嘴豆泥、皮塔饼、切达奶酪和葡萄。该连锁店也在调整现有产品的大小和尺寸。在接下来的 3 年里，7-Eleven 计划将利润率较高的新鲜食品的销售额提高 20%，达到目前水平的 2 倍。[7]

超级商店（superstore）是规模比普通超市更大的商店，经营种类繁多的食品、非食品类的常用产品和服务。沃尔玛、塔吉特、Meijer 和其他折扣零售商都设有超级购物中心，这是食品店和折扣店的大型综合体。一个传统的日用百货店每周的营业额为 482 000 美元，而一个超级购物中心每周有 140 万美元的销售收入。沃尔玛在 1988 年开设了它的第一家超级购物中心，现在它在北美拥有 3 400 多家超级购物中心，并继续以每年 120 家的速度不断扩张。[8]

近年来，还有一类超级商店也获得了爆炸性的增长，这类商店本质上就是巨型专卖店，通常被称为**品类杀手**（category killer，例如百思买、家得宝、Petco 和 Bed Bath & Beyond）。它们的特点是规模巨大，面积和飞机机库差不多大，经营某个产品线内品种繁多的产品。这种品类杀手常见于很多产品品类，包括电子产品、家装产品、图书、婴儿服装、玩具、家居用品、聚会用品、运动用品，甚至是宠物用品。

最后，对于很多零售商而言，其产品线就是一项服务。**服务零售商**（service retailer）包括酒店和汽车旅馆、银行、航空企业、餐馆、大学、医院、影院、网球俱乐部、保龄球馆、维修服务、美发沙龙和干洗店。在美国，服务零售商成长的速度比商品零售商还要快。

3. 相对价格

我们也可以根据零售商制定的价格高低对其进行分类（见表 11-1）。大多数零售商以常规价格提供正常质量的商品和服务，还有一些以更高的价格提供更高质量的商品和服务。以低价为特色的零售商包括折扣店和"低价"零售商。

折扣店。**折扣店**（discount store）（例如塔吉特、科尔士和沃尔玛）是指薄利多销、以较低的价格销售标准产品的零售商。早期的折扣店很少提供服务，且在租金较低的偏远地区设立仓储式商店，从而缩减开支。如今，折扣店在通过精益化的高效运营保持低价格的同时，也在努力改善购物环境和提高服务质量。

行业领先的"大型"折扣店，如沃尔玛和塔吉特，已经成为零售领域的主导者。然而，在当前的经济环境下，即使是"小型"的折扣店也在快速发展。例如，一元店是当今发展最快的零售形式。过去，一元店经营的主要是新颖、廉价的小物件，工厂尾货、出清存货、过时商品等，大都只需要 1 美元。而现在已经不是这样了。达乐（Dollar General）是全美最大的小型折扣零售商，其做出了一个有力的价值承诺——"省时，省钱，每一天。"[9]

全美最大的小型折扣零售商达乐，做出了一个有力的价值承诺——"省时，省钱，每一天"。
Daniel Acker/Bloomberg/Getty Images

达乐的口号不只是说说而已，而是对其价值主张的谨慎解读。达乐在面积小但位置便利的店铺里以每日低价销售一些经过精心挑选的流行品牌，旨在让消费者的购物变得更加简单。达乐精简的产品线与小面积的店面（一个沃尔玛能容纳 25 个达乐）使得顾客来去只需平均不到 10 分钟。它所销售的流行品牌的价格比杂货店低 20%～40%。所有这些措施让达乐变得炙手可热。另外，这家快速成长的零售商对未来的定位也很好。达乐的 CEO 说："当人们转换商店、转移到更廉价的品牌、变得更节俭的时候，我们能看到新消费主义的影子。"便利与低价永不过时。

廉价零售商。随着主要的折扣店逐步提高其档次，新的**廉价零售商**（off-price retailer）涌入，填补了低价格、高销量的市场空缺。普通的折扣店以正常的批发价格采购商品，并接受较低的利润率以降低价格。与之相反，廉价零售商是以低于常规批发的价格购买、低于普通零售价格销售的零售商。在很多领域都可以看到廉价零售商，例如食品、服装、电子产品，以及仅提供基本服务的银行业和折扣经纪业务。

廉价零售商有三种主要类型：独立廉价零售商、工厂直销店和仓储式俱乐部。**独立廉价零售商**（independent off-price retailers）由创办者所有和经营，或者是某个大型零售企业的分支。虽然很多廉价零售业务是由比较小的独立廉价零售商经营的，但大多数大规模廉价零售业务的所有权还是属于某些大型零售连锁店。例如，归TJX企业所有的TJ Maxx、Marshalls和HomeGoods，以及Overstock.com等网上零售商。TJ Maxx承诺将品牌服装和设计师服装的价格定为百货商店价格的4~8折。它是如何实现这个承诺？该企业的购买者一直在寻找促销。"所以，当一个设计师生产过多商品，百货企业采购过多时，我们就会突然介入，通过协商得到一个尽可能低的价格，从而为顾客省钱。"该企业说。[10]

工厂直销店。**工厂直销店**（factory outlet）是指由制造商（例如J.Crew、GAP、李维斯及其他商家）所有并运营的商店。有时这些店铺会聚集在一起成为工厂直销中心和价值零售中心，在这里，十几家工厂直销店以低达5折的零售价格销售多种类型的过剩商品、折扣商品或者非常规的商品。工厂直销中心主要包含工厂直销店，而价值零售中心则把工厂直销店与廉价零售商和百货商店的清仓折扣店结合在一起。

这些购物中心正在向高档化发展，甚至在对自己的描述中去掉了"工厂"二字。如今，越来越多的购物中心纳入了一些奢侈品牌，例如Coach、Polo Ralph Lauren、阿玛尼、Burberry以及Versace等。当消费者变得越来越看重价值时，像诺德斯特龙的Rack店、Neiman Marcus的Last Call、布鲁明戴尔的奥莱店和萨克斯第五大道这样的高端零售商，也在加速工厂直销战略，越来越重视直销店。现在，许多企业不仅仅把直销店当作一个处理问题商品的地方，它们还在这些店里销售新款商品。例如，Neiman Marcus的Last Call直销店所销售的90%的商品都是工厂专供的新款产品。[11]工厂直销店拥有高端的品牌与相对低的价格，这获得了很多消费者的青睐，尤其是在经济紧缩时期。

仓储俱乐部（warehouse club，或称批发俱乐部、会员仓储店），如好市多、山姆会员店和BJ's，在庞大却简陋的仓库式设施内经营，只提供很少的附加服务。但是，它们对经过筛选的品牌商品提供超低的价格和令人惊喜的折扣优惠。仓储俱乐部的销售额近些年来飞速增长。这些零售商店不只是为低收入的消费者提供低廉的商品，还为所有消费者提供了从必需品到奢侈品的各种商品。

参考一下好市多，它现在是全美第二大零售商，仅次于沃尔玛。价格低是好市多成功的重要原因之一，但真正使好市多与众不同的是它经营的产品品类以及它为消费者营造的购物紧迫感。[12]

好市多是一个零售寻宝店，在这里，低端和高端产品都有很大的折扣。除了大罐花生酱和2 250支装的棉签，好市多以低价提供不断更新的高品质产品，甚至包括奢侈品。2014年，好市多销售了超过1.09亿个热狗和汽水的组合（价格还是1.5美元，27年来一贯如此）。同时，它销售了超过100 000克拉的钻石。它是全美最大的家禽零售商（每年以4.99美元的单价售出将近70 000只烤鸡），同时也是全美最大的优质葡萄酒零售商（包括单瓶价格高达1 750美元的顶级酒庄白马庄园的葡萄酒）。

每个好市多门店都像是一个为购物者创造紧迫感和购物乐趣的剧场。好市多最大的特点是，在数量巨大的常规物品中混有吸引人眼球、不断变化的打折品，如打折的Prada包、Calloway高尔夫球杆或Kenneth Cole箱包，这样的促销是其他商店提供不了的。事实上，在好市多经营的3 600种商品中，有1 000种被指定为"珍贵商品"（好市多的称呼）。不断变化的商品种类和优惠的价格让所有类型的消费者成为回头客。曾经只有低收入者才会在廉价零售商店购物，但好市多改变了这一切。现在，即使是不需要精打细算的消费者也会去好市多购物。

4. 组织方式

尽管很多零售商店是独立经营的，但也有一些是以某种企业的形式或契约的形式经营的。表11-2描述了零售组织的四种主要类型：企业直营连锁店、自愿连锁店、零售商合作组织和特许经营组织。

表11-2 零售组织的主要类型

类型	描述	案例
企业直营连锁店	由两家或更多共同拥有和控制的直营店组成。企业直营连锁店以各种零售形式出现，但是在百货商店、折扣店、食品店、药店和餐馆中最为常见	梅西（百货商店）、塔吉特（折扣店）、克罗格（杂货商店）、CVS（药店）
自愿连锁店	由批发商发起，从事联合采购和销售的独立零售商店所组成的群体	独立杂货店联盟（IGA）、Western Auto（汽车供应）、True Value（五金）

（续）

类型	描述	案例
零售商合作组织	共同建立集中采购组织并采取共同促销活动的一组独立零售商	Associated Grocers（杂货店）、Ace Hardware（五金）
特许经营组织	由特许经营商（制造商、批发商或服务组织）和被许可方（经购买在特许经营体系中拥有和经营一家或更多店面的独立商人）组成的协议组织	麦当劳、赛百味、必胜客、Jiffy Lube、Meineke Mufflers、7-Eleven

企业直营连锁店（corporate chain）由共同拥有和控制的两家或更多直营店组成。比起独立经营，它们有很多优势。它们的规模使其能够以低价大量采购，并在宣传方面实现规模经济。它们有能力招募专家有效开展定价、促销、推销、存货控制和销售预测方面的工作。

企业直营连锁店的巨大成功促使很多独立零售商按照两种协议组织形式中的某一种进行联合。一种是自愿连锁，由批发商组织的独立零售商集团，从事集体采购和共同促销，例如独立杂货联盟（Independent Grocers Alliance，IGA）、Western Auto 和 True Value。另一种协议组织的方式是零售商合作组织，即由一组独立零售商联合成立一个共同所有的集中批发组织，从事联合采购和共同促销活动，例如 Associated Grocers 和 Ace Hardware。这些联合组织使独立零售商在采购和促销方面获得规模经济，从而与企业连锁店在价格上相抗衡。

另一种形式的协议零售组织是**特许经营**（franchise）。特许经营组织与其他协议组织形式（自愿连锁店和零售商合作组织）的主要区别在于：特许经营系统通常拥有某种由特许经营商开发的独特产品或服务、独特的商业模式、商标、商誉或专利。特许经营已经风靡于快餐、汽车旅馆、健身中心、汽车销售和服务以及房地产中介等行业。

然而，特许经营覆盖的领域已经远远超过了快餐店和健身中心。如今，特许经营组织已经发展到了各行各业。例如，Mad Science Group 的特许店针对学校、童子军、生日派对推广科技项目，H&R Block 提供报税服务，Supercuts 提供价格合适、无须预约的理发服务，Mr. Handyman 提供房屋维修服务，而 Merry Maids 则负责房屋清洁工作。Soccer Shots 在日托中心、学校和公园针对 2～8 岁的孩子提供基本的足球技能培训。

特许经营的零售额已经占到美国总零售额的45%。如今，如果你沿着城市的街道漫步或行驶在某个街道上，不可能看不到麦当劳、赛百味、Jiffy Lube 或者假日酒店。麦当劳——最知名和最成功的特许经营商之一，在100多个国家设立了 36 000 家连锁店，其中在美国就有 14 000 多家。麦当劳每天服务的顾客多达 7 000 万人，整个系统的年销售额超过 980 亿美元，全世界大约 80% 的麦当劳店都是以特许经营模式运营的。赛百味也是成长最快的特许经营品牌之一，它在 110 个国家设立了超过 43 000 家店，在美国有近 27 000 家商店，该系统的年销售额高达 188 亿美元。[13]

缓冲带：概念链接

在这里暂停一下，想想你平常接触的不同类型的零售商，它们经营的很多产品都有重叠。
- 选择一个你熟悉的产品：相机、微波炉、草坪工具或其他。在两个不同类型的零售商店选购该产品，比如在折扣商店和品类杀手，或者在百货商店和小型的专卖店，然后在网上选购。比较这三种购物渠道的产品品种、服务和价格。如果你要购买这个产品，你会在哪里购买？为什么？
- 根据你的购物经历，你认为零售竞争业态未来会有怎样的发展？

11.1.3 零售商营销决策

零售商总是在寻找能吸引和留住消费者的新型营销战略。过去，零售商依靠独特的商品和提供比竞争者更多或更好的服务来吸引顾客。如今，不同零售商在商品和服务上的同质化程度越来越高。消费者知名品牌不仅可以在百货商店见到，还可以在经营大众商品的折扣店、廉价零售商和网上找到。因此，对于零售商来说，实现商品差异化越来越难。

零售商之间的服务差异化程度也在逐步缩小。很多百货商店正在精简服务，而折扣商店却在丰富自己的服务。顾客越来越精明，价格敏感度也越来越高。他们认为没有理由为相同品牌的产品多花钱，尤其是在服务差异很小的情况下。由于这些原因，很多零售商都在重新考虑自己的营销战略。

如图 11-1 所示，零售商面临的主要营销决策包括：细分市场和目标市场的选择，零售店差异化和定位以及零售营销组合。

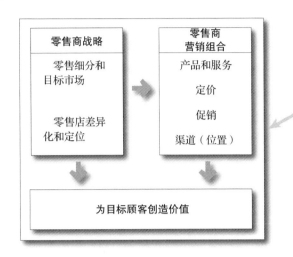

图 11-1　零售商营销决策

1. 细分市场、目标市场选择、差异化和定位决策

零售商首先必须要进行市场细分并决定选择哪些作为目标市场，然后决定在目标市场中如何进行定位并实现差异化。它们应当将精力集中在上层、中层还是下层顾客？目标顾客需要的是多样化的商品种类、深入的产品组合、便利性还是低价格？零售商只有界定并描述清楚其目标市场，才能够制定关于产品类别、服务、定价、广告、店面装潢、网络和移动购物站点的设计等方面的决策，或任何其他支持其定位的决策。

很多零售商，甚至一些规模很大的零售商没能清晰地界定自己的目标市场和定位。比如，西尔斯的目标市场是哪些消费者？这家百货商店为什么出名？沃尔玛或者梅西百货、诺德斯特龙的价值主张是什么？也许你无法准确地回答这些问题，不过不必担心，西尔斯的管理层也回答不了。

一个多世纪以来，西尔斯是美国的标志性零售商。它著名的广告语"美国人的购物之地"不仅仅是一个广告语，也是一个有意义的定位声明。几乎每个美国人都在西尔斯购买各种各样的商品，从服装、家居用品到家用电器和工具。但在过去的 20 年里，曾经强大的西尔斯迷失了方向。它一方面受到大型折扣店的排挤，另一方面则要应对时髦、高档的百货商店和专卖店的快速发展，西尔斯被夹在两者中间不知何去何从。对于销售额只占竞争对手沃尔玛 1/20 的西尔斯来说，它过去"美国人的购物之地"的商店定位几乎毫无意义。似乎西尔斯现在唯一做的事情就是打折销售所有商品。然而，对西尔斯来说，价格并不是一个令人信服的价值主张，因为在低价格方面，它难以对抗其竞争对手沃尔玛、塔吉特、科尔士等。现在正处于金融危机之中，一些分析师甚至预测，一度占主导地位的西尔斯将很快消失。想要再一次把西尔斯定位为"美国人的购物之地"，它必须先回答"人们为什么要在西尔斯购物？"。

相反，成功的零售商能清楚地定义自己的目标市场，并在其中确立自己的定位。例如，乔氏连锁超市打造了"廉价美食"的价值主张。沃尔玛一直实践着它的低价定位，并且知道天天低价对顾客意味着什么。成功的户外产品零售商 Bass Pro 把自己定位于"你所能买到的最好的户外产品"。

有了目标市场和准确的市场定位，零售商才能与强有力的竞争对手进行有效抗衡。例如，比较规模较小的 Which Wich 优质三明治和巨头赛百味。前者仅有 300 家店、1.75 亿美元的销售额；后者有将近 43 000 家店，销售额达到 188 亿美元。Which Wich 要如何与世界上最大的特许经营连锁店赛百味进行竞争？它并没有直接与赛百味竞争，谨慎的定位策略使其成功与赛百味实现了差异化。[14]

三明治现在很流行。如果你想吃三明治，你会有很多选择，从赛百味到更有异域风情的 Panera 面包店、McAlister 熟食店、Au Bon Pain 或者 Potbelly 三明治店。但是，Which Wich 优质三明治却从中脱颖而出，成为"按照你的方式制作"的三明治店。Which Wich 邀请你"追求有趣的东西"。它提供了 50 多个品种的可定制的"wiches"（三明治），从招牌 Wicked（含有 5 种肉及 3 种奶酪）到像 Thank You Turkey（含馅料和蔓越莓酱汁）以及 Elvis Wich（花生酱、培根、蜂蜜和新鲜香蕉）这样的独有产品，这些都是赛百味所没有的。菜单预先被印在三明治袋子上，顾客使用红色的马克笔在上面点单，从 50 种基础三明治开始，然后定制化地选择自己喜欢的面包、芥末和蔬菜。它为顾客提供了各种个性化的可能。与赛百味排队取餐的风格不同，在 Which Wich，你把袋子交给收银员，拿起饮料和薯条，坐下等着叫你的名字。在吃东西的时候，你可以用红色的马克笔在你的袋子上画画，然后把你的"艺术作品"挂在社区墙上。这家企业表示，不仅仅是食物让它与众不同，"而是一种感觉，是你从我们店里得到的正能量。"

Which Wich 无法与赛百味的规模经济、惊人的购买力、超高效率的物流和低廉的价格相竞争。它甚至没有尝试。通过采用与赛百味和其他大型竞争对手截然不同的定位，该企业已经成为美国发展最快的连锁休闲快餐厅之一。

2. 产品类别和服务决策

零售商必须决定三个主要的产品变量：产品类别、服务组合和商店氛围。

零售商的产品类别应该具有差异化，同时符合其目标顾客的期望。一个战略是提供针对性很高的产品品类：Lane Bryant 销售加大码服装，Brookstone 提供各种与众不同的小玩意儿和礼物，而 BatteryDepot.com 则销售各种型号的替换电池。零售商也可以通过提供其他竞争对手所没有的商品来实现差异化，比如其自有品牌或拥有独家专卖权的全国品牌。例如，科尔士获得了销售 Vera Wang 旗下的知名品牌 Simply Vera 以及某食品品牌下的一系列厨房用具和电器的独家权利。科尔士也拥有自有品牌产品线，如 Sonoma、Croft & Barrow、Candies 和 Apt.9。

零售商还可以通过服务组合实现差异化。例如，一些零售商邀请顾客以面对面、电话或网络的形式，向客服人员进行询问或咨询。家得宝为 DIY 顾客提供了多样化的服务组合，包括"how-to"课程、"do-it-herself"、儿童工作坊、专有信用卡等。诺德斯特龙提供一流的服务并承诺"无论代价是什么，一切都为了顾客着想"。

商店氛围是零售商的另一个重要武器。零售商想要创造出契合目标市场且能促进顾客购买的独特店面体验。很多零售商在实践体验式零售。例如，L.L.Bean 已经将其在缅因州自由港的品牌旗舰店改造成了探险中心，顾客可以在购买产品之前体验店里的商品。[15]

顾客在 L.L.Bean 自由港的旗舰店内不只是购物，更多的是在体验产品。当然，企业在自由港的几家店面提供了多种多样的户外服装和装备，但更重要的是，它们创造了户外体验。例如，L.L.Bean 在销售野营、钓鱼、登山、划船、家居用品等各类商品的同时，还在店内配置了很多教学环节，会有专家与顾客现场分享户外运动的技能和技巧，从而让顾客为户外探险做好准备。L.L.Bean 提供的教学内容包括绳子打结、系牢钓饵、修理自行车、罗盘导航，甚至是观星。如果顾客想要了解更多，还可以报名 L.L.Bean 户外探险学校的项目，学习雪鞋健行、越野滑雪、站立冲浪、飞蝇钓、骑自行车、观鸟、划船、狩猎，或者其他十几种户外活动。

L.L.Bean 已经将自由港校区打造成了一个成熟的户外探险中心，顾客可以在这里爬山、骑自行车、打高

体验式营销：L.L.Bean 已经将其在缅因州自由港的品牌旗舰店改造成了一个探险中心，顾客可以在购买产品之前体验店里的商品。
Photos courtesy of L.L.Bean

夫、玩皮划艇，或者是在附近的思科湾观赏海豹和钓鱼。户外探险中心吸引了大量的顾客来购买产品，L.L.Bean 的旗舰店和自由港校区每年的游客数量超过 300 万，是缅因州仅次于阿卡迪亚国家公园的第二大热门旅游胜地。此外，自由港校区成为 L.L.Bean 在佛蒙特、伊利诺伊等其他州开设探险中心的范例。

当今的数字技术为塑造零售体验带来了许多新的挑战和机遇。网络和移动购物的激增改变了零售顾客的行为和期望。其结果是，从高科技销售商美国电话电报公司到高端销售商奥迪和 Build-A-Bear 等大量的零售商正在将店内体验进行数字化。它们正在融合实体和数字世界，以创造新时代的体验式零售环境（见营销实践 11-1）。

营销实践 11-1

数字化店内零售体验

芝加哥市中心的高端零售区密歇根大街上有一家华丽的新商店，被称为"Magnificent Mile"。这家商店明亮又吸引人，店面设计和店内播放的音乐让人流连忘返。店内有几十个站点，顾客可以坐下体验最新的手机应用程序和电子设备。充满热情、手持 iPad 的员工与顾客交流，谈论技术，并提供实用的帮助和建议。这个开放空间配有 130 个数字屏幕和一个 18 英尺长的视频墙，每个方面都经过了仔细设计来吸引顾客参与未来的无线技术和服务。这里感觉更像是一个技术社区，而不是一个购买产品的地方。

这是崭新的苹果专卖店吗？不，其实这是美国电话电报公司的新旗舰店。不过，它确实与苹果开创性的零售理念相似。几十个不同的零售连锁店，从高科技销售商美国电话电报公司到高端销售商奥迪和 Build-A-Bear 等，正在以苹果企业的开放商店为原型，重塑它们的商店形象。但更重要的是，随着数字、网络和移动技术在零售领域的迅猛发展，这些连锁店正在开拓新的领域。它们正在数字化店内零售——即将数字化和在线技术运用到实体店环境中，从而重塑传统的店内体验。这是商店零售的未来，但它已经发生了。

当第一次走进美国电话电报公司的新商店时，顾客很快就意识到这是他们前所未见的。美国电话电报公司的零售业务总裁说，"我最喜欢的一条顾客评论是：'这就像走进了一个网站。'"这个商店被划分为不同的区域和站点，它的技术使顾客沉浸到多媒体和个人体验中。在"探索者休息室"中，顾客可以尝试和了解最新的应用程序。在应用程序站点，"apptenders"在 App 墙上提供一对一或群组演示，供他人参照。这个 18 英尺高的连接墙有一个巨大的交互式视频屏幕，用于展示顾客与内容和产品信息的互动，不只商店里的人可以看到，外面的行人也能看到。生活方式精品店根据顾客的需要分门别类地展示产品、应用和配饰，例如健身、高效工作和分享生活。在体验平台上，顾客可以与美国电话电报公司针对家庭安全、自动化、娱乐、音乐和汽车的相关产品进行互动。

虽然看起来商店都是关于产品和技术的，但真正的重点是顾客体验。该商店旨在让顾客与设备和服务互动，了解设备的工作方式，体验设备对他们生活的影响。例如，在商店的一个区域，顾客可以体验 Jawbone 的 Up 手环如何与智能手机应用程序相结合，通过跟踪睡眠、饮食和活动规律来监测健康和健身状况。另一个区域展示了一辆尼桑聆风如何与各种基于汽车的应用程序进行交互，从而帮助顾客解决问题，比如监控青少年的开车速度。这家商店是美国电话电报公司"我们可以为你做什么"营销活动的实体展示。"我们过去销售手机，"美国电话电报公司的高管说，"现在我们已经转向提供解决方案。"

对于像美国电话电报公司这样的技术零售商来说，数字化店内零售是一个必然的选择。其他行业的企业也在进行这一尝试。以德国汽车制造商奥迪为例。在伦敦举行的夏季奥运会的筹备过程中，奥迪的首个奥迪城市开始营业，奥迪城市是位于伦敦繁华的皮卡迪利广场的一个令人惊叹的数字化创新展厅。

奥迪城市展厅并没有展示出一大堆闪亮的新车，只有少量真正的汽车，未来的奥迪展厅可能根本就没有汽车。奥迪城市是全数字化的。潜在的顾客使用触摸屏和体感相机来设计和操作他们理想中的汽车,这些虚拟的、真人大小的汽车可以在展厅的大屏幕上展示。完成以后,会有一个视频展示他们设计的汽车,并为其选择的引擎配上全立体声。然后,这个设计会被存储到记忆卡上,顾客可以之后再观看和分享。

买车之前无须亲自看车的想法是对汽车零售传统的一项公然挑战。但如今的购车时代已经不再传统了。奥迪将数字化视为一种将展厅融入小型城市空间的方法,帮助它克服实体经销商的局限。假如有12种不同的车型,每种型号都有6个不同的档次,每种档次还有很多种选择,没有一个实体经销商可以拥有这些所有可能的型号。然而,虚拟陈列室可以展示奥迪大量可能组合中的每一种车型。此外,顾客可以立即打电话给他们,并随时做出改变。

到目前为止,奥迪城市的虚拟体验正在带来实际的销量。伦敦、北京和迪拜的奥迪城市展厅的销量都比传统销售方式高出了70%,平均每辆车的利润率提高了30%。数字化的汽车休息室吸引了更多的新顾客到访。90%的奥迪城市访客都是新顾客。

你能想到的任何行业都在尝试数字化展厅。想想Build-A-Bear工作室,在零售创新领域并不陌生。大约20年前,在Build-A-Bear闯入美国的购物中心时,它就以融合了展厅、工厂和主题公园的独特店面,彻底革新了店内体验。在最初的Build-A-Bear模式下,孩子们从一个区域跑到另一个区域,制作和定制他们的玩具熊,亲自看着它们被制作完成。

但随着智能手机、平板电脑和其他数字设备改变了孩子们的游戏方式,Build-A-Bear的销量开始下滑,亏损增加。然而,现在,Build-A-Bear并没有抵触数字时代的发展,而是在顺应这个时代。今天的Build-A-Bear店专门为吸引新一代精通数码技术的儿童而设计。商店前面有一个使用移动技术的大屏幕,用来欢迎孩子,与他们互动、游戏,并介绍商店的特点。从大屏幕那里开始,制作玩具熊的每一个步骤都配备了触摸屏和数字功能,使年幼的孩子们能更多地动手参与,并拥有更多的设计选择。孩子们甚至可以在真正给它充气之前,给他们制作完成的熊进行虚拟沐浴。

对于美国电话电报公司、奥迪和Build-A-Bear来说,零售并不是什么新鲜事。每一家企业都经营实体店多年,在全球有数百家展厅。但这些具有前瞻性的零售商现在正投资于未来的数字化门店。美国电话电报公司计划将其密歇根大街商店的6或7个组成元素应用到其他2 300家商店中。奥迪还计划在一年内再开设20个奥迪城市展厅。而Build-A-Bear已经将其400多家门店更新为新式的数字工作室了。正如美国电话电报公司零售业务总裁指出的那样,数字化不仅仅是电子产品。"这一切都是为了创造相关的顾客体验和互动,而不仅仅是交易。"

资料来源:Jacqueline Renfrow, "AT&T Turns Michigan Avenue Flagship into a Museum," *Fierce Retail*, March 11, 2015, www.fierceretail.com/story/attturns-michigan-avenue-flagship-museum/2015-03-11; Christopher Heine, "The Store of the Future Has Arrived," *Adweek*, June 3, 2013, www.adweek.com/print/149900; Nicole Giannopoulos, "A 'Magnificent' In-Store Experience," *Retail Info Systems News*, June 10, 2013, http://risnews.edgl.com/magazine/June-2013/A-Magnificent-In-Store-Experience86772; Elizabeth Olson, "Build-A-Bear Goes High Tech," *New York Times*, September 27, 2012, p. B3; Rajesh Setty, "Re-Imagining the Retail Experience: The Audi City Store," *Huffington Post*, December 29, 2013, www.huffingtonpost.com/rajesh-setty/re-imaginingthe-retail-e_b_4514046.html; and www.callison.com/projects/att-%E2%80%93-michigan-avenue and www.youtube.com/watch?v=GDdPN6mVLPM, accessed October 2015.

    成功的零售商会精心安排顾客店面体验的方方面面。当你下次走进一家零售店(不论它销售的是电子产品、五金还是时尚产品)时,可以停下来仔细观察周围的环境,看看商店的陈列及展示,听听店内的背景音乐,观察店里的颜色搭配,闻闻店内的气味。很有可能店里的每个细节,从陈列、灯光到音乐甚至是颜色、气味,都经过了店主的精心雕琢,以使顾客拥有更好的购物体验,进而让他们产生购买。

    例如,零售商会仔细挑选商标与内饰的颜色:黑色意味着成熟、橙色表示公平与价格合理、白色彰显简单与纯粹(如苹果店)、蓝色暗含着信任与依靠(金融机构经常使用这个颜色)。而且大多零售商都开发了只有自己商店才有的标志性香味。[16]

    Fitness店里充斥着"激励"的香味,这是一种桉树薄荷味的芳香,为其所有店面打造统一味道的同时,也掩盖了"健身房"的气味。布鲁明戴尔百货在其不同商店使用不同的香味:婴幼儿商店里是婴儿爽身粉的柔和香味、泳装区域是椰子香味、内衣区域是丁香香味、度假用品区域采用了糖果与常青树的味道。男性奢侈品时尚品牌雨果博斯为其所有门店选择了一种标志性的、顺滑的麝香气味。"我们想让它感觉就像回到家一样。"一位雨果博斯的营销人员说。气味可以巧妙地强化一个品牌的形象和定位。例如，奥兰多的 Hard Rock Café 酒店在大堂里增加了一种海洋的气味，以帮助顾客想象入住海边度假胜地（尽管酒店实际距离海岸还有一个小时的路程）。为了吸引顾客走进酒店地下一层经常被忽视的冰淇淋店，酒店楼梯顶部弥漫着甜饼的香味，楼梯底部还放了一点华夫饼。在接下来的 6 个月里，冰激凌的销量猛增了 45%。

这些体验式零售证明，零售商店不再是各类商品的简单组合和展示，它们还要让顾客体验良好的购物环境。

3. 价格决策

零售商的价格决策必须符合其目标市场、定位、产品和服务类别、竞争态势和经济因素。所有零售商都希望既能卖高价又能卖的多，但是二者往往不可兼得。一部分零售商选择低销量、高价格（如绝大多数的专卖店），另一部分零售商选择低价格、高销量（如大众商店和折扣店）。

因此，有 110 多年历史的波道夫·古德曼销售 Chanel、Prada、Hermes 和 Jimmy Choo 等品牌服装、鞋和珠宝，以迎合高端市场的需求。高端市场零售商通过为顾客提供私人服务，在店内向顾客展示新一季的流行趋势，同时提供鸡尾酒和点心来迎合顾客。与此相反，TJ Maxx 的消费人群主要为美国的中产阶层，它以折扣价销售名牌服装。由于每周都要进新产品，这家折扣店为喜欢低价的购物者提供了一个寻宝的好去处。"没有促销，没有噱头。"零售商说，"仅为您提供大牌与潮流产品……"售价低至百货商店的 4 折！"

零售商还要确定促销及价格折扣的力度。有些零售商不会进行价格促销，只是以产品和服务质量取胜。例如，即使在经济衰退时期，我们也很难想象波道夫·古德曼会用"买一赠一"的方式出售 Chanel 的包。其他零售商，如沃尔玛、好市多、ALDI 及 Family Dollar 等，则奉行"天天低价"，即维持低价格但基本上没有促销和折扣。

还有一些零售商采取"高-低价"的定价策略，将商品的常规价格定得较高，同时对商品进行频繁的促销，以增加商店的客流量、打造低价的形象或吸引那些同时会购买其他全价商品的顾客。最近的经济衰退使"高-低价"定价策略风行起来，零售商用大量的折扣和促销吸引价格敏感的顾客光顾。当然，哪种价格策略更好还取决于零售商的整体营销策略、竞争对手的定价策略以及经济环境。

4. 促销决策

零售商使用五种常规促销工具中的一种或几种来吸引消费者：广告、人员销售、促销、公共关系和直销。零售商在报纸、杂志、广播和电视上做广告，还可以结合报纸插页或产品目录。商店的销售人员会欢迎顾客、满足其需要并与顾客建立关系。促销包括店内演示、展览、促销和忠诚计划。公共关系活动，比如新店开业、特殊事件、时事通信、博客、商店杂志和公共服务活动等，都是零售商可以采用的。

绝大多数零售商还会通过网站、数字目录、在线广告和视频、社交媒体、移动广告和 App、博客、电子邮件等方式与顾客进行数字化交流。不论大小，几乎每个零售商都有社交媒体账号。比如，巨头沃尔玛在这一方面遥遥领先，它拥有 3 500 万名 Facebook "粉丝"、41 000 名 Pinterest "粉丝"、664 000 位 Twitter "粉丝"以及 66 000 位 YouTube 订阅用户。相比之下，纽约杂货连锁店 Fairway Market 仅拥有 11.4 万 Facebook "粉丝"，它经营众多品类的商品，从堆得很高的农产品、多到要溢出来的新鲜海鲜，到手工烘焙咖啡等产品。但 Fairway Market 并没有因此而烦恼，因为它每百万销售额所拥有的 Facebook "粉丝"数是沃尔玛的两倍。[17]

数字促销让零售商可以通过精心设计的信息与顾客联系。例如，为了更有效地与竞争对手进行在线竞争，CVS 向其"顾客忠诚计划"的会员发送了名为"我的每周促销"的个性化每周通告。顾客可以通过计算机、平板电脑或智能手机登录 CVS.com 的个人账户，查看为他们推送的通告。根据会员的特点和以往的购买情况，个性化促销会为每位会员突出强调其感兴趣的商品的特殊优惠。"通过'我的每周促销'项目，我们试图让人们改变他们的行为，去网上寻找更个性化的体验，而不是查看每周的促销。"CVS 的相关营销人员表示。[18]

5. 渠道决策

零售商指出，有三个关键因素会影响零售的成功：位置、位置和位置！对零售商来说，选择能够有效接触到与其定位相符的目标顾客群的位置极其重要。例如，苹果的销售点就设在高端的购物中心和时尚购物区内（如芝加哥的密歇根大道或曼哈顿的第五大道），而不是在偏远城镇的低价卖场。相反，乔氏连锁超市的店址就选在低价、不繁华的地段，以降低成本并支持其"廉价美食"的定位。小型零售商只能选择它们能够找到或者能够负担得起的位置，而大型零售商通常会聘请专业人士利用更先进的方法来进行选址。

如今，多数零售商店都会聚集在一起以提高对顾客的吸引力，为顾客提供便利的"一站式"购物。一直到20世纪50年代，中央商务区都是各大零售商的聚集地。每一座大型城市和城镇都有一个聚集了百货商店、专卖店、银行和电影院的中央商务区。然而当人们开始迁往郊区居住以后，这些中心商业区因为交通、停车和犯罪等问题开始衰败。近几年，很多城市又把零售商联合起来希望重振城内购物区的繁华，但其结果成败参半。

购物中心（shopping center）是指由一组零售商入驻，作为一个单位统一规划、开发和管理的购物场所。地区性的购物中心或地区性的购物商场是最大、最引人注目的购物中心，通常拥有 50～100 家商店，包括两个或多个完整的百货大楼。它就像一座迷你城市，吸引着来自广大区域的顾客。社区购物中心则一般包含 15～50 家零售店，通常包括百货企业的分店或杂货店、超市、专卖店、专业写字楼，有时还有银行。大多数购物中心则是街区购物中心或商业街，通常包含 5～15 家店铺。这些街区购物中心对顾客来说很近且很方便，一般包括一个超市，可能会有一个折扣店，另外还有其他一些服务性商店，如干洗店、药店、五金店、当地餐馆及其他商店。[19]

购物中心的一种新形式是所谓的强力购物中心。这些大型的开放式购物中心，由一长排零售店组成，包括沃尔玛、家得宝、好市多、百思买、Michaels、PetSmart 和 Office Depot 等大型独立商店。每个商店都有自己的入口和正对入口的停车场，为那些只打算进一个商店的购物者提供了便利。

相反，生活方式中心是小型的露天商场，其商店更为高端，位置也很便利，还包括游乐场、溜冰场、酒店、餐厅、电影院等。最近的生活方式中心通常由综合性建筑构成，底层是零售场所，上层是公寓，同时结合了购物的便利性和街区购物中心的社区感。与此同时，传统的区域购物中心正在增加生活方式的元素，比如健身中心、公共区域和多厅影剧院，以使自己更加社交化和更受欢迎。总之，如今的购物中心更像是去闲逛的地方，而不是去购物的地方。"购物、娱乐和社区建设之间的界线已经模糊了，"一位分析师表示，"购物中心不仅仅是买东西的地方。它们是社交中心、娱乐场所和就业中心。"[20]

在过去的几年里，购物中心普遍陷入了经营困境。许多专家表示，这个国家已经"过度购物中心化了"。毫无疑问，大萧条及其余波重创了购物中心。消费者支出削减迫使许多大大小小的零售商倒闭，而美国关闭的购物中心的空置率大幅上升。[21] 强力购物中心也受到重创，因为其大型零售商，如 Circuit City、Borders、Mervyns 和 Linens N 等都破产了，而百思买、巴诺和 Office Depot 等其他企业则减少了店铺的数量或规模。一些华丽的商店也搬出了生活方式中心，因为它们的中上阶层顾客在经济萧条时期受害最深。

然而，随着经济环境的改善，各类商场都出现了反弹。例如，许多强力购物中心都在吸引更多零售商入驻，比如罗斯廉价服饰、Boot Barn、诺德斯特龙和其他廉价零售商，还有一元店、仓储式杂货商以及像沃尔玛和塔吉特这样的传统折扣店。

11.1.4 零售业的发展趋势

零售商在残酷而又多变的环境中经营，这样的环境既有商机又存在着威胁。消费者的人口特征、生活方式、购物方式以及商家的零售技术都在迅速发生变化。为了取得成功，零售商必须精心选择目标细分市场，并进行明确的定位。它们必须在计划和执行其竞争战略时考虑下述的零售业发展动态。

1. 紧缩的消费

在多年的良好经济形势之后，2008～2009 年的经济大衰退让很多零售商从顶峰跌至谷底。即使经济有所复苏，零售商也会感受到消费者的消费模式变化所带来的影响。

一部分零售商居然得以从经济低迷中获益。例如，随着消费者越来越精打细算，盘算着如何缩减购物开支，一些大型折扣店（如好市多）抢先从喜欢低价的消费者那里觅得商机。同样，像 ALDI、Dollar General 和 TJ Maxx 这样的廉价零售商也吸引了更多节俭的购买者。

然而，对其他零售商来说，低迷的经济就意味着艰难的光景。在经济萧条期间及之后，几家知名的大型零售商相继破产或倒闭，包括 LinensN Things、Circuit City、KB Toys、Border Books 和 Sharper Image 等家喻户晓的商店。另一些零售商，从梅西百货、家得宝到星巴克，都开始裁员、削减成本，并为顾客提供大幅折扣和促销活动，以吸引他们重新回到店中消费。

随着经济的改善，消费者却依然保持着节俭的消费方式，因此许多零售商需要增加新的筹码以维持其定位。例如，家得宝用一个更强调节俭的主题"省下更多，做到更多"取代了之前的"你可以做到，我们全力相助"。从沃尔玛、梅西百货、克罗格到全食食品超市等零售商都在加大对更便宜的自有品牌的重视。

在应对经济危机的过程中，零售商必须慎重行事，不要让短期行为影响到今后的长期形象和定位。例如，极端的价格折扣虽然可以在短时间内提高销售额，但这将会损害品牌忠诚度。一位分析师将这种现象称为"折扣死亡"，并暗示"几乎所有的零售商——不管是大的还是小的——都陷入了这一大陷阱，以至于打折已经变成了顾客理所当然的预期，而不是奖励。"[22] 逛一下当地的购物中心，就能证实这一点。然而，相较于降低成本、削减价格，零售商更应该专注于制定符合自己长期定位的策略，创造更高的顾客价值。

2. 新零售形式，缩短的零售生命周期和零售趋同

为了适应变化的环境和顾客需求，新零售形式不断涌现，而新零售形式的生命周期却正在缩短。百货商店用了大约 100 年的时间才达到其生命周期的成熟阶段，而仓储商店等很多新零售形式只用了 10 年。在这样的环境中，看起来稳固的零售地位可能很快就会崩塌。1962 年（就是沃尔玛、凯玛特、塔吉特、科尔士创办的那一年）排在前 10 名的折扣零售商没有一家存活到今天。即使最成功的零售商，也不能因为拥有成功的模式就高枕无忧。为了保持成功，它们必须不断做出调整。

新零售形式不断出现。最新的热门零售趋势是网上零售的出现，包括仅经营网店以及采取网店与实体店相结合的方式，主要通过网站、移动 App 和社交媒体实现。但常见的创新已经没有原来那样多了。例如，很多零售商现在尝试限时的快闪店，将品牌推广给季节性购买者并在繁华区进行造势。在 NBA 全明星周末期间，在纽约布鲁克林的巴克莱中心，耐克在街对面开了一家以乔丹为主题的快闪店。巴西的凉鞋生产商 Havaianas 以在海滩、节日和其他的夏季热门地点开设临时的季节性快闪店而闻名。[23]

新零售形式：许多零售商，比如巴西的凉鞋制造商 Havaianas，利用临时的快闪店向季节性购物者推广其品牌，并在繁华区进行造势。
Havaianas

线上和移动渠道的闪购网站与快闪店类似，例如诺德斯特龙创办的 HauteLooK 和亚马逊的 MyHabit，它们在网上限时售卖顶级的时尚和生活方式品牌。同样，Gilt.com 只针对会员进行限时促销，其中，设计师品牌服装的折扣幅度高达 70%；团购网站 Groupon 通过 Groupon Getaways 提供关于旅游的限时团购。Zulily 则举办母婴和儿童用品的限时销售活动，这些活动只持续很短的时间，从而迅速地"为新活动腾出空间"。闪购增加了购物的兴奋体验和紧迫感。Zulily 表示："在这里购物就像每天打开一个新宝箱。你不知道会发现什么，但你知道有宝石正在等你挖掘。"[24]

如今的零售形式呈现出趋同的发展趋势。越来越多的不同类型的零售店向同样的消费者以相同的价格销售相同的商品。例如，你可以在百货商店、折扣店、家装店、廉价零售商、网上超市和许多其他网店买到相同的品牌家电，它们都在争夺相同的顾客。如果你在西尔斯找不到想要的微波炉，你也许可以在街对面的劳氏或百思买以更便宜的价格买到，或可以直接在亚马逊或 RitzCamera.com 订购。消费者、产品、价格和零售商的同化被称作零售趋同。这种趋同意味着零售商之间的竞争会更激烈，不同类型的零售商想要实现产品差异化会更加困难。

3. 超大型零售商的崛起

大型大众商店和超级专卖商店的兴起、垂直营销体系的形成以及一系列的零售并购为超大型零售商的诞生奠定了基础。由于规模大、采购力强，这些零售巨头能够为顾客提供更多的商品选择、优质的服务，并为消费者节省大笔花销。它们逐渐将更弱小的竞争者挤出市场，从而变得更加强大。

超大型零售商还打破了零售商和制造商之间的平衡。现在，少数零售商控制了接触庞大顾客群的途径，这使得它们在与制造商打交道时处于有利地位。例如，你可能从来都没有听过特种涂料和密封剂制造商 RPM International，但你可能使用过它的很多 DIY 品牌，如 Rust-Oleum 涂料、Plastic Wood 和 Dap 填料、Mohawk 和 Watco 抛光漆、Testors 水泥和涂料，所有这些品牌都可以在当地的家得宝商店买到。对于 RPM 来说，家得宝是一个非常重要的顾客，占据其销售额的很大份额。然而，家得宝的销售额高达 780 亿美元，而 RPM 则只有 43 亿美元，前者几乎是 RPM 的 20 倍。因此，零售巨头家得宝经常利用这种强势地位迫使 RPM 和上千家其他小规模的供应商做出某些让步。[25]

4. 直销、线上、移动、社交媒体零售的成长

多数消费者仍然通过传统的方式完成大部分购买：他们去一家商店，找到自己需要的东西，用现金或信用卡结账，然后把商品带回家。不过，除了去商店购物，现在消费者有了更多的选择，比如通过网站、移动 App 和社交媒体直接进行网上购物。我们将在第 14 章介绍直接营销和数字营销，这也是当今增长最快的营销模式。

如今，得益于先进的技术、网站易用性的提升、移动应用的发展、在线服务水平的提高和搜索技术的日益成熟，网络零售商正在繁荣发展。虽然当前网上零售仅占全美国零售营业额的 7%，但是网络购买的增长速度已经远远超过了整体零售的增长速度。2014 年，美国网络零售的销售额较上一年增长了 117%，而整体零售销售额只增长了 4%。[26]

零售商的网站、移动 App 与在线社交媒体也对实体店购买产生了很大的影响。据估计，大约 52% 的美国零售销售直接或间接受到了在线搜索的影响。另一项估计显示，目前 15% 的在线销售是在移动设备上进行的。各类零售商都使用社交媒体来促进其与顾客的交流。例如，就 Facebook 的粉丝数而言，沃尔玛在零售商中遥遥领先；而对于 Pinterest 的粉丝数，L.L.Bean 是佼佼者；在 Twitter 的粉丝数上，维多利亚的秘密相对领先，H&M 紧随其后。但维多利亚的秘密拥有最多的 YouTube 订阅用户。[27]

网络、移动和社交媒体零售的迅猛发展对零售商来说既是福也是祸。尽管为它们提供了吸引顾客和销售的新渠道，但也增加了来自在线零售商的竞争。令一些实体店零售商沮丧的是，许多购物者现在到实体店的展厅里查看商品，然后用计算机或移动设备在网上购买商品，这个过程被称为**展厅现象**（showrooming）。如今，75% 拥有智能手机的购物者在商店购物时会使用手机。有一半的顾客在传统的商店购买商品前会在网上查看信息。[28] 很多零售商，如塔吉特、沃尔玛、百思买、Bed Bath & Beyond，以及玩具反斗城，都受到了展厅现象的重创。

今天，许多实体店零售商正在制定有效的策略来应对展厅现象。其他零售商将这视为一个机会，以突显在实体店购物相对于网上购物的优势。展厅现象的另一面是"网厅"，消费者首先在网上查看商品，然后在商店里购买。对实体店零售商来说，关键在于如何促使展厅购物者在实体店产生购买。

然而，这已经不再是顾客想要在商店购物还是在网上购物的问题了。互联网和数字设备催生了一种全新的购物方式。如今，在购买过程中，全渠道买家可以在网上和店内渠道无缝切换。他们已经习惯随时随地搜索和购买，无论在商店里、在网上或者在路上，甚至是在商店里上网的时候。为了满足这些全渠道买家的需求，实体店零售商必须进行全渠道零售，将线下商店和在线渠道整合为一体的购物体验（见营销实践 11-2）。

营销实践 11-2

全渠道零售：创造无缝衔接的购物体验

近年来，购物过程发生了根本性的变化。就在不久前，购物主要指在商店内购物，或者偶尔通过浏览商品目录来收集产品信息，进行价格比较，再购买商品。但那是过去的事了。现在，在互联网时代，通过计算机、智能手机和其他数码设备购物通常涉及令人眼花缭乱的各种渠道和平台。

今天的全渠道消费者很容易在网上搜索产品和价格，在家里、工作场所、商店或任何地方都能进行在线购物。他们在零售商网站和社交媒体上搜寻创意、灵感和建议。他们可能会在商店里查看产品，然后在网上订购，或者在网上看到商品后再前往实体店购买，甚至在网上订购然后到商店取货。人们购物方式的巨大转变使得实体店零售商的经营方式发生了巨大变化。全渠道购买的新购物方式要通过全渠道零售来满足，即将所有可用的购物渠道和设备整合成无缝衔接的顾客购物体验。

起初，随着网上购物和移动购物的兴起，实体店零售商开始担心展厅现象——消费者在商店里查看商品的同时，用智能手机在网上搜索，然后从价格更低的网上商店购买。但是，大多数实体店零售商现在通过与网上统一定价和其他的店内策略来应对展厅现象的威胁。事实上，聪明的零售商现在将手机顾客视为机会，而不是威胁。

例如，百思买发现，全渠道购物者的购买倾向高于平均水平。一项研究显示，在商店里使用移动设备的购物者在该商店及其网站购买的可能性要比在其他零售商处购买的可能性高出近一倍。百思买的CEO说："我们喜欢被当作互联网的'展厅'。"百思买曾经对抗过展厅现象，但现在该连锁店为这一过程提供了便利，成功将"展厅"顾客变成了买家。百思买的销售人员接受过培训，主动对店内的商品价格与其他零售商的价格（包括亚马逊等在线零售商）进行交叉比对。然后，员工可以调整店内价格使之不高于竞争对手的价格。解决了价格问题，员工就可以专注于百思买的优势，比如提供个人建议和服务、即时性、便利的位置和方便的退货。百思买的新标语强调了这一策略——百思买：专业的服务，最低的价格。

零售商了解到，使用智能手机的消费者所做的不仅仅是查看网上的价格。通常，他们还了解更多信息。户外装备零售商REI的一名高级营销人员表示："消费者所获得的信息都来自他们的手机。我们喜欢有人拿着手机走进商店，说：'我想要这个帐篷，我想要这辆自行车。帮我找到这个。'"这类行为展示了线上和线下零售是如何在不降价的情况下一起协作来促成交易的。

但全渠道零售所做的远远不止是帮助商店顾客在数字化设备上交叉购物。它需要仔细地整合所有可用的购物渠道，包括店内和店外，从发现到购买的整个购买过程。例如，大多数大型零售商现在都在增加在线和数字化销售渠道，并把它们与商店联系起来。一种流行的方式是让顾客在网上购物，然后去商店里提货。"点击和提货"的体验融合了数字化和店内购物的吸引力。例如，沃尔玛加大了对店内提货的重视。它告诉顾客，他们可以从Walmart.com网站订购，在同一天取货，不用支付任何运费，如果不满意，还可以轻松退货。现在，Walmart.com网站的订单中有一半是在商店提货的，且顾客通常在访问期间还会购买其他商品。

一些顾客甚至使用移动设备在访问零售商店的时候直接在线订购。沃尔玛的移动设备订单中有10%是在沃尔玛商店里下单的。GAP企业运营着GAP、Old Navy和Banana Republic连锁店，它正在积极推广店内在线订购。销售人员使用平板电脑帮助顾客搜索全企业的商店及网上库存，以找到缺货的商品。Banana Republic的一位营销人员说："这赋予了店内团队充分的能力……顾客不需要回家自己动手，其需求就能得到满足。"

除了网站，全渠道零售商也在整合其他在线购物渠道。沃尔玛、塔吉特、梅西和其他大型零售商都提供了方便的移动应用程序，可以吸引顾客到它们的网站和商店，方便他们准备购物清单，帮助他们在商店里找到商品。以塔吉特为例，顾客的手机会收到每日提醒和专属折扣。借助于Shopkick的shopBeacon技术，梅西百货店内的传感器可以检测到选择加入的顾客，并通过他们手机上的梅西App欢迎他们，传递个性化的购物信息和"专属"优惠。

社交媒体在全渠道零售中也扮演着重要的角色。2014年，30%的购物者通过社交媒体购物，44%的人通过社交网络发现新产品，49%的人根据社交媒体的推荐购物。反过来，大多数大型零售商现在都在广泛地使用社交媒体来吸引顾客、建立社区，并将买家链接到他们的网站和商店。但是，好的全渠道零售并非是简单地创建一个数字化的商店、强大的网站和广泛的社交媒体。关键还是要整合这些元素，创造如今顾客所追求的随时随地无缝衔接的全渠道购物体验。参考运动鞋和服装巨头Foot Locker，它运营着几家连锁店，包括Foot Locker和Champs Sports。

Foot Locker已经掌握了全渠道零售。如今，该企业12%的销售额来自网络，其中一半来自于移动端购买，其在线销售额年均增速高达 40%。它的网络和移动购物与商店运营无缝衔接，提供诸如"网上购买，店内配送"和"网上购买，店内取货"等选择。在社交媒体上，你会发现 Foot Locker 无处不在，Instagram、Facebook、Snapchat、Twitter、YouTube 和 Pinterest 上有超过 1.5 亿的粉丝。借助这些社交网站建立的社区可以吸引顾客到 Foot Locker 的网店和实体商店去。

Foot Locker 的全渠道零售能力在其 Foot Locker、Champs Sports 和其他商店里表现得淋漓尽致。该连锁店使销售人员具备了通过移动设备研究产品信息的能力。他们手持平板电脑，搜索网上的产品信息和竞争对手的促销信息，协助和指导顾客购买。Foot Locker 培训商店内的员工不要只关注价格，而是应通过个人接触来增加顾客价值，从而吸引顾客参与。Foot Locker 拥有 3 500 家店，且有大量接触顾客的网上渠道，这让 Foot Locker 的商店可以为顾客打造任何类型的购物体验，包括广泛的服务选择、付款和送货方式，这些都是纯粹的网络零售商所不具备的。得益于 Foot Locker 的全渠道零售能力，其他的鞋业和服装零售商都很难避开 Zappos 这样的网络零售商带来的影响，而 Foot Locker 则正在新的全渠道购物环境中蓬勃发展。在过去的 4 年里，这家零售商的销售额增长了 40%，利润增长了 3 倍。

资料来源：Tim Simmons, "The Keys to Unlocking the Retail Omni-Channel Advantage," *Forbes*, January 2, 2015, www.forbes.com/sites/teradata/2015/01/02/the-keys-to-unlocking-the-retail-omni-channel-advantage/; Sarah Halzack, "Online or In-Store? How about a Little of Both?", *Washington Post*, November 28, 2014, p. A01; Christine Birkner, "Good Tidings for Retail," *Marketing News*, December 2014, p. 14; Kyle Stock, "Does Foot Locker Have Too Many Nikes?" *Bloomberg Businessweek*, March 7, 2014, www.bloomberg.com/bw/articles/2014-03-07/doesfoot-locker-have-too-many-nikes; Laura Heller, "How Foot Locker Is Using Mobile to Reach Millennials," *FierceMobileRetail*, August 4, 2014, www.fierceretail.com/mobileretail/story/how-foot-locker-using-mobile-reach-millennials/2014-08-04; Brian Sozzi, "Foot Locker Transforming Its Stores as It Seeks to Keep Sales on Fire," *TheStreet*, March 17, 2015, www.thestreet.com/story/13081277/1/footlocker-transforming-its-stores-as-it-seeks-to-keep-sales-on-fire.html; and www.footlocker-inc.com and www.footlocker.com, accessed October 2015.

在网上销售的增长中，成功融合了线上、线下的全渠道零售商占据了越来越多的份额。在最近的在线零售商排名中，前 10 强中有 5 家是拥有实体店的零售连锁店。另一项研究显示，在线零售商 500 强中，拥有实体店的连锁店的在线销售额增速比仅在网上销售的零售商高出 8%，比电子商务整体上高出 40%。[29]

例如，由于在线销售的快速增长，高端家居产品零售商 Williams-Sonoma 现在从其直销渠道获得了一半以上的总收入。与许多零售商一样，Williams-Sonoma 发现它的很多优质顾客既在网上购物，也在线下购物。除了提供网上购物，它还通过其网站、在线社区、社交媒体、移动应用、博客和特殊的在线软件吸引顾客。"互联网已经改变了我们顾客的购物方式，"Williams-Sonoma 的 CEO 劳拉·埃尔伯说，"在线品牌体验必须是令人兴奋的并与线下购物无缝衔接。"[30]

5. 零售科技的重要性日益突出

零售科技作为竞争工具正在变得越来越重要。不断发展的零售商正在使用先进的信息技术和软件系统来进行更精准的预测、控制仓储成本、与供应商进行电子化互动、在商店之间传递信息，甚至在店内向顾客出售商品。它们采用了复杂的系统来实现结账扫描、RFID 库存追踪、商品处理、数据共享以及顾客互动。

也许最令人瞠目结舌的零售科技进步在于今天的零售商与消费者互动的方式。越来越多的零售商开始将网络和数字技术引入实体店。许多零售商现在经常使用触摸屏自助服务终端、手持式购物助手、交互式的更衣室镜子和虚拟的销售助理等各种技术。梅西百货使用 Shopkick 的 shopBeacon 室内定位系统，用数字化手段吸引在其商店内购物的顾客。当顾客进入梅西百货商店时，蓝牙信号会唤醒他们的智能手机或平板电脑上的 Beacon App，欢迎他们，并提醒他们商店中的奖励、优惠、折扣和个性化产品推荐。该技术还可以将顾客在家的浏览记录与店内商品连接起来。如果顾客在网上"赞"了某个商品，shopBeacon 可以提醒他们在商店的哪个位置可以找到该商品，并弹出一个简短的产品视频，也许会给你一个专属优惠。shopBeacon 的目标是让梅西百货喜欢技术与社交的顾客成为其值得信赖的伴侣，并使顾客在店内的购物体验更加个性化。[31]

零售技术的未来是将新技术与传统服务相融合。例如，沃尔玛的目标是将店内和网络、社交媒体和移动创新整合起来，为顾客提供更丰富的购物体验。

为了增加店内购物，沃尔玛成立了 @WalmartLabs，负责开发移动和社交媒体平台，使购物变得更容易、方便、有趣。例如，沃尔玛的礼品搜索应用程序可以根据用户在 Facebook 的点赞、评论、状态更新和其他数据，为顾客推荐最好的产品和给朋友的最佳礼物。这家零售商的移动应用程序功能丰富，可以让顾客通过智能手机或平板电脑在家里、工作场所、商店或其他任何地方随时创建智能购物清单、扫描条形码、查看价格、获取产品信息、扫描优惠券。沃尔玛的"省钱神器"应用程序可以让顾客扫描它们的商店收据，与竞争商店比价——如果该应用在其他商店发现了更便宜的价格，消费者将会以礼品卡的形式收到返还的差价。而且，沃尔玛的顾客很快就能使用他们的智能手机进行自助结账。@WalmartLabs 的沃尔玛社交商店团队正在探索其他新的店内社交媒体、移动和自助服务终端技术，这些技术既可以帮助顾客购物，也可以帮助商店更好地了解和服务顾客。[32]

6. 绿色零售

如今的零售商越来越多地采用有利于环境可持续发展的方案。它们正在"绿化"商店和运营，推广更加环保的产品，帮助消费者培养环保意识，并与渠道伙伴合作以减少对环境的影响。

在最基础的层面上，大多数大型零售商正在通过可持续的建筑设计、施工和运营来使店面更加环保。例如，在"People & Planet Positive"可持续发展战略下，家居用品零售商宜家的长期目标是实现百分百可持续发展。[33]

"People & Planet Positive"战略提高了宜家在 27 个国家 315 家大型商店的能源独立性和使用效率。为了给商店提供电力，宜家承诺配备和运营 224 台风力涡轮机，并安装了 70 万个太阳能电池板——宜家 90% 的美国商店都有太阳能电池板。到 2020 年，宜家将使用更多的可再生能源。宜家店内只使用节能 LED 照明。大多数商店还将店内餐厅的食物垃圾用于堆肥，或将其送到处理中心，在那里把它变成动物饲料或沼气来为汽车和公共汽车提供燃料。部分宜家商店为顾客设立了回收中心，回收塑料产品、纸张、CFL 灯泡、电池甚至是报废的电器等。

绿色零售：在"People & Planet Positive"可持续发展战略下，宜家的长期目标是实现百分百可持续发展。
Used with the permission of Inter IKEA Systems B.V

零售商也在对其产品品类进行"绿化"。例如，宜家目前在其门店只销售 LED 照明产品，而且其销售的越来越多的家居产品是由可持续和可再生的棉花、木材和其他材料制成的。宜家的供应商必须遵守它的 IWAY 供应商可持续行为准则。宜家的目标是用可再生、可回收的材料制作所有家居用品。"在宜家，可持续性是我们的核心，"该企业表示，"以确保我们对人类和地球产生积极的影响。"

许多零售商也纷纷推出了一些项目，来帮助消费者做出更环保的决策。史泰博的"Easy on the Planet"项目宣称"让改变变得更简单"，它帮助消费者轻松识别出商店中的绿色产品，并帮助他们回收打印机墨盒、手机、计算机和其他办公电子产品。史泰博每年回收约 3 000 万个打印机墨盒和 1 000 万磅的旧电子设备。[34]

最后，许多大型零售商正在与供应商和分销商合作，共同创造更加可持续的产品、包装和分销系统。例如，亚马逊与众多产品生产商紧密合作，致力于减少和简化产品包装。除了自己推行可持续发展的举措，沃尔玛还通过其巨大的购买力敦促其供应商减少对环境的影响。沃尔玛甚至在全球范围内推出了一个可持续发展产品指数，以此为供应商评级。它还计划将这个指数转变成一个可供消费者参考的评级标准，帮助他们做出更环保的购买决策。

绿色零售为高端和低端产品线都带来了很多好处。可持续的实践通过吸引消费者支持环保的卖家和产品来提升零售商的高端产品线，同时它们还通过降低成本来促进低端产品的销售。例如，亚马逊精简包装的实践不仅为消费者提供了方便，减少了"包装愤怒"，同时还降低了企业的包装成本。宜家更环保的建筑设计不仅可以吸引消费者，还能保护环境，同时也降低了运营成本。

7. 大型零售商的全球扩张

那些拥有独特的经营方式和强大品牌定位的零售商大多已开始进军其他国家。很多零售商进行国际化扩张，逃离已趋于成熟和饱和的本土市场。在过去的几年时间里，一些美国的零售巨头（如麦当劳）已经凭借勇往直前的营销胆识成为全球市场的明星，其他的零售商（如沃尔玛）也在快速地建立自己的全球商店。沃尔玛目前在美国以外的26个市场拥有6 100多家商店，展示出了巨大的国际化潜力。2014年，仅其国际部门的销售额就超过了1 360亿美元，比竞争对手塔吉特的全年总销售额——730亿美元，还要多出86%。[35]

然而，大多数的美国零售商在全球扩张方面仍然显著落后于欧洲和亚洲的零售商。尽管全球排名前20的零售商中有9家是美国企业，然而只有4家（沃尔玛、家得宝、好市多和百思买）在北美以外的地区开设了商店。而在另外的12家非美国零售商中，有8家企业已将业务拓展到了十几个国家。已经实现国际化运营的外国零售商有法国的家乐福、卡西诺集团、欧尚连锁超市，德国的麦德龙、Lidl 和 ALDI 连锁店，英国的乐购和日本的 Seven & I。[36]

国际化零售在带来机遇的同时也带来了挑战。在不同的国家、大陆和文化中，零售商可能会面临极为不同的零售环境。在国际化时，仅依靠国内的成功运营经验通常不足以让零售商成功。相反，要实现国际化，零售商必须理解和满足当地市场的需求。

缓冲带：概念链接

专家很早就预测，线上零售最终将取代线下零售成为人们的主要购物方式。你怎么看？

- 在网上书店巴诺（www.bn.com）购买一本书，仔细浏览它的网站，看看它提供了哪些信息或服务。接下来，在附近的巴诺实体书店或其他书店买本书。比较两种不同的购物体验，你更偏向于在哪里买书？在什么情况下？为什么？
- 巴诺实体书店为读者创办了一个理想的"社区"，顾客可以在这里小聚闲谈。从这个角度比较巴诺的网上书店和实体店。
- 巴诺的各种社交媒体投入是否为它及其顾客打造出了社区？例如，查看 http：//twitter.com/bnbooks，http：//pinterest.com/barnesandnoble/followers/。

11.2 批发

> **作者评点**
>
> 零售商主要是将商品和服务直接卖给最终消费者以供个人使用，而批发商则主要出售给那些购买后转售或用于商业用途的人。由于批发商在幕后运作，对多数最终消费者来说他们比较陌生。但是对于商业顾客来说，他们非常重要。

批发（wholesaling）是指将商品和服务卖给那些用于转售或商业用途的企业所涉及的所有活动，我们把那些主要从事批发活动的企业称为**批发商**（wholesaler）。

批发商主要是从生产商那里进货，然后卖给零售商、行业消费者和其他批发商。因此，很多全国的大型和重要批发商对终端消费者来说仍是默默无闻的。例如，Sysco 是一家规模为460亿美元的大型食品批发企业，它为超过425 000家餐馆、学校、医院、大学和其他商业顾客提供盒装的海鲜、鸡肉、面食、蔬菜、烘焙食品、调味品、餐巾纸和其他商品。批发商 Arrow Electronics 每年向10多万的原始设备制造商和商业顾客提供价值230亿美元的计算机芯片、电容器和其他电子产品和计算机组件，遍及56个国家的460多个地点。你可能从来没有听说过一个叫固安捷（Grainger）的企业，但是它在150多个国家拥有超过200万的企业和机构顾客。[37]

固安捷也许是你没听说过的最大的市场领导者。它是一家有100亿美元业务的企业，向超过4 500家的制造商、约200万的活跃顾客提供140多万种维护、修理和运营（MRO）产品。通过它的分支网络、服务中心、销售代表、目录、网络和社交媒体网站，固安捷把顾客与他们所需要的供应商联系在一起，以保证顾客的设备运行良好和人员安全。而顾客的需求又是各种各样的，从灯泡、吸尘器、展示柜到螺母和螺栓、发动机、阀门、电动工具、检测设备和安全设备等。固安捷的近700家分支机构、33个战略区域配送中心、23 700多名员工、富有创新性的网站每天处理超过11.5万笔的交易。固安捷的顾客包括工厂、汽车维修商、杂货店、学校和军事部门等各种各样的组织。

固安捷的运营基于一个简单的价值主张：让顾客更轻松、以更低的成本找到并购买MRO产品。它自建立之日起就定位为维护设备的"一站式"购买商店，在广义上，固安捷通过为顾客提供针对MRO问题的整体解决方案与顾客建立了长期的业务关系。固安捷的销售代表就像咨询专家，他们为顾客提供一系列帮助，从改善它们的供应链管理到降低库存成本、使仓储运营方式现代化。

那么，你为什么会从来都没有听过固安捷呢？或许这是因为该企业在MRO供应领域的幕后运作，这对每个企业都很重要，但对消费者来说却没有那么重要。更重要的是，它是一个批发商。就像大多数批发商一样，它在幕后运作，大部分业务仅面向其他企业。

为什么批发商对卖方这么重要？例如，为什么制造商要通过批发商出售产品而不是直接把产品卖给零售商或者消费者？理由很简单：批发商通过执行以下一项或几项渠道功能而增加了价值。

- **销售和促销**（selling and promoting）：批发商的销售队伍能帮助制造商以更低的成本接近众多小顾客。与制造商相比，批发商有更多的顾客资源，也更容易得到买方的信任。
- **采购和商品类别管理**（buying and assortment building）：批发商能够根据顾客的需要选择商品类别、建立商品组合，以此减少顾客的选购负担。
- **化整为零**（bulk breaking）：批发商先大批量采购再分成小部分销售（把大批量的货物化整为零），可以为顾客降低成本。
- **仓储**（warehousing）：批发商保管存货，因此降低了供应商和顾客的仓储成本和风险。
- **运输**（transportation）：批发商能为购买者提供更快速的运输，因为与制造商相比，它们距离顾客更近。
- **融资**（financing）：批发商能通过信用抵押为顾客融资，也能够通过提前订货和按时付款为供应商提供资金支持。
- **承担风险**（risk bearing）：批发商保管货物并且承担失窃、损坏、消耗和过时老化的成本。
- **市场信息**（market information）：批发商能为制造商和顾客提供有关竞争者、新产品和价格变动趋势的信息。
- **管理服务和建议**（management services and advice）：批发商经常帮助零售商培训销售人员，改进店面布置和展示，建立会计和库存控制系统。

11.2.1 批发商的类型

批发商主要有三种类型（见表11-3）：商业批发商、经纪人和代理商、制造商和零售商的分支机构和办事处。**商业批发商**（merchant wholesaler）是批发商中最大的一个类别，其业务量占到整个批发业的50%。商业批发商又可以分为两大类：全方位服务批发商和有限服务批发商。**全方位服务批发商**（full-service wholesaler）为制造商和顾客提供完整的服务体系，而**有限服务批发商**（limited-service wholesaler）只为制造商和顾客提供较少服务。不同类型的有限服务批发商在分销渠道中承担不同的专业化职能。

表11-3 批发商的主要类型

批发商类型	描述
商业批发商	拥有所经营商品的所有权的独立批发商。这些企业分为全方位服务批发商和有限服务批发商两种
全方位服务批发商	提供全程服务：进货、销售队伍的维持、商业信贷、运输和管理支持。全方位服务批发商又可分为两种：批发销售商和工业分销商
1.批发销售商	主要向零售商供货并且提供全套服务。综合商品批发商经营多条产品线。全线批发商重点经营产品线深度较大的一两条产品线。专卖批发商专门经营一条产品线中的部分产品

(续)

批发商类型	描述
2. 工业分销商	销售给制造商而非零售商。提供保管存货、信用担保、送货等几种服务。可能经营种类繁多的商品,也可能只是一条完整的产品线或者一条专门的产品线
有限服务批发商	所提供的服务比全方位服务批发商要少的批发商,有限服务批发商分为以下几种类型
1. 现购自运批发商	经营品类有限、周转速度快的产品线,销售给小型零售商并收取现金,一般来说不送货
2. 货车贩运批发商	主要发挥销售和运送职能的批发商。主营品类有限、相对易腐的商品(如牛奶、面包、点心),运送给超市、小杂货店、医院、餐馆、工厂食堂和酒店等顾客,并收取现金
3. 直运批发商	不承担库存和商品管理。在接到订单后,挑选一个制造商并由制造商直接把商品运送给顾客。直运批发商主要面向大宗货物行业(如煤炭、木材、重型机械)
4. 专柜寄售批发商	以杂货店和药店零售商为服务对象,大多是非食品类商品。它们用运货卡车给商店送货,送货人员放置好玩具、平装书、五金产品、保健和健康护理产品或其他商品。它们为商品定价、保证商品保鲜、完成店内陈列布置,并记录库存
5. 农场主合作社	由农场主成员共同拥有,负责把装运的农产品销售到当地市场。农场主合作社不断改善产品质量,从而推广合作社的品牌,例如 Sun-Maid 葡萄干、新奇士橙子或者 Diamond 坚果
6. 邮购或网络批发商	通过寄送产品目录或维护专门的网站而面向零售商、工业企业和机构顾客销售的批发商,主营珠宝、化妆品、特色食品和其他小物品。它的主要顾客大都是来自偏远地区的企业
经纪人和代理商	不具有商品的所有权。主要职能是促成购买和销售,并从售价中获得佣金。一般专门经营某条产品线或服务于某类顾客
经纪人	主要职能是把买卖双方撮合到一起,并协助谈判。由雇用经纪人的一方支付报酬,经纪人不保管库存,也不涉及融资事宜或承担风险。例如,食品经纪人、房地产经纪人、保险经纪人和证券经纪人
代理商	比经纪人更固定和长久地代表买方或者卖方,包括以下四种类型
1. 制造商的代理商	代表互补产品线的两个或者多个制造商。这种代理方式常见于服装、家具和电子产品等。代理的对象一般是自身无力组建销售队伍的小型制造商,还有一些大型制造商,它们通过代理商开拓新领域或覆盖那些不足以安排全职销售人员的领域
2. 销售代理商	依照合同有权代理一个制造商的所有产品。代理商发挥销售部门的作用,并对产品的价格、相关条款、销售条件有重大影响。常见于纺织品、工业机器和设备、煤炭、化学和金属行业
3. 采购代理商	一般与买方建立长期关系,为买方采购商品,并提供收货、验货、储存和送货等服务。它们帮助顾客以合理的价格采购最好的产品
4. 佣金商	拥有商品的所有权并商谈销售的代理商。它们一般受雇于那些不想亲自销售农产品的农场主。代理商把一车车货物运到中心市场,以最好的价格销售,扣除佣金和开销后,把剩余的收入交给农场主
制造商和零售商的分支机构和办事处	不通过独立批发商而是由买方或卖方自己完成批发业务。各个分支机构和办事处可以专门致力于销售或采购
1. 销售分支或办事处	由制造商建立,目的是改善库存控制、销售和促销。销售分支机构管理库存,常见于木材和汽车零部件行业。销售办事处不承担库存管理,在干货和小商店行业最成功
2. 采购办事处	扮演的角色类似于经纪人或代理商,但它属于买方组织的一部分。很多零售商在主要的市场中心(如纽约和芝加哥)设立采购办事处

代理商和经纪人在两个方面区别于独立批发商:它们不拥有商品所有权,而且它们只执行几项职能。像独立批发商一样,它们一般专门为某个产品线或某一类型的顾客服务。**经纪人**(broker)把买方和卖方聚集到一起并协助它们进行谈判,**代理商**(agent)则在更长久的基础上代表卖方或买方的利益。制造商的代理商(又称为制造商代表)是最常见的一类代理批发商。第三种主要的批发商类型是由卖方或买方自己在**制造商和零售商的分支机构和办事处**(manufacturers' and retailers' branches and offices)完成的,而不是经过独立批发商。

11.2.2 批发商的营销决策

批发商近年来面临着日益增长的竞争压力、更苛刻的顾客、日新月异的技术以及来自大型产业、机构和零售商的直接采购计划。因此,它们必须重新审视自己的营销战略。和零售商一样,批发商的营销决策包括市场细分、目标市场选择、差异化和市场定位以及运用营销组合——产品和服务、价格、促销和渠道(见图11-2)。

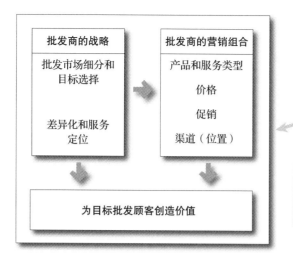

图 11-2　批发商的营销战略

1. 市场细分、目标市场选择、差异化和定位决策

与零售商一样，批发商必须进行市场细分并确定自己的目标市场，并对自己进行有效的差异化和定位——它们不可能为所有人服务。批发商可以根据顾客的规模（比如仅服务大型零售商）、顾客的类别（比如仅服务便利店）、顾客需要的服务（比如仅服务需要信用担保的顾客），或者其他因素来选择目标市场。在目标市场中，它们要找到那些有利可图的顾客，为其设计更好的产品或服务，并与这些顾客建立良好的关系。它们可以引入自动订货系统，设立管理培训和咨询系统，甚至发起一个自愿连锁组织。通过要求更大的订货量或对小型顾客征收服务费的方式，它们还可以将无利可图的顾客拒之门外。

2. 营销组合决策

与零售商一样，批发商必须对自己的产品和服务组合、价格、促销和渠道等因素做出决策。批发商通过它们所提供的产品和服务为顾客增加价值。批发商通常面临巨大的压力，它们不仅要经营种类齐全的产品，而且必须保证存货充足，以保证可以迅速送货。而这些可能会降低批发商的利润。如今，许多批发商正在削减自己经营的产品线数量，只经营利润率高的产品线。批发商也在重新思考，哪些服务在与顾客建立稳固的关系中最为重要，哪些服务应该放弃，哪些服务应该收费。对企业来说，关键是要找出那些对目标顾客最有价值的服务组合。

价格也是批发商决策中的一个重要因素。批发商通常在商品的成本之上加一个百分比来定价，如 20%。运营成本可能占毛利润的 17%，剩下的 3% 是净利润。在食品批发业务中，平均净利润率不足 2%。最近的经济低迷使得批发商不得不降低成本和价格。当零售商和商业顾客面临促销和利润率下降时，它们就会转而向批发商寻求低价。那么批发商就可能会通过降低某些产品线的利润率以保持重要的顾客。当能够借助降价提高销售量时，它们也可能会要求供应商在价格上做出特别让步。

尽管促销对批发商的成功非常重要，但是大多数批发商的促销意识还不够。它们对于商业广告、促销、人员销售和公共关系的运用大多是零散且无计划的。很多批发商在人员销售方面已经落伍，它们仍然认为人员销售就是一位销售人员与一位顾客交谈，而不是作为团队为销售、建立和服务于主要顾客而努力。批发商也需要借鉴零售商所使用的一些非人员促销技巧，它们需要建立全局性的促销战略，并且充分利用供应商的促销资料和计划。数字化和社交媒体正扮演着重要的角色。比如，固安捷在 Facebook、YouTube、Twitter、领英以及 Google+ 上都很活跃，它还有一个包含丰富功能的 App。在其 YouTube 频道，固安捷提供了 500 多个视频，话题包括企业、产品、服务以及如何降低库存成本。

最后，渠道（地点）是很重要的。批发商必须精心选择自己的地理位置、配套设施和网址。过去，批发商可以选择低租金、低税率的地段，并且很少投资厂房、设备和系统。然而，随着技术浪潮的兴起，这样的做法使得它们的物料输送系统、订单处理系统、配送系统变得落后过时。

不过近年来，先进的大型批发商为了应对成本上升，开始投资建设自动仓储管理系统和信息技术系统。订单从零售商的信息系统直接发送到批发商的计算机中，订购的货物由机器设备挑拣，并自动运送到运输平台，然后货物就在那里被装配好。大多数大型批发商使用技术手段进行账务处理、账款支付、存货控制和预测工作。现代的批发商正在根据目标顾客的需求调整自己的服务，并致力于寻找降低成本的方法。它们同样通过互联网进行交易。例如，电子商务是固安捷增长最快的销售渠道，使其成为美国和加拿大第13大网络销售商。如今，网上和移动购买已占到固安捷总销售额的36%。[38]

11.2.3 批发业的发展趋势

如今，批发业面临着严峻挑战。批发业面对其最为持久的趋势之一——对更高效率的需要——依然显得很脆弱。最近，愈加紧缩的经济环境引发了对更低价格的需求，使得那些未能基于成本和质量增加价值的供应商被淘汰。积极进取的批发商会持续寻求更好的方法，以满足供应商和目标顾客不断变化的需求。它们已经认识到，其存在的唯一理由在于通过提高整个营销渠道的效率和效益来实现价值增值。

和其他类型的企业一样，批发商的目标是建立增值性的顾客关系。例如，麦克森就是一个先进、增值的批发商，该企业是一个多元化的医疗保健服务供应商，也是美国领先的医药、保健和美容护理、家庭保健、医疗用品和设备的批发商。为了在艰难的经济环境中生存，麦克森企业必须比制造商的销售分支机构保持更低的成本。因此，麦克森建立了高效的自动化仓库，其计算机与药品制造商直接连接，并为顾客建立了大型的在线供应管理和应收账款系统。该企业为零售药店提供了大量的网上资源，包括供应管理支持、目录搜索、实时订单跟踪以及账户管理系统。麦克森还创造了各种解决方案，如药品自动分发机，帮助药店降低成本和提高精度。零售商甚至可以使用麦克森的系统来保存顾客的病历。

麦克森的外科手术用品和设备顾客还可以享受种类丰富的在线解决方案和供应链管理工具，包括在线订单管理系统以及关于产品、定价、库存情况和订单状态的实时信息。据麦克森企业的描述，它提供"产品、信息及保健管理产品和服务，用来降低成本和提高质量"，从而实现了增值。[39]

大型零售商和大型批发商之间的界限越来越模糊。许多零售商开设的批发俱乐部和超级中心现在也发挥很多批发功能。相应地，很多批发商也开办了自己的零售业务。例如，SuperValu 是全美最大的食品批发商，也是最大的食品零售商之一。该企业一半的销售额来自于其 Club Foods、Save-A-Lot、Farm Fresh、Hornbacher's、Shop'n Save 以及 Shoppers 商店。实际上，它现在称自己为"美国的邻家杂货店"。[40]

批发商会继续增加它们提供给零售商的服务——零售定价、合作广告、营销管理信息服务、会计服务、网上交易和其他服务。但是，更加注重价值的经济环境和对完善服务的需求正在挤压批发商的利润空间。那些没有找到有效途径向顾客传递价值的批发商将迅速被淘汰。幸运的是，计算机化、自动化、网络化系统的应用增加，将可以帮助批发商控制订货、运输和存货的成本，从而提高它们的生产力。

我的营销实验室

如果你的老师布置了这项任务，请完成 MyLab 的问题讨论部分带有星号的问题。要完成本章的数字营销问题，请查看 MyLab 中的作业。

 章节回顾和批判性思维

目标回顾

零售业和批发业包含很多将商品和服务从生产地点转移到使用地点的组织。在本章，我们首先学习了零售的本质和重要性、零售商的主要类型、零售商决策和零售业的发展趋势。随后，我们又从上述这几个方面对批发商进行了讨论。

1. 解释零售商在分销渠道中的作用，并描述零售商的主要类型

零售包括直接向最终消费者销售产品或服务以满足其个人非商业用途所涉及的所有活动。在购买过程的最后阶段，零售商在品牌与消费者的联系中扮演重要的角色。购物者营销指关注整个营销过程以在购物者接触销售点时将其转化为购买者。如今，购物者营销和"销售点"不仅适用于店内购买。如今的购买者是全渠道的消费者，他们在购物时运用多个渠道。因此，想要对消费者的购买决策施加影响，就需要全渠道零售，将店内、网上和移动购物整合起来，从而创造无缝衔接的跨渠道购买体验。

零售商店的类型和规模多种多样，并且新的零售类型层出不穷。零售店可以根据提供服务的数量（自助服务、有限服务、全面服务）、销售的产品线（专卖店、百货商店、超级市场、便利店、超级商店和服务企业），以及相对价格（折扣店和廉价零售商）进行分类。如今，很多零售商以企业和协议零售组织的形式（企业直营连锁店、自愿连锁店、零售商合作组织、特许经营组织）联合起来。

2. 描述零售商的主要营销决策

零售商总是寻找新的营销策略以吸引和留住顾客。它们面临的主要营销决策包括：确定细分市场和目标市场、商店的定位和差异化，以及零售营销组合。

零售商首先必须要进行市场细分并确定它们的目标市场，然后决定如何在这些目标市场中定位和形成差异化。那些试图"满足所有需求"的策略注定是失败的。相反，那些成功的零售商都是找准了细分市场，并有清晰的市场定位。

在清晰的市场定位的指导下，零售商必须要考虑零售营销组合——产品和服务种类、价格、促销，以及渠道。零售商店提供的不仅仅是各种各样的商品。在提供商品和服务的基础之上，当今成功的零售商还会精心设计影响顾客店内购物体验的方方面面。零售商的价格策略必须与其市场定位、商品和服务种类以及竞争力相匹配。零售商可以综合运用以下五种促销工具——广告、人员销售、促销、公共关系以及直销来接触消费者。在线、移动和社交媒体在帮助零售商吸引顾客方面的作用也越来越大。最后，零售商需要选择能够接触到目标市场的地点，且需要与其定位相一致，这一点非常重要。

3. 讨论零售业的主要趋势和发展情况

如今，零售商处在一个残酷、充满变数的环境中，机遇与挑战并存。经济繁荣过后，零售商现在需要适应新的经济形势和更节俭的消费者。新的零售模式层出不穷。与此同时，不同类型的零售商趋向于以同样的产品和价格服务同样的顾客（零售趋同），难以实现差异化。其他的零售业趋势包括：超大型零售商的崛起，直销、在线、移动和社交媒体零售的快速增长，零售科技的日益重要，绿色零售的兴起，大型零售商的全球化扩张。

4. 解释批发商的主要类型及其营销决策

批发是指销售产品或服务给那些以转售为目的或用于商业用途的个体、团体所涉及的所有活动。批发商主要有三种类型。首先是商业批发商，它们对商品拥有所有权，包括全方位服务批发商（批发销售商、工业分销商）和有限服务批发商（现购自运批发商、货车贩运批发商、直运批发商、专柜寄售批发商、农场主合作社、邮购或网络批发商）；其次是经纪人和代理商，它们不拥有所经营商品的所有权，但是从促成的交易中获得佣金；最后是制造商和零售商的分支机构和办事处，其绕过独立批发商，自主经营。

和零售商一样，批发商必须谨慎地确定自己的市场定位，并且要对产品和服务的种类、价格、促销和渠道做出营销决策。先进的批发商不断寻找更好的方法以满足供应商和目标顾客的需求。它们认识到，其存在的唯一理由是通过提高整个营销渠道的效率和效益来实现价值增值。像其他类型的企业一样，批发商营销的目的是建立增值性的顾客关系。

关键术语

零售（retailing）：直接向基于个人用途而非商业用途的最终消费者销售产品或服务的所有活动。

零售商（retailer）：销售额主要来自于零售的企业。

购物者营销（shopper marketing）：整个营销过程都致力于将购物者转化为购买者，不管这些购物者是在实体店、网上，还是移动端购物。

全渠道零售（omni-channel retailing）：打造一种完美整合了店内、在线和移动购物的跨渠道购买体验。

专卖店（specialty store）：经营的产品线数量少，但产品线内的产品品种繁多的零售机构。

百货商店（department store）：销售各种各样的产品线的零售机构，通常包括服装、家具和家用物品，每个不同的部门由专门的采购人员或中间商负责。

超级市场（supermarket）：规模大、成本低、薄利多销的自助商店，通常经营种类繁多的日用杂货和家居用品。

便利店（convenience store）：位于居民区的小商店，每周7天、每天24小时营业，经营品类有限、周转速度快的便利商品。

超级商店（superstore）：规模比普通超市更大的商店，经营种类繁多的食品、非食品类的常用产品和服务。

品类杀手（category killer）：经营特定产品线内品种繁多的产品的巨型专卖店。

服务零售商（service retailer）：产品线本质上是一种服务的零售商，包括酒店、航空企业、银行、大学等。

折扣店（discount store）：薄利多销，以较低的价格销售标准产品的零售商。

廉价零售商（off-price retailer）：以低于常规的批发价格购买、低于普通零售价格销售的零售商。

独立廉价零售商（independent off-price retailer）：由创办者所有和经营或者属于某个大型零售企业的分支机构的廉价零售商。

工厂直销店（factory outlet）：一种由制造商所有并运营的廉价零售业务，通常销售的是制造商过剩的、已停产的或非常规的产品。

仓储俱乐部（warehouse club）：以很低的折扣价格向付年费的会员销售有限的一些品牌杂货、电器、服装和其他产品的廉价零售商。

企业直营连锁店（corporate chain）：由两家或更多共同所有和控制的直营店组成。

特许经营（franchise）：制造商、批发商或服务组织（特许经营商）和独立商人（被许可方）之间的一种协议组织形式。被许可方向特许经营商购买在特许经营系统中拥有和经营一家或更多店面的权利。

购物中心（shopping center）：由一组零售商入驻，作为一个单位统一规划、开发和管理的购物场所。

展厅现象（showrooming）：在实体店查看商品和价格，但在网上商店产生购买，有时候甚至在实体店内进行网上下单。

批发（wholesaling）：将商品和服务卖给那些用于转售或商业用途的顾客所涉及的所有活动。

批发商（wholesaler）：主要从事批发活动的企业。

商业批发商（merchant wholesaler）：拥有所经营商品的所有权的独立批发商。

经纪人（broker）：不拥有商品所有权的批发商，其功能是把买方和卖方集中在一起并协助谈判。

代理商（agent）：相对长久地代表买方或卖方利益的批发商，仅执行几项职能，并且不拥有商品的所有权。

制造商和零售商的分支机构和办事处（manufacturers' and retailers' branches and offices）：不通过独立批发商而是由卖方或买方自己完成的批发业务。

问题讨论

1. 定义购物者营销，并解释它为什么越来越重要。

2. 解释零售商如何根据所提供服务的数量进行分类，并举例说明每种零售商的类型。

3. 指出并描述三种廉价零售商的类型。廉价零售商与折扣商店有何不同？

4. 指出并描述三类主要的批发商组织。

*5. 比较和对比经纪人和代理商与独立批发商。

批判性思维练习

1. 以小组为单位，提出并展示一个新零售商店的计划。哪些消费者是它的目标市场？介绍该商店的商品、氛围、零售价格、提供的服务、地理位置，以及你会如何推销这个零售商店。描述你如何将这个商店区别于竞争对手。

*2. 参观当地的商场，并选择五家商店进行评估。这些商店分别是什么类型的零售商？它们的目标市场分别是什么？每个商店的定位如何？各商店的零售氛围是否能有效地提升其定位，以吸引和满足目标市场的需求？

3. 选择一家经营困难的零售商。讨论它为什么会面临经营困境，并提出帮助它解决问题的方法。

小型案例及应用

在线、移动和社交媒体营销

本地零售商

你似乎无法逃离亚马逊、沃尔玛、诺德斯特龙等大型零售商的网络、移动和社交媒体营销。但是小型的独立零售商呢？它们是否也加入了网络、移动和社交媒体的潮流？一些独立零售商正在使用这些工具。例如，迈阿密一家便利店的老板在Twitter上发布了一张照片，向7 000名粉丝展示了他那天早上新进货的一款啤酒，下午晚些时候，顾客便蜂拥而至前来购买。西雅图的埃默森沙龙有75%的业务来自Facebook、Twitter和它的博客。纽约的Butter Lane纸杯蛋糕烘焙店也在社交媒体上取得了成功。尽管这些零售商已经应用网络、移动和社交媒体营销，但对于大多数小型零售商而言，使用Facebook、Twitter、Pinterest、Tumblr、Groupon、Instagram、Yelp、Foursquare和其他数字媒体却非常可怕。

1. 在你的社区中找到一家使用网络、移动和社交媒体营销的本地零售商。采访店主或餐厅的老板，询问他们在实施这个战略时经历的挑战和成功。

2. 向当地的零售商展示如何有效地利用网络、移动和社交媒体营销来吸引顾客，增加业务量。

营销道德

塔吉特的莉莉

莉莉·普利策品牌提供色彩鲜艳的裙子和以度假为主题的设计师商品，是学院风、度假服装的首选。而且，只有特定社区的某些女性会员才有机会在100～500美元的商品上享受折扣。但是塔吉特在2015年4月推出了塔吉特的莉莉系列，引发了抢购狂潮。塔吉特的普利策产品线由250件商品组成，比如售价40美元的莉莉礼服，在发售的几分钟内就被抢购一空，导致商店的网站崩溃，并引发顾客在网上大量发表负面评论。在商店外等候的消费者排成长队，这使得一名经理将这个事件命名为"学院风黑色星期五"，就像感恩节后的疯狂购物日"黑色星期五"一样。大多数购物者空手而归，因为其他消费者尽可能多地购买，在几分钟内就买空了货架。然后，这些买到的人在eBay上以更高的价格出售这些商品。这种发售情况对塔吉特来说并不新鲜。2011年，这家零售商推出了售价30～40美元的Missoni系列产品。Missoni独特的之字形和几何图案的针织品、鞋子和家居用品在布卢明代尔和萨克斯第五大道等零售商处的售价通常高达数百美元。在这次事件中，购物者尽可能多地抢购，甚至从其他人的购物车中偷取物品。虽然部分购物者很开心，但多数消费者并不开心。在这两次商品促销活动中，塔吉特官方都宣称将不会再补货。

1. 对于零售商来说，举办促销活动却没有为所有顾客准备足够的商品，这合乎道德吗？

2. 尽管有些顾客不满意，但塔吉特举办这样疯狂的购物活动是否明智？解释为什么。

数字营销

库存周转率

零售商需要商品来进行销售。事实上，零售商的库存是其最大的资产。库存不足会导致销售下降，但是存货过多会增加成本，降低利润率。这两种情况都会减少利润。衡量分销商库存管理有效性的一个指标是库存周转率（stockturn rate，也被称为制造商的库存周转率）。在零售业取得成功的关键是在库存尽可能少的情况下实现大量销售，同时保持足够的库存来满足顾客的需求。

1. 假设一个零售商平均的库存成本为85万美元，销售出商品的成本为180万美元，计算其库存周转率。

2. 如果该企业去年的库存周转率为4.5，那么其库存周转率是好转还是恶化了？解释原因。

视频案例

凯马特

作为折扣零售领域曾经的领头羊，如今凯马特的排名早就落到了沃尔玛、塔吉特和其他折扣连锁店之后。但最近，凯马特通过创新为顾客提供价值的努力表明，这家老牌零售商仍具备优势。为了获得竞争优势，凯马特推出了一个结合在线和实体购物优点的独特项目。在凯马特的商店中，如果顾客想要购买的商品缺货了，凯马特会免费将商品送到顾客的家中。

为了启动这个项目，凯马特推出了一项广告活动，该广告展示了年轻、精通技术的顾客与凯马特之间的相关性。它传递的信息——顾客可以免费"配送裤子"（或6 500万件其他任何商品），使得这则广告在网上疯传。结果，凯马特直白的信息在冒犯了少部分人的同时娱乐了很多人。

在观看了凯马特的视频后，回答以下问题：

1. 考虑零售营销组合。凯马特如何通过其免费邮递服务将自己与其他零售商区别开来？
2. "配送裤子"活动的目标顾客是什么样的？这有多重要？
3. 讨论凯马特这项活动会带来什么最终效果。

我的营销实验室

如果你的老师布置了这项任务，请到MyLab作业中完成以下写作部分。

1. 描述购物中心的类型，在你的社区或附近的城市中找出具体的例子。
2. 零售店的气氛都经过精心设计来影响购买者。选择一个既有实体店也有在线商店的零售商，描述实体店的气氛的组成元素，比如颜色、灯光、音乐、气味和装饰。这家商店的形象如何？这种形象是否适合商店的商品分类和目标市场？实体店氛围中的哪些元素是其在线商店氛围的一部分？该零售商是否将其实体店的氛围与在线商店的氛围相结合？请解释。

顾客参与和顾客价值传递

第12章

广告和公共关系

学习目标

1. 定义传递顾客价值的五种促销组合工具。
2. 讨论变化的营销传播策略以及整合营销传播的必要性。
3. 描述和讨论开发广告活动所涉及的主要决策。
4. 解释企业如何利用公共关系与公众沟通。

概念预览

在本章以及接下来的两章中,我们将学习营销组合工具的最后一个元素——促销。企业不能仅仅创造顾客价值,还必须清晰、令人信服地传递顾客价值。促销并不是单一的工具,而是多种工具的组合。最理想的状态是在"整合营销传播"的理念下,企业精心协调这些促销工具吸引消费者参与,并传递关于组织及其产品的清晰、一致、有力的信息。首先,我们将介绍不同的促销组合工具;其次,我们会研究迅速变化的营销传播环境,尤其是新增的数字、移动和社交媒体,以及整合营销传播的必要性;最后,我们将深入研究广告和公共关系这两种促销工具。在第13章中,我们将讨论另外两种促销组合工具——促销和人员销售。在第14章中,我们会研究直销、网络、移动和社交媒体营销等。

我们首先来看一个出色的广告策划活动。20多年前,GEICO在美国汽车保险行业还鲜为人知。但是现在，由于行业变革、高额预算的广告活动、经久不衰的口号和可爱的"代言人"——壁虎，GEICO已经在竞争激烈的美国汽车保险行业中跻身第二的位置。这告诉我们，好的广告真的很重要。接下来就是GEICO的故事。

第一站

GEICO：借助优秀的广告从小企业成长为行业巨头

GEICO成立于1936年，其最初的目标顾客是一群政府雇员和自由军官，他们拥有出色的驾驶记录。与竞争对手不同，GEICO没有代理商。相反，这家汽车保险企业直接向顾客推销，这使得它能够保持低成本，成本的节约又进一步降低了其向顾客收取的保费。近60年来，GEICO的营销几乎完全依赖于直邮和电话这两种方式。

1994年，当GEICO决定扩大其顾客群时，它清楚地知道自己必须增大营销投入。因此，它进入了大众传媒领域，这一做法极大地改变了保险广告的面貌。GEICO起步缓慢，仅投入了1 000万美元到它的第一批全国性电视、广播和平面广告上。1996年，亿万富翁沃伦·巴菲特收购了这家企业，众所周知，他告诉营销部门，在实现业务增长方面"钱不成问题"，所以要加快"花钱"的速度。在接下来的10年里，GEICO的广告支出增长了50倍，每年高达5亿多美元。

目前，你可能对GEICO和侃侃而谈的壁虎有了很多了解。但最开始的时候，这家保险企业面临着一项艰巨任务，即用一个有趣的名字向全国的观众推出这个鲜为人知的品牌。就像所有的好广告一样，GEICO的活动从一个简单但引人注目的主题开始，这一主题突出了GEICO直接面向顾客的优势，即便利和省钱。时至今日，在GEICO的活动中，数以百计的广告和其他内容还在传播这个大家已经很熟悉的话题："15分钟就可以为你节省15%甚至更多的汽车保险费用。"

但真正让GEICO的广告与众不同的是，该企业用新颖的方式让其价值定位变得生动有趣。当时，竞争对手都在使用严肃而富有感情色彩的宣传语——"Allstate会为你提供良好的服务"或者"像一个好邻居，State Farm就在那里"。为了让自己的广告脱颖而出，GEICO决定使用富有幽默感的妙语。这一创新方法非常有效，GEICO的销量开始攀升。

在试图发展品牌时，显而易见，GEICO这一名称（意为政府雇员保险企业）很难发音。通常，GEICO都会被称为"gecko"（一只魅力四射的绿色壁虎）。1999年，GEICO播放了一个15秒的广告，在广告中一只带有英国口音的时髦壁虎召开了一场新闻发布会，并请求说："我是一只壁虎，不要把我和可以为你省下数百美元的汽车保险企业GEICO弄混淆。所以请不要再给我打电话了。"这则广告原本只是一次性的活动，但大量消费者很快用电话和信件联系GEICO企业，希望看到这只壁虎的更多视频。后来的故事，大家应该都知道了。

在将近20年的时间里，GEICO的广告和富有魅力的壁虎一直在创造性地、坚定不移地推广品牌的价值定位："仅15分钟就可以为你节省15%或更多的汽车保险费。"

All text and images are copy written with permission from GEICO.

尽管这只壁虎仍然是GEICO的标志性代言人，但一只壁虎能为企业做的也只有这么多了。因此，多年来，为了保持它的新鲜感和娱乐性，GEICO还开展了一系列聪明的、引发讨论的新活动，不断地讲述这个品牌的价值故事，这些活动是对壁虎广告的有力补充。早些时候，当GEICO最开始进军互联网时，该活动请了一群有教养的"原始人"，企业的广告口号"冒犯了"他们："使用 GEICO.com 很容易，即使是'原始人'也能做到。"后来，为了回应"GEICO 真的能让你节省 15% 或更多的汽车保险费吗？"这一问题，"Rhetorical Questions"活动制作了一系列广告——"Ed 'To Tall' Jones 太高了吗？""亚伯拉罕·林肯是诚实的吗？"以及"小猪在回家的路上呜呜呜地哭了一路吗？"等。其中，最后一个广告向世界介绍了一只会说话的小猪——麦克斯韦，它持续在自己的 GEICO 活动中担任主角，强调了 GEICO 不断提升的数字化技术、社交技术和移动技术。

其他广告系列使 GEICO 的另一个人物成为流行文化的标志——一只广受欢迎、名为 Caleb 的骆驼。在人们通常很疲惫的周三，Caleb 在办公室里大摇大摆地走着，高兴地说"今天是星期三"，其寓意是 GEICO 的顾客"比星期三的骆驼还要快乐"。这个大摇大摆的骆驼 Caleb 还出演了其他 GEICO 广告，甚至还和特里·布拉德肖一起出现在了超级碗的赛前系列商业广告中。在 GEICO 另外一批新的创意广告"这就是你应该做的"中，有一集是 Caleb 和它的朋友在动物园，若无其事地接受了人们在模仿它的著名台词——"今天是星期三"——时的嘲笑。广告的结论是："如果你是一只骆驼，你就得一直忍受这一切。这就是你应该做的。如果你想节约 15% 甚至更多的汽车保险费，你就购买 GEICO。这就是你应该做的。"

一位专家评论道："不管你在过去的几年里看了多少 GEICO 的广告，它们似乎永远都不会变味。"该企业的首席营销官解释说："我们试图让消费者永远记住 GEICO，但又不想让他们感到无聊或单调。"因此，每一个广告活动无论怎样变化都会有明显的 GEICO 风格，每一个广告都强调了其广告语"15 分钟可以为你节省 15%"。

现在，GEICO 的广告语如此广泛地被大家接受，导致它在小型活动"你知道吗"中甚至自嘲了一番。在这个活动的广告中，一个人正在读 GEICO "15%"的广告，这时候另一个人看到了，说道："地球人都知道了。"然后，第一个人回应说："嗯，那你是否知道……"，然后紧接着一个幽默的（尽管是虚构的）事实。再比如，在透露了"年迈的 MacDonald 真是不懂如何拼写"之后，一则广告讲述了一位农民因将"COW"拼写成了"C-O-W……E-I-E-I-O"而在拼写比赛中败下阵来的故事。每个广告最后的总结都是："15 分钟可以帮你省，嗯……你知道的。"

为了适应快速变化的数字时代，GEICO 除了新鲜的内容外，还调整了其提供服务的方式。GEICO 是该行业最早为顾客提供移动应用程序及相关服务的企业之一，这样可以更好地帮助顾客获得报价、购买政策以及管理账户。该企业在使用网络和社交媒体方面也是公认的领导者，它的社交媒体表现和数字顾客参与度在保险行业中排名第三，仅次于综合性保险企业 Allstate 和 State Farm。GEICO 企业的广告和仅在网络播放的视频在网上受到了广泛的关注。

GEICO 继续在广告和内容营销方面投入巨资，媒体投入是其他保险企业的 2 倍左右。现在，它每年的广告预算已经超过了 10 亿美元，这使得 GEICO 超过了麦当劳、丰田和沃尔玛这样的大型广告商，成为美国第三大广告投放品牌。该品牌持续不断地开展有创意的广告活动，加上投资较大，目前已经获得了丰厚的回报。曾经鲜为人知的 GEICO 品牌如今在保险消费者中享有 90% 以上的知名度；其市场份额增长率连续多年保持两位数，最近 GEICO 甚至超过了保险企业 Allstate，成为竞争激烈的美国汽车保险市场中的第二名。

此外，除了 GEICO 的惊人增长之外，该品牌的广告也改变了整个保险行业的产品营销方式。从 Allstate（与它的"Mayhem"）到前进保险（与它的"Flo"）等竞争对手现在都将曾经令人厌倦的广告活动变得幽默和有趣。一位分析师曾断言："这一策略绝对适用于 GEICO。"另一位分析师说："这说明了 GEICO 是如何利用广告从一个小企业进化到行业巨头的。"[1]

建立良好的顾客关系不仅需要开发好的产品、制定有吸引力的价格，还必须使产品能接触到目标顾客。企业必须吸引消费者参与，向其传播精心设计的价值主张。所有的沟通都必须进行良好的规划，形成整合营销传播计划。好的沟通对建立和维持关系都很重要，它是企业吸引顾客和建立盈利性顾客关系所不可或缺的关键因素。

12.1 促销组合

> **作者评点**
>
> 促销组合是企业用来与顾客和其他利益相关者沟通的一揽子工具。所有这些工具都应该在整合营销传播（IMC）概念的指导下协调运用，以传播清晰、令人信服的信息。

一家企业的**促销组合**（promotion mix），也称为**营销传播组合**（marketing communications mix），由广告、公共关系、人员销售、促销和直销等工具组成。企业运用这些工具来吸引顾客参与，有效地传递顾客价值并建立顾客关系。这五种主要促销工具的定义如下。[2]

- **广告**（advertising）：由特定的赞助商出资，对创意、商品和服务进行的非人员展示和推广。
- **促销**（sales promotion）：通过短期的刺激提升产品或服务的购买和销售。
- **人员销售**（personal selling）：由企业的销售人员做产品展示，以达到销售或建立顾客关系的目的。
- **公共关系**（public relations）：通过有利的宣传树立良好的企业形象，并处理或消除不利的传言、故事、事件等，从而与企业的各类公众建立良好的关系。
- **直接和数字营销**（direct and digital marketing）：与经过谨慎确认的目标顾客进行直接的联系，从而获得即时的反馈，并建立可持续的顾客关系。

上述每一类都包括与顾客沟通所使用的具体工具。例如，广告包括广播广告、印刷广告、互联网广告、移动广告、户外广告以及其他形式；促销包括折扣、优惠券、产品陈列以及现场演示；人员销售包括销售展示、商业展览以及激励项目；公共关系包括新闻发布会、赞助、特殊事件以及网页；直销和数字营销包括直邮、产品目录、网络和社交媒体、移动营销等。

与此同时，营销传播远不止这些具体的促销工具。产品的设计、价格、包装形状和颜色以及销售商店等都向顾客传播了某些信息。因此，尽管促销组合是企业主要的传递活动，整个营销组合（促销、产品、价格和渠道）必须协调一致，以产生最佳的传递效果。

12.2 整合营销传播

> **作者评点**
>
> 如今整合营销传播（IMC）这个概念很火。在营销中，没有任何领域像营销传播这样发生了如此迅速且深刻的变化。其中很大一部分原因在于通过线上营销、移动营销和社交媒体营销等数字媒体吸引的顾客参与在急剧增长。

在过去的几十年中，营销人员已经掌握了大众营销的精髓，即将高度标准化的产品卖给大众消费者。在这个过程中，他们开发出了有效的大众媒体沟通技巧，以支持其营销战略。大企业不断地将大量资金投入到电视、杂志或其他大众媒体上，通过单一的广告将信息传达给数千万的消费者。然而，如今的营销管理人员面临着新的营销传播模式。在营销中，也许没有哪个领域像营销传播这样发生着如此深刻的变化，为营销传播人员创造了机遇与挑战并存的时代。

12.2.1 新型营销传播模式

几个主要的因素正在改变营销传播的面貌。首先，消费者正在发生变化。在这个数字化、无线化的时代，消费者不仅能够获得更多的信息，而且具备更强的传播能力。他们不仅依靠企业提供的信息，而且可以运用互联网、社交媒体等其他途径搜寻信息。另外，他们可以很方便地与其他消费者分享品牌的相关信息，甚至可以创造他们自己的品牌信息和品牌体验。

其次，营销战略也在改变。随着大众市场的分化，营销人员正在逐渐放弃大众营销策略。他们越来越倾向于开发更聚焦的营销方案，在更狭窄的细分市场中与顾客建立紧密的联系。

最后，信息技术的进步也导致了企业与顾客交流方式的巨大改变。数字时代滋生了一系列新型的信息和沟通工具——从智能手机、平板电脑到卫星电视系统，再到品牌网站、电子邮件、博客、社交网络、在线社区、手机网页等互联网应用。就像大众媒体曾经催生了新一代大众媒体沟通一样，新媒体和社交媒体将会催生一个更有针对性、社交化、互动化的营销传播模式。

尽管电视、杂志、报纸和其他大众媒体仍然十分重要，但它们正逐渐丧失其主导地位。广告商目前正在采用更专业化、针对性更强的媒体，以向更小的顾客细分市场传递更加个性化的互动内容。新媒体包括专业有线电视频道、网络视频、互联网广告、电子邮件、短信、博客、手机目录和优惠券，以及越来越多的社交媒体。这些新媒体像风暴一样席卷了营销领域。

一些广告业专家甚至预言，旧式的大众媒体沟通模式很快将被淘汰。大众媒体的成本不断增加、观众越来越少、广告日益庞杂，再加上观众可以借助视频流或数字硬盘录像机（DVR）等技术跳过那些恼人的电视广告。因此，评论者认为，企业正在将其大部分的营销预算从传统媒体转移到网络媒体、社交媒体、移动媒体等新型媒体上。

近年来，虽然电视仍然占据广告媒体的主导地位，在美国广告总支出中占有38%的份额，但其增长却停滞不前。而企业在杂志、报纸和广播上的广告支出更是江河日下。同时，数字媒体经过过去几年的发展，已经成为占据美国广告总支出30%的广告媒体，仅次于电视。到目前为止，数字媒体作为发展最快的广告媒体，其市场份额预计在2019年将增长到36%。全球最大的广告主宝洁现在将其1/3的营销预算投入到了数字媒体上。据估计，世界各地的企业现在投放在数字媒体上的预算平均占其媒体总预算的24%。[3]

有一些企业现在几乎完全通过数字媒体和社交媒体进行营销活动。例如，环保家居用品制造商Method开展了一系列以"整洁快乐"为主题的数字促销活动。[4]

Method企业以标新立异的营销活动而闻名，它们使用"人们讨厌脏乱"和"人人都爱整洁"等口号。该企业的"整洁快乐"活动中最值得注意的一点是，它最初并没有在电视或杂志等传统媒体上投放广告，而是在YouTube和Method的Facebook页面投放品牌视频。该活动还采用了互联网媒体广告以及在企业的Twitter和博客等主要社交媒体上进行宣传。"整洁快乐"活动符合Method的定位和预算，Method是一个从社会媒体的口碑传播中获益的草根品牌，而且"整洁快乐"第一年的预算仅有350万美元左右。相比之下，竞争对手宝洁推出一款新产品（例如，汰渍洗衣粉）可能就要投入1.5亿美元。

Method进行了整整一年的数字化营销活动，之后才开始投放电视广告。即便是现在，"整洁快乐"活动也主要依赖数字媒体和社交媒体，只在谨慎选定的市场投放有线电视广告。最近的一些广告活动包括"生活的混乱时刻"——浪漫喜剧风格的一系列电视和网络广告，以及其他社交媒体内容，讲述了一对年轻夫妇从初吻到第一个孩子到来所经历的慌张和脏乱，再到最终有一个整洁而幸福的结局。为了在Facebook上推广该广告活动，Method举办了一个名为"整洁快乐奖"的摄影比赛，邀请粉丝拍摄并提交他们的宠物、孩子和派对的脏乱瞬间。"我们很支持这一草根活动，"一位Method的高管表示，"如果你没有1.5亿美元的巨额广告预算，这就是你必须要做的。"

在新的营销传播世界里，新技术使得营销人员可以通过更加有趣的方式接触到更小众的消费者群体，而不是像以前那样去打扰消费者、强迫他们接受大众媒体传播的信息。以电视收看方式所发生的改变为例。如今，消费者几乎可以通过电视、笔记本电脑、智能手机、平板电脑以及其他任何有屏幕的东西来看他们喜爱的节目。他们也可以在任何时间、任何地点收看没有广告的节目。此外，越来越多的节目、广告和视频甚至都只能在网上观看。

尽管企业正在逐步向数字媒体转变，但传统的大众媒体仍然占据多数大型企业促销预算的最大份额，而这一现实在短期内很难改变。因此，大多数营销人员都预见到传统媒体模式不会完全崩溃，在未来会综合使用传统大众媒体、网络媒体、移动媒体和社交媒体，以更加个性化的方式与更精准的目标顾客交流。最终，不管采用哪种沟通渠道，关键是要很好地整合利用所有这些媒体，以更好地吸引顾客、传递品牌信息、提升顾客品牌体验。

随着营销传播环境的变化，营销传播人员的角色也发生了改变。很多营销人员现在将自己宽泛地定义为**内容营销**（content marketing）管理者，而不再仅仅是制作并投放电视广告、印刷广告或在Snapchat上投放品牌故事广告的人。他们采用各种付费、自有、免费或共享的沟通渠道，创造、激发、分享品牌信息和与顾客（及顾客之间）的对话。这些渠道包含了传统媒体和新媒体、可控和不可控的媒体等（见营销实践 12-1）。

营销实践 12-1

它不是广告，而是内容营销

在以前，广告人的生活似乎是比较简单的。当某品牌需要举办广告活动时，每个人都知道要做什么。品牌团队和广告代理商首先想出一个创意，然后制订媒体计划，最后制作和投放电视广告、杂志广告或者新闻广告，或许还会举办一场新闻发布会来制造一些新闻。但在如今的数字时代，简单地将广告投放到清晰界定的媒体，直接套用精心管理的"广告活动"框架的旧做法已经行不通了。

传统广告和新型数字内容之间的界限越来越模糊。如今，好的品牌信息必须是社交化的、移动化的，能够交互式地吸引顾客，并且是跨越多个平台的。一位业内人士表示："如今的媒体格局正变得越来越多样化，包括广播、有线电视和流媒体；也包括网络，平板电脑和智能手机；还包括视频、富媒体、社交媒体、品牌内容、展示广告、应用程序、应用程序广告和互动技术产品等。"

新的数字环境对广告的定义提出了质疑。一个具有挑衅性的标题问道："广告到底是什么？"你想怎么称呼它就怎么称呼它，但"唯独不要叫它广告"。根据如今许多营销人员的说法，它是"内容营销"，即创建并发布广泛的内容以吸引顾客参与，与顾客建立关系，并促使他们采取行动。为了适应当今的数字化媒体和社交媒体，并保持与消费者的持续对话，品牌需要为传统平台和数字平台不断提供新鲜的内容。

现在，许多广告商和营销人员把自己视为创造、激发、分享和策划营销内容的内容营销人员，而这些内容通常包括他们自己创造的内容，以及由消费者和其他方产生的内容等。他们不再使用传统媒体的分类，而是使用一个新框架，它建立在如何以及由谁创建、控制和传播营销内容的基础之上。新的分类定义了四种主要类型的媒体（POES）：付费媒体、自有媒体、免费媒体和共享媒体。

- 付费媒体（paid media）：营销人员付费购买的宣传渠道，包括传统媒体（如电视、广播、印刷品以及户外广告）、网络和数字媒体（付费搜索广告、移动广告、电子邮件营销、网络和社交媒体的展示广告以及赞助内容）。
- 自有媒体（owned media）：由企业拥有和控制的宣传渠道，包括企业网站、企业博客、自有的社交媒体网站、专属品牌社区、销售力量和事件等。
- 免费媒体（earned media）：即公关媒体渠道，如电视、报纸、博客、在线视频网站，以及其他不需要直接付费也不受企业控制的媒体，这些媒体是因为观众、读者或用户感兴趣而报道的企业的相关内容。
- 共享媒体（shared media）：让消费者得以与其他消费者进行分享的媒体，如社交媒体、博客、移动媒体、病毒式营销渠道以及传统口碑等。

过去，广告商主要关注传统的付费媒体（广播、印刷品等）或免费媒体（公共关系等）。然而现在，内容营销人员正在迅速拓展新一代的数字化自有媒体（网站、博客、品牌社区等）和共享媒体（在线社交、移动、电子邮件等）。以往一则付费广告获得成功后营销工作就结束了，但现在营销人员已经开始综合利用 POES 渠道的强大力量开发整合营销内容。因此，现在的许多电视广告往往不再只是电视广告，它们是你在电视上、平板电脑上、手机上或者其他任何地方都能看到的"视频内容"。有些视频内容，例如在网站或社交媒体上发布的在线视频，看起来很像电视广告，但并不在电视上播放。类似地，印刷的品牌信息和品牌图片不再只出现在精心制作的杂志广告或目录中。相反，这些各种创作来源的内容，会出现在广告、在线品牌页面、移动媒体、社交媒体以及博客等各种地方。

新的"内容营销"活动与旧的"广告"活动有很大的不同。例如，为了超越其传统的"Intel Inside"广告，英特尔与电脑制造商东芝合作推出了一部获奖的社交媒体系列电影 *Inside*。在好莱坞优秀的导演和演员的积极参与下，这个吸引人的系列电影模糊了广告、社交媒体和娱乐之间的界限。一部名为 The Power Inside 的喜剧/科幻冒险系列电影，讲述了由 20 多人组成的 Scooby-Doo 团队粉碎了外星人企图征服世界的计划。安装了英特尔的东芝超级笔记本在其中扮演了重要的角色，但这种微妙的产品植入并不是以广告的形式出现的。

The Power Inside 共在 YouTube 上发布了六集，并通过 Facebook 和 Twitter（共享媒体）、专门的微站点（自有媒体）以及在 Skype 和 Spotify（付费媒体）上投放广告来进行推广。在博客和新闻媒体（免费媒体）的报道和文章的推动下，该系列电影的知名度和热度大大提高。The Power Inside 发布时，正好英特尔/东芝之前的系列电影——The Beauty Inside 荣获了日间时段艾美奖和夏纳国际大奖，这使它获得了更高的公众关注度。总之，这项整合的、多平台的内容营销活动为英特尔和东芝创造了高水平的顾客品牌参与。在与东芝成功合作的基础上，英特尔又与戴尔合作，推出了另一部社交电影系列 What Lives Inside。

精心整合 POES 渠道可以产生惊人的传播效果。考虑三星为在全球 18 个地区发布联网的 Galaxy 相机而举办的活动——"生活就是一张照片，用相机记录它"。该活动旨在展示这款相机拍摄的照片都可以很容易地随时随地进行分享。为此，三星挑选了 32 位有名的 Instagram 用户（"世界上最擅长社交的摄影师"），请他们使用这款新相机证明他们所在的城市是最上镜的，涉及的城市包括伦敦、阿姆斯特丹、柏林、马德里、巴黎、米兰、悉尼和旧金山等。然后，他们的照片被上传到 Tumblr，粉丝通过 Tumblr、Facebook、Twitter 和 Pinterest 等渠道投票选出其最喜欢的照片。最后，三星在获胜城市柏林举办了一场盛会，邀请来自欧洲各地的意见领袖用这款联网相机拍下照片，并将它们投影到巨大的、充气的 3D 投影仪上。

"生活就是一张照片，用相机记录它"活动的营销内容丰富，取得了极大的成功。在为期 3 个月的活动中，全球范围内参与活动的人达到了 7 900 万。Galaxy 相机的知名度上升了 58%，购买意向跃升了 115%。而且该活动赢得了美国互动广告局的 MIXX 内容营销奖，更是引发了一系列的宣传。这项社交媒体活动还为一系列的付费电视广告奠定了基础。最终，三星重新复活了一个很多人认为已经走向衰落的产品类别——专用数码相机，并成为联网数字影像行业的市场领导者。

所以，我们不能再称它为"广告"了。如今，迅速变化的营销传播环境需要的不仅仅是制作和投放广告到清晰界定和受控制的媒体上。更确切地说，今天的营销传播者必须是营销内容的战略家、创造者、连接者和催化剂。他们负责管理企业与顾客之间以及顾客与顾客之间的品牌对话，并通过各种渠道促使这些对话产生共鸣。这是一个艰巨的任务，但运用今天的新思维和 POES 整合渠道，任何事情都能实现！

资料来源：Randall Rothenberg, "What Is Advertising Anyway?" *Ad Week*, September 16, 2013, p. 15; Joan Voight, "Intel and Toshiba Peddle Product Placement in Branded Film 'The Power Inside,'" *Ad Week*, July 29, 2013, www.adweek.com/print/151476; Patrick Darling, "Chip Shot: Dell and Intel Debut New Social Film 'What Lives Inside' on Hulu," March 23, 2015, http://newsroom.intel.com/community/intel_newsroom/blog/2015/03/23/chip-shot-dell-and-intel-debut-new-social-film-what-lives-inside-on-hulu; Peter Himler, "Paid, Earned & Owned: Revisited," *The Flack*, June 21, 2011, http://flatironcomm.com/2011/06/paid-earned-owned-revisited/; "Samsung's Galaxy Camera," 2013 AIB MIXX Awards Winners Gallery, www.iab.net/mixxawards/gallery2013/strategies-and-objectives/content-marketing.html; http://Samsungcamera.tumblr.com/latest; "Life's a Photo, Take It," Jam, www.spreadingjam.com/our-work/samsung/life-s-a-photo-take-it, accessed June 2015; and "'Life's a Photo. Take It'—Campaign Overview," *Vice*, www.vice.com/sgc/lifes-aphoto-take-it-campaign-overview, accessed October 2015.

12.2.2 对整合营销传播的需求

对营销人员而言，向更丰富多样的媒体和内容组合的转变是一种挑战。今天的消费者受到不同来源信息的狂轰滥炸，而企业通常无法整合其不同的传播渠道。大众媒体广告说的是一回事，而企业的网站、电子邮件、社交媒体页面，或者在 YouTube 上发布的视频又传播了一些完全不同的信息。

问题的原因在于营销内容往往来自企业的不同部门。广告信息是由广告部门或广告代理企业制作的；而公共关系信息、促销活动、网络或社交媒体内容是由企业的其他部门或其他机构负责的。然而，消费者并不会像营销人员那样区分信息来源。在消费者的眼中，不同来源的品牌信息，无论是超级碗广告、店内展示、移动应用，还是朋友在社交媒体的发帖，都会被融合在一起，形成关于品牌或企业的统一信息。这些不同来源的信息如果相互矛盾，将会导致令人困惑的企业形象、品牌定位和顾客关系。

网络营销、手机营销和社交媒体营销的爆炸式增长在带来巨大机遇的同时，也带来了巨大的挑战。它为营销人员提供了丰富的新工具来理解和吸引顾客，与此同时，它也使整体营销传播变得复杂化和碎片化。我们面临的挑战是如何将营销传播有条理地整合起来。为此，今天越来越多的企业采用了**整合营销传播**（integrated marketing communications，IMC）的概念。图 12-1 详细解释了企业如何在这个概念的指导下整合和协调其众多的传播渠道，来传递关于企业及其品牌的清晰、一致和有说服力的信息。

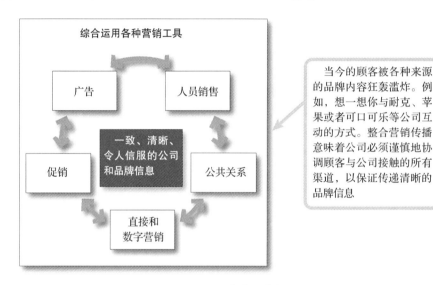

图 12-1　整合营销传播

通常情况下，不同的媒体在吸引、告知和说服消费者方面扮演着不同的角色。例如，最近的一项研究显示，超过 2/3 的企业和它们的代理机构正在策划跨越传统电视、数字、移动和社交媒体等多个平台的视频广告活动。人们将这种现象称为"视频趋同"，它结合了电视受众广泛的核心优势以及数字媒体所具备的精准、互动和高度参与的特点。[5] 这些不同的媒体及其角色必须在整合营销传播计划的指导下进行精心协调。

家装零售商劳氏的"进步永不停歇"活动是整合营销传播的一个好例子，该活动结合了高预算的传统媒体和社交媒体的强大力量，以创造个性化、实时的顾客参与。[6]

可以肯定的是，劳氏通过完整的大制作电视广告和其他传统媒体广告，使其"进步永不停歇"的定位广为人知。但近年来，该企业增加了引人注目、经过精心整合的社交媒体内容，使顾客体验更加个性化和丰富化。其中一个例子就是劳氏名为"Fix in Six"的 Vine 视频活动。"Fix in Six"是几十个巧妙的六秒循环视频，展示了改善家居问题的快速解决方案——从卸螺丝到让松鼠远离植物等。这个获奖系列从一开始就取得了巨大的成功，在第一周内就被社交媒体提及了 28 000 次，到现在该活动已经赢得了数百万的展露量。

除了 Vine 视频活动之外，劳氏的"进步永不停歇"活动还整合了很多其他社交媒体。作为对 Vine 活动的补充，劳氏在其拥有大量粉丝的 YouTube 频道上播放了更长的 DIY 视频小贴士和教程，在 Pinterest 和 Instagram 上通过高视觉冲击力的图像来吸引顾客参与。Facebook 提供了一个让顾客参与对话的平台，在这里每个 Facebook 评论都能得到回复。而 Twitter 用于发布简短的评论或传播特殊优惠的信息。无论采用何种平台，所有的内容——从电视插播到在线视频再到 Facebook 帖子等，都与劳氏"进步永不停歇"的箴言和帮助顾客找到改善家居的解决方案的使命相协调。根据一名劳氏的营销人员的说法，整合营销活动与其说是为了赚钱，不如说是为了"确保顾客知道劳氏正在为他们提供价值，并使他们与品牌一直保持联系"。

12.3 设计整体促销组合

作者评点

在本节中，我们将研究如何将多种营销传播工具整合为一个顺利运转且相互协调的促销组合。

整合营销传播的概念表明，企业必须将促销工具精心地整合为协调一致的促销组合。但企业如何决定使用哪些促销工具的组合呢？在设计促销组合时，即使同一行业的企业也会有很大的差异。例如，化妆品制造商玫琳凯将其绝大部分促销资金投入到了人员销售和直销上，而其竞争对手"CoverGirl"则在消费者广告上投入了大笔资金。我们现在来看看影响企业选择促销工具的因素。

12.3.1 促销工具的特性

每种促销工具都有其独特的特性和成本，企业在设计促销组合时必须了解这些特性。

1. 广告

广告能以很低的单位成本将信息传递给分散在广大地域的大量购买者，还能使销售方多次重复一条信息。例如，电视广告就能将信息传递给大量的观众。据估计，至少有1.14亿美国人收看了最新的超级碗大赛，每周有多达1 800万的狂热粉丝收看最新一季的NCIS。更重要的是，一个受欢迎的电视广告也可以通过在线和社交媒体传播。举个例子，想想微软成功的超级碗XLIX "Empowering"广告，它的主角是6岁的布雷伦·奥尼尔，他使用假肢却表现突出，向我们展示了科技如何使我们所有人将不可能变为可能。在接下来的两个月里，除了100多万电视观众之外，这则广告还获得了超过620万的YouTube浏览量。对于那些想要吸引大量观众的企业来说，电视广告是一个很好的选择。[7]

除了接触到目标顾客，大规模的广告宣传还向大众暗示了销售方的规模、知名度和成功。由于广告的公共特性，消费者倾向于认为做了广告的产品更合法。广告也很有表现力，它使得企业可以艺术性地使用视觉、声音和颜色从而使其产品引人注目。一方面，广告可以用来建立产品的长期形象（如可口可乐广告）；另一方面，广告也可以在短期内促进销售（就像科尔士宣传周末特价的广告一样）。

广告也有一些缺点。虽然能够迅速传递给许多人，但广告是一种非人员沟通，不像企业销售人员那样可以直接说服顾客。最关键的是，广告只能与受众进行单向沟通，观众并不认为自己必须要注意广告或做出反应。此外，广告非常昂贵。尽管一些广告形式，如报纸、广播和网络广告，可以用较少的预算完成，但像网络电视广告等其他形式，则需要非常多的资金投入。例如，微软超级碗"Empowering"广告，仅1分钟就花费了900万美元，这还没有包括广告的制作成本。

2. 人员销售

人员销售在购买过程的某些阶段是最有效的一种工具，尤其是在建立购买者偏好、使其确信并购买的阶段。它涉及两个或更多人之间的人际互动，因此每个人都可以观察到其他人的需求及特点并迅速做出判断。人员销售也可能会培育出多种顾客关系，从买卖关系到个人情谊。优秀的销售人员将顾客的兴趣铭记于心，通过为顾客提供问题解决方案而与其建立长期关系。最后，受人员销售的影响，购买者通常会觉得更需要去聆听和做出反应，即使这个反应只是一句有礼貌的"不用，谢谢"。

然而，这些独特的优势是有成本的。与广告相比，建设销售队伍需要更长期的努力，企业可以随时决定做多少广告，但销售队伍的规模却很难改变。人员销售也是企业最昂贵的促销工具，平均每笔交易要耗费企业600美元，不同行业之间可能会有细微的差异。[8]美国的企业在人员销售上的投入是其广告投入的3倍。

3. 促销

促销包括多种工具：优惠券、销售竞赛、折扣、赠品等，所有这些工具都有一些独特的优势。它们吸引顾客的注意，强烈地刺激购买，并且可以增强产品吸引力，扭转下滑的销售趋势。促销可以激发并奖励快速反应,广告说的是"请买我们的产品吧",而促销说的是"现在就买吧"。不过,促销的效果通常是短期的,在建立长期品牌偏好和顾客联系方面不如广告或人员销售。

4. 公共关系

公共关系非常具有说服力,新闻故事、专题报道、赞助以及事件对读者而言比广告要真实可信得多。公共关系还可以接触到许多回避销售人员和广告的潜在顾客,让信息以"新闻和事件"的形式(而非销售导向的沟通方式)传递给购买者。并且,和广告一样,公共关系能够使企业及其产品变得更具吸引力。营销人员并没有充分地利用公共关系,很多时候只是将它作为事后选择。不过,将精心策划的公共关系活动同其他促销组合元素结合使用,会非常经济且有效。

5. 直销和数字营销

尽管直销和数字营销的形式有很多种,从直邮、产品目录、电话营销到网络、移动媒体和社交媒体等,但它们都有一些鲜明的特点。首先,直销更加精准化,其信息通常只针对某个具体的顾客或顾客群体;其次,直销是即时且个性化的,它可以快速(甚至实时)针对具体顾客的需求量身定制信息;最后,直销是互动的,它允许营销团队和消费者之间进行对话,还可以根据消费者的反应随时调整信息。因此,直销和数字营销非常适合精准定位的营销活动、创造顾客参与以及建立一对一的顾客关系。

12.3.2 促销组合战略

营销人员可以在两种基本的促销组合策略中做出选择,即**推式促销**(push promotion)或者**拉式促销**(pull promotion)。图 12-2 对这两种策略进行了比较。推式策略和拉式策略侧重的具体促销工具不同。**推式策略**(push strategy)是指将产品通过分销渠道推广到最终顾客。生产商面向渠道成员开展营销活动(主要是人员销售和交易推广),促使其接受产品并向最终顾客推销。例如,约翰迪尔企业很少向最终消费者推销割草机、园艺拖拉机和其他住宅消费产品。相反,约翰迪尔企业的销售人员与劳氏、家得宝、独立经销商以及其他渠道成员合作,让它们向最终消费者推销约翰迪尔企业的产品。

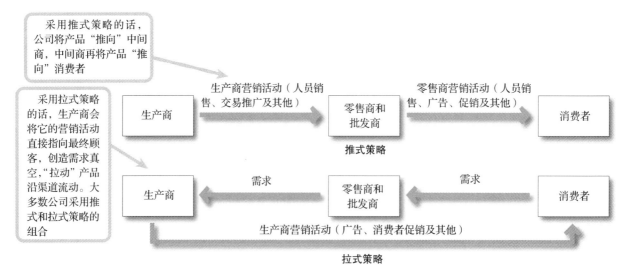

图 12-2 推式策略和拉式策略

采用**拉式策略**(pull strategy),生产商会将营销活动(主要是广告、消费者促销、直销和数字媒体营销)直接指向最终消费者并促使他们购买产品。例如,联合利华的 Axe 护发产品运用了电视广告、印刷广告、网站和官方社交媒体账号等渠道,直接针对年轻的男性目标市场进行促销。如果拉式策略有效,消费者会向渠道成员(例如 CVS、沃尔格林或沃尔玛等)购买该产品,而渠道成员则会转向生产商联合利华采购。因此,在采用拉式策略时，消费者的需求拉动着产品沿着渠道流动。

一些工业品企业只使用推式策略，一些直销企业则只使用拉式策略。然而，大多数大企业采用的是两种策略的组合。例如，联合利华每年在全球投入近 80 亿美元到消费者营销和促销上，用于建立品牌偏好，将消费者吸引到销售其产品的商店。[9] 同时，联合利华也在利用自己和分销商的销售团队及交易推广，沿着渠道向下推广其品牌，这样可以确保顾客来商店购买时，货架上就有联合利华的产品。

企业在设计其促销组合战略时需要考虑产品和市场类型等许多因素。例如，在消费者市场和商业市场中，不同促销工具的重要性就有所不同。B2C 企业通常会采用"拉式策略"，将资金更多地投入到广告上，其次是促销、人员销售，然后才是公共关系；而 B2B 营销人员则倾向于使用"推式策略"，将其资金更多地投入到人员销售上，然后才是促销、广告和公共关系。

既然我们已经了解了整合营销传播的概念以及企业在设计促销组合时应该考虑的因素，接下来，我们将对具体的营销传播工具进行更深入的研究。

缓冲带：概念链接

在这里暂停一下，回顾本章内容并将前述部分联系起来。
○ 整合营销传播是如何与促销组合的概念相联系的？
○ 不断变化的沟通环境如何影响企业传递产品和服务信息的方式？如果你想再买一辆新车，你可能会从哪里得到各种车型的信息？你会在哪里搜索相关信息？

12.4 广告

作者评点

你已经很了解广告了，因为你每天都会看到广告。不过，这里我们将探索企业如何制定广告决策。

广告可以追溯到人类历史的开端。在地中海附近国家工作的考古学家挖掘出了一批宣传各种事件和商品的标志。罗马人在墙上绘画，预告角斗士的搏斗；腓尼基人在游行沿途的大石头上画图，宣传他们的器皿；在希腊的黄金时期，街头商贩会叫卖牛、手工艺品甚至化妆品。一则早期的"广告歌曲"是这样的："为了闪烁的双眸，为了黎明般的双颊，为了少女时代消逝后仍然持续的美丽，为了合理的价格，了解这一切的女性都会在 Aesclyptos 购买化妆品。"

现代广告则比这些早期的广告要有效得多。美国的企业每年的广告支出将近 1 830 亿美元，全球广告支出预计为 5 450 亿美元，世界上最大的广告顾客宝洁在美国的广告支出大约为 46 亿美元，其全球广告支出超过了 115 亿美元。[10]

广告不仅被企业广泛使用，很多非营利性组织、专业人士和社会机构也在使用广告，它们向各种目标公众宣传其事业。事实上，美国广告花费排在第 39 位的广告主就是一个非营利性组织——美国政府，它采用的广告形式多种多样。例如，美国疾病控制与预防中心在开展"来自一位前吸烟者的忠告"广告活动的第 3 年，就投入了高达 6 800 万美元的广告费，这个广告描述了吸烟人群为相关疾病付出的昂贵代价。[11] 广告是吸引顾客参与、告知和说服的好方法，不管其目的是在全球销售可口可乐，或者是帮助吸烟者戒烟，还是在发展中国家教育人们如何更健康地生活。

在制定广告方案时，营销管理人员必须做出四个重要决策（见图 12-3）：设定广告目标、确定广告预算、制定广告策略（信息决策和媒体决策）和评估广告效果。

12.4.1 设定广告目标

第一步是设定广告目标。广告目标的设定应该基于已经确定的目标市场、定位和营销组合决策，这些决策决定了广告在整个营销方案中的作用。广告的总体目标是通过传递顾客价值来吸引顾客参与并建立顾客关系。在这里，我们将讨论具体的广告目标。

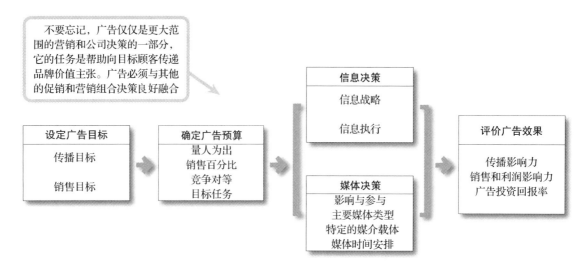

图 12-3 主要的广告决策

广告目标（advertising objective）是指在特定时间内与特定目标群体完成的具体沟通任务。根据主要目的不同，广告目标可以分为告知、说服和提醒三类。表 12-1 列出了每一类广告目标的例子。

表 12-1 可能的广告目标

告知性广告	
传播顾客价值	提出产品的新用途
树立企业和品牌形象	向市场传达价格的变化
向市场推出新产品	描述可提供的服务和支持
说明产品的使用方法	纠正错误的印象
说服性广告	
建立品牌偏好	说服顾客即刻购买
鼓励顾客转向自己的品牌	创造顾客参与
改变顾客的产品价值感知	建立品牌社区
提醒性广告	
维持顾客关系	提醒顾客产品的购买地点
提醒顾客不久的将来可能需要该产品	在销售淡季使顾客想起品牌

告知性广告（informative advertising）主要用于新产品的引入阶段，其目的在于建立初级需求。因此，最开始引入 HDTV 播放机的厂商需要告知消费者这类新产品在成像质量和体积方面的优势。随着竞争加剧，说服性广告变得越来越重要，此时，企业的目的在于建立选择性需求。例如，一旦 HDTV 播放机发展成熟，三星就开始说服消费者其品牌具有最高的性价比。这样的广告旨在吸引顾客参与并创建品牌社区。

一些**说服性广告**（persuasive advertising）属于对比性广告（或称攻击性广告）的范畴，即企业直接或间接地把自己的品牌与其他品牌相比较。对比性广告被广泛地应用于运动饮料、快餐、汽车租赁、信用卡和无线电话服务等行业。例如，塔可钟初期的广告介绍了自己的早餐菜单，并直接嘲笑了快餐领导者麦当劳。塔可钟雇用了一大批叫作罗纳德·麦克唐纳的人来担任塔可钟的广告发言人。"这些人喜欢塔可钟并不奇怪，奇怪的是他们到底是谁。"一则广告说道。一个"幕后"的在线视频吸引了数以百万计的 YouTube 观看量。塔可钟后续围绕麦当劳的早餐菜单制作了新的对比性广告并推出了其他早餐产品。[12]

微软推出了几个针对竞争对手 Google 和苹果的广告活动。它的"Bing It On"活动邀请顾客在不知道是哪款搜索引擎的情况下对微软必应的搜索结果与 Google 的搜索结果进行比较。同样，微软 Surface 平板电脑的广告也直接针对苹果的笔记本电脑，最近一个 Surface Pro 的视频广告把自己与苹果的 MacBook Air 进行了直接对比，并得出了结论：Surface Pro 是"可以取代苹果笔记本电脑的平板电脑"。一则 Surface Pro 的平面广告甚至宣称，"像笔记本电脑的功能那般强大，比 Air 更轻。"[13]

广告主应该谨慎地使用对比性广告。这类广告通常会引起竞争对手做出回应，导致对双方都不利的广告战。恼怒的竞争对手也可能会采取激烈的反击行动，如向美国商业促进局委员会的国家广告部申诉，甚至提出虚假广告诉讼。

提醒性广告（reminder advertising）对处于成熟阶段的产品非常重要，因为它有助于维护顾客关系并使消费者记住产品。昂贵的可口可乐电视广告旨在建立和维护消费者与可口可乐品牌的关系，而非告知消费者或说服消费者在短期内购买产品。

广告的目的是促使消费者逐步进入购买阶段。有些广告是为了促使消费者立即购买。例如，Weight Watchers 的直复电视广告敦促消费者马上上网报名，百思买为周末促销而做的插页广告鼓励消费者立马去商店。但还有许多广告是为了建立或巩固长期的顾客关系。例如，在耐克的电视广告中，知名运动员会身着耐克装备完成极限挑战，但他们从不会呼吁顾客立即购买。这些广告的目的是吸引消费者参与，并改变消费者对品牌的感知。

12.4.2　确定广告预算

确定了广告目标之后，企业就可以着手为每个产品制定**广告预算**（advertising budget）。在这里，我们将介绍四种确定广告总预算的常用方法：量入为出法、销售百分比法、竞争对等法以及目标任务法。

1. 量入为出法

一些企业采用**量入为出法**（affordable method），根据企业的财务承受能力确定促销预算。小企业通常会采用这种方法，原因在于企业在广告上的投入不能超出企业拥有的资金。它们用总收入减去运营费用以及资本费用，然后将剩下资金中的某个比例用于投放广告。

遗憾的是，这种确定预算的方法完全忽视了促销对销量的影响。在分配预算时，它通常将广告放在最后考虑，即使广告对企业的成功至关重要。这会让企业的年度促销预算充满不确定性，给制订长期市场计划带来困难。量入为出法可能会导致广告投入超支，但大多数情况下它会使企业的广告投入过少。

2. 销售百分比法

另外一些企业采用**销售百分比法**（percentage-of-sales method），根据当前或预期销售额的一定百分比来确定促销预算。销售百分比法有很多优势。它简单易用，并且能帮助管理层考虑促销花费、销售价格以及单位利润之间的关系。

尽管拥有以上优势，但销售百分比法仍有问题。它错误地将销售额看作促销的原因，而非促销的结果。尽管有些研究发现促销花费与品牌强度存在正相关，但事实上，两者是结果与原因的关系，而不是反过来。销售额更高的强大品牌能够承受更大的广告预算。

因此，销售百分比法是基于企业能够使用的资金而非它所面临的机会。这种方法可能会导致企业为扭转销售额下滑制定过少的广告预算。另外，由于广告预算会随着每年的销售额不同而变化，企业很难制订长期计划。最后，这种方法除了参照过去的行为和竞争对手的行为外，没有提供任何选择具体百分比的依据。

3. 竞争对等法

还有一些企业采用**竞争对等法**（competitive-parity method），根据竞争者的费用来确定自己的促销预算。它们监视竞争对手的广告，或者从公共出版物或是贸易行会获得行业的促销费用估算，并根据行业平均水平确定自己的预算。

有两个假设支持这种方法。第一，竞争对手的预算代表行业的集体智慧；第二，竞争对手支出多少自己就支出多少，这样有利于防止促销战。遗憾的是，这两条假设都不是有效的。认为竞争对手比自己更清楚促销支出应该是多少的观点毫无根据。企业与企业之间有很大的不同，每家企业都有自己独特的促销需求。最后，没有证据表明基于竞争对手的预算会阻止促销战。

4. 目标任务法

最符合逻辑的预算编制方法是**目标任务法**（objective-and-task method），企业根据想要通过促销达成的目标来确定促销预算。这个方法需要：①确定具体的促销目标；②决定达到这些目标所需要完成的任务；③估算完成这些任务的成本。这些成本的总和就是促销预算。

目标任务法能迫使管理层理清他们关于所花费用和促销效果之间的关系，但它也是最难应用的一种方法。通常，企业很难分辨哪些具体任务会达成哪些具体的目标。例如，假设微软希望在发布 Surface 平板电脑的前 3 个月内达到 75% 的市场知晓度，那么它应该采用哪些具体的广告信息和媒介来达到这个目标呢？这些信息与媒介的计划成本是多少呢？尽管这些问题很难回答，但微软的管理层却必须考虑。

制定广告预算是企业面临的最困难的决策之一。可口可乐每年在广告上花费数亿美元，但这"是只够一半还是多了一倍"呢？

Migstock/Alamy

无论采用何种方式，广告预算决策都不是一件容易的事。百货商店巨头约翰·沃纳梅克曾经说过："我知道我有一半的广告费是浪费掉了，但不知道是哪一半。我花了 200 万美元做广告，但却不知道这笔钱是只够一半还是多花了一倍。"例如，可口可乐每年在广告上花费数亿美元，这是太少了，或者刚刚好，还是太多了？

这种想法的结果就是，当经济不景气的时候广告预算通常是最先被缩减的，而减少品牌建设类广告的预算似乎对短期销售没什么影响。例如，在大萧条之后美国的广告花费较前一年就暴跌了 12%。但长期来看，缩减广告预算很可能会对企业的品牌形象和市场份额造成长期危害。事实上，在竞争对手缩减广告预算的时候，能够维持甚至增加其广告预算的企业将会获得竞争优势。

举个例子，在经济不景气、竞争对手紧缩预算时，奥迪却增加了其广告和营销投入。"在其他品牌都退缩的时候，奥迪仍然在加速前进，"奥迪的广告经理说，"整个行业都在脚踩刹车、缩减预算时，我们为什么要退缩呢？"结果，奥迪的品牌知晓度和购买者考虑可能性在萧条时期都达到了新高，甚至超过了宝马、梅赛德斯和雷克萨斯等品牌，并在后萧条时代获得了强势定位。在经济萧条之后，奥迪仍然是现在市场上最受欢迎的汽车品牌之一。[14]

12.4.3 制定广告策略

广告策略（advertising strategy）包括两个主要部分：确定广告创意和选择广告媒体。过去，企业普遍认为媒体选择的重要性要低于创意过程。创意部门会首先制作出好的广告，然后媒体部门选择并购买向目标消费者投放广告的最佳媒体。这种做法经常会造成创意策划和媒体策划之间的小矛盾。

随着媒体费用不断上升、营销策略更加聚焦以及网络、移动媒体和社交媒体不断涌现，媒体规划的重要性得到了极大的提高。现在，在广告活动中使用何种媒体（电视、报纸、杂志、视频、网站、社交媒体、移动设备或电子邮件）有时比活动创意更关键。而且，如今的品牌内容也通常是在企业与消费者互动或消费者与消费者的互动中产生的。这使得越来越多的企业更紧密地协调创意信息部门与传递信息的媒体之间的关系。正如本章之前所说的，企业的目标是通过广泛的媒体（付费、自有、免费以及共享媒体等）创造和管理品牌内容。

1. 确定广告创意和品牌内容

无论预算有多高，广告只有赢得关注并进行良好的传播，才会取得成功。在今天成本高、干扰多的广告环境下，好的广告创意非常重要。

如今，普通家庭可以收到 189 个电视频道，可以选择阅读 7 200 多本杂志[15]，还有无数的广播电台和连续不断的目录、直邮、户外媒体、电子邮件以及网络、移动和社交媒体曝光。总之，不管消费者是在家里、工作地点或是在路上，他们都在被广告和品牌内容轰炸。例如，美国人每年累计接触到 5.3 万亿次在线广告，每天接触 5 亿条推文、432 000 小时的 YouTube 视频、7 000 万张分享在 Instagram 上的照片、500 万篇 Pinterest 文章以及 47.5 亿条 Facebook 分享内容。[16]

（1）脱颖而出。如果说密集的广告打扰了某些消费者的生活，它同时也给广告主带来了大问题。以美国电视广播网的广告主为例，拍摄 30 秒广告的平均成本为 354 000 美元，而每次在黄金时段高收视率节目中插播这条 30 秒的广告还需要再支付 112 100 美元。如果插播广告的节目特别受欢迎，那么这个 30 秒广告的媒体价格会更高，比如《周日橄榄球之夜》的价格为 627 000 美元，《生活大爆炸》为 345 000 美元，而在大型赛事中（例如，"超级碗"大赛）播放 30 秒广告的价格则高达 450 万美元。企业的广告被夹杂在很多其他广告、促销信息以及其他类型的非节目内容之间，这些广告的时长总共可以高达 20 多分钟每小时，平均每 6 分钟就会有广告。电视和其他广告媒体存在如此之多的干扰，使得广告环境变得对广告主越来越不利。[17]

直到现在，电视观众仍旧是广告主的首选目标群体。但是在今天的数字时代，消费者拥有丰富的信息与娱乐工具可以选择。随着网络、视频流、社交媒体、移动媒体、平板电脑和智能手机等媒介的成长，今天的观众拥有诸多选择。数字技术同样为消费者提供了大量"秘密武器"，让他们可以选择看什么和不看什么。随着数字硬盘录像机（DVR）系统和数字流的发展，越来越多的消费者选择跳过广告。例如，76% 的美国家庭拥有 DVR，订阅 Netflix，或者观看电信服务提供商的视频点播。47% 的美国电视家庭拥有 DVR，2/3 的 DVR 用户都会选择使用该设备跳过广告。[18]

因此，广告主再也不能像以前一样，通过传统媒体强行将千篇一律的信息传递给消费者。简单地中断或打扰消费者的广告不再有效，广告主必须提供吸引人、有用且有趣的广告，否则许多消费者将会直接忽略或跳过它们。

（2）广告与娱乐的融合。为了从众多广告中脱颖而出，很多营销人员都开始运用一种叫作"麦迪逊 + 葡萄藤"（Madison & Vine）的广告与娱乐融合的新方式。你可能听说过麦迪逊大道，那是纽约的一条大街，很多美国的大型广告代理企业总部就坐落在那里。你可能也听说过 Hollywood & Vine，那是加州好莱坞的好莱坞大道和 Vine 大街的交汇处，长久以来一直是美国娱乐业的标志。现在，麦迪逊大道和 Hollywood & Vine 正在交汇，形成了"麦迪逊 + 葡萄藤"。它代表了广告与娱乐的融合，并开创了用更吸引人的信息接触消费者的新方向。[19]

广告与娱乐融合有两种形式：广告娱乐化和品牌整合。广告娱乐化的目的是将广告和品牌内容打造得非常有趣或非常有用，使人们都想要收看广告。你是不是觉得你不可能会主动想看广告呢？那你还是不够了解自己。例如，每年一度的超级碗大赛已经变成了广告娱乐化的展示平台。数千万的观众每年都会收看超级碗大赛，不只为了观看比赛，也为了那些有趣的广告。在这场赛事的前后，网上发布的广告和相关内容会获得数千万的浏览量。如今，你很有可能会先在 YouTube 上看到一则有趣的广告，然后才在电视上看到它。

广告商也在创造新的形式以使广告看起来不像广告，而更像是短片或是节目。Webisodes、博客、在线视频和社交媒体等一系列新的品牌信息发布平台正在模糊广告和其他内容之间的界限。例如，在联合利华一直以来非常成功的"Real Beauty"活动中，它旗下的多芬制作了一个叫作"多芬真美速写"的三分钟视频，视频讲述了女性是如何看待自己的，发人深省。这段视频比较了一位接受过 FBI 训练的素描艺术家根据女性的自我描述和陌生人对她们的描述绘制的图片。对比表明，根据陌生人的描述绘制成的图片总是更准确、更讨人喜欢，这在女性中引起了强烈反应。广告语用一句话总结："你比你想象的更美。"这段获奖视频从未在电视上播出，但短短两个月就吸引了超过 1.63 亿的 YouTube 浏览量，成为有史以来观看人数最多的视频。[20]

营销人员尝试了各种新颖的方法从众多广告中脱颖而出，吸引消费者的眼球。例如，美味的 Twinkies、Ho Hos、Ding Dongs 和奶油纸杯蛋糕的制造商 Hostess Brands，它最近分享了一条推文庆祝大联盟棒球赛季的开幕。这条推文包含了一张棒球装饰的纸杯蛋糕图片和醒目的标题 TOUCHDOWN。正如 Hostess Brands 所料，这条推文很快吸引了大量的关注，它的 Twitter 粉丝纷纷站出来指出这个错误。"这条'touchdown'是故意的，"Hostess Brands 的营销总监说，"这很有趣，针对的是那些爱开玩笑的年轻观众。"正如一位分析师所说，其他品牌也做了"类似看似愚蠢的尝试"。例如，彭尼百货曾发布过不一致的推文，并引起了广泛的关注，导致人们猜测是这家零售商的社交媒体管理人员喝醉了，还是其账户被黑了。然而，彭尼百货说，他们是有意在

Twitter 上宣传自家的冬季商品。²¹

品牌整合（brand integration），又称**品牌化娱乐**（branded entertainment），是指让品牌成为其他形式的娱乐或内容中不可分割的一部分。品牌整合最常见的形式就是植入性广告，即将品牌作为道具植入到其他节目中。植入性广告的形式多种多样，可以是在 MSNBC 播出的《早安乔》中的星巴克咖啡，也可以是《基本演绎法》或《绿箭侠》中微软的 Surface 平板电脑和 Bing 搜索引擎，还可以是《美国队长 2：冬日战士》里超级英雄骑的哈雷戴维森 Street 750 机车。

植入性广告也可能会被制作成电视剧中独立的一集。比如，《摩登家庭》中名为《失去的联系》一整集都在讲述克莱尔·邓菲的 MacBook Pro。这一集完全使用苹果的 MacBook Pro、iPhone 和 iPad 拍摄，并通过寻找失踪的女儿海莉这一主题，无缝植入了经常使用的 FaceTime、Messaging、Safari、iTunes、Reminders、iPhoto 和 iCloud 等苹果应用程序。其他的《摩登家庭》剧集还植入了奥利奥、丰田普锐斯等一系列产品。²²

品牌整合始于电视节目，现在已经迅速扩展到娱乐行业的其他环节。如果仔细观察，你就会在电影、视频游戏、漫画书、百老汇音乐剧甚至流行音乐中看到那些狡猾的植入性广告。例如，2014 年排名前 35 的电影中有 464 个可识别的品牌广告植入。²³ 受到高度赞扬的《乐高大电影》更像是标志性乐高建筑积木的 100 分钟产品植入。据一位作家说："观众很高兴地坐在电影推销场上……这个电影炫耀了乐高产品的多样性，同时也将这种多样性置于一个非常私人化的情境中。这部电影的大部分内容都是乐高积木作为创意工具的惊人展示，但私人化元素才是使这部产品植入电影变得完美的真正原因。"在电影上映后的 6 个月里，乐高集团的销售额提升了 11%。²⁴

品牌化娱乐：受到高度赞扬的《乐高大电影》更像是标志性乐高建筑积木的 100 分钟产品植入，一位作家将其称为"完美的产品植入"。

Pictorial Press Ltd/Alamy

品牌整合的一种相关形式是所谓的**原生广告**（native advertising），即看起来似乎是网络或社交媒体网站"原生"的广告或品牌相关内容。也就是说，广告等在线内容的形式和功能与网络媒体或社交媒体平台上的其他内容一样自然。它可能是《赫芬顿邮报》、*BuzzFeed*、*Mashable*、《纽约时报》或者《华尔街日报》等网站上的文章，这些文章其实都是由广告商付费、撰写并投放的，使用与编辑部人员相同的写作风格；或者，它也可能是品牌准备好的视频、图片、帖子或页面，这些内容与媒体上原生内容的形式和风格都很相似，可以很好地融合到 Facebook、YouTube、Instagram、Pinterest 或 Twitter 等社交媒体上。例如，Twitter 的推文、Facebook 的推广故事、BuzzFeed 的赞助帖子、Snapchat 的"品牌故事"广告以及在应用程序里的"故事"中出现的品牌帖子等。原生广告是一种日益流行的广告形式，它使广告商在品牌和消费者之间建立紧密的联系。根据美国国家广告协会最近的一项研究："在当今的媒体环境下，消费者比以往任何时候都更能避开广告，广告商们正在寻找新的方式使消费者关注广告信息并采取购买行动。"²⁵

因此，"麦迪逊 + 葡萄藤"已经成为广告、品牌内容和娱乐的交汇点，其目标是使品牌信息成为更广泛的消费者生活和对话的一部分，而不是侵扰或打断它。正如广告代理商智威汤逊所说，"我们认为广告不应该干扰人们感兴趣的东西，而应该成为人们感兴趣的内容"。但是，广告主要注意的是，不能让这个新的交汇点变得拥挤。"麦迪逊 + 葡萄藤"的目的是打破广告轰炸现象，但大量的新广告形式和植入性广告的出现可能会使本来想要消除的混乱局面更加混乱。如果这种情况真的发生了，那么消费者可能会绕道而行。

（3）信息和内容战略。创造有效广告内容的第一步是决定要向消费者传播的信息，即制定**信息策略**（message strategy）。广告的目的是让消费者以某种方式参与或响应产品或企业，而人们仅仅响应那些对他们有益的事物。因此，制定有效的信息策略首先要识别出可以成为广告诉求的顾客利益。最理想的情况是，信息策略直接服务于企业的定位和顾客价值创造战略。

信息策略应该清楚、直接地概述广告主想要强调的利益和定位。下一步则需要广告人员想出一个令人信服的**创意概念**（creative concept），即"高见"，把广告信息以差异化和可记忆的方式展示出来。在这一步，简单的信息创意会变成很好的广告活动。通常广告文案人员和艺术指导会合作提出很多创意，希望其中之一能够成为"高见",这些创意可能是一个形象、广告语或者两者的结合。

创意将指导广告活动使用的具体诉求点。广告诉求点应该具有三个特征:第一,诉求应该是有意义的,指出能使产品更吸引人、更有趣的利益点;第二,诉求应该是可信的,消费者必须相信产品或服务能够传递企业所承诺的利益点;第三,最有意义和最可信的利益也可能并不是最好的广告诉求,诉求点还必须做到差异化,要告诉消费者这个品牌为什么比竞争品牌好。例如,冰箱最大的好处就是它能低温保存食物。但是,通用电气为了把它的 Café 冰箱与其他冰箱区分开来,它在 Café 冰箱中内置了一个带有过滤功能的热水饮水机和一个 Keurig K-Cup 胶囊咖啡系统,用于在冰箱里制作咖啡、茶和其他饮料。它是在酝酿"冰箱的下一项重大变革"。同样,手表最有意义的利益是知道准确的时间,然而很少有手表广告强调这一利益。基于所提供的差异化利益,手表的广告主可能会选择众多广告主题中的一种。比如,多年来 Timex 一直强调其低价、坚固耐用的定位,正如其广告词"不管如何对待它,Timex 照走不误";而劳力士的广告则强调该品牌"追求完美",以及"劳力士一个多世纪以来一直是性能和威望的卓越象征"。

(4) 信息执行。广告人需要把创意转变为实际行动,抓住目标市场的注意力和兴趣。创意团队必须找到最好的方式、风格、语气、词语和形式去执行该信息。广告信息可以通过不同的**执行风格**(execution style)呈现,例如以下几种。

- 生活片段:这种风格描绘一个或多个"典型"人物在日常生活中使用产品的情境。例如,Silk 豆奶的"起床即光彩照人"系列广告,就展现了一位年轻白领在吃完健康早餐后信心满满地开始新一天的生活。
- 生活方式:这种风格强调产品如何适应人们的生活方式。例如,在 Athleta 的运动服广告中,有一位女士在做复杂的瑜伽动作,广告语是"如果身体就是你的殿堂,那么请你一点一点来建设它"。
- 美妙幻想:这种风格围绕产品及其用途创造一种美妙的幻想。例如,卡尔文·克莱恩的"驶向幻想"广告中,一位女性在日落时穿着卡尔文·克莱恩的睡衣,幸福地漂浮在充满海浪的海滩上。
- 心境或形象:这种风格借助产品或服务营造某种心境或形象,如美丽、爱情、好奇、宁静或自豪等。广告只会给出建议,很少直接推销产品或服务。例如,Dodge Ram 皮卡车在超级碗 XLVII 上的感人广告——"致美国所有的农民",它为电台广播传奇保罗·哈维"上帝创造了农民"的演讲增添了辛酸的画面,成为当年美国当代广告评级排行榜的第二名。广告中除了几个简短的画面和一张特写以外,长达两分钟的广告并没有直接提到 Dodge Ram 皮卡车,但它却将品牌与强烈的情感和基本的美国价值观联系在了一起。
- 音乐片:这种风格的特点是由真人或卡通人物演唱关于产品的歌曲。例如,M&M 的"Love Ballad"广告,它是"Better with M"活动的一部分,在这个广告中,Red 唱着 Meat Loaf 的"为了爱,我愿意做任何事",向女演员娜娅·里维拉示爱。然而,当里维拉忍不住让 Red 加入她最爱的食物(包括曲奇、蛋糕和冰激凌)时,Red 却有些迟疑。对此,它的回应是另一句歌词"但我不会那么做……"。
- 个性标志:这种风格会创造一个代表产品的人物。它可以是动画人物(如 Mr. Clean、GEICO 的壁虎或者米其林的橡胶人),也可以是真实人物(如前进保险的代言人弗洛、Allstate 的 Mayhem、麦当劳叔叔)。
- 专业技术:这种风格展示企业在制造产品方面的专业技术。例如,波士顿啤酒企业的吉姆·科克讲述了他在酿造亚当斯啤酒上多年的经验。
- 科学证据:这种风格陈述能够证明该品牌比其他品牌更好或更受欢迎的调查或科学证据。近年来,佳洁士牙膏一直用科学证据来说服购买者,让他们相信佳洁士在防蛀牙上比其他品牌更好。
- 作证或代言:这种风格使用很有威信或很受欢迎的人代言产品。代言形式可以是普通人讲述他们多么喜欢某种产品,例如,全食食品在"Value Matter"的营销活动中就展示了它的普通顾客。代言也可以是名人代言,比如碧昂斯或索菲娅·维加拉为轻怡百事可乐代言。

广告主还应为广告选择一种基调。宝洁通常采用肯定的基调,它总是在广告中宣传其产品非常正面的信息。也有很多企业采取冷幽默的形式从各种广告中脱颖而出,Bud Light 的广告就是以此出名的。

广告主应在广告中使用易记忆和引人注意的词语。例如,LensCrafters 在广告中并没有强调它的太阳镜既可以保护你的眼睛又造型美观,而是宣称"没有防晒霜能这么好看"。同样,Method 不是简单地宣称其衣物洗涤剂是"超效的",而是询问顾客"你还在用罐装洗涤剂吗",那么解决方案是:"我们的专利配方是超强浓缩型,一个小瓶子就能装下洗 50 桶衣物的使用量……在我们的帮助下,你不需要很多大瓶子也可以洗干净衣服。"

最后,形式如成本一样对广告有很大影响。广告设计中一个很小的改进可能会大大提高广告的吸引力。在印刷品广告中,插图是观众首先注意到的东西,所以它必须有足够强的吸引力。其次,标题必须能有效地吸引目标顾客阅读广告文字。再次,文案(广告中的主要文字)要简单、强烈且说服力强。最后,这三个方面要进行有效的协调,以吸引顾客并有说服力地呈现顾客价值。新奇的形式可以帮助广告脱颖而出。例如,在一则醒目的大众汽车广告中,插画在吸引人们关注其精准停车辅助功能上发挥了主要作用。一只满身是刺的豪猪"停在"了装有金鱼和水的塑料袋之间。小字标题只写着"精准停车。来自大众汽车的停车助手"。这就足够了!

新奇的形式可以帮助广告脱颖而出。在这则大众汽车的广告中,图片主要用于说明大众汽车的停车助手功能。

Used with permission of Volkswagen Aktiengesellschaft. Creative studio - The Operators

(5)用户生成内容。很多企业正在利用今天的数字和社交媒体让消费者为其提供营销内容、信息创意、广告和视频等。这种做法有时效果非常好,有时又没什么效果。如果做得好,用户生成的内容可以将消费者的看法融入品牌信息中,提升顾客参与度。

最知名的消费者创作内容活动当数百事企业多力多滋品牌每年举办的"超级碗挑战赛"。多力多滋邀请消费者制作 30 秒的视频广告,获胜者将获得巨额的现金奖励,并且其广告将会在超级碗期间播放。另外,汽车制造商、快餐连锁店、服装品牌和宠物食品市场等各行各业的品牌都在邀请消费者创作营销内容。

例如,雪佛兰 2014 年举办了一次奥斯卡视频竞赛,评选出了关于雪佛兰科鲁兹车型的 72 条富有想象力的广告视频。获奖视频是一个轻松愉快的一分钟广告,叫作"速度追逐者",仅用了 4 000 美元在开放场地中拍摄而成。同样,普瑞纳在其 YouTube 主页上举办了一场视频大赛,邀请养狗人士展示"你的狗狗有多棒?",普瑞纳用这些人提交的 500 多个视频制作了一个 60 秒的商业广告,名为"我有多厉害",并在英国威斯敏斯特养犬俱乐部的狗狗秀节目中播放。为了提高数字媒体和社交媒体的参与度,塔可钟邀请 YouTube 明星和意见领袖为其新的辣味多力多滋炸玉米饼制作了视频内容。塔可钟最终选择了 65 个视频广告,投放到 Twitter 和社交媒体上,并在随后的付费网络广告中使用了一个巧妙的视频,介绍"3D 多力多滋玉米饼打印机"。[26]

消费者创作内容使其成为品牌对话的组成部分。瑜伽服装企业 Lululemon 推出了"TheSweatLife"活动,它邀请顾客在 Twitter 或 Instagram 上发布自己的照片,展示他们穿着 Lululemon 服装"汗如雨下"的样子。"你的汗水是我们的灵感。"该品牌在其网站上说。短短几个月内,该品牌就收到了 7 000 多张照片,并在"TheSweatLife"网络画廊上展出这些照片,吸引了 4 万多名独立访客。用户创作内容活动为 Lululemon 新增了大量的顾客参与,Lululemon 的品牌经理表示:"我们举办这个活动是为了与我们的顾客沟通,展示他们是如何穿着我们的产品流汗的。我们认为,这是将他们的线下体验带入我们的网络社区的一种独特方式。"[27]

然而,并非所有的消费者创作内容活动都如此成功。正如许多大企业知道的,业余爱好者制作的广告可能……很不专业。如果做得好,消费者创作内容活动就能产生新的创意,并从实际使用产品的消费者身上获得新的视角。这样的活动可以促进消费者参与,让消费者谈论和思考品牌带来的价值。

2. 选择广告媒体

选择**广告媒体**(advertising media)的主要步骤为:①决定触及面、频率、影响力和参与度;②选择主要的媒体类型;③选择具体的媒介载体;④决定媒体时间安排。

(1)决定触及面、频率、影响力和参与度。在选择媒体时,广告主必须决定实现广告目标所需的触及面和频率。触及面指广告活动在一定时期内能够触及目标人群的比例。例如,广告主可能会要求在广告活动的前 3 个月内触及 70% 的目标人群。频率指目标市场平均每人在一定时期内看到广告信息的次数,例如,广告主可能希望人均广告曝光达到 3 次。

但是，广告主通常并不仅仅满足于触及一定数量的消费者或让他们每天看到几次广告，还必须决定想要实现的媒体影响力，即通过某个媒体传播信息所带来的质量价值。例如，同样的信息发布在某个杂志上（如《时代周刊》）可能比发布在另一杂志上（如《国家询问者》）可信度更高。而对于需要演示的产品，电视广告或在线视频广告就可能比广播广告的影响力更大，因为前者有图像、动作和声音。对于消费者参与了设计或功能设置的产品，使用交互式网站或社交媒体发布广告可能会比用直邮更好。

一般来说，广告主希望选择吸引消费者的媒体，而不是仅仅触及消费者。在任何媒介上，广告内容对目标受众的吸引力通常比广告接触到的人数更重要。例如，在2014年的纽约国际车展上，马自达想要提前宣布其标志性的25周年纪念版马自达MX-5 Miata，限量销售100辆，但它并没有使用高成本、高影响力的媒体。相反，它在Facebook、Twitter和Google+上针对粉丝发布了大量关于MX-5 Miata的帖子，直接将他们吸引到一个微型网站，在那里他们可以预订这款运动型轿车。对于马自达来说，在合适的媒体上吸引合适的受众的做法非常成功。这个微型网站一个月后开始销售，引起了热烈反响，这款限量版的Miata车型在短短10分钟内就被抢购一空。[28]

尽管尼尔森企业已经开始进行关于电视、广播、社交媒体等媒体的参与度评测，但大部分情况下相关评测指标还很少。现有的媒体评测指标主要包括收视率、读者数、听众数、点击率。但是，真正的参与度是发生在顾客中的，衡量有多少人接触过电视广告、视频或社交媒体已经很难了，更不用说衡量这些内容受众的参与度了。不过，营销人员仍然需要了解，作为更广泛的品牌关系的一部分，顾客是如何与广告和品牌理念联系在一起的。

被吸引的消费者更有可能对品牌信息采取行动，甚至与他人分享。因此，除了追踪消费者对媒体投放的印象——有多少人看到、听到或读过广告，可口可乐现在还追踪消费者表达的内容，比如评论、点赞、上传照片或视频以及在社交网络上分享品牌内容等。如今，强大的消费者所产生的品牌相关信息通常比企业产生的还多。

例如，可口可乐估计，在YouTube上每年被观看数亿次的可口可乐相关内容，其中只有18%是由可口可乐创造的，而剩下的82%是由消费者创造的。因此，可口可乐的许多营销活动都旨在激发消费者产生与品牌相关的内容，而不只是关注品牌曝光量。例如，该品牌的"Ahh效应"活动号召青少年在喝可乐的同时，到www.AHH.com网站和社交媒体上使用#ThisisAHH来分享他们的"Ahh时刻"。然后，可口可乐将用户在这个活动中产生的个人表达引入到广告中，并在面向年轻人的电视频道上播放。[29]

（2）选择主要的媒体类型。表12-2描述了主要的媒体类型，其中包括电视，数字、移动和社交媒体，报纸，直邮，杂志，广播和户外广告。每种媒体都有其优势和局限性。媒体规划者需要选择能将广告信息切实高效地传递给目标消费者的媒体组合。因此，他们需要考虑每种媒体的影响力、信息有效性和成本。

表12-2 主要的媒体类型

媒体	优点	局限性
电视	很高的市场覆盖面，平均展露成本低，综合了图像、声音和动作，富有感染力	绝对成本高，干扰多，瞬间即逝，难以选择受众
数字、移动和社交媒体	受众选择性强，成本低，即时性、互动性好	影响力相对较低，受众对内容和展露的控制力强
报纸	灵活、及时，本地市场的覆盖面大，被广泛接受，可信度高	保存性差、重现性差，观众相互传阅性差
直邮	受众选择性强，灵活，在同一媒体内没有广告竞争，可个性化定制	平均展露成本相对较高，易造成"垃圾邮件"印象
杂志	在地理、人口统计特征上的选择性强，可信度和声誉高，重现质量好，保存期长且可传阅	广告购买前置时间长，成本高，版面无保证
广播	本地接受程度高，在地理和人口统计特征上的选择性强，成本低	只有声音，转瞬即逝，注意力低，听众零散
户外广告	灵活，重复展露率高，成本低，信息竞争少，位置上的选择性高	难以选择观众，创新受到局限

正如本章之前所讨论的，传统的大众媒体在今天的媒体组合中仍然占据主导地位。然而，随着大众媒体成本的上升和观众的减少，许多企业现在正在更多地使用数字媒体、移动媒体和社交媒体，这些媒体成本更低、

目标更精准，更能全面吸引消费者。今天的营销人员想要将付费、自有、免费和共享媒体整合在一起，为目标消费者创造并提供有吸引力的品牌内容。

除了在线、移动和社交媒体的爆炸式增长之外，有线电视和卫星电视系统也在蓬勃发展。这些系统可以通过特定的节目形式接触有选择的观众群体，包括体育、新闻、营养、艺术、家装和园艺、烹饪、旅行、历史、金融以及其他节目等。康卡斯特和其他有线电视运营商甚至还在测试一些系统，使其得以把特定类型的广告投放到特定社区的电视上，或者针对特定类型的顾客单独投放广告。例如，西班牙语频道的广告只会在拉美裔社区播放，只有宠物主人才会看到宠物食品企业投放的广告等。

最后，广告商在试图找出成本更低、针对性更强的接触消费者的方法时，发现了很多"替代性的媒体"组合。现在，无论你去哪里、无论你做什么，你都可能会看到一些新的广告形式。

购物推车上的小广告牌督促你去买帮宝适，商店的收银台上滚动的广告在向你推荐当地的雪佛兰经销商。走到外面，你就会看到一辆城市垃圾车，上面有一则写着"Glad垃圾袋"的广告，或者是一辆学校巴士上的"小凯撒的比萨"广告。附近的消防栓上装饰着肯德基"热辣"鸡翅的广告。你逃到棒球场，却发现广告牌大小的视频屏幕上播放着百威的广告，带有电子留言板的软式飞艇正缓慢地在头上盘旋。隆冬时节，你在城市公交车候车亭里等着，而候车亭被装饰得像一个散发热气的烤箱，正在卖力推销Caribou咖啡畅销的早餐三明治。

如今，你在任何地方都能发现广告。出租车配备了与GPS定位传感器绑定的电子信息牌，无论在哪里都能定位当地的商店和餐馆。停车场门票、航空登机牌、地铁转盘、高速公路收费站、自动取款机、市政垃圾桶甚至警车、医生检查表和教堂公告都在出售广告位。一家企业甚至出售厕纸上的广告位，该企业免费向餐馆、体育场馆和商场提供厕纸，而厕纸上则刊登了广告顾客的标识、优惠券和二维码等信息，你可以用智能手机扫描下载数字优惠券或链接到广告商的社交媒体页面。受众们被迫接受这些信息。

这样的替代性媒体可能看上去不那么自然，有时甚至会惹怒消费者。但是对很多营销人员来说，这些媒体不仅可以节省开支，而且可以提供一种新方式使营销人员能在目标消费者居住、购物、工作和娱乐的地方触及他们。

另一个影响媒体选择的趋势则是多媒体关注者（同时关注多个媒体的人）数量的激增。例如，你经常会看到有人一边看电视，一边通过智能手机上的Twitter、Snapchatting等软件和朋友聊天，另一边在Google上搜索产品信息。最近的一项调查显示，人们使用电视和数码设备的时间占所有屏幕时间的35%。尽管其中有些与看电视有关——查找相关电视节目信息等，但多数所涉及的任务与所观看的节目或广告无关。营销人员在选择他们将要使用的媒体类型时，需要考虑到这种媒体互动。[30]

（3）选择具体的媒介载体。媒体规划人员还要选择最佳的媒介载体，即每一大类媒体中的具体媒介。例如，电视媒介载体包括《摩登家庭》和ABC电视台的《晚间世界新闻》；杂志媒介载体包括《时代周刊》《返璞归真》和《ESPN杂志》；在线和移动媒体包括Twitter、Facebook、Pinterest和YouTube等。

媒体规划人员必须计算一种媒介载体每触及1 000人的成本。例如，如果在美国版的《福布斯》上刊登一整页的彩色广告需要148 220美元，而其读者估计有90万人，则广告触及每千人的平均成本约为164美元。在美国东北地区的《彭博商业周刊》刊登同样的广告可能只需要48 100美元，但是它的读者只有15.5万人，则广告触及每千人的平均成本为310美元。[31]媒体规划人员根据每千人成本的高低对各种杂志进行排序，从中选择每千人成本更低的杂志。在这个例子中，如果营销人员的目标顾客是东北地区的商业管理者，那么《彭博商业周刊》就可能是最合适的媒体，即使它的每千人成本更高一些。

媒体规划人员还必须考虑为不同媒体制造广告的成本。为报纸制造广告的成本可能很低，而酷炫的电视广告的制作成本可能很高。大多数网络和社交媒体广告的制造成本比较低，但制作网络视频和广告系列时，成本就会大大上升。

在选择具体的媒介载体时，媒体规划人员必须平衡媒体成本和媒体影响力之间的关系。首先，要评估媒介载体的受众质量。例如，对于好奇纸尿裤广告来说，《父母世界》杂志的展露价值很高，而男性生活风尚杂志*Maxim*的展露价值很低。其次，应该考虑受众的参与度，例如，*Vogue*的读者通常会比《时代周刊》的读者更关注广告。最后，还需评估媒介载体的编辑质量。《时代周刊》《华尔街日报》就比《星报》和《国家询问报》可信度更高，而且更有声望。

（4）决定媒体时间。广告商必须决定如何在全年不同时间安排广告。如果某种产品在12月是旺季，而在

3月是淡季（如冬季运动装备），那么企业可以根据季节来为广告排期，也可以反季节安排广告，或者在全年无差异地安排广告。大多数企业采用季节性广告策略，例如，玛氏企业会针对几乎所有的节假日和"季节"（复活节、美国国庆节、万圣节、超级碗赛季以及奥斯卡季等）开展特殊的M&M广告。减肥产品和服务的营销人员尤其注重每年的1月，专门定位于那些在节假日难以控制食欲的目标消费者。例如，Weight Watchers 超过1/4的广告预算都花在了1月。而有一些营销人员则只做季节性的广告，例如宝洁只在感冒和流感季节为它的Vicks-NyQuil 做广告。[32]

当今的网络媒体和社交媒体使得广告商能创造可以对事件做出即时响应的广告。例如，雷克萨斯通过Facebook新闻订阅的直播流媒体引入了一款在北美国际车展发布的新车型，仅在前10分钟就有约10万人在线观看了该直播，在接下来的几天内，又有60万人在线观看了这一发布会。在超级碗XLVII中，奥利奥对断电做出即时反应，发布了"在黑暗中你仍然可以泡着吃"的Twitter广告，这个快速响应的广告在短短15分钟内就被转发、点赞了数千次。同样，在2014年的格莱美颁奖典礼期间，法瑞尔·威廉姆斯的薇薇恩·韦斯特伍德帽子看起来有点像Arby品牌标志中的帽子，Arby对此实时发布了一条推文进行回应，并引起了轰动。"Hey @Pharrell，你能把帽子还给我们吗？"这条推文获得超过7.5万次的转发和4万多个赞。[33]

12.4.4 评价广告效果及广告投资回报率

衡量广告效果和**广告投资回报率**（return on advertising investment）成了很多企业热议的话题。越来越多的企业高层管理人员向营销经理发问："我们要怎么知道在广告上花多少钱才合适？"，以及"从广告投入中，我们获得了多少回报？"

广告商应该定期评估广告的两类效果：传播效果和销售盈利效果。传播效果的衡量可以反映广告或媒体有没有很好地传播广告信息。在投放每个广告之前或之后都可以进行测试。在广告投放之前，广告商可以向消费者展示广告，询问他们对该广告的喜爱程度，衡量由此所引起的信息记忆程度或态度改变。在广告投放之后，广告商可以衡量广告如何影响了消费者的记忆或产品知晓度、参与度、知识和偏好。投放前后的评价也可以用于衡量总体广告活动的传播效果。

广告商可以很容易地衡量广告的传播效果，但销售盈利效果的衡量通常要难得多。比如，如果某个广告活动使品牌的知晓度提高了20%，品牌的偏好度增加了10%，那么它将会为企业带来多少销售额和利润呢？除了广告之外，销售额和利润还受到很多其他因素的影响，比如产品特色、价格和可获得性。

一种衡量广告销售盈利效果的方式是把之前的销售额和利润与之前的广告费用相比较。另一种方式是实验法。例如，为了衡量不同广告投入水平的效果，可口可乐在不同的市场上采取不同的广告投入水平，然后衡量由此导致的销售额和利润的差异。企业也可以设计更复杂的、包括其他变量的实验，如广告和媒体的差异。

但是，由于影响广告效果的因素很多，有些可控，有些不可控，广告支出的效果仍然不能被精确衡量。例如，每年都有几十个广告主投入大量资金到著名的超级碗广告中。尽管它们觉得这些投资是值得的，但很少有人能真正证明这一点（见营销实践12-2）。管理者在评价广告效果时还是主要依靠个人判断，同时结合定量分析。

营销实践 12-2

超级碗：所有广告事件的起源，但是它值这个价钱吗

超级碗是所有广告活动的起源。每年都有数十家大型广告商在超级碗大赛中向世界各地的观众展示它们最好的作品。但这并不便宜，2014年，广告商平均为30秒的广告付出了450万美元，高达15万美元/秒！再加上广告的制作成本，每个广告都需要花费数百万美元，因此，在超级碗上播放一支广告的成本非常高。

因此，每年都会引起很大的争议：超级碗广告值得花这么多钱吗？像安海斯–布希、多力多滋、可口可乐和通用汽车等这些超级碗的忠实拥护者一定认为这是一项不错的投资，因为它们每年都投放超级碗广告。但除了在超级碗上投资的大品牌之

外，还有很多其他品牌认为这项投资并不值得。

反对人士提出了一些很好的论点。超级碗广告贵得离谱，而且除了成本之外，超级碗比赛期间对消费者注意力的争夺非常激烈。每一则广告都让营销团队付出了最大的努力，试图设计出一个令人惊叹的佳作。许多广告商认为，如果不选择竞争如此激烈的场合做广告，它们的广告费用可以花得更值。在超级碗上播放一支广告的成本可以购买40多个常规的黄金时段的电视广告、640万的搜索广告点击量、5 000万的Facebook浏览量、整整一周的Snapchat广告或者35亿的互联网展示广告。

尽管如此，超级碗对广告商来说还是有很多作用的。它拥有数量众多且乐于接受广告的观众，超级碗XLIV吸引了近1.15亿美国观众，是史上收视率最高的电视节目。更重要的是，在一场典型的超级碗比赛中，其广告吸引的观众人数甚至超过了比赛本身。根据一项调查，一则超级碗广告的投资回报率相当于250个普通的电视广告。

也许更重要的是，现在越来越多的超级碗广告本身就是更重大的事件的焦点。在比赛开始很早之前和结束很久之后，消费者、广告批评家、媒体专家和广告商一直在预览、评论、分享、评价和重播广告。曾经只是简单地作为事后人们的闲聊，现在已经成为长达8～12周的工作了。

在这个数字、媒体和社交媒体时代，大多数赞助商并不是到比赛期间才晓得它们的广告，而是提前数周就在网络和社会媒体上大量投放预告片甚至是完整的广告。在超级碗XLIX开始前的一段时间，百威啤酒、多力多滋、宝马、Morphie、士力架、多芬男士护理等品牌发布的广告就已经获得了数以亿计的网络浏览量。事实上，在比赛开始前，关于超级碗XLIX广告和预告片的专题活动就在YouTube上产生了400万小时的观看。这些预告片非但没有影响广告正片，反而提升了它们在比赛期间的传播效果。根据一项研究，被分享最多的60%的超级碗广告都是在比赛开始前就播出了，比赛前上传到YouTube的广告比当日发布的广告的浏览量平均多3.4倍。

以安海斯-布希在超级XLIX的赛前活动为例。在比赛开始的4天前，该企业在YouTube上发布了百威啤酒"丢失的狗"的广告，这个广告讲述了一只丢失的金毛在千钧一发之际被克莱德斯达夫妇救出的感人故事。在比赛之前，"丢失的狗"就已经获得了4 180万的YouTube点击量，比上一年的"狗狗的爱"还多了1 000万点击量。在预告片的帮助下，这支可爱的广告在超级碗比赛广告评分的各方面都遥遥领先。

如今，超级碗的广告商也在努力制作能吸引消费者在比赛过程中积极互动的广告。在2015年的超级碗广告中，有一半的广告引入了标签，很多广告都特意提到了Facebook、Twitter、YouTube和其他社交媒体。所有这些数字媒体使得超级碗XLIX成为有史以来最社交化的超级碗赛事。观看者在活动期间分享了2 800多万条与比赛相关的Tweet；6 500万的Facebook用户产生了2.65亿的行为，其中大部分与广告有关；得分最高的百威广告"丢失的狗"被分享了200多万次，并在比赛中产生了近20万条推文；在社交媒体上，Skittles、Nationwide、多力多滋和麦当劳都排在被谈论最多的广告的前五名。

最后，对大多数超级碗广告商来说，在比赛结束很久之后，营销内容仍在起作用。关于超级碗广告的事后讨论已经持续了几十年，数字媒体、移动媒体和社交媒体的发展更是大幅提升了比赛后的轰动效应。在比赛结束之后的数天甚至数周内，网络社交渠道仍然充斥着广告的浏览、评论、点赞、分享和评论等。让品牌成为在线交流和分享的一部分，这使得超级碗广告的投资回报率得到了大大提升。

百事企业的多力多滋品牌每年都要提前4个月开始"冲击超级碗"活动。多力多滋邀请消费者提交30秒的广告，在比赛中播放粉丝投票选出的最佳广告，这场广告比赛吸引了大量消费者为期几个月的参与。现在已经是第12年了，"冲击超级碗"在《今日美国》的广告排行榜上创造了无数的顶级选手。2014年的比赛吸引了来自29个国家的4 900人参赛。获奖的是一则叫作"中间座位"的巧妙广告，在这则广告中，一位男士在飞机上试图用一袋多力多滋吸引一位漂亮女士坐到他旁边，结果却发现她有一个非常淘气的孩子。这则广告在广告评级排名中位列第五，为它的创作者赢得了100万美元奖金以及在环球影业的"理想工作"。像这个广告一样，另一则预告广告"当猪飞起来时"也创造了比超级碗比赛当天播出的广告还要大的轰动效应，在这个广告中，一个农场小孩为了获得一袋多力多滋，把火箭绑在一只猪身上，把不可能变成了可能。

再回到最初的问题：超级碗广告真的值得这么大的投入吗？超级碗当然不是对每个品牌都适用。但对于适合且能做好的优秀品牌来说，其答案是响亮的"是"。它不仅仅是在大型比赛中播放一两支广告，还关乎在比赛前、比赛中、比赛后数以亿计的观看、传播、分享、评论和关于广告和品牌的讨论。一位营销高管表示，对于超级碗，"我们采用的是一种完全不同的做法，不再是30秒的事儿，而是长达一个月的非常有意义的计划"。另一位超级碗的常客说："不只播放广告本身带来了巨大的价值，如果你注意到了近年来社交媒体价值和数字价值的爆炸式增长，其投资回报也是巨大的。"

资料来源：Julia Boorstin, "Who Won the Social Super Bowl," *CNBC*, February 2, 2015, ww.cnbc.com/id/102389530; Drew Beechler, "Super Bowl XLIX Social Media Trends and Analysis #Infographic," *Salesforce.com*, February 2, 2015, www.salesforce.com/blog/2015/02/super-bowl-xlix-social-mediatrends-and-analysis.html; Stuart Elliott, "Super Bowl Ads Get Their Own Pregame Show," *New York Times*, January 17, 2014; "Pepsi Alters Super Bowl Strategy, Takes Masterbrand Approach," *Advertising Age*, January 24, 2014, http://adage.com/print/291271; "How Marketers Can Bring Their A-Game to the Super Bowl," *Advertising Age*, November 4, 2013, http://adage.com/print/291177; John McDermott, "What the Cost of a Super Bowl Ad Can Buy Online," *Digiday*, January 30, 2015, http://digiday.com/platforms/cost-superbowl-ad-can-buy-online/; and Jeanine Poggi, "Is the Super Bowl Worth the Price?" *Advertising Age*, February 9, 2015, p. 8.

12.4.5 关于广告的其他考虑因素

在制定广告策略和方案时，企业必须解决另外两个问题：第一，企业如何组织和管理其广告职能，由谁来履行哪一部分的广告任务？第二，企业将如何根据国际市场的复杂性来调整其广告策略和方案？

1. 广告的组织安排

不同企业在广告的组织安排上有不同的方式。在小企业中，广告可能由销售部门的人员来负责，而大企业则设有广告部门，专门负责制定广告预算、与广告代理商协调工作以及处理其他一些广告代理商不负责的事情。不过，大多数大企业都会聘请外部的广告代理商，因为它们更有优势。

广告代理（advertising agency）是如何运作的？广告代理起源于19世纪中后期，最初是由那些为媒体工作、从向企业销售广告位中收取佣金的销售人员或经纪人组成的。随着时间的推移，销售人员也开始帮助顾客制作广告。最终，他们成为代理商，与广告主的联系比媒体更紧密。

如今的代理商雇用的都是专业人士，他们比企业员工能更好地开展与广告和品牌内容相关的工作。代理商能从不同的角度看待和解决企业的问题，还能带来很多不同行业和环境的经验。因此，即使内部有很强的广告部门，企业也会聘请广告代理商。

一些广告代理企业非常庞大。美国最大的广告代理企业扬罗必凯每年在美国的营业总收入超过16.9亿美元。最近几年，很多代理商通过兼并其他代理商发展起来，创造了巨大的代理企业。最大的代理商WPP集团包括几个大的广告、公关、数字和促销代理企业，在全球范围内的总收入高达170亿美元。[34]

大多数大型广告代理商拥有足够的人员和资源来负责管理顾客广告活动的所有阶段，从创建营销计划到制作广告和相关内容，以及准备、投放及评估广告等。大品牌通常会同时雇用多个代理机构，帮助其处理所有与广告相关的事宜，从大众媒体广告活动、购物者营销到社交媒体内容等。

2. 国际广告决策

相对于国内广告顾客而言，国际广告顾客面临着更加复杂的环境。最基本的问题在于国际广告应该如何调整，以适应不同国家市场的独有特征。

一些广告顾客试图用高度标准化的广告来支持其全球品牌，在曼谷的广告和在巴尔的摩的广告一样。例如，在全球100多个市场中，麦当劳使用统一的创意元素和品牌呈现其"我就喜欢它"的主题。Visa采用"你想去的任何地方"创意主题，为其借记卡和信用卡业务协调分配5亿美元的广告预算，这个创意在韩国市场取得了与在美国、巴西等国家同样的效果。[35]在美国、英国、墨西哥、澳大利亚以及俄罗斯等80个不同的国家，士力架都投放了类似的"当你饿了,你不是你"的广告。无论在哪个国家,这些广告都传达了一种大家在饥饿时都体验过的情感——变得不舒服并会做一些奇怪的事情。而士力架可以帮助他们变回真正的自己。另外,士力架也会根据当地市场进行调整,以适应当地的语言和特点。在其他方面,它的广告在全球都是相似的。[36]

近年来,网络营销和社交媒体的发展使得国际品牌越来越多地采用标准化广告。许多大型的营销和广告活动都采用了广泛的在线宣传。有了网络和社交媒体,消费者之间的联系可以轻松地跨越国界,这让广告主难以有序地调整营销活动以适应当地情况。因此,目前绝大多数全球消费者品牌都在全球范围内统一了它们的网站。例如,澳大利亚、阿根廷、法国、罗马尼亚和俄罗斯等世界各地的可口可乐网站都出奇地统一,都是大家所熟悉的焦炭红色、标志性的可乐瓶形状、可口可乐的音乐和"畅爽开怀"的主题。

标准化有很多好处,如较低的广告成本、较高的全球广告协调性以及一致的全球品牌形象。但它也有缺陷,最重要的是,它忽略了不同国家的市场在文化、人口统计特征、经济状况上的巨大差异。因此,国际化广告顾客应该"全球化思维,本地化行动"。它们需要制定让其在全球范围内的营销工作更加有效和协调的全球广告策略。然后,它们需要调整广告方案,使之在本地市场上能更好地满足消费者的需求和期望。例如,尽管Visa在全球范围内使用"你想去的任何地方"的主题,但在特定地区的广告也会使用当地的语言,激发当地消费者的想象,使主题更加吸引当地市场的消费者。

全球性广告主还面临几个特殊的问题。例如,广告媒体的成本和可获得性在不同国家的差异非常大,不同国家在广告管制政策上的差异也很大。很多国家有详尽的法律体系来限制企业在广告上的支出、所用的媒体、广告诉求的性质以及广告文案等其他方面。这些限制要求广告主在国与国之间要进行不断的调整。

因此,广告主既要制定全球策略来指导其整体的广告工作,还要调整具体的广告方案,以符合当地的文化、风俗、媒体特征和广告管制政策。

缓冲带:概念链接

想想那些我们习以为常的广告背后发生了什么。
- 选择一个你最喜欢的印刷广告或电视广告。你为什么喜欢它?你认为它是有效的吗?你能想到一个让人喜欢却可能是无效的广告吗?
- 深入了解广告背后的营销活动。这个活动的目的是什么?活动的预算是多少?评估其信息和媒体策略。这个活动还包含哪些品牌内容?除了你本身对广告的看法,综合考虑其他因素,你认为这个活动能成功吗?

12.5 公共关系

作者评点

不久前,公共关系被认为是营销的一个"远亲",因为它在营销方面的应用十分有限。但这种观念正在迅速改变,越来越多的营销人员意识到公共关系在品牌建设、顾客参与和社会影响力方面的重要性。

另一个主要的大众促销工具是公共关系,包括企业为了吸引各类公众并与他们建立良好关系而设计的所有活动。公共关系部门可能履行的职能如下。[37]

- **媒体关系或媒体代理**:在新闻媒体上创造和发布有新闻价值的信息,吸引公众对一个人、产品或服务的关注。
- **产品公关**:为特定的产品做公共宣传。
- **公共事件**:建立和维持与全国或当地社区的关系。
- **游说**:通过与立法者和政府官员建立和保持关系,从而影响立法和规定。
- **投资者关系**:与股东和财务方面的其他利益相关者保持良好的关系。
- **拓展**:与捐赠者或者非营利性组织的成员保持公共关系,从而获得财务或志愿者方面的支持。

公共关系可用于推广产品、人、地点、创意、活动、组织,甚至是国家。企业通过公共关系与消费者、投资者、媒体和社区建立良好的关系。贸易协会利用公共关系重建人们对一些商品的兴趣,比如鸡蛋、苹果、土豆、洋葱以及巧克力牛奶等。例如，MilkPEP 凭借其前几年成功的"有牛奶了？"活动而闻名，它开展了一项强有力的公关宣传活动，宣传健康的好处，促进了巧克力牛奶的消费。[38]

MilkPEP 发起了一项广泛的整合公关活动，对巧克力牛奶进行重新定位，即将定位从传统的儿童最爱转变为成年人的运动康复饮料。20 多项研究结果表明，巧克力牛奶能帮助人们补充能量。MilkPEP 的"Built With Chocolate Milk"活动邀请了运动员、运动营养学家、健身博主和健康研究人员等重要的意见领袖，帮助转变大众对巧克力牛奶的看法，将其从儿童饮料转变为一款"受到运动员信赖，有科学依据支持的"运动饮料。其广告和社交媒体内容中出现了普通人以及著名运动员——12 枚游泳奖牌获得者达拉·托雷斯、职业冰球运动员扎克·帕瑞斯、铁人世界冠军克里斯·利托和米琳达·卡弗瑞、NBA 篮球明星卡梅隆·安东尼等。例如，MilkPEP 赞助了匹兹堡钢人队的足球运动员海因斯的训练和比赛。巧克力牛奶团队通过跟拍海因斯的训练和他与营养师的会面，展示了巧克力牛奶作为一种康复饮品的科学性。然后，该团队在 YouTube、Twitter 和 Facebook 上发布了相关视频。海因斯的巧克力牛奶体验带动了粉丝和其他运动员尝试这种饮品。除了与职业运动员合作之外，MilkPEP 还参与了加利福尼亚的"大惊喜马拉松"等全国各地数百个当地的活动，并在终点处分发免费的巧克力牛奶。得益于强大的公关活动，巧克力牛奶现在卷土重来，在成年人中的销售额从 6% 增长到了 12%。

12.5.1 公共关系的地位和影响力

公共关系能以较低的成本在公众知晓度上产生极大的影响力，这是广告所不能比拟的。使用公共关系宣传时，企业无须为媒体宣传的广告位和时间付费，只需向编辑和传播信息以及管理活动的员工发放报酬。如果企业有一个比较有趣的故事，好几家媒体都会加以报道，这相当于价值数百万美元的广告，而且这种宣传比广告的可信度更高。更重要的是，公共关系还能吸引消费者参与，使他们成为其品牌故事的一部分。

公共关系的作用有时非常惊人，看看苹果 iPad 的发售。[39]

苹果 iPad 的发布是历史上最成功的新产品发布之一。有趣的是，虽然绝大多数著名产品在推出时都会举行大量的发售前广告活动，但苹果推出这款产品时却没有做广告。相反，它仅仅通过公共关系宣传产品。苹果在新产品发布的前几个月就已经开始火爆起来，它提前将 iPad 分发出去以获得先期评论，为线下、线上媒体提供了很多有吸引力的报道，并让其粉丝提前在线尝试了即将发布的数千个新的 iPad 应用。在产品推出时，它客串了喜剧《摩登家庭》，参加了一大批电视访谈节目，还举行了一些其他的发布日活动，彻底把气氛点燃。在这个过程中，iPad 发布仅通过公共关系就引起了消费者的兴奋、媒体的狂热，使得在发布当天专卖店门口就已经排起了长队。苹果在产品推出的第一天就卖出了 30 多万台 iPad，之后两个月卖出了 200 多万台，而且供不应求。苹果在一年后推出的 iPad 2 同样大获成功，在推出的首个周末就成功售出了近 100 万台。

尽管公共关系的潜力很大，但它有时还是会被描述为营销的"远亲"，因为它的使用可能会受到限制且分散。公关部门经常设在企业总部或者由第三方代理负责。公共关系部门的员工忙着处理与各种公众的关系，包括股东、员工、立法机构和新闻媒体，以至于支持产品营销目标的公共关系方案被忽略了。营销管理者和公共关系执行者的想法并不总是一样的，很多公共关系执行者把他们的工作仅仅看作简单的沟通，相比之下，营销管理者更感兴趣的是广告和公共关系如何影响品牌建设、销售额和利润、顾客参与和顾客关系。

不过这种情况正在有所改变。尽管公共关系仍然仅占大多数企业整体营销预算的一小部分，但公共关系在品牌建设方面发挥的作用越来越重要。尤其是在当今的数字时代，公共关系与广告的界限越来越模糊。品牌主页、博客、品牌视频、社交媒体到底是广告行为还是公关行为，还是别的什么？这些都是营销内容。而且，随着免费和共享的数字内容的快速增长，公共关系在营销内容管理中正在发挥更大的作用。与其他部门相比，公关部门主要负责创造而不是推送吸引消费者的相关营销内容。一位专家说："公关达人是组织中最会讲故事的人。用一句话来概括，就是他们创造内容。"另一位专家说："社交媒体的兴起让公关专业人士从制作新闻稿和组织活动的幕后走到了发展品牌和顾客参与的台前。"[40] 公关应该与广告在整合营销传播的项目中携手合作，以帮助提升顾客参与、建立顾客关系。

12.5.2 主要的公共关系工具

开展公共关系活动需要使用几种工具，其中一种主要工具是新闻。公共关系专业人士会挖掘或创造与企业及其产品和员工有关的正面新闻。有时新闻是自然发生的，有时公关人员可以建议举办一些能制造新闻的事件或活动。另一种常见的公关工具是特殊事件，从新闻发布会、演讲、品牌旅游、赞助，到激光秀、多媒体演示或教育活动等，都可以被用于接触和吸引目标公众。

公共关系人员还应该准备书面资料来接触和影响目标市场，包括年度报告、宣传册、企业报纸和杂志。视听资料，比如 DVD 和在线视频等，也越来越普遍地被企业用作传播工具。企业形象识别资料也可以帮助打造公众能够立即辨认的企业形象。商标、信件、宣传册、标志、商业模式、名片、建筑风格、制服、企业的汽车或卡车等都可以成为营销工具，只要它们能吸引人、有特色和容易被人记住。最后，企业可以投入资金和精力到公共服务活动中，以此提高公众的好感度。

如前文所述，网络媒体和社交媒体也是重要的公关渠道。网站、博客、社交媒体，如 YouTube、Facebook、Instagram、Snapchat、Pinterest 和 Twitter 等，都提供了接触并吸引公众参与的途径。正如前文所指出的那样，讲故事和参与是公关的核心优势，可以很好地与网络、移动和社交媒体结合起来使用。

与其他促销工具一样，在考虑何时以及如何使用产品公共关系时，管理层应设定公关目标，选择公关信息和载体，实施公关计划并评估效果。企业的公关活动应与企业整合营销传播的其他活动协调一致进行。

我的营销实验室

如果你的老师布置了这项任务，请完成 MyLab 的问题讨论部分带有星号的问题。要完成本章的数字营销问题，请查看 MyLab 中的作业。

 章节回顾和批判性思维

目标回顾

在本章，你学习了企业如何使用整合营销传播来吸引顾客、传递顾客价值。你也已经探索了两个主要的营销传播组合要素——广告和公共关系。现代营销不仅要求创造顾客价值，即研发出好的产品，为它制定一个有吸引力的价格，并采用合适的渠道让目标顾客能够买到；还要求企业清晰、有力地向现有和潜在顾客传播价值。为了更好地传递价值，企业必须综合运用五种促销组合工具，制定并遵循一个设计良好的整合营销传播策略。

1. 定义传递顾客价值的五种促销组合工具

企业的促销组合，也称营销传播组合，由广告、人员销售、促销、公共关系、直接和数字营销工具组成。企业使用这些工具来吸引顾客，有效地传播其顾客价值并建立顾客关系。广告指由特定的赞助商付费，对创意、商品或服务进行的非人员展示和推广。而公共关系关注与企业的各类公众建立良好的关系。人员销售指由企业的销售人员做产品展示，以达到销售或建立顾客关系的目的。企业通过促销提供短期激励来刺激产品或服务的销售和购买。最后，为了获得目标个体消费者及消费者社区的即时回应，企业会使用直接营销、数字营销和社交媒体营销工具来吸引顾客参与、培养顾客关系。

2. 讨论变化的营销传播环境以及采用整合营销传播的必要性

传播技术的爆炸性增长、营销人员与顾客沟通策略的改变对营销传播产生了巨大影响。新的数字媒体和社交媒体催生了更有针对性、更社交化、更吸引人的营销传播模式。与传统媒体一样，广告主现在也在采用更专业、更有针对性的媒体，以个性化、交互式的内容吸引更细分的顾客群体。随着广告主使用更丰富但更细分的媒体以及促销组合来接触各类市场，营销传播环境可能会变得混乱不堪。为了防止这种情况发生，更多的企业开始采用整合营销传播的概念。依据整合营销传播的策略，企业明确不同促销工具要完成的任务，以及每种促销工具被使用的程度。企业精心地协调促销活动以及主要活动的时间安排。

3. 描述和讨论制定广告方案过程中的主要决策

广告（卖家运用付费、自有、免费及共享媒体来告知、说服和提醒消费者关于其产品或组织的信息）是非常强大的促销工具，有诸多形式和用途。广告决策包括对广告目标、预算、信息、媒体的选择及对效果的评估。广告主应该设置明确的目标，即告知、说服还是提醒消费者。广告预算的设置可以是基于量入为出、销售百分比、竞争者的广告预算或者基于广告方案的目标和任务。信息决策需要规划一个创意（或"高见"）和信息策略，并且高效地执行策略。媒体决策包括确定触及面、频率、影响力和参与度目标，选择主要的媒体类型，选择特定的媒介载体和确定媒体的时间安排。信息和媒体决策必须紧密地协调发展，以达到最大的广告效果。最后，效果评估要求评价广告前、广告中和广告后的沟通和销售效果，并衡量广告投资回报率。

4. 解释企业是如何利用公共关系与公众进行沟通的

公共关系指与企业的各类公众建立良好的关系，其职能包括媒体代理、产品公关、公共事件、游说、投资者关系和拓展。相对于广告，公共关系能以更低的成本提高公众知晓度，并且公共关系的作用有时非常惊人。但是，尽管公共关系具有诸多优势，但企业对公共关系的使用还非常有限且很零散。公共关系工具包括新闻、特殊事件、书面资料、视听资料、企业形象识别资料和公共服务活动等。企业网站和网络社交媒体也可以是公共关系的重要载体。在考虑何时以及如何运用产品公共关系时，管理层应该设置公共关系目标，选择公共关系信息和载体，执行公共关系计划并评估效果。公关活动应该与企业整合营销传播的其他活动协调一致地进行。

关键术语

促销组合（promotion mix）或**营销传播组合**（marketing communications mix）：企业用来吸引消费者、有效地传递顾客价值和建立顾客关系的各种促销工具的组合。

广告（advertising）：由特定的赞助商出资，对创意、产品和服务进行的非人员展示和推广。

促销（sales promotion）：通过短期刺激提升产品或服务的购买和销售。

人员销售（personal selling）：由企业的销售人员做产品展示，以达到销售或建立顾客关系的目的。

公共关系（public relations）：通过有利的宣传树立良好的企业形象，并处理或消除不利的传言、故事、事件等，从而与企业的各类公众建立良好的关系。

直接和数字营销（direct and digital marketing）：与经过谨慎确认的目标顾客进行直接的联系，从而获得即时的反馈，并建立可持续的顾客关系。

内容营销（content marketing）：采用付费、自有、免费和共享的沟通渠道，创造、激发、分享品牌信息和与顾客（及顾客之间）的对话。

整合营销传播（integrated marketing communications，IMC）：精心地整合协调众多信息传播渠道，从而向公众传递清晰、一致和有说服力的企业和品牌信息。

推式策略（push strategy）：主要依靠人员销售和交易推广推动产品在渠道中流动的促销策略。制造商向渠道成员推广产品，后者再向终端消费者推销。

拉式策略（pull strategy）：通过大量的广告支出和针对消费者的促销活动，引导最终消费者购买产品，产生需求真空从而拉动产品在渠道中流动的促销策略。

广告目标（advertising objective）：拟在特定时间内对特定目标群体完成的具体沟通任务。

广告预算（advertising budget）：为产品或企业的广告活动分配的资金或其他资源。

量入为出法（affordable method）：管理层根据企业的财务承受能力确定促销预算。

销售百分比法（percentage-of-sales method）：以当前或预期销售额的一定比例确定促销预算的方法。

竞争对等法（competitive-parity method）：根据竞争者的促销费用来确定自己的促销预算。

目标任务法（objective-and-task method）：通过以下步骤制定促销预算：①确定具体的促销目标；②决定达到这些目标所需要完成的任务；③估算完成这些任务的成本。这些成本的总和就是促销预算。

广告策略（advertising strategy）：企业实现其广告目标的策略，包括两个主要部分：确定广告创意和选择广告媒体。

麦迪逊+葡萄藤（Madison & Vine）：这一术语代表了将广告和娱乐相结合的新型方式，旨在从众多广告中脱颖而出，开创用更吸引人的信息接触消费者的新方向。

创意概念（creative concept）：用一种独特且可记忆的方式，赋予广告策略极大活力的"高见"。

执行风格（execution style）：表达广告信息的方式、风格、语气、词语和形式。

广告媒体（advertising media）：将广告信息传递给目标受众的载体的统称。

广告投资回报率（return on advertising investment）：广告投资的净收益除以广告投入的成本。

广告代理（advertising agency）：帮助企业计划、准备、执行和评价所有或部分广告项目的营销服务企业。

问题讨论

1. 列举并定义传递顾客价值的五种促销组合工具。
2. 什么是整合营销传播？企业如何实施整合营销传播策略？
3. 对比推式和拉式促销策略。讨论营销人员在决定使用哪种促销工具时会考虑的因素。
4. 公共关系在组织中的角色和作用是什么？
*5. 讨论主要的公共关系工具，以及互联网和社交媒体在公共关系中发挥的作用。

批判性思维练习

1. 营销人员使用 Q 值来测量名人对目标受众的吸引力。研究 Q 值并写一份关于某位名人过去几年的 Q 值报告。如果其分值变化很大，原因是什么？除了名人的分值外，还有什么其他类型的 Q 值？

*2. 列举广告信息中包含对社会负责的营销的三个例子。一些企业为了自身利益利用社会问题或组织进行宣传而受到了公众的批评。你找到的例子中有这种情况吗？试着解释一下原因。

3. 美国公共关系协会（PRSA）颁发了最佳公关活动奖，即 Silver Anvil 奖。访问 www.prsa.org/Awards/Search 网站并回顾之前的几个获奖案例。公共关系领域的获奖作品包括哪些？基于其中一份聚焦于营销相关活动的获奖作品，写一篇报告。

小型案例及应用

在线、移动和社交媒体营销

原生广告

营销人员以前一直在报纸、电视和杂志等传统媒体上做广告，如今他们越来越多地使用原生广告为这些媒体的网络平台提供内容，这也被称为赞助内容。这种形式的推广并不新鲜，并且可以追溯到 19 世纪 80 年代末，当时的"阅读通知"通常在不注明赞助的情况下，把有关品牌和企业的信息放在新闻故事里。然而，当今的原生广告通常清楚地标示出赞助商。原生广告发展迅速，现在 73% 的网络出版商都提供这一服务，超过 40% 的品牌在使用这一服务。例如，《福布斯》杂志的 BrandVoice 板块让 IBM 和 CenturyLink 等企业在其出版的杂志和数字平台 Forbes.com 上都植入了原生广告。读者可以从 CenturyLink 了解到大数据将如何改变旅游营销，也可以从三星那里了解如何缩小科学、技术、工程和数学（STEM）教育中的性别失衡。其他出版商网站，如《赫芬顿邮报》，会帮助营销人员创建赞助内容，它的赫芬顿邮报合作伙伴工作室提供了作家、设计师和编辑，这些人帮助商业伙伴以《赫芬顿邮报》的风格创作与其相关的品牌内容。Fiber One 告诉读者"你绝对可以打破的 11 个饮食'规则'"，IBM 解释了企业如何使用社交媒体，Cottonelle 告诉读者如何更正他们在厕所中所犯的错误。社交媒体也正在参与进来，Facebook 仅在一个季度就获得了 10 多亿美元的移动原生广告收入。原生广告的快速增长也引起了美国联邦贸易委员会的注意。美国联邦贸易委员会召开了一次会议——"模糊的界限：广告或内容？关于原生广告的美国联邦贸易委员会研讨会"，会议讨论了广告与新闻和其他内容的融合问题，让人猜想是否会有进一步的法规出台。

1. 在不同的出版商网站和移动网站上找到原生广告的例子，对其内容截图并进行展示，说明如何界定原生广告以及这些内容是否曾被人们通过社交媒体与他人分享？

*2. 对于原生广告这种性质的营销活动，讨论美国联邦贸易委员会现行的关于网络广告的规定和准则是否充分。美国联邦贸易委员会可能会发布新的指导方针或条例吗？

营销道德

亚马逊的 Dronerama

在2013年最大的电子商务购物日前夕，亚马逊一向神秘的创始人兼CEO杰夫·贝佐斯出席了一场公共关系活动，该活动通过CBS的《60分钟》节目发布了该企业送货上门的Prime Air无人机项目。虽然美国联邦航空管理局现在还不允许这样使用无人机，但这在2026年之前是可能的，但到那时无人机快递技术可能还无法实现。这次采访引发了"Dronerama"（有些人这样称呼它）的讨论热潮。第二天早上，即"剁手星期一"，媒体都在热烈讨论无人机快递，新闻机构和互联网网站都在重复播放亚马逊酷炫的无人机运送包裹的视频。通常理应很犀利的《60分钟》采访却饱受批评，因为采访者——著名的查理·罗斯全程都在滔滔不绝地称赞贝佐斯，而忽略了其他有争议的问题，例如亚马逊的工作条件等。在线补充节目《60分钟加时》中，罗斯继续对亚马逊大加赞赏。批评人士认为，这是为了让平常难以接触到的贝佐斯愿意在节目中出镜，节目组满足了其提出的夸赞亚马逊的要求。"Dronerama"不仅使每个网络购物者在这个重要的网络购物日里都提到了亚马逊，似乎还使亚马逊在最需要顾客的时候取得了先发制人的优势，打击了最近发布的批评贝佐斯的一本书。

1. 在 www.cbsnews.com/news/amazons-jeff-bezos-looks-to-the-future/ 观看《60分钟》访谈。企业利用媒体来获得对其有利的曝光是否道德？在采访时，杰夫·贝佐斯是否提到了无人机快递还不可行的事实？

2. 进行一次展示，展示内容为《60分钟》访谈给亚马逊带来的宣传效果，并继续关注无人机快递。你认为这次活动是成功的还是失败的？

数字营销

广告销售百分比

在销售百分比法中，广告主根据当前或预测销售额的一定比例设定广告预算。然而，应该确定多少百分比并不总是明确的，许多市场营销人员都会比较自身与行业平均水平和竞争对手的支出差异。网站和行业出版物也会发布有关行业平均水平的数据，以指导营销人员设定自己的百分比。例如，玩具和服装行业的企业投入其销售额的10%甚至更多在广告上，而抵押服务和绝缘体行业的企业在广告上的投入不到其销售额的1%。你在本章开头读了GEICO的例子。它是2014年第二大汽车保险企业，收入高达170亿美元。该企业当年投入了11亿美元进行广告宣传，并计划第二年继续在广告上投入相同比例的销售额。而保险行业平均的广告销售百分比仅为0.1%。

1. 如果GEICO第二年的销售额达到190亿美元，请使用销售百分比法计算其广告预算。

2. 如果企业根据其行业的广告销售百分比确定广告预算，那么GEICO的预算是多少？GEICO的广告支出与行业平均水平是否一致？

视频案例

凯马特

在广受欢迎的"配送我的裤子"广告之后，凯马特又推出了一支备受争议的广告，一些人认为它很滑稽，另一些人认为它是一种冒犯，而广告评论家则认为这是一种天才之举。它的最新广告"汽油大节约"在电视上播出之前就在 YouTube 上发布了。和之前的广告"配送我的裤子"一样，这则广告也在网上被疯传。

除了依靠小幽默提升其惨淡的销售状况之外，凯马特还非常及时地指出了它的顾客价值——节约汽油花费。在店内消费 50 美元以上的消费者可以每加仑汽油获得 30 美分的优惠。数以百万计的顾客为了享受这一优惠而开车去凯马特的商店。

在观看了凯马特的视频后，回答以下问题：

1. 凯马特"汽油大节约"广告中的广告信息是什么？
2. 为什么凯马特选择在 YouTube 上播放这段视频？
3. 凯马特的这则广告有效吗？解释原因。

我的营销实验室

如果你的老师布置了这项任务，请到 MyLab 作业中完成以下写作部分。
1. 指出并描述各种展示信息的执行风格，对每种风格提供一个本章中未出现过的例子。
2. 讨论主要的广告目标，并描述一则拟实现每个目标的广告。

人员销售和促销 第13章

学习目标

1. 讨论企业销售人员在创造顾客价值与建立顾客关系中的作用。
2. 识别并解释销售队伍管理的6个主要步骤。
3. 讨论人员销售的过程，区分交易营销和关系营销。
4. 解释促销活动是如何制定并加以实施的。

概念预览

在第11章和第12章中，你已经学习了如何通过整合营销传播和两种促销组合工具——广告和公共关系来留住顾客与传递顾客价值。在本章中，我们将深入学习整合营销传播的另外两种工具：人员销售和促销。人员销售是营销传播中的人际元素，即通过销售人员与顾客及潜在顾客接触从而建立顾客关系并实现销售。促销包括鼓励消费者购买产品或服务的短期刺激工具。尽管本章将人员销售和促销分别作为两种单独的工具来介绍，实际上它们应该与营销传播组合的其他工具有机结合起来使用。

首先，请考虑一个现实生活中的销售人员。当你想到销售人员时，也许你想到的是热心过头的零售店员、"叫喊售卖"的电视推销员，或者是典型的二手车推销商等形象。但是这些你脑海中的固有形象与今天绝大多数的销售人员并不一致——专业销售人员之所以能成功，并非只是利用消费者，而是通过倾听消费者的需求并帮助他们制定解决方案。Salesforce 企业是顾客关系管理解决方案行业中的领导者，它不仅开发顾客关系管理软件，在有效的人员销售方面更为擅长，这也是它一直宣扬的。

第一站

Salesforce：你需要一个强大的销售团队来销售 Salesforce

Salesforce 是顾客关系管理解决方案的提供者，这个行业的规模已达 200 亿美元。企业的商标在一朵蓬松的云中，突出了 Salesforce 非常成功的云计算模型（无须安装或拥有软件）。现在，云计算系统非常普遍，但是 15 年前 Salesforce 率先提出这个概念的时候，云计算还属于前沿技术的行列。从那时起，Salesforce 便把自己定位为领先的创新者，坚持不懈地寻找新方法，利用最先进的在线、移动、社交和云技术帮助其顾客企业更好地联系顾客和提升销售队伍的效率。

Salesforce 帮助企业"大幅度改进它们的销售"。它提供的"顾客成功平台"是一系列基于云计算技术的销售自动化和顾客关系管理的工具，能够对企业的顾客、销售、个人销售代表以及销售队伍的整体水平等方面的数据进行收集、组织、分析和传播。通过云端主页，Salesforce 使这些数据和分析结果可以随时随地、通过任何连接互联网的设备——台式计算机、笔记本电脑、智能手机等获取和访问。Salesforce 还与主要的社交媒体相融合，通过它的 Salesforce Chatter 平台（一种供企业使用的"Facebook"）为社交媒体监控、实时的顾客参与和合作等提供了工具。

凭借自主开发的产品，Salesforce 成为全球第一且成长飞速的顾客关系管理平台，领先于微软、甲骨文、SAP 和 IBM 等优秀的竞争对手。企业 2014 年的收入达到 54 亿美元，比 2013 年明显增长了 32%，比 2011 年增长了 3 倍多。Salesforce 连续四年被《福布斯》认定为全球任何行业中最具有创新能力的企业。

创新的产品和平台在 Salesforce 取得的惊人成功中发挥了主要作用。但是酒香也怕巷子深，Salesforce 需要一个优秀的销售团队来营销其产品，并且确实如它所一直宣扬的那样，Salesforce 在有效的人员销售方面表现突出。和购买其服务的企业相似，Salesforce 自身拥有经验丰富、训练有素且积极性高的销售团队，从而将其产品提供给顾客。从很多方面来说，Salesforce 自己的销售团队堪比其所售产品和服务的良好示范：不仅仅在于其使用了 Salesforce 云系统，更普遍地在于其实现了自身销售团队的显著改善，这也是它向顾客所承诺的。

基于云计算的 Salesforce"顾客成功平台"提供广泛的顾客关系管理工具，以帮助其用户"显著改善销售"。
webpics/Alamy

在 Salesforce，培养杰出的销售团队始于招聘一流的销售人员。Salesforce 激进且挑剔的招聘系统从全球顶尖的销售代表候选人中选取最顶尖的。2014 年，Salesforce 在 100 000 多名候选人中仅雇用了 4.5%。姜还是老的辣，Salesforce 期待候选人至少有 2 年小企业销售代表的工作经验，资深的候选人曾在大型企业担任销售主管长达 20 余年。为了发现这些富有经验的候选人，Salesforce 频繁地突袭竞争对手，凭借其激进的企业文化和高薪来吸引成功的销售人员成为其雇员。

一旦被雇用，正如你所想的那样，销售人员将接触到所有最前沿的高科技销售工具。实际上，新雇员的首要任务是在企业通过视频学习 20 个小时，以了解他们既要销售更要使用的 Salesforce 技术的来龙去脉。但是，Salesforce 将会第一个告诉你，尽管它的云系统神奇到可以帮助优化顾客联系和销售过程，但是这依旧不能代替良好的人员销售技能。所以，在培训自己的销售团队时，企业往往从经过实践检验确实可靠的基本销售理论开始,当然,这些理论会根据现实情况有所调整。

在 Salesforce,最好的销售首先要做的是倾听和获悉。新员工会在 Salesforce U 开展的为期一周的销售训练营中了解到,他们需要提出探索性的问题以吸引顾客进行交流,尽可能地理解顾客的情况以及他们的需求,从而建立起顾客联系。"85% 的销售人员没有慢下脚步去真正理解他们的顾客。"一位 Salesforce 的高级销售主管说。

理解顾客所需所想后进入第二个销售技巧:产生共鸣——让顾客感受到你理解了他们的问题并且感同身受。心意相通将产生默契和信任,这是通向谈妥交易和建立长期顾客联系的关键一步。倾听、获悉以及产生共鸣都是重要的第一步,但是远远不止于此。"如果你所能做的只是及时响应和帮助性的,那么你只算得上是一位行政助理。"那位高级销售主管指出。

所以,下一个关键步骤是提供解决方案,即向用户展示 Salesforce 基于云计算技术的解决方案将如何帮助他们提高销售团队的效率,如何在联系顾客、成功实现销售上产出明显。Salesforce 认为,向顾客讲述其他顾客使用其产品获得成功的故事,是提供解决方案的最好方式。"讲故事非常重要。"Salesforce 的销售绩效经理说,"讲故事是诸如企业定位、与顾客或者潜在顾客互动等事情的基础。"当有异议需要处理时,比如"我认为将我们的数据放在云端是不可靠的",或者"我们当前的系统运营良好",或者"它太贵了"——Salesforce 告诉它的销售人员,故事会是他们最有力的武器。"我们需要把面对的争议与一个故事联系上",一位 Salesforce 的市场经理说。"在我们顾客的故事中,我们并非扮演英雄的角色,关键在于描述顾客是如何成功的,并非我们是如何拯救他们的。"另外一位经理说。

Salesforce 的销售人员对待竞争者是非常残酷的。但是,经过培训后他们选择堂堂正正的方式,即推销 Salesforce 的优势而非针对竞争者的劣势。Salesforce 的市场经理说:"我们的内部口号是打倒微软、消灭甲骨文,但是当我们走出去面对我们的顾客时,我们需要谨慎地引导他们而不仅仅是将微软踩在脚下,哪怕我们都很想这么做。"

此外,有效、专业的销售远远不止一边虚情假意地打招呼,另一边使用高科技顾客关系管理工具进行数据分析。即使 Salesforce 号称凭借大数据和大量新兴技术,其销售和顾客联系工具在全行业内是最好的,它的销售代表仍要关注传统的销售原则。无论是在 Salesforce 还是在别的任何地方,优秀的销售起源于最基本的吸引和倾听顾客,理解他们的问题并设身处地地为之考虑,提供有效的解决方案以实现互惠互利,进而建立良好的关系。这才是一只销售团队成绩斐然的实现路径,Salesforce 也不例外。[1]

在本章,我们将探讨另外两个促销组合工具:人员销售和促销。人员销售指通过与顾客及潜在顾客互动,以达成销售并维持顾客关系。促销包括使用短期刺激来激励顾客购买、经销商支持以及销售队伍投入。

13.1 人员销售

作者评点

人员销售是促销组合中的人际方式。企业的销售队伍通过亲自接触顾客、建立顾客关系来创造、传递顾客价值。

罗伯特·路易斯·史蒂文森曾经说过:"每个人都靠出卖某些东西来过活。"全世界的企业都使用销售团队将产品和服务销售给商业购买者和最终消费者。但销售团队在一些其他类型的组织中也大量存在。比如,高校通过招生人员来吸引新学生,教堂通过成员协会来吸收新成员,博物馆和艺术组织通过募捐会来吸引捐赠者并取得捐赠,甚至政府也需要用到销售团队,比如美国邮政局会利用销售团队向企业顾客销售特快专递和其他航运、邮件解决方案。在本章的第一部分,我们将探讨人员销售在组织中的角色、销售人员管理决策和人员销售过程。

13.1.1 人员销售的性质

人员销售（personal selling）是世界上最古老的职业之一。从事销售这个职业的人员有很多种叫法，诸如销售人员、销售代表、代理商、地区经理、业务代表、销售顾问和销售工程师等。

人们对于销售人员有很多刻板的印象，其中还有一些是负面的。"销售员"可能让你的脑海中浮现出电视剧《办公室》里那个固执己见的米福林纸业销售员德怀特·斯科，他既没有常识又缺乏社交技巧。还有那些在现实生活中"叫喊兜售"的"电视广告员"，他们在商业广告片中兜售各种商品，从 Flex Seal 超强防水粘贴胶布到 FOCUS T25 训练视频和 Ove Glove 硅胶烤箱手套，包罗万象。但是，绝大多数销售人员都与这些不幸的刻板形象相去甚远。

正如开篇 Salesforce 的例子那样，大多数销售人员都是受过良好教育和培训的专业人士，他们为顾客提供价值增值并维持与顾客的长期关系。他们倾听顾客的声音，评估顾客的需要，并且通过企业的力量来解决顾客面临的问题。最好的销售人员是为了共赢而与顾客密切合作的。在竞争激烈的全球商用飞机市场，航空业巨头波音企业售卖昂贵的飞机，仅靠花言巧语和温暖的笑容是不够的。

销售单价至少 1.5 亿美元的高科技飞机是一件复杂而又充满挑战的事情。与航空企业、航空货运企业、政府以及军队这些顾客做的任意一笔交易都可以轻松高达数十亿美元。波音企业的销售人员牵头组建了一个由企业专业人士组成的全面职能小组，包括销售和服务技术人员、金融分析师、战略策划师及工程师。小组成员都致力于寻找能让顾客满意最大化的方法。从顾客的角度来看，购买一批客机的决定需要企业几十个或上百个各个层级的决策者共同参与，其中涉及许多既明显又微妙的关系。销售过程非常缓慢——从第一次销售展示到宣布交易达成的那天往往会耗时两三年。拿到订单以后，销售人员必须同顾客保持频繁接触，记录企业对设备的需求并确保顾客持续满意。真正的挑战是如何在提供优秀的产品和紧密合作的基础上，与顾客建立长期而牢固的关系进而赢得其购买。

销售人员（salesperson）一词涵盖了非常多的职位。在一种极端情况下，销售人员可能是一个**接单员**（order taker），例如那些站在百货商店柜台后面的售货员。在另一种极端情况下，销售人员则可能是**订单开发者**（order getters），他们的职位需要为诸如家用电器、工业设备、飞机、保险和信息技术服务等进行创造性销售、社交销售，和顾客联系建立。在本章中，我们更加关注有创造性的销售，以及组建和管理高效的销售团队的过程。

13.1.2 销售团队的角色

人员销售是促销组合中的人际方式，需要销售人员和个人顾客之间建立双向的人际交流和沟通，并且途径多样——无论是面对面，通过手机、邮件，还是利用社交媒体、视频或在线会议。人员销售在复杂产品的销售中会更有效。销售人员可以通过对顾客的问题进行详细了解来更深入地分析顾客，适时调整营销方案以满足每位顾客的不同需要。

人员销售的角色在各个企业中有所不同。一些企业甚至没有销售人员，比如那些仅仅通过在线销售，或者通过制造商代表、销售代理或者经纪人进行销售的企业。然而，在大多数企业中，销售人员都起着非常重要的作用。在 IBM、杜邦或者波音这类为企业顾客提供产品和服务的企业中，其销售人员是直接与顾客一起工作的。而对于宝洁、耐克这样的消费品企业，销售人员则在幕后发挥重要作用——他们与批发商和零售商一起工作，以获得对方的支持并帮助对方更高效地向最终购买者销售企业产品。

1. 联系企业与顾客

销售人员是企业同其顾客之间的重要纽带。在很多情况下，销售人员同时服务于买家和卖家两方。首先，在顾客面前他们是企业的代表。销售人员寻找并开发新顾客，向他们就企业的产品和服务进行信息沟通。销售人员通过吸引顾客参与、展示产品、处理异议、协商价格和交易条款来达成交易、服务顾客并维持顾客联系，从而完成销售过程。

与此同时，对于企业来说，销售人员又代表着顾客，他们在企业内部维护顾客的利益并管理买卖双方的关系。销售人员接收顾客对于企业产品的想法，并将这些想法反馈给企业内部可以处理这些问题的人。他们了解顾客的需求，同企业内各个部门的同事合作以开发更大的顾客价值。

事实上，对于许多顾客来说，销售人员就是企业，是他们所能看到的企业唯一的有形展示。因此，顾客对销售人员变得忠诚的同时，也对他们所代表的企业和产品变得忠诚。这种销售人员拥有的忠诚甚至比销售人员建立顾客关系的能力更重要。与销售人员的牢固关系将使顾客与企业及其产品也建立牢固的关系。相反，与销售人员之间关系不佳，也可能导致顾客与企业及其产品之间的关系欠佳。

2. 协调营销和销售

在理想情况下，销售队伍与企业其他营销职能部门的人员（营销策划人员、品牌经理、内容营销经理及研究人员）应当紧密合作，共同为顾客创造价值。不幸的是，有些企业仍将"营销"和"销售"作为两个不同的职能看待。在这种情况下，分开的营销和销售团队可能无法密切配合。当出现差错时，营销人员便会责怪销售队伍执行力太差，糟蹋了原本极好的战略。接着，销售团队就会责怪营销部门根本不清楚顾客想要什么。双方都不承认对方工作的价值。如果不加以处理，营销和销售之间的矛盾可能会损害顾客关系及企业绩效。

企业可以采取很多措施来帮助营销和销售部门更紧密、融洽地合作。最基本的，企业可以通过安排两个部门的共同会议、明晰交流渠道等措施来增进沟通，还可以创造使营销人员与销售人员一起工作的机会。品牌经理和研究人员可以旁听销售电话或是参与销售计划会议。同样，销售人员可以列席营销策划会议并分享他们手中的第一手顾客资料。

企业还可以为销售和营销人员制定共同的目标和奖励机制，或者将来自营销部门但是和销售队伍一起工作的人员任命为营销-销售联络员，由其帮助协调营销和销售队伍的工作计划及投入。最后，企业还可以任命一位首席营销官同时管理营销和销售两个部门，由其鼓舞销售和营销人员共同努力实现为顾客创造价值的目标，从而使企业获得回报。[2]

> **作者评点**
>
> 销售队伍管理的另一个定义为：计划、组织、领导和控制以达成盈利性顾客关系为目的的个人接触项目。这里再次表明，每一项营销活动的目的都是创造顾客价值，招徕顾客以建立盈利性顾客关系。

13.2 管理销售队伍

我们将**销售队伍管理**（sales force management）定义为对销售团队活动进行的分析、计划、实施和控制，包括设计销售团队的战略和结构，对企业的销售人员进行招聘与筛选、培训、报酬、督导和评估。主要的销售队伍管理决策如图 13-1 所示，我们接下来会逐一讨论。

图 13-1　销售队伍管理的主要步骤

13.2.1　设计销售队伍的战略和结构

营销经理经常遇到以下几个有关销售队伍战略和设计的问题：如何组织销售人员的任务及其任务结构？销售团队的规模应该有多大？销售人员应该单独活动还是同企业的其他人员一起组成团队来工作？他们应该实地或通过电话销售，还是在线销售、利用社交媒体销售？接下来我们将会解决这些问题。

1. 销售队伍结构

企业可以根据产品线对销售队伍的职责进行划分。如果企业在不同区域内仅对同一行业的顾客销售同一产品线，那么结构决策就很简单，只需要采用"区域销售队伍结构"。然而，如果企业对不同类型的顾客销售多种产品，那么它可能需要"产品销售队伍结构""顾客（或市场）销售队伍结构"，或者是两者的结合。

在**区域销售队伍结构**（territorial sales force structure）中，每位销售人员都被指派到一个特定的地理区域并向该区域内所有顾客销售企业全品类的产品和服务。这种结构明确定义了每位销售人员的工作和固定职责，也激发了销售人员同当地顾客建立长期的商业关系并提升销售业绩的热情。最后，由于每位销售人员仅在有限的地理区域内活动，差旅费用相对较低。这种结构通常需要层层设置销售经理，例如，每位区域销售代表需要向地区经理报告，地区经理又向大区经理汇报，而大区经理也需要向销售总监汇报工作。

如果企业的产品种类繁多，那么它可以采用**产品销售队伍结构**（product sales force structure），按照产品线对销售人员进行分配。例如，通用电气为其主营业务下的不同产品和服务安排了不同的销售人员。以其基础设施板块为例，它针对航空、能源、交通和水处理产品配置了不同的销售团队。没有哪一位销售人员可以在所有这些产品领域都是专家，所以，必须进行产品专业化。类似地，在通用电气的医疗部门，影像诊断、生命科学、集成 IT 的解决方案产品和服务也都有不同的销售团队。总之，像通用电气这样庞大且复杂的企业可能同时拥有数十个单独的销售队伍服务于其多样化的产品和服务组合。

企业在采用**顾客（或市场）销售队伍结构**（customer (or market) sales force structure）时，会将销售人员按照顾客或者行业进行划分。无论是服务现有的顾客还是开发新顾客群，无论面对的是大顾客还是普通顾客，企业将针对不同行业组建独立的销售团队。围绕顾客组建销售队伍可以帮助企业与重要顾客建立密切联系。许多企业甚至安排了特定的销售队伍来处理某个大顾客的需求。例如，通用电气航空部门有一支专门服务于波音企业的销售团队，家用电器制造商惠而浦企业也针对西尔斯、劳氏、百思买和家得宝等大型零售商分别委派了单独的销售团队，惠而浦的每个销售团队都紧跟相应大顾客的采购团队。

当企业在广大区域内向各种不同的顾客销售多种多样的产品时，它通常会使用复合型销售团队结构，即以上几种组织结构的结合。销售人员可以根据顾客 – 区域、产品 – 区域、产品 – 顾客，或者产品 – 区域 – 顾客进行划分。例如，惠而浦企业就根据顾客（分派不同的销售队伍负责西尔斯、劳氏、百思买、家得宝以及其他小型独立零售商）– 区域（地区代表、地区经理、大区经理等）针对每个核心顾客群体构建销售队伍。没有哪种单一的组织结构可以满足所有顾客和情况的需要。企业必须选择能更好地服务其顾客需求并实现企业营销战略的销售队伍结构。

销售队伍结构：惠而浦按照顾客 – 区域为每个关键顾客群安排专门的销售队伍。
Paul Sancya/AP Images

2. 销售队伍的规模

企业确定了所要采用的销售队伍结构后，就应该考虑并确定销售队伍的规模。销售队伍的规模可能从几个人到成千上万人不等。一些销售队伍十分庞大，比如在美国，百事拥有 36 000 名销售人员，美国运通企业有 23 400 名销售人员，通用电气有 16 400 名销售人员，思科企业有 14 000 名销售人员。[3] 销售人员是一家企业最富有生产力同时也是最昂贵的资产之一。因此，增加销售人员的数量意味着在提高销售额的同时也增加了成本。

企业可能会采用工作量法来确定销售团队的规模。在这种方法中，企业首先要做的是将顾客按照规模、现状或者其他与维系顾客所需工作量相关的因素进行分类，然后确定对每一类顾客完成目标拜访次数需要多少销售人员。

企业将会按如下方法计算：假设企业有 1 000 位 A 类顾客和 2 000 位 B 类顾客，A 类顾客每年需要拜访 36 次，B 类顾客每年需要拜访 12 次。在这种情况下，销售队伍的工作量（每年必须完成的拜访次数）就是 60 000 次（(1 000×36) + (2 000×12) = 36 000+24 000 = 60 000）。假设企业的销售人员平均每人每年可以进行

1 000次顾客拜访，则企业总计需要60（60 000÷1 000）名销售人员。

3. 关于销售队伍的战略和结构的其他问题

销售经理还需要决定销售活动所涉及的人员，以及不同的销售人员和销售支持人员的合作方式。

（1）外勤和内勤销售人员。企业可以通过**外勤销售人员**（outside sales force），也可以通过**内勤销售人员**（inside sales force）进行销售，或者两者兼而有之。外勤销售人员四处奔波、拜访顾客，而内勤销售人员则坐镇企业，通过电话、在线社交媒体，或者接待顾客来访来完成销售。由于外勤销售的成本上升以及网络、移动、社交媒体科技的迅猛发展，近几年内勤销售的使用在持续增长。

一些内勤销售人员会为外勤销售人员提供支持，使后者能够将更多的时间用于服务现有的主要顾客和挖掘新顾客。例如，技术销售支持人员提供相关的技术信息，并解答顾客的疑问；销售助理为外勤销售人员提供调研和行政方面的后援支持，他们跟踪销售线索，事先预约并确认拜访事宜，监督发货并在外勤销售人员繁忙时代其回答顾客的问题。内勤和外勤销售人员的合作有助于为重要顾客提供更好的服务。内勤销售人员和顾客进行日常接触、为顾客提供销售支持；而外勤销售人员与顾客进行面对面合作、建立顾客关系。

还有一些内勤销售人员不仅仅提供支持工作。电话销售人员和网络销售人员通过电话、互联网以及社交媒体寻找新的销售线索，了解顾客需求，或者直接完成销售和服务顾客。电话营销和网络销售是非常有效、成本较低的向小型的、难以接触的顾客进行销售的方法。考虑到产品和顾客的复杂性，一个电话销售人员每天可以接触到20～33位决策者，而外勤销售人员平均只能接触4位。同时，B2B销售人员拜访的平均成本接近600美元，而常规的电话营销或者网络销售成本平均只有20～30美元。[4]

尽管美国联邦政府的"拒绝来电登记制度"给电话销售造成了不利影响，但电话销售对于很多B2B业务来说仍是至关重要的工具。对于一些小型企业而言，电话和网络销售可能是它们最主要的销售方式。但很多大型企业同样也在广泛采用这些销售方式，或者直接向中小顾客销售产品，或者协助销售团队服务大顾客。

除了节省开支以外，在当今数字化、移动化和社交媒体的大环境下，相比于曾经必需的高成本登门拜访，很多顾客倾向于甚至可以说是更喜欢通过电话和网络进行顾客联系。如今，顾客更倾向于先通过网络自行收集信息（一项研究表明，一个典型的购买者只有在独立完成60%的购买过程后才会去联系销售代表），然后习以为常地使用手机、网络会议以及社交媒体与卖家进行交流并完成交易。"有了GoToMeeting.com和WebEx等虚拟会议软件，以及Skype等聊天软件，还有Twitter、Facebook和领英等社交媒体网站，即使很少有面对面的交流，销售也变得很容易。"一位内勤销售顾问如此说。[5]

伴随着这一趋势，电话和网络销售的增长速度远超过面对面销售。最近一项研究发现，内勤销售岗位在以外勤销售岗位300倍的速度增长。另一项研究也提到了"混合销售代表"的兴起，它涵盖了一个现场销售代表和一个远程工作的内勤销售代表的职能。41%的外勤销售活动现在是通过电话、移动设备完成的，无论是在家中、办公室，还是在路上。[6]

对于很多类型的产品和销售情境而言，电话或网络销售和销售人员拜访一样有效。[7]

金属切割领域的制造商美国裕博国际公司已经证明了电话和网络销售能节约成本并保持对购买者的关注。在旧系统下，裕博国际的销售工程师要花费1/3的时间在路上，培训经销商并通过电话配合他们工作。他们一天内通常进行4次接触。而现在，内勤销售队伍中的5个销售工程师每天大约联系30个潜在顾客，并能通过广告、邮件以及企业的Facebook、Twitter、YouTube账号及其他社交网站追踪销售线索。因为每一个交易过程大概需要5次电话沟通，销售工程师每次沟通后更新潜在顾客的资料，注明对方的合作意愿情况、新要求、下次沟通的时间以及个人认为重要的内容等。"如果有人提及准备去钓鱼旅行，那么我们的销售工程师会在销售信息系统中输入此信息并利用这条信息准备下次电话沟通的内容。"裕博国际的总裁说，他认为这是建立良好关系的一种方式。

另外，与潜在顾客进行第一次接触时裕博国际提供带有销售工程师照片的名片。裕博国际的顾客信息系统也给予内勤销售代表权限，使他们可以随时访问由外勤销售队伍和服务人员输入的顾客信息。凭借所有信息的武装，内勤销售代表能和每个顾客建立牢固的关系。当然，没有面对面的交流就能销售价值15 000美元（定制商品或许能到200 000美元）的机器设备可不只是通过友好的态度就能成功的，但是电话和网络销售方式表现得很好。当裕博国际的顾客被问及:"你经常见到销售工程师吗?"顾客普遍给予了肯定的回答。显然,很多人并没有意识到他们和裕博国际的唯一联系仅仅是通过电话或网络。

(2)团队销售。当产品越来越复杂、顾客要求越来越高时,一位销售人员可能无法独自处理这样一位大型顾客的所有要求。事实上,越来越多的企业正在利用**团队销售**(team selling)来为大型的、复杂的顾客提供服务。销售团队可以发掘出单个销售人员无法找到的问题、解决方案以及销售机会。这样一个团队可能包括企业各个层次、各个领域的专家,如来自销售、营销、技术与服务支持、研发、工程、运营、财务以及其他部门。

在很多情况下,这种向销售团队的转化与顾客采购部门的类似变化相呼应。很多大顾客企业采用基于团队的购买模式,这必然要求营销人员相应地采用基于团队的销售模式。当面对庞大、复杂的买家时,一个销售人员不可能在向顾客提供服务的每个领域中都是专家。相反,销售最终是由战略顾客团队完成的,并由高级顾客经理或顾客业务经理领头。

诸如IBM、宝洁这类企业很早便开始使用团队销售了。宝洁将其销售人员编入不同的"顾客业务开发"(CBD)团队中,每个团队服务于宝洁的一个重要顾客,如沃尔玛、西夫韦、CVS药房。CBD组织将重心放在满足每个重要顾客的所有需求上。它使宝洁得以"作为我们顾客的'战略合作伙伴'一起工作从而提升业绩",而不仅仅是一个供应商。[8]

团队销售也有不足。例如,销售人员天生具备较强的竞争,他们所接受的训练和奖励通常都要求其追求出色的个人表现。那些习惯于独自拥有顾客关系的销售人员可能很难适应在团队里工作并信任其他成员。此外,对那些习惯于面对一个或少数几个销售人员的顾客来说,销售团队可能会使他们感到有些混乱或者压迫感。最后,评估每个成员对团队销售绩效的贡献也很困难,这可能会导致颇为棘手的报酬问题。

13.2.2 销售人员的招聘与筛选

招聘、筛选好的销售人员是影响销售团队成功与否的核心问题。一个平庸的销售人员和一个销售高手在绩效上可能有天壤之别。在通常的团队销售中,排名前30%的销售人员可以带来总销售量的60%。因此,仔细选择销售人员将有助于大大提高整体的销售业绩。除了绩效上的差异之外,选聘不力还将导致很高的人员流动率,从而造成巨大的成本损失。当一个销售人员离职后,重新寻找和培训一个销售人员的成本非常高(将销售的损失也计算在内)。根据一家销售咨询企业的估计,雇用一个糟糕的销售人员损失可高达616 000美元。[9]而且,由过多新人组成的销售队伍的生产率也极为低下,人员流动率过高也会破坏重要的顾客关系以及降低团队士气。

销售大师具备什么特质使其与众不同?为了发现顶级销售大师的特征,盖洛普民意调查集团的分部——盖洛普管理咨询公司对数十万销售人员进行了调查。结果显示,业绩最优秀的销售人员具备四种关键的特征:内在的动力、自律的工作方式、达成交易的能力,以及最重要的——与顾客建立良好关系的能力。[10]

最优秀的销售人员受到内在动力的激励——他们拥有追求卓越的不屈不挠的动力。一些销售人员想要得到金钱、认同或者竞争和胜利的满足感。还有一些销售人员被提供服务和建立联系的欲望所驱使。最优秀的销售人员拥有所有这些动力的成分。但是也有其他分析认为,最优秀的销售人员被强烈的目的感所支配。"那些带有崇高目的、真心想为顾客带来改变的销售人员比只关注销售目标和金钱的销售人员表现更优秀。"带着这种顾客相关的目的感进行销售不仅会创造成功,还会为销售人员带来可观的收入和自豪感。[11]

优秀的销售人员还有着自律的工作方式。他们制订详细的、有条理的计划,并且按时执行计划。但只有能帮助达成交易、建立更好的顾客关系的动机和自律才是有意义的。最优秀的销售人员积极储备工作所需的技巧和知识。也许更重要的是,杰出的销售人员是卓越的顾客问题解决者和顾客关系的建立者。他们理解顾客的需求。在对销售管理者进行访谈时,他们对最优秀的销售人员做出了如下描述:善于倾听、富有同情心、耐心、细致周到、积极响应。他们将自己置于购买者的位置,从顾客的视角来看待问题。优秀的销售人员不仅仅希望被喜爱,他们更希望可以为顾客增加价值。

世界上没有任何一种销售方式是普适的。每一位成功的销售人员都有自己的方法,能够最好地利用其优势和天赋的方法。例如,一些销售人员享受完成一宗面临各种挑战的交易而获胜后的兴奋,其他销售人员或许凭借少有的天赋就能达成相同的目标。"事实上,并没有两个优秀的销售代表是相似的,"一位销售顾问说,"或许你在残酷的竞争中成长起来,而你的同事则作为一名分析逻辑强大的问题解决者而取胜;或者你在建立关系上具备惊人的天赋，而你的同事则富有战略规划的头脑。最重要的是通过你自己的方式赢得生意。"[12]

在招聘的时候，企业应分析销售工作本身的需要和企业中最成功的销售人员的特点，从而确定所处行业成功的销售人员需要具有的特质。继而，企业必须招聘正确的销售人员。企业的人力资源部门可以通过内部销售人员举荐来招聘新人，也可以通过职业介绍机构、网络搜寻和在线社交媒体，或者在企业网站及行业媒体上发布招聘广告，也可以招聘大学毕业生。另外一个人才来源是直接吸引其他企业的出色的销售人员，在其他企业已经非常出色的销售人员只需要很少的培训就可以很快产生效益。

一个职位可能会有很多申请者，企业必须从中挑选出最好的。筛选的过程是多种多样的，可能仅仅是一次非正式的会面，也可能是一次详尽的测试和面谈。很多企业对面试者进行正式测验，这种测试通常用来考察其销售能力、分析和组织技能、个性特征和其他一些特点。但是测试分数仅仅提供了面试者个人性格、推荐信、工作经历和面试表现的一个侧面。

13.2.3 销售人员的培训

新的销售人员可能在任何地方接受培训，培训时间少则几周、几个月，多则一年以上。在最初培训结束后，大多数企业都会通过座谈会、销售会议和网络在线学习等方式在员工的整个销售生涯中对其进行定期培训。据统计，美国的企业每年在销售人员培训上花费的金额高达150亿美元，尽管培训是非常昂贵的，但培训也能产生很大的回报。例如，一项近期研究表明，由管理服务企业ADP提供的销售培训在90天内就产生了340%的投资回报率。[13]

培训项目有多个目标。首先，销售人员需要了解顾客并明白如何同他们建立关系。因此，培训项目必须教会他们不同的顾客类型和相应的需求、购买动机和购买习惯。培训项目还应该教销售人员如何有效地进行销售，以及销售过程中所需的基础知识。销售人员同样需要了解和认识企业、企业的产品和竞争者。因此，一项有效的培训项目帮助销售人员了解企业的目标、组织及主要的产品和市场，以及主要竞争对手的战略。

今天，很多企业正在向它们的培训项目中加入在线培训。在线培训可能包括简单的基于文字和视频的产品培训、基于网络的培养销售技巧的销售练习，也可以是重现真实销售情境的复杂场景模拟练习。其中最基础的形式是虚拟教员训练（VILT），通过这种方式，一组销售人员可以远程访问该网址，一位销售教员将会利用在线视频、音频及交互学习工具进行课程培训。

相对于实地培训，在线培训能够节省差旅费以及其他培训费用，并且这种方式也更少占用销售人员的时间。同时，它还使销售人员能够按需接受培训，在任何需要的时间和地点按照自身需要接受恰当的培训。大多数在线培训都是基于网络的，而且很多企业现在通过移动数字设备提供按需培训。

很多企业现在使用创新、复杂的在线技术让销售培训更加高效，有时也更加有趣。例如，拜耳医药保健企业与健康护理营销机构 Concentric Pharma Advertising 合作开发了一款角色扮演模拟视频游戏，对其销售队伍进行新药品营销计划的培训。[14]

大多数人通常不会把快节奏的摇滚乐、华丽的画面与在线销售培训工具联系起来，但是，Concentric Pharma Advertising 创造性的角色扮演视频游戏《销售竞赛》拥有所有这些特性。与其所取代的单调、陈旧得多的选题技能测试相比，《销售竞赛》为拜耳的销售代表带来了更多的娱乐。该游戏的开发目的是为拜耳的成熟产品 Betaseron（一个拥有18年历史的多发性硬化治疗法）赋予全新的生命。其目标在于寻找一种更新鲜、积极的方法帮助拜耳的销售代表将他们所学到的关于 Betaseron 的深度信息运用到实际销售和异议处理中去。拜耳也希望能够通过互动学习提高销售代表的投入度，通过实时结果获得更多的反馈。拜耳的销售代表一开始就很喜欢《销售竞赛》。根据拜耳的说法，游戏首次推出时销售代表就玩了30多遍。除了教育和激励价值之外，《销售竞赛》使得拜耳可以评价销售代表的个人和整体表现。最终，拜耳估计《销售竞赛》帮助 Betaseron 将销售队伍的效率提高了20%。

13.2.4 销售人员的报酬

为了吸引优秀的销售人员，企业必须制定一个有吸引力的薪酬方案。薪酬由四部分组成：固定工资、变动工资、费用报销以及额外福利。固定部分的薪资主要是工资,它是销售人员的稳定收入。变动部分则可能是以销售绩效为基础的佣金或者奖金,是对销售人员付出努力和取得成功的回报。

销售人员的薪酬方案不仅可以激励他们,而且直接影响他们的行为。薪酬计划应该能指导销售人员按照与销售团队整体及营销目标相一致的方向进行努力。[15] 例如,如果企业的战略是吸引新顾客、实现快速增长、迅速占领市场份额,薪酬计划就应该包括高比例的提成并加上开发新顾客的奖金,以鼓励提高销售绩效和新顾客开发。相反,如果企业的战略是从现有顾客中获得最大化利润,那么薪酬构成应该包括较高的基本工资加上对现有顾客销售和顾客满意的额外奖金。

事实上,越来越多的企业都在放弃使用高比例提成的方案,因为这样的方案会鼓励销售人员更加注重短期目标。它们担心过度激励销售人员达成交易可能会破坏良好的顾客关系。与之相对,企业正在设计可以鼓励销售人员重视建立顾客关系,并且为每一个顾客提供长期价值增长的薪酬计划。

当经济环境不景气时,一些企业通过降低销售人员的工资以削减成本。在企业经营不善时削减成本情有可原,但是全面削减销售人员的工资通常是最后的选择。市场对顶级营销人员总是有需求的,降低薪水可能会让你在最需要他们的时候失去他们。因此,削减关键销售人员的工资可能会导致重要顾客关系的贬值。如果企业必须削减工资,比全面削减工资更好的办法是鼓励高绩效的销售人员,辞退低绩效者。

13.2.5 销售人员的督导和激励

对于一个新的销售人员,企业除了需要对其划定销售区域、确定薪酬计划、进行销售培训之外,还需要对他们进行督导和激励。督导的目标就是帮助销售人员"聪明地工作",用正确的方法做正确的事情;激励的目标是鼓励销售人员"努力地工作",精力充沛地为达成销售目标而努力。如果销售人员不但聪明地工作而且努力地工作,他们将会最大限度地发掘出自己的潜力,对他们自己或企业利润而言都有好处。

1. 督导销售人员

各个企业对销售人员的督导程度是不同的。有的企业帮助销售人员确定目标顾客和制定拜访规范,有的企业还规定销售人员应该花多少时间来开发新顾客以及其他应优先考虑的事情。常用的一种工具是每周、月度、年度的**拜访计划**(call plan),它规划了销售人员应该对哪些现有和潜在顾客进行拜访以及应该进行哪些活动。另外一项工具是**时间 - 责任分析法**(time-and-duty analysis)。除了用于销售的时间,销售人员还要花时间出差、等候见面、休息以及做一些行政琐事。

图 13-2 显示了销售人员怎样分配他们的时间。平均来说,积极销售的时间实际上仅占总工作时间的37%。[16] 企业总是在不断寻求节省时间的方法——简化行政职责、寻找更好的销售拜访和路线计划、提供更多且更有效的顾客信息以及使用电话、电子邮件或者视频会议替代出差。

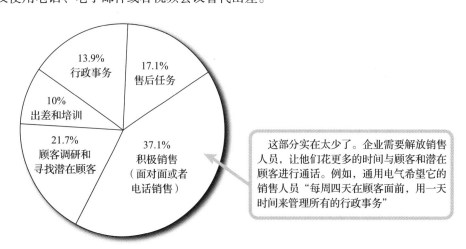

图 13-2 营销人员如何分配其时间

注:由于四舍五入的原因,相加不等于100%。

资料来源:"2014 Sales Performance Optimization Study,"*CSO Insights*, www.csoinsights.com.Used with ermission.

很多企业采用了销售自动化系统，对销售人员的操作进行计算机化和数字化，以使销售人员随时随地都能高效地工作。企业基本都为销售人员配备了新一代的科技设备，比如笔记本电脑、智能手机、无线网络连接、网络视频会议摄像头和顾客联络及顾客关系管理软件。有了这些科技设备的协助，销售人员可以更加有效并高效率地了解现有顾客和潜在顾客、分析与预测销售额、吸引顾客、做演示、准备销售和开支报告以及进行顾客关系管理。销售自动化不仅能更好地管理时间、改善顾客服务、降低销售成本，还能提高销售绩效。总之，科技重塑了销售人员完成其职责以及与顾客互动的方式。

2. 激励销售人员

除了对销售人员进行指导，管理者还必须对他们进行激励。一些销售人员不需要管理者任何额外的激励就可以做到最好，对于这部分人来说，销售可能是世界上最美好的工作。然而销售也可能会令人相当沮丧，销售人员经常单独工作，或许还要到离家很远的地方出差，还可能会遇到咄咄逼人的竞争对手和难缠的顾客等。因此，销售人员想要表现出色，时常需要额外的激励。

管理人员可以通过组织氛围、销售定额和一些积极的激励措施来激发销售人员的士气和提高绩效。组织氛围指销售人员对伴随其良好表现而来的机会、价值和回报的感受。很多企业对待销售人员的方式让人觉得他们似乎并不重要，因而销售业绩也受到了很大影响。另一些企业则将销售人员看成是价值贡献者，并给他们提供了近乎没有限制的加薪和升职机会。毫无疑问，这些企业将会获得更好的销售绩效和更低的人员流动率。

企业通过**销售定额**（sales quota）来激励销售人员。它规定了每个销售人员应该销售企业的哪些产品以及最低的销售数额，薪酬常常是与销售人员完成定额的情况相挂钩的。企业还运用各种正向的激励方式来鼓舞销售人员。销售会议为销售人员提供了一个不同于日常例行工作的社交场合，他们有机会同企业的重要人物进行交流，发表自己的感受并使自己融入一个更大的团体。企业还可以通过举办销售竞赛来激发销售人员实现超乎寻常的工作绩效。其他的一些激励还包括荣誉头衔、奖品或者现金奖励、公费旅游和利润分享计划。

13.2.6 销售人员和销售队伍表现的评估

我们先前讨论了管理人员如何确定销售人员的任务以及如何对他们进行激励。这个过程同样需要好的反馈，这意味着企业需要定期获取销售人员的相关信息，从而便于对他们进行评估。

管理者可以通过几种途径获得销售人员的信息。最重要的途径是通过销售报告，包括每周或者每月的工作计划以及更长期的区域营销计划。销售人员还可以在他们的拜访报告中列出他们完成的活动、填写报销单并获得部分或者全额报销。企业还可以监督销售人员任务区域内的销售额和利润业绩情况，此外，还可以从个人观察、顾客调研以及同其他销售人员的谈话中获得信息。

通过各种各样的报告和信息，管理者可以对个体销售人员进行评估。主要的评估内容是销售人员制订并执行计划的能力。正规的评估要求管理者开发并传达明确的衡量绩效的标准，同时也为销售人员提供具有建设性的反馈，并激励他们更加努力。

从更广泛的层面来看，管理者应该从整体上评估销售人员的表现。销售人员是否完成了顾客关系、销售额和利润各方面的目标？是否与其他区域的营销和企业部门合作顺利？销售成本与支出是否一致？和其他的营销活动一样，企业想要衡量销售的投资回报率。

作者评点

正如今天其他所有的事物一样，数字化技术给销售带来了巨大成功。如今，销售人员可以通过在线销售、移动电话销售和社交媒体销售工具与顾客交流，建立顾客关系，并完成销售目标。

13.3 社交营销：网络、移动电话和社交媒体工具

如今发展最快的销售趋势是**社交营销**（social selling）。网络、移动电话和社交媒体被用来开发顾客、构建牢固的顾客关系、增加销售业绩。全新的销售科技正在创造让人兴奋的新方式以在数字、社交媒体时代与顾客联系和互动。

一些分析师甚至预测网络销售意味着人员销售的死刑，因为销售人员最终会被网站、在线社交媒体、移动顾客端、视频相关科技以及所有能直接接触到顾客的工具所取代。"不要相信这个说法，"一位销售专家说，"面对面销售将会减少。"另外一位专家说："但是作为卖方，必须安排人员负责与顾客互动。这仍将是销售人员的角色或职责"（见营销实践13-1）。[17] 因此，网络和社交媒体技术不会让销售人员过时，如果使用得当，反而使销售人员更加高产、高效。

营销实践 13-1

B2B销售人员：在这个数字化和社交媒体的时代，谁还会需要他们

我们应该很难想象没有销售人员的世界会是什么样子。但一些分析师认为，10年后，销售人员会比现在少得多。随着互联网的飞速发展，移动设备以及其他技术把顾客与企业直接联系起来，他们质疑谁会再需要面对面的销售呢？质疑者称，销售人员正在迅速地被网站、电子邮件、博客、移动应用、视频分享、虚拟贸易展示、Facebook和领英等社交网络以及一系列其他的新型交互工具所取代。

调研企业Forrester预测，未来5年内美国B2B销售代表的数量将下降22%，这意味着到2020年1/5的销售代表将面临失业。"世界不再需要销售人员，"一位灾难预言家大胆预测说，"销售是正在被淘汰的专业，很快就会像油灯和转盘电话那样过时。"另一位灾难预言家说："如果我们不能比计算机更快地发现和满足需求，那么我们也会被淘汰。"

所以，B2B销售真的要被淘汰了吗？互联网、移动技术和在线网络能取代古老的面对面销售吗？为了回答这些问题，《销售力》杂志邀请了一部分销售专家进行专家组座谈，并让他们预测未来B2B销售的比重。专家组同意技术的进步从根本上改变了销售职业。如今，人们交流方面革命性的改变正影响着商业的每个方面，包括销售。

但B2B销售会终结于互联网时代吗？《销售力》专家组建议，不要相信这个。科技和网络并不会迅速取代人与人之间的买卖。专家组同意销售已经被改变了，科技可以在很大程度上增强销售过程。但科技并不能取代销售人员的众多功能。"互联网能获取订单和宣传内容，但却不能做到发现顾客需求，"一位专家说，"互联网不能建立关系，不能自发寻找顾客。"另一位专家补充说："必须有人定义企业的价值主张和独特信息并将之传递至市场，而这样的人就是销售代表。"

正在被淘汰的是专家所说的顾客维护角色——通过在周五造访顾客办公室并问"嘿，有什么需要帮忙的吗"来拿订单的人。同样，那些只发挥解释作用的销售代表也没有什么未来，他们只是简单地传递产品和服务信息，而这些信息可以在网上更快、更容易地获取。这样的销售人员不能创造价值，会很容易被自动化所取代。然而，精通获取新顾客、关系管理和现有顾客价值增长的销售人员一直是企业所需要的。

毫无疑问，技术确实正在改变销售这个职业。之前顾客主要依赖销售人员获取基本信息和指导，现在，顾客能通过网络搜索、线上社区联络和其他方式自己开展很多购买前的研究。很多顾客现在通过网络开始其销售流程，在首次会面前就已经对问题、企业的竞争产品和供应商有所了解。他们不需要基本信息或有关产品的指导，他们需要解决方案和新洞察。根据近期一项调查，商业购买者在接触供应商之前已经自行完成了57%的购买过程。所以，如今的销售人员需要"进入发现和关系建设阶段，找到顾客痛点并聚焦于潜在顾客的业务。"一位专家说。事实上，未来5年内这种顾问式的销售人员有望增长50万。

与其说技术在取代销售人员，不如说技术在提升销售人员。销售人员现在所做的与从前一直在做的没有本质差异。他们做的始终都是顾客调研和社交工作，只不过现在他们的方式更为有力——使用更多的高科技工具和应用。

例如，许多企业在快速地进入基于线上社区的销售这个领域。企业管理软件制造商SAP于2009年建立了自己的线上社区EcoHub，一个包含软件专家、合伙人和任何想要加入的人员的自有社交媒体市场。EcoHub社区成长飞速，已经在200个国家拥有200万用户，并在更广泛的网络范围中延伸，如专业网站、移动App、Twitter渠道、领英群组、Facebook和Google页面、YouTube渠道等。

EcoHub 有 600 个"方案商城",访问者能轻松地发现、评估和购买 SAP 及其合作伙伴的软件解决方案和服务。EcoHub 还让用户对从其他社区成员处获得的方案和建议进行排名及分享。

SAP 惊讶地发现,其对 EcoHub 社区的定位最初只是为顾客提供讨论问题及解决方案的场所,但是实际上它成为一个重要的销售点。信息、双向讨论和现场实时对话吸引了很多顾客,甚至带来了 2 000 万～3 000 万美元的销售额。实际上,EcoHub 社区现在已经演变成一个庞大的 SAP 商城,在这里顾客可以与 SAP 及其合作伙伴和其他所有人接洽,分享信息、发表评论、发现问题以及评估和购买 SAP 解决方案。

尽管 EcoHub 带来了潜在顾客并引领他们走过产品发现和评估的前期阶段,但 EcoHub 并不能取代 SAP 或其合作伙伴的销售人员。相反,EcoHub 扩展了他们接触顾客的范围和效果。EcoHub 的真正价值是为 SAP 和其合作伙伴的销售人员带来了大量的销售线索。一旦潜在顾客在 EcoHub 上发现、讨论、评估 SAP 解决方案,SAP 就邀请他们进一步接触、询问产品建议或开启谈判过程,这正是人员销售的真正开始。

所有这些表明,B2B 销售并没有被淘汰,只是发生了改变而已。为了适应数字和社交媒体时代,销售工具和技术或许会以不同的形式出现,但专家强烈认为 B2B 离不开强大的销售队伍。无论何时,能够发现顾客需求、解决顾客问题和建立顾客关系的销售人员总是会被企业所需要且能够成功的。尤其是对于交易额很大的 B2B 订单,"所有这些新技术都会通过在与顾客初次会面前建立紧密的联系而让销售变得更容易,但当需要签字的时候,仍然需要一名销售代表在那里。"

资料来源:Based on information from Tom Pisello, "Death of a Salesman? Forrester Says Yes (at Least 1 in 5 at Risk)!" *Alinean*, March 12, 2015, http://blog.alinean.com/2015/03/death-of-salesman-forrester-says-yes.html; Tony J. Hughes, "Back to the Future of Sales in 2015," *LinkedIn*, December 27, 2014, www.linkedin.com/pulse/back-future-sales-2015-tony-j-hughes; Lain Chroust Ehmann, "Sales Up!" *SellingPower*, January/February 2011, p. 40; Paul Nolan, "Mapping the Buyer's Journey," *Sales and Marketing Management*, March 27, 2015, www.salesandmarketing.com/content/mapping-buyer's-journey; "Getting Started with SAP EcoHub," http://ecohub.sap.com/getting-started, accessed June 2015; "SAP EcoHub to the SAP Store: The Evolution of the Online Channel at SAP," YouTube, www.youtube.com/watch?v=WADFf6k34V8, accessed June 2015; and https://store.sap.com/ and https://scn.sap.com, accessed September 2015.

新的数字化科技为销售人员提供了识别和了解潜在顾客、与顾客交流、创造顾客价值、完成销售以及培养顾客关系的强大工具。社交销售技术为销售队伍带来了巨大的组织效益。它们帮助销售人员节约宝贵的时间,省下差旅费用,并为销售人员提供销售和服务的新工具。

社交营销并没有真正改变销售的基本面。销售队伍始终承担着与顾客接触和管理顾客关系的基础责任。现在,这部分责任更多的是通过数字化实现的。然而,在线和社交媒体正在戏剧性地改变着顾客的购买过程。因此,销售人员也在改变销售流程。在当今的数字世界里,许多顾客不再像以前那样依赖销售人员提供的信息和帮助。相反,他们在购买过程中——尤其是早期阶段——更多地进行自主购买。他们越来越多地利用网络和社交媒体来分析自己的问题,研究解决方案,从同事那里得到建议,并在与销售人员交谈之前,对购买方案进行排名。最近一项对商业购买者的研究发现,92% 的买家先是在网上搜索,平均而言,买家在与供应商联系之前完成了近 60% 的购买过程。[18]

因此,现在顾客对销售过程的控制比过去仅能从销售代表那里获取宣传册、定价和产品建议的时候要多得多。顾客现在可以浏览企业网站、博客和 YouTube 视频,以识别和审查卖家。他们可以在领英、Google+、Twitter 或 Facebook 等社交媒体上与其他买家交谈,分享经验,找出解决方案,评估他们正在考虑的产品。因此,当销售人员进入购买流程时,顾客对企业产品的了解往往和销售人员一样多。当顾客打电话给销售人员时,他们通常会用数字化的方式进行,并期望实时参与。

为了应对这种新的数字购买环境,卖家正在围绕新的顾客购买过程调整他们的销售流程。他们去"在顾客出现的地方"——社交媒体、网络论坛、在线社区、博客——以便更早地吸引顾客。他们不仅在顾客购买的地点和时间吸引顾客,还关注顾客了解和评估其所要购买产品的地点和时间。

销售人员现在经常使用数字化工具监控顾客的社交媒体交流,以发现趋势,识别潜在顾客,了解顾客想买什么,顾客对某个供应商的看法,以及怎样才能产生交易。销售人员从在线数据库和社交网站(如 Inside View、Hoovers 和领英)生成潜在顾客名单。当潜在顾客通过与销售团队实时聊天访问他们的网站和社交媒体网站时，他们会创建对话。他们使用网络会议工具，如 WebEx、Zoom、GoToMeeting 或 TelePresence 与顾客讨论产品和服务。他们在 YouTube 频道和 Facebook 页面上提供视频和其他信息。

今天的销售队伍也在增加他们自己对社交媒体的使用，让顾客在整个购买过程中参与进来。最近一项对 B2B 营销人员的调查发现，他们最近削减了传统媒体和活动的支出，而在社交媒体上的投资更多，从专有的在线顾客社区到网络研讨会、社交媒体和移动应用。[19] 以工业和消费品巨头通用电气为例。[20]

通用电气通过各种各样的数字化和社交媒体来补充其销售力量，这些媒体可以吸引商业顾客与通用电气的销售人员联系，并促进顾客的购买和加深关系。例如，通用电气的各个部门——从通用电气航空企业到通用电气医疗和通用电气能源企业——提供特定行业的网站，包含数千个单独的站点区域和成千上万的页面，为 B2B 顾客提供解决方案、产品概述、详细的技术信息、在线视频和网络研讨会、实时聊天和实时顾客支持。通过 Facebook、Twitter、领英、Google+、Salesforce.com 甚至 Instagram、Pinterest 和 Vine 等大型社交媒体的全面参与，通用电气还建立了品牌知名度并帮助其销售团队吸引商业顾客的深度参与。"我们有一个核心信念，那就是商业是有社交属性的，"通用电气的首席营销官说，"如果你在商界，你需要社交，因为这会让你更接近你的顾客。我们想让销售团队完全实现数字化。"

最终，社交营销技术正在帮助提高销售人员的效率、成本效益和生产率。这些技术可以帮助销售人员通过解决顾客问题来建立良好的顾客关系，这是优秀的销售人员经常做的事情——但是要做得更好、更快、成本更低。

然而，社交营销也有一些弊端。首先，它不便宜。此外，这样的系统可能会威胁到技术水平低的销售人员或顾客。更重要的是，有些东西是你无法通过互联网来表达或传授的，这些东西需要人的参与和互动。由于这些原因，一些高科技专家建议销售人员使用在线和社交媒体技术来发现机会、提供信息、保持顾客联系，并进行初步的销售演示，但在快要完成一笔大交易的时候，他们需要传统的面对面会议。

缓冲带：概念链接

休息一下，重新审视你对销售人员和销售管理的看法。
- 如果再有人说"销售员"，你脑中会浮现怎样的画面？阅读本章至此，你对销售人员的看法是否有所改变？如果有，是怎么改变的？请具体阐述。
- 寻找从事销售的专业人员并与其探讨，向他询问并汇报他所在的企业是如何设计销售队伍并进行招聘、培训、薪酬、督导和评估的。你是否愿意在这家企业做一名销售人员？

13.4　人员销售的过程

作者评点

到目前为止，我们回顾了销售管理层是如何开发和执行整体销售队伍战略和项目的。下面我们将看看个体销售人员和销售团队是如何向顾客销售产品并建立顾客关系的。

我们现在从设计和管理销售队伍转到人员销售过程。销售过程包括销售人员必须掌握的几个步骤。这些步骤的主要目的是开发新顾客并从他们那里获得订单。不过，大多数销售人员会将大部分时间用于维系现有顾客并与他们保持长期的关系，我们将在下一节讨论人员销售过程中关系层面的内容。

13.4.1　销售过程的步骤

如图 13-3 所示，**销售过程**（selling process）包括 7 个主要步骤：寻找潜在顾客并确定其资格、销售准备、接触顾客、演示与说明、处理异议、达成交易、跟进与维持。

1. 寻找潜在顾客并确定其资格

销售过程的第一步是**寻找合格的潜在顾客**（prospecting）。接近正确的顾客是销售成功的关键。销售人员不想只拜访潜在顾客，他们想要拜访最有可能认同企业价值主张的人——这些顾客是企业可以很好地为之服务并从中盈利的。

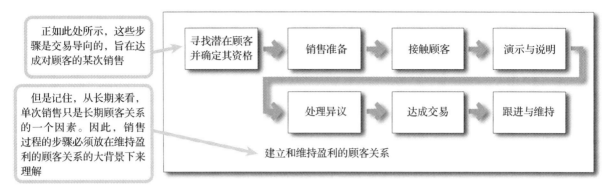

图 13-3　销售过程的主要步骤

销售人员必须经常接触许多潜在顾客，才能获得一些销售额。尽管企业提供了一些销售线索，但销售人员自己应具备相应技能来寻找潜在顾客。最好的销售线索来源是推荐。销售人员可以请现有顾客帮忙推荐，并培养其他推荐来源，如供应商、经销商、非竞争性销售人员、在线或社交媒体联系人。他们还可以通过电话通讯录或互联网来搜寻潜在顾客，并通过电话、邮件和社交媒体进行联络和追踪。再或者，他们还可以不经预约就到各种办公室拜访（这种行为通常被称为"陌生拜访"）。

销售人员还应知道如何确定潜在顾客的资格，即如何识别好的顾客并剔除不好的顾客。销售人员可以通过潜在顾客的财务能力、业务量、特殊需求、地理位置以及成长潜力来确定其资格。

2. 销售准备

在拜访之前，销售人员应该尽可能多地了解买家（其需求及采购团队）和它的采购人员（个性和采购风格等），这个步骤被称为**销售准备**（preapproach）。成功的销售早在首次接触潜在顾客之前就开始了。销售准备以充分的调研和准备为起点。销售人员可以参考一些常规的行业与在线资料，向熟人或者其他人了解该企业的情况，还可以浏览潜在顾客的网站和社交媒体网站，从而获取其产品、购买团队和购买过程的相关信息。接着，销售人员必须根据研究结果来制定策略。

销售人员应该确定拜访目标，这个目标可能是确定企业资格、收集信息或者立刻达成交易。另外一项任务就是要决定接触顾客的最佳方式——人员拜访、电话、信件还是电子邮件、推文。由于潜在顾客在一天或一周内的某些时间可能非常忙碌，所以最佳拜访时机的选择需要仔细考虑。最后，销售人员应该确定对该顾客的总体销售策略。

3. 接触顾客

在**接触顾客**（approach）的过程中，销售人员应该知道如何约见、问候顾客，以及如何使双方的关系有一个良好的开始。接触顾客的过程可能发生在线下或线上，以面对面或多媒体会议、社交媒体的形式实现。这一步骤还涉及销售员的衣着、开场白以及后续讨论的问题。开场白应该表现出建立良好关系的愿望。开场白之后可以是几个有助于了解顾客需要的关键问题，或者是对企业产品的展示，以吸引顾客的注意力和好奇心。在销售过程的所有阶段，保持对顾客的积极倾听是十分重要的。

4. 演示与说明

在**演示与说明**（presentation）这个步骤中，销售人员会向顾客讲解产品的"价值故事"，说明企业的产品如何解决顾客的问题。"问题解决型"销售人员比极力推销或者过分热情的销售人员更加符合关系营销的理念。

演示与说明的目标在于向顾客展示企业的产品和服务将如何满足顾客的需求。如今的购买者更想要的是洞察和解决方案，而不是微笑；他们要的是结果，而不是其他花哨的东西。此外，购买者想要的不仅仅是产品，他们想要知道产品将如何为他们的生意增加价值。他们希望销售人员能够倾听他们的担忧，了解他们的需要并提供正确的产品和服务。

但是在演示解决方案之前，销售人员必须首先设计出解决方案。解决方案需要销售人员具有良好的倾听和解决问题的技能。购买者最不喜欢的就是咄咄逼人、迟到、欺骗、毫无准备与逻辑或者夸夸其谈的销售人员。他们认为，销售人员最重要的特质就是善于倾听、富有同情心、忠诚可靠、一丝不苟、有始有终。伟大的销售人员不仅仅知道如何销售，更重要的是，他们知道如何倾听以及如何建立紧密的顾客关系。俗话说得好，"上帝给了我们两只耳朵和一张嘴，因此少说多听吧"。办公用品制造商 Boise Cascade 的经典广告很好地诠释了倾听的价值。广告中，Boise Cascade 的销售人员有着巨大的耳朵。"和 Boise Cascade 共事，你会立即感受到不同，特别是我们的销售队伍，"广告词说道，"在 Boise Cascade……我们的销售代表有着特有的倾听您需求的能力。"

最后，销售人员还必须规划好他们的演示方法。为了吸引顾客、进行有效的销售演示，良好的人际沟通技巧非常重要。但是，现如今丰富的媒体类型和嘈杂的沟通环境给销售演示带来了新的挑战。当今被信息过度轰炸的顾客要求更为丰富的演示体验，并且销售人员还需要克服演示过程中电话、短信以及其他数字化竞争对顾客的干扰。所以，销售人员必须以更吸引人、更令人信服的方式传递信息。

因此，今天的销售人员正在采用更为先进的演示技术来向一个或几个人进行完整、全面的多媒体演示。过去销售人员所使用的演示图表已经被平板电脑、复杂的演示软件、在线演示技术、交互式电子白板和数字化投影仪所取代。

5. 处理异议

在演示说明或者被要求下单的时候，顾客总是有这样或那样的问题和异议。这些问题和异议可能是合乎情理的，也可能仅仅是顾客的心理在作祟，而且他们通常并不会直接说出来。在**处理异议**（handling objections）的过程中，销售人员应该采用一些积极的方法来找出异议所在，使顾客清楚地将意见表达出来，将这些异议看作提供更多信息的机会，并且将这些异议转化为促使顾客产生购买的理由。每个销售人员在处理异议方面都应该接受技能培训。

6. 达成交易

在成功处理了潜在顾客的异议之后，销售人员就要尽力达成交易。但有些销售人员距离**达成交易**（closing）还有一段距离或者无法顺利达成交易。这可能是由于销售人员在催促顾客下订单方面缺乏自信或感到内疚，或者无法确定达成交易的最佳时机。销售人员必须懂得如何从顾客那里识别可以达成交易的信号，包括顾客的动作、评论或者提出的问题。比如，顾客可能会采用上身前倾的坐姿并频频点头表示赞同，或者询问价格和赊购条款等。

销售人员有几种达成交易的技巧可以应用。他们可以适时要求顾客下订单、回顾双方达成的共识要点、提出帮忙拟定订单、询问顾客需要的具体的产品型号或者告诉顾客如果不立即订购将会遭受什么损失。他们还可以向顾客提供特殊的交易理由，如更低的价格、免费赠送产品或者额外的服务。

7. 跟进与维持

如果销售人员希望达到让顾客满意且重复购买的目标，那么销售过程的最后一个步骤——**跟进与维持**（follow-up）就是必不可少的。交易一旦达成，销售人员应该立即着手确定所有细节，包括交货日期、交易条款和其他事项。当第一单货物交付以后，销售人员就应该安排一次跟进拜访以保证产品的正确安装，并对顾客提供适时的指导和帮助。这样的拜访还可以揭示出一些潜在的问题，可以使顾客相信销售人员关心他们，并打消他们在完成购买后可能产生的顾虑。

13.4.2 人员销售和顾客关系管理

上述描述的人员销售的基本原则是交易导向型的，其目标是帮助销售人员完成与顾客之间的特定交易。但是在大多数情况下，企业追求的不仅仅是销售额，它想要的是在长期内吸引顾客并建立一种互利的关系。在建立和维系长期顾客关系的过程中，销售人员发挥了极为重要的作用。如图 13-3 所示，对销售过程的理解必须结合建立和维持可盈利的顾客关系这一大背景。此外，正如前文所说，越来越多的顾客在联系销售人员之前就自行完成了购买的前期阶段，销售人员必须调节其销售过程以迎合新的购买节奏。这就意味着销售人员要从维系顾客关系的角度去发现和吸引顾客，而非仅仅看重建立交易本身。

成功的销售组织已经意识到要赢得并维系顾客所需要的不仅仅是质量过硬的产品，或者是指导销售人员达成很多交易。如果企业仅仅希望达成销售和获得短期的生意，它可以简单地通过降价至竞争对手的水平或者比竞争对手更低来做到这点。相反，大多数企业希望其销售人员采用价值销售——展现和传递超凡的顾客价值并在此基础上获得对顾客和企业都很公平的回报。

不幸的是，为了达成交易，销售人员通常选择更简单的降价方式，而不是传递价值。管理者的挑战在于将销售人员的导向由对顾客有利的降价转换为对企业有利的价值传递。下面的例子展示了罗克韦尔自动化企业如何向顾客出售价值和关系而非价格。[21]

面对沃尔玛带来的降价压力，一家调味品企业匆忙召集了若干相互竞争的供应商销售代表来协助它找到降低运营成本的方法，其中就包括罗克韦尔自动化企业的销售代表 Jeff Policicchio。通过在车间进行了一天的考察，Policicchio 很快发现了主要问题：该企业的 32 个巨型调味池里的泵运转效率低下，导致了停工时间的上升，进而影响了生产效率。Policicchio 很快收集了相关的成本和用量数据，接着他使用罗克韦尔企业的价值评估工具找到了能够解决顾客问题的有效方案。

价值销售：管理者的挑战在于将销售人员的导向由对顾客有利的降价转换为对企业有利的价值传递。
Almagami/123rf

第二天，在 Policicchio 与竞争企业的销售代表向工厂管理层演示解决方案时，他提出了以下具体的价值主张："采用罗克韦尔自动化企业的泵解决方案将可以帮助您减少停工时间、减少与采购相关的行政费用、降低修理费用，相比于竞争对手的最好方案而言，在共有 32 个泵的情况下您的企业至少还可以在每个泵上节省 16 268 美元。"与其他竞争对手相比，Policicchio 的解决方案报价更高，但没有任何一个竞争对手像他一样提供了可能节省的费用的具体数字。他们仅仅给出了一些关于成本节约的空洞承诺，大部分则只是简单地降低报价。

工厂管理层对 Policicchio 的价值主张印象十分深刻，他们立刻购买了一个罗克韦尔自动化的泵试用，尽管它的价格更高。当他们发现实际节约的成本比预期值更高时，他们也为剩余的泵下了订单。通过展示出具体的价值而不是依靠低价，Policicchio 不仅获得了最初的一单生意，同时也获得了一位未来的忠实顾客。

因此，价值销售需要倾听顾客的声音、理解他们的需求、谨慎协调整个企业的努力以创造基于顾客价值的长期合作关系。

13.5 促销

> **作者评点**
>
> 促销是促销组合中最短期的工具。如果说广告和人员销售是让人们"购买"，那么促销就是让人们"马上购买"。

人员和广告销售通常与另外一个促销工具即促销紧密联系。**促销**（sales promotion）是鼓励顾客购买产品或者服务的短期刺激工具。如果广告提供了购买一项产品或服务的理由，促销则提供了马上购买的理由。

促销的例子随处可见。星期天的报纸中夹有的插页上有一张 Meow MixTender Centers 的猫粮优惠券，提供 1 美元的折扣；一家当地的橙叶冷冻酸奶店在报纸的广告版块提供了"买一送一"和"下次购买享受 20% 的折扣"；当地超市过道尽头的货架上堆满了一打一打的可口可乐以诱惑冲动的购买者——12 美元就能带走 4 打 12 瓶装的可口可乐；购买新款三星笔记本电脑将免费获赠内存升级；五金店在购买指定的 Stihl 电动园艺工具时可以享受 10% 的折扣，只要它愿意在本地报纸上帮助 Stihl 做一些宣传。促销包括一系列用来刺激更早的或者更强的市场反应的促销工具。

13.5.1 促销的快速发展

大多数组织都会运用促销工具，包括生产商、分销商、零售商和非营利组织。这些工具可以针对最终消费者（消费者促销）、零售商和批发商（交易推广）、商业顾客（产业推广）和销售队伍成员（销售队伍促销）。在如今的快速消费品企业中，促销的支出占到了全部营销支出的60%。[22]

几个方面的因素推动着促销的快速发展，特别是在消费者市场中：①企业内部的产品经理面临提升销售额的巨大压力，而促销是最有效的短期销售工具；②企业面临着来自外部的竞争，竞争品牌的差异化不大，竞争对手不断地利用促销来差异化它们的产品；③由于成本上升、媒体干扰和法律的限制，广告的效率在下降；④消费者趋于交易导向。在目前的经济形势下，消费者要求以更低的价格买到更好的商品。促销能够帮助企业吸引现在变得更节俭的消费者。

企业越来越多地使用促销导致了促销干扰，类似于广告干扰。在售产品如此之多，一次特定的促销活动很可能会淹没在其他促销活动的海洋里，其刺激产生即刻购买的效果也大大减弱。厂商们正在不断想办法从促销干扰中脱颖而出，比如提供更大额度的优惠价值、创造出夸张的现场展示，以及通过网络和手机等新型互动媒体开展促销。另外一项研究表明，88%的零售商正在将数字化促销（比如手机优惠券、购物电邮和在线促销）看作其营销活动的重要组成部分。[23]

在制订促销方案的过程中，企业必须首先设定促销的目标，然后选择实现目标的最佳方式。

13.5.2 促销目标

不同促销的目标差异很大。卖方可能利用消费者促销来提高短期销售额或者增强消费者对品牌的感情。交易推广的目标包括使零售商购进新产品或增加存货，促使它们提前购买，或鼓励它们宣传产品或为产品腾出更多的货架空间。产业推广的目标是发现销售线索，刺激购买需求，回馈顾客以及激励销售人员。对于销售队伍而言，其目标包括获得更多的销售力量来支持现有产品或新产品，或者激励销售人员开发新顾客。

促销通常和广告、人员销售、直销或者其他的促销组合工具一起使用。消费者促销通常必须通过广告进行宣传，这样可以增强刺激的力度和拉力。交易推广和产业推广则可以为企业的人员销售过程提供支持。

在经济疲软、销售下滑时期，提供高额度的促销折扣以刺激消费者购买看似很有吸引力。但总体来看，促销应该有助于强化产品的定位和建立长期的顾客关系，而非仅仅创造出短期的销售额或者暂时的品牌转移。如果设计得当，每一种促销工具都可以既提供短期的刺激又能建立长期的顾客关系。营销人员应该避免"快速修复"等仅针对价格的促销，而应设计出有利于建立品牌资产的促销方案。"常客营销计划"和会员卡就是近年来如雨后春笋般涌现的例子。大多数酒店、超市和航空企业都提供频繁顾客/购物者/乘客计划，为经常光顾的顾客提供奖励，吸引他们再次消费。各种各样的企业现在都有回馈计划，此类促销计划能够通过价值增值建立顾客忠诚，而不是通过价格折扣的方式。

例如，布鲁明戴尔百货为忠实的顾客提供顾客忠诚计划。顾客忠诚计划的会员每支付1美元都将获得相应数量的积分，无论是在布鲁明戴尔百货的实体店还是在其网上商城，也不管用何种支付方式。会员还有机会在某些特殊的日子获得两倍、三倍甚至四倍的积分，每次积分达到5 000点时还能获得免费送货和价值25美元的布鲁明戴尔百货礼品卡。会员可以随时随地使用各种各样的应用程序来使用他们的卡和余额。顾客忠诚购物计划的成功在于它非常简单。一名分析师表示，该计划"之所以获胜，是因为它能很好地实现所有忠诚计划的主要目标：当会员花钱时，他们会得到点数奖励，然后像钱一样使用，这就激励了开心的购物者将来继续购买——你猜对了——

顾客忠诚计划：布鲁明戴尔百货的忠诚计划很好，因为它非常简单。"成为一个忠诚的人，"该企业表示，"成为其中一员会更好。"

Bloomingdale's, Inc.

花更多的钱"。[24]

13.5.3 主要的促销工具

实现促销目标的工具有很多，下面我们将主要讨论消费者、经销商和产业推广工具。

1. 消费者促销

消费者促销（consumer promotions）的工具多种多样，包括样品、优惠券、现金折扣、特价装、赠品、售点促销、竞赛、抽奖和事件营销等。

（1）样品是一系列产品试用装。赠送样品是引进新产品或为现有产品创造新卖点的最有效的方式，但同时也是最昂贵的。有些样品是完全免费的，而在另一些情况下企业会收取少量的钱来抵消成本。样品可以通过直邮、在商店内分发、附在其他产品上或者作为广告、邮件和移动端促销赠送给消费者。有时，样品会被打包成试用装，用于促销其他产品或者服务。样品可以成为一种很有力的促销工具。例如，一群知名的食品企业——从棒约翰比萨和必胜客到金宝汤和百事，它们蜂拥到纽约和新泽西的超级碗相关活动中分发免费样品。必胜客分发了10 000多份手工比萨。"这是一个很好的机会来检验我们的新产品。"一个必胜客的营销人员说。[25]

（2）优惠券是一种让持有者在购买某种特定产品时可以省钱的凭证。大多数消费者都喜欢优惠券。美国快速消费品企业2014年共发放了3 100亿张优惠券，平均每张优惠券面值1.72美元。消费者共使用了超过27.5亿张优惠券，总计节省了大约36亿美元。[26]但是，由于越来越多的优惠券干扰，大多数主流的消费品企业发放优惠券的数量在减少，并且发放时更具有针对性。

营销人员也在发展新的途径来发放优惠券，比如超市货架机、电子销售终端优惠券打印机、在线及移动端的优惠券项目。数字化优惠券是如今增长最快速的优惠券种类。数字化优惠券可以实现个性化，定向地发送不同的优惠券给不同的消费者，这是传统的纸质优惠券做不到的。2014年使用的优惠券中，11%为数字化优惠券，大约7%为在家使用计算机打印的优惠券，4%为通过智能手机或其他移动设备使用的优惠券。一项研究表明，2015年大约40%的智能手机使用者会使用一次移动端优惠券。[27]

当手机变成了人们生活中离不开的附属物之后，企业越发将其看作发送优惠券、产品和其他市场信息的主要阵地。例如，连锁药店沃尔格林就通过几种移动渠道将优惠券提供给顾客。[28]

通过沃尔格林的手机App，顾客可以很方便地下载价值50美分到5美元不等的优惠券，适用于从健康和美容产品到诸如尿布之类的日常用品。这些优惠券非常易于扫描，不需要裁剪也不需要打印。顾客只需要将优惠券从沃尔格林的手机App下载到手机，并让收银员扫描即可。沃尔格林也通过Foursquare、Yelp或者Shopkick等签到应用向光顾其全美8 100家门店的顾客提供移动端优惠券。沃尔格林的每一家门店都支持移动扫描，使其拥有了全美范围最大的零售商移动端优惠券项目。"沃尔格林正在通过科技实现超前，它在为消费者考虑。"一位分析师说。

（3）现金折扣与优惠券相似，不同之处在于现金折扣在消费者购物完成后提供优惠，而不是在零售店产生购买的时候。消费者将一张"购物凭证"寄给生产厂家，生产厂家用邮寄的方式退回部分购物款项。例如，Tora企业为其几款清雪机开展了一次高明的旺季前促销，如果买家所处市场区域内的降雪量低于平均水平，企业将给予买家回扣。竞争者在特别短的时间内无法提出能与之竞争的方案，因此Tora的这次促销非常成功。

（4）特价装或降价交易向消费者提供低于常规价格的产品。生产厂家直接把优惠价写在标签或包装上。特价装可以是减价出售的单个包装（如两件产品付一件的钱），或者采取组合包装的形式将两件相关商品捆绑在一起（比如牙刷和牙膏）。特价装在刺激短期购买上非常有效，甚至比优惠券还要有效。

（5）赠品是免费或者以较低的成本向消费者提供某些产品以促进消费者购买某种商品。赠品的范围很广，从儿童产品中附带的玩具到电话卡、DVD等。赠品可以放在产品包装的里面（内包装），也可以放在包装的外面（附属包装），或者邮寄给购买者。例如，多年来麦当劳欢乐儿童套餐一直提供各种各样的赠品——从小马宝丽玩偶、Beanie Boos 玩具到乐高全息水杯。顾客可以登录 www.happymeal.com 玩游戏、阅读电子书或观看与当前欢乐儿童套餐赞助商相关的广告。[29]

（6）广告礼品也被称为促销产品，是印有广告商的名字、图标或者信息的有用物品，通常被当作礼物送给消费者。典型的物品包括 T 恤或其他衣服、钢笔、咖啡杯、日历、钥匙扣、大购物包、冷藏器、高尔夫球和帽子等。美国营销人员 2014 年在广告礼品上的花费超过 200 亿美元，这些物品非常有效。"最成功的广告礼品其效果可以持续好几个月，将不断使品牌名称深入消费者头脑中。"一位营销专家如是说。[30]

（7）售点促销是指在商品销售现场进行商品陈列和展示。想想你最近一次到当地的好市多、沃尔玛和 Bed Bath & Beyond 购物的情景，你在浏览货架时很可能会看到促销标识、"货架讲解员"或者提供免费品尝的食物的演示员。不幸的是，很多零售商不喜欢处理每年从生产厂家收到的各种陈设、标志和海报。为此，制造商开始提供更好的售点陈列材料并协助安放，并把它们与电视、印刷信息或在线信息结合在一起。

（8）竞赛、抽奖和游戏向消费者提供了依靠运气或额外努力来赢取现金、旅游或者其他物品的机会。竞赛要求消费者提交一份参赛资料（如押韵的诗句、建议），由评审团评价并选择获胜者；抽奖要求消费者提供其姓名才能参与；游戏让消费者每次购买后参与游戏（如猜数字或者字母），游戏结果可能决定他们是否能赢得奖品。

各种各样的企业都使用抽奖和竞赛来创造品牌关注和促进消费者参与。例如，Google 的"Doodle 4 Google"比赛邀请孩子们根据主题——"如果我能发明一件东西让世界变得更美好……"来设计一个 Google 标志，奖励从 T 恤和平板电脑到 3 万美元的大学奖学金不等。而"OXO I Do Sweepstakes"邀请即将结婚的夫妇来"点赞"OXO 的 Facebook 页面，并获得一个赢得 500 美元奖励的机会，可用于在亚马逊进行婚礼礼品登记。获得科尔曼露营套件赠品，你将赢得价值超过 1 000 美元的装备奖。如果你的食谱赢得了一年一度的 Pillsbury 烘焙大赛，你可以获得 100 万美元的奖金。

（9）最后，营销人员可以通过**事件营销**（event marketing），又称为**事件赞助**（event sponsorship），来推广自己的品牌。他们可以开展自己的品牌营销活动，也可以成为其他活动的独家赞助商或联合赞助商之一。事件种类多样，涵盖移动营销之旅、节日、重要聚会、马拉松、音乐会以及其他可以赞助的聚会。事件营销市场巨大，它可能是增长最快的领域。有效的事件营销将事件和赞助与一个品牌的价值主张联系起来。而随着当今数字媒体的社交分享力量不断增强，即使是地方事件也会产生深远的影响。例如，宝洁在曼哈顿开展的"日常效应"事件，说明了企业现在如何融合传统的促销技术与新兴的社交分享技术来提高两者的影响（见营销实践 13-2）。

营销实践 13-2

宝洁的"日常效应"事件：传统促销与新兴社交分享的完美结合

这是曼哈顿一个炎热、阳光明媚的 6 月，行人匆匆走过麦迪逊广场花园附近的第 33 大街和第 7 大道。但在这一天，一些特殊的事情发生了。在人行道中间出现了一个玻璃淋浴房，上面装饰着五颜六色的古风（Old Spice）标牌，甚至连平日疲惫不堪的纽约的行人也会注意到。一位古风香水的品牌代表分发了一些古风条形香皂的样品，并发出了一个不寻常的邀请：到玻璃淋浴房试用一下香皂。令人惊讶的是，许多人都接受了，包括一位穿着考究的高管，尽管他在涂肥皂时还穿着剪裁考究的西装。

只是又一种促销花招？这次并非那么简单。古风 Constant Shower 只是大规模促销活动——宝洁的"日常效应"中的一小部分。此次宝洁的品牌代表和名人在一天之内就在曼哈顿的多个地点分发了涵盖宝洁 25 个不同品牌的 5 万份样品。通过在整个城市开展街头派样和展览，"日常效应"活动被证明是宝洁 175 年历史上最大的"消费者体验"事件。

在华盛顿广场公园的吉列男子洞穴"体验箱"里，参与者尽情享受着免费的刮胡子服务、演员拉兹·阿隆索和纽约喷气机的橄榄球球星尼克·曼戈尔德的来访。在时代广场附近的 Cover Girl 美容屋里，《速度与激情》的女演员乔丹娜·布鲁斯特帮大家做免费的美容和美甲。在上西区河边公园的 Iam 品牌的"爱的小屋"，《与星共舞》的"万人迷"瓦尔·奇梅尔科夫斯基（Val Chmerkovskiy）和宠物一起摆姿势拍照，并分发 Iam 的免费样品。而在哈莱姆区，宝洁"My Black is Beautiful"活动的代表们提供了美容建议和免费化妆。一整天，品牌大使和卡通人物，如 Charmin 熊，在城市街道上分发产品样品、高价值的优惠券、提供建议，甚至乘坐宝洁很特别的观光三轮车。他们给爱喝咖啡的人发放 Scope 漱口水的样品，向出租车司机赠送 Febreze 的汽车出风口香水，以及向理发店和美发沙龙发放个人护理产品。

就品牌试用和体验而言，大规模的曼哈顿赠送活动给宝洁带来了很大的收益。一位分析师表示："促使消费者试用某个产品，仍是消费品企业的必杀技。"这一事件也帮助宝洁加强了其广泛开展的"日常效应"活动的效果，充分展示了其产品对消费者现实生活的影响。宝洁北美集团总裁说："我们正在刻意地向消费者展示，我们的品牌如何以一种小而有意义的方式改善他们的日常生活。这就是我们所说的宝洁的'日常效应'。"

然而，一些专家质疑，这种大规模、昂贵的本地活动的回报能否弥补投资的成本。除了产品样品的成本外，宝洁必须支付曼哈顿地区昂贵的租金、雇用数百名员工、建立昂贵的设施和道具、为名人提供报酬，并为保持良好秩序在安全细节方面投入巨大。

但是，"日常效应"事件的影响远超出了纽约市。活动之所以格外特别，是因为宝洁利用社交媒体推动消费者参与，不仅仅是在曼哈顿，而是在全美国和世界各地。一整天现场直播的视频都在宝洁品牌和社交媒体网站上播出。几乎每个与事件相关的元素都成了主题标签，宝洁还给访问活动网站的访问者提供奖励以激励他们上传活动照片到他们的社交网站主页。在 Twitter 和 Facebook 上关注 PGEveryday 的粉丝每天都有机会获得 Visa 和亚马逊的礼品卡。参与的名人不仅帮助活动吸引了 100 多家媒体的报道，还将活动效果延伸至他们在 Twitter、Facebook、Instagram 和其他社交媒体上的粉丝们。

"我们选择纽约作为世界上最大的舞台，"一位宝洁的品牌主管表示，"在一天结束的时候，我们想要接触到尽可能多的纽约人，同时也接触到那些无法到达现场的消费者。"任务圆满完成。截至当天晚上，"日常效应"事件已经产生了惊人的社会分享。PGEveryday.com 的优惠券和样品站点的参与率飙升了 20%；宝洁"日常效应"的 Facebook 主页 PGEveryday 的参与率飙升了 151%。社交媒体上充斥着当天事件的图片和帖子。#日常效应活动成为当天 Twitter 上的第二大热门话题。

宝洁的"日常效应"事件就是这样一个例子，说明如今的企业如何将传统的推广技术，如样本和弹出式广告视窗，与新兴社交分享技术相结合，以提高两者的影响力。这两种促销方式正逐渐形成一种重要的共生关系：现场活动创造了特殊的面对面品牌活动，产生了必需的社交媒体内容；反过来，社交媒体有助于放大和扩大事件的影响。

一位活动营销专家说："一方面，社交正在扩大事件的影响，使其影响到没能到场的人。另一方面，事件正成为 Facebook、Twitter 和 Instagram 这类社交媒体重要的内容来源。"另一位专家说："单独看社交媒体有点像异地恋，缺少人际接触的成分。相比之下，体验式活动，作为一种深度接触的东西，会令人非常满意，但你无法从中得到规模效应。"他的结论是："他们在一起是很好的'婚姻'。"

资料来源：Stuart Feil, "All the World Is a Stage," *Adweek*, July 22, 2013, www.adweek.com/print/151231; Kyle Stock, "The Logic behind P&G's Old-School Manhattan Giveaway," *Businessweek*, June 19, 2013, www.businessweek.com/articles/2013-06-19/the-logic-behind-p-and-gs-old-school-manhattan-giveaway; Barry Silverstein, "P&G Hosts Massive Everyday Effect Giveaway Event in New York City," *Brand Channel*, June 19, 2013, www.brandchannel.com/home/post/2013/06/19/PG-Everyday-Effect-Event-061913.aspx; "Tweeting the #EverydayEffect," www.pgeveryday.com/beauty/get-the-look/article/tweetingthe-everydayeffect, accessed June 2015; and "Everyday Effect," *P&G Newsroom*, http://news.pg.com/category/tags/everyday-effect and www.pgeveryday.com/tag/everydayeffect, accessed September 2015.

现在各种各样的品牌都会举办活动。某一周，美国国家橄榄球联盟（NFL）为了推广新的 NFL 球衣设计而让 NFL 球员填满了时代广场的南端。下一周可能就是美宝莲在百老汇和第 7 大道之间的第 45 街举办俄罗斯模特时尚秀。但根据一个商业记者的评论,能量饮料制造商红牛是"事件营销之母"。[31]

事件营销先锋红牛每年在全世界数十场体育运动中举办上百次事件营销,每一次事件都是基于独特经历的设计,向红牛的爱好者展示刺激的红牛世界。红牛甚至在其官网上举办过一场名为"见鬼了"的活动,收录了许多具有特色的视频,比如悬崖跳水系列展示了在挪威格里姆斯塔从27米的悬崖上跳水的视频,在科罗拉多山峰上举办的红牛雪冲活动中疯狂的滑雪视频,以及在墨西哥蒙特雷和中国湖南省的红牛活动中上演的让人屏息的翼装飞行视频。红牛终极降落系列活动是在北美地区一些最具技术挑战难度的地形中举办的悬崖边缘山地自行车挑战。红牛的事件营销吸引了大量的观众和媒体铺天盖地的报道。但这些营销活动的重点并不只在于事件,更在于对顾客的吸引。重要的是创造面对面的经历,让顾客能切实感受到兴奋、认识到品牌。"重点是深化和强化顾客关系。"有一位分析师评论道。

事件营销:事件营销先锋红牛每年在全世界数十场体育运动中举办上百场事件营销,向红牛的爱好者展示刺激的红牛世界。
Max Rossi/Reuters

2. 交易推广

制造商用于零售商和批发商的促销支出(79%)比用于消费者的促销费用(21%)高得多。[32] **交易推广**(trade promotions)可以劝说经销商进货、提供货架、进行广告促销和向消费者推广产品。如今的货架位置如此稀缺,使其制造商不得不经常向零售商和批发商提供折扣、补贴、售后保证和免费样品,使其产品能够在货架上占有一席之地。

制造商可以采用几种交易推广工具,其中很多用于消费者促销的工具也适用于交易推广,如竞赛、赠品和展示;或者制造商可以对中间商在某段规定时间内购买的产品提供一个直接的折扣(也称为价格折扣,或发票折扣,或价目单折扣);制造商还可以为零售商提供补贴(通常每单位产品提供一定的补贴),作为对零售商帮助其推广产品的回报或补偿。比如,广告补贴用于补偿零售商为制造商的产品做的广告,而陈列补贴用来补偿其对制造商的产品进行的特别陈列。

制造商还可以向购买量足够大或者对某种口味、型号的产品进行推广的中间商赠送免费商品。制造商可以提供推广奖励,即为经销商或者销售队伍提供现金或礼物,用于奖励他们对自己产品的推广。制造商还可以给零售商印有制造商名字的特殊广告礼品,比如钢笔、日历、记事本、手电筒和大购物袋。

3. 产业推广

企业每年花费数十亿美元用于针对商业顾客进行促销。**产业推广**(business promotions)工具的使用目的在于创造销售线索、刺激购买、回馈顾客和激励销售人员。产业推广的很多工具与消费者促销和交易推广相一致,因此,这里我们只强调两个专业的产业推广工具:贸易展览和会议、销售竞赛。

很多企业和贸易组织通过组织贸易展览和会议来推广产品。面对商业顾客进行销售的企业会在贸易展览上展示它们的产品。供应商可以在这些活动中获得很多好处,比如发现新的销售线索、接触顾客、介绍新的产品、结识新的顾客、向现有顾客推销更多的产品,以及用印刷品和视听材料说服顾客。贸易展览还可以帮助企业接触到很多销售团队接触不到的潜在顾客。

一些贸易展览规模庞大。例如,在2015年的国际消费者电子用品展上,3 673名参展商吸引了大约165 000名专业来访者。更令人印象深刻的是,在德国慕尼黑的BAUMA国际工程机械博览会上,来自57个国家超过3 400名参展商展示了它们的创新产品,博览会接待了来自200个国家的530 000多名访客,总参展面积达到610万平方英尺(大于127个足球场的面积)。[33]

销售竞赛是一种为销售人员或经销商设计的竞赛,目的在于激励他们在某一段时期内提升销售额。销售竞赛激励和认可业绩好的参赛者,他们将会得到旅游奖励、现金奖励或者其他礼物。一些企业会为参赛者奖励积分，积分可以换取各种各样的奖品。当比赛目标与可衡量且可实现的销售目标联系在一起的时候（如发现新顾客、激活老顾客或者提高顾客盈利性等），效果尤为显著。

13.5.4 制订促销方案

除了选择促销类型，营销人员在制订完整的促销方案时还要做出一些其他决策：首先，营销人员必须决定奖励的规模。要想促销取得成功，最低限度的奖励是必不可少的，较高的奖励会产生较高的销售反应。营销人员还必须设定参与条件，奖励的提供可以面向任何人或者有选择性地面向某些人群。

营销人员还必须考虑如何推广和宣传促销项目本身。例如，一个两美元的优惠券可以附在包装内随产品出售、在广告中、在商店内分发、通过互联网或者手机下载。每种宣传方式都涉及不同水平的触及面和成本。营销人员正在逐渐把多种媒体整合成为一个整体活动概念。促销的持续时间也很重要。如果促销期限太短，很多潜在顾客将会错过（他们在规定的时间内来不及购买）；如果促销期限太长，促销就失去了刺激"即刻行动"的功能。

评估也十分重要。营销人员需要衡量其促销的投入回报率，就像衡量其他营销活动的回报率一样。最常用的评估方法是比较促销前、促销中和促销后的销售额。营销人员应当问自己这样几个问题：促销活动是否吸引了新顾客或者促进现有顾客进行了更多的购买？我们能够保持住这些新顾客和购买吗？促销带来的长期顾客关系和销售增长与促销的成本支出相匹配吗？

显然，促销在整个促销组合中占有重要的地位。为了更好地运用促销，营销人员必须明确促销的目标，选择最好的工具，设计促销方案，执行方案，并评估结果。另外，促销必须与整合营销传播方案中的其他促销组合因素协调一致。

我的营销实验室

如果你的老师布置了这项任务，请完成 MyLab 的问题讨论部分带有星号的问题。要完成本章的数字营销问题，请查看 MyLab 中的作业。

章节回顾和批判性思维

目标回顾

本章是涉及促销的三章中的第二章，涵盖了最后一个营销组合元素。第12章涉及整体的整合营销传播、广告和公共关系。本章研究了人员销售和促销。人员销售是沟通组合中的人际工具。促销包括鼓励购买和销售产品或服务的短期激励措施。

1. 讨论企业销售人员在创造顾客价值与建立顾客关系中的作用

大多数企业使用销售人员，其中许多企业让销售人员在营销组合中扮演重要的角色。对于销售商业产品的企业而言，它们的销售团队直接与顾客一起工作。通常，销售人员是顾客与企业唯一直接接触的途径，因此，顾客可能认为他们直接代表着企业。与此相反，对于通过中间商销售的消费品企业而言，消费者通常不认识销售人员，也不了解他们。销售队伍在幕后工作，与批发商和零售商打交道，以获得他们的支持，并帮助他们更有效地销售企业的产品。

作为促销组合的一个要素，销售队伍在实现一些营销目标和开展诸如寻找潜在顾客、沟通、销售、服务和信息收集等营销活动方面是非常有效的。但是随着企业变得更加以市场为导向，以顾客为中心的销售团队也能同时产生顾客满意度和企业利润。销售人员在吸引顾客、开发和管理盈利性的顾客关系方面起着关键作用。

2. 识别并解释销售队伍管理的六个主要步骤

高昂的销售成本使得企业必须有一个有效的销售管理流程，包括六个步骤：设计销售队伍的战略和结构、招聘和筛选、培训、报酬、督导、评估销售人员和销售团队的业绩。

在设计销售团队时，销售管理者必须解决各种问题，包括：什么类型的销售队伍结构最有效（区域式、产品式、顾客式或复合结构），销售团队的规模，哪些人员会参与销售，以及各种销售人员和销售支持人员如何协同工作（内部或外部销售团队以及团队销售）。

销售人员必须经过招募和仔细挑选。在招聘销售人员时，企业可能会考虑工作职责和最成功的销售人员的特点，以提出它们想要的新销售人员的特点。然后，企业必须通过当前的销售人员、广告、互联网和社交媒体以及大学招聘/就业中心的推荐来寻找申请者。在选拔过程完成后，培训计划不仅让新销售人员熟悉销售的艺术，也熟悉企业的历史、产品和政策，以及顾客和竞争对手的特点。

销售人员的薪酬制度有助于奖励、激励和指导销售人员。除了薪酬，所有的销售人员还需要监督，许多人需要不断地鼓励，因为他们必须做出许多决定，并面临许多挫折。企业必须定期评估他们的表现，以帮助他们做得更好。在评估销售人员时，企业依赖于通过销售报告、人员观察、顾客调查和与其他销售人员交谈收集的信息。

增长最快的销售趋势是社交销售——通过在线、移动和社交媒体进行销售。新的数字化技术为销售人员提供了强大的工具，用于识别和学习潜在顾客、吸引顾客、创造顾客价值、实现销售，以及培育顾客关系。今天的许多顾客不再依赖销售人员提供的帮助。相反，他们越来越多地利用网络和社交媒体资源来分析自己的问题，研究解决方案，从同事那里得到建议，并在与销售人员交谈之前就已经对购买方案进行排名。作为回应，卖家正在围绕新的顾客购买过程重新调整其销售流程。它们使用社交媒体、移动设备、网络论坛、在线社区、博客和其他数字化工具来更早、更全面地吸引顾客。最终，在线、移动和社交媒体技术正在帮助提高销售队伍的效率、成本效益和生产率。

3. 讨论人员销售的过程，区分交易导向营销和关系营销

销售过程包括七个主要步骤：寻找潜在顾客并确定其资格、销售准备、接触顾客、演示与说明、处理异议、达成交易、跟进与维持。这些步骤可以帮助营销人员完成特定的销售，并且是交易导向型的。然而，卖方与顾客的交易应以更大的概念即关系营销为指导。企业的销售团队应该帮助协调整个企业的努力，基于顾客的价值和满意度与关键顾客建立良好的长期关系。

4. 解释促销活动是如何被制定并加以实施的

促销活动要求制定促销的目标（一般来说，促销活动的目标应该是建立顾客关系），选择工具，设计和实施促销计划，使用消费者促销工具（从优惠券、退款、赠品、售点促销到竞赛、抽奖和事件营销）、交易推广工具（从折扣和补贴到免费商品以及推广资金）、产业推广工具（贸易展览和销售竞赛）以及确定诸如激励大小、参与条件、如何宣传和分发促销产品、促销的持续时间等问题。在这个过程完成后，企业必须评估其促销的结果。

关键术语

人员销售（personal selling）：由企业的销售人员做个人陈述展示，以达到吸引顾客参与、实现销售和建立顾客关系的目的。

销售人员（salesperson）：代表企业从事寻找潜在顾客、与顾客沟通、销售、服务、收集信息和维护关系等活动的个体。

销售队伍管理（sales force management）：销售队伍活动的分析、计划、执行和控制。

区域销售队伍结构（territorial sales force structure）：按地理区域指派专人负责销售企业所有产品的销售队伍组织形式。

产品销售队伍结构（product sales force structure）：按产品或产品线分派销售人员的销售队伍组织形式。

顾客（或市场）销售队伍结构（customer (or market) sales force structure）：按顾客类型或者行业来指派销售人员的销售人员组织形式。

外勤销售人员（outside sales force）：对顾客进行登门拜访的销售人员。

内勤销售人员（inside sales force）：在办公室通过电话、在线社交媒体互动或接受购买者拜访的方式进行销售的人员。

团队销售（team selling）：联合来自销售、营销、

工程、金融、技术支持甚至高层管理者等多个部门的人员，为要求复杂的大顾客提供服务。

销售定额（sales quota）：对每个销售人员必须完成的销售总量以及不同产品类别应占比例的要求。

社交营销（social selling）：利用在线、移动和社交媒体来吸引顾客，建立更强大的顾客关系，并增加销售业绩。

销售过程（selling process）：销售人员进行销售时所遵循的步骤，包括寻找和确认合格的顾客、初步接触顾客、向顾客介绍和演示产品、处理顾客异议、达成交易、售后回访。

寻找合格的潜在顾客（prospecting）：销售过程中销售人员或企业寻找和识别合格的潜在顾客的阶段。

销售准备（preapproach）：销售过程的一个步骤，即销售人员在拜访顾客前尽可能多地了解潜在顾客。

接触顾客（approach）：销售过程中销售人员第一次和顾客接触的阶段。

演示与说明（presentation）：销售过程的一个步骤，即销售人员向顾客讲述产品的"故事"，强调产品提供的顾客利益。

处理异议（handling objections）：销售过程中销售人员识别、澄清并解决顾客的购买异议。

达成交易（closing）：销售过程中销售人员与顾客签订订单的阶段。

跟进与维持（follow-up）：销售人员在产品卖出后回访顾客，以保证顾客满意和再次购买。

促销（sales promotion）：通过短期刺激提升产品或服务的购买或销售量。

消费者促销（consumer promotions）：用于促进消费者短期购买或者改进顾客长期关系的促销工具。

事件营销（event marketing）或**事件赞助**（event sponsorship）：发起品牌营销事件或为他人发起的活动提供赞助。

交易推广（trade promotions）：用于劝说经销商进货、提供货架、进行广告促销和向消费者推广产品的促销工具。

产业推广（business promotions）：用于发现销售线索、刺激购买、回馈顾客以及激励销售人员的促销工具。

问题讨论

*1. 描述一个销售人员和销售团队在市场营销中所扮演的角色。

2. 一名有道德感的销售人员应该具备哪些品质和行为？销售经理在道德销售行为中扮演什么角色？

3. 定义和描述四个销售补偿要素。什么是各种补偿组合，以及如何使用它们来实现企业的营销目标？

*4. 定义促销活动并讨论其目标。

5. 讨论不同类型的交易推广活动，并区分这些类型的促销和产业推广。

批判性思维练习

1. 网上有大量免费的销售培训资源。搜索"免费销售培训"，找到其中的一些资源并访问其中一个，展示你所学到的内容。

2. 选择一个产品或服务，并与另外一位同学合作模拟一次电话销售——从接触顾客到完成交易。由小组中的一名成员扮演销售人员的角色，其他成员作为顾客提出至少三个反对意见。选择另一种产品或服务，并在角色互换后再次执行此练习。

3. 以小组为单位，利用在线、社交媒体和移动营销为一个小企业或组织在你们所处的社区中设计一次促销活动。把你们设计的促销活动方案推销给你们所选的企业或组织，并把你们所学的有关销售过程的知识结合进来。

小型案例及应用

在线、移动和社交媒体营销

即时捕捉并利用它！

每年有 3 000 多亿张优惠券被发放出去，其中 90% 以上是纸质的。消费者只兑换约 1% 的优惠券，通常是因为他们剪下来优惠券但忘记在商店里使用。SnipSnap为消费者提供了解决方案。因其将消费者的纸质优惠券移动化，这款应用被About.com誉为"最佳购物应用程序"，并获得了"最佳理财应用软件"的"应用奖"。SnipSnap现在拥有400万用户和50多个国内零售合作伙伴。该应用程序允许消费者对零售商的纸质优惠券进行拍照，并在商店中进行兑换。用户可以在Facebook和Twitter上与朋友互相分享。SnipSnap是第一款可以扫描纸质优惠券上的文本、图像、徽标和条码，进而将其转换为移动端优惠券的移动应用程序。它还可以发送过期日期提醒和基于位置的通知。零售商Lord &Taylor安装了"iBeacon"摇一摇技术，与SnipSnap合作来根据顾客在商店中的具体位置发送有针对性的优惠券。如果你获得购买Michael Kors钱包的价格优惠，它知道你正在看这个商品，就可能通过App送你一张相应的优惠券。SnipSnap的员工注意到消费者会拍摄他们自己创造的、对应一些特殊待遇的"优惠券"并发送给朋友和家人，所以企业创建了一个名为GoodFor的衍生应用。现在，如果你想给特别的他送一张优惠券，好让他享受你按摩30分钟，或者给你的孩子一个"无家务"的优惠券，GoodFor可以帮你实现。

1. 研究其他类型的依赖智能手机的拍照功能来履行或兑换促销优惠的App。解释它们是如何工作的以及它们与SnipSnap的相似之处和不同之处。

2. SnipSnap的盈利增长潜力在于它的企业市场，为零售商提供移动端促销服务。SnipSnap正在与零售商合作，创建和管理geo-conquesting的营销活动。研究geo-conquesting是什么，并展示和解释它是如何工作的。

营销道德

"金钱医生"？

制药行业正在以令人眼花缭乱的速度进行创新，但对于制药企业的销售人员来说，接触医生并将新产品或改进产品告知医生变得越来越难。一种选择是举办教育研讨会。然而，许多教育研讨会都是在豪华酒店或目的地举办并由制药企业赞助的，从2009年以来为医生所提供的教育内容而支付的咨询和演讲费用已经达到了20多亿美元。在某些情况下，发言者的底稿是由制药企业提供的，相关批评言论认为这是企业照本宣科的营销，而演讲者仅仅是一个为企业销售药品的"被雇用的鹦鹉"。批评人士还声称，这样的促销导致医生为患者开出过多的昂贵品牌药，而这些药的效果并不比普通替代药品更好。《医生薪酬阳光法案》（The Physician Payment Sunshine Act）的施行，使得许多制药商正在减少此类产品推广的支出，该法案是2010年《平价医疗法案》（The Affordable Care Act）中的一项条款。Pro Publica有一个"金钱医生"的数据库，同时，作为《医生薪酬阳光法案》的一部分，还有一个可搜索的政府网站可以让公众了解药品销售实践。

1. 制药企业用这种方式向医生解释其产品的好处是错误的吗？请提出接触医生并告知他们企业产品好处的其他方法。

*2. 了解《医生薪酬阳光法案》。搜索Pro Publica的"金钱医生"数据库（http：//projects.propublica.org/docdollars/），观察当地医生从制药企业收到的钱款情况。搜索政府网站（https：//openpaymentsdata.cms.gov/），并与你在Pro Publica数据库中得到的信息进行比较。就你所发现的现象写一份报告。

数字营销

销售团队分析

Wheels企业在美国东南部通过零售自行车商店销售其生产的自行车。该企业的销售人员不仅销售产品，还管理与自行车商店的关系，以便于他们更好地满足消费者的需求。该企业的销售人员每年都要光顾商店几次，每次花费几个小时。Wheels正在考虑向全国其他地区扩张，并希望通过1 000家自行车商店进行销售。然而要做到这一点，企业必须雇用更多的销售人员。每个销售人员每年的销售收入为40 000美元外加2%的佣金。另一种选择是使用销售代理的服务，而不是自己的销售团队。销售代理将获得销售额的5%。

1. 如果1 000个自行车商店需要每年4次实地交

流,请计算Wheels所需要的销售人员的数量。每次销售拜访持续约2.5个小时,每个销售代表每年大约有1 250小时用于拜访顾客。

2. 当销售量达到什么水平时,Wheels使用销售代理的成本比使用自己的销售团队更低?要确定这一点,可以考虑每个方案的固定成本和可变成本。使用企业自己的销售团队和独立销售代理的优缺点是什么?

视频案例

First Flavor

First Flavor 是一家拥有独特产品的创业企业。该企业生产的美味可食用薄膜可以复制任何东西的味道,无论是含8种辅料的比萨饼还是酒精饮料。如果你想知道为什么会有企业生产这样的产品,想想它可以提供给消费者的无限可能,使得消费者可以在购买前品尝食物或饮料的味道。虽然 First Flavor 最初是在薄膜上复制各种风味从而成为一种样品试用的新方法,该企业现在正在评估这项技术更多其他的应用。这段视频演示了一种产品如何以多种方式进行销售。

在观看了 First Flavor 的视频后,回答以下问题:
1. 将 First Flavor 的核心业务作为促销的构成要素来进行分类。
2. 头脑风暴出一份清单,列出 First Flavor 的可食用薄膜可能被应用于产品取样的方式。
3. 除促销性服务外,First Flavor 在追求消费品机会方面能成功吗?请解释。

我的营销实验室

如果你的老师布置了这项任务,请到 MyLab 的作业中完成以下写作部分。
1. 什么是社交营销,它是如何影响组织中的销售职能的?
2. 什么是团队销售,为什么它变得更重要?这种方法有什么缺陷吗?

第14章 直接营销、网络营销、社交媒体营销和移动营销

学习目标

1. 定义直接营销和数字营销，就其快速增长及其为顾客和企业带来的价值进行讨论。
2. 识别并讨论直接营销和数字营销的主要模式。
3. 解释企业如何通过各种网络营销策略应对互联网和数字时代。
4. 论述企业如何通过社交媒体营销和移动营销形成消费者互动，并创立品牌社区。
5. 识别并讨论传统的直销形式，并概述直销所涉及的公共政策和伦理问题。

概念预览

在前面两章中，你已经学习了如何通过整合营销传播来吸引消费者参与和传递顾客价值，并了解了四个具体的营销传播组合因素（广告、公关关系、人员销售和促销）。本章我们将学习直销及增长最快的形式——数字营销（网络营销、社交媒体营销和移动营销）。如今，随着互联网和网络购物的广泛普及，以及数字技术的快速进步（从智能手机、平板电脑及其他数字设备到线上移动媒体和社交媒体的涌现），直销经历了巨大的变革。当你阅读本章时务必记住，虽然本章把直销和数字营销作为独立的工具讲述，但是，它们必须彼此整合并与其他促销及营销组合的因素相协调。

让我们先来看看亚马逊，它是一家只使用直接营

销和数字营销的企业。在短短20年的时间里，亚马逊从一个不起眼的网络新贵一跃成为互联网领域最具影响力的公司之一。据一项估计，30%的网上购物者在购买之前会先去亚马逊网站看看。亚马逊是如何在如此短的时间内成为一个非常成功的直销和在线营销者的呢？它通过满足在线顾客的个性化购物体验来创造顾客的参与、价值和关系。很少有网络营销人员能像亚马逊那样做到这一点。

第一站

亚马逊：直接营销和数字营销的典范

当你想到网上购物的时候，很大概率会率先想到亚马逊。这家在线网站先驱于1995年率先开设了虚拟门户网站，从其创始人杰夫·贝佐斯位于西雅图郊区的车库里销售图书。亚马逊仍在卖书，很多很多书。但现在它也销售其他的东西，从音乐、电子产品、工具、家居用品、服装、杂货到时尚品、零散的钻石和缅因州的龙虾。大多数分析人士认为，亚马逊是数字时代直接营销的典范。

从一开始，亚马逊就发展迅猛。它的年销售额从1997年的1.5亿美元飙升至如今的890亿美元。在过去的5年里，亚马逊的收入增长了3倍多。仅在2014年的"剁手星期一"，亚马逊就向其全球2.7亿活跃用户销售了3 700万件商品，这意味着428件/秒。亚马逊的收入2016年达到了1 360亿美元。这使其成为美国第二大零售商，仅次于沃尔玛。

是什么让亚马逊取得如此惊人的成功？创始人兼首席执行官贝佐斯用了几个简单的字："执着于顾客。"企业的核心是彻底的顾客驱动。贝佐斯说："所有的努力都是为顾客创造真正的价值。"亚马逊相信，如果它对顾客有好处，利润就会随之而来。因此，企业从顾客开始，然后逆向工作。亚马逊并非思考在当前能力条件下可以做什么，而是首先问：我们的顾客是谁？他们需要什么？然后，它开发满足这些顾客需求所需的任何能力。

在亚马逊，每一个决定都是为了改善亚马逊网站的顾客体验。事实上，在许多亚马逊的会议上，最具影响力的数据是"空椅子"的数目——实际上，桌边的每个空椅子都代表着最重要的顾客。有时，空椅子并不是空的，而是被"提高顾客体验专员"所占据，他们是受过专门的培训来代表顾客利益的员工。

亚马逊对服务顾客需求的执着促使该企业承担风险，并以其他企业不具备的方式进行创新。例如，当它发现其购书顾客需要更好地获得电子书和其他数字内容时，亚马逊开发了Kindle电子阅读器，这是它的第一个原创产品。企业花了4年多的时间来研发Kindle，并因此开发了一整套新的技术。亚马逊"顾客至上"的想法得到了丰厚的回报。Kindle是该企业最畅销的产品之一，现在，亚马逊网站的电子书销量已经超过了精装书和平装书的总和。更重要的是，该企业飞速增长的Kindle Fire平板电脑产品线正引领着低价平板电脑的市场。因此，最初为改善顾客体验所做的努力现在正给予亚马逊在新兴的数字、移动和社交媒体领域强大的影响力。Kindle不仅允许亚马逊销售电子书、音乐、视频和应用程序，还使得顾客与数字巨头亚马逊的在线互动比以往任何时候都要容易。顾客使用他们的Kindle平板电脑在亚马逊网站上购物，并在其博客和社交媒体页面上与该企业进行互动。

亚马逊不仅仅是在网上销售商品，它还吸引顾客参与，创造直接、个性化、高度满意的顾客网上购物体验。
Philippe Huguen/AFP/Getty Images

亚马逊希望为每一位顾客提供一种特殊的在线体验。亚马逊网站的大多数常客居然都觉得自己与企业的关系出奇得好，尤其是在几乎没有人与人之间互动的情况下。亚马逊执着于让每个顾客感受到独特的个人体验。例如，亚马逊网站通过顾客主页向他们打招呼，并提供个性化的建议。亚马逊是第一家根据顾客过去的购买和浏览历史以及相似用户的购买模式提供个性化网站内容的企业。亚马逊希望为每一位顾客提供个性化的购物体验。如果它有2.7亿位顾客，它应该就有2.7亿个商店。

亚马逊网站的访问者可以获得一个独特的利益组合：海量的选择、物有所值、低价以及便捷。但是"发现"这一因素让其提供的购物体验变得真正不同。一旦登录亚马逊网站，你会情不自禁地多待一会儿——去寻找、学习和发现。为了给顾客创造更大的选择和发现空间，亚马逊允许零售商之间进行竞争——从夫妻店到玛莎百货，都可以在亚马逊网站上销售它们的产品，进而将一个虚拟购物中心扩大到令人难以置信的规模。它提供的更广泛的选择吸引了更多的顾客，而且每个人都从中受益。2014年，亚马逊的顾客从200万亚马逊全球第三方卖家处购买了超过20亿件商品，大约是亚马逊整体销量的40%。

亚马逊还通过其亚马逊金牌服务提供极快的订单交付体验。每年只要99美元，金牌会员就可以享受两天的免费送货服务，同时在Prime Instant Video上还可以无限制地收看电影和电视节目，以及从Kindle用户的借阅图书馆中借阅电子书。亚马逊正在向当日送达加速努力。该企业推出了Prime Now服务——在几个大城市地区对成千上万的产品提供两小时免费送达服务（或7.99美元的一小时送达服务）。一位兴奋的顾客说："在过去的六个星期里，我和丈夫通过亚马逊Prime Now服务完成了很多订单。它既便宜又简便，而且速度很快。"

亚马逊不仅仅是一个购物的地方，它已经成为一种在线社区，在这里顾客可以浏览商品，研究购买方式，与其他访问者分享意见和评论，并与评论提供者和专家在线聊天。这样，亚马逊不仅仅是在网上销售商品，它还吸引顾客参与，创造直接的、个性化的顾客关系和满意的在线体验。年复一年，亚马逊几乎在所有顾客满意度排名中名列前茅，无论哪个行业。

基于其强劲的增长态势，许多分析师推测亚马逊将成为网上沃尔玛。实际上，有些人认为事实早已经如此。尽管沃尔玛的总销售额为4 870亿美元，比亚马逊890亿美元的销售额高，但亚马逊的在线销售额是沃尔玛的7.5倍。在网上是沃尔玛需要追赶亚马逊。换句话说，沃尔玛想成为网上的亚马逊，而不是反过来。尽管沃尔玛的规模庞大，但其要在网上赶上亚马逊，就必须努力赶超亚马逊一流的在线顾客体验，这并不容易。

因此，亚马逊已经成为直销和数字营销的典范。"原因在于我如此痴迷……我相信我们的成功完全是由顾客经验驱动的。"杰夫·贝佐斯说。一切都始于顾客价值。如果亚马逊为顾客创造了卓越的价值，它将赢得他们的生意和忠诚，而成功将伴随着企业的销售额和回报而来。正如贝佐斯所说："当事情变得复杂的时候，我们通过问'什么对顾客最好？'来简化问题。我们相信，如果我们这样做，未来终将有成效。"[1]

作者评点

对于大多数企业而言，直接和数字营销是补充性的渠道或媒介。但是如今对于很多其他企业（比如亚马逊、GEICO以及Priceline）而言，直销已经完全成为一种新型的商业模式。

在前面的章节中，我们提到大部分营销和促销工具都是在大众营销的环境中发展起来的：瞄准广大的市场，通过中间渠道提供标准化的信息和市场供应品。然而现在，随着目标顾客的划分越来越细化，以及数字和社交媒体的兴起，很多企业都开始将直接营销作为主要的营销工具，或者将它作为其他方法的辅助工具。在本章，让我们一起来探索蓬勃发展的直销世界，及快速成长的新形式——使用网络、社交媒体和移动营销渠道进行数字营销。

14.1 直接和数字营销

直接和数字营销（direct and digital marketing）是指企业直接与精心挑选的个体消费者和顾客群体联系，从而获得即时反应并建立长久的顾客关系。企业使用直销为顾客量身定制产品和内容,以更好地满足精心挑选的顾客群或个体消费者的兴趣和需要。通过这种方式,企业能够实现顾客互动,建立品牌社区并提升销量。

例如,亚马逊通过网站或者移动 App 直接与顾客互动,帮助他们在互联网上发现并购买所需要的任何产品。同样,GEICO 通过电话、网站、手机 App 或者 Facebook、Twitter、YouTube 主页直接与顾客进行互动,从而建立品牌关系、提供保险报价、销售保单以及服务于顾客。

14.1.1 新的直销模式

早期的直销者(目录企业、直邮商和电话营销商)主要通过邮寄和电话的方式收集顾客名单并销售商品。如今,随着网络使用和在线购物的激增以及数字技术的迅速发展(从手机、平板电脑和其他数字设备到网络社交和移动媒体的迸发),直销经历了翻天覆地的变化。

在前面的章节中,我们已经把直销作为一种直接渠道(不包含中间商的营销渠道)进行过探讨;同样也把直接和数字营销作为促销组合的一个因素(作为直接与顾客互动并创立品牌社区的一种方法)进行过探讨。事实上,直销包含的范围要超过这两个方面。

大多数企业仍然把直销作为一种辅助的渠道或媒介。因此,大多数百货商店,例如西尔斯百货、梅西百货,主要通过将商品摆在商店的货架上进行销售,但同时也会通过直邮、网络目录和社交媒体等途径进行销售。百事的"激浪"品牌主要通过大众媒体广告和零售伙伴渠道进行营销,不过它也采用了大量的直销方式作为这些渠道的补充。在"激浪"的混合营销模式中,电视广告占据 55%,数字化营销占据 45%。"激浪"通过几个品牌网站和一系列社交媒体与顾客社区互动,互动的内容从设计自己的"激浪"生活方式主页到应该投放或下架哪些限量版口味等。通过这些直接的互动,"激浪"拥有所有品牌中最忠实的"粉丝"群之一,并因之成为美国第四大软饮料品牌。[2]

但是,对于今天的很多企业而言,直接和数字营销已经不仅仅是一种辅助性的渠道或者媒介,直销已经完全成为一种新型的商业模式,一些企业甚至开始将其作为唯一的营销方式,比如亚马逊、Google、Facebook、eBay、Netflix、GEICO 以及 Priceline.com 就是围绕直接和数字营销来建立企业整个营销方案的。例如,在线旅游企业 Priceline.com 通过在线、移动和社交媒体渠道独家销售其服务。Priceline.com 和其他在线旅行竞争对手,如 Expedia 和 Orbitz,都在很大程度上促使传统的线下旅行社走向了消亡。[3]

14.1.2 直接和数字营销的快速增长

直接和数字营销已经成为发展最快的营销模式。据消息称,2014 年美国企业在直接和数字营销方面的支出估计为 1 570 亿美元,比 2013 年增长了 11% 以上。因此,直接营销驱动的销售额现在已经超过 2 万亿美元,占美国经济的 12%。[4]

直销越来越依赖于互联网,数字化直销在营销支出和销售额中正占据越来越大的份额。例如,仅 2014 年一年美国营销人员的在线广告投入就约为 640 亿美元,比 2013 年增长 26%。全部数字营销支出,包括在线展示广告和搜索广告、社交媒体、视频、电邮以及其他营销形式,如今已成为媒介支出的第二大主体,仅次于电视。随着消费者在平板电脑和智能手机上花费的时间越来越多,移动广告支出也在激增。[5]

14.1.3 直接和数字营销对买卖双方的益处

对于买方来说,直接和数字营销更加方便、简单和私密。它能够让购买者随时随地接触到几乎无限丰富的产品和购买信息。例如,在亚马逊的网站和移动 App 上,亚马逊提供了超过大多数人能够消化的信息量,从前 10 位的产品清单、大量的产品描述、专家评论、用户产品评论到基于顾客个人购买记录的产品推荐。通过直销,购买者可以通过手机、卖家网站或者 App 与卖家互动,提出他们想要的信息、产品或者服务的确切配置,然后当下订购。最后,对于有购买意向的消费者来说,数字营销通过在线、移动和社交媒体,提供了一种品牌参与及社区的感受和意义，成为一个与品牌其他"粉丝"分享品牌信息和经历的场所。

对于卖方来说，直销提供了一种低成本、高效、迅速接触市场的选择。如今的直销人员能够直接针对小群体甚至是个体顾客进行营销。基于直销一对一的特质，企业能够通过手机和网络与顾客直接互动，更好地了解他们的需求，并根据特定顾客的口味定制个性化产品。反过来，顾客也可以向卖方询问问题并主动提供反馈。

直接和数字营销还为卖方提供了更多的灵活性，使营销人员能够对价格和方案进行即时调整，或者实现直接、即时、个性化的宣传和供给。例如，2014年7月4日，家装零售商劳氏发布了一个定格动画形式的"Happy 4th of July" Vine 视频，展示了可以燃放成烟花的工具，这是对其正在进行的 Vine 系列 "Fix in Six" DIY 视频的一种很好的补充。2014年的美国发明家日，通用电气通过向其 Twitter 粉丝询问发明创意来庆祝这个节日，然后创造出了最好的创意，比如"牵手机器人"。

尤其在当今的数字环境下，直销为实时营销提供了机会，将品牌与顾客生活中的重要时刻和热门事件联系起来。直销成为使顾客参与整个购买过程以及建立顾客参与、社区和关系的有力工具。

14.2 直接和数字营销的形式

作者评点

直销工具有很多种，从传统的直邮、目录营销到如今让人眼花缭乱的各种新兴数字工具，包括网络、社交和移动媒体。

直接和数字媒体营销的主要形式如图 14-1 所示。传统的直销工具包括人员销售、直邮营销、目录营销、电话营销、电视营销、售货亭营销。近年来，一系列令人眼花缭乱的直接数字营销工具出现在营销场景中，包括在线营销（网站、在线广告和促销、电子邮件、在线视频、博客等）、社交媒体营销和移动营销。我们将首先介绍近来引起广泛关注的新兴数字和社交媒体营销工具，接着，我们将学习仍然被广泛使用且发挥重要作用的传统直销工具。但无论是新兴的数字化方式还是传统方式，都必须互相融合为一套完全整合的营销传播方案。

图 14-1 直接和数字营销的形式

缓冲带：概念链接

暂停一下，思考直接和数字营销对你生活的影响。

- 你最近一次通过直接和数字营销购物是在什么时候？你买的是什么？为什么通过直销方式购买？你最近一次拒绝直接和数字营销是在什么时候？拒绝的原因是什么？基于这些经历，你对直销人员有什么建议？
- 在接下来一周的时间里，记录你接触到的所有直销和数字营销形式，包括直邮、目录、电子邮件、移动广告、网络和社交媒体营销以及其他形式。从直销的类型、来源、优缺点、传递方式等方面分析，哪种形式最能有效针对目标人群（比如你）？哪种形式与目标人群距离最远？

14.3 数字和社交媒体营销

作者评点

直接的数字和社交媒体近年来逐步兴起并越来越多地占据头条，因此我们从它们开始学习。但是传统的直销工具仍然被广泛使用，我们将在章的后面部分深入研究。

正如前面提到的，**数字和社交媒体营销**（digital and social media marketing）已经成为增长速度最快的直销形式。它可以通过消费者的电脑、智能手机、平板电脑、联网电视以及其他数字设备，借助网站、社交媒体、手机App和广告、在线视频、电子邮件、博客等数字营销工具，随时随地吸引消费者参与。互联网和数字技术的广泛使用正在对买家和服务他们的营销人员产生非常显著的影响。

14.3.1 营销、互联网和数字时代

如今全球很多商业活动都通过连接了顾客和企业的数字化网络来完成。近来，人们可以随时随地与信息、品牌及其他人进行数字化连接。数字时代彻底改变了顾客对便捷、速度、价格、产品信息、服务和品牌互动的理解。因此，它也为营销人员提供了一种全新的创造顾客价值、顾客参与、建立顾客关系的方式。

数字技术的使用和影响力持续稳步增长。如今，超过87%的美国家庭使用互联网，在美国，平均每个互联网用户在数字化媒体上花的时间每天长达6小时，并且主要通过移动设备。全球40%的人口能够接入互联网，32%的人口能够接入移动互联网，随着移动化成为日益流行的上网方式，这一数字未来5年预计会翻番。[6]

这使得如今超过一半的美国家庭定期在网上购物，数字购物正在以两位数的速度持续增长。2014年，美国在线零售总额估计达到3 050亿美元，占全部零售额的6.5%。随着消费者从实体商店转移到数字商店，2018年这一数字预计将达到5 000亿美元（占全部零售额的8.9%）。或许更重要的是，据估计，美国近一半的零售额都是直接在网上进行的或是受到互联网研究的影响。[7]随着今天的全渠道消费者越来越善于将网上购物和店内购物融合在一起，数字渠道将在他们购买商品时占据更大的比例。

为了进入这一生机勃勃的市场，如今大多数企业都开始进行网络营销，甚至有一些企业只进行网络营销。选择网络营销的企业范围很广，从亚马逊、Expedia.com等通过互联网直接向最终购买者销售产品和服务的网上零售商，到搜索引擎和门户网站（Google、雅虎、Bing以及DuckDuckGo）、交易网站（eBay、Craigslist）、内容网站（《纽约时报》网络版、ESPN.com、大英百科全书）、社交媒体（Facebook、Twitter、YouTube、Pinterest、Instagram、Snapchat）。

如今，很难找到没有网络渠道的企业。即使是采用传统线下模式的企业如今也创立了自己的在线销售、营销和品牌社区渠道。事实上，**全渠道零售**（omni-channel retailing）企业比只采用网络营销的竞争者更容易取得成功。2015年，美国前十大在线零售网站中仅有三家是只进行网络营销的零售商（排名第一的亚马逊以及Netflix和Liberty Interactive），排名第二的是一家制造商——苹果企业，其他均为全渠道零售商。[8]

例如，排名第三的在线零售网站Staples是一家220亿美元的办公用品零售商，它在北美运营超过1 675家超级店铺。你可能会感到惊奇的是，其超过半数的销售额来自网络营销，包括Facebook、Google+、Twitter、YouTube、领英等社交网站以及自己的Staples.com社区。[9]

在线销售使Staples与大大小小的顾客建立了更加深入、更加个性化的关系。像通用电气、宝洁这样的大型顾客能够以折扣价格建立办公用品获批列表，并由部门或者个人自行在线购买或通过移动端购买。这种做法减少了预订成本、减少了繁文缛节并加快了顾客的预订流程。同时，Staples鼓励企业将Staples作为其办公用品的唯一供应商。即使是规模特别小的企业和个体消费者也会发现通过网络、Staples手机App或者社交媒体网站进行每周7天、每天24小时的在线预订更加容易、高效。

除此之外，Staples的网站、移动端、社交媒体主页通过吸引顾客参与、扩大产品类目、为顾客提供热门

优惠、帮助顾客找到当地的店铺、查询存货和价格来辅助实体店销售。反过来，当地的店铺通过店内售货亭促进在线购买。如果顾客不能在货架上找到需要的产品，可以快速通过售货亭进行预订。因此，Staples通过提供一整串的接触点及配送方式（包括网络、社交媒体、目录、电话、实体店等）支撑起了"实现更多"这一市场定位。"我们提供了更多的产品、更多的购买方式、更大的价值。" Staples全球营销副总裁总结道。

直接的数字和社交媒体营销包含如图14-1所示的几种形式，包括网络营销、社交媒体营销和移动营销。我们将从网络营销开始依次对各种形式进行讨论。

14.3.2 网络营销

网络营销（online marketing）指的是企业通过网络使用企业网站、在线广告和促销、电子邮件、在线视频、博客等进行营销。社交媒体和移动营销同样发生在网络上，且必须与其他形式的数字营销紧密协调。然而，由于它们各自具有鲜明的特征，我们将用单独的小节来介绍这两种快速增长的数字营销方法。

1. 网站和品牌网络社区

对于大多数企业来说，实施网络营销的第一步是建立一个网站。因为目的和内容不同，网站也呈现多样化。有些网站主要是**营销网站**（marketing web site），用于与顾客互动，使他们更容易产生直接购买或其他营销效果。

例如，GEICO在www.geico.com上运营一个营销网站。一旦潜在顾客点击，GEICO立即试图将探索转化为销售，然后进入一段长期的关系。加粗的标题敦促潜在顾客"获得报价"，网站提供了顾客所需的所有信息和工具，并配有车辆保险计算器以帮助购买者估计恰当的保险保障范围、保险费率和节省的钱。这个简单的网站让现有顾客可以很容易地管理他们的账户和政策，添加或替换车辆、制定和查看索赔要求等，这一切都在顾客所熟悉的GEICO Gecko的监督和协助之下进行。顾客还可以使用GEICO的手机应用程序访问该品牌的移动端网站，在那里他们可以支付账单、获取账户和保障范围信息、查看他们的ID卡，甚至可以观看最新的GEICO广告，并与他们的GEICO保险语音助手莉莉聊天。

相比之下，**品牌社区网站**（branded community web site）并不销售任何产品，其主要目的是通过呈现品牌内容吸引消费者参与，建立顾客-品牌社区。这类网站通常提供一系列丰富的品牌信息、视频、博客、活动和其他能够建立更密切的顾客关系并能让品牌和顾客产生互动的内容。以ESPN的网站为例，你无法在ESPN.com上购买任何东西，这一网站创立了一个庞大的品牌体育社区。[10]

在ESPN.com上，体育粉丝能够获得大量的体育信息、统计数据、比赛更新等内容。他们可以按照运动类型、比赛队伍、运动员、作者等来定制化网站内容，以使其更符合自己的特殊兴趣和队伍偏好。网站通过竞赛或精彩的比赛（从梦幻足球、棒球、篮球、曲棍球到扑克等任何类型）来吸引粉丝参与。来自全球的粉丝可以在体育赛事的前、中、后阶段与其他粉丝和名人交流讨论。他们可以与其他用户交朋友或发信息，也可以在信息板和博客上发布内容。通过下载各种小工具和移动App，粉丝可以定制自己的ESPN体验并随时随地获得这种体验。总之，ESPN网站创造了一个无界限的虚拟品牌社区，提供了让粉丝愿意不断回访的必备体验。

创建网站是一回事，让大家都来访问这个网站就是另一回事了。为了吸引访问者，企业积极通过线下的印刷广告和广播广告，以及其他网站的广告和链接来推广其网站。但是，如今的网络用户会很快抛弃不满意的网站，关键在于企业要能创造出足够的价值和愉悦来吸引消费者到网站上来逛一逛，并且再次光顾。

一个网站应该至少易于使用，并且在外观上具有吸引力。然而，最重要的是，网站必须有用。在上网浏览和购物时，多数人看重内容胜过形式、功能胜过浮华。例如，ESPN网站并不浮华，而是填满了各种信息。它能够快速有效地为顾客提供所有的体育信息，并实现与顾客的互动。因此，高效的网站要包含深度有用的信息、帮助购买者找到和评估感兴趣内容的互动工具、其他相关网站的链接、及时更新的促销优惠和带来兴奋感的娱乐功能。

2. 在线广告

随着消费者在互联网上的时间越来越多，许多企业正在把越来越多的营销资金投向**在线广告**（online advertising），以促进品牌销量或者把访问者吸引到自己的网站、移动端和社交媒体网站。在线广告已经成为一个主要的促销媒介，其主要形式是展示广告和搜索广告。这两类广告占企业数字营销预算的比例最大。

在线展示广告可能出现在互联网用户屏幕上的任何地方，并且通常与被浏览的信息相关。近年来，这种展示广告在吸引消费者和推动消费者购买方面取得了长足的进步。如今丰富的媒体广告融合了动画、视频、声音和交互性。例如，当你在笔记本电脑、平板电脑或手机上浏览与运动相关的内容时，你可能会看到一个亮蓝色和绿色的横幅广告，上面写着吉列 Fusion PROGLID 剃须刀并在页面底部浮动，标题是"我们最温和的剃须产品"。点击横幅广告，就会出现一个完整的互动展示广告，包括一个 15 秒的演示视频和点击进入吉列 Fusion PROGLID 微站点及立即购买的链接。同样，当你浏览你最喜欢的背包旅行网站时，你可能会看到 The North Face 吸引人眼球的视频广告。在品牌标识上滚动鼠标，就会弹出互动广告面板，视频在右上角持续播放，旁边展示特色产品的信息以及去往 The North Face 官网和实体店定位工具的实时链接。这样的动态广告可以吸引消费者并产生巨大的影响。[11]

借助搜索相关的广告（或上下文广告），文本和图像广告信息及链接就会出现在诸如 Google、Yahoo! 和 Bing 搜索结果的顶部或旁边。例如，在 Google 搜索"液晶电视"，在搜索结果列表的顶部和旁边，你会看到来自 10 多个广告商的不显眼的广告，这些广告商可能包括三星、松下、百思买、亚马逊、Walmart.com、Crutchfield 和 CDW。2014 年，Google 660 亿美元的营收中近 90% 来自广告销售。搜索是一种始终在线可用的媒体，并且结果很容易测量。[12]

广告主从搜索网站购买搜索关键词，只有当消费者点击进入它的网站时才付费。例如，当你在搜索引擎中输入"可乐"或"可口可乐"，甚至只是"软饮料"或"奖励"时，毫无例外，"我的可乐奖励"就会出现在搜索结果中最靠前的位置，或许旁边还有一个展示广告链接到可口可乐的官方 Google+ 页面。这不是巧合。可口可乐主要通过搜索购买来支撑其在线忠诚度计划。这家软饮料巨头最开始使用传统电视和印刷广告，但很快发现，搜索广告是将消费者带到 www.mycokerewards.com 网站进行注册的最有效的途径。如今，任何购买的搜索关键词都会将 mycokerewards.com 排在搜索结果列表的顶部或接近顶部的位置。

3. 电子邮件营销

电子邮件营销（email marketing）是一种非常重要且不断增长的数字化营销手段。"社交媒体是热门的新事物，"一位观察人士说，"但是电子邮件始终是老大。"[13] 据估计，91% 的美国消费者每天都使用电子邮件。而且，电子邮箱不再仅仅局限于计算机端和工作站，如今 66% 的电子邮箱都是在移动设备被查看的。不足为奇的是，一项近期的研究发现，电子邮件在获取顾客方面的效率是 Facebook 和 Twitter 合起来的 40 倍。

根据一项调查，90% 的营销人员称他们在上次假日季中使用了电子邮件营销。2014 年，美国企业在电子邮件营销上花费了 23 亿美元，而 2002 年这个数字仅为 2.43 亿美元。尽管电子邮件营销有时候被当成垃圾邮件，但由于其成本很低，它仍然是投资回报最高的营销方式之一。根据直接营销协会的说法，营销人员在电子邮件上每花 1 美元就能得到 42 美元的回报。[14]

如果使用恰当，电子邮件可以成为终极直销媒介。电子邮件使营销人员发送精准定位的、高度个性化的、用以构建关系的信息。而今天的电子邮件绝不像过去那样古板只有文字信息。相反，它们是丰富多彩的、诱人的、个性化的和互动式的。例如，CVS 药店在万圣节前向连锁店 ExtraCare 奖励计划成员发送了一封电子邮件，该邮件包含了一个色彩艳丽、引人注意的店内购买打七折的优惠券。点击"获得优惠券"按钮，顾客可以选择打印优惠券，或者干脆把优惠券绑在他们的会员卡上，以便日后自动兑换。CVS "做好恐慌的准备"邮件中还包含了"查看每周广告"按钮，通过这个按钮 ExtraCare 会员可以链接到一个网页，上面有基于他们购买最频繁的商品而提供的个性化促销。因此，备受关注的电子邮件促进了即时的商店访问和顾客忠诚度。

但是，日益增长的电子邮件营销也有不利的一面。**垃圾邮件**（spam）（不请自来的、不受欢迎的商业电子邮件）的爆发已经引起了消费者的反感和愤怒。据一家调研企业称，如今，每天垃圾邮件占全球数以亿计的邮件发送总量的64%，几乎每3封邮件中就有2封。美国企业的员工每天收发近1 090亿封电子邮件，近1/3的工作时间用于管理电子邮件。[15] 营销人员在为消费者提供价值和冒犯消费者之间游走。

为了解决这些问题，大多数守法的营销人员开始采用**基于许可的电子邮件营销**（permission-based marketing），即只向"选择加入"的消费者发送电子邮件。许多企业使用邮件配置系统让顾客自主选择想要接收的邮件。亚马逊会根据顾客的偏好及之前的购物体验向目标顾客选择性地发送有限的、"我们认为您愿意知道的"的信息。这样的信息很少有顾客会拒绝，实际上，很多顾客会欢迎这样的促销信息。基于此，亚马逊获得了更高的投资回报率，并且避免了向顾客发送他们不需要的电子邮件而造成的顾客关系疏远。

4. 在线视频

另一种网络营销的形式是在品牌网站或者YouTube、Facebook、Vine等社交媒体网站上发布数字视频内容。有些视频是专为网站和社交媒体设计的，这些视频涵盖了各种类型，从教你"如何做"的指导性视频、公关视频到品牌促销和与品牌相关的娱乐视频。另一些视频则是企业专为电视或其他媒体设计的广告，并在广告播出前后发布在网上以获得更大的影响力。

一部好的在线视频能够吸引到数百万的消费者。近来，在线视频的受众呈现出爆发式增长，如今60%的美国人会分享视频。[16] 营销人员希望他们的视频能够形成病毒式传播。**病毒营销**（viral marketing）是口碑营销的网络版，指的是当视频、广告或营销内容具有足够强的传染力时，消费者会主动寻找并分享给朋友。由于顾客扮演传递信息、向朋友推荐的角色，因此病毒营销的成本很低。另外，当视频或信息来自朋友时，接收者更愿意去观看或阅读。

各种类型的视频都可能形成病毒式传播，并为品牌带来顾客参与和正面影响。例如，在一个简单但诚实的麦当劳视频中，麦当劳（加拿大）的营销总监通过演示一段麦当劳广告的幕后制作过程，回答了在线观看者的问题：为什么麦当劳广告中的产品比实物看上去更好？这个3.5分钟的获奖视频产生了接近1 500万次观看和15 000次分享，麦当劳也因为其诚实和透明获得了外界赞誉。再比如，宝洁推出了一个振奋人心的#LikeAGirl视频活动，意在用"#LikeAGirl意味着很棒的事情"代替大家对"像一个女孩的举止"的不良印象。这个原创的3分钟视频立刻产生了病毒式传播，第一周在YouTube上就被点击了800万次，后来获得了超过5 700万次观看。[17]

许多品牌在传统电视、网络和移动媒体上制作多平台的视频广告。例如，阿迪达斯推出的"Take It"系列活动——一组由著名的阿迪达斯运动员在训练和比赛中精心制作的、长达60秒的视频广告——开始在电视上播放，但迅速蹿升至病毒营销排行榜的榜首。这一活动让人们看到了一个令人着迷的励志信息："做点什么，让别人记住你。或者什么也不做，被人遗忘。没有人可以拥有今天，把握它。"在NBA全明星周末期间，最初的"Take It"广告爆发了，但这仅仅是个开始。这个视频广告在第一周就获得了高达2 100万的YouTube点击量，在前两个月就达到了4 000万。该广告系列的其他视频吸引了数百万人观看，使"Take It"成为10年来最成功的病毒营销活动之一。[18]

尽管这些病毒营销很成功，然而更值得注意的是，市场营销人员通常不能有效地控制病毒信息终结于何方。他们可以在线上播种信息，但除非信息本身能触动消费者，否则这并无多大意义。一位创意总监说道："你希望自己的创意能够起点够高，让种子长成大树。如果大家不喜欢，那么它根本就不会传播；如果大家喜欢，它才能够传播一点点；如果大家很爱它，那么它才能像冲上好莱坞山的火焰那样迅速地传播。"[19]

5. 博客和其他在线论坛

品牌也会通过各种各样能够吸引具有特殊兴趣的群体和品牌粉丝的数字化论坛进行网络营销。**博客**（blog）是个人和企业发表想法和其他内容的在线媒体，这些内容通常是严格定义的话题。博客可以与任何事情相关，从政治、棒球到俳句、汽车修理、品牌，或者是最新的电视剧。很多博主使用Twitter、Facebook、Tumblr和Instagram等社交网络推销自己的博客，以获得更多的访问量。这一数字赋予了博客巨大的影响力，尤其是那些拥有众多忠诚粉丝的博客。

如今，大多数营销人员将博客作为接触顾客社区的媒介。例如，在可口可乐的非瓶装产品博客上，可口可乐的粉丝和企业内部人士可以"看看瓶子里的东西",分享的帖子从新产品和可持续发展倡议到有趣和鼓舞人心的关于"传播快乐"的粉丝故事。在 Netflix 博客上,Netflix 团队成员(本身也是电影的狂热爱好者)会讲述 Netflix 的最新特征,分享从 Netflix 体验中获得的更多窍门并收集订阅者的反馈。西南航空企业的员工撰写的"关心西南"的创意博客,促进了双向对话,让顾客了解企业的文化和运营。与此同时,这让西南航空直接与顾客接触并得到他们的反馈。

除了品牌自身的博客,很多营销人员曾经使用第三方博客帮助扩散信息。例如,麦当劳系统地接触了几个关键的"妈妈博主",这些博主将对国内的家庭主妇产生影响,进而影响整个家庭的外出饮食选择。[20]

麦当劳在其总部伊利诺伊州橡溪镇为 15 位妈妈博主安排了一次免费的短途旅行。这些博主能够参观企业设备(包括企业的测试厨房)、与美国麦当劳总裁会面、与罗纳德在附近的罗纳德麦当劳屋合影。麦当劳了解到这些妈妈博主拥有众多的忠诚追随者,博客中的大量讨论涉及麦当劳。因此,麦当劳希望通过为她们提供幕后参观的机会,把她们变成麦当劳的"信徒"。麦当劳并不直接告诉这些妈妈博主们关于这次参观应该在帖子中写些什么,只是简单地要求她们写一篇旅途实记。不过,她们发布出来的帖子大多数非常积极。基于这些努力,如今国内的妈妈博主们与麦当劳保持着密切联系。"我知道他们提供冰沙,他们有酸奶和其他小孩子想要的东西。"一位博主表示,"我实在无法告诉你汉堡王现在在做什么,"她补充道,"因为我实在是不了解。"

作为一种营销工具,博客有很多优点。它能提供一种新颖、有独创性、个性化且廉价的方式进入消费者的在线对话。虽然企业有时候可以利用博客来与顾客建立有意义的关系,但真正拥有大多数控制权的仍然是消费者。不论是否积极地参与到博客中,企业都应该追踪并倾听顾客。市场营销人员可以利用关于消费者线上对话的洞察来改善他们的营销方案。

14.3.3 社交媒体营销

作者评点

正如在我们生活中的其他领域一样,社交媒体和移动技术风暴般地席卷了营销界,它们提供了一些令人惊讶的营销可能。但说实话,很多营销人员仍然在努力学习如何有效使用它们。

正如我们一直所讨论的,互联网应用、数字技术和数字设备的兴起催生了一系列在线**社交媒体**(social media)和数字社区。无数独立商业社交媒体的兴起,为消费者提供了聚集社交与交换信息、观点、图片、视频和其他内容的在线场所。近来,几乎每个人都在 Facebook 或者 Google+ 上结交朋友、在 Twitter 上参与讨论、在 YouTube 上寻找最热门的视频、在 Pinterest 贴图或者在 Instagram 和 Snapchat 上分享图片。当然,无论消费者在哪里聚集,营销人员必然会出现在那里。

大多数营销人员如今正踏上社交媒体这一巨浪。一项调查表明,如今,92% 的美国企业声明社交媒体营销对于它们的业绩非常重要。[21] 有趣的是,就像营销人员正在学习如何使用社交媒体来吸引顾客一样,社交媒体本身也在学习如何让它们的社区成为一个适合营销内容的平台,这对社交媒体用户和品牌都有好处。大多数社交媒体,即使是最成功的媒体,仍然面临着一个变现的问题:如何在不赶走忠实用户的情况下,利用其庞大社区的营销潜力赚钱(见营销实践 14-1)?

| 营销实践 14-1 |

社交媒体变现:盈利的同时不导致粉丝流失

在世界迅速向社交化和移动化发展的过程中,社交媒体发挥了巨大的作用。无论是在 Facebook、Twitter、YouTube、Instagram、Snapchat 这类知名网站,还是在不太出名的小众网站,比如 Blurty、Dogster、Reddit 等,现在到处都能看到人们专注于手中的移动设备、连接网络、发布和分享信息。

每天在全球14亿活跃用户中,仅在Facebook上就有9.36亿用户上传3.5亿张照片,创造了45亿个"赞",分享了47.5亿次内容。

然而,尽管社交媒体网络在用户数量、内容和活动的绝对数量甚至企业估值方面都取得了令人难以置信的成功,但一个令人头疼的问题仍然困扰着它们,即变现。社交媒体如何利用其庞大社区的营销潜力,在不赶走大批忠实用户的情况下赚钱?大多数社交媒体仍然难以盈利,甚至最受欢迎的媒体也只是刚开始挖掘其财务潜力。

将社交网络庞大用户群体的社交分享潜力转化为真实美元货币的第一个也是最好的方式就是在线广告。对于营销人员来说,社交媒体可以帮助其实现定位和顾客参与,因此,广告主愿意为通过广告和其他付费品牌内容接触到顾客而付费。然而,无论是营销人员还是社交媒体网络,将商业内容应用于社交媒体仍处于起步阶段。成功地在用户内容旁边注入品牌内容可能会很麻烦,也很危险。社交媒体用户往往珍惜他们在线社区的免费(和不含商业广告)共享文化。如果构思不佳,商业内容就会变成一种不受欢迎的入侵行为,会疏远用户,并有可能把他们赶走。

因此,尽管社交媒体迅速蹿红,但大多数人仍难以赚钱。即使是Facebook,它也不是最成功的社交网络,它2014年利润高达125亿美元,收入达29亿美元,但远没有发挥其巨大的财务潜力。

为了说明社交媒体所面临的盈利困境,让我们深入挖掘一下当今最成功的社交媒体应用Snapchat,它是一款广受欢迎的即时通信应用。Snapchat快速成长的用户群超过了1亿,并对年轻的千禧一代有很大的影响力。就像在其他社交媒体上一样,Snapchat的用户与朋友和家人分享图片或视频,也就是所谓的"快照"。但与其他网络上的图片不同,快照在几秒钟内就消失了。

Snapchat是在大约2010年开始火爆的。到第一年结束时,Snapchat的服务器分享了10亿张照片;仅仅两年之后,Snapchat社区每天分享7亿张照片。随着Snapchat的人气飙升,其估值也大幅上升。两年过去了,Facebook向Snapchat的创始人发出了一个令人吃惊的30亿美元的收购要约,但创始人礼貌地拒绝了。一年后,Snapchat筹集了超过2亿美元的风险投资,估值为100亿美元。然而,在它的鼎盛时期,Snapchat还没有赚到哪怕一分钱的收入或利润。

Snapchat的融资故事是社交媒体中的典型成功案例:刚起步的初创企业,紧随其后的是人气和使用的迅速增长,导致高得离谱的估值——但收入很少甚至没有。随之而来的难题是:它们如何利用庞大的用户规模赚钱、维持生计?对于Snapchat来说这尤其困难。Snapchat之所以如此独特和流行,是因为它的内容只会持续几秒钟,这意味着它无法追踪和分析其规模庞大的用户来实现定位,这对营销人员来说是难点。"在大数据时代,不收集用户数据的Snapchat如何向市场营销人员销售自己?"一位在线广告商问道。Snapchat面临的挑战是如何让营销人员信服:接触到年轻千禧一代社区所带来的利益远大于用户匿名和缺乏精准定位能力的弊端。

广受欢迎的即时通信应用Snapchat和其他社交媒体都面临着棘手的变现问题:如何利用它们庞大社区的营销潜力赚钱,同时,又不让大批忠实用户离开?
Jens Büttner/AP Images

因为担心触动社区的敏感性和破坏用户体验,直到2014年10月Snapchat才推出自己的广告平台。该平台名为"品牌故事"(Brand Stories),它允许营销人员在赞助"故事流"中向用户发布品牌相关的照片和视频,对每个广告的收费最高达到75万美元。环球影业是其第一个顾客,它为即将上映的恐怖片*Ouija*发送了一个20秒的视频预告片。越来越多的其他品牌——从塔可钟和冷冻酸奶连锁店16 Handles到新奥尔良圣徒——很快进驻Snapchat平台、向用户发送快照。尽管广告商似乎非常乐意为广告付费,但考虑到对用户体验的影响,Snapchat在6个月后就叫停了"品牌故事"。该企业表示,它可能将来会再以一种新形式重新引入该功能。

与此同时，Snapchat还专注于另外两种广告形式：一种名为《发现》的杂志式平台，以及一个被称为《我们的故事》的赞助订阅平台。《发现》是Snapchat的一个内容领域，从ESPN、CNN、喜剧中心、美食频道到 *Cosmopolitan*、《国家地理》和 *People*，它们都在该平台上发布其最佳内容。Snapchat用户可以用个性化的评论或表情分享《发现》上的新闻故事和视频。广告商每天要支付最高达10万美元的广告费，才能在该平台的内容旁边做广告。

Snapchat《我们的故事》栏目所展示的内容是类似于《新年前夜》《疯狂三月》、一场重要的橄榄球赛或"梅西感恩节大游行"，由Snapchat策划，并由用户生成内容。广告顾客可以为某一个《我们的故事》内容以40万～50万美元的价格购买赞助权，该权利包括在片头中提到其品牌，以及在整个节目中散布该品牌的照片。例如，梅西百货赞助"梅西感恩节大游行"，将其品牌内容糅合到用户内容中。广告商也可以花10万美元购买一个10秒钟的品牌广告。《我们的故事》在Snapchat社区里每天有2 000万的浏览量。

这一切使得Snapchat的收入模式处于不断变化的状态，因为它在寻找最佳的盈利模式。事实上，当你读到这个故事的时候，《发现》和《我们的故事》很可能已经变成了别的东西。例如，最近有消息称，Snapchat很快就会将《我们的故事》改为《生活故事》《生活事件》，甚至只是《生活》，以便更符合这个平台的演变特性。"Snapchat就像之前的社交平台一样，正从初创企业向大型媒体企业转型，"一位分析师表示，"广告产品，以及喜爱广告产品的顾客，经常受到这种变化的影响。"

在寻求盈利的过程中，Snapchat面临很多风险。广告和品牌内容的增加会疏远狂热的Snapchat粉丝吗？如果采取的方式正确，可能并不会。研究表明，社交媒体用户容易接受甚至欢迎针对性强的品牌内容。Snapchat最近的一项调查发现，60%的Snapchat用户喜欢《我们的故事》广告。

但这就是关键所在——正确地做。就像照片自己消失的功能一样，如果过于激进的变现在其高流动性和变化无常的粉丝中引起了怨恨，Snapchat的人气飙升可能很快就会消失。Snapchat必须小心前行。正如Snapchat的一名营销人员总结的那样："我们一直在进行微调，以确保我们能为社区提供最好的体验。"

资料来源：Julia Greenberg, "Snapchat Allows Users to (Finally!) Share News," *Wired,* May 5, 2015, www.wired.com/2015/05/snapchat-news-business-discover- share/; "By the Numbers: 200+ Amazing Facebook User Statistics," http://expandedramblings.com/index.php/by-the-numbers-17-amazing-facebook- stats/#.U2F1gtxH38u, accessed June 2015; Kurt Wagner, "Snapchat Is No Longer Selling Its Original Ad Unit, Brand Stories," *re/code,* April 13, 2015, http://recode.net/2015/04/13/snapchat-is-no-longer-selling-its-originalad- unit-brand-stories/; Jessi Hempel and Adam Lashinsky, "Countdown to the Snapchat Revolution," *Fortune,* January 1, 2014, pp. 82-87; James O'Toole, "Could Snapchat Really Be Worth $10 billion?" *CNNMoney,* August 1, 2014, http://money.cnn.com/2014/08/01/technology/social/snapchat-10-billion/index.html; Garrett Sloane, "Snapchat Persuades Brands to Go Vertical with Their Video," *Adweek,* April 27, 2015, pp. 20-22; and Tim Peterson, "With Snapchat's First Ad Format on Hold, Focus Shifts to Live Event Feeds," *Advertising Age,* April 16, 2015, www.adage.com/print/298082.

1. 使用社交媒体

营销人员可以通过两种方式使用社交媒体：既可以使用已有的社交媒体，也可以创立自己的社交媒体网站。使用已有的社交媒体看上去最容易。因此，大多数品牌，无论大小，都在各种社交媒体网站上开设了店面。从可口可乐、耐克、维多利亚的秘密到芝加哥公牛队甚至是美国林务局，在这些品牌的网站上你都能发现Facebook、Google+、Twitter、YouTube、Flickr、Instagram或者其他社交媒体主页的链接。这些社交媒体能够形成巨大的品牌社区。例如，公牛队拥有1 700万Facebook粉丝，可口可乐拥有的粉丝数量达到惊人的9 000万。

一些主要的社交网络规模庞大。接近14亿人每月登录Facebook，这个数字几乎是美国人口的4.4倍。同样，Twitter每月活跃用户超过2.88亿。而YouTube每天每分钟有超过10亿用户上传300小时的视频。名单还未结束：Google+ 有3.59亿活跃用户，Instagram有3亿，领英有1.87亿，Pinterest有4 000万。[22]

尽管这些大规模的社交媒体占据了大部分的头条，但无数的小众社交媒体也开始出现。这些小众的网络社交媒体适合志趣相投的小众群体，使它们成为针对特殊兴趣群体需求的营销人员的理想选择。对于每一种兴趣爱好，至少能够找到一个对应的社交媒体。妈妈们在 CafeMom.com 上分享建议和交流。FarmersOnly.com 为现实中的"乡下人"提供网上约会，这些"乡下人"享受着"蓝天和自由的生活，喜欢开放的空间、喜欢养动物、喜欢欣赏大自然——这是城市里的人理解不了的"。在 Birdpost.com，热心的鸟类观察员可以发布他们观察到的鸟类，并借助现代卫星地图与其他成员分享这些鸟类的踪迹。[23]

除了这些独立的社交媒体，很多企业也创建了自己的在线品牌社区。例如，耐克的 Nike+ 跑步社区涵盖了超过 2 000 万的跑步爱好者，在全球范围内记录了超过 10 亿的跑步公里数。在社区内，会员可以在线上传和追踪跑步成绩，并与其他人进行比较。基于跑步社区的成功，耐克将 Nike+ 延伸到了篮球和通用训练领域，每一个领域都有自己的独立社区网站、App 和相应产品。[24]

2. 社交媒体营销的优势和挑战

使用社交媒体既有优势也有挑战。有利的一面是，社交媒体具有针对性且个性化，它允许营销人员为个体消费者和顾客社区建立和分享定制的品牌内容。社交媒体也具有互动性，这使其成为创立和参与顾客对话、聆听顾客反馈的理想场所。例如，全食超市周四晚间会在 Twitter 上使用 @wholefoods 账户围绕 #WFMDish 的标签主持聊天。这些谈话汇集了全食社区的健康饮食者，讨论诸如在冬天吃什么或如何举办一个健康（且美味）的超级碗派对这类的话题。聊天参与者分享食谱、想法和意见，而全食超市的推文会链接到博客文章和多媒体内容。[25]

另外，社交媒体具有直接性、即时性，它们可以随时随地将与品牌事件和活动相关的即时信息送达顾客。正如本章前面所讨论的，社交媒体使用量的快速增长导致了实时营销的激增，使得营销人员可以在事件发生时创建和加入消费者的对话。市场营销人员现在可以观察什么是热点，并创建内容与之联系起来。

同时，社交媒体的成本相对较低。尽管创建和管理社交媒体内容的成本很高，但使用社交媒体大多是免费或低价的。因此，相比于电视或印刷等昂贵的传统媒体来说，社交媒体的投资回报率通常很高。社交媒体这一低成本的特性，使那些没有太高预算开展营销活动的小型企业和品牌也能够唾手可及。

也许，社交媒体最大的优势在于其参与性和社交分享能力，社交媒体尤其适合创造顾客互动和社区——在顾客与品牌之间、顾客之间形成互动。社交媒体比其他任何渠道都能更好地使消费者参与塑造和分享品牌的内容、体验、信息和想法。

例如，考虑一下 Etsy——在线手工艺市场，它是"你购买和销售所有手工品的地方"。Etsy 使用它的网站、移动网站和大量的社交媒体创建了一个 Etsy 生活方式社区，购买者聚集在这里学习、探索、交流、分享关于手工和古董产品的想法及相关话题。除了活跃的 Facebook、Twitter 和 YouTube 页面，Etsy 还在照片分享网站 Instagram 上通过分享创意和产品的照片成功吸引了 33.4 万名粉丝。Etsy 还在社交剪贴簿网站 Pinterest 上吸引了 58 万名关注者，其 113 个版块的主题包括"DIY 项目""娱乐""我们喜欢的事物""Etsy 婚礼"甚至"Yum! 分享制作方法"——发布社区中最受喜爱的方法。Etsy 不销售用于制作的原材料，但这就是 Etsy 生活方式的一部分。Etsy 通过网络和社交媒体，在全球范围内创造了一个活跃的、吸引了 198 万名买家和 140 万名卖家的社区，并将其称为"我们共同打造的市场"。[26]

Etsy 通过网络和社交媒体，在其所称的"我们共同创造的市场"中，为买家和卖家创造了一个活跃的、有吸引力的全球品牌社区。
Etsy，Inc.

社交媒体营销同样存在挑战。首先，大多数企业对于如何有效使用它们仍然处于实验阶段，而且实验结果仍是很难衡量的；其次，这些社交媒体在大多数情况下是由用户控制的。企业使用社交媒体的目的是使品牌成为消费者对话和生活的一部分，但是市场营销人员不能简单粗暴地直接介入消费者的互动，而是首先需要获得参与的权利。这要求营销人员开发出一系列吸引顾客的内容，成为其在线体验的重要组成部分。

由于消费者对社交媒体内容有如此多的控制权，以至于看上去最无害的社交媒体活动也可能产生事与愿违的结果。例如，Frito-Lay 企业最近发起了一年一度的"乐味一番"活动，邀请人们提出新的薯片口味，将创意提交到其网站或 Facebook 网站，并为他们的创意设计包装。许多消费者对此次竞赛（以及 100 万美元的奖励）非常认真，他们提出了人们真正想要吃的口味。然而，近期一些人通过提出一些滑稽但主观臆造的口味来扰乱比赛，包括松脆的青蛙和蓝奶酪、牙膏和橙汁、七年级更衣室、公共泳池里的邦迪创可贴，以及 "90% Air and Like 4 Chips"。不幸的是，对于每次提交，无论多么虚假，网站都兴高采烈地对包装和口味名称做出回应，并附上了如下信息："七年级的更衣室？这听起来很美味！为你下一次赢得 100 万美元的机会保持这些美味的点子。"

Frito-Lay 和它的顾客以幽默的方式应对了意外事件，而"乐味一番"竞赛也在成功开展。然而这传达出一个明确的信息。有了社交媒体，"你正在进入消费者的后花园，这是他们的地盘，"一位社交营销人员提醒道。"社交媒体是充满压力和挑战的，"另一位营销人员表示，"几十万甚至上百万的人等着看你的想法，然后尝试撕碎或者分裂它以发现其中薄弱或者愚蠢的地方。"[27]

3. 整合社交媒体营销

使用社交媒体可能很简单，比如在某品牌的 Facebook 或 Twitter 主页上发布几条信息，在 YouTube、Vine 或 Pinterest 上通过发布视频和图像来创造品牌网络口碑。然而，如今大多数大企业都在设计融合或支持品牌内容战略和策略中其他元素的全方位社交媒体营销。成功使用社交媒体的企业不再在各个社交媒体分散努力，或仅仅追求"点赞"和推文的数量，而是整合一系列多样的媒体来建立与品牌相关的社交分享、顾客参与和顾客社区。

管理品牌的社交媒体是一项重要的事业。例如，星巴克是最成功的社交媒体营销商之一，它管理着 51 个 Facebook 主页（包括 43 个在其他国家的主页）、31 个 Twitter 账户（其中 19 个是国际性的）、22 个 Instagram 名称（14 个是国际性的）以及 Google+、Pinterest、YouTube 和 Foursquare 等账号。管理并整合所有这些社交媒体的内容富有挑战性，但结果通常是值得的。无须进入店铺，顾客即可实现与星巴克的数字化互动。

不仅仅是建立顾客参与和顾客社区，星巴克的社交媒体也驱动顾客进入实体店铺中消费。例如，在 2009 年开展的第一场大型社交媒体促销中，星巴克宣布购买早餐饮料即可免费获赠一份油酥点心，100 万人进入店铺参加了这一促销活动。在它最近推出的"Tweet-a-Coffee"促销活动中，顾客在 Twitter 上发布咖啡的推文并提到朋友，星巴克便会向该朋友提供一张 5 美元的礼品卡。该活动导致在短短一个多月内就产生了 18 万美元的销售额。社交媒体"不仅仅是关于互动、讲故事和链接，"星巴克全球数字营销官表示，"它们能对商业产生本质的影响。"[28]

14.3.4 移动营销

移动营销（mobile marketing）通过消费者的移动设备向移动中的消费者发送营销信息、促销信息和其他内容。通过移动营销，营销人员在整个购买和关系建立过程中能随时随地与消费者互动。移动设备的广泛使用以及移动流量的兴起使移动营销成为大多数品牌的必然选择。

随着移动电话、智能手机、平板电脑的不断发展，如今美国的移动设备渗透率已经超过 100%（很多人拥有不止一部移动设备），还有 40% 的美国家庭是无有线电话的移动家庭。大约 65% 的美国人拥有智能手机，而其中超过 60% 的用户会通过智能手机访问移动互联网。他们不仅浏览移动网络，也是移动应用程序的热衷用户。移动应用程序正在全球范围内呈现爆发式增长：目前可使用的移动 App 超过 200 万，平均每部智能手机的安装数量为 26 个。[29]

大多数人热爱他们的手机并且严重依赖手机。一项研究表明，将近 90% 拥有智能手机、平板电脑、计算机、电视的消费者最不愿放弃的屏幕就是手机。平均来看，美国人每天查看手机 150 次——每 6.5 分钟一次，并且每天在手机和其他移动设备上聊天、发信息、浏览网站的时间为 2 小时 58 分钟。由此看来，尽管电视仍然是人们生活中的一大部分，但手机已经迅速成为人们的"首选屏幕"。离开家之后，手机就成为人们的唯一屏幕。[30]

对于消费者来说，一部智能手机或者平板电脑可以成为方便的购物伴侣。它可以提供实时的产品信息、价格、产品比较、建议和其他消费者评论，并能够实现即时交易、获得电子优惠券。Google的一项研究发现，87%的移动设备用户在去商店之前都会使用手机进行浏览和研究，75%的智能手机用户会在店内使用手机。[31] 毫不为奇，由于消费者的购买过程伴随着移动广告、优惠券、短信、移动App、移动网站等工具，移动设备为更深入的消费者互动提供了一个丰富的平台。

在美国，移动广告开支在不断增长，2014年一年就实现了翻倍增长。如今几乎每一家重磅营销商都将移动营销整合进了直销方案中，从宝洁、梅西百货到当地的银行或超市，再到APCA等非营利性组织。这些努力能够产生非常正面的效果，例如，49%的移动用户看完一项移动广告之后会查找更多的相关信息。[32]

企业可以利用移动营销来刺激立即购买、使购物更便捷、丰富品牌体验。它使营销人员能够在消费者表达偏好或者做购买决策时为其提供信息、激励和选择。例如，麦当劳就在利用移动营销促销新产品、发布特定的促销信息、提升店内流量。最近，潘多拉移动App的一则互动广告写道，"味蕾体验：仅需1美元即可体验任意容量的软饮和甜茶。点击访问网站。"消费者点击这则广告就进入了麦当劳夏日促销推荐的移动网站。麦当劳的另一个移动营销活动则使用拼字游戏来吸引消费者尝试优惠菜单中的产品。这些努力的结果既创造了顾客互动，也提升了店铺流量。"在移动活动中使用拼字游戏是为了发现并维持顾客互动。"麦当劳的营销人员表示。[33]

如今，多元媒体移动广告带来了大量的影响和参与。例如，捷蓝航空创建了一个语音激活的移动广告，该广告可以与顾客互动并进行对话。最先出现的是一个捷蓝航空手机横幅广告，上面写着："点击这里学习如何说鸽语。"点击后广告得到扩展，即用户通过声音提示重复屏幕上的单词，比如"coo、coo、coo"。当他们用鸽语完成了两句完整的句子后，用户就可以获得一枚虚拟奖章，并可以选择再玩一次。点击"了解更多"，用户就可以进入捷蓝航空登录主页，在那里他们可以通过数字信鸽探索和发送信息给朋友。这款手机广告是捷蓝航空"航空旅行中人性的一面"活动的一部分，它的特色是鸽子——终极飞行常客。这个声音广告的目的不是直接推销，而是为了丰富捷蓝航空的体验。捷蓝航空的广告经理说，航空企业希望人们"看广告，和鸽子玩耍，并在他们想订票时记住我们"。[34]

零售商可以利用移动营销丰富顾客的购物体验，同时刺激顾客购买。例如，梅西百货围绕一款流行、创新的移动App推出了"巴西：一场奇幻之旅"促销活动。这场活动包含巴西人设计的服饰和赞美巴西文化的店内体验活动。通过在店内用手机扫描二维码，购物者可以通过参加虚拟旅途了解巴西服饰以及体验巴西文化，比如虚拟的亚马逊之旅、狂欢节拜访里约热内卢或参加一场巴西足球赛。

很多营销人员创立了自己的移动网站，并针对特定手机或移动服务提供商优化了展示信息的方式。还有一些营销人员则创立了具有实用性或娱乐性的移动App，使顾客参与到品牌中并帮助顾客购物（见营销实践14-2）。

营销实践 14-2

移动营销：智能手机正在改变人们的生活方式以及他们的购买方式

只用智能手机或其他移动设备，你就可以随时随地了解、制作或购买几乎任何东西。Google的Waze应用软件不仅能帮你导航，还能实时地指出交通拥堵、事故、车速检测区和汽油的价格，所有这些都是由Waze社区成员更新的。Redbox售货亭太慢了吗？下载Redbox应用程序——它可以让你通过移动设备找到一个DVD，并把它保存在某个售货亭里等你去取。REI的Snow Report应用，带着雪花般清新的外观和体验，为你提供在美国和加拿大的滑雪场信息，比如下雪情况、开放路线的数量、滑雪道地图和网络摄像景观。这款应用甚至可以帮助用户通过Twitter和Facebook与朋友分享度假信息，并在"当你认为没有一套新的K2滑雪板或双人Hubba Hubba帐篷就无法生存"的时候将你链接到"REI商店"。

欢迎来到移动营销的世界。今天的智能手机

和其他移动设备正在改变人们的生活方式，成为通信、信息和娱乐不可或缺的枢纽。它们还革新了人们消费和购物的方式，给营销人员提供更有效、更令人满意的吸引顾客的新机会。

市场营销人员正在对移动设备使用率的巨大增长做出积极反应。移动广告支出在过去3年里飙升了400%，预计在未来3年内将翻一番。移动应用市场也出现了爆炸式增长。就在6年前，苹果的应用商城还拥有令人惊叹的1万款应用。但到2014年为止，应用程序的数量已暴涨至120万；安卓系统的Google Play凭借其130万个应用程序而处于领先地位。移动设备已经成为今天的新营销前沿，特别是对于那些追求年轻消费者的品牌来说。移动设备具有显著个性化、始终存在并且持续使用的特征，这使其成为获取消费者对个性化的、时间敏感的营销活动的即时反应的理想媒介。

一些营销人员仍然在为移动营销做热身，大多数人仍然在学习如何有效地使用它。成功的移动营销不仅仅是给人们提供一张优惠券和一个购买链接，还提高了品牌的参与度，创造了一种"无摩擦"的购买体验。例如，亚马逊的移动应用程序——幸亏有了"一键"购买、黄金会员以及其他功能——不管是哪里的顾客，理论上都可以在24小时内将商品寄送到任何地点，而实现这一目的只需一部智能手机，简单地搜索或扫描，然后点击一个按钮。

消费者已经开始期待像亚马逊这样的营销巨头提供的零摩擦移动购买体验。但随着移动能力的快速发展，从基于位置的技术到移动支付系统，越来越多的企业正在成为各自行业中的亚马逊。考虑一下基于移动应用的汽车共享服务。

仅在美国，每天约有60亿辆闲置的私家车。点对点的拼车服务Getaround可以让车主们在其社区中有偿与他人共享闲置的私家车。这家年轻的企业已快速成长起来，其拥有25 000位车主入驻，车主可以获得60%的租赁费，平均每辆车每个月的租赁费可达500～1 000美元。Getaround对所有细节都很认真——顾客联系和支持、保险、路边援助和付款。要想使用Getaround，你只需要下载手机应用程序、提供信用卡和驾照信息。然后即可使用应用软件在社区成千上万可供使用的汽车中搜索，并在需要的时候按小时或者按天租一辆车。你可以用手机GPS定位汽车，使用应用程序解锁汽车，然后把汽车开走。用录入的信用卡或者使用Apple Pay轻轻一点便可以支付成功。就是这么简单。Getaround应用程序甚至还为说走就走的旅行提供管理工具。

移动营销的作用不仅仅是简化购买过程，它还可以把广告、优惠券和其他促销活动提升到新的水平。移动营销人员可以进行个性化促销，并将其融入相关的日常顾客体验中。例如，Kiip是一个移动奖励网络，它有针对性地帮助品牌在合适的时间、根据顾客的日常活动向他们提供适当的奖励。该机构将其技术嵌入到《僵尸农场》和《超级跳跃》等视频游戏应用中。那些达到新级别或达到其他目标的玩家可以得到他们最喜欢的零售商的优惠券，比如American Apparel。

Kiip现在拥有2 500个应用程序和6 000万用户，涉及游戏、健身、工作效率、音乐和烹饪等方面。它每月展示超过5亿次的奖励机会，比如麦当劳、Propel、Sour Patch Kids、宝洁和万事达卡。对于MapMyRun这类的健身应用程序，以及类似于Any.do的工作效率类应用软件，Kiip将奖励和日常生活成就联系起来。当使用者将某件事情从他们的待办事项列表中划去或者实现了一个跑步目标，他们会得到一个相关品牌的奖励。例如，宝洁的秘密除臭剂为MapMyRun女性用户提供了免费下载歌曲到运动音乐列表的奖励。而零食巨头亿滋国际也奖励了Any.do用户，即当用户打破个人纪录时可以免费获得三包Trident口香糖。

Kiip帮助营销人员在适当的时刻接触用户，并对用户的实时行为和成就给予奖励。在阅读应用程序中读完一定页数的读者可以获得免费的杂志订阅。使用情侣App的用户可以获得购买1-800-Flowers的积分。Kiip甚至与联网汽车企业Mojio合作，Mojio的汽车诊断端口插有4G远程信息处理设备，可以追踪汽车状态的信息，并让车主与最喜欢的人、地点和事物保持联系。通过Mojio，Kiip帮助其顾客（包括保险企业、汽车修理店、停车计时器和车库运营商）提供与司机位置和行为相关的奖励。

与典型的横幅广告、弹出式广告或电子邮件不同，Kiip所提供的服务增强了用户的日常活动，而不是打扰他们。Kiip的创始人兼首席执行官表示，

Kiip 与其说是实时营销，不如说是对实时需求的解决方案。事实上，他断言，Kiip 做的并不是真正的移动广告业务——它属于幸福业务。他说："我们想利用幸福赚钱。当你快乐的时候，一切都会更好。"移动营销的时效性、相关性及其带来的幸福感使得消费者的响应率大大提高。Kiip 22% 的移动促销信息被用户兑换和使用，相比之下，典型应用程序广告的参与率仅为 0.3%。Kiip 还将移动应用程序的重复访问量提高了 30%，超过了一般应用程序使用时间的两倍。

许多消费者最初对移动营销表示怀疑。但是，如果手机提供了有用的品牌和购物信息、有趣的内容、及时的优惠券和打折的价格，他们往往会改变主意。大多数移动营销均定位于那些自愿选择加入或下载应用程序的消费者。在日益混乱的移动营销领域，除非用户看到应用程序的真正价值，否则他们不会这么做。营销人员面临的挑战是：开发有价值的移动服务、广告和应用，从而让顾客主动打电话咨询。

资料来源：Robert Hof, "Mobile Ads Will Smash $100 Billion Mark Worldwide in 2016," *Forbes*, April 2, 2015, www.forbes.com/sites/roberthof/2015/04/02/mobileads- will-smash-100-billion-mark-worldwide-in-2016/; Lindsay Harrison, "Kiip: For Making Mobile Ads That People Want," *Fast Company*, February 11, 2013, www.fastcompany.com/most-innovative-companies/2013/kiip; Christina Chaey, "How Kiip Ties Brand Rewards to Game and Life Achievements to Make Mobile Ads Engaging," *Fast Company,* July 23, 2012, www.fastcocreate.com/1681287; Neil Undgerleider, "Advertisers Are about to Enter Your Connected Car," *Fast Company,* April 11, 2014, www.fastcompany.com/3028744/most-innovativecompanies/ advertisers-are-about-to-enter-your-connected-car; Jason Ankeny, "Young Millionaires: How These Entrepreneurs under 30 Are Changing the World," *Entrepreneur*, August 20, 2014, www.entrepreneur.com/article/236621; and www.kiip.com/me, www.getaround.com/mobile, www.getaround.com/tour, and www.getaround.com/tour/benefits, accessed September 2015.

例如，Benjamin Moore 的色彩捕捉应用程序可以让顾客拍摄彩色物品的照片，然后将其与 3 500 个 Benjamin Moore 绘画颜色相匹配。星巴克的移动应用程序允许顾客像使用星巴克会员卡一样方便、快捷地使用手机买咖啡。嘉信理财（Charles Schwab）的手机应用程序让顾客获得最新的投资信息，监控他们的账户，并随时随地进行交易——这可以帮助你"看好你的钱"。

如其他形式的直销一样，企业必须对移动营销的使用负责，否则很可能会惹怒已经开始对广告厌烦的消费者。没有人愿意每两分钟就被广告打断一次，所以，营销人员需要理智地设计他们在移动设备上吸引顾客的行为。其关键在于提供真实、有用且让消费者愿意参与其中的信息和交易。许多营销人员在获得许可的基础上投放移动广告。

总之，数字直销——在线、社交媒体和移动营销，未来既有很好的前景，也将面临挑战。虔诚的互联网信徒仍在预测互联网和数字营销何时会取代杂志、报纸、实体商店成为信息、互动和购买的来源。但大多数营销人员仍然持有一个较为现实的观点：对于大多数企业来说，数字和社交媒体营销仅仅是市场中的营销方式之一，需要与其他方式结合起来形成一套完整的营销组合方案。

尽管快速增长的数字直销工具近来占据了大部分头条，但传统的直销工具仍然被广泛使用。接下来我们将学习图 14-1 中所示的传统直销方法。

缓冲带：概念链接

暂停一下，思考在线、移动和社交媒体营销如何影响你的品牌购买行为和偏好？
- 你的产品调研、购物和最终购买行为有多少是在网上实现的？有多少是通过移动设备实现的？你在实体店的购买活动和在线购买活动如何互相影响？相互影响的程度有多大？
- 你遇到过多少次在线、移动和社交媒体营销活动？它们都是什么类型？你是否从这些营销活动中获益？或者这些活动带给你更多的是打扰？它们分别以什么方式实现的？
- 你是否曾通过网站、社交媒体或者手机 App 直接参与某些品牌或者品牌社区？你在网站、社交媒体或移动端的互动行为是否影响你的品牌偏好和购买决策？对这些问题展开讨论。

14.4 传统的直销形式

作者评点

尽管网络营销、社交媒体营销和移动营销近年来得到了越来越多的关注，但传统的直销媒介仍然承载了很多直销任务。想想你经常被塞满的信箱吧！

传统的直销工具（见图14-1）包括人员销售、直邮营销、目录营销、电话营销、电视营销、售货亭营销。在第13章我们已经深入地研究了人员销售。在这里，我们研究其他的直销方式。

14.4.1 直邮营销

直邮营销（direct-mail marketing）是指向特定地址的人发送报价、公告、提醒或其他项目。利用高度选择性的邮寄名单，直销人员每年寄出上百万的信件、目录、广告、小册子、样品、视频和音频磁带、CD以及其他的"会飞的推销人员"。美国营销人员2014年在直邮营销（包括目录邮寄和非目录邮寄两种）上的投入超过460亿美元，占直销总支出的29%。美国直邮协会的研究表明，直邮的每一美元投入平均产生了12.53美元的销售额。[35]

直邮非常适合直接的、一对一的沟通。它允许有针对性地选择特定的目标顾客，可以个性化定制，非常灵活，结果也很容易测量。虽然它的每千人接触成本高于电视或者杂志这样的大众媒体，但它却能更好地接触到潜在顾客。使用直邮营销能成功地促销任何种类的产品，从书、保险、旅游、礼品、美食、服装和其他消费品到各种工业产品。慈善机构通过大量使用直邮，每年能募集到几十亿美元的善款。

一些分析人员预测，在未来几年，传统模式的直邮营销的使用率将会下降，电子邮件营销、网络营销、社交媒体营销和移动营销等更新的数字营销模式将取而代之。相较于美国邮局的"邮递邮件"，新的数字直销方式能以惊人的速度和较低的成本传送信息。

然而，虽然新的数字直销形式横空出世，但传统的直邮营销依旧被更广泛地使用着。相较于数字化模式，传统的直邮营销具有一些显著的优势。它提供了有形的载体供人们持有和保留，同时还可以用于邮寄样品。"邮件使一切更真实。"一位分析师表示。直邮创造了与顾客的情感交流，而这是数字化直销所做不到的。人们持有它、观察它，并且以与数字化直销完全不同的模式与它互动。相比之下，电子邮件和其他数字化模式很容易被过滤和删除。"因为有垃圾邮件过滤器和垃圾邮件文件夹阻止我们的信息进入消费者的收件箱，"一位直销员表示，"有的时候你不得不采用邮寄的方式。"[36]

传统的直邮可以成为更广泛的整合营销方案中的有效组成部分。例如，多数大型保险企业严重依赖于电视广告建立广泛的顾客认知度和定位，但保险企业同时使用古老而有效的直邮方式来打破对电视广告的依赖。电视广告针对的是更广泛的受众，相比之下，直邮营销以更直接、更私密的方式传递信息。"邮寄允许我们使用具有针对性的特定信息来找到消费者，这是广播所做不到的，"Farmers Insurance的营销传播副总裁约翰·英格索尔（John Ingersoll）表示，"并且多数人仍然愿意通过信箱获取营销信息，这是我认为直邮方式还会增长的原因。"[37]

如果接收者对接收的信息没有兴趣，直销邮件可能会被视为"垃圾邮件"。因此，聪明的营销人员必须仔细挑选合适的目标顾客，以避免浪费自己的金钱和接收者的时间。营销人员正在探索一种许可式方案，从而实现仅将直销邮件发送给感兴趣的人群。

14.4.2 目录营销

随着技术的进步以及个性化、一对一营销潮流的涌现，**目录营销**（catalog marketing）发生了令人振奋的变化。《目录时代》曾经把目录定义为："一种印刷的、至少由8页纸装订在一起的本子，销售多种商品，并提供直接订购机制。"如今，这个定义已经过时了。

随着互联网和数字营销的快速发展，越来越多的目录开始走向数字化。大量仅有网络版本的目录商开始出现，同时，大多数印刷目录商已经在自己的营销组合中增加了基于网络的目录和手机目录购物App。例如，像

Catalog Spree 这样的 App 使得梅西百货、Anthropologie、L.L. Bean、马赫尔·施莱默、Coldwater Creek、West Elm 等零售商的经典目录在手机或平板电脑上唾手可得。在 Eddie Bauer 最新的产品目录出现之前，顾客可以在笔记本电脑或移动设备上登录 eddiebauer.com 对其进行在线访问，或者通过 Pinterest 等社交媒体来捕捉亮点。Eddie Bauer 的移动目录为用户提供了即时浏览和购买的方便。

数字化目录免去了印刷及邮寄成本。同时，网络目录可以提供几乎不受限制的商品数量，而相较之下印刷目录的空间就比较有限。另外，网络目录还提供了更多的展示方式，包括搜索功能和视频功能。最后，网络目录允许实时营销：产品及特性可以根据实际情况变更或增加，价格也可以根据需求实时调整。顾客可以随身携带数字化目录前往任何地方，即使是在实体店购物的情况下。

尽管数字化目录有着诸多优势，但印刷目录依旧在不断增长。美国直销人员 2014 年邮寄出了 120 亿份印刷目录——平均每个家庭超过 97 份。[38] 在这个新的数字时代，企业为什么没有抛弃古老的印刷目录？首先，印刷目录是推动在线和移动销售的最佳方式之一，这使得它们比以往任何时候都更重要。根据一项研究，大约 58% 的在线购物者会浏览实体商品目录，而 31% 的人在网购时拥有零售商的目录。目录使用者每次访问企业网站时浏览的网页数超过一般访问者的两倍，在网站上花费的时间也是一般访问者的两倍。[39]

但是，除了能够推动即时销售之外，纸质目录还能与顾客建立情感联系。这是数字化目录所做不到的。许多卖家正在修改它们的商品目录，让其不仅仅是装满产品图片和价格的书。例如，Anthropologie 将其目录命名为"期刊"，并将具有生活气息的照片放入其中。"当然，我们正试图出售服装和配饰，"Anthropologie 的首席营销官表示，"但更多的是激发和参与。"类似地，除了每年出版的 10 个传统目录外，Patagonia 还发布了其他特定主题的目录。以猎鹰训练为主题的期刊中有一些照片，在这些照片中智利的孩子们与东京鹰和谐相处、加利福尼亚的野生动物保护志愿者放飞经驯化的红尾鹰。这本 43 页的目录仅在最后四页放了少量的产品介绍。这样的纸质目录是"我们与我们最亲近的朋友和想深入了解我们品牌的人们对话的方式。"一位 Patagonia 的销售人员说，"许多年以前，目录是一种销售工具，但是现在它已经成为一种灵感来源。"另一位直销人员说："我们知道我们的顾客喜爱触觉体验。"[40]

目录：即使在数字时代，印刷目录仍在蓬勃发展。除了传统目录外，Patagonia 还推出了以生活方式为主题的目录，"我们向最亲密的朋友和了解这个品牌的人表达自己的看法。"
Patagonia, Inc.

14.4.3　电话营销

电话营销（telemarketing）通过电话直接向顾客和商业顾客销售。2014年，美国营销人员在电话营销上的花费估计为430亿美元，几乎和直邮营销一样多。[41] 我们对直接针对消费者的电话营销已经很熟悉，但实际上，电话营销也广泛地应用于企业对企业的业务中。营销人员用呼出电话直接向消费者和商业顾客销售产品，而用免费的呼入号码接收电视广告、印刷广告、直邮或者目录产生的订单。

经过精心设计和定位的电话营销能给消费者提供很多好处，如购买更加便利、获得更多的产品和服务信息。然而近年来，未经允许的电话营销的爆发式增长已经惹怒了众多消费者，他们严厉地抗议几乎每天都会出现的"垃圾电话"。2003年，美国联邦贸易委员会组织法律人士针对这一问题开通了全国性"谢绝来电"（DO Not Call）注册服务。法案禁止大多数电话营销人员拨打已注册的电话号码（大众依旧可以接到非营利组织、政府和有业务往来的企业的电话）。这一举措得到了大多数人的拥护，到目前为止，超过2.17亿美国人在www.donotcall.gov上或者通过拨打888-382-1222注册了他们的电话号码。[42] 那些违反"谢绝来电"法规的企业每次将会被处以16 000美元的罚款。因此，这一举措卓有成效。

"谢绝来电"法规确实对电话营销行业造成了一些损害，但是也不尽如此。两个主要的电话营销模式（针对消费者的呼入电话销售和针对商业顾客的呼出电话销售）发展势头依然强劲并逐步增长。电话营销也依旧是非营利机构和政府组织募集资金的主要方式。有趣的是，这一管制给直销人员带来的益处要远远大于给其带来的损害。与以往拨打不受欢迎的电话不同，营销人员正在开发一种"选择性加入"的电话系统，这一系统可以为顾客提供有用的信息，而这些顾客已事先通过电话或者电子邮件邀请企业联系自己。这种"选择性加入"的模式相比过去带有侵害性质的营销方式为营销人员提供了更多回报。

14.4.4　电视营销

电视营销（direct response television（DRTV）marketing）主要有两种形式，直复电视广告和交互式电视广告。在直复电视广告中，直销人员在电视上用60～120秒的时间说服性地描述和宣传某产品，并为顾客提供免费拨打的电话号码或网站以订购商品。这一形式也包括用来宣传某一产品的长达30分钟的"信息式广告"。

成功使用直复电视广告的企业可以获得很高的销售额。例如，鲜为人知的"信息式广告"制造商Guthy-Renker企业曾经帮助Proactiv推广治疗痤疮的解决方案和其他转型产品，使得该品牌大获成功，每年销售额达18亿美元，活跃顾客达500万人次（相比之下，每年美国药店治疗痤疮产品的总销售额仅为1.5亿美元）。如今，Proactiv将DRTV广告与Facebook、Pinterest、Google+、Twitter、YouTube等社交媒体结合，通过建立一个强有力的整合直销渠道来加强消费者参与和购买。[43]

DRTV广告经常和针对清洁剂、去污剂、厨房小用具以及无须努力就可以保持好体形的方法等喧闹或令人质疑的宣传联系在一起。例如，在过去的几年中，Anthony Sullivan（销售Swivel Sweeper和Awesome Auger）和Vince Offer（销售Sham Wow和SlapChop）等高声叫卖式的电视广告员实现的产品销售额累积达到几十亿美元。OxiClean、ShamWow、Snuggie（一种毛毯）等品牌已经成为电视直销的经典。而直销企业Beachbody通过一系列的健身视频——从P90X和T-25到Insanity和Hip Hop Abs——每年带来超过3 200万美元的收入，这些视频通过前后对比的故事、视频剪辑和创作人的鼓励在电视上进行宣传。

近年来，很多大型企业，从宝洁、迪士尼、露华浓和苹果到丰田、可口可乐、安海斯–布希甚至美国海军，都已经开始利用"信息式广告"销售产品、向顾客推荐零售商、招募会员或者吸引购买者访问它们的在线、移动和社交媒体网站。

电视销售的最新形式是交互式电视广告，它能让观众与电视节目和广告进行互动。交互式有线系统、联网智能电视、智能手机和平板电脑等技术的出现使如今的消费者可以通过电视遥控器、手机及其他设备获得更多信息或直接通过电视广告购买产品。例如，时装零售商H&M发布了一则广告，让一些三星智能电视的观众使用遥控器直接与广告互动。在显示广告的同时，一个小的弹出式菜单会提供产品信息，还可以向另一个设备发送信息，以及直接点击进行购买。[44]

另外，随着电视屏幕和其他显示屏之间的界限越来越模糊，交互式广告和信息式广告不再仅仅出现在电视上，同时也出现在移动、在线和社交媒体平台上，增加了更多与交互式电视广告类似的交互场景。

14.4.5　售货亭营销

随着消费者对数字和触屏技术越来越习惯，很多企业开始安装信息和订购机，即**售货亭**（kiosk）（与旧式自动售货亭类似但功能更多），放在商店、机场、旅馆、大学校园以及其他场所。如今，售货亭到处可见，无论是自助旅馆、航空企业的值机设备、商场中的产品或信息售货亭，还是店内的下单设备（让你可以订购店内暂无存货的商品）。很多现代化的"智能售货亭"可以连接无线网络，一些机器甚至可以通过人脸识别软件识别顾客的性别和年龄，进而根据这些数据进行产品推荐。

柯达、富士和惠普店内的售货亭能让顾客从存储卡、手机和其他数字存储设备中传输图片、对图片进行编辑并进行高质量的彩色打印。西雅图食品杂货店、药店以及大卖场中的 Best 售货亭可以磨咖啡豆，为一整天忙个不停的顾客提供咖啡、摩卡、拿铁等饮品。42 000 多台"Redbox"DVD 自主租碟机出现在麦当劳、沃尔玛、沃尔格林药店、CVS、Family Dollar 以及其他的零售商出口处，顾客可以通过触摸屏选择想要租赁的碟片，然后插入信用卡或者借记卡，以低于每天 2 美元的价格租借碟片。

ZoomSystems 为苹果、丝芙兰、The Body Shop、梅西百货、百思买等各种零售商提供叫作 ZoomShop 的小型售货机。例如，遍布全美各地（包括机场、繁忙的购物商场、军事基地以及度假村等）的 100 台百思买 ZoomShop 售货亭可以自动销售各种各样的便携式媒体播放器、数码相机、游戏机、耳机、手机充电器、旅行配件以及其他流行产品。据 ZoomSystems 称，如今的自动化零售"既为消费者提供网上购物的便捷，同时也能提供传统零售即刻拿到东西的满足感"。[45]

14.5　直接和数字营销中的公共道德问题

作者评点

尽管大多数时候我们能够从直接和数字营销中获益，但正如生活中大多数其他事情一样，它们同样也会有负面影响。营销人员和顾客必须防止令人恼怒的或有害的直接和数字营销做法。

直销人员和他们的顾客通常很享受彼此之间互惠互利的关系，但有时一些"阴暗面"也会逐渐浮现出来。一些直销人员所使用的不恰当的策略经常会使顾客感到厌恶，甚至会危害到顾客，给整个行业抹了黑。从最简单的惹恼顾客的过度骚扰到对顾客的不平等待遇甚至赤裸裸的欺诈，都属于滥用直销的范畴。直销行业还面临着越来越多的关于侵犯隐私的担忧。另外，网络营销人员必须处理好互联网安全问题。

14.5.1　惹恼顾客、不公平、欺骗和欺诈

过度的直销有时也会惹恼或冒犯消费者。例如，我们大多不喜欢太吵、太长、没完没了的电视直销，我们的信箱充斥着不需要的邮寄宣传册，我们的电子邮箱塞满了不需要的垃圾邮件，我们的计算机、手机、平板电脑的屏幕上到处都是不受欢迎的在线或移动展示广告、弹出式广告。

除了惹恼顾客，还有一些直销人员被指控不公平地利用冲动或不够老练的购买者。受到这方面指控最多的是电视购物节目、诱人的网站和针对电视购物上瘾者的冗长的信息式广告。他们通常利用能说会道的主持人、精美的全方位产品展示、宣称的超级价格优惠、"售完为止"的时间限制、购买的便捷性等来吸引那些对购物缺乏抵抗力的消费者。

诸如投资欺诈、假冒募集慈善基金等诈骗活动近年来也成倍增加。包括身份盗窃和金融欺诈的**互联网欺诈**（Internet fraud）已经成为一个严重的问题。根据美国联邦调查局互联网犯罪投诉中心（ICCC）统计，从 2005 年开始，网络欺诈投诉增长了两倍多，达到了每年 300 000 起。2014 年，欺诈投诉的金融损失超过了 8 亿美元。[46]

互联网欺诈的一种常见形式是网络钓鱼。它是身份盗窃的一种，即使用欺骗性的电子邮件和网站来欺骗用户泄露个人资料。例如，消费者会接到来自银行或者信用卡中心的邮件，声称其账户安全受到了威胁。邮件发送者要求收件人在他们提供的网址上输入账号及密码，甚至是其社会保险账号。如果收件人按照要求操作，他们的这些敏感信息就完全被诈骗者所掌握。虽然很多消费者已经意识到了这种阴谋，但一旦上当，其代价可能会非常高。这种网络钓鱼行为也损害了通过网站、电子邮件和其他数字化交易建立用户信心的合法网络营销商的品牌形象。

很多消费者还担心**在线和数字安全**（online and digital security）问题。他们担心黑客会窃取他们的网上交易以及社交媒体信息，获取个人信息或拦截信用卡、借记卡号码。一项调查显示，尽管网上购物发展非常迅速，仍有 70% 的调查者表示担心身份盗窃问题。[47]

另一个网络营销问题是易受诱惑或未经授权群体的访问权限问题。例如，成人用品和网站的营销人员发现很难禁止未成年人的访问。尽管 Facebook 声称不会给予未满 13 周岁儿童注册的权利，但实际上至少有 560 万年龄不满 13 周岁的用户。Facebook 2014 年注销了 800 000 名不符合年龄要求的账户。不仅仅 Facebook 存在这方面的问题，如今年轻用户正在登录 Formspring 等社交网站，在网站发布他们的地理位置，在迪士尼或其他游戏网站上与陌生人交朋友。相关州和国家的法律制定者目前正在讨论通过法案更好地保护上网的儿童，但不幸的是这要求技术方案的进一步发展。正如 Facebook 所言："这绝非易事。"[48]

14.5.2 消费者隐私

隐私侵犯问题可能是目前直销行业面临的最为棘手的公共政策问题。消费者通常会从数据库营销中获得收益——他们会接触到更多与其兴趣相匹配的产品。然而许多批评人士担心营销人员对消费者生活的了解可能太多了，以至于他们有可能会通过这些了解利用消费者。在某些情况下，数据库的过度使用会侵犯消费者隐私，消费者也同样担心这些问题。尽管如今的消费者通过数字和社交媒体与营销人员分享个人信息与偏好的意愿正在增强，但他们仍然存在这些担忧。最近的一项调查表明，92% 的美国网络用户担心在线个人隐私。另一项调查发现，对于使用他们在社交媒体上分享的个人数据和信息的企业，超过 90% 的美国人认为他们失去了对这些企业收集和使用这些数据的控制权。[49]

在当今大数据时代，似乎每次消费者在社交媒体上发布一些信息或者发布一条推文、访问一个网址、参加抽奖、申请一张信用卡、通过手机或网站预订产品，他们的名字就进入了某家企业的数据库中。利用复杂的大数据分析技术，直销人员能够通过数据挖掘使其营销活动更加精准。大多数营销人员在收集和分析详细的消费者信息领域非常熟练，包括线上和线下。甚至连专家都会对营销人员的这些技能表示惊奇。让我们来看《广告时代》的一篇报道。[50]

对于目标市场选择我并不是新手，不仅因为我在《广告时代》工作，而且因为我选择了直销领域。然而在一次实验中，当我们要求数据库营销企业给出关于我的人口统计信息和心理档案时，我还是被吓了一跳。这简直太精准了。仅使用公开可得的信息，它记录了我的出生日期、家庭电话号码。这些信息显示我是一个大学毕业生，已婚，我父母中的一位已经去世。它发现我有几张银行卡、信用卡和低档百货企业的零售卡。它不仅清楚我在现在的房子里住了多久，而且清楚房子的成本、价值、抵押贷款的类型，以及对还需要支付多少贷款的精准预测。它几乎精确地估计了我的家庭收入，并确定我是英国人的后裔。

但这仅仅是个开始，这家企业还了解我的心理状态，它正确地把我归类到不同的组别。例如，购买时更多地依靠自己的想法而非他人的建议；以家庭为中心并对音乐、跑步、运动和计算机感兴趣，同时还是一个狂热的演唱会迷；从不离开网络，并且通常用于了解体育和新闻；将健康视为核心价值。可怕吗？当然。

一些消费者和政策制定者担心，这些现成可用的信息会使消费者隐私随时有被滥用的风险。例如，他们会问，网络卖家应该被允许在访问其网站的消费者浏览器中植入 cookies，并利用追踪到的信息推送广告和其他营销信息吗？信用卡企业应该被允许向那些接受其信用卡的商家提供数以百万计持卡人的资料吗？政府将驾照持有人的姓名和地址，还包括身高、体重、性别等信息出售给服饰零售商，使他们能够为高个子或者肥胖的人提供特殊尺码的衣服，这种做法正确吗？

14.5.3 需要采取的举措

为了控制直销过度，多方政府机构不仅列出了"谢绝来电"清单，而且列出了"免邮寄"清单、"免跟踪"网络清单以及垃圾邮件管制法。为了回应网络隐私和网络安全问题，美国联邦政府正在考虑制定各项法律法规以规范网络、社交媒体和移动运营商对消费者信息的获得和使用。例如，美国国会正在拟定法律草案，以使顾客在如何使用网络信息方面有更多的控制权。另外，在维护网络隐私方面，美国联邦贸易委员会正在扮演更加积极的角色。

在立法者介入这些问题之前，需要营销人员采取强有力的措施监管和保护消费者隐私不被滥用。例如，为了避开日益增加的政府管制，六大广告组织（美国广告代理商协会、美国广告联盟、美国广告主协会、美国直销协会、美国互动广告局以及网络广告组织）近期通过数字广告联盟颁布了一系列网络广告原则。其中，自我管理原则要求网络营销商在收集网站浏览数据以及利用这些数据展示

消费者隐私：广告行业已经同意了一个广告选择图标，它告诉消费者为什么他们看到某个特定的广告，并允许他们选择退出。
Digital Advertising Alliance

基于兴趣的广告时为消费者提供透明度和选择权。广告行业通过了一个广告选择图标（三角形内有一个"i"字母），旨在告诉消费者为什么他们看到的是特定的广告并且赋予他们选择不接受的权利。[51]

儿童的隐私权也受到了特别关注。2000 年，美国国会通过了《儿童在线隐私保护法案》（COPPA），要求针对儿童运营的网站在网页上发布隐私政策。从 13 岁以下儿童处收集个人信息必须告知儿童的父母并得到其父母的同意。随着在线社交媒体、移动电话和其他数字技术的相继到来，2013 年，国会扩大了 COPPA 的监管范围，将"追踪孩子在线活动的 cookies，以及地理定位信息、照片、视频和音频记录"纳入其中。主要原因在于第三方从社交网络中获取了大量数据，而这些社交网络本身的隐私政策也很模糊。[52]

许多企业通过自身行动对消费者隐私和安全问题做出回应。还有一些企业则采取了行业范围内的行动。例如，作为一家非营利的自我监管组织，TRUSTe 与很多大型企业（包括微软、雅虎、美国电话电报公司、Facebook、迪士尼和苹果）合作审查隐私和安全措施，并帮助消费者安全地在互联网里畅游。TRUSTe 的网站称："TRUSTe 认为，相互信任和开放的环境会帮助互联网成为并保持对每个人来说都是自由、舒适、多元化的社区。"为了使消费者放心，TRUSTe 为那些达到隐私和安全标准的网站、移动 App、电子邮件营销和其他在线或社交媒体渠道颁发了自己的"隐私"标志。[53]

直销行业作为一个整体也在解决公共政策问题。例如，为了在直销过程中建立良好的消费者信任度，直销协会（DMA，实行直接、数据库以及互动营销的企业的最大协会，包括了接近半数的《财富》100 强企业）发起了"美国消费者隐私承诺书"。这一隐私承诺书要求所有的 DMA 成员必须遵守一系列详细制定的消费者隐私规定。当顾客的个人信息需被租用、出售和交换时，DMA 成员必须预先通知顾客。DMA 成员必须尊重顾客"不接受"进一步推销或者"不接受"将联系资料转给其他营销人员的权利。最后，它们必须遵守 DMA 的个性化服务原则，将不希望接到信件、电话或者电子邮件的顾客的名字消除。[54]

直销人员都知道，如果不注意，直销的滥用会导致顾客更加消极的态度、更低的回复和参与率以及联邦与州政府对直销活动更多的立法限制。大多数直销人员期望的和消费者期望的东西是一样的：只针对那些理解直销并会做出反应的消费者进行诚实的、精心设计的营销服务。将直销浪费在没有意愿的消费者身上太昂贵了。

我的营销实验室

如果你的老师布置了这项任务，请完成 MyLab 的问题讨论部分带有星号的问题。要完成本章的数字营销问题，请查看 MyLab 中的作业。

章节回顾和批判性思维

目标回顾

本章是讲述营销组合要素——促销的三章中的最后一章。前面两章讨论了广告、公共关系、人员销售和促销。本章研究新兴的直接和数字营销领域，包括在线、社交媒体和移动营销。

1. 定义直接和数字营销，讨论其快速的增长及其为顾客和企业带来的价值

直销是指与精确细分的个体消费者进行直接联系以获得他们的迅速响应，并培养持久的顾客关系。企业通过直接营销来定制它们的报价和内容，以满足狭窄的细分市场或个人买家的需求和兴趣，从而建立直接的顾客接触、品牌社区和销售。如今，随着互联网使用和购买的激增，以及数字技术的快速发展，从智能手机、平板电脑和其他数字设备到网络社交和移动媒体的大量涌现，直销发生了翻天覆地的变化。

对于买方来说，直销更加方便、简单和隐秘。它能够让购买者随时随地接触丰富的产品和购买信息。直销还是互动、即时的，这使得消费者可以精准提出他们想要的信息、产品或者服务的确切配置，然后当场订购。最后，对于有需求的消费者来说，借助网络、手机和社交媒体的数字化营销为其提供了一种品牌参与和社区感，可以与其他品牌的粉丝分享品牌信息和体验。对于卖方来说，直销是吸引顾客关注、交易以及建立个性化、交互式顾客关系的有力工具。直销还提供更大的灵活性，让市场营销人员对价格和服务过程进行持续调整，实现即时地发布个性化报价。

2. 识别并解释主要的直接和数字营销模式

直销的主要形式包括传统直销工具和新兴数字化营销工具。传统直销方式包括人员销售、直邮营销、目录营销、电话营销、电视直销、售货亭营销。这些传统工具在当下大多数企业的直销工作中仍然被频繁使用且发挥重要作用。但是在最近几年，一系列让人眼花缭乱的新兴数字化营销工具闯入营销领域中，包括在线营销（网站、在线广告和促销、电子邮件、在线视频和博客）、社交媒体营销和移动营销。本章首先讨论了快速增长的新兴数字化直销工具，然后讨论了传统工具。

3. 解释企业如何通过各种网络营销策略应对互联网和数字时代

互联网和数字时代已经从根本上改变了消费者对便利、速度、价格、产品信息、服务和品牌互动的观念。因此，他们为营销人员提供了一种全新的方式来创造顾客价值，吸引顾客参与，建立顾客关系。如今，互联网影响了高达50%的总销售额，包括网上销售和受网络调研影响的实体店销售。为了进入这个迅速发展的市场，大多数企业现在都在网上销售。

网络营销有多种形式，包括企业网站、在线广告和促销、电子邮件营销、在线视频和博客。社交媒体和移动营销也在网上进行。但是由于它们的特殊性，我们单独讨论了这些快速增长的数字营销方法。对大多数企业来说，进行网络营销的第一步是创建一个网站。一个成功网站的关键是创造足够大的价值和吸引力，让消费者浏览网站、逗留，然后再回来。

网络广告已经成为一种主要的宣传媒介。网络广告的主要形式是展示广告和搜索相关广告，电子邮件营销也是数字营销的一种重要形式。使用得当，电子邮件可以使营销人员发送高度针对性、高度个性化的信息来构建关系。另一种重要形式的在线营销是在品牌网站或社交媒体上发布数字视频内容。市场营销人员希望他们的一些视频能像病毒一样传播开来，吸引数以千万计的消费者。最后，企业可以使用博客作为接触顾客群体的有效手段。他们可以创建自己的博客，在现有的博客上做广告或者发布有影响力的内容。

4. 论述企业如何通过社交媒体营销和移动营销形成消费者互动，并创立品牌社区

在数字时代，已经出现了无数的独立和商业社交媒体，这些社交媒体为消费者提供了聚集、社交、交换意见和信息的在线场所。现在，大多数营销人员都在利用这一巨大的社交媒体浪潮。品牌可以使用现有的社交媒体，也可以建立自己的社交媒体。使用现有的社交媒体似乎是最容易的。因此，大多数品牌——无论大小——都在许多社交媒体网站上开设了网店。一些主要的社交网络是巨大的，其他的利基社交媒体

迎合了志同道合者的小众需求。除了这些独立的社交媒体之外，许多企业都创建了自己的在线品牌社区。大多数企业都在整合各种各样的媒体，以创建与品牌相关的社交分享、参与和顾客社区，而不是分散精力，仅仅追求"点赞"和推文的数量。

使用社交媒体既有利也有弊。从好的方面来说，社交媒体是有针对性的、个人的、互动的、即时的、及时的，并且成本相对较低。也许最大的优势是参与和社交分享能力，使它们成为创建顾客社区的理想工具。而从不好的方面来说，企业很难控制消费者产生的社交媒体内容。

移动营销的特点是通过移动设备向忙个不停的消费者传递信息、促销和其他内容。营销人员随时随地利用移动营销来吸引顾客，不管是在顾客产生购买还是与顾客建立关系的过程中。移动设备的普及和移动网络流量的激增使得移动营销成为大多数品牌的必然选择，而且几乎每个大企业都将移动营销整合到其直接营销计划中。许多企业已经创建了自己的移动网站。还有一些企业创造了有用的或有趣的移动应用程序，让顾客与它们的品牌接触，并帮助他们购物。

5. 识别并讨论传统的直销形式，概述直销所涉及的公共政策和伦理问题

虽然快速增长的数字营销工具现在占据了大部分的头条新闻，但传统的直销工具仍然非常活跃，而且仍在被频繁使用。主要形式是面对面或人员销售、直邮营销、目录营销、电话营销、电视营销和售货亭营销。

直邮营销包括企业向特定地址的人发送要约、公告、提醒或其他项目。一些营销人员依靠目录营销——通过向精心挑选的顾客群邮寄产品目录来实现销售，目录还可以在商店或者线上获得。电话营销包括使用电话直接向消费者销售。电视营销有两种形式：直复电视广告和交互式电视广告。售货亭是信息和订购机器，销售人员将其放置在商店、机场、酒店和其他场所实现销售。

直销人员和他们的顾客通常很享受彼此之间互惠互利的关系，但有时一些"阴暗面"也会逐渐浮现出来。某些营销人员使用的不恰当策略经常会使顾客感到厌恶，甚至会危害到顾客，给整个行业抹了黑。从最简单的惹恼顾客的过度骚扰到对顾客的不平等待遇甚至赤裸裸的欺诈，都属于滥用直销的范畴。直销行业还面临着越来越多的关于侵犯隐私的担忧。这类担忧要求市场营销人员和公共政策制定者采取强有力的行动，遏制违规的直销行为。大多数直销人员期望的和消费者期望的东西是一样的：只针对那些理解直销并会做出反应的消费者进行诚实的、精心设计的营销服务。

关键术语

直接和数字营销（direct and digital marketing）：直接与个体消费者和顾客群体联系，从而获得即时反应并建立长久的顾客关系。

数字和社交媒体营销（digital and social media marketing）：通过消费者的电子设备，借助网站、社交媒体、手机App和广告、在线视频、电子邮件、博客等数字营销工具，随时随地吸引消费者参与。

全渠道零售（omni-channel retailing）：创建一个无缝连接的跨渠道购买体验，集成了店内、在线和移动购物。

网络营销（online marketing）：通过网络利用企业官网、在线广告和促销、电子邮件、在线视频和微博进行的营销。

营销网站（marketing web site）：与顾客互动，使他们更容易产生直接购买或其他营销效果的网站。

品牌社区网站（branded community web site）：通过呈现品牌内容吸引消费者参与，围绕品牌建立顾客社区的网站。

在线广告（online advertising）：消费者在网上浏览时出现的广告，包括展示广告、搜索相关的广告等。

电子邮件营销（email marketing）：通过电子邮件发送精准定位的、高度个性化的、旨在建立顾客关系的营销信息。

垃圾邮件（spam）：不请自来的、不受欢迎的商业电子邮件。

病毒营销（viral marketing）：口碑营销的网络版，当视频、广告或营销内容具有足够强的传染力时，消费者会主动寻找并分享给朋友。

博客（blog）：个人和企业发表想法和其他内容的在线媒体，这些内容通常是具体的话题。

社交媒体（social media）：人们聚集、社交、交换观点和信息的网上独立社区和商业社区。

移动营销（mobile marketing）：通过手机、智能

手机、平板电脑和其他移动设备向移动中的消费者传递销售信息、促销和其他营销内容。

直邮营销（direct-mail marketing）：通过向特定地址的人发送报价、公告、提醒或其他项目而进行的营销。

目录营销（catalog marketing）：通过店内发放或在线发送印刷品、视频或电子目录给选定的顾客进行的直接营销。

电话营销（telemarketing）：通过电话直接向顾客销售。

电视营销（direct response television（DRTV）marketing）：通过电视进行的直接营销，包括直复电视广告和交互式电视广告。

问题讨论

1. 讨论直接和数字营销对买卖双方的好处。

*2. 什么是博客，营销人员如何利用它们来推销他们的产品和服务？博客对营销人员有什么好处和坏处？

3. 讨论社交媒体营销的优势和挑战。

4. 列出并简要描述直销主要的传统形式。

5. 什么是网络钓鱼，它如何影响网络营销？

批判性思维练习

1. 以小组为单位，选择一个通常不做电视直销的全国性品牌，如运动鞋、汽车或食品品牌，为其设计并提供一则直复电视广告。

*2. 查阅《电话消费者保护法案》，并讨论最近的一宗案件，在这个案件中一名营销人员因违反该法案而被罚款。

3. 尽管移动广告占在线广告的比例很小，但它是增长最快的广告渠道之一。其面临的一个障碍是对移动广告投资回报的衡量。营销人员是如何做到的？做一个展示，为营销人员建议可用于衡量移动广告有效性的测量指标。

 **小型案例及应用**

在线、移动和社交媒体营销

"购买"按钮

亚马逊是电子商务领域的巨头，它颠覆了传统零售业。但现在看来，亚马逊似乎正在进行一些颠覆性的自我竞争。随着全球电子商务销售额预计将达到每年2万亿美元，Google、Facebook、Twitter、Pinterest和Instagram等社交媒体网站都想分一杯羹。一些社交媒体网站正在尝试在它们的网站上设置"购买"按钮，从而让消费者直接通过社交媒体购买。Google正在尝试在搜索结果中设置"购买"按钮——近40%的消费者购买前直接在亚马逊搜索，而不是使用Google这样的搜索引擎。然而，最大的游戏规则改变者可能是Pinterest。Pinterest始于1999年，是一个可分享的公告板，参与者可以在上面"钉"自己喜欢的东西的图片。它现在是一个价值数十亿美元的企业，每月有7 000万访客，并在10亿张Pinterest公告板上保存了超过500亿件物品。很多人想买这些被钉住的物品，所以Pinterest添加了一个"购买"按钮移动应用。尽管用户能够点击营销网站，但现在他们可以不用离开网页而直接从Pinterest上购买超过200万件的产品，相关的零售商包括梅西百货、布鲁明戴尔和诺德斯特龙等百货企业。支付是通过Pinterest的合作伙伴Stripe、Brainstorm或Apply Pay来处理的，但订单履行由卖家完成。未来Pinterest的用户可能会看到一个令人垂涎欲滴的"菜单"，点击"购买"按钮，就可以从新出炉的"菜单"中订购原料，并在一小时内被送到他们家中。

1. 与其他社交媒体相比，Pinterest（www.pinterest.com）的竞争优势是什么，从而让它的"购买"按钮更成功？

2. 讨论"购买"按钮在社交媒体网站（如Pinterest）以及搜索引擎（如Google）上的优点和缺点。在这些网站上，通过"购买"按钮销售商品的企业有哪些优势和劣势？

营销道德

跟踪"物理空间"

现在,你已经知道了行为定向——营销人员在网络空间追踪消费者的在线行为,以向他们发送有针对性的广告。*Krux Digital* 报告称,平均每访问一个网页就会产生56个数据点,这一数据在短短一年内增加了5倍。《华尔街日报》的一项研究发现,美国最受欢迎的50个网站在实验电脑上安装了3 000多个跟踪文件。对于50个最受儿童和青少年欢迎的网站,这个数字甚至更高——4 123个追踪文件。许多站点在测试期间安装了100多个跟踪工具。跟踪工具包括放置在用户计算机和网站上的文件。营销人员利用这些信息来有针对性地展示网络广告。但现在,可穿戴设备和移动设备使市场营销人员能够追踪消费者在现实世界中的活动。"物理空间"指我们身体移动和做事情的物质世界,当消费者在这个空间中移动时,营销人员可利用从可穿戴设备和移动设备中获得的信息来提供个性化服务。随着智能手机追踪和可穿戴技术(如"物联网"构成部分的智能手表、健身手环和智能服装等)的增长,对消费者在物理空间的行为追踪只会越来越多。

1. 讨论跟踪消费者在现实中的活动是否合乎道德,尤其是儿童。
2. 讨论营销人员在"物理空间"追踪消费者的其他方式。

数字营销

现场营销 VS 电话营销

面对不断飙升的销售成本,许多企业正在关注电话营销的效率。在B2B销售中,外勤人员平均每次拜访顾客的成本是600美元,但使用电话销售的费用可能平均只有20~30美元。同时,电话销售人员每天可以联系20~33个决策者,而外勤销售人员只能联系到4位。这已经引起了许多B2B营销人员的注意,特别是电话营销非常有效的企业。

1. 下表是企业A和企业B的营销销售利润率(marketing ROS)和营销投资回报率(marketing ROI)。哪个企业表现更好?并解释。

*2. 是否所有企业都应该考虑减少它们的人员销售力量,提高电话营销的投入?讨论这一行动的利与弊。

(单位:美元)

	企业A(仅有人员营销)	企业B(仅有电话营销)
净销售额	1 000 000	850 000
产品销售成本	500 000	425 000
销售费用	300 000	100 000

视频案例

Nutrisystem 企业

你可能听说过Nutrisystem企业,这家企业2014年通过销售减肥产品创造了8亿美元的收入。其最初开始于一项基于电子商务的营销计划,现已经发展成为一项多管齐下的营销活动,不仅扩大了业务范围,而且提供了可观的投资回报潜力。

Nutrisystem企业的核心服务是直接面向消费者的平台。利用各种各样的广告渠道,从杂志到电视,Nutrisystem企业的促销都有一个共同点——让顾客直接与企业联系。在每个广告中插入一个独特的URL或800开头的电话号码,让Nutrisystem可以成功追踪到每一个可能的业务。

在观看了Nutrisystem企业的视频后,回答以下问题:

1. Nutrisystem企业通过什么途径进行直接营销?
2. 与通过中介渠道开展营销活动相比,Nutrisystem企业有哪些优势?
3. 除了直接面向消费者的分销和促销活动,什么是Nutrisystem企业成功的关键?

我的营销实验室

如果你的老师布置了这项任务,请到 MyLab 作业中完成以下写作部分。

1. 对比分析一个营销网站和一个品牌社区网站。

2. 查阅美国联邦贸易委员会在网上披露的关于网络、社交媒体和移动广告的指导方针(文件链接:www.ftc.gov/os/2013/03/1303/2dotcomdisclosures.pdf)。美国联邦贸易委员会对广告和赞助行为的要求是否会降低 Twitter 作为一种广告媒介的效力?

第四部分 营销扩展

第15章 全球市场

学习目标

1. 讨论国际贸易体系、经济、政治、法律以及文化环境如何影响企业的国际市场营销决策。
2. 描述三种进入国际市场的主要方法。
3. 阐明企业在国际市场中如何调整营销战略和营销组合。
4. 识别三种主要的全球营销组织结构。

概念预览

现在你已经知道了企业通过竞争性营销战略来吸引顾客、创造顾客价值并建立持久顾客关系的基本原则。在本章，我们将这些基本原则扩展到全球市场。我们在前面的章节中已涉及了全球化的话题——不包含任何国际化元素的营销区域是很难找到的。本章我们主要集中于企业在向全球营销自己的品牌时面临的重要问题。先进的通信、交通和数字技术使世界变得越来越小。今天，几乎每个企业，无论大小，都要关注国际营销问题。本章我们将要探讨在企业走向全球化的过程中营销人员面临的六个主要决策。

为了开始对全球营销的探索，让我们看看法国化妆品和美容护理巨头欧莱雅的案例。欧莱雅及其品牌在经营范围和吸引力上都是真正全球化的。但该企业在国际化上取得的卓越成就，来自于它在全球化和本地化之间寻求的平衡，即适应和区分欧莱雅的知名品牌，以满足当地需求，同时整合全球市场，优化其全球影响力。你可以把欧莱雅想象成一种"美丽联合国"。

第一站

欧莱雅：美丽联合国

在澳大利亚，一家法国企业如何成功地将一个美国版的韩国美容产品冠以法国品牌名称推向市场？这个问题可以咨询欧莱雅，它每年在 130 个国家销售价值超过 250 亿美元的化妆品、护发产品、护肤产品和香水，使其成为全球最大的化妆品品牌。通过理解如何吸引不同当地市场中对美丽的认知存在文化差异的消费者，欧莱雅实现了在全球范围内销售其品牌。然后，它一方面标准化其品牌以获取全球影响力，另一方面使其品牌适应当地市场的需求和欲望，并在二者之间找到了最佳平衡。

欧莱雅是一家全球性的企业，有着遍布 130 个国家的办事处，超过半数的销售来自欧洲和北美以外的市场，该企业已不再有明确定义的国内市场。欧莱雅的知名品牌来自很多不同的文化，其中包括法国（巴黎欧莱雅、加尼尔、兰蔻）、美国（美宝莲、科颜氏、Soft Sheen-Carson、拉夫·劳伦、衰败城市、科莱丽、露得清）、英国（The Body Shop）、意大利（阿玛尼）和日本（植村秀）。拥有这些和许多其他知名品牌，这个全球营销大师是毫无争议的美妆、护肤和染发领域的世界领袖，且其护发产品仅次于宝洁。

欧莱雅的全球影响力始于文化背景高度多元化的经理人。该企业围绕在多个文化下拥有深厚背景的经理人建立全球品牌团队，并因此而闻名。世界各地的欧莱雅管理人员给他们的品牌带来了多元化的文化视角，就好像他们是德国人、美国人、中国人，或者同时是三者。正如一位印度裔法美混血的经理所解释的，他的一个团队在东南亚推出了男士护肤系列："我不能用一种方式来思考事情，我有许多不同语言的参考资料——英语、印地语和法语。我阅读三种不同语言的书，认识来自不同国家的人，吃来自不同文化的食物，等等。"

例如，一名法国-爱尔兰-柬埔寨混血的皮肤护理经理注意到，在欧洲，面霜往往是"带色彩的"化妆品或"提拉的"护肤品。然而，在亚洲，许多面霜结合了这两种特性。意识到亚洲美容潮流在欧洲越来越流行，这位经理和他的团队为法国市场开发了一款带色彩的提拉型面霜，结果非常成功。

欧莱雅深刻地理解了美丽对世界不同地区的消费者意味着什么。它的研发费用相当于所有主要竞争对手的总和，煞费苦心地研究当地消费者在美容和个人护理行为上的独特之处。欧莱雅在世界各地建立了研发中心，完善了其称之为"基于地理位置的化妆品"的当地市场观察法。这门科学的灵感来自于家访，以及在配备了高科技设备的"浴室实验室"中进行的观察。欧莱雅的研究提供了地域性的美容和卫生礼仪信息，以及影响其产品使用的当地条件和限制因素，例如湿度和温度。

一位中国女士早上花多少时间化妆？泰国女士如何洗头发？日本女士或法国女士涂睫毛膏的次数是多少？这些关于美的仪式，重复数千次，它们本身就是文化。它们通过传统流传下来，在当地气候和生活条件的影响下，努力实现了一种理想状态，这在不同国家、不同地区都是有差异的。这为欧莱雅提供了极其丰富的信息来源。这些仪式的形成其实是有一些生理原因的：在化妆时，细、直、短的睫毛的处理方式和粗、卷曲、长睫毛不一样。

欧莱雅利用这种细致的洞察力创造产品并为品牌在当地市场进行定位。欧莱雅在中国的一位高管表示："美丽是没有固定模板来适应所有需求的。对不同的需求你必须有不同的答案。"例如，现在有 260 多名科学家在欧莱雅的上海研究中心工作，针对中国消费者的偏好量身定做各种产品，包括口红、草本洗面奶和黄瓜爽肤水。

与此同时，了解当地顾客行为的细微之处有助于欧莱雅对特定的市场需求做出反应，同时也让企业在全球文化中整合品牌，从而达到全球规模。以护发产品线 Elséve Total Reparação 为例，它最初由里约热内卢的欧莱雅实验室开发出来以解决巴西女性的头发问题。在巴西,一半以上的女性都有长、干、无光泽和卷曲的头发,这是由巴西潮湿的气候、阳光照射、频繁洗头发以及将卷发拉直处理造成的。Elséve Total Reparação 在巴西一夜爆红,欧莱雅迅速将其推广到其他南美和拉丁美洲市场。随后,该企业在全球寻找与巴西在气候特征以及女性护发方式上相似的其他地区。随后,欧莱雅在欧洲、印度和其他东南亚市场推出了该品牌,消费者对它的热情也很高涨。

这种适应性推广经常会出现在欧莱雅的品牌中,这让我们想起了之前提到的:在澳大利亚销售一个具有法国品牌名称的韩国美肤产品。Blemish Balm Cream(BB霜)最初是由韩国的欧莱雅皮肤科医生发明的,用来舒缓皮肤和遮瑕。它很快就成为一个成功的韩国品牌。然而,欧莱雅的研究人员运用他们对肤色、皮肤护理和化妆品的深入了解,成功开发出了新一代BB霜,它适应了美国的环境和肤色(BB代表"美容霜"),并在美宝莲纽约品牌下推出。这还没完,欧莱雅在卡尼尔品牌下为欧洲市场打造了一个本土版本,也在包括澳大利亚在内的其他市场推出了该产品。

欧莱雅不只是调整产品配方来适应全球化的需要,它还根据国际市场的需求和期望调整了其品牌的定位和营销方式。例如,20多年前,该企业收购了美国著名化妆品生产商美宝莲。为了重振和全球化这个品牌,它把总部从田纳西州搬到了纽约,并在品牌标签上加上了"纽约"。由此产生的贴合纽约都市生活方式的形象,与其中端、日常化妆的全球品牌定位非常契合。这次改头换面很快使美宝莲在西欧的市场份额达到20%。它针对都市年轻人的定位在亚洲也很成功,很少有女性意识到时尚的"纽约"美宝莲品牌属于法国化妆品巨头欧莱雅。

因此,欧莱雅和它的品牌真正实现了全球化。但该企业之所以在国际化上取得巨大成功,是因为它实现了全球化和本土化之间的平衡,这要求它在调整和差异化品牌以适应当地市场需求的同时,优化其对全球市场的影响力。欧莱雅是同时实现了本土化品牌响应和全球化品牌影响的少数几家企业之一。欧莱雅的首席执行官表示:"我们尊重世界各地消费者之间的差异。我们拥有全球品牌,但我们需要让它们适应当地的需求。"一位前首席执行官曾经在联合国教科文组织的会议上发表演讲并将欧莱雅描述为"美丽联合国",没有人对此感到惊讶。[1]

过去,美国企业很少关注国际贸易。如果能够通过出口增加一些额外的销售量,那当然也不错。但是国内市场才是大市场,充满机会而且也安全得多。管理者不需要学习其他的语言,不需要处理陌生多变的货币,不需要面对政治和法律的不稳定性,也不需要调整其产品来满足不同的顾客和期望。然而,今天的情况已经大大不同。各种类型的企业,从可口可乐、耐克到Google、音乐电视(MTV)甚至NBA,都走向了全球化。

15.1　如今的全球营销

作者评点

全球化的快速发展带来了机遇与挑战,今天几乎找不到一个未受全球化发展影响的企业。

越来越快的电子沟通、运输和资金流使得世界正在迅速变小。在一个国家设计开发的产品——麦当劳的汉堡、Netflix的视频服务、三星的电子产品、Zara的时尚服饰、卡特彼勒的建筑设备、德国的宝马、Facebook社交网站——在其他国家也大受欢迎。比如,一位德国商人穿着意大利西装,在日本餐馆约见一位英国朋友,这位英国人回家后一边喝着俄罗斯伏特加一边在电视上观看《美国偶像》,并查看Facebook上来自世界各地网友的评论,听到这样的事我们一点儿都不会感到奇怪。

在过去的30年里,国际贸易在飞速发展。自从1990年以来,世界上跨国企业的数量已经增长到65 000余家,其中一些是真正的巨头。事实上,世界最大的150个经济体中,仅有88个是国家,剩余的62个是跨国企业。沃尔玛是世界上最大的企业(基于年收入、利润、资产规模、市场价值等多项指标），其年收入超过了世界 GDP 前 27 名之外的所有国家 GDP 之和。[2] 尽管近年来全球经济的衰退导致了世界贸易的低谷，2014 年世界范围内的产品和服务贸易总额仍然接近 19 万亿美元，占全球 GDP 总额的 24%。[3]

很多美国企业在国际营销中有多年的成功经验：可口可乐、麦当劳、星巴克、耐克、通用电气、IBM、苹果、高露洁、卡特彼勒、波音以及其他许多企业都已经走向了世界市场。而在美国，像丰田、三星、雀巢、宜家、佳能、阿迪达斯这样的品牌也已经家喻户晓。还有一些产品和服务看起来是美国产品，其实是由国外企业生产或拥有的，比如本杰瑞冰激凌、百威啤酒、普瑞纳宠物食品企业、7-Eleven 以及 RCA 电视、三花炼乳、环球电影企业和 6 号汽车旅馆等。米其林，法国知名的轮胎制造商，目前 35% 的业务来自北美地区和墨西哥；强生，美国日用品制造商的典范，出售邦迪创可贴和强生婴儿洗浴产品，目前有 53% 的业务在海外；美国卡特彼勒企业在海外有着更广阔的市场，其 62% 的销售额都来自美国之外的其他国家。目前，美国人最喜爱的可口可乐在全球销售 3 500 多种产品，且在全球 200 多个国家每天销售超过 19 亿次的"幸福时刻"。[4]

随着国际贸易的发展，全球竞争也日益激烈。国外的企业正在积极地将业务拓展到新的国际市场，同时国内的市场也不像从前那样充满机会。现在基本没有哪个行业能免于国外企业的竞争。如果企业耽搁了国际化进程，就将承受被关在很多新兴市场大门之外的风险，如东欧、中国、俄罗斯、印度、巴西等。为了安全而固守在国内的企业不仅会丢掉进军其他市场的机会，还很有可能会丧失自己在国内市场的份额。从未考虑过国际竞争的本土企业会突然发现国外的竞争者正在对它们虎视眈眈。

具有讽刺意味的是，虽然与之前相比现在的企业更需要进入国外市场，但其风险也越来越高。走向国外市场的企业面临着政府的不稳定性和频繁变动的汇率、严格的政府管制和较高的贸易壁垒。近来低迷的全球经济环境也带来了严峻的全球挑战。另外，腐败也是个越来越严重的问题，一些国家的官员经常把生意交给贿赂额最高的投标者而不是最优秀的投标者。

全球企业（global firm）是指在多个国家经营，从而获得在营销、生产、研发和融资等方面的优势，而这些优势是只在国内运作的竞争者所不具备的。因为全球企业将世界视为一个市场，这将最小化国界的重要性并发展全球品牌。它们选择最合适的地点进行融资、原材料和部件采购、制造以及营销等工作。

例如，美国的奥的斯企业是全球最大的电梯制造商，总部在康涅狄格州的法明顿。该企业向全球 200 多个国家销售产品，83% 的销售额来自美国之外的海外市场。它从法国引进电梯门系统，从西班牙购入精细的传动部件，使用德国的电子设备以及日本的电动机。它在美国、欧洲和亚洲进行制造生产，工程和测试中心则设在美国、奥地利、巴西、中国、捷克、法国、德国、印度、意大利、日本、韩国和西班牙。同时，奥的斯电梯是全球商业和航天巨头美国联合技术企业的全资子企业。[5] 今天，许多全球企业，不管大小，都已经成为真正意义上的无国界企业。

当然这并不意味着中小规模的企业也必须要在十几个国家经营才能取得成功。这些企业可以实施全球性补缺策略。但是当世界变得越来越小，每个在全球行业中经营的企业，无论大小，都必须评估并确立自己在世界市场上的地位。

大踏步迈向全球化意味着所有企业都必须要回答以下几个基本问题：在国内市场、所处的区域市场和全球市场，企业应该建立怎样的市场定位？企业的全球竞争者是谁，其战略和资源情况如何？企业在哪里进行生产，在哪里进行采购？企业应该和世界上的其他企业建立怎样的战略联盟？

如图 15-1 所示，在国际营销中，企业面临着 6 个主要决策。本章将对每一个决策进行详细的讨论。

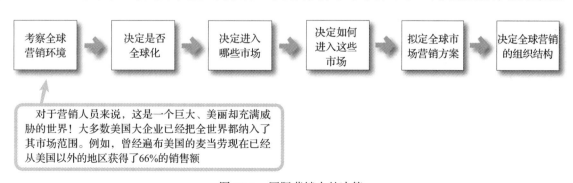

图 15-1　国际营销中的决策

15.2 考察全球营销环境

> **作者评点**
>
> 就好像企业的内部运营还不够困难一样,全球化增加了许多更复杂的因素。例如,可口可乐在数以百计的国家营销其产品,它必须理解每个市场不同的贸易、经济、文化、政治环境。

在决定是否要进行国际化经营之前,企业必须透彻地了解国际营销环境。近几十年来,国际营销环境经历了巨大的变化,既产生了新的机遇,也带来了新的问题。

15.2.1 国际贸易体系

美国企业想要向国外扩张就必须先了解国际贸易体系。当向其他国家进行销售时,企业会面临各种各样的贸易管制。外国政府会向特定种类的进口产品征收关税,用于增加国家收入或者保护本国的企业。关税通常用来强制其他国家采取有益于该国的贸易行为。

例如,欧盟发现中国的太阳能电池板在欧洲售价低于市场价格后,就开始对中国的太阳能电池板征收关税。就在第二天,中国政府对本国从欧盟进口的葡萄酒征收了同样的关税。本次征税针对的是西班牙、法国、意大利,德国得以幸免。当中国的太阳能电池板生产商被允许以最低价在欧洲销售且欧洲也同意帮助中国发展自己的葡萄酒产业以换取欧洲葡萄酒的推广时,这些争端得到了解决。[6]

出口商也可能会受到配额的限制,它是进口国针对某些进口产品设定的数量限制,其目的是减少外汇支出并保护国内产业和就业。企业还会遇到汇兑管制,汇兑管制限制了外汇数量以及其他货币的兑换汇率。

企业也会面临非关税贸易壁垒,例如对其投标的偏见、更高限制性的产品标准或者东道国的过度监管和强制要求。例如,沃尔玛最近暂停了其曾经雄心勃勃的计划,即通过在印度开设数百家沃尔玛超市以扩张进入印度庞大但支离破碎的零售市场。除了困难的市场条件,如电力短缺和道路状况不佳,印度以抛出非关税障碍来保护本国主要的夫妻店而闻名,这些零售商控制着印度 5 000 亿美元零售市场的 96%。其中一个障碍是印度政府要求外国零售商所销售产品的原材料中 30% 应从当地小企业采购。对沃尔玛来说,这样的要求几乎是不可能的,因为小供应商无法生产大型零售商所需的大量商品。此外,印度为数不多的大型国内零售商并不受这一规则的约束,这使得沃尔玛难以盈利。沃尔玛目前正在寻找一个能帮助其打入印度市场的国内合作伙伴。[7]

世界贸易组织通过降低关税和其他国际贸易壁垒来促进贸易,它还实施国际贸易制裁并调解全球贸易争端。

(left) Stockbyte/Getty Images; (right) Donald Stampfli/AP Images

与此同时,其他一些力量也会有助于国家之间的贸易发展,如世界贸易组织和各种各样的自由贸易协定。

1. 世界贸易组织

关税与贸易总协定(GATT)成立于 1947 年,并在 1994 年进行了修订,旨在通过降低关税和其他国际贸易壁垒来促进世界贸易。1995 年成立世界贸易组织(WTO),并在 1996 年由世界贸易组织取代了《关税与贸易总协定》,监督最初关税贸易总协定的实施。世界贸易组织和关税与贸易总协定的成员方(现在成员数量为 161)已经经历了 8 轮谈判来重新制定贸易壁垒标准,为国际贸易建立新规则。世界贸易组织还进行国际贸易制裁和全球贸易争端的调解,其行动已经颇有成效。前 7 轮谈判已将针对制造品的世界关税从 45% 减少到 5%。[8]

最近一轮完成的关税和贸易谈判被称为乌拉圭回合谈判,历时 7 年之久,直到 1994 年结束。乌拉圭回合谈判带来的价值持续了很多年,它促进了长期的全球贸易增长,降低了现存商品关税的 30%,还把世界贸易组织的管辖范围扩展到农业和一系列服务业，同时还加强了对国际版权、专利权、商标和其他知识产权的保护。世界贸易组织的新一轮贸易对话被称为多哈谈判，地点位于卡塔尔的多哈，开始于2001年的下半年，原计划于2005年结束，但实际持续到2015年还未结束。[9]

2. 区域自由贸易区

一些国家之间成立了自由贸易区或者**经济共同体**（economic community），这是由为了共同的目标而在国际贸易中进行协调的一些国家或地区所组成的群体。其中之一是欧盟（EU）。欧盟成立于1993年，目的是通过降低其成员国之间产品、服务、金融和劳务流动的壁垒并共同制定与非成员国之间的贸易政策，致力于创建一个单一的欧洲市场。目前，欧盟是世界上最大的经济体之一。近年来，欧盟拥有28个成员国和接近5亿的消费者群体，其进出口总量占世界总进出口量的近16%。[10] 欧盟为美国和其他非欧洲的企业提供了大量的贸易机会。

在过去的15年中，19个欧盟成员国将欧元作为通用货币。欧元的广泛应用大大降低了在欧洲做生意的风险，也使得之前货币不够强大的成员国市场变得更具有吸引力。然而，统一使用欧元作为共同货币也会带来麻烦，因为目前经济强势的德国和法国需要提携经济较弱的希腊、葡萄牙和塞浦路斯等国家。最近的"欧元危机"使得一些分析家预言欧元区有可能会瓦解。[11]

让欧盟违背2 000多年的传统变成"欧洲合众国"是不太可能的。有着20多种不同语言和文化的共同体将很难融为一体。但是，欧盟每年的总体GDP超过18万亿美元，已经成为一股强有力的经济力量。[12]

1994年，美国、加拿大和墨西哥根据《北美自由贸易协定》（NAFTA）建立了自由贸易区。这项协定创造了一个包括4.74亿人口的经济体，每年生产并消费20.5万亿美元的产品和服务。在过去20年里，NAFTA已经在三国之间取消了贸易壁垒和投资限制。这三个国家之间的贸易总额已经从1993年的2 880亿美元上涨到每年1.1万亿美元，增幅近3倍。[13]

伴随着NAFTA的成功，2005年，美国、哥斯达黎加、多米尼加共和国、萨尔瓦多、危地马拉、洪都拉斯和尼加拉瓜之间成立了中美洲自由贸易协定（CAFTA-DR），并据此建立了自由贸易区。拉丁美洲和南美洲也成立了其他自由贸易区。例如，效仿欧盟的南美洲国家联盟（UNAUR）于2004年成立，在2008年正式缔结条约。由12个国家组成的UNAUR成为继NAFTA和EU之后的第三大贸易集团。它拥有3.87亿人口，超过4.1万亿美元的经济产值。与NAFTA和EU类似，UNAUR的目标是到2019年取消成员国之间的所有关税壁垒。[14]

每个国家都有其特性，必须加以了解。一个国家对不同产品和服务的接受程度，以及它作为一个市场对外国企业的吸引力，主要取决于其经济、政治、法律法规和文化环境。

15.2.2 经济环境

国际营销人员必须对每个国家的经济状况加以了解。两种经济因素反映了一个国家的市场吸引力：该国的产业结构和收入分配状况。

一个国家的产业结构决定了其产品和服务的需求、收入水平和就业水平。四种主要的产业结构如下。

（1）自给自足型经济。在自给自足型经济中，绝大多数人只从事简单的农业。其大部分产出都被自己消费，然后将剩余的产品用来交换一些简单的产品和服务。它们提供的市场机会很少。许多非洲国家的产业结构属于自给自足型经济。

（2）原料出口型经济。这些国家盛产一种或者几种自然资源，但是在其他方面相当贫乏。它们的大部分收入来自于这些自然资源的出口，比如智利（锡和铜）和刚果共和国（铜、钴和咖啡）。这些国家是大型设备、工具、器材及卡车等产品的极佳市场。如果外国居民和当地富有的上层阶级的人数较多，则这些国家也是奢侈品的大好市场。

（3）新兴经济（工业化经济）。在新兴经济中，制造业的快速发展使得整体经济迅速增长。这样的例子包括"金砖四国"——巴西、俄罗斯、印度和中国。随着制造业的增长，这些国家需要进口更多的纺织品原料、钢材和重型机械，而较少进口纺织品、纸制品和汽车。工业化进程通常会产生新兴的富有阶层和迅速增长的中产阶层，这两个阶层都需要新型的进口产品。越来越多的发达市场发展停滞且竞争日趋激烈，许多企业正把成长的机会放在新兴市场。

（4）工业经济。工业经济的国家是工业制成品、服务和投资基金的主要输出国。这些国家不仅相互进行贸易，同时也将工业产品输往其他经济类型的国家以换取原材料和半成品。多种不同类型的制造活动以及人数众多的中产阶层使这些国家成为各种商品的最佳市场。美国、日本和挪威等都是工业化国家。

第二个经济因素是国家的收入分配情况。工业化国家中可能会有低等、中等和高等收入家庭；而在自给自足型经济中，绝大多数家庭的收入都很低；其他经济类型国家的家庭则可能包含极高或极低的收入水平。即便是新兴经济或贫困地区的市场，也可能对各种商品都极具吸引力。近年来，全球经济疲软导致国内和新兴市场的增长放缓，许多企业把目光转向了新的目标——所谓的"经济金字塔的底部"，即由世界上最贫穷的消费者组成的巨大但尚未开发的市场（见营销实践15-1）。

营销实践 15-1

国际营销：瞄准经济金字塔的底部

许多企业现在正意识到一个令人震惊的统计数字。在这个星球上大约有70亿人，其中40亿人（占57%）生活贫困。作为"金字塔底层"的贫穷群体，这个市场似乎并没有太大的吸引力。然而，他们的收入虽微不足道，但作为一个整体，这些消费者的年购买力达到了令人瞠目的5万亿美元。此外，这一巨大市场还未被开发。世界上贫困的人常常很少或根本没有机会接触到那些富裕消费者所认为的最基本的产品和服务。随着全球经济疲软，美国市场变得不景气，新兴中产阶层市场的增长也在放缓，企业越来越多地从金字塔底部寻找新的增长机会。

但是，企业如何能从收入低于贫困线的消费者身上盈利呢？首先，价格必须是正确的。一位分析师说，在这种情况下，"正确"的意思是"低于你的想象"。考虑到这一点，许多企业通过提供现有产品的小包装款或低配版，让它们的产品变得更能让人买得起。例如，在尼日利亚，宝洁以23美分的价格销售吉列剃须刀，一盒1盎司的阿里尔洗涤剂的价格为10美分，10片装帮宝适尿不湿的价格为2.3美元。尽管在单个产品上的利润率并不高，但宝洁却在大量销售中取得了成功。

以帮宝适为例：尼日利亚每年大概有600万新生儿，几乎比美国新生儿数量高出近50%，尽管美国总人口是尼日利亚的两倍。尼日利亚令人震惊的高出生率为宝洁最畅销的品牌——帮宝适制造了一个巨大但尚未开发的市场。然而，典型的尼日利亚母亲每月只花费大约5 000奈拉（大约30美元）用于所有的家庭消费。宝洁的任务是让这些母亲能够买得起帮宝适，并让她相信帮宝适是值得她列入原本就极少的开支预算中的。为了在尼日利亚等市场保持低成本和低价格，宝洁发明了一种具有较少功能的吸水性尿布。虽然便宜很多，但尿布的功能性仍然是很高的。宝洁的一位研发经理说："在研发这种价格适中的新产品时，价格令人高兴，而功能却没有被减弱。也就是说，尿布的价格要低一些，但它仍可以做到其他便宜的尿布所做不到的事情——让宝宝12个小时内保持舒适和干燥。

即使是价格和功能都适当的尿布，在尼日利亚销售帮宝适也是一个挑战。在西方，婴儿通常一天会消耗大量的一次性纸尿布。然而在尼日利亚，大多数婴儿都穿着布尿布。为了让帮宝适更容易被接受，更让尼日利亚人买得起，宝洁把尿布设计成一天一件的商品。根据企业的广告，"一个帮宝适等于一个干爽的夜晚"。这个广告告诉妈妈们，让宝宝在夜里保持干燥有助于他们睡个好觉，反过来这将帮助他们健康成长。这个广告在尼日利亚深入人心，宝洁的营销人员发现这个广告触动了尼日利亚人最深层的想法，即让他们的孩子拥有比他们自己更好的生活。因此，得益于合理、可负担的价格，满足顾客需求的产品，以及相关的定位，帮宝适的销售正在蓬勃发展。在尼日利亚，"帮宝适"现在成了尿布的代名词。

正如宝洁所了解到的，大多数情况下实现向金字塔底层人群的盈利性销售不仅仅需要功能单一的产品和低廉的价格，还需要广泛的创新，从而使其产品在低价的同时让贫困消费者获得超过价格的价值。在另一个例子中，我们来了解印度家电企业Godrej & Boyce是如何通过顾客驱动式创新成功打入印度低价冰箱市场的。

由于购买和使用成本高昂，传统的压缩式冰箱在印度市场的占有率仅为18%。为此Godrej专门组织了一个团队来研究印度很少使用或者不用冰箱的消费者，而非简单地生产相对于高端冰箱更便宜和功能更简化的产品。该团队观察到农村和近郊的居民通常每月能挣5 000～8 000卢比（约合125～200美元），四五个家庭成员挤在一间房子内，并且会经常换住处。由于买不起传统冰箱，这些消费者大多使用公共冰箱，而且通常是二手的。但即使是共享冰箱，通常也只存放了很少的物品。使用者倾向于每天购物，每次只购买少量的蔬菜和牛奶。此外，因为供电不稳定，冷藏即使这些简单的小食品也不安全。

Godrej总结道，低收入人群对传统的高端冰箱几乎没有需求，他们需要一个全新的产品。因此Godrej发明了ChotuKool（"小酷"），这是一款糖果红色、从顶部打开、极其便携、尺寸较小的冰箱，能够满足用户对少量食物保持1～2天新鲜的需求。这个小型冰箱使用一个芯片来实现制冷功能，取代了传统的压缩机和制冷剂，其顶部开口设计使得打开盖子时可以保持冷空气。ChotuKool的能耗还不到传统冰箱的一半，在经常停电的农村地区，它可以通过电池继续运行。最重要的是：它只需要69美元，"小酷"能以传统冰箱一半的价格，更好地满足低端消费者的需求。

因此，金字塔底部的消费者为那些能够以合适的价格开发合适产品的企业提供了巨大、未被开发的机会。像宝洁这样的企业正在积极地抓住这些机会。宝洁为获取新顾客设立了崇高的目标，虽然目前该企业的大部分收入依然来自于西方发达国家，但企业已将重点从西方国家转移到亚洲和非洲的发展中经济体。

但是，要想成功地开发这些新的发展中市场，需要的不仅仅是提供更便宜版本的现有产品。"我们的创新策略不仅仅是向低端消费人群提供功能简化的现有产品，"宝洁的CEO说，"你必须对经济曲线上的每一个消费者进行有差别的创新，如果你不这样做，你就会失败。"

资料来源：See Erik Simanis and Duncan Duke, "Profits at the Bottom of the Pyramid, *Harvard Business Review,* October 2014, pp. 87-93; Matthew J. Eyring, Mark W. Johnson, and Hari Nair, "New Business Models in Emerging Markets," *Harvard Business Review,* January-February 2011, pp. 89-95; Mya Frazier, "How P&G Brought the Diaper Revolution to China," *CBS News,* January 7, 2010, www.cbsnews.com/8301-505125_162-51379838/; David Holthaus, "Health Talk First, Then a Sales Pitch," April 17, 2011, *Cincinnati.com,*http://news.cincinnati.com/article/20110417/BIZ01/104170344/; Lisa Jones Christensen, Enno Siemsen, and Sridhar Balasubramanian, "Consumer Behavior Change at the Base of the Pyramid: Bridging the Gap between For-Profit and Social Responsibility Strategies," *Strategic Management Journal,* February 2015, pp. 307-317; and "The State of Consumption Today," *Worldwatch Institute,* www.worldwatch.org/node/810, accessed September 2015.

如今，从汽车、计算机到软饮料等一系列行业的企业，越来越多地将目标瞄准新兴经济体的中等收入或低收入消费者。例如，随着软饮料销售在北美和欧洲失去了增长活力，可口可乐不得不寻找其他市场来实现其雄心勃勃的增长目标。因此，该企业将目光投向了非洲，这个地方机遇与挑战并存。许多西方企业认为非洲是未驯服的最后边界，饱受贫穷、政治不稳定、运输落后以及淡水和其他基本资源短缺的困扰。但可口可乐认为这个市场的巨大机会足以值得其承担这些风险。非洲大陆有超过11亿的人口，一波正在兴起的中产阶层，以及2.4万亿美元的GDP和消费能力。全球增长最快的10个市场中有6个在非洲。[15]

自1929年以来，可口可乐一直在非洲经营，在非洲和中东地区占据29%的市场份额，而百事的份额为15%。然而，可口可乐仍有很大的发展空间。例如，在非洲，可口可乐和其他软饮料的年人均消费量比北美市场低13倍。而且在非洲市场的营销与在发达地区的营销非常不同。除了通过传统渠道在更大的非洲城市进行营销之外，可口可乐现在正通过更多的"草根策略"侵入较小的社区。

小商店在帮助可口可乐在非洲发展中扮演着重要的角色。在整个非洲大陆无数的贫困社区，拥挤的街道两旁都是被漆成焦红色的商店，销售由可口可乐企业提供的低价可口可乐产品和冷藏冰箱。这样的商店是由可口可乐经销商简陋但有效的销售网络供货的，他们的工作人员经常用手推车甚至是人工搬运一箱箱的可乐产品。由于道路拥挤、交通困难，手拿饮料往往是最好的方法。该企业的首要原则是让产品"冷、近"。可口可乐的南非企业总裁说："如果他们没有公路运输货物，我们将使用船只、独木舟或手推车。"例如，在尼日利亚的Makako区，妇女们乘坐独木船穿梭于水道之间如迷宫般的棚屋之间，把可口可乐直接卖给当地居民。

15.2.3　政治－法律环境

不同国家的政治－法律环境的差异非常大。决定是否在一个国家做生意时，企业需要考虑该国对国际采购的态度、政府的官僚主义程度、政治稳定性以及货币管制等因素。

一些国家对外国企业的接受度比较高，但有些国家却颇有敌意。例如，印度对待外国企业的政策就比较严格，它规定了进口配额，还实行货币限制以及其他限定，使得外国企业在印度的经营颇具挑战性。相反，印度的亚洲邻国，如新加坡和泰国对外国投资者就非常友好，并提供了很多激励性的有利经营条件。政治和监管的稳定是另外一个问题。[16]

企业还必须考虑一国的货币管制。销售方总是希望能通过对其有价值的货币获取利润，购买方最好能以销售方货币或者其他世界流通货币进行支付。如果实在不行，销售方也可能会接受受限制的货币，即流出受到购买方国家政府限制的货币，但前提是他们可以购买该国家销售的其他产品或可以找到兑换为其他货币的途径。除了货币管制之外，汇率的波动也为销售方带来了很高的风险。

大多数国际贸易都涉及现金交易，然而还有许多国家的硬通货币存量不足以支付其在他国的购买。它们可能会希望使用现金之外的东西进行支付。易货贸易指的是直接交换商品和服务。例如，委内瑞拉的石油产量丰富，该国通常在国际市场用石油换取食物，如圭亚那的大米，萨尔瓦多的咖啡，尼加拉瓜的糖、咖啡、肉，多米尼加共和国的大豆、面食。委内瑞拉甚至用石油为委内瑞拉人民换取古巴的医生和医疗服务。[17]

15.2.4　文化环境

每个国家都有自己的社会习俗、规范和禁忌。商家在规划市场营销方案之前必须了解每个国家的文化会如何影响其消费者。并且，它们也必须了解自身战略将如何影响当地的文化。

1. 文化对营销战略的影响

销售者在策划一个营销项目之前必须了解各个国家的消费者对产品的看法以及他们如何使用该产品。市场上经常有令人意外的情况发生。比如，法国男士在化妆品和美容品上的平均消费是他们妻子的两倍。法国人和德国人食用的有品牌和包装的意大利面比意大利人还要多。部分中国人会在上班的路上吃饭。大多数美国女性在睡觉前会将头发披散下来并卸妆，然而15%的中国女性会在睡觉前做发型，还有11%的中国女性会化妆。[18]

忽视这些文化差异的企业就可能会犯一些成本高昂而尴尬的错误，下面就是两个例子。

在一则以功夫为主题的电视广告中，耐克设计让勒布朗·詹姆斯打败了许多在中国备受尊敬的文化人物，这在不经意间冒犯了中国消费者。中国政府认为该广告违反了维护国家尊严和尊重所在国文化的规定，叫停了这则耗资数百万美元的广告。耐克因此颜面尽失，还发表了正式道歉。汉堡王在西班牙发布店内广告时也犯过类似的错误，其广告中印度教女神拉克希米站在一个火腿三明治上高举有着"神圣快餐"字样的标语。全世界的文化和宗教组织对此表示了强烈反对，因为印度教徒是素食主义者。汉堡王为此道歉并撤销了广告。[19]

各个国家的商业规范和行为也大不相同。例如，美国的经理人喜欢直入主题进行快速、强硬的面对面讨价还价，但日本和其他一些亚洲国家的商人会认为这种行为是不礼貌的。他们更喜欢以礼貌的谈话开始，而且在谈话过程中很少直接说"不"。举另一个例子，许多西方国家的人见面通常以握手表示尊敬和欢迎，然而在一些中东国家，握手可能会被拒绝。微软创始人比尔·盖茨曾由于在会见韩国总统时用右手握手但把左手插在口袋里而引发了一系列国际争议，因为这个行为在韩国人看来是极不礼貌的。在一些国家中，当主人招待客人吃饭时，如果盘中留有剩菜就会被认为是不礼貌的。然而在另外一些国家，狼吞虎咽地吃到一粒米未剩才会被看作不够礼貌，这会让主人认为自己没有准备足量的饭菜。[20] 美国的经理人在其他国家做生意之前也需要对这些文化的细微差别有所了解。

同样的道理，了解国家文化差异的企业可以据此在国际市场上赢得优势。例如，对于精力旺盛的中国顾客来说，家具零售商宜家充满了吸引力。但是宜家认识到，中国顾客对于宜家的需求不仅仅局限于可买得起的斯堪的纳维亚风格的家具，他们想要的东西更多。[21]

在中国，IKEA被称为"宜家"，翻译过来的意思就是"舒适的家"。这个概念被每年光顾中国18家宜家连锁店的数百万顾客所认可。一名观察人员说："顾客会全家出动，到店内的展示床上午睡，摆起姿势和各种装饰品合影，为了享用空调和免费续杯的苏打水而在宜家闲逛好几个小时。"例如，在一个普通的周六下午，一家中国宜家商店的展示样品床和其他家具全部被顾客占用，这些顾客年龄大小都有，他们在这里休息甚至睡觉。其中一家宜家甚至还举办过几次婚礼。宜家的管理者鼓励这种行为，认为顾客对宜家的熟悉度会转化为最终购买，当顾客的收入可以满足其购买意愿时，他们就会采取购买行动。宜家亚太地区主席说道："也许你已经逛宜家商店逛了10年，吃了10年肉丸、热狗或者冰激凌，那么当你需要买一台沙发的时候，你可能自然就会想到宜家。"由于这种文化上的理解加上低价格的竞争，中国是宜家2014年增长最快的市场。中国消费者对瑞典肉丸有什么看法？宜家中国市场总监说："他们非常喜欢。"

由此可见，了解消费者的文化传统、偏好和行为特征不仅可以帮助企业避免一些令人难堪的错误，还能利用跨文化市场的机会获得成功。

2. 营销战略对文化的影响

企业担心全球文化对其营销战略造成影响，而其他人可能在担心企业营销战略会对全球的文化造成影响。例如，社会评论抱怨美国大型跨国企业（例如麦当劳、可口可乐、星巴克、耐克、Google、迪士尼和Facebook）不仅仅在全球化它们的品牌，而且在将全球文化美国化。美国的其他文化元素已经在世界范围内广泛传播。例如，在中国学习英语的人比在美国说英语的人还多。世界上10个最受瞩目的电视节目中，有7个来自美国。如果你召集来自巴西、德国和中国的商人，他们很可能会用英语进行交流。一位观察家说："把世界青少年联系在一起的是美国文化——音乐、好莱坞影片、电子游戏、Google、Facebook和美国消费品牌……世界其他的地方越来越像美国——不管是好的方面还是坏的方面。"[22]

"当今世界，全球化常常戴着米老鼠的耳朵，吃着巨无霸，喝着可口可乐或者百事可乐，在微软的Windows操作系统上做着计算。"这是托马斯·弗里德曼在他的新书《世界是平的》中所说的。另一位作家说："一些中国孩子知道的第一个英语词汇可能就是米奇（Mickey）。"[23]

评论家担心，在"麦当劳帝国"里，世界各国都在日渐失去自己的文化特性。土耳其的孩子们看着MTV，和全球的朋友通过Facebook进行联系，要求父母为他们购买西式的服装和其他反映美国流行文化和价值观的商品。住在欧洲小农庄的老妇人不再需要每天早上花时间到当地市场选购烹饪的原料，而是到沃尔玛超市购物。沙特阿拉伯的妇女观看美国电影，质疑她们的社会角色，她们还可以到任意一家维多利亚的秘密品牌时装店里购买衣物。在中国，星巴克进入中国市场之前大多数中国人没有喝过咖啡，如今消费者却经常光顾星巴克，因为它象征着一种全新的生活方式。同样在中国，麦当劳仅在北京就开了80多家分店，将近半数的儿童认为麦当劳是一个本土品牌。

这些担忧有时会拖美国全球化进程的后腿。在一些国际市场上，美国的知名品牌已经成了被联合抵制和抗议的目标。可口可乐、麦当劳、耐克和肯德基等作为美国资本主义代表的知名品牌已经开始被全世界的反全球化运动组织者孤立，尤其在反美情绪高涨的时候。例如，在俄罗斯吞并克里米亚而后西方国家对其实施制裁之后，俄罗斯当局开始打击麦当劳的特许经营权（尽管大多数是俄罗斯人拥有的），迫使一些人以不确定的理由关闭。克里米亚的三家麦当劳都关门了，至少有一家成为名为Rusburger的民族主义连锁店，提供"沙皇芝士汉堡"（Czar Cheeseburgers）。[24]

尽管存在这些问题，全球化的拥护者认为人们对"美国化"的担忧和对美国品牌带来的损害有点过分了。美国的品牌在国际化方面非常成功。华通明略咨询企业最近对全球消费者品牌进行的品牌价值调查显示，排名前25的品牌中有19个是美国品牌，包括Google、苹果、IBM、微软、麦当劳、可口可乐、通用电气、亚马逊和沃尔玛。[25]

许多标志性的美国品牌在全球范围内快速增长。例如，大多数国际市场都觊觎美国快餐。以日本的肯德基为例。在日本一家肯德基推出令人吃惊的双层三明治（包含培根、融化的奶酪以及在两片炸鸡之间涂有"秘制酱汁"）的那天，粉丝排成长队，睡在外面的人行道上，只为了品尝一下。"就像iPhone一样，"肯德基的首席营销官说，"人们都疯了。"自那以后，美国的限时供应已经在全球范围内取得了成功，从加拿大到澳大利亚、菲律宾和马来西亚。更广泛地说，在日本，肯德基已经成为一种文化。例如，这个品牌长久以来都是日本首选的圣诞饮食传统，其标志性的桑德斯上校则是日本的圣诞老人。[26]

日本的肯德基圣诞传统始于40多年前，当时肯德基在日本推出了"肯德基圣诞"广告宣传活动，以帮助该品牌摆脱困境。现在，吃肯德基已经成为日本最受欢迎的节日传统之一。每一家肯德基店都陈列着一尊真人大小的桑德斯上校的雕像，上面装饰着传统的毛皮镶边的红色套装和圣诞帽。提前一个月，日本顾客会预订一份特别的圣诞大餐——一桶特别的炸鸡并配以葡萄酒和蛋糕，价格约为40美元。那些不预订的人需要排长长的队伍等待，或者吃不到令人垂涎的由11种香料混合制作的肯德基产品。在日本，平安夜是肯德基一年中最成功的销售日，12月的月销售额比其他月份的销售额高出10倍。

从根本上来说，文化交流的作用是双向的——美国在传播文化的同时，也会受到外来文化的影响。好莱坞的确主导着全球电影市场，但是很多英国电视台原创的节目在本土化后成为美国大热的节目，如《纸牌屋》和《与星共舞》等。尽管中国和俄罗斯的年轻人都穿上了NBA超级明星的球衣，而在美国越来越受欢迎的英式足球却有着深厚的国际根基。

美国的儿童也在不断地受到欧洲和亚洲外来文化的影响。大多数美国孩子都知道进口的Hello Kitty、爆丸战斗、任天堂或者SEGA游戏里的角色。英国的J.K.罗琳的《哈利·波特》影响了美国新一代年轻人的思想，更不用说被它迷住的数百万上了年纪的老人了。目前，英语仍然是互联网的主导语言，第三世界国家的年轻人可以通过网络更多地接触美国流行文化。同样，这些技术也使得在美国学习的东欧学生能够听到来自波兰、罗马尼亚和白俄罗斯的网络新闻和音乐。

因此，全球化是双方面的。打个比方，如果说全球化有米老鼠的耳朵，那么它也在使用三星手机通话，在宜家商场中买家具，开着丰田凯美瑞汽车，在松下等离子电视上看英国电视节目。

15.3 决定是否全球化

并非所有的企业都需要进入国际市场以求生存。例如，大部分地区性企业只要在本地市场上做好营销就够了。在国内经营更加容易也更加安全。管理者不需要学习其他国家的语言和法律，不必处理不稳定的货币，不必面对政策和法律的不确定性，或者为适应不同的顾客需求和期望而重新设计产品。但是，如果企业在全球化行业中经营，在特定市场中的战略地位深受其整体全球性定位的影响，那么它就必须在区域或全球范围内进行竞争才能获得成功。

多种因素都有可能会将企业推入国际竞争的舞台。例如，国际竞争者可能会用更好的产品或者更低的价格来进攻本土市场，企业可能需要在国内市场上对这些竞争者进行反击来保护自己的资源；企业的顾客可能扩展到国外，从而需要企业提供相应的国际化服务；或者国际市场可能会为企业的增长提供更好的机会。例如，就像我们在本章开篇提到的故事，可口可乐近几年十分重视全球市场的增长，想要以此补偿停滞甚至下滑的美国软饮料市场。目前，可口可乐近57%的销售收入和83%的净收益来自美国以外的市场，企业正在把主要精力转向90个新兴市场，例如中国、印度以及整个非洲。[27]

在迈出国门之前，企业必须仔细考虑各种风险以及有关全球运营能力的很多问题。企业是否了解其他国家消费者的偏好和购物行为？企业能否提供有竞争力和吸引力的产品？企业能否适应其他国家的商业文化并与国外的伙伴打交道？企业的管理者是否拥有必要的国际经验？管理层是否考虑到了其他国家的管制问题和政治环境的影响？

15.4 决定进入哪些市场

在进入国外市场之前，企业必须确定自己的国际营销目标和策略，应确定所想要实现的国外销售量。大部分企业的国际业务在初期规模都很小；有些企业的计划本身就比较小，只是将国际销售作为其业务的一小部分；其他的一些企业则可能有更大的计划，对国际业务和国内业务一视同仁，甚至认为国际业务更重要。

企业还要选择进行营销活动的国家数量。企业要仔细考虑，不能在太少的国家内开展业务，但也不能过快地在太多的国家进行运营以至于超出了自己的能力范围。接下来，企业要决定准备进入的国家类型。一个国家的吸引力取决于产品、地理因素、收入与人口状况、政治局势等因素。近年来，一些主要的新兴市场正在崛起，它们提供了大量的机会，但也充满了风险和挑战。

在列出了可能进入的国际市场后，企业必须对每个市场进行仔细评估。例如，Netflix 决定进军德国、法国、奥地利和瑞士等欧洲市场，这似乎是显而易见的。Netflix 需要扩大用户群以抵消快速增长的内容成本，而欧洲则提供了巨大的机会。西欧拥有 1.34 亿宽带用户，而在美国这一数字是 9 400 万。到 2017 年，尚未开发的欧洲视频服务市场预计增长 67%，达到 11 亿美元以上。Netflix 已经进入了英国和北欧国家，并且仅仅两年后就成为瑞典领先的视频服务提供商。[28]

然而，随着 Netflix 考虑开拓新的欧洲市场，它必须思考一些重要的问题。它能否与本土竞争对手在一个国家进行有效竞争？它能掌握欧洲消费者不同的文化和购买差异吗？它在每个国家会遇到环境和监管上的障碍吗？例如，Netflix 在拉丁美洲的扩张缓慢而困难，因为在那里电子商务尚不成熟。

在进入新的欧洲市场时，Netflix 将面临许多挑战。例如，欧洲现在挤满了强大的竞争对手。在过去的几年里，像德国的 Snap、意大利的 Infinity、法国的 Canal Play 等十几家类似于 Netflix 的本土竞争对手都在忙着锁定用户和内容版权。而亚马逊的 Prime Instant Video 已经成为德国领先的流媒体服务。

内容是另一个主要的考虑因素。尽管 Netflix 正在打造自己的国际内容版权，但欧洲的竞争对手已经拥有了许多流行的美国和非美国本土的独家播放权。Netflix 也可能遇到当地监管障碍。例如，法国的监管限制了像 Netflix 这样提供电影资源的服务，只有在电影院上映超过三年的电影才能被播放，而且通常需要这些视频服务商在该国电影的制作中进行投资。然而，尽管面临这些挑战，Netflix 的首席执行官里德·黑斯廷斯似乎并不担心。他表示："在这些新市场，我们仍可以建立非常成功的业务。无论 Netflix 走到哪里，我认为关键在于拥有独特的内容、良好的声誉和价值主张。这是 Netflix 所擅长的。"

可以根据几个因素对潜在的国际市场进行排序，如市场规模、增长率、开展业务的成本、竞争优势和风险水平。排序的目的是通过类似于表 15-1 所显示的指标来判断每个市场的潜力，然后营销人员必须判断哪些市场拥有最高的长期投资回报。

表 15-1 关于市场潜力的指标

人口统计特征	教育水平 人口规模和增长率 人口年龄结构
地理特征	气候条件 国家规模 城镇和农村的人口密度 交通状况和市场可触及性
经济因素	GDP 规模和增长率 收入分配 工业基础设施 自然资源 金融和人力资源
社会文化因素	消费者的生活方式、信念和价值观 商务规范和方法 文化和社会规范 语言
政治和法律因素	国家优先事项 政治稳定性 政府对全球贸易的态度 政府的官僚主义程度 货币和贸易法规

15.5 决定如何进入这些市场

> **作者评点**
>
> 企业有很多种进入国际市场的方法，从简单的出口产品到与外国企业合作来实现自己的国外运营。

企业一旦决定进入国外市场，就必须确定最佳的进入方式。它可以选择出口、合资经营和直接投资。图15-2显示了进入市场的三种策略，以及每种策略下所提供的选择。如图15-2所示，从左至右每种策略涉及的承诺和风险越来越高，但也伴随着更多的控制权和潜在利润。

图 15-2　市场进入策略

15.5.1 出口

进入国外市场最简单的方法是**出口**（exporting）。企业随时可能被动地将剩余的产品输往国外，也可能会积极地向某一特定市场扩大出口。不管是哪种情况，企业的所有产品都是在国内生产的。外销产品可能会根据出口市场略加修改，也可能不进行任何修改就销往国外市场。因此，出口对企业的产品线、组织结构、投资或使命所产生的改变是最少的。

在开始时，企业通常通过独立的国际市场营销中介进行间接出口。由于企业不需要成立海外营销组织或网络，间接出口的投资相对较少。它的风险也较小，因为国际市场中介具备熟练的技术和服务，可以减少卖方犯错的概率。但企业最终可能还是希望能够实现直接出口，自己负责自己的出口业务。在此策略中投资和风险会大一些，但其潜在的回报也比较高。

15.5.2 合资经营

进入国外市场的第二个方法是**合资经营**（joint venturing），与外国企业合作生产或营销产品或服务。合资经营与出口的不同之处在于企业要与东道国的企业合伙在国外销售产品，而它与直接投资的不同之处也在于企业与国外的某企业建立了合作关系。合资经营可分为四种：许可经营、合同制造、管理合同和联合所有权。

1. 许可经营

许可经营（licensing）是制造商进入国际市场营销的比较容易的方法。企业会与国外市场的被许可方达成协议，被许可方通过支付一定费用或特许使用金来获得使用该企业的生产线、商标、专利、商业机密或其他价值物的权利。因此企业进入外国市场的风险很小，同时被许可方不必从头开始，便能获得现成的生产技术和知名的产品或品牌。

在日本，百威啤酒来自 Kirin 酿酒厂，Mizkan 生产 Sunkist 的柠檬汁、饮料和甜点。东京迪士尼乐园是由 Oriental Land 企业在华特迪士尼企业的许可下拥有和经营的。45年的许可证为迪士尼提供了许可证费用收入再加上门票和食品、商品销售收

全球性许可经营：东京迪士尼乐园是由 Oriental Land 企业（一家日本开发企业）在华特迪士尼企业的许可下拥有和经营的。

David Harding/Alamy

入中的一定比例。可口可乐企业在全球范围内授权灌装厂，为工厂提供生产可口可乐所需的糖浆。它的全球装瓶合作伙伴包括从沙特阿拉伯的可口可乐灌装企业到欧洲的可口可乐企业，它们向来自28个国家的5.89亿人生产和营销136个可口可乐品牌，包括意大利、希腊，以及尼日利亚和俄罗斯。[29]

然而，许可经营也有缺点。企业对被许可方的控制不像对自己设立的分支机构那样强。而且，如果被许可方经营得很成功，这些利润也不属于授权企业。当契约终止之后，企业可能会发现它已经培养了一个强劲的竞争对手。

2. 合同制造

另一个选择是**合同制造**（contract manufacturing），企业与国外的制造商签订合约，由其负责生产产品或提供服务。例如，宝洁在印度设立了9个合同制造点，借此为6.5亿印度消费者提供服务。大众汽车与俄罗斯最大的汽车制造商GAZ集团合作，使得大众捷达在俄罗斯市场上与其斯柯达（大众的捷克子企业）奥克塔维亚和野帝两个品牌一样畅销。[30] 合同制造的缺点是对制造过程控制较少，并且企业无法赚取制造过程中的潜在利润。其好处是可以不必冒很大风险就能很快进入国外市场，并且以后有机会与当地制造商形成稳固的伙伴关系或直接收购当地的生产厂家。合同制造还可以减少工厂投资、运输和关税成本，同时有助于满足东道国当地的制造要求。

3. 管理合同

管理合同（management contracting）是国内企业提供管理技术、国外企业提供资本的合资方式。换句话说，国内企业出口的是管理服务而不是产品。希尔顿就是用这种方法来管理其遍布全世界的连锁酒店的。例如，希尔顿运营的逸林连锁酒店遍布英国、意大利、秘鲁、哥斯达黎加、中国、俄罗斯和坦桑尼亚。这些连锁酒店的所有权归属于本地企业，但希尔顿利用其全球知名的酒店管理经验来管理这些酒店。[31]

管理合同是进入外国市场风险较小的方法，从一开始就可以获得收益。如果合同企业后续有权购买被管理企业的部分股份，这一方法就会更具吸引力。然而，当企业有更好的方式充分利用其宝贵的管理才能，或者企业自己进行全部投资能获得更大利润时，采用管理合同的方式就不明智了。另外，管理合同在一定期限内禁止企业在当地建立自己的业务。

4. 联合所有权

联合所有权（joint ownership）是指当地企业与国外市场的投资者联合创立企业，双方共同拥有所有权和控制权。企业可以收购当地企业的股份，或者双方共同出资成立一个新的企业。出于经济或政治原因，合资企业可能是必要的。例如，企业可能因为缺乏足够的财力、物力或管理人才而无法独立承担全部的投资，或者外国政府可能会要求企业与当地厂商合资，并将此作为入境条件。

通常，联合所有权的企业会在开发国际营销机遇的过程中寻求优势互补。例如，为了增加其在中国手机和平板电脑市场的存在感和影响力，芯片制造商英特尔斥资15亿美元收购了中国国有企业清华紫光20%的股权，后者控制着两家国内移动芯片制造商。联合所有权投资将有助于英特尔更好地了解中国消费者，也可能有助于它从中国监管机构获得更有利的待遇。[32]

但是，联合所有权也有一些缺点。合伙人对投资、营销或其他策略的意见有时难免相左。许多美国企业希望将收益用于继续投资，加速企业成长，而当地企业通常更愿意收回这些收益。另外，美国企业强调市场营销的作用，但当地投资者可能只依赖于销售。

15.5.3 直接投资

进入国外市场参与度最高的策略是**直接投资**（direct investment），即以外国为基地设立装配厂和制造厂。例如，除了在中国的合资企业外，英特尔还对其在中国的制造和研发部门进行了大量投资。该企业斥资16亿美元，在中国西部城市成都对其运营10多年的芯片厂进行了升级，并斥资25亿美元在中国东北的港口城

联合所有权和直接投资：为了增加对中国巨大的移动设备市场的理解和影响力，英特尔在合资企业和自己的生产制造设备上投入了大量资金。

Jing Wei/Imaginechina/AP Images

市大连建立了崭新的制造厂。"中国是我们增长最快的主要市场,"英特尔首席执行官说,"我们相信,我们投资于能够为未来增长提供更好服务的市场是至关重要的。"[33]

如果企业从出口中获得了足够的经验并且国外的市场足够大,在国外直接投资建厂将有许多优势。企业可以通过更廉价的劳动力和原材料、外国政府的投资鼓励以及运费的节省来降低成本。企业还可以通过提供就业机会在当地建立较佳的企业形象。总的来说,企业可以通过直接投资与当地政府、顾客、供应商和分销商之间建立更深厚的关系,让自己的产品更好地适应当地市场的需要。最后,企业能够全权控制其国外投资,按长期的国际化目标制定生产政策和市场营销政策。

直接投资的主要缺点在于企业将面临许多风险,例如货币管制或贬值、市场萎缩或者政权更迭。但企业要在当地开展业务,有时也别无选择,只能承担这些风险。

缓冲带:概念链接

暂停一下,思考麦当劳的全球营销问题。
- 麦当劳在多大程度上为中国市场进行了标准化?哪些营销战略及组合要素与美国和其他西方市场相似?哪些必须改变?请具体说明。
- 麦当劳在多大程度上为加拿大市场进行了战略、产品以及组合的标准化?哪些要素可以标准化,哪些要素则必须改变?
- 麦当劳的"全球化"在多大程度上有助于世界其他国家和文化的"美国化"?这种文化改变的积极和消极作用分别是什么?

15.6 拟定全球市场营销方案

作者评点

最主要的全球营销决策通常可以归纳为:企业是否以及在多大程度上需要根据当地市场调整其营销战略和方案?波音企业和麦当劳企业的答案会有什么区别?

在多个国家市场经营的企业必须决定是否以及在多大程度上调整其营销战略和计划来适应当地情况。一个极端是采用**标准化全球营销**(standardized global marketing)策略,该策略是指在世界范围内使用相同的营销战略和营销组合;另外一个极端是**适应性全球营销**(adapted global marketing)策略,在这种情况下,厂商根据每个目标市场调整其市场营销战略和组合要素。该策略虽然会提高成本,但也有望带来更大的市场份额和回报。

采用标准化全球营销策略还是适应性全球营销策略的问题已经被讨论了多年。一方面,对于支持标准化全球营销策略的国际营销人员而言,他们认为科技让世界变小了,全世界消费者的需求也变得越来越相似。这就为全球品牌和标准化营销奠定了基础,而且全球品牌化和标准化将使品牌更具影响力,并通过规模经济降低成本。

另一方面,营销观念认为,适应每个目标顾客群体的独特需求的市场营销计划更具有吸引力。如果这个观念对一个国内市场适用,那么它应该也适用于更广泛的国际市场。虽然目前有全球趋同的趋势,但不同国家的消费者仍然存在很大的文化差异,而且各国消费者在需求与欲望、购买力、产品偏好和购物模式上都大相径庭。由于这些差异很难改变,如今的大多数企业都要对其产品、价格、渠道以及促销做出调整以适应不同国家消费者的需求。

但是,全球标准化并非是一个要么全盘实施要么一点不沾的选择,而是一个程度的问题。大多数国际营销人员认为企业应该"全球思考,本土运作",即它们应该在标准化和适应性之间寻求平衡,在增强品牌的全球辨识度的同时采取适应特定市场的营销、产品和经营方式。例如,在本章开头的故事中,化妆品和美容护理巨头欧莱雅和它的品牌都实现了真正的全球化。但该企业在国际市场上取得的杰出成就,源自其全球化-本土化的平衡,即调整和差异化品牌以使它们更加适应当地的需要,同时在全球市场上整合品牌以优化其全球影响力。

总体而言,消费者购买的绝大多数产品仍然是本土品牌。大多数消费者,无论他们住在哪里,都过着非常当地化的生活。因此，一个全球品牌必须能够吸引到当地消费者，尊重他们的文化，并成为其中的一部分。星巴克以这种方式进行经营。企业的整体品牌战略为其全球化战略指明了方向。然后，区域或当地的星巴克将重点放在使战略和品牌适应特定的当地市场上。例如，当星巴克于1998年进入中国时，考虑到中国传统的茶文化，很少观察人士预测它会成功。但星巴克很快证明了怀疑者的看法是错误的。[34]

星巴克在中国的成功一方面是借助于其全球化的品牌形象和价值观；另一方面也是因为其品牌战略适应了中国消费者的独特特点。星巴克并没有强迫中国消费者购买美国产品，而是开发新产品以迎合当地消费者的品位，比如绿茶口味的咖啡。与在美国市场的溢价定价不同，在中国，星巴克的价格甚至更高——将品牌定位为快速增长的中国中上阶层的地位象征。而且，尽管外送订单是星巴克在美国获取销售收入的主要来源，但星巴克在中国更推崇其店内服务——让自己的咖啡店成为中国的专业人士及其朋友们完美的聚会场所。虽然美国的咖啡店在上午10点前就完成了70%的营业额，但在中国，下午和晚上的业务占其总业务的70%以上。星巴克中国和亚太业务负责人表示："这是中国人的生活方式。这更像是社交的聚会场所。"在这种适应性策略下，星巴克在中国蓬勃发展。中国现在是星巴克在美国以外最大的市场，拥有1 700多家分店，到2020年，星巴克计划在70个城市中再增设1 700多家分店。星巴克高管表示："我们正努力在中国打造一个不同的星巴克，在关注自身如何成长的同时，依然保持着星巴克所代表的核心精神。"

15.6.1 产品

主要有五种方法可以使产品和营销传播策略更适应全球市场（见图15-3）。[35] 我们首先讨论三种产品战略，然后再讨论两种营销传播策略。

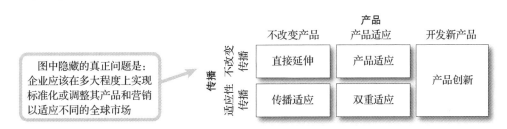

图15-3　产品和营销传播的五种国际战略

（1）**产品直接延伸**（straight product extension）就是将产品不做明显改动直接在国外市场销售。高层管理者会告诉营销人员："产品就是这样，去找合适的顾客吧。"然而第一步还是要确定外国的消费者是否会使用这种产品，以及他们喜欢什么样的形式。

直接延伸在某些情况下是成功的，但在某些情况下却一败涂地。苹果的iPad、吉列剃须刀、百得工具和7-Eleven思乐冰在全球都采用标准化的产品，获得了成功。但是通用食品在向英国市场推出粉末状吉露果冻时，却发现英国顾客更偏爱固体威化饼状或蛋糕状的果冻。同样，飞利浦为了适应日本消费者厨房较小的特点，减小了其咖啡机的尺寸，为了适应日本消费者手掌娇小的特点，飞利浦还缩小了其剃须刀的大小，之后才开始在日本市场盈利。当松下把电冰箱的宽度缩减15%以便更适合中国家庭的厨房后，它的销售业绩在一年内激增了10倍。[36] 直接延伸的吸引力在于不需要额外的产品开发成本、重新调整生产设备或促销方式。但长期来看，如果产品不能满足特定市场的顾客需求，其代价也会更高。

（2）**产品适应**（product adaption）是根据当地的要求、情况或需求对产品进行调整。例如，麦当劳在100多个国家开展业务，需要面对差异巨大的地区饮食偏好。因此，尽管你会在世界各地的大多数地方找到其招牌汉堡和薯条，但是连锁店为了满足当地顾客的独特口味在菜单中增加了其他产品。麦当劳在挪威供应三文鱼汉堡、在中国提供土豆泥汉堡、在日本提供虾肉汉堡、在泰国提供武士猪肉汉堡、在马来西亚提供鸡肉粥，以及在夏威夷提供午餐肉和鸡蛋。在德国的麦当劳里，你会发现"Nürnburger"（在柔软的面包上有三个大香肠，当然还有很多芥末）；在以色列，有McFalafel（包含鹰嘴豆煎饼、西红柿、黄瓜和奶酪，上面浇上芝麻酱，并用拉法（lafa）裹起来）；在土耳其，麦当劳的菜单中有一个巧克力橙子油炸派（巴西的菜单增加了香蕉，埃及增加了芋头，夏威夷增加了菠萝）。

在许多主要的全球市场中，麦当劳不仅仅适应性地改变了菜单，还调整了餐厅的设计和运营。例如，法国的麦当劳将自己重新定义为一家适应法国消费者需求和偏好的法国企业。[37]

"以高级料理、美酒和奶酪著称的法国可能是你认为最不可能看到麦当劳繁荣发展的地方。"一位观察家说。然而，这家快餐巨头已经把法国变成了利润第二大的世界市场。巴黎的麦当劳虽然乍一看似乎很像芝加哥的麦当劳，但麦当劳已经谨慎地对其法国业务进行了调整，以更好地适应当地顾客的偏好。在最基本的层面上，尽管大部分收入仍来自汉堡和薯条，但法国的麦当劳已经改变了菜单，以取悦法国消费者。例如，它提供的汉堡有法国奶酪，如山羊奶酪、康塔尔干酪和表纹干酪，还有全麦法式芥末酱。法国消费者喜欢法式长棍面包，因此，麦当劳在餐厅里现烤法棍面包，并做成法国特有的法棍三明治出售。

但也许最大的改变不是食物本身，而是餐厅的设计——这些餐厅已经适应了法国人的生活方式。例如，法国人的用餐时间往往较长，每一餐会吃更多的食物。因此，麦当劳改进了餐厅的内部装修，营造了一个舒适、温馨的环境，这使得顾客想在这里逗留更久，从而也可能会再点一些咖啡或甜点。麦当劳甚至还为顾客提供桌边服务。因此，在法国的麦当劳，顾客平均每次访问逗留的时间是美国麦当劳的四倍。

产品适应：通过利用其全球品牌的力量，并不断适应法国消费者的需求、偏好及文化，麦当劳已将法国变成了其利润第二大的全球市场。

AFP/Getty Images

（3）**产品创新**（product invention）是指为国外市场创造新的产品和服务。由于市场的全球化，从家电制造商、汽车制造商到糖果和软饮料制造商等各种企业都开发出了满足发展中国家低收入顾客特殊需求的产品。

例如，中国家电制造商海尔为发展中国家市场的农村消费者开发出了更加坚固耐用的洗衣机，但是，海尔发现轻型洗衣机在这些地区经常会因为泥巴而堵塞，原因是农村消费者不仅用它来洗衣物，还会用它清洗蔬菜。太阳能照明设备制造商 d.light Solar 为发展中国家数以亿计的无法获得可靠电力的消费者开发了价位合适的太阳能家庭照明系统。d.light Solar 的悬挂灯具和便携式灯笼除了太阳之外不需要任何能量来源，充电一次可以持续使用15个小时。该企业的用户数已经达到了 4 900 万，每月新增 100 万用户，并计划到 2020 年达到 1 亿用户。[38]

15.6.2 促销

企业可以采用与国内市场相同的传播策略，也可以根据每个当地市场做出调整。以广告为例，一些全球性企业在全球范围内使用同样的广告主题。例如，雪佛兰最近更换了之前针对美国消费者的"雪佛兰，深行者"的定位和广告主题，代之以更加全球化的"开拓新天地"为主题。通用汽车的一位营销高管表示，这个新主题"适用于所有市场"。"新主题在美国这样的成熟市场上有意义，对于俄罗斯、印度等拥有巨大持续增长潜力的新兴市场也有意义。"雪佛兰是时候要采取更加强调全球一致性的品牌信息了，它在全球 140 个国家销售汽车，其中将近 2/3 的销售额来自美国之外的市场，而在 10 年前仅有 1/3 的销售额来自国外市场。[39]

当然，即使在高度标准化的传播活动中，企业也需要做出一些小的调整来适应语言和文化的差异。例如，在全球的不同市场中，百事"活在当下"的广告表面上看起来都差不多，但它针对不同的市场采用了当地的消费者、语言和相关事件。同样，在西方市场中，快时尚休闲服装零售商 H&M 经常使用穿着裸露的模特做广告；但是在中东地区，由于当地消费者对在公共场合中穿着暴露持有更为保守的态度，H&M 在原广告的基础上用数字特效对模特的着装进行了适当调整。

全球企业经常会面临语言障碍，轻则造成一定程度的尴尬，重则导致彻底失败。看似无害的品牌名称和广告语，被翻译成其他语言时可能会带来意想不到的含义或者隐喻。比如，伦敦品牌咨询企业 Interbrand 曾经创造了百忧解、讴歌等家喻户晓的品牌，最近它公布了一个品牌名的"黑名单"列表，包括很多你可能永远不会在当地克罗格超市中看到的外国品牌名称：Krapp 厕纸（丹麦）、Plopp 巧克力（斯堪的纳维亚）、Crapy Fruit 麦片（法国）、Poo 咖喱粉（阿根廷）、Pschitt 柠檬水（法国）。同样，在翻译的过程中，广告主题也常会缺点什么或者多点什么。肯德基的广告语"吮指美味"直译成中文变成了"把手指咬掉"，摩托罗拉"你好，摩托"的铃声在印度语中听上去就像"你好，胖子"。

市场营销人员必须时刻警惕以避免出现类似的错误，在将自己的品牌名称和信息本地化到特定的全球市场时要格外小心。在重要但文化差异巨大的市场中，例如中国，找到合适的名称可能会决定一个品牌的存亡（见营销实践 15-2）。

营销实践 15-2

本土化中国品牌名称：非常重要，但非常棘手

一天漫长的工作之后，中高收入的北京人迫不及待地冲回家，换上一身舒适的 Enduring and Persevering，打开听一听让人提神的 Tasty Fun，然后开着 Dashing Speed 前往当地的酒吧，和朋友们畅饮一杯 Happiness Power。如何翻译？在中国，这些品牌分别代表耐克、可口可乐、奔驰和喜力。

对西方人来说，可能这样的名字听起来有些愚蠢，但对于在中国这个全球最大、增长最快的消费市场上做生意的品牌来说，它们可不是闹着玩的。品牌名称在中国非常重要，可能比在世界上任何其他国家都重要。找到一个合适的名字可以成就一个品牌，否则会毁掉一个品牌。"通常，一家企业在中国最重要的营销决策就是将其名称本土化，"一位全球品牌分析师断言，"这也是一个非常棘手的问题。"

在理想的情况下，为了保持全球一致性，中文名称应该在发音上与原名称相似，但同时其寓意还要能够传达品牌的利益。Nike 的中文品牌名称——耐克——在这方面做得很好，不仅中文的发音听起来与英文名称是一样的，其"持久且坚韧"的寓意也有力地概括了耐克这个品牌的精髓："Just do it"。类似地，宝洁的 Tide 在中国叫作汰渍，它的意思是"去除污渍"，这对于强力洗涤剂来说是一个很好的绰号。Coca-Cola 的中文名字——可口可乐——可以追溯到 1928 年。它不仅听起来很像英文名字，其中文符号还传达着幸福的信息，这与 Coca-Cola "畅爽开怀"的定位非常契合。其他一些品牌名称也做到了朗朗上口又能很好地传达品牌精髓，其中包括 Lay's 的零食——乐事（"快乐的事"）、Reebok——锐步（"轻快的步伐"）以及 Colgate——高露洁（"展示出众的净白能力"）。

在中国，品牌名称具有深刻的意义。Coca-Cola 的中文名字的发音听起来很像英文名字，而且这个中文名字还传达了"可口的乐趣"或"口中的快乐"这层寓意，这与可口可乐目前在全球范围内"畅爽开怀"的定位非常契合。
Zhang Peng/Getty Images

中文品牌名称还可以传达出一些在西方人看来并不明显的微妙含义。例如，"急速前进"很适合奔驰这样的高档汽车品牌。BMW 的中文名称"宝马"也很好，寓意是"珍贵的马"。然而，在中国，"珍贵"具有一些女性化的色彩，而"急速前进"则更为男性化。这对两家汽车制造商来说都很好，因为它们瞄准了中国上层社会中不同性别的消费者。例如，宝马在中国富裕女性市场中处于领导者的地位。

一些品牌的名字翻译过来非常自然。例如，在中国推出其清扬（Clear）洗发水时，卡尼尔很幸运。在中文里，"clear"对应"清"字，是少数几个具有非常积极的联想且常用于品牌命名的中文词之一。卡尼尔还增加了"扬"这个字，意思是"飞翔"或"随风飘扬"。根据卡尼尔品牌顾问的说法，清扬品牌意味着"非常轻、健康、快乐——想象头发在空

中飞扬"，这正是品牌想要传达的。其他在品牌名称中普遍使用的积极中文词汇包括"乐"和"喜"（happy）、"力"（strength 或 power）、"马"（horse）和"福"（lucky）。因此，起亚在中国销售一款名为"千里马"的车型，暗示着不同寻常的力量。

曾经，西方企业在进入中国时只是简单地创造一个与其原名字发音相近的品牌名称，它在中文里可能没有任何意义。事实上，这些看起来和听起来明显很外国化的名字经常传达出一种西式风格。例如，Cadillac 的中文名称凯迪拉克，就是没有任何含义的一组发音，但是却给这个奢侈品牌赋予了地位。又如 McDonald's 的中文名称麦当劳，这个名字听起来很像它的英文发音，但是中文的字面意义却是"小麦""应该""劳动"。其他具有缩写品牌名称的跨国企业，如 IBM 或者 GAP，只期望消费者能够知道其英文品牌名。

然而，如今随着众多的外国品牌进入竞争激烈的中国市场，大多数企业希望它们的中文品牌名称具有更多的含义。如果中国消费者不能念出一个名字或不知道它代表什么意思，那么他们就不太可能购买它，也不太可能和其他消费者面对面地或在社交媒体上谈论它。相反，经过一番努力，企业可以想出一些能吸引和激励购买者的品牌名字。在中国，没有 Subway，只有赛百味——"超过 100 种口味"。没有 Marriott，只有万豪，即"1 万名富豪"。

然而，找到合适的品牌名字和中文字符可能是一项艰巨的挑战。在中国，品牌命名已经更多地成为一门科学，而不仅仅是一门艺术，它涉及全球品牌咨询、计算机软件、语言分析以及大量的消费者测试。一些全球化的名字需要仔细地重新设计。例如，微软需要重新思考其在中国推出的 Bing 搜索引擎，因为中文里发音为"Bing"的字（即"病"）最常见的翻译是"缺陷"或"病毒"，这对于数字产品来说不是很好的联想。微软将这个产品在中国的名称改成了"必应"，意思是"肯定会做出回应"。尽管如此，该品牌名称仍难以摆脱其与原名称的相似。

类似地，强生在中国将其广受欢迎的"Mr. Muscle"（肌肉先生）清洁剂产品线重新命名为"Mr. Powerful"（威猛先生），这是因为在中文里"肌肉先生"与"鸡肉先生"发音相同，寓意不够好。而法国汽车制造商标致曾自认为其品牌名称"标致"非常成功，结果却发现它的发音太接近于"biaozi"，在中文里这与"妓女"的发音一样。毫无疑问，这个品牌的销量远没有它引发的低俗笑话多。

资料来源：" Lost in Translation? Pick Your Chinese Brand Name Carefully," *Shanghalist*, March 28, 2014, http://shanghaiist.com/2014/03/28/hutong-schoolpick-your-chinese-brand-name-carefully.php; Michael Wines, "Picking Brand Names in China Is a Business Itself," *New York Times*, November 12, 2011, p. A4; Carly Chalmers, "12 Amazing Translations of Chinese Brand Names," *todaytranslations,* August 27, 2013, www.todaytranslations.com/blog/12-amazingtranslations- of-chinese-brand-names/; Angela Doland, "Why Western Companies Like LinkedIn Need Chinese Brand Names," Advertising Age, March 5, 2014, www.adage.com/print/291960/; and Alfred Maskeroni, "Can You Identify All These Famous Logos Redesigned by an Artist into Chinese?" *Adweek*, February 10, 2015, www.adweek.com/print/162867.

一些企业采用了**沟通适应**（communication adaptation）的策略，把广告信息进行本地化然后再传达给顾客，而非在全球范围内采用标准化的沟通策略。例如，在美国和大多数西方国家，跑步被认为是一种积极、健康的活动，因此耐克的广告侧重于产品和个人表现。然而，在亚洲，大多数城市居民都不会主动选择跑步，因为污染严重，而且街道上往往挤满了行人、自行车、汽车甚至是人力三轮车。"有个笑话说，当一个人在城市的街道跑步时（通常是西方人），人们就会去看是谁在追他。"一位观察者打趣道。

然而，中国是世界上最大的鞋类市场，为耐克提供了巨大的未开发潜力。因此，在中国，耐克的广告不是推崇产品和个人表现，而是致力于让更多的中国人穿上跑鞋。它的广告和社交媒体宣传描绘了普通人在城市街道上跑步的场景，让他们用自己的语言讲述自己的理由。一名年轻女子说："我跑步是为了发挥自己的潜能。""我跑着跑着就迷路了。"另一个人说。Salad 是一名在上海生活的办公室职员，对工作心力交瘁的她说："这个城市总是嘈杂而繁忙。这给我增加了更多的压力。对我来说，跑步可以帮我关掉一切嘈杂。"为了让跑步变为更具社交属性的活动，耐克还在北京等大城市赞助了夜间"月跑"以及上海马拉松等活动，配以健身教练、现场音乐和名人为特色，向中国的学生和年轻专业人士宣传，跑步是让他们的课余时间或非工作时间变得有趣的娱乐活动。这样做的目的是让更多的人至少试一试。但是要改变人们对这项运动的基本看法并不容易。"对我们来说，这是一条很长的路。"耐克中国的市场营销人员表示。[40]

由于不同国家的媒体可用性和管制程度也存在巨大差异，故而媒体也需要进行国际化的调整。在欧洲，电视广告的时间是很有限的，例如，法国一天最多有 4 小时的广告，而斯堪的纳维亚则是零广告。广告商必须提前几个月预约广告时间，且对于播出时间基本没有控制权。然而，手机广告在欧洲和亚洲的接受程度要远大于美国。杂志广告的效果差异也很大。例如，杂志在意大利是一种主要的媒体，但在澳大利亚却不是；报纸在英国是全国性的，而在西班牙更多的是地域性的。[41]

15.6.3 价格

企业在国际市场上制定价格时还将面临许多问题。例如，Makita 应该如何为其电动工具产品进行全球性定价？它可以在全球设定一个统一的价格，但是这个价格对于贫穷的国家来说可能太高，而对于富裕的国家来说却可能不够高。它可以根据每个国家消费者可承受的价格水平来定价，但是这种策略忽略了各个国家之间的实际成本差异。最后，企业还可以根据各地的成本按照统一的加成比例进行定价，但这种方式可能会使企业在某些成本过高的国家失去市场。

不论企业如何对其商品进行定价，一般来说，产品在国外市场的定价会高于国内类似产品的定价。一台苹果 iPad Air 在美国本土的售价为 499 美元，而在英国的售价为 609 美元。为什么？苹果面对着价格升级的问题。它在出厂价的基础上还必须加上运输成本、关税、进口商利润、批发商利润和零售商利润。根据这些增加的成本状况，一个产品在其他国家可能要卖（相当于国内）2～5 倍的价格才能获得相同的利润。

向发展中国家不够富裕的消费者销售产品时，许多企业会制造更简单或者更小的产品版本以相应地制定低价，从而克服价格升级的问题。另外一些企业则在新兴市场中引入新的顾客买得起的品牌。例如，联想的摩托罗拉部门开发了超低价的 Moto G 智能手机。虽然它并非一款华丽的高科技产品，但这款功能齐全的非合约智能机在美国仅售 179.99 美元。摩托罗拉首先把这款手机推向巴西市场，它是全球最大、增长最快的新兴市场之一，随后在南美、中东、印度和亚洲其他地区也推出了这款手机。新兴市场是 Moto G 的主打市场，那里的消费者想要低价手机，当然，Moto G 在美国和欧洲等主要发达国家的价格敏感型人群中可能也会卖得很好。Moto G 手机给苹果带来了压力，苹果企业专注于以低价销售旧款机型，而不是开发更便宜的新机型。Moto G 目前是巴西最受欢迎的智能手机，市场份额高达 18%，这让摩托罗拉成为巴西第二大智能手机制造商。这款低端手机还帮助摩托罗拉在印度庞大的智能手机市场中跻身前四位。[42]

如今，经济和技术力量也对全球定价产生了影响。比如，互联网让全球价格差异变得更为明显。当一个企业通过互联网销售产品的时候，消费者可以看到这些产品在不同国家的价格。他们甚至可以直接从企业所在地订购指定产品，或者寻找价格最低的经销商。这正在迫使企业采用更为标准化的国际定价。

15.6.4 分销渠道

国际化企业必须采取一种**整体渠道视角**（whole-channel view）来看待将产品分销给最终消费者的问题。图 15-4 显示了卖方和最终购买者之间的两个主要连接环节。第一个环节是国家间渠道，即将企业的产品从生产地运送至拟销售国家的边界。第二个环节是国内渠道，即将产品从其市场进入点送到最终消费者的手中。整体渠道视角会综合考虑全球的供应链和营销渠道。为了获取国际竞争优势，企业必须有效地设计和管理整个全球价值传递网络。

图 15-4　国际营销的整体渠道视角

各国国内的分销渠道也有很大的差异。各个国家市场上中间商的数目和类型会有很大差别,而服务这些中间商的基础交通设施也有很大差异。例如,在美国,大型连锁零售商支配着整个零售业,而在其他国家,零售通常是通过小型的独立零售商完成的。在印度和印度尼西亚,成千上万的零售商都是小商铺或是在露天市场中叫卖的。

即便在包含相似卖方的世界市场中,零售实践也可能大为不同。例如,在中国主要的大城市中,你可以找到许多沃尔玛、家乐福以及其他超市。但在西方市场中,这些商店内的品牌销售主要是靠消费者自助购买,而在中国的超市中,品牌会雇用很多穿着制服的店内促销人员(被称为"促销女孩"或者"推销女孩")来分发样品,向顾客进行面对面的推销。在北京的一家沃尔玛超市内,无论哪个周末你都会看到店内有100多位促销人员,他们向顾客推销卡夫、联合利华、宝洁、强生和一系列中国的本土品牌。一位中国零售营销服务的总监说:"中国消费者通过媒体知晓品牌名称,但是他们希望能够真实地感受一下产品,以便在购买之前获得更具体的了解。"[43]

在新兴市场中销售时,企业必须经常克服分销基础设施和供应方面的挑战。例如,在尼日利亚,达美乐比萨不得不挖井,并在许多餐馆安装水处理厂,以获得干净的水。在南非,当地牧民养的牛骨瘦如柴,汉堡王很难采购到优质牛肉,因此投资500万美元开设了自己的当地养牛场。[44]

巴西的东北部地区是其最贫穷的地区,那里的许多居民连最基本的基础设施都没有,例如道路和自来水。但事实上,巴西东北部也是家庭收入增长最快的地区。因此,营销人员正在寻找创新的方法,以应对这些地区的分销挑战,抓住那里不断增长的潜力,如雀巢企业。[45]

为了挖掘巴西欠发达地区的潜力,雀巢开发了"até Você"("到达你")项目,在这个项目中销售代表推着手推车挨家挨户地敲门——这种方法对居民充满吸引力——销售乳制品、饼干、酸奶和甜点等多种产品。除了销售产品,这些雀巢小商贩还被培训成营养顾问,帮助顾客开发更健康的饮食。巴西东北部亚马孙河流域缺乏坚实的道路和高速公路网络,为了向这个区域的消费者提供服务,雀巢甚至推出了一个将货物直接送到消费者手中的浮动超市。这艘船从位于亚马孙河沿岸的巴西最大的城市贝伦起航。它提供300种不同的雀巢产品,以服务沿河27个小镇的150万名消费者。它在每一站停留一天。顾客可以在nestleatevoce.com.br上查看浮动超市的日程安排,拨打免费电话,或者发短信以获取更多的信息,并据此安排购物计划。这项和其他创新的"到达你"营销活动正在为雀巢带来回报。雀巢在巴西的营销经理说:"我们的产品在北部和东北部的需求比巴西其他地区增加了一倍以上。"

15.7 决定全球营销的组织结构

企业至少可以采用三种不同的方式来管理其国际营销活动:大多数企业会首先组织一个出口部门,然后设立国际事业部,最后成为一个全球性组织。

企业通常是通过将货物运往国外来开始其国际化营销。如果其海外业务有所扩展,企业就会组织一个出口部门,任命一个销售经理和若干助理。随着销售的增加,出口部门也可以随之扩大,纳入多种营销服务以积极满足业务需要。如果企业在海外建立合资企业或者进行直接投资,出口部门可能就不够用了。

很多企业会同时在几个国家内经营和投资。企业可能向其中一个市场出口,在另外一个市场进行许可经营,在第三个市场设立合资企业,而在第四个市场设立子企业。迟早它会创建一个国际事业部或子企业来管理其所有的国际活动。

国际事业部可以通过不同的方式组织。国际事业部中的员工需要包括营销、生产、研发、财务、计划和人事方面的专业人员,为各个运作单元制订计划并提供服务。这些运作单元可以通过三种方式进行组织。首先,它们可以是地理组织,由国家经理对其负责国家内的销售人员、销售分支机构、分销商

作者评点

不论来自于哪个国家,很多大型企业现在都将自己看作真正的全球化组织。它们将整个世界看作一个单一的、无界限的市场。比如,尽管总部位于芝加哥,但波音企业无论是向德国汉莎航空还是向中国国航销售飞机,都如同向美国航空企业销售飞机一样自如。

以及被授权的企业进行管理。其次，它们可以是世界产品组，每组负责某些产品组在全世界范围内的销售。最后，它们还可以是国际子企业，每个子企业对自己的销售和利润负责。

很多企业已经越过了国际事业部的阶段，成为真正的全球性组织。例如，正如在开篇故事中所讨论的那样，尽管欧莱雅最开始起源于法国，但它不再具有一个界定清晰的本土市场，也没有本土办公的职员。相反，文化多元的管理者在世界各地的工厂运作，为他们的品牌和运营带来了不同的文化视角。

全球性组织不再将自己视为简单地向国外市场销售产品的营销人员，而是将自己视为全球营销人员。企业最高管理层会规划全球范围内的生产设施、营销策略、现金流和物流体系。全球运作单元直接向首席执行官或者执行委员会汇报，而不是向国际事业部的负责人汇报。其主管人员会接受关于全球运营的培训，而不仅仅是本国或者多国运营。企业会从许多国家招聘管理人员，从成本最低处采购原材料，并向可以获得最大预期利润的地方投资。

如今，主要的大企业如果希望获得竞争优势，就必须更加全球化。当国外企业昂首阔步进入本国市场的时候，本国企业也必须积极迈进国际市场。它们不能再将自己的国际业务放在第二位，而应该将整个世界视作没有边界的单一市场。

我的营销实验室

如果你的老师布置了这项任务，请完成 MyLab 的问题讨论部分带有星号的问题。要完成本章的数字营销问题，请查看 MyLab 中的作业。

章节回顾和批判性思维

目标回顾

今天的企业，不论大小，仅仅关注国内市场的代价都是非常高昂的。很多行业都是全球化的行业，行业内的企业在全球范围内运营以获取更低的成本和更高的品牌认知度。同时，由于变化无常的汇率、不稳定的政府、关税和贸易壁垒以及一些其他因素，全球营销也充满了风险。在了解了这些机会和风险之后，企业就需要一种系统的方法来制定其全球营销决策。

1. 讨论国际贸易体系以及经济、政治-法律、文化环境如何影响企业的国际市场营销决策

首先，企业必须要了解国际营销环境，尤其是国际贸易体系，也必须了解国外市场的经济、政治-法律和文化特征。然后，企业就要决定是否进军国外市场以及权衡潜在的风险和收益。它必须决定其所期望实现的国际销售量、将进入多少个国家的市场以及具体进入哪些市场。这些决策要求企业必须权衡可能的投资收益率和风险水平。

2. 描述三种进入国际市场的主要方法

企业必须决定如何进入选定的国际市场——通过出口、建立合资企业还是直接投资。很多企业的国际业务从出口开始，然后建立合资企业，最后在国际市场上进行直接投资。出口是指一家企业通过国际营销中间商（间接出口）或者通过企业自己的部门、销售分支机构、销售代表或者代理商（直接出口）向国外运送并销售自己的产品。当通过与国外企业联合对产品或者服务进行生产及营销时，企业就是在建立合资企业。在许可经营模式下，企业通过与国外市场中的被许可方签订许可经营合同进入国外市场，它为被许可方提供使用企业的制造流程、商标、专利、商业秘密或其他价值物的权利，并收取特许权使用费。

3. 阐明企业在国际市场中如何调整营销战略和营销组合

企业必须决定在多大程度上根据国外市场的特

点来对其营销战略、产品、促销、价格和渠道做出调整。在一种极端的情况下，全球企业在全世界范围内使用标准化的营销组合。而另一种方式则是采用适应性的营销组合，针对每个目标市场调整其营销组合的元素。这样会导致成本较高，但是同时也会带来更大的市场份额和收益。然而，全球标准化并非单纯的是或否的问题，而是程度的问题。多数国际营销人员建议企业应该"全球思维，本土运营"，也就是在全球标准化的战略和本土适应性的营销战术之间寻找平衡。

4. 识别三种主要的全球营销组织结构

企业必须为国际营销开发一种有效的组织结构。多数企业一开始都设有出口部门，然后慢慢升级到国际事业部，大型企业会逐步演变成为全球性组织，此时，全球范围内的营销计划和管理都由企业的最高管理层负责。跨国企业将整个世界看成一个没有边界的统一市场。

关键术语

全球企业（global firm）：在多个国家经营的企业，在研发、生产、营销、融资的成本和声誉上获得了优势，而这是单纯的国内竞争者所不具备的。

经济共同体（economic community）：由为了共同目标而在国际贸易中进行协调的一些国家或地区组成的群体。

出口（exporting）：通过销售企业在本国制造的产品进入国外市场的方式，通常这些产品会稍微做些改动。

合资经营（joint venturing）：通过和外国企业合作进入国外市场，生产或营销产品和服务。

许可经营（licensing）：通过与国外市场的被许可方签订协议的方式进入国外市场。

合同制造（contract manufacturing）：企业与国外的制造商签订合约，由其负责生产产品或提供服务的一种合资方式。

管理合同（management contracting）：国内企业提供管理技术、国外企业提供资本的合资方式，国内企业出口的是管理服务而不是产品。

联合所有权（joint ownership）：当地企业与国外市场的投资者联合，在当地进行商业活动的投资方式，双方对企业有共同的所有权和控制权。

直接投资（direct investment）：通过在国外投入生产线或生产设备进入国外市场。

标准化全球营销（standardized global marketing）：企业在所有的国际市场都采用基本相同的营销战略和营销组合的国际营销战略。

适应性全球营销（adapted global marketing）：一种国际化的市场营销方式，针对每个国际目标市场调整营销战略和组合要素，这种方式会增加成本，但会带来更大的市场份额和回报。

产品直接延伸（straight product extension）：对产品不做明显改动，直接在国外市场销售。

产品适应（product adaption）：在国外市场为适应当地情况或需求而对产品进行的改变。

产品创新（product invention）：为国外市场创造新的产品和服务。

沟通适应（communication adaptation）：一种全球化的沟通策略，把广告信息完全本地化，传达给顾客。

整体渠道视角（whole-channel view）：在设计国际营销渠道时综合考虑全球的供应链和营销渠道，打造有效的全球价值传递网络。

问题讨论

1. 解释什么是"全球企业"，并列出国际营销中的主要决策。

*2. 讨论四种类型的国家工业化结构以及每种结构为国际营销人员提供的机会。

3. 企业在决定进入哪些全球市场时会考虑什么因素？

4. 定义和描述进入国外市场的四种合资企业。合资企业与其他进入外国市场的方法有何不同？

5. 解释什么是整体渠道视角，为什么它在国际营销中很重要。

批判性思维练习

*1. 访问 www.transparency.org，找到最近的清廉指数（CPI）报告。以下国家最近的CPI是多少：

阿根廷、丹麦、牙买加、缅甸、新西兰、索马里和美国？这个指数对在这些国家经营的美国企业有何影响？

2. 以小组为单位，识别并研究环境威胁，如监管威胁、文化威胁或经济威胁对全球营销人员的影响。分析与这一威胁有关的问题，讨论受影响的企业是如何应对的，并就这些企业应如何应对威胁提出建议。

3. 分析各国文化差异的一种方法是进行 Hofstede 分析。访问 www.geert-hofstede.com/，了解这个分析方法的内容。选择三个国家，并演示说明它们与美国有何不同。

小型案例及应用

在线、移动和社交媒体营销

俄罗斯的电子商务

俄罗斯有望成为下一个电子商务大国，该国 1.43 亿人口中有 7 000 万互联网用户。虽然俄罗斯的线上销售没有美国的规模大，但在过去几年里，俄罗斯的线上销售获得了大幅增长。这已经引起了全球电子商务企业的注意，例如美国的亚马逊和 eBay，以及中国的阿里巴巴，这家企业可谓是中国版的亚马逊。Ozon 集团是俄罗斯当地领先的线上零售商，常被称为"俄罗斯版的亚马逊"。Ozon 2014 年的销售额接近 5 亿美元，在短短两年内几乎实现了 70% 的增长。然而，在俄罗斯，电子商务依然面临着一些障碍。大多数消费者没有信用卡，因为他们在线上或线下购物时对信用卡不够信任，这导致俄罗斯市场过分依赖现金。配送是另外一个难题。为了解决这些难题，Ozon 搭建了自己的物流系统，配送员不仅可以接受现金付款，甚至还在送货时可以对服装订单提出风格建议。在亚马逊等国际电子商务平台上购物时，俄罗斯消费者可能会有收不到包裹的风险。事实上，莫斯科海关一个月内面临的未处理包裹多达 500 吨。看到这一盈利机会，俄罗斯海关正在考虑增加从外国网站上订购产品的进口税。

1. 目前，俄罗斯存在哪些可能会减缓国际电子商务扩张的障碍？
2. 向诸如 eBay 和亚马逊这样的企业建议进入俄罗斯市场的最佳方式。

营销道德

全球安全标准

印度具有全世界死亡率最高的道路。然而，在印度，国际汽车制造商并没有像其他发达国家要求的那样为其所销售的入门级汽车提供安全性能标准。印度以每年超过 13 万的道路死亡人数连续 8 年位居世界第一。尽管如此，大多数印度人驾驶的汽车仍缺少诸如安全气囊和防抱死刹车系统等安全功能。汽车制造商辩解称印度消费者无力支付或者不愿意为安全功能支付多出的 30% 甚至更高的成本。一些制造商开始提供其标准产品所具备的很多安全功能。但是其他生产商只是选择性地提供一部分功能，而部分生产商甚至为了维持价格上的竞争力而完全不提供安全功能。

*1. 制造商只在有硬性要求的国家提供关乎生命安危的安全功能，而在没有特别要求的国家则不提供，这样的做法是正确的吗？
2. 讨论帮助企业制定和遵守全球标准以保护全球消费者的世界组织。

数字营销

Netflix 的全球扩张

视频流媒体服务商 Netflix 正在全球迅速扩张。Netflix 的国际口号是"有内容，将远行"。这类服务在国际扩张过程中会面临挑战，比如家庭可支配收入不足以及能连接到高速互联网观看视频的家庭占比较低。在法国，尽管将近一半有电视的家庭也拥有互联网电视，但文化制约限制了英语节目的播出，这就要求 Netflix 为法国顾客投资本地内容。接下来，Netflix 会进入意大利、西班牙和葡萄牙。与在其他欧洲国家类似，Netflix 的服务将以每月 7.99 欧元（即 8.97 美元）的价格提供。

1. 西班牙有 18 217 300 个家庭使用电视，其中 75% 拥有高速互联网。假设 50% 的家庭愿意并且能够购买这项服务，并且会以平均每月 7.99 欧元（即 8.97 美元）的价格订阅 Netflix 的服务。计算 Netflix 的年市场销售潜力。

2. 使用当前欧元和美元之间的汇率计算市场销售潜力（见 www.xe.com/currency converter/）。与欧元相比，美元目前是强势还是疲软？为什么美国的国际化企业担心美元是否强势（相比于其他货币）？

视频案例

巨兽公司

巨兽公司（Monster.com）是美国访问量最大的网站之一，也是世界上最大的求职网站之一。现在，作为企业的一部分，Monster.com 在互联网上开创了工作招聘的先河。如今，它是唯一一家能够在全球范围为求职者和工作单位提供服务的在线招聘企业。在全球 50 个国家中，巨兽拥有无与伦比的国际影响力。即使在经济困难时期，巨兽仍在大量投资，以维持和扩大其在全球的影响力。

巨兽的国际扩张包括收购 ChinaHR.com，使其在全世界最大的国家拥有强大的影响力。在巨兽每年 13 亿美元的收入中，来自美国以外的收入约占 45%。但它预计在未来几年将变得更加全球化。为了支持这一扩张计划，巨兽还在搜索技术和网页设计方面进行了大量投资，以吸引各地的顾客。

在观看了巨兽的视频后，回答以下问题：

1. 在调整产品和促销以适应全球市场的五种策略中，巨兽采用了哪一种？

2. 在全球营销环境中，哪些因素对巨兽的全球营销活动挑战最大？巨兽是如何应对这些挑战的？

我的营销实验室

如果你的老师布置了这项任务，请到 MyLab 作业中完成以下写作部分。

1. 世界贸易组织是什么？它的目的是什么，取得了什么成果？

2. 访问 www.ikea.com，比较一个国家和其他国家的产品目录。注意一些产品的价格。将一些外国价格转换成美元，并将其与美国商品目录中的价格进行比较。价格相同吗？高还是低？

可持续营销

第16章

社会责任与道德

学习目标

1. 了解可持续营销的定义及其重要性。
2. 确认对营销的主要社会批评。
3. 定义消费者保护主义和环境保护主义，并阐明它们如何影响营销战略。
4. 描述可持续营销的原则。
5. 解释营销中道德规范的作用。

概念预览

在最后一章中，我们要考察可持续营销的概念，即通过对社会和对环境负责的营销行为来满足当前和未来的消费者、企业和社会的需要。首先，我们将定义可持续营销，然后探究因营销对个体消费者的影响而引发的一些常见批评，还有推动可持续营销的公众行动。最后，我们将进一步探讨企业如何从积极追求可持续营销、为个体消费者和整个社会带来价值的过程中获利。可持续营销活动不仅仅是正确的事，它还会给企业带来好处。

首先，让我们来看一个用实际行动开展可持续营销的例子——巴塔哥尼亚企业，它建立在激发商业方案来解决环境问题的宏伟使命之上。该企业每年将收入的1%捐赠给环保事业，并极力坚持"5R"的口号：减少、修理、再利用、回收利用和重新构想。但巴塔哥尼亚最近将可持续发展提高到了一个全新的水平，告诉顾客："不要购买我们的产品。"

第一站

巴塔哥尼亚："理性消费"——告诉消费者减少购买

巴塔哥尼亚是一家高端户外服装和装备企业，它建立在利用商业拯救地球这个宏伟使命之上。40多年前，登山者先驱伊冯·乔伊纳德创立了这个企业，并明确了一个持久的使命："创建最好的产品，不产生不必要的伤害，利用商业来激发和实施解决环境危机的方案。"现在，乔伊纳德和巴塔哥尼亚正在将这一使命推向新的极端。实际上他们是在告诉消费者："不要购买我们的产品。"

他们的行动最早开始于几年前，在一年中最繁忙的购物日——黑色星期五，同时也是感恩节后的第二天，《纽约时报》刊登了一篇整版广告，用于展示巴塔哥尼亚最畅销的R2夹克，并宣称："不要买这件夹克。"巴塔哥尼亚在其零售商店、网站和社交媒体页面上发消息来支持该广告。更甚，巴塔尼亚还在"剁手星期一"前夕——本季的一个主要网购日——向顾客发送了一封跟进邮件，重申减少购买其品牌产品的内容。以下是它的部分内容。

由于巴塔哥尼亚想长期经营，并为我们的孩子留下一个宜居的世界——我们想要做的是与今天其他所有企业相反的事情。我们要求你少买一些东西，在花钱买这件夹克或其他东西之前理性地思考一下。

我们制造每件产品都会带来惊人的环境成本。看看我们最畅销的一件R2夹克吧。为了生产它，我们需要135升水，这足够满足45个人一天的饮水需要（每人每天3杯）。从含有60%再生聚酯的初始产品到存放在Reno仓库里的成品，这个过程产生了将近20磅的二氧化碳，是产品本身重量的24倍。在被运送到Reno仓库的路上，这件夹克还会产生占其重量2/3的废弃物。这是一件60%可回收聚酯夹克，针织和缝制的标准很高。但是，正如我们所能制造和顾客所能购买的所有产品一样，这件夹克的环境成本要高于它的价格。

有很多事情需要去做而且大多需要我们全体的努力。不要买你不需要的东西，三思而后行。我们只用可被大自然回收再利用的产品，和我们一起重新构想这样的世界。

一家营利性的企业告诉顾客少买一些？这听起来很疯狂。但这一信息正是巴塔哥尼亚存在的理由。创始人乔伊纳德认为，资本主义走的是一条不可持续的道路。如今的企业和消费者制造和购买低质量的商品，盲目购买并很快就扔掉了，这是对世界资源的浪费。相反，乔伊纳德和他的企业正在呼吁理性消费，要求消费者在购买前三思，并停止为了消费而消费的行为。

巴塔哥尼亚在传统广告上几乎没有任何投入，它"别买这件夹克"的广告虽然看起来有些自相矛盾，但却产生了巨大的影响。在线记者、博主和顾客对巴塔哥尼亚这则广告的意义与动机的评论很快充斥了网络。分析人士猜想这一广告会帮助还是损害销售——它是吸引顾客和建立忠诚度，还是仅仅被看作一种廉价的营销噱头。

但对巴塔哥尼亚来说，这一运动并不是一种营销噱头，而是表达了该品牌深厚的可持续发展理念。巴塔哥尼亚的目的是提高人们对其化纤再生项目的认识和参与，这一项目呼吁顾客与该企业合作，以实现更负责任的消费。化纤再生项目建立在实现可持续发展的5R共同行动基础之上。

- 减少（reduce）：我们生产的装备可以使用很久。请不要购买你不需要的东西。
- 修理（repair）：我们帮你修理你购买的巴塔哥尼亚装备。请承诺会修好损坏的装备。
- 再利用（reuse）：我们可以帮你把闲置的巴塔哥尼亚装备找到新的去处。请出售或转让它。
- 回收利用（recycle）：我们将你报废的巴塔哥尼亚装备回收回来。请保证让它远离垃圾填埋场和焚化炉。
- 重新构想（reimagine）：我们只使用大自然可回收的产品，让我们一起重新构想这样一个世界。

因此，巴塔哥尼亚的理性消费方案似乎相当简单。制造、购买、修理和再利用高质量的商品会减少消费，从而减少资源消耗，降低每个人的成本。巴塔哥尼亚一直致力于将质量作为一种治疗过度消费的方法。它的产品款式经典、经久耐用，顾客可以使用很长时间。然后，通过诸如"穿旧衣服"这样的项目，巴塔哥尼亚使用社交媒体让顾客分享关于他们经久耐用的装备的故事，并鼓励人们尽可能长时间地保持衣服的流通。用巴塔哥尼亚的话说："最终，我们修补供应链，改进采购，使用可重复利用的布料，持续地将数百万美元捐赠给环保组织，但没有什么比让我们的衣服使用尽可能长的时间更重要、更有影响力了。"

因此，在那个黑色星期五的周末，当其他企业用促销手段鼓励顾客"买买买"时，巴塔哥尼亚企业坚持其基本原则。它说："嘿，看，只买你需要的东西。"巴塔哥尼亚的营销和沟通副总裁罗布·邦杜兰特（Rob BonDurant）解释说："'别买这件夹克'这则广告显然不像是一家营利性企业会说的，尤其是在黑色星期五这样的日子里。但老实说，这是我们真正追求的，传达了我们想要改变资本主义发展和理性消费的理念。"

不是任何一家企业都能做到这一点——这样的信息只有是真实的才能奏效。巴塔哥尼亚并非只是在黑色星期五突然在《纽约时报》上刊登了这则广告，这条信息几十年来一直在被传递和活跃着。其他企业能效仿巴塔哥尼亚的做法吗？邦杜兰特说："如果这只是一场营销活动，那就不能。如果这是他们生活和做生意的方式，绝对可以。你不能只在特定的时间或仅用某一广告传递这一理念，你必须每年365天、每天24小时坚持这么做。"

推动理性消费并不意味着巴塔哥尼亚要消费者停止购买它的产品。相反，与其他盈利性品牌一样，巴塔哥尼亚确实重视在黑色星期五和其他假日季的销售业绩。巴塔哥尼亚销售的产品主要用于寒冷天气的活动，因此，今年最后两个月的收入占其全年总收入的40%。但对巴塔哥尼亚来说，商业不仅仅是赚钱。据邦杜兰特所说，"别买这件夹克"活动不仅为化纤再生项目吸引了人们的关注与广泛参与，作为额外的奖励，这个活动也促进了巴塔哥尼亚的销售。在开展该活动的第一年，巴塔哥尼亚的销售额飙升了近1/3。

邦杜兰特说："仅仅制造好产品是不够的。还必须要有人们高度认同的信息，即让人们觉得自己是其中的一分子，他们可以为解决方案提供基础。这就是巴塔哥尼亚'只买你需要的东西'的沟通努力所做的事情。""对顾客和地球有益的东西对巴塔哥尼亚也有好处。"创始人乔伊纳德说，"我知道这听起来很疯狂，但每次我做了一个对这个星球最好的决定，我就赚到了钱。我们的顾客知道这一点，他们希望参与到环保承诺中来。"[1]

有责任感的营销人员会去发现消费者的需求，并据此提供能够为顾客带来价值的产品，并使企业从中获益。营销理念是关于顾客价值和双方共赢的经营哲学。营销理念指导下的营销实践通过看不见的手来引导经济，以满足消费者多种多样、不断变化的需求。

但是，并不是所有的营销人员都会遵循营销理念。实际上，一些企业会采取一些有问题的营销实践，只关注它们自身的利益而忽视了消费者的利益。此外，即便是为满足一些消费者的当前需要而采取的用意良好的营销行为，也有可能在当下或将来为其消费者甚至社会带来危害。有责任感的营销人员必须思考，他们的营销行为在长期内是否可持续。

本章将研究可持续营销，以及个体营销活动给社会和环境带来的影响。首先，我们提出问题：什么是可持续营销，它为何如此重要？

作者评点

营销人员不应仅仅关注当前的消费者满意和企业业绩，还应具有更长远的眼光来实施可持续发展战略，为子孙后代保护好地球。

16.1 可持续营销

可持续营销（sustainable marketing）提倡具有社会责任和环境责任的营销活动，这些活动不仅要满足当前的消费者需求和企业需求，还要维持或者提高子孙后代满足自身需要的能力。图16-1对比了可持续营销观念和我们在之前章节中学习的营销观念。

图 16-1　可持续营销

营销观念认为，组织的成长繁荣来自于确定目标顾客的当前需求并通过比竞争对手更加高效的方式满足这种需求。这一观念主要关注通过吸引消费者并提供其当下所需来满足企业短期的销售、增长和盈利需要。但是，满足消费者的当前需要和欲望并不一定在将来对消费者或者企业是有利的。

例如，麦当劳早期所提供的味道好但高脂高盐的快餐，不仅为消费者提供了即时的满意，还为企业带来了销量和利润。但批评者强调，从长远来看，麦当劳以及其他快餐连锁店推动了全美的超重趋势，损害了消费者的健康并加重了国家医疗体系的负担。而现在，许多消费者开始寻找更加健康的食物，导致了快餐业销售和利润的下跌。除了道德行为和社会福利层面的问题，麦当劳还因为其庞大的全球运作对环境带来的巨大影响而受到批评，包括麦当劳店内的包装浪费、所产生的固体废弃物以及低效的能源利用。因此，不管是从消费者还是从企业的利益来看，麦当劳的策略在长期内都是不可持续的。

图 16-1 中的社会营销观念考虑了消费者的未来福利，战略规划观念考虑了企业的未来需要，而可持续营销观念则同时考虑这两个方面。可持续营销提倡对社会和对环境负责的营销行为，同时满足顾客和企业的当下及未来需要。

例如，近十几年来，麦当劳采用更加可持续的"制胜计划"战略应对挑战和质疑，它提供了更为多样化的食物，包括沙拉、水果、烤鸡、低脂牛奶和其他健康食品。麦当劳还赞助了一项大型的多方位教育活动，名为"这就是我所吃的和我所做的……我就喜欢"，帮助消费者更好地理解实现平衡、积极的生活方式的关键。

最近，它还公布了一个"承诺提供营养改善的食物选项"清单，包括对儿童健康的持续承诺，扩大和改进营养均衡的菜单选项，增加消费者和员工对营养信息的了解。麦当劳指出，它在全美菜单中 80% 的食物都属于"低于 400 卡路里的最爱"这个类别，从基本的芝士汉堡到水果风味麦片，还有蛋清乐事麦松饼——它是用 8 克全麦面包、100% 的蛋清和精瘦的加拿大培根做成的。[2]

麦当劳的"制胜计划"还解决了环境问题。比如它提倡食物供给的可持续性、简化的可持续性的包装、再利用和回收利用以及对环境更加负责的店面设计。麦当劳甚至还开发了一个环境评分卡，用来评价麦当劳的供应商在水的利用、能源的利用以及固体废弃物管理等方面的表现。因此，麦当劳现在为可持续盈利的未来做好了准备。

真正的可持续营销需要一个运行顺畅的营销体系，在这一体系中，消费者、企业、公共政策的制定者和其他人共同合作以确保营销行为是对社会和环境负责的。但不幸的是，营销体系并不总是顺畅运行的。接下来的部分将研究几个关于可持续性的问题：最常见的对营销的社会批评是什么？个体公民如何抵制不良营销？立法者和政府机构采取了哪些行动来推动可持续营销？明智的企业如何实施对社会负责且符合道德的营销活动，为个体消费者和整体社会创造可持续的价值？

可持续营销：根据麦当劳的"制胜计划"战略，麦当劳为顾客和企业创造了可持续价值。现在，该连锁店菜单中 80% 的食物的热量都低于 400 卡路里，包括这个蛋清乐事麦松饼，它是用 8 克全麦面包、100% 的蛋白和精瘦的加拿大培根做成的。

Michael Neelon/Alamy

16.2 对营销的社会批评

营销受到过很多批评,这些批评中有一些是合理的,但许多是不合理的。社会批评家认为,某些营销活动会伤害个体消费者、整体社会和其他企业。

16.2.1 营销对个体消费者的影响

> **作者评点**
>
> 我们从营销活动中获得过很多收益,但同其他大部分人的努力一样,营销也存在不足之处。这里我们需要介绍一些对营销最常见的批评观点。

消费者对于美国的营销体系是否能很好地为其服务存在诸多质疑。调查结果表明,消费者对营销活动经常怀有复杂的甚至略为负面的情绪。消费者保护团体、政府机构和其他批评家对营销提出了指责,认为它通过高价格,欺骗性行为,高压销售,提供劣质的、有害的或者不安全的产品、故意过时以及针对弱势消费者的低劣服务等方式损害消费者的利益。从消费者以及企业的长期福利角度而言,这些营销实践是有问题的、不可持续的。

1. 高价格

很多批评家认为,在美国的营销系统下,产品的价格高于在"合理"系统下产品应有的价格。这样的高价格消费者很难承受,特别是在经济低迷时期。批评家着重指出了三个因素:高昂的分销成本、高昂的广告和促销成本以及过高的溢价。

很长时间以来,人们都在指责贪婪的中间商所增加的价格超过了他们的服务所创造的价值。这导致分销成本过高,因而消费者需要支付更高的价格来为这些额外的成本买单。经销商对此回应称,中间商承担了本来要由制造商或者消费者自己来做的分销工作。提高的价格反映了消费者想要的服务——更多的便利、更大的商场和更多的商品类别、更多的服务、更长的商场营业时间、退货的权利和其他服务。事实上,他们称零售行业的竞争太激烈了,使得他们的边际利润实际上非常低。沃尔玛、好市多等折扣商已经在迫使它们的竞争对手提高运营效率并保持低价格。

现代营销也经常因为提高价格来支持不必要的广告、促销和包装而受到指责。例如,一个大力促销的全国品牌的定价要远高于商店品牌的类似商品。批评家认为,大多数包装和促销只能增加产品的心理价值,而非功能价值。营销人员回应说,广告确实增加了产品成本,但是它也通过告知潜在购买者品牌的存在和优点而增加了价值。品牌产品的价格可能更高,但是品牌能为购买者提供质量一致的保证。另外,虽然消费者通常能以较低的价格购买仅具有功能价值的产品,但他们想要并且愿意花更多的钱购买那些同时提供心理价值的产品,这使他们感到富有、有魅力或者与众不同。

批评家还指责,有些企业为产品制定了过高的溢价。他们指出,在医药行业,消费者可能需要支付 2 美元才能买到一个制造成本仅为 5 美分的药片,而汽车维修和其他服务的高额收费现象更为严重。营销人员回应说,大多数企业都在尽量公平地对待消费者,因为它们想要建立顾客关系并赢得回头客。而且,营销人员还回应说,通常情况下消费者并不了解高价格背后的原因。例如,药品的价格必须能够弥补采购、促销和分销的成本,还需要支付研制和测试新药的高昂研发成本。正如葛兰素史克制药企业在其广告中所说的:"今天的药品为明天的奇迹提供了资金支持。"

2. 欺骗性行为

企业有时候也被指责实施欺骗性行为,让消费者相信他们获得了比实际所得更多的价值。欺骗性行为有三种类型:欺骗性促销、欺骗性包装和欺骗性定价。欺骗性促销包括夸大产品的特性或功能,或者用已经断货的超低价商品将消费者诱骗到商场等行为。欺骗性包装包括利用某些微妙的设计夸大所包装的内容,使用误导性标签或者用误导性的措辞描述容量等行为。

欺骗性定价包括宣传虚假的"厂商"或者"批发商"建议价格,或者故意设定一个虚高的零售价格并在此基础上实施大幅度降价等行为。例如,Overstock.com 最近被加利福尼亚州一家法院处以 680 万美元的罚款,原因是加利福尼亚州 8 个县的司法部长对其提出了一项欺骗性定价的诉讼指控。这一诉讼指控这家网络巨头在广告中宣称其价格低于捏造的"标价"。其中一个例子是，Overstock 以 449 美元的价格出售了一套阳台家具，同时声称该产品的标价是 999 美元。当货品送达时，顾客发现产品上贴了一张沃尔玛的价签，标价仅为 247 美元。[3]

立法机构和其他消费者保护机构已经针对欺骗性营销活动采取了相应的行动。例如，1938 年，美国国会制定了《惠勒－利法案》(Wheeler-lea Act)，赋予美国联邦贸易委员会规范"不公平或者欺骗性的行为或活动"的权力。美国联邦贸易委员会发布了几项指南，说明了哪些行为属于欺骗性行为。尽管有新的法律规范，有些批评家认为欺骗性的宣传仍然普遍存在，其中不乏一些知名品牌。例如，美国联邦贸易委员会最近起诉了 Gerber 食品企业，因为它虚假地宣传其 Good Start Gentle 婴儿配方奶粉可以减少或预防过敏的风险，并坚持认为这个说法是有大量科学依据的。美国联邦贸易委员会还对日产的一则具有误导性的电视广告进行了批评。该广告显示，日产开拓者皮卡车戏剧性地将一辆被困的越野车推到一个陡峭的沙丘上，其实这两辆车都是由被观众看不见的电缆拖上沙丘的。美国联邦贸易委员会和 44 个州的司法部长判定斯凯奇支付 5 500 万美元的消费者退款，因为该企业做了虚假宣传，称其臀部塑形和其他美体塑身鞋可以帮助顾客调节肌肉、减轻体重。[4]

最近，美国三个州的总检察长起诉了倍受欢迎的含咖啡因的"5 小时能量"饮料的营销人员，他们声称该品牌的广告具有欺骗性且具有误导性。诉讼指出，该品牌的广告宣称"5 小时能量"饮料包含一种独特的成分，可以提供能量并让人集中精力，然而产品只含有一种浓缩的咖啡因而已。这一诉讼还对"5 小时能量"饮料的广告和包装提出了异议，称其"几小时的能量——之后不会崩溃"这一广告语，暗示其用户不会像经常靠咖啡提神的人那样经历随后的崩溃或疲倦状态。尽管该企业对这些指责予以了否认，但它依然会面临虚假和欺骗性广告的民事诉讼指控。[5]

通常，最困难的问题在于定义何为"欺骗性"。例如，一个广告主声称其口香糖将"摇滚你的世界"，这显然并不能按字面意思理解。他们会说这只是一种"夸张"，是对其效果的单纯夸大手法。但是，其他批评者认为一些夸张或诱导性的想象却可能以微妙的方式伤害消费者。以那则播放了很长时间的万事达无价之宝广告为例，这个广告描绘了不计代价追求无价梦想的消费者，并暗示你的信用卡可以让这一切变成现实。但是，批评家为此对信用卡企业进行了指责，他们认为这样的比喻鼓励了一种寅吃卯粮的态度，这种态度导致许多消费者过度使用他们的信用卡。

营销人员争辩说，大多数企业都会尽力避免欺骗性行为，因为这样的行为从长期来看会损害它们自己的业务，是不可持续的。有利可图的顾客关系建立在价值和信任的基础之上，如果消费者没有得到他们所期望的东西，那他们就会转而购买其他更可靠的产品。另外，通常消费者也可以保护自己不上当受骗。大多数消费者能够识别营销人员的销售意图，而且在购买的时候更加谨慎，有时候他们甚至对完全真实的产品信息都产生了怀疑。

3. 高压销售

有时，人们会指责销售人员利用高压销售的手段说服人们购买那些自己本来不打算买的商品。人们经常说，保险、房产和二手汽车都是被推销出去的，而不是被主动买走的。企业培训销售人员与顾客进行流畅、滴水不漏的谈话以引诱他们购买产品。销售人员会拼命推销，因为企业的销售竞赛将给予销量最大的销售人员以最高的奖励。与之相似，电视直销广告语使用"叫吼式销售"的方法来增强消费者的购买紧迫感，只有意志力较强的人才能抵抗的住诱惑。

但是在大多数情况下，营销人员并不能从高压销售中获得什么好处。这些销售技巧可能在一次销售中有效，能获得一些短期利益，但是大多数销售活动的目的是与有价值的顾客建立长期关系。高压销售或者欺骗性销售会对这样的关系造成非常严重的损害。例如，设想宝洁的一位顾客经理对沃尔玛的采购员进行高压销售，或者 IBM 的一位销售人员用恫吓的方式向通用电气的信息技术经理进行推销，这根本就不会有任何作用。

4. 提供劣质的、有害的或者不安全的产品

另一种批评是关于低劣的产品质量或功能。其中一个抱怨是，很多时候产品制造得不好或不好用。第二个抱怨是产品的安全性。产品安全性之所以会成为一个问题，背后有若干原因，比如企业不重视、产品复杂度上升和质量控制较差。第三个抱怨是很多产品不仅不能带来任何益处，甚至还可能有害。

例如，想想软饮行业的情况。许多批评家指责软饮行业提供了太多高糖、高卡路里的软饮料，这造成了全美范围内肥胖症的快速增长。研究表明，超过 2/3 的美国成年人要么肥胖，要么体重超标。另外，1/3 的美国儿童也有肥胖症。[6] 尽管医学研究反复证明，超重会增加心脏病、糖尿病以及其他疾病甚至是癌症的风险，但人们的体重还是在增长。批评家很快将此归咎于那些贪婪的软饮料制造商，他们认为这些制造商专门从弱势消费者身上牟利，并且把美国变成了一个 Big Gulpers（一种软饮料）的国度。纽约市市长曾经甚至试图明令禁止规格超过 16 盎司的软饮料，纽约市卫生局（NYC Health）推出了"Pouring on the Pounds"的广告活动，强调了儿童和成人饮用过多含糖饮料的风险。[7]

软饮行业促使不了解情况或者缺乏警惕性的消费者过度放纵自己，这一做法是对社会不负责吗？抑或这仅仅是在为满足消费者的需求而提供符合他们口味的产品，然后让他们做出自己的消费选择？监督公众的口味是这个行业的职责吗？对于许多关于社会责任的问题，对与错或许是见仁见智的。虽然很多分析家批评软饮行业，但是仍有支持者认为责任在于消费者。一位商业评论员说："软饮料已经成为抵抗肥胖运动的替罪羊，这是不公平的。也许不应该给朋友 Big Gulps，但是就我来看，没有人强制你买来喝。其实需要解决的是个人的责任心和控制能力。"[8]

绝大多数制造商都想生产高质量的产品。毕竟一家企业处理产品质量和安全问题的方式会对企业的声誉产生或好或坏的影响。那些销售低质的或者不安全产品的企业很可能会与消费群体和立法人员产生有害的冲突。不安全的产品还可能引发有关产品缺陷的官司，使得企业支付大笔赔偿金。从更基本的层面上看，那些对企业产品不满意的消费者以后不会再购买该企业的产品，并且会告诉其他消费者不要购买该企业的产品。在如今社交媒体和在线评论风行的环境中，这种不良口碑会像野火一样迅速蔓延。因此，质量问题是不符合可持续营销理念的。如今的营销人员明白，高质量会带来顾客价值和顾客满意，而这会进一步创造可持续的顾客关系。

5. 故意过时

批评家指责有些企业故意实施一些故意过时策略，使得其产品在真正需要被更换之前就过时了。他们指责一些制造商使用比正常情况下更易断裂、磨损、生锈或者腐烂的材料和元件。如果产品本身并不会很快磨损，有些企业也会故意让消费者产生"过时感知"，不断改变消费者关于可接受式样的观念，鼓励消费者更多、更早地购买产品。一个明显的例子就是快时尚行业，它具有不断变化的服装样式。一些批评家声称这导致了浪费的一次性服装文化。一名设计师抱怨道："太多衣服的最终归宿都是垃圾填埋场。它们不再符合人们的审美要求，因此即使还能穿好多年，但它们还是在当季结束的时候被丢弃了。"[9]

还有些企业被指责蓄意地持续推出新产品，让旧产品型号显得过时，从而使消费者持续更换系列产品。批评者称，这种情况经常会发生在电子类消费品行业中。如果你和大多数人一样，你也可能会积攒满满一抽屉之前最热门的高科技产品，从手机和摄像机到 iPod 和闪存盘，而现在它们都到了被淘汰的地步。似乎任何使用超过一两年的东西就已经过时了。

营销人员回应说，消费者喜欢样式的变化，他们对旧产品感到厌倦，想要时尚的新外观。即使旧产品型号依然能用，他们也会想要最新的高科技创新产品。没有人不得不购买新产品，如果很少有消费者喜欢新产品，新产品显然就会失败。而且，在设计产品时，多数企业并不会故意将产品做成很容易被用坏的那种，因为它们不想让顾客转换到其他品牌。相反，它们追求持续不断的改进，以保证产品能一直符合甚至超越顾客的期望。

大多数所谓的故意过时都是自由社会中竞争和技术力量作用的结果，这些力量使得产品和服务得以不断改进。比如，即使苹果推出了可以用 10 余年的 iPhone 和 iPad，也不会有多少消费者真的想用 10 年。相反，消费者希望获得最新的科技创新产品。一位分析师说："产品过时并不是企业强加给我们的。这是一种进步，是我们非常想要的。通常，市场正好给我们提供了我们所想要的。"[10]

6. 针对弱势消费者的低劣服务

最后，美国的营销系统被指责向弱势消费者提供低劣的服务。例如，批评者称，城市里的贫困群体通常只能在较小的商店里购物，这些商店提供的产品质量较差，定价却更高。如果大型的连锁商店可以出现在低收入社区，那将有助于价格的降低。但是，饱受批评者指责的是，大型连锁零售商会设定"警戒线"，避免进入弱势人群居住的社区。

例如，贫困地区的超市要比富裕地区少30%，导致很多低收入的消费者可买到的食品很匮乏，很多小超市仅提供冷冻比萨、奇多、夹馅饼和可乐，但是水果、蔬菜、新鲜的鱼和鸡却很难买到。目前，约2 350万美国人，其中包括650万儿童，生活在低收入地区，这些地区往往没有价格合理、出售营养食品的商店。另外，230万家庭没有汽车，却居住在距最近的超市超过一英里的地方，这使得他们只能在附近的便利店购物。而在这些便利店中，通常他们只能买到很贵的加工食品。健康、价格合理的新鲜食品的匮乏，影响着该地区消费者的健康。很多全国连锁店，如沃尔玛、沃尔格林、超价商店甚至全食超市，最近同意在贫困地区开设更多的店铺，为该地区的消费者提供有营养的新鲜食物。全食超市最近在底特律、芝加哥和新奥尔良等城市的贫困地区开设了店铺，试图满足被其他零售商完全忽略的社区的需求。[11]

显然，我们必须建立更好的营销体系来为弱势消费者服务。事实上，许多营销人员定位于这些消费者，通过向他们提供真正为其带来价值的商品及服务获利。如果没有企业愿意服务于这些消费者，政府就可能采取行动。比如，美国联邦贸易委员会就对那些通过广告传播错误的价值观，以不正当理由拒绝服务弱势消费者，或者对弱势消费者索价过高的零售商采取了制裁措施。

缓冲带：概念链接

暂停一下。没有哪位营销人员想激怒消费者——那绝对不是什么好事，但是一些激怒消费者的行为确实存在。
- 回顾过去的3个月，列出你所经历的（诸如上文讨论的）不正当营销行为。分析你列出的清单：都有什么样的企业参与其中？这些行为是故意的吗？这些经历有什么共同点？
- 选出一个例子并进行详细描述。你打算如何纠正这个错误？撰写一份行动计划，并采取一些行动来补救。如果每次做错时我们都采取这样的行动，那么需要纠正的错误就会少得多。

16.2.2 营销对社会整体的影响

美国的营销体系一直被指责的是，它在很大程度上给社会带来了种种"邪恶"，例如带来了太多的物质主义、太少的公共产品并造成了很多文化污染。

1. 虚假的需求和过度的物质主义

批评家指责说，营销系统过于强调对物质财富的追求，还批评说美国人对世俗财物的强烈爱好几乎无法让人忍受。太多的时候，人们根据别人所拥有的东西而不是他的性格、品质来判断一个人。批评家并不认为这种对物质的追求是一种自然状态，反而认为它是由营销创造的虚假需要。批评者称，营销人员刺激人们对商品的欲望，引导人们崇尚过度物质主义的生活。因此，营销人员让人们对"美国梦"产生了曲解，创造了一个大规模消费的无限循环。

根据这种观点，营销就是用来促进消费的，不可持续的过度消费是成功的营销不可避免的产物。批评者认为，更多不一定意味着更好。一些批评者直接将其担忧传达给了公众。例如，新美国梦中心（Center for a New American Dream）是一个非营利性组织，其宗旨是"帮助美国人减少和改变他们的消费，以改善生活质量、保护环境、促进社会公正"。通过教育视频和诸如"更多的乐趣！更少的东西！"这样的营销活动，该组织与个人、机构、社区和企业合作，共同致力于保护自然资源、抵制文化的商业化、促进生产和消费方式的积极变化。[12]

营销人员回应说，这些批评过分夸大了商业创造需求的力量。人们对广告和其他营销工具具有很强的抵抗力。相对于努力创造新的需求，营销人员在满足人们已经存在的需求时更有效率。而且，人们在做出重要的购买决策前都会寻找信息，通常不会依靠单一的信息源。即使那些可能受到广告信息影响的少量购买，也只有在产品达到人们期望水平的时候才有可能重复购买。最后，新产品的高失败率说明企业并不能控制需求。

在更深的层次上，我们的需求和价值观不仅受到营销人员的影响，还受到家庭、同龄群体、宗教、文化背景和教育的影响。如果美国人是高度的物质主义者，那么基本的社会化过程对这种价值观的影响远比商业和大众媒体单独造成的影响深刻得多。

此外，消费模式和态度还受到更强大的力量的影响，比如经济。正如第1章所讨论的，最近的经济衰退抑制了物质主义和炫耀性消费。此外，如今的消费者更支持企业在环保、社会可持续发展方面的投入。因此，营销人员并不是在鼓励如今更加节俭的消费者过度消费，相反，营销人员正致力于帮助他们花更少的钱获得更大的价值。

一个例子是英国零售业巨头玛莎百货发起的"Shwopping"运动，该运动敦促顾客在买新衣服时以旧换新，即使旧衣服不是在玛莎百货买的。旧衣物被送往非营利性组织国际乐施会（Oxfam International），它重新出售、回收利用，或转寄这些衣物，用筹集的资金帮助世界各地的人们摆脱贫困。玛莎百货表示："我们希望收集尽可能多的衣服，并改变我们所有人的购物方式。"[13]

2. 公共商品太少

许多人指责企业过多地销售私人商品而为此牺牲了公共商品。随着私人商品的增多，人们需要更多的公共服务，但这通常是不可得的。例如，汽车拥有量（私人商品）的增加需要更多的高速公路、交通控制、停车场和警察服务（公共商品）。私人商品的过多销售会导致"社会成本"的上升。对汽车而言，这些社会成本包括交通堵塞、汽油短缺和空气污染。例如，美国的出行者平均每年有38小时处于交通堵塞中，这每年给美国造成1 200多亿美元的损失——平均每位通勤者820美元。在这个过程中，它们要浪费29亿加仑的燃料（足够填满4个新奥尔良市的超级圆顶体育场），排放560亿吨温室气体。[14]

我们必须找到维持私人商品和公共商品之间平衡的方法。一个办法是让制造商承担它们的经营活动所造成的全部社会成本。例如，政府现在要求汽车制造商生产能耗更少、污染控制系统更好的汽车。这样，汽车制造商就会提升价格以弥补额外的成本。但是，如果购车者发现一些车型的价格太高，那么这些车型就会消失。需求会转移到能够承担所有私人和社会成本的制造商那里。

第二个办法是让消费者支付社会成本。例如，现在世界各地的许多城市都征收"交通拥堵费"，以尽力减少交通堵塞。为了缓解连接奥克兰和加利福尼亚旧金山海湾大桥高峰期的交通拥堵，城市交通委员会在上下班高峰期收取6美元的通行费（其他时间段只收4美元）。这项费用减少了高峰期的客流量，使平均32分钟的等待时间减少了一半。[15]

3. 文化污染

批评者指责营销体系在制造文化污染。我们的感官通常被营销和广告侵袭着。商业广告打断了严肃的节目；广告插页影响了杂志的效果；广告牌破坏了美丽的景色；垃圾邮件填满了我们的邮箱；闪烁的展示广告侵入我们的在线和移动端屏幕。不仅如此，批评者认为，这些干扰不断地用物质主义、性、权力或者地位等信息污染人们的头脑。一些批评者呼吁需要彻底改变这些。

营销人员这样回应对"商业噪声"的指责：首先，他们希望自己的广告能传递到主要的目标观众那里。但是，由于使用的是大众传播渠道，这些广告一定会到达对产品不感兴趣的人那里，所以广告就会变得无聊或者烦人。那些购买自己感兴趣的杂志或者选择参与邮件、社交媒体或移动营销活动的人却很少抱怨里面的广告，因为所涉及的产品和服务都是他们所感兴趣的。

其次，广告使很多电视节目、广播、在线及社交媒体网站得以对观众免费开放。广告还降低了杂志和报纸的成本。想想获得的这些好处，很多人觉得看商业广告是值得的。另外，消费者觉得很多电视广告很有意思，还会主动去寻找它们，比如，在美国橄榄球"超级碗"大赛期间观看广告的人数甚至会超过观看比赛的人数。最后，如今的消费者有很多选择。比如，他们可以跳过或去除录播节目中的电视广告，或者选择付费的有线频道或者卫星频道来完全避开广告。因此，为了能吸引消费者的注意，广告商正在努力把广告做得更加有趣、有益。

16.2.3 营销对其他企业的影响

批评者还指责说，一家企业的营销活动可能会伤害其他企业并且压制竞争。这涉及三个问题：收购竞争对手、制造进入障碍和不公平竞争的营销实践。

有批评者称,当企业选择通过收购其竞争对手而非开发自己的新产品进行扩张时,其他企业就会受到损害,竞争程度就被降低了。在过去的几十年里,大量的企业并购活动以及快速发展的行业合并已经引起了人们的担忧,人们担心那些生机勃勃的年轻企业会被吞并,竞争程度会被降低。基本上在每个主要行业里(零售业、娱乐行业、金融服务业、公共事业、运输行业、汽车行业、电信行业和医疗保健业),核心竞争者的数量都在减少。

并购是一个复杂的问题,有时候它对社会是有益的。发起并购的企业可能获得规模经济,这能降低成本和价格。一家管理有方的企业可以接管一家管理混乱的企业并提高其效率。并购可能会使一个行业的竞争变得更加激烈。但并购也可能对社会是有害的,因此,也会受到政府的严格控制。

批评者还指责那些阻止新企业进入某行业的营销行为。大企业可以通过专利和庞大的促销支出或者通过联合供应商与经销商来阻止竞争对手进入或者将竞争对手驱逐出该行业。那些关心反垄断的人认识到,有些行业的进入障碍是大规模经营带来的经济优势所导致的必然结果。现有的和新设立的法规可以监管一些其他的进入障碍。例如,有些批评者建议对广告支出征收累进税,以减少销售成本作为行业准入障碍的作用。

最后,有些企业确实采取了不公平竞争的营销活动,目的是损害或者摧毁别的企业。它们通过把价格定得低于成本、威胁与供应商终止合作、阻止消费者购买其竞争对手的产品,或者利用它们的规模和市场优势,来不公平地损害竞争对手。尽管很多法律条款致力于防止这些掠夺性竞争,但对于掠夺性意图或行为的认定通常十分困难。所以,区分掠夺性的做法和有效的竞争策略通常是很困难的。

近年来,搜索巨头 Google 被指控采用了以牺牲较小的竞争对手为代价的掠夺性做法。例如,欧盟委员会最近指控 Google 滥用其网络搜索的主导地位,损害了欧盟市场的竞争对手和消费者的利益。[16] 欧盟委员会还开始调查与 Google Android 手机操作系统有关的反垄断问题。Google 的网络搜索引擎占据了欧洲 92% 的市场份额,Android 操作系统占据了 71% 的份额。

Google 涉嫌操纵其搜索引擎的搜索结果,在支持其自身购物服务的同时损害了竞争对手的利益,欧盟委员会就此对其提出了正式的指控。欧盟委员会称,这种行为可能会人为地把竞争对手的流量分流到 Google 自己的购物服务中,阻碍它们的竞争能力,这不仅会损害消费者的利益,还会抑制创新。欧盟委员会未来的反垄断调查可能会扩展到除了 Google 购物服务之外的其他领域,例如通过在线和移动设备对旅游服务及餐馆进行搜索。然而,Google 声称其网络搜索和移动业务构成了公平而有效的竞争,是以消费者利益最大化为目标的。如果反垄断指控成立,欧盟委员会可能责令 Google 提交数十亿美元的罚款。

16.3 促进可持续营销的消费者行为

作者评点

可持续营销不只是企业和政府能做的,通过消费者保护行动和环境保护行动,消费者也能起到重要作用。

可持续营销需要企业和消费者都采取更加负责的行为。有些人把商业活动视为很多经济和社会问题的源头,因此会时不时地爆发群众运动以规范企业的商业活动。两项主要的运动是消费者保护主义和环境保护主义。

16.3.1 消费者保护主义

消费者保护主义(consumerism)是由市民或政府机构参与和组织的运动,目的是改善购买者相对于销售方的权利和力量。传统的销售方权利包括:

- 有权引进任何规格、任何样式的产品,只要这些产品对人们的健康和安全没有危险,或者在产品有危险时附加适当的警示和控制;
- 可以为产品制定任何价格,只要在相似的购买者中不存在歧视;
- 有权花费任何数额的资金进行产品促销,只要这项行动不构成不公平竞争行为;
- 有权使用任何产品信息,只要这些信息在内容上和执行上没有误导性或者是真实的;

- 有权使用任何激励购买的措施，只要这些措施是公平的或者没有误导性。

传统的购买者权利包括：
- 有权不购买促销的产品；
- 有权期望产品是安全的；
- 有权期望产品具有其所宣称的功能。

对比这些权利，很多人相信天平是向销售方倾斜的。确实，购买者可以拒绝购买。但是批评者认为，在面对精明的销售者时，购买者所拥有的信息、教育和保护都太少了，以至于他们很难做出明智的决定。消费者权益的维护者呼吁消费者应该具有如下附加的权利：
- 有权获得产品重要方面的详细信息；
- 有权获得保护以免受有问题的产品和营销活动的侵害；
- 有权对产品和营销活动施加影响，以使其能提高"生活质量"；
- 有权在当下以一种能为后代消费者保护地球的方式消费。

上述每一条权利都可以引申出更多由消费者保护主义者和政府的消费者保护运动所提出的具体提议。获得信息的权利包括知道贷款的真实利率（贷款的真相）、品牌真实的单位成本（单位价格）、产品的成分（成分标签）、食物的营养价值（营养标签）、产品的新鲜程度（公开生产日期）和产品的真正益处（广告的真相）的权利。

关于消费者保护的提议包括加强消费者在商业诈骗和财产保护方面的权利，要求更高的产品安全性，确保信息的私密性以及赋予政府机构更多的权力。关于生活质量的提议包括控制特定产品和包装的成分，降低广告的"噪声"水平。关于保护地球以供后人利用的提议包括促进可持续性材料的使用、回收循环使用和减少固体废物，以及管理能源消费。

可持续营销不只适用于企业和政府，也适用于消费者。消费者不仅有权利，也有责任保护自己，而不是只让政府和他人来履行这项责任。那些确信自己买得很不划算的消费者可以采取一些补救措施，比如联系企业，通过媒体或社交媒体反映情况，联系美国联邦、州或者当地的机构，向民事法庭起诉。消费者也需要做出好的消费决策，奖励负责任的企业并且惩罚那些不负责任的企业。最终，从不负责任的消费到可持续消费的转变掌握在消费者自己手中。

消费者对更多信息的渴望促使企业在包装标签中提供更多有用的事实信息，从配料和营养成分到回收利用与原产国信息。

Spauln/E+/Getty Images

16.3.2 环境保护主义

消费者保护主义者考虑的是营销体系能否有效地满足消费者的需要，而环境保护主义者关心的是营销对环境的影响以及满足消费者需要和欲望的环境成本。**环境保护主义**（environmentalism）是由关心环境问题的公民、企业以及政府机构组织和参与的活动，目的是保护与改善人们当前和未来的生存环境。

环境保护主义者并不反对营销和消费，他们只是希望人们和各类组织在行事时更关心环境。他们呼吁废除可持续发展倡导者与联合利华 CEO 保罗·波尔曼口中的"盲目消费"。波尔曼说："提升社会福利的途径并不是减少消费，而是更负责任地消费。"[17] 环境保护主义者认为，营销系统的目标不应该是最大化消费、消费者选择或消费者满意度，而是最大化生活质量。生活质量不仅指提供给消费者的产品和服务的数量及质量，还包括现在和未来能提供给下一代的环境质量。

环境保护主义关心由全球变暖、资源枯竭、有毒和固体废弃物、垃圾、水供应及其他问题造成的生态系统损害，还有休闲区的减少，以及由污浊的空气、遭到污染的水和经过化学处理的食物造成的健康问题的增加。

经过数十年的发展，这些担忧使得政府制定了一些法律法规来监管那些影响环境的工业行为。一些企业对这些环境法规非常憎恶并进行了抵制，声称其成本太高，并使企业的行业竞争力下降。对于消费者的环境担忧，这些企业的对策是，只做那些可以避开新管制或让环境保护主义者无话可说的事。

然而，大多数企业近年来已经接受了不伤害环境的责任。它们的态度正从反对转向预防，从被管制转向负责任。越来越多的企业正在采取**环境可持续性**（environmental sustainability）策略，简单地说，就是在帮助保护地球的同时创造利润。如今，开明的企业之所以这样做，不是因为有人强迫它们这么做或者是为了获得短期利润，而是因为这是正确的事情——对于消费者福利、企业福利和地球环境的未来都是如此。比如，消费品巨头联合利华成功地围绕环境可持续性建立了其核心使命——它的目标是"使可持续的生活成为常态"（见营销实践 16-1）。

营销实践 16-1

联合利华的可持续发展：创造一个更美好的未来

当保罗·波尔曼在几年前成为联合利华的 CEO 时，这家食品、家居、个人护理产品的制造企业还是一个沉睡的巨人。尽管拥有众多星光熠熠的品牌，如多芬、Axe、Noxezema、Sunsilk、OMO、Hellmann's、Knorr、立顿和 Ben & Jerry's 等，但联合利华的收入和利润已经经历了 10 余年的停滞。企业需要新的能量和目标。波尔曼说道："想要回归正轨，我们需要知道我们为何而存在。"

为了回答"我们为何而存在"这个问题并找到振奋人心的使命，波尔曼考虑的不仅仅是收入、利润、股东价值的增长等常见的企业目标，他坚定地认为，企业的成长应该源于实现了更大范围的社会和环境使命。联合利华是为了消费者而非股东而存在的，波尔曼说："如果我们能同时满足消费者的需求和环境的和谐，并为我们对社会产生的影响负责，那么我们的股东同样会大受裨益。"

对于联合利华来说，评估以及致力于对社会和环境的可持续性影响并不是什么新鲜事。早在波尔曼接手之前，这家企业就已经在通过多套方案管理其产品和运营所造成的影响。但是，波尔曼认为这些现有的方案和成果还远远不够。所以，在 2010 年年末，联合利华开展了"可持续生活计划"这项长期计划，根据该计划，联合利华已经开始着手"为这个世界上的人创造更好的未来：那些为我们工作的人、我们的合作伙伴、我们的消费者，以及那些生活质量取决于我们现在对环境的保护程度的下一代"。波尔曼称，联合利华的长期商业成功将取决于它如何管理自身运作对社会和环境造成的影响。

可持续生活计划到 2020 年要实现三个主要的社会和环境目标：①帮助改善 10 亿人的健康和福利；②将生产和使用我们的产品导致的环境影响减半；③在发展业务的同时提高数百万人的生计。可持续生活计划整合了联合利华已经在做的工作，并设立了新的可持续发展目标。联合利华的可持续经营目标横跨整个价值链，从企业如何购买原材料到顾客如何使用或处置其产品。联合利华称："我们的目的是，让自己的行动更加具有可持续性，同时鼓励顾客、供应商和其他人也像我们这样做。"

在上游供应商方面，联合利华超过一半的原材料都来自农业，因此，联合利华正在帮助供应商开发可持续的耕种措施以满足它在社会和环境影响上为自己设立的高期望。联合利华用两套标准评估供应商：第一是联合利华供应商准则，它要求供应商在人权、劳工实践、产品安全和环境保护等方面的行为要对社会负责；第二，联合利华专门针对农业供应商制定了可持续农业准则，细化了联合利华对可持续性农业实践的期望，以使联合利华和供应商能一起致力于可持续性发展之旅。

但是，联合利华的可持续生活计划并不只是建立一个更加负责任的供应链和分销系统。约有 68% 的温室气体排放和 50% 的水足迹产生于消费者的产品使用过程，因此，联合利华同时联合消费者改善使用产品时造成的社会和环境影响。每天都会有 20 亿人在全球 190 个市场上使用联合利华的产品，因此，小小的日常消费行为累积起来会有很大的不同。联合利华概括出这样的方程式："联合利华品牌 × 日常消费行为 × 数十亿消费者 = 很大差异。"

例如，世界上近 1/3 的家庭使用联合利华的洗衣产品，大约每年会产生 1 250 亿次的洗涤。基于可持续生活计划，联合利华不仅在创造更多对生态友好的洗涤产品，同时也在帮助消费者改善洗衣习惯。比如，联合利华正在鼓励消费者用更低的水温洗衣服并使用合适剂量的洗涤剂。像 OMO 和 Persil Small & Mighty 浓缩洗涤剂这样的联合利华产品使用了更少的包装，所以价格更低，污染也会更少。更重要的是，它们在低温下的清洁能力更强，可以节省更多的能源和水。据联合利华估计，这些改变已经将温室气体排放减少了 15%。另外一款联合利华产品——Comfort One Rinse 织物调节剂，是为水供应不足的发展中国家和新兴市场的消费者手洗衣服时所专门设计的。用这种创新型产品洗衣服，可将漂洗的用水量从三桶降为一桶。这帮助顾客在每次洗衣时节省了时间、精力和 30 升水。

这种对于能源和水的节省并不能体现在联合利华的利润表上，但这些对人类和地球都是极其重要的。联合利华认为："我们最终的成功路径将是鼓励全世界的人每天行动一点，这些行为累加起来就会影响整个世界。"为了实现这一目标，联合利华定义了"5 项变革杠杆"，其营销人员会以此鼓励人们采取具体的可持续行为。这一模型帮助营销人员识别变革的障碍和触发点。这些变革的杠杆包括：使之更易理解、操作更简易、更具有吸引力、更有奖赏性和形成习惯。

联合利华的可持续生活计划会给企业带来利润吗？到目前为止，一切都很顺利。联合利华在"使可持续生活变得日常化"的总体使命和其 79 项积极的可持续生活计划目标上取得了卓越的进展。该企业已经实现了 13 个具体目标，57 个目标正同步进行，并在其他 9 个方面取得了良好进展。尽管全球市场波动剧烈，但联合利华的利润仍在增长。

波尔曼强调，可持续生活计划不只是有利于人类和环境，它对企业也有很大的好处。对可持续性目标的追求帮助企业节约了原料且降低了污染，进而节约了成本；它还激发了创新，产生了新的产品和新的消费者福利；同时它还创造了新的市场机会：联合利华超过一半的营收来自发展中国家，这些国家在可持续性方面面临着最大的挑战。

总之，波尔曼预测可持续生活计划将帮助联合利华在 2020 年实现规模翻番，同时在不增加环境负担的情况下给数十亿人创造更好的未来。"我们认为可持续发展和盈利增长没有任何冲突，"波尔曼总结道，"生产和销售快消品的日常运营推动着经济和社会的发展。全球数十亿人值得拥有由肥皂、洗发水、茶等日用品提供的更高质量的生活。可持续生活并不是白日做梦，它是可以实现的，并且基本上没有负面影响。"

资料来源：Based on quotes and other information from Andrew Saunders, "Paul Polman of Unilever," *Management Today*, March 2011, pp. 42-47; Adi Ignatius, "Captain Planet," *Harvard Business Review*, June 2012, pp. 2-8; "Unilever: Key Trends to Watch in 2015," *Forbes*, March 5, 2015, www.forbes.com/sites/greatspeculations/2015/03/05/unilever-key-trends-to-watchin-2015/; and www.unilever.com/sustainable-living/the-sustainable-livingplan/,accessed September 2015.

图 16-2 展示了企业可用于评估其环境可持续性的框架。它包括在短期内可以为企业和环境带来回报的内外部"绿化"活动，还包括将带来长期回报的"超绿化"活动。在最基本的层面上，企业可以采取污染预防措施。污染预防不仅仅指污染控制，即简单地把产生的废弃物清理干净。污染预防更多地意味着在废弃物产生之前就把它们消除掉或者尽量最小化废弃物的数量。重视预防的企业采用内部绿色营销方案进行响应，设计和开发对生态无害的产品、可循环和可降解的包装、更有效的污染控制措施和更加节约能源的运营方式。

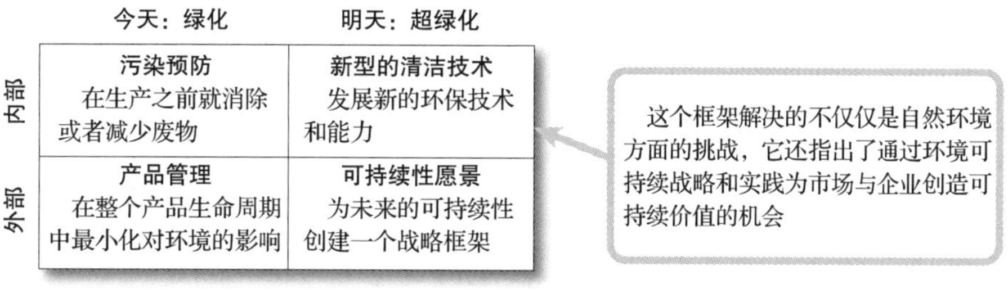

	今天：绿化	明天：超绿化
内部	**污染预防** 在生产之前就消除或者减少废物	**新型的清洁技术** 发展新的环保技术和能力
外部	**产品管理** 在整个产品生命周期中最小化对环境的影响	**可持续性愿景** 为未来的可持续性创建一个战略框架

这个框架解决的不仅仅是自然环境方面的挑战，它还指出了通过环境可持续战略和实践为市场与企业创造可持续价值的机会

图 16-2 环境可持续性和可持续价值

资料来源：Based on Stuart L. Hart, "Sustainable Value," www.stuartlhart.com/sustainablevalue.html, July 2015.

例如，耐克企业使用环保材料生产运动鞋，重复利用旧运动鞋，并给年轻人灌输环境保护、重复利用和回收利用的观念。其革命性的Flyknit编织鞋轻便、舒适、耐用，同时将生产中的材料浪费减少了66%——制造每双Flyknit鞋浪费的材料的重量仅相当于一张纸的重量。

强生是很多家喻户晓的家用品牌的制造商（如Pledge、Shout、Scrubbing Bubbles、Ziploc、OFF!和Raid），它使用可循环利用的瓶子出售大多数的家用清洁剂浓缩液，帮助减少垃圾填埋场的空瓶数量。该企业已经开展了10项可再生能源计划，以帮助减少碳排放。利用可再生能源，它最大的全球制造设备（36个足球场大小），现在能够在现场产生大部分的电能。该企业的注册商标Greenlist帮助开发了更轻的清洁剂瓶子，每年可使消费者废弃物的重量减少100万磅。不仅如此，目前这些清洁剂瓶子是由100%可回收的塑料制成的。强生自称致力于"创造成功的产品，产生更少的垃圾，减少我们的碳排放，并让世界各地的家庭生活更美好"。[18]

在下一个层面上，企业可以实行产品监管——不仅最小化在生产和产品设计中的污染，还要将整个产品生命周期中产生的环境影响最小化，并同时降低成本。许多企业正在采取环保设计和从源头遏制污染的行动。这要求企业先行思考，从一开始就把产品设计得更易于回收、重复和循环使用，或者在使用之后能安全地回归自然，成为生态循环中的一部分。环保设计和从源头遏制污染的行动不仅仅有利于保护环境，对企业而言也可能是有利可图的。

例如，10多年前，IBM开始了一项被称为IBM"全球资产续用服务"（GARS）的项目，重新使用或循环利用被退回的大型机和其他设备的若干零件。2014年，IBM在全球处理了5 430万吨的报废产品和产品废弃物，拆掉老旧的设备以回收芯片和有价值的金属。自2002年以来，该项目处理了超过10.9亿磅的机器、零件和材料。这项业务为99%的IBM回收物找到了新用途，只有不到1%被送去填埋或焚化。这个以环境保护为初衷的尝试，现已成为一项价值数十亿美元的IBM新业务，在全球22个站点回收利用电子设备并盈利。[19]

今天的"绿化"行动主要关注改善企业的现有行动以保护环境，图16-2中的"超绿化"行动则着眼于未来。首先，从内部来看，企业可以制订新型清洁技术计划。许多在可持续性方面有良好表现的组织还是被现有技术所限制，要制定彻底的可持续性战略，它们还需要开发创新的新型技术。

例如，可口可乐承诺到2020年在全球回收与其使用包装量相等的包装，并承诺大幅降低其对环境的影响。为了实现这些目标，可口可乐在新清洁技术上进行了大规模的投入，以解决循环利用、资源利用、分销等环境问题。[20]

首先，为了解决由其塑料瓶导致的固体废弃物问题，可口可乐斥巨资建立了全世界最大、最先进的"瓶到瓶"循环工厂。作为一个更加长久的解决方法，它正在研究和测试由铝、玉米或者生物塑料制成的新型瓶子。可口可乐正在稳步将其PET塑料瓶替换成包含30%植物原材料的植物环保瓶。它还设计了更环保的分销方案。目前，大约1 000万售卖机和冰柜大量耗费能源，它们使用名为氢氟烃的强温室气体来保持可乐的冰爽。为了淘汰这些机器，可口可乐企业投资了4 000万美元用于研发，并开始安装不使用氢氟烃的新型冰柜，这种冰柜的能耗减少了30%～40%——目前已经安装了100万台。可口可乐企业甚至开发了一种"eKOCool"太阳能冷却机，不仅可以节约能源，而且在印度等供电不稳定的新兴经济体的农村地区也能发挥作用。可口可乐企业还试图实现"水中和"，研发新方法来帮助其装瓶商回收利用在生产可口可乐的过程中汲取的新鲜水分。

最后，企业可以发展出一个可持续性愿景作为对未来的指导。这个愿景应该表明企业的产品、服务、流程和政策要如何发展，以及企业必须开发什么样的新技术来达成这些目标。这个可持续性愿景在控制污染、产品监管和新型环保技术方面为企业提供了一个框架，也让其他企业可以进行效仿。它不仅解决了自然环境中的挑战，也创造了利用环境战略为企业及其市场创造可持续价值的战略机遇。

当今大多数企业都还在关注图16-2中左上方的小框图，投入巨资预防环境污染；一些高瞻远瞩的企业实施了产品监管并正在开发新的环保技术；只有少数企业建立了非常明确的可持续性愿景。然而，仅仅强调环境可持续性框图中的一个或几个小框图可能是短视的。仅仅投资于框图的左半边在当下会使企业处于有利地位，但未来容易遇到风险。相反，特别强调右半边表明企业有很好的环境愿景，但是缺乏实现这个愿景的能力。因此，企业应该努力发展环境可持续性的所有四个维度。

例如，The North Face通过自身的环境可持续性行动及其对供应商和消费者行为的影响来实现这一点。[21]

位于加利福尼亚州阿拉梅达的 The North Face 新总部大楼配备了太阳能电池板和风力涡轮机，它们的发电量比总部大楼用得还要多。该建筑采用了一种蒸发式冷却系统，不再使用排放大量温室气体的冷却剂。该企业其他地区的总部和分销中心也整合了太阳能或节水功能。在生产方面，The North Face 与供应商紧密合作，使用从可回收利用的材料中所提取的聚酯纤维——目前其服装产品线的80%采用的都是聚酯纤维。The North Face 还与供应商合作，减少其工厂产生的垃圾和化学物质、水及能源的使用。自2010年以来，The North Face 的供应商在制造过程中减少了100多辆油罐车的化学物质，节约了足以填满230个奥林匹克游泳池的水资源。

此外，The North Face 还致力于鼓励顾客减少当今快时尚时代产生的浪费。该企业提供的服饰和设备的终身保修服务每年都接收8万多件衣物的维护。The North Face 还推出了一个名为"衣服循环"的项目，该项目可以收集顾客丢弃或不需要的二手服装，用于回收或更新。丢弃在回收箱中的物品被送到回收中心，在那里它们被仔细分类，然后重新利用以延长它们的寿命，或者回收为原材料以用于制造其他产品。该计划的收益将提供给环境保护联盟，该联盟资助保护原生环境和公园等区域的社区活动。

对 The North Face 来说，环境可持续发展不仅仅是做正确的事情，它还具有良好的商业意义。更高效的运营和更少的产品浪费不仅有利于环境，也有利于节约 The North Face 的资金，帮助他们为顾客带来更大的价值。这是一种双赢。"The North Face 的核心使命是在全球层面上激发户外探索和环境保护运动，"The North Face 的董事长说，"我们相信，我们业务的成功与拥有一个健康的地球有着本质上的联系。"[22]

16.3.3 规范营销的公众行动

公众对营销行为的担忧通常会导致公众关注和立法提议，很多影响营销的法律都在第3章中有所提及。这些法律需要被转换为营销经理能够理解的语言，以辅助其制定关于竞争关系、产品、价格、促销和渠道的决策。图 16-3 展示了营销管理中面临的主要法律问题。

图 16-3　营销管理中的法律问题

资料来源：(photo) Wavebreakmedia/ Shutterstock.

16.4 针对可持续营销的商业行为

作者评点

最终，营销人员要担负起可持续营销的责任。这意味着他们要以负责任和有道德的经营方式在当前和未来为消费者提供价值。

一开始，很多企业反对消费者保护主义、环境保护主义和其他可持续营销的要素，它们认为这些批评既不公正也不重要。但到现在，许多企业开始拥抱可持续营销，将它看作创造当前和未来顾客价值并加强顾客关系的方式。

16.4.1 可持续营销原则

根据可持续营销的理念，企业的营销活动应为营销系统取得最佳的长期绩效提供支持。营销活动应以五个可持续营销原则为指导：顾客导向营销、顾客价值营销、创新营销、使命感营销及社会营销。

1. 顾客导向营销

顾客导向营销（consumer-oriented marketing）是指企业应从消费者的角度来考虑并组织其营销活动。企业应努力感知、服务和满足特定顾客群体的需求，包括现有的和潜在的顾客。在本书中讨论的所有成功开展营销活动的企业有一个共同点，即向精心挑选的顾客传递卓越价值的强烈激情。只有通过顾客的眼睛看世界，企业才能建立起持续且可盈利的顾客关系。

2. 顾客价值营销

顾客价值营销（customervalue marketing）要求企业将其大部分资源投入到创造顾客价值的营销投资中。营销人员做的许多事情（例如一次性促销、改变外包装、直复广告）或许能在短期内增加销量，但只有真正改善产品质量、性能和便利性才能创造更多的价值。明智的营销要求通过持续提高顾客从企业产品中获得的价值来建立长期的顾客参与、顾客忠诚和顾客关系。通过为顾客创造价值，企业也能从顾客那里获得利润作为回报。

3. 创新营销

创新营销（innovative marketing）要求企业寻求真正的产品改进和营销提升。如果忽视新的、更好的营销方式，那么企业的顾客最终会流失到其他有更好的营销方式的企业那里。让我们回到第1章耐克的故事。[23]

近50年来，耐克通过创新营销将其swoosh符号变成了世界最知名的品牌标志之一。20世纪90年代末，产品滞销及新竞争对手的出现使耐克意识到它必须进行产品和营销的创新。耐克的CEO马克·帕克（Mark Parker）说："我最怕的事情之一就是耐克成为庞大、缓慢、迟钝、官僚主义的企业，却还在为取得的成果洋洋自得。"但在过去几年中，饥渴的耐克不断推出极为成功的新产品。例如，耐克推出的Flyknit Racer，现在已经彻底改变了运动鞋的制造方式。像羽毛一样轻便的Flyknit更像带鞋底的袜子。Flyknit Racer是编织而不是缝制而成的，它非常舒适、耐用，比传统运动鞋的制造成本更低，也更环保。耐克在社交媒体上为其新产品投入了大量的资金，它仍然是世界上最大的运动服装企业，比最接近它的竞争对手阿迪达斯还大44%。2015年，《福布斯》和《快公司》都把耐克企业指定为世界上最具创新力的企业。

创新营销：新产品，比如耐克的FuelBand和Flyknit Racer，以及企业创新的社交媒体营销努力，为耐克赢得了《快公司》认定的最具创新精神营销人员的头衔。

Rodrigo Reyes Marin/AFLO/Newscom

4. 使命感营销

使命感营销（sense-of-mission marketing）意味着企业应从更广阔的社会层面而非狭窄的产品层面来定义自

己的使命。当一家企业定义了其社会使命，员工就会感觉其工作更有意义并且更有方向感。与更广阔的使命相联系的品牌能最大限度地服务于品牌和顾客的长期利益。例如，成功的家居用品零售商宜家有一种根深蒂固的使命感，叫作宜家方式，为人们创造更好的日常生活——以尽可能多的人都能买得起的低价提供设计好、功能齐全的家居用品。强生企业的旗舰产品强生婴儿品牌致力于了解婴儿和他们所需要的特殊照顾，然后利用这些知识为父母提供安全有效的婴儿保健产品。企业最近推出了名为"我们的承诺"的广告和社交媒体活动，包括40个以强生员工为主角的视频，向父母们保证："继续运用我们的知识开展研究，把为你们带来安全、创新的产品作为我们的责任，从而履行我们纯净、温和和温柔呵护的承诺。"第一个"我们的承诺"是："我们是妈妈和爸爸，就像你一样。我们会一直倾听你、支持你。我承诺。"使命感营销使得强生婴儿成为世界领先的婴儿护理品牌，全球市场份额接近25%。[24]

一些企业从广阔的社会层面上定义其整体使命。例如，在"买一送一"的模式下，TOMS 既追求利润，又想让世界变得更美好。因此，在 TOMS，"做好事"和"做得好"是携手并进的。为了实现其改变社会的使命，TOMS 必须赚钱。与此同时，该品牌的社会使命为消费者提供了一个强大的理由去购买（见营销实践16-2）。

营销实践 16-2

TOMS："做你想在世界上看到的改变"

如果世界是一个100人的村庄，在这100人中有14人是文盲，20人营养不良，23人喝被污染的水，25人没有住处，33人无法用电，40人没有鞋。大约10年前，这些严酷的事实，尤其是最后一项，给了布雷克·麦考斯基当头一棒。当时他在阿根廷学如何玩马球，练习探戈，并做一些社区服务工作。在那里，光着脚的孩子们因为太穷而没有鞋子穿，这让他很震惊。

因此，他用自己的30万美元投资成立了 TOMS 鞋企业。其创始理念是：对于每一双顾客购买的 TOMS 鞋，企业都会向世界各地有需要的孩子捐赠一双鞋。麦考斯基之前已经创立了5个成功的营利性企业。"但我已经准备好做一些更有意义的事情，"麦考斯基说，"我一直都知道我想帮助别人。现在，是时候做一些不只是为了赚钱的事情了。"麦考斯基记得圣雄甘地所说的："做你想在世界上看到的改变。"

"做好事"是 TOMS 使命中很重要的一部分，但"做得好"同样也是——它毕竟是一家以盈利为目的的企业。在 TOMS，这两个任务是齐头并进的。除了在社会上令人钦佩之外，"买一双捐一双"的概念也是一个不错的商业主张。为了实现社会改变，TOMS 必须赚钱——赚很多钱。与此同时，社会使命为消费者提供了一个强大的购买理由。

"做好事"和"做得好"这两个目标始终在麦考斯基的脑海里徘徊。他从阿根廷回来后，雇用了一名实习生，在他位于加利福尼亚州圣塔莫尼卡的家中阁楼里制作了250双鞋。他把这些鞋塞进三个行李袋，开启了这家初创企业的首次"送鞋"之旅，即回到阿根廷的村庄并送给每个孩子一双鞋。回家后，麦考斯基在《洛杉矶时报》的头条发现了一篇关于其项目的文章。TOMS 只经营了两周，但就在那个下午，他的网站上收到了2 200双鞋的订单。

为了践行企业"买一双捐一双"的承诺，麦考斯基进行了第二次 TOMS 送鞋之旅。与他的新头衔"TOMS 的首席送鞋官"一样，他把15名员工和志愿者带到阿根廷，在那里他们从一个学校到另一个学校，从一个村庄到另一个村庄，送出了1万双鞋。麦考斯基说："我们不仅仅是把鞋子放下，就像这个名字所暗示的那样。我们把鞋子穿在每个孩子的脚上，这样我们就能建立起联系，这是我们品牌的重要组成部分。我们想要给孩子们爱和温暖的感觉与体验。但是当我们送出鞋子的时候，我们也会有这样的感觉。"

如今，TOMS 实际上既"做好事"又"做得好"。TOMS 已经在70多个国家赠送了3 500万双鞋。在"买一双捐一双"的模式下，这意味着 TOMS 的销量已经超过了3 500万双鞋，年收入约为3亿美元。像诺德斯特龙、Neiman-Marcus、Urban Outfitters、亚马逊甚至全食这样的零售商在全美各地都在销售 TOMS。企业也在不断发展壮大。乐观的麦考斯基说："我没有想到它会变得这么大。"

TOMS 的快速成长来自热心消费者的购买，他们购买后还向朋友传播 TOMS 的故事。尽管在

Facebook、Twitter、Pinterest、Instagram、YouTube 和其他社交媒体上都有很强的存在感，但 TOMS 并没有在传统广告和推广上有所投入。相反，忠诚的 TOMS 信徒们非常热情地推销这个品牌。"最终，是我们的顾客推动了我们的成功，"麦考斯基说，"付出不仅会让你感觉很好，而且它实际上也是一种非常好的商业策略，尤其是在当今这个时代。你的顾客成为你的营销人员。"

在这一成功的基础上，TOMS 和麦考斯基现在正在寻找更多的方法来让世界变得更美好。除了"买一双捐一双"的项目（鞋子的礼物），TOMS 已经扩展了它的生产线，包括 TOMS 品牌的眼镜和咖啡。对于每一副被购买的 TOMS 眼镜，该企业会捐赠一副眼镜（光明的礼物）；每买一袋 TOMS 的咖啡，企业就给需要的人捐赠一周的水（水的礼物）。

事实上，麦考斯基断言，TOMS 不仅仅是一家卖鞋的企业，它甚至还从品牌中分离出了"鞋"这个词。相反，他将 TOMS 设想为一个生活方式品牌，销售许多不同的产品，并利用所得款项为社会活动提供资金。麦考斯基说："我想向人们展示，买一捐一不只局限于时尚生活方式领域。它甚至可以用于日常用品。"

TOMS 能扩张多远呢？麦考斯基没有说过，但除了在鞋、眼镜和咖啡品类中使用"买一捐一"商标外，他还试图将这个商标推广到其他的饮料品类中，从啤酒和矿泉水到水果饮料。TOMS 的母企业麦考斯基 LLC 已经注册了 200 多个域名，包括 tomswine.com、tomscreditcard.com、tickettogive.com 和 tomsmortgage.com。麦考斯基甚至尝试规划了麦考斯基连锁咖啡店，在那里人们不仅可以买到 TOMS 的鞋子、眼镜，或者全豆咖啡，还可以订购一种星巴克风格的咖啡饮料。

所有这些听起来都是相当广泛的。但是，麦考斯基解释说，TOMS 的目标顾客已经在寻找负责任的消费方法了。他们在农贸市场买东西，买有机食品和衣服，放弃生日派对，为慈善筹款，买 TOMS 鞋。麦考斯基说，通过扩张，TOMS "带着他们在这条道路上前行，同时可以把捐赠结合进来"。购买了 TOMS 产品的顾客正在通过他们的消费做一些积极的事情。TOMS 的零售营销主管证实说："我们是在赋予人们力量，激励人们，帮助他们看到一种不同方式的生活。"

除了影响消费者购买和看待生活的方式，TOMS 还在改变企业做生意的方式。麦考斯基说："我相信，我们做的事情正在影响着未来数百年的商业发展。"如果模仿者的数量可以表明一些迹象，那么这种变化已经开始了。数十家企业已经采用了 TOMS 的"买一捐一"模式，从瓦尔比帕克（眼镜）、KNO Clothing（为无家可归者提供衣服）和 LSTN（听力恢复耳机）到 One World Futbol（足球）、Smile Squared（牙刷）、Soapbox Soaps（条形和液体肥皂）和 Open Happiness（婴儿服饰和毯子——"一个给爱的人，一个捐赠"）。

麦考斯基说："我的想法是，TOMS 会证明企业家不再需要在赚钱和改变世界之间做出选择。商业、慈善或公共服务并不一定是相互排斥的。事实上，当它们结合起来的时候，它们会变得非常强大。"

资料来源：Stephanie Strom, "Turning Coffee into Water to Expand Business Model," *New York Times*, March 12, 2014, B3; Stacy Perman, "Making a Do-Gooder's Business Model Work," *BusinessWeek Online*, January 26, 2009, www.businessweek.com/smallbiz/content/jan2009/sb20090123_264702.htm; Cotton Timberlake, "Compassionate Consumerism Draws Copycats," *Businessweek*, August 2, 2012, www.businessweek.com/articles/2012-08-02/compassionateconsumerism-draws-copycats; Jeff Chu and Jessica Weiss, "The Cobbler's Conundrum," *Fast Company*, July/August 2013, pp. 98-112; Christopher Marquis and Andrew Park, "Inside the Buy-One Give-One Model," *Stanford Social Innovation Review*, Winter 2014, pp. 28-33; Marco della Cava, "Toms Uses Instagram to Give Away a Million Shoes," *USA Today*, May 5, 2015, www.usatoday.com/story/tech/2015/05/04/toms-using-instagram-to-try-and-giveaway-a-million-shoes/26892739/; and www.toms.com/about-toms#companyInfo and www.toms.com/one-for-one-en, accessed September 2015.

但是，平衡好价值观和盈利并非易事。这些年来，Ben & Jerry's、Timberland、The Body Shop 和 Burt's Bees 等推崇"原则高于利润"的知名企业也曾几度陷入欠佳的财务状况。但是近几年，新一代的社会企业已经涌现，接受过良好培训的管理者明白，想要做好事，就必须首先做好经营、获得盈利。另外，如今具有社会责任感的企业已经不再只是小型企业或具有社会意识的企业家。很多大的成功企业和品牌也采用了对社会和环境负责的使命，如沃尔玛、耐克、星巴克、百事等。

5. 社会营销

根据**社会营销**（societal marketing）的原则，企业在做营销决策时应综合考虑消费者需要、企业利益、消费者和社会的长期利益。企业应该明白，忽视顾客和社会的长期利益是对顾客及社会的伤害。敏锐的企业将社会问题看作机会。

可持续营销需要的是既赏心悦目又有益处的产品。产品的不同之处如图16-4所示。根据产品所带来的即时顾客满意和长期顾客利益，产品可以被分为几类。

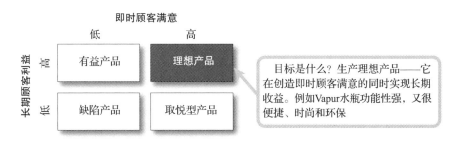

图 16-4　产品的社会分类

缺陷产品（deficient products），例如，难吃且没有什么疗效的药物，它既没有即时的吸引力也没有长期的益处。**取悦型产品**（pleasing products）能带来高的即时满意度，但长期来看可能会损害顾客利益，香烟和垃圾食品就属于这类产品。**有益产品**（salutary products）没有什么即时吸引力，但长期来看可能会对消费者有益，例如骑自行车时戴的头盔和某些保险产品。**理想产品**（desirable products）既能带来高的即时满意度，又有很好的长期利益，例如一顿美味可口又营养丰富的早餐。

理想产品的例子不胜枚举。例如，Vapur生产了一种可重复使用、重量轻、可折叠的水瓶，它功能性强，而且比一次性塑料瓶或不锈钢水瓶更方便、时尚和环保。装满水后，Vapur水瓶可以很容易地被塞进口袋或背包里；而瓶子空的时候，它们可以被卷起来、折叠，或者被压扁后放起来。与此同时，制造和运输这些瓶子的能耗更少，而且与一次性塑料瓶不同，它们不会堵塞垃圾填埋场，也不需要回收。Vapur还将部分销售收入捐赠给了一些组织，如Leave No Trace和环境保护联盟，它自己的"希望项目"每年向世界各地的慈善组织捐赠成千上万的Vapur水瓶。[25]

企业应尽力将其所有产品都变成理想产品。取悦型产品的问题在于它卖得很好，但是最终可能会伤害顾客。因此，这类产品的机会在于在保留产品取悦顾客的特性的同时增加其长期利益。有益产品的挑战在于增加一些取悦顾客的特征以使消费者更能接受它。

例如，百事最近聘请了一个由世界卫生组织前主管领导的"理想主义科学家"团队，来帮助企业创造更有吸引力的新型健康产品，并让不好的产品变得没那么差。到2020年，百事想让其健康产品成为价值300亿美元的业务。这个团队由医生、博士和其他的健康拥护者组成，并由百事负责全球健康政策的副总裁领导。他们正在寻求更健康的原料，用以制作多种产品，减少糖、盐和脂肪的含量，并保持原有产品的口味。例如，自从组建了这个团队，百事Frito-Lay将其薯片中的盐分减少了25%。同时，为了减少热量，它在纯果乐Trop50橙汁和佳得乐G2中使用零卡路里的纯糖精。最近，该企业将人造甜味剂阿斯巴甜换成了天然、无热量的蔗糖素。百事的营养业务收入现在占其年净营收的20%，每年超过130亿美元。[26]

16.4.2　营销道德

良好的营销道德规范是可持续营销的基础。从长远来看，不道德的市场营销行为会伤害顾客和整个社会的利益。而且，最终它会毁掉企业的声誉和效率，进而危及企业的生存。因此，只有实施符合道德规范的市场营销行为才能实现可持续营销，达到维护长期顾客关系和企业利益的目的。

有良知的营销人员面临着许多道德困境，最好的选择往往是不明确的。由于并非所有的管理者都具有高尚的道德观，因此，企业需要制定营销道德政策，即企业所有员工都必须遵守的广泛准则。这些政策应涉及分销商关系、广告标准、顾客服务、定价、产品开发和一般道德规范等。

再细致的准则也不能解决营销人员面临的所有道德困境。表16-1列出了营销人员职业生涯中可能遇到的一些道德困境。如果营销人员在所有这些情况下都采取立即产生销售增长的行为，他们的营销行为可能被认为是不道德的甚至是不分是非的。但如果拒绝顺应这些行为，他们就可能会被看作没有效率的营销经理，并且会因为持续承受道德压力而感到沮丧。管理者需要一系列原则来帮助其在各种情况下确定道德的重要性，并决定自己能在良知的路上走多远。

表16-1 营销中的一些道德困境

1. 公司的研发部对产品做了细微的修改，这并不是真正的"创新和改进"，但你知道将这个声明印在包装上会增加销量，你会怎么做
2. 公司要求你在产品线中增加一个简装型号，用它打广告以吸引客户进店。这种产品的质量并不好，但是销售人员能把顾客引向高价的产品系列。公司要求你对这种简装版本的产品放行，你会怎么做
3. 你正在考虑雇用一位刚刚从竞争对手公司离职的产品经理，他会很乐意告诉你竞争对手来年的所有计划。你会怎么做
4. 公司在某重要区域的一位主人分销商最近遇到了家庭问题，他的业绩因此下滑了，他似乎还需要一段时间才能从家庭困境中走出来。同时你的销量正大幅减少。从法律上讲，根据渠道成员的表现，你可以终止他的特许权并替换他，你会怎么做
5. 你有机会赢得一笔很大的交易，这对于你个人和公司都十分重要。采购商暗示一件"礼物"会影响决策。你的助理建议送一台大屏幕电视到采购人的家里，你会怎么做
6. 你听说一位竞争对手将增加一项新的产品特征，这将大大影响销量。竞争者将在年度贸易展览的私人分销商会议上展示这项新特征。你可以轻而易举地派出一个刺探者参加这个会议并了解此项新特征。你会怎么做
7. 你必须在经销商列出的三项广告活动中做出选择：①软性促销，据实以告的活动；②运用带有性别色彩的感情手段并夸大产品的利益；③引入一种嘈杂甚至有点恼人的商业行为，它必须引起观众的注意。经验表明广告效果的排序如下：③②①，你会怎么做
8. 你正在为销售员职位面试一名能力出众的女性应聘者。她比你刚刚面试的男性更胜任此职位。然而，你知道在你们这个行业中一些重要的顾客更愿意和男性打交道。如果雇用她，你将会丧失一些客户，你会怎么做

但在道德和社会责任问题上，到底应当用什么样的原则来引领企业和营销管理人员？一种观点是这类问题应当由自由市场和法律体系共同决定。在这种原则的指导下，企业及其管理者没有责任做出道德判断。企业可以在市场和法律体系允许的范围内采取任何行动而不用心怀内疚。

然而，历史上出现过很多合法但极不负责任的企业行为。另外一种观点将责任放置于每家企业及其管理者手中，而非市场和法律体系。这种更明智的观点认为，企业应当具备社会良知。企业及其管理者在进行决策时应采用高标准的道德规范，不论"系统允许做什么"。

每家企业和每位管理者都应形成一套关于社会责任和道德行为的标准。根据社会营销原则，每位管理者都应站在高出合法和法律所允许的界限的高度，根据个人诚信、企业良知及顾客长远福利来制定标准。

以开放而坦率的态度来处理道德和社会责任相关的问题，将有助于建立和维持立足于诚实与信任之上的稳固的顾客关系。再次以强生为例，它是我们熟悉的家居产品制造商，它的品牌包括Pledge、Shout、清洁剂、Ziploc和Saran Wrap等。强生深信："诚信是我们DNA的一部分。从1886年起，这就是我们品牌的发展方式。"基于这种信念，企业有一项长期的传统，即做正确的事，即使是以牺牲销售为代价的。其中一个例子是Saran Wrap，它是长期的市场领导者，也是强生最知名、最大的品牌之一。[27]

50多年来，Saran Wrap使用聚偏二氯乙烯（PVDC）进行生产，这种材料主要有两个特征：超强的气味阻隔性和卓越的微波能力。如果没有PVDC，Saran Wrap将不会比Glad和Reynolds的包装更好，因为它们不含有PVDC。然而，21世纪初，监管机构、环保人士和消费者开始对含有氯的物质表示担忧，特别是聚氯乙烯（PVC）。事实上，强生自己的绿色列表分析——根据其对环境和人类健康的影响来评估产品成分——证实了PVC的危害，该企业迅速承诺将其产品和包装上的PVC去掉。

但是，强生采取了更进一步的措施。2004年，该企业还淘汰了PVDC，尽管这一重要成分尚未受到严格审查。该企业开发了一种无聚乙烯的PVDC产品，这是一种公认的不那么有效的产品。果然，Saran Wrap的市场份额从2004年的18%下降到2015年的11%。然而，多年来，尽管这样的决定有时会损害销售，但它们帮助强生赢得并维持了顾客的信任。"我不后悔这个决定，"强生的CEO说，"尽管付出了代价，但这是正确

的做法，而且……因为它，我晚上睡得更好。我们更清楚地认识到我们是一家企业，以及我们想让强生代表什么。"

正如环境保护主义一样，道德问题为国际营销人员带来了特殊的挑战。国与国之间的商业标准和行为相差很大。例如，贿赂和回扣对于美国企业来说是违法的，超过 60 个国家都签署或认可一系列反对贿赂和回扣的协议。但贿赂和回扣在许多国家仍是正常的商业行为。据世界银行统计，全世界每年约有超过 1 万亿美元的行贿总额。[28] 这就产生了一个问题，即企业是否需要在道德标准低的国家降低其道德水平以进行有效竞争。答案是否定的，企业应当在全球采用同一套道德标准。

许多行业和专业协会曾提出过道德准则，并且许多企业现在也正采用它们自己的准则。例如，美国营销协会（一个由营销管理者和学者组成的国际性协会）制定出了一套道德准则，呼吁营销人员遵守以下道德规范。[29]

- 不伤害。这意味着营销人员在做出选择时应采取高道德标准，并遵守所有适用的法律法规，有意识地避免伤害性的行为或疏忽。
- 在营销系统中培育信任。这意味着营销人员需要努力争取良好的信用和进行公平交易，以此提高交换过程中的效率，并在产品设计、定价、沟通、传递或分销过程中避免欺骗。
- 信奉道德价值观。这意味着营销人员需要强调诚实、责任、公平、尊重、开放和公民意识等核心价值观，以此建立顾客关系和促进顾客对营销建立信心。

企业也在向其管理者强调道德规范的重要性，并帮助他们做出适当的回应。它们举办道德研讨会和讨论组，创建道德委员会。另外，多数大型美国企业已经任命了高级别的道德主管来管理相关的道德事宜，帮助解决雇员面临的道德问题和担忧。大多数企业都建立了自己的道德行为准则。

Google 是一个很好的例子，其官方的行动守则将"不做坏事"的座右铭落实在了行动上。行动守则的核心十分简单：Google 的员工必须执行最高标准的商业道德行为准则，以此获取用户的信心和信任。Google 的行动准则"涉及让用户无偏差地接触到其想要的信息，关注他们的需求，尽我们所能为他们提供最好的产品和服务。但更宽泛地讲，这也意味着要做好正确的事——遵守法律，行事正直，尊重每一个人"。

Google 要求自己的全部员工，不论董事会成员还是新员工，都以身作则，实践其行为准则的条款和精神，并鼓励其他员工也这样做。一旦发现违反行为准则的情况，它鼓励员工向其直接领导或人力资源代表反映，或者拨打"道德诚信热线"。Google 的行为准则要求："如果你有任何问题，或者认为你的同事或整个企业有悖于我们的承诺，请不要保持沉默。我们想要，也需要你告诉我们。"[30]

即便如此，纸面上的准则和道德标准并不能确保道德行为的发生。道德和社会责任感需要整个企业的用心及投入，它必须是整个企业文化的一部分。正如 Google 行为准则所总结的："描绘出所有我们可能会面临的道德场景是不可能的。相反，我们需要依赖于大家良好的判断力，以履行和维持我们对自己及整个企业在道德诚信上的高标准。记住，不要做坏事。如果你看到一些不正确的事，说出来！"

16.4.3 可持续的企业

市场营销的基石是这样一种信念：能够满足顾客需求和欲望的企业将会发展繁荣，而无法满足顾客需求或有意无意地损害了顾客、社会中的其他人或后世子孙利益的企业将走向衰败。

一位观察者说道："可持续性是一个新兴的商业浪潮，就像电气化和大规模生产一样，会深刻地影响企业的竞争力甚至企业的生存。"另一位观察者说道："逐渐地，对企业和领导的评估将不能只停留在短期结果上，还需要考虑其行为对社会福利的影响。数年来这种趋势已有所体现，而现在却开始爆发了。所以，拿起装有价廉物美的咖啡的可回收的杯子，并做好准备吧。"[31]

可持续的企业可以通过实施对社会、环境和道德负责的行为来为顾客创造价值。可持续营销并不只是关注当今顾客的需求和欲望，还要关注未来的顾客，以确保企业、股东、员工，以及他们赖以生存的世界得以生存和成功。这意味着可持续营销的使命是三重的，即人、地球、利润。在可持续营销中，企业可以通过为顾客创造价值而从顾客那里获得价值回报，从而建立起可盈利的顾客关系——无论是现在还是未来。

我的营销实验室

如果你的老师布置了这项任务,请完成MyLab的问题讨论部分带有星号的问题。要完成本章的数字营销问题,请查看MyLab中的作业。

章节回顾和批判性思维

目标回顾

在本章中,我们讨论了许多重要的可持续营销概念,这些概念与营销对个体消费者、其他企业和整个社会的广泛影响有关。可持续营销需要对社会、环境和道德负责任的行为,这些行动不仅为当代消费者和企业带来价值,还为后世子孙及社会整体带来价值。可持续的企业通过实施负责任的行为来为顾客创造价值,以便现在或将来从顾客那里取得价值回报。

1. 定义可持续营销并讨论其重要性

可持续营销要求在满足当代消费者和企业需求的同时保证或增强后世子孙满足自身需求的能力。营销观念认为,只有满足了消费者日常需求的企业才会繁荣,而可持续营销呼吁企业实施对社会和环境负责任的行为,在此基础上满足消费者及企业当前和将来的需求。真正的可持续营销需要一个平稳运行的市场营销系统,在这个系统中,消费者、企业、公共政策制定者及其他相关方通力合作,以保证负责任的营销行动。

2. 识别对营销的主要社会批评

营销对个体消费者福利的影响一直因其高价格、欺骗性行为、高压销售、次品或不安全的产品、故意过时及针对弱势消费者的低劣服务而受到批评。营销对社会的影响因其创造虚假的需求和过度的物质主义、公共商品太少和文化污染而受到批评。评论者还因以下原因批评营销对其他企业的影响:伤害竞争者、通过并购减少竞争、制造进入障碍的行为以及不公平竞争等营销行为。这些批评有些是有根据的,有些是没有什么道理的。

3. 定义消费者保护主义和环境保护主义,并阐明它们如何影响营销战略

对市场营销系统的关注导致了公众运动。消费者保护主义是一种有组织的社会运动,旨在增强消费者相对于卖方的权利和力量。敏锐的营销人员将其看成一个机会,通过为消费者提供更多信息、教育和保护来更好地服务于他们。环境保护主义也是一种有组织的社会运动,旨在最小化营销实践对环境和生活质量所造成的伤害。大多数企业正担负着不伤害环境的责任。如今的企业大都采用环境可持续性政策——开发那些既可保护环境又能为企业创造利润的战略。消费者保护主义和环境保护主义是可持续营销的重要组成部分。

4. 描述可持续营销的原则

许多企业一开始反对这些社会活动和法律,但是如今它们大多已经认识到其需要积极的消费者信息、教育以及保护。根据可持续营销的理念,企业的营销活动应当为营销系统取得最佳长期绩效提供支持。可持续营销应当受到以下五项基本营销原则的指导:顾客导向营销、顾客价值营销、创新营销、使命感营销和社会营销。

5. 解释营销中道德规范的作用

企业越来越多地需要对制定道德政策和纲领方面的需求做出响应,以帮助其管理者处理有关营销道德的问题。当然,即使是最好的纲领也无法解决个人和企业所面临的一切困难的道德决定。不过,确实有一些原则可供营销人员选择。一项原则认为,这类问题应该由自由市场和法律系统共同决定。另一项原则更加开明,它将责任归咎于每个企业及其管理者身上而非整个市场和法律体系。每家企业和营销经理都应形成一套关于社会责任和道德行为的标准。根据可持续营销原则,管理者应根据个人诚信、企业良知及顾客的长期利益来制定高标准,而不只是看什么是合法的或被法律所允许的。

关键术语

可持续营销（sustainable marketing）：这是一种对社会和环境负责的营销方式，即在满足消费者和企业现有需求的同时，维持和提高满足后代需求的能力。

消费者保护主义（consumerism）：由市民或政府机构参与和组织的运动，目的是改善购买者相对于销售方的权利和力量。

环境保护主义（environmentalism）：由有关市民、企业、政府机构组织和参与的活动，旨在保护和改善人类目前和将来的生存环境。

环境可持续性（environmental sustainability）：主张制定能够同时兼顾环境保护和企业利润的战略的管理方法。

顾客导向营销（consumer-oriented marketing）：这种思想认为，企业应该从消费者的角度看待和组织市场营销活动。

顾客价值营销（customer value marketing）：一种主张企业应该把大部分资源投入到创造顾客价值活动中的营销思路。

创新营销（innovative marketing）：企业需要寻求真正的产品改进和营销提升。

使命感营销（sense-of-mission marketing）：企业应从更广阔的社会角度，而不是狭隘地从产品出发，定义其使命。

社会营销（societal marketing）：在做营销决策时综合考虑消费者需要、企业利益、消费者和社会的长期利益的可持续营销原则。

缺陷产品（deficient products）：既没有即时的吸引力也不能带来长期利益的产品。

取悦型产品（pleasing products）：能给予顾客高度的即时满意感，但长期来看可能会损害顾客利益的产品。

有益产品（salutary products）：即时吸引力低，但长期而言对消费者有益的产品。

理想产品（desirable products）：既有很高的即时吸引力又有长期利益的产品。

问题讨论

*1. 什么是可持续营销？解释可持续营销观念与营销观念、社会营销观念有哪些不同。

2. 故意过时是什么？营销人员如何应对这种批评？

*3. 营销人员如何应对营销所引发的虚假需求和鼓励物质主义的批评？

4. 营销行为是如何创造对其他企业有潜在伤害的进入障碍的？这些进入障碍对消费者有利还是有弊？

5. 什么是环境可持续性？企业应该如何衡量它们在实现环境可持续性方面的进展？

批判性思维练习

1. 本章讨论了麦当劳如何回应对其没有社会责任的批评。找其他例子来说明营销人员是如何回应社会对他们的产品或市场行为的批评的。

*2. 欺骗性广告损害了消费者和竞争者的利益，美国联邦贸易委员会也加大了对此的打击力度。讨论最近由美国联邦贸易委员会调查的一个欺骗性广告的例子，以及由行业自律组织——美国国家广告部（NAD）调查的一个案例。

3. 以小组为单位，讨论表16-1中提出的营销中的道德难题。哪一种道德哲学指导你在每种情况下的决定？

 **小型案例及应用**

在线、移动和社交媒体营销

青少年和社交媒体

Facebook改变了它的政策，即现在允许青少年公开发帖。在此之前，13～17岁用户的帖子能被他们的"朋友"和"朋友的朋友"看到。但现在，如果青少年选择公开发帖，他们的帖子就可以被网上的任何人看到。Twitter 是在青少年中非常流行的另一个社交媒体，它允许包括青少年在内的任何用户公开分享 Tweet。但是，由于 Facebook 的覆盖面很广，隐私倡导者非常关注这一最新进展，尤其是涉及青少年的安全问题。网上"捕食者"和霸凌是年轻人面临的真正的安全问题。对 Facebook 这项决策的其他批评归根结底还是钱的问题，批评者认为这种改变只是为了从孩子们身上赚钱。Facebook 可以为广告商提供其所想要触及的年轻受众。Facebook 为自己的行为进行了辩护，称政策的变化是由于青少年想要公开发表自己的帖子，主要是为了筹款、推广体育运动和其他学生组织的课外活动。Facebook 还增加了一些防范措施，比如在青少年公开发布信息之前弹出警告信息："只有朋友才能看到"，这是默认设置，青少年想要公开发布信息的话必须对其进行更改。

1. Facebook 的行为是负责任的吗？还是仅仅像批评者所说的那样，试图从孩子身上赚钱？

2. 想出一些有创意的方法，使得营销人员可以在 Facebook 上接触到更年轻的受众，同时又不会冷落他们的父母。

营销道德

价格交易？

凯马特为低收入消费者提供了一个先租后买的项目，并对其收取一定的费用。由租用到自有这种方式并不新鲜——像 Aaron's 和 Rent-A-Center 这样的连锁店已经按这种方式运营了很多年，但是对于一个主流零售商来说，这还是一个新鲜事。凯马特母公司西尔斯控股也推出了类似的项目，根据一位企业高管的说法，它满足了新顾客未被满足的需求。一些批评人士说，这只是在鼓励即时满足和剥削弱势消费者。这些顾客不具备信用条件，也没有足够的现金直接购买其想要的产品，比如电视机和其他大件商品。然而，一台售价 300 美元的电视机，如果通过凯马特的这个项目购买，在租赁期结束时需要花 415 美元。一位专家计算，如果消费者在租赁期间只付最小还款额，那就相当于每年收取 117% 的年利率。西尔斯的发言人辩解称，相对于其他先租后买的项目而言，他们能更好地为消费者服务，因为他们不会在商品正常标价的基础上进一步加价，并将租赁期间限制在 18 个月之内，而国内其他的租赁连锁店的价格更高且租期从 2 年到 4 年不等。

1. 西尔斯和凯马特是在剥削弱势消费者吗？解释原因。

*2. 低收入消费者通常没有银行账户和信用卡。描述一些金融机构如何试图满足这些"没有银行账户"的消费者的需求。

数字营销

可持续发展的成本

克罗格，这个美国国内首屈一指的食品杂货连锁店，在其商店里添加了一系列自有品牌的有机和天然食品，并称之为"简单的真理"。如果你给有机食品定过价，你会发现它们的价格更高。例如，在克罗格，一打传统养殖的 A 等级鸡蛋售价 1.70 美元，而"简单的真理"鸡蛋的价格是每打 3.5 美元。一项研究发现，总的来说，有机食品的平均价格比传统食品高出 85%。然而，如果价格过高，消费者将不会购买有机食品。可持续发展的一个要素是有机农业，它的成本比传统农业要高得多，并且更高的成本转嫁到了消费者身上。假设生产传统鸡蛋的农民每年的固定成本是 100 万美元，但是生产有机鸡蛋的固定成本是其 3 倍。进一步假设有机农场主的可变成本是每打 1.8 美元，是传统农民可变成本的两倍。

1. 大多数大型农场主直接向零售商出售鸡蛋。使用克罗格的价格，如果克罗格的边际利润是零售价的 20%，那么农场主向零售商销售传统和有机鸡蛋的价格分别是多少呢？

2. 一个传统鸡蛋农场主要卖多少打鸡蛋才能达到收支平衡？有机鸡蛋农场主需要卖多少打鸡蛋才能收支平衡？

视频案例

Honest Tea

2014年，可口可乐旗下的品牌Honest Tea在全球的营收达到1.3亿美元。Honest Tea这个品牌得以创立是因为联合创始人瑟斯·高德曼不喜欢便利店冷饮机提供的瓶装茶。因此，在一位教授的帮助下，他推出了Honest Tea，这是美国第一个完全有机的瓶装茶。

但是驱使企业走向成功的并不是赚多少利润，而是想要改变世界的愿望。随着社会责任深入其商业模式中，Honest Tea着手帮助改善贫困国家的经济结构。Honest Tea从美洲原住民和南非的农民手中购买原料，并向他们提供资金，以帮助他们自力更生。尽管自2011年以来，Honest Tea一直是可口可乐企业的全资子企业，但它继续按照创始人所创建的社会责任原则运作。

在观看了以Honest Tea为主题的视频后，回答以下问题：

1. 请尽可能多地列举Honest Tea是如何对抗市场上常见的社会批评的。
2. Honest Tea是如何进行可持续营销的？
3. 基于它在做好事方面的所有努力，Honest Tea还能继续做好吗？解释一下。

我的营销实验室

如果你的老师布置了这项任务，请到MyLab的作业中完成以下写作部分。

1. 什么是消费者保护主义？消费者有什么权利？为什么有些评论家认为购买者需要更多的保护？
2. 讨论可能指导市场营销人员解决道德问题的哲学思想。

附录 A 公司案例

附录 A 中公司案例的内容,请扫描下方二维码。

附录 B　营销计划

附录 B 中营销计划的内容，请扫描下方二维码。

附录 C 数字营销

附录 C 中数字营销的内容,请扫描下方二维码。

附录 D　市场营销职业

附录 D 中市场营销职业的内容，请扫描下方二维码。

术 语 表

adapted global marketing 适应性全球营销 一种国际化的市场营销方式,针对每个国际目标市场调整营销战略和组合要素,这种方式会增加成本,但会带来更大的市场份额和回报。

administered VMS 管理式垂直营销系统 通过渠道成员中一方的实力和规模,协调生产和分销各个环节的垂直营销系统。

adoption process 采用过程 个体从第一次听到某种创新产品到最后采用的思想过程。

advertising 广告 由特定的赞助商出资,对理念、商品和服务进行的非人员展示和促销。

advertising agency 广告代理 帮助企业计划、准备、执行和评价所有或部分广告项目的营销服务企业。

advertising budget 广告预算 为产品或企业的广告活动分配的资金或其他资源。

advertising media 广告媒体 将广告信息传递给目标受众的载体的统称。

advertising objective 广告目标 拟在特定时间内对特定目标群体完成的具体沟通任务。

advertising strategy 广告策略 企业实现其广告目标的策略,包括两个主要部分:确定广告创意和选择广告媒体。

affordable method 量入为出法 管理层根据企业的财务承受能力确定促销预算。

age and lifecycle segmentation 年龄和生命周期细分 把市场分为具有不同年龄和不同生命周期的群体。

agent 代理商 在相对稳定的基础上代表买方或卖方利益的批发商,执行部分分销功能,但并不拥有对商品的所有权。

allowance 补贴 制造商支付给零售商的资金,用于补贴后者在产品促销方面所做的工作。

approach 接触顾客 销售过程中销售人员第一次与顾客接触的阶段。

attitude 态度 一个人对某事物或观念所持有的一贯好或不好的评价、感觉和倾向。

baby boomers "婴儿潮"一代 从第二次世界大战后至1964年之间出生的7 800万人口。

behavioral segmentation 行为细分 根据消费者的知识、态度、产品使用和反应,把市场分为不同的细分市场。

behavioral targeting 行为定位 通过使用消费者在线跟踪数据,向特定消费者定向投放广告和营销刺激。

belief 信念 一个人对某事物所持有的描述性思想。

benefit segmentation 利益细分 根据消费者从产品上寻求的不同利益细分市场。

big data 大数据 由当今复杂的信息产生、收集、存储和分析技术而产生的巨大而复杂的数据集。

blog 博客 个人和企业发表想法和其他内容的在线媒体,这些内容通常是具体的话题。

brand 品牌 将某个卖方的产品或服务与其他竞争者的产品或服务相区分的名称、术语、标记、符号或图像,或这些元素的任意组合。

brand equity 品牌资产 知晓品牌名称导致的消费者对产品及其营销有差别的、正面的反应。

brand extension 品牌延伸 将一个现有的品牌名称延伸至新的产品类别。

brand value 品牌价值 一个品牌的总财务价值。

branded community web site 品牌社区网站 通过呈现品牌内容吸引消费者参与,围绕品牌建立顾客社区的网站。

break-even analysis 盈亏平衡分析 根据特定的价格和成本结构,确定实现盈利所需要的销售量和销售额的分析方法。

break-even pricing(target return pricing) 盈亏平衡定价法(目标利润定价法) 把价格设在收支平衡点上以抵消生产和营销产品的成本,或根据拟获取的目标利润确定价格。

broker 经纪人 不拥有商品所有权的批发商,其功能是将买方和卖方集中在一起并协助谈判。

business analysis 商业分析 对某个新产品的销量、成本与利润进行分析和预估,以便确定这些因素能否满足企业的目标。

business buyer behavior 商业购买者行为 购买产品和服务用于其他产品和服务的生产、销售、出租的组织购买行为。

business buying process 商业购买过程 商业购买者决定其组织需要购买的产品和服务,然后寻找、评价和选择供应商和品牌的过程。

business portfolio 业务组合 构成企业的业务和产品的集合。

business promotions 产业推广 用于发现销售线索、刺激购买、回馈顾客以及激励销售人员的促销工具。

buying center 采购中心 在购买决策过程中起作用的所有集体和个人。

by-product pricing 副产品定价 设定一个副产品的价格,从而使得主产品的价格更具有竞争力。

cannibalization 侵蚀效应 某企业出售的一种产品吞噬了一部分其他企业该产品销售收入的情形。

captive-product pricing 附属产品定价 为那些需要和主产品一起使用的产品定价,例如刀片之于剃刀,胶卷之于照相机。

catalog marketing 目录营销 通过邮寄、店内发放或在线发送印刷品、视频或电子目录给选定的顾客进行的直接营销。

category killer 品类杀手 经营特定品类的丰富商品的大型专营店。

causal research 因果性调研 用来检验因果关系假设的市场研究。

chain ratio method 连锁比率法 通过在一个基数上乘一系列调整百分比来估计市场需求的方法。

channel conflict 渠道冲突 营销渠道成员之间在目标、角色和回报,即谁应该做什么、得到什么回报等方面的分歧。

channel level 渠道层级 使得产品及其拥有权更加接近最终使用者的中介层。

closing 达成交易 销售过程中销售人员与顾客签订订单的阶段。

co-branding 联合品牌 把两个不同企业的已有品牌用于同一产品上。

cognitive dissonance 认知失调 由购后冲突引起的购买者不安。

commercialization 商品化 将新产品引入市场。

communication adaptation 沟通适应 一种全球化的沟通策略,把广告信息完全本地化,传达给顾客。

competition-based pricing 基于竞争的定价法 根据竞争者的战略、价格、成本和市场供应品确定价格。

competitive advantage 竞争优势 通过更低的价格,或向消费者提供更多的利益以支持高价,从而为消费者创造更大价值而获取的相对于竞争者的优势。

competitive marketing intelligence 竞争性营销情报 对有关消费者、竞争对手以及营销环境变化的公开信息进行的系统收集和分析。

competitive-parity method 竞争对等法 根据与竞争者的支出相匹配的原则确定促销预算。

concentrated (niche) marketing 集中(利基)营销 企业追求在一个或几个细分(利基)市场上占有较大份额的市场覆盖战略。

concept testing 概念测试 用目标消费者测试新产品概念,看看这些产品概念能否吸引消费者。

consumer buyer behavior 消费者购买行为 指最终消费者,即个人和家庭,为了个人消费而购买产品和服务的行为。

consumer market 消费者市场 所有购买或获得产品和服务并用于个人消费的个人和家庭。

consumer product 消费品 最终消费者购买并用于个人消费的产品。

consumer promotions 消费者促销 用于促进消费者短期购买或者改进顾客长期关系的促销工具。

consumer-generated marketing 消费者自发营销 消费者自发形成的品牌交流,消费者在自己和其他消费者品牌体验的形成中扮演越来越重要的角色。

consumer-oriented marketing 顾客导向营销 这种思想认为,企业应该从消费者的角度出发,看待和组织市场营销活动。

consumerism 消费者保护主义 由市民或政府机构组织的运动,目的是提高购买者相对于销售方的权利和力量。

content marketing 内容营销 创造、激励和分享品牌信息,以及与消费者之间的交流,包括付费、拥有、获得和共享渠道的整合。

contract manufacturing 合同制造 企业通过与国外的制造商签订合约,来生产产品或提供服务的一种合资方式。

contractual VMS 契约式垂直营销系统 由处于生产和分销环节上不同层级、相互独立的企业通过合同组织在一起的垂直营销系统。

contribution margin 边际贡献 单位贡献除以售价。

convenience product 便利产品 消费者频繁和随时购买的消费品,消费者在购买这类产品时付出很小的比较和购买努力。

convenience store 便利店 靠近居民区，七天都营业并且每天营业时间很长的小商店，销售有限的、周转快的便利品。

conventional distribution channel 传统分销渠道 包含一个或多个独立的制造商、批发商、零售商的渠道。每一独立的环节都会最大化自己的利润，甚至不惜以牺牲渠道整体利益为代价。

corporate chain 企业直营连锁店 企业拥有和控制的两个或多个零售店。

corporate VMS 企业式垂直营销系统 在一个所有者名下将生产和分销环节连接起来的垂直营销系统，渠道的领导权是通过组织的所有权建立的。

cost-based pricing 基于成本的定价法 基于产品生产、配送和销售环节的成本，考虑回报率和风险的一种定价方法。

cost-plus pricing（makeup pricing）成本加成定价法（加成定价法） 在产品成本上增加标准的毛利率以确定售价。

creative concept 创意概念 用一种独特且易记的方式，赋予广告策略极大活力的"高见"。

crowdsourcing 众包 邀请大众，包括顾客、员工、独立科学家和研究人员等，参与新产品的创造过程。

cultural environment 文化环境 影响社会基本价值、感知、偏好和行为的制度和其他力量。

culture 文化 社会成员从家庭、其他重要的机构所学到的一套基本的价值、感知、欲望和行为。

customer-perceived value 顾客感知价值 相对于其他竞争产品或服务，顾客对某产品或服务所带来的总利益与总成本之间差额的评价。

customer(or market)sales force structure 顾客（或市场）销售队伍结构 专门销售给特定顾客或行业的销售人员组织。

customer equity 顾客资产 企业所有顾客终身价值的总和。

customer insights 顾客洞察 从市场信息中获得的关于顾客和市场的新见解，这些见解成为建立顾客价值和顾客关系的基础。

customer lifetime value 顾客终身价值 顾客终身惠顾所带来的购买总价值。

customer relationship management 顾客关系管理 通过给顾客提供较高的价值和满意度建立和保持可盈利的顾客关系的整个过程。

customer satisfaction 顾客满意 消费者所感知的产品绩效与其期望相符合的程度。

customer value marketing 顾客价值营销 一种主张企业应该把大部分资源投入到创造顾客价值活动中的可持续营销思路。

customer value-based pricing 基于顾客价值的定价法 根据购买者的价值感知而不是销售者的成本进行定价的方法。

customer-centered new product development 以顾客为中心的新产品开发 专注于以新方法解决顾客问题并创造顾客满意体验的新产品开发。

customer-engagement marketing 顾客参与营销 在塑造品牌对话、体验和社区的过程中，通过促成顾客直接和持续的参与，使品牌成为消费者对话和生活的一部分。

decline stage 衰退阶段 销量逐步下降的产品生命周期阶段。

deficient products 缺陷产品 既没有即时的吸引力也不能带来长期利益的产品。

demand curve 需求曲线 显示与不同价格水平相对应的特定时间内市场购买量的曲线。

demands 需求 有购买力支持的人类需要。

demographic segmentation 人口统计细分 以人口统计变量为基础划分细分市场，如年龄、性别、家庭规模、生命周期阶段、收入、职业、教育、宗教、种族和国籍。

demography 人口统计学 对人口规模、密度、居住地、年龄、种族、职业和其他统计指标的研究。

department store 百货商店 销售广泛的各种各样的产品线的零售机构，通常包括服装、家具和家用物品，每个不同的部门由专门的采购人员负责。

derived demand 衍生需求 从消费者产品需求中衍生出来的商业需求。

descriptive research 描述性调研 为了更好地描述市场营销问题、形势或市场而进行的市场研究，比如研究一个产品的市场潜力或消费者的人口统计特征和态度。

desirable products 理想产品 既有很高的即时吸引力又有长期利益的产品。

differentiated（segmented）marketing 差异化（细分）营销 定位于不同的细分市场，并为每个细分市场制定不同方案的市场覆盖战略。

differentiation 差异化 使市场供给品与竞争者的不同，以创造更大的顾客价值。

digital and social media marketing 数字和社交媒体营销 通过消费者的电子设备，借助网站、社交媒体、手机App和广告、在线视频、电子邮件、博客等数字营销工具，随时随地吸引消费者。

direct and digital marketing 直接和数字营销 直接与个

人消费者和顾客群体建立密切联系，从而既能获得即时的反馈，也能建立长久的顾客关系。

direct investment 直接投资 通过在国外投入生产线或生产设备进入国外市场。

direct marketing channel 直接分销渠道 没有中间环节的市场营销渠道。

direct-mail marketing 直邮营销 通过给潜在顾客邮寄信件、广告、样品和其他资料而进行的营销。

directresponse television（DRTV）marketing 电视营销 通过电视进行的直接营销，包括直接电视广告销售和家庭购物频道。

discount 折扣 对在指定时间内购买或大量购买的消费者给予直接的价格优惠。

discount store 折扣店 以较低的价格销售标准产品，以降低利润换取更大销量的零售机构。

disintermediation 中间商弱化 在营销渠道方面，产品或服务生产商将逐渐绕过中间商，或者用全新的渠道中介形式取代传统的经销商。

distribution center 配送中心 接收来自各种工厂和供应商货物的高度自动化大型仓库，能够接受并有效率地处理订单，最后将货物尽快地送到顾客手中。

diversification 多元化 企业通过在现有产品和市场范围之外开办或者收购新业务，以获得成长的战略。

dynamic pricing 动态定价 依据不同的顾客或购买情境对价格进行调整。

e-procurement 电子采购 通过电子方式联系买家和卖家的一种采购方式，通常是在线采购。

economic community 经济共同体 由为了共同目标而在国际贸易中进行协调的一些国家或地区所组成的群体。

economic environment 经济环境 影响消费者购买力和消费方式的经济因素。

email marketing 电子邮件营销 通过电子邮件发送具有高度精准目标、高度个性化、建立市场关系的信息。

environmental sustainability 环境可持续性发展 制定能够使全球经济永续发展的战略与实践。

environmentalism 环境保护主义 由有关市民、企业、政府机构组织的，旨在保护和改善人居环境的运动。

ethnographic research 人种志研究 一种研究者在"自然状态"下对消费者进行观察并与他们交流互动的观察研究方法。

event marketing（or event sponsorship） 事件营销（或事件赞助） 发起品牌营销事件或为他人发起的活动提供赞助。

exchange 交换 用一些东西从别人那里换取自己所需物品的行为。

exclusive distribution 独家分销 给予少数几个零售商在其地域内独家销售企业产品的权利。

execution style 执行风格 表达广告信息的方式、风格、基调、语言和形式。

experimental research 实验法 一种搜集原始数据的研究方法。该方法选定随机分组的研究对象，给予他们不同的实验条件，控制相关因素，然后检查他们所做出反应的差别。

exploratory research 探索性调研 为了定义问题和提出假设而收集初步信息的营销研究。

exporting 出口 通过销售企业在本国制造的产品进入国外市场的方式，通常这些产品会稍微做些改动。

factory outlet 工厂直销店 一种由制造商所有并运营的低价零售业务，通常销售的是制造商过剩的、已停产的或非常规的产品。

fad 热潮 一种来得很快的潮流，被人们狂热地追求，迅速达到高潮后又很快消退。

fashion 时尚 当前在某个领域中被人们接受或者流行的风格。

fixed costs 固定成本（固定费用） 不随产量和销量变化的成本。

focus group interview 焦点小组访谈 邀请6～10个被访谈对象聚集在一起，在经过培训的访谈人员的组织下就某个产品、服务或组织展开面对面的讨论，在讨论中访谈人员负责引导大家聚焦于一些重要问题。

follow-up 跟进与维持 这是产品销售的最后一步，销售人员在产品卖出后回访顾客，以保证顾客满意和再次购买。

franchise 特许经营 制造商、批发商或者服务机构（许可方）与独立的商人（被许可方）之间的一种合同关系。被许可方购买拥有或经营一项或多项业务单位的权利。

franchise organization 特许经营组织 基于合同的垂直营销系统，该系统中作为特许方的渠道成员将生产-分销过程中的几个阶段连接起来。

gender segmentation 性别细分 依据性别把一个市场细分为不同的群体。

generation X X一代 "婴儿潮"后，在1965～1976年的"生育低潮"中出生的4 900万婴儿。

generation Z Z一代 出生于2000年以后的一代人（很多分析人士认为也包括出生于1995年后的人），构成了目前的儿童和少年市场。

geographic segmentation 地理细分 把市场划分为诸如国家、州、地区、县、城市或者社区等地理单位。

global firm 全球企业 在多个国家的范围内经营的企业，

在研发、生产、营销、融资方面有成本和声誉的优势，而这是单纯的国内竞争者所不具备的。

good-value pricing 超值定价 以合理的价格提供恰当的质量和服务。

gross margin percentage 毛利率 除去成本后的净销售额百分比—以毛利除以净销售额计算。

group 群体 为达到个人或共同目标而互动的两个或两个以上的人。

growth stage 成长阶段 产品生命周期中商品的销售量开始快速增长的阶段。

growth-share matrix 成长-份额矩阵 从市场增长率和相对市场份额两个维度评估企业战略业务单位（SBU）的投资规划方法。

handling objections 处理异议 销售过程中销售人员识别、澄清并解决顾客的购买异议。

horizontal marketing system 水平营销系统 营销渠道中两个或更多的同一层级的企业联合起来，以追寻某个新的市场机会的渠道组织。

idea generation 构思产生 对新产品构想的系统化搜寻。

idea screening 构想筛选 对新产品构想进行筛选以便发现优秀的构想，并尽快抛弃那些较差的构想。

income segmentation 收入细分 将市场细分为不同的收入群体。

independent off-price retailer 独立廉价零售商 独立的廉价零售商，可以独立拥有和经营，也可以是某个大型零售集团的一个分支部门。

indirect marketing channel 间接分销渠道 有一个或更多中间层级的营销渠道。

individual marketing 个性化营销 根据个体消费者的需求和偏好量身定做的产品和营销方案。

industrial product 工业品 由个人或组织购买后用于进一步加工或用于企业运营的产品。

innovative marketing 创新营销 一种开明的营销原则，企业需要寻找真正的产品改进和市场提升。

inside sales force 内勤销售人员 在办公室通过电话、在线社交媒体互动或接受潜在购买者拜访的方式进行销售的人员。

integrated logistics management 整合物流管理 强调企业内部和所有营销渠道成员之间的团队协作，以达到整个分销系统绩效最大化的物流管理理念。

integrated marketing communications（IMC）整合营销传播 精心地整合协调众多的信息传播渠道，从而向公众传递清晰、一致并引人注目的组织和其产品信息的营销概念。

intensive distribution 密集性分销 向尽可能多的渠道铺货。

interactive marketing 交互式营销 对服务人员进行培训，提高他们与顾客互动、满足其需求的技能。

intermarket（cross-market）segmentation 市场间细分 根据消费者需求和购买行为的相似性确定细分市场，即使这些消费者可能位于不同的国家。

internal database 内部数据库 从企业内部来源获得的有关消费者和市场的信息集合。

internal marketing 内部营销 训练并有效地激励与消费者直接接触的员工和所有的服务支持人员，使其能进行团队协作从而提供顾客满意。

introduction stage 导入阶段 产品生命周期中首次向市场投放产品供顾客购买的阶段。

inventory turnover rate（or stockturn rate）存货周转率（或库存周转率） 库存周转次数或在规定的时间内（通常为一年）出售的次数——根据成本、售价或单位计算。

joint ownership 联合所有权 企业与国外市场的投资者联合，在当地进行商业活动的投资方式，双方对企业有共同的拥有权和控制权。

joint venturing 合资经营 通过和外国企业合作进入国外市场，生产或营销产品或服务。

learning 学习 从经验中产生的个人行为变化。

licensing 许可经营 通过与国外市场的被许可方签订协议，生产或营销产品或服务，进入国外市场。

lifestyle 生活方式 一个人通过其活动、兴趣和观念所表现出来的生活模式。

line extension 产品线延伸 使用已有的品牌名称，在既定的产品类别中推出新的产品形式、颜色、尺寸、附加成分或口味。

local marketing 本地化营销 把品牌和促销定位于本地顾客群的需要和欲望，包括城市、居民区域，甚至具体的商店。

macroenvironment 宏观环境 影响微观环境的更大的社会力量，包括人口、经济、自然、技术、政治和文化因素。

Madison & Vine 麦迪逊+葡萄藤 一种将广告和娱乐相结合的新型方式，开创了向顾客传递令人兴奋的信息的新途径。

management contracting 管理合同 国内企业提供管理实践知识、国外企业提供资本的合资方式，国内企业出口的是管理服务而不是产品。

manufacturers' and retailers' branches and offices 制造商和零售商的分支机构和办事处 通过卖方或买方自己而不是独立的批发商进行批量销售。

market 市场 产品或服务的所有实际和潜在购买者的集合。

market development 市场开发 通过为现有产品寻找和发展新的细分市场实现成长的战略。

market offerings 市场供应品 向市场提供的旨在满足顾客需要或欲望的产品、服务、信息或者体验的某种组合。

market penetration 市场渗透 不改变产品，通过提升现有细分市场上产品的销量以实现企业成长的战略。

market potential 市场潜力 市场需求的上限。

market segment 细分市场 对某些营销努力反应比较相似的消费者群体。

market segmentation 市场细分 把市场分为不同的购买者群体，这些群体有不同的需求、特征或行为，需要不同的营销策略与组合。

market share 市场份额 企业销售额除以市场销售额。

market targeting (targeting) 目标市场选择（目标选择） 选择评估各细分市场的吸引力并选择一个或几个细分市场作为目标市场的过程。

market-penetration pricing 市场渗透定价 为新产品制定低价格，以便吸引大量的购买者来获得较大的市场份额。

market-skimming pricing (price skimming) 市场撇脂定价（价格撇脂） 为新产品制定高价格，从那些愿意付高价的细分市场层层撇取最大的收益。企业的销售量少，但是可以获得更多的利润。

marketing 市场营销 为顾客创造价值，建立牢固的顾客关系，从而获得回报的过程。

marketing analytics 营销分析 营销人员从大数据中挖掘出有意义的模式的分析工具、技术和过程，以获得顾客的洞察力和衡量市场表现。

marketing channel (distribution channel) 营销渠道（分销渠道） 一组相互依赖，从事把产品或服务供应给消费者消费或商业用户使用的组织。

marketing channel design 营销渠道设计 通过分析消费者需求，确定营销渠道目标，对各种主要的备选渠道进行评估和选择，以设计出有效的营销渠道。

marketing channel management 营销渠道管理 选择、管理和激励各个渠道成员，并随时评估其业绩。

marketing concept 营销观念 一种市场营销管理哲学，认为组织目标的实现依赖于对目标市场需求和欲望的了解，并比竞争者提供更好的顾客满意。

marketing control 营销控制 度量和评价市场营销战略和计划的结果，采取修正行动以保证目标的达成。

marketing environment 营销环境 除市场营销之外的能够影响管理层建立和维护与目标顾客关系的因素和力量。

marketing implementation 营销实施 为了实现营销战略目标，把营销战略和计划变为营销行动的过程。

marketing information system (MIS) 营销信息系统 专门用于评估信息需求，开发需要的信息，帮助决策者使用信息并获得有效的市场和顾客洞察的人员、设备和程序。

marketing intermediaries 营销中介 帮助企业促销、销售和分销产品到最终购买者的企业。

marketing logistics (physical distribution) 营销物流（实物分销） 计划、实施和控制原料、最终产品和相关信息从来源地到消费点的流动，在一定的利润水平上满足顾客的要求。

marketing management 营销管理 选择目标市场并与之建立互惠关系的艺术和科学。

marketing mix 营销组合 一系列战术营销工具，即产品、价格、渠道、促销，企业综合利用这些方法得到想要的目标市场的反应。

marketing myopia 营销短视症 把过多的注意力集中在特定产品上，而忽略了产品所带来的利益和体验。

marketing research 营销调研 针对组织面临的具体营销问题，系统地设计、搜集、分析和报告有关数据。

marketing return on investment (or marketing ROI) 营销投资回报率 营销投资净收益除以营销投资成本。

marketing return on sales (or marketing ROS) 营销销售回报率（或营销ROS） 由净营销贡献带来的净销售额百分比——按净营销贡献除以净销售额计算。

marketing strategy 营销战略 创造顾客价值，获得可盈利的顾客关系的营销逻辑。

marketing strategy development 营销战略制定 基于产品概念为新产品设计最初的营销策略。

marketing web site 营销网站 与顾客互动，使他们更容易产生直接购买或其他营销成果的网站。

maturity stage 成熟阶段 产品生命周期中销量上涨缓慢或趋于稳定的阶段。

merchant wholesaler 商业批发商 拥有所经营商品的所有权的独立批发商。

microenvironment 微观环境 与企业有紧密关系，能影响企业为消费者提供服务的能力的组织与个人，包括企业本身、供应商、营销中介、顾客、竞争对手和公众。

micromarketing 微市场营销 针对某一细分个体或特定群体的需要和欲望，定制产品或营销计划，包括本地化营销和个体营销。

millennials (or generation Y) 千禧一代（或Y一代） 1997~2000年期间生育高峰期出生的8 300万个孩子。

mission statement 使命陈述 关于组织目标的陈述，即在宏观营销环境中组织需要完成什么任务。

mobile marketing 移动营销 通过手机、智能手机、平板电脑和其他移动设备向消费者传递信息、促销和其他营销内容。

modified rebuy 修正重购 需要改变产品规格、价格、条件及供应商的商业购买类型。

motive（drive） 动机（驱动力） 一种足够紧迫，可引导人们寻求满足的需要。

multichannel distribution system 多渠道分销系统 通过两个或者更多的渠道，覆盖一个或数个细分市场的分销系统。

multimodal transportation 多式联运 将两种和更多的交通模式结合在一起。

natural environment 自然环境 营销人员需要作为投入，或被营销活动所影响的自然资源和物理环境。

needs 需要 一种感觉到缺失的状态。

net marketing contribution（NMC） 净营销贡献 一种衡量营销盈利能力的指标，它只包括由市场营销所带来的盈利部分。

net profit percentage 净利润比例 每销售一美元，利润占的百分比，通过净利润除以净销售额来计算。

new product 新产品 被潜在顾客认为是新的产品、服务或创意。

new product development 新产品开发 企业通过自主研发努力进行的原产品发展、产品改进、产品修正和形成新品牌的过程。

new task 新采购任务 首次购买某一产品或服务的商业购买类型。

objective-and-task method 目标任务法 通过以下方式制定促销预算：定义具体目标；确定达到目标必须完成的任务；评估这些任务的成本。这些成本的总和是计划的促销预算。

observational research 观察法 通过观察相关人员、行为、情境搜集原始资料。

occasion segmentation 时机细分 根据购买者的购买意愿、实际购买或产品使用情况，将购买者划分为不同的群体。

off-price retailer 廉价零售商 以低于常规批发价格购买、低于普通零售价格销售的零售商。

omni-channel retailing 全渠道零售 创建一个无缝连接的跨渠道购买体验，集成了店内、在线和移动购物。

online advertising 在线广告 消费者在网上浏览时出现的广告，包括展示广告、搜索广告、分类广告等。

online focus group 在线焦点小组 通过一位训练有素的主持人召集一小组人在线讨论某一商品、服务或者组织，最终获得有关消费者态度和行为的有价值的观点。

online marketing 网络营销 通过网络营销产品、服务或者建立顾客关系的行为。

online marketing research 网络营销调研 通过网络调查、网络焦点小组、实验和在线行为追踪而进行的原始数据搜集。

online social network 在线社交网络 能够满足人们社交、交流信息和观点的在线社区，包括博客、社交网站和其他在线社区。

operating expense percentage 营业费用比例 净销售额用于运营费用的比例——按净销售额除以总费用计算。

operating ratios 经营比率 特定经营报表项目与净销售额的比率。

opinion leader 意见领袖 参照群体中因为特殊的技能、学识、性格或者其他特征而对他人有影响力的人。

optional-product pricing 备选产品定价 制定与主产品配套的备选产品或附件的价格。

outside sales force（or field sales force） 外勤销售人员 对顾客进行登门拜访的销售人员。

packaging 包装 为产品设计和生产容器或包装的活动。

partner relationship management 伙伴关系管理 和企业其他部门或企业外的合作伙伴一起，通过紧密的合作共同为消费者创造更大的价值。

percentage-of-sales method 销售百分比法 以当前或预期销量或单位销售价格的一定百分比确定促销预算的方法。

perception 感知 个人选择、组织和解释所获得的信息，从而构造对这个世界有意义认知的过程。

personal selling 人员销售 由企业的销售人员做产品展示，以达到销售或建立顾客关系的目的。

personality 个性 一个人所特有的心理特征，使其与他人或其他群体不同。

pleasing products 取悦型产品 能给予顾客高度的即时满意感，但长期来看可能会损害顾客利益的产品。

political environment 政治环境 社会中影响和制约各种组织和个人活动的法律、政府机构和压力群体。

portfolio analysis 业务组合分析 管理部门评估企业所有产品和业务的过程。

positioning 市场定位 推出一种产品，使其相对于竞争产品在目标消费者中占据一个清晰、独特和优越的位置。

positioning statement 定位陈述 企业或品牌定位的简要陈述，其结构是：对（目标市场或需求）而言，我们的（品牌）是（概念），即（独特之处）。

preapproach 销售准备 销售过程的一个步骤，即销售人员在拜访顾客前尽可能多地了解潜在顾客。

presentation 演示与说明 销售过程的一个步骤，即销售人员向顾客讲述产品的"故事"，强调产品提供的顾客利益。

price 价格 为获得某个产品或服务所支付的金额，或顾

price elasticity　价格弹性　一种衡量需求对价格变化的敏感程度的指标。

primary data　原始数据　为了当前特定的目的而收集的第一手数据。

product　产品　提供给市场供注意、获取、使用或消费，满足其需要或欲望的任何东西。

product adaptation　产品适应　在国外市场为适应当地情况或需求而对产品进行的改变。

product bundle pricing　产品捆绑定价　将数个产品组合在一起出售，并给出一个低于单独销售时的总价的价格。

product concept　产品观念　认为消费者喜欢质量、功能和属性特征最佳的产品，因此组织应该致力于对产品持续不断地进行改进。

product concept　产品概念　用对消费者有意义的语言对新产品构想的详细描述。

product development　产品研发　将产品概念开发成实体产品，以检验产品构想能否成为可行的市场供应品。

product invention　产品创新　为国外市场创造新的产品和服务。

product life cycle (PLC)　产品生命周期　产品在其生命历程中销量和利润的变化过程。

product line　产品线　一组由于功能类似而关系密切，通过同类渠道销售给同一顾客群体，或处于特定价格范围内的产品。

product line pricing　产品线定价　依据产品的成本差异、顾客对不同属性的偏好和竞争者的价格，为一条产品线中的不同产品制定价格。

product/market expansion grid　产品/市场扩张矩阵　用于在市场渗透、市场开发、新产品开发和多样化中进行评估和选择，确定企业成长路径的业务规划工具。

product mix (or product portfolio)　产品组合（产品集）　某一特定卖家所提供的所有产品线和产品项目的集合。

product position　产品定位　消费者在一些重要属性上对某一特定产品的定义，即特定产品在消费者心目中相对于竞争产品的位置。

product quality　产品质量　产品或服务满足顾客需求的能力特征。

product sales force structure　产品销售队伍结构　按产品或产品线分派销售人员的销售队伍组织形式。

production concept　生产观念　认为消费者更偏爱那些随处可得、价格低廉的产品的观念，因此企业应当致力于改进生产和分销的效率。

pro forma (or projected) profit-andloss statement (or income statement or operating statement)　预估损益表（损益表或营业报表）　在特定的计划期间，通常是一年，显示预计的收入减去预算开支，并估计一个组织、产品或品牌的预计净利润。

promotion mix (marketing communications mix)　促销组合（营销传播组合）　企业用来接近消费者，有效地传播顾客价值和建立顾客关系的各种促销工具的特定组合。

promotional pricing　促销定价　暂时将价格降至正常报价以下，有时甚至低于成本，目的是提升近期销量。

prospecting　寻找合格的潜在顾客　销售过程中销售人员或企业寻找和识别潜在合格顾客的阶段。

psychographic segmentation　心理细分　根据社会阶层、生活方式、个性特征将市场划分为不同的细分市场。

psychological pricing　心理定价　不仅仅考虑经济利益，同时还考虑价格的心理作用的定价方法，该方法用价格传递有关产品的信息。

public　公众　任何对组织实现其目标的能力有实际或潜在影响的群体。

public relations (PR)　公共关系　通过引起消费者的正面注意，树立良好的企业形象，处理或消除不利的传言、事件等，与企业利益相关者建立良好的关系。

pull strategy　拉式策略　通过大量的广告支出和针对消费者的促销活动，引导最终消费者购买产品，产生需求真空而拉动产品在渠道中流动的促销策略。

push strategy　推式策略　主要依靠销售人员和针对经销商的促销，推动产品在渠道中流动的促销策略。制造商向渠道成员推广产品，后者再向终端消费者推销。

reference prices　参考价格　购买者头脑中关于特定产品的记忆价格，在选购产品时作为参照的依据。

relevant costs　相关成本　将来会产生并且会因考虑的方案不同而有所不同的成本。

retailer　零售商　销售额主要来源于零售的企业。

retailing　零售　直接向最终消费者销售产品或服务所涉及的所有活动。

return on advertising investment　广告投资回报率　衡量广告效果的常用指标，等于广告净收益与广告总投资的比率。

return on investment (ROI)　投资回报率　衡量管理效果和效率的指标，用税前净利润除以总投资计算。

return on investment(ROI)pricing (or target-return pricing)　投资回报率定价（或目标回报定价）　一种基于成本的定价方法，它根据特定的投资回报率来决定价格。

sales force management　销售队伍管理　销售队伍活动的分析、计划、执行和控制。

sales promotion 促销 通过短期的刺激提升产品或服务的购买和销售量。

sales quota 销售定额 对每个销售人员必须完成的销售总量以及不同产品类别应占比例的要求。

salesperson 销售人员 代表企业从事寻找潜在顾客、与顾客沟通、销售、服务、收集信息和维护关系等活动的个人。

salutary products 有益产品 即时吸引力低，但长期而言对消费者有益的产品。

sample 样本 开展营销研究时从总体中选出用于代表整体的部分成员。

secondary data 二手数据 出于其他目的收集的、已经存在的数据。

segmented pricing 细分市场定价 企业为产品或服务制定两个或两个以上的价格，并且价格差异并非源于成本差异。

selective distribution 选择性分销 选用多于一个但少于全部愿意经销企业产品的中间商进行产品分销。

selling concept 推销观念 营销观念的一种，该观念认为除非进行大规模销售和促销，否则消费者不会大量购买企业产品。

selling process 销售过程 销售人员进行销售时所遵循的步骤包括：寻找和确认合格的顾客，初步接触顾客，向顾客介绍和演示产品，处理顾客异议和抱怨，达成交易，售后回访。

sense-of-mission marketing 使命感营销 一种可持续营销原则，要求企业从更广阔的社会角度，而不是狭隘地从产品出发，定义其使命。

service 服务 供销售的活动、利益或满足，通常是无形的，而且不存在所有权。

service inseparability 服务的不可分性 服务的生产和消费同时进行，并且无法与服务提供者相分离。

service intangibility 服务的无形性 服务在购买前看不见、摸不着，也无法品尝、听或闻。

service perishability 服务的易逝性 服务无法储存以供未来销售。

service profit chain 服务利润链 将企业利润和员工、顾客满意相联系的流程。

service retailer 服务零售商 其产品线为服务的零售商，包括酒店、航空企业、银行、大学等。

service variability 服务的可变性 服务的质量取决于服务提供的时间、地点、人员和方式，变化很大。

share of customer 顾客份额 购买某企业产品的顾客在该品类全部顾客中的比例。

shopper marketing 购物者营销 整个营销过程致力于在消费者接近销售点时将其转化为购买者，不管这些消费者是在商店内、网上，还是移动购物。

shopping center 购物中心 由一组零售商入住，作为一个单位统一规划、开发和管理的购物场所。

shopping product 选购产品 挑选和购买过程中消费者会比较质量、价格和样式来决定是否购买的消费品。

showrooming 展厅现象 在实体店比较商品的质量和价格，但最后在网上商店购买，甚至在实体店内下网购订单的购物行为。

social class 社会阶层 相对持久、有序的社会群体划分，相同阶层的人具有相似的价值观、兴趣和行为。

social marketing 社会营销 将商业营销的概念与工具用于以影响个人行为、提升个人或社会福利为目的的项目中。

social media 社交媒体 人们聚集、社交、交换观点和信息的网上独立社区和商业社区。

social selling 社交营销 利用在线、移动和社交媒体来吸引顾客，建立更强大的顾客关系，并增加销售业绩。

societal marketing 社会营销 在做营销决策时综合考虑消费者的需要、企业的利益、消费者和社会的长期利益的可持续营销原则。

societal marketing concept 社会营销观念 认为营销决策应当考虑消费者的欲望、企业的利益、消费者和社会的长远利益的营销观念。

spam 垃圾邮件 不请自来的、不受欢迎的商业电子邮件。

specialty product 特制产品 具有鲜明的特征或品牌的消费品，部分顾客会为了购买这些产品做出专门的努力。

specialty store 专卖店 经营的产品线数量少，但产品线内的产品品种繁多的零售店。

standardized global marketing 标准化全球营销 企业在所有的国际市场都采用基本相同的营销战略和组合的国际营销战略。

store brand（or private brand） 商店品牌（或自有品牌） 零售商自己所创立和拥有的产品或服务品牌。

straight product extension 产品直接延伸 对产品不做任何改动直接在国外市场销售。

straight rebuy 直接重购 商务购买者例行的、不做任何改动的重复购买类型。

strategic planning 战略规划 制定和保持企业目标、能力与不断变化的营销机会之间的战略匹配的过程。

style 风格 基本的、独特的表现形式。

subculture 亚文化 由于相似的生活经历与处境而具有相似的价值观体系的群体。

supermarket 超级市场 大型、低成本、低毛利、高周转的自助型商店，通常经营种类繁多的食品和家居用品。

superstore　超级商店　比普通超市更大的商店，除了经营一般的食品和非食品类产品外，还提供诸如干洗、邮局、照片冲洗、餐饮、汽车修理、宠物护理等服务。

supplier development　供应商开发　系统地打造合作供应商网络，以确保生产或转售所必需的产品或原材料供应。

supply chain management　供应链管理　管理供应商、企业、经销商和最终顾客之间原料、最终产品和相关信息的增值流动，包括上游和下游。

survey research　调查法　通过询问调查对象关于知识、态度、偏好和购买行为的问题收集原始数据的方法。

sustainable marketing　可持续营销　这是一种对社会和环境负责的营销方式，即在满足消费者和企业现有需求的同时，维持和提高满足后代需求的能力。

SWOT analysis　SWOT分析　对企业的优势、劣势、机会和威胁的全面分析。

systems selling (or solutions selling)　系统销售（方案销售）　由一家供应商提供一整套的问题解决方案，从而避免在复杂购买情境下的多次单独的购买决策。

target costing　目标成本法　先确定理想的销售价格，然后设定能够满足定价要求的目标成本。

target market　目标市场　企业决定为之服务的具有相同需要或特点的顾客集合。

team selling　团队销售　联合来自销售、营销、工程、金融、技术支持甚至高层管理者等多个部门的人员，为要求复杂的大顾客提供服务。

team-based new product development　基于团队的新产品开发　通过企业部门之间紧密合作开发新产品，以便减少新产品开发过程中的重复工作，提高工作效率。

technological environment　技术环境　创造新技术、新产品和市场机会的力量。

telemarketing　电话营销　通过电话直接向顾客销售。

territorial sales force structure　区域销售队伍结构　按地理区域指派专人负责销售企业所有产品的销售队伍组织形式。

test marketing　市场测试　新产品开发的一个阶段，该阶段企业在接近现实的市场环境中对产品及其营销方案进行测试。

third-party logistics (3PL) provider　第三方物流提供商　帮助顾客把产品送至市场的独立的物流供应商。

total costs　总成本　一定产量水平下固定成本和变动成本的总和。

total market demand　市场总需求　在特定的地理区域内，在一个特定的营销环境中，在特定的水平和行业营销努力的组合下，一个特定的消费者群体在一个特定的时间段内所购买的总数量。

total market strategy　总市场策略　将民族主题和跨文化视角融合在一个品牌的主流营销中，注重不同亚文化细分市场的顾客相似性而非差异性。

trade promotions　交易推广　用于劝说经销商进货、提供货架和进行广告促销的促销工具。

undifferentiated (mass) marketing　无差异（大众）营销　忽视细分市场之间的差异，向整个市场提供同一种产品和营销组合的市场覆盖策略。

unit contribution　单位贡献　每个单位对固定成本的贡献——价格和可变成本之间的差异。

unsought product　非渴求产品　消费者通常不知道，也不会考虑购买的产品。

value-based pricing　基于顾客价值的定价法　以公平的价格提供优质的质量和服务的完美组合。

value chain　价值链　在设计、生产、营销、配送和支持企业产品的过程中进行价值创造活动的一系列部门。

value delivery network　价值传递网络　由企业、供应商、分销商和顾客构成的网络，各方之间彼此紧密合作，以提高整个网络的绩效。

value proposition　价值主张　品牌的完整定位，即作为定位基础的全部利益组合。

value-added pricing　增值定价　附加增值的属性和服务，实现产品的差异化，从而支持更高的价格。

variable costs　变动成本　直接随生产规模变化的成本。

vertical marketing system (VMS)　垂直营销系统　生产商、批发商和零售商作为一个整体运营的渠道结构。某个渠道成员通过所有权、契约或足够强大的实力使全体成员一起合作。

viral marketing　病毒营销　口碑营销的网络版：当视频、广告或营销内容具有足够强的传染力时，消费者会主动寻找并分享给朋友。

wants　欲望　由文化和个性塑造的人类需要。

warehouse club　仓储俱乐部　以很低的价格向付年费的成员销售有限的品牌杂货、电器、服装和其他产品的廉价零售商。

whole-channel view　整体渠道视角　在设计国际营销渠道时综合考虑全球的供应链和营销渠道，打造有效的全球价值传递网络。

wholesaler　批发商　主要从事批发业务的企业。

wholesaling　批发　将商品和服务卖给那些用于转售或商业用途的企业所涉及的所有活动。

word-of-mouth influence　口碑影响　个人口碑以及邻居、朋友、同事和其他消费者的推荐对购买行为的影响。

workload method　工作量法　根据需要的工作量和销售时间来确定销售人员的多少。

参考文献

参考文献内容,请扫描下方二维码。

推荐阅读

书名	作者	ISBN	价格
货币金融学（商学院版，第4版）	弗雷德里克 S. 米什金 (Frederic S. Mishkin) 哥伦比亚大学	978-7-111-54654-2	79.00
《货币金融学》学习指导及习题集	弗雷德里克 S. 米什金 (Frederic S. Mishkin) 哥伦比亚大学	978-7-111-44311-7	45.00
投资学（第10版）	滋维·博迪（Zvi Bodie）波士顿大学	978-7-111-56823-0	129.00
投资学（第10版·英文版）	滋维·博迪（Zvi Bodie）波士顿大学	978-7-111-39142-5	128.00
投资学习题集	滋维·博迪（Zvi Bodie）波士顿大学	978-7-111-42662-2	49.00
公司理财（第9版）	斯蒂芬 A.罗斯（Stephen A.Ross）MIT斯隆管理学院	978-7-111-36751-2	88.00
期权、期货及其他衍生产品（第9版）	约翰.赫尔（John C. Hull）多伦多大学	978-7-111-48437-0	109.00
《期权、期货及其他衍生产品》习题集	约翰.赫尔（John C. Hull）多伦多大学	978-7-111-54143-1	49.00
债券市场：分析与策略（第8版）	弗兰克 法博齐（Frank J. Fabozzi）耶鲁大学	978-7-111-55502-5	129.00
金融市场与金融机构（第7版）	弗雷德里克 S. 米什金（Frederic S. Mishkin）哥伦比亚大学	978-7-111-43694-2	99.00
现代投资组合理论与投资分析（第9版）	埃德温 J. 埃尔顿 (Edwin J. Elton) 纽约大学	978-7-111-56612-0	129.00
投资银行、对冲基金和私募股权投资	戴维·斯托厄尔（David P.Stowell）西北大学凯洛格商学院	978-7-111-41476-6	99.00
收购、兼并和重组：过程、工具、案例与解决方案（第7版）	唐纳德·德帕姆菲利斯（Donald M.DePamphilis）洛杉矶洛约拉马利蒙特大学	978-7-111-50771-0	99.00

推荐阅读

书号	课程名称	版别	定价
978-7-111-61959-8	服务营销管理：聚焦服务价值	本版	55.00
978-7-111-60721-2	消费者行为学 第4版	本版	49.00
978-7-111-59631-8	客户关系管理：理念、技术与策略（第3版）	本版	49.00
978-7-111-58622-7	广告策划：实务与案例（第3版）	本版	45.00
978-7-111-58304-2	新媒体营销	本版	55.00
978-7-111-57977-9	品牌管理	本版	45.00
978-7-111-56140-8	创业营销	本版	45.00
978-7-111-55575-9	网络营销 第2版	本版	45.00
978-7-111-54889-8	市场调查与预测	本版	39.00
978-7-111-54818-8	销售管理	本版	39.00
978-7-111-54277-3	市场营销管理：需求的创造与传递（第4版）	本版	40.00
978-7-111-54220-9	营销策划：方法、技巧与文案 第3版	本版	45.00
978-7-111-53271-2	服务营销学 第2版	本版	39.00
978-7-111-50576-1	国际市场营销学 第3版	本版	39.00
978-7-111-50550-1	消费者行为学：基于消费者洞察的营销策略	本版	39.00
978-7-111-49899-5	市场营销：超越竞争，为顾客创造价值 第2版	本版	39.00
978-7-111-44080-2	网络营销：理论、策略与实战	本版	30.00